스케치업 8

포디움 & 피라네시

이승희 지음

BM 성안당

스케치업 8

포디움 & 피라네시

2012년 3월 15일 1판 1쇄 발행
2012년 11월 30일 1판 2쇄 발행

지은이 이승희
펴낸이 이종춘
펴낸곳 BM 성안당
주소 경기도 파주시 문발로 112
전화 031-955-0511
팩스 031-955-0510
등록 1973. 2. 1. 제13-12호
출판사 홈페이지 www.cyber.co.kr

ISBN 978-89-315-5175-4
정가 35,000원

이 책을 만든 사람들
기획 · 진행 최동진
교정 · 교열 안종군
본문 · 표지디자인 想 company
마케팅 변재업, 차정욱, 채재석
제작 구본철

머리말

학원과 건축 사무소로 출강한 지 벌써 12년, 그동안 자연스럽게 수강생들이 원하는 부분을 알게 되었습니다. 이렇게 수집한 내용을 모아서 좋은 책을 써 볼 결심을 하고 작업에 착수한 것이 겨울이었는데, 벌써 계절이 바뀌고 해가 바뀌었습니다. 이 책은 스케치업(SketchUp) 8을 처음 접하는 여러분들의 가려운 곳을 긁어줄 수 있도록 다양한 예제를 중심으로 구성했기 때문에 성실히 따라하다 보면 다양한 이론과 접목된 예제를 익힐 수 있을 것입니다.

실내 인테리어와 공간 연출 디자인에 종사하는 디자이너들은 실무 현장에서 신속하게 도면을 시각화하여 3D 모델링을 제작하기를 원하고 있습니다. 3D Max를 이용하여 작업할 때는 많은 시간이 소요될 뿐만 아니라 응용하기가 어렵기 때문에 단시간에 작업하기가 쉽지 않았습니다.
이러한 점을 보완하고자 요즘 건축 인테리어 회사와 공간 연출 디자인에서 종사하는 모든 디자이너들이 스케치업을 많이 선택하고 있으며, 그 수도 해마다 늘어나고 있습니다.
스케치업 8은 3D 모델링 시간을 단축할 수 있다는 것과 3D Max와 달리 동영상을 매우 빠른 시간 안에 제작할 수 있다는 장점이 있습니다. 그리고 클라이언트에게 프레젠테이션을 할 때 필요한 슬라이드 기능을 쉽게 작업하여 작업 과정을 동영상으로 보여 줄 수 있기 때문에 더욱 호감을 얻을 수 있다는 장점도 있습니다.

이 책에는 다른 책과 다른 두 가지 특징이 있습니다.
첫째, 많은 디자이너가 알고 있고, 사용하고 있는 브이레이(V-ray)라는 조명이 아니라 포디움(Podium)이라는 스케치업 전용의 조명 플러그인을 사용하는 방법을 설명했습니다. 이 책에는 포디움(Podium)을 이용하여 간단한 조명 작업을 할 수 있도록 다양한 예제와 응용 기법들이 체계적으로 구성되어 있습니다. 약간 부족한 표현이 있을 수 있지만 쉽게 사용할 수 있다는 장점에 비해서는 결과물이 훌륭하다고 할 수 있습니다.

둘째, 과거에는 실사 이미지를 출력할 수 있다는 장점 때문에 3D Max를 많이 이용했습니다. 그런데 요즘은 3D Max를 이용한 실사 이미지가 차가운 느낌을 갖고 있다는 이유로 따뜻한 느낌을 살릴 수 있는 스케치업을 많이 이용하고 있습니다. 이런 수작업 느낌의 이미지를 만들려면 스케치업으로 작업한 3D 모델링을 피라네시(Piranesi)라는 프로그램으로 불러와야 합니다. 이 책에는 피라네시 프로그램을 활용할 수 있는 다양한 예제와 응용 기법들이 담겨 있습니다.

이 책이 인테리어와 공간 연출을 배우는 디자이너들과 실무에서 종사하는 분들에게 조금이나마 도움이 되었으면 좋겠습니다.

이승희

이 책은 스케치업 8, 포디움 V2, 피라네시 2010 프로그램을 다루고 있으며, 각 프로그램을 능숙하게 다룰 수 있도록 각 챕터별로 이론과 실습을 병행하고 있습니다. 각각의 따라하기를 통해 디자이너가 상상한 느낌을 표현하기 위한 다양한 방법을 학습하고 응용할 수 있습니다.

챕터 제목 및 발문

각 챕터에서 학습할 제목과 배우게 될 중요한 핵심 내용을 파악할 수 있습니다.

부록 CD

학습에 필요한 파일의 경로와 파일명을 알 수 있습니다.

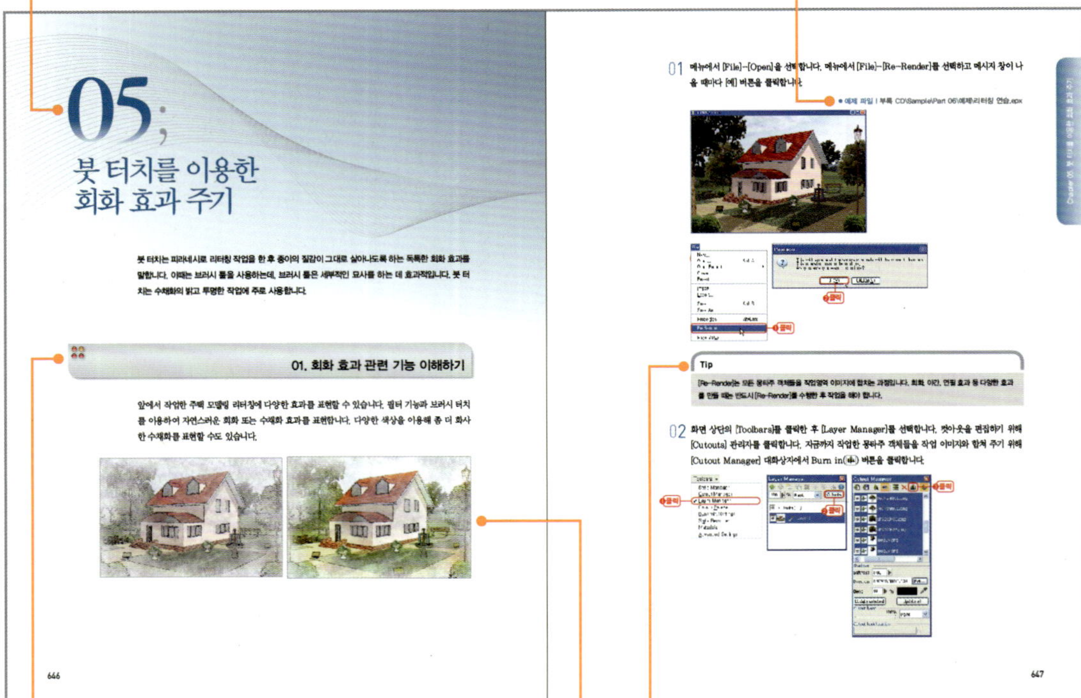

따라하기

예제를 직접 활용하여 익혀 보는 과정으로, 따라하기 방식으로 구성되어 있습니다. 또한 체계적으로 단계를 구성해 누구나 쉽게 학습할 수 있습니다.

Tip

본문에 미처 담지 못한 내용과 꼭 필요한 핵심 내용을 정리했습니다.

완성 이미지

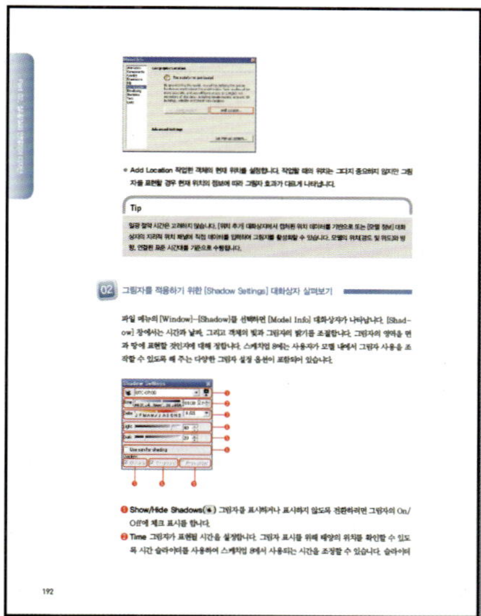

이론을 상세히 설명하고 있는 본문 내용입니다.

각 프로그램의 갤러리 웹 사이트 주소

포디움 갤러리 웹 사이트
http://www.suplugins.com/gallery/index.html

피라네시 웹 사이트
http://www.piranesi.co.uk/gallery/gallery_home.asp

스케치업 Google 3D 이미지 갤러리
http://sketchup.google.com/3dwarehouse/

부록 CD 구성

이 책의 부록 CD에는 유용한 자료가 가득합니다. 여러 개의 폴더가 있지만 크게 보면 두 가지 종류로 구분할 수 있습니다.

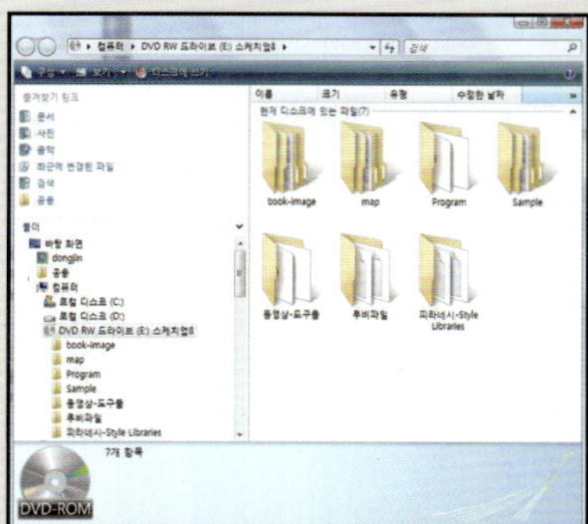

[Sample] 폴더

각 챕터를 학습할 때 필요한 예제 파일과 완성 파일이 수록되어 있습니다. 실습용이라고 해서 한 번만 사용하는 것이 아니라 실전에서도 적용할 수 있도록 고품위의 소스들이 많이 포함되어 있으므로 꼭 활용하시기 바랍니다.

[동영상] 폴더

스케치업 8 도구 툴에 대해서는 동영상 강의로 제공했습니다. 동영상 강의를 꼭 활용하여 자신의 것으로 만들기 바랍니다.

GALLERY

3각법 도면을 3D 도형 만들기

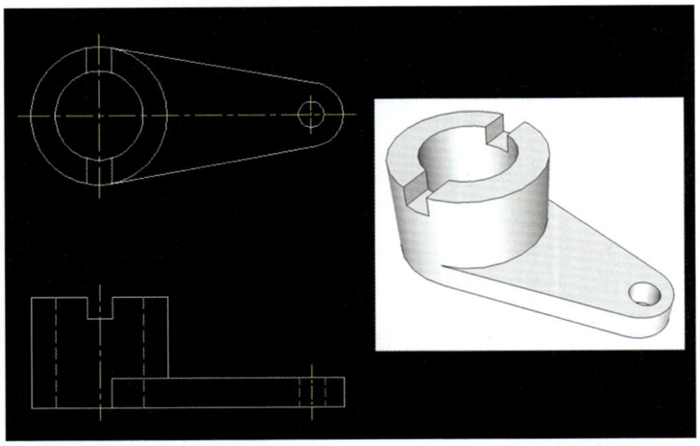

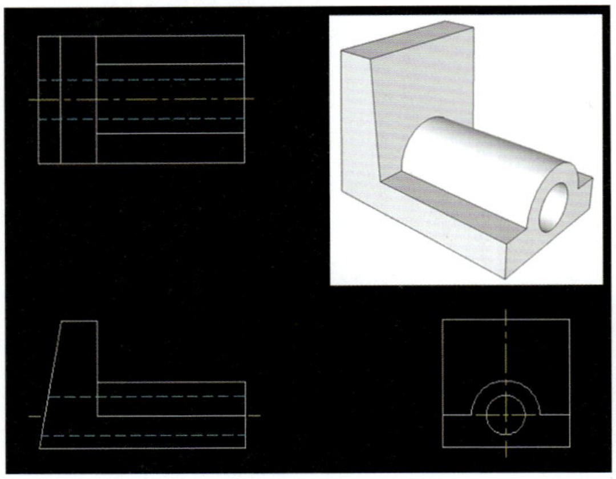

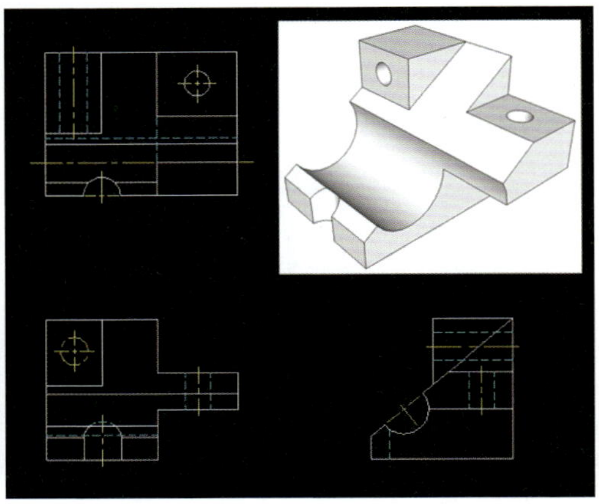

친근한 볼펜 만들기

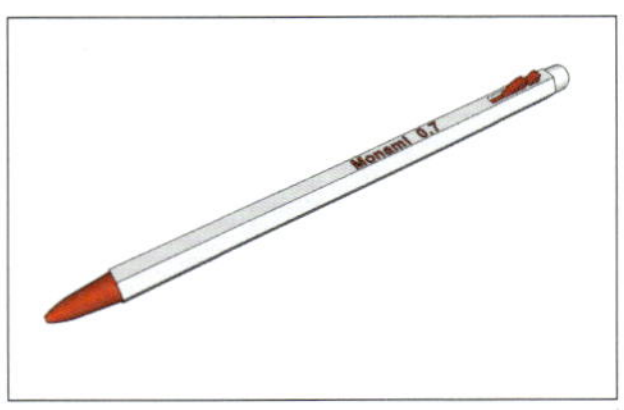

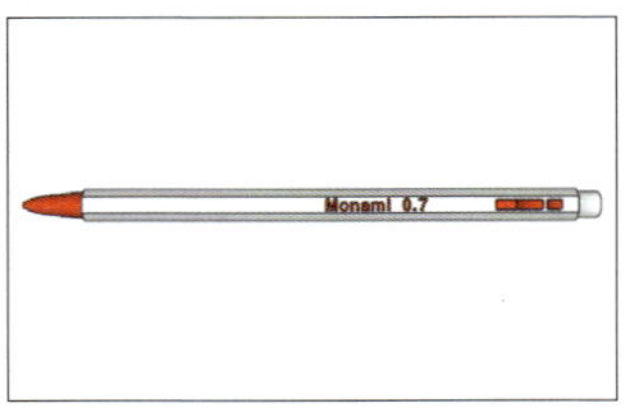

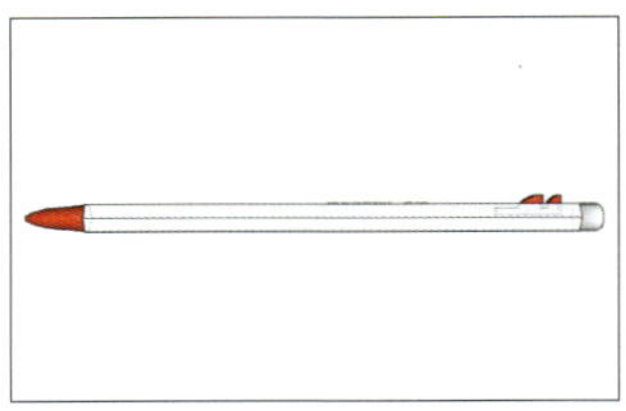

심플한 분위기를 연출할 수 있는 스탠드 만들기

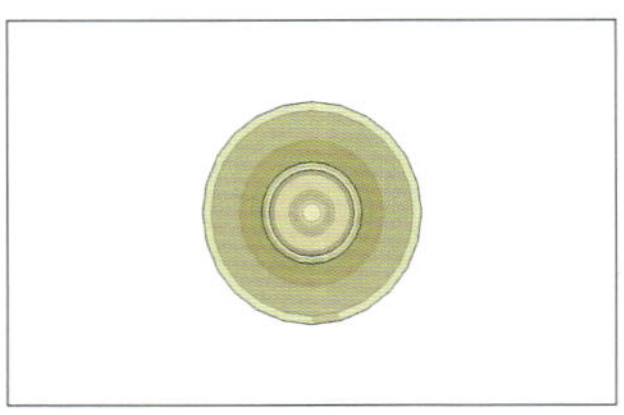

심플한 커피 잔 만들기

공간 연출 디자인 소파 만들기

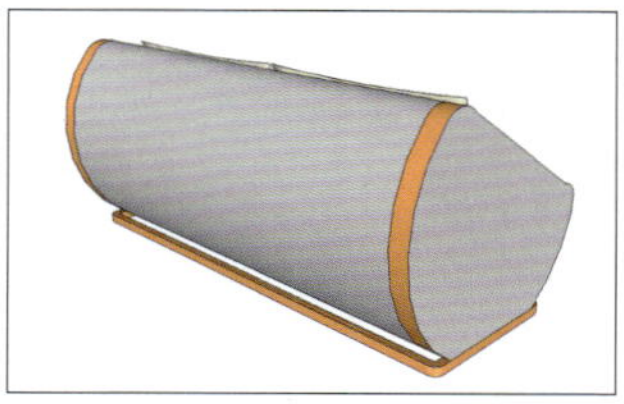
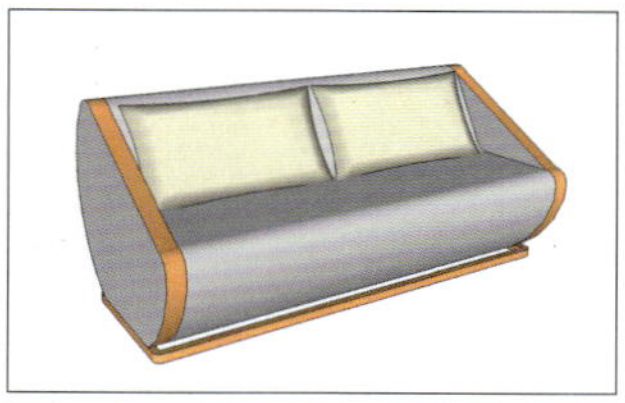
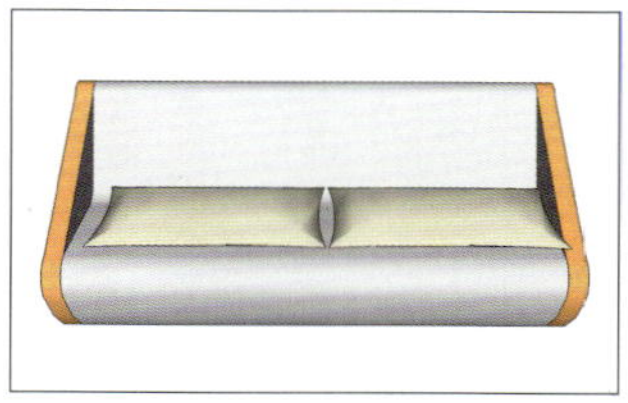
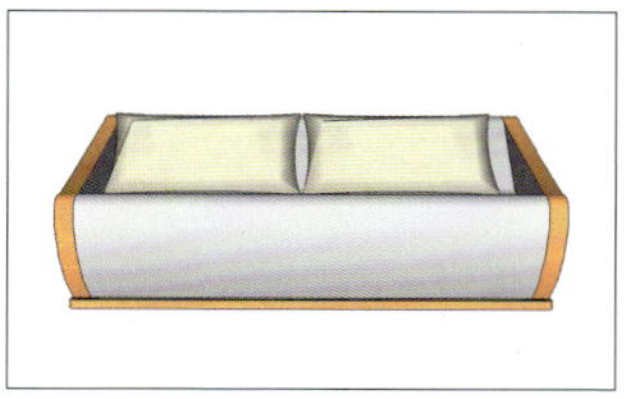
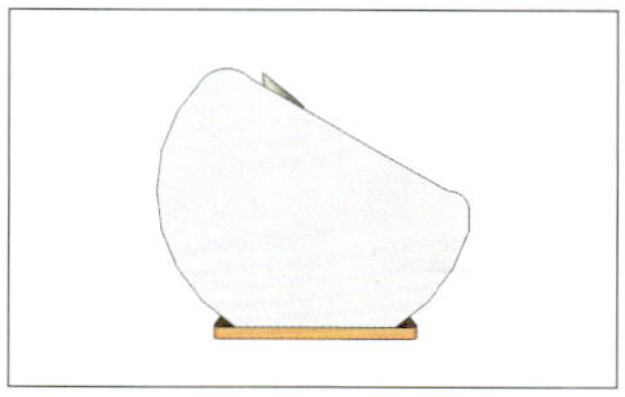

수납 활용이 가능한 책꽂이 만들기

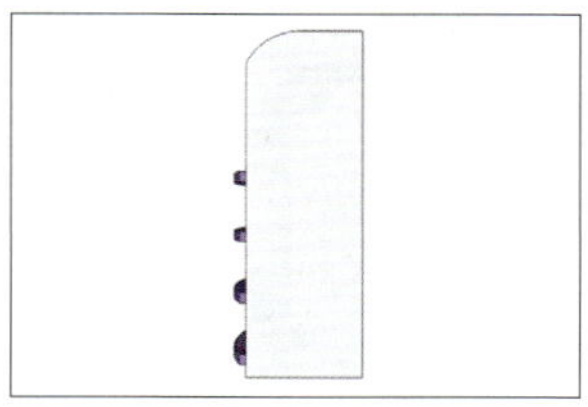
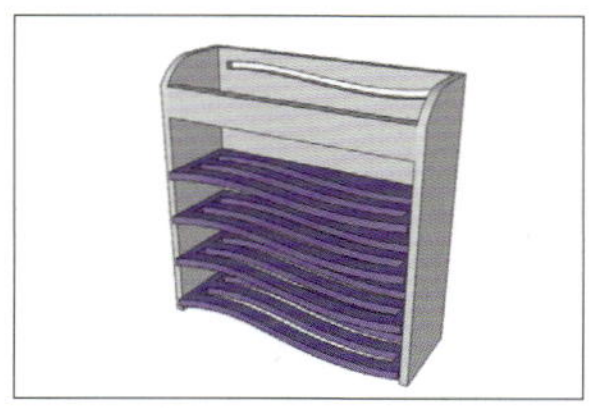

모던하고 세련된 침대 만들기

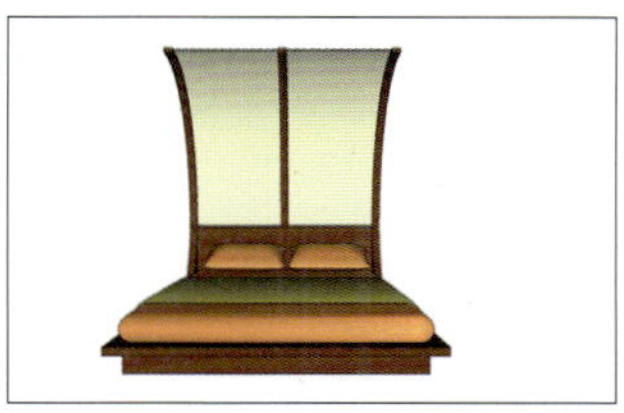
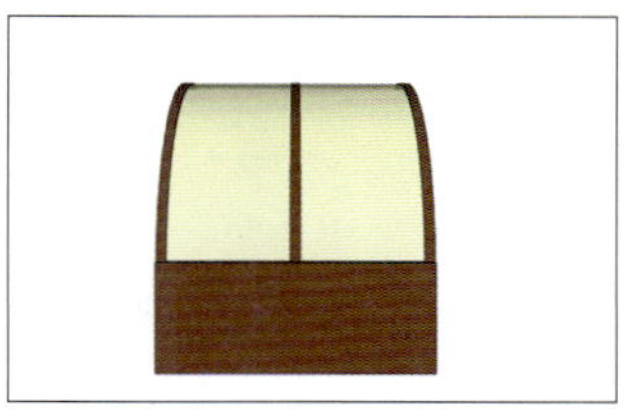
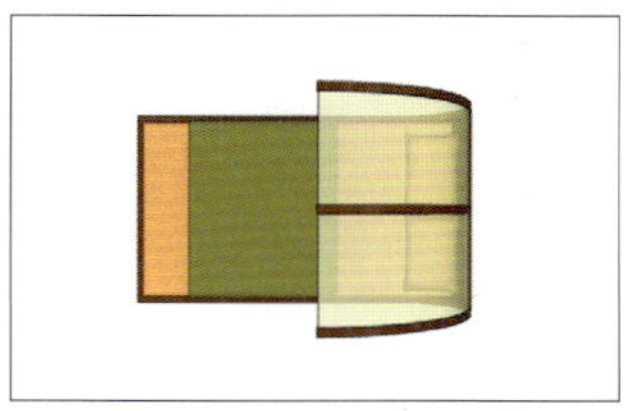

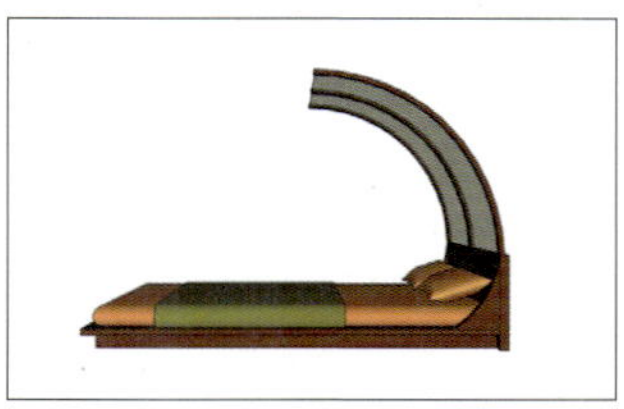

GALLERY

햇빛을 가려 주는 파라솔 만들기

공원 안 놀이용 계단 만들기

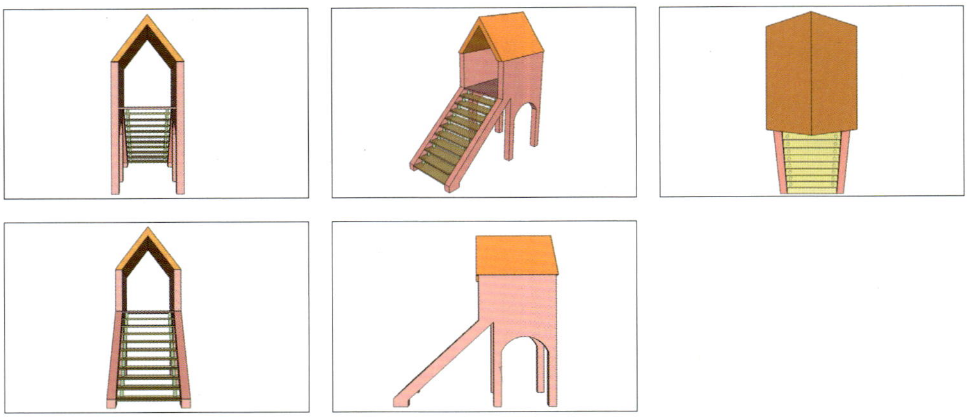

좁은 공간을 활용한 회전 계단 만들기

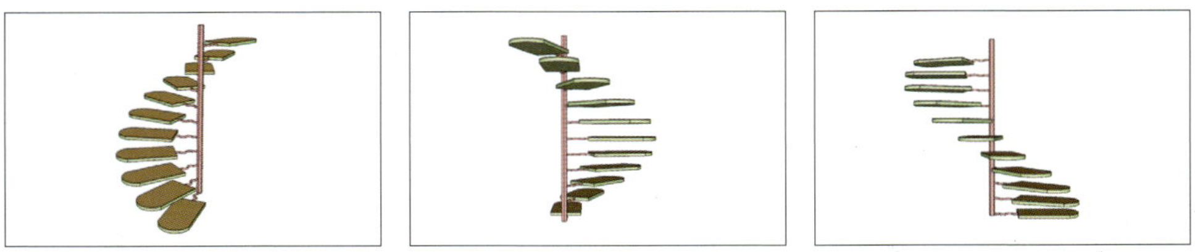

따뜻함이 느껴지는 나만의 거실 공간 디자인

바다 위 조용한 펜션 디자인

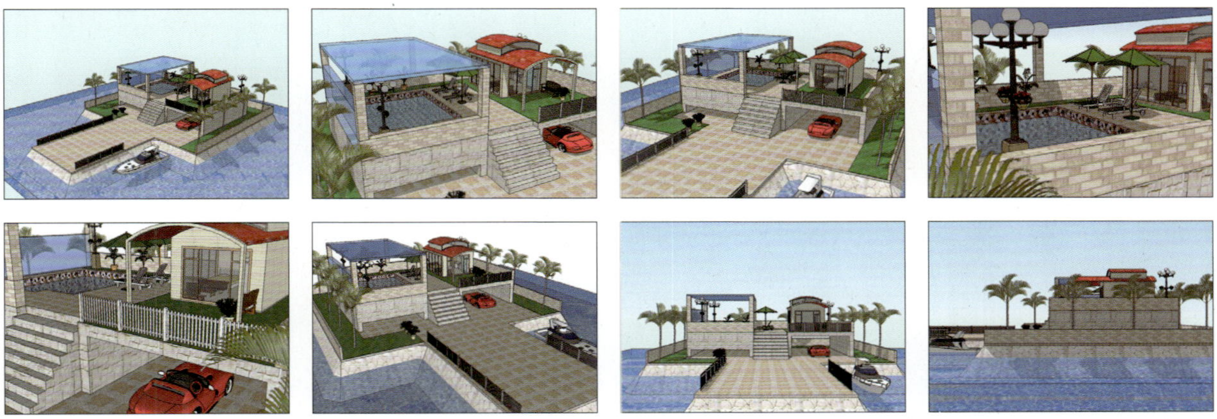

예쁜 단독주택 인테리어 디자인

2가지의 세밀한 조명 효과

GALLERY

야외 공원 속, 전시 건물 디자인

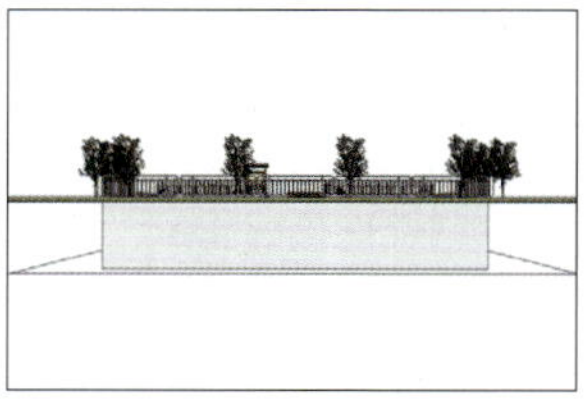

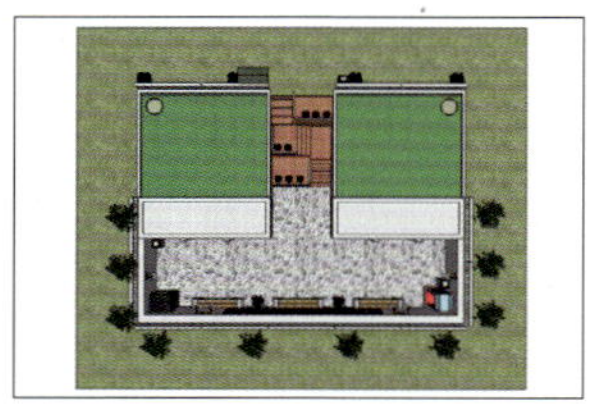
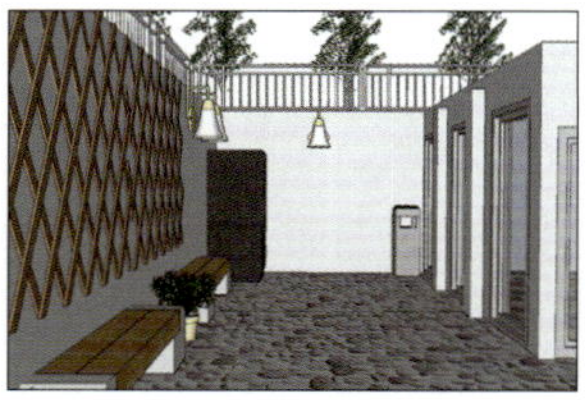
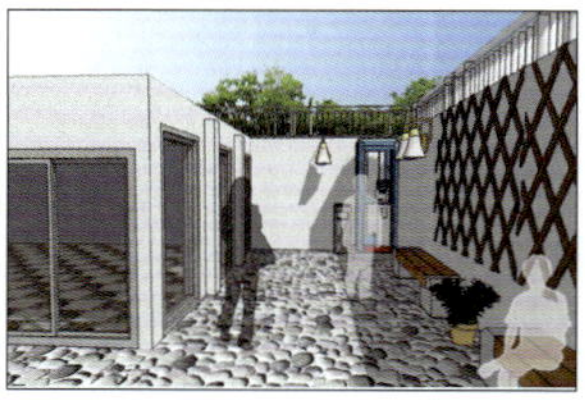
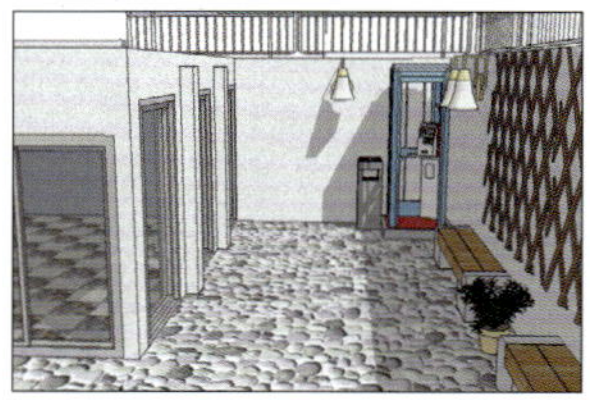
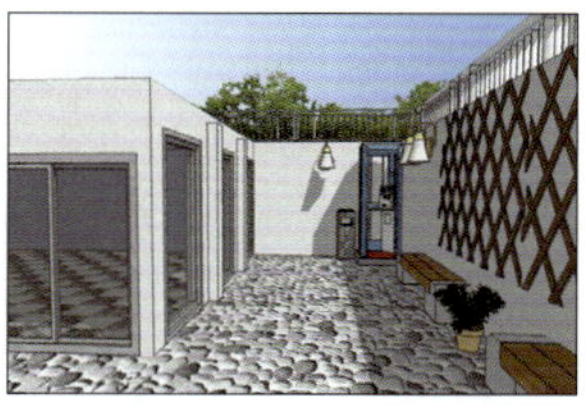

시각적인 효과에 초점을 맞춘 스케치

이 책의 특징

1. 스케치업 8의 주요 도구, 기능들과 그 기능들에 대한 활용 능력을 익히고 습득하기 위한 예제들로 구성되어 있습니다. 이 부분이 이 책의 핵심이며, 활용 예제 따라하기를 통해 여러분들의 제작 능력을 향상시킬 수 있습니다.
2. 각 Part를 순서대로 차근차근 공부하기를 권장합니다. 여러분들이 시간과 노력을 들여 끈기 있게 공부한다면 내용을 모두 습득할 수 있으며, 어느 순간 자신에게도 놀라운 응용력이 생겼다는 것을 발견할 수 있을 것입니다.
3. 여러분들은 이 책으로 3가지[스케치업(SketchUp)+포디움(Podium)+피라네시(Piranesi)]의 프로그램을 습득하여 자연스럽게 모델링과 조명 그리고 리터칭 및 수작업 스케치를 컴퓨터로 충분히 보여 줄 수 있습니다.

Part 01. 스케치업 8의 기본 지식과 공간 소품 모델링 따라하기

스케치업 8의 환경 설정과 기능 활용법을 다양한 예제 따라하기를 통해 익히게 됩니다. 또 핵심 기능을 파악하여 다양한 3D 모델링들을 제작하기 위한 기본기를 다집니다.

Part 02. 실내/실외 인테리어 디자인

캐드 도면을 불러와 작은 공간에 벽과 천장, 창문, 액자 그리고 거실 가구들을 배치합니다. 또 실내 공간을 스케치업 8을 이용하여 직접 도면으로 제작할 수도 있습니다. 동선을 생각하며 가구와 소품들을 배치하는 작업을 익힙니다. 그리고 공간의 일부를 이미지 파일로 저장한 후 포토샵 리터칭 작업도 익힐 수 있습니다.

Part 03. 예쁜 단독주택 인테리어 디자인

학습한 기능을 활용하여 고급 예제를 실습하게 됩니다. 주택 주변의 전원을 더욱 쾌적하게 꾸미는 방법을 익힐 수 있고, 원근감을 표현하여 매우 사실적이고 현실감 있는 완성도 높은 공간을 표현할 수도 있습니다.

Part 04. 다양한 애니메이션

앞에서 제작한 완성 파일을 불러와 건물을 중심으로 회전시켜 전체적인 배경을 보여 주는 자연스러운 애니메이션을 제작합니다. 또 2D 도면부터 작업되는 과정을 슬라이드 애니메이션으로 제작한 후 동영상 파일로 실행해 봅니다.

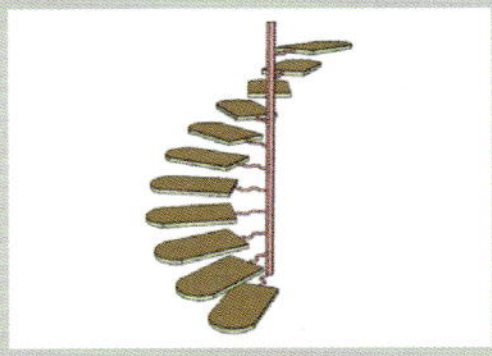

Part 05. 스케치업 전용 조명–포디움

포디움(Podium)은 스케치업 8로 작업한 3D 모델링에 조명을 설치해서 표현하는 프로그램입니다. 각 객체에 옴니 라이트(Omni Light)와 반사를 적용해 표현합니다. 그리고 실내와 실외 인테리어에 옴니 라이트와 반사를 적용한 후 마무리는 포토샵으로 리터칭하게 됩니다.

Part 06. 피라네시(Piranesi 2010)

스케치업 8로 작업한 3D 모델링을 피라네시에서 실사와 비슷하게 리터칭 작업을 할 수 있습니다. 피라네시의 회화, 야간, 유화, 반사, 마카, 연필 스케치 등 다양한 효과를 주어 수작업으로 제작된 느낌을 좀 더 추가할 수 있습니다.

Contents

PART 01 스케치업 8의 기본 지식과 공간 소품 모델링 따라하기

PART 02

실내/실외 인테리어 디자인

PART 03

예쁜 단독주택 인테리어 디자인

Contents

PART 06

피라네시(Piranesi 2010)

PART

01

스케치업 8의 기본 지식과 공간 소품 모델링 따라하기

스케치업 8은 건축뿐만 아니라 인테리어 작업을 하는 분들에게 매우 효율적인 프로그램입니다. 지금까지 손으로 스케치하던 방식이 디지털 방식으로 변경되면서 데이터의 변형과 반복 사용이 가능해졌습니다. 또 스케치업 8의 강력한 3차원 기능은 상상하는 것을 완벽하게 표현할 수 있도록 도와줍니다. 이번 장에서는 짧은 기간 동안의 학습으로 프로그램을 완벽하게 이해하고 활용할 수 있도록 스케치업 8이 어떤 프로그램인지 알아본 다음, 다양한 공간 소품들을 모델링해 보면서 차근차근 익혀 보겠습니다.

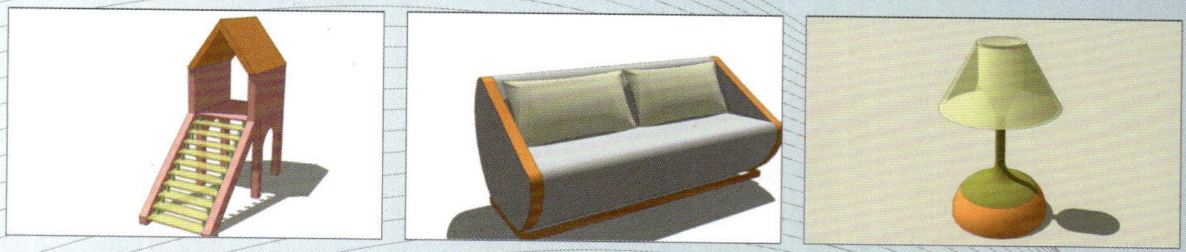

    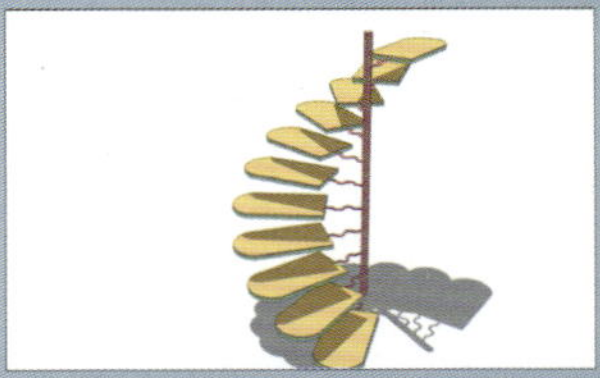 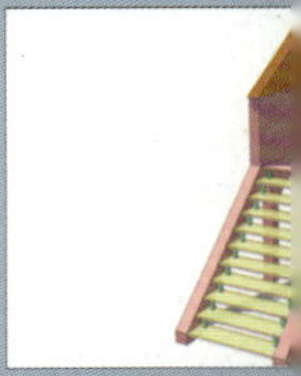

01; 스케치업 8의 정의와 설정 방법

스케치업 8의 강력한 3차원 프레젠테이션(Presentation) 기능은 자신의 상상을 상대방에게 완벽하게 표현할 수 있도록 도와줍니다. 스케치업 8은 짧은 기간의 학습으로도 프로그램을 완벽하게 이해하고 활용할 수 있으며, 이 프로그램을 통해 만들어진 데이터는 평면 이미지(2D 도면 또는 JPG, GIF, TIF와 같은 Bitmap 이미지) 뿐만 아니라 3차원 형태(DWG, DXF, 3DS)로도 변환할 수 있습니다. 이번 장에서는 스케치업 8이 가지고 있는 장점과 새로운 기능에 대해 알아보겠습니다.

01. 스케치업 8의 놀라운 장점들

현재 스케치업 8은 건축 관련 학계 또는 업계뿐만 아니라 제품 디자인과 소품 디자인에도 활용되고 있습니다. 스케치업 8의 장점은 다음과 같습니다.

01 접근의 용이성

스케치업 8은 구글에서 무료로 다운로드할 수 있습니다. 스케치업 8은 크게 프로 버전과 무료 버전으로 나누어지며, 무료 버전을 사용해도 활용하는 데 큰 문제는 없습니다.

▶ **스케치업 8 다운로드 URL**

http://SketchUp.google.com/intl/en/download

02 손쉬운 사용법과 컴포넌트

스케치업 8의 가장 큰 장점은 작업하기가 쉽다는 것입니다. 대표적인 3D 소프트웨어인 3ds Max와 비교해 보아도 정말 쉬운 프로그램이기 때문에 초보자들도 쉽게 다룰 수 있습니다. 또 한 가지 장점은 수많은 컴포넌트(소스)를 무료로 사용할 수 있다는 것입니다. 스케치업 8은 가구나 집기들을 직접 그리는 것이 아니라 기존 유저들이 만들어 놓은 것을 다운로드한 후 수정·보완하여 사용할 수 있습니다.

▶ **컴포넌트(소스) 다운로드 URL**

http://SketchUp.google.com/3dwarehouse

03 커뮤니케이션의 용이성

스케치업은 다른 3D 소프트웨어와 비교해 보았을 때 쌍방향 커뮤니케이션이 매우 편리하다는 장점이 있습니다. 3ds Max, AutoCAD 등에서 완성한 작품을 스케치업 8로 불러와 사용할 수 있습니다. 실무에서는 클라이언트에게 브리핑할 때 실시간으로 모델링된 현장의 구석구석을 사실적으로 보여줄 수 있습니다. 대부분의 클라이언트는 도면을 잘 모르는 경우가 많기 때문에 완성된 공간을 직접 보여줌으로써 빠른 이해를 도울 수 있습니다. 또 동영상으로 진행 과정을 보여줄 수도 있습니다.

04 다양한 렌더링 프로그램과의 연동

현재 스케치업 8에 지원되는 렌더링 프로그램으로는 브이레이(V-Ray), 아틀란티스(Atlantis), 포디움(Podium), KT(Kerkythea), 아이렌더(IRender), 맥스웰 등이 있으며, 3ds Max와도 호환됩니다.

05 사용이 쉬운 제작

스케치업 8은 교차하는 영역에서 다른 가장자리를 자동으로 나누는 기능, 사용자와 상호 작용할 때 어떤 동작을 실행해야 하는지 인식하는 개체, 그리고 명확하고 일관성을 가진 그리기 힌트 등 사용자 중심의 직관적인 툴을 제공합니다. 또 스케치업 8은 모델을 찾고 세상과 공유하기 쉽도록 제작되었으며, 고급 사용자를 위한 여러 가지 기능들도 포함되어 있습니다.

06 공유 능력

스케치업 8에서는 구성 요소 웹 브라우저를 통해 Google 3D 이미지 갤러리의 모델을 바로 검색할 수 있고, 세계적인 3D 커뮤니티의 회원이 되어 자신이 작업한 이미지를 통해 명성을 얻을 수도 있습니다.

07 더욱 강력한 기능

레이아웃은 공식적으로 베타 단계를 완료했으며, 출시될 준비가 되었습니다. 더욱 빠르고 안정적인 레이아웃 2에는 벡터 렌더링, 개선된 텍스트 처리 등이 포함되어 있습니다. 또 고급 사용자를 위한 스케치업 8에는 지능적인 애니메이션 효과가 포함되어 있는데, 이 애니메이션 효과를 이용하면 복제되는 모델의 동적 구성 요소를 만들 수도 있습니다.

Tip

스케치업 8의 특징

- 도형을 그리거나 수정할 수 있고, 측정, 회전, 확대 및 축소, 이동을 할 수 있습니다.
- 정확한 치수를 사용하며, 텍스트 도구를 이용하여 설명을 제공할 수 있습니다.
- 모델 내부를 더욱 쉽게 보면서 작업할 수 있도록 섹션 분할을 배치할 수 있습니다.
- 모델에 벽돌, 나무, 판자 및 유리 등 미리 만들어진 텍스처를 추가하거나 새로 만들 수 있습니다.
- 스케치업 8을 사용하면 처음부터 또는 기존 데이터를 사용하여 3D 모델을 만들 수 있습니다. CAD 도면, 사진, 이미지 및 기타 정보를 가져온 후 스케치업 8의 모델링 툴을 사용하면 3D 모델링 작업을 할 수 있습니다.
- 모델에 나무, 자동차, 문과 창문, 사람 등과 같이 미리 만들어진 구성 요소를 추가하거나 구성 요소를 새로 만들 수 있습니다.
- 동적 구성 요소라고 부르는 맞춤식의 지능형 개체를 만들 수 있습니다.
- 부드럽고 매끄러운 면을 만들 수 있습니다.
- 지구상의 모든 위치에 실시간 그림자를 적용할 수 있습니다.
- 동영상 카메라 배치를 시뮬레이션할 수 있습니다.
- 프레젠테이션용 둘러보기를 만들 수 있습니다.
- 샌드박스 모델링을 사용할 수 있습니다. 등고선을 이용하여 지형을 제작할 수 있을 뿐만 아니라 처음부터 메시(Mesh)를 만들어 일정 영역을 위 아래로 움직이게 하거나 곡면 지형에 도로를 표시할 수 있습니다.

02. 스케치업 8의 새로운 기능들

스케치업 8은 사용자의 아이디어를 3D로 표현할 수 있는 강력한 기능을 가지고 있습니다. 또 기존의 CAD 소프트웨어와 달리 빨리 배워 쉽게 사용할 수 있습니다.
전문 디자이너는 스케치업 8을 사용하여 복잡한 디자인 아이디어를 실험하거나 구현할 수 있습니다. 또 레이아웃 및 스타일 빌더(Style Builder)와 같은 두 가지 디자인 및 프레젠테이션용 도구가 포함되어 있습니다.

01 솔리드 툴 추가

더욱 강력해진 스케치업 8은 자체 모델링 도구에 솔리드 툴(Solid Tools)이 추가되어 있습니다. 또 추가 및 빼기 모델링을 위한 강력하고 서로운 도구들도 포함되어 있습니다.

02 동적 구성 요소(행동의 사용자 지정 지능형 모델의 확립과 특성)

스케치업 8에서는 동적 구성 요소를 사용하여 자신의 모델에 여러 가지 특성을 추가할 수 있습니다. 또 언제든지 특성 데이터가 요약된 보고서를 작성할 수 있습니다. 이 보고서를 사용하면 모델 개발의 전 과정에 걸쳐 수량을 파악하거나 견적을 낼 수 있습니다.

03 구글 빌딩 마커 생성 및 수정

스케치업 8에서 가장 중요한 것은 주변 건물의 모델에서 구글 어스를 3D 모델링으로 하여 세련되고 정확한 지형 모델을 표현할 수 있다는 것입니다. 또 사용자가 사용하지 않는 경우에도 구글 빌딩 마커(Google Building Maker)를 생성하거나 가져오기가 쉽습니다.

04 구글 지도(Google Map) 및 위치 표시(Geo-locating)

스케치업 8의 슬라이드 쇼 기능과 그림자 설정 기능을 이용하여 다양한 일조(日照)를 시뮬레이션할 수 있습니다. 스케치업 8은 자북과 도북의 차이를 설정할 수 있으며, 시간대별로 그림자를 설정할 수도 있습니다. 또 스케치업 8의 강력한 실시간 그림자 엔진을 통해 모델에 정확한 음영을 표현할 수 있습니다.

05 스타일 작성기

스케치업 8의 디스플레이 스타일은 직접 가장자리에 독특한 그림을 만들어 자신만의 스타일을 만듭니다. 또 펜, 연필 등을 이용하여 자신만의 스타일을 만든 후 다른 상품과 비교할 수도 있습니다.

06 내보내기 및 공유하기

일부 프로젝트에서는 AutoCAD 및 기타 소프트웨어 도구와 모델 데이터를 교환할 수 있습니다. 그리고 기존 CAD 응용 프로그램 또는 렌더링 응용 프로그램을 사용하여 건설 도면 또는 사진과 같은 이미지를 만들거나 정보를 공유할 수 있습니다.

- 가져오기 및 내보내기를 위한 여러 가지 플러그인을 사용할 수 있습니다.
- 애니메이션 및 시연 영상을 MOV 또는 AVI 파일로 내보낼 수 있습니다.
- 지리적 위치가 정해진 모델을 만든 후, 이를 구글 어스에 배치할 수 있습니다.
- 구글 어스 파일을 KMZ 형식으로 직접 내보낼 수 있습니다.
- 3D 이미지 갤러리에서 스케치업 8의 모델을 공유할 수 있습니다. 구글 어스에서 위치 정보가 포함된 모델을 업로드하면 스케치업(*.skp), 구글 어스(*.kmz) 파일 및 Collada(*.zip) 파일이 만들어집니다.
- 루비(Ruby) 프로그래밍 언어를 사용하여 추가 기능 프로그램을 만들 수 있습니다.
- 스케치업 8의 모델에서 이름이 지정된 모든 개체에 관련된 보고서(*.xml, *.csv)를 생성할 수 있습니다.

01 '가져오기' 할 수 있는 파일 확장자

스케치업 8 및 스케치업 프로의 현재 버전에 적용되는 요구 사항 및 권장 사항은 다음과 같습니다.

- **2D 이미지**
  - JPEG 이미지(*.jpg)
  - Portable Network Graphics(*.png)
  - Tagged Image File(*.tif)
  - Targa 파일(*.tga)
  - Windows 비트맵(*.bmp)

- **3D 모델 및 정보**
  - 스케치업(*.skp)
  - 구글 어스 지형 참고
  - 3DS(*.3ds)

- DEM(*.dem, *.ddf)
- ACAD(*.dwg, *.dxf)

02 '내보내기' 할 수 있는 파일 확장자

- **모델의 2D 이미지로 내보내기**
  - Portable Document Format(*.pdf)
  - Encapsulated PostScript Format(*.eps)
  - Epix(*.epx)
  - AutoCAD(*.dwg, *.dxf)
  - JPEG 이미지(*.jpg)
  - Portable Network Graphics(*.png)
  - Tagged Image File(*.tif)
  - Windows 비트맵(*.bmp)

- **여러 형식으로 3D 모델을 내보내기**
  - 3DS(*.3ds)
  - AutoCAD DWG(*.dwg)
  - AutoCAD DXF(*.dxf)
  - FBX(*.fbx)
  - OBJ(*.obj)
  - XSI(*.xsi)
  - Tagged Image File(*.tif)
  - VRML(*.vrml)

07 레이아웃 3으로 프레젠테이션 및 문서 작업하기

스케치업 프로에는 레이아웃이 포함되어 있으며, 사용자가 프로젝트를 수행하는 데 필요한 모든 것을 제공합니다. 스케치업 프로에서 2D 기능을 보조하는 레이아웃을 사용하면 승인, 건설 도면, 프레젠테이션 문서 및 전체 화면 디지털 프레젠테이션과 같은 결과물을 만들 수 있습니다.

레이아웃 3은 빠르고 전문적인 문서 및 프레젠테이션을 만들어 프레젠테이션, 설계 문서 및 간단한 레이아웃을 생산할 수 있습니다. 또 치수, 메모, 텍스트, 사진, 그래픽, 추가 확장 계획, 고도, 분해 전망, 관점과 강한 축소판을 생성할 수 있고, 고해상도 인쇄, PDF 및 슬라이드 프레젠테이션으로 변환한 파일을 생성한 후 다른 사람과 공유할 수도 있습니다.

01 스케치업 8 하드웨어 및 소프트웨어 요구 사항

구글 스케치업 8 및 스케치업 프로의 하드웨어 및 소프트웨어 요구 사항 및 권장 사항은 다음과 같습니다(스케치업 8 모델에 투영된 텍스처가 있고, ATI Rage Pro 또는 Matrox G400 그래픽 카드를 사용하는 경우 텍스처가 올바르지 않게 표시될 수 있음).

- Windows XP
  - 소프트웨어

    스케치업 프로 Microsoft 서비스 팩 2+

    Microsoft® Internet Explorer 7.0 이상

    .NET Framework 버전 2.0

    Windows 64비트 버전(32비트 응용 프로그램 실행)
  - 권장 하드웨어

    2GHz 이상의 프로세서

    2GB 이상의 RAM

    500MB의 사용 가능한 하드 디스크 공간

    512MB 이상의 메모리가 있는 3D 그래픽 카드 비디오 카드 드라이브가 OpenGL 버전 1.5 이상을 지원해야 하며, 최신 버전이어야 합니다.

스케치업 8의 성능은 그래픽 카드 드라이브가 OpenGL 1.5 이상을 지원하는지의 여부에 따라 크게 좌우됩니다. 인텔(Intel) 기반 카드를 사용하여 스케치업 8을 실행하면 문제가 발생하는 경우가 있습니다. 현재까지는 스케치업 8에서 이러한 그래픽 카드를 사용하지 않는 것이 좋습니다.
일부 스케치업 8의 기능에는 인터넷 연결이 필요합니다.

- 최소 하드웨어 요구 사항

  1GHz 프로세서

  512MB RAM

  300MB의 사용 가능한 하드 디스크 공간

  128MB 이상의 메모리가 있는 3D 그래픽 카드 비디오 카드 드라이브가 OpenGL 버전 1.5 이상을 지원해야 하며, 최신 버전이어야 합니다.
- Pro 라이선스

  Windows 라이선스는 Mac OS X 버전의 스케치업 프로에서는 작동하지 않습니다.

Tip

스케치업 8을 제거하거나 복구하려면 어떻게 해야 하나요?

▶ Windows XP의 경우

시작 메뉴 〉 제어판 〉 프로그램 추가/제거 〉 Google SketchUp Pro 8 클릭

스케치업 8에 문제가 발생하면 변경 옵션을 사용하여 마지막으로 설치한 프로그램 기능을 다시 설치할 수 있습니다. 이를 통해 손상된 응용 프로그램 파일을 수정할 수 있습니다. 단, 해당 파일에 영향을 주지는 않습니다. 그래도 문제가 해결되지 않으면 스케치업 8을 제거한 후에 다시 설치해야 합니다.

03. 스케치업 8의 화면 구성

스케치업 8의 화면은 6개로 구성되어 있습니다. 스케치업 8을 실행하면 그림과 같은 화면이 나타납니다. 화면 상단에는 메뉴바, 각 메뉴를 클릭했을 때 나타나는 풀다운 메뉴, 왼쪽에는 아이콘 모음이 위치하고 있습니다. 각 메뉴 구성은 사용자의 환경에 적합한 설정을 할 수 있는 기능을 제공합니다.

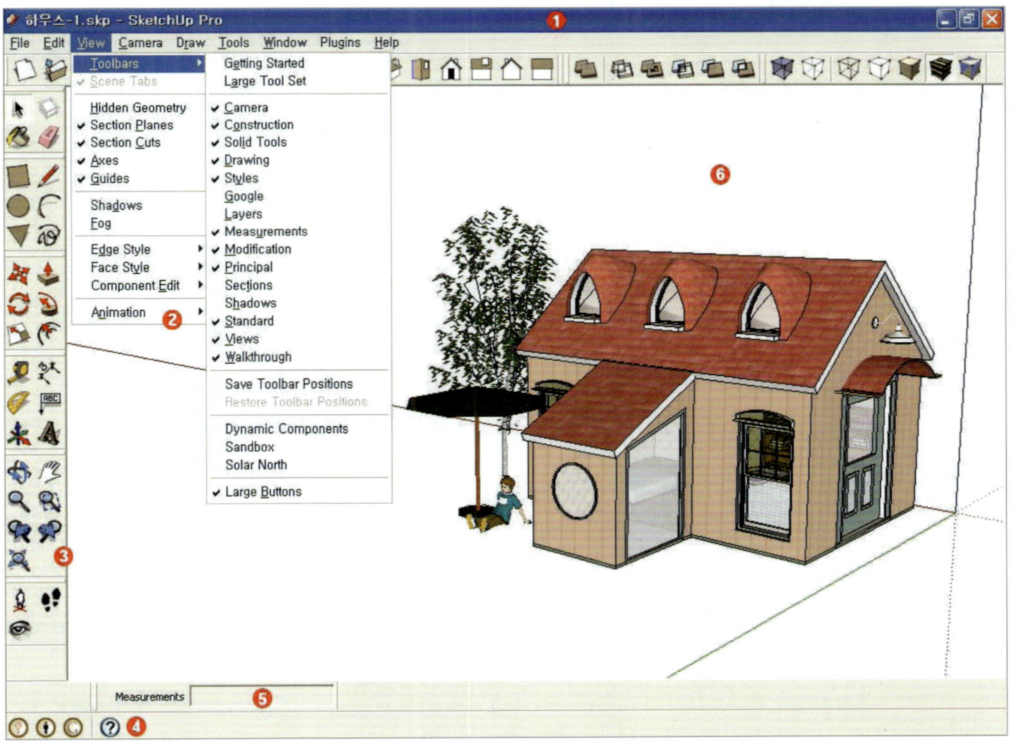

❶ **제목 표시줄(Title)** : 작업 파일의 제목, 즉 파일명이 표시됩니다.

❷ **풀다운 메뉴(Pull-down Menu)** : 스케치업 8 도구, 명령 및 설정의 대부분을 이 메뉴에서 사용할 수 있습니다. 메뉴에는 파일, 편집, 뷰, 카메라, 그리기, 도구, 창, 도움말이 있습니다.

❸ **도구 모음(ToolBar)** : 메뉴 아래에 위치하며, 응용 프로그램 왼쪽에 표시되는 도구 모음에는 사용자가 정의한 도구 및 컨트롤이 포함되어 있습니다.

❹ **상태 표시줄(Status/Prompts)** : 상태 표시줄이란, 작업 화면 영역 아래에 있는 회색의 긴 직사각형 영역을 말합니다. 상태 표시줄 왼쪽에는 현재 사용 중인 그리기 도구에 대한 도움말이 표시되며, 여기에는 바로가기 키를 이용하여 액세스할 수 있는 특별한 기능이 포함되어 있습니다. 크기 조절 핸들을 사용하면 그리기 영역을 더 크게 만들어 상태 표시줄의 메시지 전체를 볼 수 있습니다.

❺ **값 제어 상자(Value Control Box)** : 수치 입력 창 또는 치수 입력 창(정확한 크기의 물체를 만들거나 물체의 크기를 측정할 때의 값)으로 이루어져 있습니다.

❻ **작업 화면 영역** : 모든 작업이 이루어지는 메인 창으로, 작업 화면 영역의 3D 공간은 그리기 축을 기준으로 수직 또는 수평인 세 가지 색상의 선으로 구성됩니다. 그리기 축은 작업 중에 3D 공간에서 방향 감각을 제공합니다.

04. 스케치업 8의 환경 설정

스케치업 8을 처음 접하는 분들에게는 환경 설정이 매우 중요합니다. 따라서 스케치업 8을 설치한 후 가장 먼저 해야 할 작업이 바로 '환경 설정'입니다. 환경 설정 값을 제대로 지정하지 않으면 작업 과정에서 문제가 생길 수 있습니다. 부록 CD에 포함되어 있는 스케치업 8 설치 파일을 더블클릭하여 설치한 후 환경 설정이 어떻게 진행되는지 알아보겠습니다.

01 스케치업 8의 설치와 실행

스케치업 8에서는 model info, preferences, styles, template를 통해 사용자 설정을 할 수 있습니다. 가능하면 이 책에서 제시하는 설정 방법을 이용하는 것이 좋습니다.

01 스케치업을 컴퓨터에 설치한 후 바탕 화면에 생성된 'Google SketchUp 8'을 더블클릭하여 프로그램을 실행합니다.

02 템플릿 선택 창을 클릭합니다. 스케치업 8을 실행한 후에 다시 설정해야 하는 부분입니다. 템플릿 창에서 [Plan View]-[Feet and Inches]를 선택한 후 [Start using SketchUp] 버튼을 클릭하여 스케치업 8을 시작합니다.

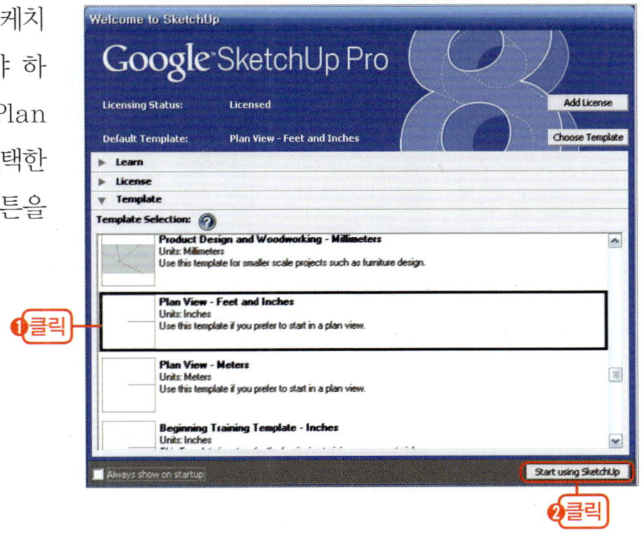

02 툴바 설정하기

도구 모음 부분을 나타나게 하거나 숨길 수 있는 명령이 포함되어 있습니다. 툴박스가 사라졌을 경우, 원하는 툴박스를 클릭하여 나타나도록 설정할 수 있습니다.

01 최초 실행된 화면에는 툴바가 나타나 있지 않습니다. 툴바를 나타내기 위해 메뉴에서 [View]-[Toolbars]를 선택합니다.

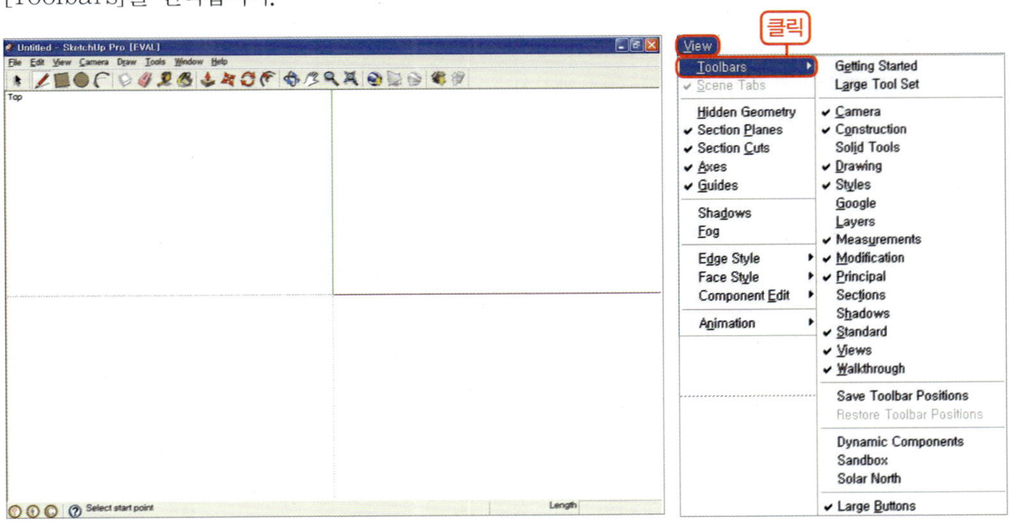

02 [Toolbars]의 풀다운 메뉴 중에서 필요한 툴바에 체크 표시를 하여 화면에 나타나도록 합니다.

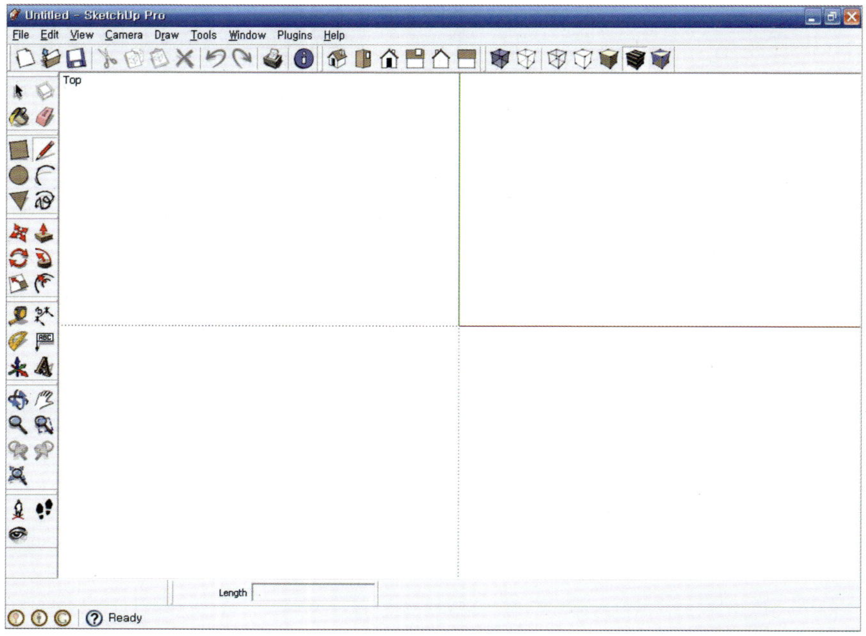

03 환경 설정하기

스케치업 8 작업을 위해 필요한 환경 변수 및 다양한 도구들이 나타나도록 설정합니다.

01 가장 먼저 작업한 모델의 정보를 설정하기 위해서 Model Info를 수정해야 합니다. 파일 메뉴에서 [Window]–[Model Info]를 선택하면 [Model Info] 대화상자가 나타납니다.

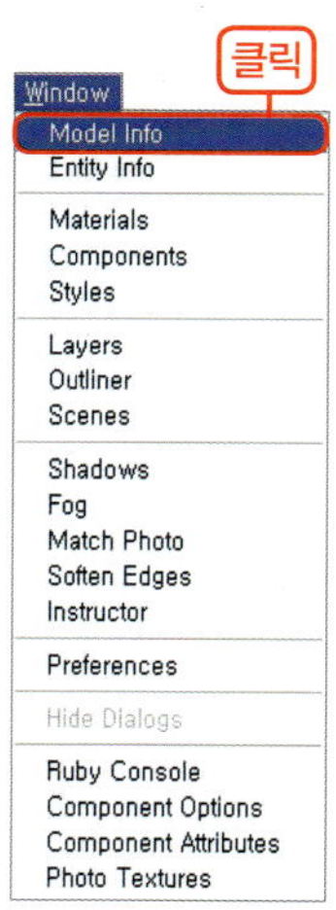

Tip

[Model Info] 창

[Model Info] 창에서는 스케치업 8을 이용한 작업 환경 변수를 설정할 수 있습니다.

- Animation : 씬(Scenes) 기능을 이용하여 슬라이드 쇼 및 애니메이션을 진행할 경우, 애니메이션 속도와 시간을 설정합니다.
- Components : 구성 요소에 대한 값을 설정합니다.
- Credits : 모델링을 작업한 작성자를 알 수 있습니다.
- Dimensions : 치수 입력 및 표면에 관련된 옵션을 설정합니다.
- File : 저장되는 파일의 버전 및 주석문을 입력합니다.
- Geo–location : 작성된 모델링 객체의 현재 위치를 설정해 줍니다.
- Rendering : 재질 품질과 성능을 향상시키는 기능입니다. 재질의 기능을 향상시키기 위해 안티 앨리어스 텍스처 사용을 해제합니다.
- Statistics : 현재 작업 중인 파일에 대한 여러 정보값을 표시해 줍니다.
- Text : 입력되는 글씨 및 지시선의 표현 방법을 구성합니다.
- Units : 작업 모델링의 단위를 지정합니다.

02 모델링을 작업할 때 필요한 단위를 설정하기 위해 [Model Info] 대화상자의 항목 중에서 [Units]을 선택한 후 각각 다음과 같이 설정합니다.

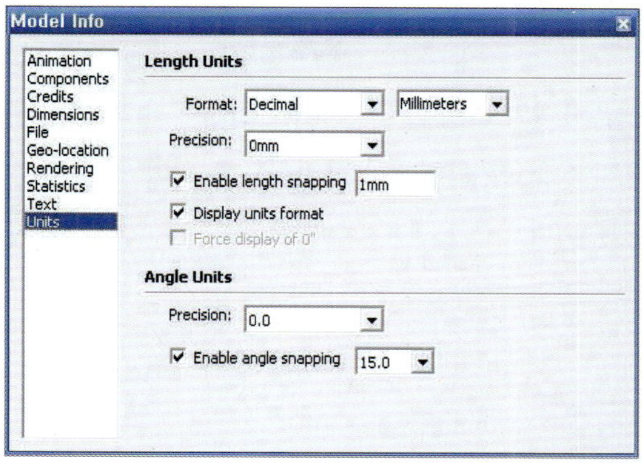

- **Format** Decimal(10진법)로 지정
- **단위** Millimeters로 지정
- **Precision**(정밀) 0mm로 지정
- **Enable length snapping** 지정한 수치만큼 스냅을 잡아준다는 의미로, 체크 표시를 해제
- **Display units Format** 수치 단위의 표시 여부 설정
- **Force display oF 0"** Architectural Units로 설정했을 때 Feet와 Inch로 표현하는 옵션
- **Angle Units** 'Enable angle snapping'의 체크 표시를 해제

03 Model Info의 설정이 끝나면 메뉴에서 [File]-[Save As Template]를 선택하여 템플릿(Template)을 저장합니다.

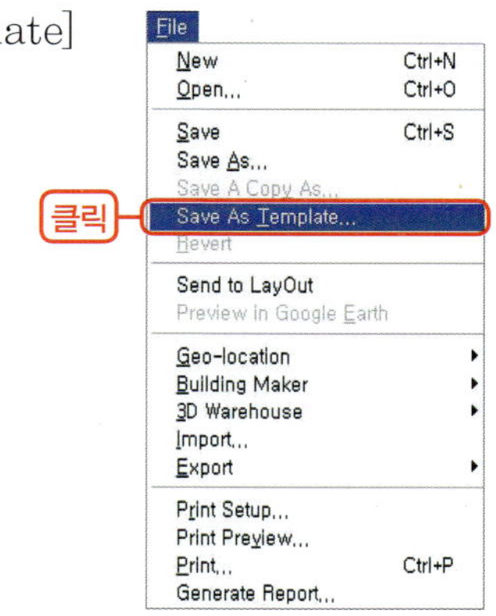

04 [Save As Template] 대화상자가 나타나면 이름(Name)과 개략적인 설명(Description)을 입력한 후 [Save] 버튼을 클릭합니다.

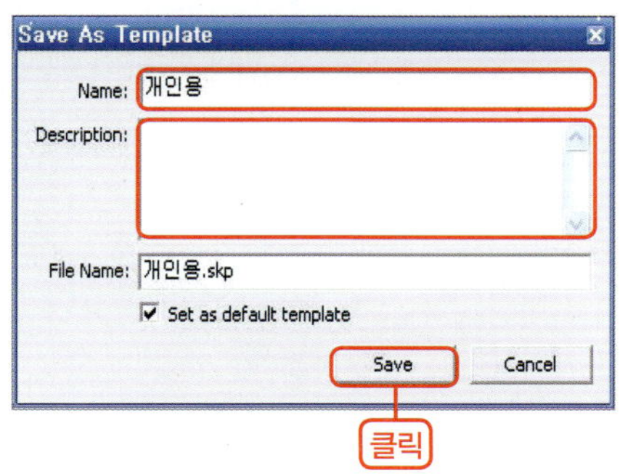

05. Standard 알아보기

3ds MAX와 CAD 프로그램은 4개의 다양한 뷰(View) 화면에서 작업할 수 있지만, 스케치업 8은 다른 3차원 프로그램과 달리 싱글 뷰 화면에서 작업하도록 되어 있기 때문에 작업 시점을 변경하면서 자유롭게 작업할 수 있습니다.

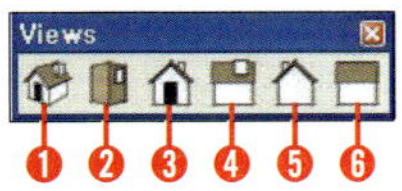

❶ 아이소(Iso) 툴
❷ 평면(Top) 툴
❸ 정면(Front) 툴
❹ 라이트(Right) 툴
❺ 뒷면(Back) 툴
❻ 레프트(Left) 툴

- Iso()

조감도 위치에서 바라보는 Iso 시점으로 설정합니다.

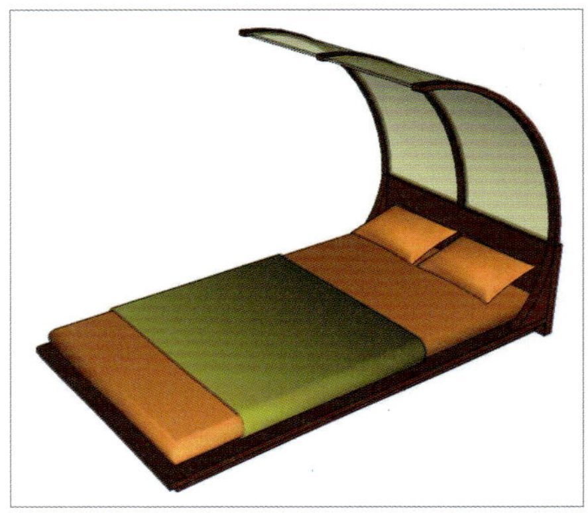

- Top()

위에서 바라보는 평면 시점으로 설정합니다.

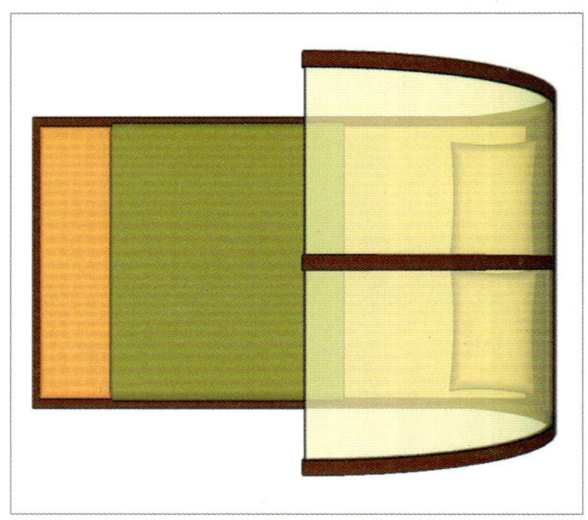

- Front()

정면에서 바라보는 시점으로 설정합니다.

- Right()

오른쪽에서 바라보는 측면 시점으로 설정합니다.

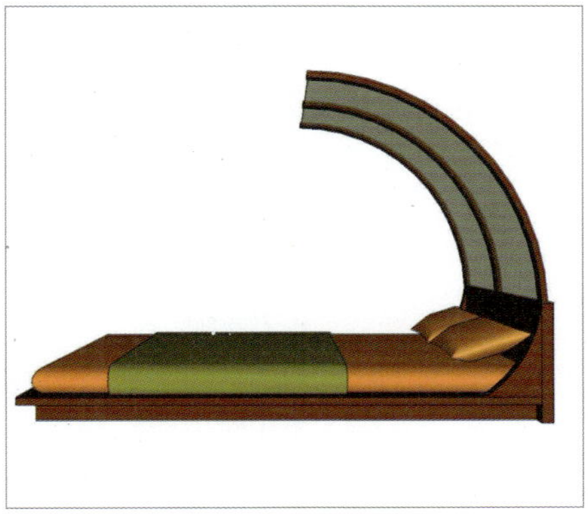

- Back()

뒤에서 바라보는 시점으로 설정합니다.

- Left()

왼쪽에서 바라보는 측면 시점으로 설정합니다.

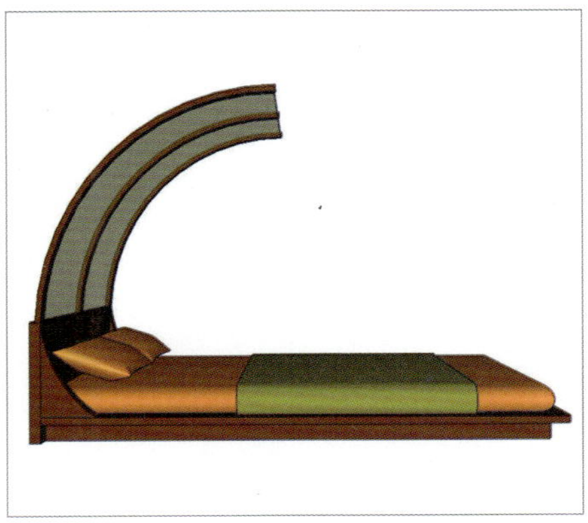

Tip

스케치업 8에서는 어느 방향이 위, 아래, 동쪽, 서쪽, 북쪽, 남쪽인가요?

스케치업 8에는 원점에서 만나는 세 개의 축(파랑, 빨강, 녹색)이 있습니다. 빨강과 녹색 축은 그라운드 평면을 형성합니다.

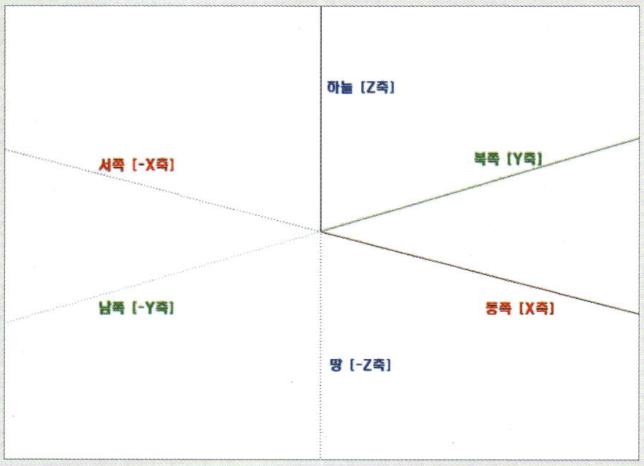

각 축에는 원점을 기준으로 양쪽에 실선과 점선이 있습니다.

- 파랑 : 실선은 위(하늘)를 가리키고, 점선은 아래(땅)를 가리킵니다.
- 빨강 : 실선은 X축(동쪽)을 가리키고, 점선은 –X축(서쪽)을 가리킵니다.
- 녹색 : 실선은 Y축(북쪽)을 가리키고, 점선은 –Y축(남쪽)을 가리킵니다.

02;

3D 모델에서 작동하는 고체 도구

스케치업 8에서 처음으로 소개되는 명령어입니다. 두 개의 3D 모델을 그룹으로 설정한 후 다양한 3D 고체 도구들을 이용해 다양한 모델을 만듭니다.

01. 고체 도구 구성 알아보기

스케치업 8의 고체 도구(Solid Tools)는 스케치업 8의 고체에서만 작동합니다. 스케치업 8에서 고체는 모든 3D 모델(구성 요소 또는 그룹)을 말합니다. 스케치업 8의 고체는 누락된 면 또는 가장자리와 만나지 않는 면을 포함할 수 없습니다. 구성 요소 또는 그룹을 선택하면 [요소 정보] 대화상자에서 해당 선택 항목이 고체인지를 확인할 수 있습니다.

● 예제 파일 I 부록 CD\Sample\Part 01\예제\solid-sam.skp

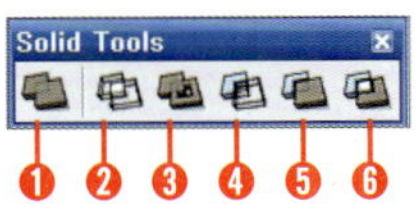

❶ **외부 셀 도구( )** : 결합 도구와 같은 방식으로 작동하지만 결과에서 모든 내부 도형이 제거됩니다.

❷ **교차 도구( )** : 두 개 이상의 고체에 적용되어 겹치는 부분만 남깁니다.

❸ **결합 도구( )** : 두 개 이상 겹치는 고체의 모든 외부 면을 병합하여 하나의 큰 스케치업 8의 고체로 만듭니다.

❹ **빼기 도구( )** : 두 개의 고체에 적용되어 두 번째 선택된 고체에서 첫 번째 선택된 고체와 교차하는 도형을 병합합니다.

❺ **트리밍 도구( )** : 빼기 도구와 같이 두 개의 고체에 적용되어 두 번째 선택된 고체에서 첫 번째 선택된 고체와 교차하는 도형을 병합합니다.

❻ **분할 도구( )** : 두 고체의 모든 부분을 고체가 겹치는 부분에서 별개의 그룹 또는 구성 요소로 분할합니다.

02. 교차 도구

교차는 하나의 그룹 또는 구성 요소가 다른 그룹 또는 구성 요소와 교차 또는 겹치는 부분의 도형을 의미합니다. 두 개 이상 교차하는 그룹 또는 구성 요소에서 교차를 작업할 수 있으며, 작업한 결과로 교차하는 도형만 남습니다.

01 교차 도구( )를 선택합니다. 커서를 그룹 또는 구성 요소 중 하나 위로 이동합니다. 그러면 커서가 숫자 1( )이라는 텍스트가 있는 화살표로 바뀝니다. 첫 번째 그룹 또는 구성 요소가 선택됩니다.

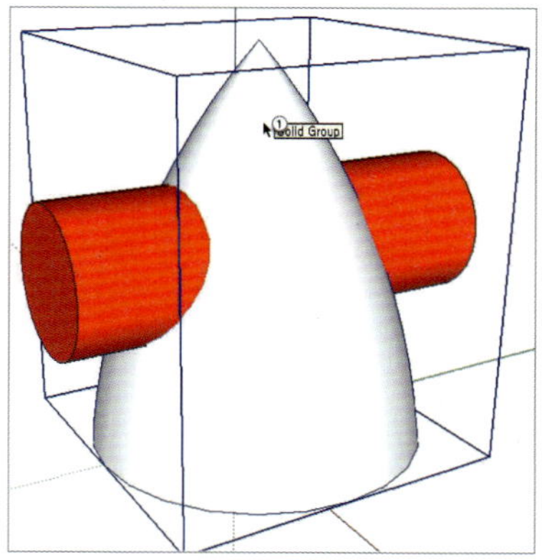

Tip

그룹 또는 구성 요소 위에 마우스를 올려 놓지 않으면 마우스 모양이 슬래시( ) 화살표로 바뀝니다.

02 커서가 숫자 2( )라는 텍스트가 있는 화살표로 바뀝니다. 남은 그룹 또는 구성 요소를 클릭하면 결과 교차 도형이 남습니다.

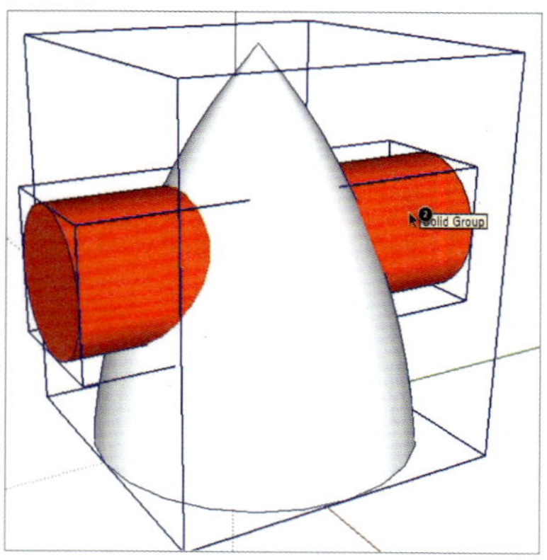

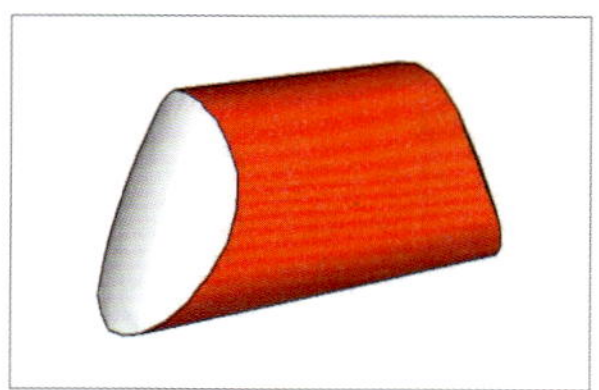

03 또 다른 방법은 다음과 같습니다. 선택 툴( )로 두 개의 모든 그룹 또는 구성 요소를 선택합니다. 선택된 요소가 파란색으로 강조 표시됩니다.

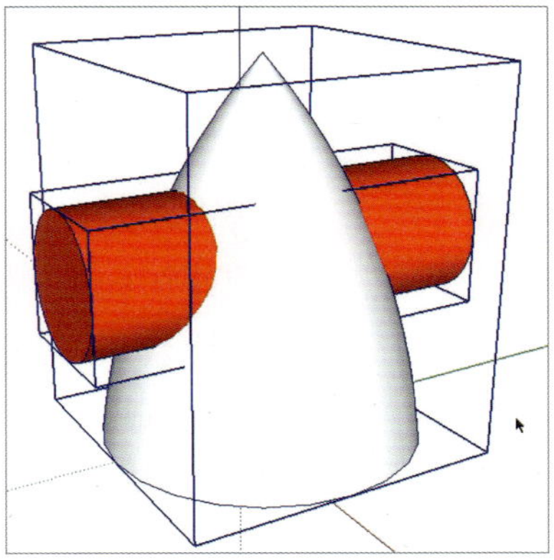

Tip

교차를 수행하기 전에 그룹 또는 구성 요소를 미리 선택할 수도 있습니다.

04 교차 도구( )를 선택하면 결과 교차 도형이 남습니다.

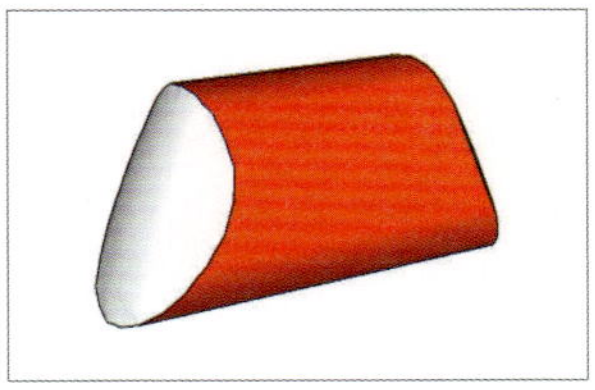

03. 결합 도구와 외부 셀 도구

결합은 두 개 이상의 고체 볼륨을 단일 고체 볼륨으로 합치는 과정을 의미합니다. 결합의 결과는 외부 셀 도구의 결과와 비슷합니다. 하지만 결합 도구의 결과는 내부 도형만 포함할 수 있으며, 외부 셀 도구의 결과는 외부 면만 포함할 수 있습니다. 외부 셀 도구는 겹치는 그룹 또는 구성 요소 안에 있는 도형을 제거 또는 정리하기 위해 사용됩니다.

01 다음 이미지에는 두 그룹이 겹쳐질 때의 모양이 표시되어 있습니다. 다음 이미지는 X-Ray( )를 사용하여 두 그룹이 겹쳐진 도형을 보여 줍니다.

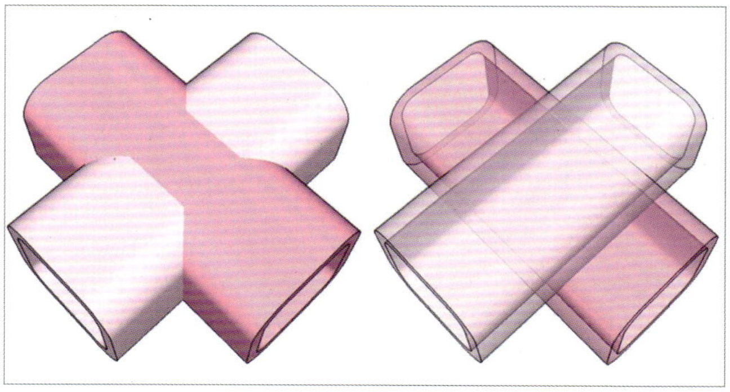

02 결합 도구( )를 선택합니다. 커서를 그룹 또는 구성 요소 중 하나 위로 이동합니다. 그러면 커서가 숫자 1( )이라는 텍스트가 있는 화살표로 바뀝니다. 첫 번째 그룹 또는 구성 요소가 선택됩니다.

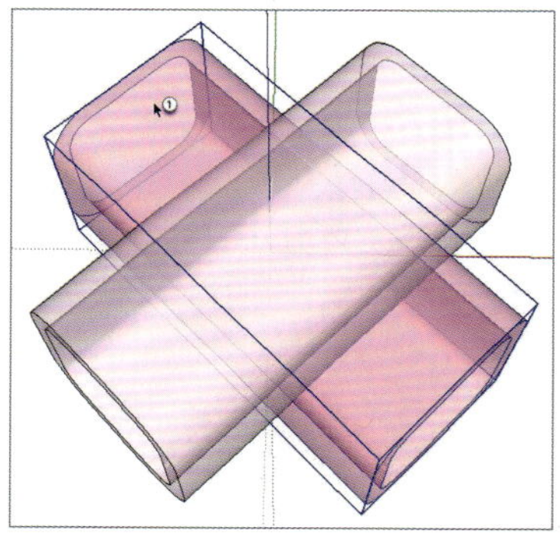

03 커서가 숫자 2( )라는 텍스트가 있는 화살표로 바뀝니다. 남은 그룹 또는 구성 요소를 클릭하면 결합된 도형의 결과가 남습니다.

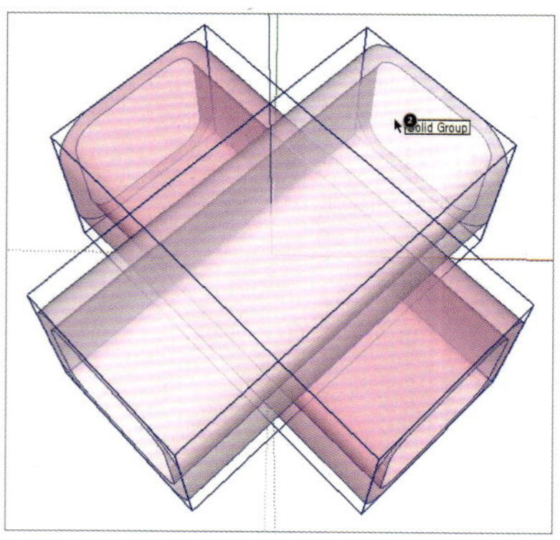

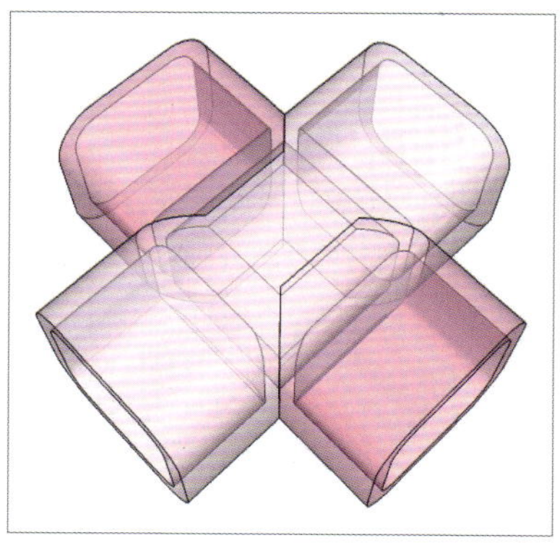

Tip

왼쪽은 두 개의 도형을, 가운데는 결합 도구()를, 오른쪽은 외부 셀 도구()를 보여 줍니다.

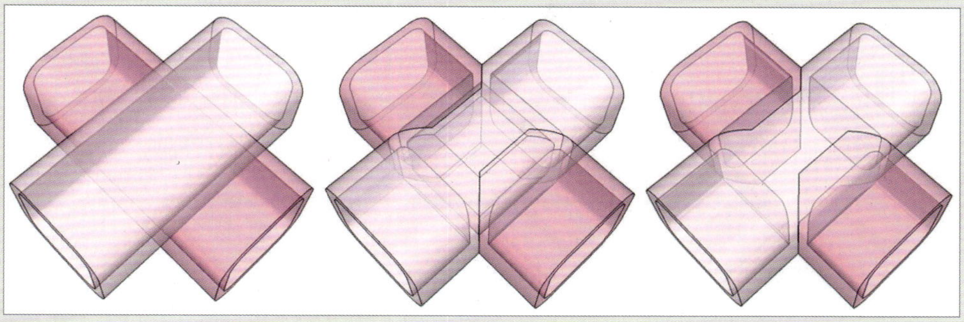

외부 셀 도구는 구글 어스(Google Earth)에서 모델 성능을 향상시키기 위해 구조물 모델 내부에 있는 불필요한 도형을 제거하기 위해 자주 사용됩니다. 교차는 두 개 이상의 교차하는 그룹 또는 구성 요소에서 수행할 수 있습니다.
외부 셀의 결과는 결합의 결과와 비슷합니다. 하지만 결합 도구의 결과는 내부 도형만 포함할 수 있으며, 외부 셀 도구의 결과는 외부 면만 포함할 수 있습니다.

04 또 다른 방법은 다음과 같습니다. 외부 셀 도구()를 선택한 후 커서를 그룹 또는 구성 요소 중 하나 위로 이동합니다. 그러면 커서가 숫자 1()이라는 텍스트가 있는 화살표로 바뀝니다. 첫 번째 그룹 또는 구성 요소가 선택됩니다.

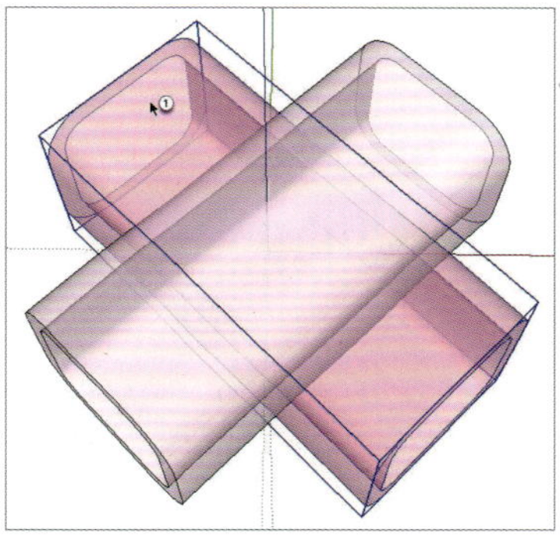

05 커서가 숫자 2()라는 텍스트가 있는 화살표로 바뀝니다. 남은 그룹 또는 구성 요소를 클릭하면 외부 면이 그대로 남습니다.

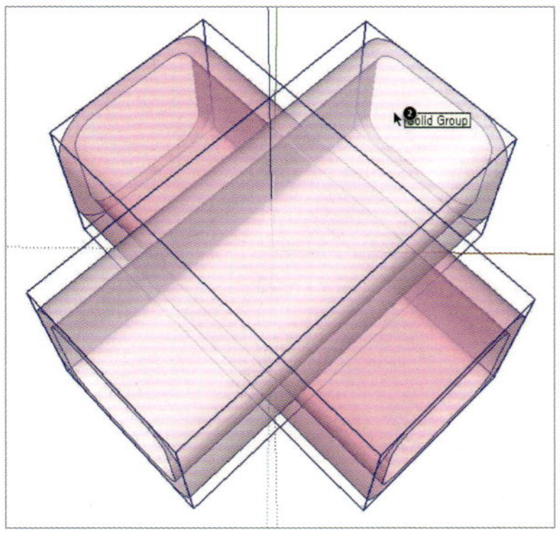

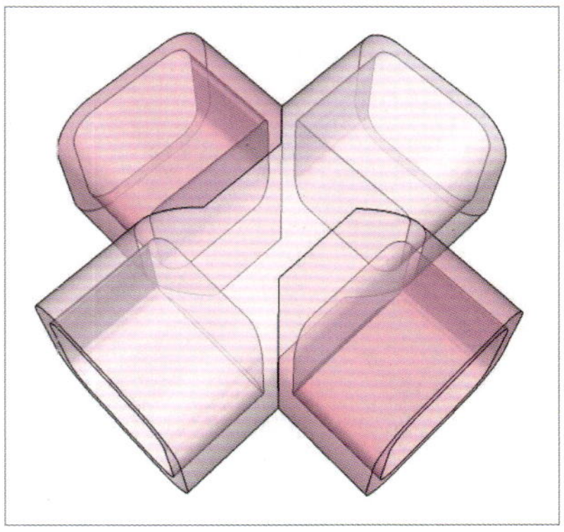

04. 빼기 도구

빼기는 하나의 그룹 또는 구성 요소의 도형과 두 번째 그룹 또는 구성 요소의 도형이 겹치는 부분을 합치는 것을 의미합니다. 겹치는 도형은 첫 번째 선택한 그룹 또는 구성 요소와 합쳐집니다. 그런 다음, 첫 번째 그룹 또는 구성 요소가 결과에서 제거됩니다.

01 빼기 도구( )를 선택합니다. 커서를 그룹 또는 구성 요소 중 하나 위로 이동합니다. 그러면 커서가 숫자 1( )이라는 텍스트가 있는 화살표로 바뀝니다. 첫 번째 그룹 또는 구성 요소가 선택됩니다.

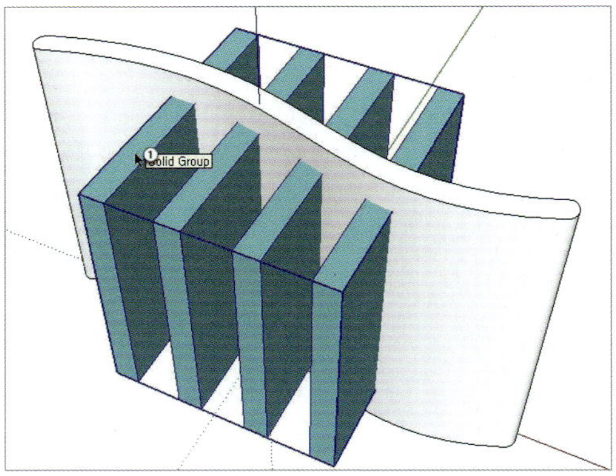

02 커서가 숫자 2( )라는 텍스트가 있는 화살표로 바뀝니다. 남은 그룹 또는 구성 요소를 클릭하면 결과 도형이 남습니다.

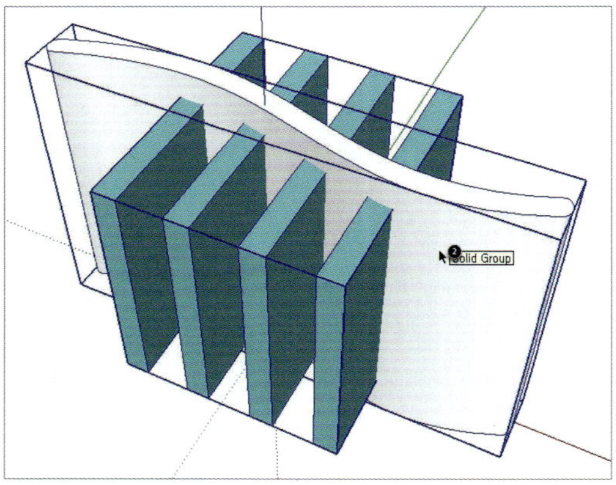

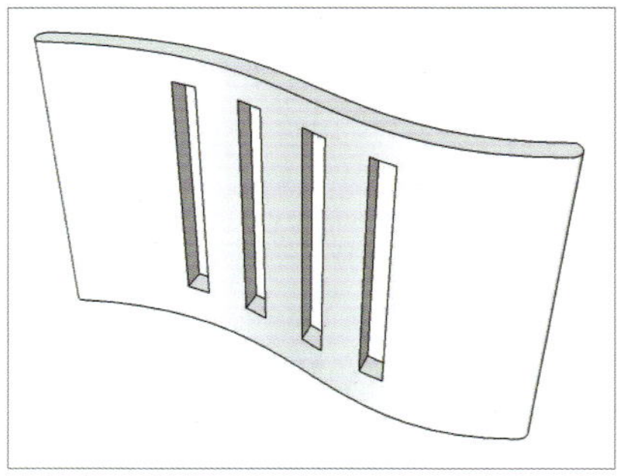

05. 트리밍 도구

트리밍은 하나의 그룹 또는 구성 요소의 도형과 두 번째 그룹 또는 구성 요소의 도형이 겹치는 부분을 합치는 것을 의미합니다. 겹치는 도형은 첫 번째 선택한 그룹 또는 구성 요소와 합쳐집니다. 첫 번째 그룹 또는 구성 요소는 트리밍 작업 후 그대로 유지됩니다.

01 트리밍 도구( )를 선택합니다. 커서를 그룹 또는 구성 요소 중 하나 위로 이동합니다. 그러면 커서가 숫자 1( )이라는 텍스트가 있는 화살표로 바뀝니다. 첫 번째 그룹 또는 구성 요소가 선택됩니다.

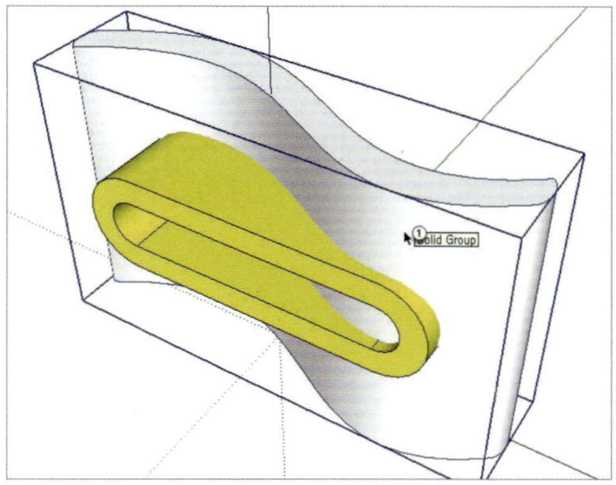

02 커서가 숫자 2( )라는 텍스트가 있는 화살표로 바뀝니다. 남은 그룹 또는 구성 요소를 클릭합니다.

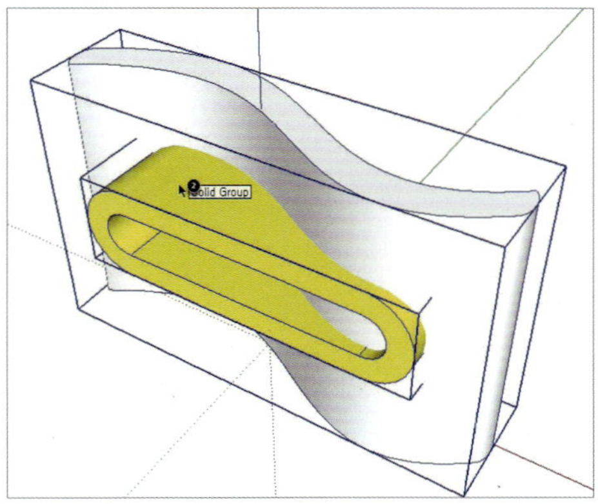

03 그림처럼 선택 툴( )로 그룹 또는 구성 요소를 선택한 후 Delete를 누르면 트리밍된 도형만 남습니다.

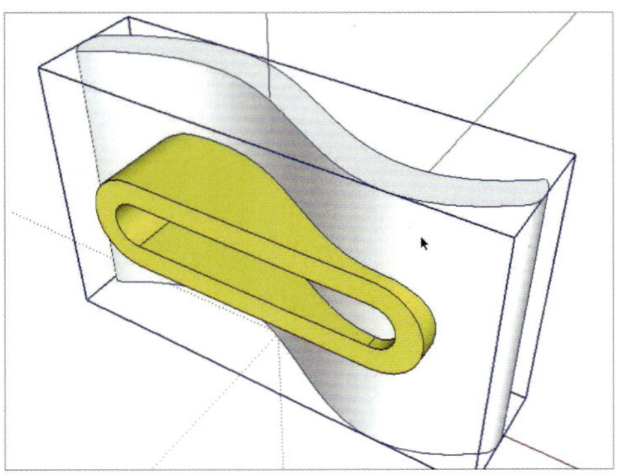

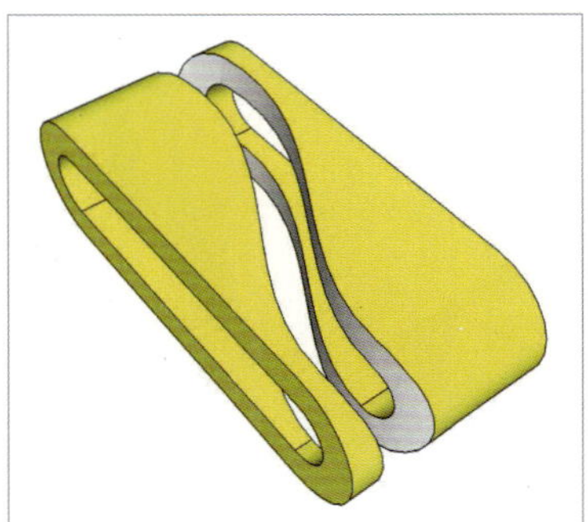

06. 분할 도구

분할 도구는 겹치는 도형을 개별 부분으로 나누는 과정을 말합니다. 즉, 하나의 그룹 또는 구성 요소의 도형과 두 번째 그룹 또는 구성 요소의 도형이 겹치는 부분을 분할된 도형으로 만드는 것을 의미합니다.

01 분할 도구()를 선택합니다. 커서를 그룹 또는 구성 요소 중 하나 위로 이동합니다. 그러면 커서가 숫자 1()이라는 텍스트가 있는 화살표로 바뀝니다. 첫 번째 그룹 또는 구성 요소가 선택됩니다.

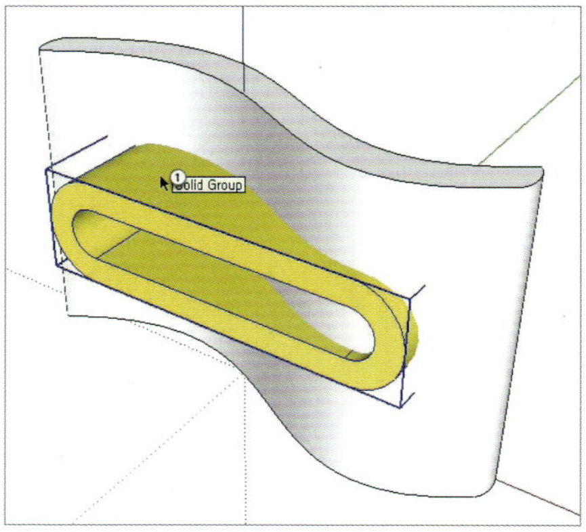

02 커서가 숫자 2()라는 텍스트가 있는 화살표로 바뀝니다. 남은 그룹 또는 구성 요소를 클릭합니다.

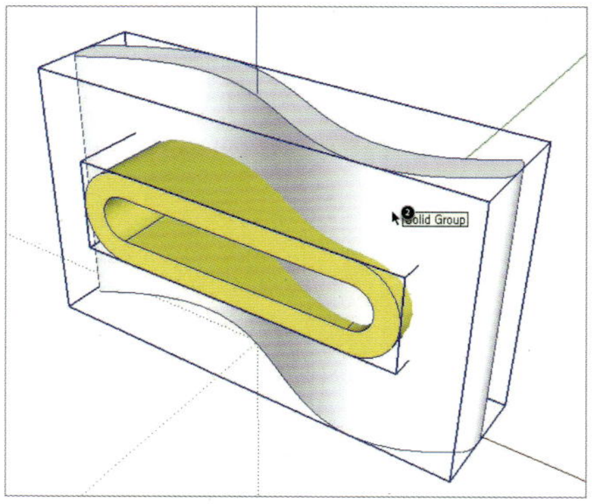

03 이동 툴()로 분할 도구()에 의해 분해된 객체를 각각 분리하면 결과 도형이 남습니다.

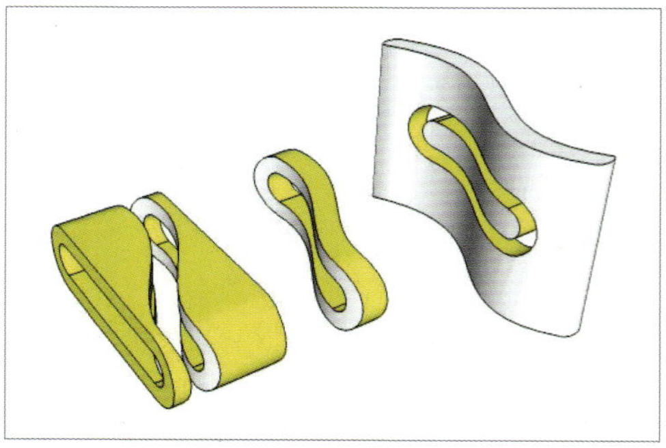

03;

3각법 도면을 3D 도형으로 만들기

이번 장에서는 3각법으로 그린 CAD 평면 도면을 보고 스케치업 8의 Solid 도구를 이용해 3D 도형을 만들어 보겠습니다. 스케치업 8의 Solid 도구는 입체적인 3D 도형을 만드는 데 효과적입니다. 만들어진 3D 도형은 그룹으로 설정한 후 각 Solid 도구들을 활용합니다.

01. 경사면이 있는 3D 도형 만들기

각도가 지정된 경사로 형태의 3D 도형입니다. 측면의 작은 원형 구멍이 경사면까지 연장되는 3D 도형을 만들어 보겠습니다.

● 완성 파일 | 부록 CD\Sample\Part 01\완성\solid01.skp

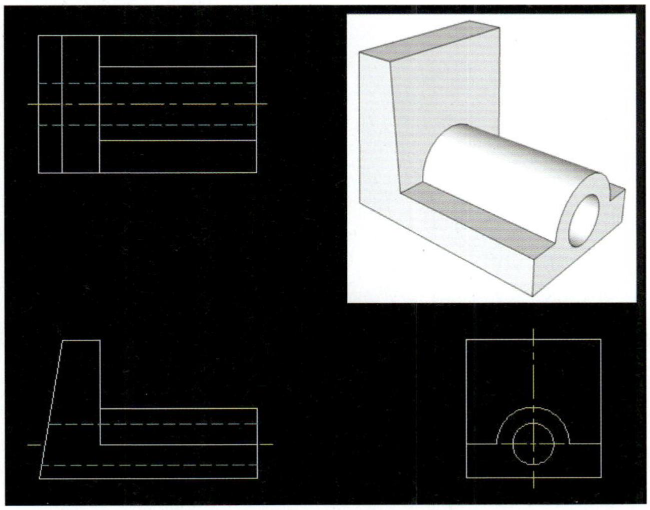

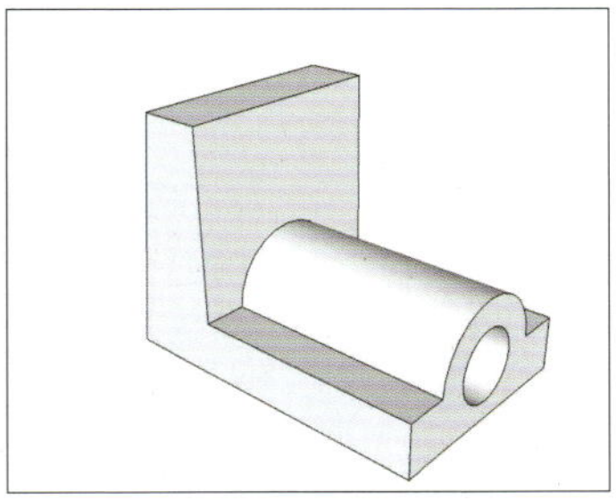

01 Top( ) 화면으로 이동합니다. 사각형 툴( )로 사각형을 그린 후 Iso 툴( )을 클릭하여 Iso 화면으로 이동합니다. 그런 다음, 밀고/끌기 툴( )로 두께를 늘립니다.

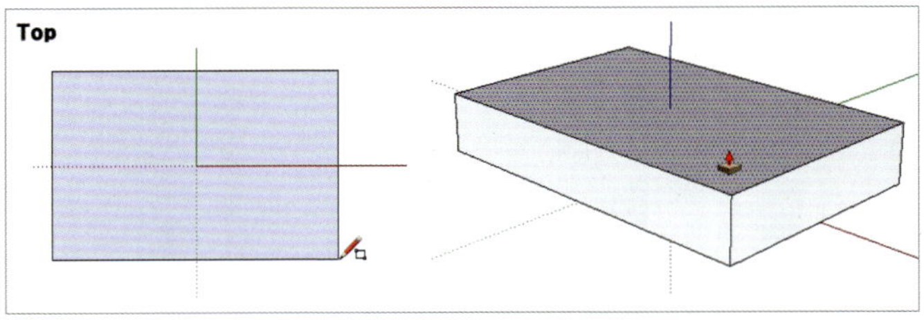

02 줄자 툴( )로 다음 그림처럼 가상선을 설정합니다. 선 툴( )로 선을 그린 후 밀고/끌기 툴( )로 두께를 늘립니다.

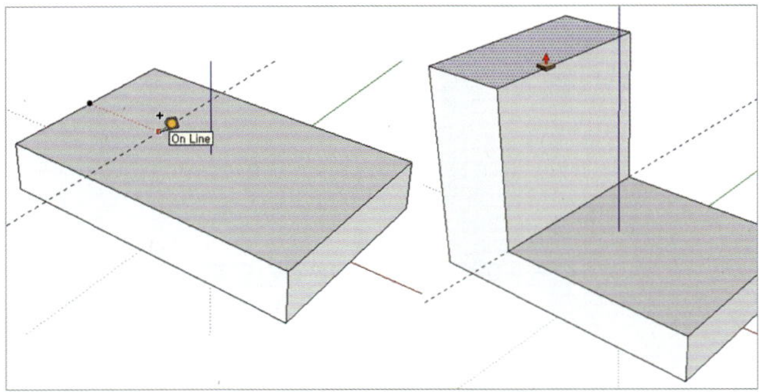

03 Front( ) 화면으로 이동합니다. 각도기 툴( )로 각 P1, P2, P3 포인트를 클릭하여 각도 가상선을 설정합니다. 그리고 선 툴( )로 선을 그린 다음, 밀고/끌기 툴( )로 3D 도형을 만듭니다.

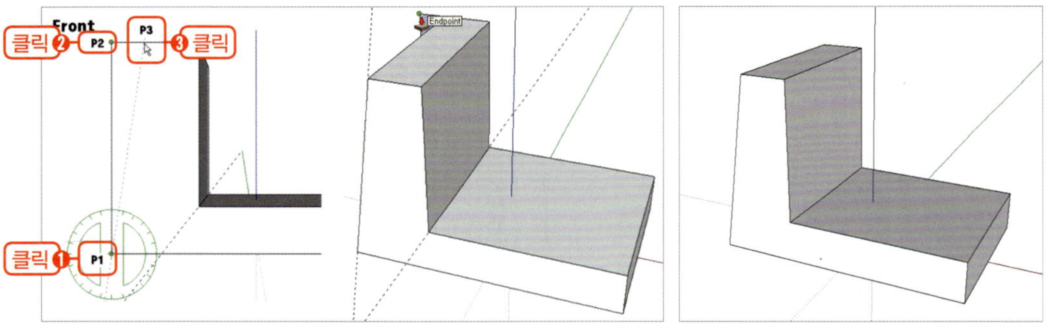

04 Iso 툴( )을 클릭하여 Iso 화면으로 이동합니다. 다음 그림처럼 줄자 툴( )로 양쪽 가장자리 선을 기준으로 삼아 안쪽 방향에 가상선을 설정합니다. 호 툴( )로 호를 그립니다.

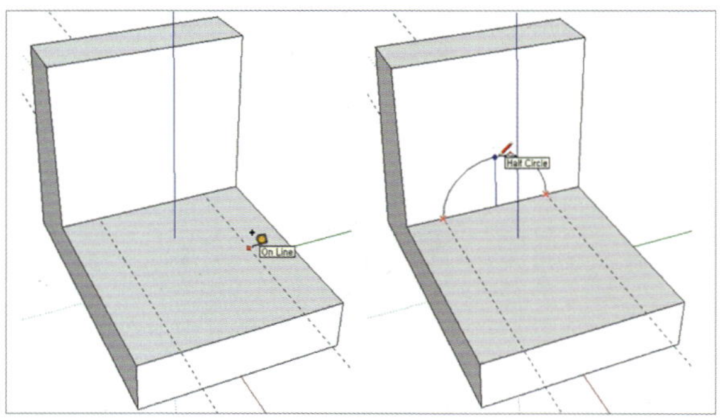

05 04에서 그린 호를 밀고/끌기 툴( )로 늘리면서 커서를 가장 끝으로 가져갑니다. 지우개 툴( )로 불필요한 부분을 삭제한 후 지금까지 작업한 3D 도형을 모두 선택합니다. 그런 다음, 마우스 오른쪽 버튼을 클릭하면 나타나는 확장 메뉴 중에서 [Make Group]을 선택하여 그룹으로 만듭니다.

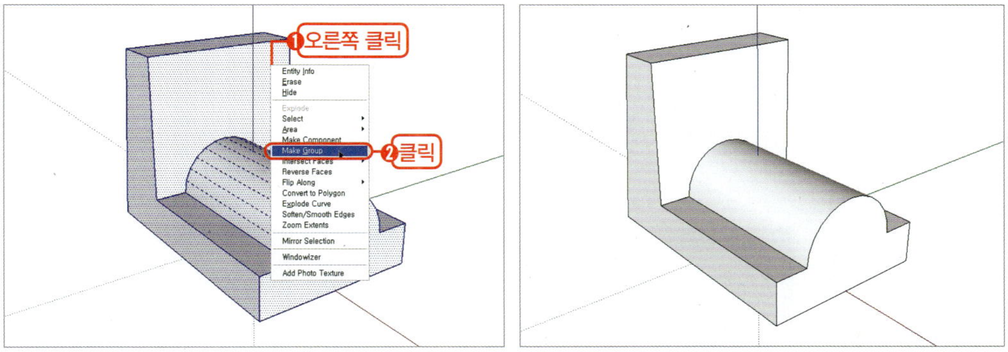

06 측면에서 원 툴( )로 원을 그린 후 밀고/끌기 툴( )로 앞, 뒤로 길게 늘려 줍니다. 그리고 지금까지 작업한 원 기둥을 모두 선택한 후 마우스 오른쪽 버튼을 클릭하면 나타나는 확장 메뉴 중에서 [Make Group]을 선택하여 그룹으로 만듭니다.

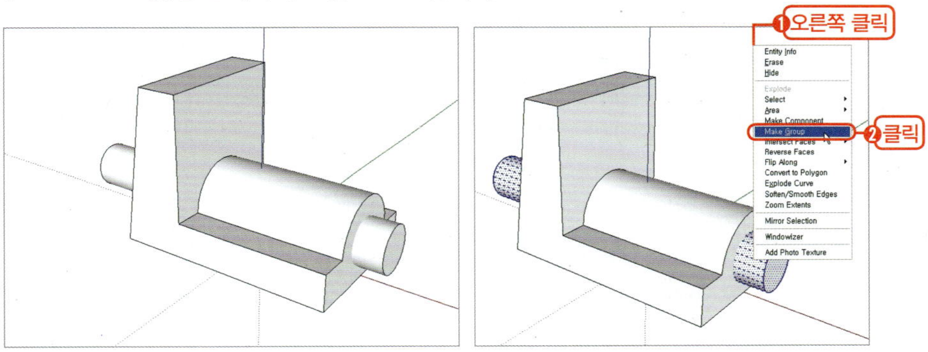

07 solid 도구에서 빼기 도구( )를 선택합니다. 그룹 또는 구성 요소 중 하나를 선택한 후 커서를 그 위로 이동합니다. 그러면 커서가 숫자 1( )이라는 텍스트가 있는 화살표로 바뀝니다. 06에서 작업한 원기둥 그룹이 선택되면 커서가 숫자 2( )라는 텍스트가 있는 화살표로 바뀝니다. 05에서 작업한 3D 도형 그룹을 클릭하면 완성된 3D 도형 결과를 확인할 수 있습니다.

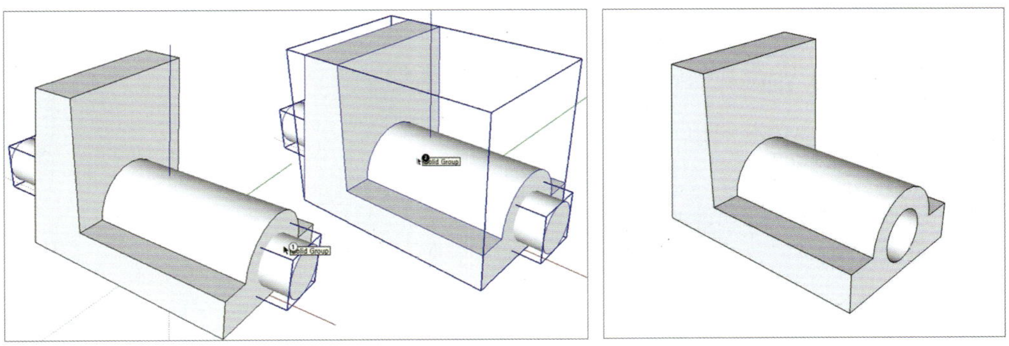

02. 원통 모양의 3D 도형 만들기

몸체는 큰 원통 모양으로 되어 있고, 손잡이 부분은 원형의 작은 구멍이 바닥까지 뚫려 있는 3D 도형입니다. 그리고 원통 윗면의 홈은 육면체를 이용하여 모양을 만듭니다. 이번에는 다양한 도구를 이용하여 3D 도형을 만들어 보겠습니다.

● 완성 파일 I 부록 CD\Sample\Part 01\완성\solid02.skp

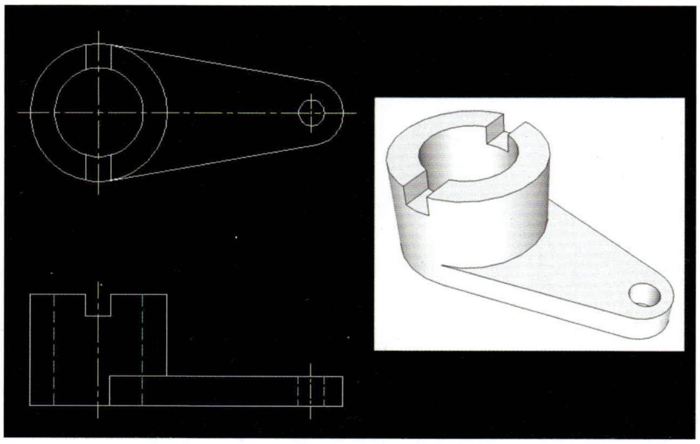

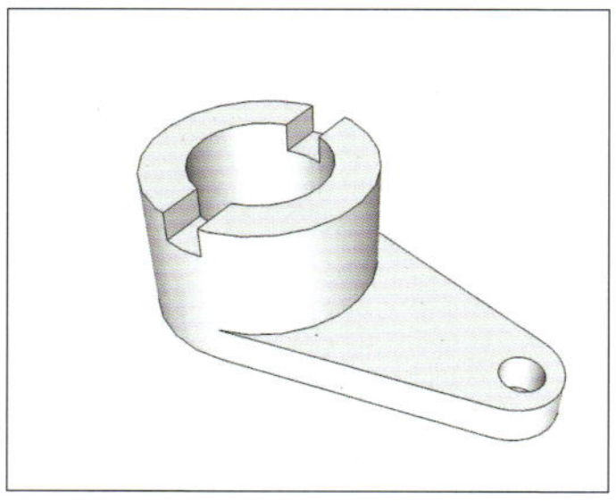

01 Top(◫) 화면으로 이동합니다. 선 툴(✎), 호 툴(◠), 원 툴(●)로 다음 그림처럼 그린 후 선택 툴(↖)로 안쪽의 작은 원을 선택하고 Delete를 눌러 삭제합니다. Iso 툴(⌂)을 클릭하여 Iso 화면으로 이동합니다. 그리고 밀고/끌기 툴(◆)로 위쪽으로 적당히 늘려서 3D 도형을 만듭니다. 측면 선 툴을 부드럽게 정리하기 위해 Control을 누른 채 지우개 툴(◇)로 부드럽게 삭제합니다.

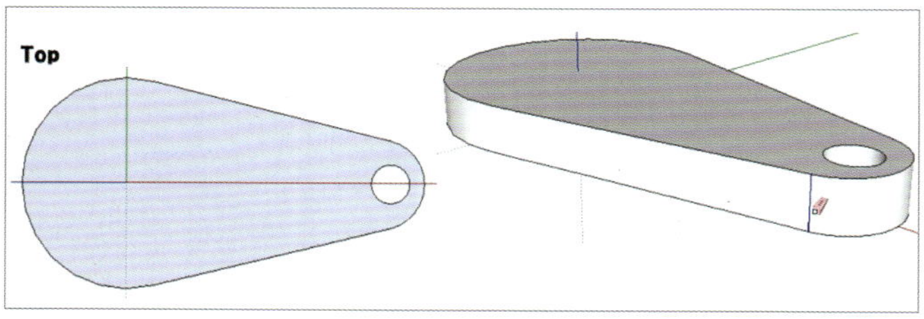

02 01에서 작업한 3D 도형 위에 원 툴(●)로 원을 그립니다. 그런 다음, 밀고/끌기 툴(◆)로 적당히 위로 늘려 줍니다.

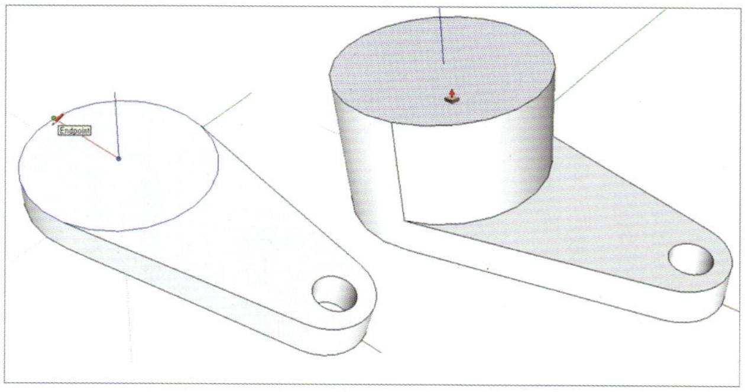

03 다음 그림처럼 선을 부드럽게 정리하기 위해 Control을 누른 채 지우개 툴( )로 부드럽게 삭제합니다. 지금까지 작업한 3D 도형을 모두 선택한 후 마우스 오른쪽 버튼을 클릭하면 나타나는 확장 메뉴 중에서 [Make Group]을 선택하여 그룹으로 만듭니다.

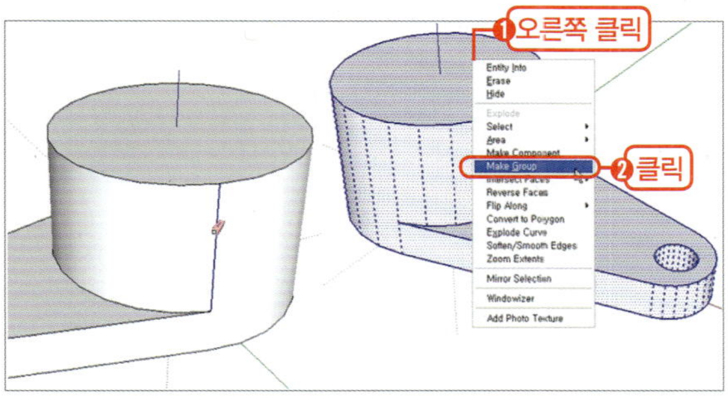

04 Orbit 툴( )로 화면의 밑부분을 바라봅니다. 원 툴( )로 3D 도형의 밑부분에 원을 그립니다. 그리고 밀고/끌기 툴( )로 적당히 위로 길게 늘려 줍니다. 방금 작업한 원기둥을 모두 선택한 후 마우스 오른쪽 버튼을 클릭하면 나타나는 확장 메뉴 중에서 [Make Group]을 선택하여 그룹으로 만듭니다.

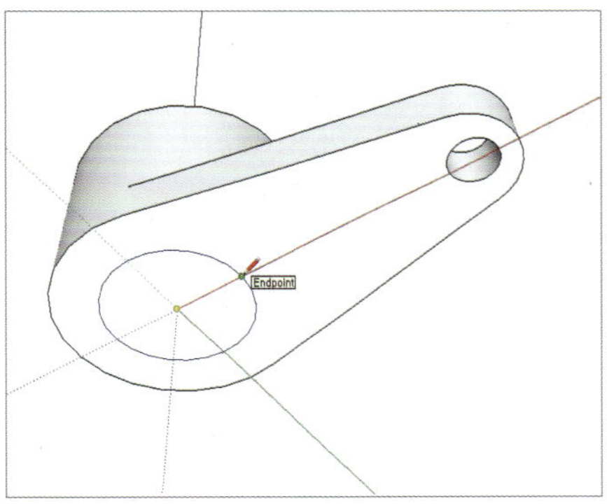

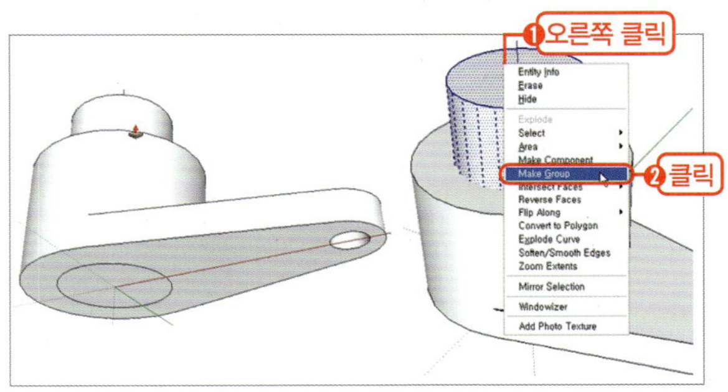

05 solid 도구에서 빼기 도구( )를 선택합니다. 커서가 숫자 1( )이라는 텍스트가 있는 화살표로 바뀝니다. 04에서 작업한 원기둥 그룹을 선택하면 커서가 숫자 2( )라는 텍스트가 있는 화살표로 바뀝니다. 03에서 작업한 3D 도형 그룹을 클릭하면 원기둥이 삭제되어 구멍이 생깁니다.

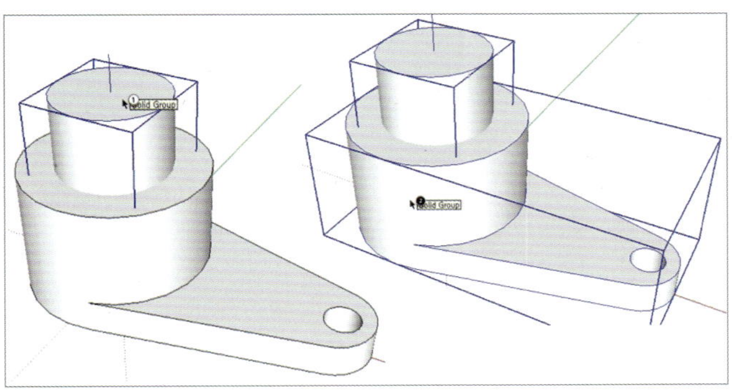

06 Top( ) 화면으로 이동합니다. 다음 그림처럼 사각형 툴( )로 사각형을 그린 후 Iso 툴( )을 클릭하여 Iso 화면으로 이동합니다. 밀고/끌기 툴( )로 적당히 위아래로 늘려 줍니다. 방금 작업한 육면체를 모두 선택한 후 마우스 오른쪽 버튼을 클릭하면 나타나는 확장 메뉴 중에서 [Make Group]을 선택하여 그룹으로 만듭니다.

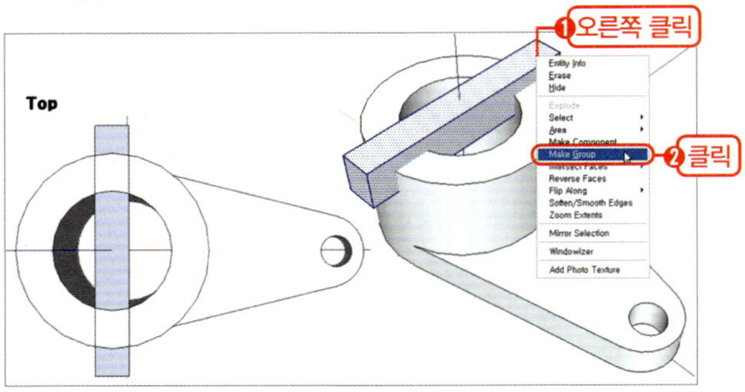

07 solid 도구에서 빼기 도구( )를 선택합니다. 커서가 숫자 1( )이라는 텍스트가 있는 화살표로 바뀝니다. **06**에서 작업한 육면체 그룹을 선택하면 커서가 숫자 2( )라는 텍스트가 있는 화살표로 바뀝니다. **05**에서 작업한 3D 도형 그룹을 클릭하면 완성된 3D 도형 결과를 확인할 수 있습니다.

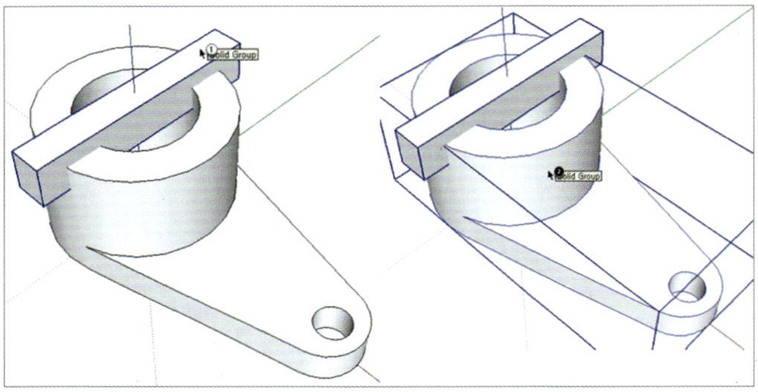

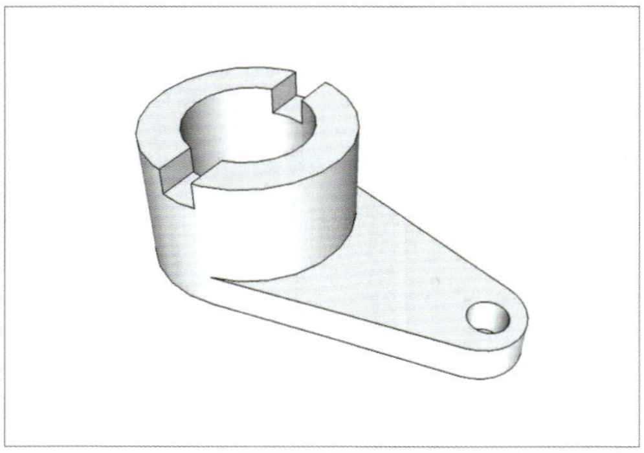

03. 육면체를 이용하여 3D 도형 만들기

이번에는 여러 육면체가 겹쳐 있는 모양으로 작업한 후 3D 도형을 만들고 각 방향에서 원형의 구멍을 만들어 보겠습니다.

● 완성 파일 | 부록 CD\Sample\Part 01\완성\solid04.skp

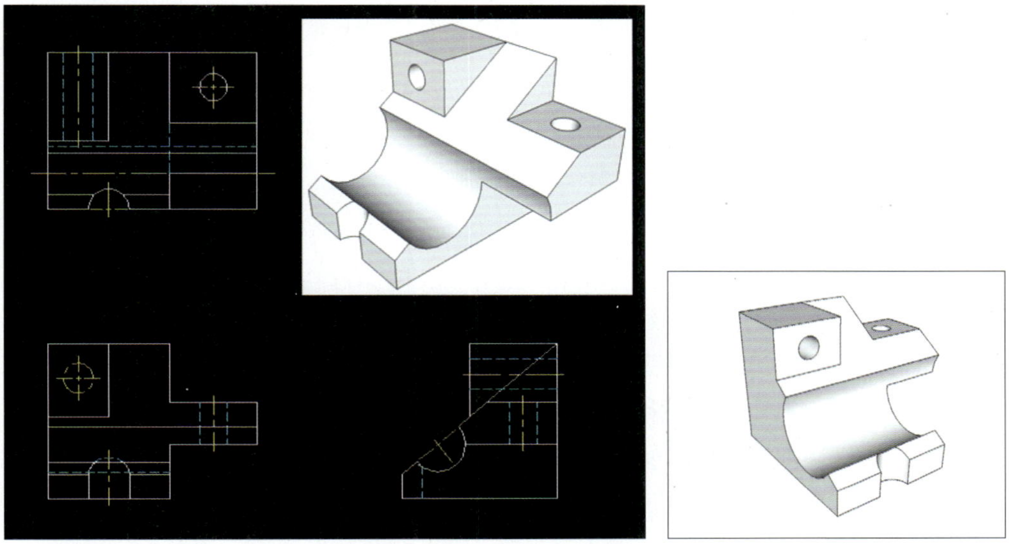

01 Right() 화면으로 이동합니다. 사각형 툴(), 선 툴()로 경사진 사각형을 그린 후 Iso 툴()을 클릭하여 Iso 화면으로 이동합니다. 그런 다음, 밀고/끌기 툴()로 적당히 앞으로 늘려 줍니다. 방금 작업한 3D 모델링을 모두 선택한 후 마우스 오른쪽 버튼을 클릭하면 나타나는 확장 메뉴 중에서 [Make Group]을 선택하여 그룹으로 만듭니다.

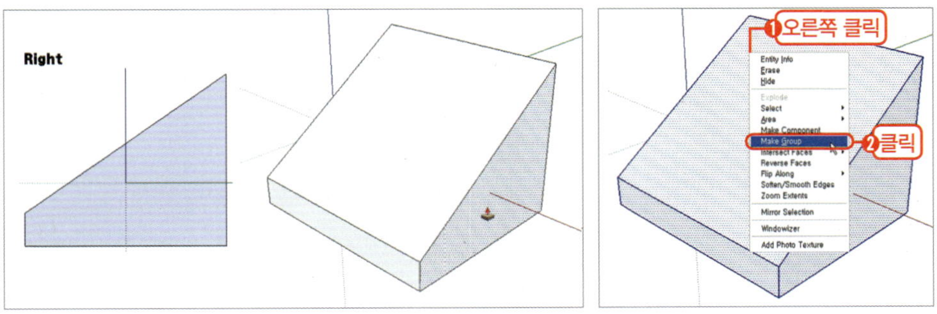

02 Orbit 툴( )로 화면의 밑부분을 바라봅니다. 사각형 툴( )로 3D 도형 밑부분에 또 다른 사각형을 그립니다. 그런 다음, 밀고/끌기 툴( )로 이전에 만든 사각형의 모서리까지 끌어올립니다. 방금 작업한 육면체를 모두 선택한 후 마우스 오른쪽 버튼을 클릭하면 나타나는 확장 메뉴 중에서 [Make Group]을 선택하여 그룹으로 만듭니다.

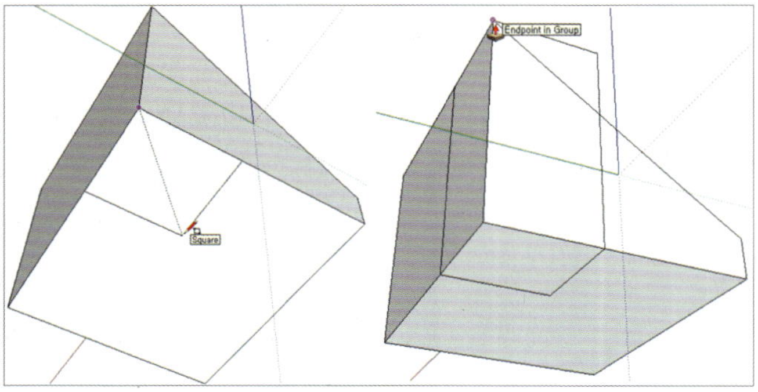

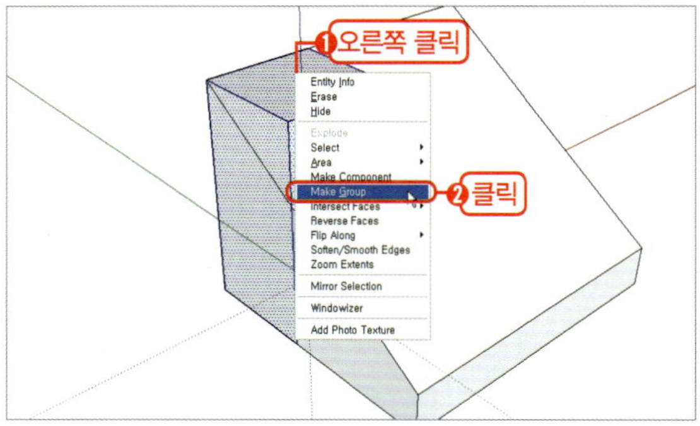

03 선택 툴( )로 작성한 두 개의 그룹을 모두 선택합니다. 선택된 요소가 파란색으로 강조 표시됩니다. 결합 도구( )를 선택하면 두 도형이 결합된 도형이 만들어집니다.

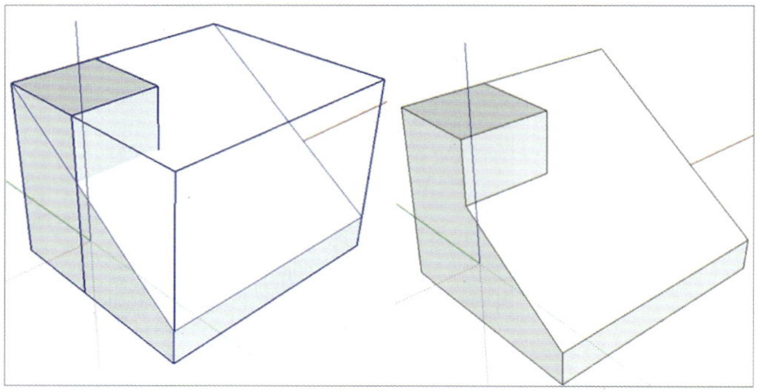

04 Orbit 툴( )로 화면의 밑부분을 바라봅니다. 사각형 툴( )로 3D 도형 밑부분에 사각형을 추가로 그립니다. 그리고 밀고/끌기 툴( )로 위로 적당히 조금 늘려 줍니다. 방금 작업한 육면체를 모두 선택한 후 마우스 오른쪽 버튼을 클릭하면 나타나는 확장 메뉴 중에서 [Make Group]을 선택하여 그룹으로 만듭니다.

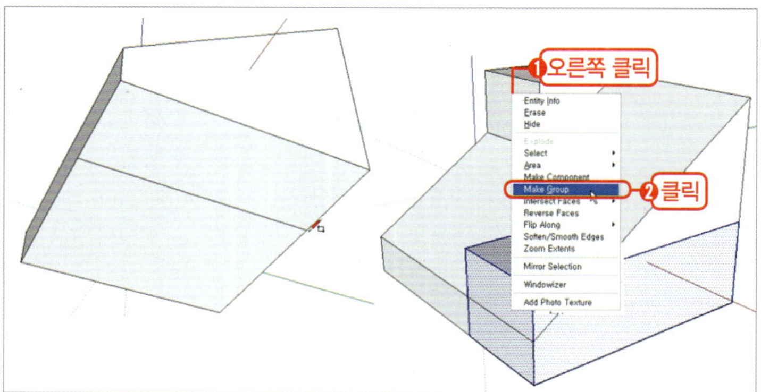

05 Right( ) 화면으로 이동합니다. 그런 다음, **04**에서 작업한 육면체 그룹을 선택하고 이동 툴( )로 위쪽으로 드래그합니다. 두 그룹이 겹쳐진 3D 도형이 나타납니다.

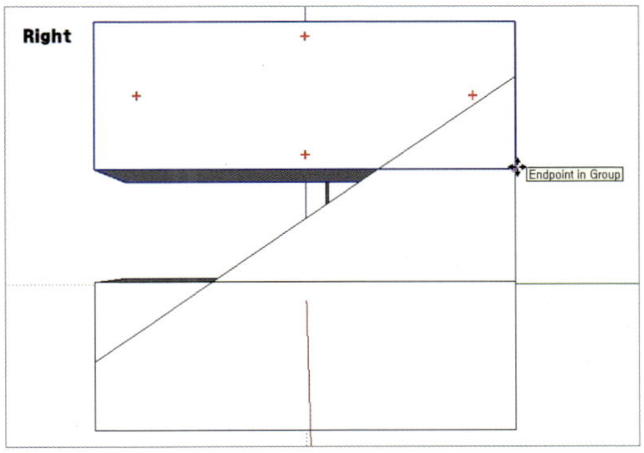

06 solid 도구에서 빼기 도구( )를 선택합니다. 커서가 숫자 1( )이라는 텍스트가 있는 화살표로 바뀝니다. **04**에서 작업한 육면체 그룹이 선택되면 커서가 숫자 2( )라는 텍스트가 있는 화살표로 바뀝니다. **03**에서 작업한 3D 도형 그룹을 클릭합니다.

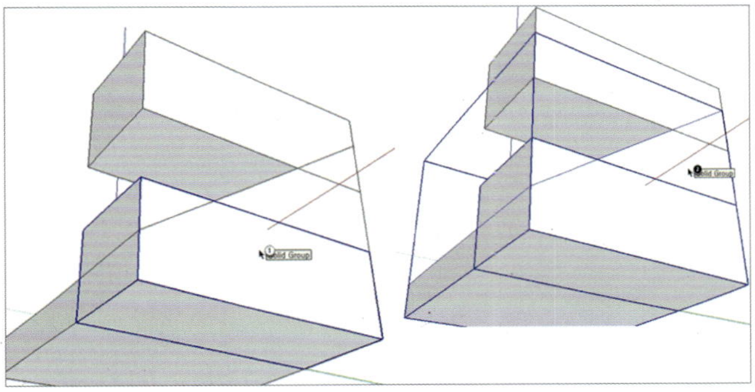

07 solid 도구에서 빼기 도구( )를 선택합니다. 커서가 숫자 1( )이라는 텍스트가 있는 화살표로 바뀝니다. **05**에서 위로 복사한 육면체 그룹을 선택하면 커서가 숫자 2( )라는 텍스트가 있는 화살표로 바뀝니다. **03**에서 작업한 3D 도형 그룹을 클릭합니다.

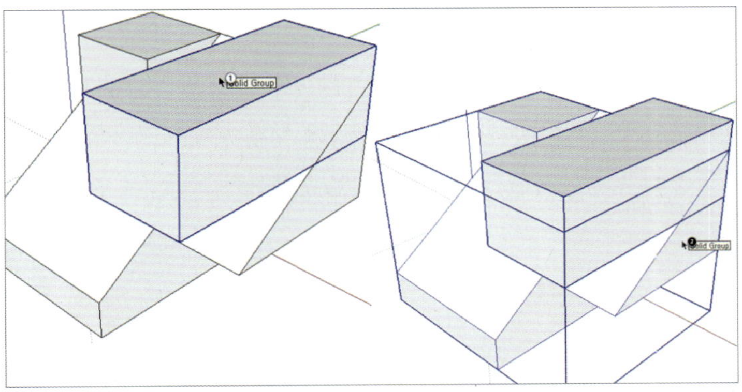

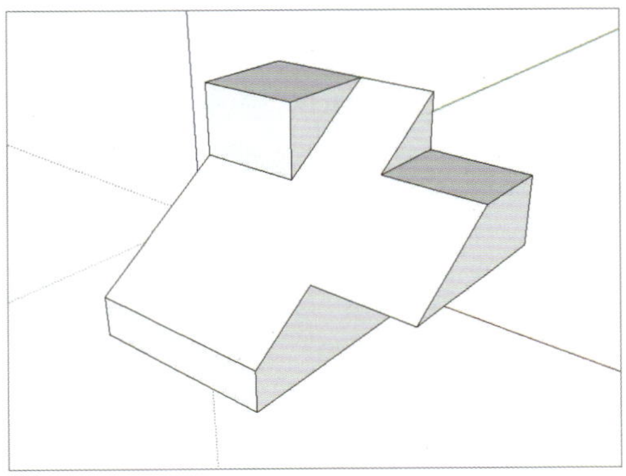

08 다음 그림처럼 평면에 원 툴( )로 각각 작은 원을 그립니다. 밀고/끌기 툴( )로 적당히 앞뒤 및 위아래로 늘려 줍니다. 그런 다음, 방금 작업한 2개의 원기둥을 모두 선택하고 마우스 오른쪽 버튼을 클릭하면 나타나는 확장 메뉴 중에서 [Make Group]을 선택하여 그룹으로 만듭니다.

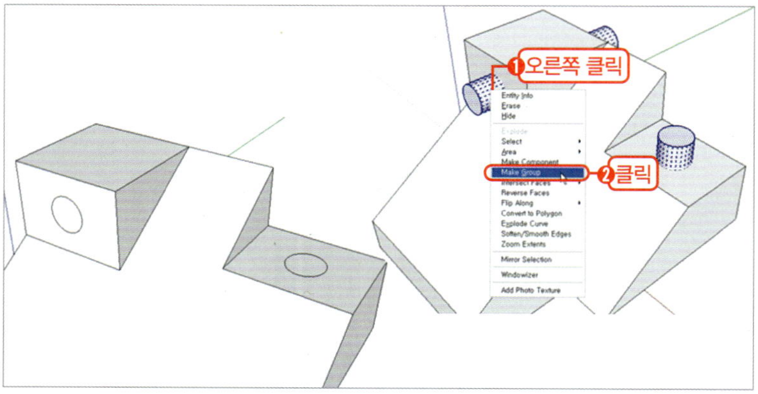

09 solid 도구에서 빼기 도구( )를 선택합니다. 커서가 숫자 1( )이라는 텍스트가 있는 화살표로 바뀝니다. **08**에서 작업한 원기둥 그룹을 선택하면 커서가 숫자 2( )라는 텍스트가 있는 화살표로 바뀝니다. **07**에서 작업한 3D 도형 그룹을 클릭합니다.

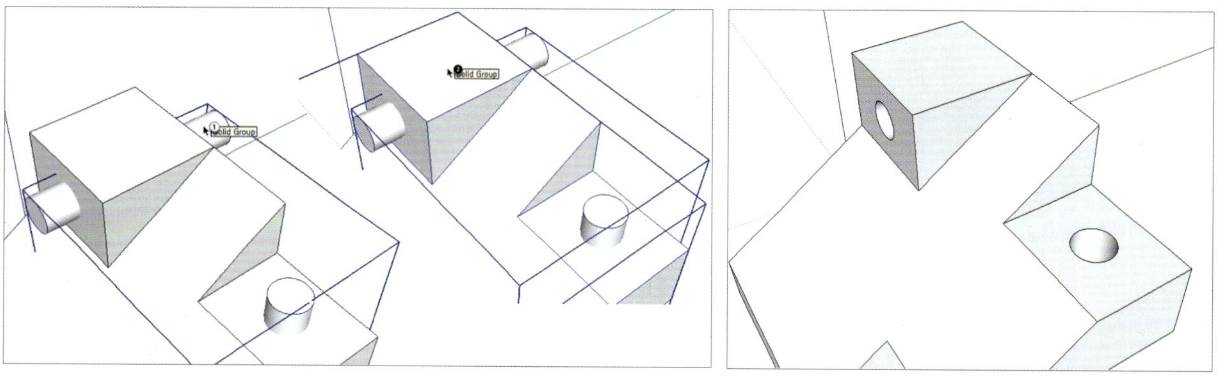

10 Orbit 툴( )로 화면의 밑부분을 바라봅니다. 원 툴( )로 3D 도형 밑부분에 원을 그린 후 밀고/끌기 툴( )로 두께를 늘려 줍니다. 그런 다음, 방금 작업한 원기둥을 모두 선택하고 마우스 오른쪽 버튼을 클릭하면 나타나는 확장 메뉴 중에서 [Make Group]을 선택하여 그룹으로 만듭니다.

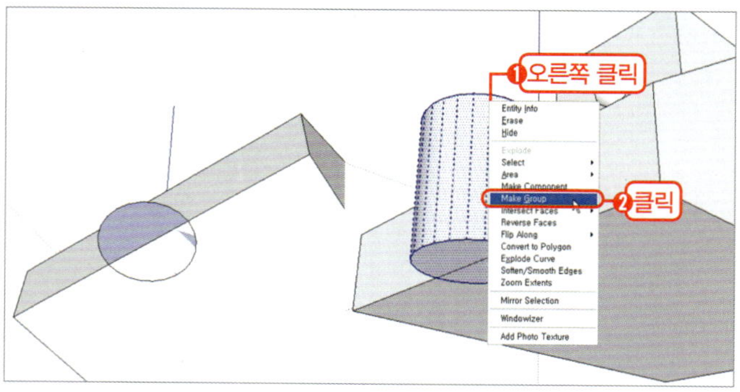

11 solid 도구에서 빼기 도구()를 선택합니다. 커서가 숫자 1()이라는 텍스트가 있는 화살표로 바뀝니다. 10에서 작업한 원기둥 그룹을 선택하면 커서가 숫자 2()라는 텍스트가 있는 화살표로 바뀝니다. 09에서 작업한 3D 도형 그룹을 클릭하면 완성된 3D 도형을 확인할 수 있습니다.

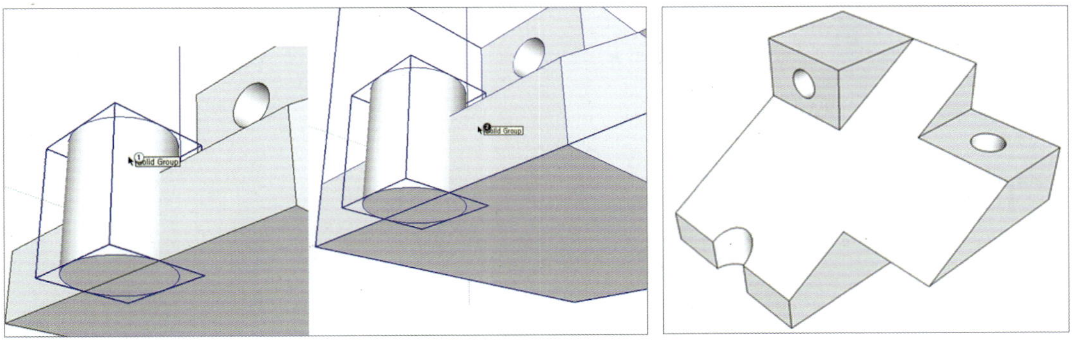

12 Iso 화면에서 원 툴()로 원을 그린 후 밀고/끌기 툴()로 길게 늘려 줍니다. 그런 다음, 방금 작업한 원기둥을 모두 선택하고 마우스 오른쪽 버튼을 클릭하면 나타나는 확장 메뉴 중에서 [Make Group]을 선택하여 그룹으로 만듭니다.

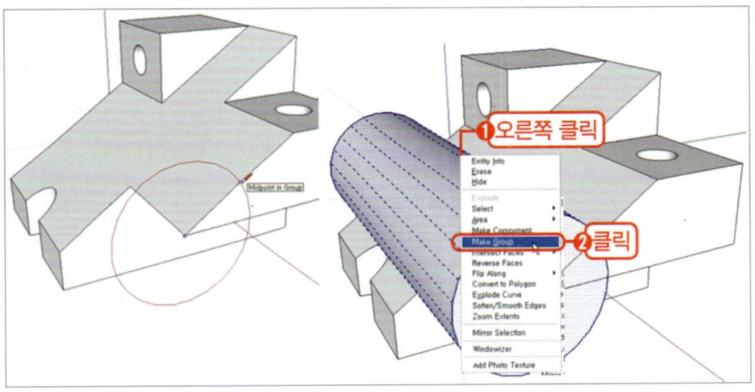

13 solid 도구에서 빼기 도구()를 선택합니다. 커서가 숫자 1()이라는 텍스트가 있는 화살표로 바뀝니다. 12에서 작업한 원기둥 그룹을 선택하면 커서가 숫자 2()라는 텍스트가 있는 화살표로 바뀝니다. 11에서 작업한 3D 도형 그룹을 클릭하면 완성된 3D 도형을 확인할 수 있습니다.

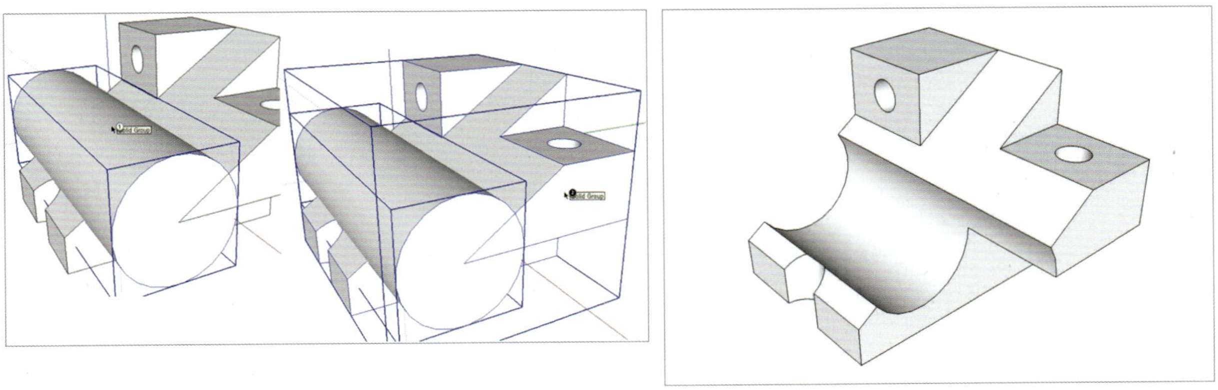

04; 루비 스크립트

스케치업 8은 자체적으로 다양한 명령어와 툴을 가지고 있지 않습니다. 이러한 단점을 보완하기 위해 사용하는 것이 루비 스크립트입니다.

01. 루비 스크립트 설치하기

이번에는 5개의 루비 파일과 각 루비 파일을 사용하는 방법에 대해 알아보겠습니다. 우선 루비 파일을 사용할 수 있도록 [C:\Program Files\Google\Google SketchUp 8\Plugins] 폴더에 복사한 후 세팅하는 방법을 알아보겠습니다.

---

01 스케치업 8을 처음 실행했을 때 메뉴바를 보면, [Window]와 [Help] 메뉴 사이에 [Plugins] 메뉴가 없는 것을 확인할 수 있습니다.

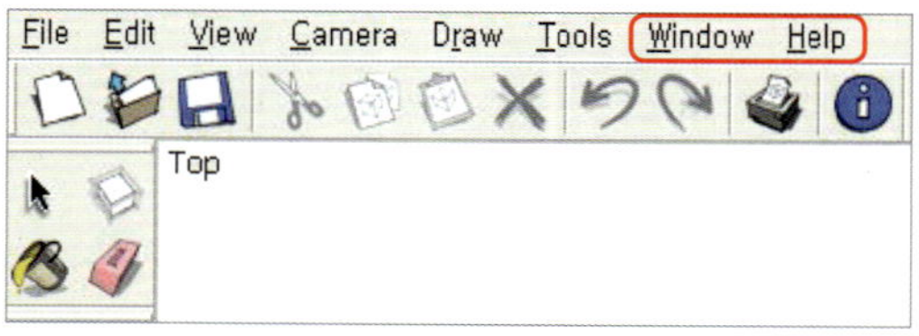

02 부록 CD의 [루비 파일] 폴더 안에는 이 책에서 제공하는 루비 파일들이 있습니다. 폴더 안의 있는 모든 루비 파일을 선택한 후 복사합니다.

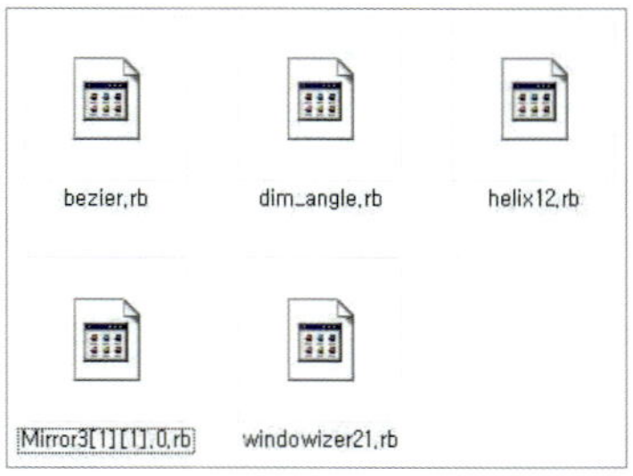

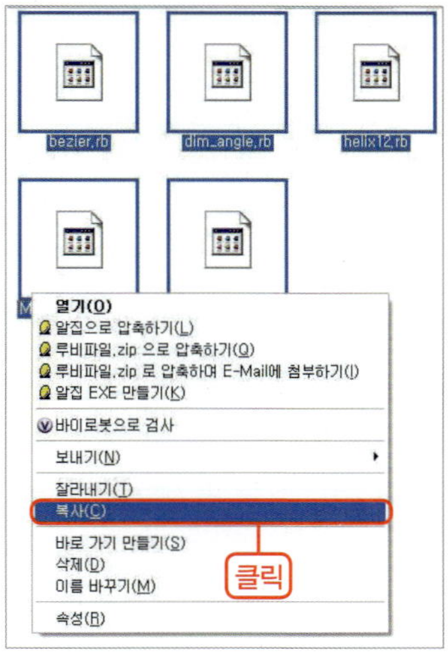

03 복사한 루비 파일을 C:\Program Files\Google\Google SketchUp 8\Plugins 폴더 안에 붙여넣기합니다.

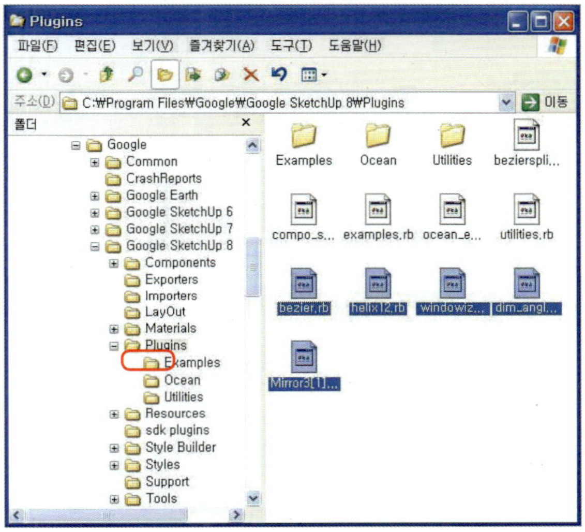

04 스케치업 8을 재실행하면 루비 파일들이 실행한 스케치업 8에 설정됩니다. 이제 메뉴바를 보면 처음 실행했을 때와 달리 [Window]와 [Help] 메뉴 사이에 [Plugins] 메뉴가 생성된 것을 확인할 수 있습니다.

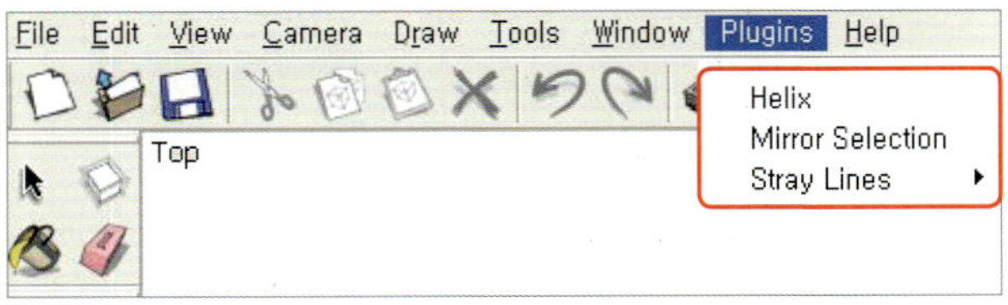

Tip

Plugins 메뉴를 확인해 보면 복사한 루비 파일들은 없고 2~3개의 루비 파일만 있는 것을 알 수 있습니다. 그 이유는 루비 파일의 특성에 맞는 각각의 메뉴들로 흩어져 있기 때문입니다.

02. [Mirror Selection] 루비 스크립트

파일 메뉴의 [Plugins]–[Mirror Selection]을 선택하거나 마우스 오른쪽 버튼을 클릭하면 나타나는 확장 메뉴 중에서 [Mirror Selection]을 선택하면 선택한 객체를 대칭 이동하거나 복사할 수 있습니다.

01 수평 방향으로 대칭 이동 및 복사하기

스케치업 8로 작업한 객체를 [Mirror] 루비 파일로 대칭 이동 및 복사를 해보겠습니다.

01 대칭 이동 및 복사할 객체를 선택한 후 마우스 오른쪽 버튼을 클릭하면 나타나는 확장 메뉴 중에서 [Mirror Selection]을 선택합니다.

02 서로 접하는 면의 세 점을 클릭합니다. 첫 번째 점(p1)을 클릭한 후 두 번째 점(p2)을 클릭합니다. 마지막으로 세 번째 점(p3)을 클릭합니다.

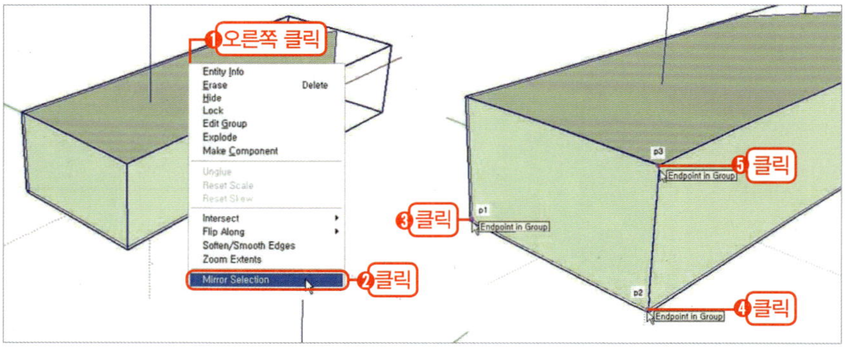

03 '원본을 삭제하겠습니까?'라는 창이 나타나면 [예] 버튼을 클릭합니다.

04 객체가 대칭 이동된 것을 알 수 있습니다.

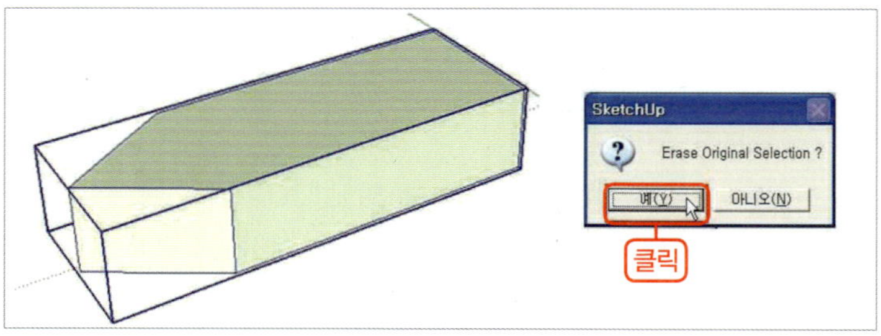

05 만약 '원본을 삭제하겠습니까?'라는 창이 나타났을 때 [아니오] 버튼을 클릭하면 객체가 대칭 복사됩니다.

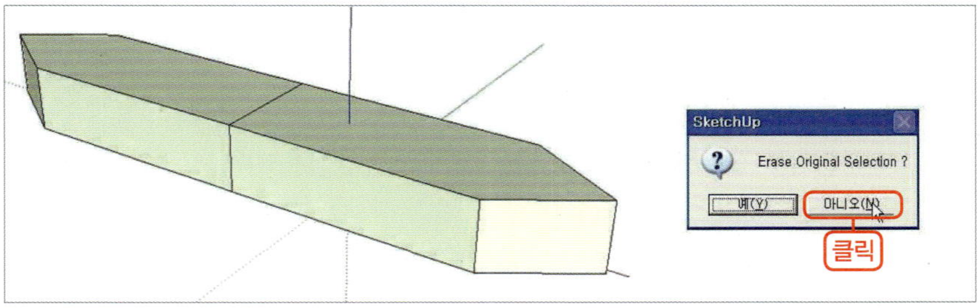

Tip

- **Yes :** 원본을 삭제하면서 대칭으로 이동됩니다.
- **No :** 원본을 삭제하지 않고 대칭으로 복사됩니다.

02 대각선 방향으로 대칭 복사하기

스케치업 8로 작업한 객체를 [Mirror] 루비 파일로 대칭 이동 및 복사를 해보겠습니다.

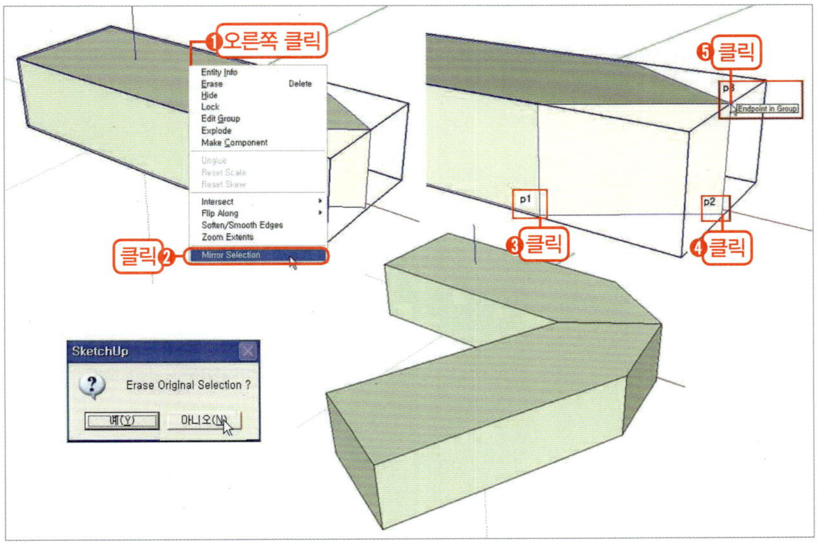

01 대칭 이동 및 복사할 객체를 선택한 후 마우스 오른쪽 버튼을 클릭하면 나타나는 확장 메뉴 중에서 [Mirror Selection]을 선택합니다.

02 서로 접하는 대각선 면의 세 점을 클릭합니다. 첫 번째 점(p1)을 클릭한 후 두 번째 점(p2)을 클릭합니다. 마지막으로 세 번째 점(p3)을 클릭합니다.

03 '원본을 삭제하겠습니까?'라는 창이 나타나면 [아니오] 버튼을 클릭합니다.

04 객체가 대칭 복사된 것을 알 수 있습니다.

03 중간점을 기준으로 대칭 복사하기

스케치업 8로 작업한 객체를 또 다른 객체의 중간점을 기준으로 하여 [Mirror] 루비 파일로 대칭 이동 및 복사를 할 수 있습니다.

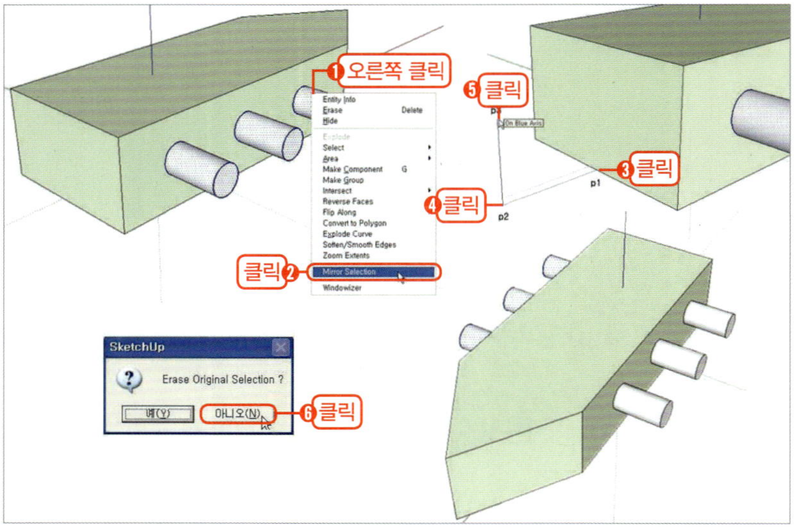

01 대칭 이동 및 복사할 객체들을 선택한 후 마우스 오른쪽 버튼을 클릭하면 나타나는 확장 메뉴 중에서 [Mirror Selection]을 선택합니다.

02 임의의 중간 지점에 세 점을 클릭합니다. 첫 번째 점(p1)을 클릭한 후 두 번째 점(p2)을 클릭합니다. 마지막으로 세 번째 점(p3)을 클릭합니다.

03 '원본을 삭제하겠습니까?'라는 창이 나타나면 [아니오] 버튼을 클릭합니다.

04 객체가 대칭 복사된 것을 알 수 있습니다.

03. [Helix] 루비 스크립트

파일 메뉴의 [Plugins]-[Helix]을 선택하면 선택한 객체의 면을 기준으로 하여 위로 향하는 스프링 모양을 만들 수 있습니다.

01 스프링 모양을 만드는 [Helix Settings] 대화상자

파일 메뉴에서 [Plugins]-[Helix]를 선택하면 다양하면서 간단한 스프링 모양을 만들 수 있는 [Helix Settings] 대화상자가 나타납니다. 여기에서 주의할 점은 반드시 면만을 선택해야 사용할 수 있다는 것입니다.

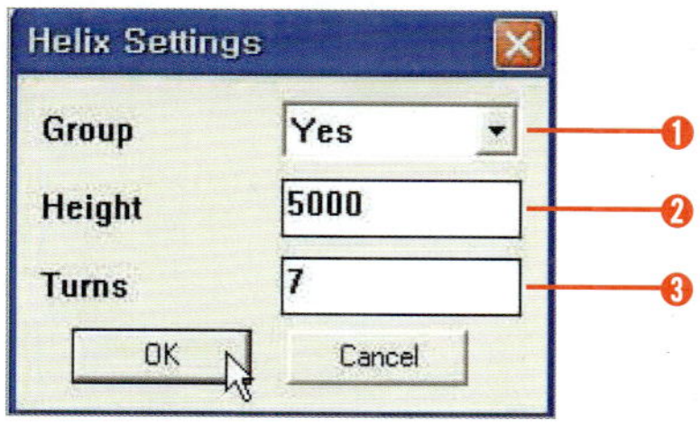

❶ Group : 완성된 스프링을 그룹으로 On/Off 할 것인지 설정합니다.

❷ Height : 스프링의 높이 값을 입력합니다.

❸ Turns : 스프링의 회전수를 입력합니다.

02 다각형 스프링 만들기

다각형 면을 선택하여 각진 스프링을 만들어 보겠습니다.

01 다각형을 그린 후 면을 선택합니다.

02 메뉴에서 [Plugins]-[Helix]를 선택합니다.

03 [Helix Settings] 창이 나타나면 다음과 같이 설정한 후 [OK] 버튼을 클릭합니다.

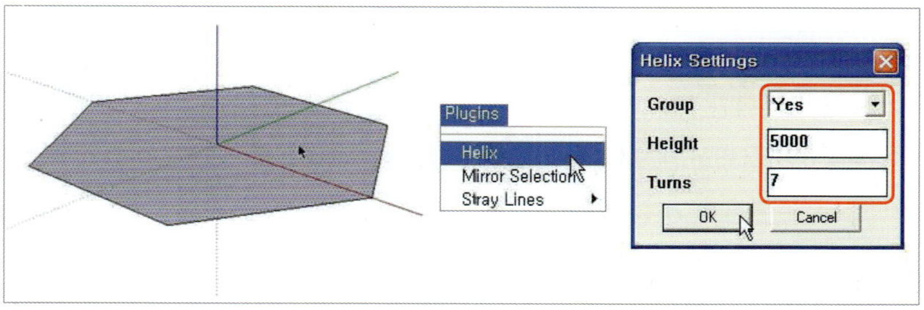

04 필요 없는 다각형을 선택한 후 마우스 오른쪽 버튼을 클릭하면 나타나는 확장 메뉴 중에서 [Erase]를 선택하여 삭제합니다. 그런 다음 03에서 그룹으로 설정한 후에 만들어진 스프링을 마우스 오른쪽 버튼으로 클릭하면 나타나는 확장 메뉴 중에서 [Edit Group]을 선택합니다.

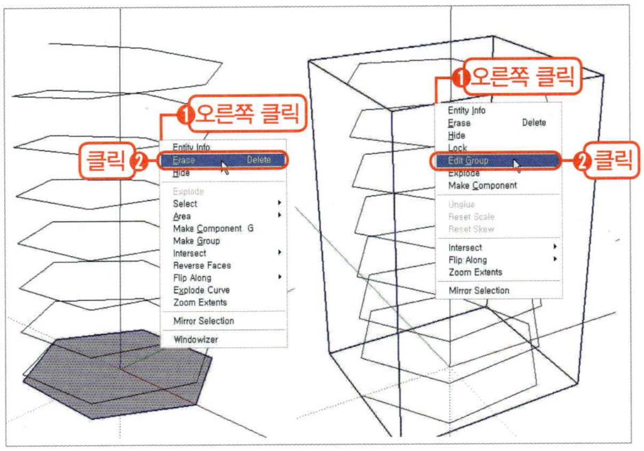

05 스프링 상단의 끝점을 기준으로 하여 다각형 툴(▼)로 다각형을 그립니다.

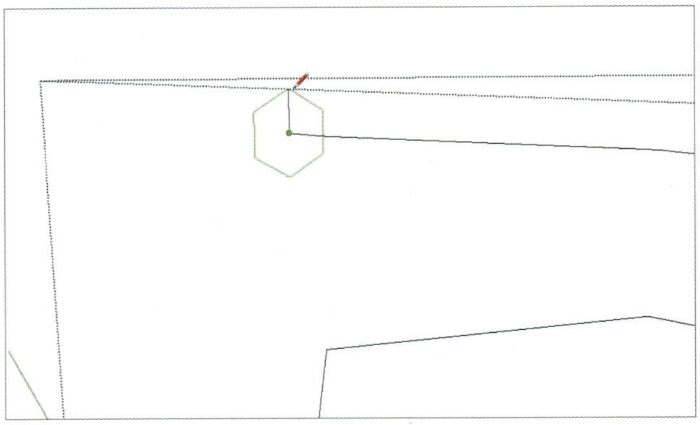

06 따라가기 툴(　)로 다각형 스프링을 완성합니다.

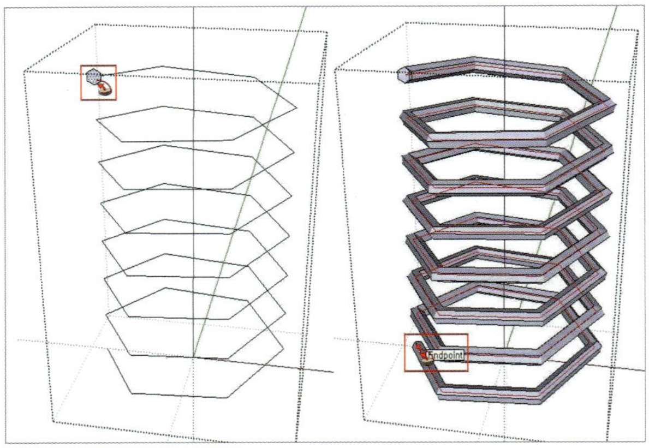

07 스프링을 선택한 후 마우스 오른쪽 버튼을 클릭하면 나타나는 확장 메뉴 중에서 [Soften/Smooth Edges]를 선택합니다.

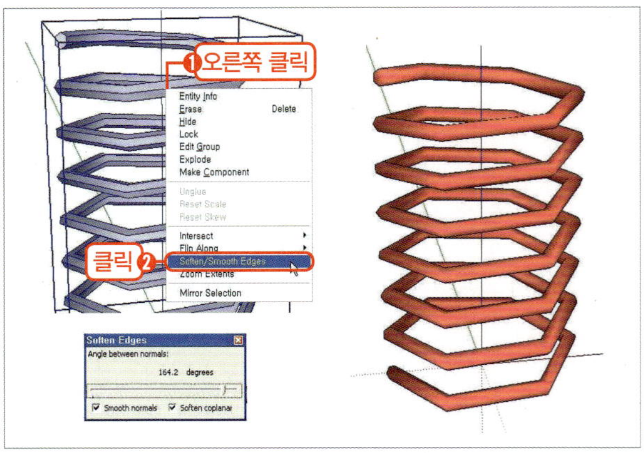

03 원형 스프링 만들기

원형의 면을 선택하여 부드러운 곡선 스프링을 만들어 보겠습니다.

01 원을 그린 후 면을 선택합니다.

02 메뉴에서 [Plugins]–[Helix]를 선택합니다.

03 [Helix Settings] 창이 나타나면 다음과 같이 설정한 후 [OK] 버튼을 클릭합니다.

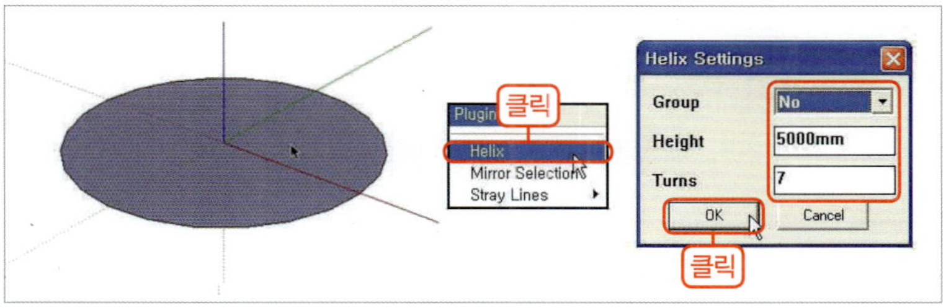

04 필요 없는 원을 선택한 후 마우스 오른쪽 버튼을 클릭하면 나타나는 확장 메뉴 중에서 [Erase]를 선택하여 삭제합니다.

05 스프링 하단의 끝점을 기준으로 하여 원 툴(◉)로 작은 원을 그립니다.

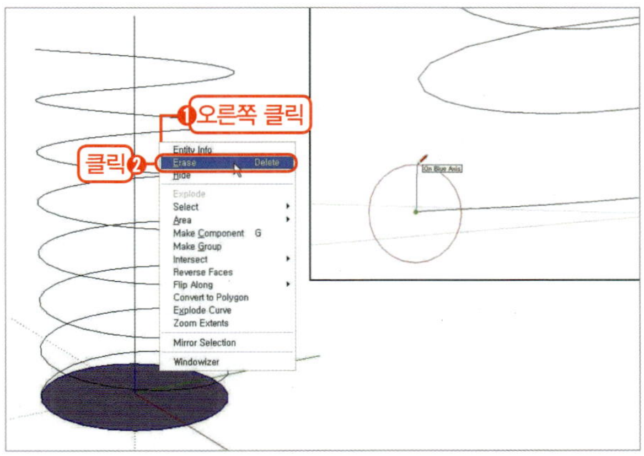

06 따라가기 툴(▣)로 다각형 스프링을 완성합니다.

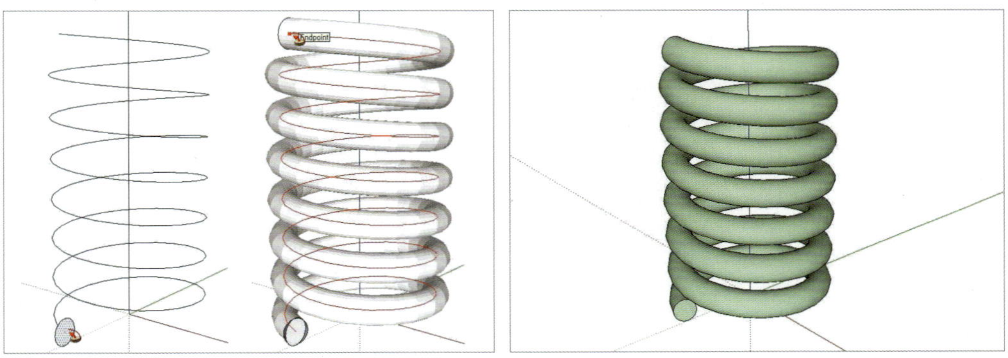

04. [Angular Dimension] 루비 스크립트

스케치업 8에는 수평/수직으로 치수를 기입하는 툴이 있지만 각도 치수에 관한 명령어는 없습니다. 이를 보완해 주는 루비 파일이 [Angular Dimension] 루비 스크립트입니다. 파일 메뉴의 [Tools]-[Angular Dimension]을 선택한 후 객체의 세 군데 모서리 점을 클릭하면 각도를 측정할 수 있습니다.

01 각도 치수를 입력하는 [Angular Dimension]

각도 치수를 입력하려면 파일 메뉴의 [Tools]-[Angular Dimension]을 선택해야 합니다. 이 메뉴를 적용하면 치수는 자동적으로 그룹 설정됩니다.

01 파일 메뉴에서 [Tools]-[Angular Dimension]을 선택합니다.

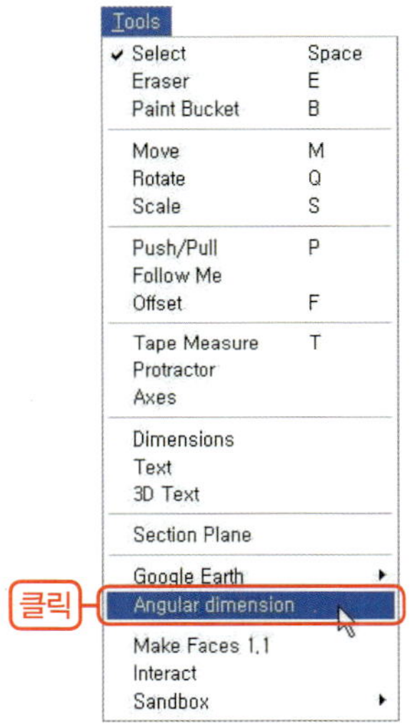

02 각도 치수를 기입할 첫 번째 점(p1)을 클릭한 후 두 번째 점(p2)을 클릭합니다. 그리고 세 번째 점(p3)을 클릭합니다.

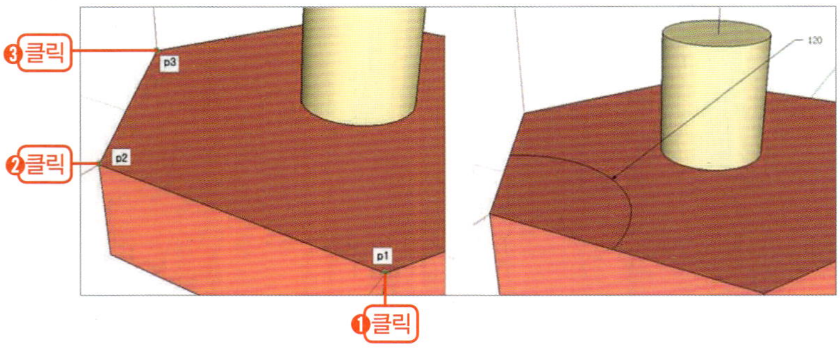

03 각도 수치를 변경하려면 입력된 각도를 클릭한 후 마우스 오른쪽 버튼을 클릭하면 나타나는 확장 메뉴 중에서 [Edit Group]을 선택합니다.

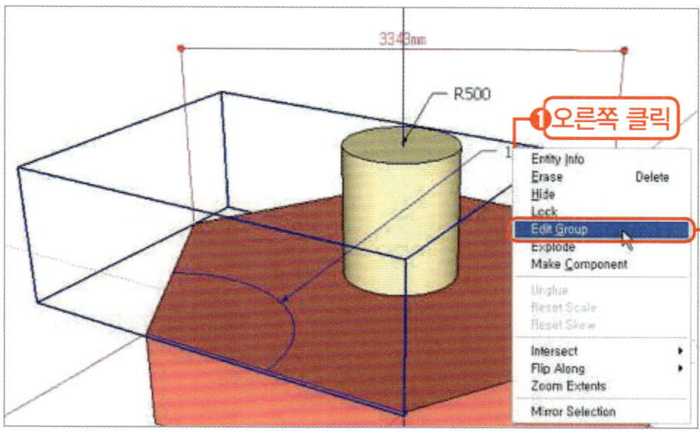

04 치수 문자에 마우스 오른쪽 버튼을 클릭하면 나타나는 확장 메뉴 중에서 [Entity Info]를 선택하고 다음과 같이 설정합니다.

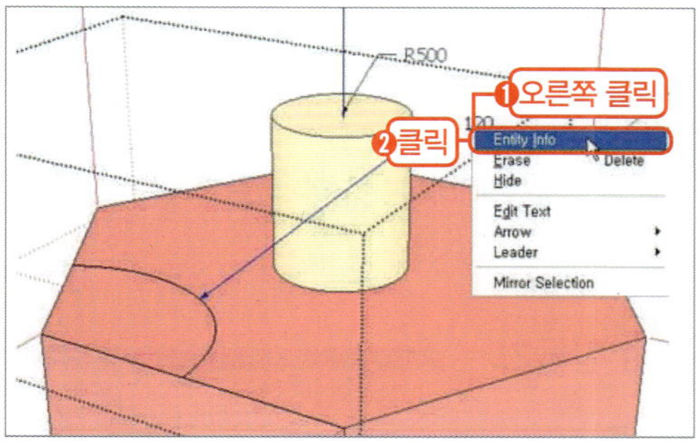

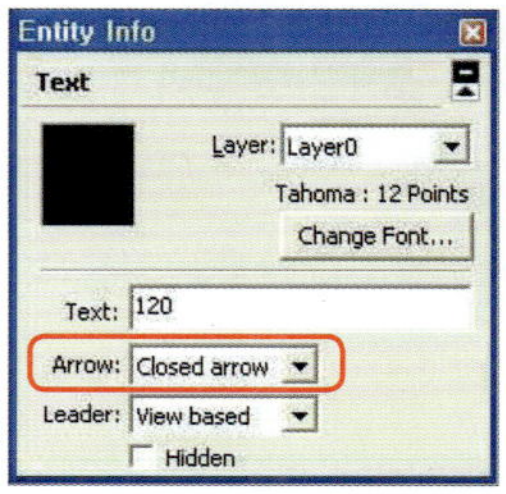

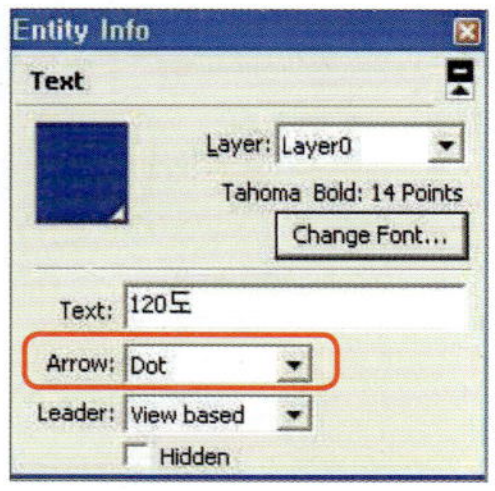

05 치수 각도가 수정된 것을 확인할 수 있습니다.

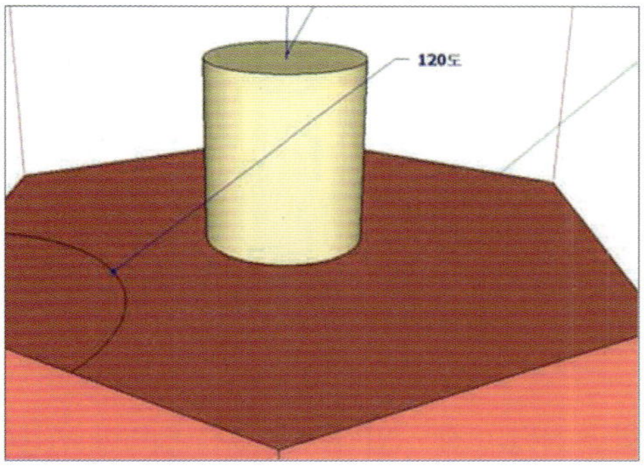

05. [Bezier Curves] 루비 스크립트

스케치업 8로는 기본적으로 매끄럽고 자유로운 곡선을 그리기가 어렵습니다. 하지만 [Bezier Curves] 루비 스크립트를 이용하면 부드러운 곡선을 그릴 수 있습니다.

01 [Bezier Curves] 특징 알아보기

[Bezier Curves] 루비 파일에서 사용하는 수치 값의 의미를 알아보겠습니다.

- 메뉴에서 [Bezier Curves]를 선택하면 화면 하단에 각도 입력란(Degree)이 나타나는데, 여기에 곡선의 방향점 값을 입력하면 곡선을 그릴 수 있습니다.
- 곡선 길이 값의 수치가 3이면 [시작점, 방향점 2군데, 끝점]의 4 포인트를 지정하여 원하는 곡선을 그릴 수 있습니다.
- [Bezier Curves]는 기본적으로 4개의 점을 클릭하여 만들 수 있습니다.

02 수평 방향으로 Bezier Curves 만들기

Top(▣) 화면에서 [Bezier Curves] 루비 스크립트를 이용하여 부드러운 곡선을 만들어 보겠습니다.

01 메뉴에서 [Draw]–[Bezier Curves]를 선택합니다.

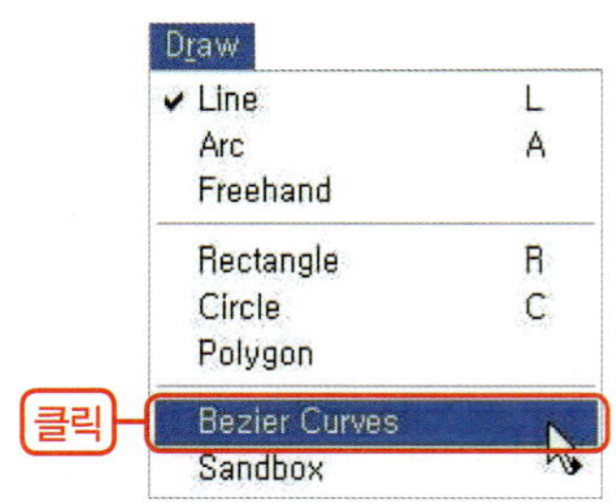

02 Top(▣) 화면으로 이동합니다. 화면 하단의 각도 입력란에 '3'을 입력한 후 Enter를 누릅니다. 첫 번째 점(p1)을 클릭하여 직선을 그린 후 두 번째 점(p2)을 클릭합니다.

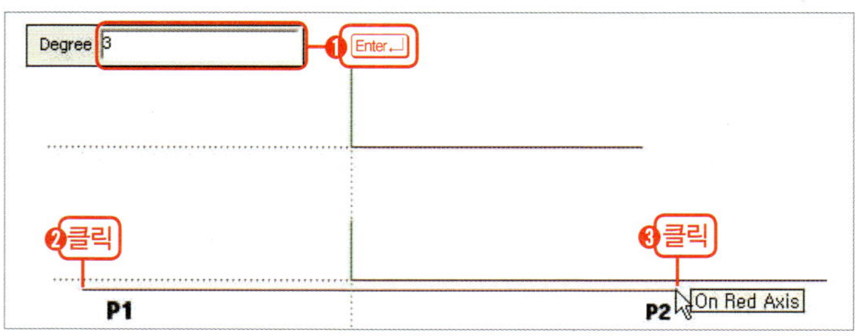

03 마우스의 움직임에 따라 곡선을 이리저리 휘면서 원하는 모양이 되었을 때 세 번째 점(p3)을 클릭합니다. 마지막으로 네 번째 점(p4)을 클릭하여 곡선을 완성합니다.

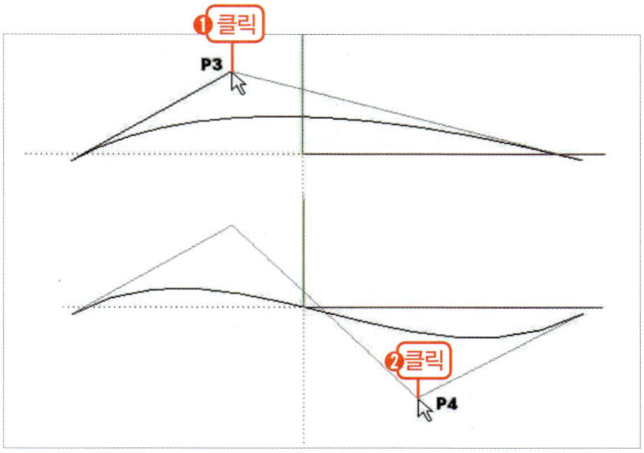

Tip

곡선이 직선 사이로 휘어지는 것을 알 수 있습니다.

04 02와 03에서 작업한 베이저 곡선을 선택한 후 이동 툴( )을 선택합니다. Control을 누른 채 드래그하여 아래로 복사합니다.

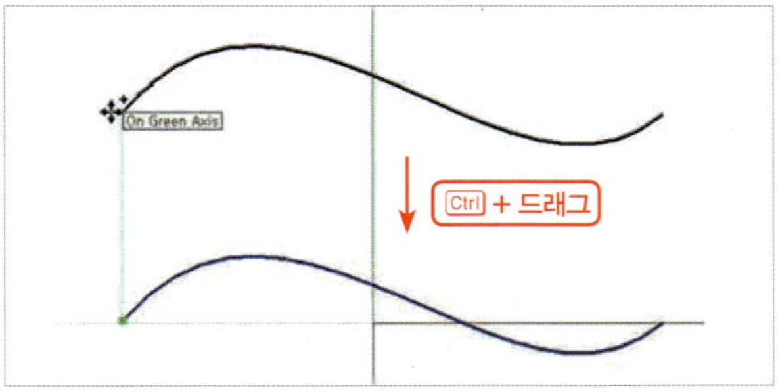

05 면을 만들려면 선 툴( )을 이용해야 합니다. 양쪽 끝부분의 끝점과 끝점을 연결하면서 선을 그려 면을 만듭니다.

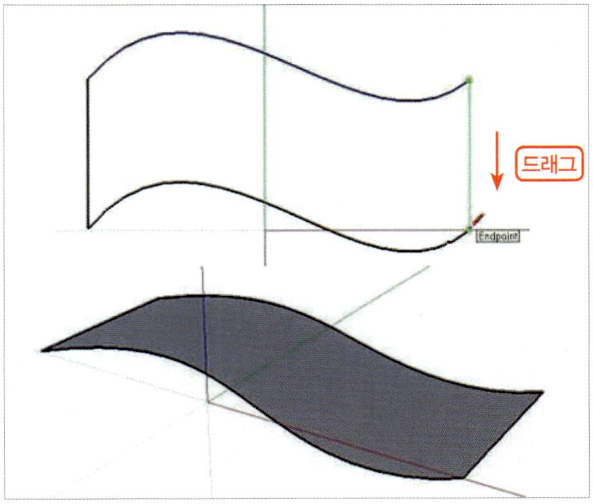

06 Iso 툴( ) 화면으로 이동합니다. 밀고/끌기 툴( )로 위로 적당히 늘려 줍니다.

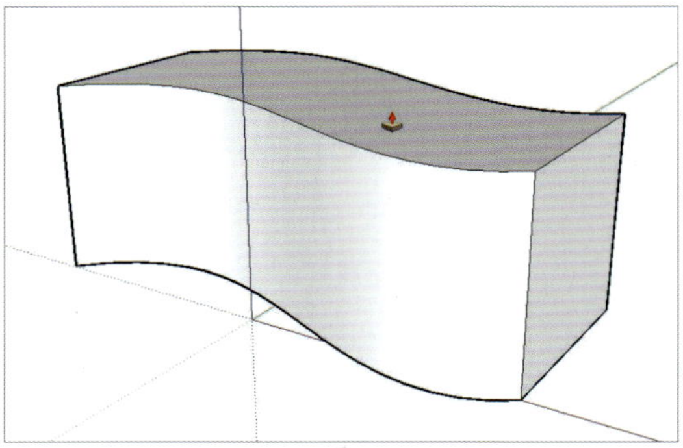

07 메뉴에서 [View]–[Hidden Geometry]를 선택하면 곡선 객체에서 보이지 않던 숨은 점선들이 나타납니다.

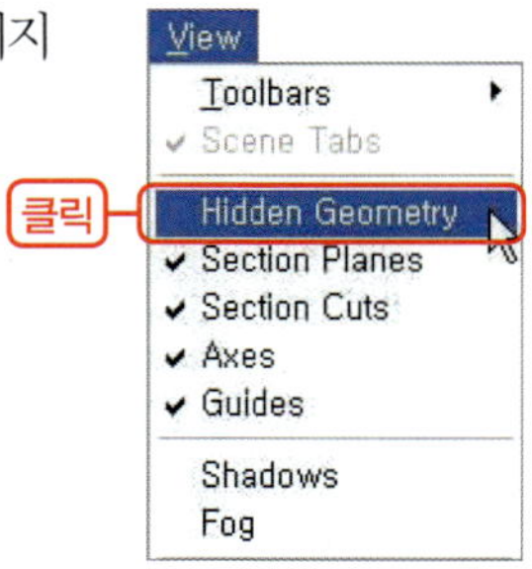

08 상단의 베이저 곡선을 선택한 후 이동 툴( )을 선택합니다. Control을 누른 채 드래그하여 아래로 복사합니다. 그런 다음, 하단 베이저 곡선을 선택하고 이동 툴( )을 선택합니다. Control을 누른 채 드래그하여 위로 복사합니다.

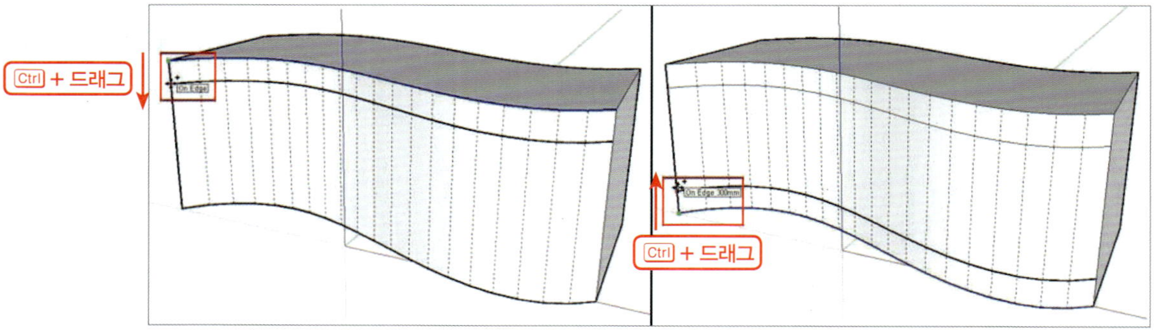

09 선 툴( )을 선택한 후 숨은 점선을 기준으로 각각 양쪽에 선을 그립니다. 그림처럼 지우개 툴( )로 불필요한 선과 안쪽의 숨은 점선들을 삭제합니다.

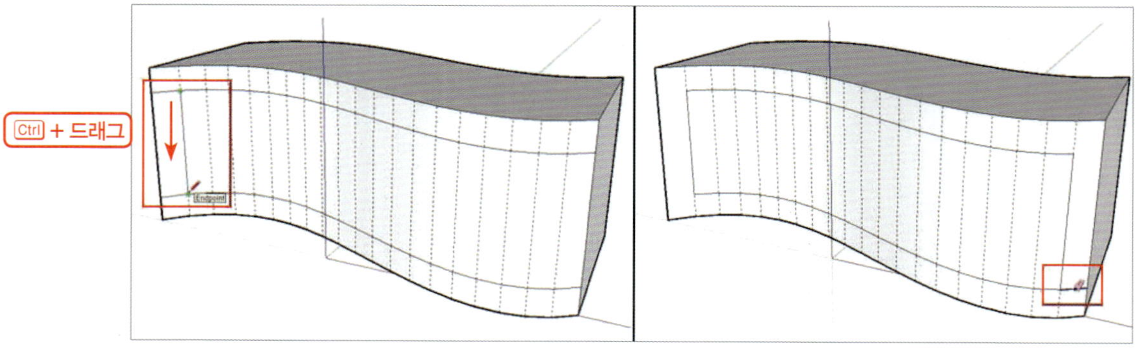

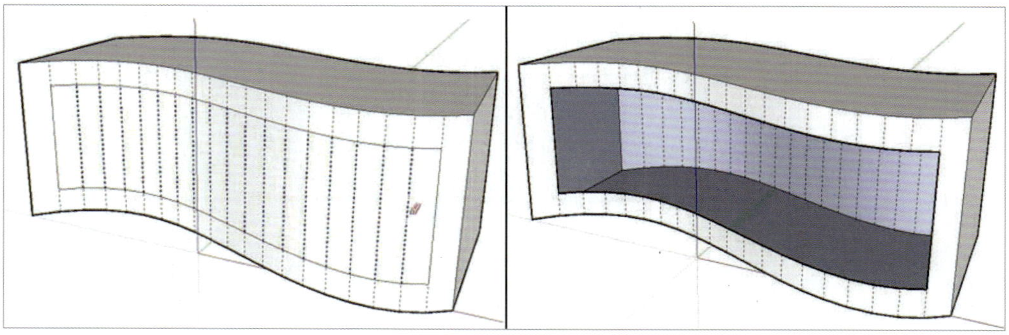

10 메뉴에서 [View]-[Hidden Geometry]를 다시 선택하여 숨은 점선들을 안 보이게 합니다.

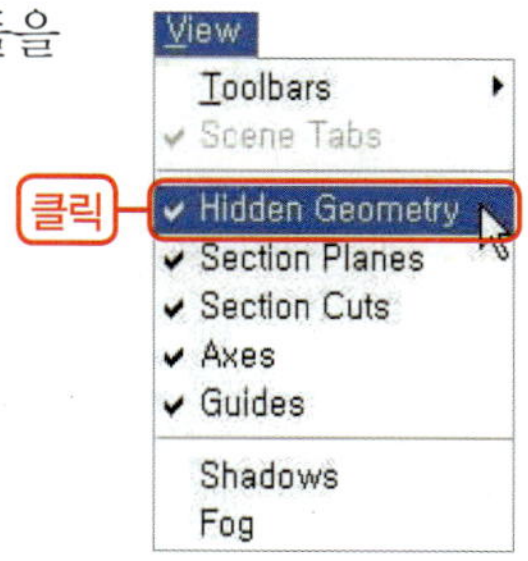

11 객체 내부에 면을 만들기 위해 선 툴()을 선택합니다. 각 모서리 부분의 끝점을 기준으로 하여 안쪽으로 향하는 수평선들을 그립니다. 그런 다음, 방금 그린 내부선 끝점의 선 툴()로 면을 만듭니다.

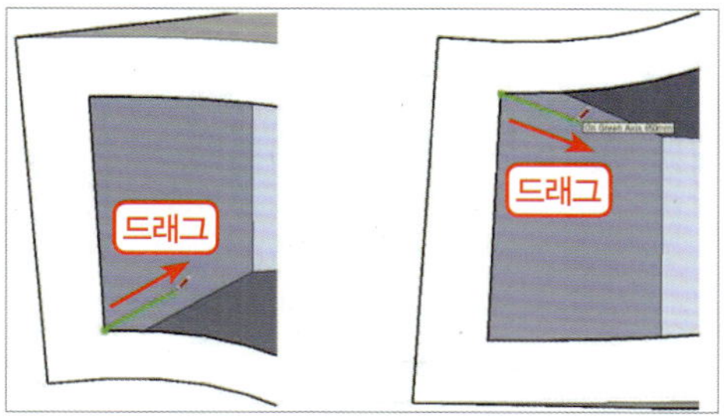

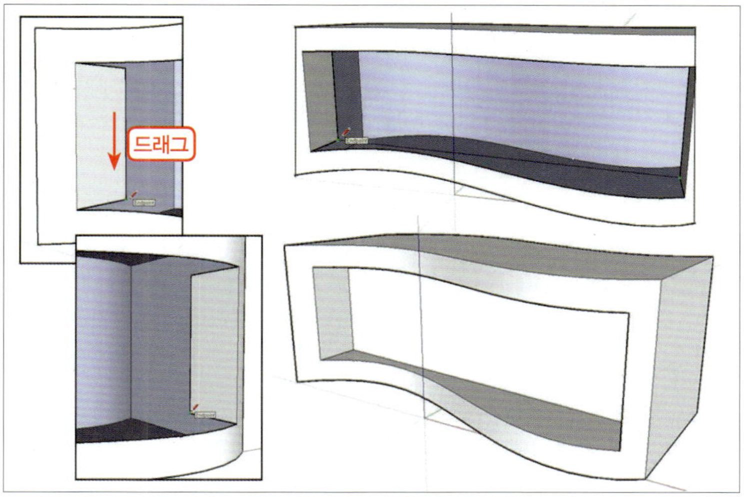

03 수직 방향으로 Bezier Curves 만들기

Front(🏠) 화면에서 [베이저 곡선] 루비 스크립트로 부드러운 곡선 형태의 벽을 작업합니다.

01 Front(🏠) 화면으로 이동합니다. 메뉴에서 [Draw]–[Bezier Curves]를 선택합니다.

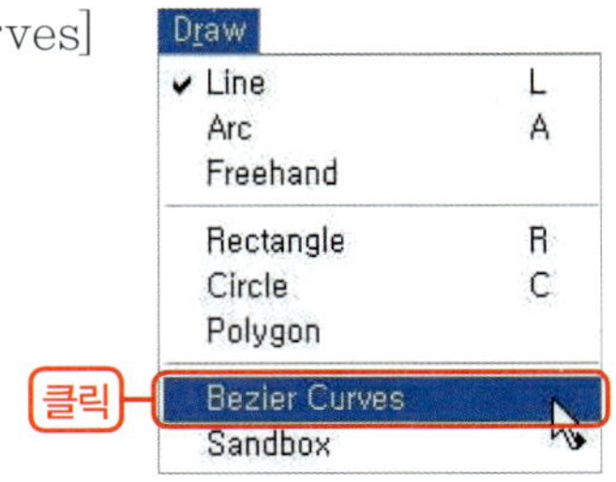

02 화면 하단의 각도 입력란에 '3'을 입력한 후 Enter↵를 누릅니다. 네 개의 점을 각각 클릭하여 곡선을 수직 방향으로 그립니다.

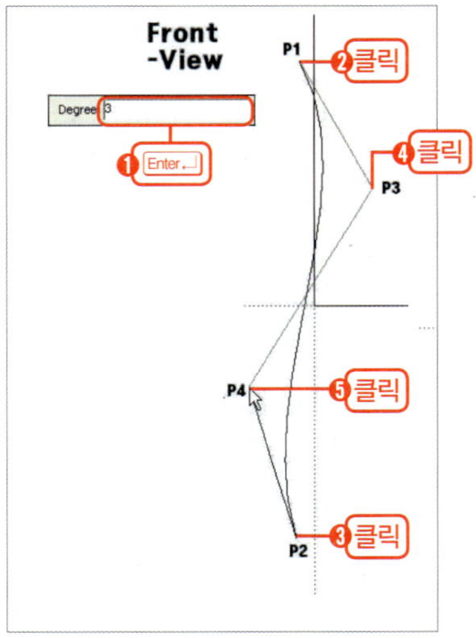

03 면을 만들기 위해 선 툴(✏)을 선택합니다. 양쪽 끝부분의 끝점과 끝점을 연결하면서 선을 그려 면을 만듭니다.

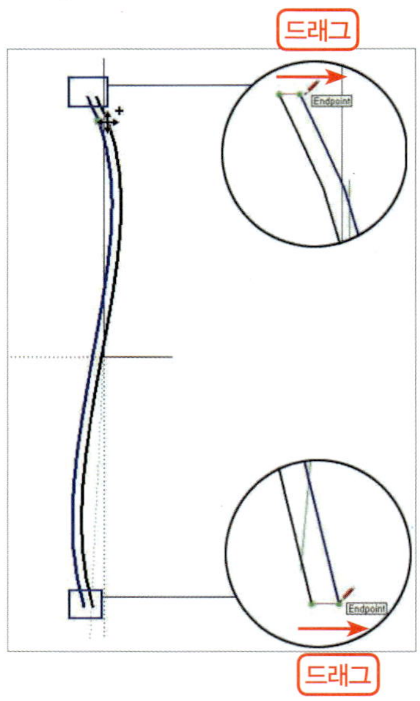

04 밀고/끌기 툴(아이콘)로 앞으로 1500만큼 늘려 줍니다. 반복해서 Control 을 누른 채 밀고/끌기 툴(아이콘)로 앞쪽으로 1500만큼 늘리면서 복사합니다. 그리고 지금 작업한 모든 면들을 선택한 후 마우스 오른쪽 버튼을 클릭하면 나타나는 확장 메뉴 중에서 [Make Group]을 선택하여 그룹으로 만듭니다.

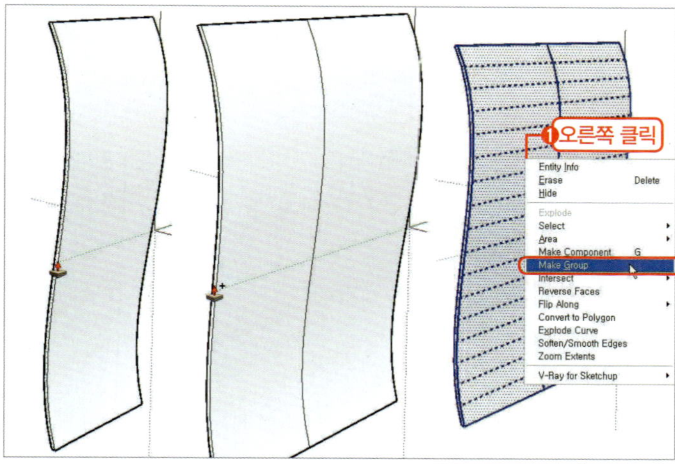

05 이동 툴(아이콘)을 선택한 후 Control 을 누른 채 객체의 끝점을 클릭합니다. 그런 다음, 그림처럼 수평 방향으로 드래그하고 끝점을 클릭하여 복사합니다.

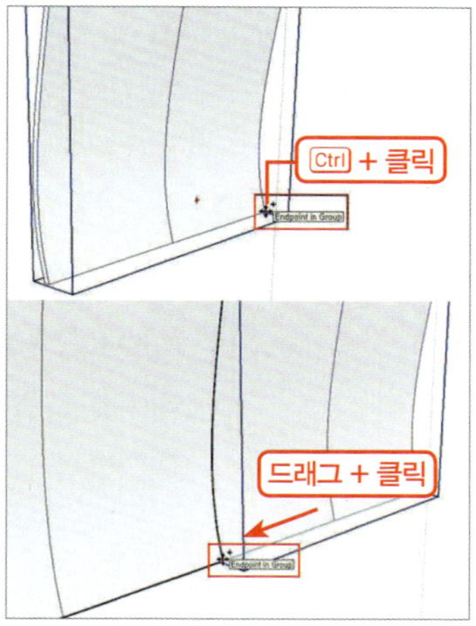

06 05에서 복사한 객체를 앞뒤로 뒤집기 위해 마우스 오른쪽 버튼을 클릭하면 나타나는 확장 메뉴 중에서 [Filp Along]–[Group's Red]를 선택합니다.

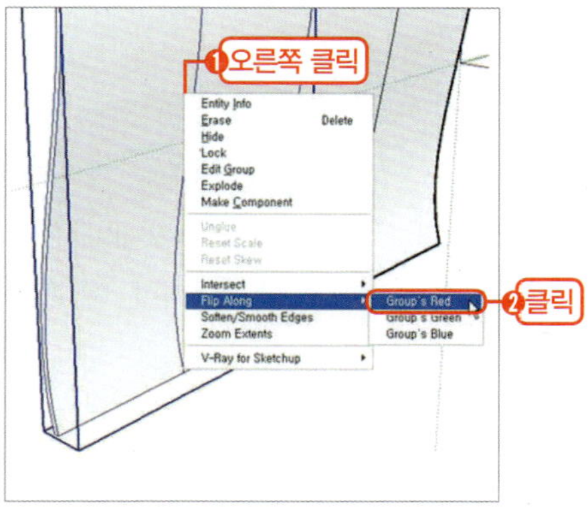

07 메뉴에서 [View]-[Hidden Geometry]를 선택하면 곡선 객체에서 보이지 않던 숨은 점선들이 나타납니다.

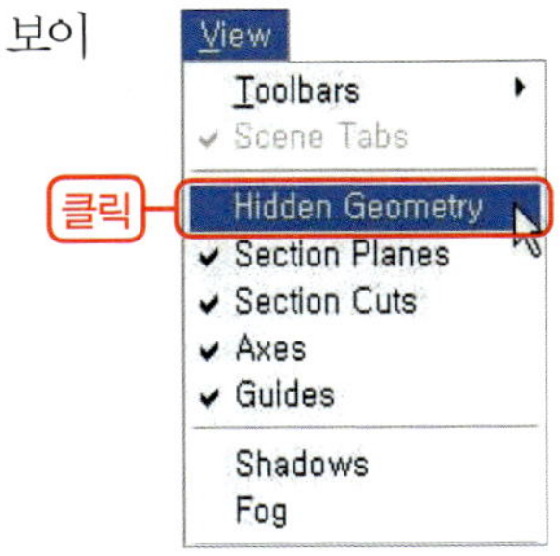

08 06에서 복사한 객체를 클릭한 후 마우스 오른쪽 버튼을 클릭하면 나타나는 확장 메뉴 중에서 [Edit Group]을 선택합니다.

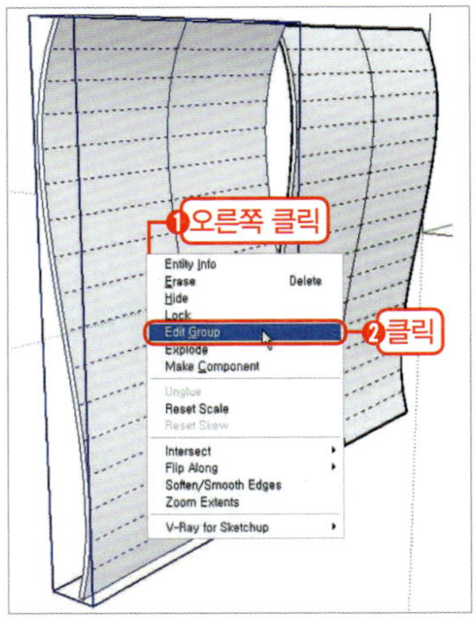

09 선 툴( )을 선택한 후 숨은 점선을 기준으로 양쪽 끝부분의 끝점과 끝점을 연결하여 선을 그립니다. 그런 다음, 반대편에도 같은 방법으로 선을 그립니다.

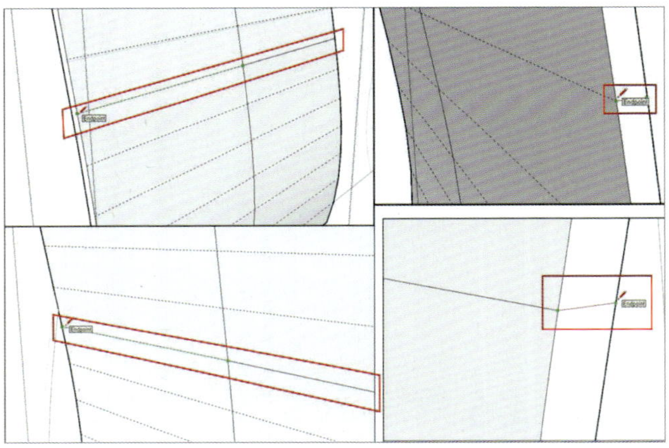

10 지우개 툴( )로 숨은 점선들을 삭제합니다. 숨은 점선들을 선택한 후 마우스 오른쪽 버튼을 클릭하면 나타나는 확장 메뉴 중에서 [Erase]를 선택하여 삭제합니다.

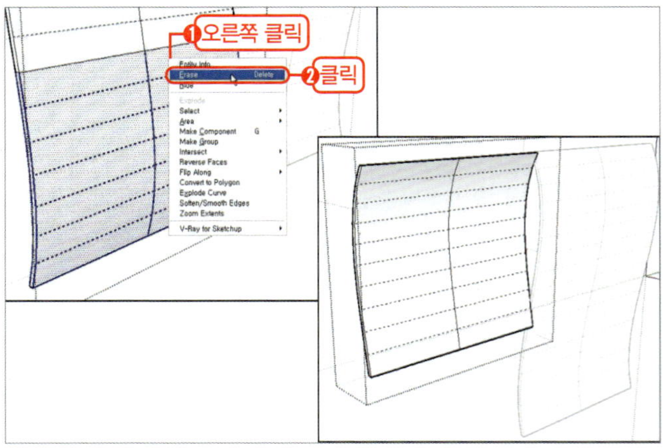

11 메뉴에서 [View]–[Hidden Geometry]를 다시 선택하여 곡선의 숨은 점선들을 다시 안 보이게 합니다.

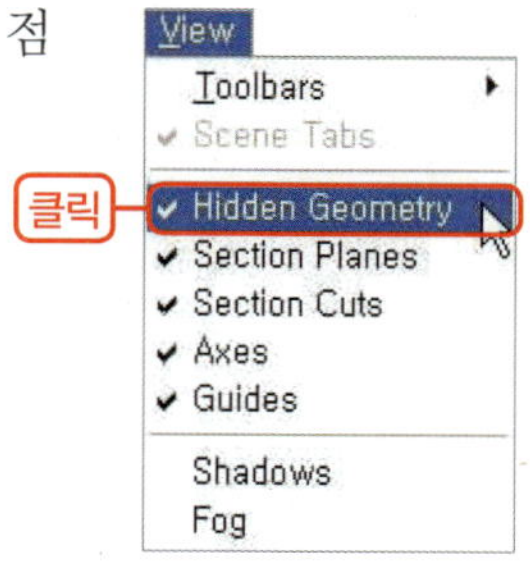

12 채우기 툴( )을 선택한 후 [Materials] 창에서 원하는 재질을 선택합니다. 모든 객체에 재질이 채워지는 것을 확인할 수 있습니다.

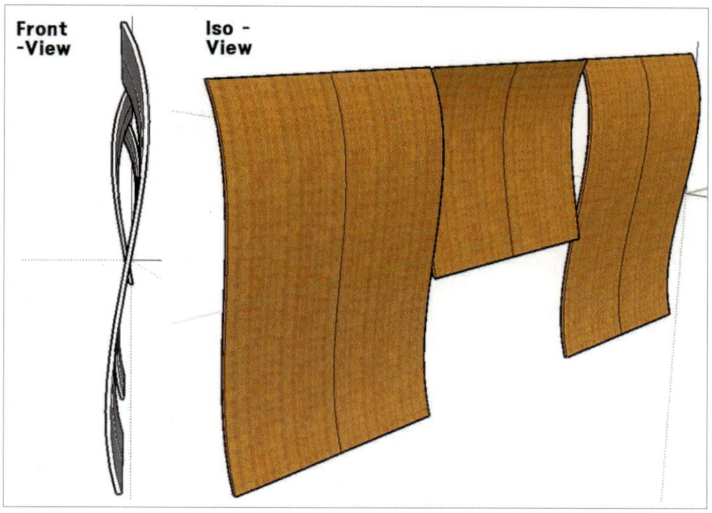

06. [Windowizer] 루비 스크립트

4개의 Side 면을 선택한 후 마우스 오른쪽 버튼을 클릭하면 나타나는 확장 메뉴 중에서 [Windowizer]를 선택하면 사용할 수 있습니다. 면을 선택하여 창문을 만들어주는 루비 파일은 4개의 선을 가진 면이 아니면 실행되지 않습니다. 실행이 잘못되면 'No 4–sided faces selected'라는 메시지 창이 나타납니다. Side가 4개로 되어 있는 면만 창문을 만들 수 있다는 점에 주의하세요.

01 [Windowizer Settings] 대화상자 알아보기

[Windowizer Settings] 대화상자에 표시된 각 용어의 뜻을 알아보겠습니다.

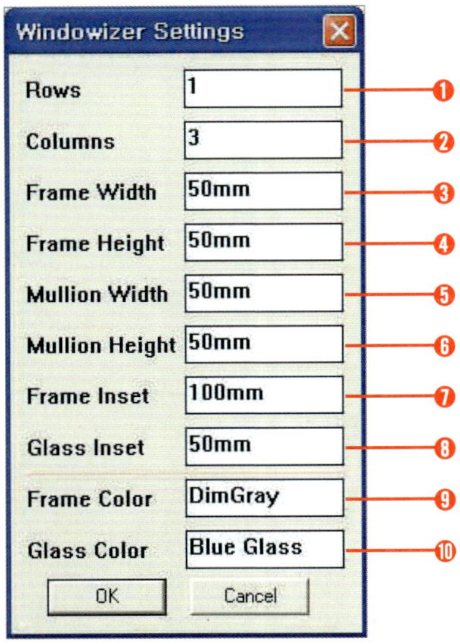

❶ Rows : 행의 유리창 수 입력

❷ Columns : 열의 유리창 수 입력

❸ Frame Width : 세로 창틀의 길이 값

❹ Frame Height : 가로 창틀의 길이 값

❺ Mullion Width : 세로 안쪽 창틀의 길이 값

❻ Mullion Height : 가로 안쪽 창틀의 길이 값

❼ Frame Inset : 벽면에서 창틀이 들어간 깊이 값

❽ Glass Inset : 창틀에서 유리창이 들어간 깊이 값

❾ Frame Color : 창틀 색 지정

❿ Glass Color : 유리창 색 지정

Tip

창틀과 유리창 색상은 굳이 변경할 필요가 없습니다. 그 이유는 채우기 툴(🎨)로 색상이나 재질을 채우면 되기 때문입니다.

02 객체 면에 창문 만들기

벽면을 선택한 후 [Windowizer] 루비 파일을 이용해 창문을 만들어 보겠습니다.

● 예제 파일 I 부록 CD\Sample\Part 01\예제\Window-sam.skp

01 창문을 삽입할 면을 선택한 후 마우스 오른쪽 버튼을 클릭하면 나타나는 확장 메뉴 중에서 [Windowizer]를 선택합니다.

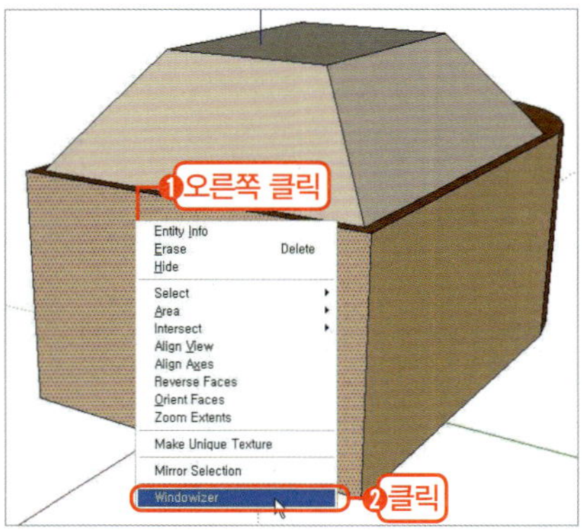

02 [Windowizer Settings] 창이 나타나면 다음과 같이 설정합니다.

03 창문이 만들어진 것을 확인할 수 있습니다. 채우기 툴( )을 선택하여 원하는 재질을 채웁니다.

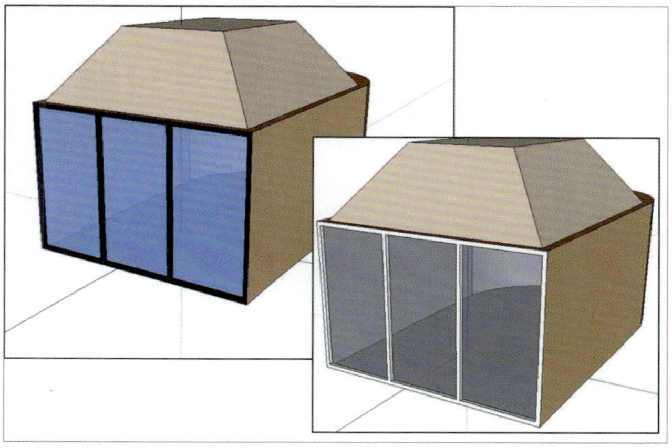

03 [Windowizer]로 만들어진 창문 수정하기

이번에는 [Windowizer] 루비 파일로 작업한 창문을 수정해 보겠습니다.

01 간격 띄우기 툴( )로 창문을 만들 면을 안쪽으로 적당히 밀어넣습니다. 그런 다음, 면을 선택하고 마우스 오른쪽 버튼을 클릭하면 나타나는 확장 메뉴 중에서 [Windowizer]를 선택합니다. [Windowizer Settings] 창이 나타나면 다음과 같이 설정합니다.

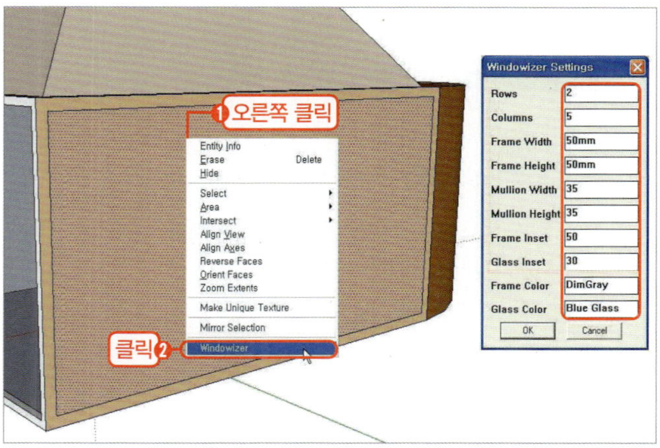

02 창문이 만들어진 것을 확인할 수 있습니다. 이제 채우기 툴( )을 선택하여 원하는 재질을 채웁니다.

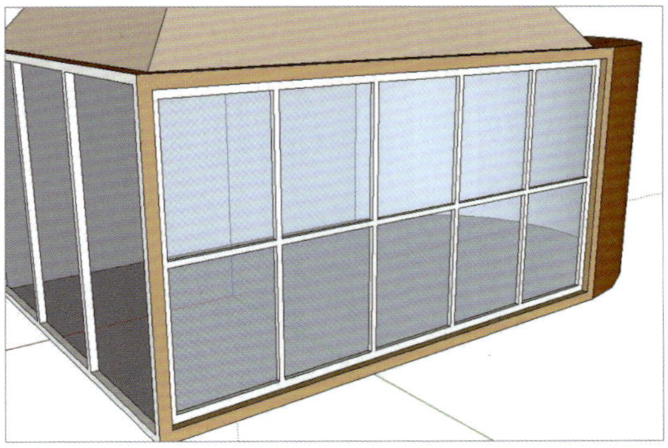

03 밀고/끌기 툴( )을 선택한 후 그림처럼 창 안쪽의 창틀을 위아래로 조절하면서 위치를 수정합니다.

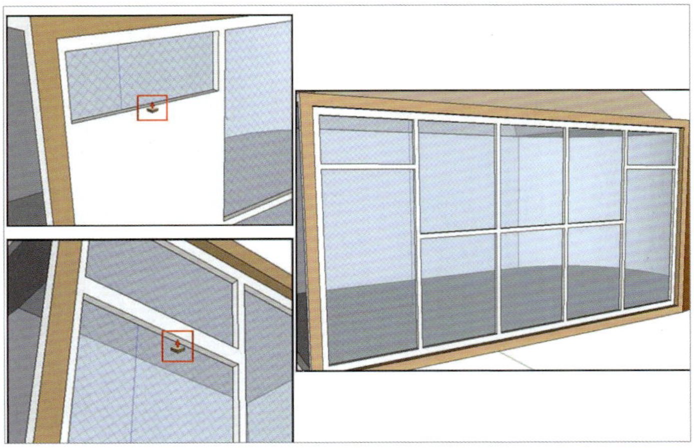

04 선 툴( )로 6개로 분할된 가운데 창틀의 네 군데 끝점과 끝점을 연결하면서 선을 그립니다. 밀고/끌기 툴( )로 커서를 안쪽 면 위로 가져갑니다.

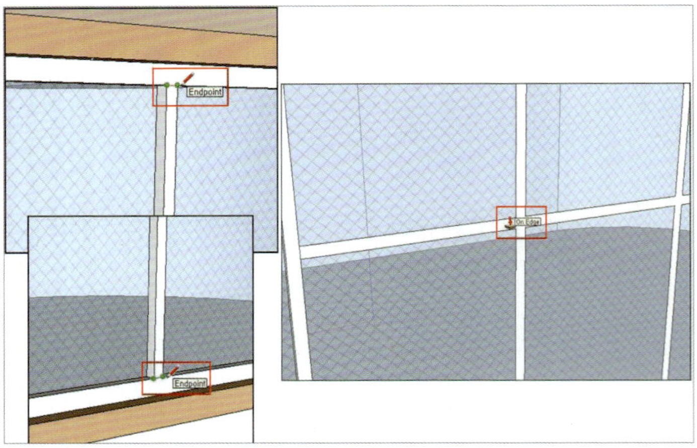

05 지우개 툴( )로 불필요한 선들을 삭제합니다. 하나의 큰 창문이 만들어진 것을 확인할 수 있습니다. 그런 다음, 채우기 툴( )로 원하는 재질을 채웁니다.

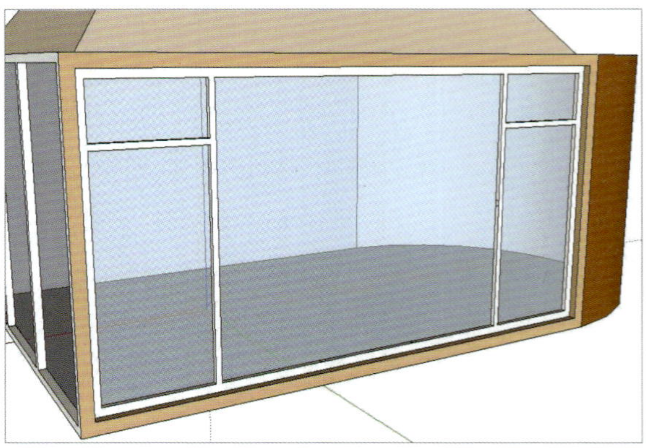

04 곡선 둘레에 창문 만들기

곡선 벽에 창문을 만들고자 할 때 [Windowizer] 루비 파일을 이용하면 곡선으로 된 면에 숨은 점선들이 나타나기 때문에 창문을 쉽게 만들 수 있습니다.

01 메뉴에서 [View]–[Hidden Geometry]를 선택하면 곡선 객체에서 보이지 않던 숨은 점선들이 나타납니다.

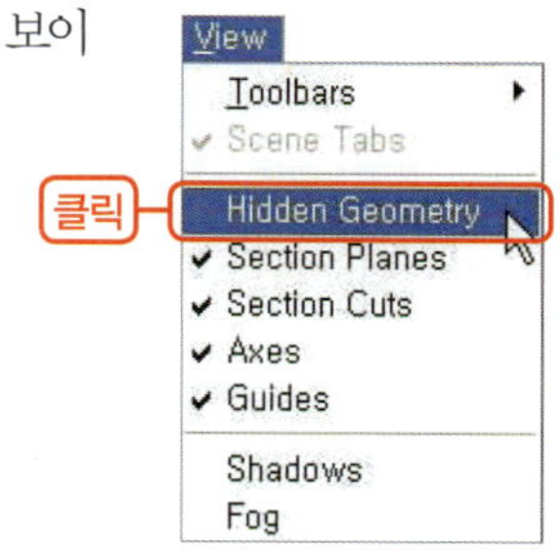

02 선택 툴(![])과 Control을 함께 누른 채 각각의 면을 추가로 선택합니다. 그런 다음, 선택한 면에 마우스 오른쪽 버튼을 클릭하면 나타나는 확장 메뉴 중에서 [Windowizer]를 선택합니다.

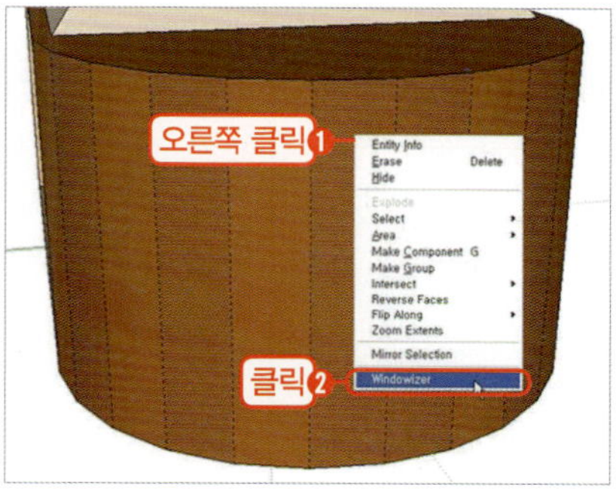

03 앞 02에서 '선택한 면을 설정할 것인지'를 확인하는 메시지 창이 나타납니다. 면으로 인식하도록 하려면 [예] 버튼을 클릭합니다.

04 [Windowizer Settings] 창이 나타나면 다음과 같이 설정합니다. 창문이 생성되는 것을 확인할 수 있습니다.

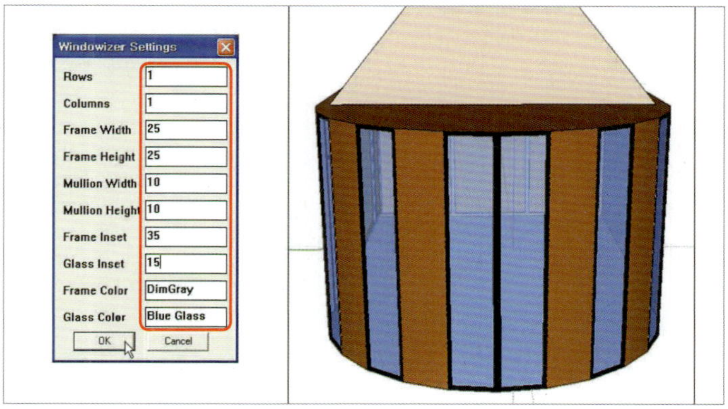

05 메뉴에서 [View]–[Hidden Geometry]를 선택하여 곡선의 숨은 점선들을 다시 안 보이게 합니다.

06 채우기 툴( )을 선택하여 원하는 재질을 채웁니다. 모든 객체에 재질이 채워진 것을 확인할 수 있습니다.

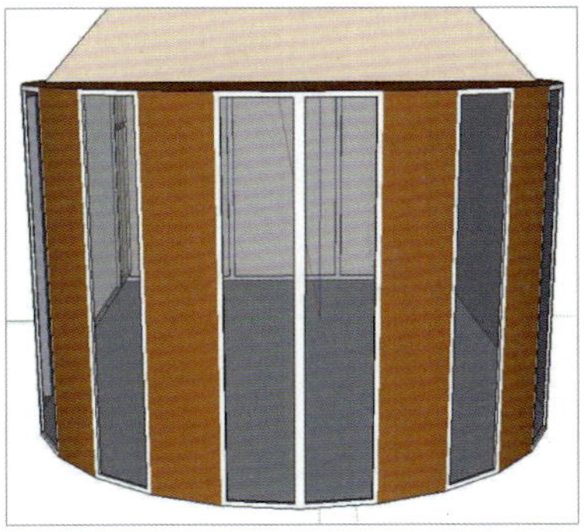

04 곡선 둘레에 창문 만들기

곡선 벽에 창문을 만들고자 할 때 [Windowizer] 루비 파일을 이용하면 곡선으로 된 면에 숨은 점선들이 나타나기 때문에 창문을 쉽게 만들 수 있습니다.

01 메뉴에서 [View]–[Hidden Geometry]를 선택하면 곡선 객체에서 보이지 않던 숨은 점선들이 나타납니다.

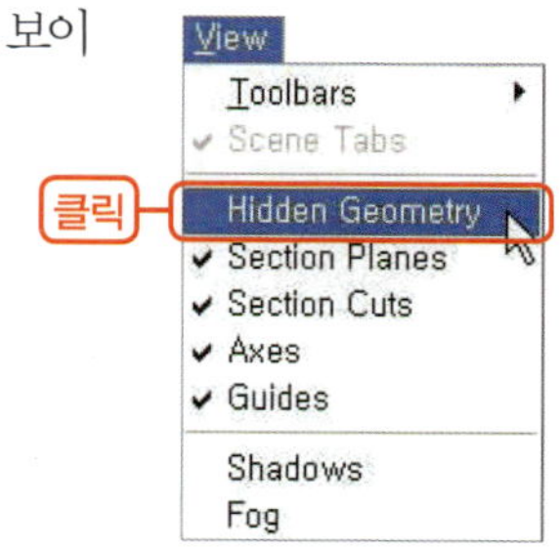

02 선택 툴(↖)과 Control을 함께 누른 채 각각의 면을 추가로 선택합니다. 그런 다음, 선택한 면에 마우스 오른쪽 버튼을 클릭하면 나타나는 확장 메뉴 중에서 [Windowizer]를 선택합니다.

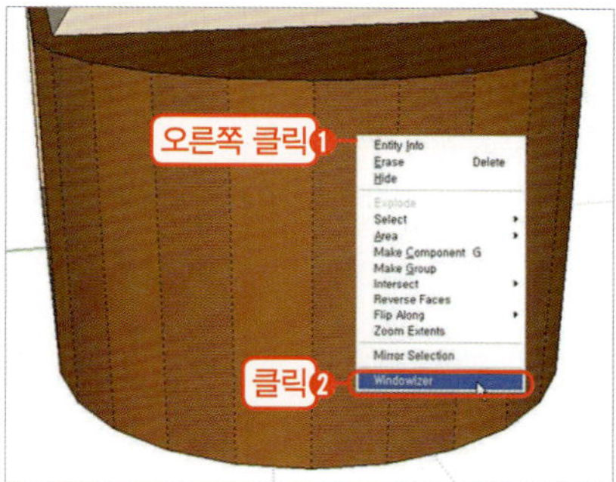

03 앞 02에서 '선택한 면을 설정할 것인지'를 확인하는 메시지 창이 나타납니다. 면으로 인식하도록 하려면 [예] 버튼을 클릭합니다.

04 [Windowizer Settings] 창이 나타나면 다음과 같이 설정합니다. 창문이 생성되는 것을 확인할 수 있습니다.

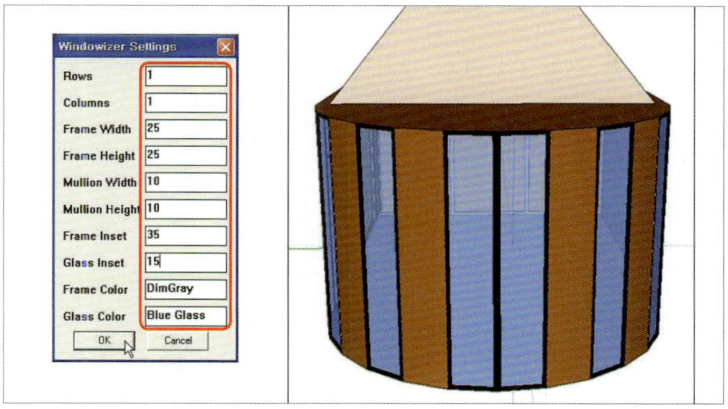

05 메뉴에서 [View]-[Hidden Geometry]를 선택하여 곡선의 숨은 점선들을 다시 안 보이게 합니다.

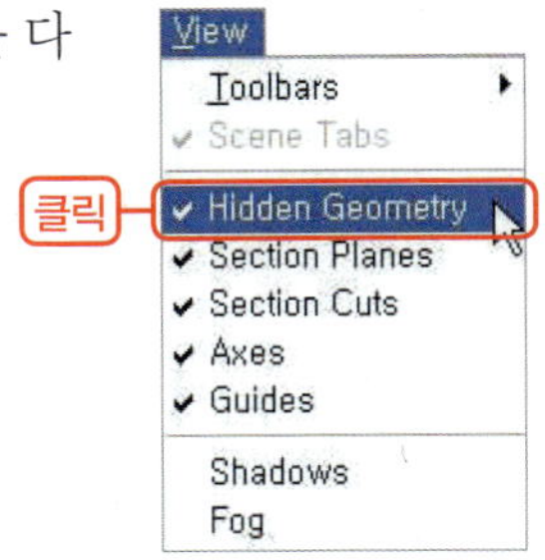

06 채우기 툴( )을 선택하여 원하는 재질을 채웁니다. 모든 객체에 재질이 채워진 것을 확인할 수 있습니다.

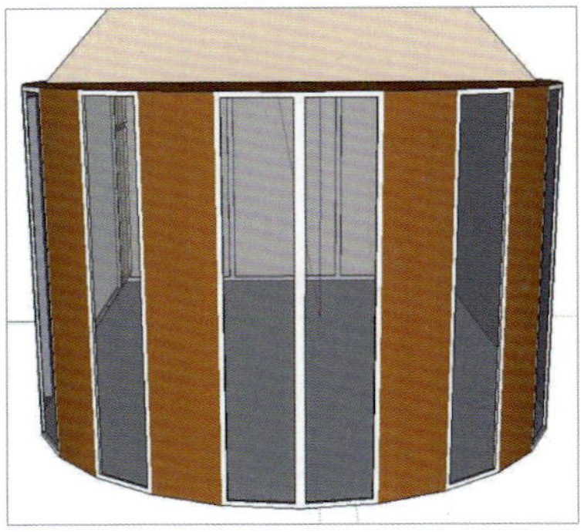

05; 친근한 볼펜 만들기

볼펜은 우리 주변에서 쉽게 볼 수 있는 필기 용품입니다. 이번에는 볼펜을 만드는 작업을 통해 Divide 기능을 적절히 활용하여 작업하는 방법을 익혀 보겠습니다. 또 3D 문자 도구로 돌출된 문자까지 삽입해 보겠습니다.

● 완성 파일 | 부록 CD\Sample\Part 01\완성\볼펜.skp

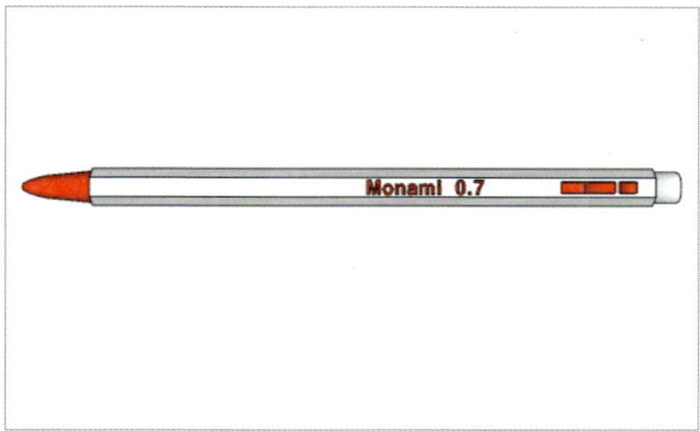

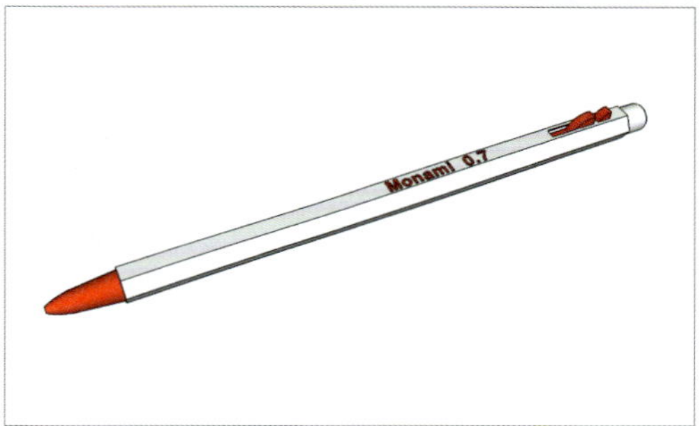

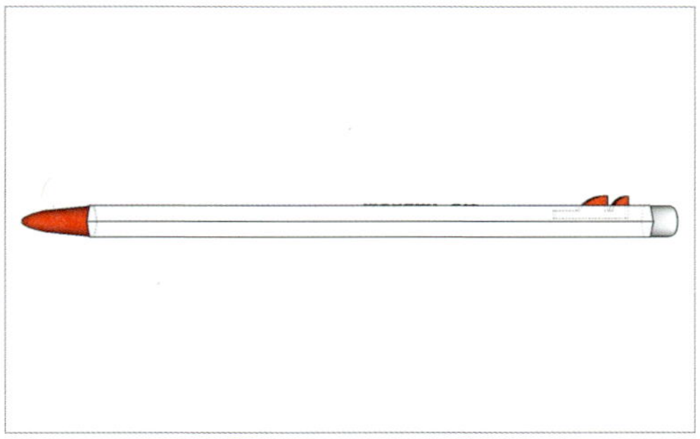

01 Front() 화면으로 이동한 후 다각형 툴()로 육각형을 그립니다. 그리고 Iso 툴()을 클릭하여 Iso 화면으로 이동합니다. 볼펜의 몸통을 만들기 위해 밀고/끌기 툴()로 길게 늘려 줍니다.

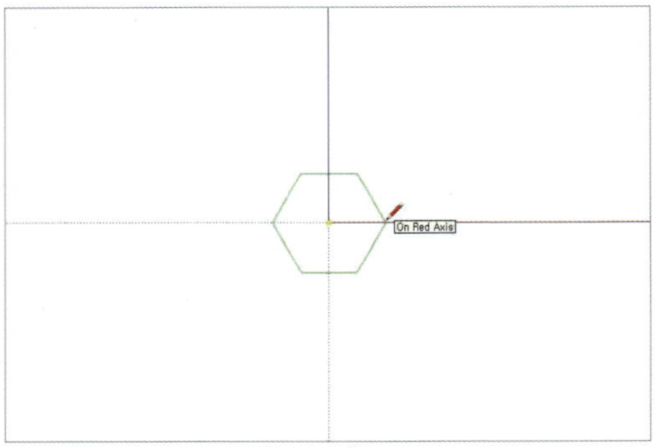

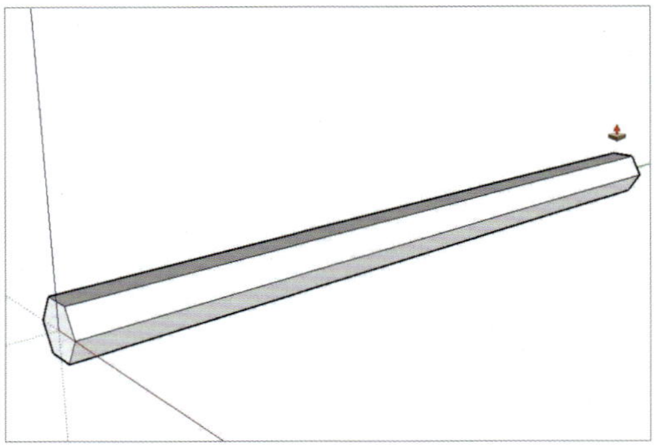

Tip

- 현재 방향으로 다각형 잠그기 : Shift를 누른 채 다각형을 그리면 현재 방향으로 그리기 방향을 잠글 수 있습니다.
- Explode Curve 이해하기 : 다각형, 원, 호 가장자리를 분해하는 확장 메뉴입니다. 단, 한 번 커브 분해를 한 후에는 처음 상태로 되돌릴 수 없습니다. 작업할 때 반드시 주의해야 합니다.

02 볼펜 몸통 끝부분의 육각형 테두리를 선택 툴()로 선택한 후 마우스 오른쪽 버튼을 클릭하면 나타나는 확장 메뉴 중에서 [Explode Curve]를 선택합니다.

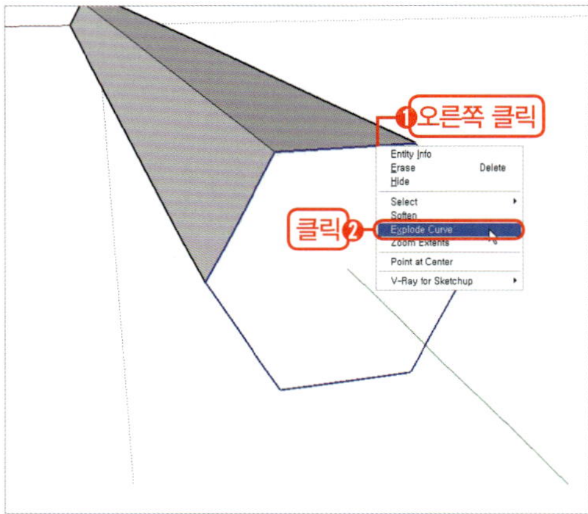

03 분해된 한 개의 선을 선택 툴()로 선택한 후 마우스 오른쪽 버튼을 클릭하면 나타나는 확장 메뉴 중에서 [Divide]를 선택합니다. 그리고 다섯 개의 Segments로 선을 분할합니다. 선 분할은 임의대로 변경하여 작업할 수 있습니다.

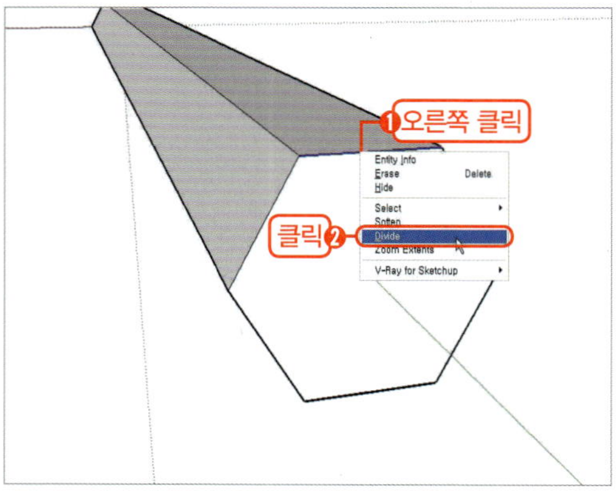

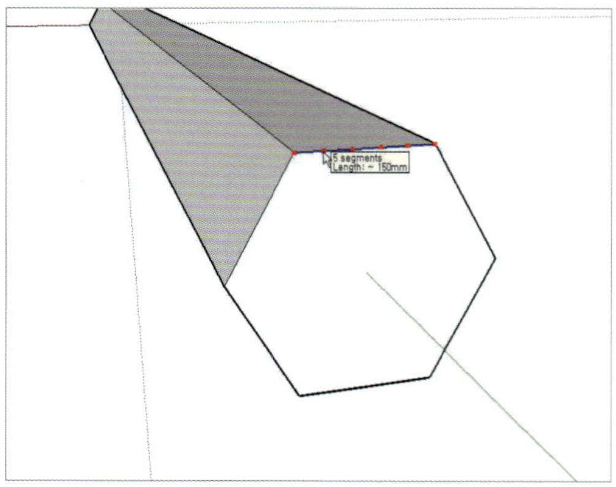

04 선택 툴( )로 볼펜 몸통 상단에 있는 긴 선을 선택한 후 마우스 오른쪽 버튼을 클릭하면 나타나는 확장 메뉴 중에서 [Divide]를 선택하여 원하는 값만큼 분할합니다.

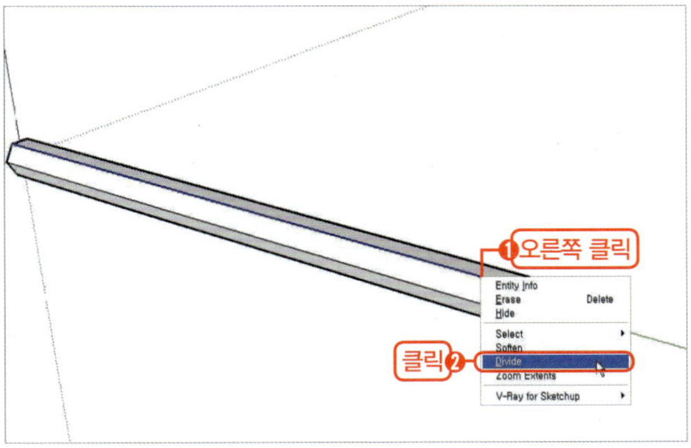

05 Divide를 이용하여 적당히 분할하였으면 선 툴( )로 사각형을 그립니다. 선 분할은 임의대로 변경하여 작업할 수 있습니다.

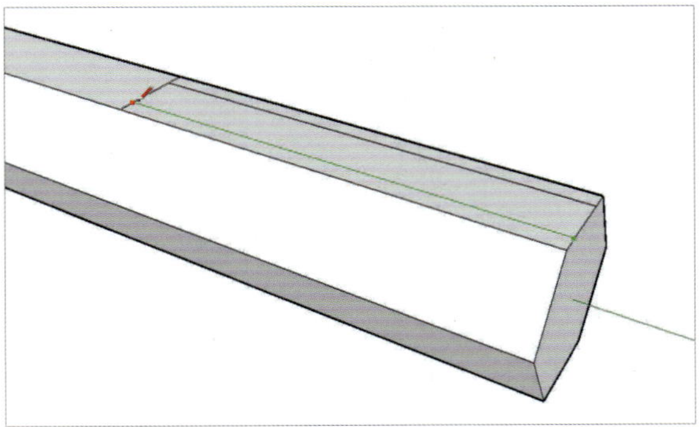

06 05에서 그린 사각형에 포함된 한 개의 세로선을 선택 툴( )로 선택합니다. 그런 다음, 마우스 오른쪽 버튼을 클릭하면 나타나는 확장 메뉴 중에서 [Divide]를 선택합니다. 9개의 Segments로 선을 분할합니다. 선 분할은 임의대로 변경하여 작업할 수 있습니다.

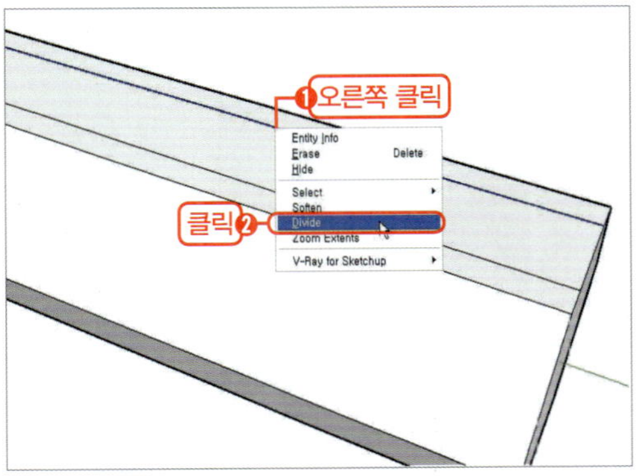

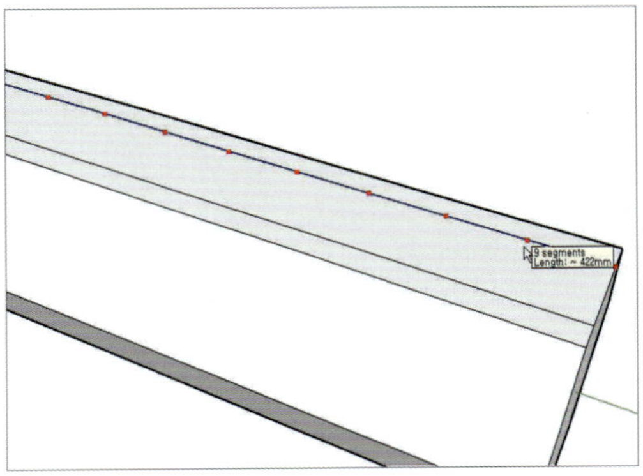

07 선 툴( )로 사다리 형태의 선을 그립니다. 그리고 지우개 툴( )로 불필요한 선을 삭제합니다.

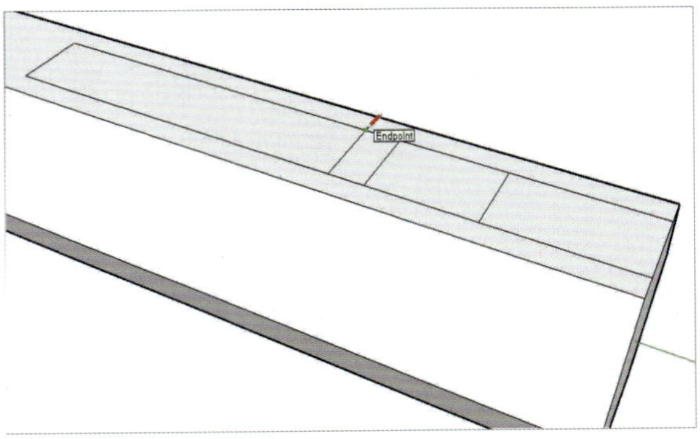

08 선택 툴( )로 두 개의 면을 선택합니다. 그리고 Delete를 눌러 삭제한 후 볼펜 몸통을 마우스 오른쪽 버튼으로 클릭하면 나타나는 확장 메뉴 중에서 [Make Group]을 선택하여 그룹으로 만듭니다.

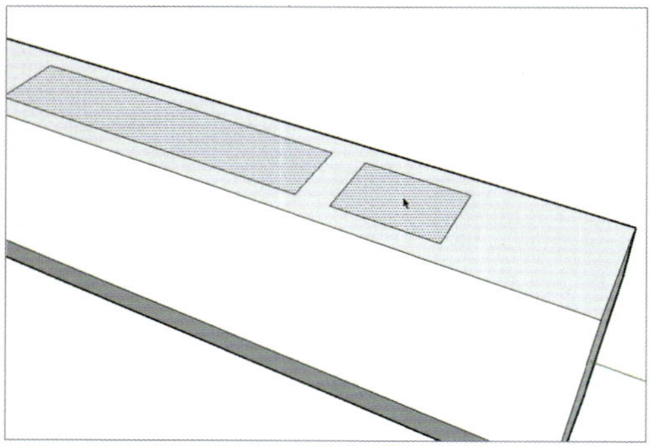

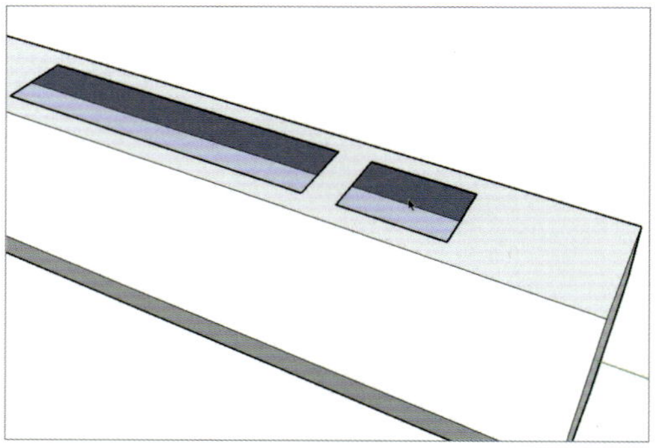

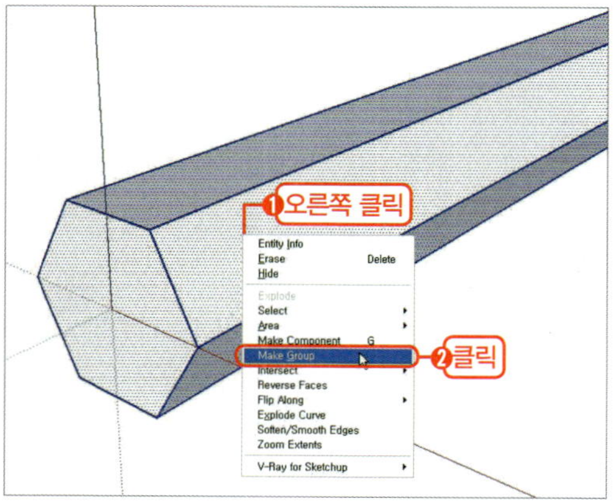

09 볼펜 머리를 만들기 위해 원 툴( )로 반대편 단면에 원을 그립니다. 그리고 작업한 원을 밀고/끌기 툴( )로 길게 늘려 줍니다.

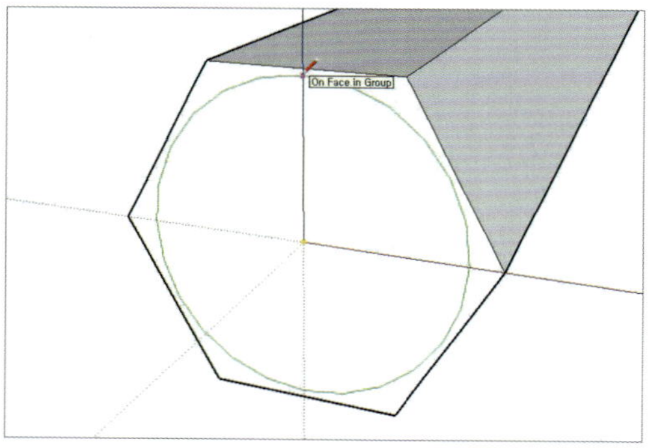

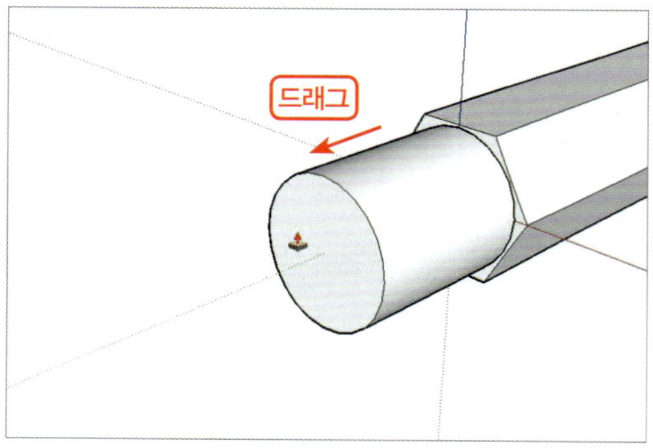

10 09에서 작업한 부분의 윗면을 선택 툴( )로 선택합니다. 스케일 툴( )로 Control을 누른 채 조절점을 대각선 안쪽으로 드래그합니다.

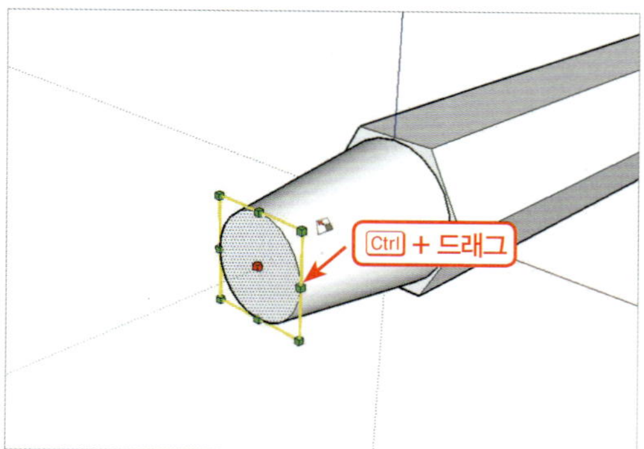

Tip

스케일 툴(아이콘)에서 Control을 누르면 가운뎃부분을 기준으로 크기가 조절됩니다.

11 Control을 누른 채 다시 한 번 윗면을 밀고/끌기 툴(아이콘)로 복사하면서 늘려 줍니다. 09에서 10까지 밀고/끌기 툴(아이콘)과 스케일 툴(아이콘)로 그림을 완성합니다.

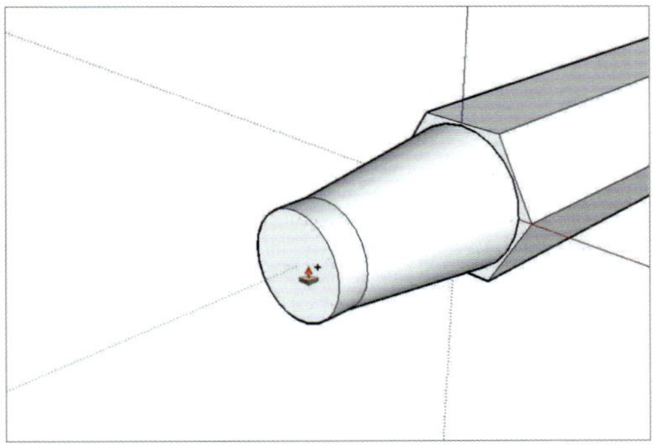

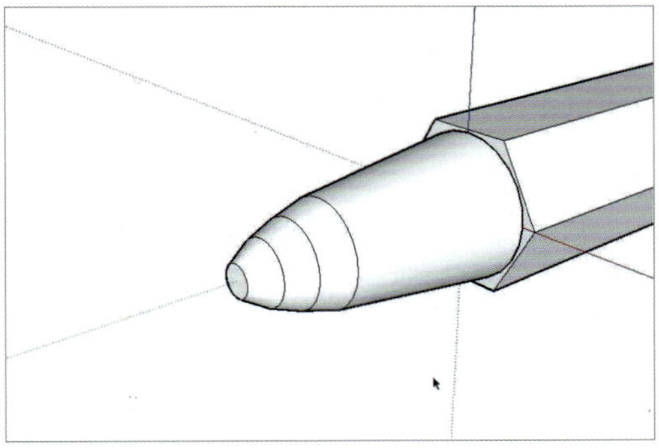

12 선을 부드럽게 정리하기 위해서 Control을 누른 채 지우개 툴(아이콘)로 부드럽게 삭제합니다.

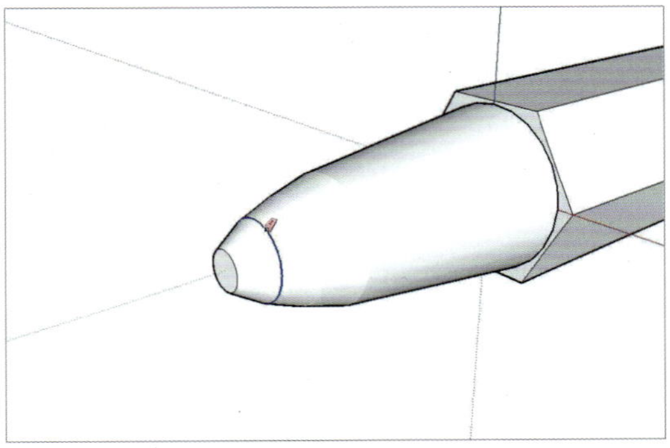

Tip

지우개 툴(아이콘)에서 Control을 누르면 선을 부드럽게 삭제하면서 정리할 수 있습니다.

13 볼펜심이 나올 출입구를 만들기 위해 가장 좁은 윗면을 밀고/끌기 툴(아이콘)로 조금 밀어 넣습니다. 그리고 지금까지 작업한 부분을 모두 선택한 후 마우스 오른쪽 버튼을 클릭하면 나타나는 확장 메뉴 중에서 [Make Group]을 선택하여 그룹으로 만듭니다.

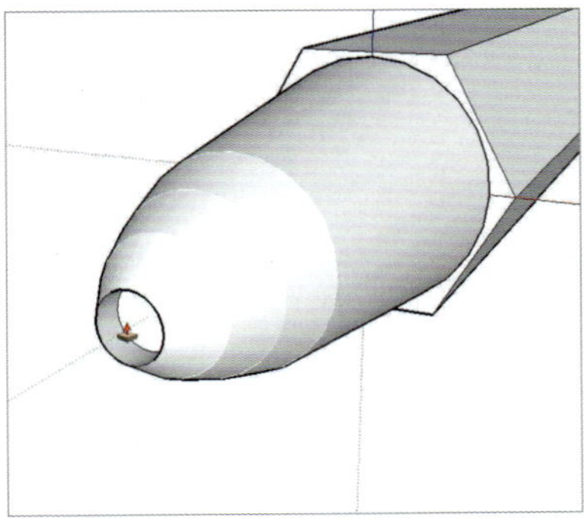

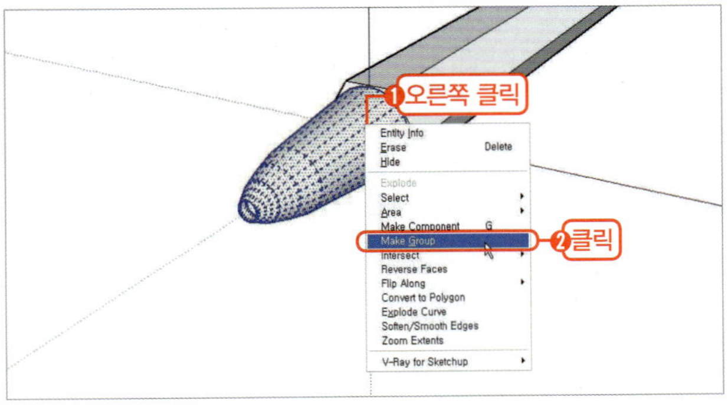

14 반대편에 볼펜의 스위치 역할을 하는 꼭지를 만들어 보겠습니다. 원 툴( )로 그림처럼 원을 그린 후 밀고/끌기 툴( )로 두께를 늘려 줍니다.

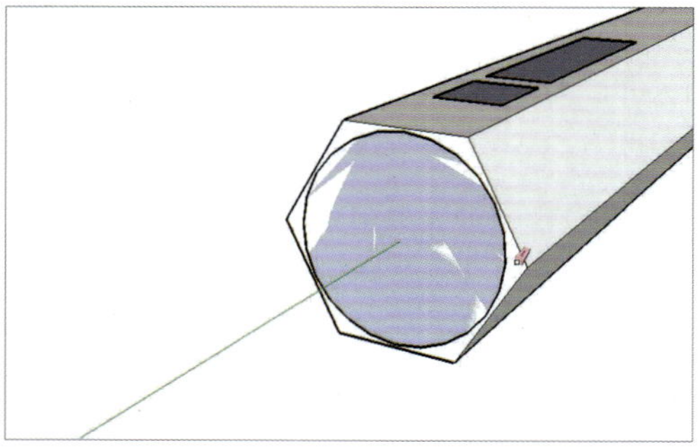

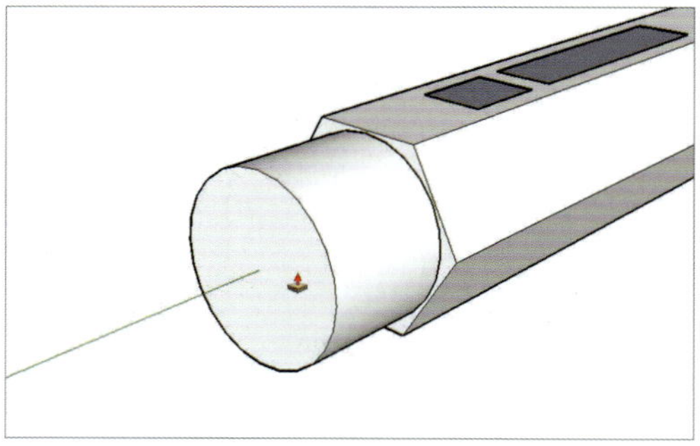

15 앞서 작업한 볼펜 꼭지의 윗면을 Control을 누른 채 밀고/끌기 툴( )로 복사하면서 조금 늘려 줍니다. 그런 다음, 윗면을 선택하고 스케일 툴( )과 Control을 함께 누른 채 대각선 안쪽으로 드래그하여 크기를 축소합니다.

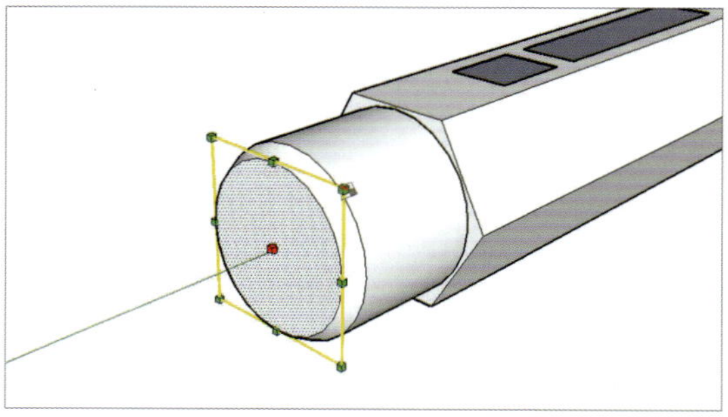

16 지금까지 작업한 부분을 모두 선택한 후 마우스 오른쪽 버튼을 클릭하면 나타나는 확장 메뉴 중에서 [Soften/Smooth Edges]를 선택합니다.

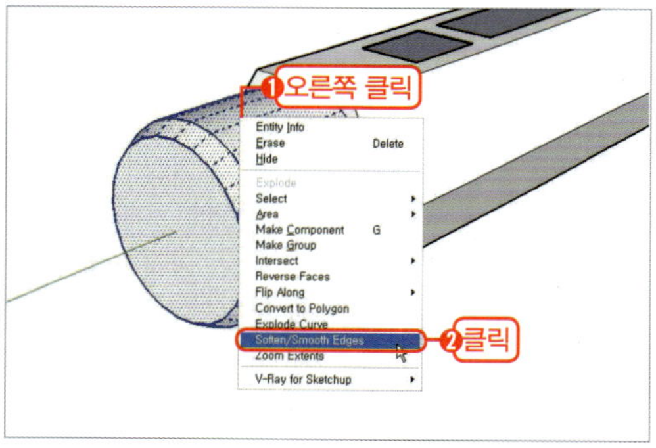

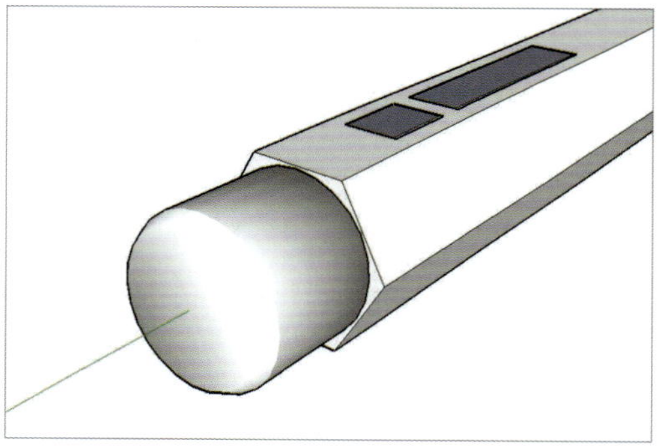

17 Right( ) 화면으로 이동한 후 줄자 툴( )로 그림처럼 가상선을 그립니다.

Tip

가상선은 원하는 포인트를 찾을 수 있는 기준선 역할을 하기 때문에 더욱 쉽게 작업할 수 있습니다.

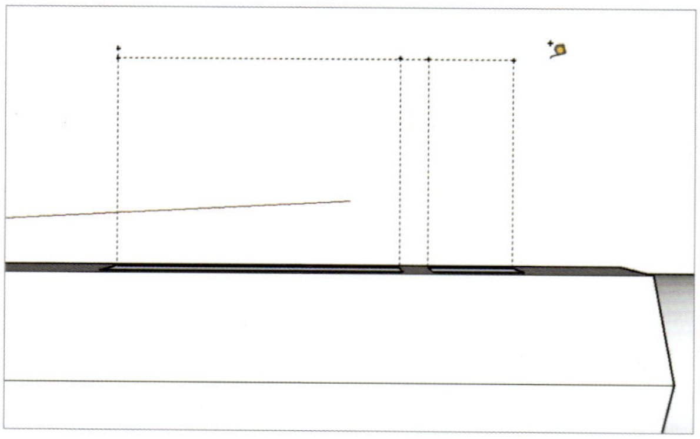

18 Right( ) 화면으로 이동한 후 선 툴( )과 호 툴( )로 그림처럼 작업합니다. 그리고 지우개 툴( )로 불필요한 부분을 삭제합니다.

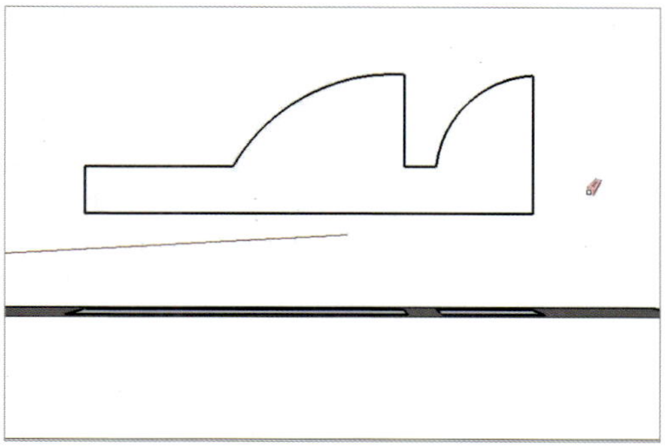

19 Iso 툴( )을 클릭하여 Iso 화면으로 이동합니다. 밀고/끌기 툴( )로 볼펜의 몸통에 뚫어 놓은 구멍보다 약간 작게 줄입니다. 모든 면을 선택한 후 마우스 오른쪽 버튼을 클릭하면 나타나는 확장 메뉴 중에서 [Make Group]을 선택하여 그룹으로 만듭니다.

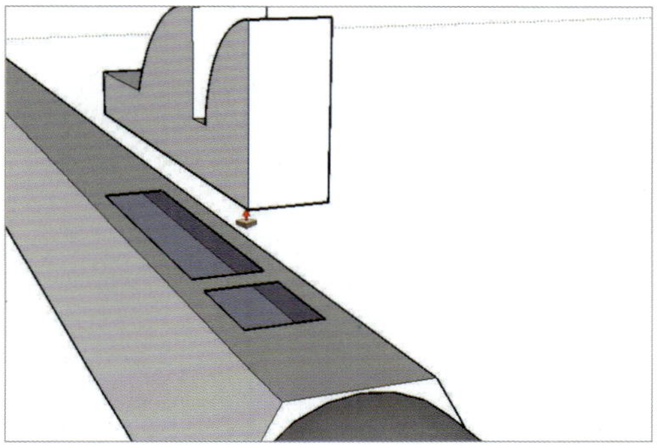

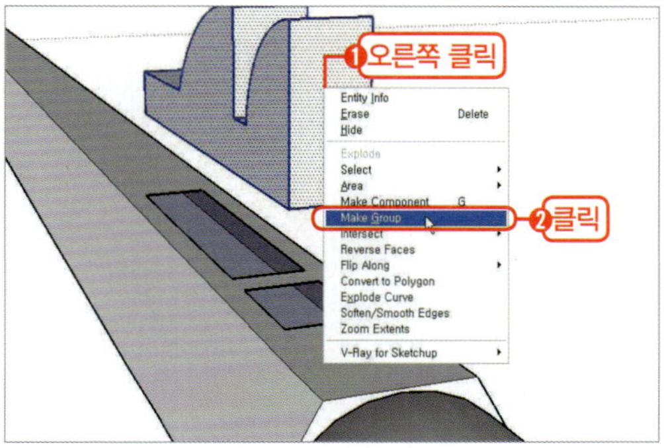

20 이동 툴( )로 그림처럼 구멍 아래에 배치합니다.

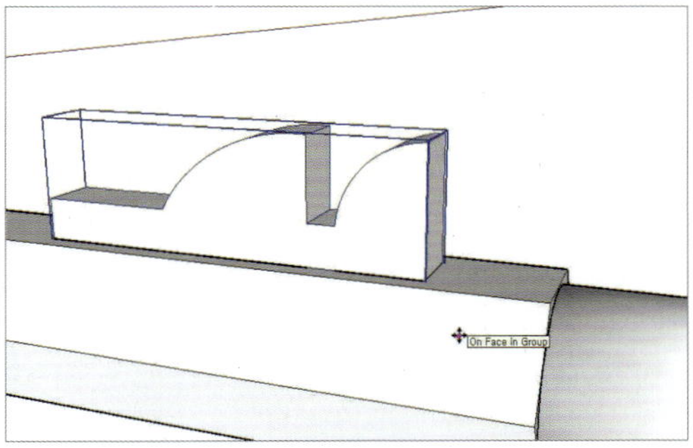

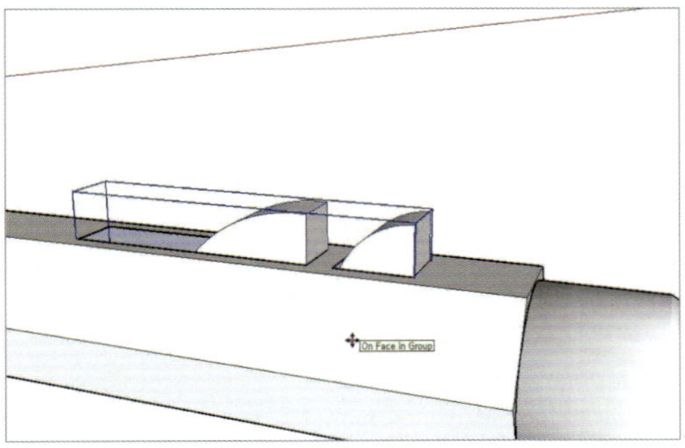

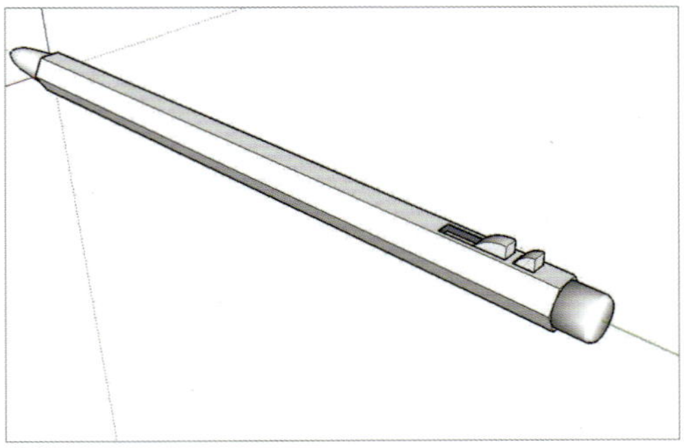

21 3D 문자 툴( )을 선택한 후 'Monami 0.7'이라는 문자를 입력하고, 원하는 글꼴과 크기를 설정합니다. 그리고 이동 툴( ), 회전 툴( ), 스케일 툴( )로 볼펜 몸통 위에 배치합니다.

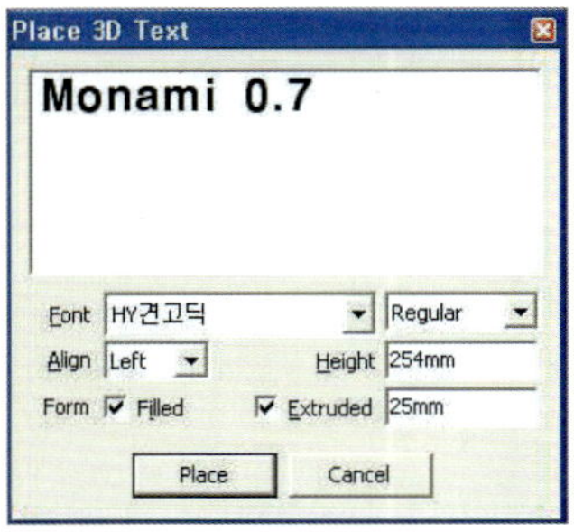

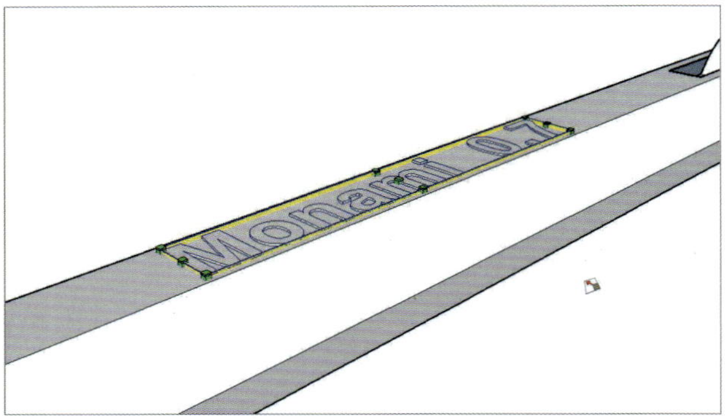

Tip

[Place 3D Text] 대화상자

- 텍스트 필드 : 문자 입력 공간입니다.
- Font : 원하는 글꼴로 변경할 수 있습니다.
- Height : 현재의 문자 돌출 높이를 입력합니다.
- Align : Left, Center, Right 옵션을 선택하여 두 줄 이상의 텍스트를 각각 맞춥니다.
- Form : 'Filled'에 체크 표시를 하면 돌출 처리된 3D 텍스트를 만들 수 있으며, 체크 표시를 해제하면 3D 문자를 면만 있는 2D 문자로 변경할 수 있습니다.
- Extruded : 문자 돌출 두께 값을 입력합니다.

22 완성된 볼펜 모델링을 확인할 수 있습니다.

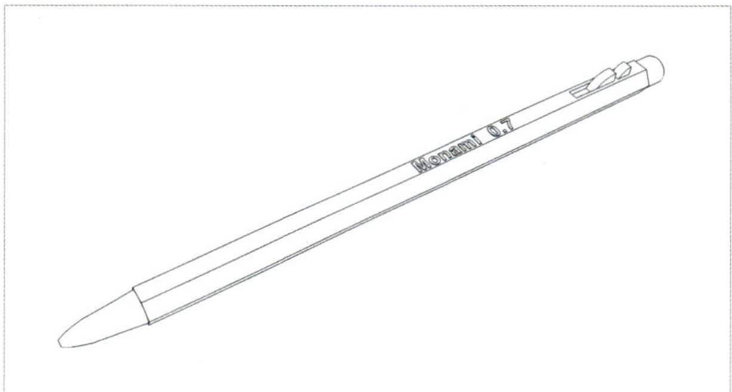

06;

심플한 분위기를 연출할 수 있는 스탠드 만들기

이번에는 스마트한 느낌의 깔끔하고 심플한 스탠드를 만들어 보겠습니다. 면을 스탠드 모양으로 만들기 위해서는 밀고/끌기 툴( )과 스케일 툴( )을 이용해야 합니다.

● 완성 파일 I 부록 CD\Sample\Part 01\완성\스탠드.skp

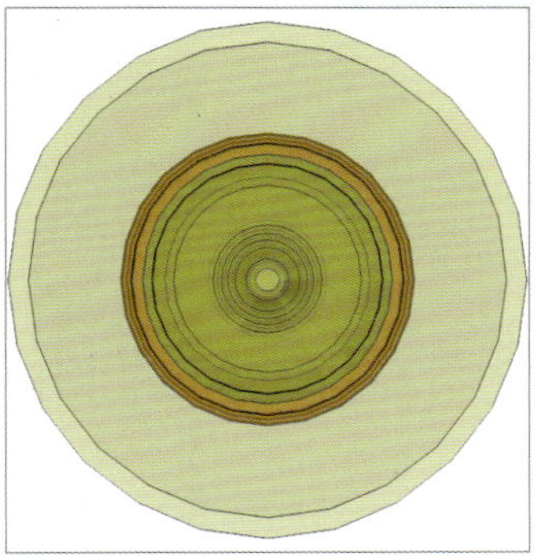

01 Front( ) 화면으로 이동합니다. 스탠드 몸체를 만들기 위해서 선 툴( )과 호 툴( )로 그림처럼 작업합니다. 그리고 지우개 툴( )로 불필요한 부분을 삭제합니다.

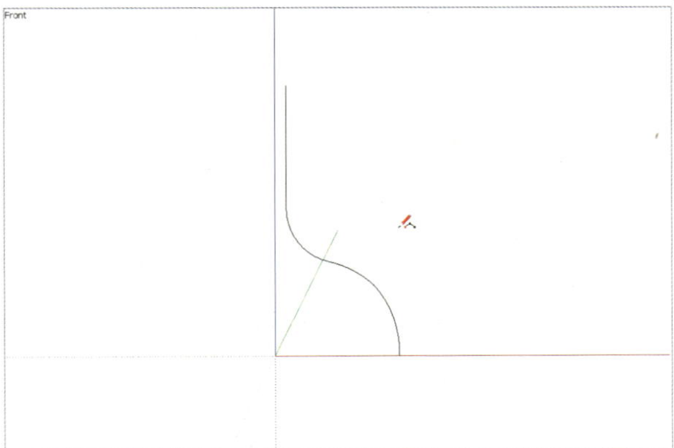

02 단면을 만들기 위해 모든 선과 호를 선택한 후 간격 띄우기 툴( )로 그림처럼 적당히 안쪽으로 밀어 넣습니다. 그런 다음, 선 툴( )로 끝점과 끝점을 연결하여 닫힌 면을 만듭니다.

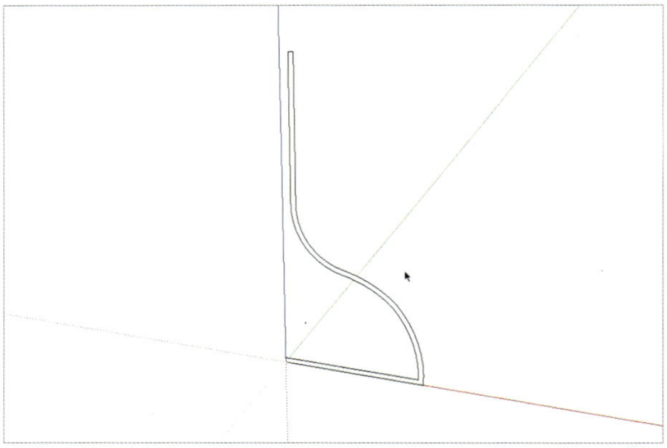

03 Iso 툴( )을 클릭하여 Iso 화면으로 이동합니다. 패스로 활용할 원을 그리기 위해 단면의 끝부분을 중심으로 적당한 원을 그립니다.

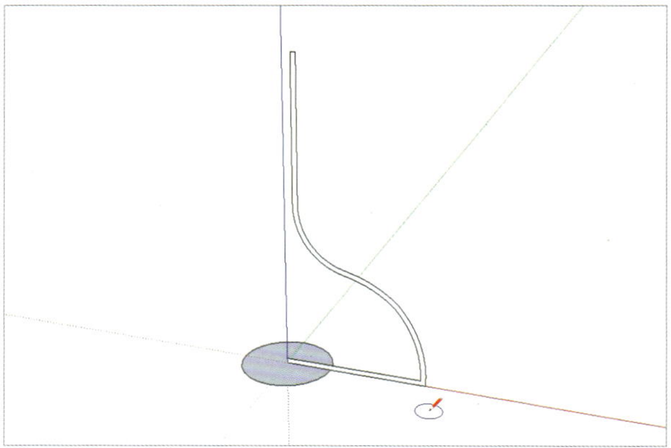

Tip

패스로 활용할 원은 정확한 치수로 그릴 필요가 없습니다.

04 03에서 작업한 원을 패스로 활용하기 위해 선택 툴( )로 면을 선택합니다. 그런 다음, 따라가기 툴( )을 선택하고 02에서 작업한 단면을 클릭합니다. 원둘레를 기준으로 회전하면서 스탠드의 몸체가 만들어집니다.

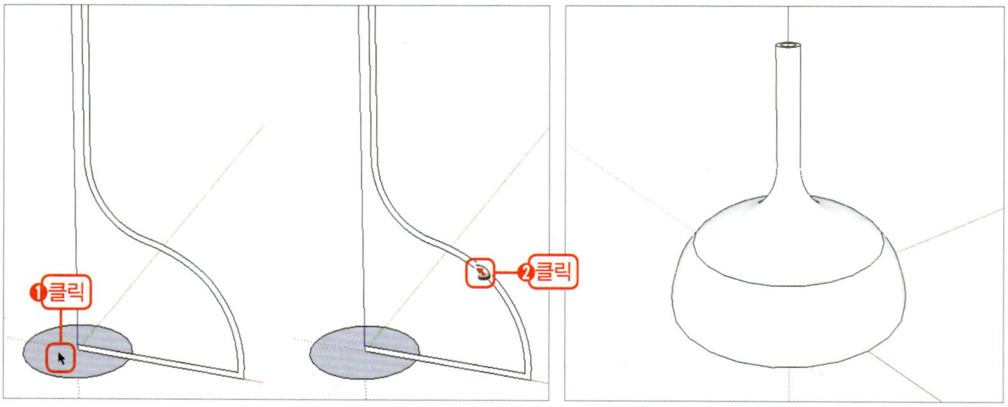

Tip

따라가기 툴

이 툴은 단순히 수직으로 돌출되는 것이 아니라 지정된 경로(Path)를 따라 곡선으로 돌출됩니다. 작업 순서는 경로로 설정된 면을 선택한 후 따라가기 툴( )로 돌출될 객체 단면을 클릭하여 자동으로 따라가기 3D 모델을 작업합니다.

05 03에서 그린 원을 삭제하기 위해 Orbit 툴( )로 밑부분을 바라봅니다. 그런 다음, 선택 툴( )로 원을 선택하고 Delete를 눌러 삭제합니다. 지금까지 작업한 스탠드 몸체를 모두 선택한 후 마우스 오른쪽 버튼을 클릭하면 나타나는 확장 메뉴 중에서 [Make Group]을 선택하여 그룹으로 만듭니다.

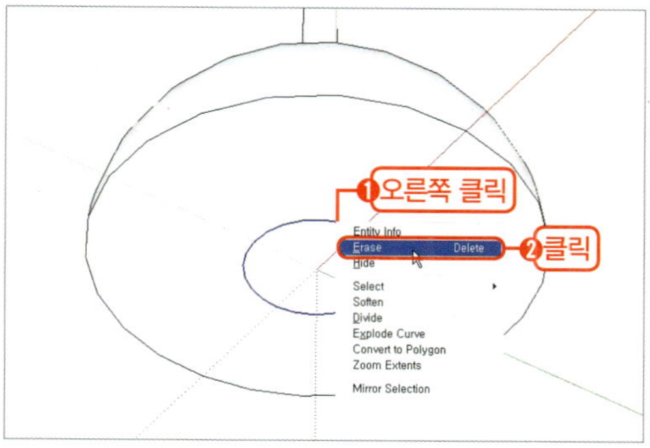

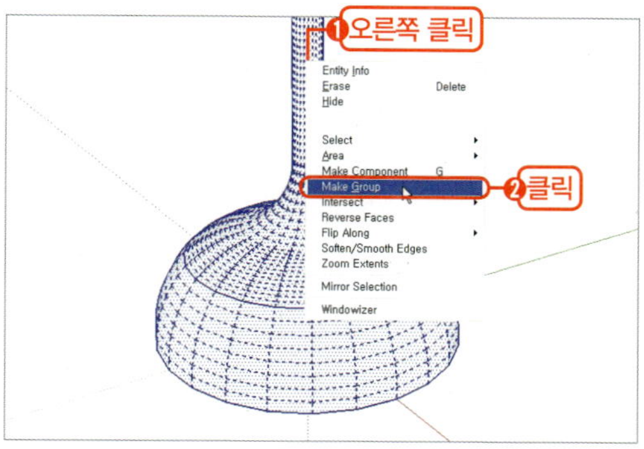

06 스탠드 머리를 만들기 위해 Top( ) 화면으로 이동합니다. 스탠드 몸체의 가장 윗부분에 새로운 원을 그리려면 원의 중심을 표현해야 하므로 선 툴( )로 중심선을 그립니다. 방금 그린 선의 중심점을 기준으로 하여 원형 툴( )로 원을 그립니다.

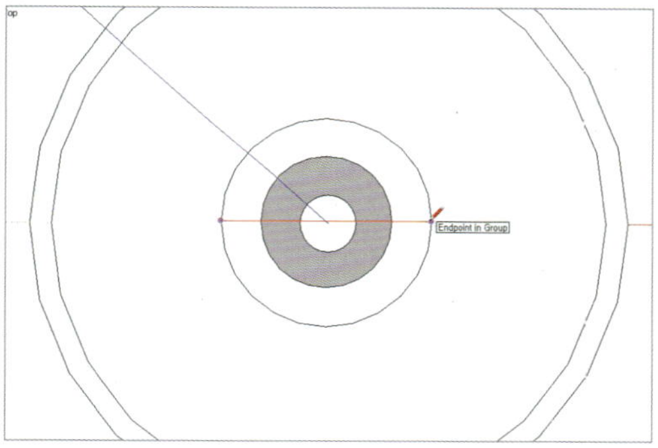

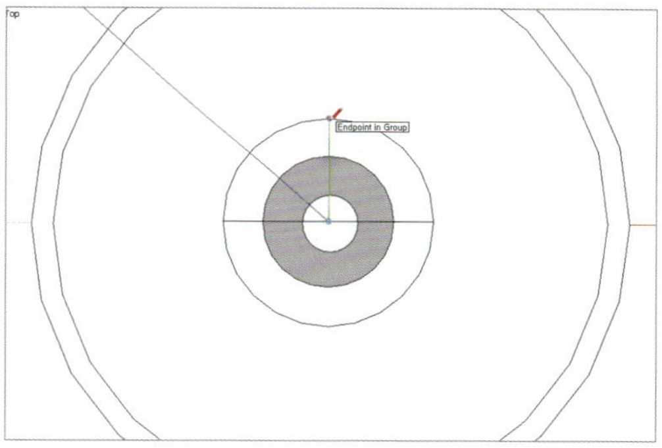

07 06에서 그린 중심선을 지우개 툴( )로 삭제합니다. 밀고/끌기 툴( )로 위쪽으로 적당히 늘려 준 후 스케일 툴( )을 선택하고, Control을 누른 채 대각선 방향에서 클릭하여 바깥쪽으로 드래그합니다.

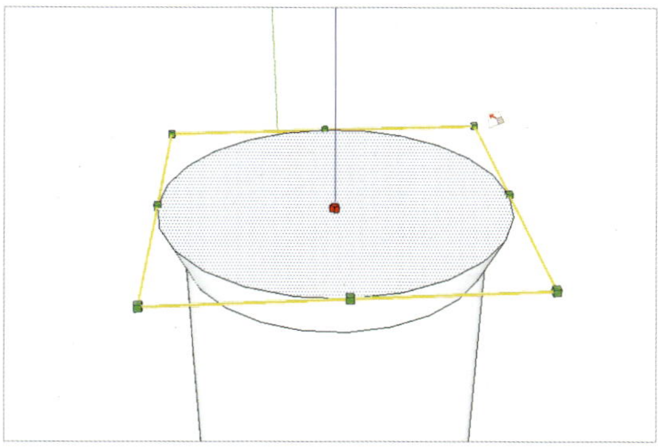

08 다음 그림처럼 밀고/끌기 툴( )로 위쪽으로 적당히 늘려 준 후 간격 띄우기 툴( )로 적당히 안쪽으로 당겨 줍니다.

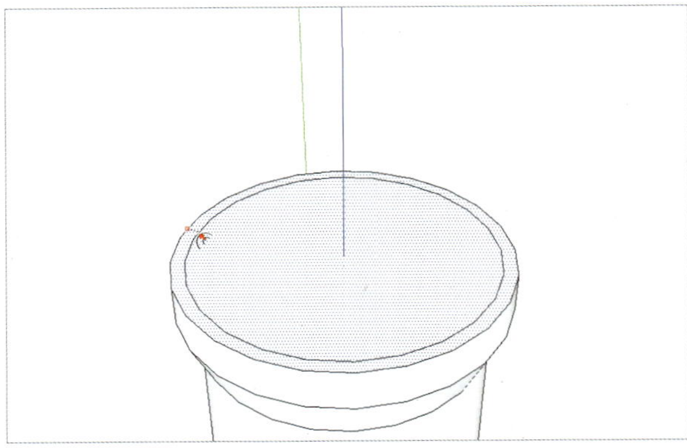

09 08에서 작업한 가장자리 면을 밀고/끌기 툴( )로 위쪽으로 길게 늘려 줍니다. 그런 다음, 스케일 툴( )을 선택하고 Control을 누른 채 대각선 방향에서 클릭하여 바깥쪽으로 드래그합니다.

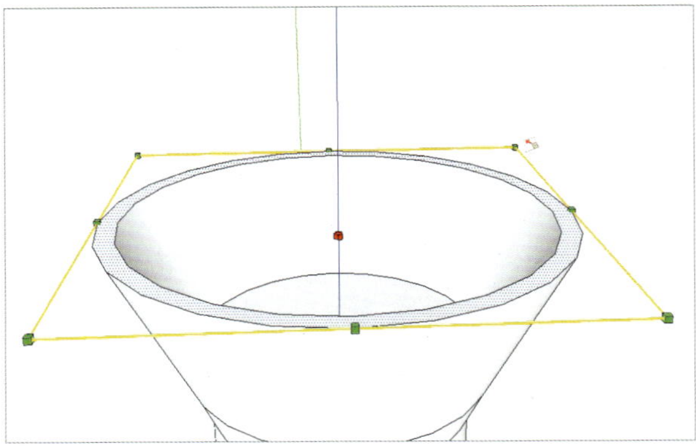

10 밀고/끌기 툴( )로 위쪽으로 늘려 줍니다. 그런 다음, 스케일 툴( )을 선택하고 Control을 누른 채 대각선 방향에서 클릭하여 바깥쪽으로 드래그하는 작업을 반복합니다.

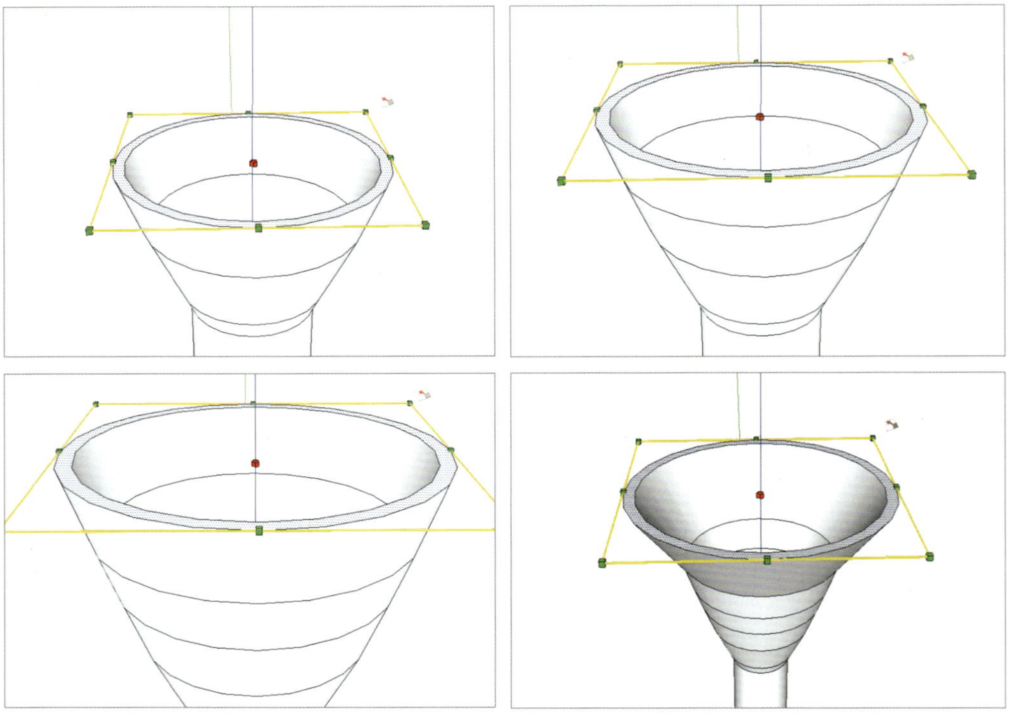

11 마지막으로 밀고/끌기 툴( )로 위쪽으로 길게 늘려 줍니다. 그런 다음, 스탠드 머리 부분의 모든 면을 선택하고 마우스 오른쪽 버튼을 클릭하면 나타나는 확장 메뉴 중에서 [Make Group]을 선택하여 그룹으로 만듭니다.

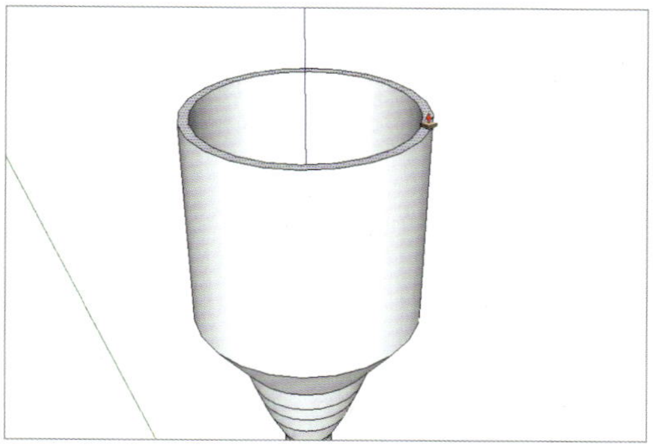

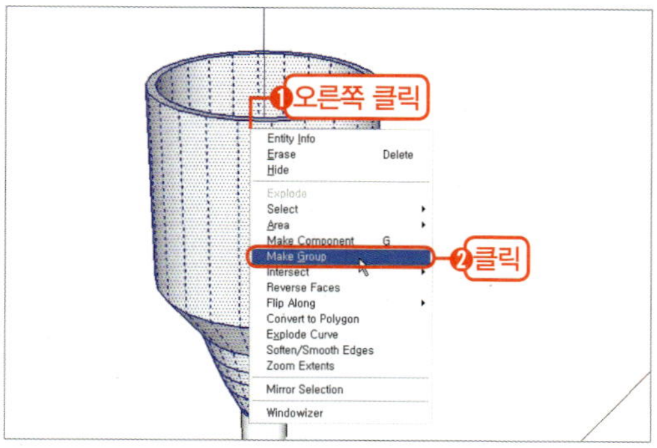

12 스탠드 갓을 만들기 위해 Top( ) 화면으로 이동합니다. 스탠드 머리의 가장 윗부분에 새로운 원을 그리려면 원의 중심을 표현해야 하므로 선 툴( )로 중심선을 그립니다.

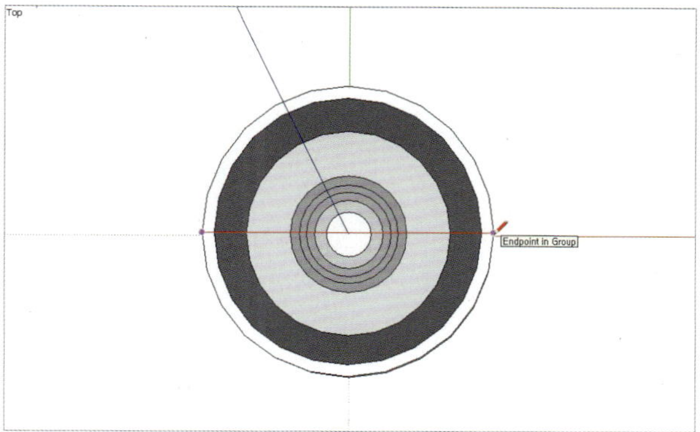

13 12에서 그린 중심점을 기준으로 하여 적당한 크기의 원을 그린 후 지우개 툴( )로 불필요한 선을 삭제하고 간격 띄우기 툴( )로 적당히 안쪽으로 드래그합니다. 그런 다음, 안쪽 면을 선택하고 Delete를 누르거나 마우스 오른쪽 버튼을 클릭하면 나타나는 확장 메뉴 중에서 [Erase]를 선택하여 삭제합니다.

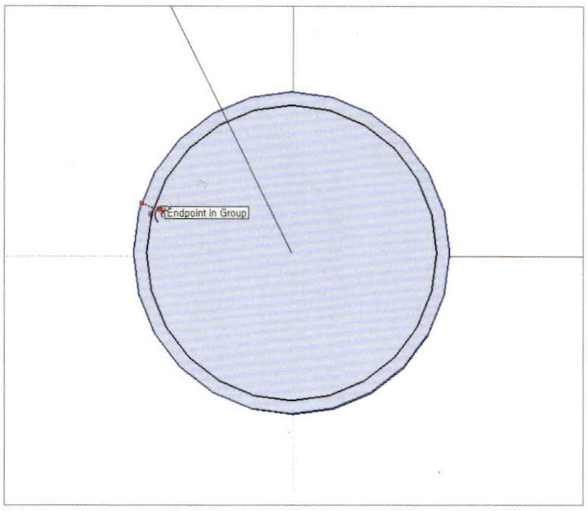

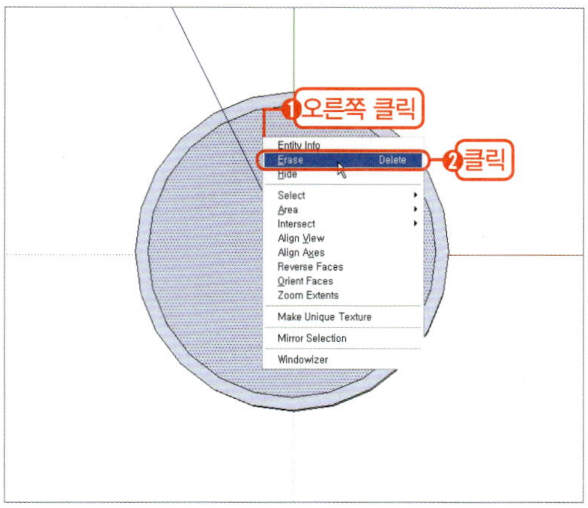

14 13에서 작업한 면을 밀고/끌기 툴(아이콘)로 아래쪽으로 길게 내려 줍니다. 그런 다음, 스케일 툴(아이콘)을 선택하고 Control을 누른 채 대각선 방향에서 클릭하여 바깥쪽으로 드래그합니다.

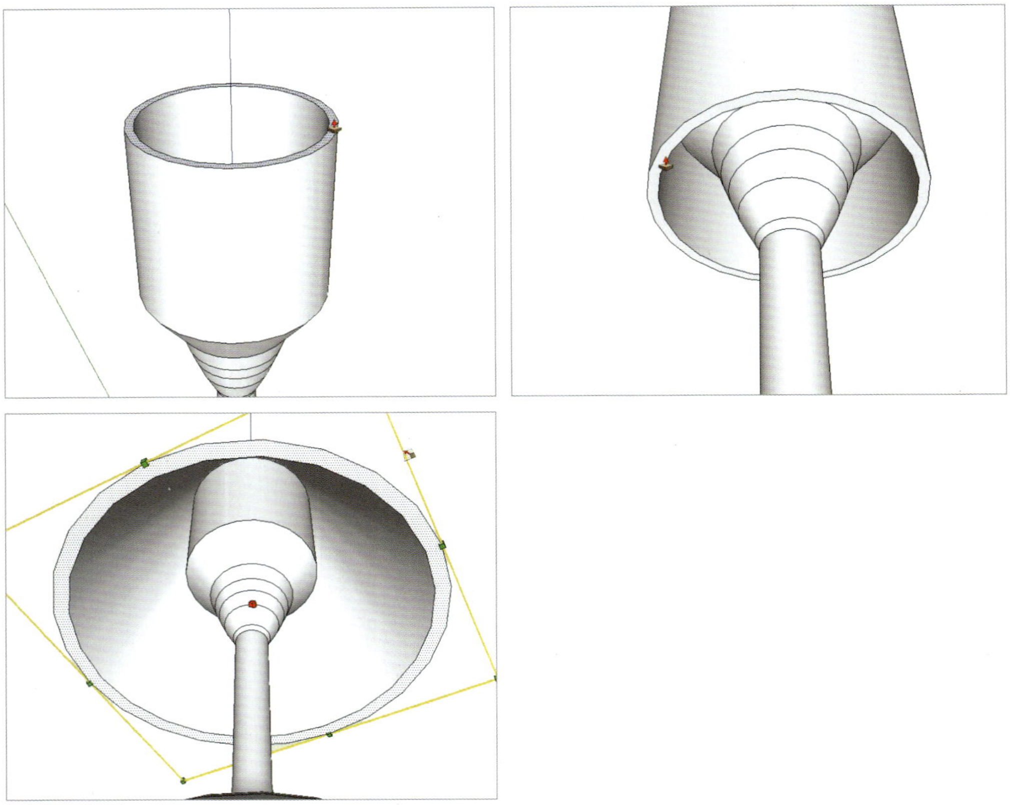

15 스탠드 갓의 맨 윗부분을 밀고/끌기 툴(아이콘)로 위쪽으로 적당히 늘려 줍니다. 그런 다음, 밀고/끌기 툴(아이콘)로 다음 그림처럼 안쪽 면을 같은 높이로 늘려 줍니다.

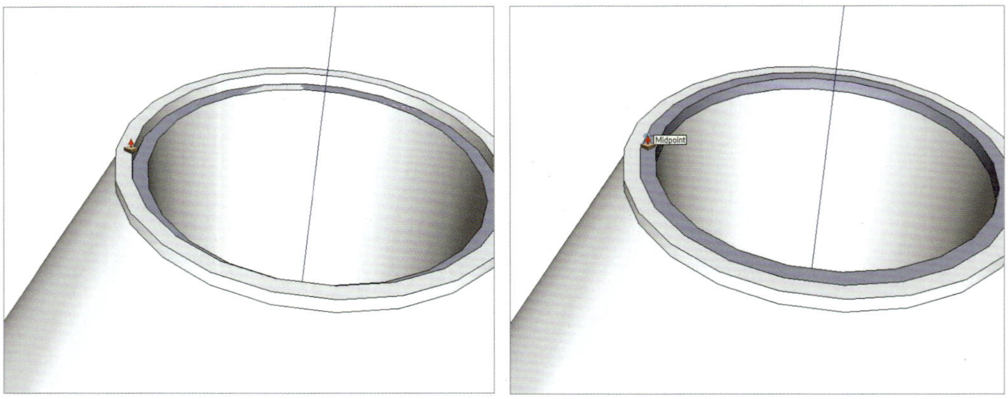

16 지우개 툴()로 스탠드 갓 윗부분의 불필요한 부분을 삭제합니다. 스탠드 갓 부분의 모든 면을 선택한 후 마우스 오른쪽 버튼을 클릭하면 나타나는 확장 메뉴 중에서 [Make Group]을 선택하여 그룹으로 만듭니다.

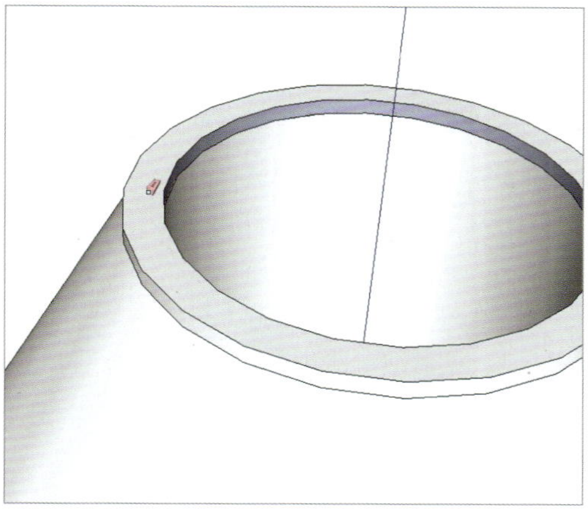

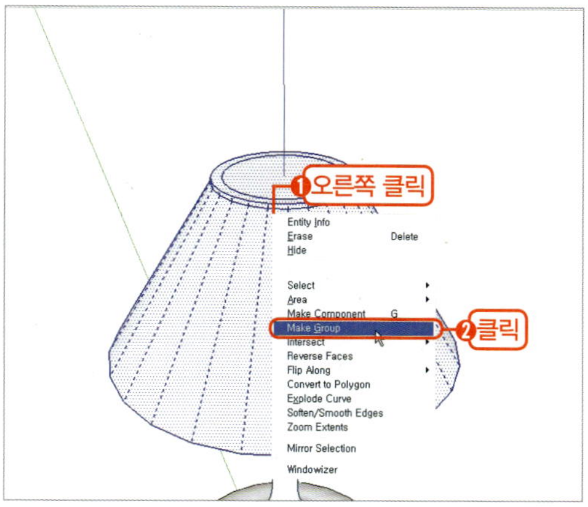

17 탁상용 스탠드가 완성된 것을 확인할 수 있습니다.

07; 심플한 커피 잔 만들기

이번에는 좋은 커피향이 풍길 것 같은 온화하고 심플한 느낌의 커피 잔 세트를 만들어 보겠습니다. 이 작업에서는 [Hidden Geometry] 설정과 [Intersect with Model]을 이용하겠습니다.

● 완성 파일 | 부록 CD\Sample\Part 01\완성\커피잔.skp

01 커피 잔을 만들기 위해 Front(🏠) 화면으로 이동합니다. 선 툴(✏)과 호 툴(◠)로 다음 그림처럼 적당히 모양을 잡습니다. 그리고 지우개 툴(◇)로 불필요한 부분을 삭제합니다.

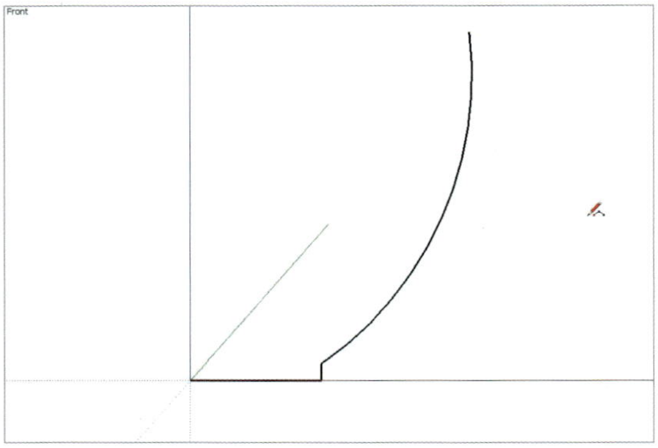

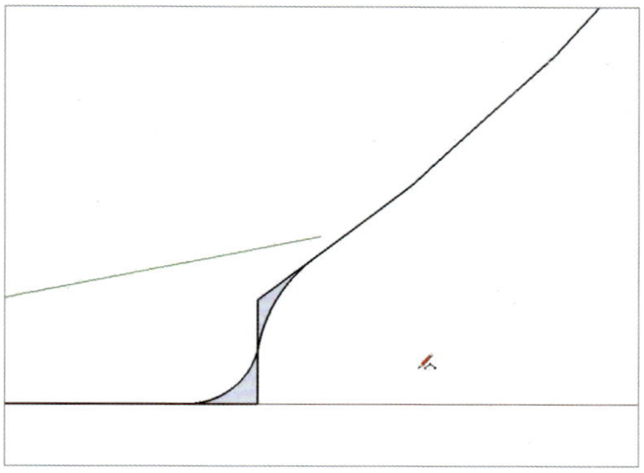
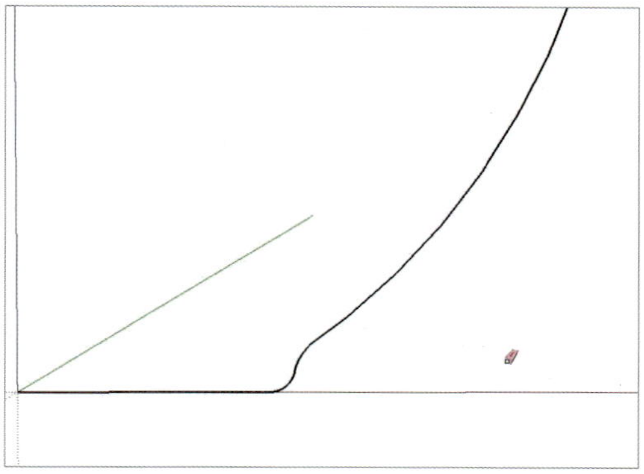

02 선택 툴()로 모든 선과 호를 선택한 후 간격 띄우기 툴()로 적당히 안쪽으로 드래그합니다. 그런 다음, 양쪽 끝선에 선과 호를 그려 닫힌 단면을 만듭니다.

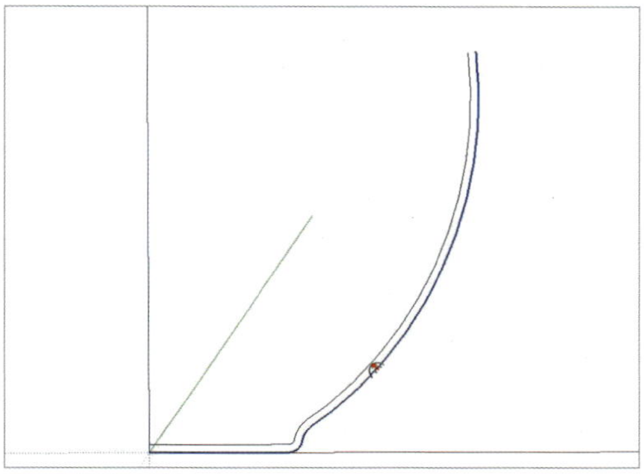
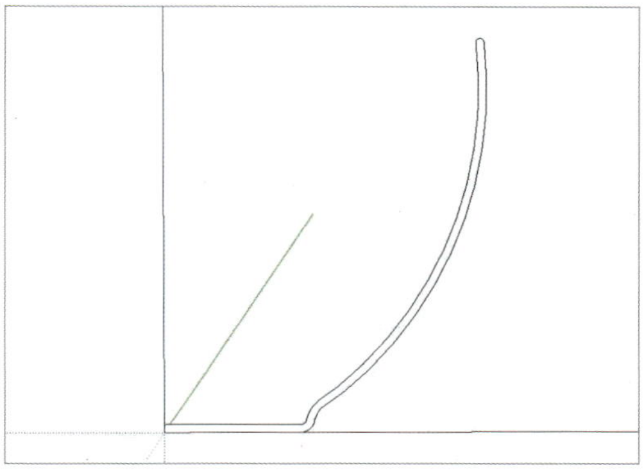

Tip

회전체(Lathe) 기능

따라가기 툴()은 다양하게 응용할 수 있는 도구입니다. 2D 객체 단면을 다양한 드로잉 도구들로 작업하고, 완성된 단면을 한 바퀴 회전시켜서 입체적인 모델을 작업할 때 사용합니다.

03 Iso 툴()을 클릭하여 Iso 화면으로 이동합니다. 원 툴()로 02에서 그린 선의 아랫부분에 작은 원을 그립니다.

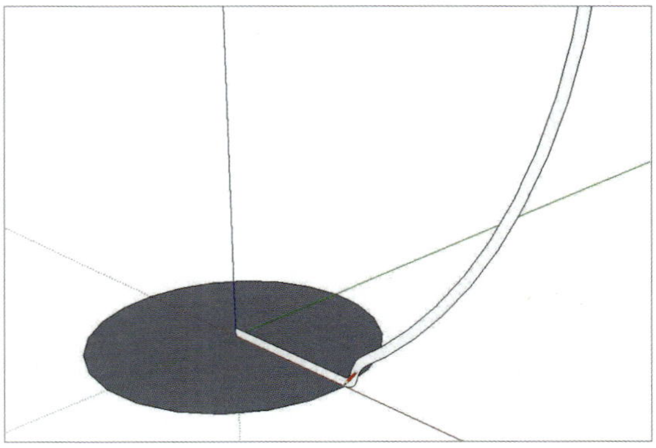

04 03에서 작업한 원을 패스로 활용하기 위해 선택 툴( )로 면을 선택합니다. 그런 다음, 따라가기 툴( )로 02에서 작업한 단면을 클릭하면 원둘레를 회전하면서 입면체가 만들어집니다.

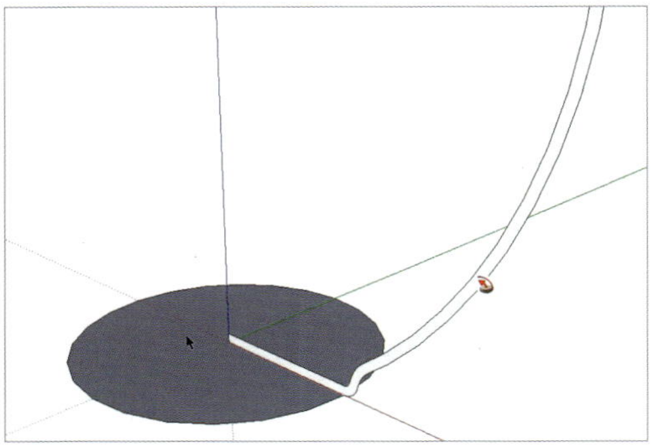

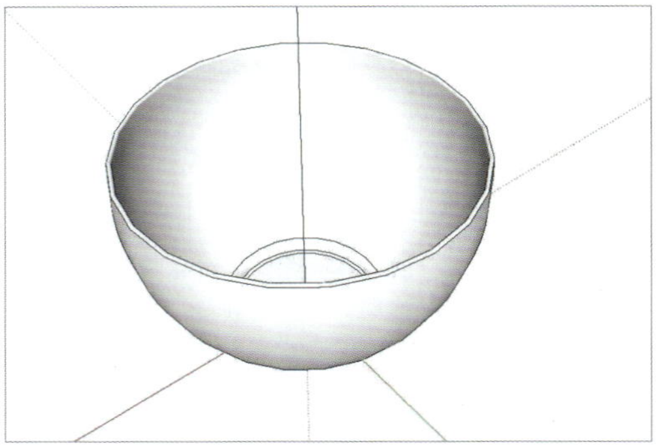

05 만들어진 면을 모두 선택한 후 마우스 오른쪽 버튼을 클릭하면 나타나는 확장 메뉴 중에서 [Soften/Smooth Edges]를 선택합니다. 그리고 커피 잔 부분의 모든 면을 선택한 후 마우스 오른쪽 버튼을 클릭하면 나타나는 확장 메뉴 중에서 [Make Group]을 선택하여 그룹으로 만듭니다.

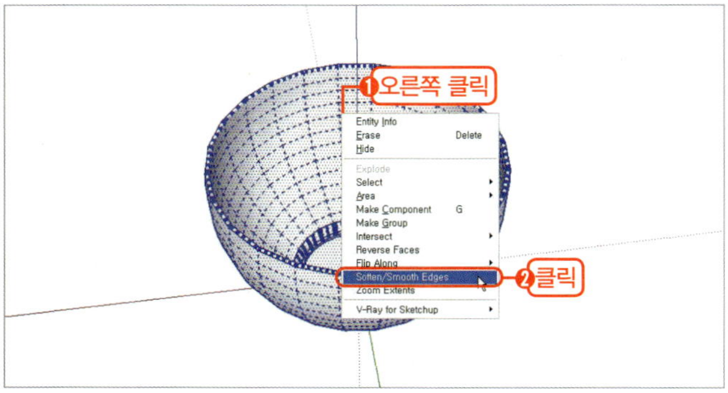

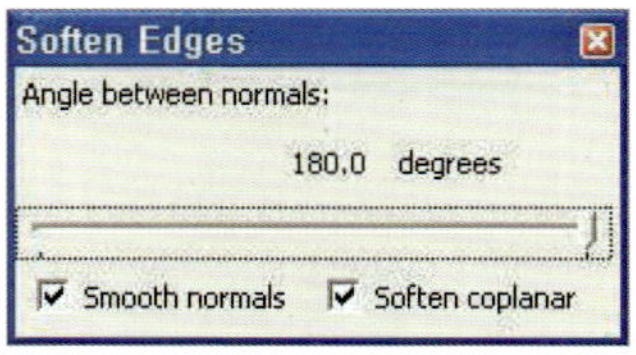

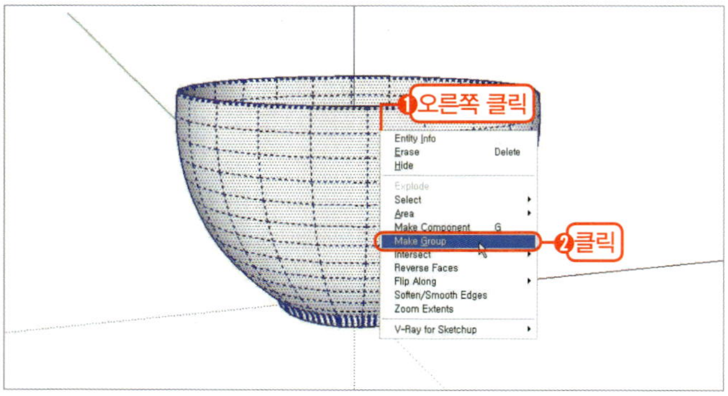

06 커피 잔 손잡이를 만들기 위해 메뉴에서 [View]-[Hidden Geometry]를 선택합니다. 그러면 숨은 Edge 선들이 나타납니다.

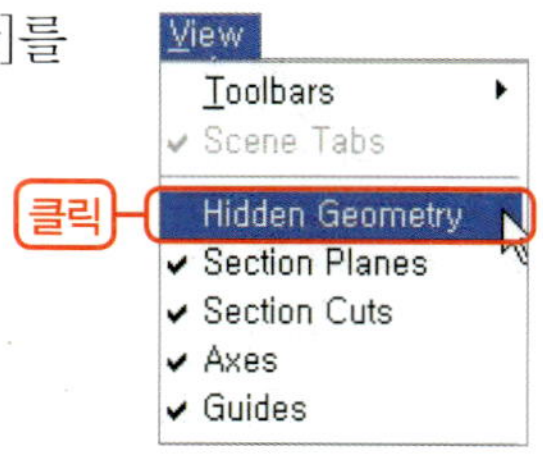

07 커피 잔 손잡이를 만들기 위해 Front(🏠) 화면으로 이동한 후 선 툴(✏)과 호 툴(◠)로 다음 그림처럼 작업합니다. 그리고 지우개 툴(🧽)로 불필요한 부분을 삭제합니다.

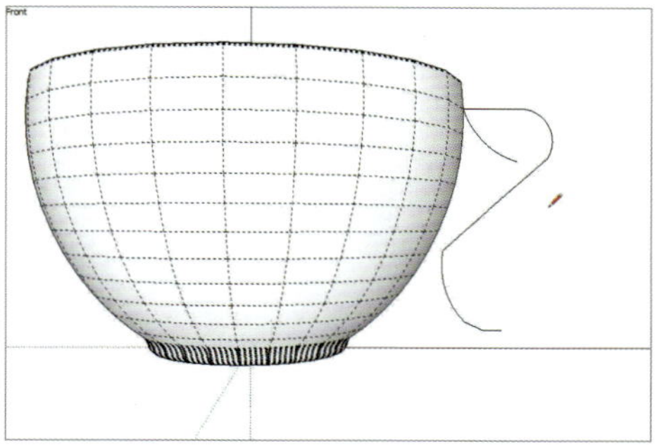

08 Iso 툴(🏠)을 클릭하여 Iso 화면으로 이동합니다. 원 툴(●)로 **07**에서 그린 선 아랫 부분에 작은 원을 그립니다. 그리고 따라가기 툴(🔄)로 방금 그린 원을 클릭합니다. 그리고 **07**에서 작업한 패스 경로를 따라 클릭, 드래그하여 커피 잔 손잡이를 완성합니다.

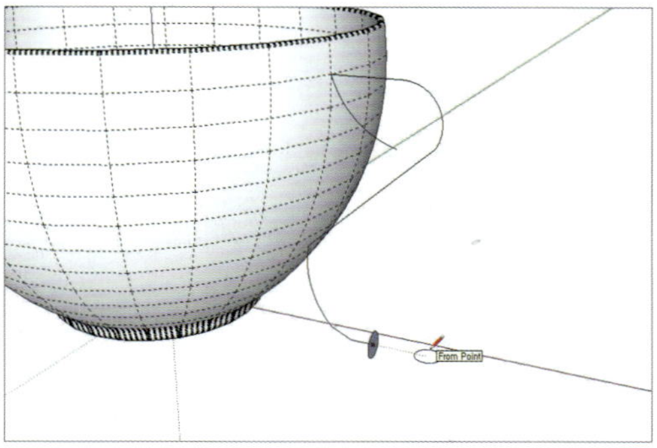

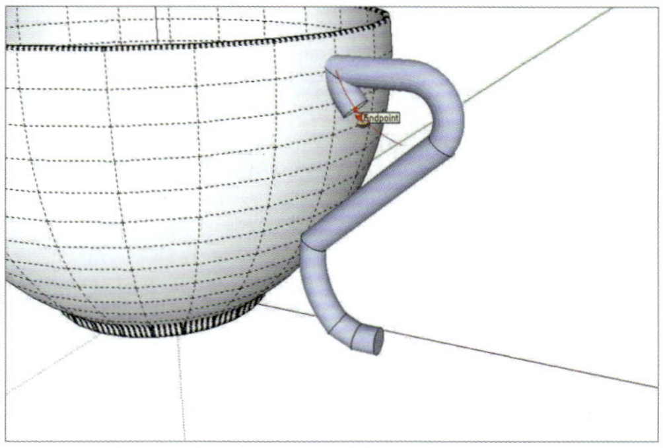

09 Front(🏠) 화면으로 이동합니다. 그런 다음, 커피 잔 손잡이를 모두 선택하고 이동 툴(✥)로 커피 잔과 살짝 겹치도록 왼쪽 방향으로 이동합니다. 이때 선택된 커피 잔 손잡이를 해제하면 안 됩니다.

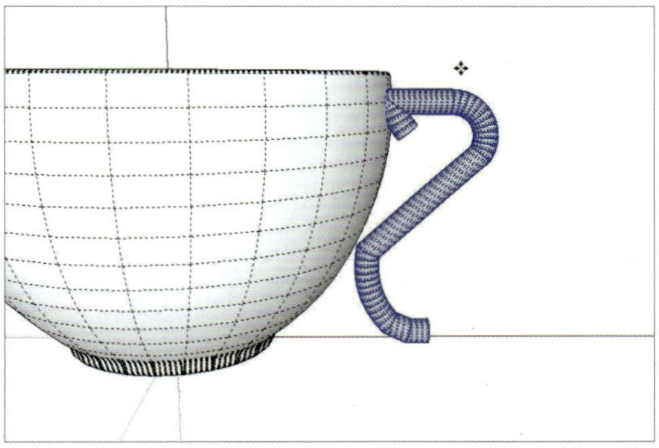

10 커피 잔 손잡이가 선택된 상태에서 마우스 오른쪽 버튼을 클릭하면 나타나는 확장 메뉴 중에서 [Intersect]-[Intersect with Model]를 선택합니다.

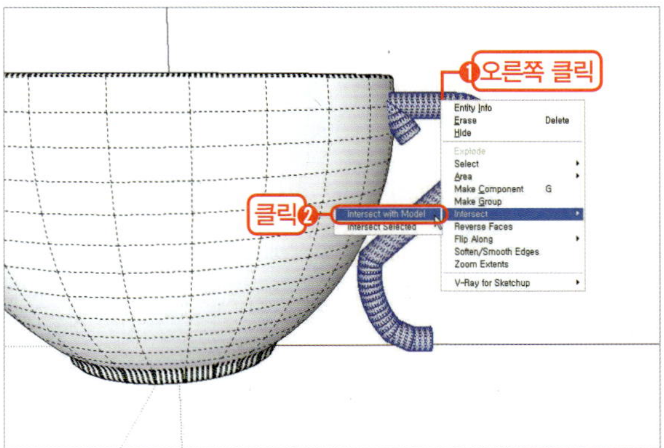

Tip

교차 명령(Intersect with Model)은 두 개의 객체가 교차하는 부분에 선과 면을 생성하고, 생성된 면은 편집할 수 있습니다.

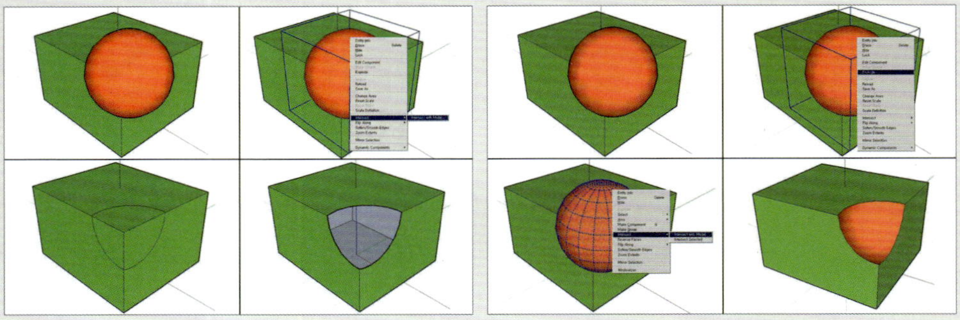

11 교차된 커피 잔과 손잡이 끝부분의 선이 분리된 것을 확인할 수 있습니다. 분리된 부분을 지우개 툴( )로 삭제합니다.

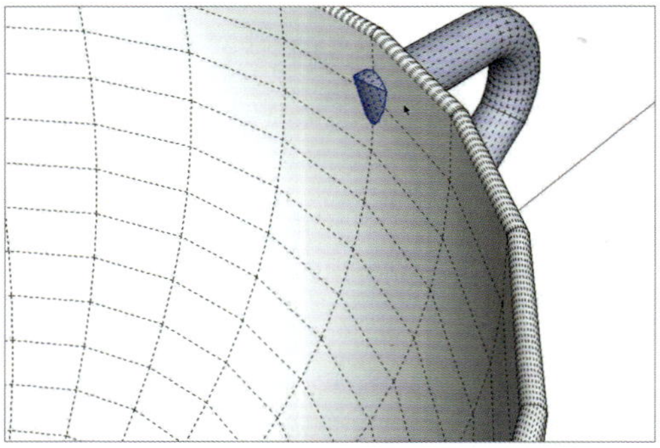

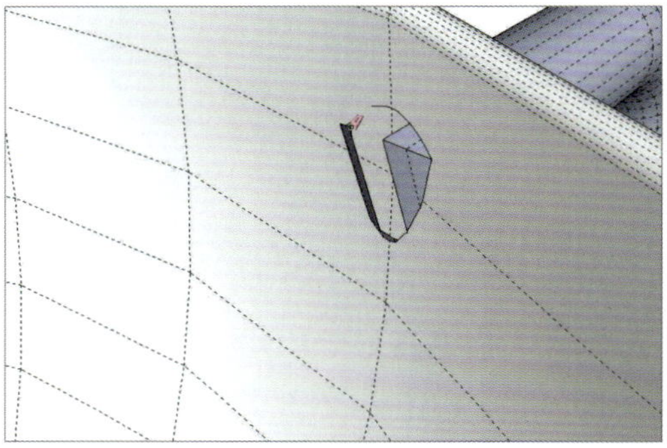

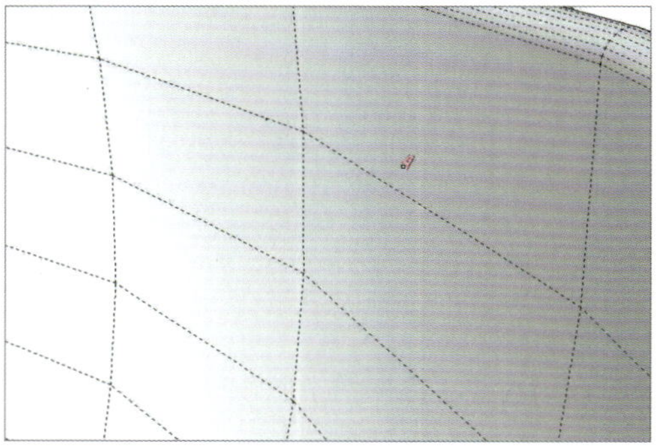

12 메뉴에서 [View]-[Hidden Geometry]를 선택하면 보였던 숨은 선이 다시 안 보이게 됩니다. 커피 잔 손잡이의 모든 면을 선택한 후 마우스 오른쪽 버튼을 클릭하면 나타나는 확장 메뉴 중에서 [Soften/Smooth Edges]를 선택합니다.

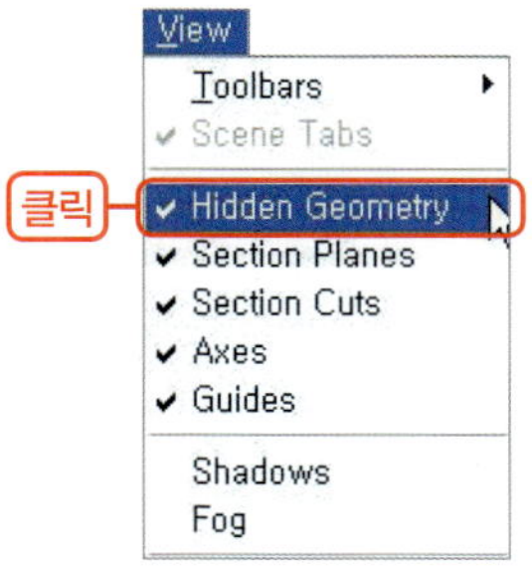

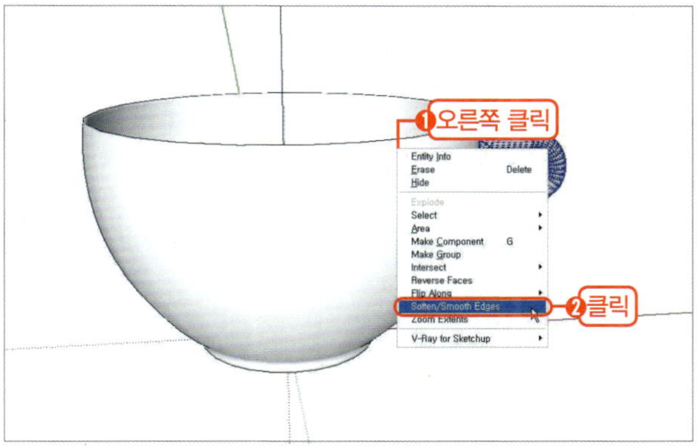

13 커피 잔 손잡이 부분의 모든 면을 선택한 후 마우스 오른쪽 버튼을 클릭하면 나타나는 확장 메뉴 중에서 [Make Group]을 선택하여 그룹으로 만듭니다. 그런 다음, 커피 잔과 손잡이를 선택하고 마우스 오른쪽 버튼을 클릭하면 나타나는 확장 메뉴 중에서 [Hide]를 선택합니다.

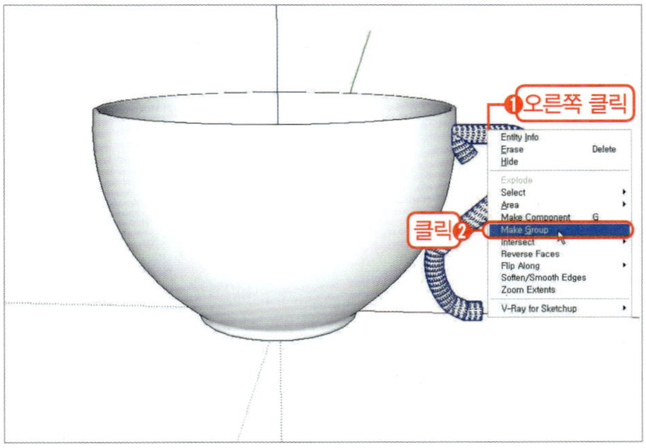

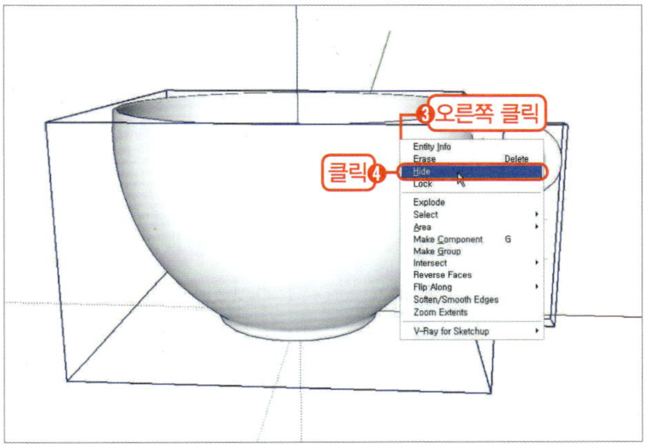

14 커피 잔 받침을 만들기 위해 Front( ) 화면으로 이동한 후 선 툴( )과 호 툴( )로 다음 그림처럼 작업합니다. 그런 다음, 지우개 툴( )로 불필요한 부분을 삭제하고 모든 선과 호를 선택한 후 간격 띄우기 툴( )로 적당히 안쪽으로 드래그합니다. 닫힌 단면을 그리기 위해 열린 양끝 부분에 선과 호를 그려 닫힌 단면을 만듭니다.

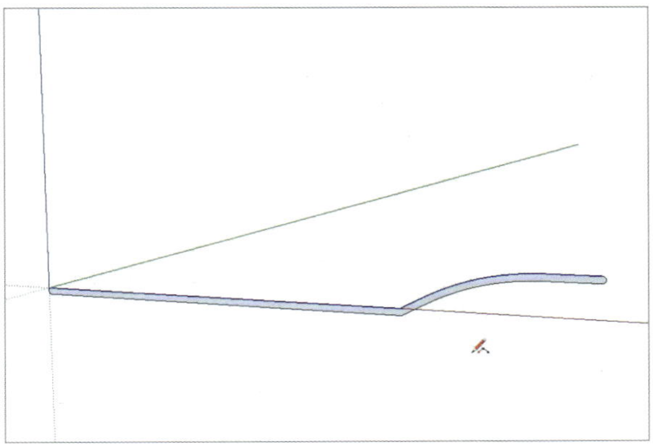

15 Iso 툴(아이콘)을 클릭하여 Iso 화면으로 이동합니다. 원 툴(아이콘)로 14에서 그린 선의 아랫부분에 작은 원을 그립니다.

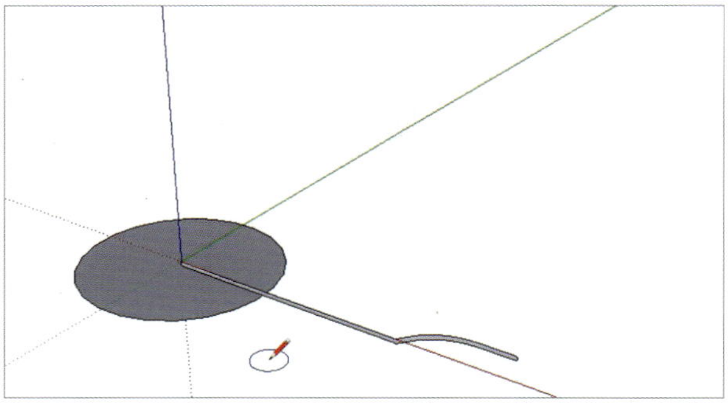

16 15에서 작업한 원을 패스로 활용하기 위해 선택 툴(아이콘)로 면을 선택합니다. 그런 다음, 따라가기 툴(아이콘)을 선택하고 14에서 작업한 단면을 클릭하면 커피 잔 받침이 만들어집니다.

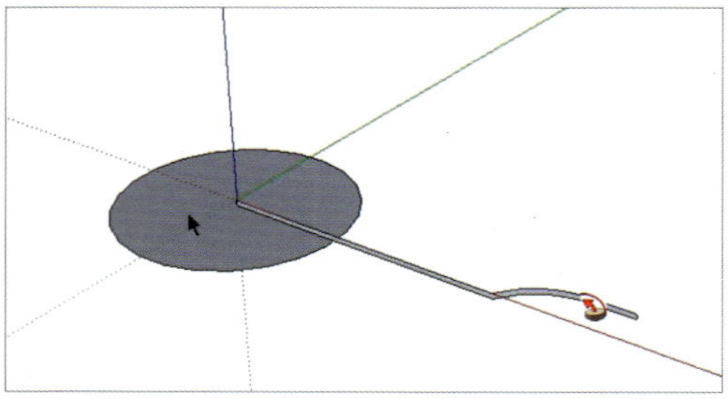

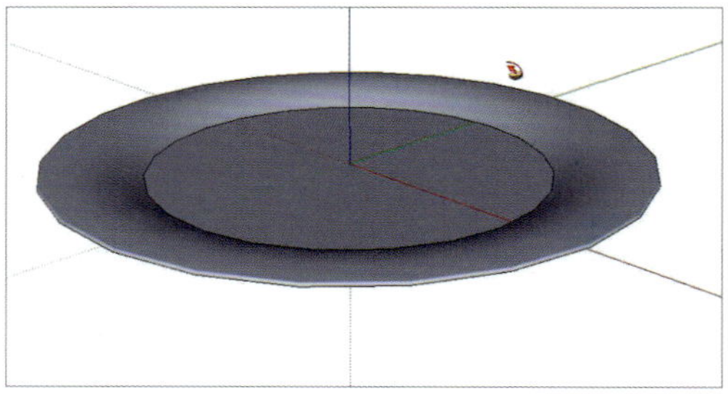

17 커피 받침의 모든 면을 선택한 후 마우스 오른쪽 버튼을 클릭하면 나타나는 확장 메뉴 중에서 [Soften/Smooth Edges]를 선택합니다. 커피 받침 부분의 모든 면을 선택한 후 마우스 오른쪽 버튼을 클릭하면 나타나는 확장 메뉴 중에서 [Make Group]을 선택하여 그룹으로 만듭니다.

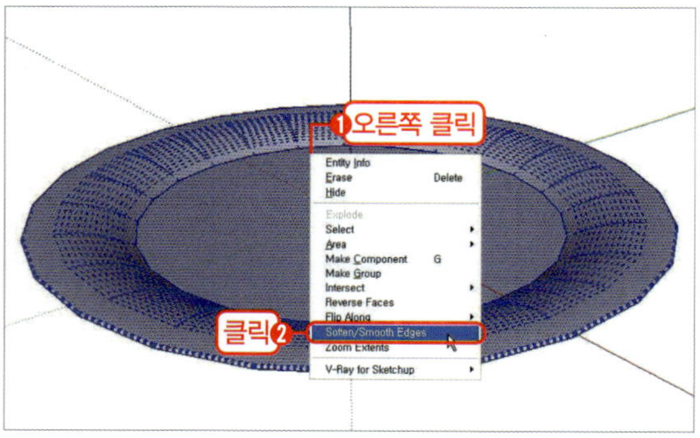

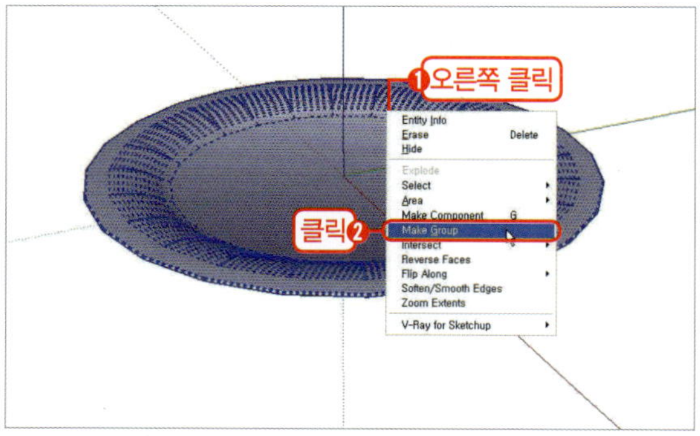

18 13에서 숨긴 객체를 다시 불러오기 위해 메뉴에서 [Edit]-[Unhide]-[All]을 선택합니다. 커피 잔이 완성된 것을 확인할 수 있습니다.

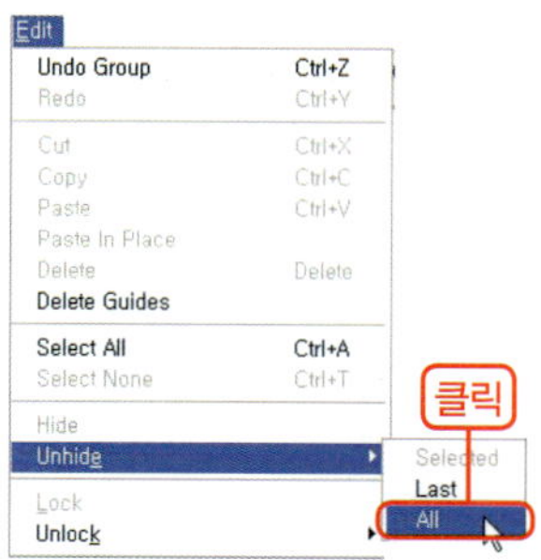

08;

공간 연출 디자인 소파 만들기

소파는 사람들이 생활하는 공간 속에서 서로 편안하게 대화를 나눌 수 있는 거실 공간에서 빠질 수 없는 소품입니다. 이번 장에서는 편안해 보이는 공간 연출을 위해 소파를 만들어 보겠습니다. 이번에는 [Paste In Place] 명령과 다양한 편집 도구를 이용하겠습니다.

● 완성 파일 | 부록 CD\Sample\Part 01\완성\소파.skp

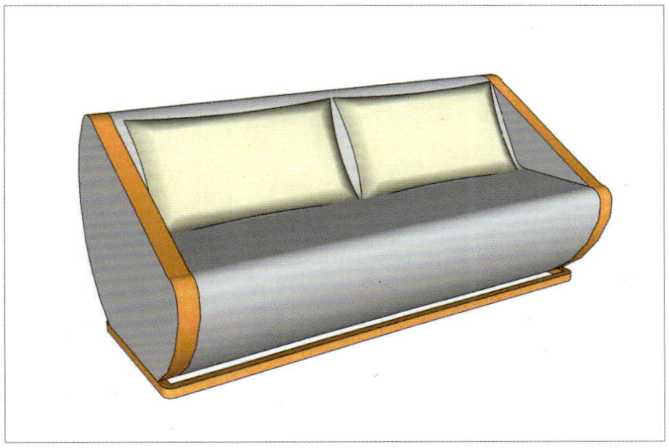

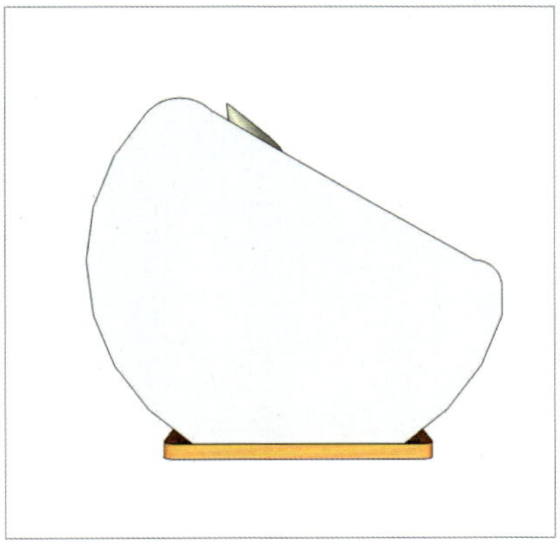

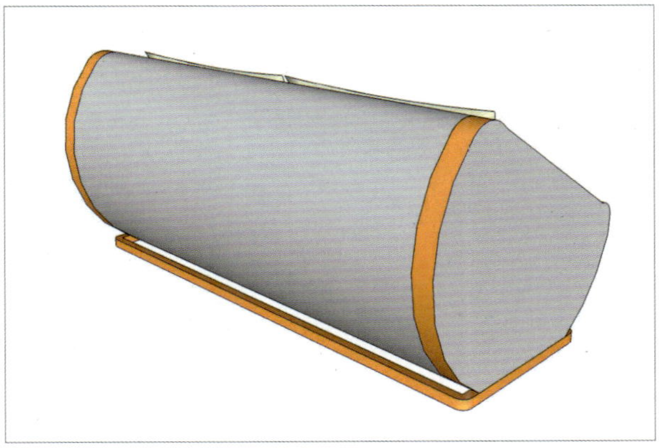

01 Right(▣) 화면으로 이동합니다. 의자를 만들기 위해서 선 툴(✎)과 원 툴(●)로 소파의 측면 모양을 적당히 그려 줍니다. 지우개 툴(◈)로 불필요한 부분을 삭제합니다. 그런 다음, 선택 툴(↖)로 소파 측면을 선택한 후 메뉴에서 [Edit]-[Copy]를 선택합니다.

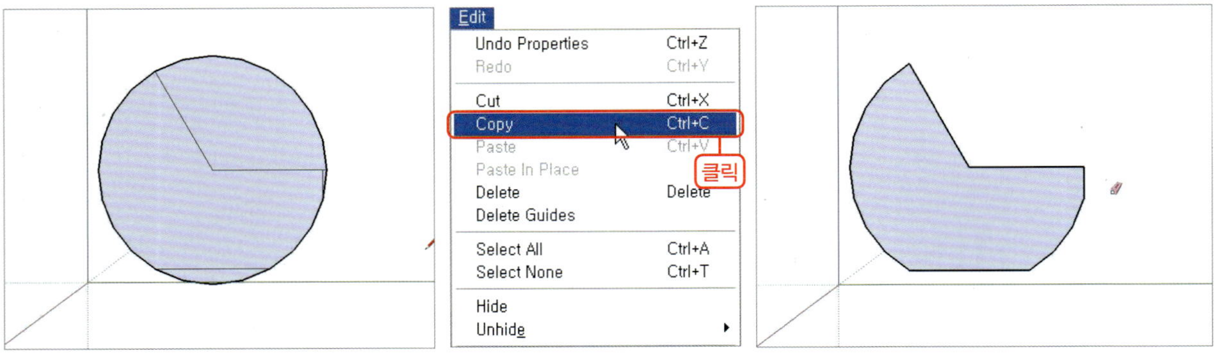

02 밀고/끌기 툴(◈)로 길게 늘려 준 후, 호 툴(◠)로 소파의 등받이 부분에 호를 그립니다. 그런 다음, 밀고/끌기 툴(◈)로 밀어서 각진 부분을 없앱니다.

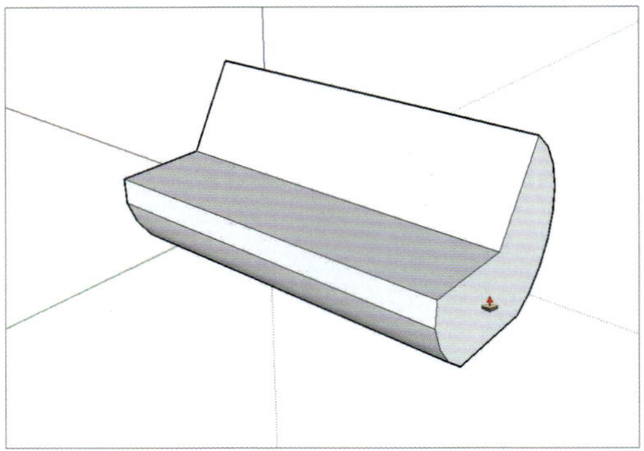

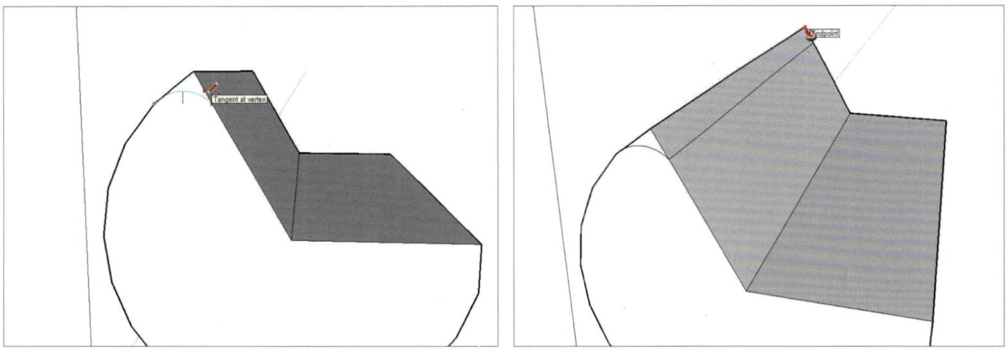

03 지우개 툴(◈)로 Control을 누른 채 필요 없는 선을 부드럽게 삭제합니다.

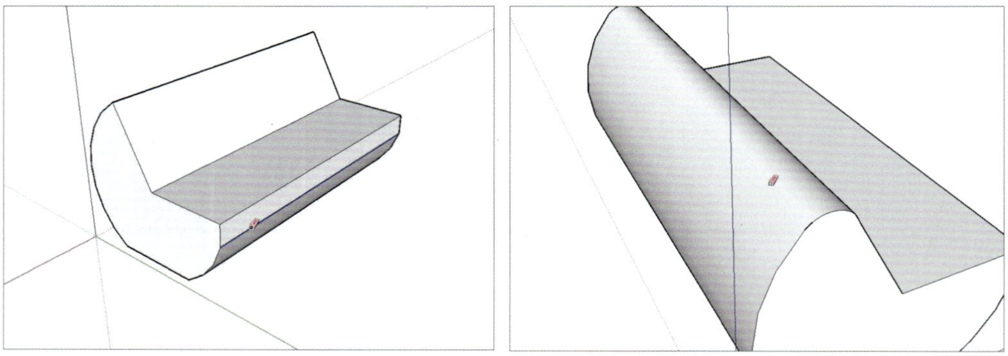

04 소파 아랫부분도 호 툴()로 호를 그린 후 밀고/끌기 툴()로 밀어서 없앱니다. 지우개 툴()로 Control을 누른 채 필요 없는 선을 부드럽게 삭제합니다.

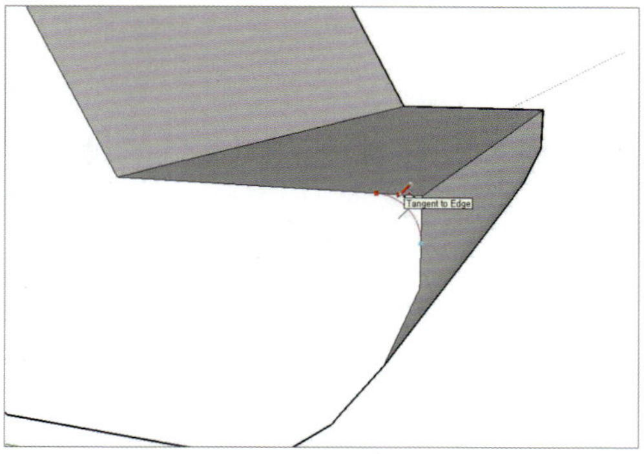

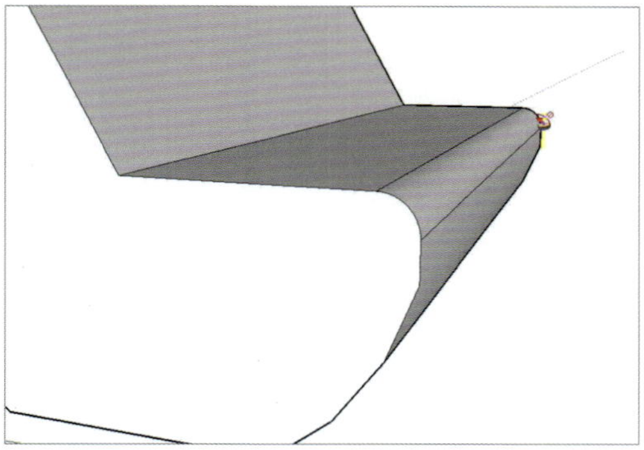

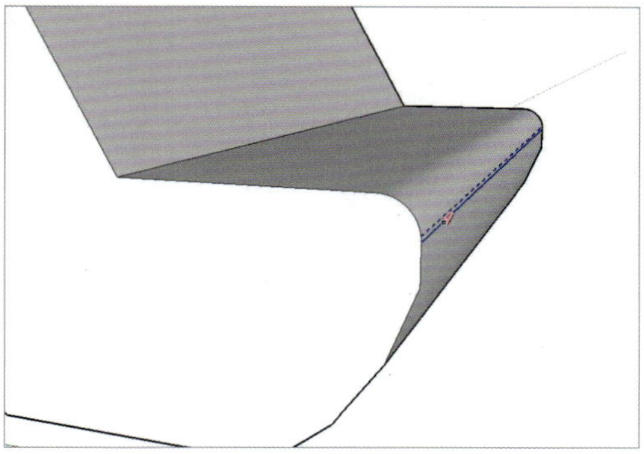

05 소파 중간 부분에 호 툴()로 호를 그립니다. 밀고/끌기 툴()로 커서를 반대쪽 맨 끝으로 늘려 줍니다. 지우개 툴()로 Control을 누른 채 필요 없는 선을 부드럽게 삭제합니다.

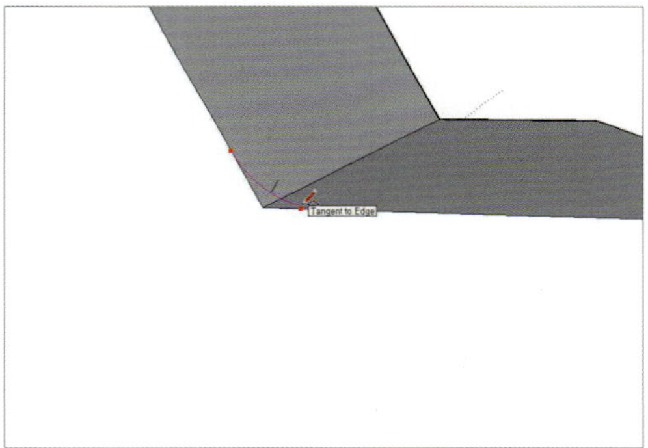

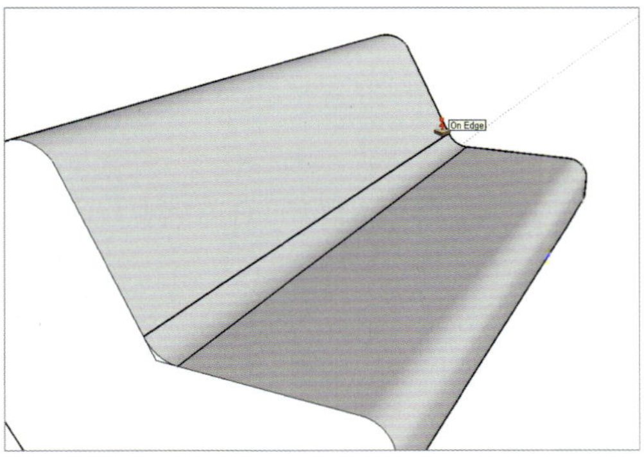

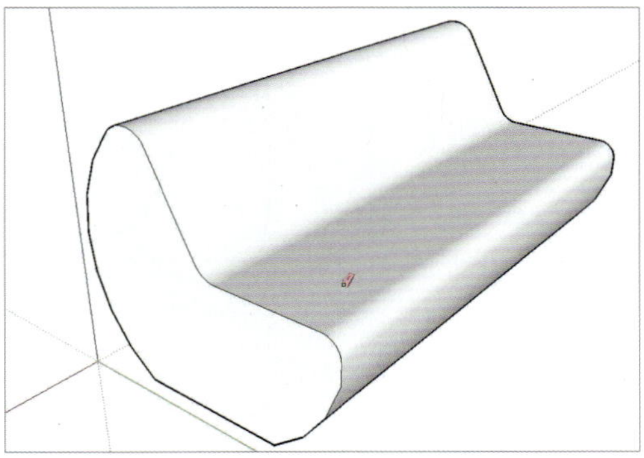

06 소파의 모든 면을 선택한 후 마우스 오른쪽 버튼을 클릭하면 나타나는 확장 메뉴 중에서 [Make Group]을 선택하여 그룹으로 만듭니다.

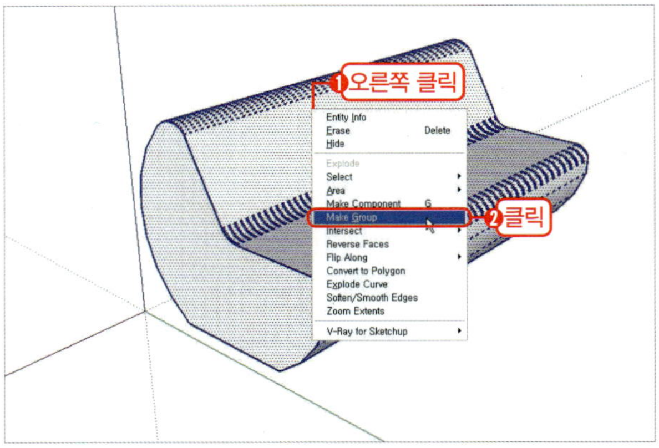

07 01에서 복사한 측면을 제자리에 붙여넣기 위해 메뉴에서 [Edit]-[Paste In Place]를 선택합니다. 그런 다음, 소파 그룹을 선택하고 마우스 오른쪽 버튼을 클릭하면 나타나는 확장 메뉴 중에서 [Hide]를 선택합니다.

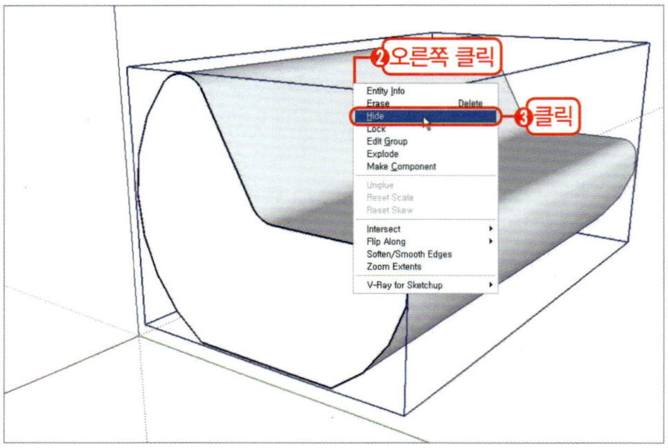

08 선 툴( )로 다음 그림처럼 끝점과 끝점을 대각선으로 이어주는 선을 그립니다. 밀고/끌기 툴( )로 적당히 앞쪽 방향으로 늘려 팔걸이 모양을 만듭니다.

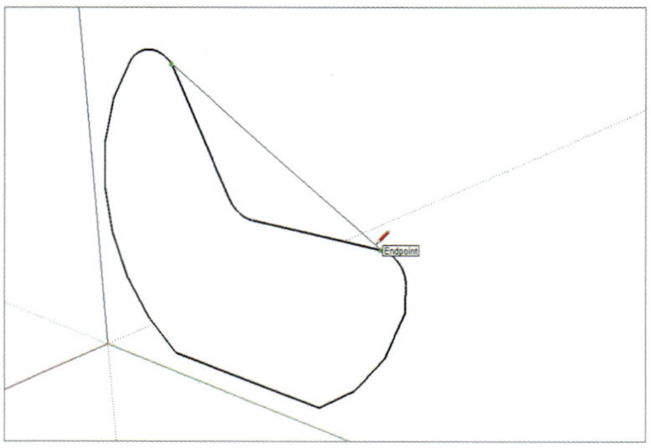

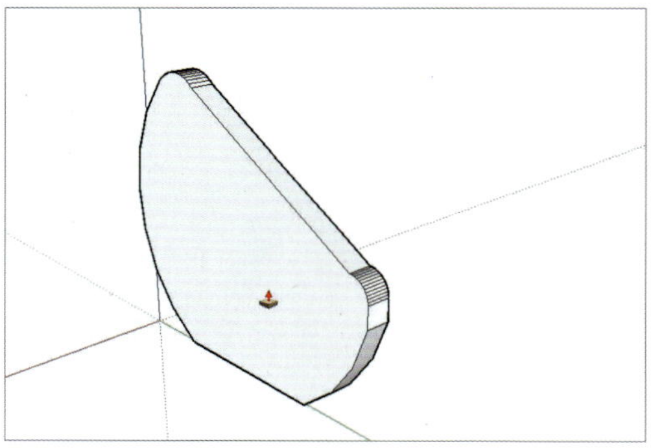

09 지우개 툴( )로 Control을 누른 채 불필요한 선을 부드럽게 삭제합니다. 소파 팔걸이 부분의 모든 면을 선택한 후 마우스 오른쪽 버튼을 클릭하면 나타나는 확장 메뉴 중에서 [Make Group]을 선택하여 그룹으로 만듭니다.

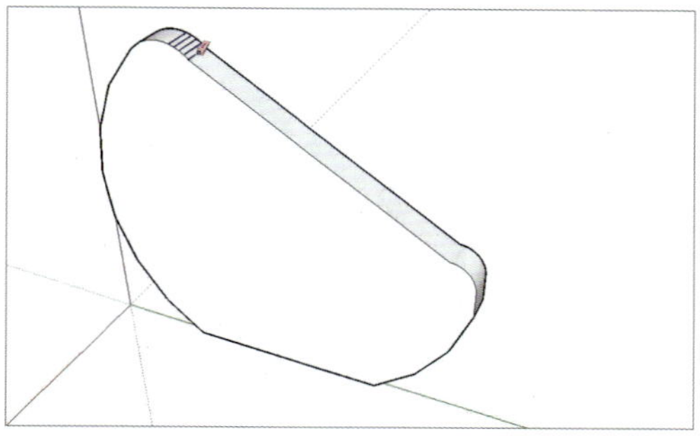

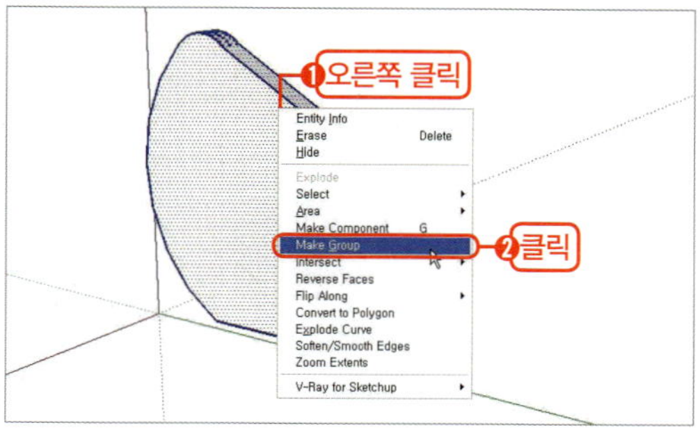

10 07에서 숨긴 객체를 다시 불러오기 위해 메뉴에서 [Edit]–[Unhide]–[All]을 선택한 후 Back(🏠) 화면으로 이동합니다. 이동 툴(✥)로 Control을 누른 채 복사합니다.

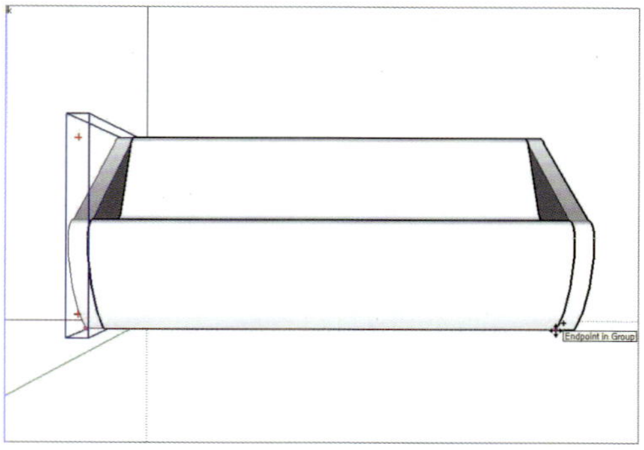

11 소파 밑부분을 보기 위해 Orbit 툴(◈)로 그림처럼 화면의 밑부분을 바라봅니다. 그런 다음, 소파 다리를 그리기 위해 줄자 툴(📏)로 가상선을 설정합니다.

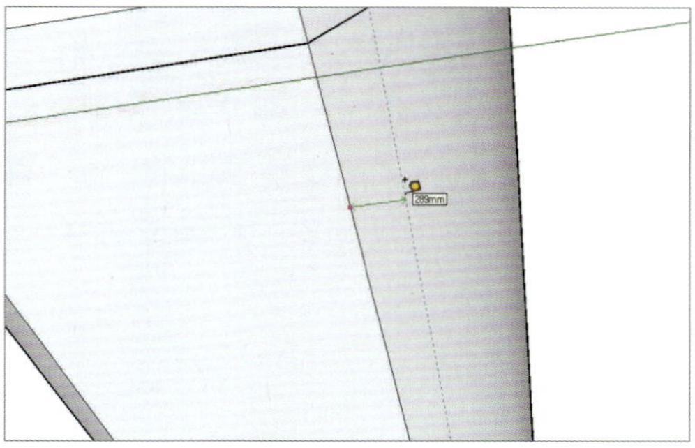

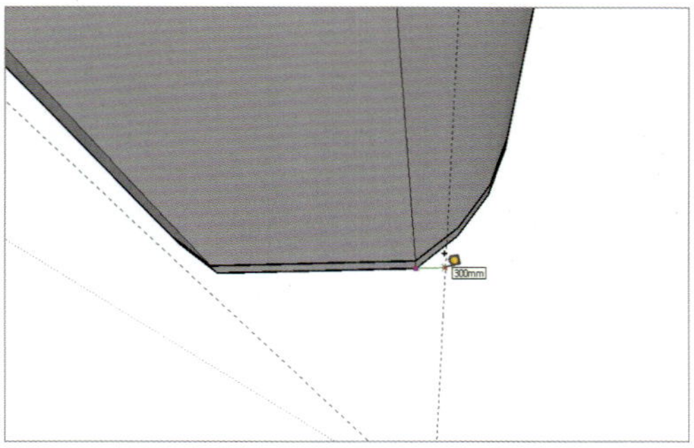

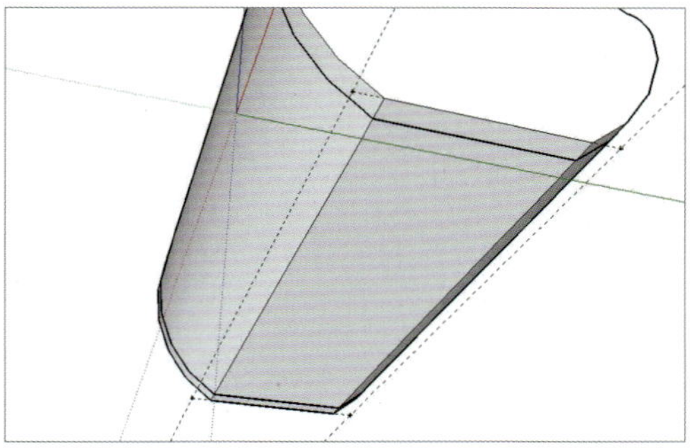

Tip

이렇게 가상선을 제작하면 원하는 포인트를 쉽게 찾을 수 있으며, 포인트를 기준으로 하는 작업 또한 쉽게 할 수 있습니다.

12 소파와 팔걸이를 선택한 후 마우스 오른쪽 버튼을 클릭하면 나타나는 확장 메뉴 중에서 [Hide]를 선택합니다.

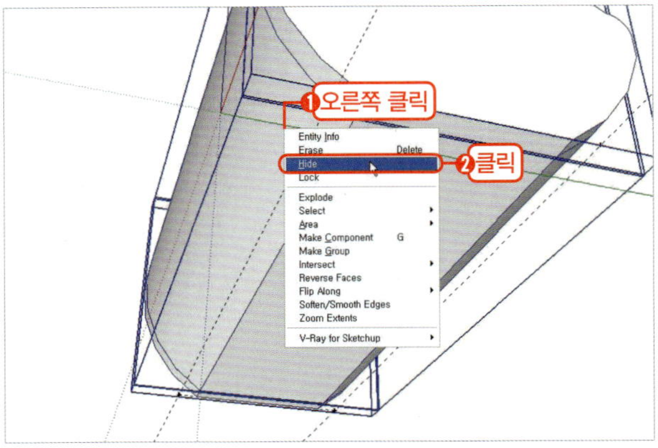

13 사각형 툴(■)로 가상선을 기준 포인트로 하는 사각형을 그립니다. 그런 다음, 지우개 툴(✎)로 필요 없는 가상선을 삭제합니다.

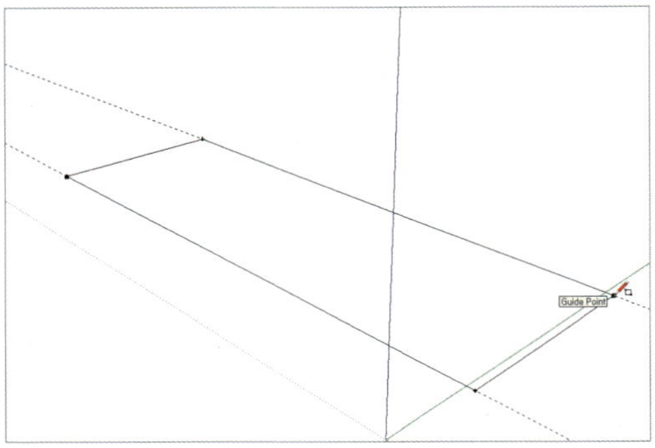

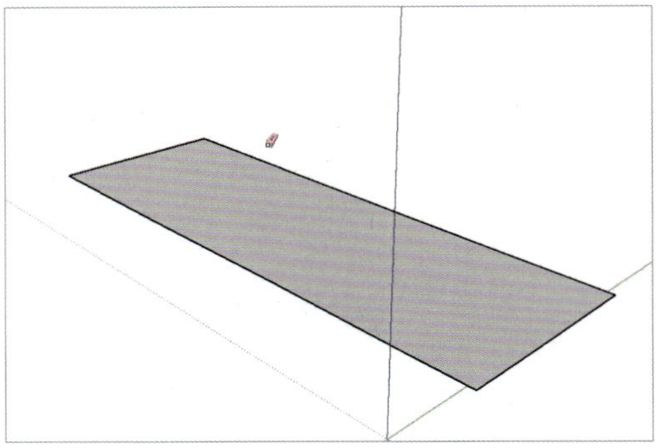

14 줄자 툴(■)로 그려 놓은 사각형 위에 가상선을 설정한 후 호 툴(◠)로 네 군데 모서리 부분에 호를 그립니다. 그런 다음, 지우개 툴(✎)로 필요 없는 선과 가상선을 삭제합니다.

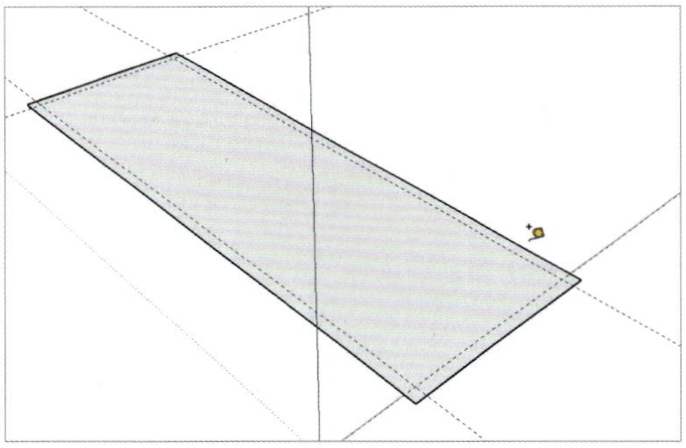

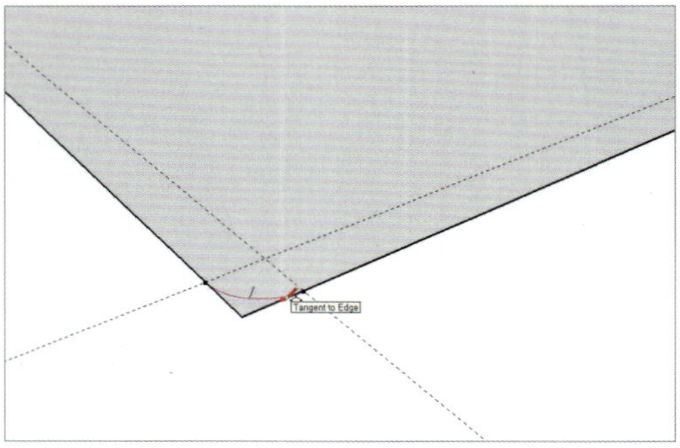

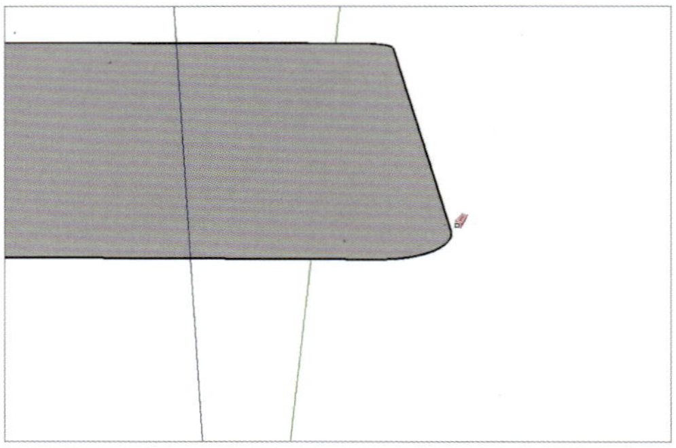

15 간격 띄우기 툴(■)로 적당한 간격을 두고 안쪽으로 드래그합니다. 그런 다음, 안쪽 면을 선택하고 Delete를 눌러 삭제합니다. 그런 다음, 밀고/끌기 툴(■)로 위쪽으로 적당히 늘려 입면체를 만듭니다.

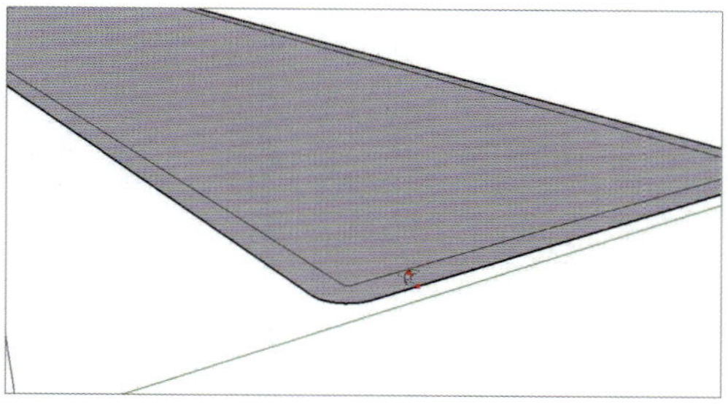

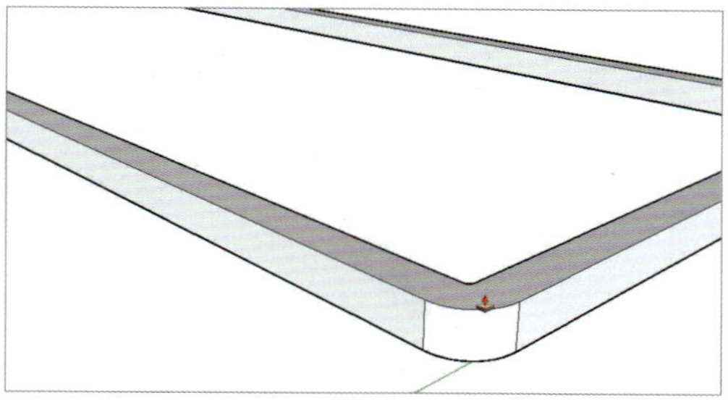

16 선을 부드럽게 정리하기 위해서 지우개 툴(아이콘)로 Control을 누른 채 부드럽게 삭제합니다. 그리고 소파 다리가 될 모든 면을 선택한 후 마우스 오른쪽 버튼을 클릭하면 나타나는 확장 메뉴 중에서 [Make Group]을 선택하여 그룹으로 만듭니다.

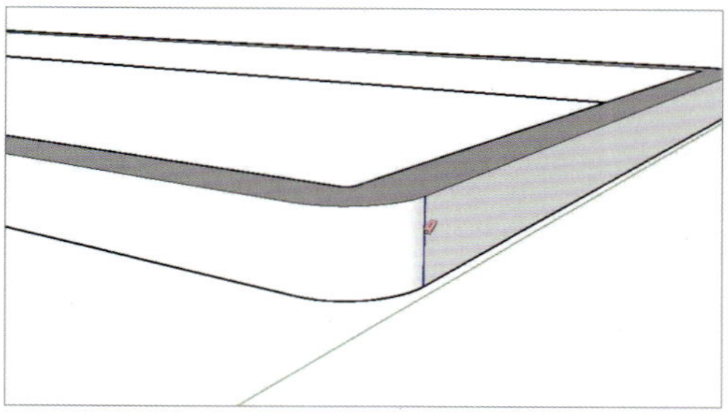

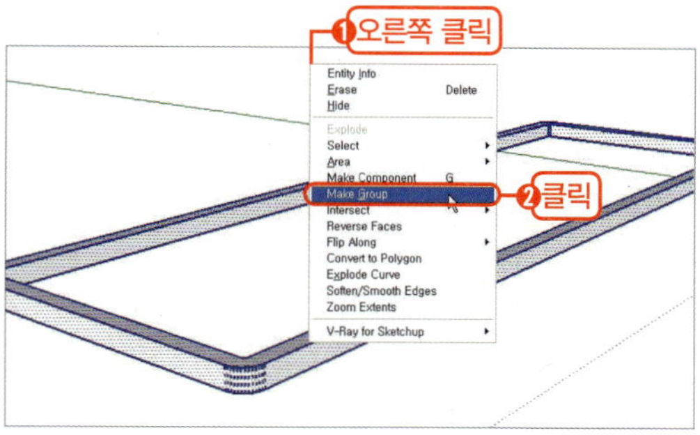

17 12에서 숨긴 객체를 다시 불러오기 위해 메뉴에서 [Edit]–[Unhide]–[All]을 선택합니다. 그런 다음, 소파와 팔걸이를 모두 선택하고 이동 툴(아이콘)로 소파 다리 바로 위로 이동시켜 배치합니다.

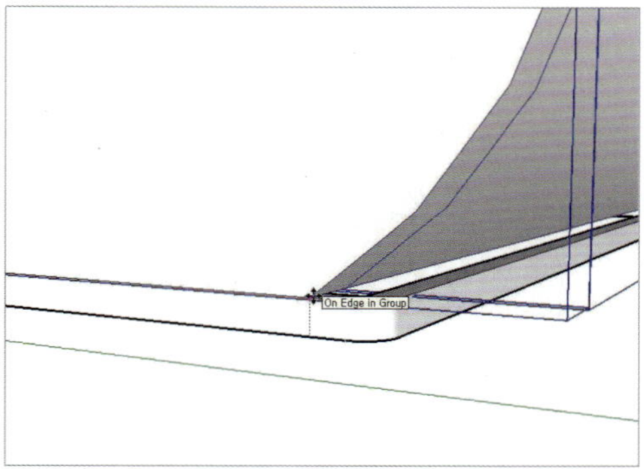

18 소파가 완성된 것을 확인할 수 있습니다.

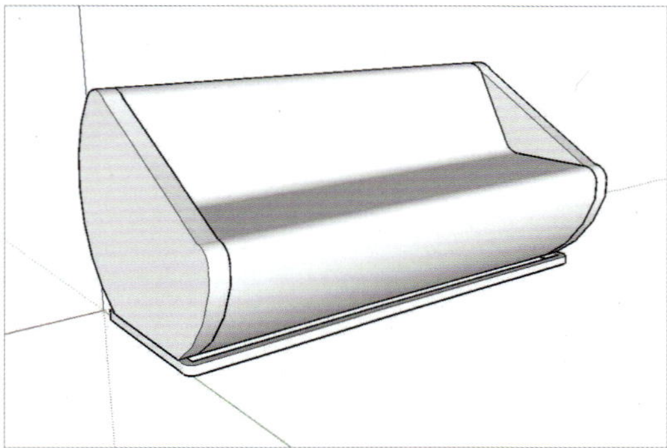

09; 수납 활용이 가능한 책꽂이 만들기

이번 장에서는 곡선을 활용하여 깔끔하게 책을 정리하거나 선반 수납용으로도 활용할 수 있는 책꽂이를 만들어 보겠습니다. 우선 [Bezier Curves] 루비 파일을 이용해 책꽂이 받침을 만든 후 [Make Component]를 이용하여 Component에 등록하면 좀 더 쉽게 편집할 수 있습니다.

● 완성 파일 | 부록 CD\Sample\Part 01\완성\책꽂이.skp

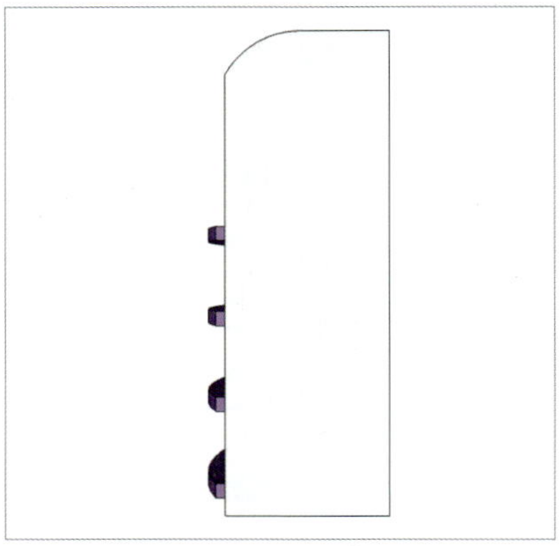

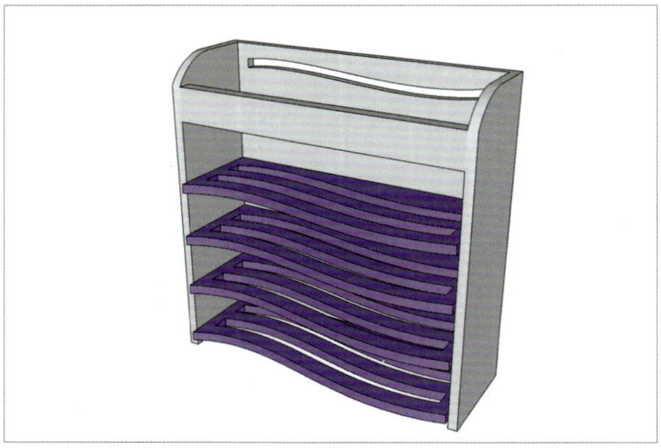

01 Top( ) 화면으로 이동한 후 사각형 툴( )로 사각형을 그립니다. 그런 다음, 지우개 툴( )로 아래 선을 삭제합니다.

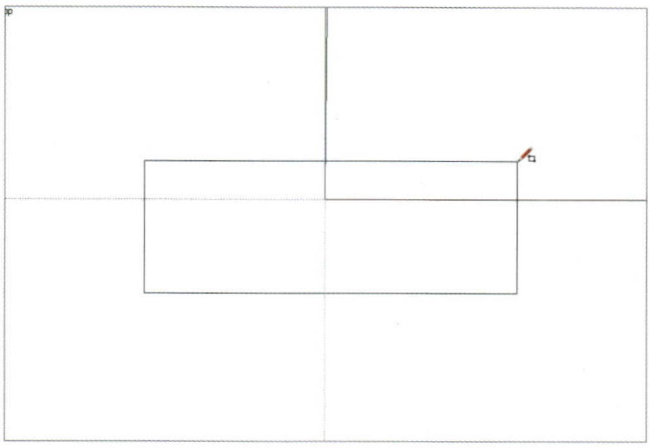

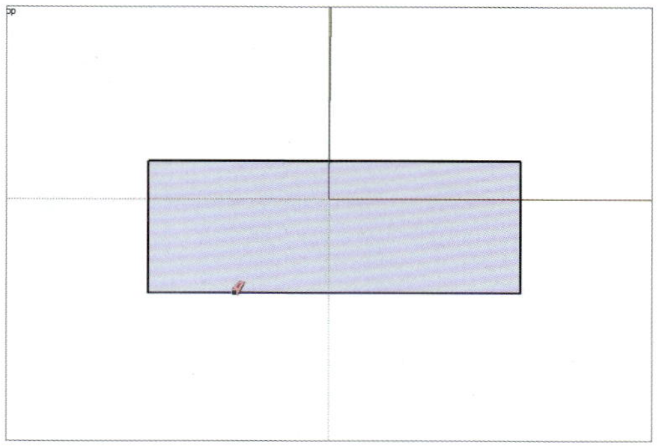

02 메뉴에서 [Draw]–[Bezier Curves]를 선택합니다. 하단의 각도 입력란에 '3'을 입력한 후 Delete 를 누릅니다.

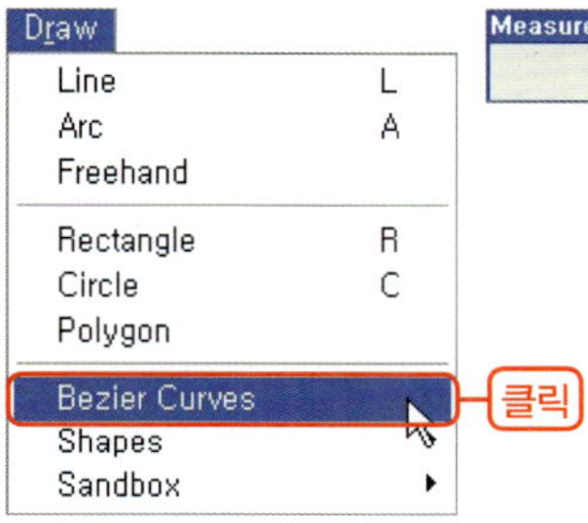

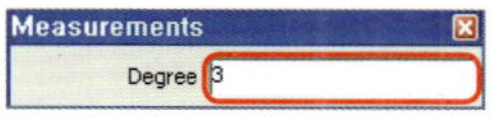

03 Top( ) 화면으로 이동합니다. Bezier Curves의 포인트 4곳을 각각 클릭하여 곡선을 만듭니다. 그런 다음, Iso 툴( ) 화면으로 이동하고 밀고/끌기 툴( )로 위로 적당히 늘려 두께를 줍니다.

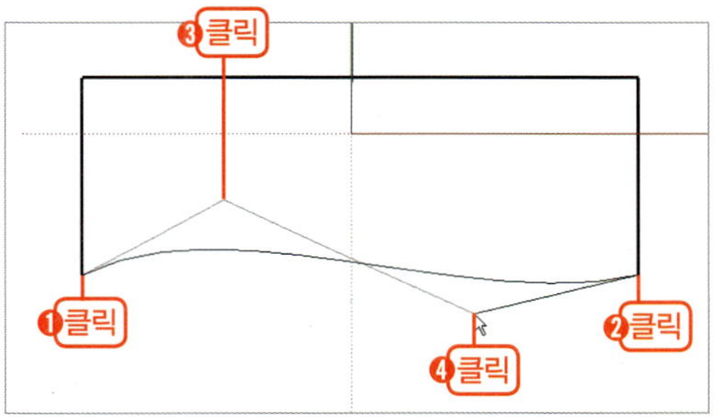

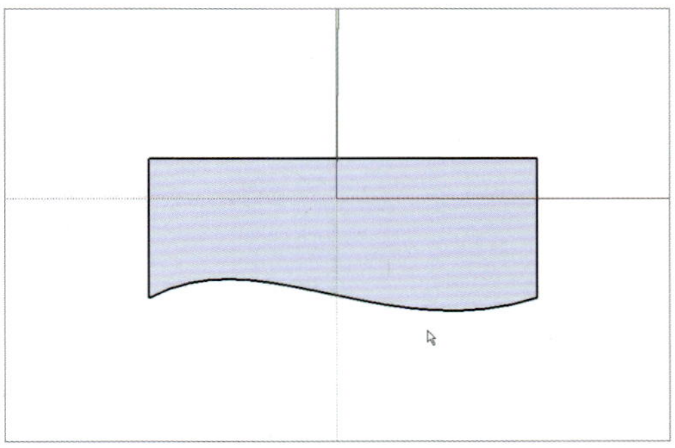

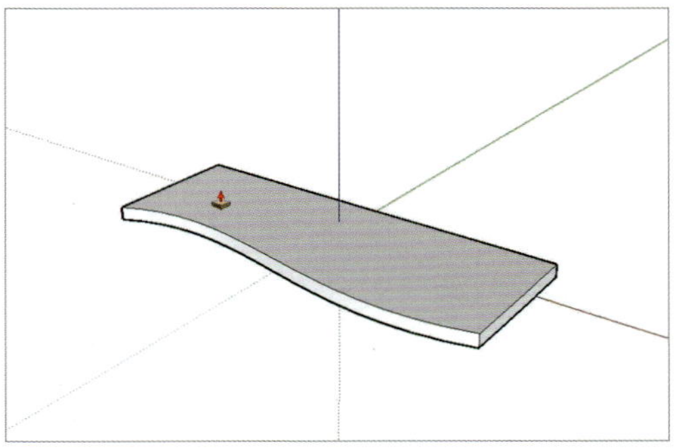

04 모든 면을 선택한 후 마우스 오른쪽 버튼을 클릭하면 나타나는 확장 메뉴 중에서 [Make Component]를 선택합니다. 그런 다음, [Create] 버튼을 클릭하여 Component로 만듭니다.

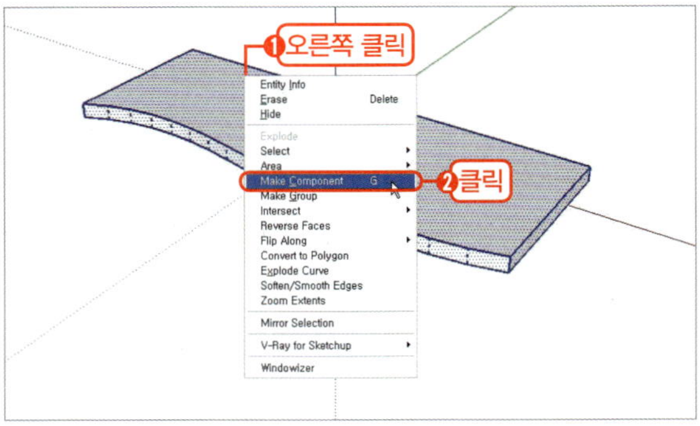

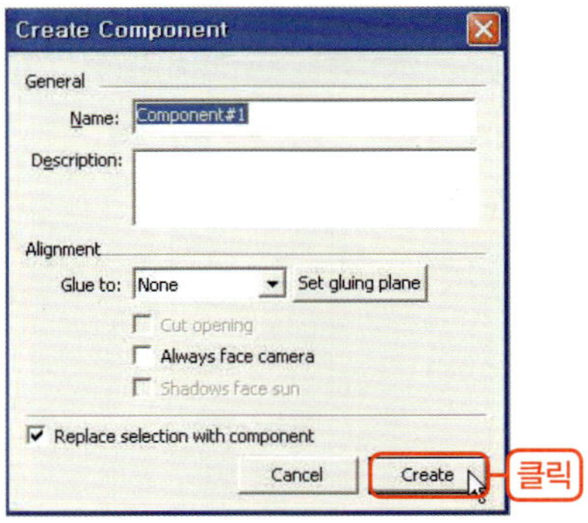

Tip

- [Component]는 지금까지 작업한 객체를 여러 개 복사한 후 한 개의 객체만 수정해도 복사한 다른 객체들도 자동적으로 수정되도록 등록하는 것입니다.
- [Component]의 구성과 사용법은 166쪽을 참고하세요.

05 객체의 양쪽 선과 뒤쪽 선을 기준으로 하여 밑바닥에 줄자 툴( )로 ㄷ자 모양의 가상선을 설정합니다. 선 툴( )로 설정된 가상선의 각 교차된 포인트에 선을 그립니다. 가장자리 쪽에 ㄷ자 모양의 면이 생긴 것을 확인할 수 있습니다.

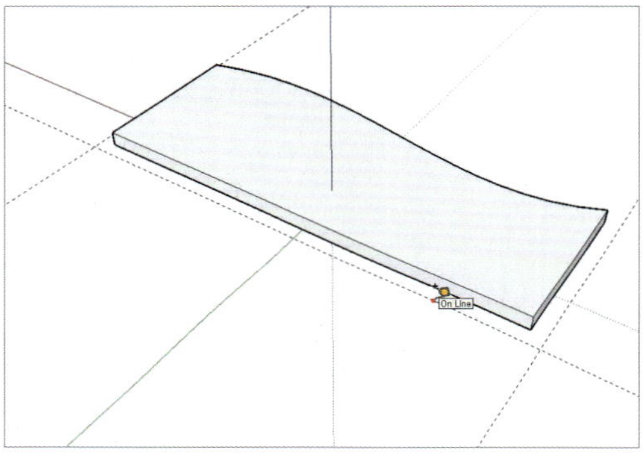

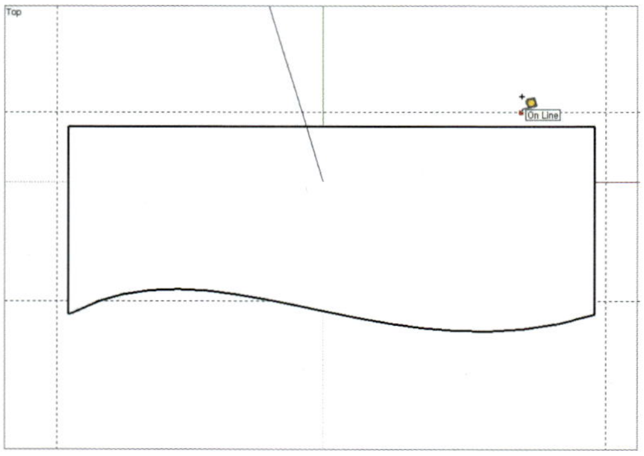

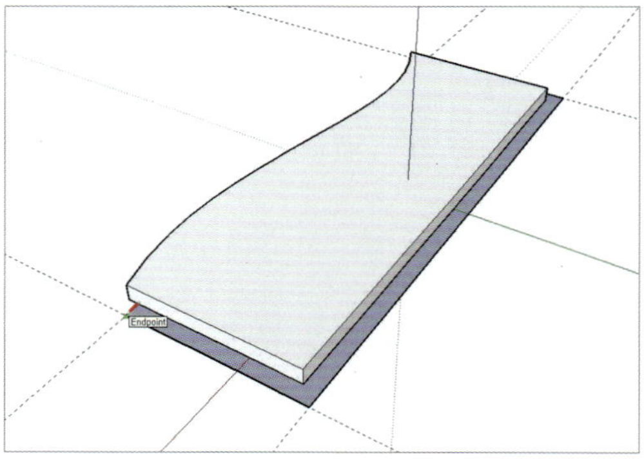

06 지우개 툴( )로 불필요한 가상선을 삭제한 후 밀고/끌기 툴( )로 위쪽으로 길게 늘려 줍니다.

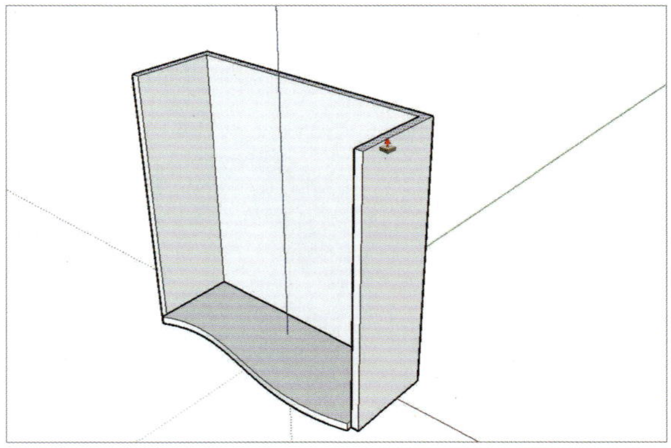

07 선택 툴( )로 안쪽의 세로선을 선택한 후 마우스 오른쪽 버튼을 클릭하면 나타나는 확장 메뉴 중에서 [Divide]를 선택하여 다섯 개의 Segments로 선을 분할합니다. 선 분할은 임의대로 변경하여 작업할 수 있습니다.

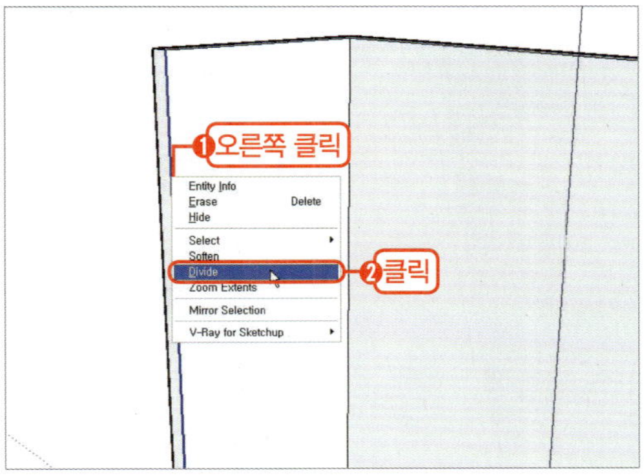

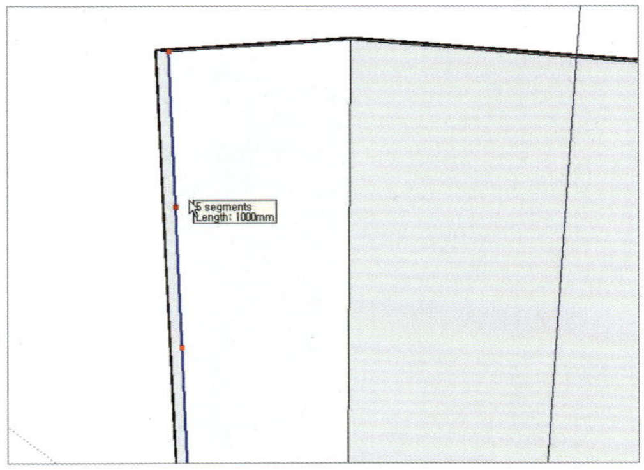

08 사각형 툴( )로 안쪽의 끝점과 끝점을 연결하여 면을 만듭니다. 그런 다음, 밀고/끌기 툴( )로 두께를 늘려 줍니다.

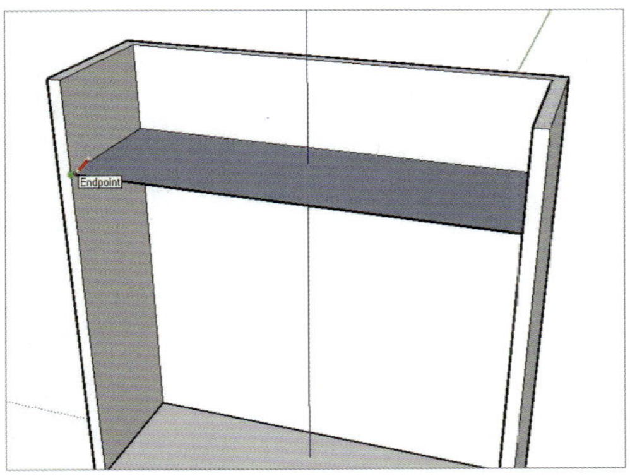

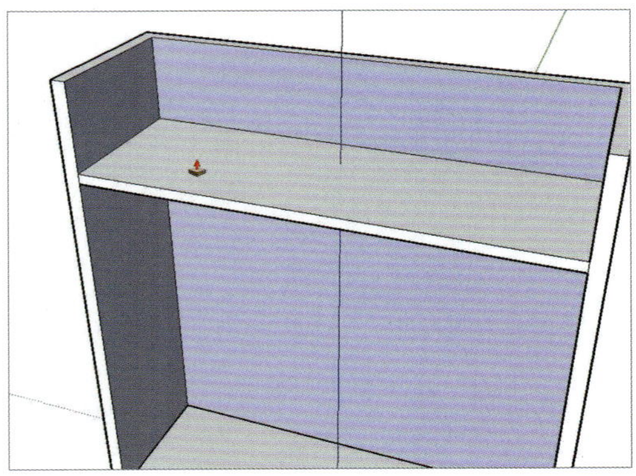

09 08에서 만든 선반의 안쪽 선을 선택 툴( )로 선택한 후 마우스 오른쪽 버튼을 클릭하면 나타나는 확장 메뉴 중에서 [Divide]를 선택합니다. 그런 다음, 일곱 개의 Segments로 선을 분할합니다.

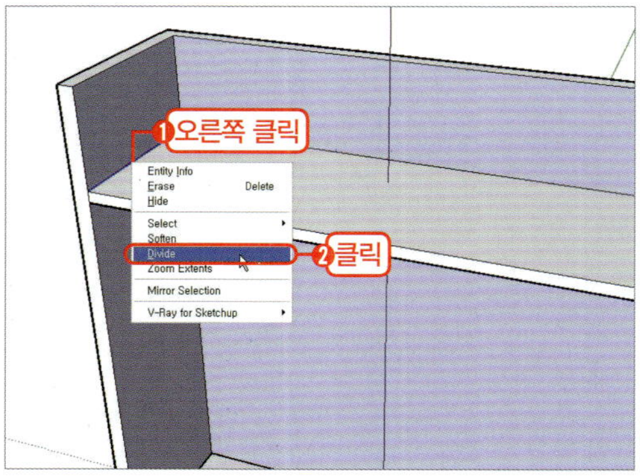

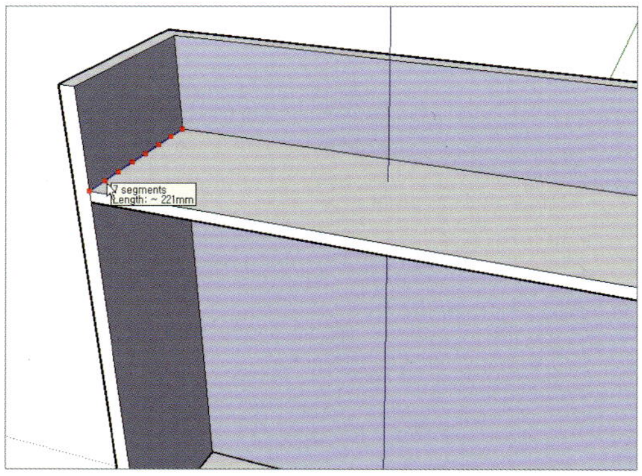

10 선 툴( )로 선을 그립니다. 그런 다음, 밀고/끌기 툴( )로 위로 적당히 늘려 칸막이를 만듭니다.

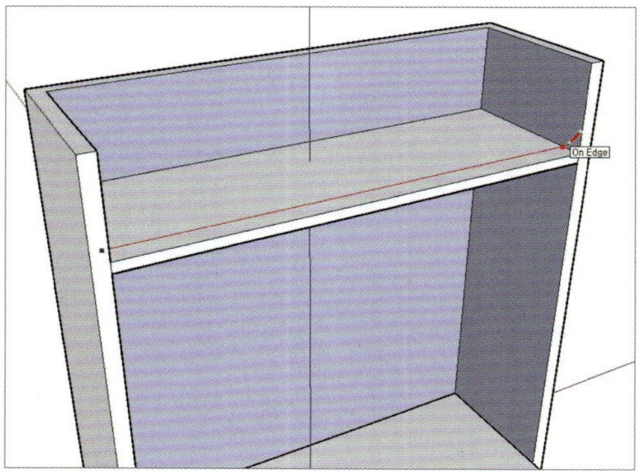

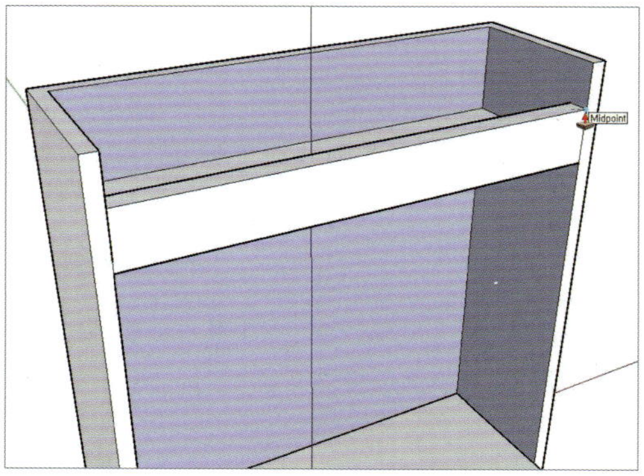

11 호 툴( )로 다음 그림처럼 안쪽 측면에 호를 그립니다. 밀고/끌기 툴( )로 밀어서 없앤 후 지우개 툴( )로 Control을 누른 채 필요 없는 선을 부드럽게 삭제하여 정리합니다.

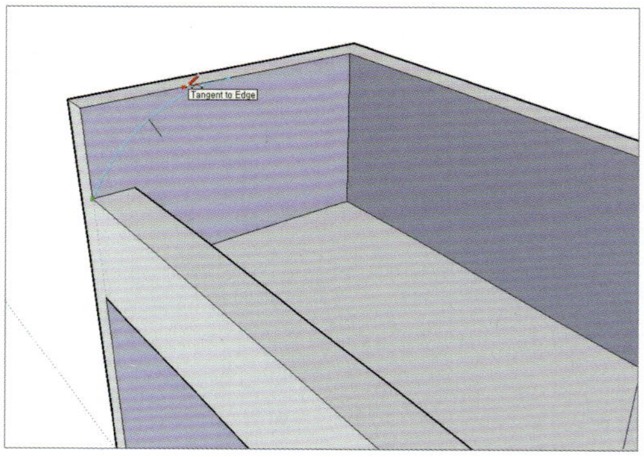

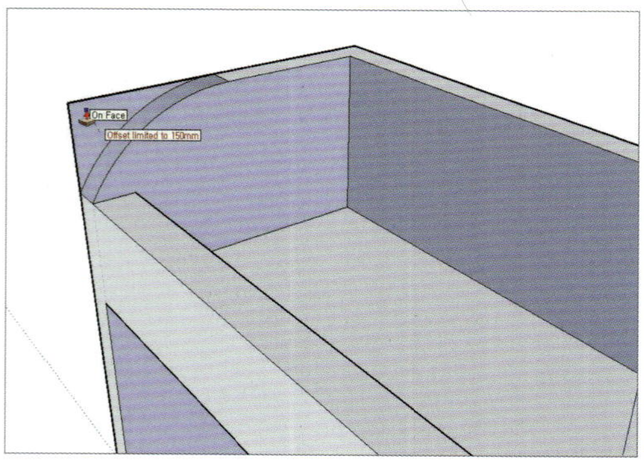

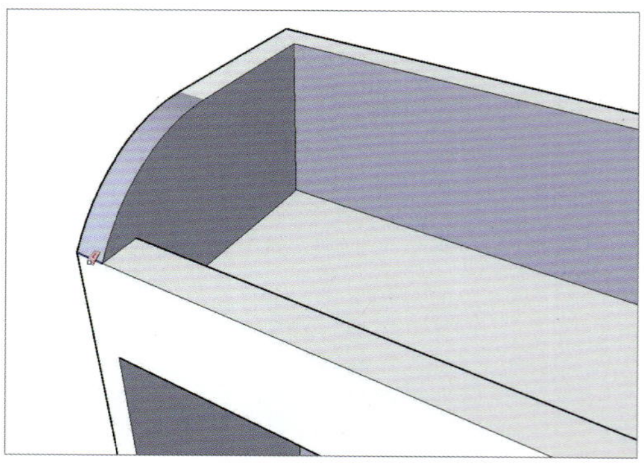

12 11처럼 다른 쪽 측면에도 같은 작업을 반복합니다.

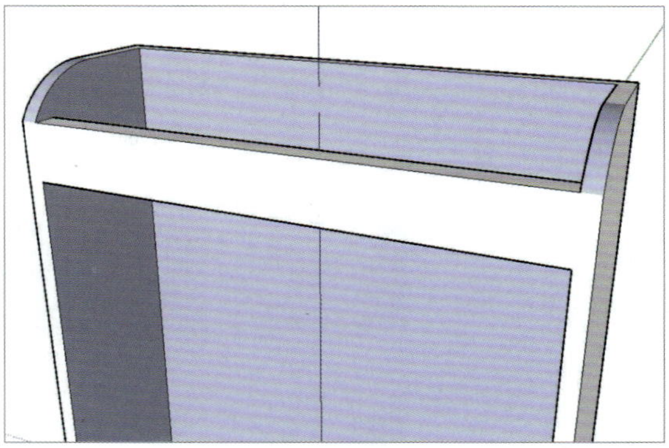

13 뒤판에 모양을 만들어 보겠습니다. 줄자 툴( )로 가상선을 설정합니다.

14 메뉴에서 [Draw]-[Bezier Curves]를 선택한 후 하단의 각도 입력란에 '3'을 입력하고 Enter를 누릅니다. Front( ) 화면으로 이동한 후 Bezier Curves의 포인트를 순서대로 네 번 클릭하여 곡선을 만듭니다.

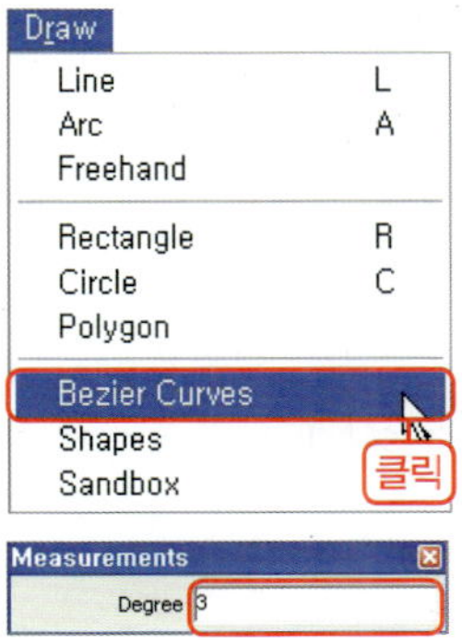

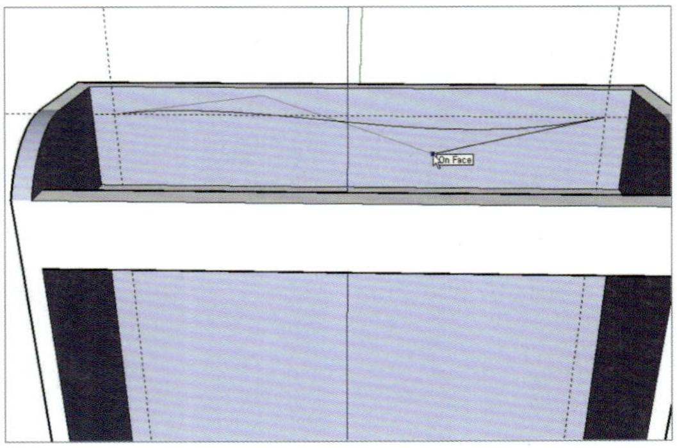

15 14에서 작업한 곡선을 선택합니다. Control을 누른 채 이동 툴()로 위아래로 드래그하여 복사합니다. 그런 다음, 선 툴()로 양쪽 끝점과 끝점을 연결하여 면을 만듭니다.

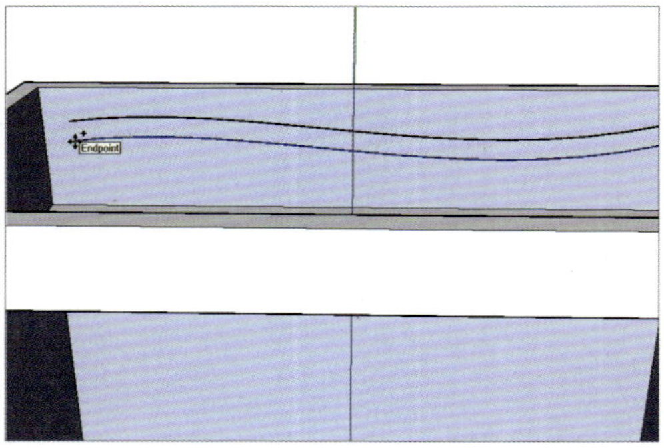

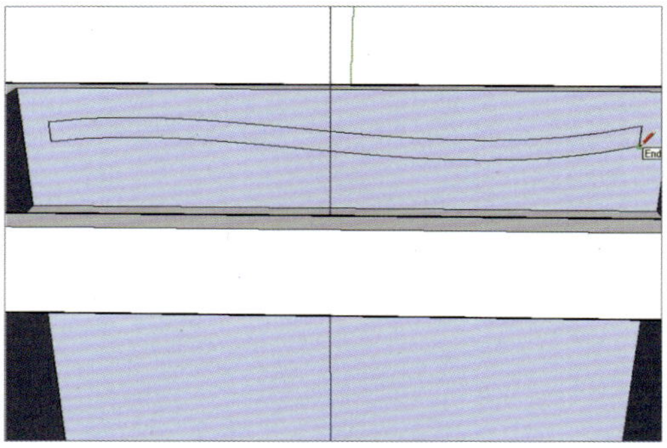

16 15에서 만든 면을 밀고/끌기 툴()로 밀어서 없앱니다.

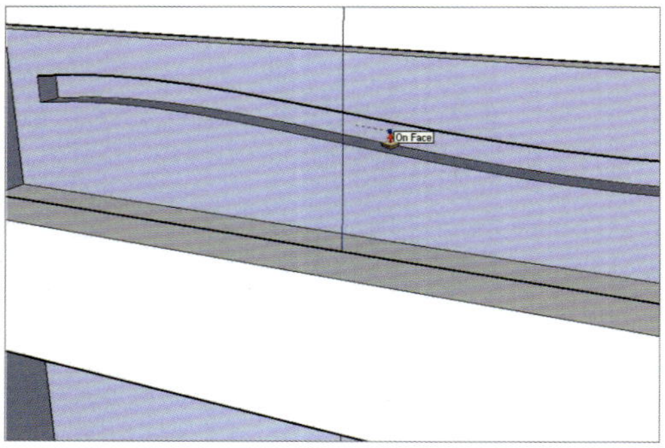

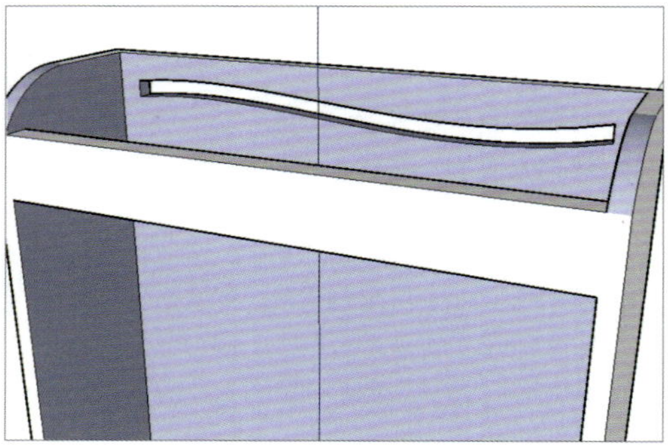

17 바닥면을 제외한 책꽂이 기둥의 모든 면을 선택한 후 마우스 오른쪽 버튼을 클릭하면 나타나는 확장 메뉴 중에서 [Make Group]을 선택하여 그룹으로 만듭니다.

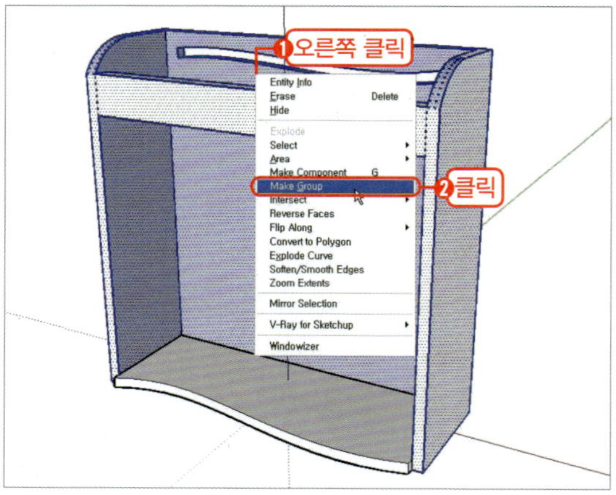

18 Front() 화면으로 이동합니다. 이동 툴()을 이용하여 바닥면을 수직으로 드래그한 후 이동시키면 책꽂이의 다리가 완성됩니다.

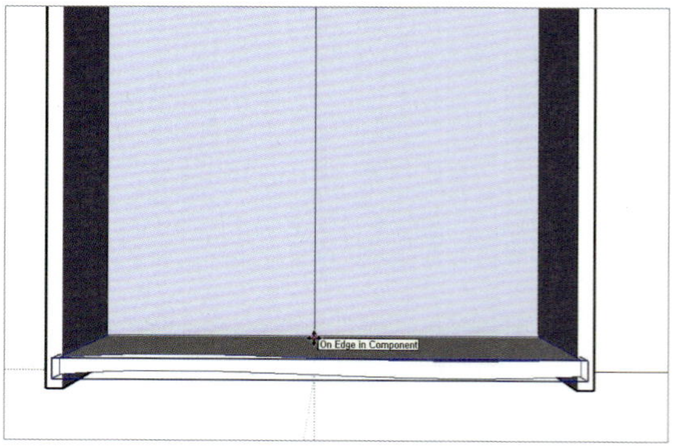

19 바닥면을 세 개 정도 복사하기 위해 복사한 단면을 모두 선택합니다. 이동 툴( )로 Control 을 누른 채 위쪽 방향으로 일단 하나를 복사합니다. 그런 다음, 화면 하단의 입력란에 '*3'을 입력하고 Enter↵ 를 누릅니다.

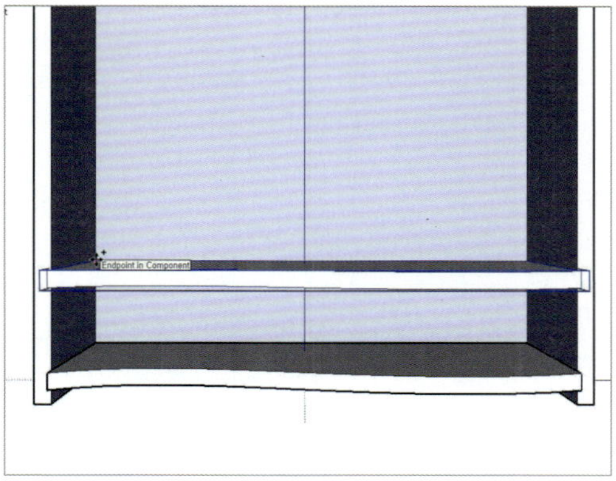

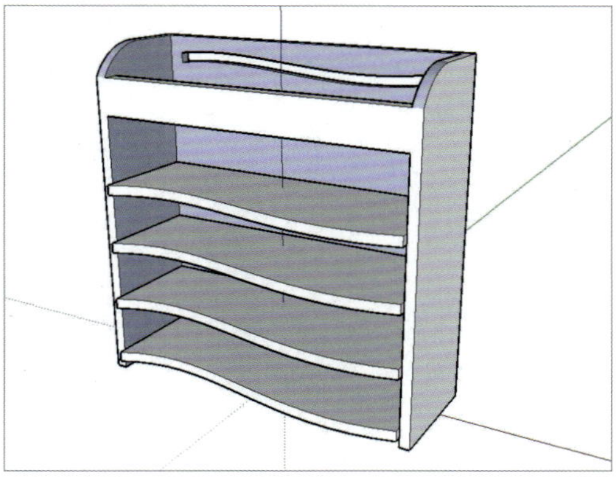

20 책꽂이 기둥을 선택한 후 마우스 오른쪽 버튼을 클릭하면 나타나는 확장 메뉴 중에서 [Hide]를 선택합니다. 그런 다음, 맨 위의 객체를 선택하고 마우스 오른쪽 버튼을 클릭하면 나타나는 확장 메뉴 중에서 [Edit Component]를 선택합니다.

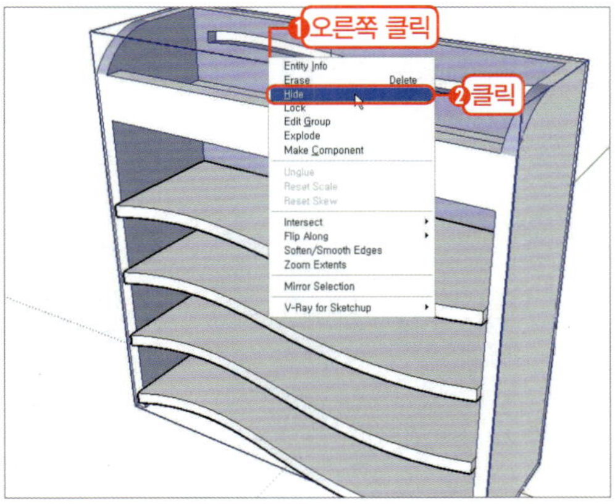

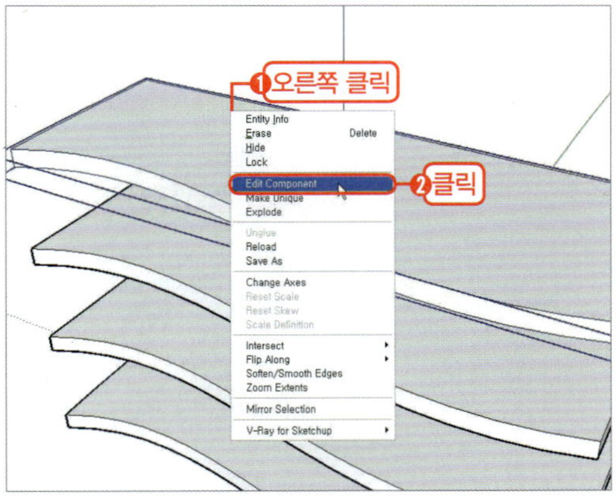

21 선택 툴( )로 앞쪽 곡선을 선택합니다. 그런 다음, 이동 툴( )로 Control 을 누른 채 복사하고, 화면 하단의 입력란에 '/4'를 입력한 후 Enter↵ 를 누릅니다.

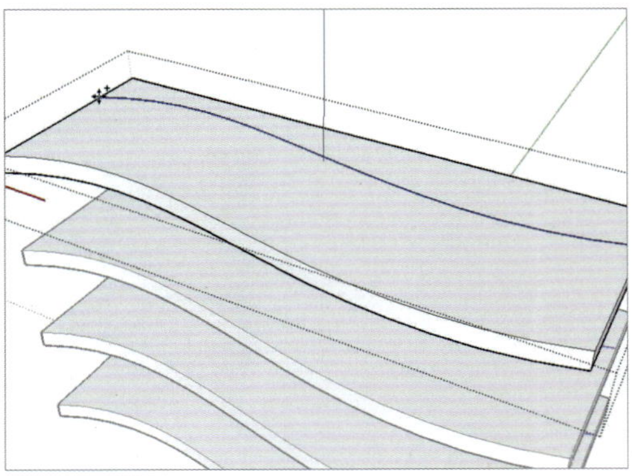

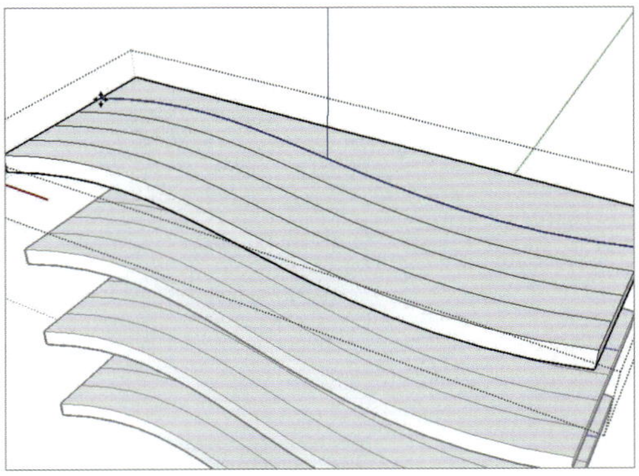

22 줄자 툴( )로 그림처럼 탁자 상판의 좌우에 가상선을 설정합니다. 그런 다음, 선 툴( )로 양쪽 선과 가상선의 교차점에 면을 만듭니다. 지우개 툴( )로 필요 없는 가상선과 선을 삭제합니다.

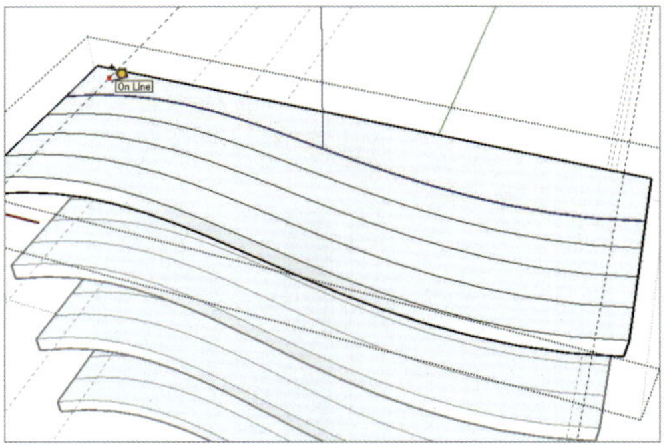

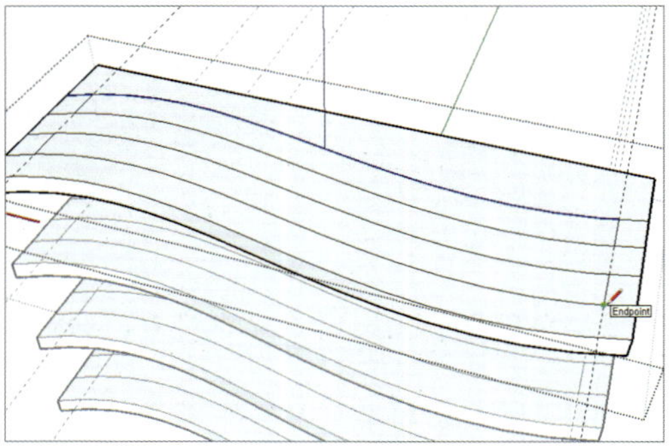

23 밀고/끌기 툴( )로 22에서 만든 면을 아래로 밀어 없앱니다. Component로 등록한 객체를 복사하여 편집했기 때문에 하단에 있는 나머지 객체에도 자동적으로 반영되는 것을 확인할 수 있습니다.

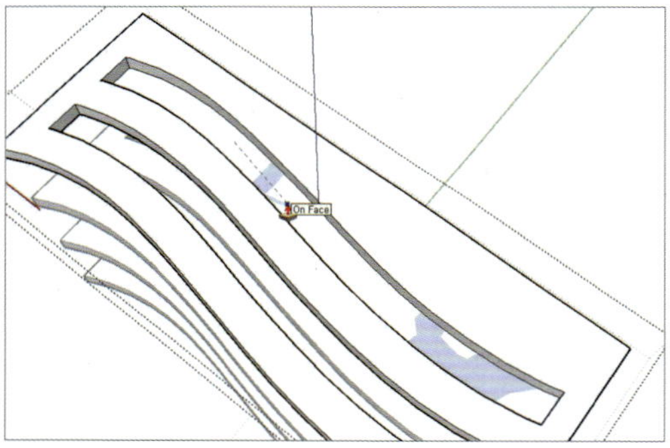

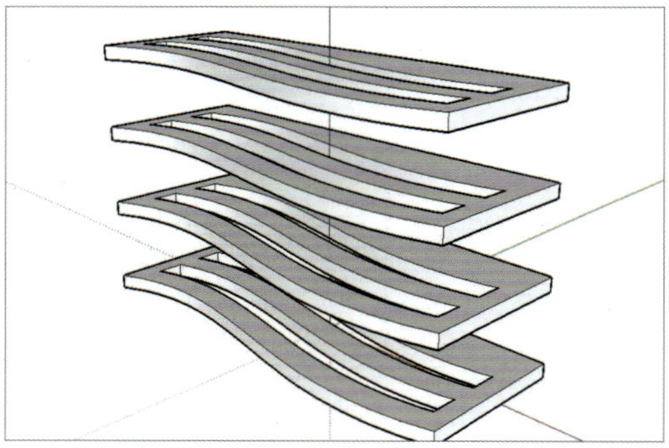

24 23에서 숨긴 객체를 다시 불러오기 위해 메뉴에서 [Edit]–[Unhide]–[All]을 선택합니다. 책꽂이가 완성된 것을 확인할 수 있습니다.

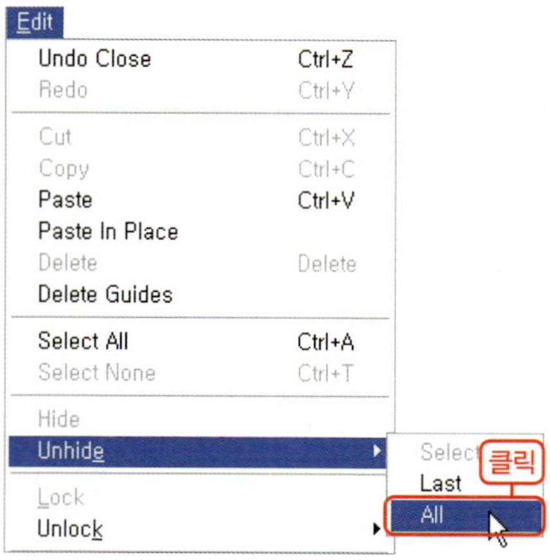

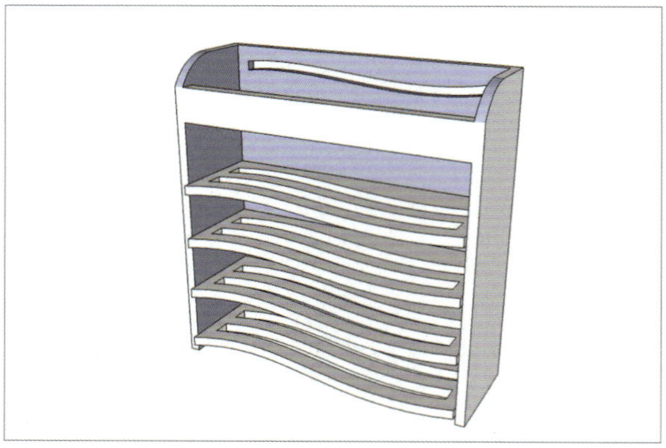

10; 모던하고 세련된 침대 만들기

침대는 지친 하루를 잊고 몸을 편안하게 눕힐 수 있는 포근한 인테리어 가구 중 하나입니다. 이번에는 [File]–[Import] 메뉴에서 다른 스케치업 파일을 삽입하는 방법을 이용하여 침대를 만들어 보겠습니다.

● 완성 파일 | 부록 CD\Sample\Part 01\완성\침대.skp

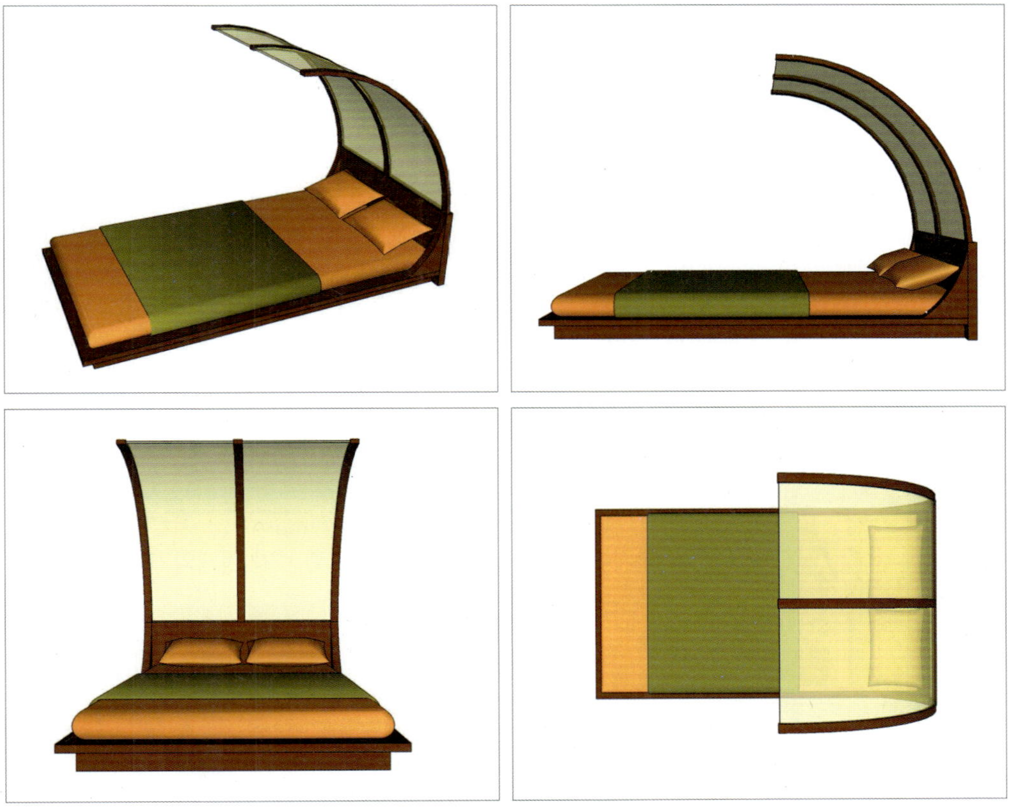

01 Top( ) 화면으로 이동합니다. 매트리스 하단의 객체를 만들기 위해서 사각형 툴( )로 사각형을 그립니다. 그런 다음, 밀고/끌기 툴( )로 두께를 늘려 줍니다.

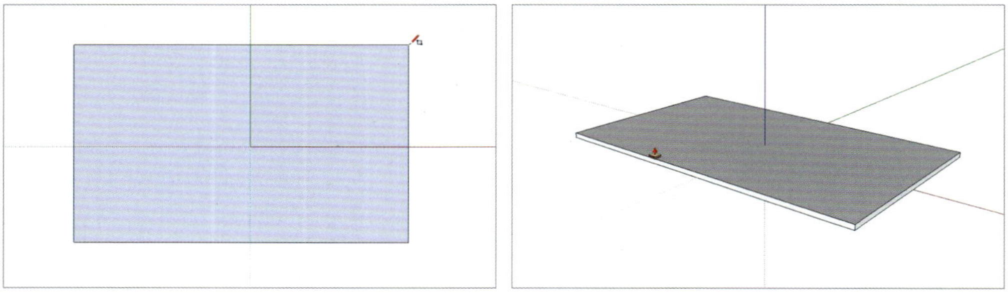

02 매트리스 하단 객체의 모든 면을 선택한 후 마우스 오른쪽 버튼을 클릭하면 나타나는 확장 메뉴 중에서 [Make Group]을 선택하여 그룹으로 만듭니다.

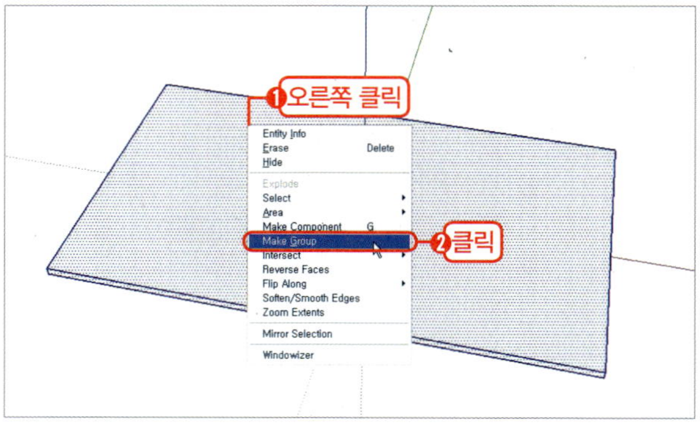

03 매트리스 하단 객체에 침대 다리를 만들어 보겠습니다. 줄자 툴( )로 세 군데의 가장자리 선 안쪽에 가상선을 임의대로 설정합니다.

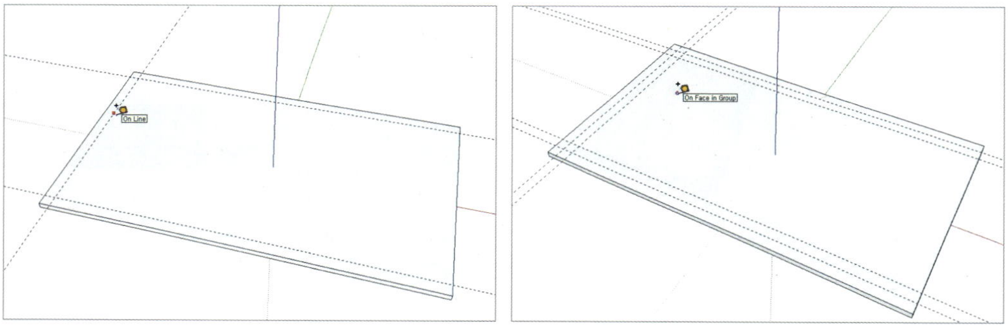

04 선 툴( )로 교차된 가상선 포인트를 기준으로 ㄷ자 형태의 면을 그립니다. 밀고/끌기 툴( )로 두께를 늘려 줍니다.

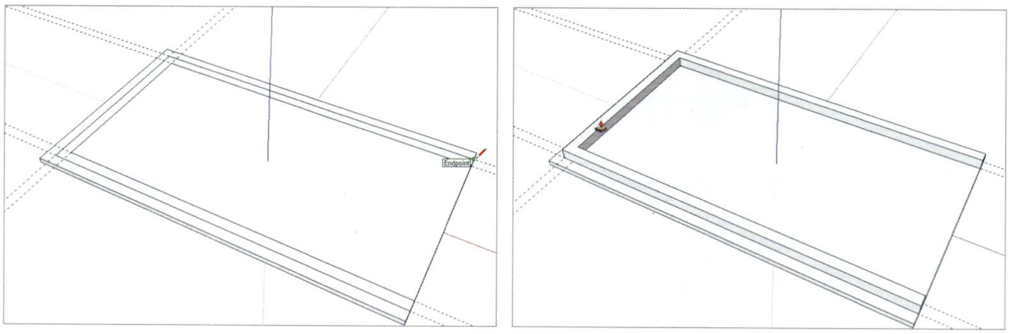

05 침대 다리의 모든 면을 선택한 후 마우스 오른쪽 버튼을 클릭하면 나타나는 확장 메뉴 중에서 [Make Group]을 선택하여 그룹으로 만듭니다.

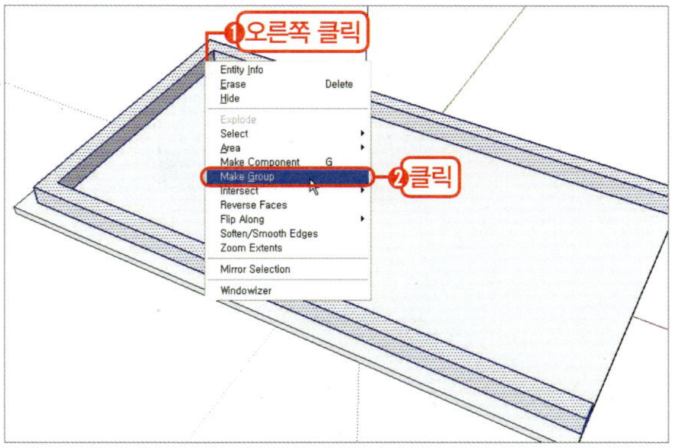

06 모든 객체들을 선택한 후 마우스 오른쪽 버튼을 클릭하면 나타나는 확장 메뉴 중에서 [Flip Along]-[Blue Direction]을 선택합니다.

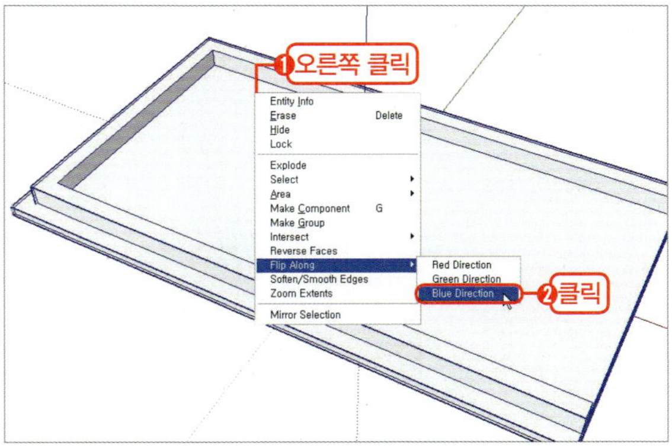

Tip

스케치업 8에는 다른 3D 모델링 프로그램에 있는 [Mirror] 명령이 없으므로, 이런 역할을 해 주는 'Flip Along(거울 영상)' 명령을 이용합니다.

07 등받이를 만들기 위해 매트리스 하단의 양 끝점을 연장한 모서리 부분을 기준으로 정합니다. 줄자 툴( )로 기준이 되는 모서리의 앞부분에 가상선을 설정합니다.

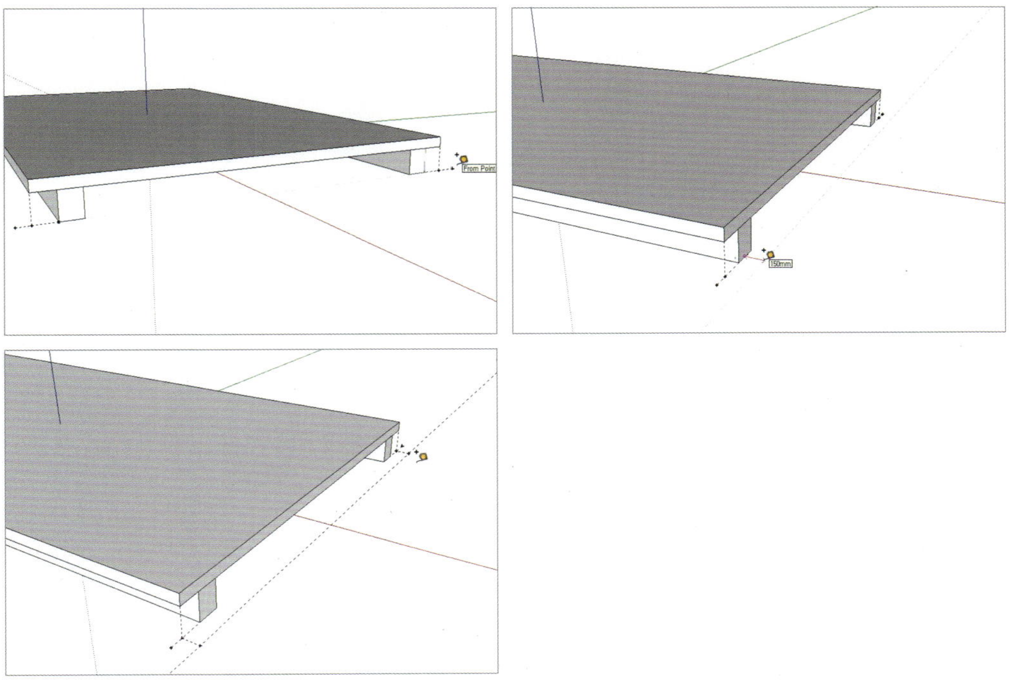

08 사각형 툴( )로 **07**에서 설정한 가상선과 교차되는 부분에 직사각형을 그립니다.

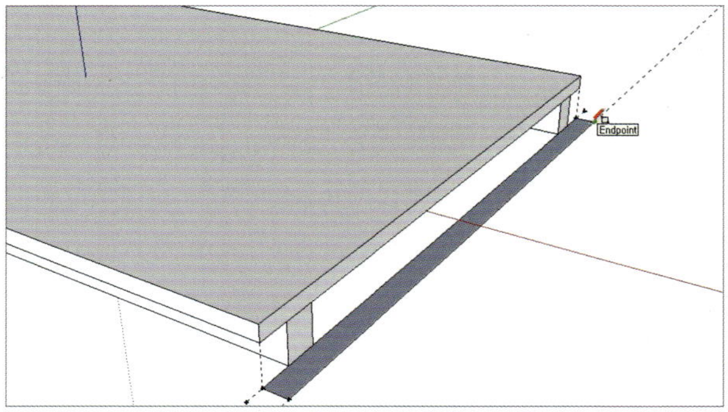

09 밀고/끌기 툴( )로 위로 길게 늘려 등받이를 만듭니다. 등받이의 모든 면을 선택한 후 마우스 오른쪽 버튼을 클릭하면 나타나는 확장 메뉴 중에서 [Make Group]을 선택하여 그룹으로 만듭니다.

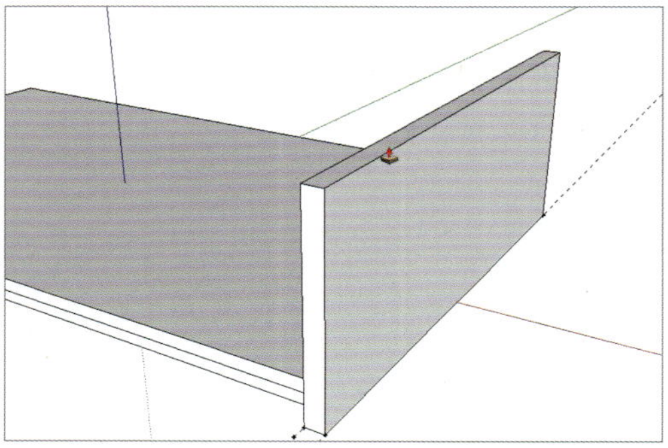

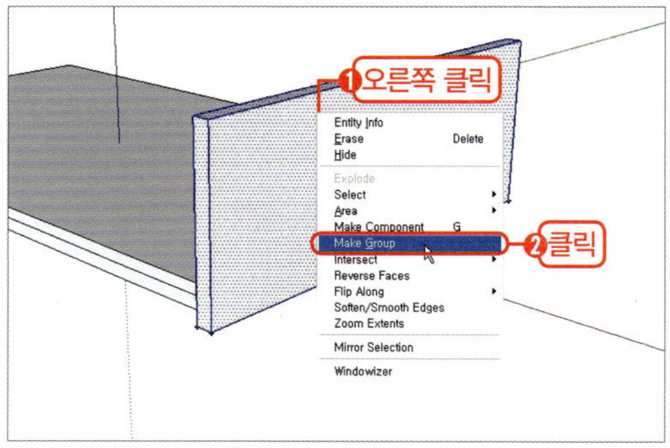

10 줄자 툴( )로 매트리스 위에 가상선 하나를 설정합니다. 그리고 등받이의 맨 위 끝점과 매트리스 하단에 있는 가상선 점까지 호 툴( )로 호를 그립니다.

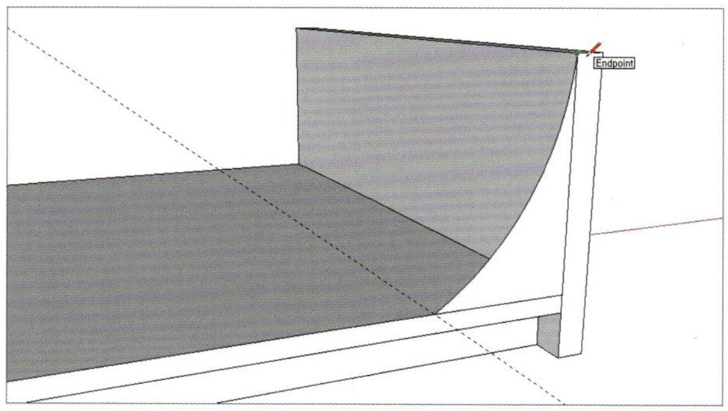

11 밀고/끌기 툴( )로 매트리스 쪽으로 적당히 늘려 두께를 줍니다. 그리고 돌출된 모든 면을 선택한 후 마우스 오른쪽 버튼을 클릭하면 나타나는 확장 메뉴 중에서 [Make Group]을 선택하여 그룹으로 만듭니다.

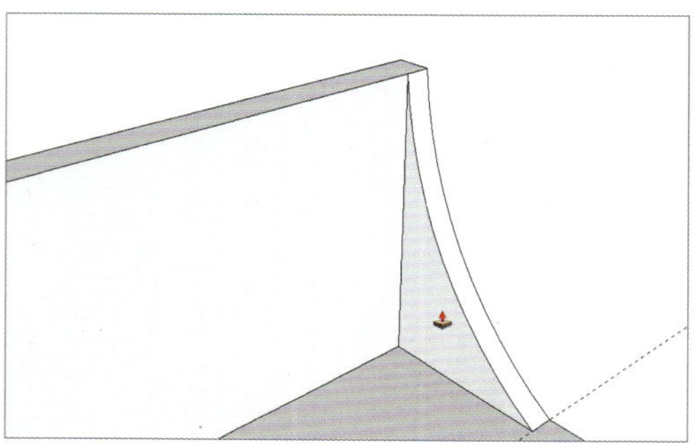

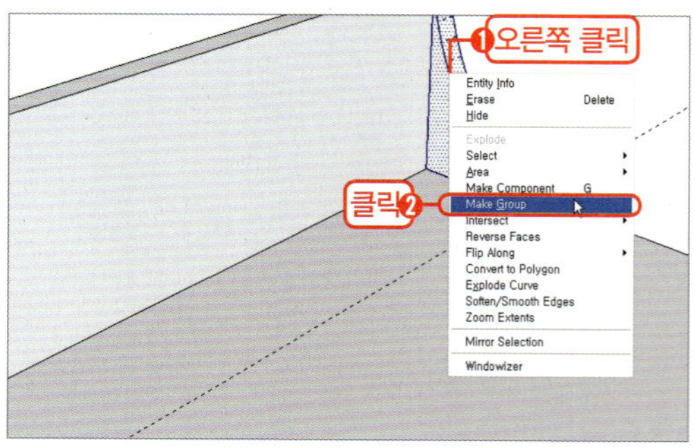

12 11에서 작업한 객체를 이동 툴( )로 Control 을 누른 채 등받이 반대쪽 끝에 있는 점까지 드래그한 후 복사합니다. 복사한 후 필요 없는 가상선을 지우개 툴( )로 삭제합니다.

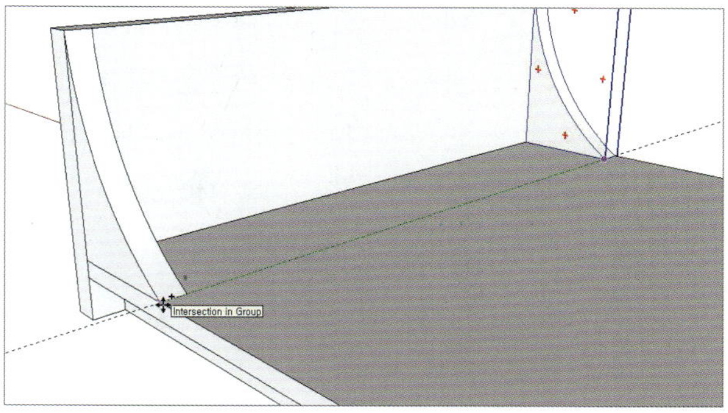

13 매트리스를 올려 놓을 객체 위에 매트리스를 만들어 보겠습니다. 줄자 툴( )로 객체의 세 군데 모서리 선 안쪽에 가상선을 설정합니다.

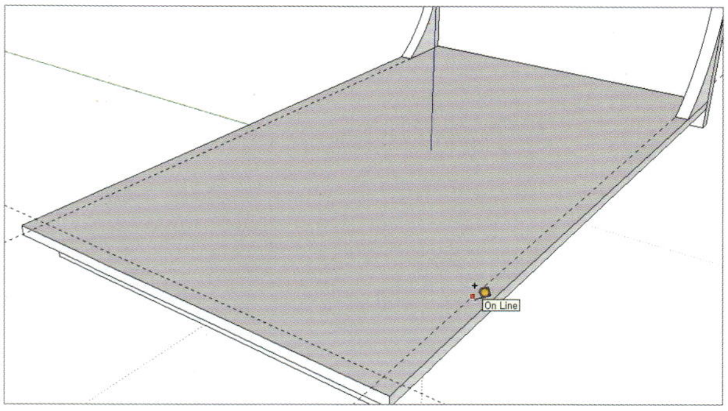

14 매트리스를 만들기 위해 사각형 툴( )로 사각형을 그립니다. 밀고/끌기 툴( )로 위로 적당히 늘려 두께를 줍니다. 그리고 매트리스의 네 군데 면을 부드럽게 하기 위해서 호 툴( )로 호를 그립니다.

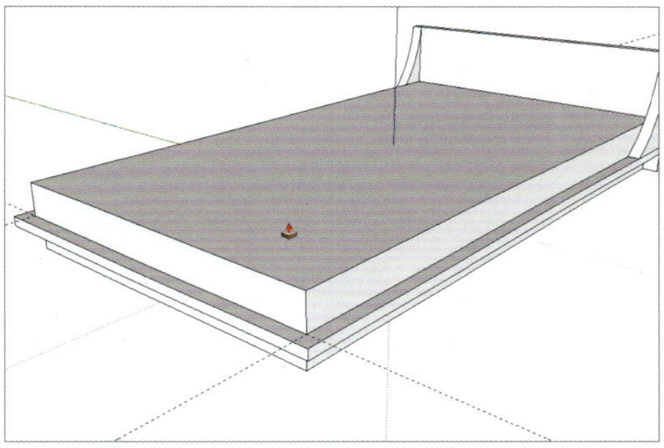

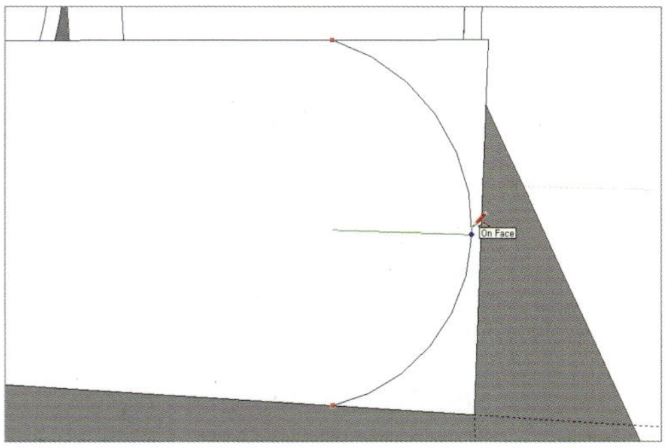

15 매트리스의 윗면을 패스로 활용하기 위해 선택 툴( )로 면을 선택합니다. 그리고 따라가기 툴( )로 14에서 작업한 단면을 클릭합니다. 매트리스 둘레로 회전하면서 가장자리가 둥근 매트리스가 만들어집니다. 마지막으로 지우개 툴( )로 필요 없는 선과 가상선을 삭제합니다.

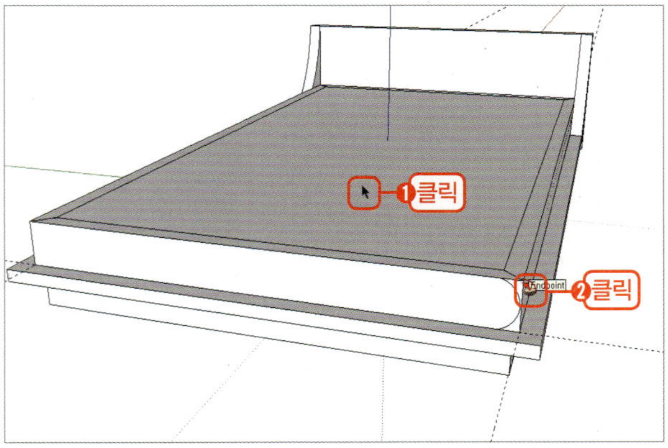

16 매트리스의 모든 면을 선택한 후 마우스 오른쪽 버튼을 클릭하면 나타나는 확장 메뉴 중에서 [Make Group]을 선택하여 그룹으로 만듭니다.

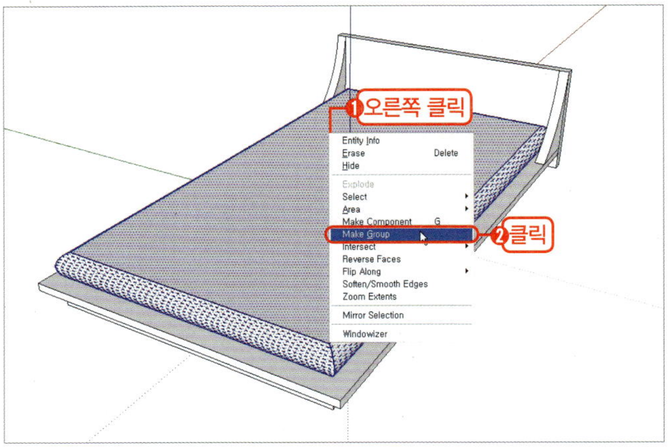

17 매트리스를 제외한 모든 객체를 선택한 후 마우스 오른쪽 버튼을 클릭하면 나타나는 확장 메뉴 중에서 [Hide]를 선택합니다.

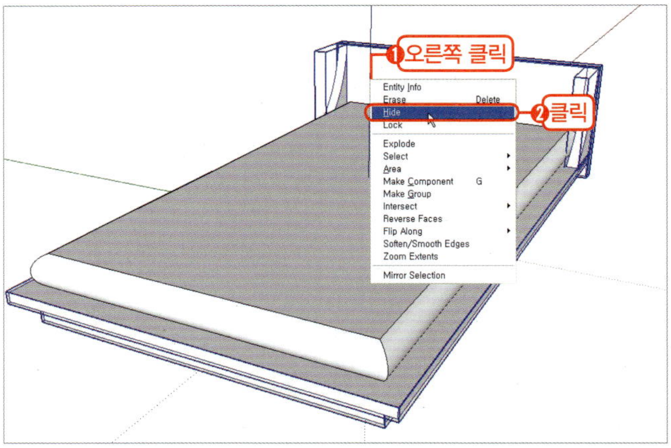

18 Top( ) 화면으로 이동한 후 매트리스 위에 이불을 만들어 보겠습니다. 줄자 툴( )로 가장자리의 세 군데 모서리 선에서 밖으로 드래그하여 가상선을 설정합니다.

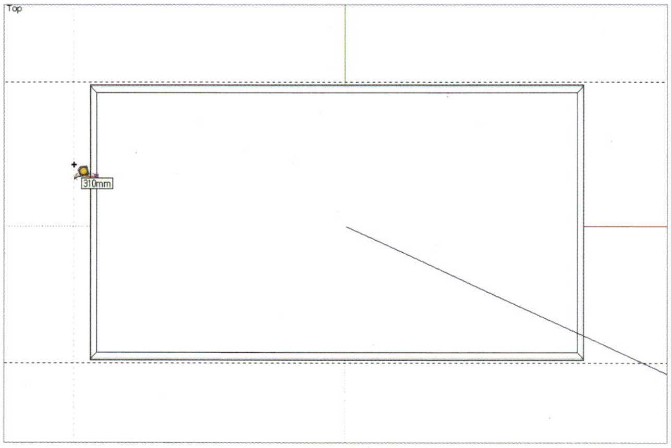

19 Iso 툴( ) 화면으로 이동합니다. 매트리스 위에 이불을 만들기 위해서 줄자 툴( )로 가상선을 매트리스 좌우와 아래에 설정합니다. 사각형 툴( )로 설정한 가상선의 교차점을 기준으로 사각형을 그립니다.

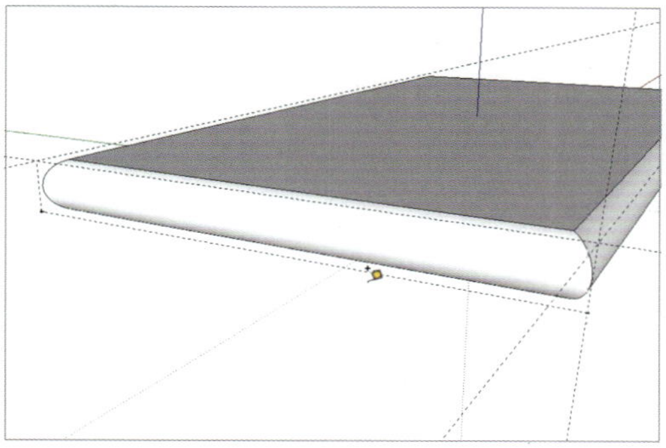

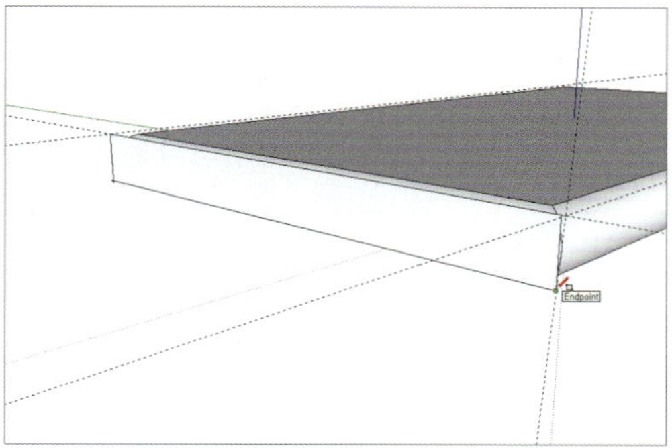

20 호 툴()로 19에서 그린 사각형의 양쪽에 호를 그립니다. 지우개 툴()로 필요 없는 선과 가상선을 삭제합니다.

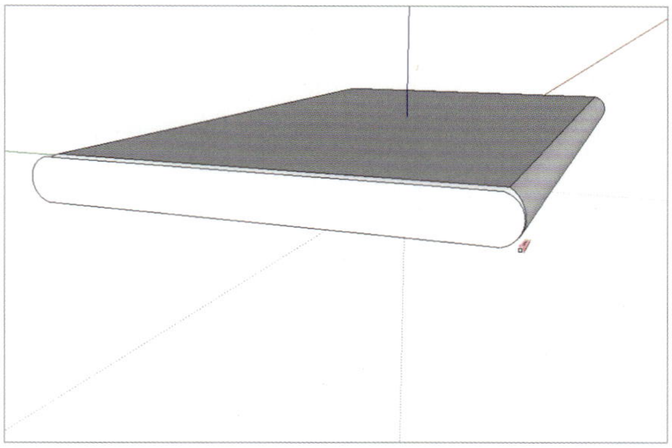

21 간격 띄우기 툴()로 20에서 작업한 면을 바깥쪽으로 적당히 빼 준 후, 안쪽 면을 선택하고 Delete를 눌러 삭제합니다. 그런 다음, 작업한 가장자리 면을 밀고/끌기 툴()로 이불을 만듭니다.

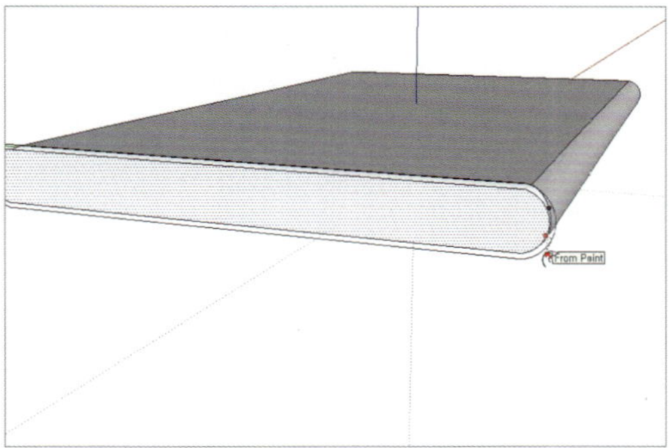

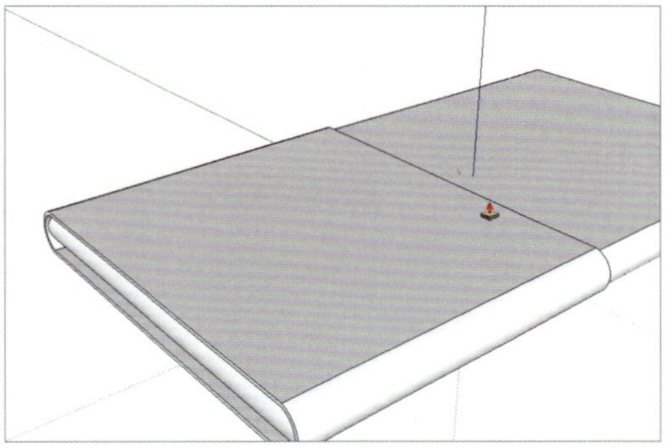

22 이불의 모든 면을 선택한 후 마우스 오른쪽 버튼을 클릭하면 나타나는 확장 메뉴 중에서 [Make Group]을 선택하여 그룹으로 만듭니다.

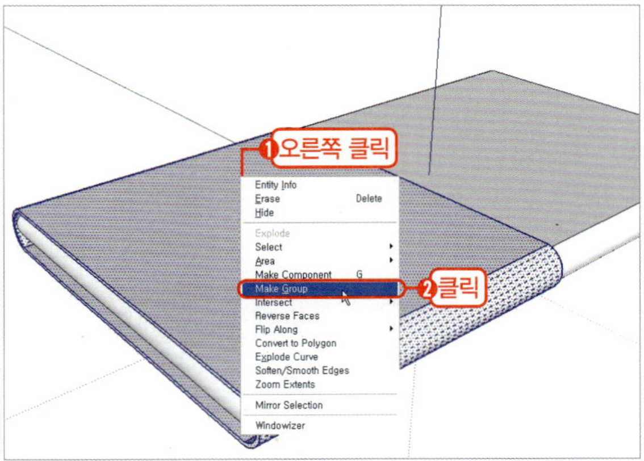

23 Top( ) 화면으로 이동합니다. 이동 툴( )로 오른쪽의 적당한 위치까지 이동합니다. 그리고 매트리스와 이불을 전체적으로 부드럽게 해 주기 위해 객체들을 선택한 후 마우스 오른쪽 버튼을 클릭하면 나타나는 확장 메뉴 중에서 [Soften/Smooth Edges]를 선택합니다.

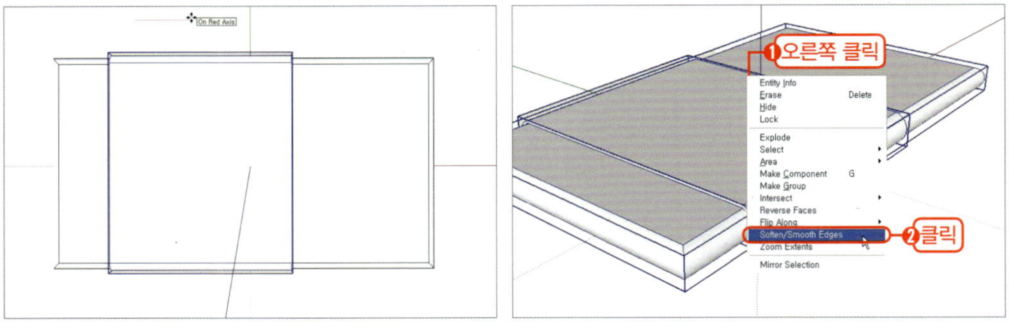

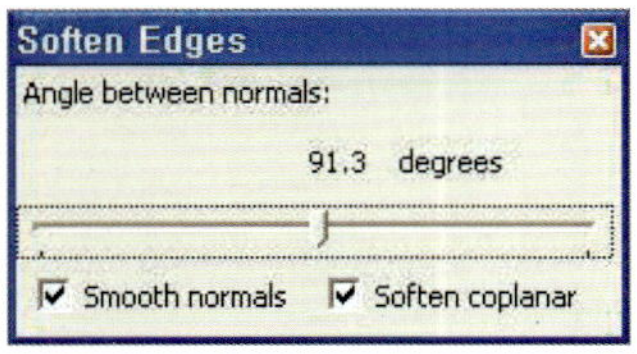

24 17에서 숨긴 객체를 다시 불러오기 위해 메뉴에서 [Edit]-[Unhide]-[All]을 선택합니다.

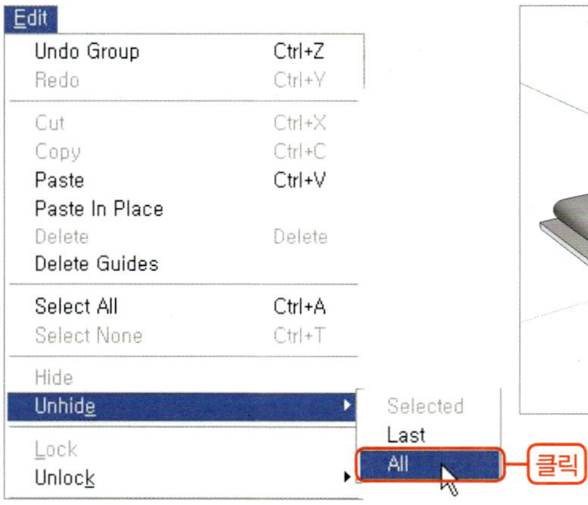

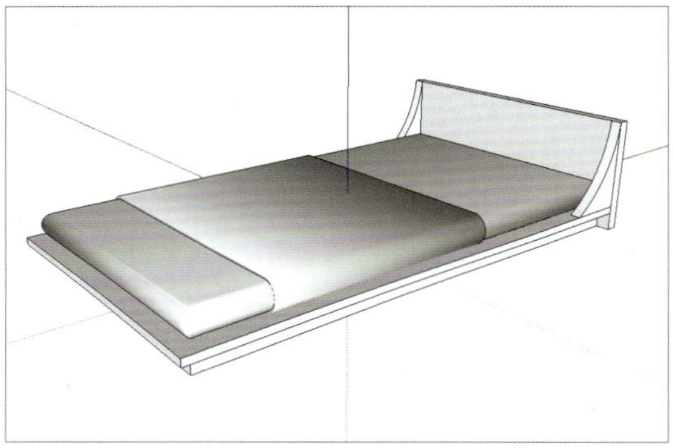

25 등받이 위에 지붕대를 만들기 위해 선 툴( )로 다음 그림처럼 선을 그립니다. 호 툴( )로 선의 각 끝점을 기준으로 호를 그립니다. 그런 다음, 지우개 툴( )로 필요 없는 선을 삭제합니다.

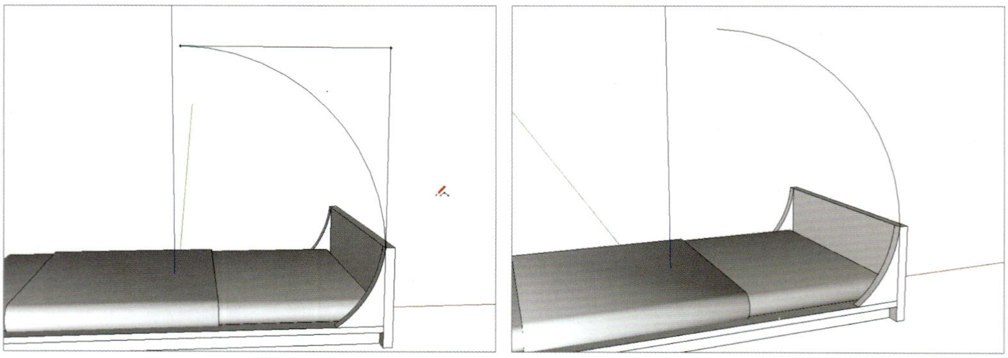

26 25에서 그린 호를 선택 툴()로 선택한 후 간격 띄우기 툴()로 그림처럼 등받이 끝점에서 중간점까지 드래그하여 간격을 띄워 줍니다.

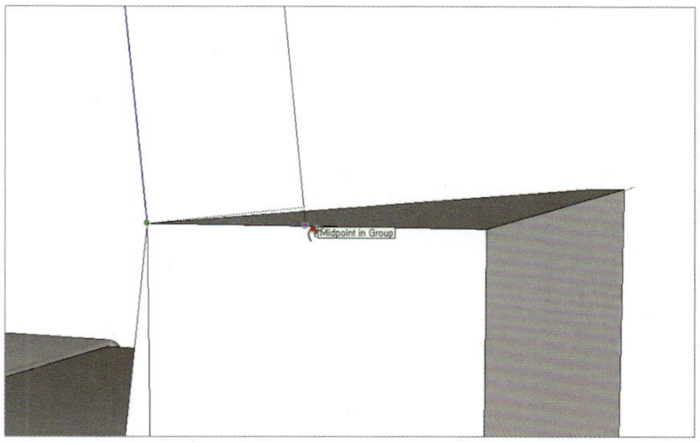

27 26의 작업 후 빈 공간이 생긴 부분에 선 툴()로 간격을 띄운 양끝을 연결하는 선을 그립니다. 그런 다음, 선 툴()로 닫힌 면을 그립니다.

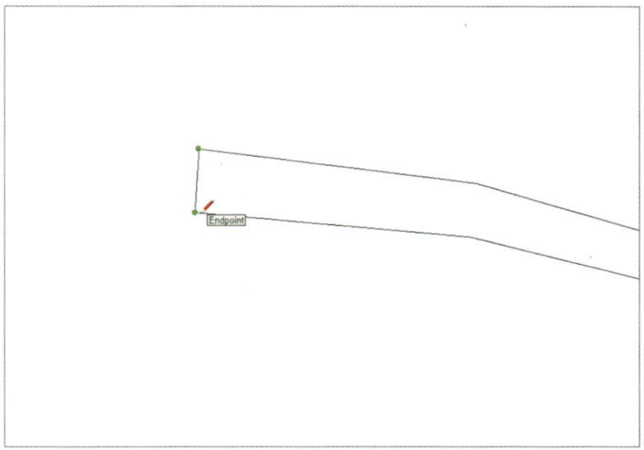

28 밀고/끌기 툴()로 커서를 선 위에 가져갑니다.

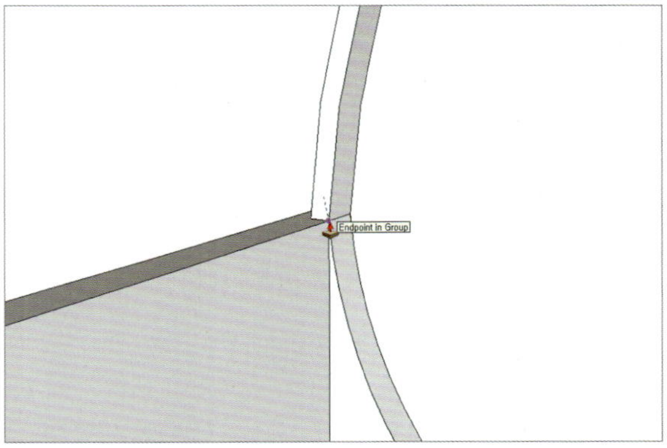

29 28에서 작업한 지붕대를 선택한 후 이동 툴()로 Control을 누른 채 등받이 끝쪽으로 드래그하여 복사합니다. 그런 다음, 화면 하단의 입력란에 '/2'를 입력하고 Enter↵를 누릅니다.

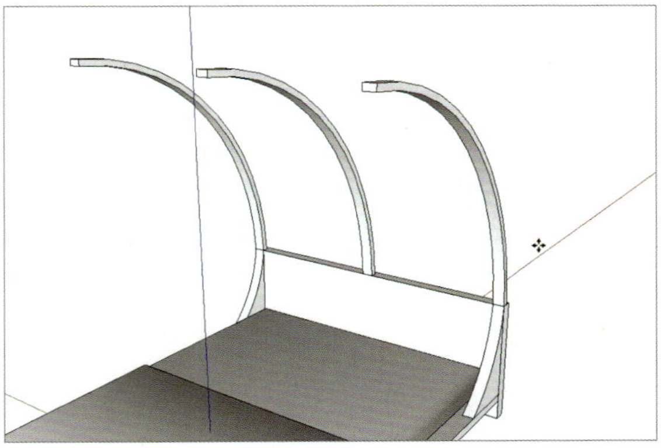

30 지붕에 투명 천을 만들기 위해 한 개의 지붕대 안쪽 면을 선택한 후 간격 띄우기 툴( )로 안쪽으로 드래그합니다.

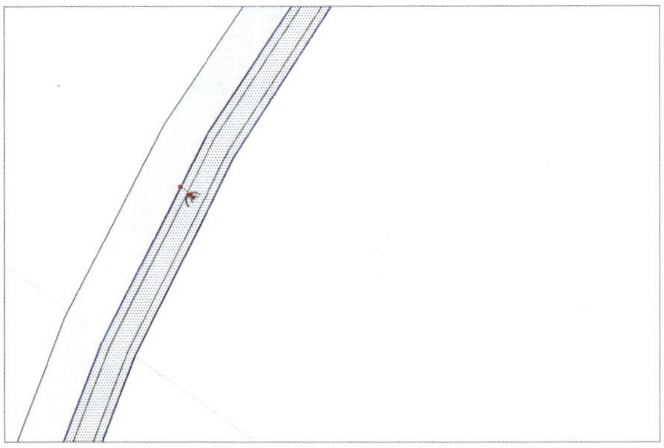

31 29에서 작업한 안쪽 면을 밀고/끌기 툴( )로 커서를 중간 지붕대까지 드래그하여 선 위로 가져갑니다.

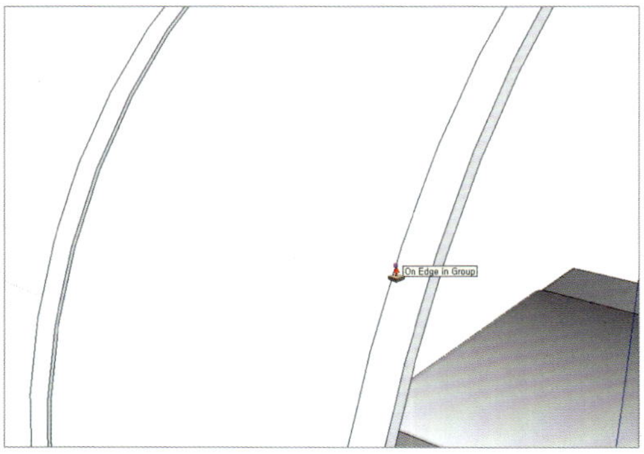

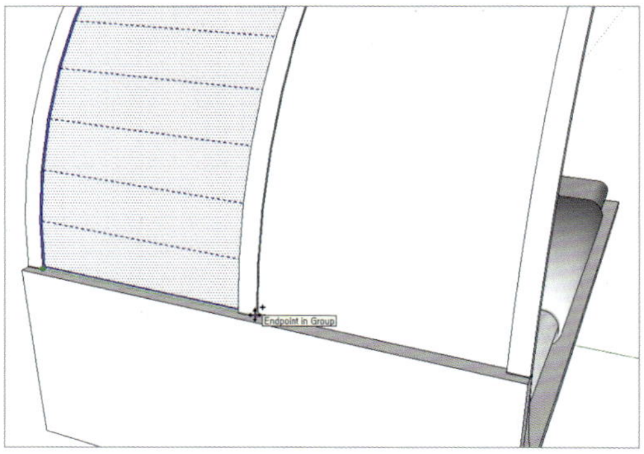

32 다른 칸에도 30과 31에서 작업한 대로 반복하여 작업합니다. 그리고 지붕대와 투명 천을 모두 선택한 후 마우스 오른쪽 버튼을 클릭하면 나타나는 확장 메뉴 중에서 [Make Group]을 선택하여 그룹으로 만듭니다.

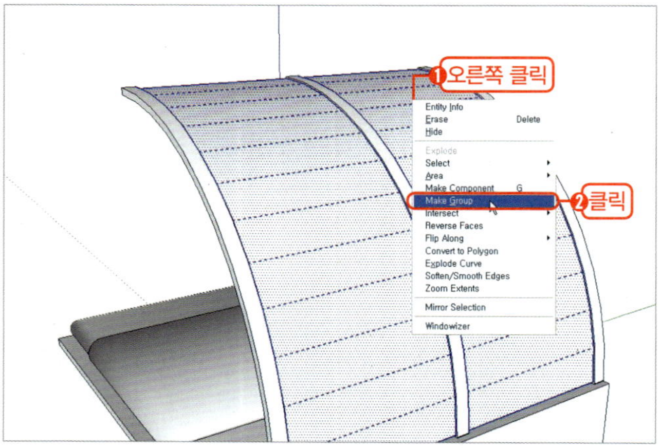

33 베개로 사용할 객체를 삽입하기 위해 메뉴에서 [File]-[Import]를 선택한 후 파일 형식을 스케치업 파일(*.skp)로 선택합니다. [부록 CD\Sample\Part01\완성\쿠션.skp] 파일을 불러와 삽입합니다. 삽입된 '쿠션.skp' 파일은 이동 툴( ), 회전 툴( ), 스케일 툴( )로 배치합니다.

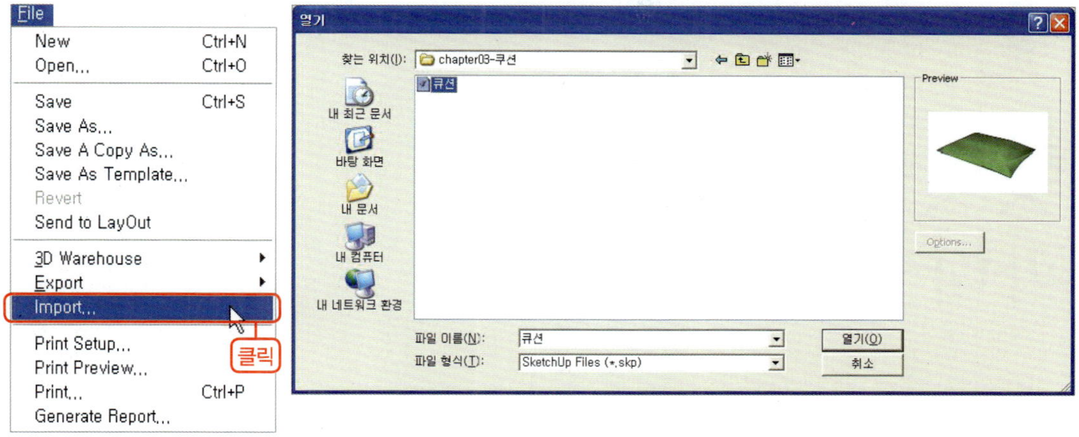

Tip

Export와 Import 알아보기

▶ **내보내기(Export)**

스케치업 8의 기본적인 포맷이 아닌 다른 형식의 파일로 저장합니다.

- 3D Model : 3D 모델인 경우에는 파일 형식(*.dwg, *.3ds, *.atl, *.dxf) 등의 포맷으로 저장합니다.
- 2D Graphic : 2D 이미지로 저장할 경우에는 파일 형식(*.jpg, *.bmp, *.exp) 등의 비트맵 이미지로 저장합니다.
- Section Slice : 단면을 *.dwg 파일로 저장합니다.
- Animation : 작업 중인 파일을 동영상 파일(*.avi)로 저장합니다.

▶ **가져오기(Import)**

스케치업의 기본 포맷이 아닌 다른 형식의 데이터를 불러올 수 있습니다.

- 3D Model : 3D 모델을 불러옵니다.
- 2D Graphic : 불러오는 이미지를 맵핑 소스로 인식하고, 선택하지 않을 경우 단순히 이미지만 삽입합니다.

34 침대가 완성된 것을 확인할 수 있습니다.

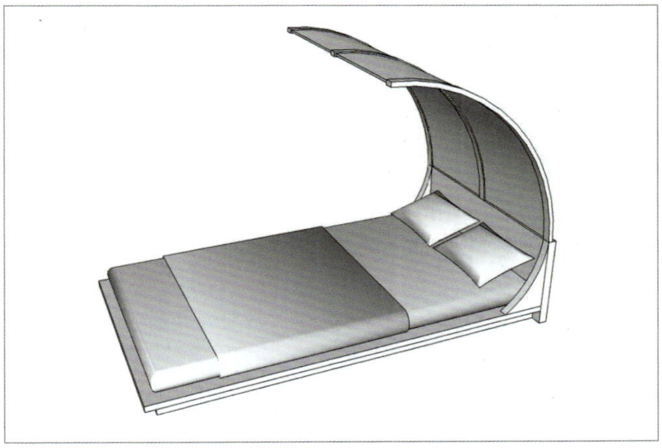

11; 햇빛을 가려 주는 파라솔 만들기

이번 장에서는 여름철 바닷가 또는 여러 생활 공간에서 햇빛을 가려 주는 파라솔을 만들어 보겠습니다. 여기서는 자동 접기 방식을 이용하여 파라솔 갓을 만들고 Rotate 편집 명령을 이용하여 파라솔 다리를 만들어 보겠습니다.

● 완성 파일 I 부록 CD\Sample\Part 01\완성\파라솔.skp

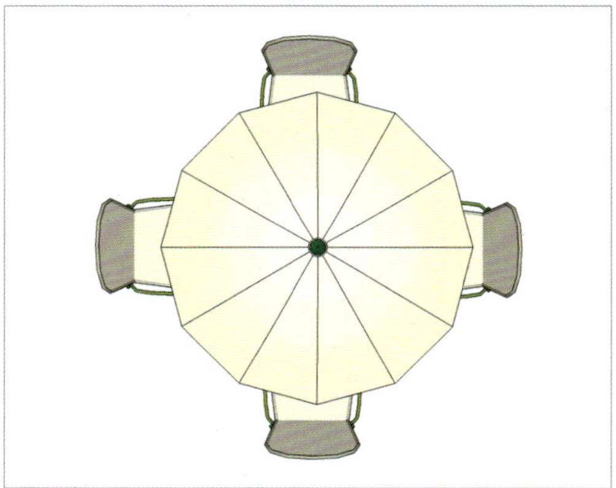

01 Top() 화면으로 이동합니다. 파라솔 갓을 만들기 위해 다각형 툴()로 다각형을 그립니다. 다각형 테두리 선을 선택한 후 마우스 오른쪽 버튼을 클릭하면 나타나는 확장 메뉴 중에서 [Entity Info]를 선택합니다.

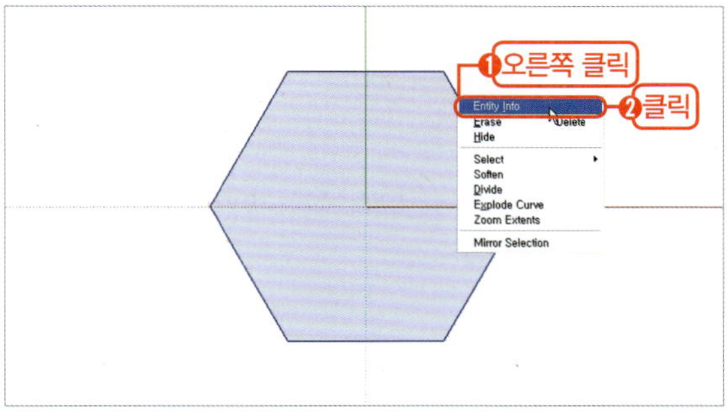

02 [Entity Info] 창에서 Segments 값에 '12'를 입력한 후 Enter↵를 누릅니다. 다각형의 사이드 값이 변경된 것을 확인할 수 있습니다.

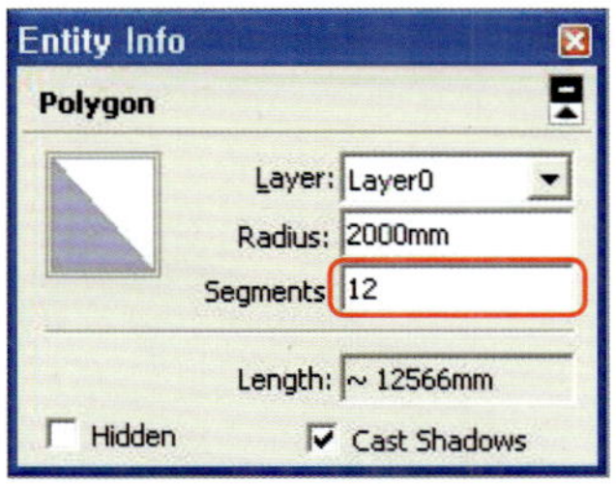

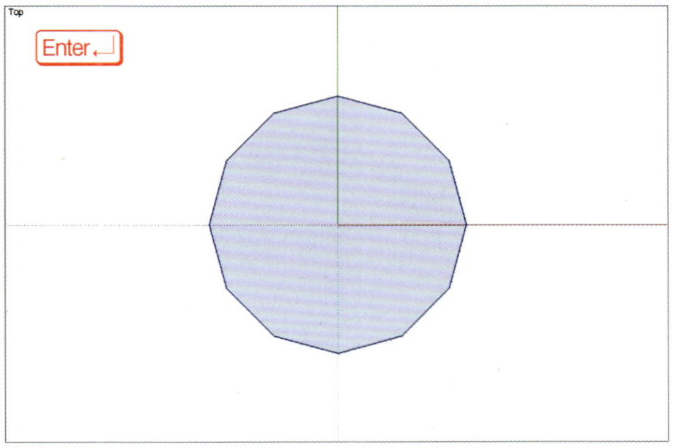

03 Iso 툴()을 클릭하여 Iso 화면으로 이동합니다. 간격 띄우기 툴()로 안쪽에 적당한 간격을 두어 드래그합니다.

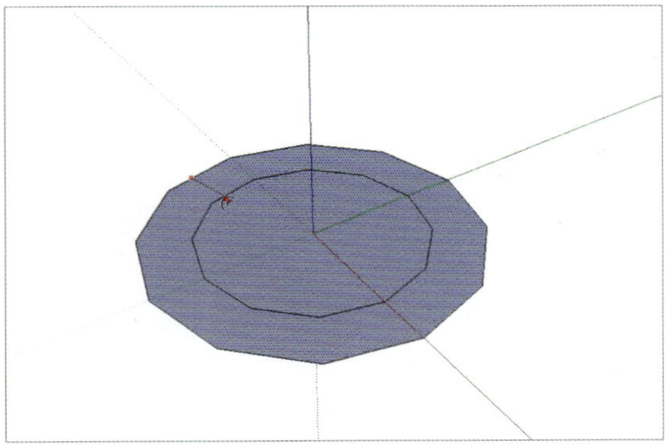

04 자동 접기를 하기 위해 이동 툴()을 선택한 후 Alt를 누른 채 중앙 면을 클릭하여 수직으로 당깁니다. 그리고 중앙의 면은 밀고/끌기 툴()로 두께를 늘려 줍니다.

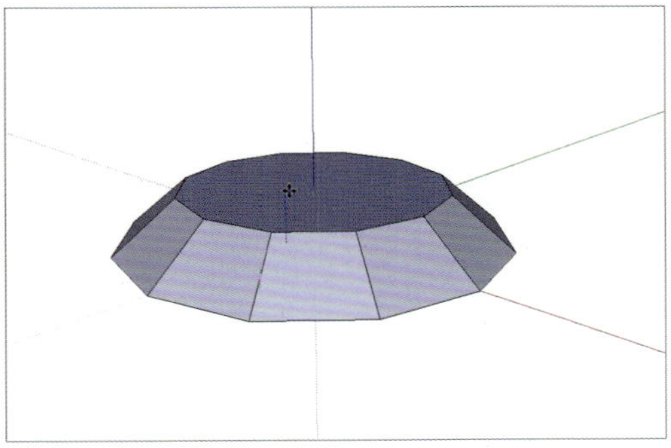

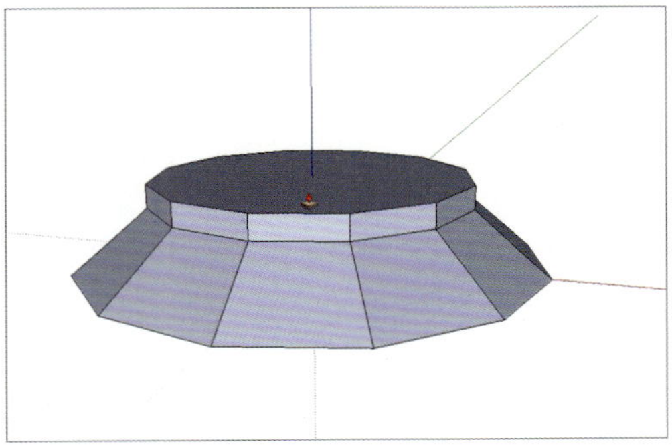

05 04에서 작업한 파라솔 갓의 위쪽 면을 선택 툴( )로 선택한 후 스케일 툴( )로 Control 을 누른 채 대각선 방향에서 클릭하고 안쪽으로 드래그합니다.

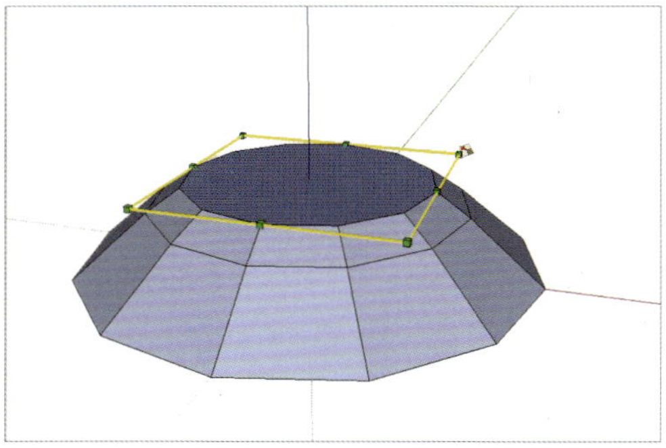

06 04와 05처럼 밀고/끌기 툴( )로 위쪽으로 늘려 준 후 스케일 툴( )로 Control 을 누른 채 대각선 방향에서 클릭하고 안쪽으로 드래그합니다.

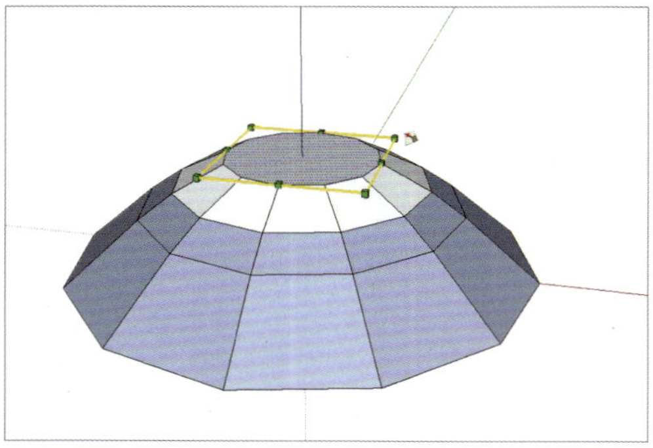

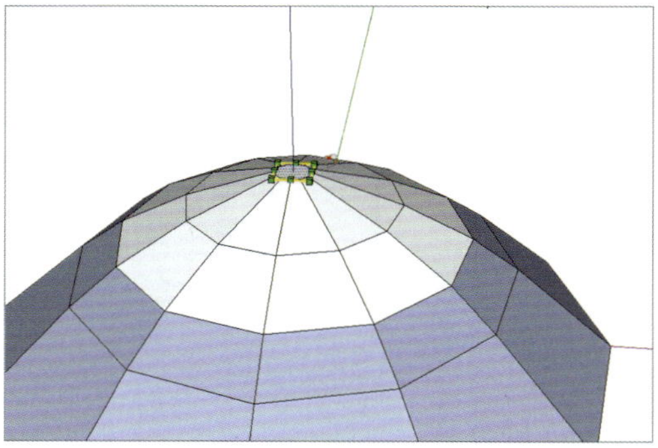

07 파라솔 갓의 밑을 보기 위해 Orbit 툴( )로 그림처럼 밑부분을 바라보는 시점으로 이동합니다. 그리고 가운데 면을 선택한 후 마우스 오른쪽 버튼을 클릭하면 나타나는 확장 메뉴 중에서 [Erase]를 선택하여 면을 삭제합니다.

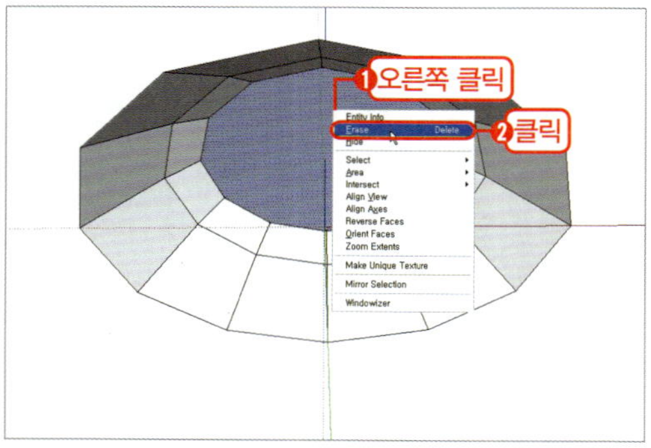

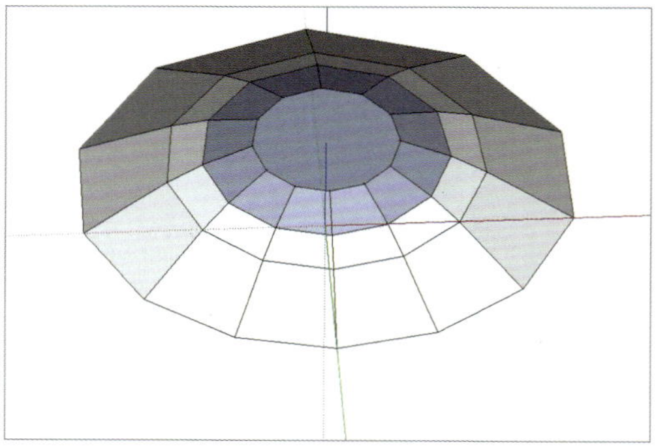

Tip

만약에 그림처럼 막힌 면이 생성되지 않는 경우에는 당황하지 말고 파라솔 갓 작업을 계속하세요.

08 가로선을 부드럽게 정리하기 위해 지우개 툴( )로 Control 을 누른 채 삭제합니다. 그런 다음, 파라솔 갓의 모든 면을 선택하고 마우스 오른쪽 버튼을 클릭하면 나타나는 확장 메뉴 중에서 [Make Group]을 선택하여 그룹으로 만듭니다.

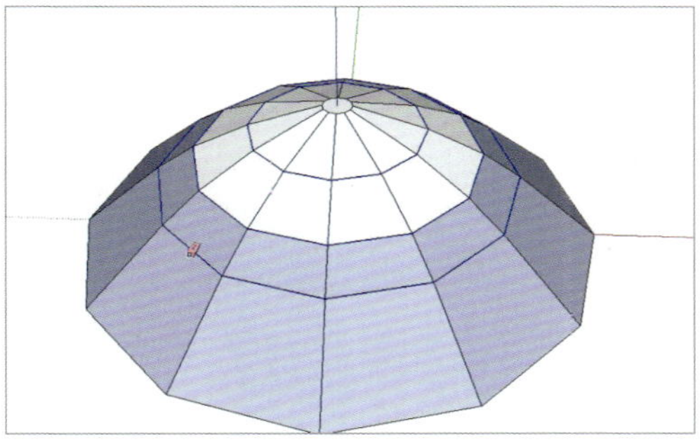

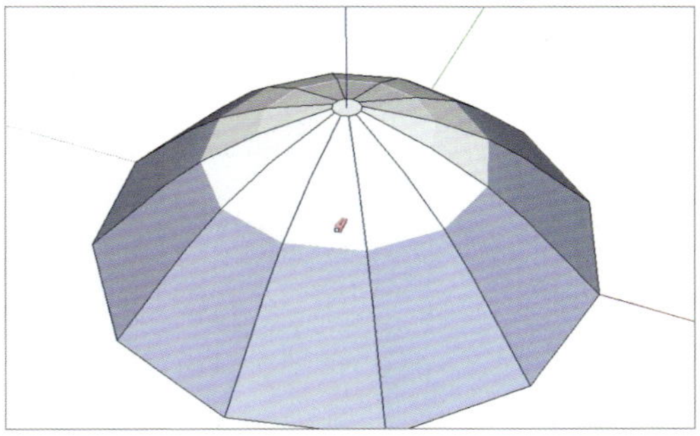

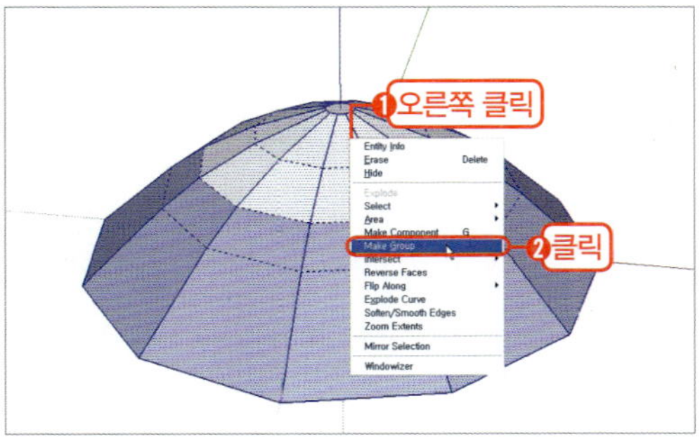

09 선 툴( )로 파라솔 갓의 한 면에 직사각형을 연장하여 그립니다. 그런 다음, 아래의 선을 선택 툴( )로 선택하고 마우스 오른쪽 버튼을 클릭하면 나타나는 확장 메뉴 중에서 [Divide]를 선택한 후 20개의 Segments로 선을 분할합니다.

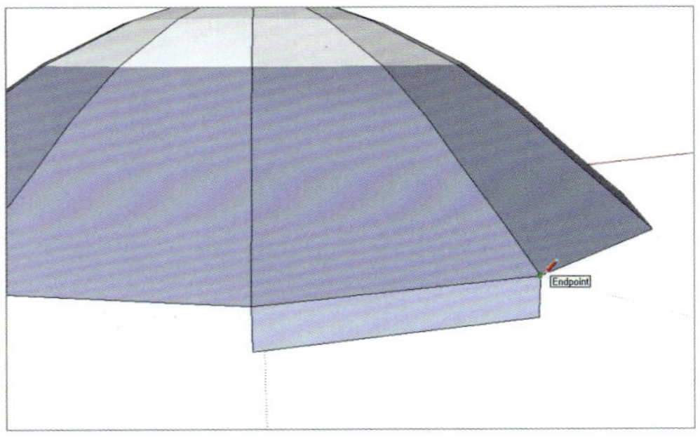

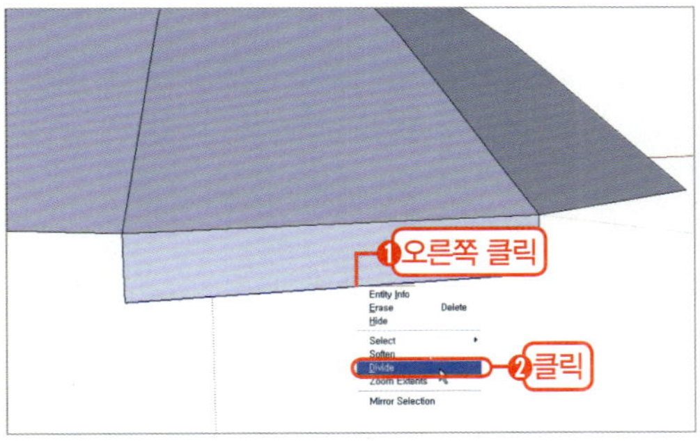

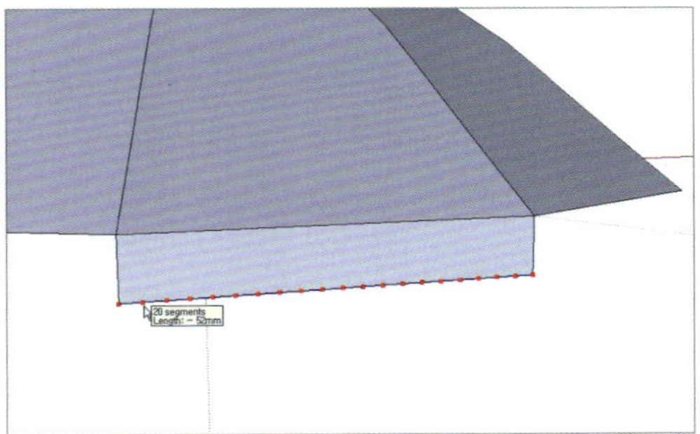

10 선 툴( )로 09에서 작업한 Divide의 경계점을 기준으로 양쪽 끝에 대각선을 그립니다. 그리고 지우개 툴( )로 필요 없는 선을 삭제합니다.

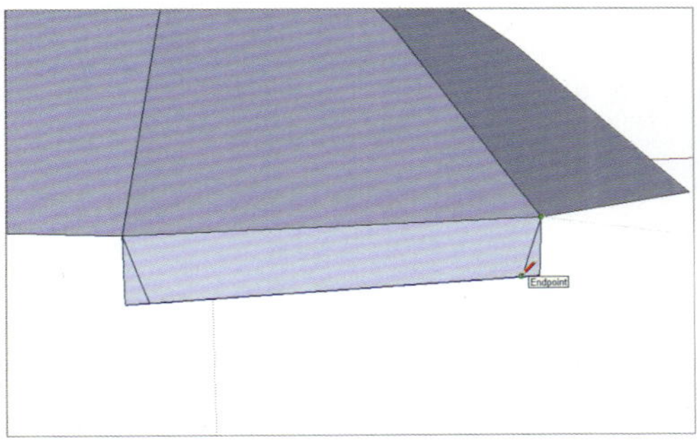

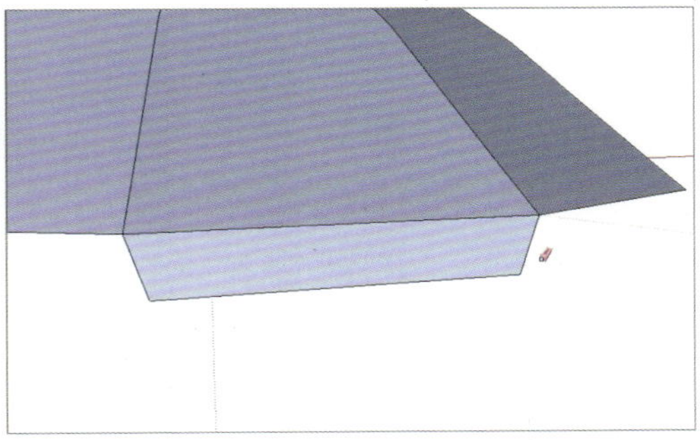

11 Top([아이콘]) 화면으로 이동합니다. 10에서 그린 객체를 선택합니다. 회전 중심 부분을 그리기 위해 파라솔 갓의 작은 원에 선 툴([아이콘])로 중심선을 그립니다.

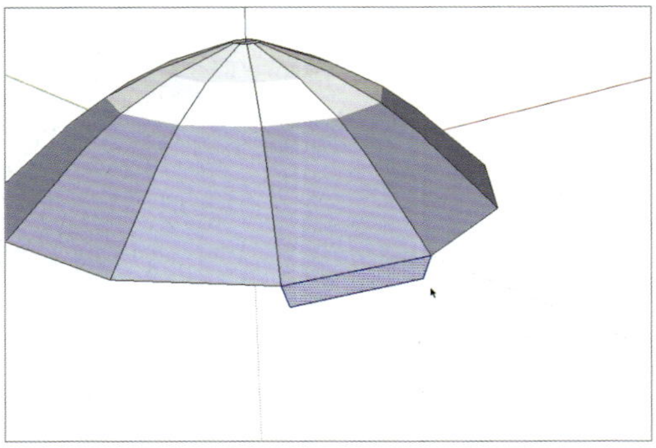

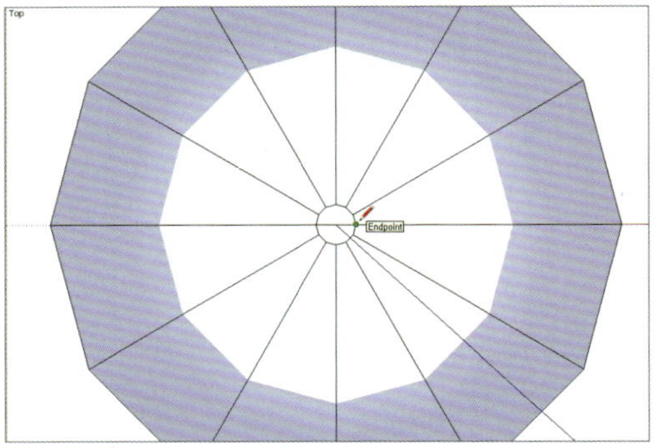

12 Top([아이콘]) 화면으로 이동합니다. 회전 툴([아이콘])로 Control을 누른 채 중심점인 [p1] 포인트와 [p2] 포인트를 클릭, 드래그한 후 [p3] 포인트를 클릭합니다. 그런 다음, 화면 하단의 입력란에 '*11'을 입력하고 Enter↵를 누릅니다.

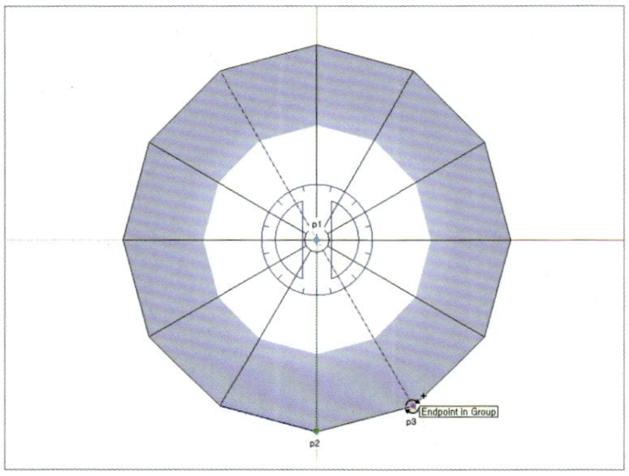

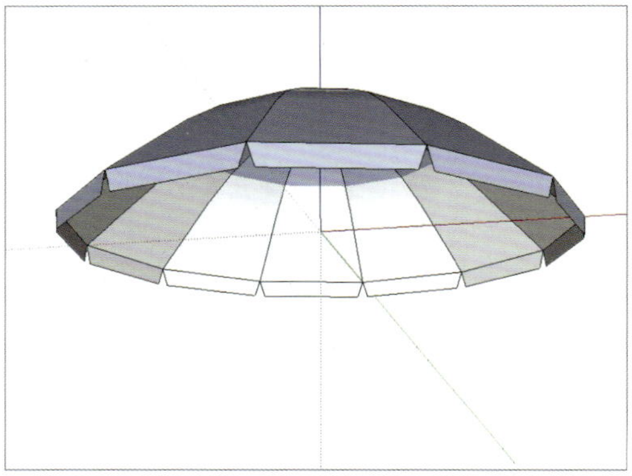

Tip

11에서 선택한 객체가 회전 복사하는 동안 해제되지 않도록 조심하세요.

13 원 툴([아이콘])로 파라솔 갓의 맨 위에 작은 원을 그립니다. 밀고/끌기 툴([아이콘])로 위쪽으로 늘려 준 후 선택 툴([아이콘])로 윗면을 선택합니다. 그런 다음, 그림처럼 스케일 툴([아이콘])로 Control을 누른 채 대각선 방향에서 클릭하여 안쪽으로 드래그합니다.

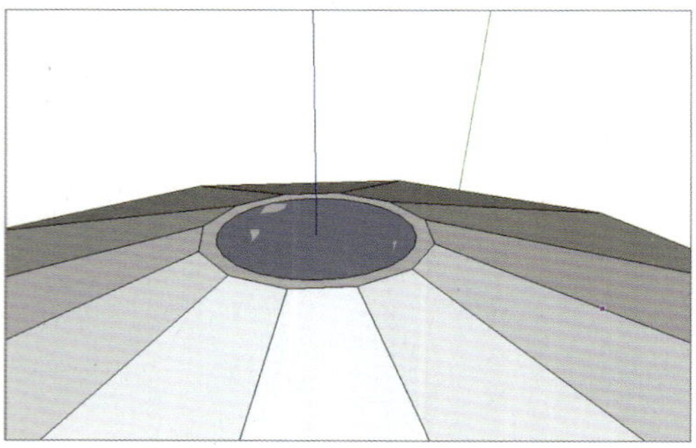

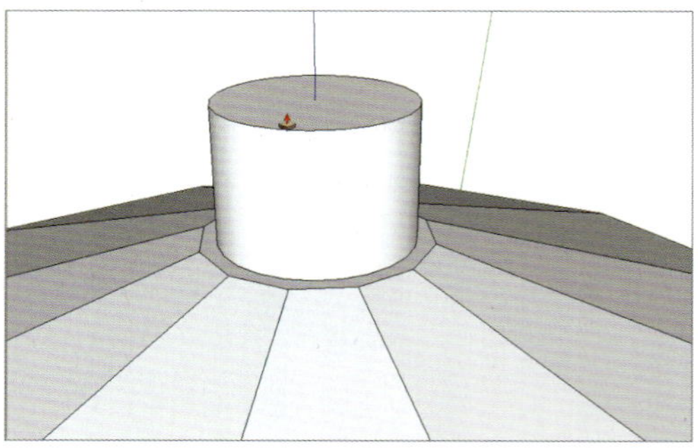

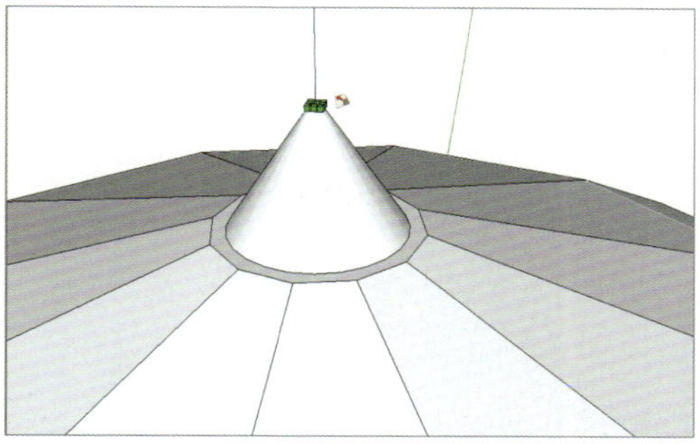

14 Orbit 툴()로 시점을 파라솔 갓 밑으로 옮겨 파라솔 기둥을 만들어 보겠습니다. 원 툴()로 파라솔 갓 속의 맨 위에 작은 원을 그립니다. 그리고 밀고/끌기 툴()로 길게 아래로 내려 줍니다.

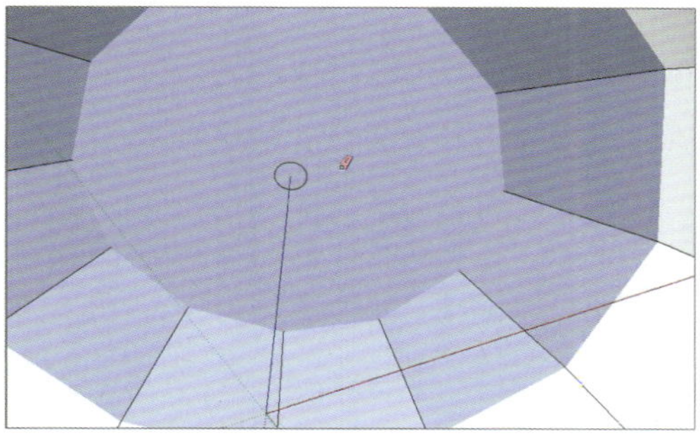

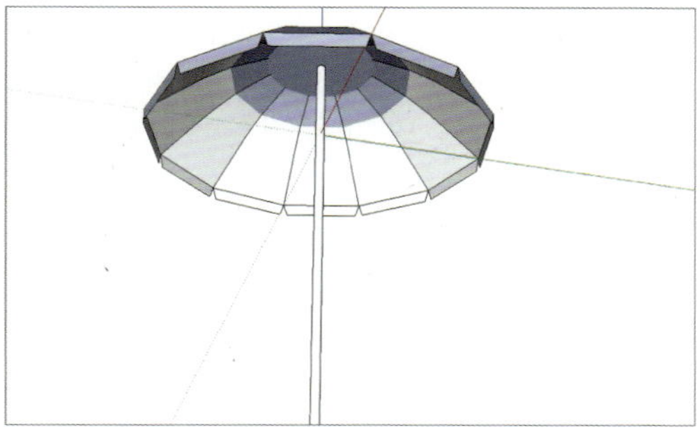

15 밀고/끌기 툴()로 Control을 누른 채 파라솔 기둥의 하단 면을 아래로 조금 내려서 복사합니다. 그런 다음, 맨 밑면을 선택하고 스케일 툴()로 Control을 누른 채 대각선 방향에서 클릭한 후 안쪽으로 드래그합니다.

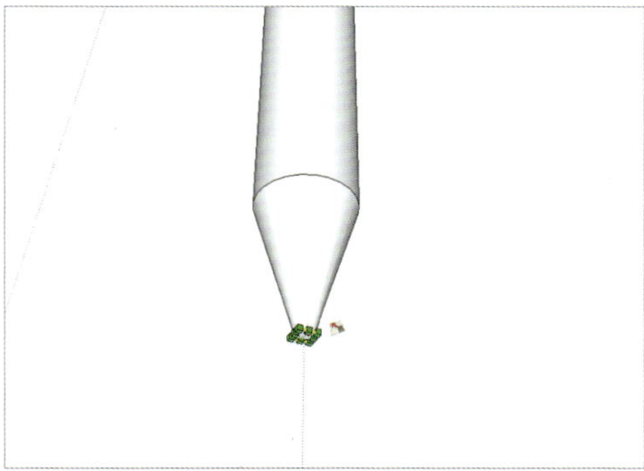

16 지우개 툴()로 Control을 누른 채 경계선 부분을 부드럽게 삭제하면서 정리합니다. 파라솔 기둥의 모든 면을 선택한 후 마우스 오른쪽 버튼을 클릭하면 나타나는 확장 메뉴 중에서 [Make Group]을 선택하여 그룹으로 만듭니다.

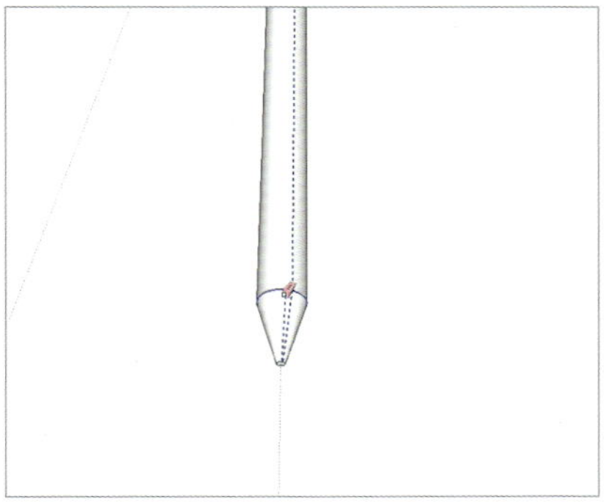

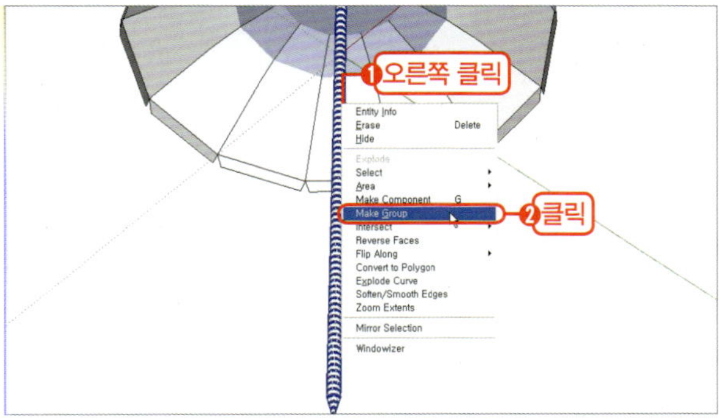

17 파라솔 갓을 선택한 후 마우스 오른쪽 버튼을 클릭하면 나타나는 확장 메뉴 중에서 [Hide]를 선택합니다.

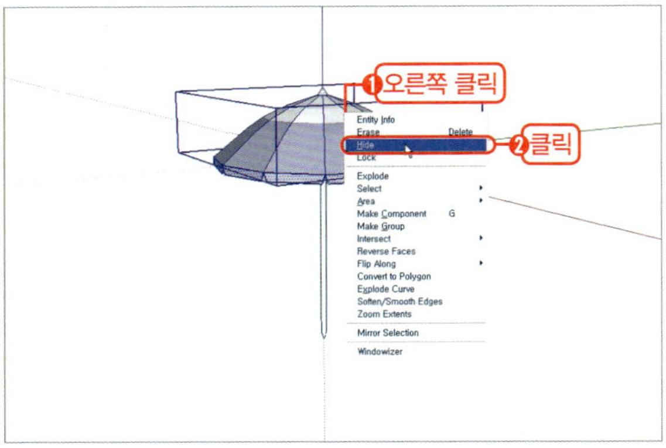

18 선 툴( )로 파라솔 탁자를 만들기 위해 파라솔 기둥 상단의 작은 원에 선을 그립니다. 그런 다음, 방금 그린 선의 중간점을 클릭하고 원 툴( )로 큰 원을 그립니다.

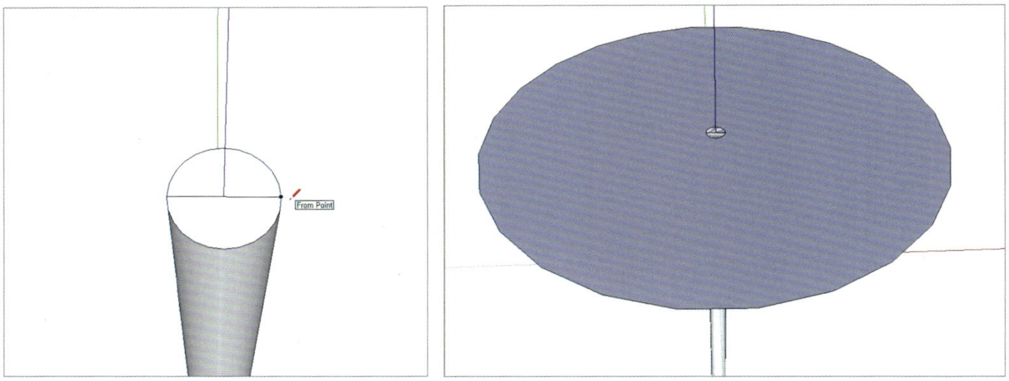

19 큰 원의 테두리 선을 선택한 후 마우스 오른쪽 버튼을 클릭하면 나타나는 확장 메뉴 중에서 [Entity Info]를 선택합니다. [Entity Info] 창에서 Segments 값에 '40'을 입력한 후 Enter↵를 누릅니다. 원의 테두리가 깨끗하게 변경된 것을 확인할 수 있습니다.

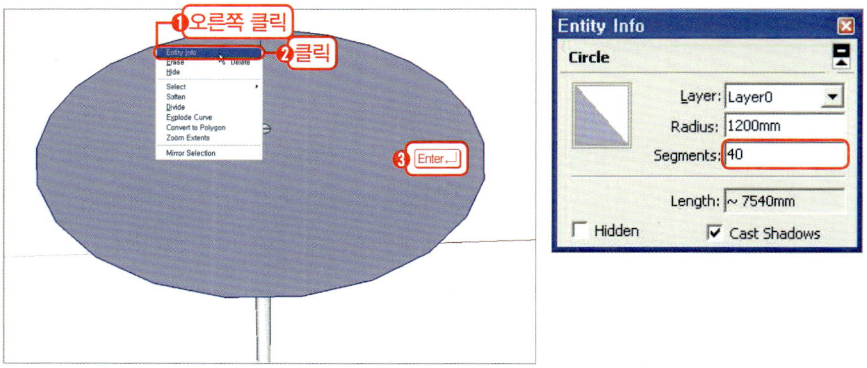

20 간격 띄우기 툴( )로 안쪽으로 깊게 드래그하여 파라솔 기둥이 들어가는 공간을 만듭니다. 그런 다음, 안쪽의 작은 면을 선택하고 Delete를 눌러 필요 없는 선을 삭제합니다.

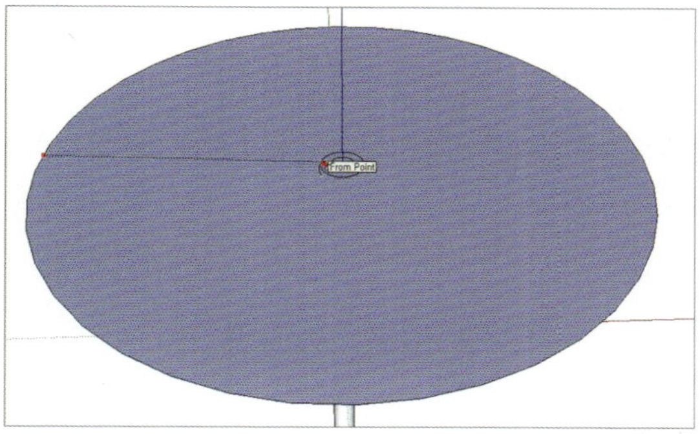

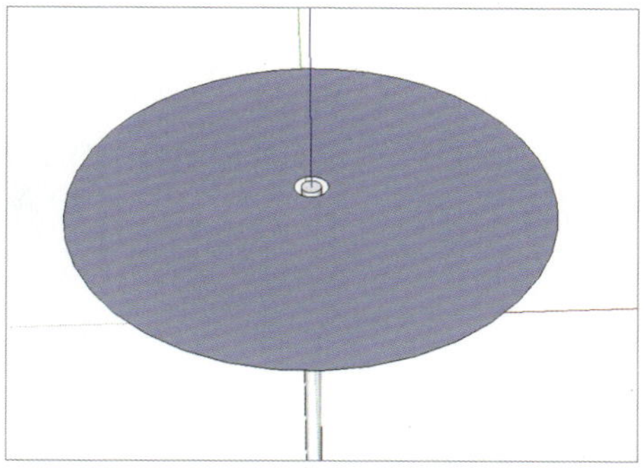

21 밀고/끌기 툴()로 아래로 적당히 내려서 두께를 늘려 줍니다. 작업한 파라솔 탁자의 모든 면을 선택한 후 마우스 오른쪽 버튼을 클릭하면 나타나는 확장 메뉴 중에서 [Make Group]을 선택하여 그룹으로 만듭니다.

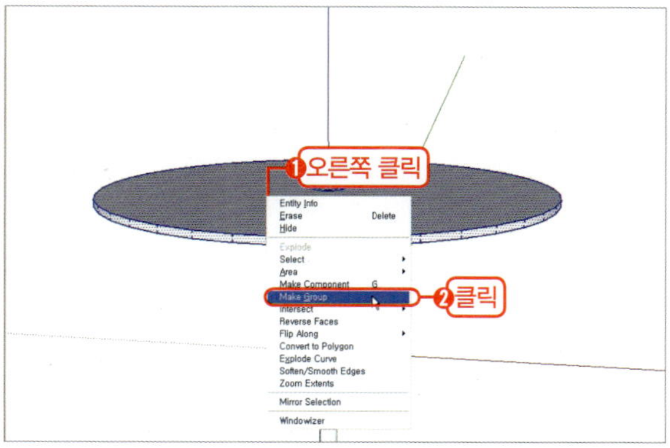

22 17에서 숨긴 객체를 다시 불러오기 위해 메뉴에서 [Edit]–[Unhide]–[All]을 선택합니다.

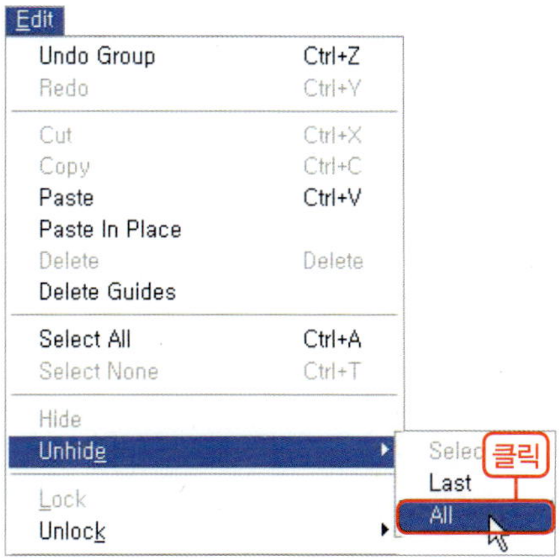

23 Front() 화면으로 이동합니다. 21에서 작업한 파라솔 탁자를 선택한 후 이동 툴()로 적당한 위치까지 아래로 이동시킵니다.

24 파라솔 다리를 만들기 위해 Front() 화면으로 이동합니다. 선 툴()로 다음 그림처럼 선을 그립니다. 각 모서리 부분을 모깎기하기 위해 줄자 툴()로 가상선을 설정합니다. 호 툴()로 각 모서리 부분에 호를 그립니다. 그리고 지우개 툴()로 필요 없는 선과 가상선을 삭제합니다.

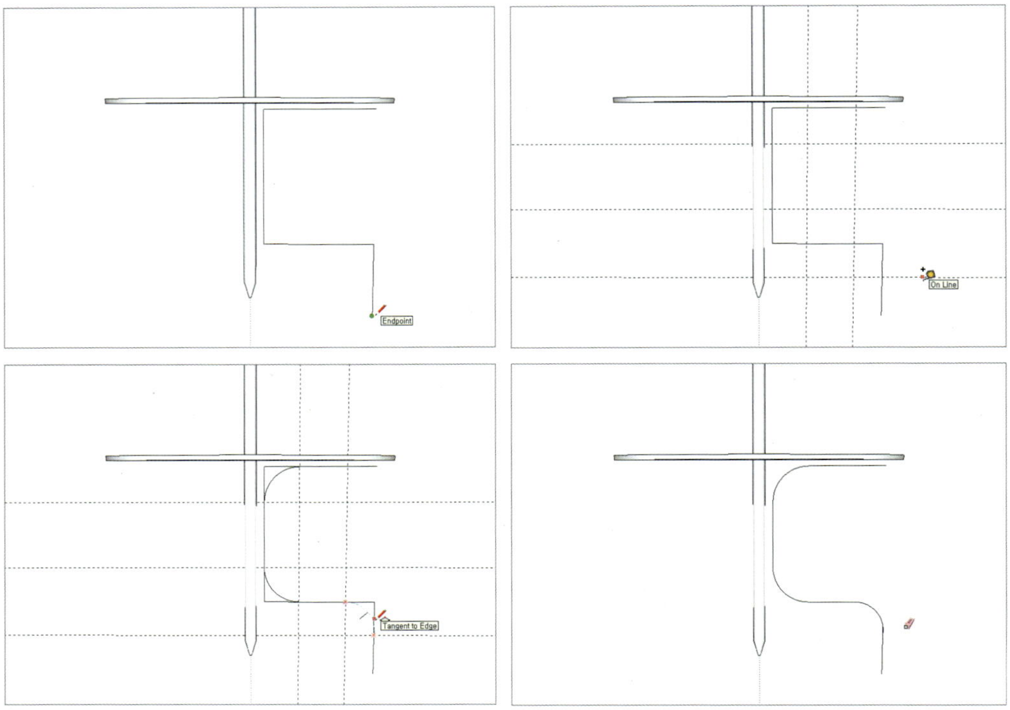

25 Iso 툴()을 클릭하여 Iso 화면으로 이동합니다. 원 툴()로 바닥에 작은 원을 그립니다.

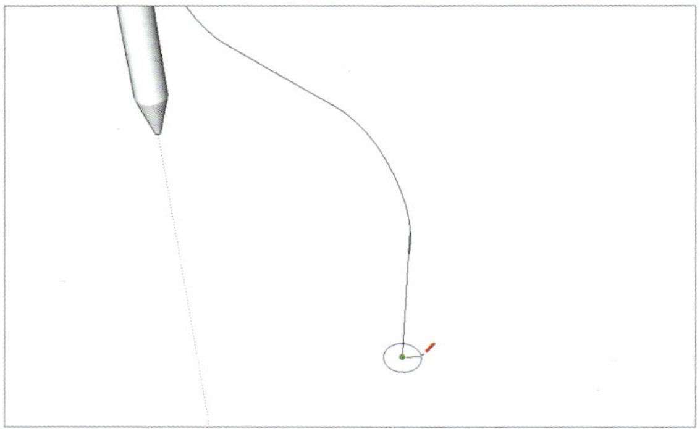

26 따라가기 툴()로 25에서 그린 원을 클릭합니다. 그리고 24에서 작업한 패스 경로에 마우스를 올려 놓고 빨간선을 따라 작업하여 파라솔 다리를 완성합니다.

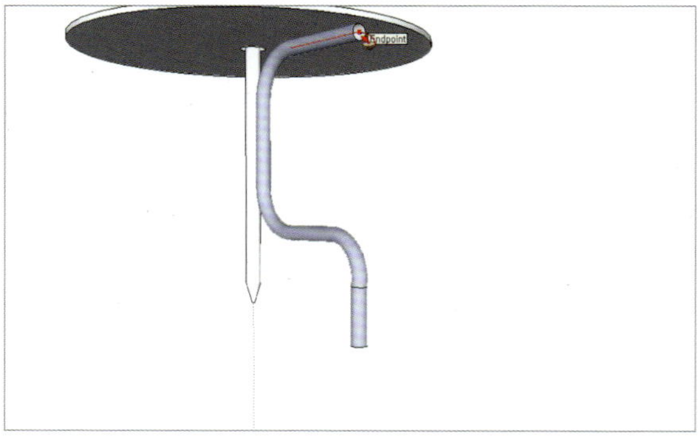

27 파라솔 다리의 모든 면을 선택한 후 마우스 오른쪽 버튼을 클릭하면 나타나는 확장 메뉴 중에서 [Make Group]을 선택하여 그룹으로 만듭니다.

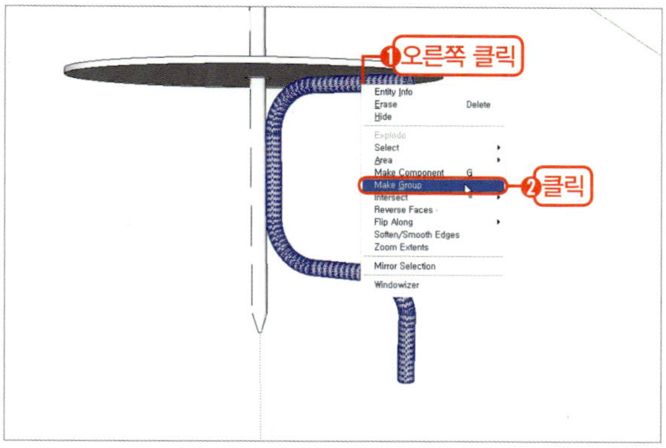

Tip

경로(Path)대로 드래그할 때 중간에 클릭하고 다시 시작하면 다른 결과물이 완성됩니다. 따라서 반드시 처음부터 끝까지 한 번에 드래그하여 원하는 모델을 완성해야 합니다.

28 파라솔 갓과 기둥을 선택한 후 마우스 오른쪽 버튼을 클릭하면 나타나는 확장 메뉴 중에서 [Hide]를 선택합니다.

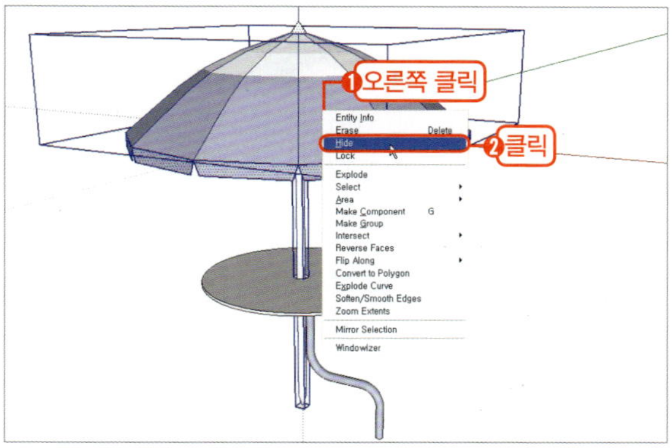

29 파라솔 다리를 선택한 후 Top( ) 화면으로 이동합니다. 선택한 객체를 회전시키기 위해 선 툴( )로 중심 부분에 선을 그립니다.

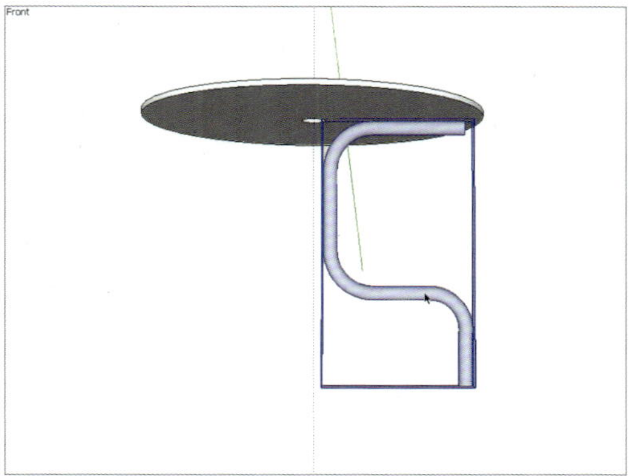

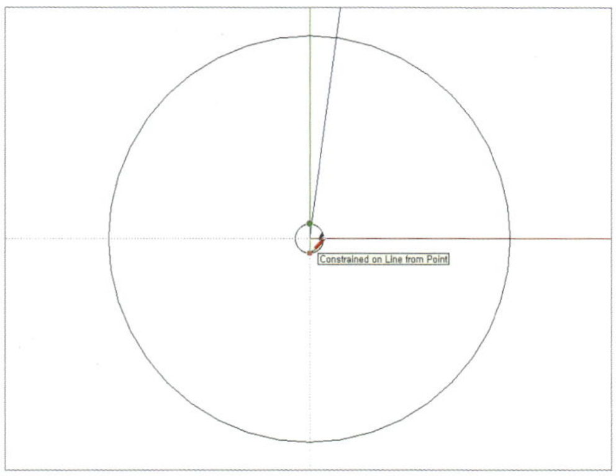

30 Top(아이콘) 화면에서 회전 툴(아이콘)로 Control을 누른 채 중심점인 [p1] 포인트를 클릭한 후 [p2] 포인트를 클릭, 드래그합니다. 화면 하단 입력란에 '90'을 입력하고 Enter↵를 누르면 90도로 회전하면서 복사됩니다. 그런 다음, 화면 하단 입력란에 '*3'을 입력하고 Enter↵를 눌러 다리를 3개 복사합니다.

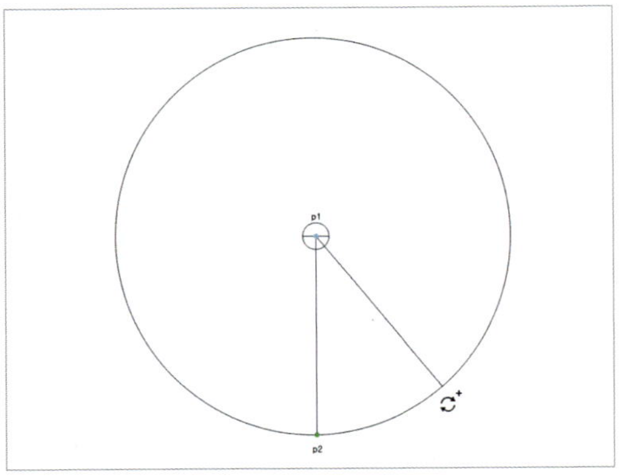
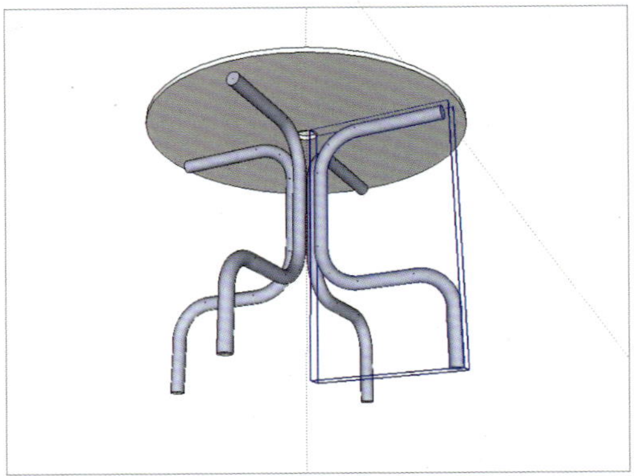

31 Top(아이콘) 화면으로 이동합니다. 파라솔 다리들을 연결된 묶음 객체로 만들기 위해 원 툴(아이콘)로 파라솔 갓의 맨 위에 원을 그립니다. 그런 다음, 간격 띄우기 툴(아이콘)로 밖으로 적당한 간격을 주어 넓힙니다.

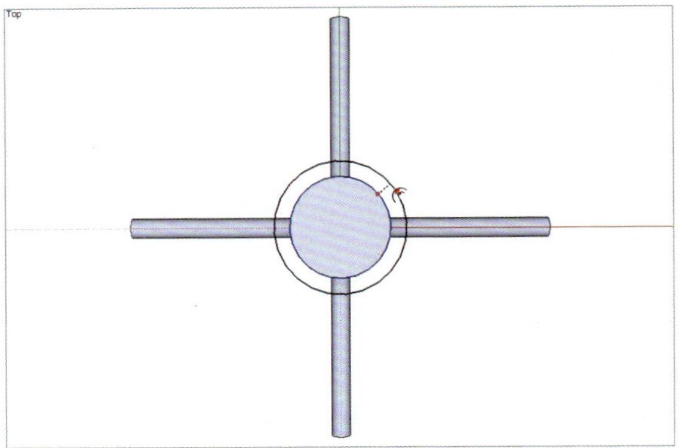

32 가운데 면을 선택한 후 마우스 오른쪽 버튼을 클릭하면 나타나는 확장 메뉴 중에서 [Erase]를 선택하여 면을 삭제합니다. Iso 툴(아이콘) 화면으로 이동한 후 다음 그림처럼 가장자리 면을 밀고/끌기 툴(아이콘)로 내려서 적당히 늘려 줍니다.

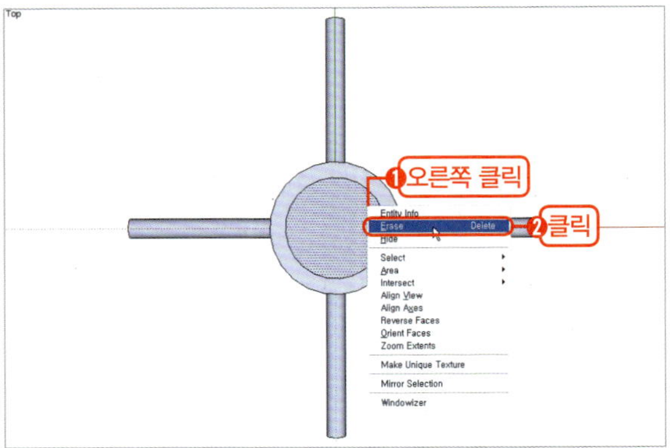

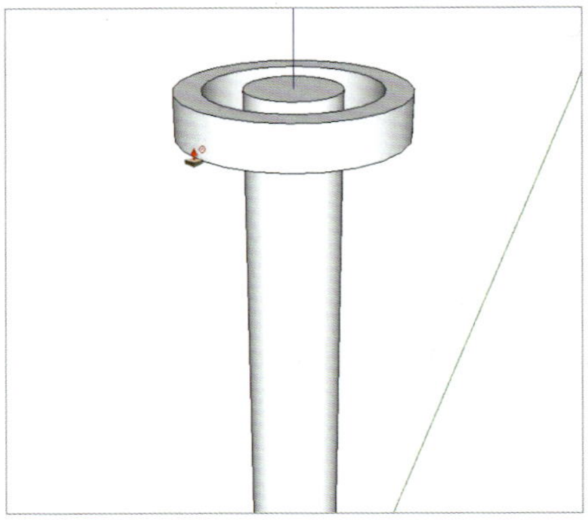

33 묶음 객체의 모든 면을 선택한 후 마우스 오른쪽 버튼을 클릭하면 나타나는 확장 메뉴 중에서 [Make Group]을 선택하여 그룹으로 만듭니다.

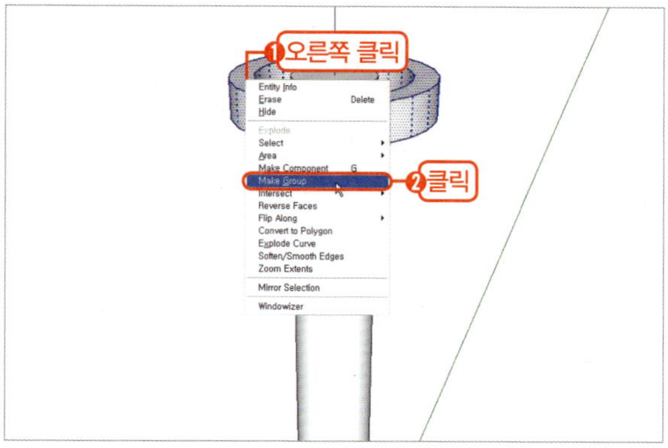

34 Front() 화면으로 이동합니다. 이동 툴()로 묶음 객체를 선택한 후 적당한 위치까지 아래로 이동합니다. 이번에는 Iso 툴() 화면으로 이동하여 파라솔 다리들의 묶음 객체를 좀 더 죄도록 하겠습니다. 스케일 툴()로 Control을 누른 채 대각선 방향에서 클릭, 드래그하여 크기를 조절합니다.

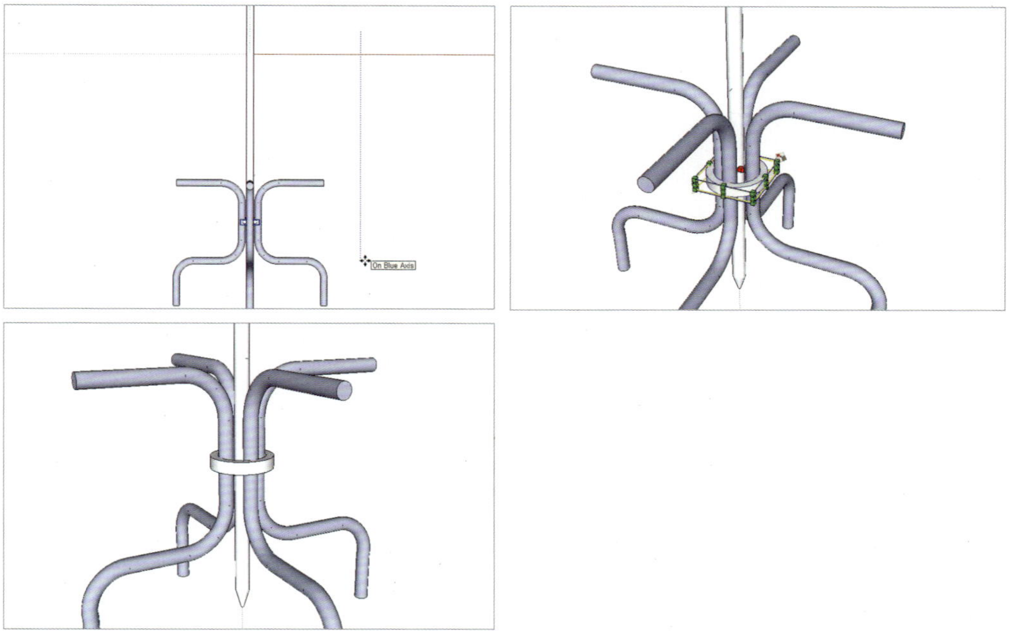

35 숨긴 객체를 다시 불러오기 위해 메뉴에서 [Edit]−[Unhide]−[All]을 선택합니다.

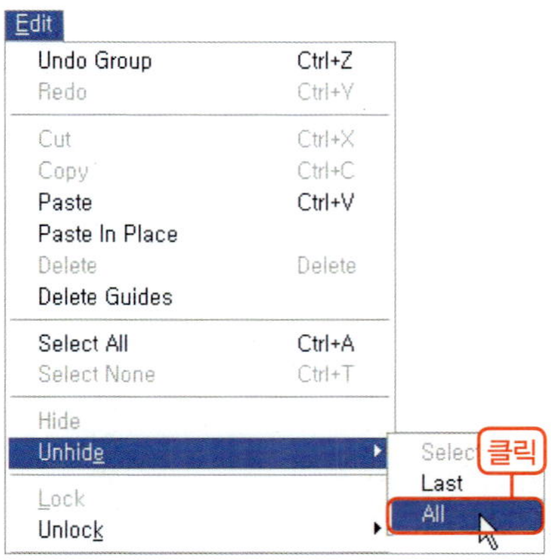

36 메뉴에서 [Window]-[Components]를 선택한 후 검색란에 'chair'를 입력하여 의자를 검색합니다. 그리고 [Components] 창에서 파라솔에 어울리는 의자를 선택합니다.

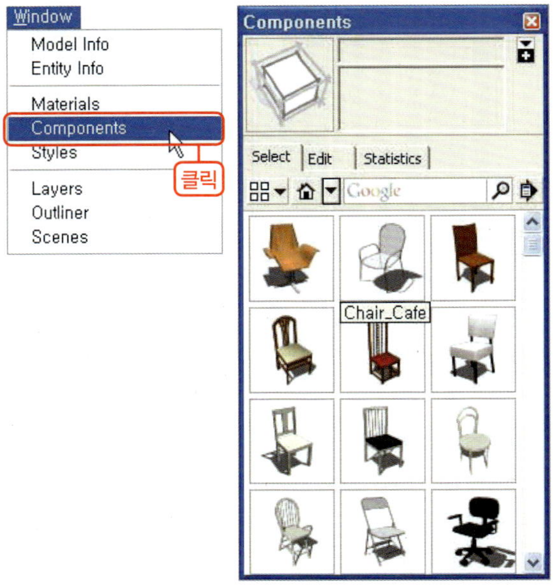

37 이동 툴(), 회전 툴(), 스케일 툴()로 삽입한 의자를 배치한 후 색상을 적용합니다. 파라솔이 완성된 것을 확인할 수 있습니다.

12; 공원 안 놀이용 계단 만들기

이번 장에서는 아이들이 뛰어노는 공원에 아이들에게 친근감을 주는 색감의 놀이용 계단을 만들어 보겠습니다. 여기서는 [Make Component] 명령으로 등록한 후 [Make Unique] 명령을 이용하여 계단을 작업합니다. 또 가상선을 이용하여 더욱 쉽게 계단을 만드는 방법에 대해서도 알아보겠습니다.

● 완성 파일 I 부록 CD\Sample\Part 01\완성\계단.skp

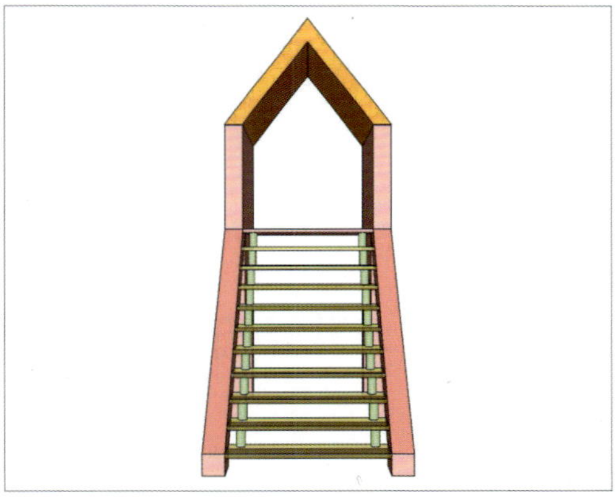

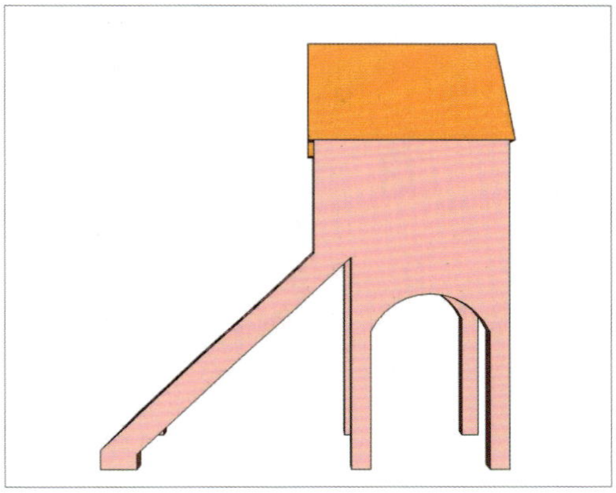

01 Top( ) 화면으로 이동합니다. 계단을 만들기 위해서 사각형 툴( )로 사각형을 그립니다. 밀고/끌기 툴( )로 적당히 늘려 두께를 줍니다.

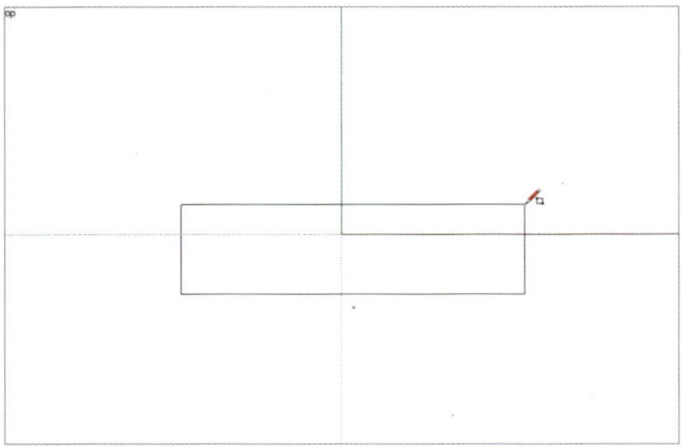

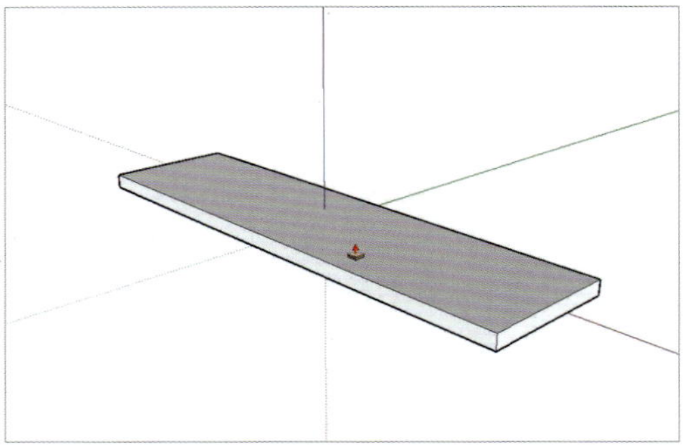

02 계단의 모든 면을 선택한 후 마우스 오른쪽 버튼을 클릭하면 나타나는 확장 메뉴 중에서 [Make Group]을 선택하여 그룹으로 만듭니다.

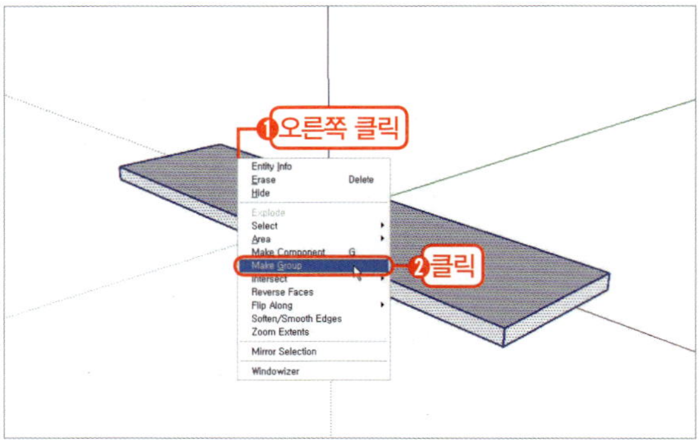

03 Top( ) 화면으로 이동합니다. 계단을 서로 연결하는 다리를 세우기 위해서 줄자 툴( )로 모서리 면의 안쪽 세 군데에 가상선을 설정합니다.

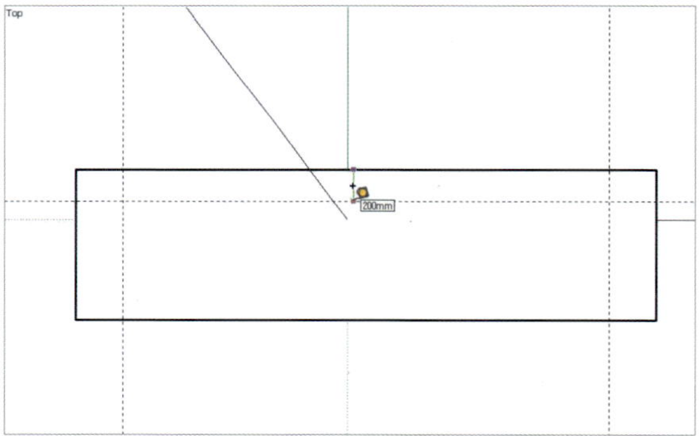

04 원 툴( )로 가상선의 교차점을 기준으로 원을 그립니다. 그런 다음, 밀고/끌기 툴( )로 적당히 늘려 두께를 줍니다. 다리 모양의 원기둥을 선택한 후 마우스 오른쪽 버튼을 클릭하면 나타나는 확장 메뉴 중에서 [Make Group]을 선택하여 그룹으로 만듭니다.

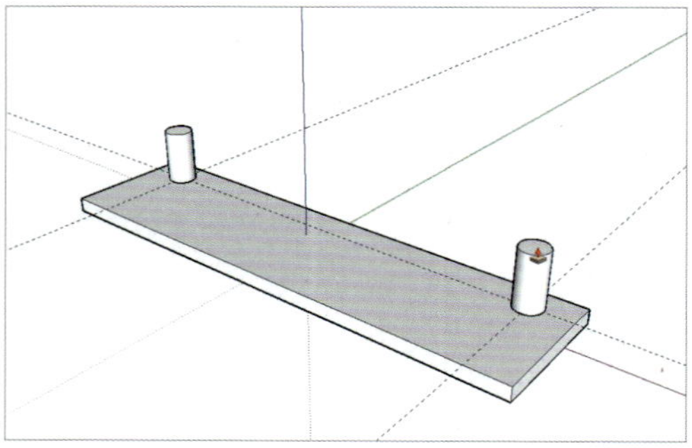

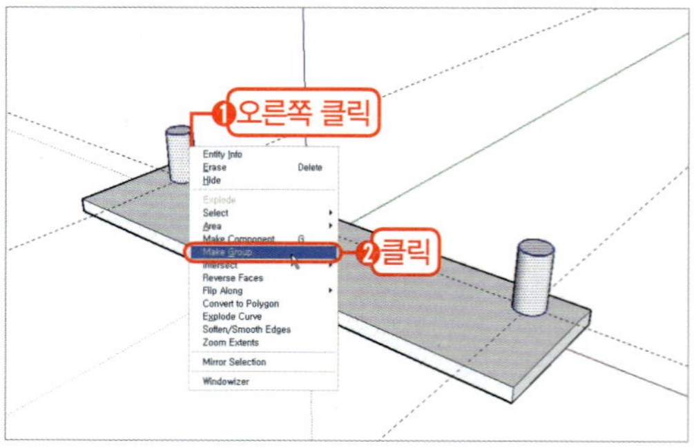

05 계단과 연결되는 다리를 포함하여 모든 객체를 선택합니다. 그런 다음, 마우스 오른쪽 버튼을 클릭하면 나타나는 확장 메뉴 중에서 [Make Component]를 선택합니다.

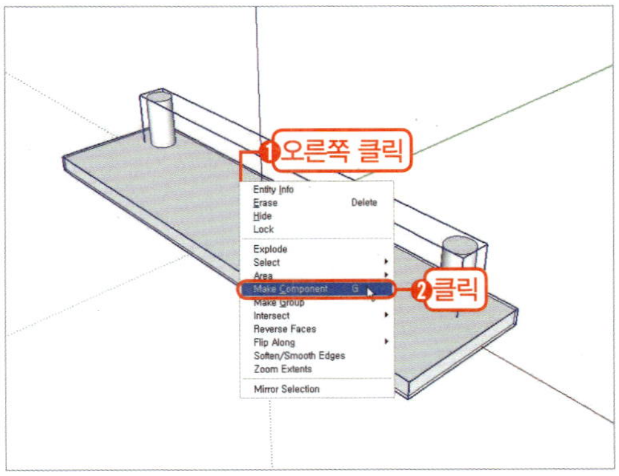

06 줄자 툴( )로 계단과 계단을 연결할 다리의 상단부까지 가상선을 설정합니다.

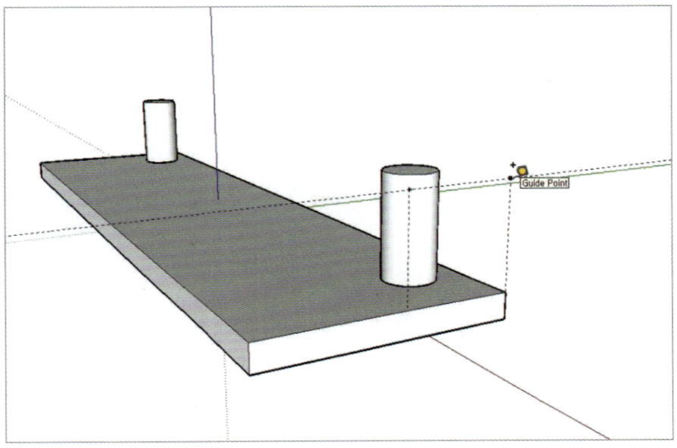

07 계단과 다리 연결부를 선택한 후 이동 툴( )로 Control을 누른 채 계단 하단의 끝점을 클릭, 드래그하여 06에서 작업한 가상선의 위쪽 끝점을 클릭하여 복사합니다. 그런 다음, 화면 하단의 입력란에 '*10'을 입력하고 Enter를 누릅니다. 대각선 방향으로 10개의 계단이 복사된 것을 확인할 수 있습니다.

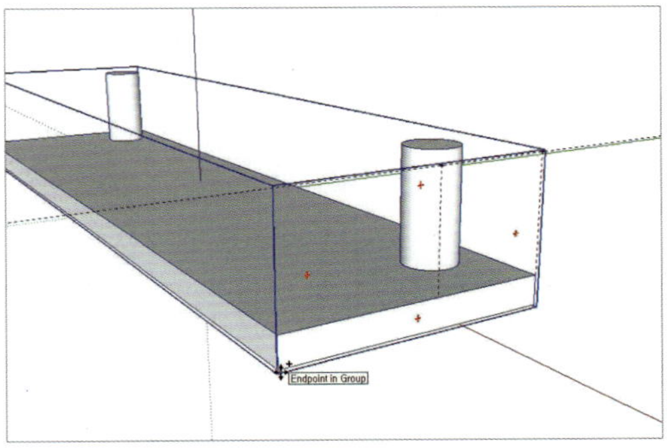

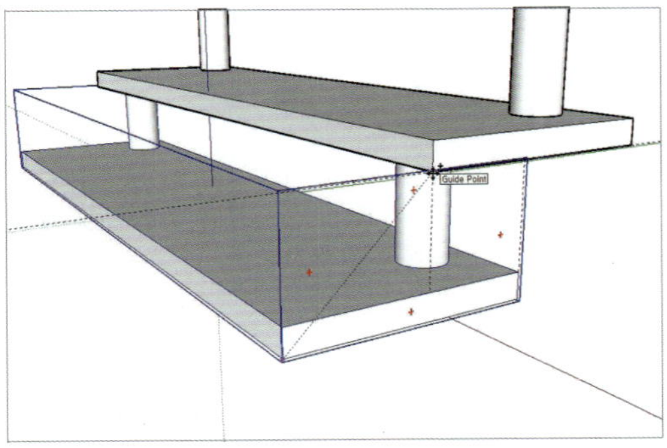

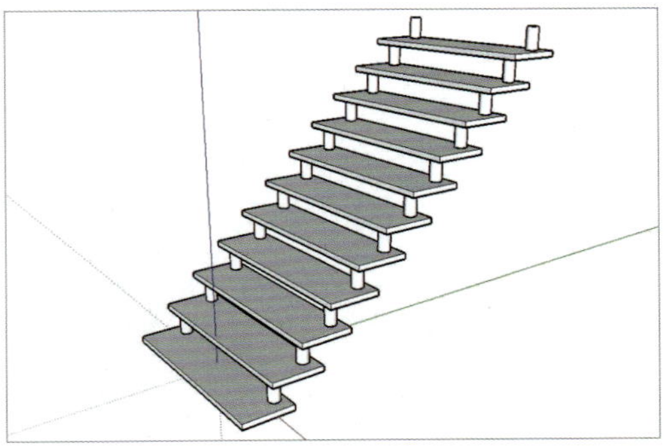

08 계단 맨 위의 객체를 선택한 후 마우스 오른쪽 버튼을 클릭하면 나타나는 확장 메뉴 중에서 [Make Unique]를 선택합니다.

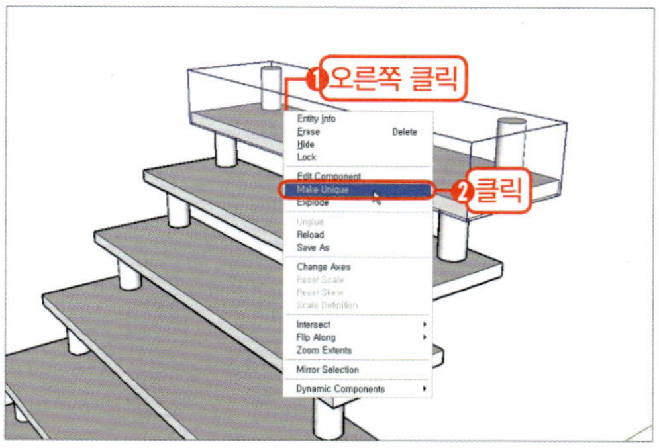

Tip

[Make Unique] 명령어는 179쪽을 참고하세요.

09 다시 계단 맨 위의 객체를 선택한 후 마우스 오른쪽 버튼을 클릭하면 나타나는 확장 메뉴 중에서 [Edit Component]를 선택합니다. 그런 다음, 계단 위에 연결된 다리를 선택하고 마우스 오른쪽 버튼을 클릭하면 나타나는 확장 메뉴 중에서 [Erase]를 선택하여 삭제합니다.

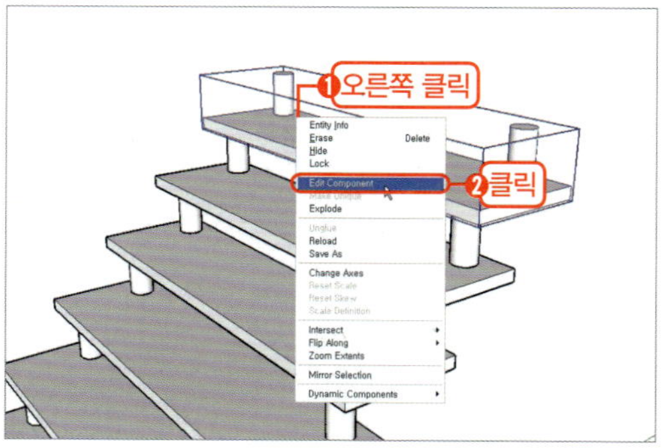

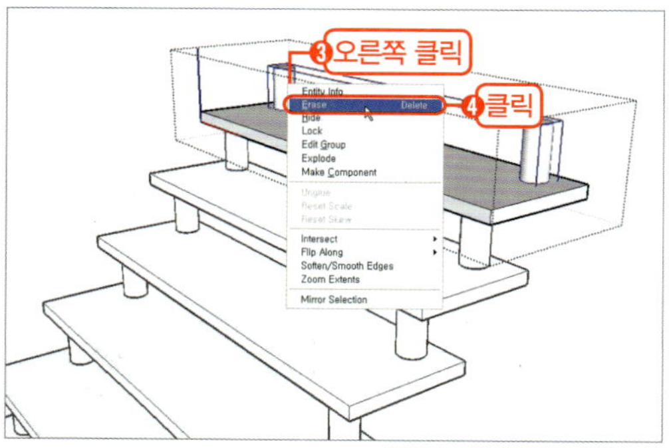

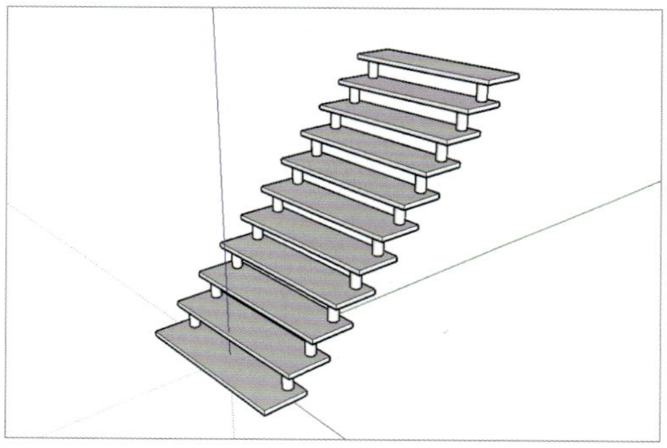

10 선 툴(✏)로 난간을 만들어 보겠습니다. 다음 그림처럼 가장 밑에 있는 계단과 가장 위에 있는 계단의 끝점을 연결하여 대각선을 그립니다. 그리고 수직 위로 올라가면서 선을 그립니다.

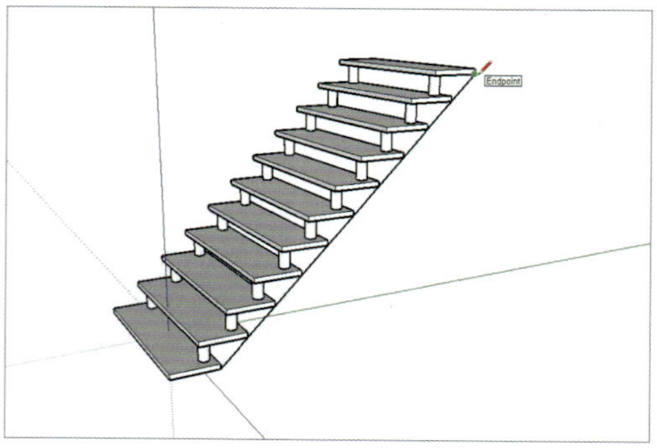

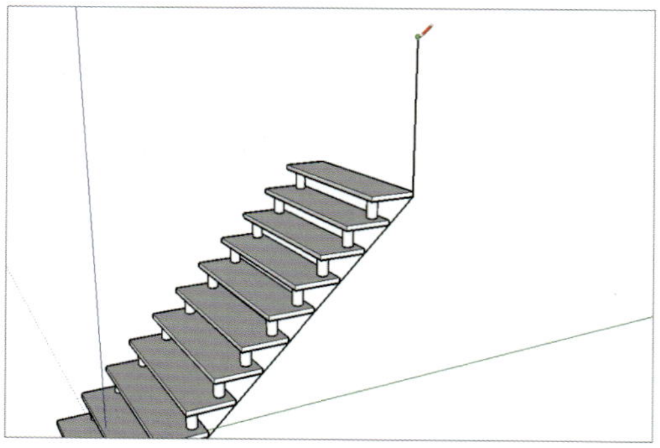

11 10에서 그린 선을 다음과 같이 연결하여 면을 만듭니다. 밀고/끌기 툴(![push/pull])로 난간을 만듭니다.

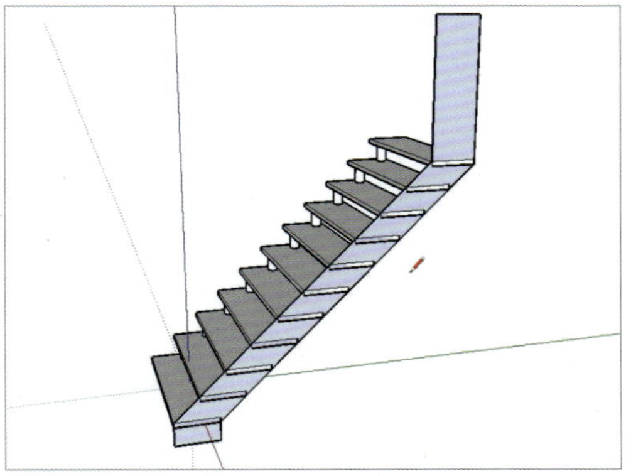

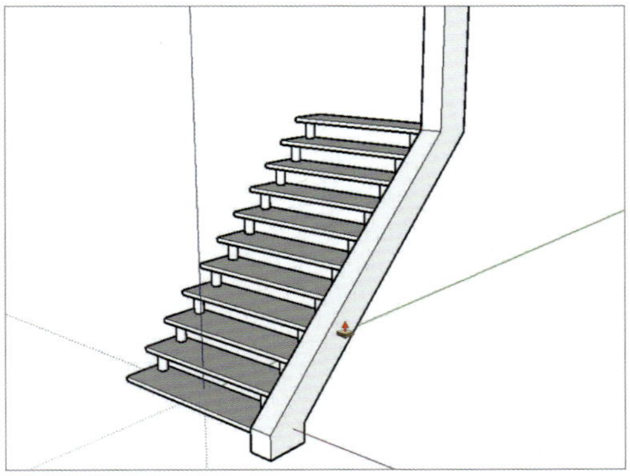

12 난간을 선택한 후 마우스 오른쪽 버튼을 클릭하면 나타나는 확장 메뉴 중에서 [Make Component]를 선택합니다. [Create Component] 대화상자가 나타나면 [Create] 버튼을 클릭합니다.

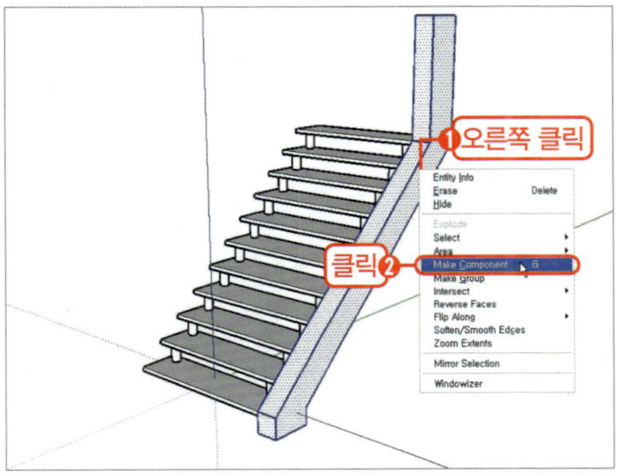

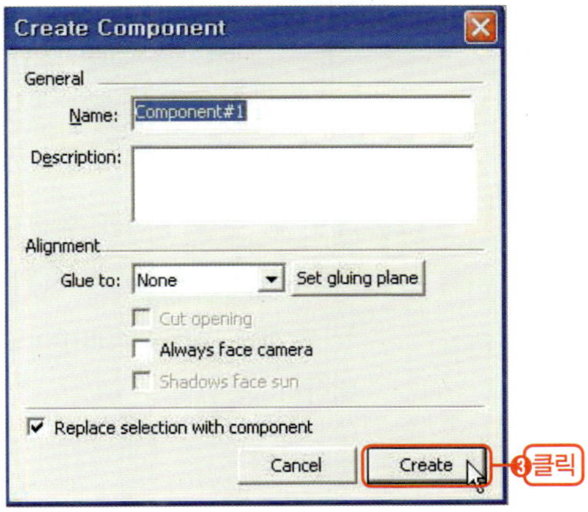

13 Front(![front]) 화면으로 이동합니다. 난간을 선택한 후 이동 툴(![move])로 Control 을 누른 채 계단의 왼쪽 끝으로 드래그하여 복사합니다.

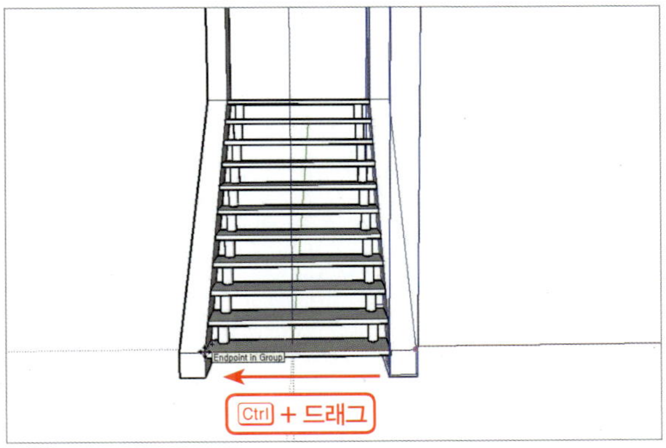

14 난간 하나를 선택한 후 마우스 오른쪽 버튼을 클릭하면 나타나는 확장 메뉴 중에서 [Edit Component]를 선택합니다. 그런 다음, 수직으로 올려서 만든 난간을 선택하고 밀고/끌기 툴(아이콘)로 앞쪽으로 길게 늘려 줍니다. 다른 난간도 자동으로 편집된 것을 확인할 수 있습니다.

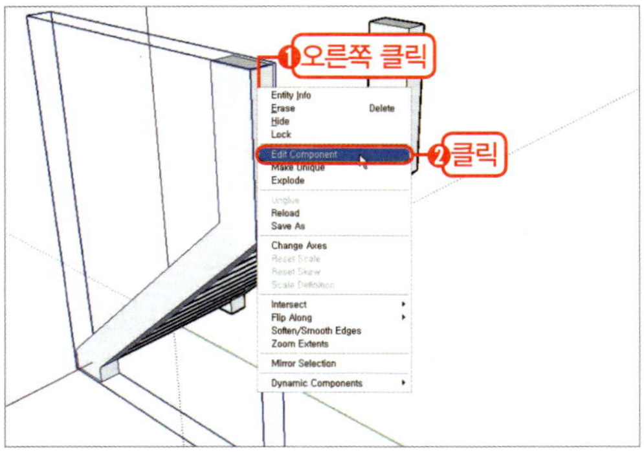

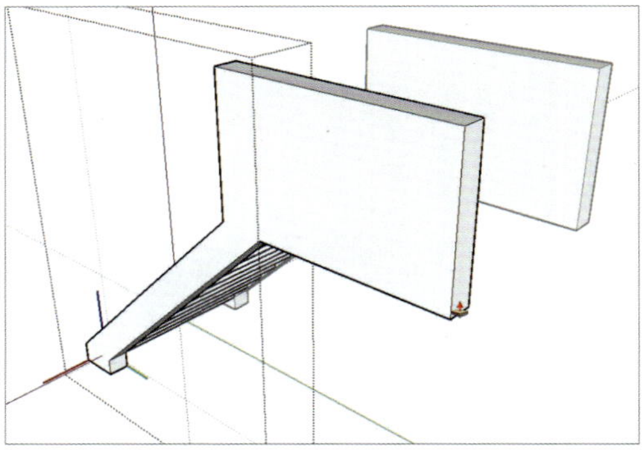

Tip

등록한 컴포넌트를 복사하면 원본 컴포넌트와 복사한 컴포넌트는 서로 링크로 연결되어 있으며, 한쪽 컴포넌트를 편집하면 링크로 연결된 컴포넌트도 수정된 것을 확인할 수 있습니다.

15 계단 맨 위를 선택한 후 마우스 오른쪽 버튼을 클릭하면 나타나는 확장 메뉴 중에서 [Edit Component]를 선택합니다.

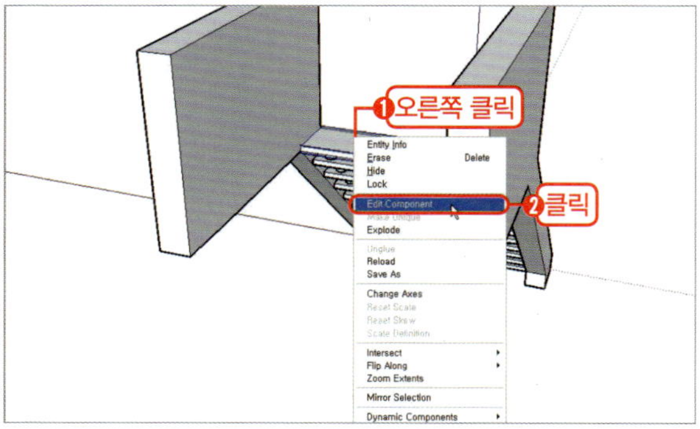

16 다시 한 번 계단을 선택한 후 마우스 오른쪽 버튼을 클릭하면 나타나는 확장 메뉴 중에서 [Edit Group]을 선택합니다.

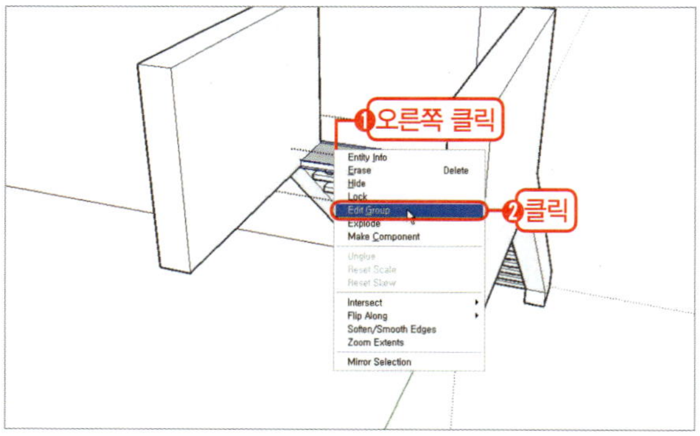

17 밀고/끌기 툴( )로 드래그하여 커서를 늘려 놓은 난간 선 끝으로 가져갑니다.

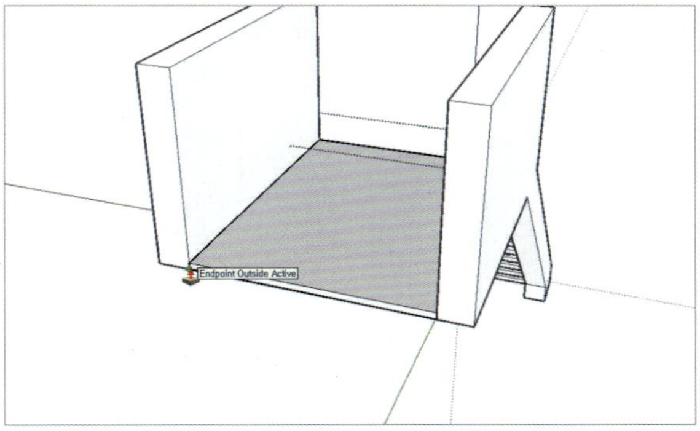

18 난간 하나를 선택한 후 마우스 오른쪽 버튼을 클릭하면 나타나는 확장 메뉴 중에서 [Edit Component]를 선택합니다. 그런 다음, 14에서 작업한 위쪽 난간의 밑면을 선택하고 밀고/끌기 툴( )로 드래그하여 커서를 난간의 끝점으로 가져갑니다.

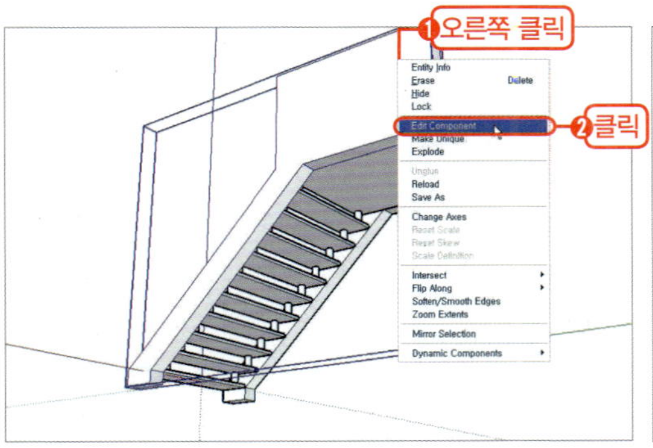

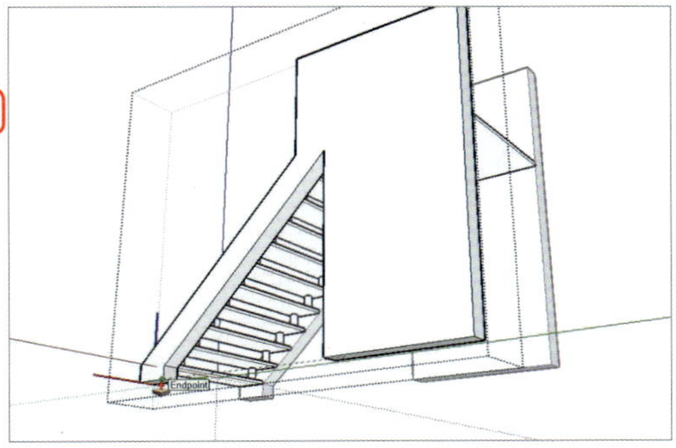

19 오른쪽 넓은 난간 면의 하단에 모양을 만들기 위해 줄자 툴( )로 그림처럼 가상선을 설정합니다.

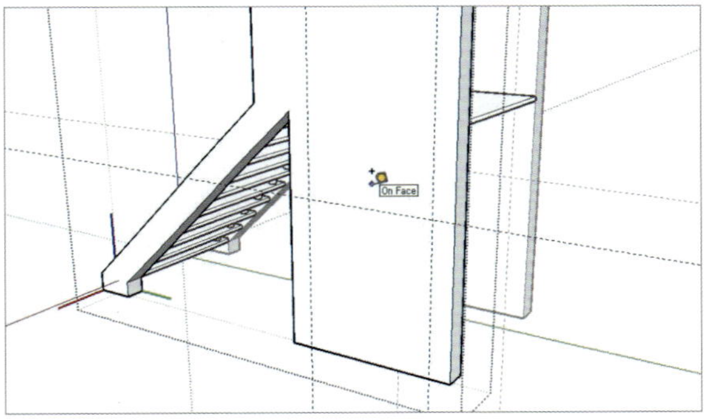

20 선 툴( )과 호 툴( )로 다음 그림처럼 그립니다. 그런 다음, 지우개 툴( )로 필요 없는 선과 가상선을 삭제합니다.

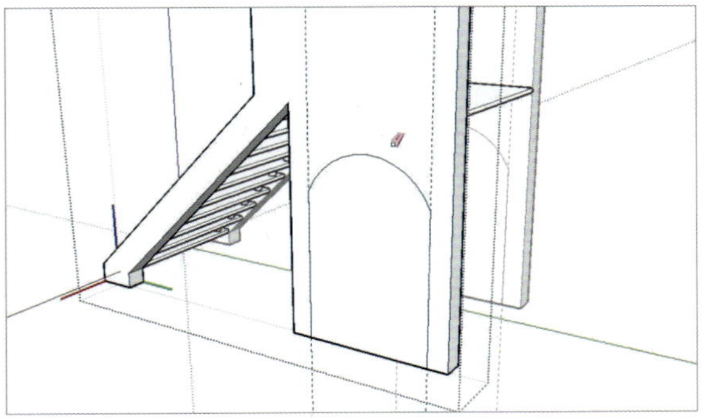

21 20에서 만든 면을 밀고/끌기 툴( )로 밀어서 없앱니다. 반대쪽 난간도 수정된 것을 확인할 수 있습니다.

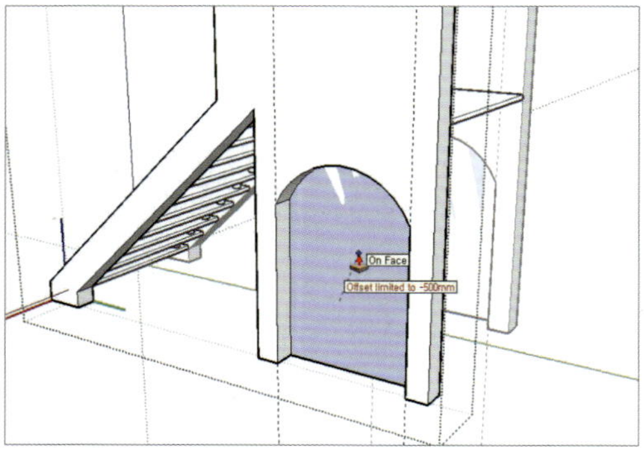

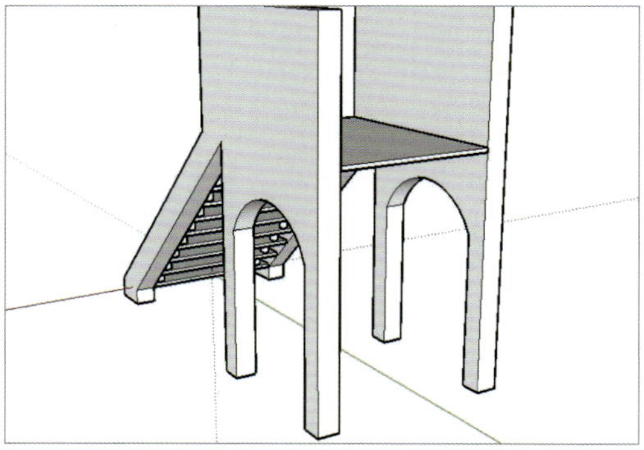

22 Back( ) 화면으로 이동합니다. 지붕을 만들기 위해서 선 툴( )로 다음처럼 삼각형 모양을 만든 후 지우개 툴( )로 필요 없는 부분을 삭제합니다.

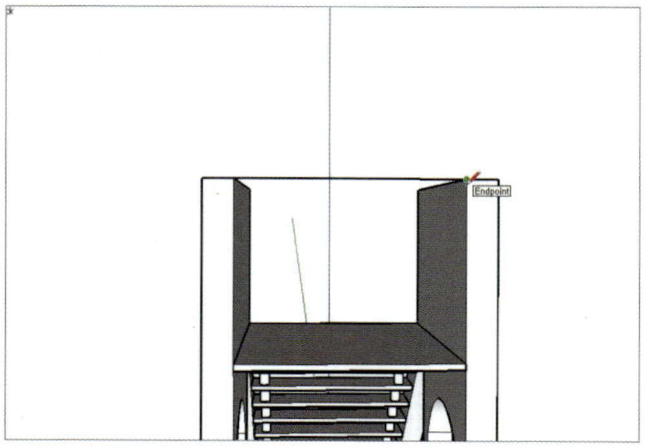

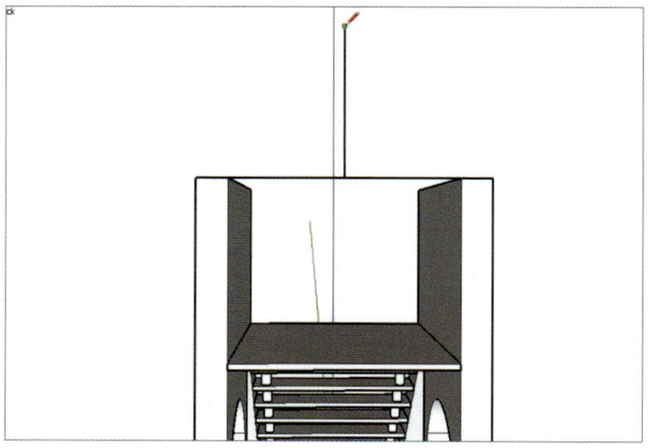

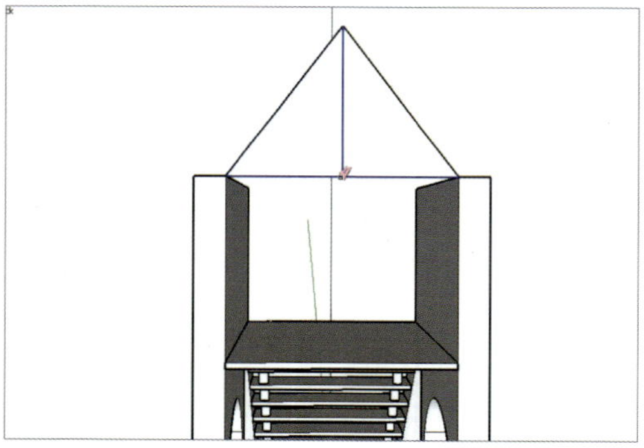

23 22에서 작업한 양쪽 대각선을 선택 툴( )로 선택한 후 간격 띄우기 툴( )로 그림처럼 난간 안쪽의 끝점으로 드래그하여 바깥쪽 끝점까지 간격을 띄웁니다.

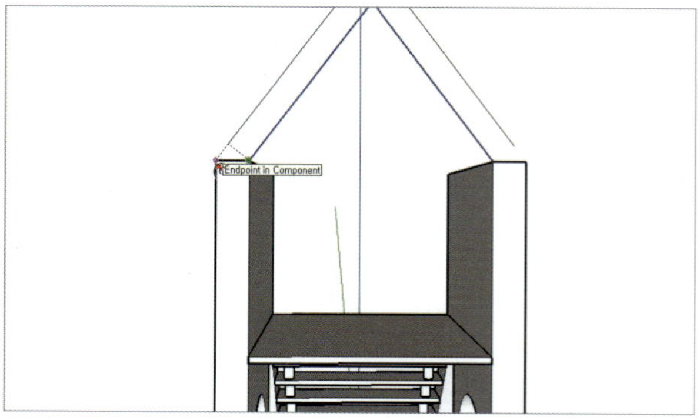

24 23의 작업 후 난간 양쪽 끝에 공간이 생기면, 선 툴( )로 닫힌 면을 만듭니다. 그런 다음, Iso 툴( ) 화면으로 이동하고 밀고/끌기 툴( )로 난간 끝점에서 드래그하여 커서를 반대쪽 난간 끝점으로 가져갑니다.

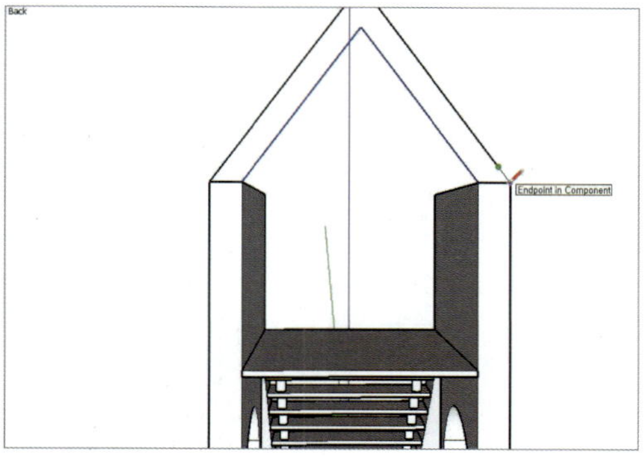

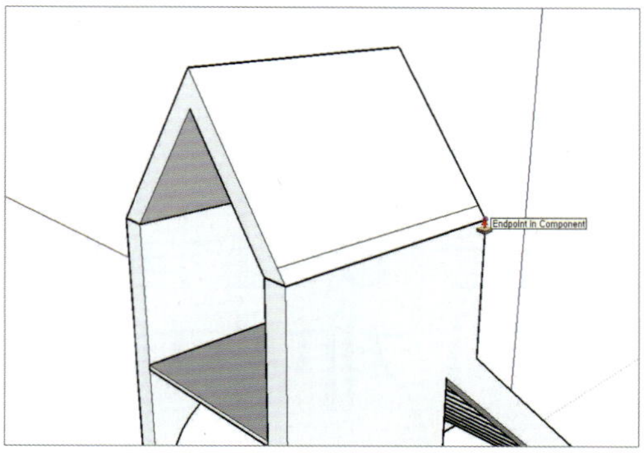

25 선을 부드럽게 정리하기 위해서 지우개 툴( )로 Control을 누른 채 필요 없는 선을 삭제합니다. 그리고 지붕의 양쪽 면을 밀고/끌기 툴( )로 앞쪽으로 조금 늘려 줍니다.

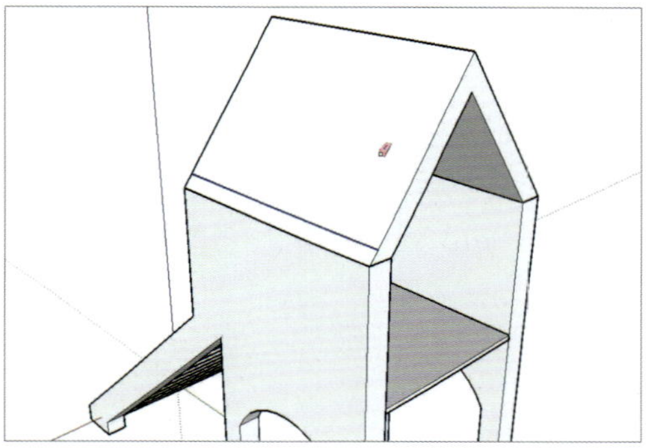

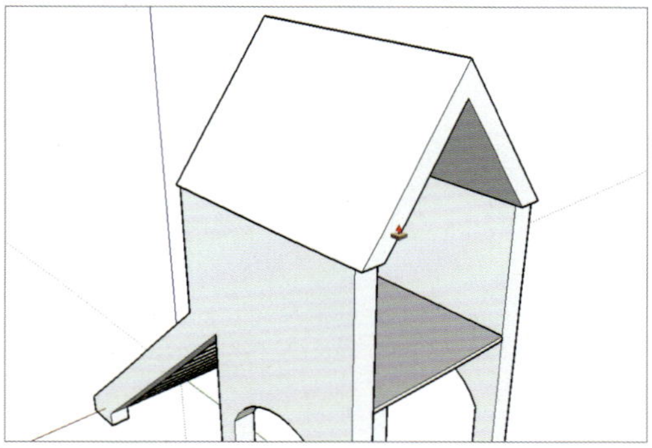

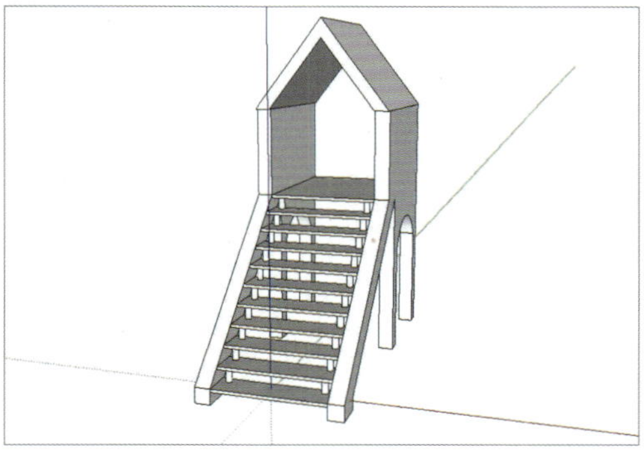

26 지금까지 작업한 지붕의 모든 면을 선택한 후 마우스 오른쪽 버튼을 클릭하면 나타나는 확장 메뉴 중에서 [Make Group]을 선택하여 그룹으로 만듭니다. 계단이 완성된 것을 확인할 수 있습니다.

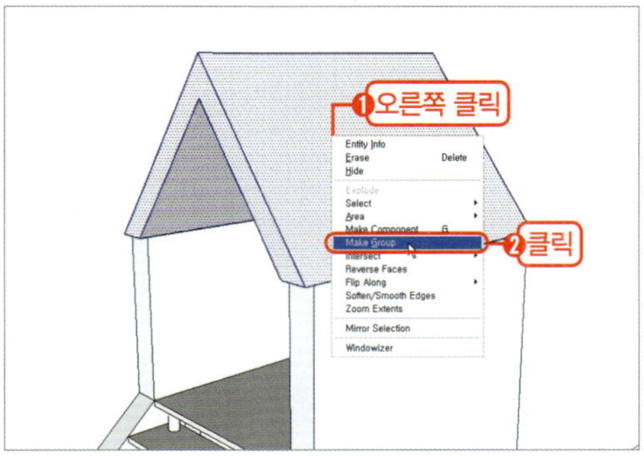

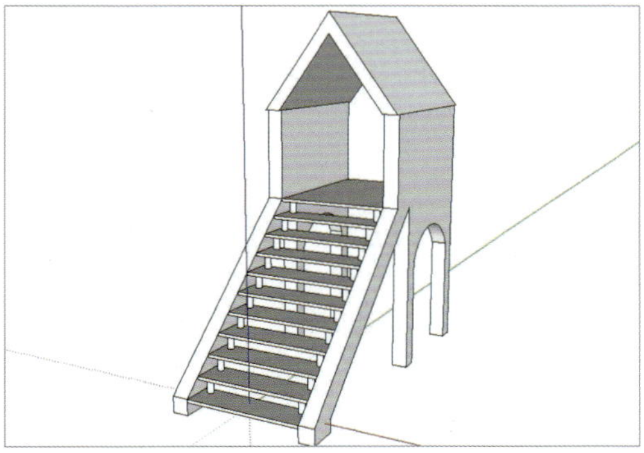

13;

좁은 공간을 활용한 회전 계단 만들기

복층 구조의 다락방이나 소방서처럼 좁은 공간에 활용되는 회전식 계단을 만들어 보겠습니다. 다양한 편집 명령어들과 선택 툴을 이용하면 매우 쉽게 회전식 계단을 만들 수 있습니다.

● 완성 파일 I 부록 CD\Sample\Part 01\완성\회전 계단.skp

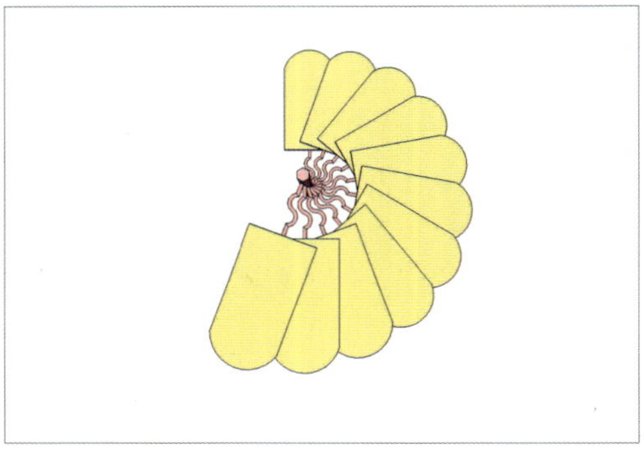

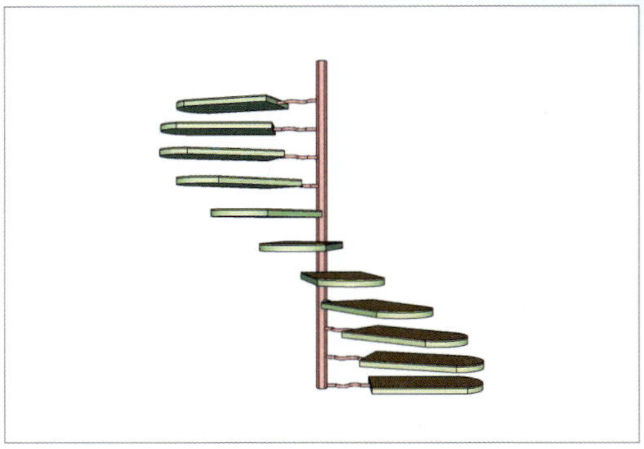

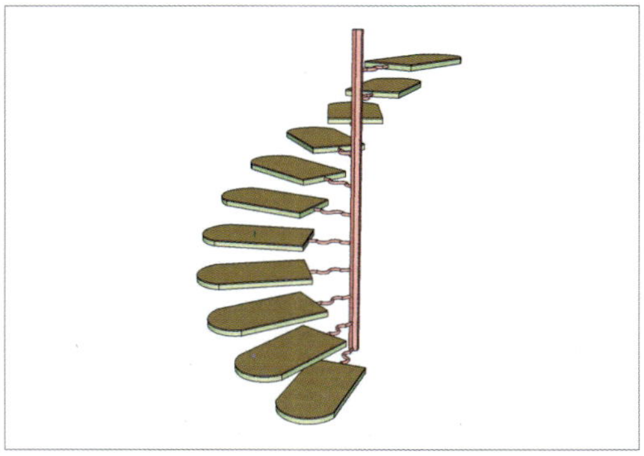

01 Top(▯) 화면으로 이동합니다. 계단을 만들기 위해서 다각형 툴(▼)로 다각형을 그린 후 화면 하단의 입력란에 '18s'를 입력하고 Enter↵를 누릅니다.

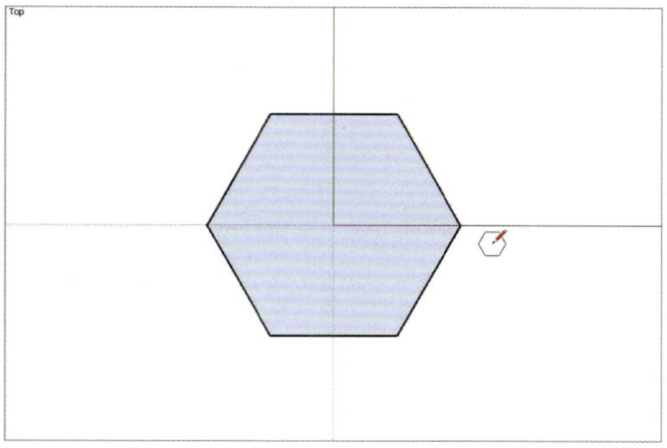

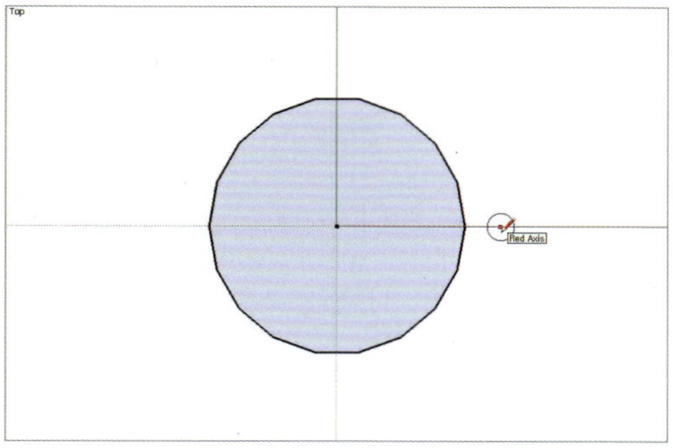

02 Top(⌂) 화면에서 간격 띄우기 툴(⟲)로 안쪽으로 드래그합니다. 그런 다음, 선택 툴(↖)로 바깥쪽 다각형 테두리를 선택하고 마우스 오른쪽 버튼을 클릭하면 나타나는 확장 메뉴 중에서 [Explode Curve]를 선택합니다.

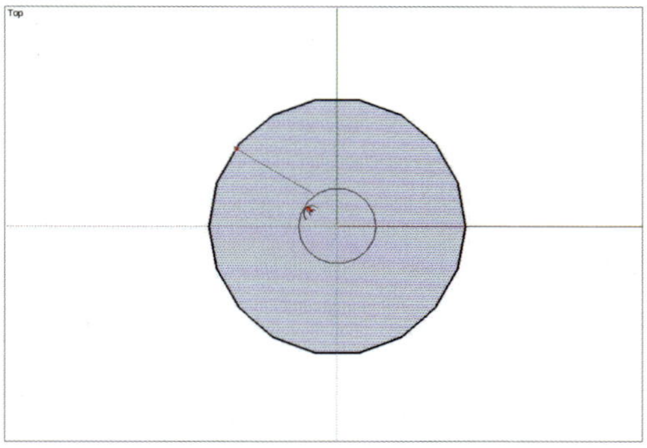

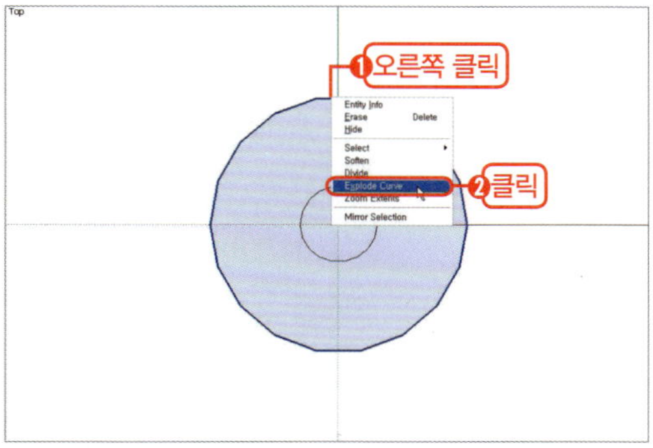

03 02에서 분해된 바깥쪽 십팔각형의 선 중에서 17개의 선과 면을 선택한 후 마우스 오른쪽 버튼을 클릭하면 나타나는 확장 메뉴 중에서 [Erase]를 선택하여 면을 삭제합니다.

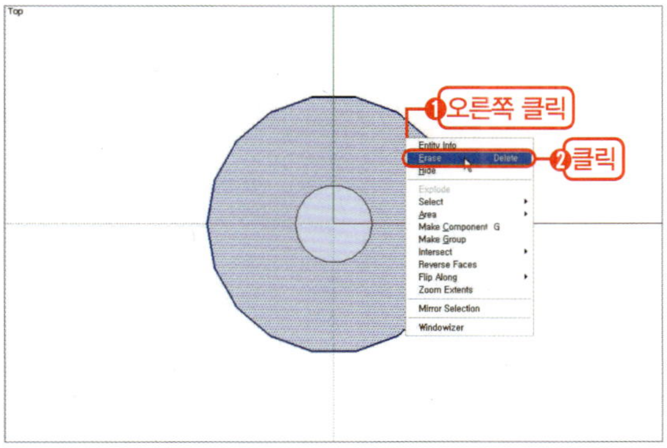

> **Tip**
>
> 선택 도구로 객체를 선택한 후 Delete로 여러 객체를 지우는 것이 더 효율적입니다.

04 줄자 툴( )로 바깥쪽에 하나 남은 선에서 원까지 가상선을 설정한 후 가운데 원을 삭제합니다. 그리고 사각형 툴( )과 호 툴( )로 객체를 작업합니다. 그리고 지우개 툴( )로 필요 없는 선과 가상선을 삭제합니다.

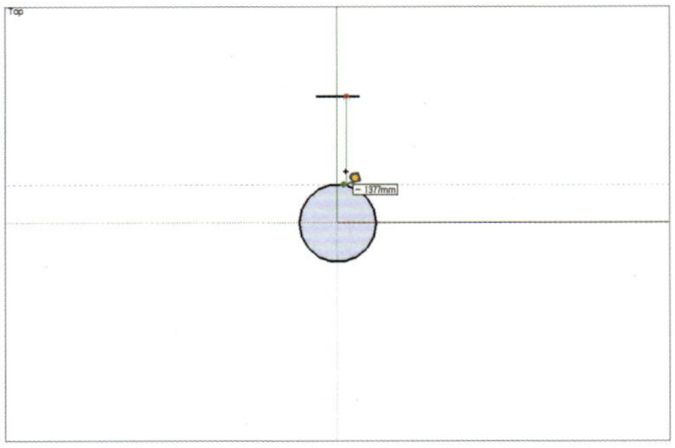

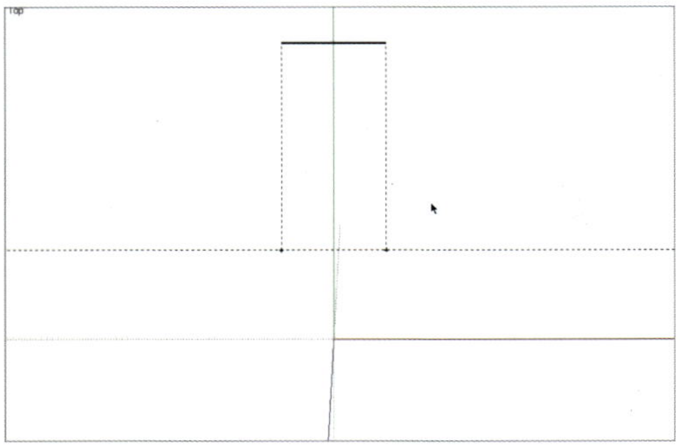

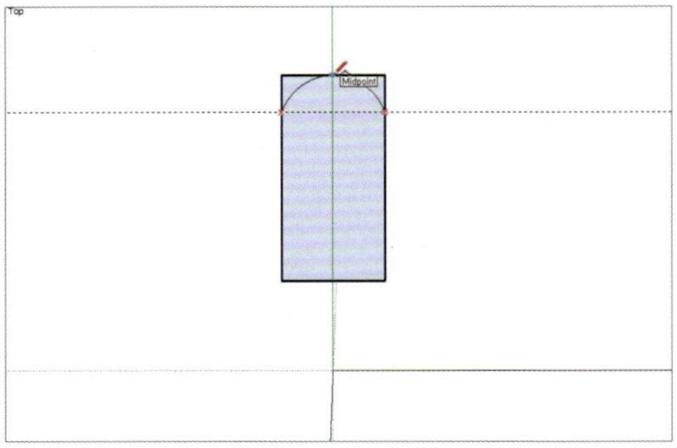

05 Iso 툴( )을 클릭하여 Iso 화면으로 이동합니다. 그림처럼 밀고/끌기 툴( )로 두께를 줍니다. 그런 다음, 다시 반복하여 밀고/끌기 툴( )로 Control을 누른 채 간격을 조금씩 늘리면서 위쪽으로 복사합니다.

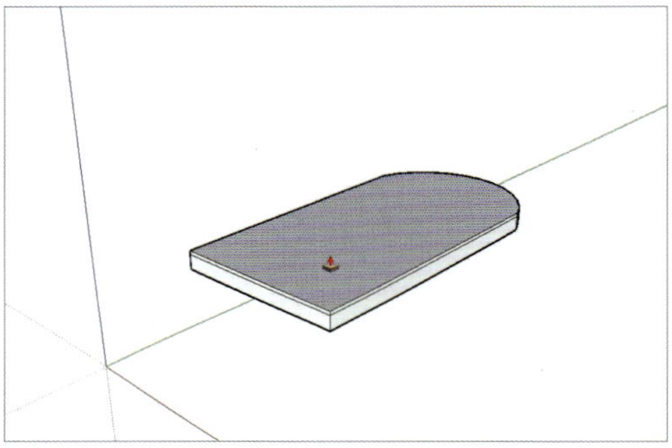

06 지금까지 작업한 계단의 모든 객체를 선택한 후 마우스 오른쪽 버튼을 클릭하면 나타나는 확장 메뉴 중에서 [Make Component]를 선택하고 [Create] 버튼을 클릭합니다.

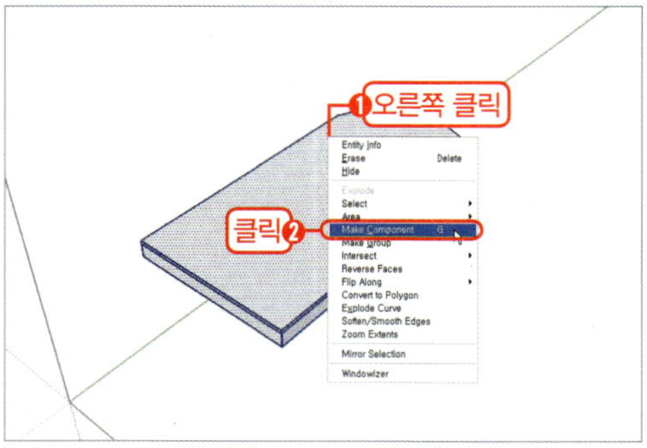

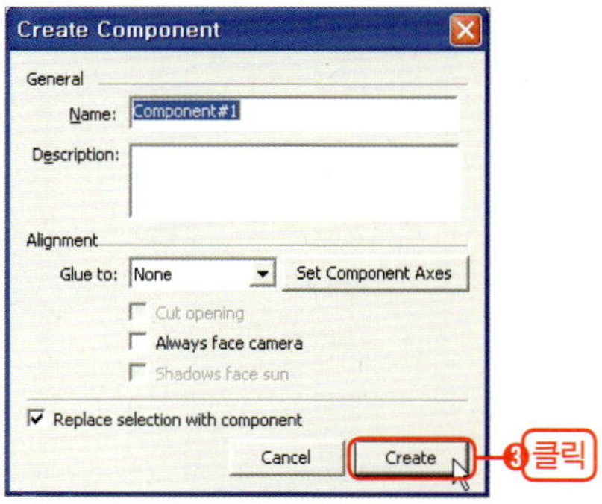

07 Top( ) 화면으로 이동합니다. 선택 툴( )로 06에서 작업한 객체를 선택합니다. 그런 다음, 회전 툴( )로 Control을 누른 채 중심점인 [p1] 포인트를 클릭하고 [p2] 포인트를 클릭합니다. 계단의 간격을 만들기 위해서 원하는 포인트로 드래그하여 [p3] 포인트를 클릭합니다. 화면 하단의 입력란에 '*10'을 입력하고 Enter↵를 누릅니다.

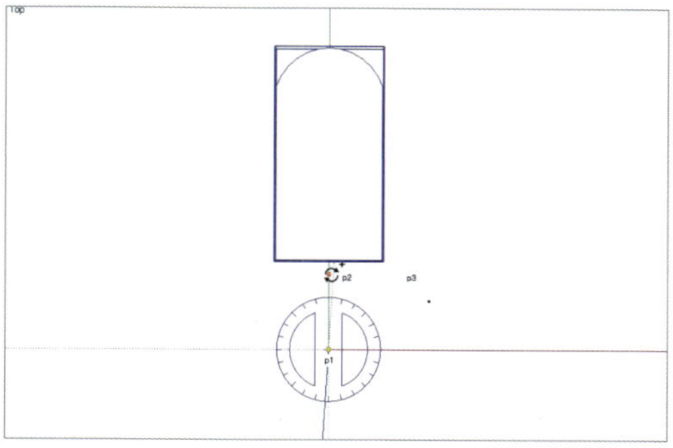

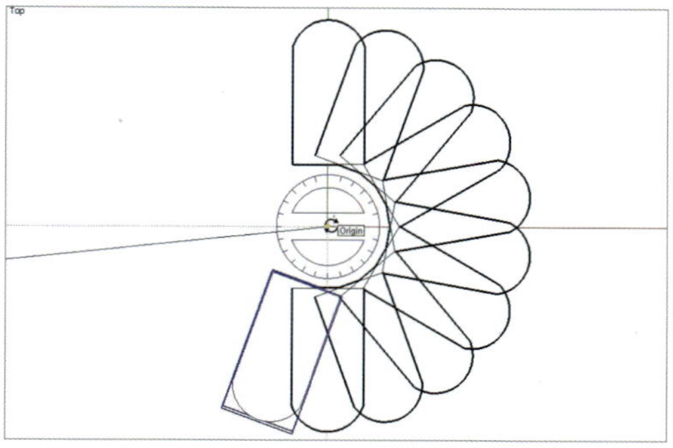

08 Front(🏠) 화면으로 이동합니다. 선택 툴(↖)로 07에서 회전 복사한 모든 객체를 선택합니다. 다음 그림처럼 이동 툴(✥)로 Control을 누른 채 계단의 바닥 점을 클릭한 후 수직으로 드래그하여 복사합니다. 화면 하단의 입력란에 '*10'을 입력합니다.

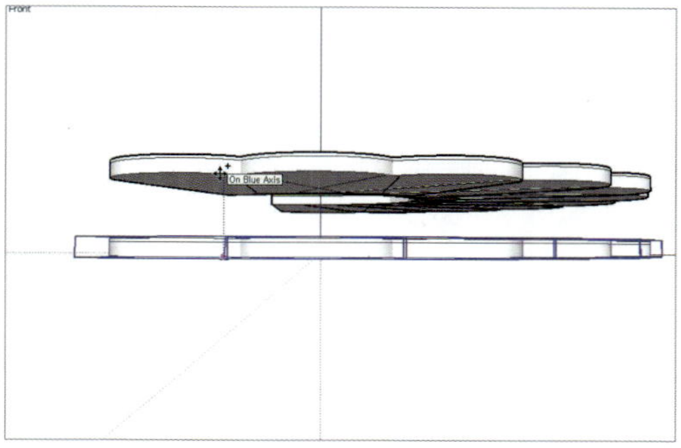

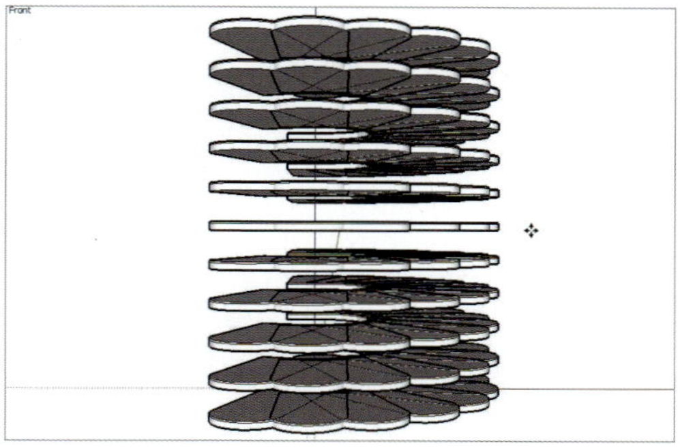

09 선택 툴(↖)로 Control을 누른 채 한 행마다 하나씩 대각선 방향으로 추가 선택합니다. Shift를 누른 채 화면의 모든 객체를 선택합니다. 그러면 선택된 객체는 선택이 해제되고 그 밖의 객체는 모두 선택됩니다.

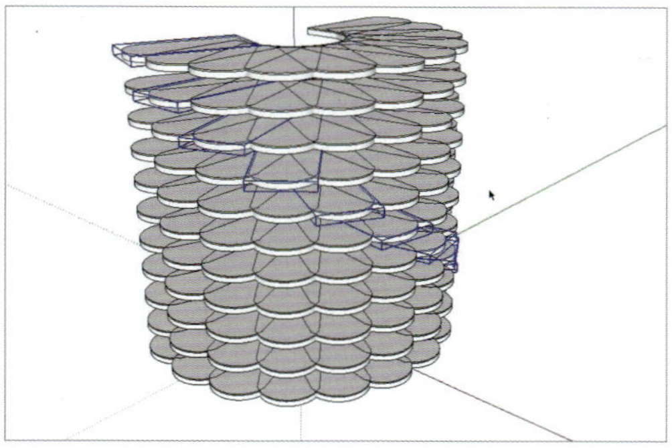

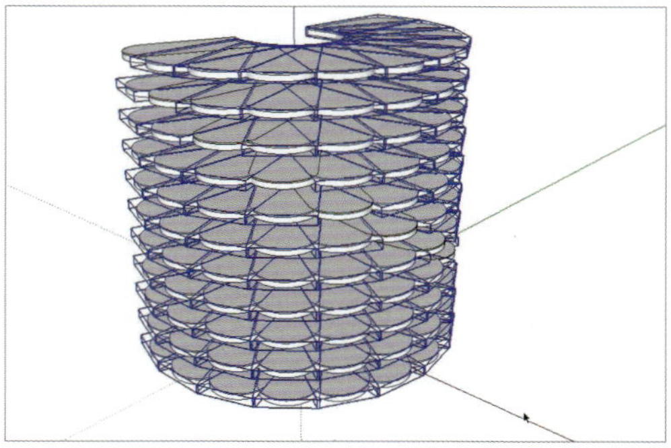

Tip

선택 툴(↖)을 사용할 때 Shift는 반전 선택키입니다.

10 09에서 선택된 객체 위에서 마우스 오른쪽 버튼을 클릭하면 나타나는 확장 메뉴 중에서 [Erase]를 선택하거나 Delete를 선택하여 삭제합니다.

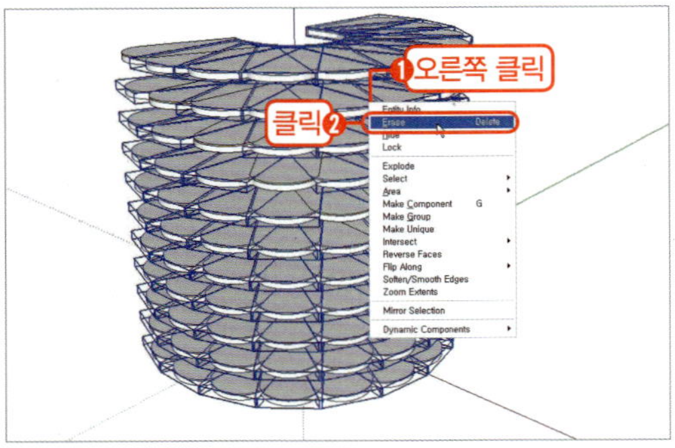

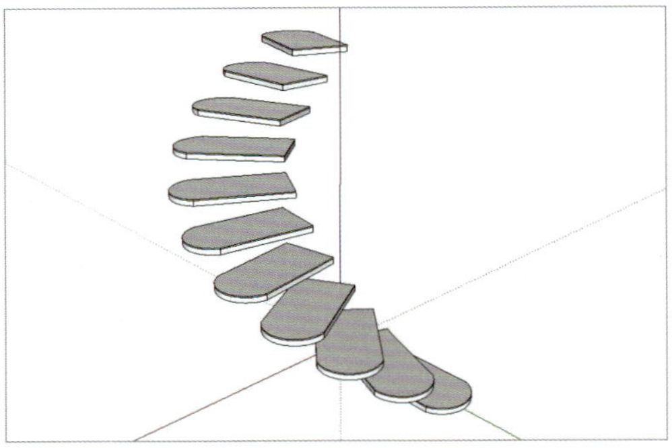

11 계단 기둥을 만들기 위해 Top() 화면으로 이동합니다. 그리고 다각형 툴()로 바닥면의 중앙에 육각형을 그립니다. Iso 툴()을 클릭하여 Iso 화면으로 이동합니다. 그림처럼 밀고/끌기 툴()로 위쪽으로 길게 늘려 줍니다.

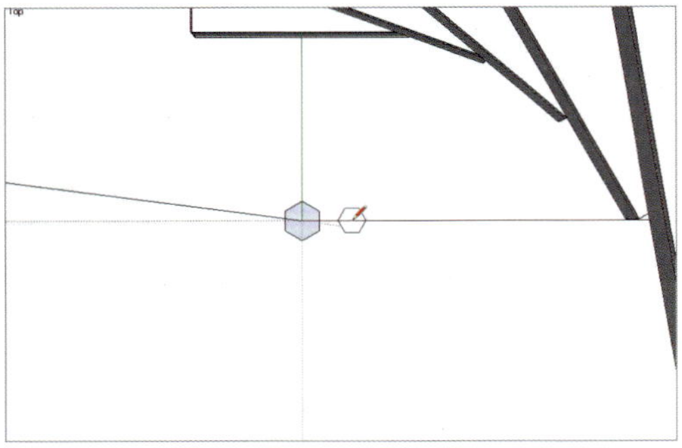

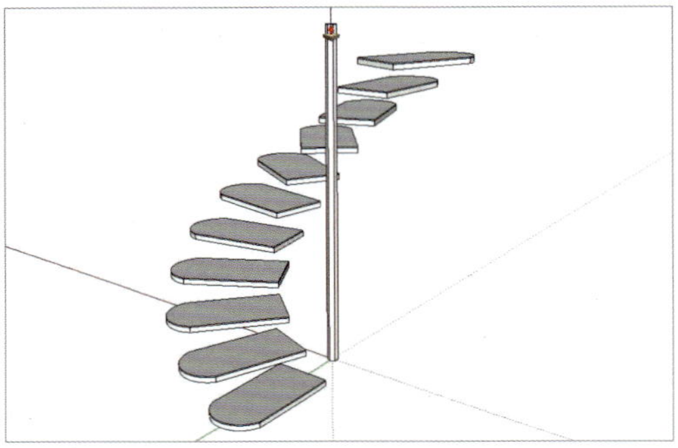

12 11에서 작업한 계단 기둥의 모든 면을 선택한 후 마우스 오른쪽 버튼을 클릭하면 나타나는 확장 메뉴 중에서 [Make Group]을 선택하여 그룹으로 만듭니다.

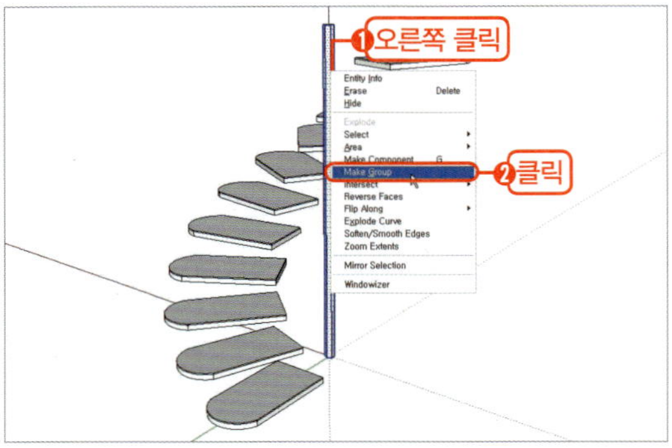

13 맨 아래쪽의 첫 번째 계단을 선택한 후 마우스 오른쪽 버튼을 클릭하면 나타나는 확장 메뉴 중에서 [Edit Component]를 선택합니다.

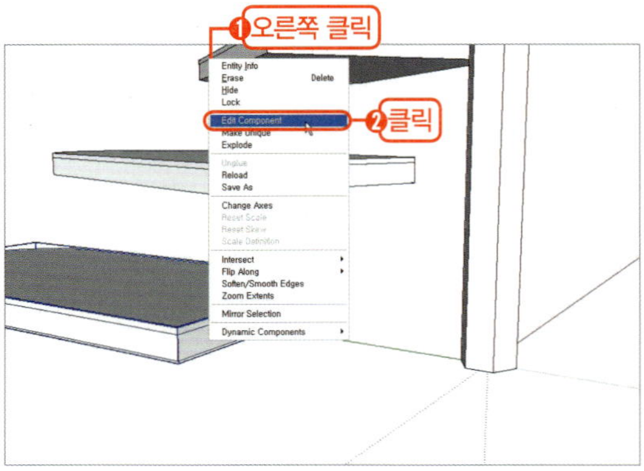

14 계단과 기둥을 연결하는 객체를 만들기 위해서 그림처럼 우선 줄자 툴( )로 계단 면과 기둥 사이에 가상선을 설정합니다. 그리고 선 툴( )과 호 툴( )로 객체를 작업합니다.

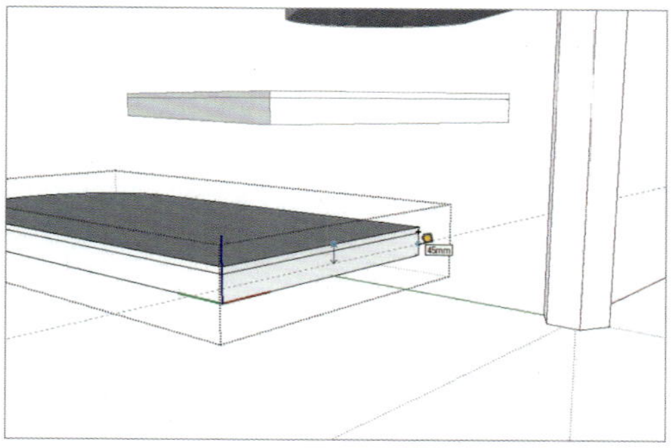

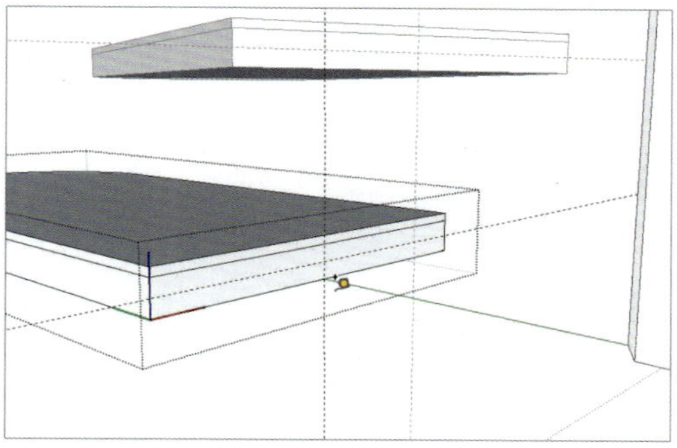

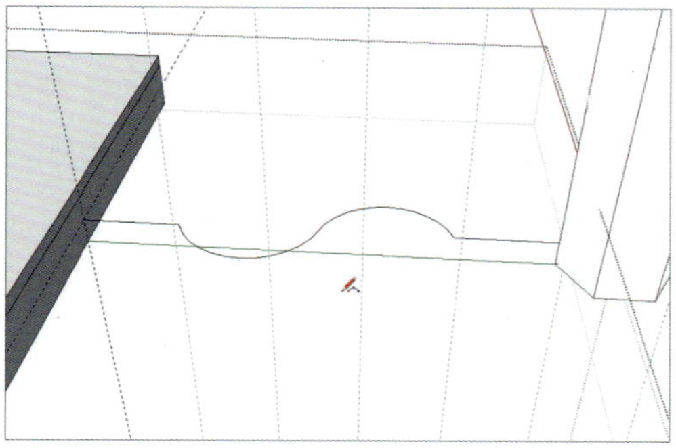

15 계단에 설정한 가상선의 교차점을 기준으로 하여 원 툴( )로 계단 측면에 작은 원을 그립니다. 그런 다음, 따라가기 툴( )을 선택하고 방금 작업한 원의 단면을 클릭한 후 14에서 작업한 패스 경로에 마우스를 올려 놓고 빨간선을 따라 연결 객체를 완성합니다.

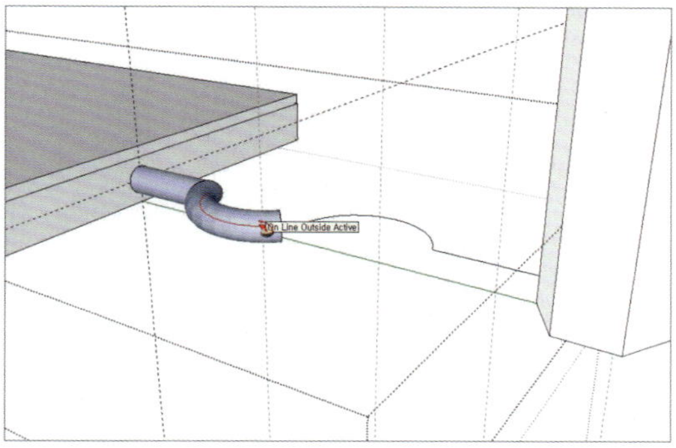

16 회전식 계단이 완성된 것을 확인할 수 있습니다.

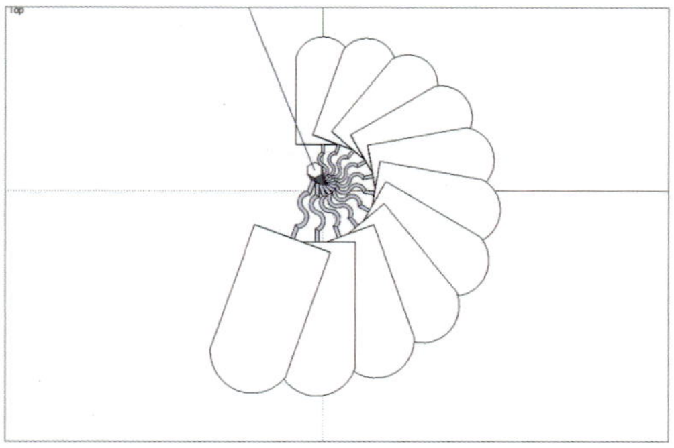

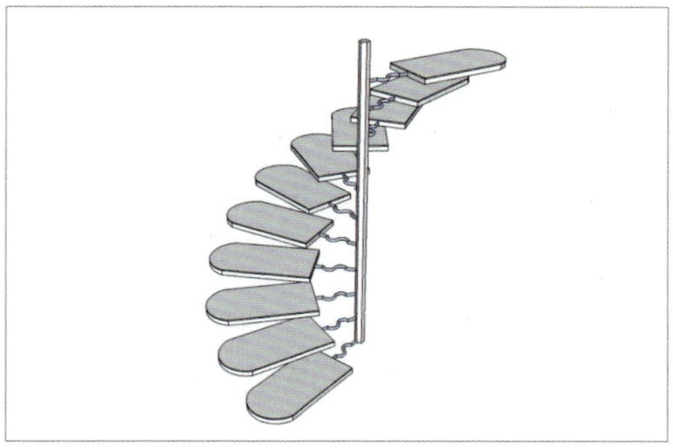

PART 02 실내/실외 인테리어 디자인

실내 공간은 평면이 아니라 입체이므로 공간의 배치는 입체적으로 다루어져야 합니다. 실내 공간은 생활에 필요한 여러 가지 가구와 소품들을 배치해야만 비로소 생활할 수 있는 공간이 되는 것입니다.

실내 공간이 실내의 내부를 꾸미는 디자인이라면 실외 디자인은 외관을 꾸미는 디자인입니다. 건축 디자인 중에 가장 큰 비중을 차지하는 것은 실내 공간을 효율적으로 디자인하는 것입니다. 실외 디자인이라는 용어 자체를 많이 사용하지 않지만 그래도 모든 건물의 외관을 아름답게 꾸미거나 상상력을 발휘하여 표현하는 것을 실외 디자인이라고 할 수 있습니다.

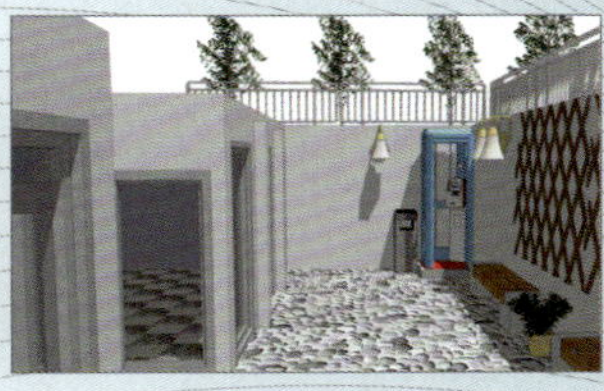

01; 사실감을 주는 감각 노하우

이번 장에서는 스케치업 8로 모델링을 작업한 후 모델의 사실적인 효과를 설정하는 방법에 대해 알아보겠습니다. 사실적인 효과를 적용하기 위해서는 그림자를 설정하여 좀 더 입체적인 3D 모델로 표현해야합니다. 배경 효과를 주기 위해 안개를 설정하면 좀 더 풍부한 효과를 줄 수 있습니다. 그리고 지형을 이용하여 더욱 사실적인 배경 공간을 만들기 위해 3D 모델을 배치하여 모델의 주위 공간을 표현하기도 합니다.

01. 스타일 도구와 메뉴 알아보기

Face Style 도구 툴과 메뉴를 이용하면 다양한 스타일을 표현할 수 있습니다. 또 객체 가장자리를 자유롭게 변경할 수 있습니다. 그리고 워터마크를 만들어 다른 사용자가 사용할 수 없도록 완성된 결과를 만들 수도 있습니다.

01 Style 도구 이해하기

화면에 보이는 스타일을 설정하는 도구들입니다.

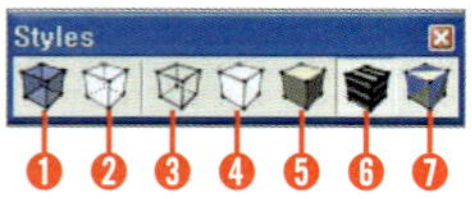

❶ X-Ray(아이콘)

화면 형태를 투명하게 보이도록 합니다.

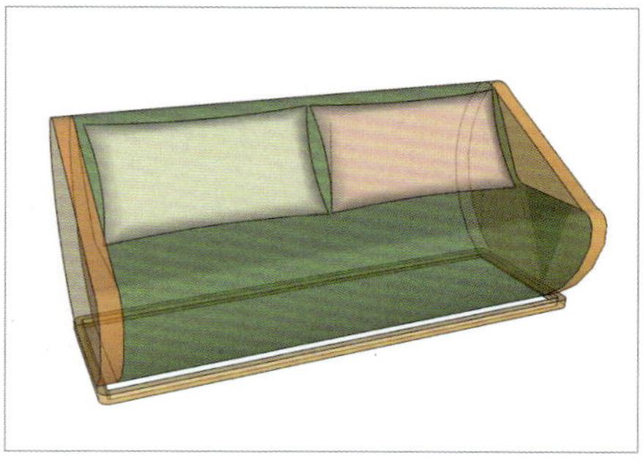

❷ Back Edges(아이콘)

뒤쪽 가장자리 확인란을 선택하면 모델에서 다른 가장자리에 의해 가려진 가장자리 표시가 활성화됩니다. 가려진 가장자리는 파선으로 표시됩니다.

❸ Wireframe(아이콘)

선으로만 이루어진 와이어 형태로 보이도록 합니다.

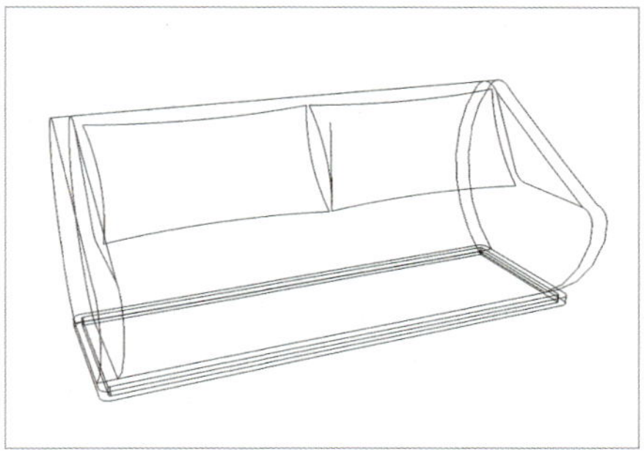

❹ Hidden Line(아이콘)

숨은 선이 안 보이는 상태로 보이도록 합니다.

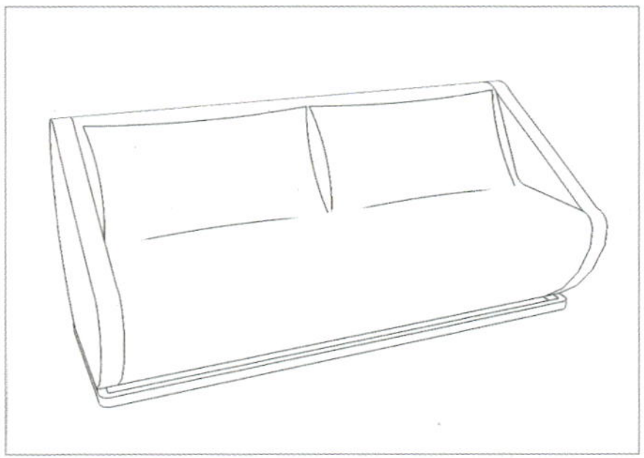

❺ Shaded(아이콘)

음영 상태로 보이도록 합니다.

❻ Shaded with Textures( )

재질이 보이도록 합니다.

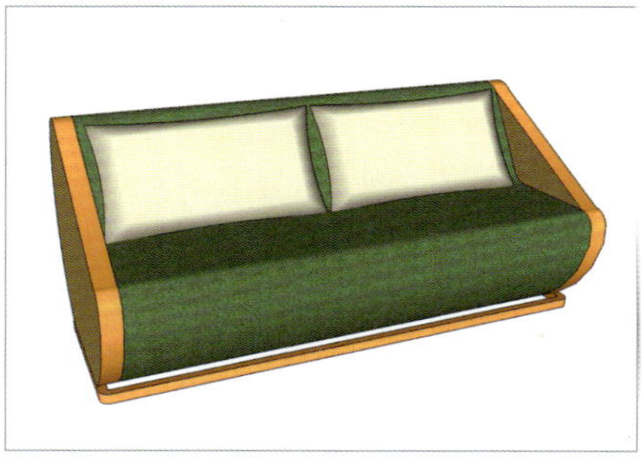

❼ Monochrome( )

객체의 색이 앞면, 뒷면의 색으로 표현되도록 합니다.

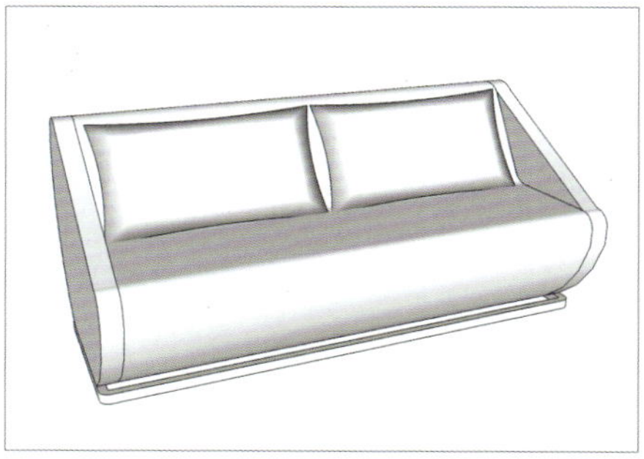

02 Style(스타일) 메뉴란?

메뉴의 [Window]-[Styles]를 선택하면 다양한 스타일을 연출할 수 있습니다. 어떤 기능들이 있는지 알아보겠습니다.

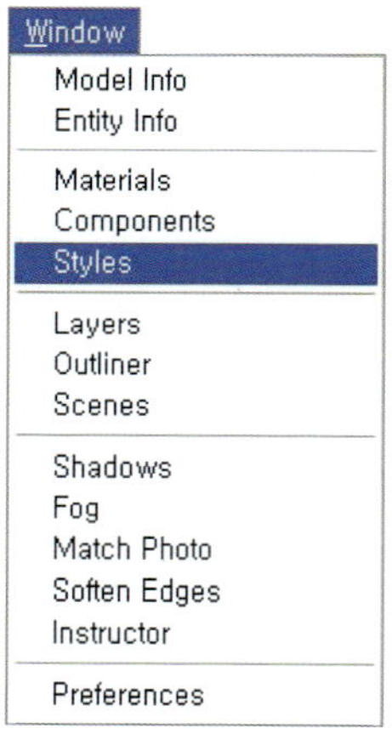

- 스타일은 디스플레이 설정의 객체와 그리기 영역에 구체적인 효과를 주기 위해 적용할 수 있는 디스플레이 명령어입니다.
- 스타일은 특정 선 타입, 하늘과 배경 색상, 워터마크 및 기타 그리기 영역 효과로 구분될 수 있습니다.
- 스케치업 8은 테두리에 그린 스케치를 적용할 수 있습니다.
- 포토샵과 같은 드로잉 프로그램에서 자신만의 스케치 스타일을 직접 만들 수 있는 것처럼 스케치업 8에서는 다른 테두리에 다양한 스타일의 독특함을 줄 수 있습니다.
- 워터마크는 직접 화면에 로고를 넣거나 기타 그래픽 장소로 사용할 수 있습니다.

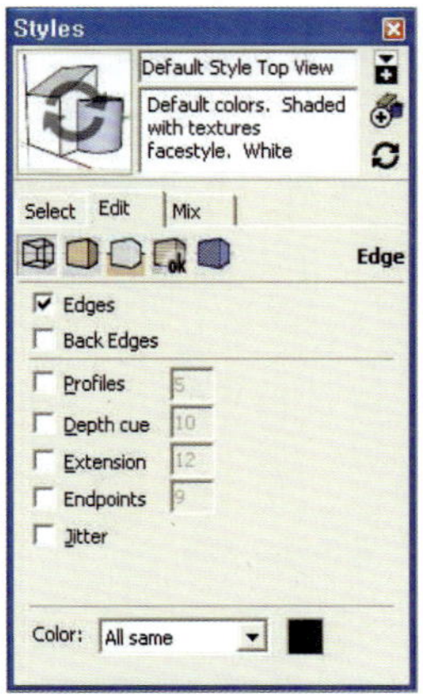

▲ Edge(선) 편집하기

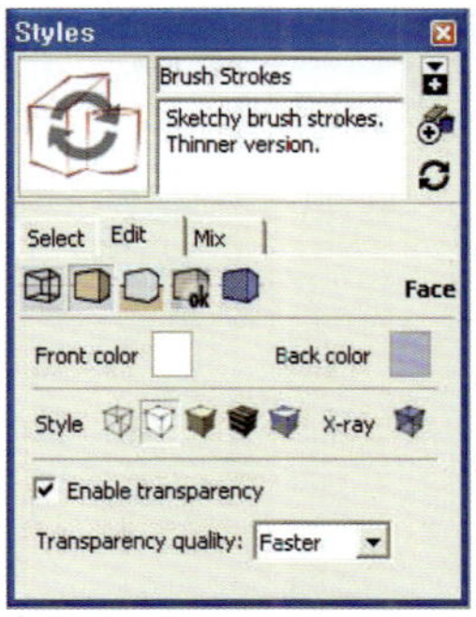

▲ 객체의 앞면/뒷면 색을 설정하기

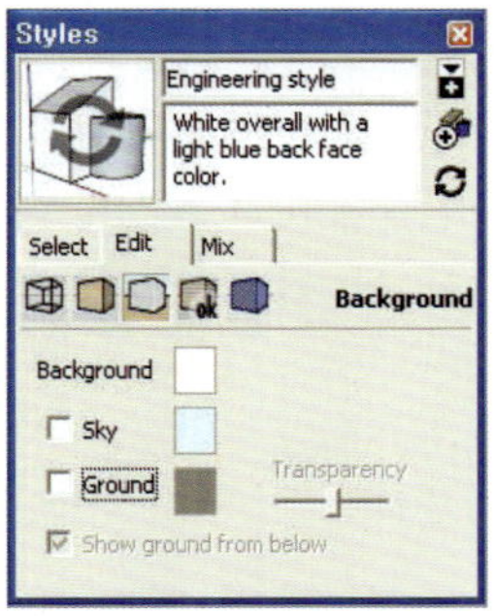

▲ 배경색 변경하기

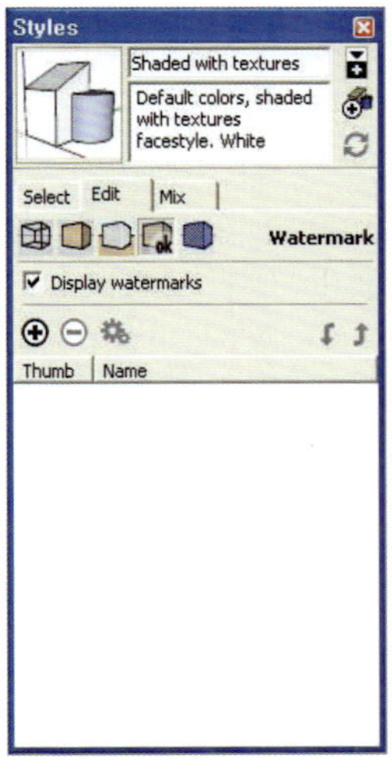

▲ 작업 화면에 워터마크 효과 주기

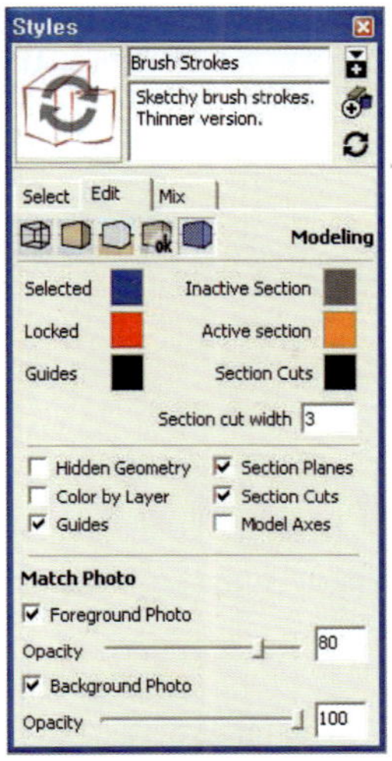

▲ 선택한 객체를 색으로 구분하기

03 디스플레이를 설정하는 [Styles] 창 알아보기

[Styles] 창의 Display Setting(화면 표시 설정)은 스케치업의 최종 결과물을 만드는 데 필요하지만, 이 옵션들을 적용하면 디스플레이 속도가 저하됩니다. 이번 스케치업 8에서는 [Back Edges] 항목이 추가되었습니다.

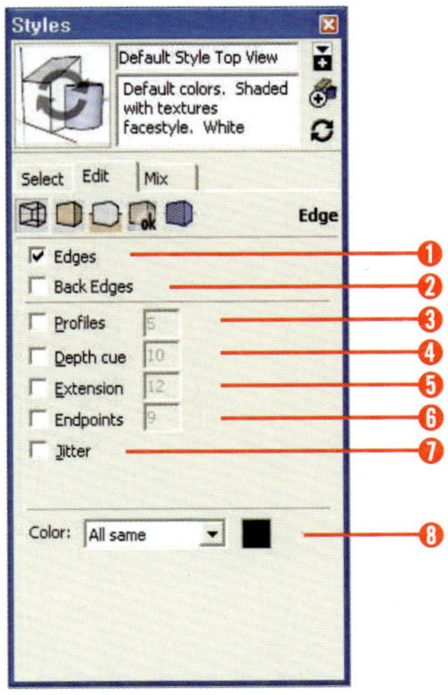

❶ Edge

객체의 가장자리 선을 표시합니다. 가장자리 확인란에 체크 표시를 하면 모델에 가장자리 표시가 활성화됩니다.

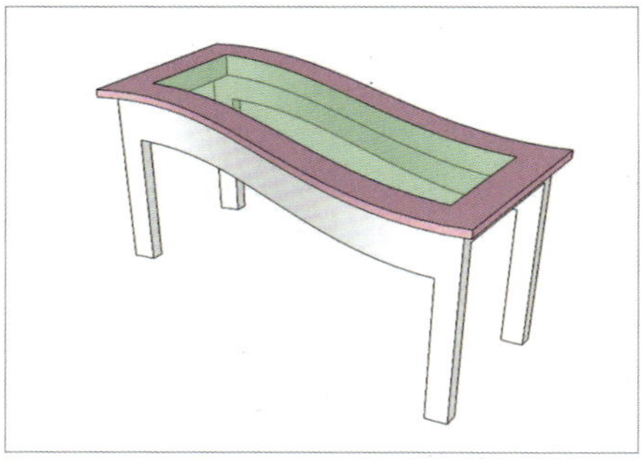

▲ Edges 체크

❷ Back Edges

Back Edges에 체크 표시를 하면 모델에서 다른 가장자리에 의해 가려진 가장자리 표시가 활성화됩니다. 가려진 가장자리는 파선으로 표시됩니다.

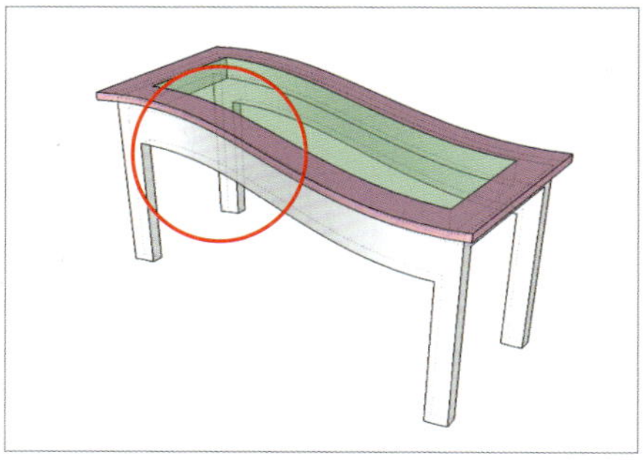

▲ Back Edges 체크

❸ Profiles

선의 두께를 설정합니다. Profiles에 체크 표시를 하면 모델에서 주요 형태의 윤곽선 및 Profiles를 강조할 수 있습니다. 이 스타일은 도형의 3D 특성을 강조할 때 특히 유용하며, 기존의 입증된 미디어 그리기 기법에서 빌려온 것입니다. 픽셀 필드에 Profiles 선의 두께(픽셀)를 입력합니다.

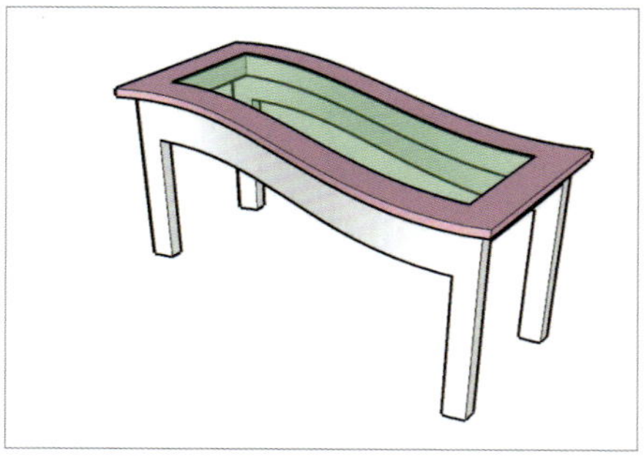

▲ Edges 체크/Profiles 값에 '5'를 입력

❹ Depth cue

Depth cue에 체크 표시를 하면 배경에 있는 도형 선 위에 전경에 있는 도형의 선을 강조할 수 있습니다. 전경 가장자리는 뒤로 갈수록, 그리고 아래로 갈수록 점차 얇아집니다. 픽셀 필드에 깊이의 두께(픽셀)를 입력합니다. 이 두께는 모델에서 가장 앞에 있는 선(다음 이미지에서 아래쪽 가운데)의 두께를 결정합니다.

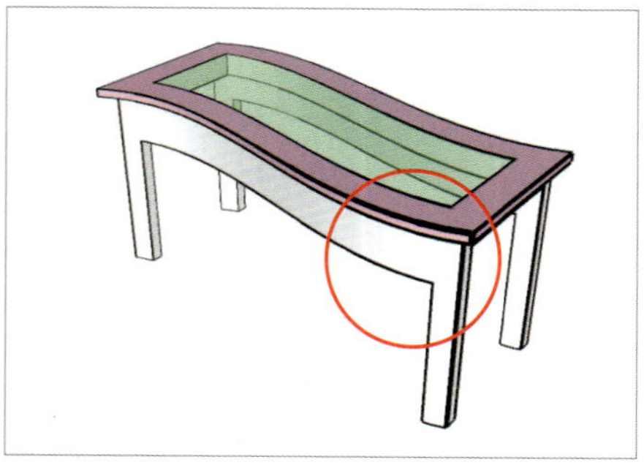

◀ Edges 체크/Depth cue에 '10'을 입력

❺ Extension

선이 끝점에서 확장하여 설정됩니다. Extension 확인란을 선택하면 끝점을 지나서까지 각 선을 연장할 수 있으며, 모델에 손으로 스케치한 효과를 표현할 수 있습니다. 이 가장자리 렌더링 스타일은 추정 동작에는 적용되지 않습니다. 픽셀 필드에 연장선의 길이(픽셀)를 입력합니다.

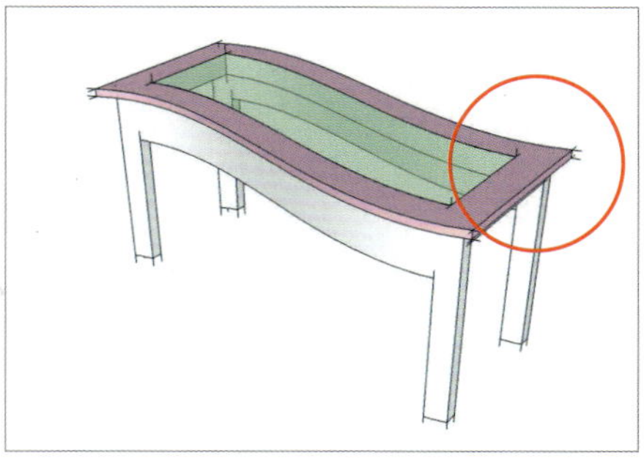

▲ Edges 체크/Extension에 '12'를 입력

❻ Endpoints

끝점을 두껍게 표시해 줍니다. Endpoints 확인란을 선택하면 선의 끝점에 추가로 선 두께가 지정됩니다. 픽셀 필드에 강조된 끝점의 길이(픽셀)를 입력합니다.

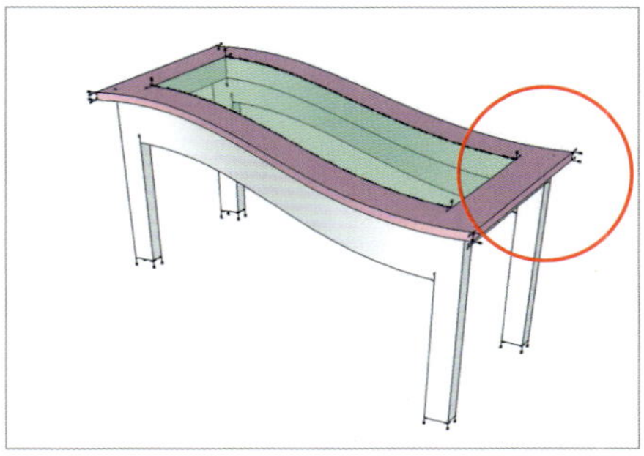

▲ Edges 체크/Extension에 '12'를 입력/Endpoints에 '5'를 입력

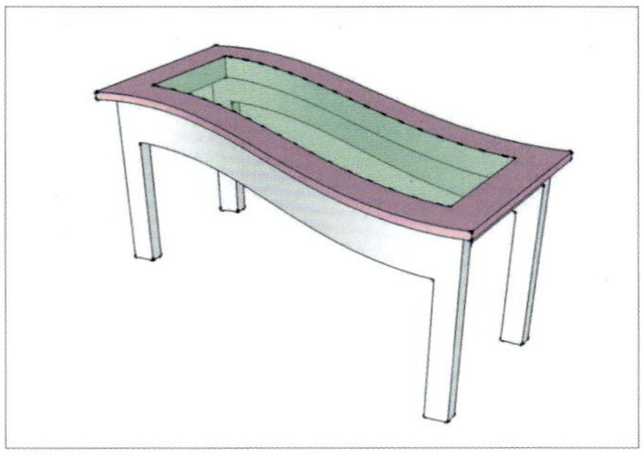

▲ Edges 체크/Endpoints에 '5'를 입력

❼ Jitter

선이 두 겹으로 약간 웨이브가 생기면서 설정됩니다. 지터 확인란을 선택하면 약간의 오프셋을 사용하여 각 선을 여러 번 렌더링하기 때문에 모델을 손으로 스케치한 효과를 표현할 수 있습니다. 이 가장자리 렌더링 스타일은 추정 동작에는 적용되지 않습니다.

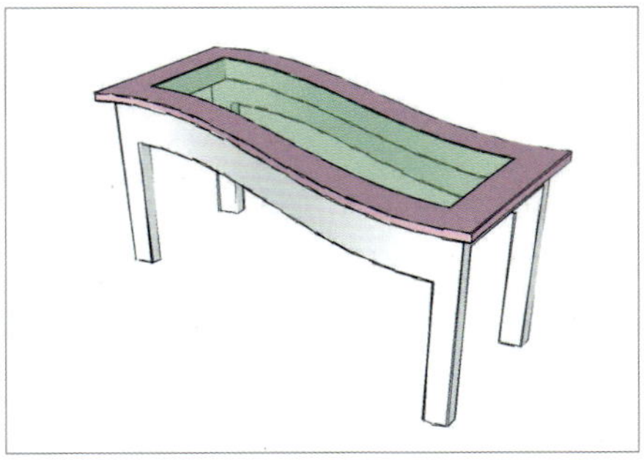

▲ Edges 체크/Jitter 체크

❽ Color

스케치업 8에서는 화면에서 가장자리 색상을 조절할 수 있습니다. 가장자리 색상은 음영 및 텍스처 면 렌더링 스타일을 사용하여 음영을 줄 때만 사용할 수 있습니다.

- [All Same] : 색상 샘플에 정의된 가장자리 색상을 사용하여 모든 가장자리를 표시하려면 드롭다운 목록에서 모두 같은 항목을 사용해야 합니다. 이 옵션은 사용자가 지정한 가장자리 색상 지정을 실제로 변경하지 않습니다.
- [By material] : 지정된 재질 색상을 사용하여 가장자리를 표시하려면 재질별 드롭다운 목록의 항목을 사용해야 합니다. 다음 이미지에는 회색 재질로 칠해진 가장자리가 포함됩니다.

- **[By axis]** : 선이 평행인 그리기 축의 색상에 따라 가장자리를 표시하려면 축별 드롭다운 목록의 항목을 사용해야 합니다. 이 옵션은 축에 정렬되지 않은 가장자리를 확인할 때 유용합니다. 다음 이미지에는 선이 정렬된 축에 따라 빨간색, 녹색 및 파란색으로 표시된 선이 있습니다.

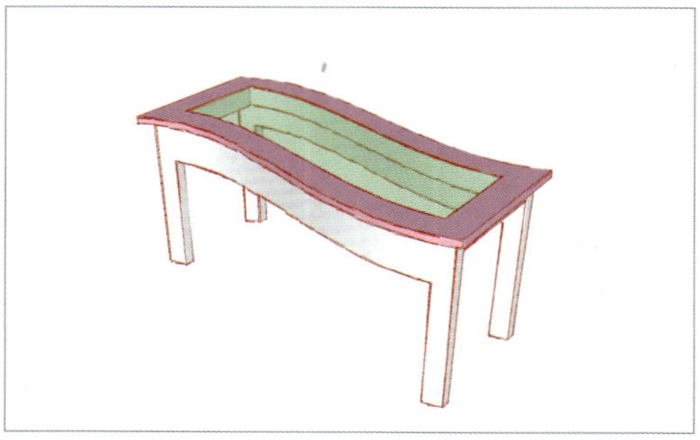

▲ Edges 체크/Color(All same) 선택 : 선의 색을 적색으로 변경

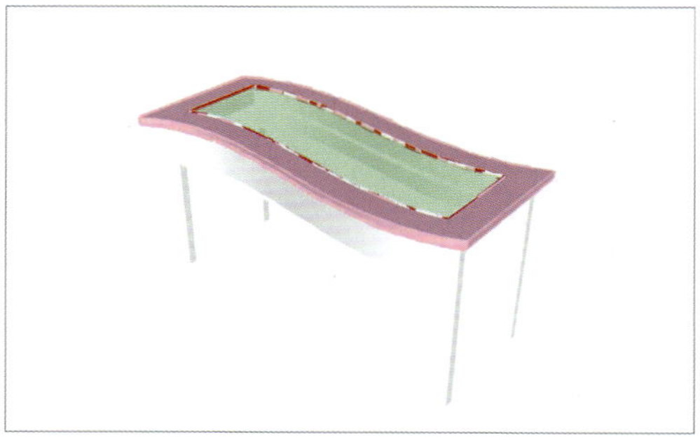

▲ Edges 체크/Profiles 값에 '5'를 입력/Color(By material) 선택

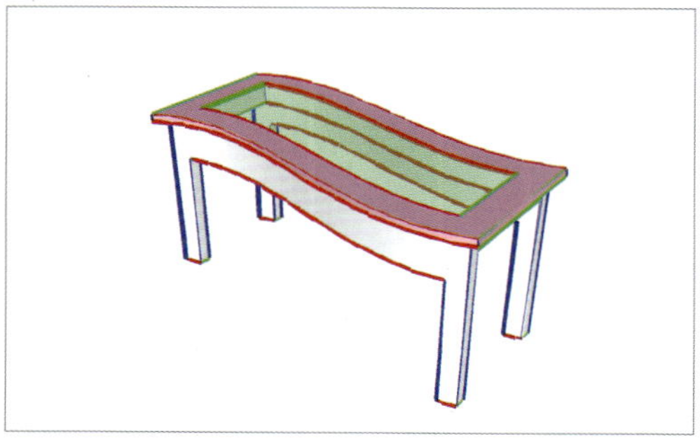

▲ Edges 체크/ Profiles 값에 '5'를 입력 / Color(By axis) 선택

02. 스타일의 적용과 활용법 알아보기

완성된 모델링을 좀더 다양한 스타일로 변경하는 과정에 대해 알아보겠습니다. 기본적으로 제공되는 템플릿(Template)에 설정되어 있는 스타일은 실제 모델링을 하기에 적합하지 않습니다. 따라서 이번에는 스타일을 적절하게 조절하는 방법을 알아보겠습니다.

01 [Styles] 창의 백그라운드 알아보기

하늘과 바닥의 색, 배경색을 변경할 수 있습니다.

● 예제 파일 | 부록 CD\Sample\Part 02\예제\하우스.skp

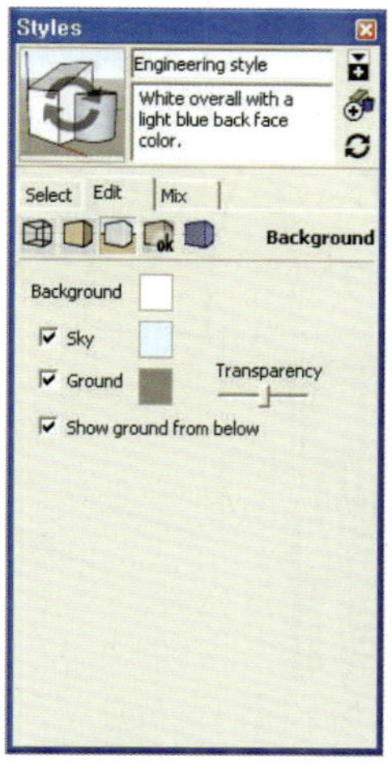

02 스케치업에 등록된 스타일 활용하기

Display Setting을 한 단계 발전시킨 것으로, 렌더링 옵션들을 스타일이라는 이름으로 재질이나 컴포넌트처럼 쉽게 사용, 관리, 저장할 수 있게 하는 획기적인 기능입니다.

01 [Select]-[Assorted Styles]에서 사용자가 원하는 스타일을 선택합니다.

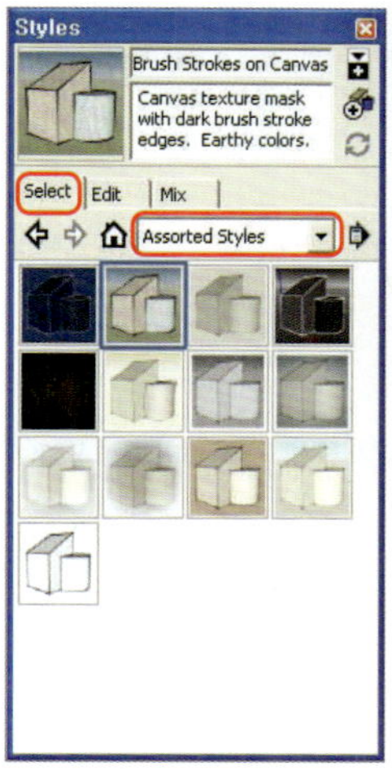

02 [Select]–[Sketchy Edges]에서 사용자가 원하는 스타일을 선택합니다.

03 [Edit]에서 각각의 항목을 사용자가 원하는 대로 수치를 변경합니다.

03 사용자가 작업한 스타일 등록 및 저장하기

다양한 스타일과 스타일의 옵션을 사용하여 마음에 드는 이미지를 표현했다면 별도의 폴더에 저장하여 언제든지 사용할 수 있도록 해야 합니다. 이번에는 등록되어 있는 스타일이 아닌 나만의 개성 있는 스타일로 렌더링 결과물을 출력해 보겠습니다.

● 예제 파일 I 부록 CD\Sample\Part 02\예제\파라솔-style.skp, 서랍장.skp

01 [Style Builder]에서 자신만의 스케치 가장자리 스타일을 작업합니다. 작업한 스타일을 등록 및 저장하기 위해 Create new style( ) 버튼을 클릭하면 작업한 스타일이 In Model( )에 등록되는 것을 확인할 수 있습니다. 그리고 등록한 스타일을 다른 파일에서 사용하기 위해 등록한 스타일에서 마우스 오른쪽 버튼을 클릭하면 나타나는 확장 메뉴 중에서 [Save As]를 선택합니다. 그런 다음, 파일명을 입력하고 저장합니다.

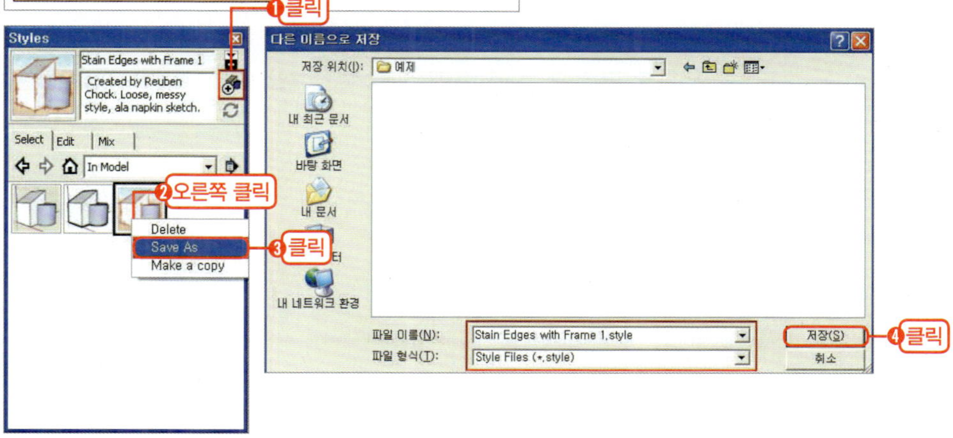

02 메뉴에서 [File]–[Open]을 선택한 후 스타일을 적용할 '서랍장.skp' 파일을 불러옵니다. 01에서 등록한 후 저장한 스타일을 적용하기 위해 메뉴에서 [Window]–[Styles]을 선택합니다. 그런 다음, [세팅] 버튼( )을 클릭하고 [Open or create a collection]를 선택합니다.

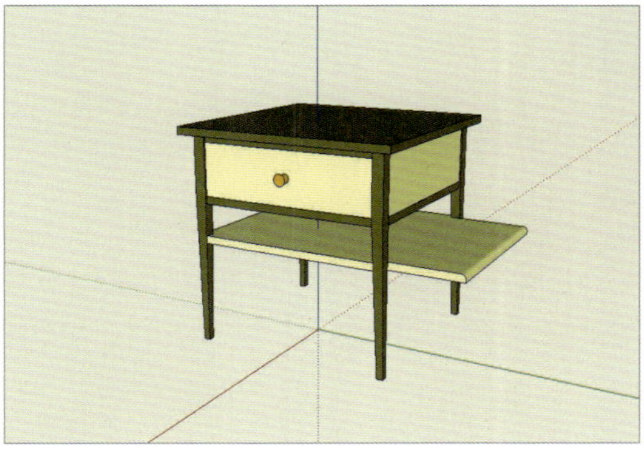

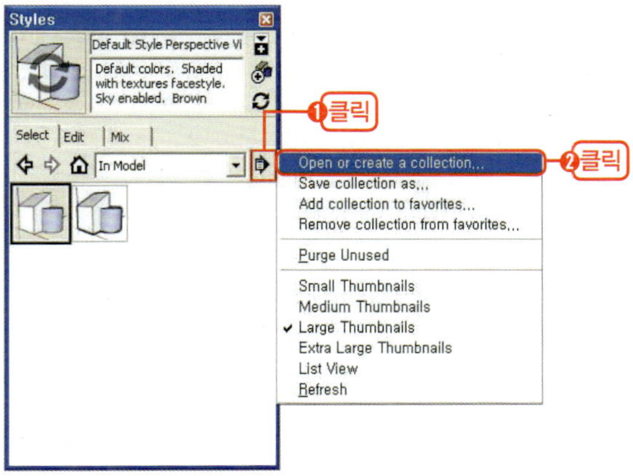

03 01에서 저장한 스타일 파일이 들어 있는 폴더를 선택하면 [Style] 창이 나타나는 것을 확인할 수 있습니다. 여기서 방금 불러온 스타일을 선택하면 작업 화면에 있는 객체의 스타일이 변경된 것을 확인할 수 있습니다.

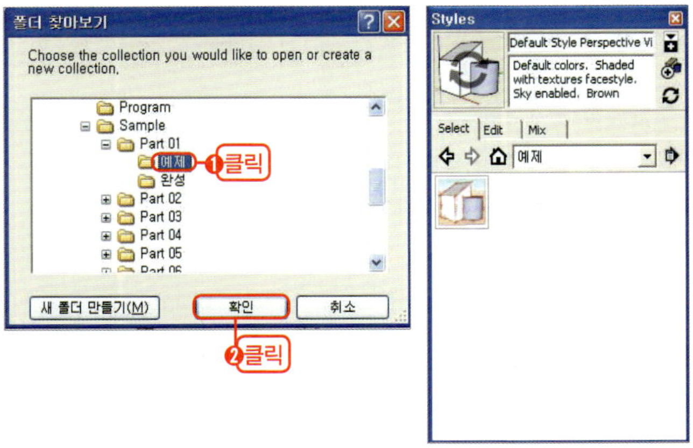

04 작업 화면에 워터마크 효과 주기

하나 이상의 워터마크가 존재할 경우에는 화면에 우선적으로 표시됩니다. 사용되는 워터마크는 이미지 파일로 되어 있습니다.

● 예제 파일 I 부록 CD\Sample\Part 02\예제\파라솔-style.skp, 파라솔.jpg

01 메뉴에서 [File]-[Open]을 선택한 후 '파라솔-Style.skp' 파일을 불러옵니다. 그런 다음, 메뉴에서 [Window]-[Styles]를 선택하고 [Styles]-[Edit] 창에서 Add Watermark(⊕) 버튼을 선택한 후 워터마크 효과를 적용할 스케치업 파일을 불러옵니다.

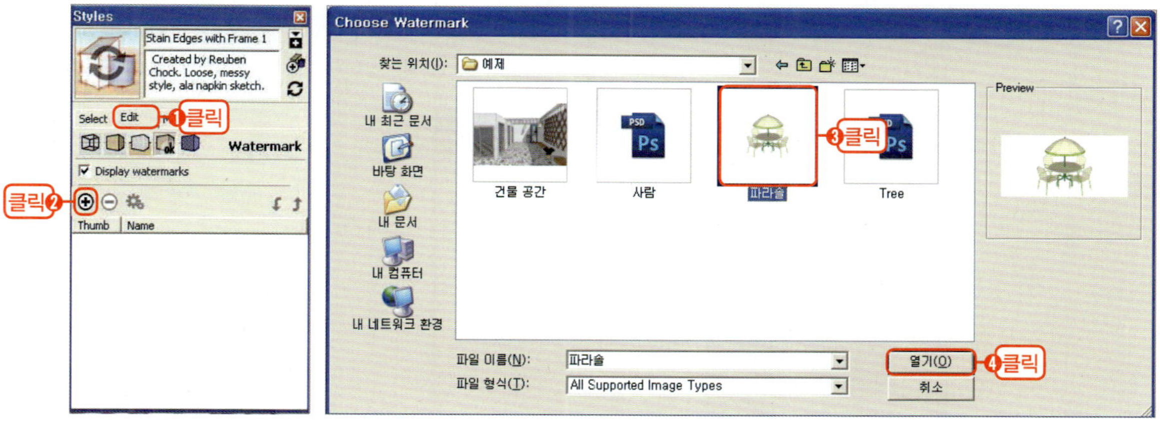

02 배경 화면에 워터마크 효과를 자연스럽게 채우기 위해 다음과 같이 설정합니다. 화면에서 워터마크 효과가 변경되는 것을 보면서 설정을 변경할 수 있습니다.

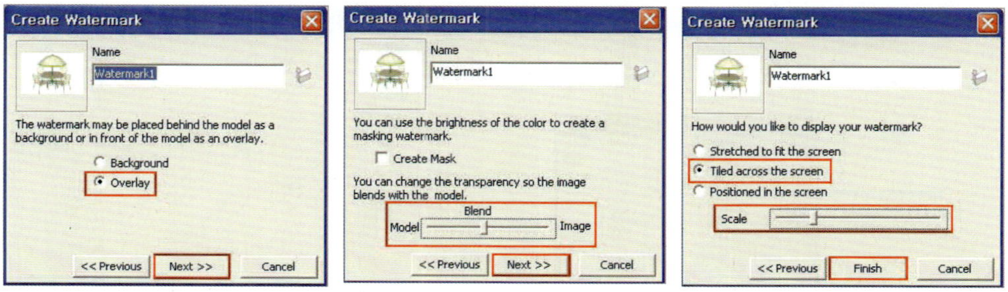

03 02에서 설정한 워터마크가 [styles] 창에 삽입된 것을 확인할 수 있습니다.

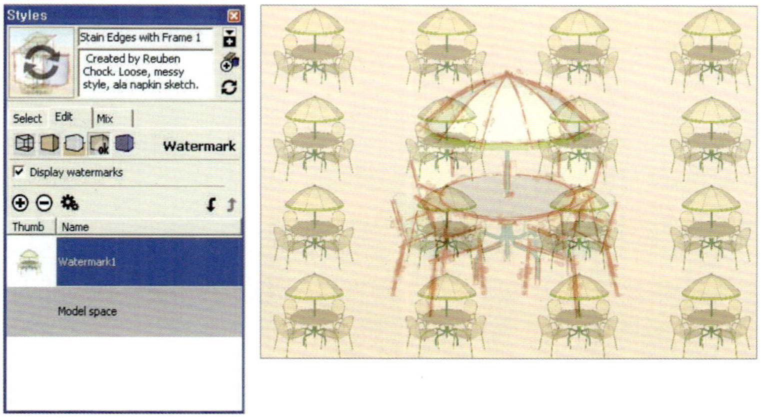

04 03에서 작업한 워터마크를 수정하기 위해 [Styles]에서 편집 버튼()을 선택합니다. 그런 다음, [Create Mask]에 체크 표시를 하고 각 기능을 조절하면서 워터마크 효과를 확인합니다.

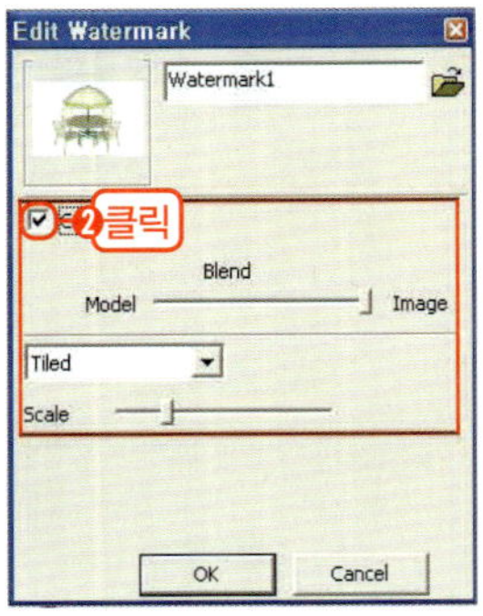

05 다시 한 번 [Styles]에서 편집 버튼()을 클릭합니다. 그런 다음, [Create Mask]의 체크 표시를 해제하고 각 기능을 조절하면서 워터마크 효과를 확인합니다.

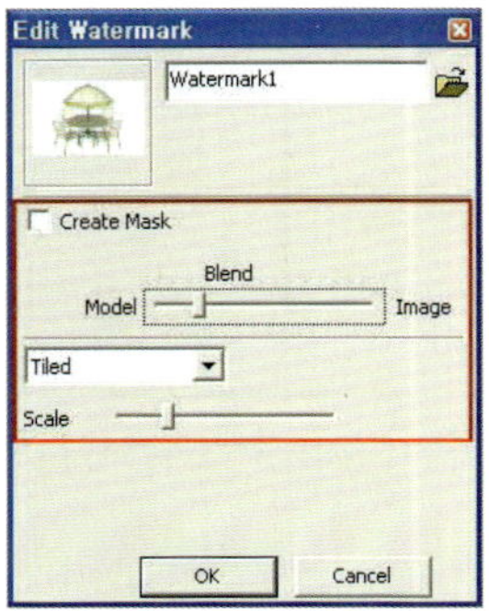

03. 컴포넌트의 구성과 사용법

구성 요소 라이브러리를 생성하고 스케치업 8에 포함된 모델 세부 사항을 쉽게 추가할 수 있도록 합니다. 이러한 구성 요소는 일반적인 건축 구성 요소(문, 창문 등)에 사람, 자동차, 나무, 그리고 기하학적인 도형 등과 같이 매우 다양합니다. 또 자신의 라이브러리에 사전 구성 요소를 넣어 두거나 기존의 구성 요소를 직접 만들 수 있습니다.

01 컴포넌트 메뉴 구성 알아보기

파일 메뉴에서 [Window]-[Components]를 선택하면 나타나는 메뉴들입니다. 이 메뉴들이 각각 어떤 역할을 하는지 간단히 알아보겠습니다.

- 객체 또는 컴포넌트 그룹이나 구성 요소의 범위 내에 존재합니다.
- 그룹 또는 구성 요소 내에 있는 모든 객체에 영향을 미치는 그룹 또는 구성 요소를 수정할 수 있습니다.
- 그룹 또는 컴포넌트 내에서 그룹이나 구성 요소의 개별적인 객체를 편집할 수 있습니다.
- 구글 어스 파일을 *.KMZ 형식으로 직접 내보낼 수 있습니다.
- 구성 요소 내에서 그룹, 그룹 내의 구성 요소와 기타, 다음 이미지 구성 요소를 선택 툴을 이용하여 보여 줍니다.

02 3D 이미지 갤러리에서 스케치업 8로 객체를 다운로드하는 방법 익히기

스케치업 8의 구성 요소 브라우저를 사용하면 Google 3D 이미지 갤러리에서 객체를 다운로드할 수 있습니다.

01 메뉴에서 [Window]-[Components]를 선택합니다. 창문 요소들을 검색하기 위해 요소 입력창에 'window'를 입력한 후 검색을 합니다. [Google]이 연결되면 다양한 창문 요소를 검색한 후 사용할 수 있습니다. 단, 인터넷이 연결되어 있어야만 합니다.

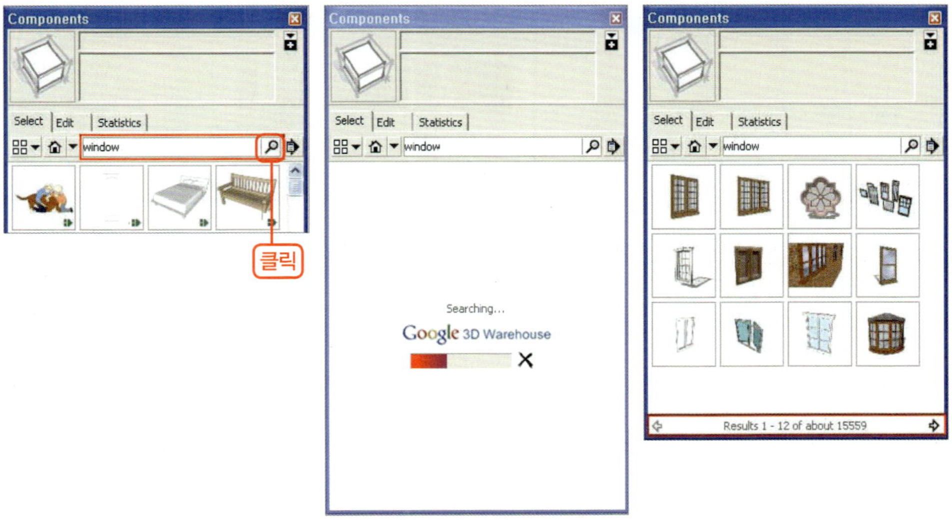

02 01처럼 [Components] 창에서 검색하여 사용하지 않고, Google 3D 이미지 갤러리에서 직접 요소들을 검색한 후에 사용하려면 [세팅] 버튼( )을 클릭한 후 [View in Google 3D Warehouse]를 선택합니다.

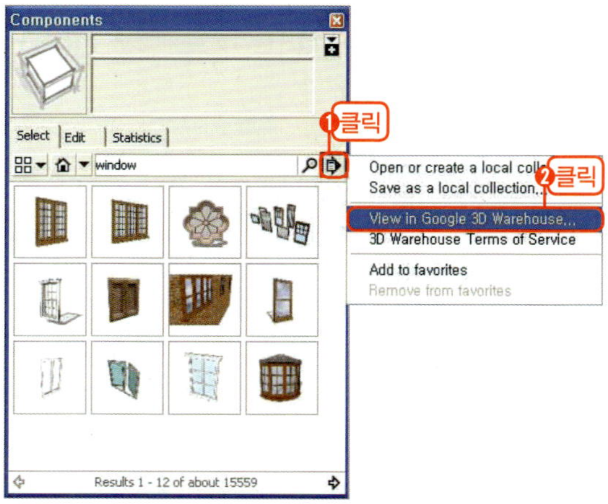

Tip

3D 이미지 갤러리를 불러오는 다른 방법

- [File]–[3D 이미지 갤러리]–[모델 가져오기]를 선택합니다.
- 3D 이미지 갤러리(http://sketchup.google.com/3Dwarehouse)에 접속합니다.

03 찾으려는 구성 요소를 입력하여 3D 이미지 갤러리에서 관련 객체를 찾은 후 클릭합니다. 검색한 구성 요소 객체들이 나타납니다.

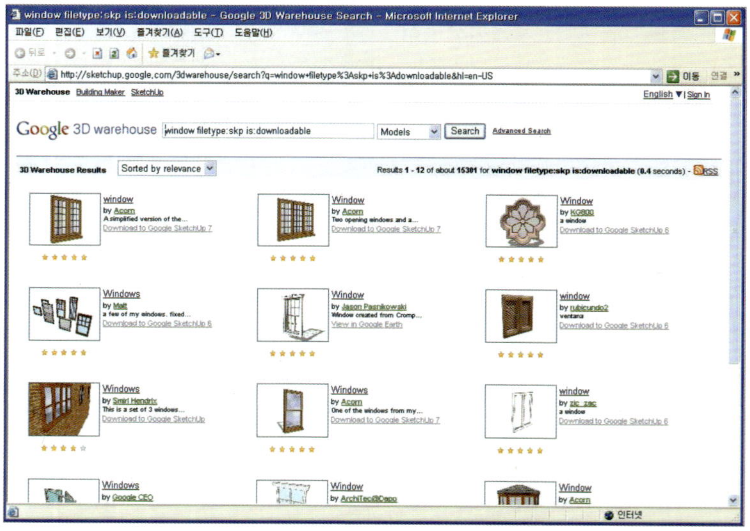

04 원하는 구성 요소 축소판 이미지를 클릭하여 구성 요소를 스케치업 8로 다운로드합니다.

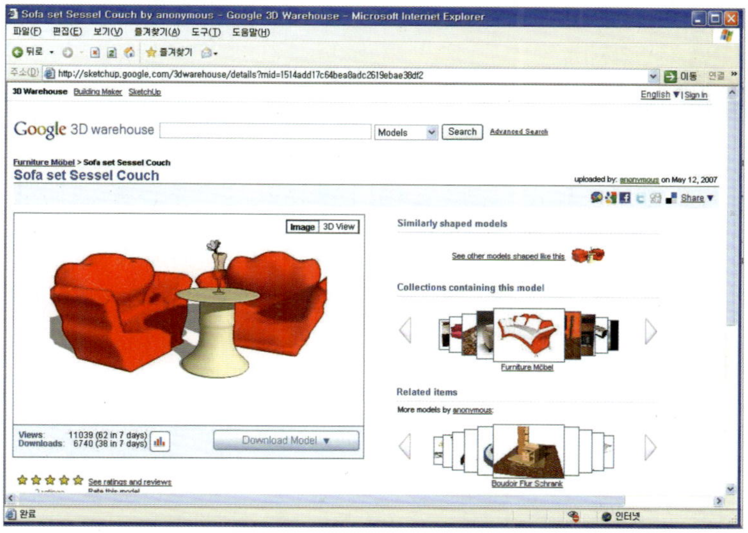

Tip

이전 버전의 스케치업에서 만든 모델도 다운로드하여 최신 버전의 스케치업에서 사용할 수 있습니다. 따라서 용량이 작은 모델을 사용해도 상관이 없습니다.

05 04에서 다운로드 버튼을 클릭하면 그림처럼 창이 나타납니다. [저장] 버튼을 클릭한 후 사용자가 미리 만들어 놓은 '소품모음' 폴더에서 파일 이름을 입력하고 저장합니다.

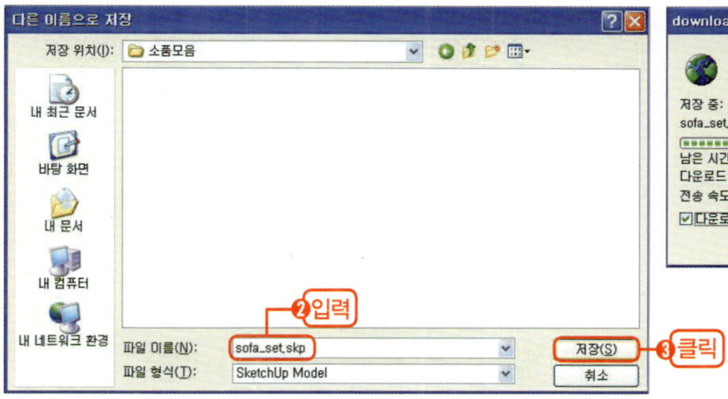

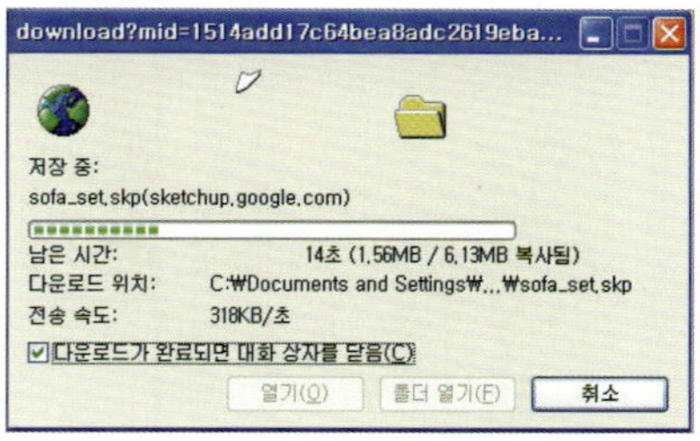

06 05에서 저장한 구성 요소 객체를 [Components] 창으로 불러오기 위해 [세팅] 버튼( )을 클릭한 후 [Open or create a local collection]을 선택합니다. 저장한 객체가 들어 있는 폴더를 선택한 후 [확인] 버튼을 클릭합니다.

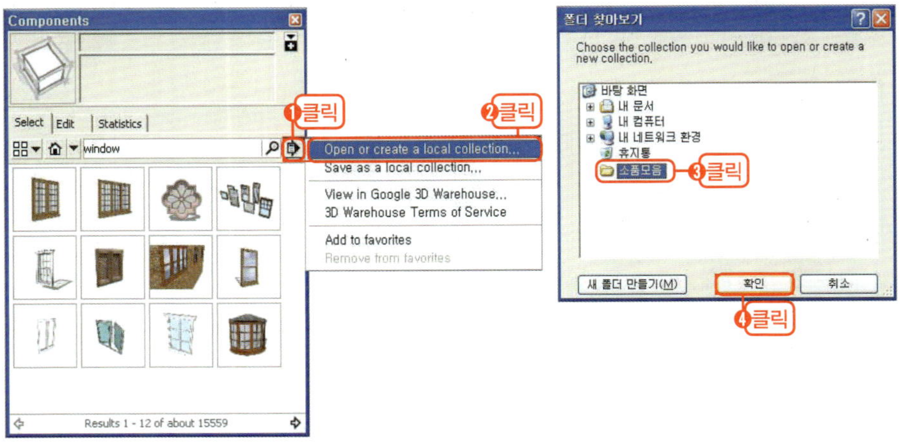

07 05에서 저장한 구성 요소 객체가 [Components] 창에 나타난 것을 확인할 수 있습니다. 그림처럼 작업 영역에 객체를 삽입합니다.

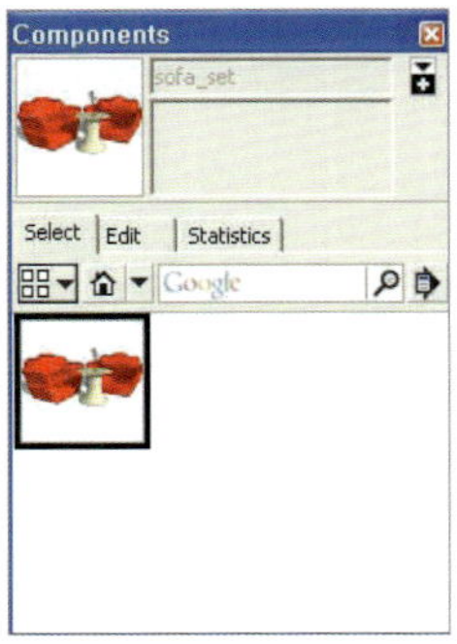

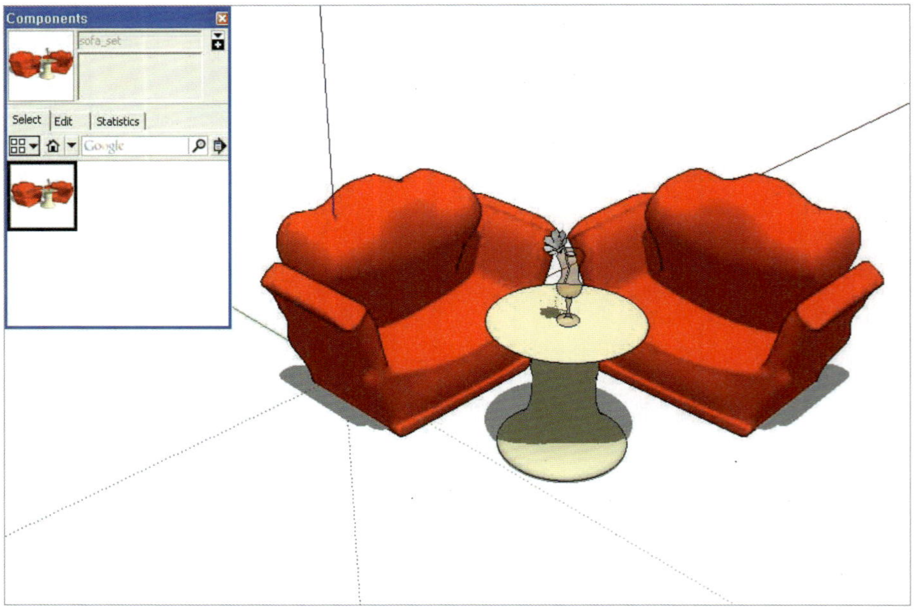

Tip

Google 툴바를 사용하여 구성 요소 객체 다운로드하기

스케치업 8의 Google 툴바를 사용하면 Google 3D 이미지 갤러리에서 객체를 다운로드할 수 있습니다.

① 스케치업 8에서 3D 이미지 갤러리에 액세스하려면 모델 가져오기 버튼( )을 클릭해야 합니다.

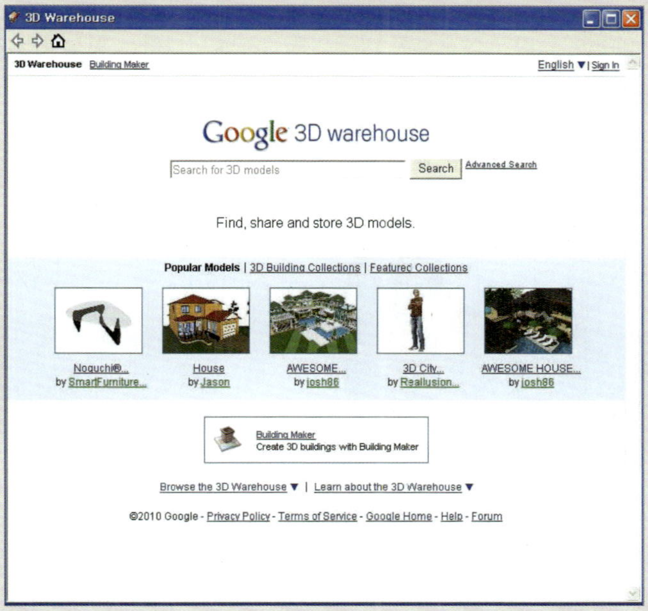

② 앞서 작업한 것처럼 찾으려는 구성 요소를 입력하여 3D 이미지 갤러리에서 관련 객체를 찾은 후에 클릭하면 검색한 구성 요소 객체들이 나타납니다. 원하는 구성 요소 축소판 이미지를 클릭하면 구성 요소를 스케치업 8로 다운로드하여 사용할 수 있습니다.

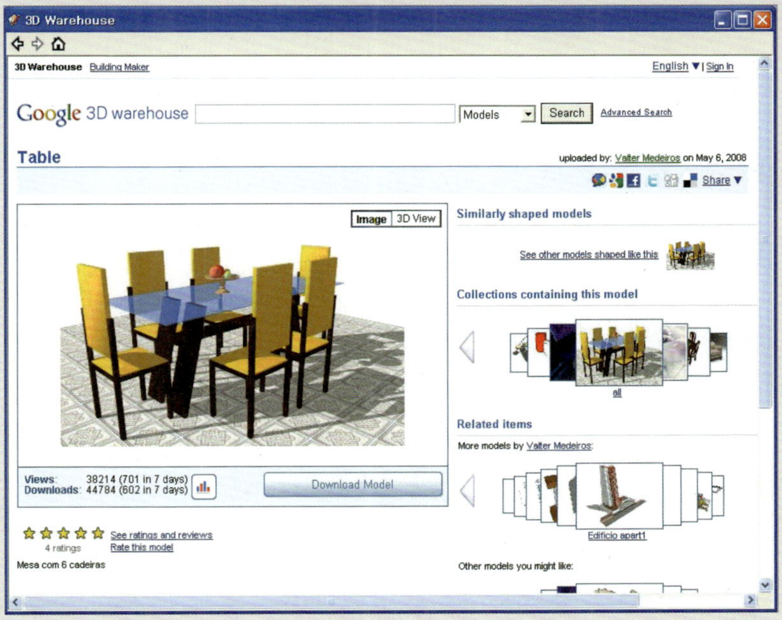

03 스케치업 8에서 작업한 객체를 컴포넌트로 등록하기

스케치업 8에서 지원하는 컴포넌트 소스가 아니라 사용자가 직접 작업한 다양한 객체들을 언제든지 사용할 수 있도록 컴포넌트로 등록하여 관리할 수 있습니다.

● 예제 파일 | 부록 CD\Sample\Part 02\예제\침대.skp

01 '침대' 객체를 선택한 후 마우스 오른쪽 버튼을 클릭하면 나타나는 확장 메뉴 중에서 [Make Component]를 선택합니다.

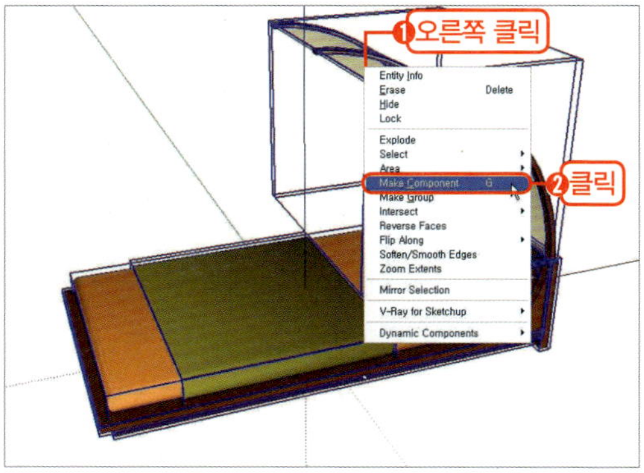

02 [Create Component] 창에서 이름을 '2인용 침대'라고 입력한 후 [Create] 버튼을 클릭합니다.

Tip

[Create Component] 대화상자의 구성 알아보기

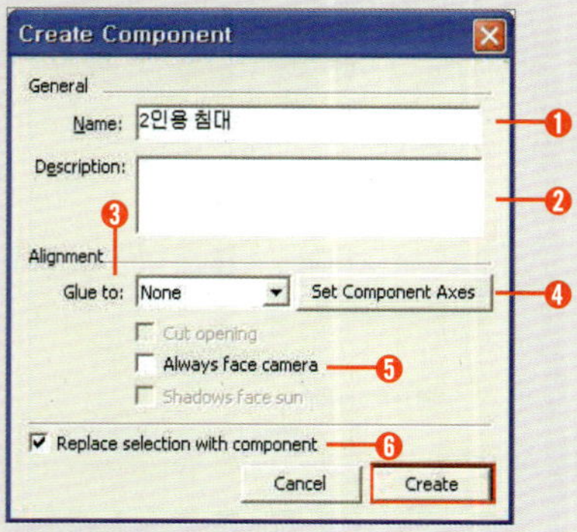

❶ Name 컴포넌트 이름을 입력합니다.

❷ Description 주석문을 입력합니다.

❸ Glue to 컴포넌트를 삽입할 때 면에 옵션을 지정합니다.

❹ Set Component Axes 컴포넌트의 기준 좌표를 설정합니다.

❺ Always face camera
컴포넌트가 카메라를 바라보는 면으로 회전하는 기능을 설정하면 작업을 쉽게 할 수 있습니다.

❻ Replace selection with component
다른 컴포넌트로 변경할 수 있도록 해 줍니다.

03 메뉴에서 [Window]-[Components]를 선택한 후 [Components] 창에서 In Model(⌂)을 클릭합니다. 02에서 등록한 2인용 침대를 확인할 수 있습니다.

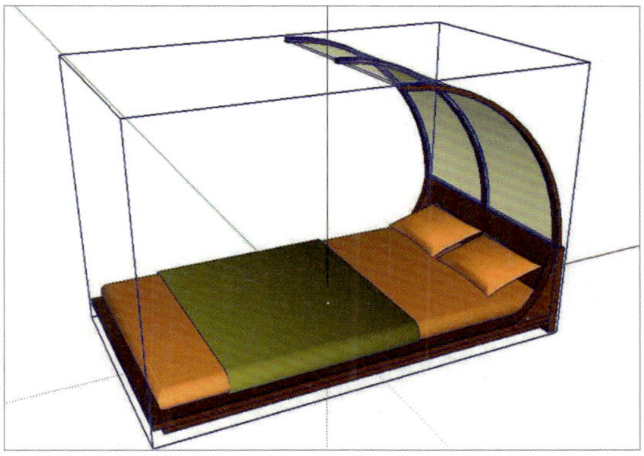

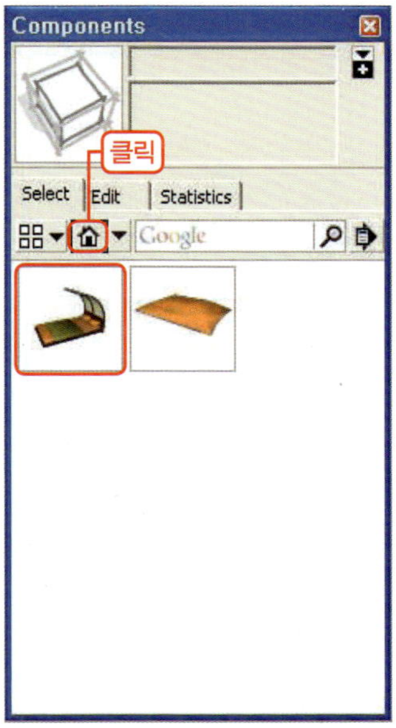

04 02에서 등록한 '2인용 침대'를 선택한 후 마우스 오른쪽 버튼을 클릭하면 나타나는 확장 메뉴 중에서 [Save As]를 선택합니다. 구성 요소 객체를 저장할 폴더에서 파일 이름을 입력한 후 [저장] 버튼을 클릭합니다.

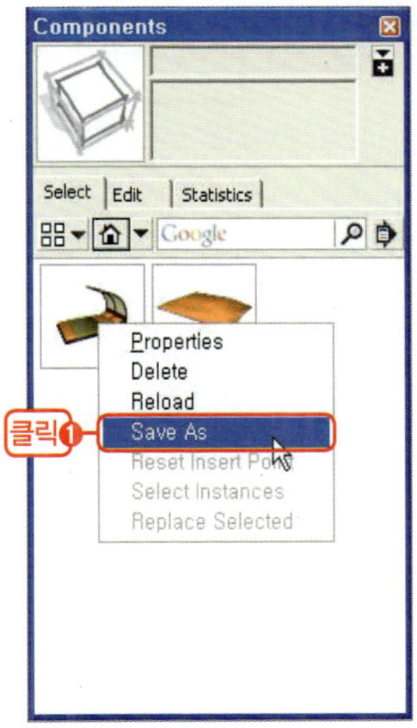

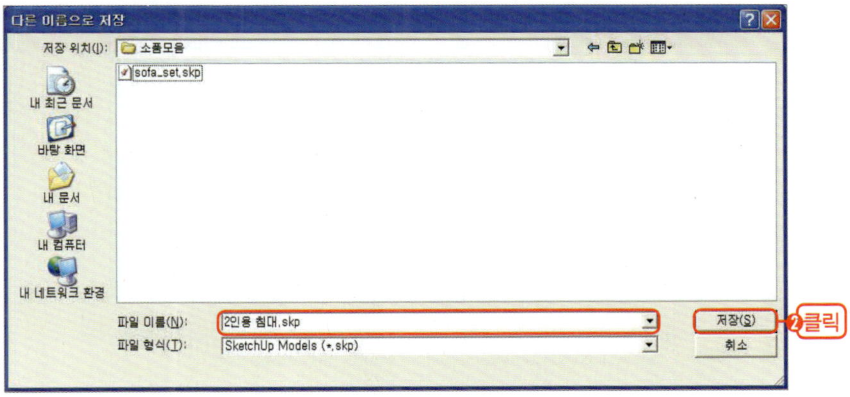

Tip

In Model(⌂)에서는 현재 작업하고 있는 파일 공간에서 사용한 구성 요소 객체들을 보여 주고 있습니다. 그러나 새로운 파일을 선택한 후 In Model(⌂)을 확인하면 비어 있는 것을 알 수 있습니다. 그래서 만약 언제나 사용할 수 있도록 객체를 [Make Component]로 등록하려면 In Model(⌂)에서 등록된 구성 요소 객체를 선택한 후 마우스 오른쪽 버튼을 클릭하면 나타나는 확장 메뉴 중에서 [Save As]를 선택해야 합니다.

05 04에서 저장한 구성 요소 객체를 [Components] 창으로 불러오기 위해 [세팅] 버튼(아이콘)을 클릭한 후 [Open or create a local collection]을 선택합니다. 저장한 객체가 들어 있는 폴더를 선택한 후 [확인] 버튼을 클릭합니다. 04에서 저장한 구성 요소 객체가 [Components] 창에 나타난 것을 확인할 수 있습니다.

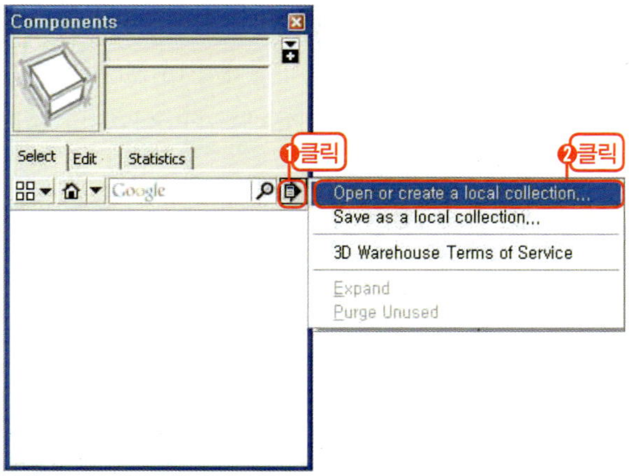

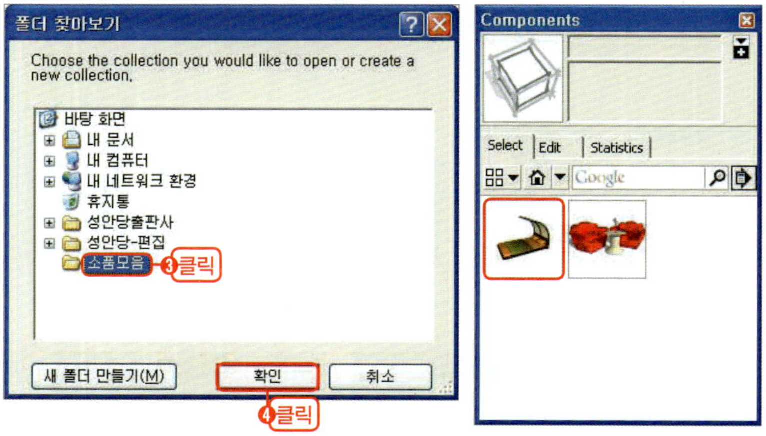

04. 컴포넌트의 배치와 확장

구성 요소 라이브러리를 생성하고 스케치업 8에 포함된 모델 세부 사항을 쉽게 추가할 수 있도록 합니다. 이러한 구성 요소는 일반적인 건축 구성 요소(문, 창문 등)에 사람, 자동차, 나무, 그리고 기하학적인 도형 등과 같이 다양합니다.

01 컴포넌트에서 구성 요소 객체를 불러와 배치하기

컴포넌트 창에서 창문과 문을 불러와 삽입하여 배치하는 예를 통해 이번 과정을 익혀보겠습니다.

● 예제 파일 I 부록 CD\Sample\Part 02\예제\컴포넌트.skp

01 메뉴에서 [Window]-[Components]를 선택합니다. [Components] 창에서 임의로 원하는 창문을 불러와 벽면 왼쪽 끝점을 기준으로 삽입합니다.

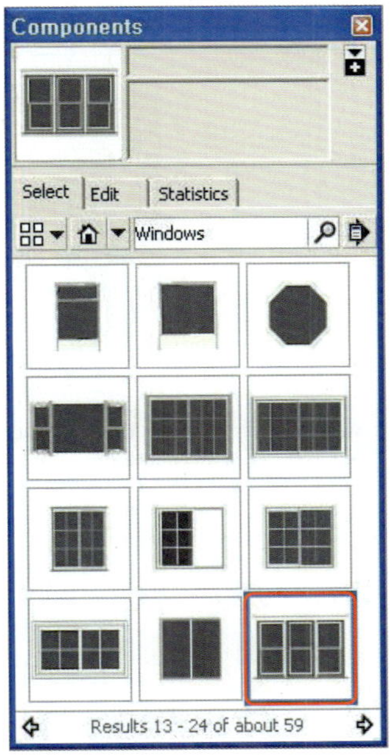

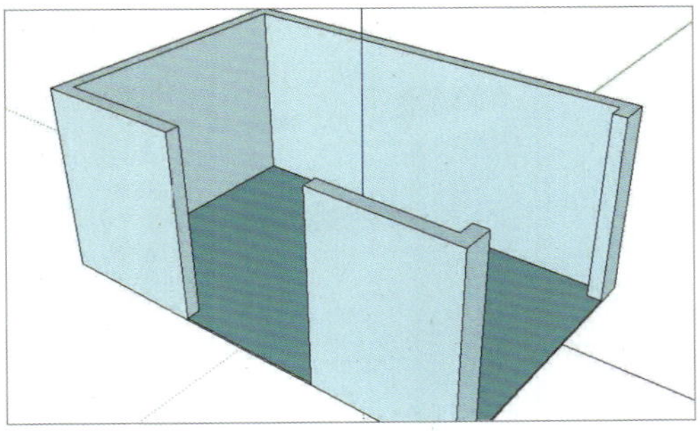

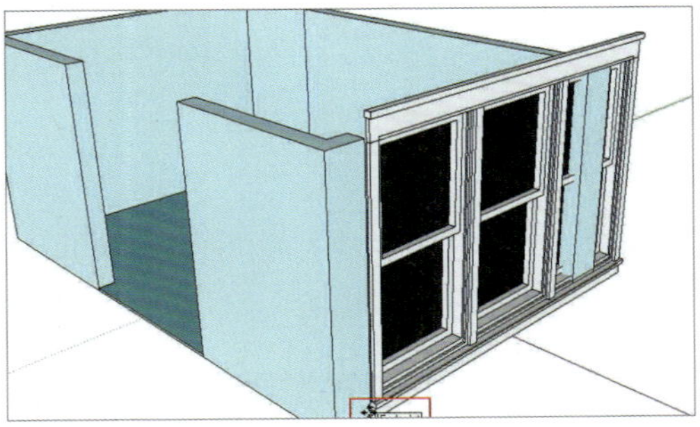

02 삽입한 객체는 스케일 툴( )로 벽면 오른쪽 가장자리 선을 기준으로 배치합니다.

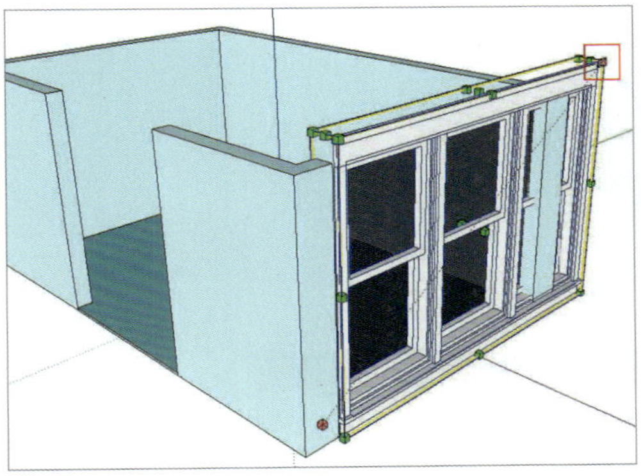

03 삽입한 객체는 다시 한 번 스케일 툴( )로 벽면 위쪽 가장자리 선을 기준으로 배치합니다.

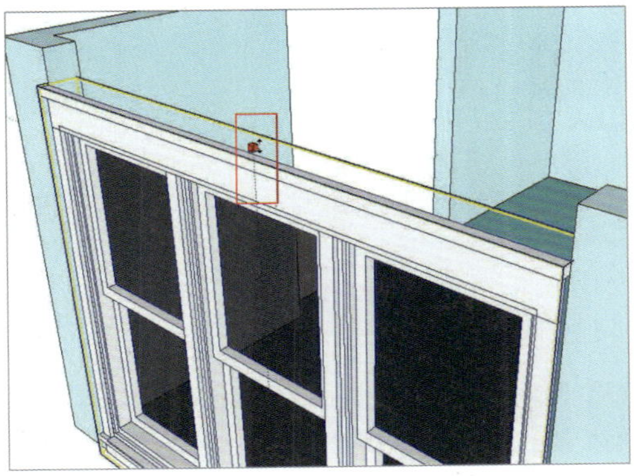

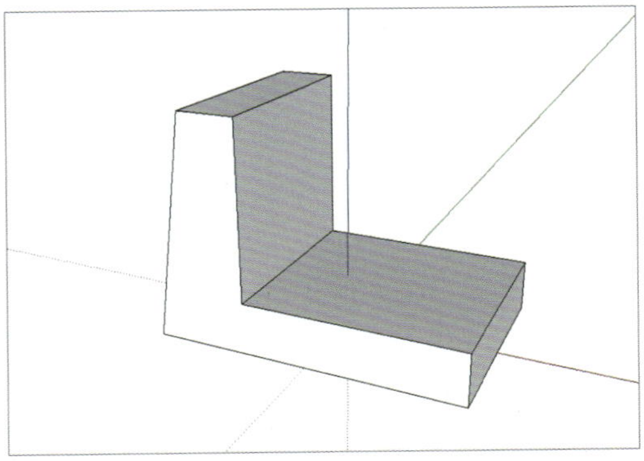

04 지금까지 배치한 창문이 벽면 앞으로 조금 나와 있는 것을 확인할 수 있습니다. 따라서 창문을 벽면 안쪽으로 들어가게 하기 위해 삽입한 창문에서 마우스 오른쪽 버튼을 클릭하면 나타나는 확장 메뉴 중에서 [Edit Component]를 선택합니다. 그리고 Control + A를 눌러 모든 객체를 선택합니다.

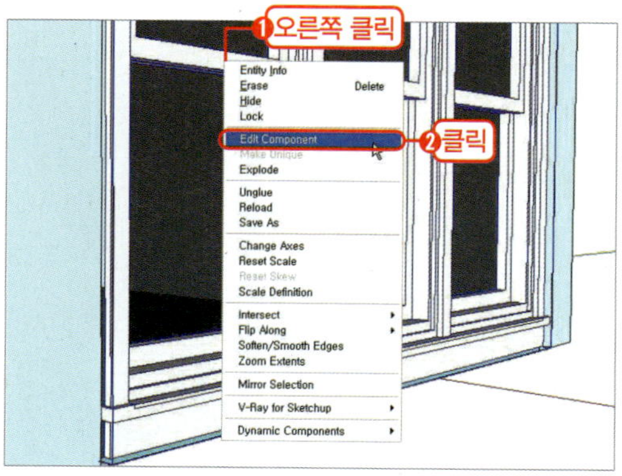

05 04에서 작업한 창문 객체는 이동 툴()로 창문 객체의 하단 끝점을 클릭한 후 안쪽 수평 방향으로 클릭한 채 드래그합니다.

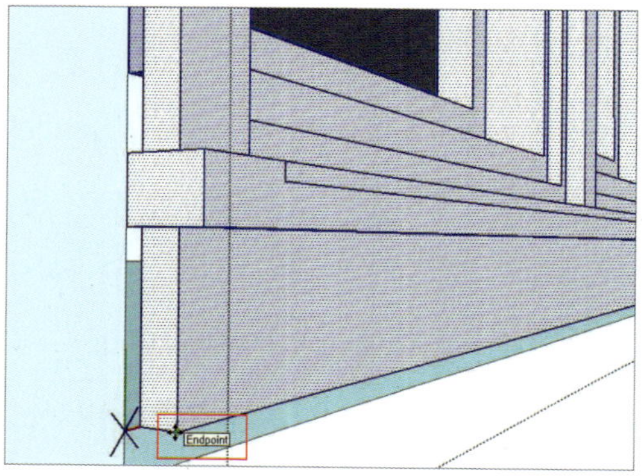

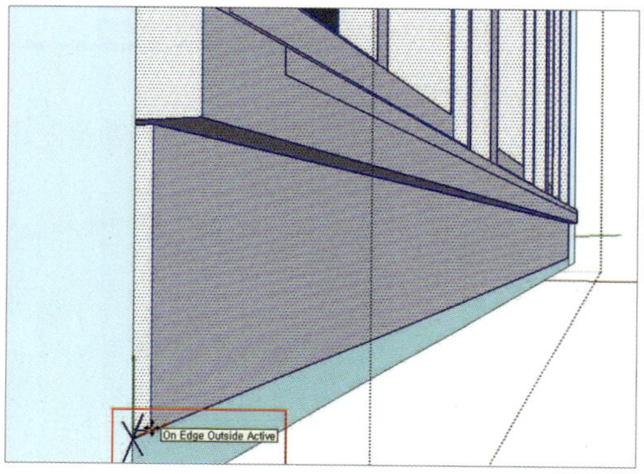

06 다시 한 번 [Components] 창에서 문을 불러온 후 벽면 왼쪽 끝점을 기준으로 삽입합니다.

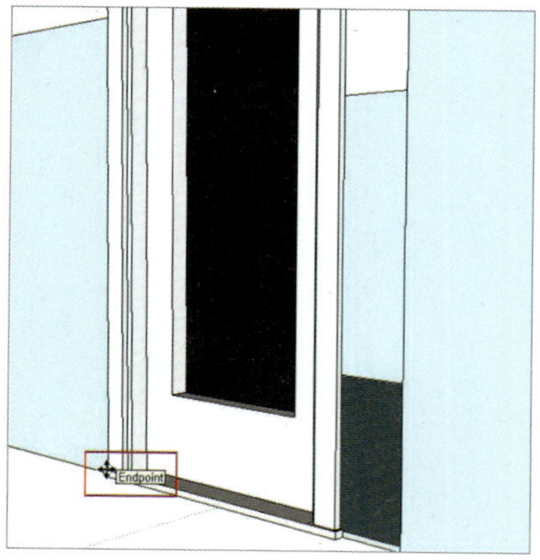

07 삽입한 객체는 스케일 툴( )로 배치합니다. 그리고 다시 한 번 벽면 위쪽 가장자리 선을 기준으로 배치합니다.

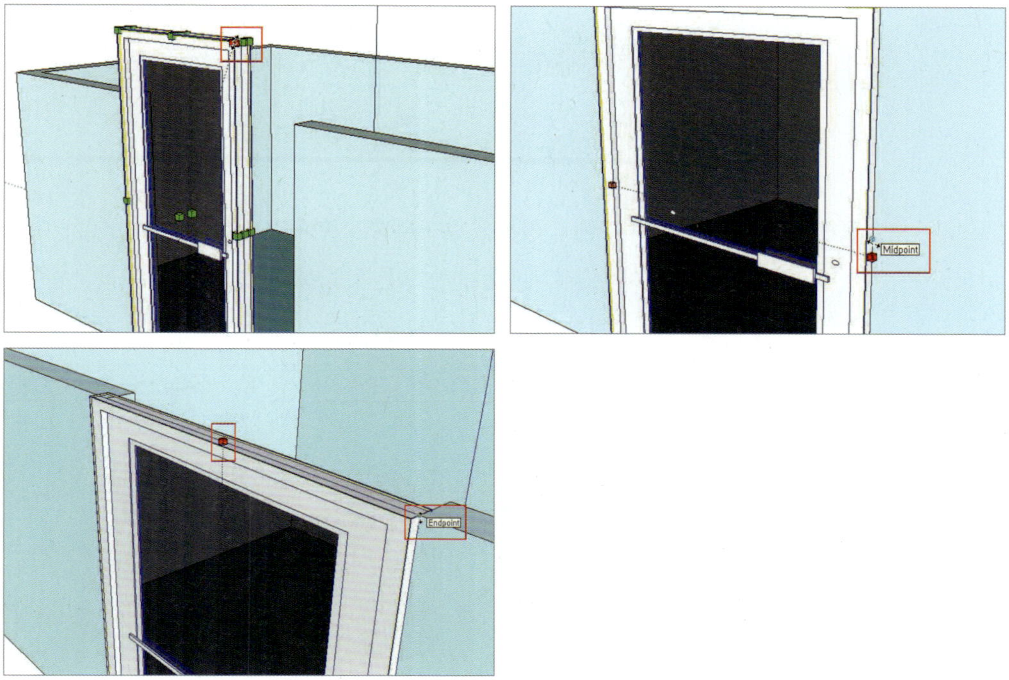

08 지금까지 배치한 문이 벽면 앞으로 나와 있는 것을 확인할 수 있습니다. 문을 벽면 안쪽으로 들어가게 하기 위해 삽입한 문에서 마우스 오른쪽 버튼을 클릭하면 나타나는 확장 메뉴 중에서 [Edit Component]를 선택합니다. 그런 다음, Control + A를 눌러 모든 객체를 선택하고 그림처럼 이동 툴( )로 문 객체의 하단 끝점을 클릭한 후 안쪽 수평 방향으로 클릭한 채 드래그합니다.

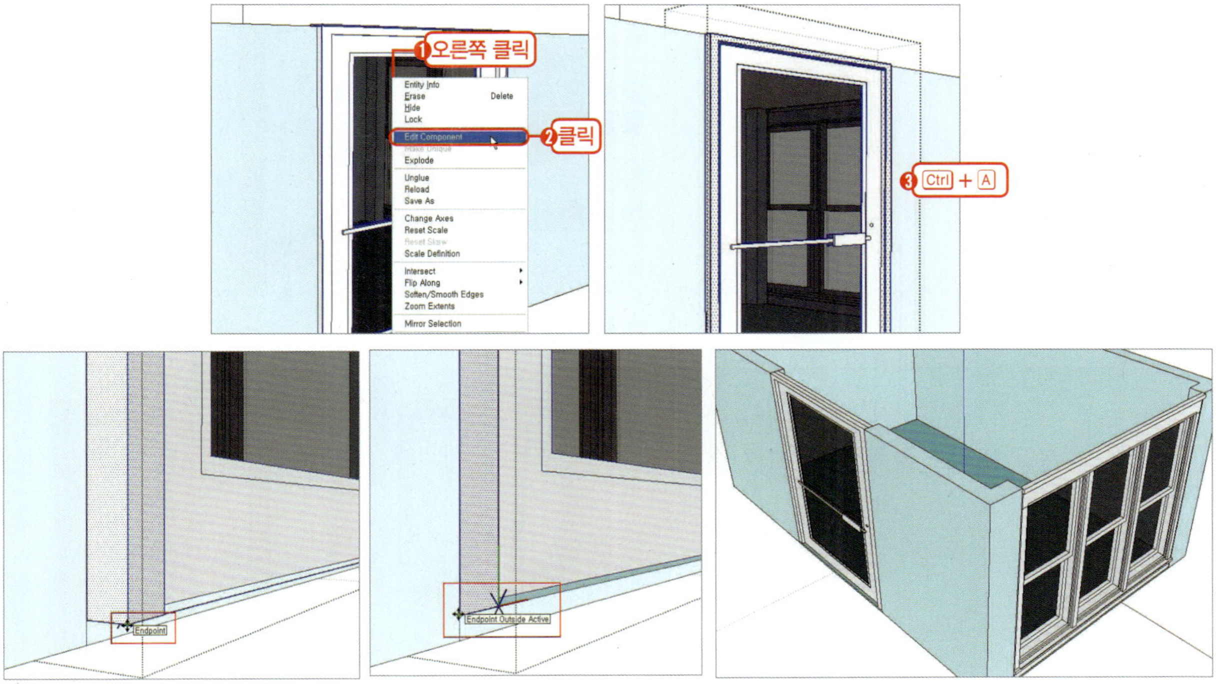

02 컴포넌트에서 창문을 삽입한 후 확장하기

[Components] 창에서 불러온 소스들은 서로 연결되어 있기 때문에 하나의 소스를 편집하면 나머지도 모두 자동적으로 편집됩니다. 이렇게 연결된 소스는 연결을 끊고 편집할 수도 있습니다.

01 [Components] 창에서 창문을 불러온 후 그림처럼 삽입합니다. 삽입한 객체는 이동 툴( )로 수평 방향으로 복사하면서 배치합니다. 오른쪽에 배치된 창문에 마우스 오른쪽 버튼을 클릭하면 나타나는 확장 메뉴 중에서 [Edit Component]를 선택합니다.

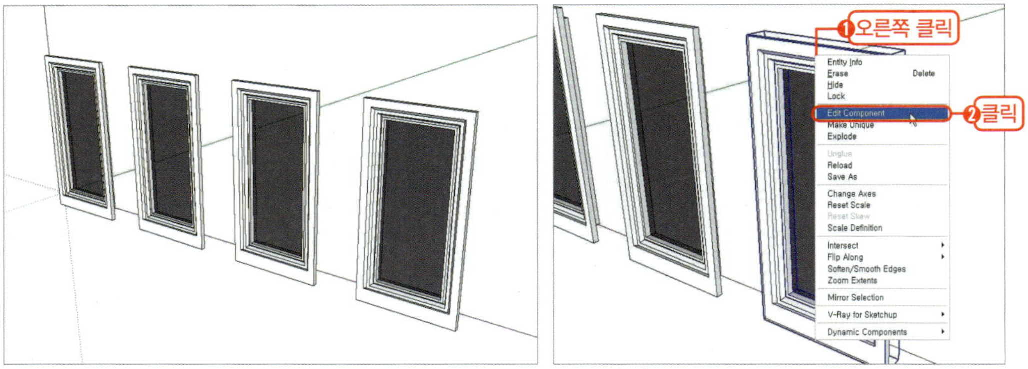

02 채우기 툴( )을 선택하여 창문에 원하는 재질 및 색상을 채웁니다. 창문 객체에 재질이 채워진 것을 확인할 수 있습니다.

03 02에서 작업한 결과를 보면 앞 01에서 복사된 나머지 창문 객체들 모두 재질 및 색상이 자동적으로 수정된 것을 확인할 수 있습니다.

Tip

Components 객체를 삽입한 후 여러 개로 복사하면, 모든 Components 객체들은 서로 링크로 연결됩니다. 이 중에서 한 개의 객체에 재질이나 색상을 적용하면 나머지 모든 Components 객체들도 자동으로 수정됩니다.

04 가운데 2개의 창문들만 편집하기 위해 그림처럼 선택한 후 마우스 오른쪽 버튼을 클릭하면 나타나는 확장 메뉴 중에서 [Make Unique]를 선택합니다. 그리고 방금 작업한 창문 객체 중 한 개를 선택한 후 마우스 오른쪽 버튼을 클릭하면 나타나는 확장 메뉴 중에서 [Edit Component]를 선택합니다.

Tip

Make Unique는 Components 객체를 복사해서 서로 링크로 연결되어 있는 객체를 지정하면 링크로 연결된 고리가 끊어지며, 단독으로 수정이 가능하도록 도와주는 메뉴입니다.

05 04에서 작업한 창문 객체에 재질 및 색상, 그리고 모양을 수정합니다. 그러면 [Make Unique]로 작업한 창문 객체들만 수정된 것을 확인할 수 있습니다.

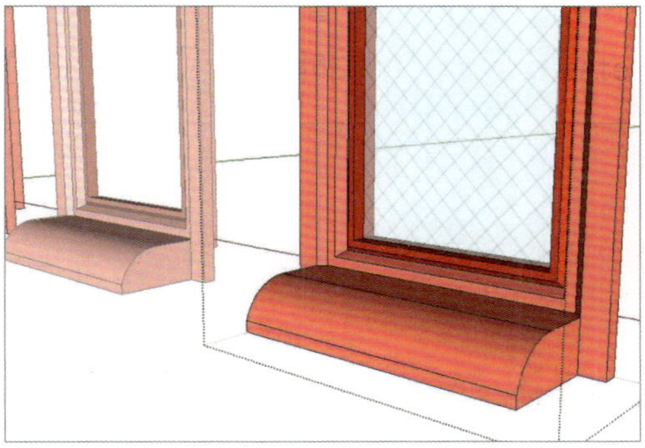

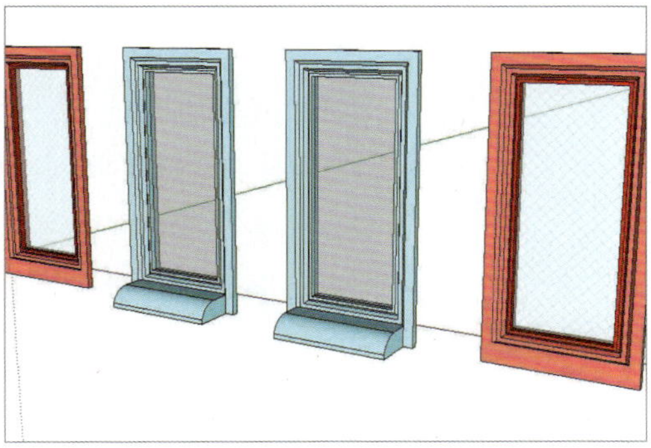

06 다시 한 번 05에서 작업한 두 개의 창문 객체 중 한 개를 수정하기 위해 그림처럼 선택한 후 마우스 오른쪽 버튼을 클릭하면 나타나는 확장 메뉴 중에서 [Make Unique]를 선택합니다. 그런 다음, 방금 작업한 창문 객체를 선택하고 마우스 오른쪽 버튼을 클릭하면 나타나는 확장 메뉴 중에서 [Edit Component]를 선택합니다. 그리고 작업한 창문 객체에 재질 및 색상, 모양을 수정합니다.

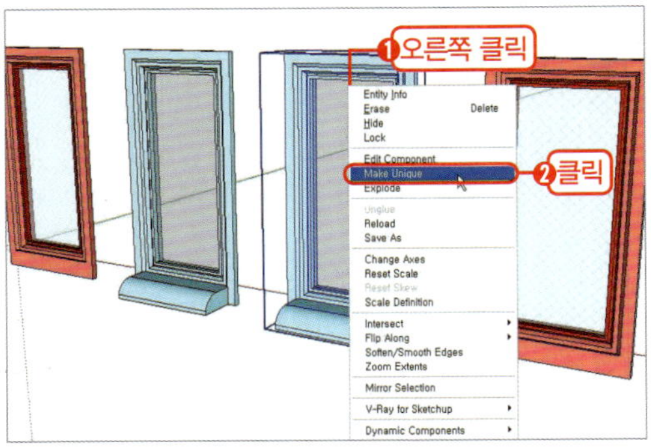

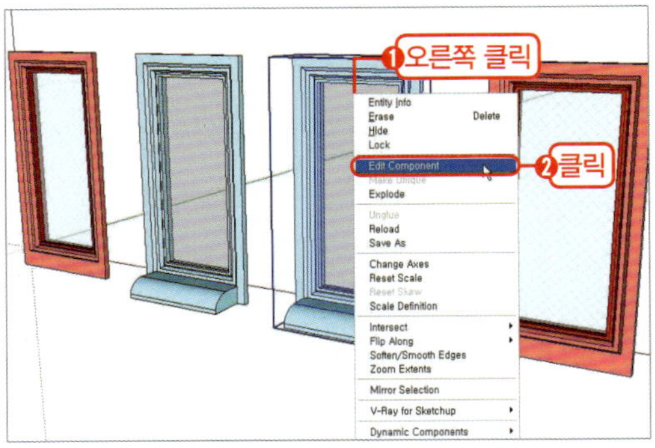

05. 재질의 기본 사용법 알아보기

재질(Material)을 통해 재질과 색상으로 구성된 라이브러리를 만들거나 편집할 수 있고, 이렇게 만들어진 재질을 객체에 적용할 수도 있습니다. 모델링에 맵핑하여 렌더링 작업을 할 때 중요한 역할을 하는 도구입니다.

01 재질에 대해 알아보기

자주 사용하는 재질이나 직접 만든 재질들을 새로운 라이브러리에 저장해 놓으면 좀 더 쉽게 맵핑 작업을 할 수 있습니다. 이번에는 재질을 편집하는 방법에 대해 알아보겠습니다.

● **요소 채우기**

채우기 툴은 색상이나 재질을 선택한 후 객체의 면에 한 번씩 클릭하여 색상이나 재질을 채워 넣습니다.

● **인접 채우기(Control + 채우기 툴( ))**

Control+채우기 툴( )로 서로 인접(연결)하는 객체 면에 동일한 색상과 재질을 한 번의 클릭으로 동시에 채울 수 있습니다.

● **재질 편집 툴(Position Texture Tool)**

재질은 수직, 수평으로 반복되는 타일 모양을 적용합니다. 면에 적용된 재질을 편집하거나 크기와 회전을 조절합니다.

● **[채우기 면을 선택 → 마우스 오른쪽 버튼 클릭 → Texture → Position]**

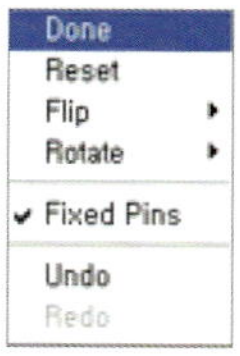

- **Done** 재질 편집 툴을 사용한 후 종료합니다.
- **Reset** 재질의 위치를 초기화하여 재편집합니다.
- **Flip** 재질을 수평/수직으로 대칭되도록 합니다.
- **Rotate** 재질에 각도를 지정하여 회전합니다.
- **Fixed Pins** 체크 표시를 하면 고정핀 모드로 설정합니다.
- **Undo** 이전 재질 편집 위치로 돌아갑니다.
- **Redo** Undo를 지정한 재질 위치로 다시 돌아옵니다.

02 요소 및 인접 채우기

일반적으로 한 면을 채우는 방법과 비슷합니다. 색상 및 재질에 Control을 누르면서 채우는 방법에 대해 알아보겠습니다.

● 예제 파일 | 부록 CD\Sample\Part 02\예제\재질.skp
● 예제 파일 | 부록 CD\map

01 채우기 툴( )을 선택한 후 [Materials] 창을 실행합니다.

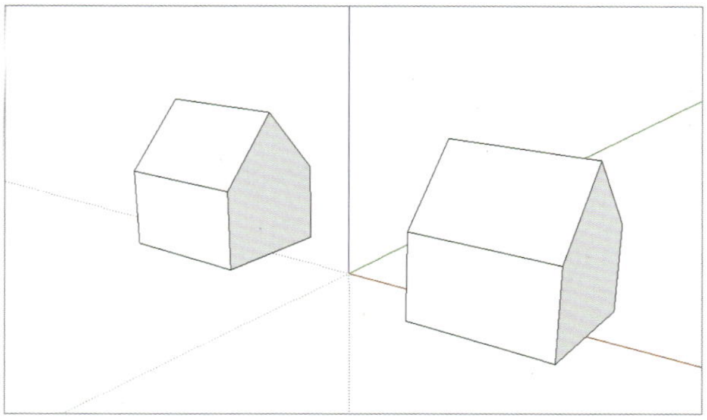

02 [Select] 항목의 목록에서 [Tile]를 선택합니다.

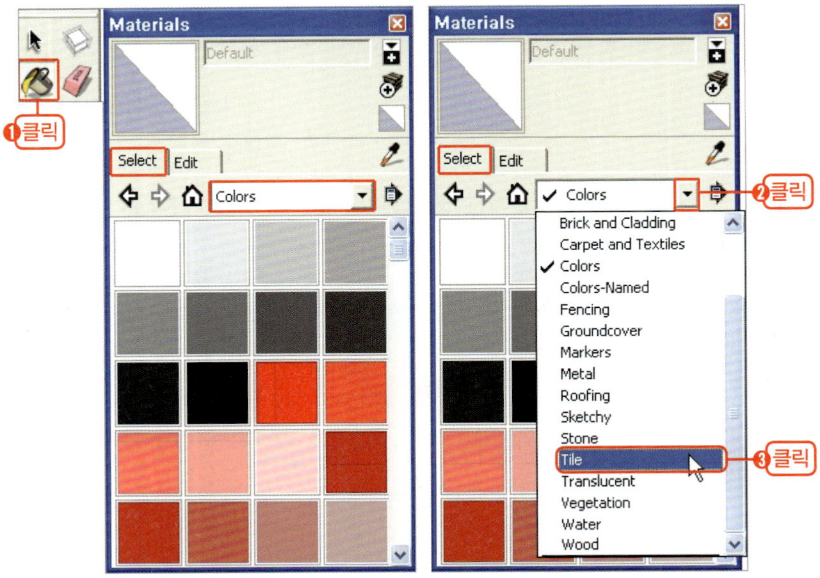

03 원하는 재질을 선택한 후 지붕면을 클릭합니다.

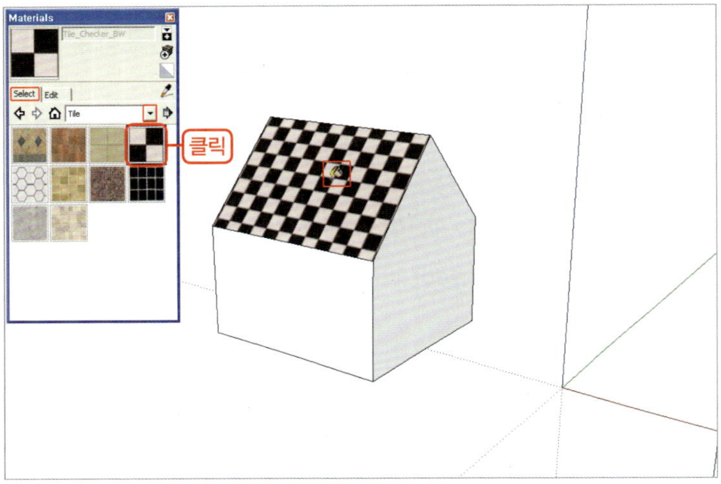

04 벽면에 재질을 채우기 위해 [Select] 항목에서 [Wood]를 선택한 후 원하는 재질을 선택합니다. 그리고 Control+채우기 툴(🪣)을 이용하여 벽면을 클릭하면 동일한 색상에 재질이 채워집니다.

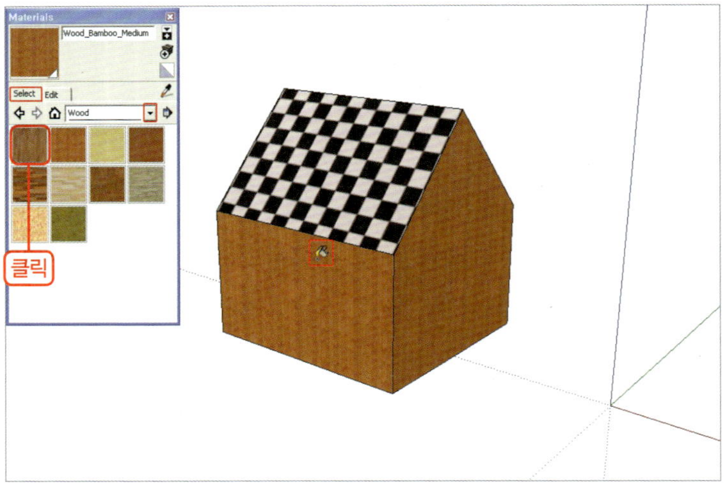

03 그룹 객체 채우기

그룹으로 설정된 객체에 재질을 채우면 모든 면이 한 번에 채워집니다. 그룹 객체를 선택한 후 마우스 오른쪽 버튼을 클릭하면 나타나는 확장 메뉴 중에서 [Edit Group]을 선택하면 각 면에 재질을 채울 수 있습니다.

01 채우기 툴(🖌)을 선택한 후 [Materials] 창을 실행합니다. [Select] 항목에서 원하는 재질을 선택하고 그룹 객체를 클릭합니다. 그룹은 한 묶음으로 되어 있으므로 한 번만 클릭하면 재질이 모두 채워집니다.

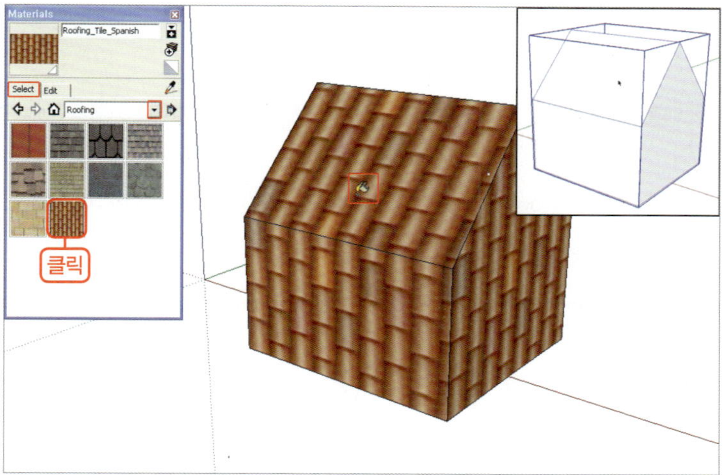

02 그룹 객체에 재질을 채우기 위해 객체를 선택한 후 마우스 오른쪽 버튼을 클릭하면 나타나는 확장 메뉴 중에서 [Edit Group]을 선택합니다. 그리고 각 면을 클릭하여 재질을 채워 넣습니다.

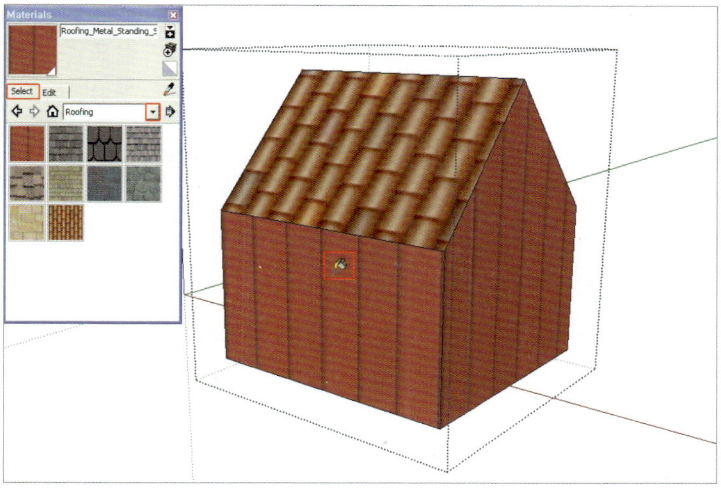

03 정면( )으로 이동한 후 사각형 툴( )로 사각형을 그립니다. 그런 다음, 투명한 재질을 채워 넣습니다.

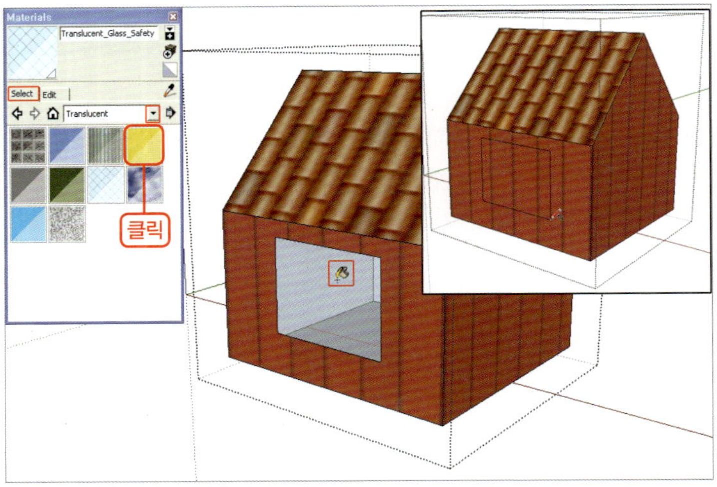

04 채우기 툴( )로 채워진 재질 변경하기

[Materials] 창의 In Model( )을 클릭합니다. 그런 다음, 편집하고 싶은 재질을 더블클릭하면 나타나는 [Edit] 창에서 크기나 색상을 수정할 수 있습니다.

01 [Materials] 창을 실행합니다. In Model( )을 클릭한 후 수정하고 싶은 재질을 더블클릭하면 나타나는 [Edit] 공간으로 이동합니다. 색상이나 재질 또는 [Opacity] 투명도를 지정하여 편집할 수 있습니다.

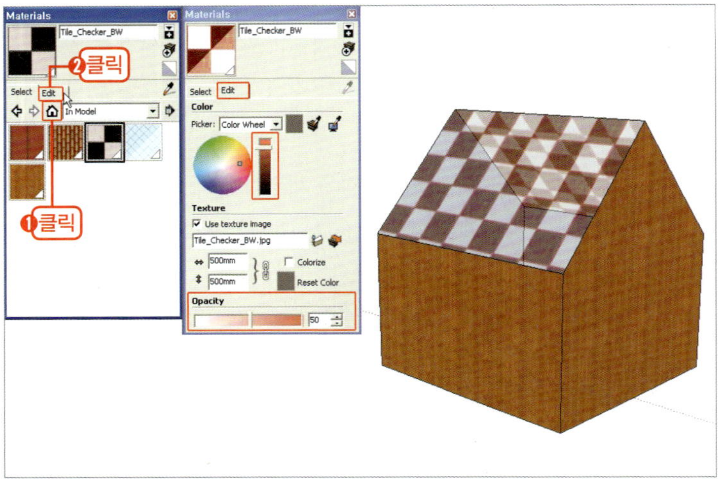

Tip

In Model( )은 현재 작업하는 공간에서 사용하는 재질이나 색상들을 확인해 주는 공간입니다. 다만, 새로운 파일을 선택한 후 새로운 공간에서 In Model( )을 확인하면 창이 비어 있는 것을 알 수 있습니다.

02 채워진 재질을 다른 재질로 변경하기 위해 In Model(🏠)을 클릭합니다. 그런 다음, 변경하고 싶은 재질을 더블클릭하면 [Edit] 공간으로 이동합니다. 그림처럼 [Materials] 창 중간 위치의 브라우저 툴(📂)을 클릭한 후 원하는 재질을 선택하여 불러옵니다.

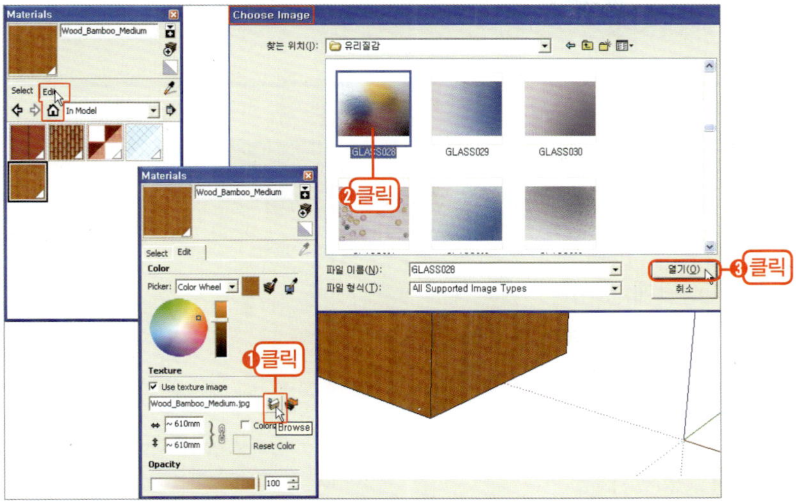

03 02의 작업으로 재질이 자동 변경된 것을 확인할 수 있습니다. 만약, 변경된 재질 무늬가 크거나 작다면 수치를 입력하여 크기를 조절합니다.

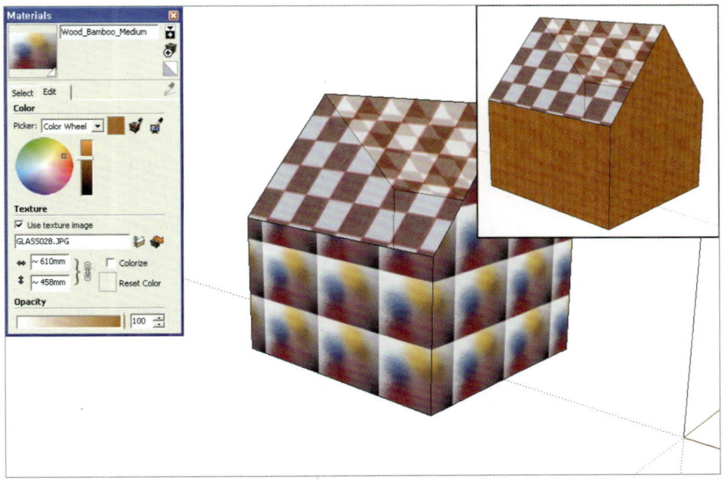

05 새로운 재질 불러오기

이번에는 스케치업에서 제공하는 재질들이 아니라 사용자가 원하는 재질을 불러와서 면에 채우는 방법에 대해 알아보겠습니다.

---

01 [Materials] 창을 실행합니다. 새로운 재질을 불러오기 위해 [Materials] 창 상단에 위치한 Create Materia(아이콘) 버튼을 클릭합니다. 그런 다음, 브라우저 툴(아이콘)을 클릭하여 원하는 재질을 불러옵니다.

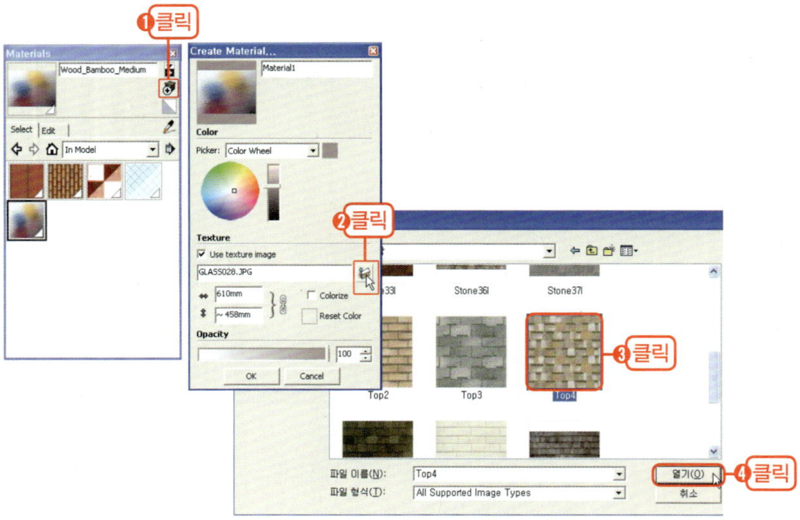

02 01의 작업으로 재질이 In Model(아이콘) 공간에 추가된 것을 확인할 수 있습니다. 우선 그룹 객체에 재질을 채우기 위해 그룹 객체에서 마우스 오른쪽 버튼을 클릭하면 나타나는 확장 메뉴 중에서 [Edit Group]을 선택합니다. 그런 다음, 불러온 재질을 원하는 면에 채워 넣습니다. 만약, 재질 무늬가 크거나 작다면 수치를 입력하여 크기를 조절합니다.

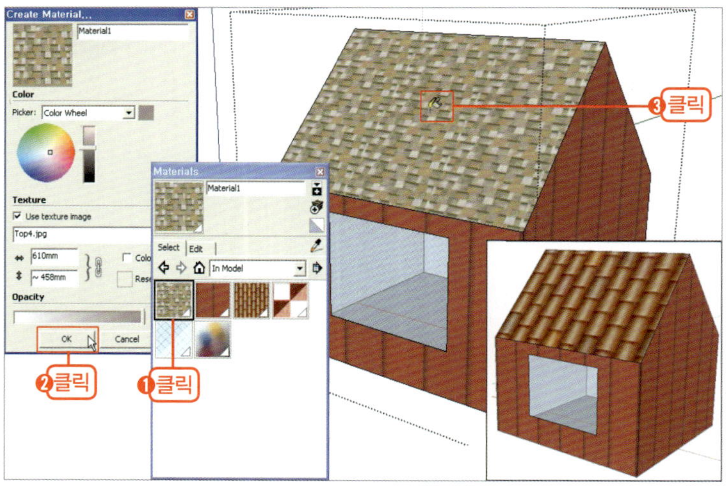

06. 불러온 재질 편집 알아보기

재질(Material)을 통해 재질과 색상으로 구성된 라이브러리를 만들거나 편집할 수 있고, 이렇게 만들어진 재질을 객체에 적용할 수 있습니다.

01 재질 편집 툴의 고정핀 모드로 재질 편집하기

고정핀 모드를 통해 텍스처의 배율을 조정하거나, 기울이거나, 변형하여 왜곡할 수 있습니다. 또 각 핀의 특성에 맞게 재질을 편집할 수도 있습니다. 벽돌이나 지붕 텍스처 등과 같은 타일형 재질에 많이 활용됩니다.

---

01 재질 편집 툴로 편집하고 싶은 면을 선택한 후 마우스 오른쪽 버튼을 클릭하면 나타나는 확장 메뉴 중에서 [Texture]-[Position]을 선택하여 알맞게 편집합니다.

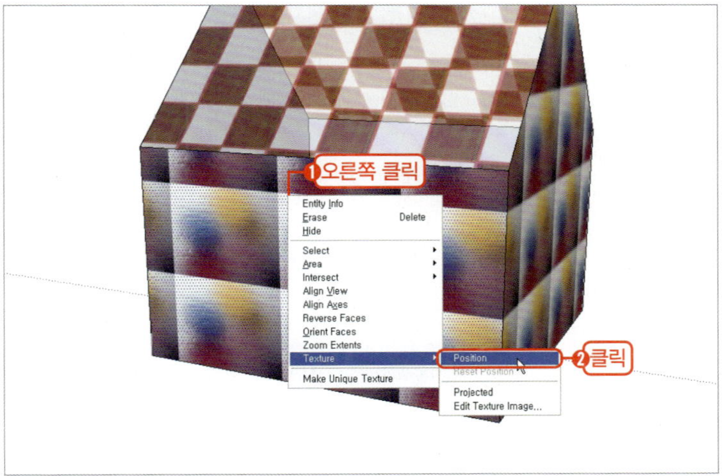

02 01의 작업으로 고정핀 모드로 전환된 것을 확인할 수 있습니다. 그림처럼 재질을 이동하기 위해 마우스로 이동 핀()을 누른 채 클릭, 드래그하여 객체의 하단의 왼쪽 끝점으로 이동합니다.

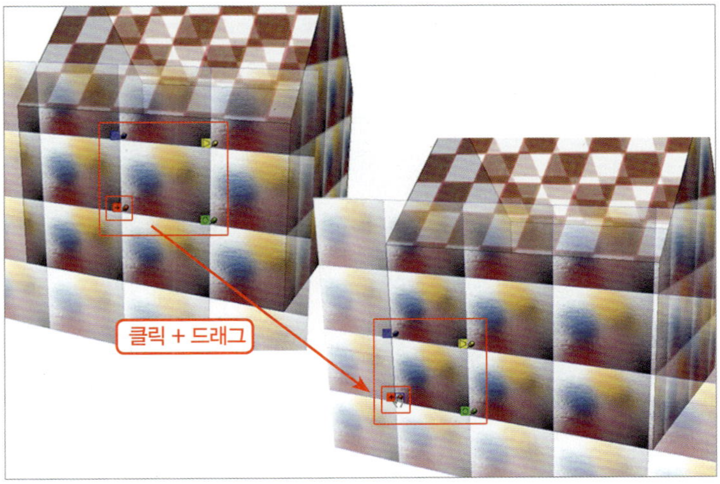

Tip

고정핀 모드로 전환되면 점선 행렬이 재질에 표시되어 재질의 개별 타일을 나타내며, 커서가 손 모양으로 바뀌고 4개의 핀이 표시됩니다. 표면에서 커서를 끌어 해당 표면에 텍스처를 재배치합니다.

Tip

고정핀 모드의 종류

이동 아이콘이나 핀을 클릭한 상태에서 텍스처를 재배치합니다. 텍스처를 모두 수정했으면 마우스 오른쪽 버튼을 클릭하면 나타나는 확장 메뉴 중에서 [Done]을 선택하여 완료합니다. 바깥쪽 작업 영역에서 클릭하여 종료해도 됩니다.

- **이동핀( )**
  이동 아이콘이나 핀을 클릭한 상태에서 원하는 위치로 이동합니다.
- **스케일/회전 핀( )**
  회전 아이콘이나 핀을 클릭한 상태에서 원하는 회전 방향으로 텍스처를 재배치합니다. 빨간색 실선은 X축(동쪽)을 가리키고, 점선은 –X축(서쪽)을 가리킵니다.
- **비틀기 핀( )**
  왜곡 아이콘이나 핀은 재질에서 원근감을 보정하는 데 사용되며, 이미지나 사진을 도형에 적용할 때 유용합니다.
- **스케일/자르기 핀( )**
  배율 조절/변형 아이콘 및 핀은 재질을 동시에 기울이거나, 변형하거나, 크기를 변경하는 데 사용됩니다. 이 작업을 하는 동안에는 맨 아래에 있는 두 개(이동 핀과 회전 핀)의 핀이 고정됩니다.

03 그림처럼 재질을 다른 방향으로 이동하기 위해 마우스로 회전 핀( )을 클릭, 드래그하여 객체의 하단 오른쪽 끝점으로 이동합니다. 그런 다음, 자르기 핀( )을 클릭, 드래그하여 객체의 상단 왼쪽 끝점으로 이동합니다.

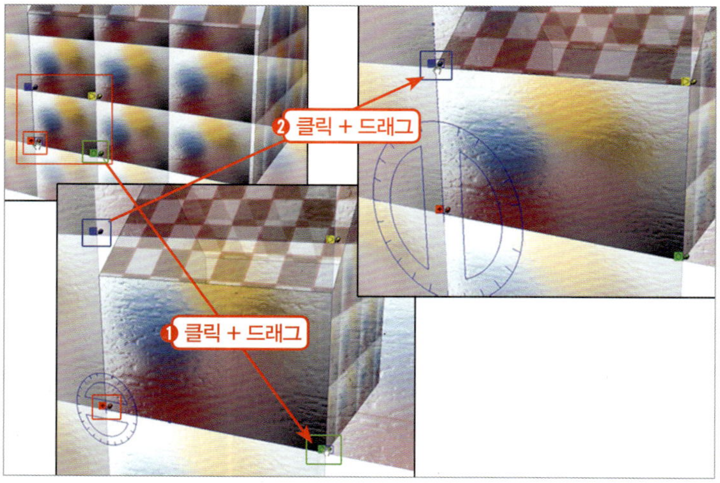

Tip

편집하는 동안 언제든지 Esc를 눌러 이전 위치로 재설정할 수 있습니다. 편집하는 도중에 마우스 오른쪽 버튼을 클릭하면 나타나는 확장 메뉴 중에서 [Reset]을 선택해도 됩니다.

04 재질 편집 툴 작업이 끝났습니다. 편집한 재질 패턴을 적용하기 위해 마우스 오른쪽 버튼을 클릭하면 나타나는 확장 메뉴 중에서 [Done]을 선택합니다. 텍스처 바깥쪽인 작업 영역을 클릭하여 텍스처 배치 도구를 종료해도 됩니다.

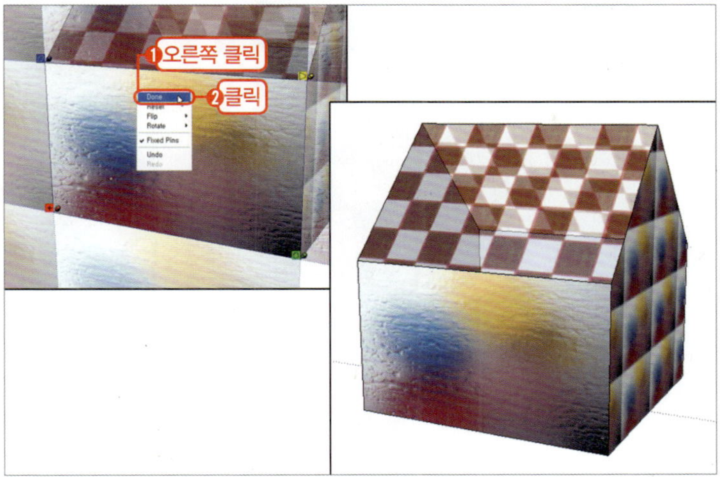

02 자유핀 모드를 사용하여 재질 편집하기

자유 핀 모드는 고정 핀 모드와 달리 각각의 핀이 모두 텍스처를 늘이는 기능만을 가지고 있고 핀들이 서로 구속하지 않기 때문에 사진에 기초한 모델링을 하고자 할 때 유용한 기능입니다.

---

01 재질 편집 툴로 편집하고 싶은 또 다른 면을 선택한 후 마우스 오른쪽 버튼을 클릭하면 나타나는 확장 메뉴 중에서 [Texture]-[Position]을 선택하여 알맞게 편집합니다.

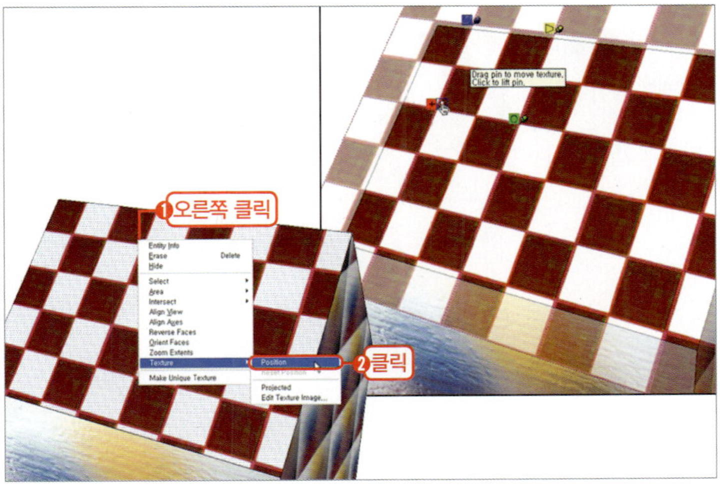

02 각 고정핀들을 클릭한 후에 마우스에서 손을 떼면 핀 모양( )이 나타납니다. 그림처럼 핀 모양( )을 원하는 위치에 클릭하면 재질의 영역을 넓게 설정할 수 있습니다.

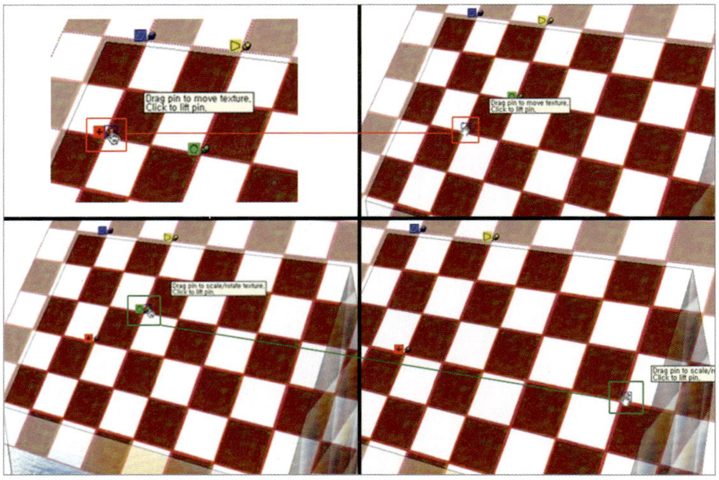

03 02에서 작업한 자유 핀 위치로 재질을 이동해 보겠습니다. 마우스로 이동 핀( )을 클릭, 드래그한 후 객체의 하단 왼쪽 끝점으로 이동합니다.

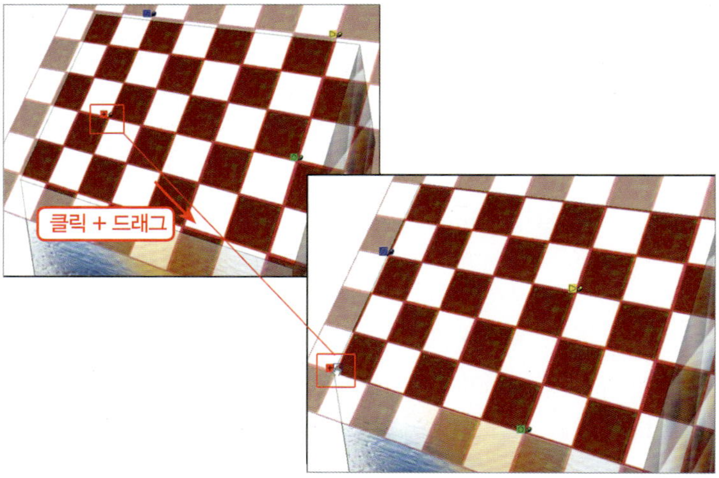

04 그림처럼 재질을 다른 방향으로 이동하기 위해 마우스로 회전 핀( )을 클릭, 드래그하여 객체의 하단 오른쪽 끝점으로 이동합니다.

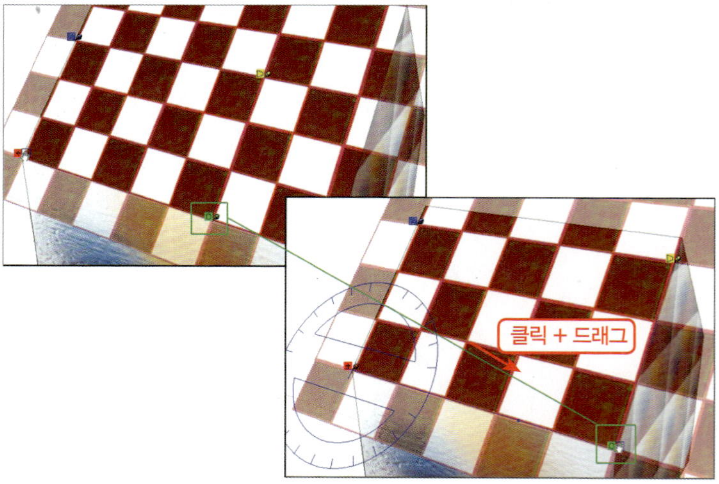

05 자르기 핀( )을 클릭, 드래그하여 객체의 상단 왼쪽 끝점으로 이동합니다.

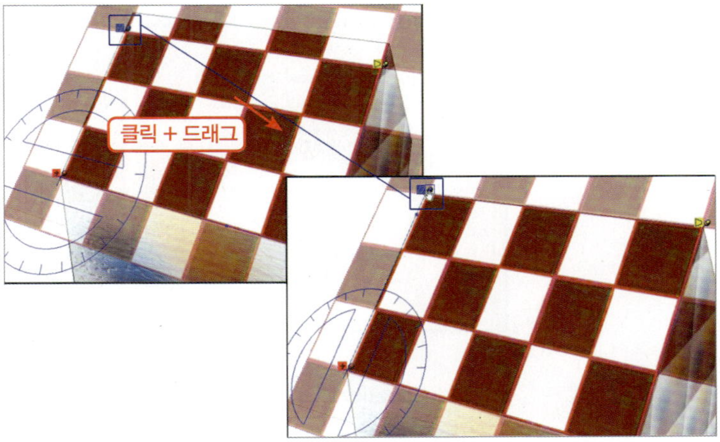

06 재질 편집 툴 작업이 끝났습니다. 이제 마우스 오른쪽 버튼을 클릭하면 나타나는 확장 메뉴 중에서 [Done]을 선택하여 완성합니다.

07. 그림자 이해하기

스케치업 8의 그림자 특성은 표시 방법, 시간과 날짜 그리고 사이트의 위치와 방향을 설정하기 위해 사용합니다. [그림자 설정] 대화상자는 Window 메뉴나 그림자 도구 모음에서 선택할 수 있습니다.

01 그림자를 적용하기 위한 [Model Info] 메뉴 설정하기

파일 메뉴의 [Window]–[Model Info]를 선택하면 [Model Info] 대화상자가 나타납니다. 이 대화상자는 카메라 시점을 변경할 수 있는 동적 화면을 제공하도록 설계되었습니다. 스케치업 8의 기능을 조절하여 객체의 깊이와 사실적인 감각을 줄 수 있는 방법은 '그림자'입니다. 스케치업 8의 그림자 기능은 일 년 중 해당 날짜의 태양과 그림자가 어떻게 모델에 적용되는지를 구현하도록 설계되었습니다.

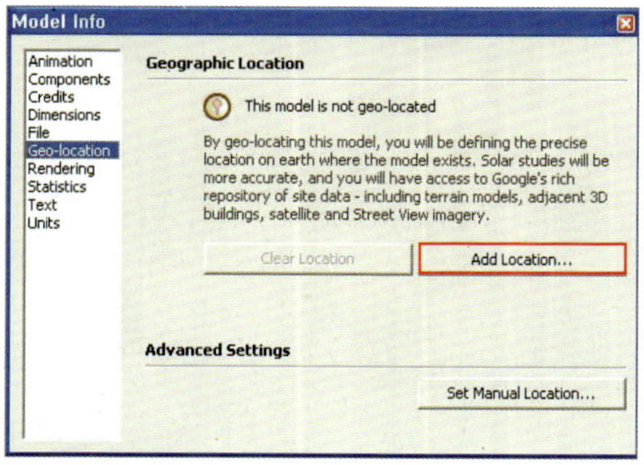

- **Add Location** 작업한 객체의 현재 위치를 설정합니다. 작업할 때의 위치는 그다지 중요하지 않지만 그림자를 표현할 경우 현재 위치의 정보에 따라 그림자 효과가 다르게 나타납니다.

Tip

일광 절약 시간은 고려하지 않습니다. [위치 추가] 대화상자에서 캡처된 위치 데이터를 기반으로 또는 [모델 정보] 대화상자의 지리적 위치 패널에 직접 데이터를 입력하여 그림자를 활성화할 수 있습니다. 모델의 위치(경도 및 위도)와 방향, 연결된 표준 시간대를 기준으로 수행됩니다.

02 그림자를 적용하기 위한 [Shadow Settings] 대화상자 살펴보기

파일 메뉴의 [Window]-[Shadow]를 선택하면 [Model Info] 대화상자가 나타납니다. [Shadow] 창에서는 시간과 날짜, 그리고 객체의 빛과 그림자의 밝기를 조절합니다. 그림자의 영역을 면과 땅에 표현할 것인지에 대해 정합니다. 스케치업 8에는 사용자가 모델 내에서 그림자 사용을 조작할 수 있도록 해 주는 다양한 그림자 설정 옵션이 포함되어 있습니다.

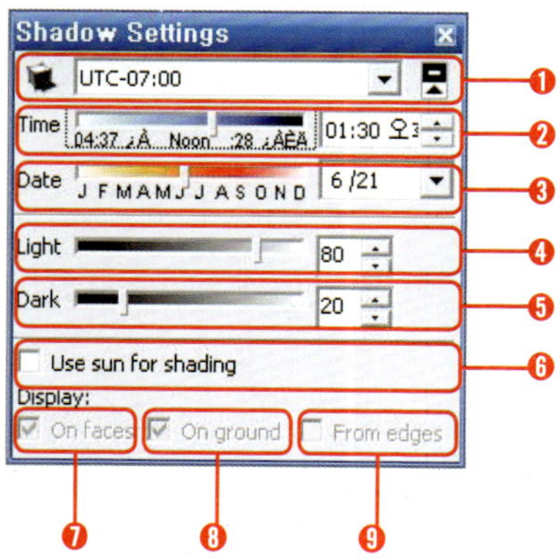

❶ **Show/Hide Shadows**( ) 그림자를 표시하거나 표시하지 않도록 전환하려면 그림자의 On/Off에 체크 표시를 합니다.

❷ **Time** 그림자가 표현될 시간을 설정합니다. 그림자 표시를 위해 태양의 위치를 확인할 수 있도록 시간 슬라이더를 사용하여 스케치업 8에서 사용되는 시간을 조정할 수 있습니다. 슬라이더

는 해가 뜨는 시간부터 해가 지는 시간까지 조절할 수 있으며, 슬라이더의 가운데는 오후 12시가 됩니다. 정확한 시간을 설정하려면 시간 텍스트 필드에 시간을 입력해야 합니다.

❸ **Date** 오늘 날짜를 설정하려면 목록 버튼(▼)을 클릭합니다. 그림자 표시를 위해 태양의 위치를 확인할 수 있도록 날짜 슬라이더를 사용하여 스케치업 8에서 사용되는 날짜를 조절할 수 있습니다. 슬라이더는 1월 1일부터 12월 31일까지 날짜를 조절합니다. 정확한 날짜를 설정하려면 달력 하단의 [Today]를 클릭하여 오늘 날짜로 이동합니다.

❹ **Light** 슬라이더를 사용하여 모델에서 조명의 강도(조명을 밝게 또는 어둡게 조정)를 조절할 수 있습니다. 이 옵션은 조명이 비추는 표면을 밝게 하거나 어둡게 합니다.

❺ **Dark** 슬라이더를 사용하여 모델에서 조명의 강도를 조절할 수 있습니다. 이 옵션은 그림자를 밝게 하거나 어둡게 합니다. 이 옵션은 음영이 있는 부분 및 그림자를 밝게 하거나 어둡게 합니다.

❻ **Use sun for shading** 그림자를 실제로 표시하지 않으면서 태양을 사용하여 모델의 음영 부분을 나타내려면 태양 사용 확인란을 클릭합니다.

❼ **On faces** 객체 면의 그림자 표현 On/Off에 체크 표시를 합니다. 면의 확인란을 사용하여 면에 그림자 표시를 설정합니다. 이 기능에는 3D 그래픽 하드웨어 성능이 많이 필요하기 때문에 일부 성능이 저하될 수 있습니다.

❽ **On ground** 배경인 땅의 그림자 표현 On/Off에 체크 표시를 합니다. 바닥 면에 그림자를 표시하려면 바닥의 확인란을 사용합니다.

❾ **From edges** 선에 의한 그림자 표현 On/Off에 체크 표시를 합니다. 면과 연관되지 않은 가장자리에 그림자를 표시하려면 가장자리의 확인란을 사용합니다.

Tip

그림자를 정확하게 표시하려면 [모델 정보] 대화상자에서 위치 패널을 통해 모델에 대한 적합한 위치가 설정되었는지를 확인합니다. 일광 절약 시간은 그림자 계산에 영향을 주지 않습니다.

03 객체에 그림자 표현하기

그림자를 설정하기 전에 그림자를 표현할 위치를 먼저 설정합니다. 그런 다음, [Shadow] 창에서 각각의 항목을 설정합니다.

● 예제 파일 I 부록 CD\Sample\Part 02\예제\연습용.skp

01 그림자 연습에 필요한 [연습용.skp] 예제 파일을 불러옵니다. 그런 다음, 메뉴에서 [Window]-[Model Info]를 선택하고 [Model Info] 창의 왼쪽 목록에서 'Geo-location'을 선택합니다. 그리고 작업한 현재 위치를 설정하기 위해 [Add Location]을 선택합니다.

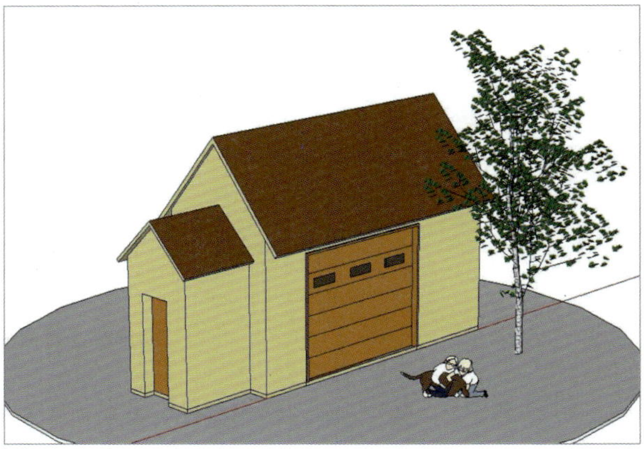

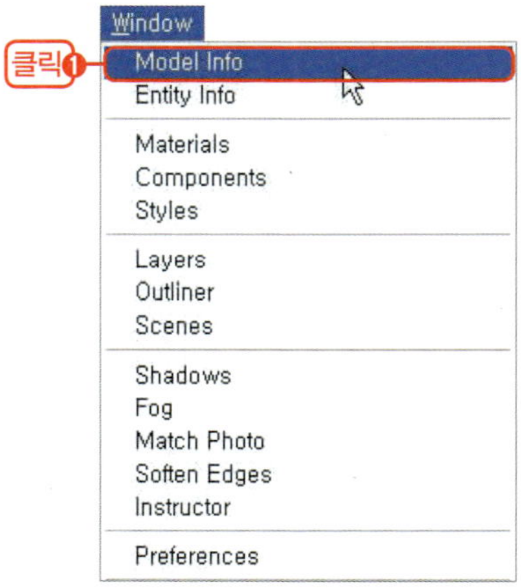

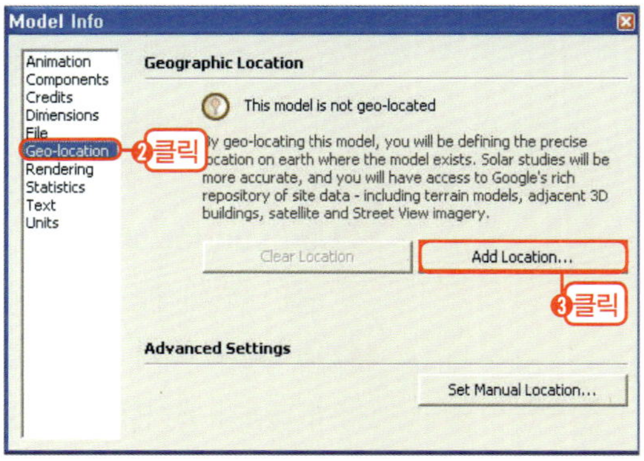

02 지리적 위치를 추가할 수 있는 [Add Location] 창이 나타나면 원하는 국가를 입력하여 검색합니다. 입력한 국가의 지형을 정확하게 지정하기 위해 [Select Region]을 클릭합니다. 그런 다음, [Grab]을 클릭하여 마지막으로 선택합니다.

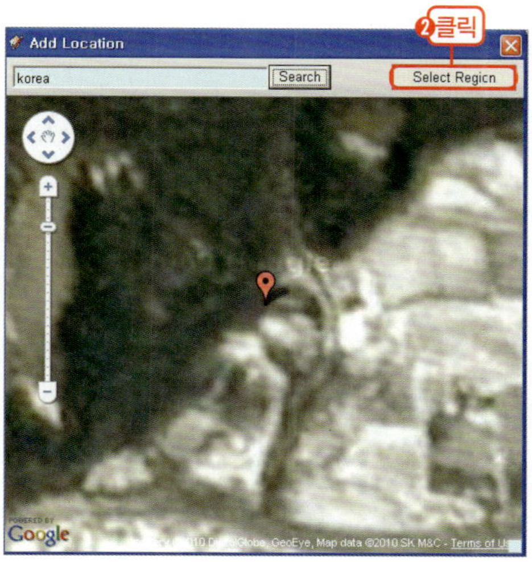

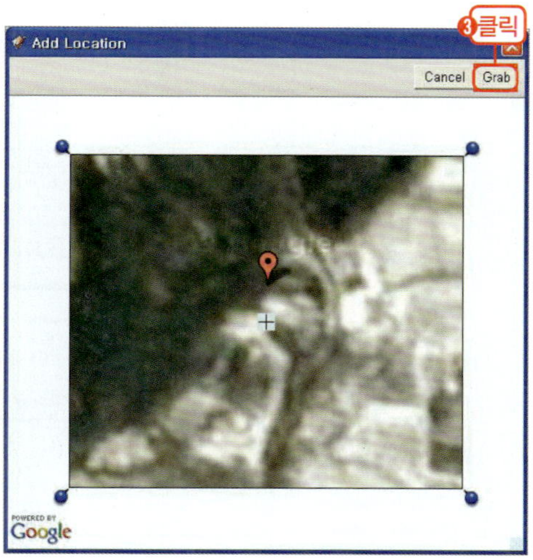

03

'국가', '위도', '경도'가 설정된 것을 확인할 수 있습니다. 단, '위치' 필드에 도시를 새롭게 수정하기 위해서 [Set Manual Location](수동 위치 설정)을 클릭합니다.

04

'Location' 항목에 'seoul'을 입력합니다. 설정한 지형을 최종적으로 확인할 수 있습니다.

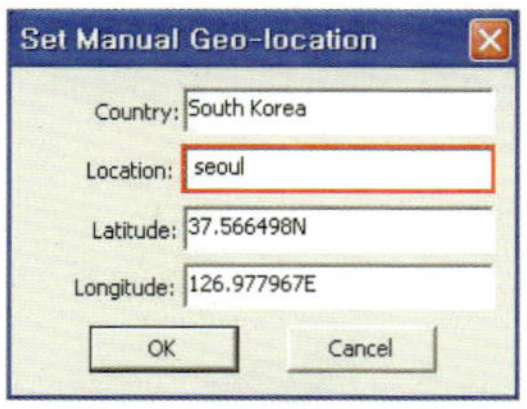

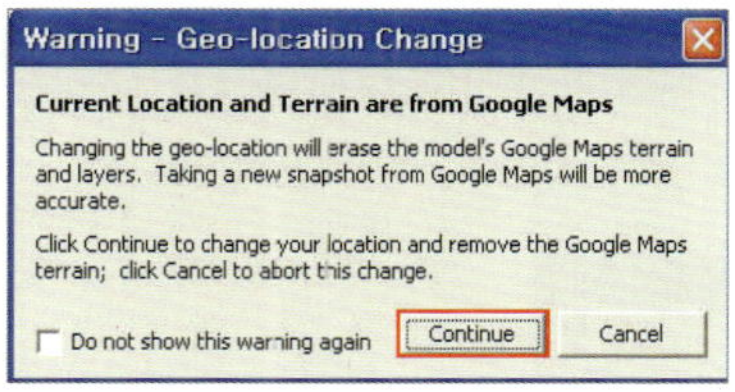

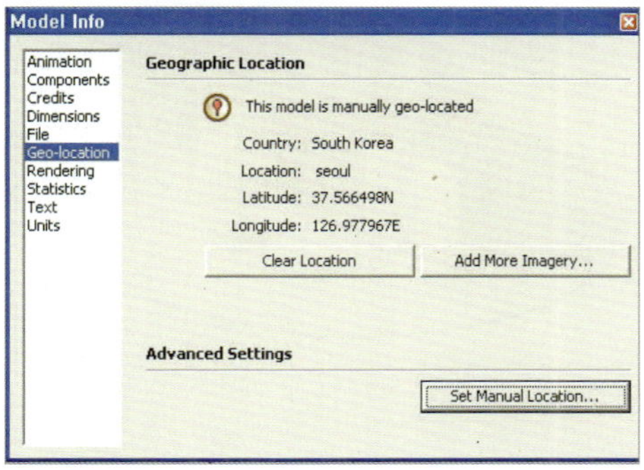

05 메뉴에서 [Window]-[Shadows]를 선택합니다. [Shadow Settings] 창에서 그림처럼 각 항목을 설정합니다.

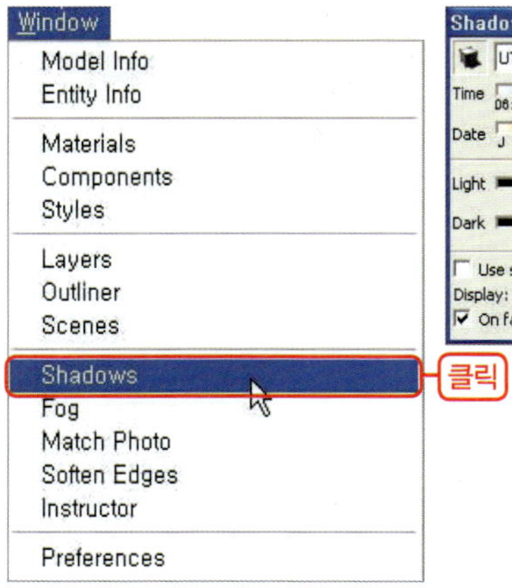

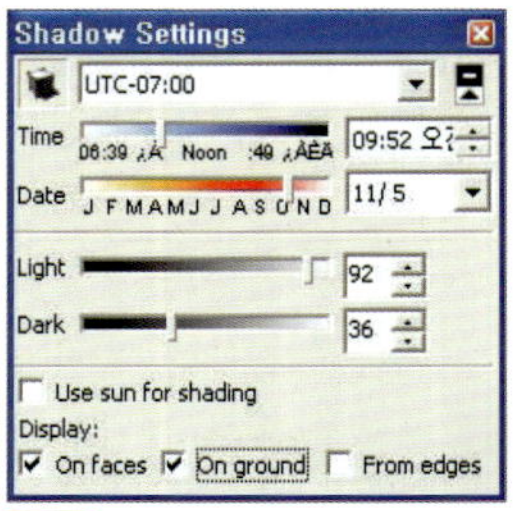

06 [Shadow Settings] 창에서 [On faces]의 체크 표시를 해제합니다. 05에서 작업한 그림자 효과와는 달리 각 객체들의 면에 그림자 효과가 표현되지 않는 것을 확인할 수 있습니다.

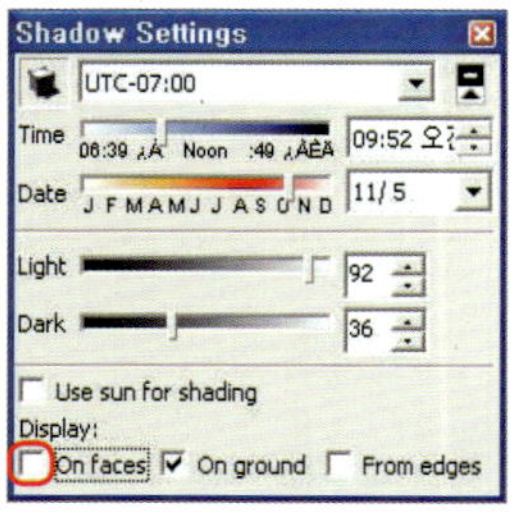

07 [Shadow Settings] 창에서 [On ground]의 체크 표시를 해제합니다. 작업 영역의 바탕에 그림자 효과가 표현되지 않는 것을 확인할 수 있습니다.

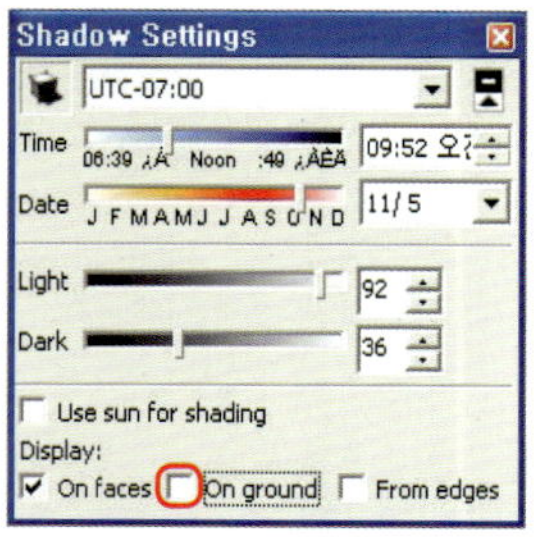

08 [Shadow Settings] 창에서 [From edges]에 체크 표시를 합니다. 면과 연관되지 않은 가장자리에 그림자를 표시하려면 가장자리의 확인란을 사용합니다.

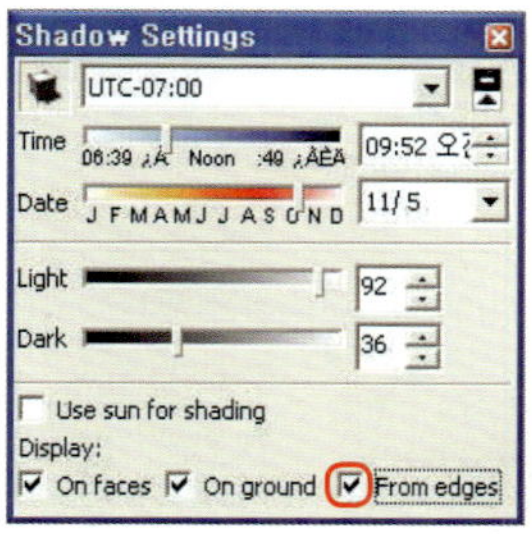

08. 지형 이해하기

지형(Sandbox Tools) 툴은 처음부터 쉽게 사용할 수 없습니다. 사각형 모양의 격자 무늬 지형을 만든 후 그 지형 영역에 다양한 지형 아이콘 등을 이용해 편집할 수 있습니다. 그리고 CAD 도면에서 불러온 등고선들을 지형 툴을 이용해 선을 하나하나 연결하여 지형 영역면을 작업합니다.

01 지형의 이해를 위한 [Preferences] 메뉴 설정하기

01 파일 메뉴의 [Window]–[Preferences]를 선택하면 [System Preferences] 대화상자가 나타납니다. 우선 [Extensions] 항목의 [Sandbox Tools]에 체크 표시를 합니다. 이곳에 체크 표시를 하는 이유는 모래상자를 도구 툴로 불러오기 위해서입니다.

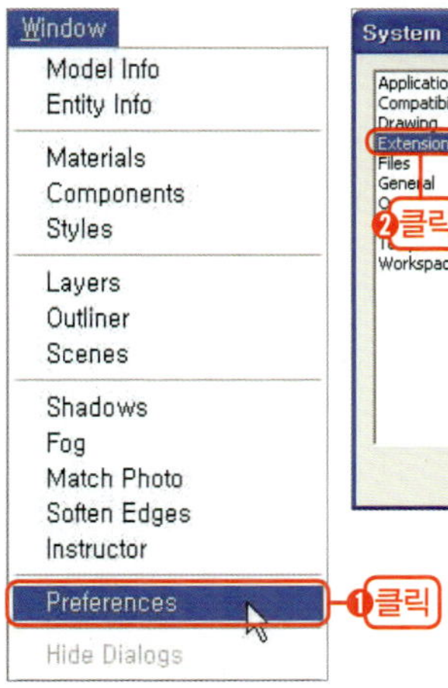

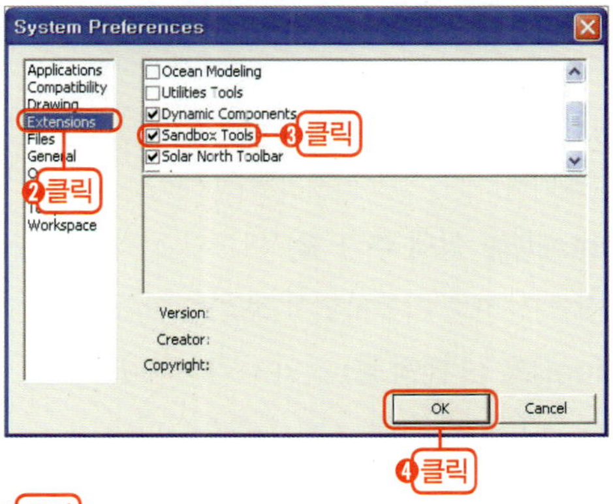

02 메뉴의 [Window]–[Preferences]–[Extensions] 항목에서 [Sandbox Tools]에 체크 표시를 했음에도 불구하고 화면 영역에 모래상자 도구가 나타나지 않으면 메뉴의 [View]–[Toolbars]–[Sandbox]를 선택합니다.

02 Snadbox 툴 이해하기

메뉴의 [View]–[Toolbars]에서 [Sandbox]를 클릭하면, 지형 작업에 필요한 툴이 나타납니다.

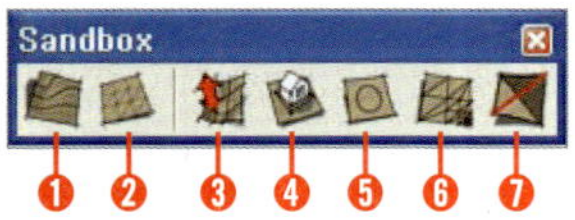

❶ **From Contours(등고선 툴)** 다양한 높이와 간격의 선 또는 곡선이 그려진 선에 등고선 툴로 지형을 생성합니다. AutoCAD에서 작업한 등고선을 메뉴의 [File]–[Import]에서 불러와 지형을 생성합니다.

❷ **From Scratch(스크래치 툴)** 다양한 형태를 만들 때 사용하는 툴로, TIN이라는 삼각형 망사 형태를 생성합니다.

❸ **Smoove(스무브 툴)** 인접해 있는 TIN들을 상하좌우로 이동하여 부드러운 곡선을 만듭니다.

❹ **Stamp(스탬프 툴)** TIN을 이용하여 주택, 건물 대지에 3차원 면을 만든 후 편집하여 사용합니다.

❺ **Drape(드래프 툴)** 지형에 2차원 도로나 길을 만드는 툴로, 면, 그룹, 컴포넌트를 모두 사용할 수 있습니다.

❻ **Add Detail(상세 추가 툴)** TIN의 삼각형을 분할하여 작은 삼각형들을 만드는 툴입니다. TIN의 점을 상하로 이동하면서 모양을 만듭니다.

❼ **Flip Edge(선 변형 툴)** 선의 대각선이나 직선을 뒤집어 방향을 변화시킬 때 사용합니다. 지형의 편평한 부분을 수정할 때 유용합니다.

03 기본 지형 작업하기

모래상자 툴의 가장 기본적인 사용 방법에 대해 알아보겠습니다.

01 Iso 툴( ) 화면에서 스크래치 툴( )을 선택한 후 화면 하단의 입력란에 '300'을 입력합니다. 그런 다음, 시작점(p1)을 클릭하고 두 번째 점(p2)과 세 번째 점(p3)을 클릭한 후 TIN의 망사 모양을 만듭니다.

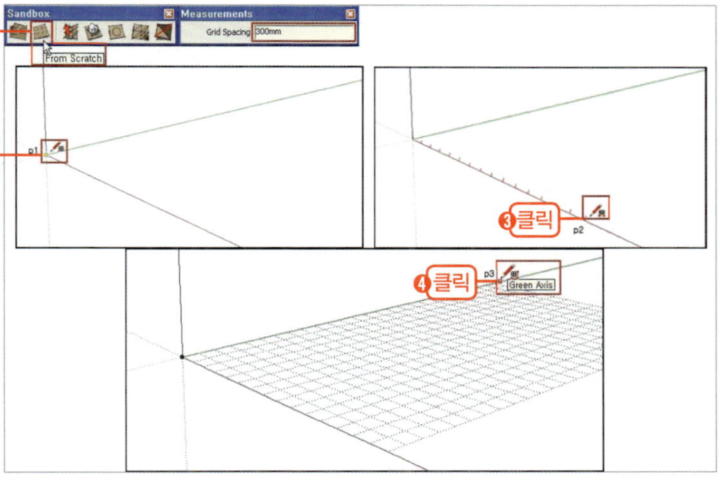

02 지형을 선택한 후 마우스 오른쪽 버튼을 클릭하면 나타나는 확장 메뉴 중에서 [Edit Group]을 선택합니다. 그런 다음, 스무브 툴( )을 선택하고 적색 원의 반지름 값을 화면 하단 입력란에 입력합니다. 그리고 변화를 주고자 하는 점을 클릭한 채 수직 위로 드래그하여 지형 언덕을 만들어 줍니다.

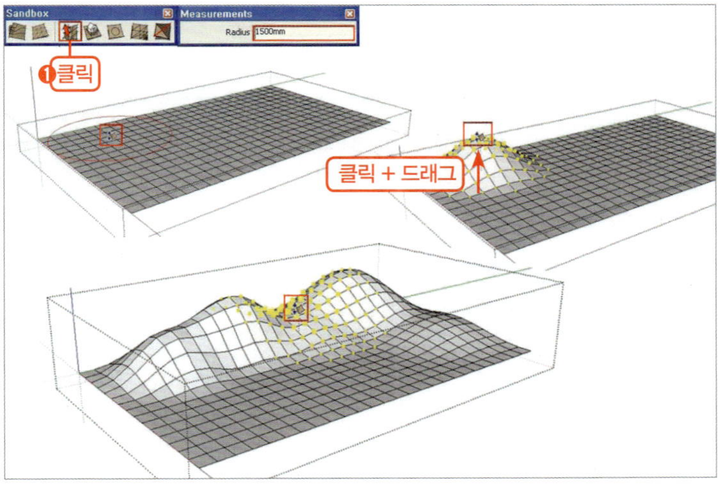

Tip

스크래치 툴(▦)로 만든 지형은 그룹으로 설정되어 있습니다. 따라서 지형을 편집하기 위해서는 마우스 오른쪽 버튼을 클릭한 후 확장 메뉴 중에서 [Edit Group]을 선택하여 편집 영역 안에서 수정을 해야 합니다.

03 상세 추가 툴(▦)을 선택한 후 이동하고 싶은 점을 클릭한 채 수직 위로 드래그하여 점을 이동합니다.

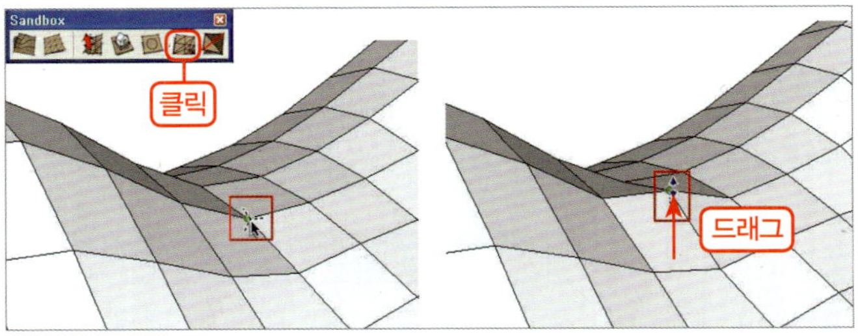

04 선 변형 툴(▦)을 선택한 채 변형하고 싶은 선을 클릭하여 사용합니다.

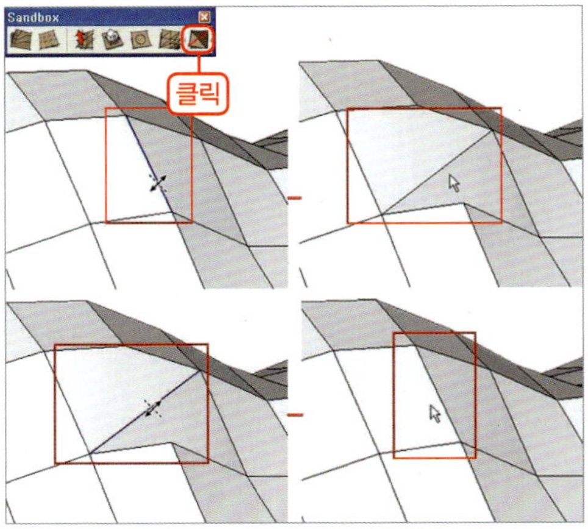

04 Drape 툴(▦)로 길 만들기

작업한 지형에 길을 만드는 방법에 대해 알아보겠습니다.

01 스크래치 툴(▦)과 스무브 툴(▦)을 선택하여 지형을 만듭니다. 생성한 지형을 선택한 후 마우스 오른쪽 버튼을 클릭하면 나타나는 확장 메뉴 중에서 [Soften/Smooth Edges]를 선택합니다.

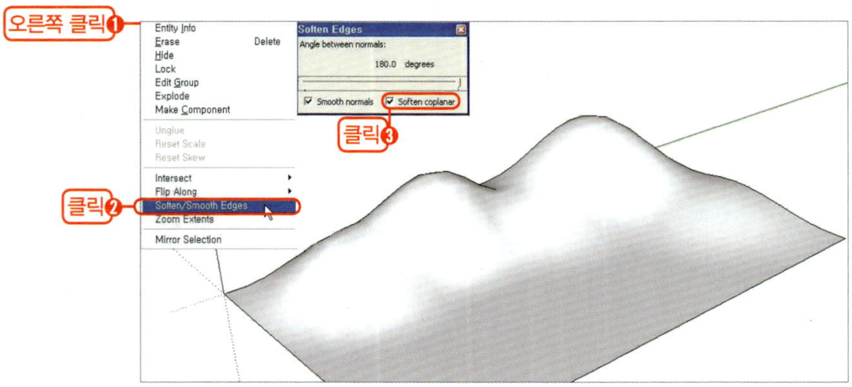

02 Top( ) 화면으로 이동합니다. 길을 만들기 위해 선 툴( )과 호 툴( )로 면을 만듭니다. 작업한 길은 이동 툴( )로 원하는 위치에 드래그합니다.

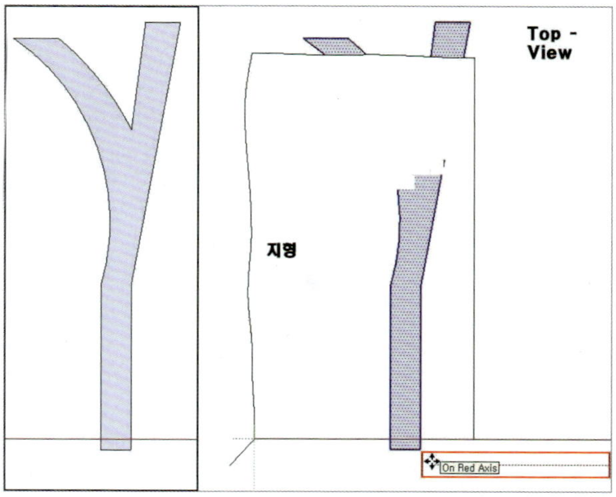

03 Front( ) 화면으로 이동합니다. 02에서 작업한 길을 선택한 후 이동 툴( )로 수직으로 드래그합니다.

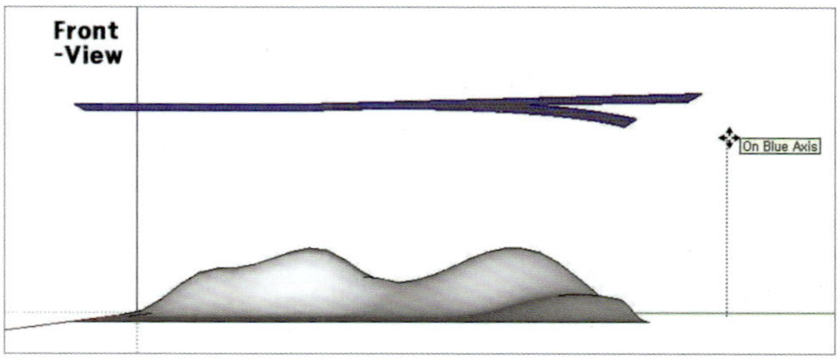

04 02에서 작업한 길의 면을 모두 선택한 후 드래프 툴( )을 클릭하고 화면 영역에 있는 지형을 클릭합니다.

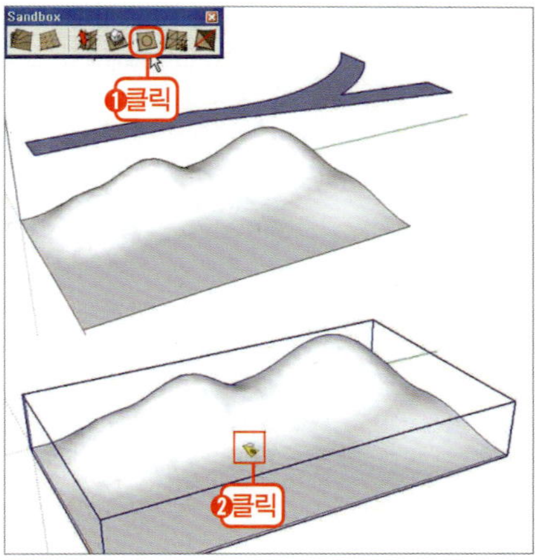

05 원하는 지형 위에 길이 생성된 것을 확인할 수 있습니다. 02에서 작업한 길을 선택한 후 마우스 오른쪽 버튼을 클릭하면 나타나는 확장 메뉴 중에서 [Erase]를 선택하여 면을 삭제합니다.

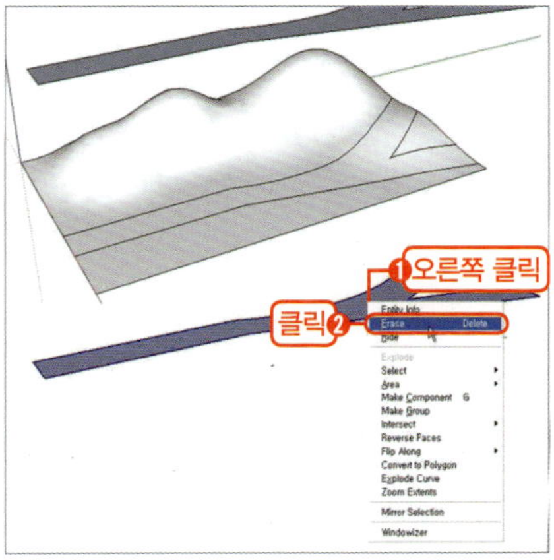

06 지형을 선택한 후 마우스 오른쪽 버튼을 클릭하면 나타나는 확장 메뉴 중에서 [Edit Group]을 선택합니다. 그런 다음, 채우기 툴( )을 선택하여 원하는 재질을 채웁니다.

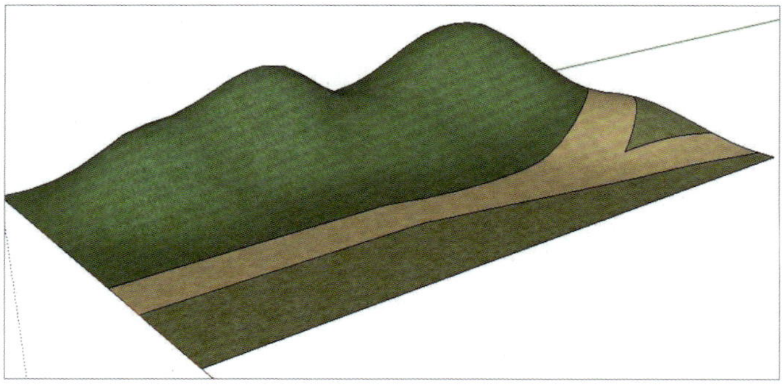

05 Shift를 사용하여 지형 만들기

지형의 언덕과 돌출은 위, 아래로 움직여 표현합니다. 그러나 지형을 좌, 우로 돌출하려면 Shift를 누르면서 작업해야 합니다.

---

01 Top( ) 화면으로 이동합니다. 스크래치 툴( )을 선택한 후 화면 하단 입력란에 '300'을 입력합니다. 그런 다음, 시작점(p1)을 클릭하고, 두 번째 점(p2)과 세 번째 점(p3)을 클릭하여 TIN의 망사 모양을 만듭니다.

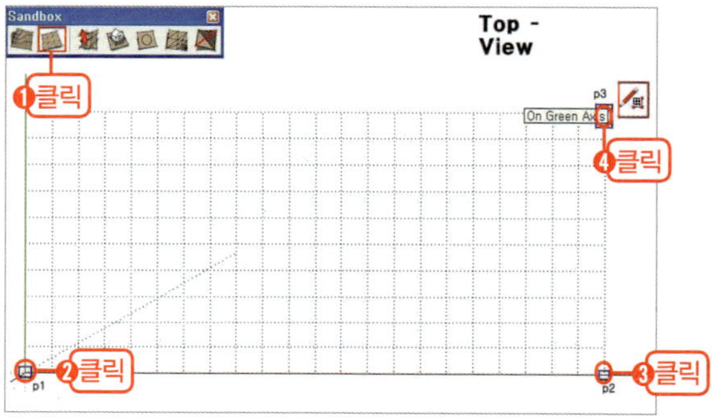

02 지형을 선택한 후 마우스 오른쪽 버튼을 클릭하면 나타나는 확장 메뉴 중에서 [Edit Group]를 선택합니다. 그런 다음, 선택 툴( )로 지형의 일부 면을 선택합니다.

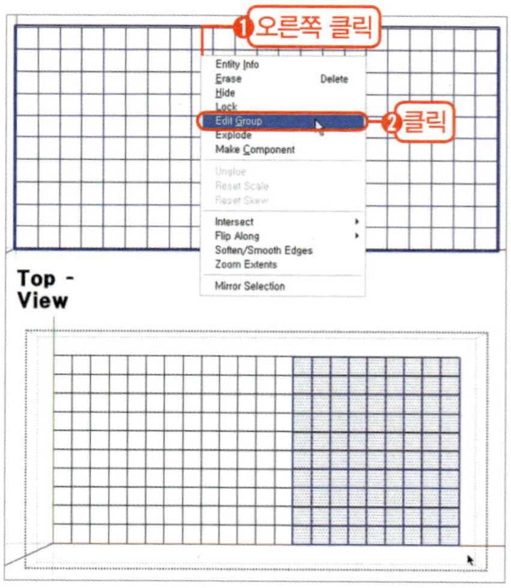

03 Front( ) 화면으로 이동합니다. 회전 툴( )을 이용하여 시작점(p1)을 클릭한 후, 두 번째 점(p2)과 세 번째 점(p3)을 클릭합니다. 그러면 선택한 일부 지형 면이 90도로 세워집니다.

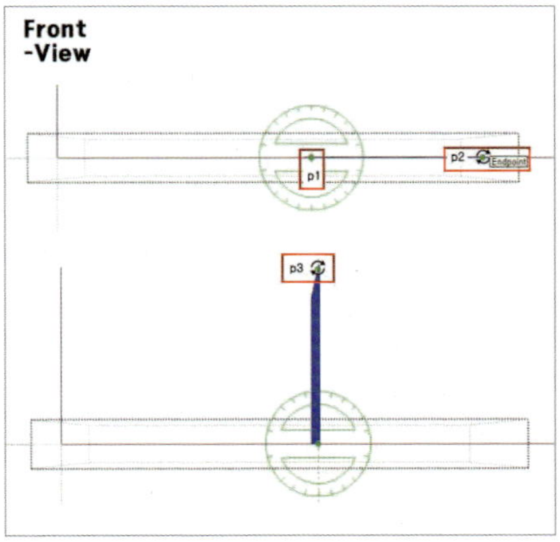

04 스무브 툴( )을 선택한 후 적색 원의 반지름 값을 화면의 하단 입력란에 입력합니다. 그런 다음, 바닥 지형을 클릭한 채 수직 위로 드래그하면 부드러운 곡선 형태의 지형 언덕이 만들어집니다.

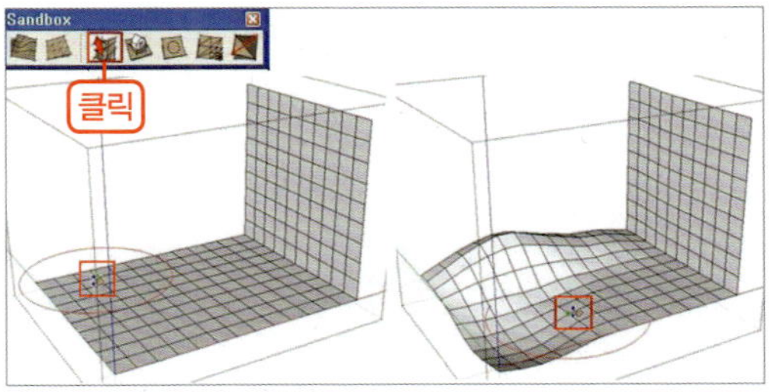

05 스무브 툴( )을 선택한 후 03에서 작업한 지형을 Shift를 누른 채 드래그하여 좌우로 이동하면 부드러운 곡면이 만들어집니다.

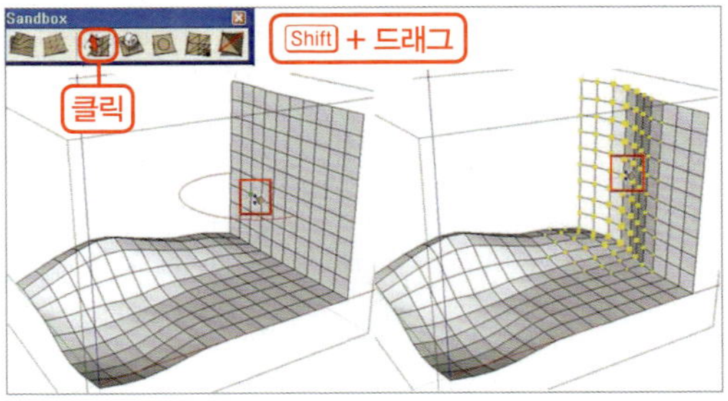

06 생성한 지형을 선택한 후 마우스 오른쪽 버튼을 클릭하면 나타나는 확장 메뉴 중에서 [Soften/Smooth Edges]를 선택합니다.

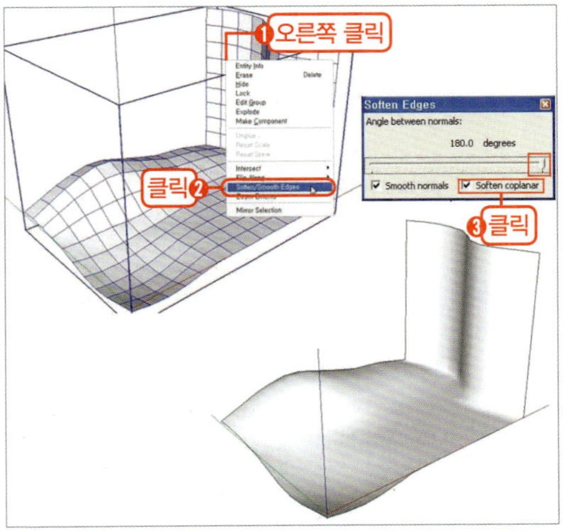

06 선택한 일부 면을 이용하여 지형 만들기

평지를 가지고 있는 언덕을 작업해 보겠습니다.

01 Top() 화면으로 이동합니다. 스크래치 툴()을 이용하여 지형을 만듭니다. 그런 다음, 지형을 선택하고 마우스 오른쪽 버튼을 클릭하면 나타나는 확장 메뉴 중에서 [Edit Group]을 선택합니다. 선택 툴()로 지형의 일부 면을 선택합니다.

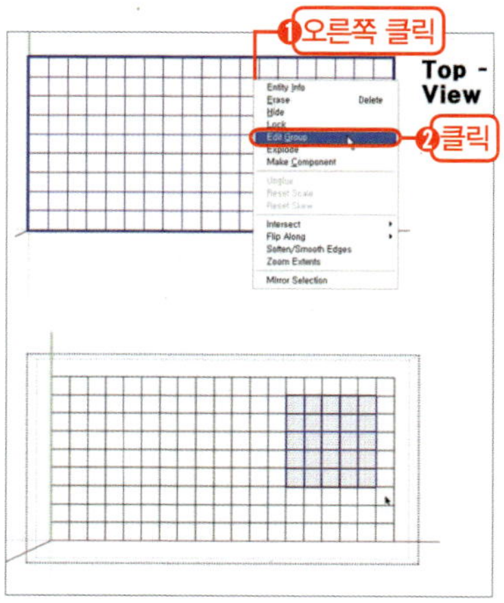

02 스무브 툴()을 선택한 후 **01**에서 선택한 면들을 클릭한 채 수직 위로 드래그합니다. 선택한 일부 면이 평평한 지면을 만들면서, 위로 솟아오르는 것을 확인할 수 있습니다. 작업이 끝나면 선택한 영역은 반드시 해제해야 합니다.

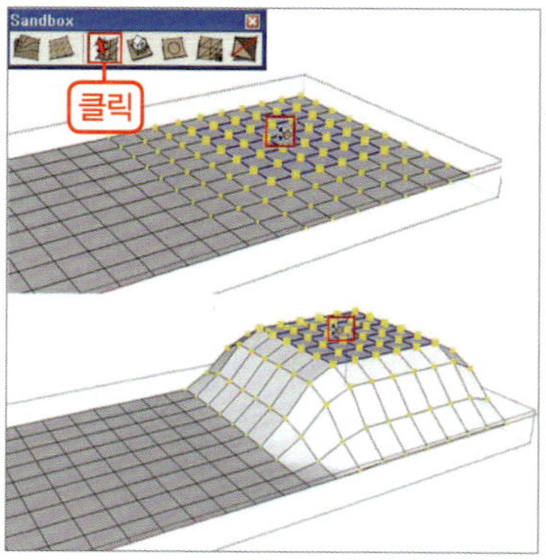

03 선택 툴()로 지형의 일부 면을 선택합니다. **02**처럼 스무브 툴()로 선택한 면들을 클릭한 채 수직 아래위로 드래그합니다.

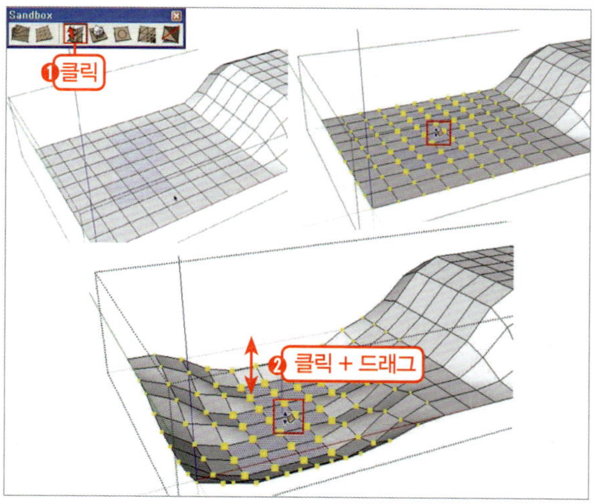

04 앞에서 작업한 지형을 선택한 후 마우스 오른쪽 버튼을 클릭하면 나타나는 확장 메뉴 중에서 [Soften/Smooth Edges]를 선택합니다. 채우기 툴( )로 원하는 재질을 채웁니다.

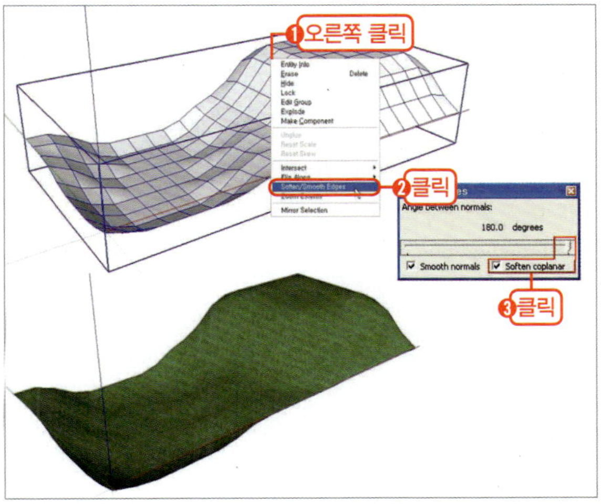

07 스탬프 툴( )로 지형 만들기

언덕을 표현할 2개의 단면을 그린 후 스탬프 툴( )로 돌출시키는 방법에 대해 알아보겠습니다.

---

01 Top( ) 화면으로 이동합니다. 스크래치 툴( )로 지형을 만듭니다. 그런 다음, 언덕 면을 만들기 위해 선 툴( )과 호 툴( )로 양쪽 부분에 면을 만듭니다.

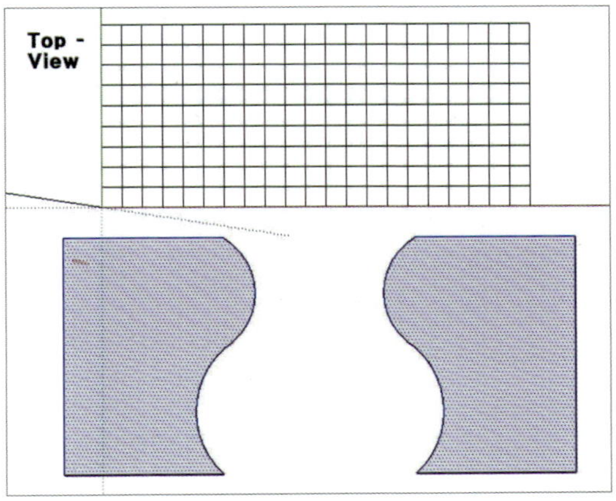

02 다시 Top( ) 화면으로 이동한 후 **01**에서 만들었던 양쪽 언덕 면을 각 이동 툴( )로 원하는 위치에 드래그합니다. 그런 다음, Front( ) 화면으로 이동하고 작업한 두 개의 언덕 면을 선택한 후 이동 툴( )로 수직으로 드래그합니다.

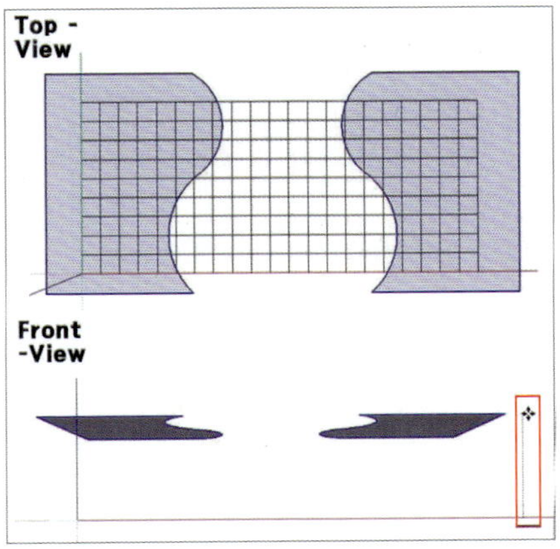

03 작업한 두 개의 언덕 면을 선택한 후 스탬프 툴( )을 클릭합니다. 화면 하단의 입력란에 '300'을 입력하고, 화면 영역에 있는 지형을 클릭합니다.

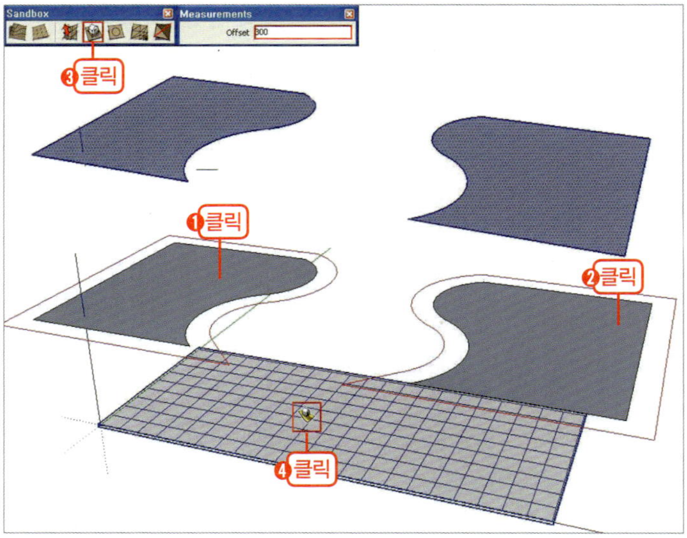

04 수직 위로 클릭, 드래그합니다. 위로 솟아오르는 지형이 만들어집니다.

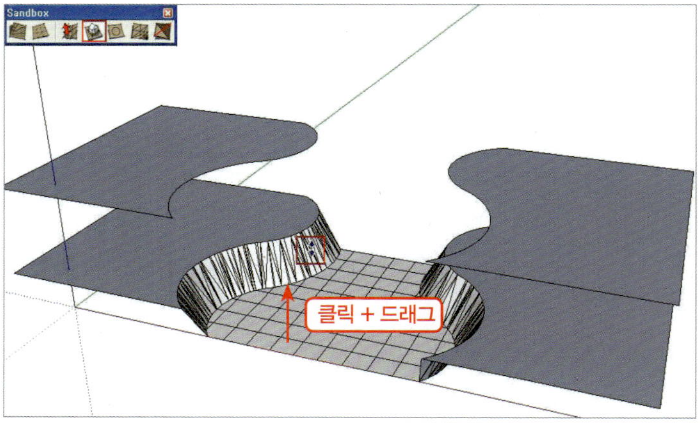

05 Top( ) 화면으로 이동한 후 이동 툴( )로 양쪽 언덕 면을 원하는 위치까지 드래그합니다.

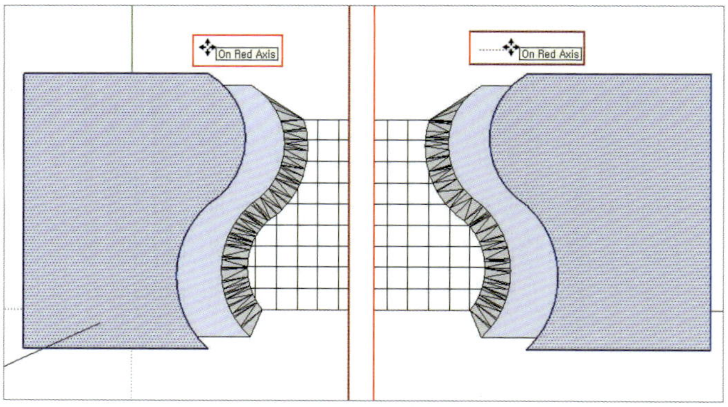

06 Iso 툴( ) 화면으로 이동합니다. 작업한 두 개의 언덕 면을 선택한 후 스탬프 툴( )을 클릭합니다. 화면 하단의 입력란에 '150'을 입력하고, 화면 영역에 있는 지형을 클릭합니다. 그런 다음, 계단 형식의 언덕 지형을 만듭니다.

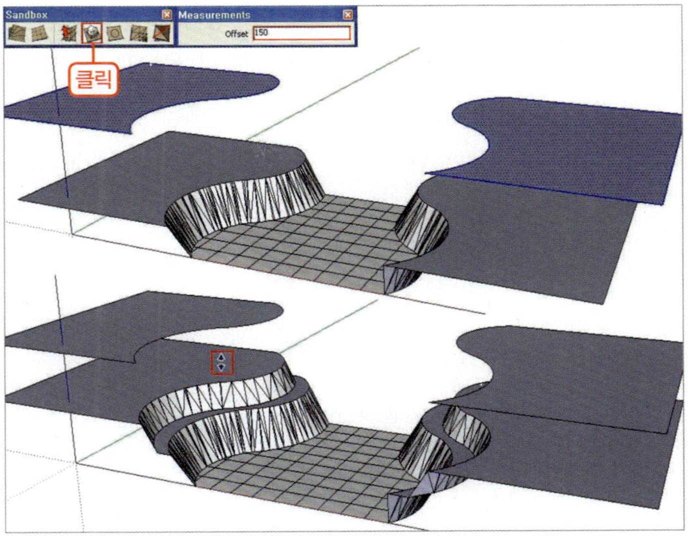

07 생성한 지형을 선택한 후 마우스 오른쪽 버튼을 클릭하면 나타나는 확장 메뉴 중에서 [Soften/Smooth Edges]를 선택합니다. 그러면 곡선 사이의 선과 지형 격자 무늬들을 부드러운 면으로 표현할 수 있습니다.

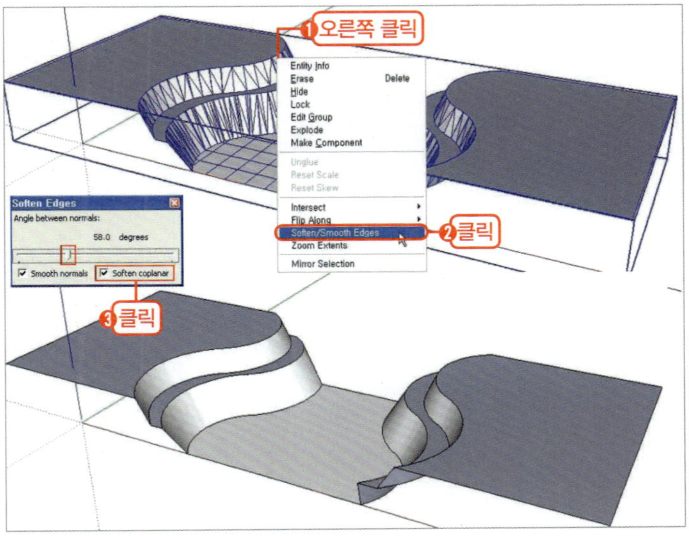

08 더 이상 필요 없는 양쪽 언덕 면들을 선택한 후 [Delete]를 눌러 삭제합니다. 그런 다음, 지형을 선택하고 마우스 오른쪽 버튼을 클릭하면 나타나는 확장 메뉴 중에서 [Edit Group]을 선택합니다. 그리고 지우개 툴( )을 이용하여 [Control]을 누른 채 물을 채울 선들을 부드럽게 삭제합니다.

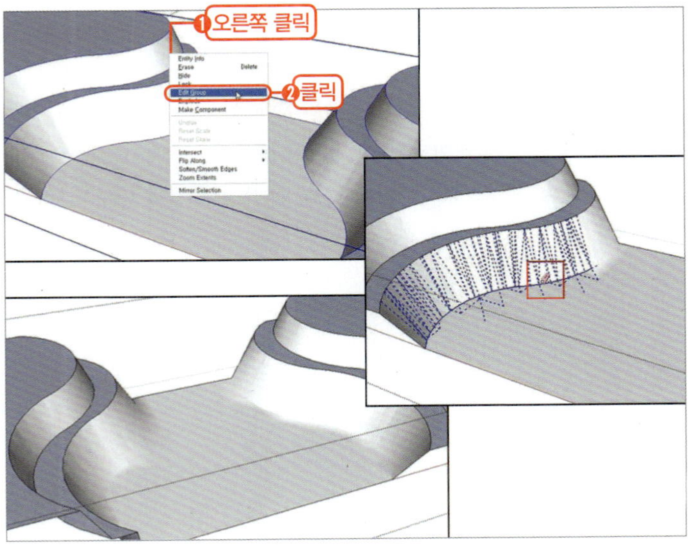

09 Top() 화면으로 이동합니다. 길을 만들기 위해 호 툴()로 양쪽 길을 만듭니다. 다시 Front() 화면으로 이동합니다. 호 툴()로 작업한 두 개의 길을 선택한 후 이동 툴()로 수직으로 드래그합니다.

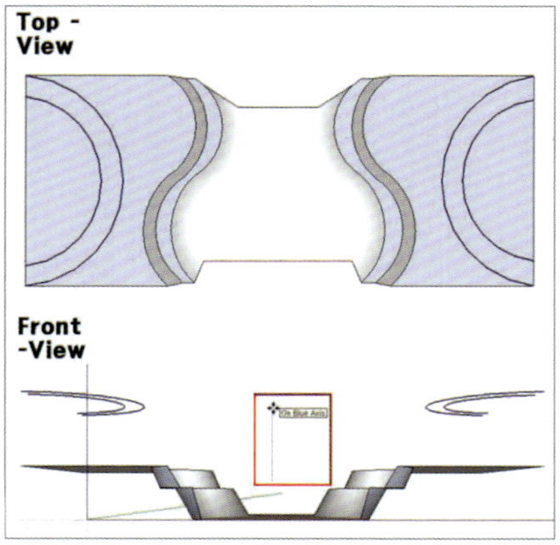

10 09에서 작업한 양쪽의 호선들을 선택한 후 드레프 툴()을 클릭하고 화면 영역에 있는 지형을 클릭합니다. 그리고 더 이상 필요 없는 양쪽의 호선들을 선택한 후 Delete를 눌러 삭제합니다.

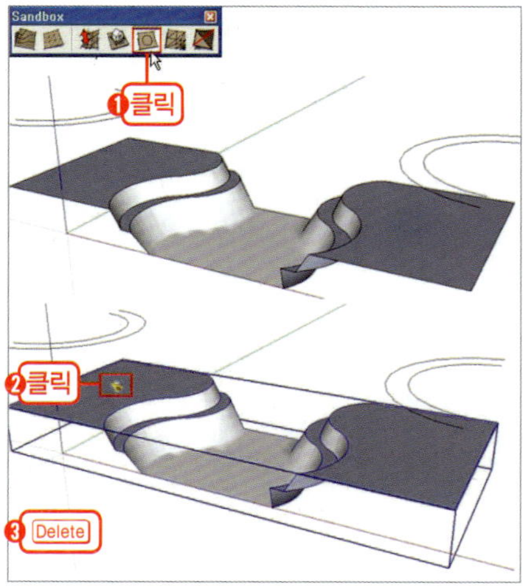

11 채우기 툴()을 선택합니다. 10에서 작업한 지형에 원하는 재질을 채웁니다.

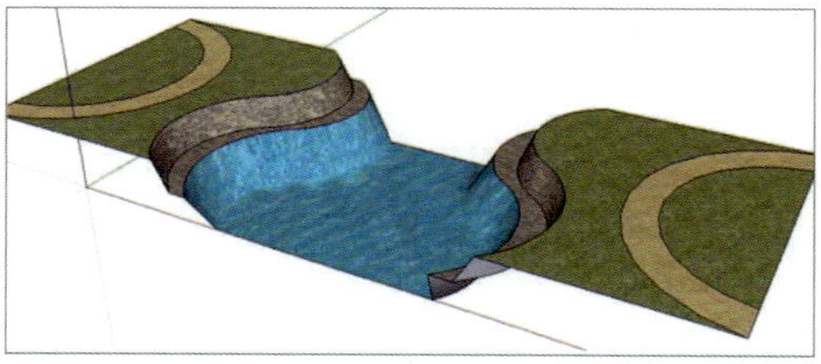

12 메뉴에서 [Window]-[Components]를 선택합니다. [Components] 창에서 연결 다리 객체를 검색한 후 화면 영역에서 원하는 위치에 배치합니다.

08 주택 위치 지형 만들기

모래상자 도구로 작업한 지형 위에 건물이 놓일 지면을 작업한 후 건물을 위치시키고 다양한 도구들을 이용하여 건물 주위를 꾸며보겠습니다.

01 스크래치 툴( )로 지형을 만듭니다. 생성한 지형을 선택한 후 마우스 오른쪽 버튼을 클릭하면 나타나는 확장 메뉴 중에서 [Soften/Smooth Edges]를 선택합니다.

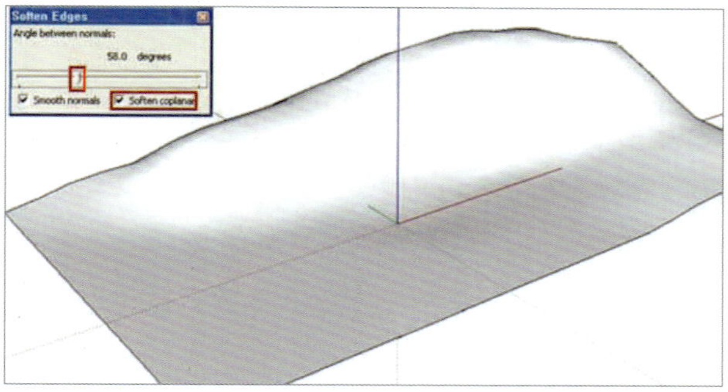

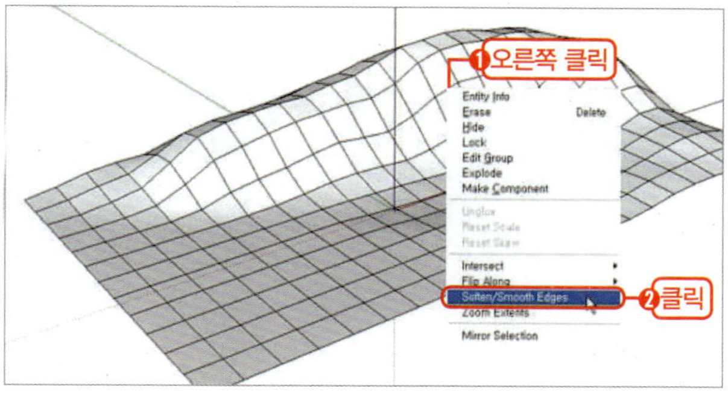

02 Top( ) 화면으로 이동합니다. 평평한 지면을 만들기 위해 사각형 툴( )로 사각형을 그립니다. Front( ) 화면으로 이동합니다. 방금 작업한 사각 면을 선택한 후 이동 툴( )로 수직으로 드래그합니다.

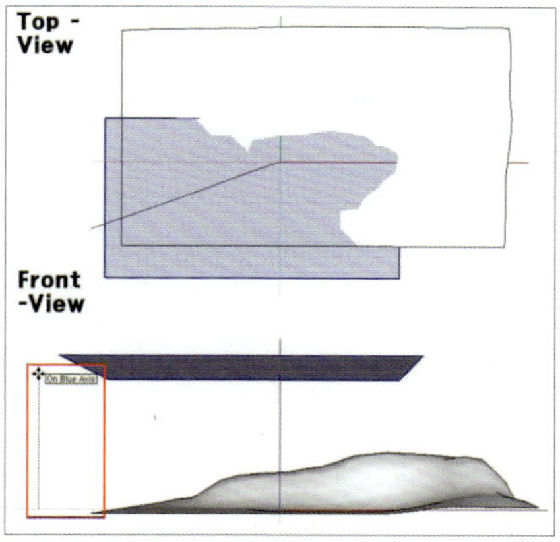

03 02에서 만든 사각 면을 선택한 후 스탬프 툴( )을 클릭하고 화면 하단의 입력란에 '25'를 입력합니다. 화면 영역에 있는 지형을 클릭하여 수직 아래로 조금 내립니다. 그리고 더 이상 필요 없는 사각 면을 선택한 후 Delete를 눌러 삭제합니다.

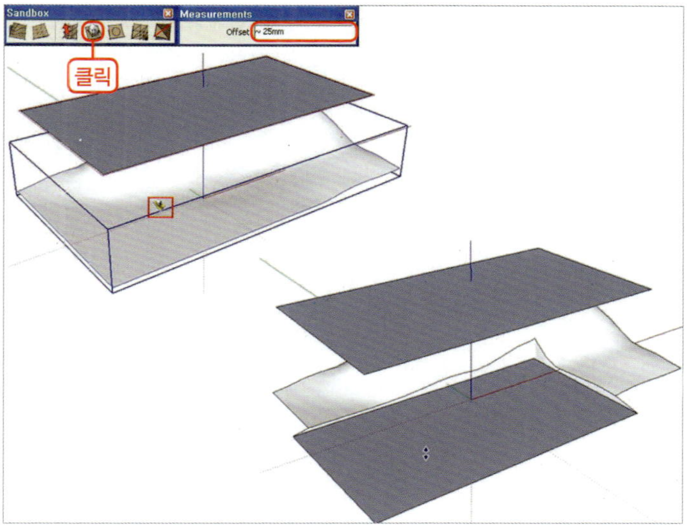

04 지형을 선택한 후 마우스 오른쪽 버튼을 클릭하면 나타나는 확장 메뉴 중에서 [Edit Group]을 선택합니다. 그런 다음, 이동 툴(![])로 각 가장자리 선을 클릭, 드래그하고 지형 끝점으로 이동합니다. 다음 그림처럼 편집을 마칩니다.

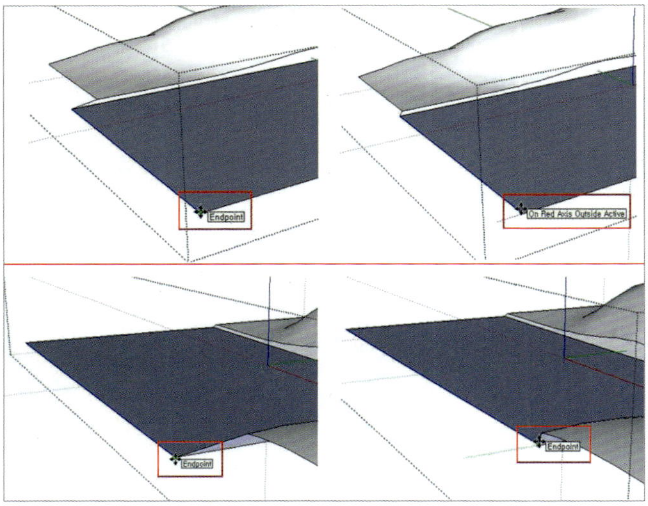

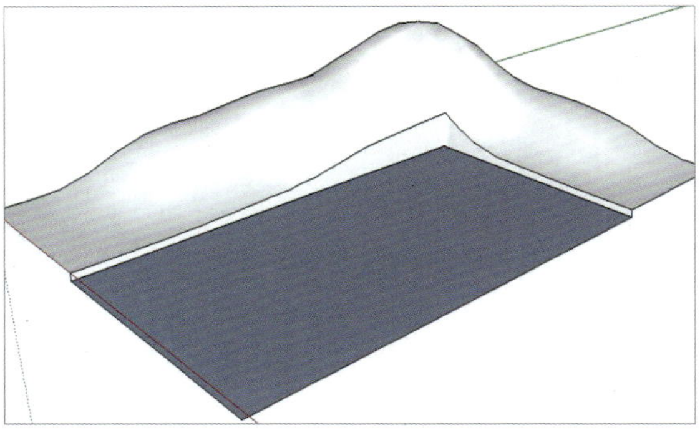

05 지형의 [Edit Group] 화면에서 지우개 툴(![])로 지형 가장자리 경계선을 Control을 누른 채 부드럽게 삭제합니다.

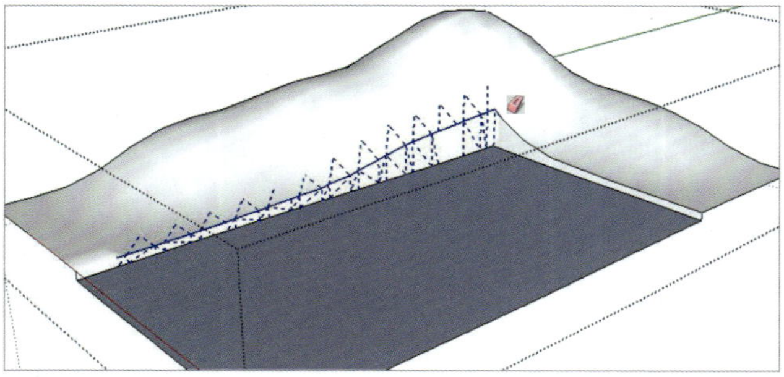

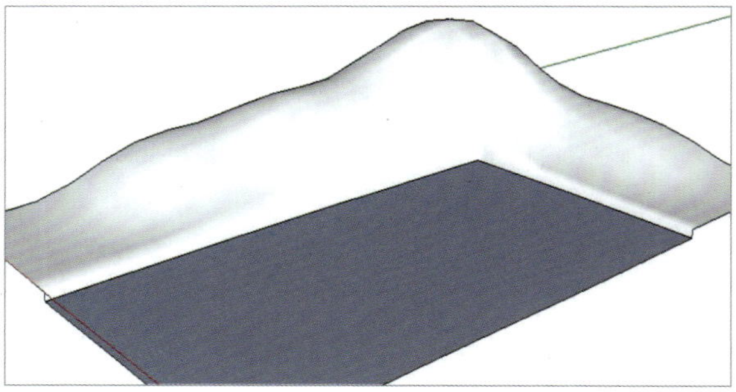

06 지형과 바닥 경계선에 두께를 주기 위해 선 툴(![])로 세 군데 끝점에 선을 그립니다.

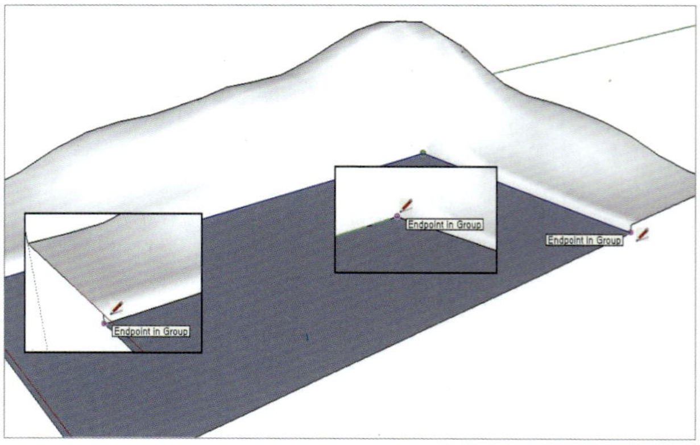

07 선택 툴( )로 **06**에서 작업한 선들을 선택합니다. 간격 띄우기 툴( )로 내부 쪽을 클릭하여 오프셋 작업을 완료합니다. 대각선 양쪽 끝부분에 선 툴( )로 끝점과 끝점을 연결하는 선을 그립니다.

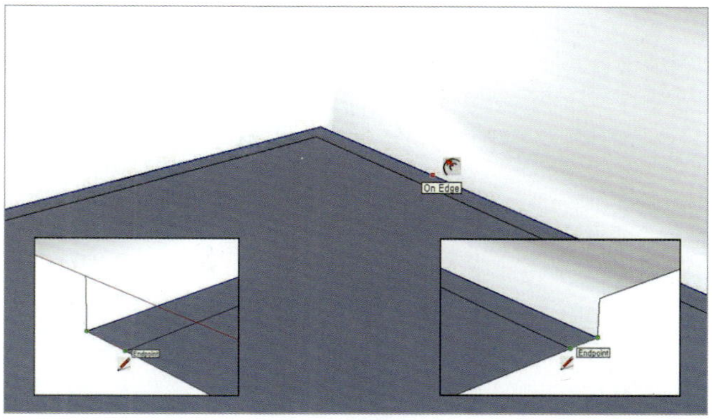

08 **07**에서 작업한 면을 밀고/끌기 툴( )로 적당히 위로 늘려 줍니다. 방금 작업한 객체를 모두 선택한 후 마우스 오른쪽 버튼을 클릭하면 나타나는 확장 메뉴 중에서 [Make Group]을 선택합니다.

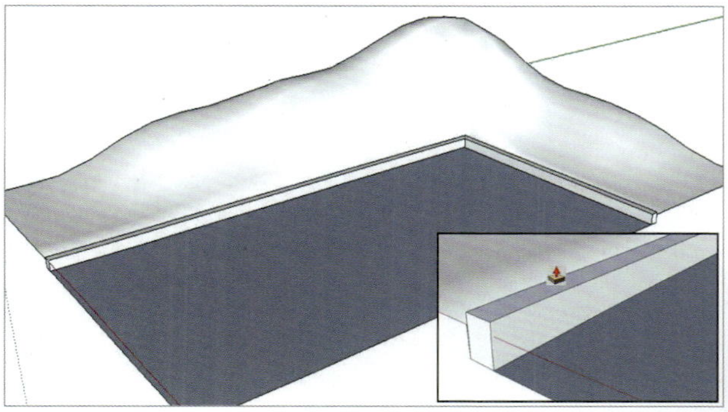

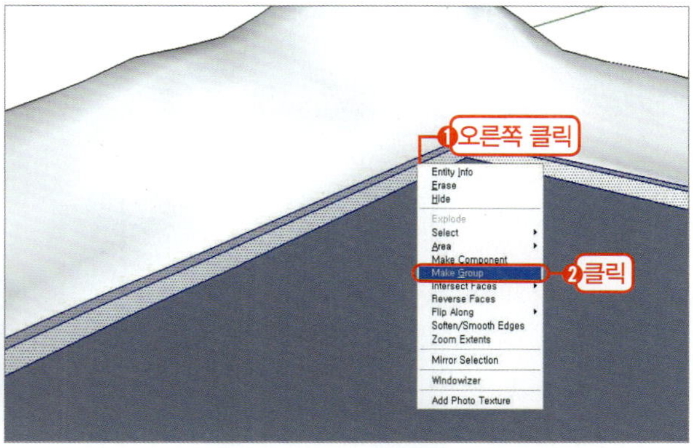

09 메뉴에서 [File]–[Import]를 선택한 후 파일 형식에서 'Sketchup Files(*.skp)'를 선택합니다. 예제 파일에서 [부록 CD\Sample\Part 02\예제\하우스-1.skp] 파일을 불러옵니다.

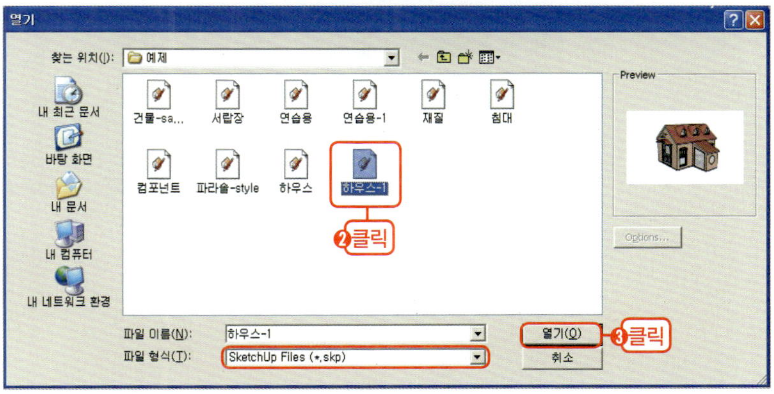

10 09에서 불러온 '하우스-1.skp' 파일을 작업한 지형 위에 배치합니다. 그리고 각 도구 툴을 이용하여 지형에 길과 수영장 모양을 만듭니다. 지형을 선택한 후 마우스 오른쪽 버튼을 클릭하면 나타나는 확장 메뉴 중에서 [Edit Group]을 선택합니다. 그런 다음, 지우개 툴( )을 선택하고 Control 을 누른 채 물 재질을 채울 선들을 부드럽게 삭제합니다.

11 채우기 툴( )을 선택한 후 원하는 재질을 채웁니다. 모든 객체에 재질이 채워진 것을 확인할 수 있습니다.

Tip

재질에 대해서는 180쪽을 참고하세요.

12 메뉴에서 [Window]-[Components]를 선택합니다. [Components] 창에서 소스들을 불러와 지형에 삽입합니다.

Tip

컴포넌트(Components)에 대해서는 166쪽을 참고하세요.

09 등고선 툴( )로 지형 만들기

면이 없고 테두리만 있는 지면에 등고선과 같은 선들을 그립니다. 그런 다음, 모든 테두리 선을 선택하고 등고선 툴( )을 선택하면 자동적으로 면이 생성됩니다.

01 Top( ) 화면으로 이동합니다. 자유 툴( )로 자유로운 선을 만듭니다. 그림처럼 필요 없는 각각의 면들을 선택한 후 마우스 오른쪽 버튼을 클릭하면 나타나는 확장 메뉴 중에서 [Erase]를 선택하여 면을 삭제합니다.

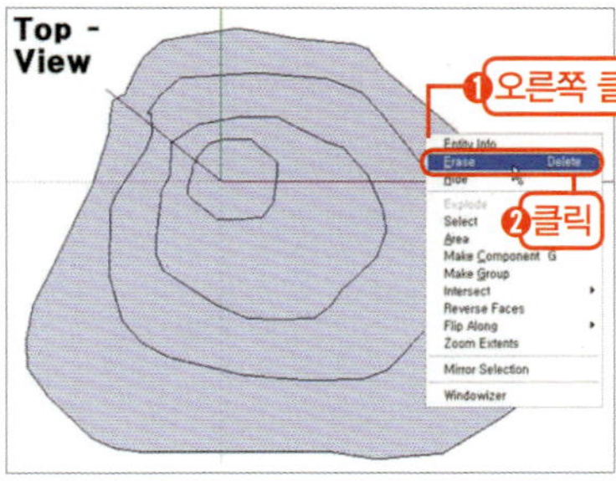

02 Iso 툴( ) 화면으로 이동합니다. 이동 툴( )로 자유선을 선택하고 각각의 높이 값이 틀리도록 수직 위로 이동합니다.

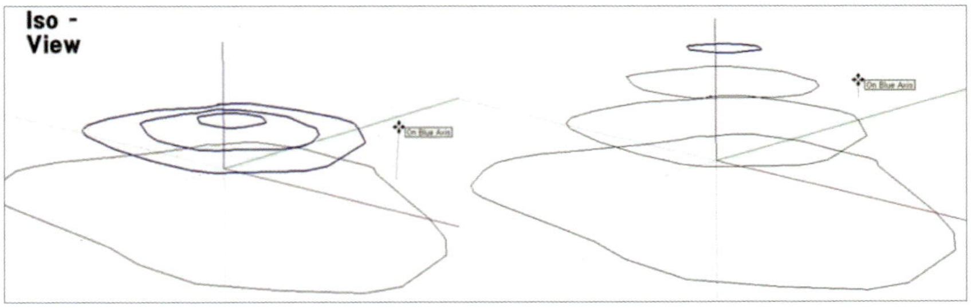

03 02에서 작업한 자유선을 모두 선택합니다. 그런 다음, 모래상자 도구에서 등고선 툴( )을 클릭하면 면이 자동으로 생성된 것을 확인할 수 있습니다.

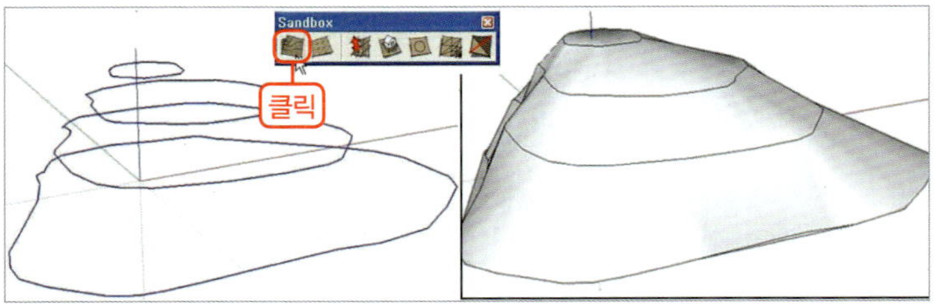

04 필요 없는 자유선들을 선택한 후 마우스 오른쪽 버튼을 클릭하면 나타나는 확장 메뉴 중에서 [Erase]를 선택하여 삭제합니다.

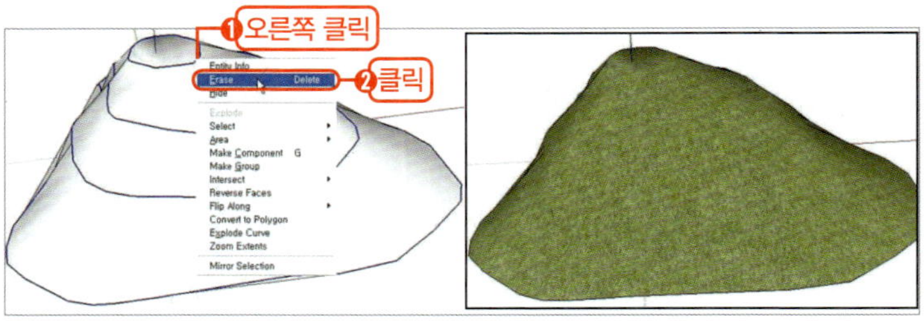

10 등고선 툴( )로 지형 만들기 ②

호 툴( )로 반원 테두리를 만든 후 등고선 툴( )로 통로를 만듭니다.

---

01 Iso 툴( ) 화면으로 이동합니다. 호 툴( )로 호를 그린 후 이동 툴( )을 선택합니다. Control 을 누른 채 끝점을 클릭하고 원하는 방향으로 드래그하여 복사한 후 입력란에 '5*'를 입력하고 Enter↵를 누릅니다.

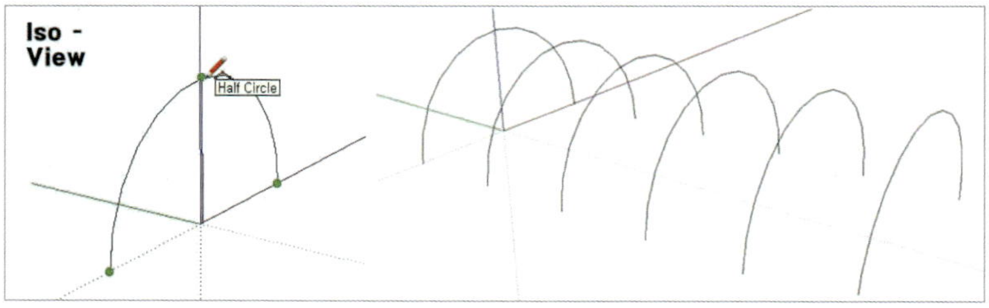

02 01에서 작업한 호들을 선택한 후 스케일 툴( )로 다음 그림처럼 각각의 크기를 조절합니다.

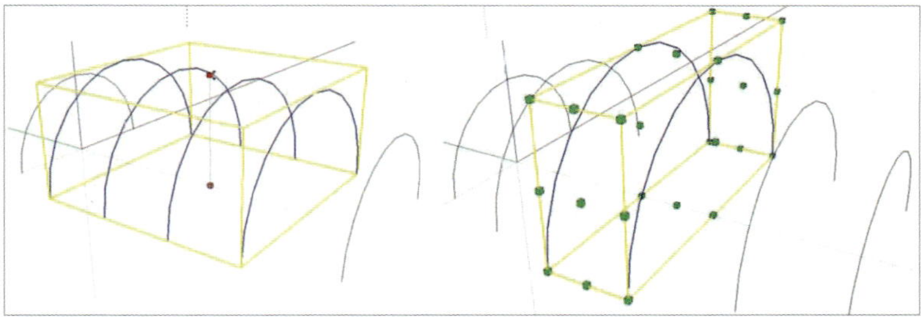

03 모든 호를 선택합니다. 모래상자 도구에서 등고선 툴( )을 클릭하면 면이 생성되는 것을 확인할 수 있습니다.

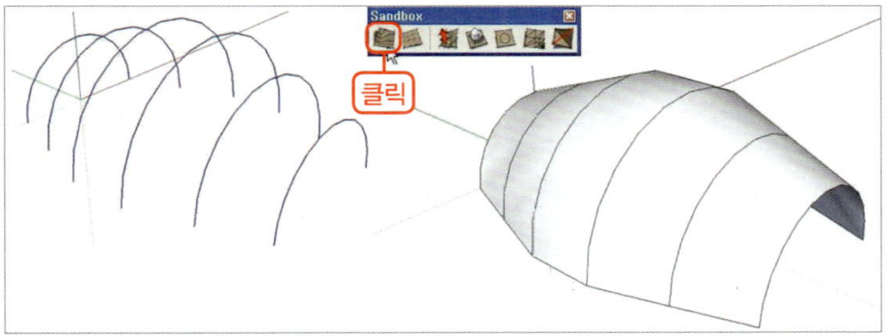

04 03에서 작업한 지형을 선택한 후 마우스 오른쪽 버튼을 클릭하면 나타나는 확장 메뉴 중에서 [Edit Group]을 선택합니다. 그런 다음, 스무브 툴( )을 선택하고 위아래로 클릭, 드래그하여 약간 울퉁불퉁한 형태로 만듭니다.

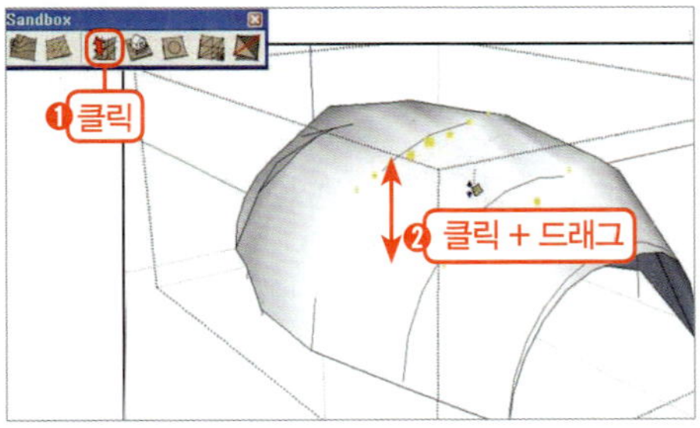

05 필요 없는 각각의 호를 선택한 후 마우스 오른쪽 버튼을 클릭하면 나타나는 확장 메뉴 중에서 [Erase]를 선택하여 면을 삭제합니다.

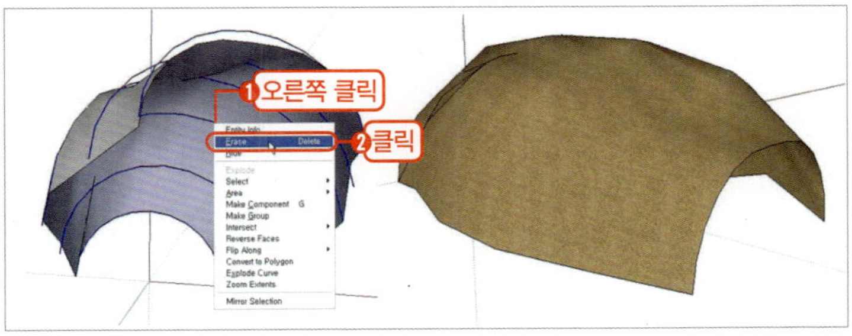

11 CAD 도면을 이용한 지형 만들기

이번에는 AutoCAD에서 등고선을 표시한 도면을 작업해 보겠습니다. 작업한 CAD 도면을 스케치업 8로 불러온 후 등고선 툴()로 지형을 작업합니다.

01 CAD 파일을 불러오기 위해 메뉴에서 [File]-[Import]를 선택합니다. 예제 파일 중에서 [부록 CD\Sample\Part 02\예제\part01.dwg]을 불러옵니다.

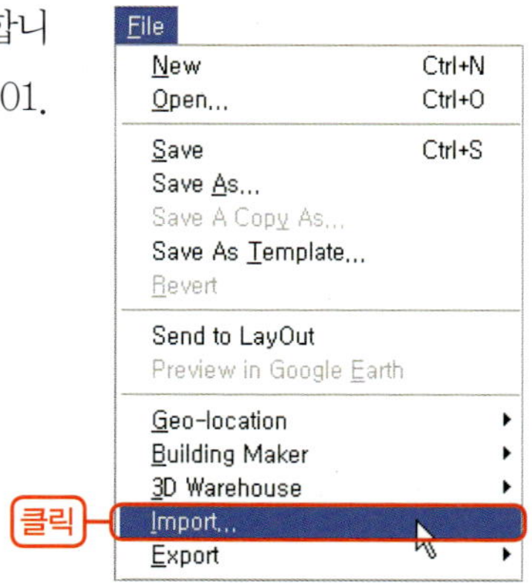

02 파일 형식에서 'AutoCAD Files(*.dwg, *.dxf)'를 선택한 후 [Options] 버튼을 클릭합니다.

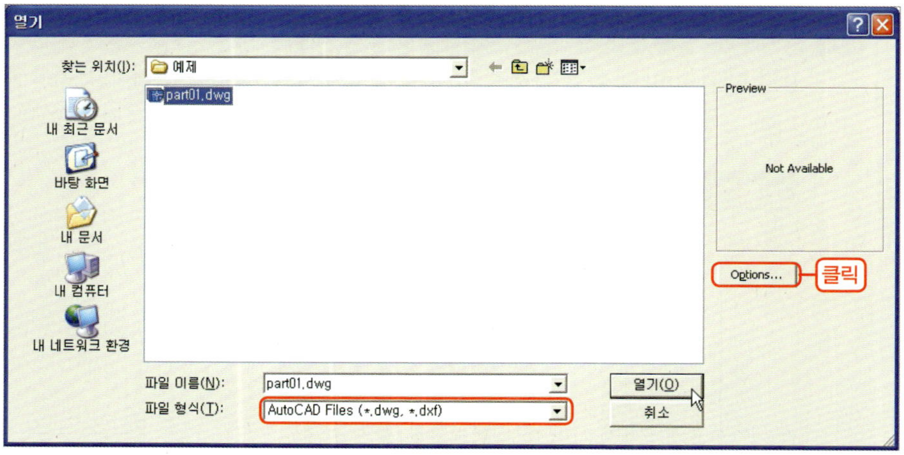

03 Geometry의 두 옵션에 체크 표시를 한 후, 단위를 Millimeters로 지정합니다. 단위 밑의 [Preserve drawing origin]에는 체크 표시를 하지 않습니다.

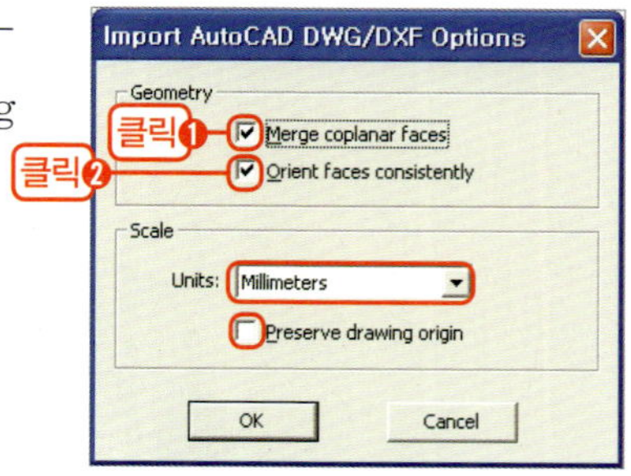

Tip

'Preserve drawing origin'에 체크 표시를 하지 않는 이유는 도면 임포트(Import) 시 기본 축으로 불러오기 위함입니다. 캐드 도면이 기본 축에서 멀리 떨어져 있다면 엉뚱한 위치에 임포트되기 때문입니다. 각 축에는 원점을 기준으로 양쪽에 실선과 점선이 있습니다.

04 스케치업 8에 캐드 도면이 임포트(Import)된 것을 확인할 수 있습니다.

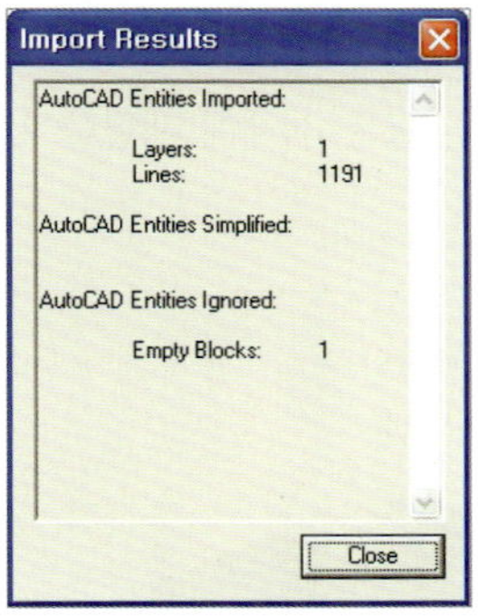

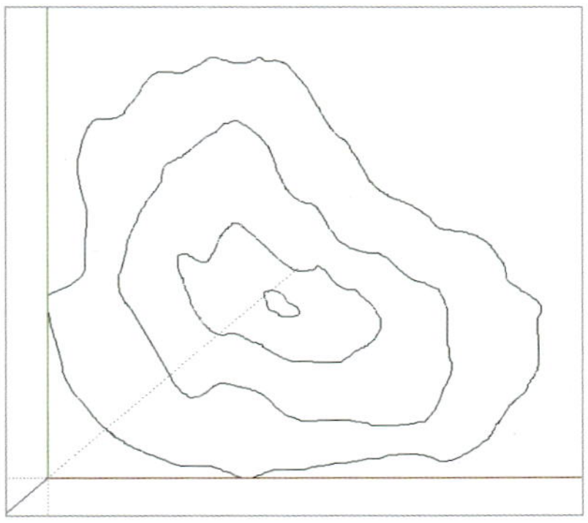

05 Iso 툴( ) 화면으로 이동합니다. 그런 다음, **04**에서 불러온 캐드 도면을 모두 선택합니다.

06 모래상자 도구에서 등고선 툴( )을 클릭하면 면이 생성되는 것을 확인할 수 있습니다.

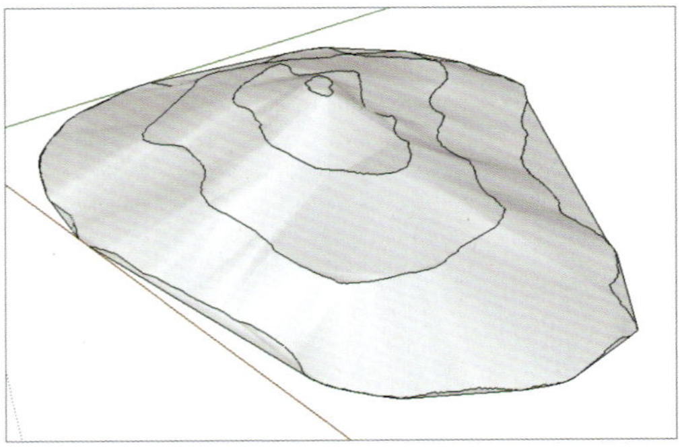

07 필요 없는 각각의 CAD 선들을 선택한 후 Delete를 눌러 삭제합니다.

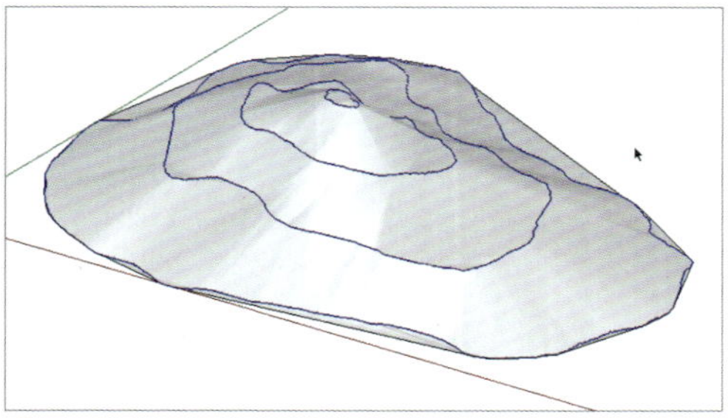

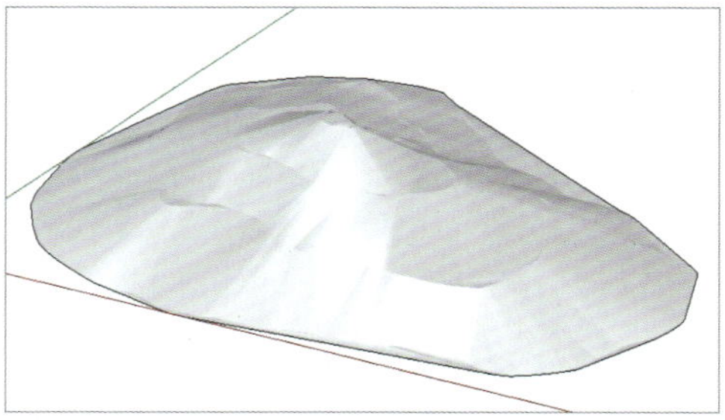

08 채우기 툴(🪣)을 선택한 후 원하는 재질을 채웁니다. 모든 객체에 재질을 채워지는 것을 확인할 수 있습니다.

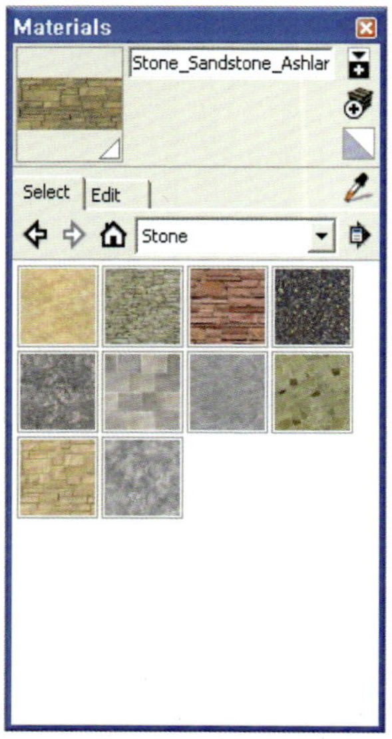

02; 따뜻함이 느껴지는 나만의 거실 공간 디자인

작은 평수의 원룸이지만 조용하고 안락한 쉼터를 필요로 하는 사람들을 위해 디자인한 것입니다. 벽면에 액자들을 배치하여 공간을 부드럽게 연출했으며, 다양한 가구들을 배치하여 편안한 휴식 공간이라는 느낌을 더해 주었습니다.

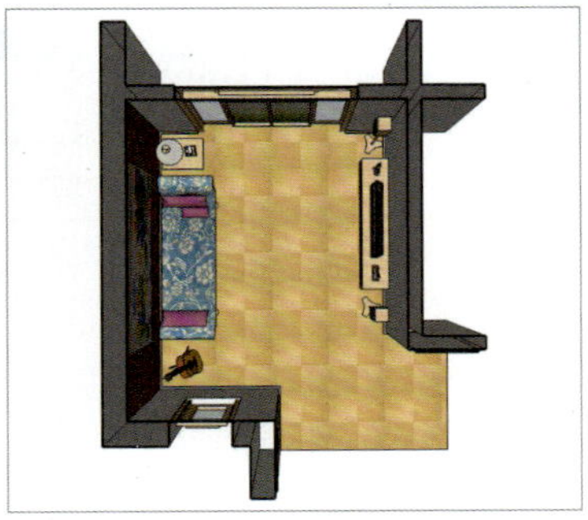

01. 레이어 이해하기

스케치업 8에서는 특별히 레이어(Layer)를 사용하지 않고도 공간을 만들 수 있습니다. 다만, 작업의 편리성을 확보하기 위해 보조적으로 레이어를 사용합니다. 특히 AutoCAD의 데이터를 불러올 경우 AutoCAD의 레이어도 그대로 불러올 수 있기 때문에 편리하게 작업할 수 있습니다.

01 육면체를 작업합니다. 모든 면들을 선택한 후 마우스 오른쪽 버튼을 클릭하면 나타나는 확장 메뉴 중에서 [Make Group]을 선택하여 그룹으로 만듭니다.

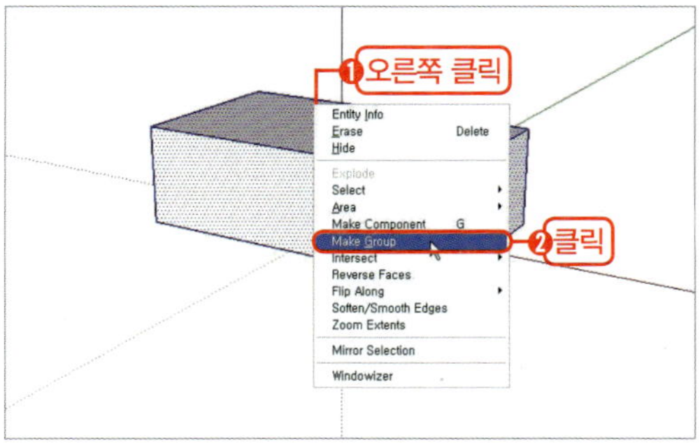

02 메뉴에서 [Window]–[Layers]를 선택합니다.

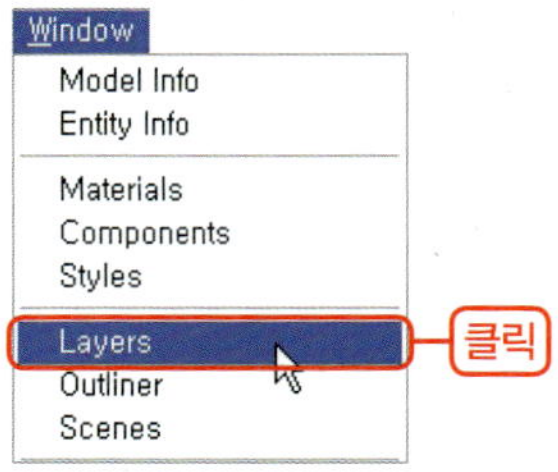

03 [레이어 추가] 버튼(⊕)을 클릭하여 새로운 레이어를 추가합니다. 그런 다음, 레이어 이름을 '1층'으로 변경합니다.

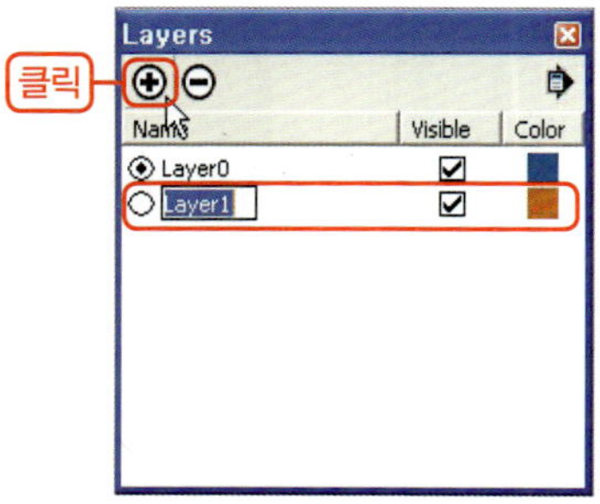

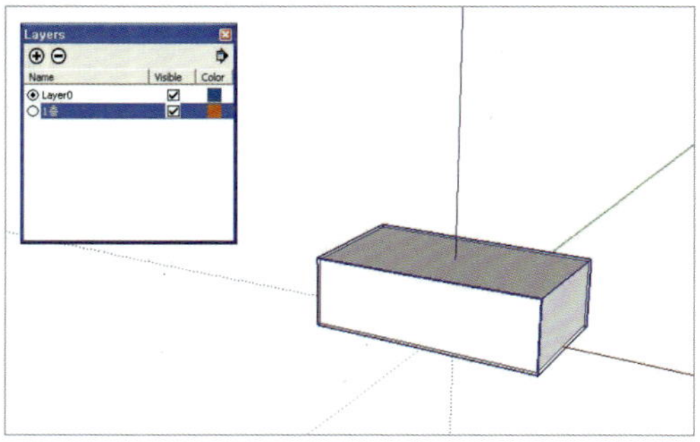

04 01에서 작업한 육면체를 선택한 후 마우스 오른쪽 버튼을 클릭하면 나타나는 확장 메뉴 중에서 [Entity Info]를 선택합니다.

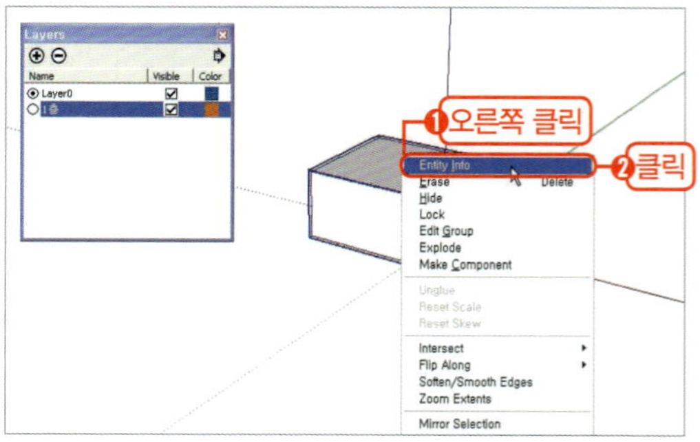

05 [Entity Info] 창에서 '1층' 레이어를 선택하여 레이어를 변경합니다.

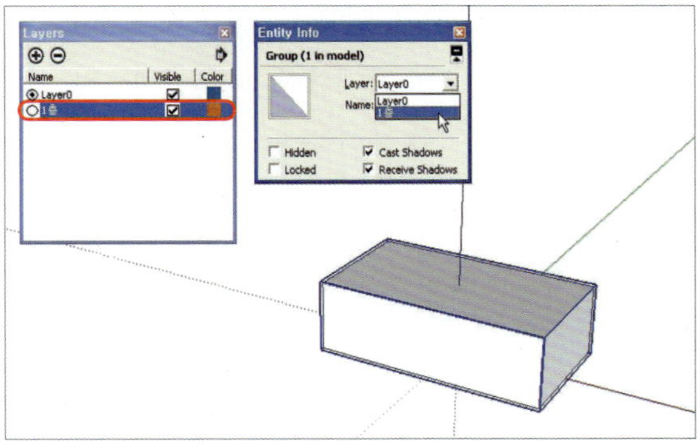

06 레이어 색상으로 객체를 표현해 보겠습니다. 레이어 창의 우측 상단에 있는 [레이어 세팅] 버튼(◆)을 클릭한 후 [Color by layer]를 선택합니다. 객체의 색상이 레이어에 지정한 색상으로 변경되는 것을 알 수 있습니다.

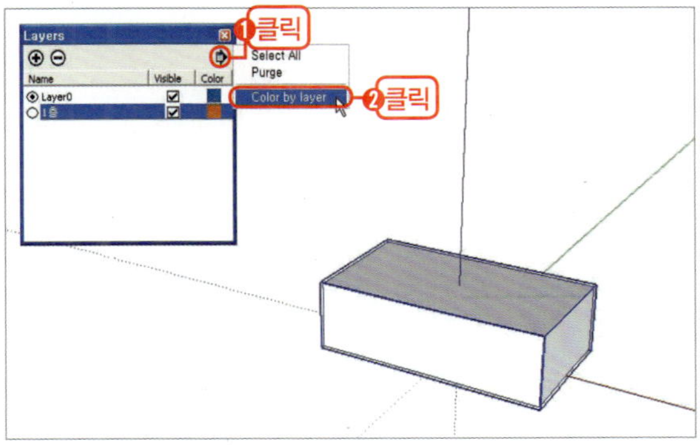

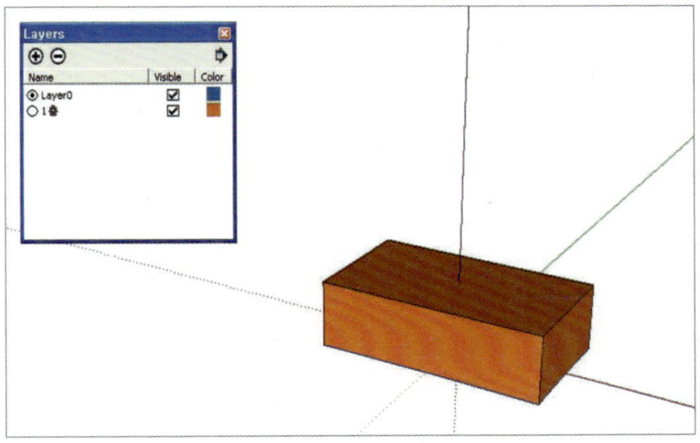

07 [레이어 추가] 버튼(⊕)을 클릭하여 새로운 레이어를 추가합니다. 레이어의 이름을 '2층'으로 변경합니다. '2층' 레이어 이름 옆의 [스위치] 버튼(⊙)을 클릭한 후 육면체를 작업합니다. 그런 다음, 모든 면들을 선택하고 마우스 오른쪽 버튼을 클릭하면 나타나는 확장 메뉴 중에서 [Make Group]을 선택하여 그룹으로 만듭니다.

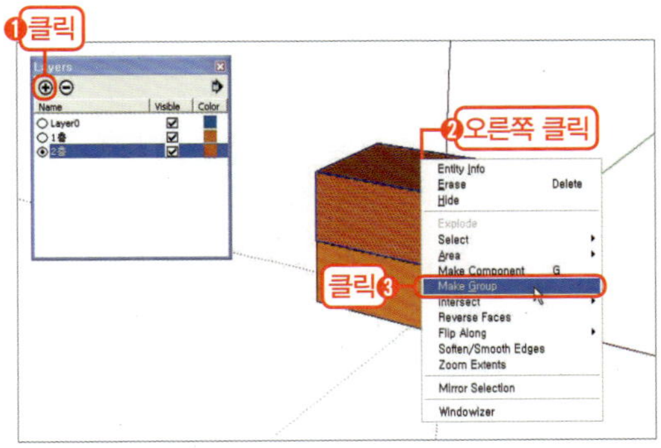

08 [레이어 추가] 버튼(⊕)을 클릭하여 새로운 레이어를 추가합니다. 레이어 이름을 '3층'으로 변경합니다. '3층' 레이어 이름 옆의 [스위치] 버튼(⊙)을 클릭한 후 육면체를 작업합니다. 그런 다음, 모든 면들을 선택하고 마우스 오른쪽 버튼을 클릭하면 나타나는 확장 메뉴 중에서 [Make Group]을 선택하여 그룹으로 만듭니다.

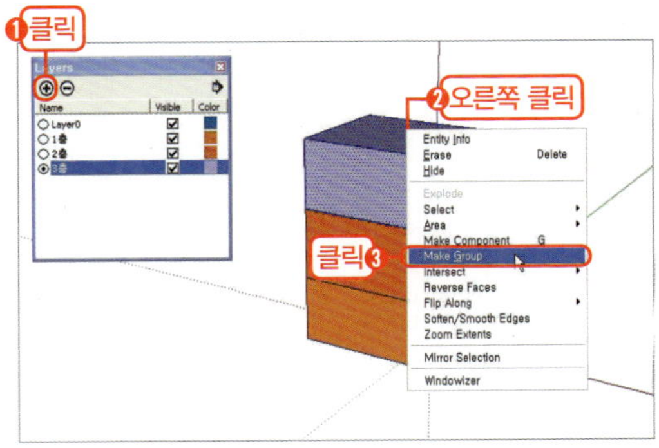

09 '2층' 레이어는 끄는 것이 좋습니다. 레이어 창에서 [Visible] 버튼의 체크 표시를 해제합니다. '2층' 레이어에 포함되어 있던 모든 객체가 화면에서 사라진 것을 알 수 있습니다.

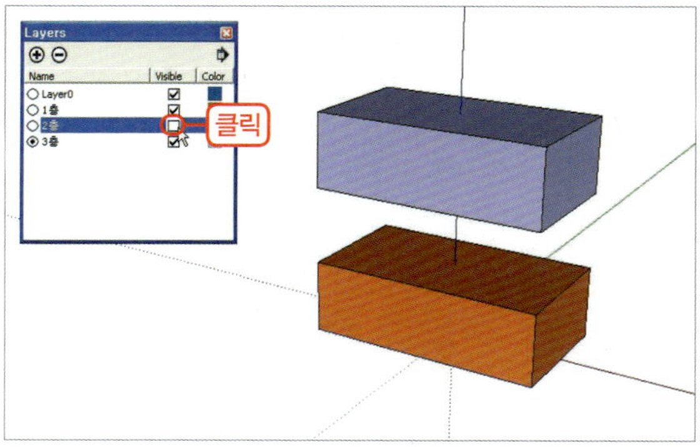

10 사라진 '2층' 레이어를 다시 나타내기 위해 레이어 창에서 [Visible] 버튼을 클릭합니다. '2층' 레이어에 포함되어 있던 모든 객체가 나타난 것을 볼 수 있습니다.

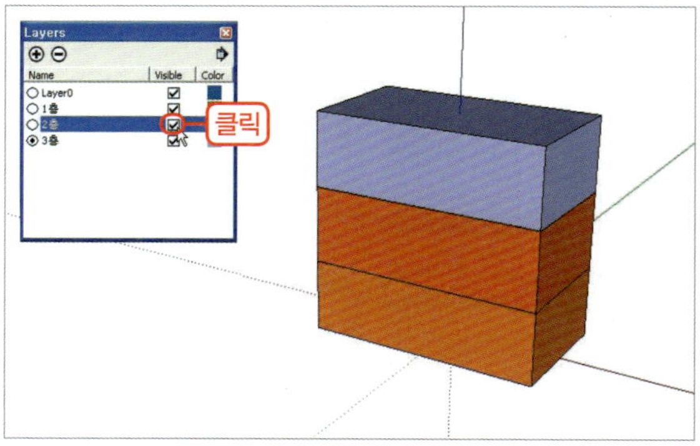

11 각 레이어 색상을 변경하기 위하여 [Color] 버튼을 클릭합니다. 해당하는 레이어에 포함된 객체의 색상이 변경된 것을 알 수 있습니다.

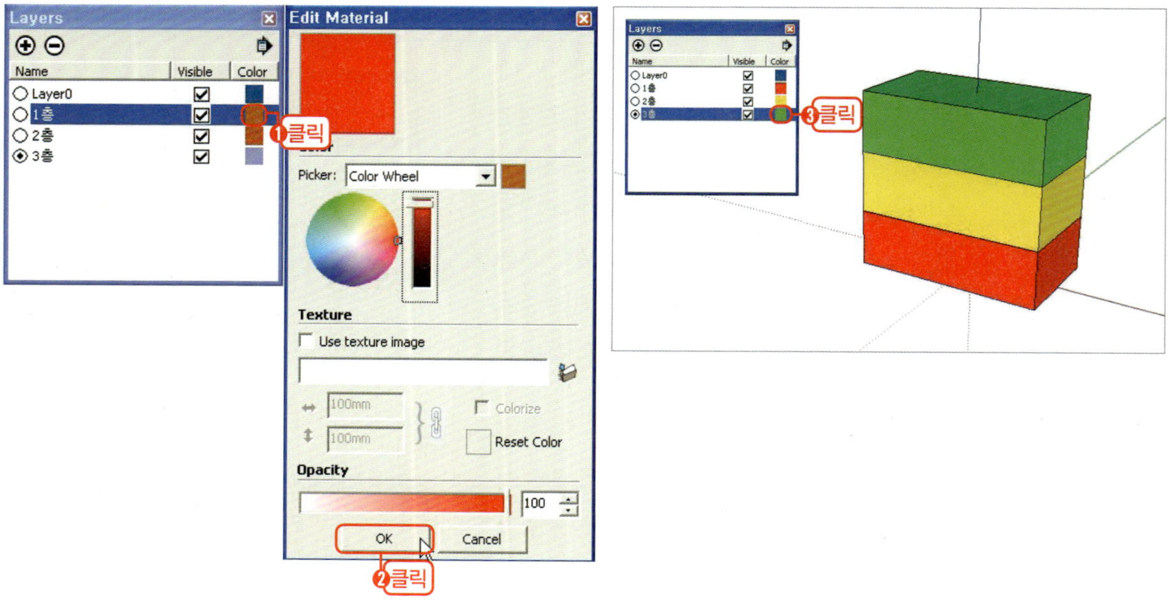

12 '2층' 레이어에 재질을 입히기 위하여 레이어 창에서 [Color] 버튼을 클릭합니다. [Edit Material] 창에서 [브라우저] 버튼( )을 클릭합니다. 원하는 재질을 선택하면 '2층' 레이어에 포함되어 있던 객체에 재질이 채워진 것을 볼 수 있습니다.

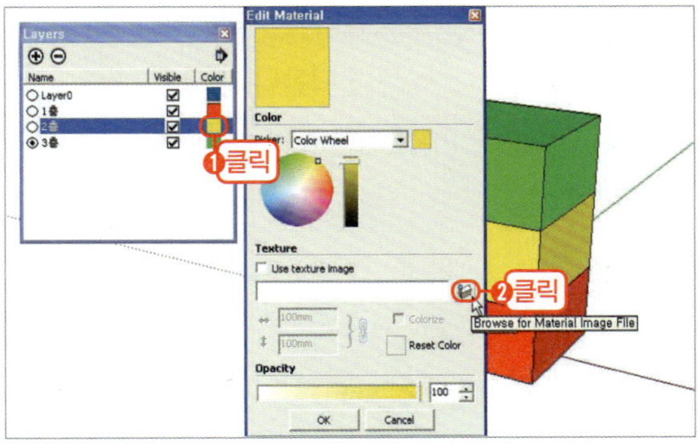

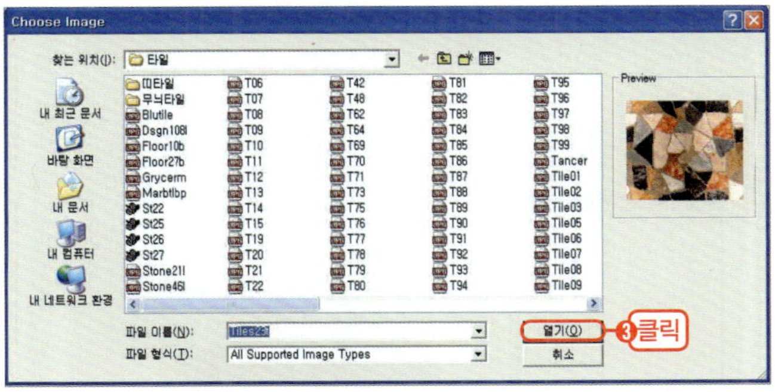

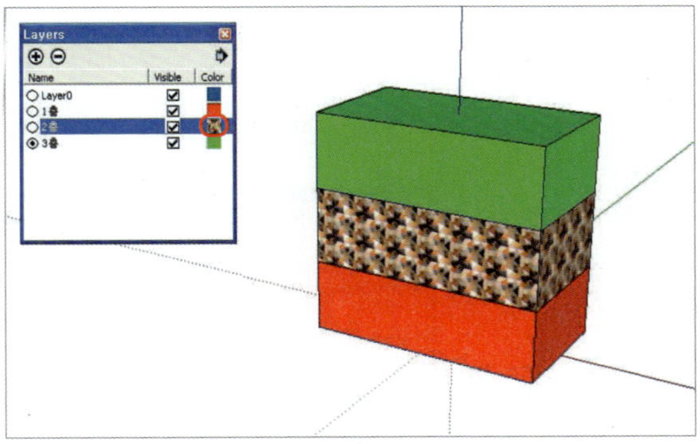

13 '2층' 레이어를 삭제하기 위해 '2층' 레이어를 선택합니다. 그런 다음, [레이어 삭제] 버튼( )을 클릭합니다.

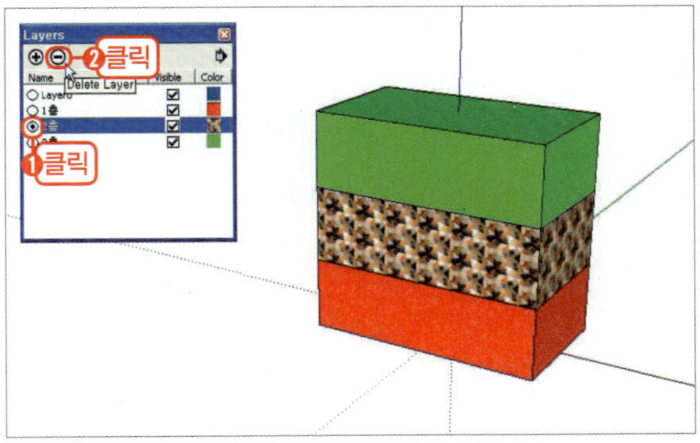

14 [Move contents to Default layer]를 선택한 후 [OK] 버튼을 클릭합니다. 그러면 레이어 이름만 삭제되고 화면의 객체는 삭제되지 않으며, Layer0 레이어라는 이름으로 자동 변경되는 것을 알 수 있습니다.

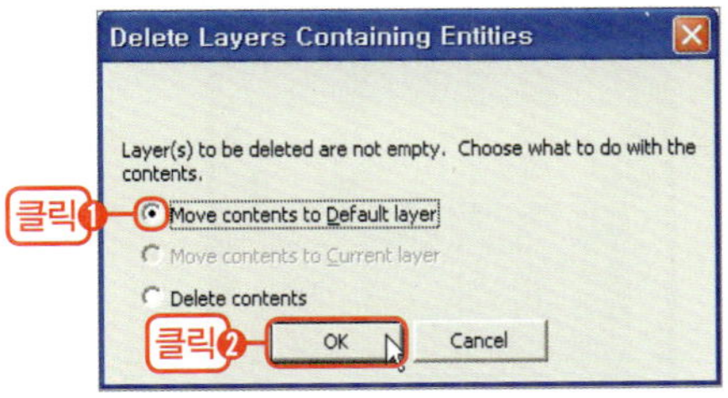

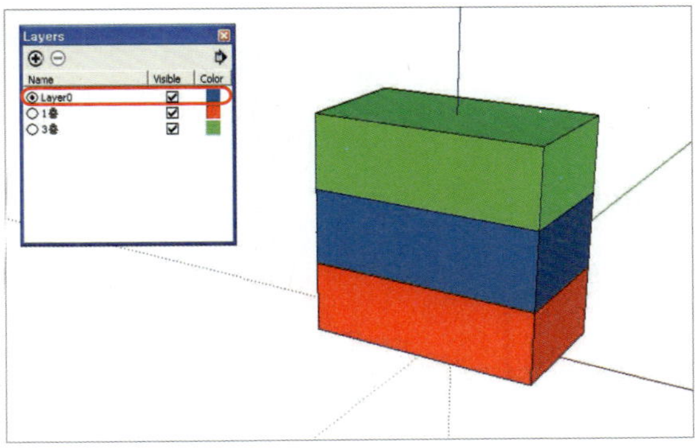

15 '3층' 레이어를 삭제하기 위해 '3층' 레이어를 선택합니다. 그런 다음, [레이어 삭제] 버튼(⊖)을 클릭합니다.

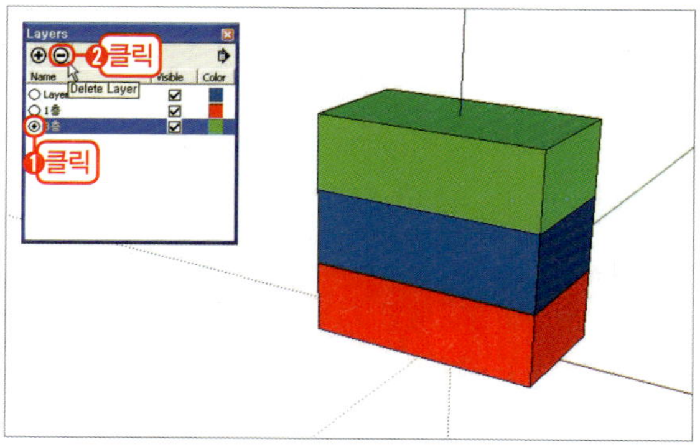

16 [Delete contents]를 선택한 후 [OK] 버튼을 클릭합니다. 레이어의 이름과 화면 객체가 삭제된 것을 알 수 있습니다.

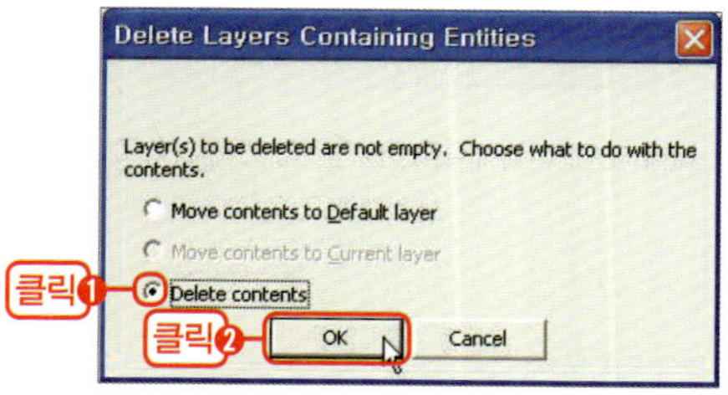

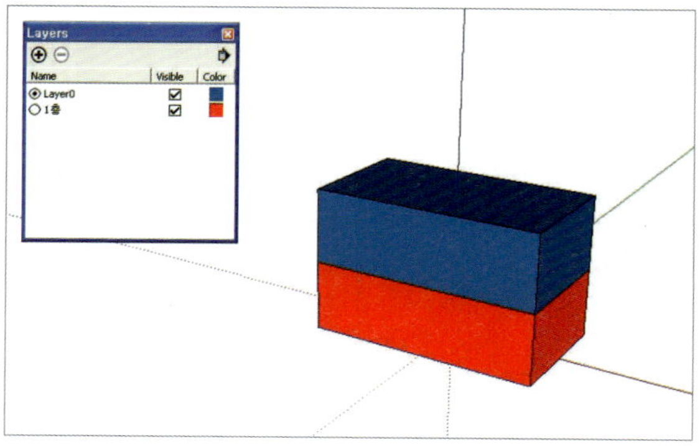

17 [레이어 추가] 버튼(⊕)을 클릭하여 새로운 레이어를 몇 개 더 추가합니다.

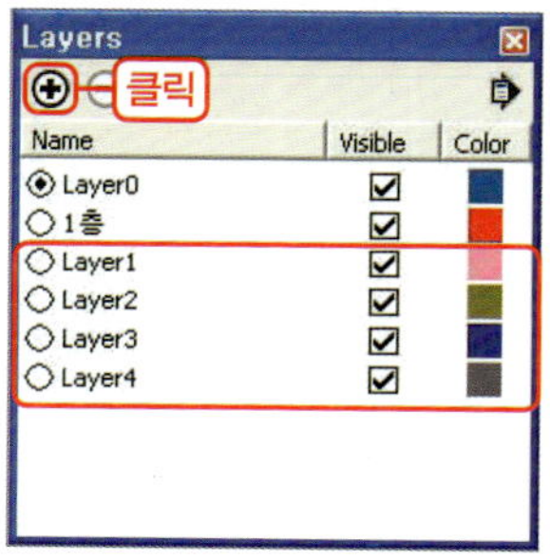

18 레이어 창의 우측 상단에 있는 [레이어 세팅] 버튼(➧)을 클릭한 후 [Select All]을 선택합니다. 레이어 창에 있는 모든 레이어가 선택됩니다.

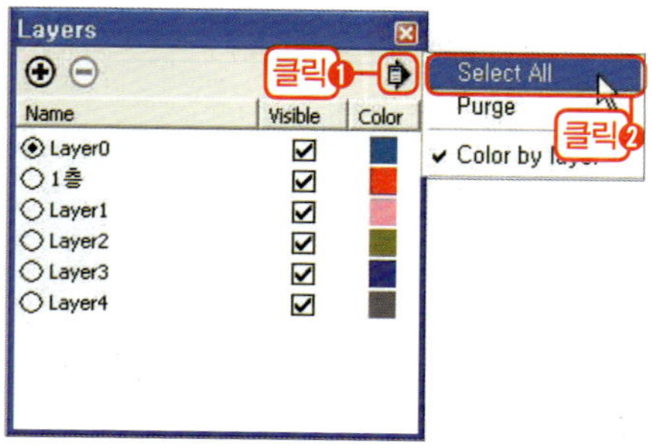

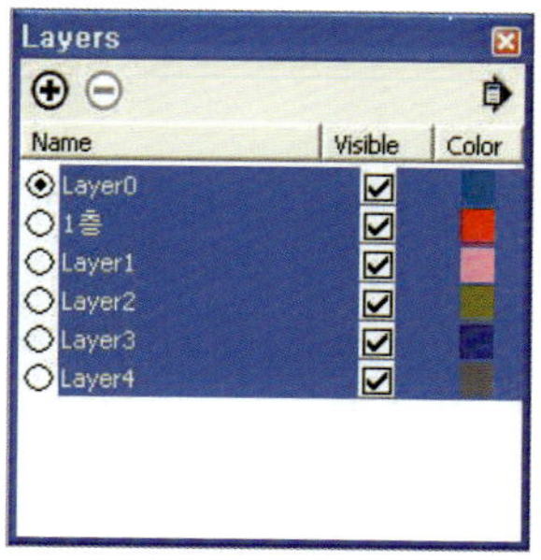

19 레이어 창의 우측 상단에 있는 [레이어 세팅] 버튼( )을 클릭한 후 [Purge]를 선택합니다. 화면에 사용하지 않는 레이어들이 레이어 창에서 사라집니다.

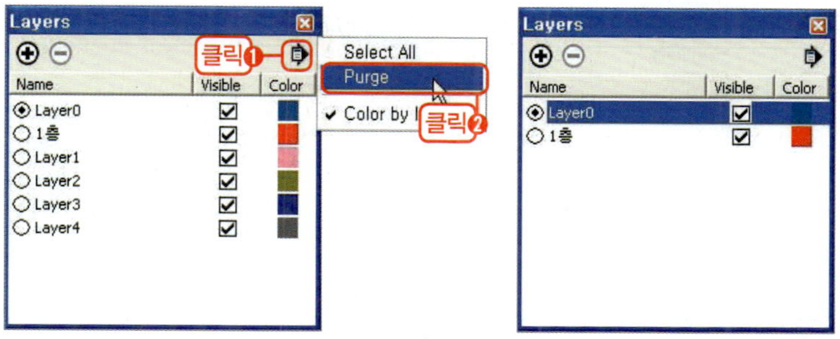

02. CAD 파일 불러오기

스케치업 8 자체로도 큰 무리 없이 작업을 할 수 있지만 CAD 도면을 그대로 활용하면 훨씬 효율적으로 작업할 수 있습니다. 이는 복잡한 형태의 곡면은 스케치업 8에서 작업하기보다 캐드에서 작업하는 것이 효율적이라는 의미이기도 합니다. 캐드를 이용하면 선 하나로 면을 채워 넣을 수 있기 때문에 캐드로 평면 작업을 한 후에 스케치업 8에서 불러오는 것이 좋습니다.

● 예제 파일 I 부록 CD\Sample\Part 02\예제\거실.dwg

Tip

- 스케치업이 8 버전으로 업그레이드되면서 CAD 파일을 불러오기 편리해졌습니다.
- 각자 사용하는 버전에 따라 같은 방법으로 임포트(Import)하면 됩니다.

01 CAD 파일을 불러오기 위해 메뉴에서 [File]–[Import]를 선택합니다.

02 파일 형식에서 'ACAD Files(*.dwg, *.dxf)'를 선택한 후 [Options] 버튼을 클릭합니다.

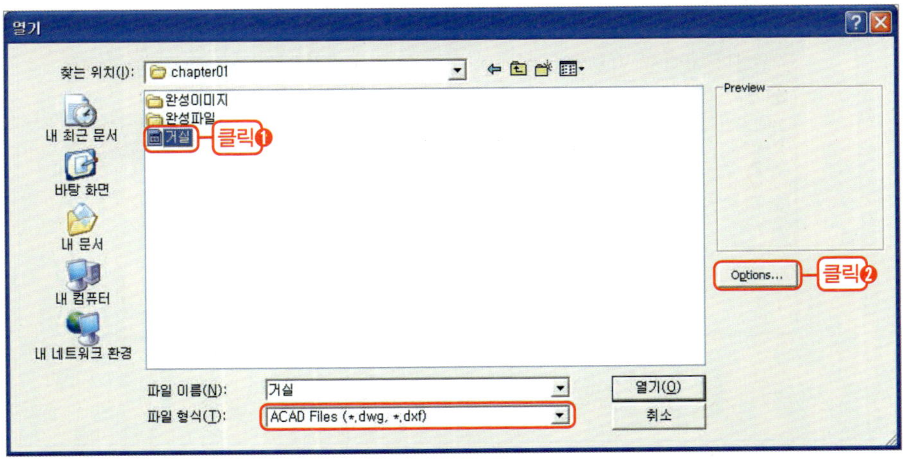

03 [Import AutoCAD DWG/DXF Options] 대화상자가 나타납니다. [Geometry] 항목에서 두 개의 옵션에 모두 체크 표시를 하고, [Scale] 항목의 단위를 'Millimeters'로 설정합니다. 단위 밑의 'Preserve drawing origin'에는 체크 표시를 하지 않습니다.

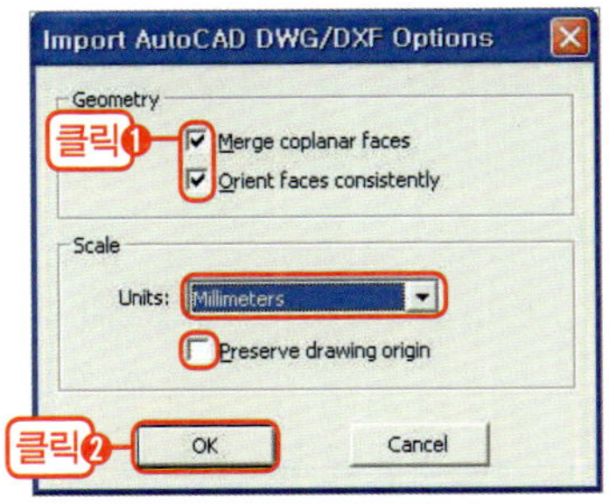

Tip

여기에서 'Preserve drawing origin'에 체크 표시를 하지 않는 이유는 도면을 불러올 때 기본 축으로 불러오기 위해서입니다. 캐드에서 도면이 기본 축에서 멀리 떨어져 있다면 그만큼 스케치업 8에서도 엉뚱한 위치에 나타나기 때문입니다.

04 스케치업 8에 캐드 도면이 임포트된 것을 확인할 수 있습니다.

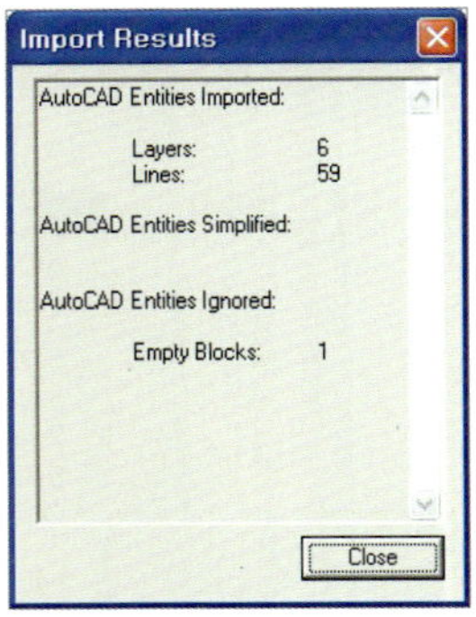

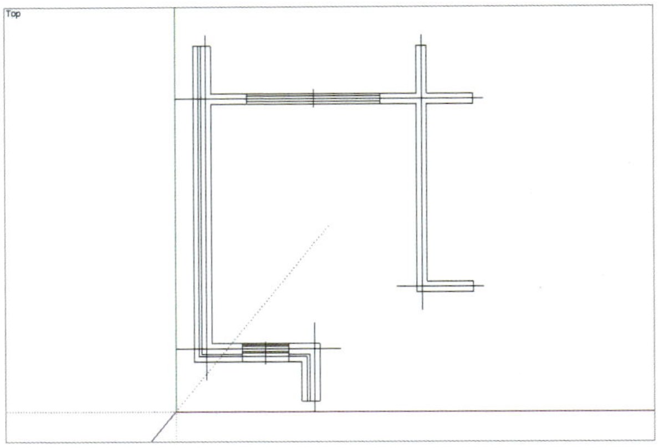

05 메뉴에서 [Window]-[Layers]를 클릭합니다. 캐드 파일을 스케치업 8로 불러오면 캐드의 레이어 역시 불러옵니다.

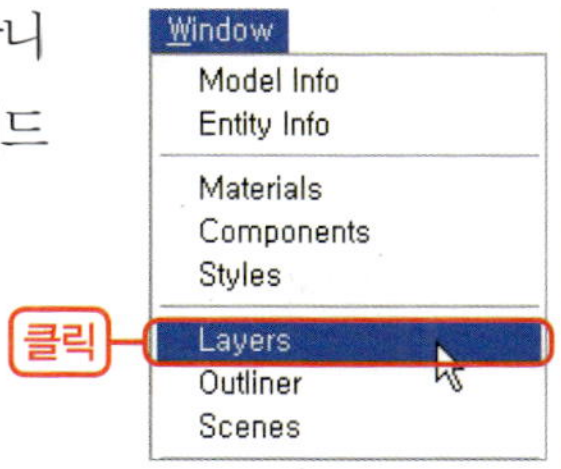

06 레이어들을 정리해 보겠습니다. 레이어 창의 우측 상단에 있는 [레이어 세팅] 버튼( )을 클릭한 후 [Purge]를 선택합니다. 화면에 사용하지 않는 레이어들만 정리되어 레이어 창에서 사라집니다.

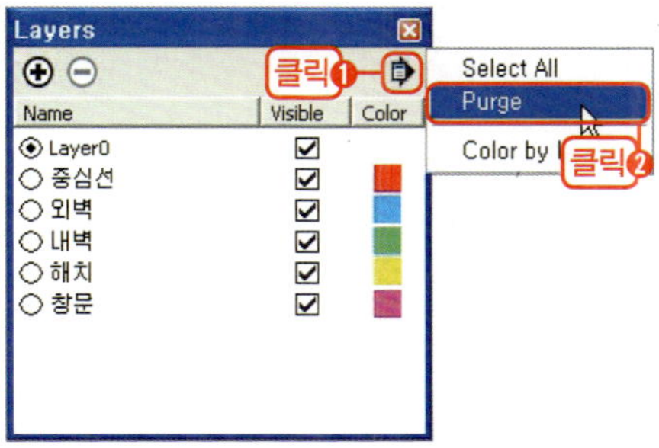

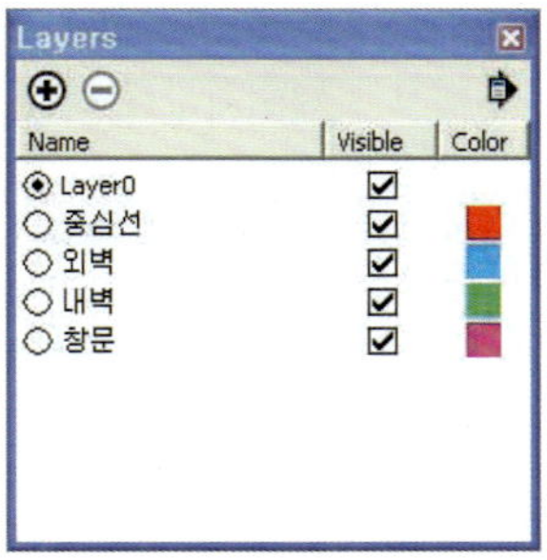

Tip

레이어를 정리하는 데는 레이어를 선택하여 직접 지우는 방법과 Purge라는 기능을 사용하는 방법이 있습니다.

07 '중심선' 레이어를 삭제하기 위해 '중심선' 레이어를 선택합니다. 그리고 [레이어 삭제] 버튼( )을 클릭합니다.

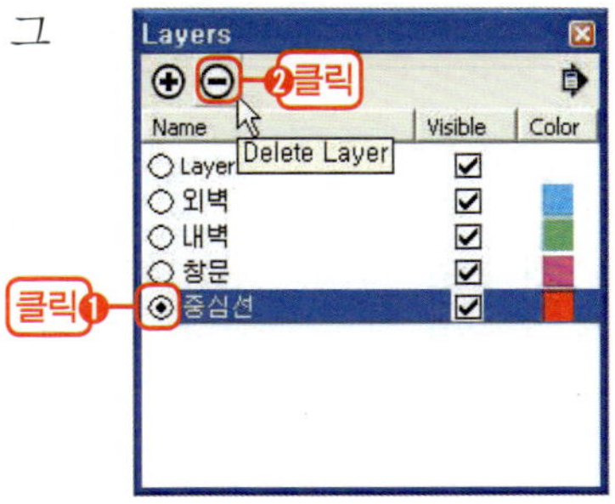

08 [Delete contents]를 선택한 후 [OK] 버튼을 클릭합니다. 레이어 이름과 화면의 객체가 삭제됩니다.

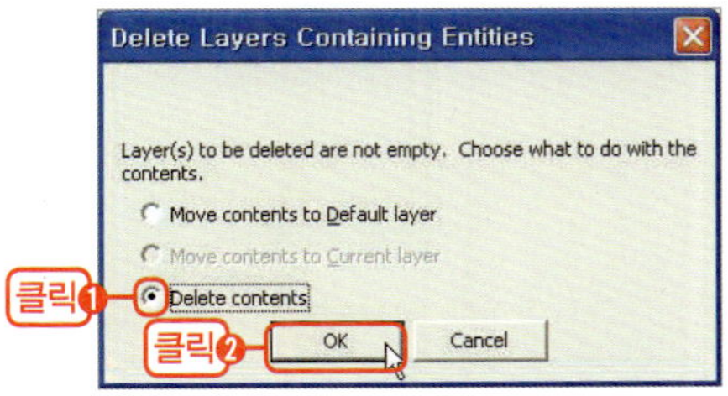

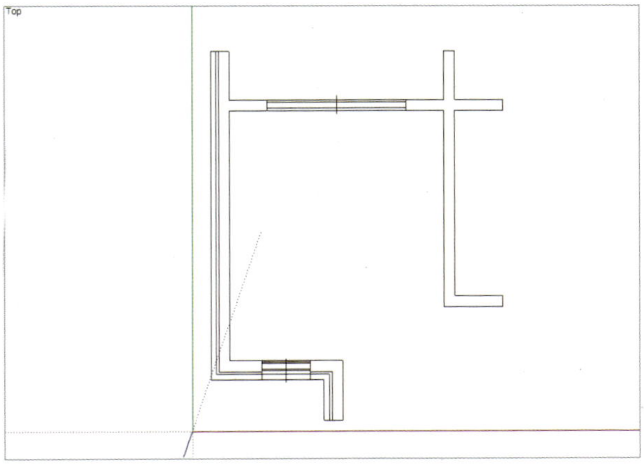

09 모든 레이어를 클릭, 드래그하여 선택합니다. 그리고 [레이어 삭제] 버튼(⊖)을 클릭합니다.

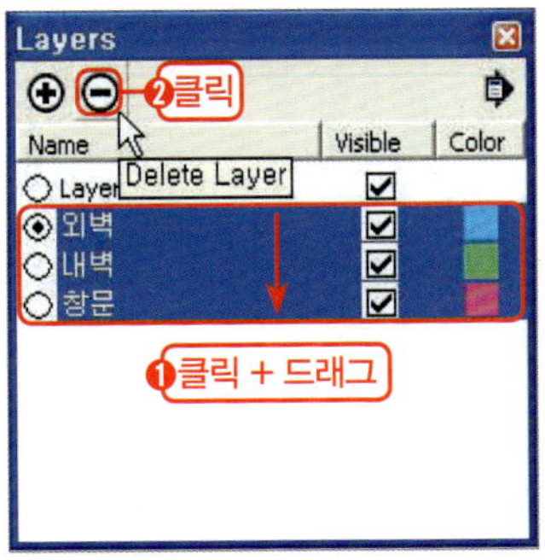

10 [Move contents to Default layer]를 선택한 후 [OK] 버튼을 클릭하면 레이어 이름만 삭제되고 화면의 객체는 삭제되지 않습니다. 또 Layer0 레이어라는 이름으로 자동 변경됩니다.

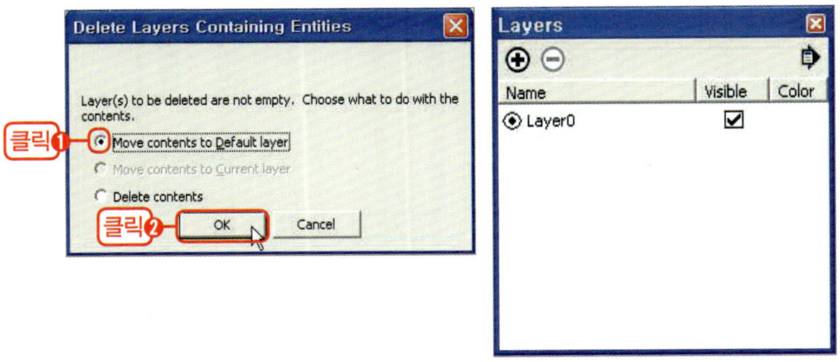

11 [레이어 추가] 버튼(⊕)을 클릭하여 새로운 레이어를 추가합니다. 레이어 이름을 '2d-line'으로 변경합니다.

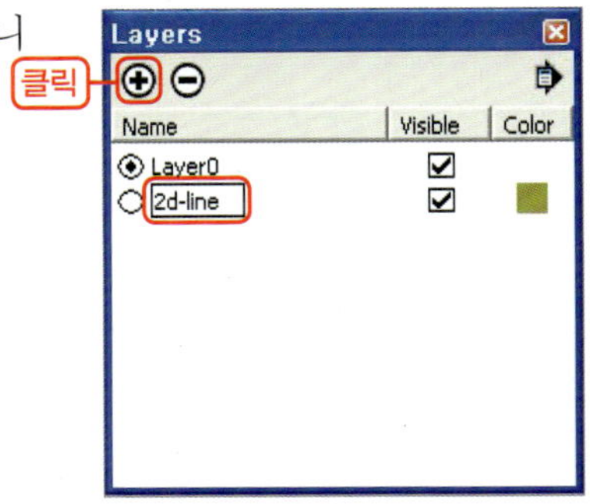

12 불러온 캐드 선들을 모두 선택한 후 마우스 오른쪽 버튼을 클릭하면 나타나는 확장 메뉴 중에서 [Make Group]을 선택하여 그룹으로 만듭니다.

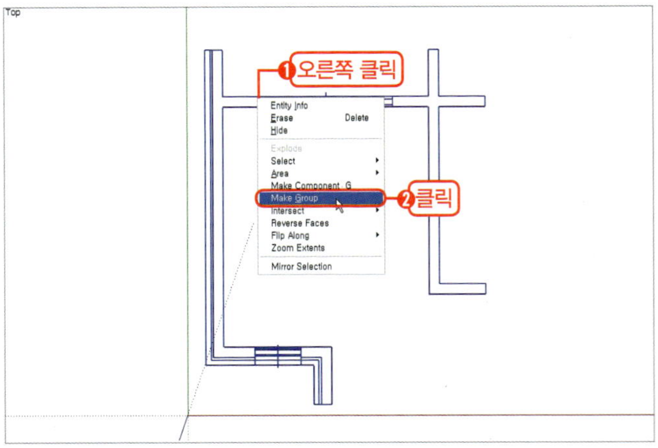

Tip

캐드 선 위에 벽과 바닥을 작업할 때 스케치업 8은 두 개의 면이 하나의 면으로 합쳐지는 성질이 있습니다. 이 현상을 예방하기 위해서는 캐드선들을 그룹으로 선택해야 합니다.

13 12에서 작업한 그룹을 선택한 후 마우스 오른쪽 버튼을 클릭하면 나타나는 확장 메뉴 중에서 [Entity Info]를 선택합니다.

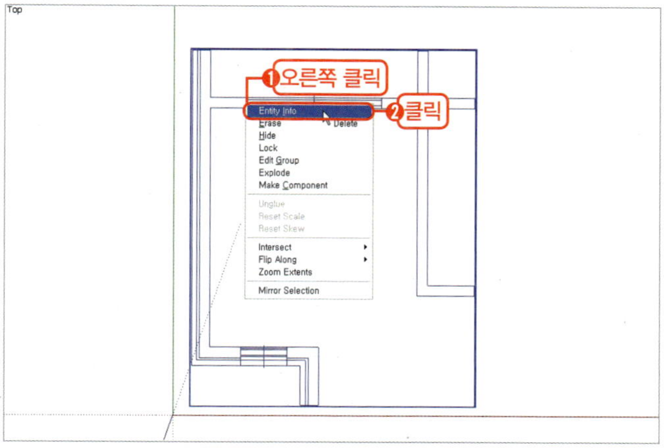

14 [Entity Info] 창에서 '2d-line' 레이어를 선택합니다. 레이어가 변경되었지만 화면상으로 변경된 내용을 볼 수 없다는 것이 문제입니다.

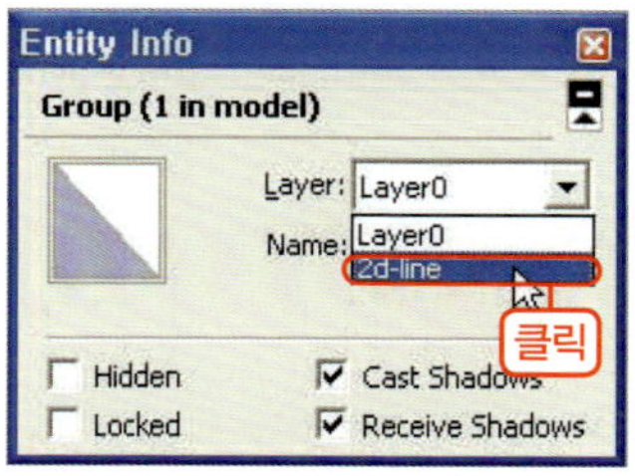

15 미리 필요하다고 생각하는 레이어들은 [레이어 추가] 버튼(⊕)을 클릭하여 몇 개의 새로운 레이어로 추가합니다. 그리고 추가한 레이어들의 이름을 변경합니다.

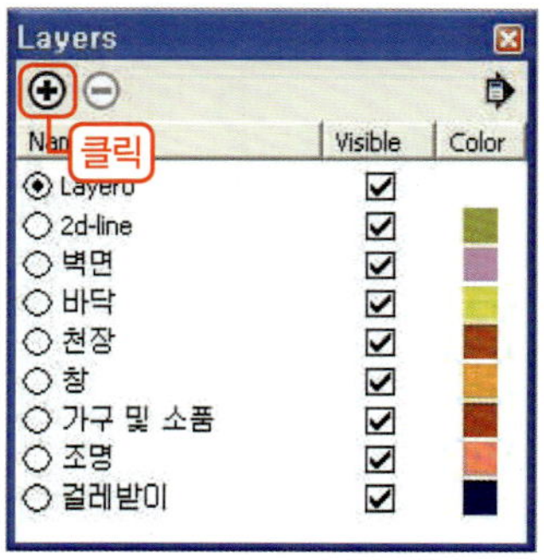

16 각 레이어 색상을 변경하기 위해 [Color] 버튼을 클릭합니다. 레이어 창의 우측 상단에 있는 [레이어 세팅] 버튼(➧)을 클릭한 후 [Color by layer]를 선택합니다. 해당하는 레이어에 포함된 객체의 색상이 변경된 것을 볼 수 있습니다.

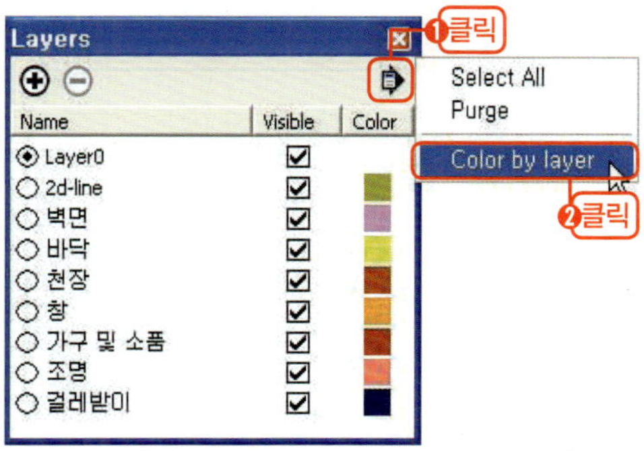

Tip

스케치업 8에서 레이어 색상은 중요하지 않습니다. 따라서 반드시 레이어 색상을 변경할 필요는 없습니다. 다만, 초보자인 경우에는 제대로 작업하고 있는지 확인하기 위해 사용하는 것이 좋습니다.

03. 벽체와 바닥 만들기

캐드 도면은 선으로 작업하기 때문에 처음 불러왔을 때 면이 생성되어 나오는 것이 아니라 선만 등록됩니다. 따라서 면의 생성은 스케치업 8의 기초적인 부분입니다.

01 메뉴에서 [Window]-[Layers]를 클릭합니다. 레이어 창에서 '벽면' 레이어 옆의 [스위치] 버튼(◉)을 선택합니다.

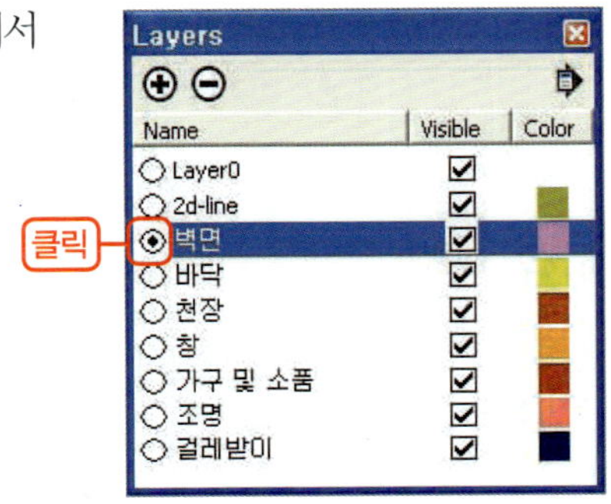

02 벽면을 작업하기 위해 선 툴(✏)과 사각형 툴(▣)로 외곽선의 끝점과 끝점을 연결하여 면을 만듭니다.

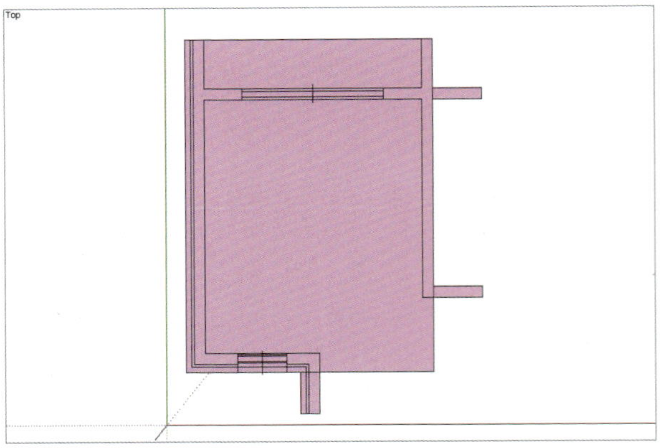

Tip

각 벽면 영역과 창문 또는 문 영역은 그룹으로 만들어진 캐드선을 기준으로 하여 선 툴(✏)과 사각형 툴(▣)로 꼼꼼히 면을 만듭니다.

03 선택 툴( )로 벽면만을 남기고, 다른 면의 내부를 클릭한 후 Delete를 눌러 선택된 객체를 삭제합니다. 그러면 벽면과 창문의 벽면만 면으로 처리되는 것을 확인할 수 있습니다.

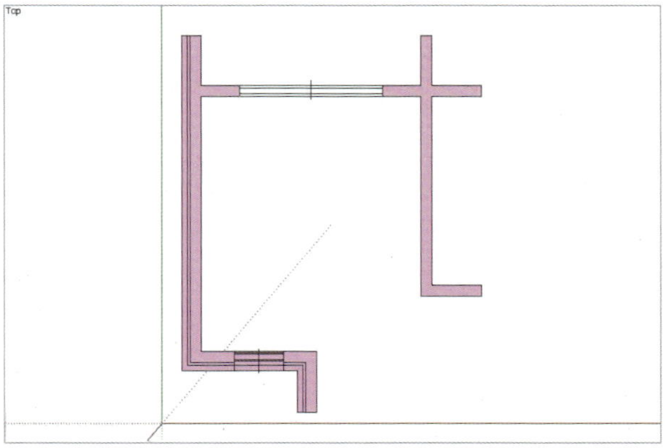

04 밀고/끌기 툴( )로 벽체 높이 입력란에 '2400'을 입력해 위로 돌출시킵니다. 그런 다음, 창문 아래에 있는 벽체를 선택하고 밀고/끌기 툴( )로 벽체 높이 입력란에 '800'을 입력하여 위로 돌출시킵니다.

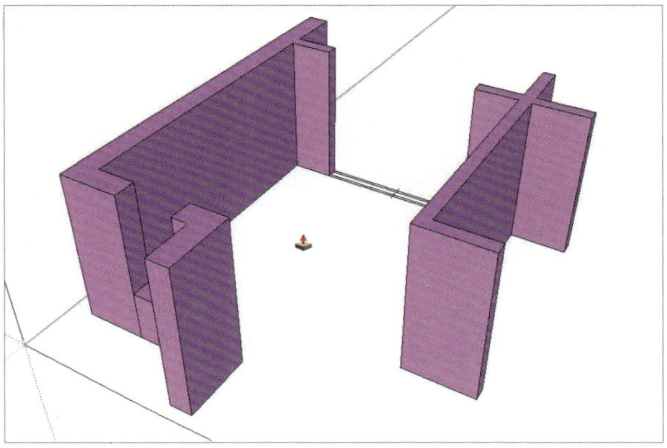

05 지우개 툴( )로 불필요한 부분들을 삭제합니다.

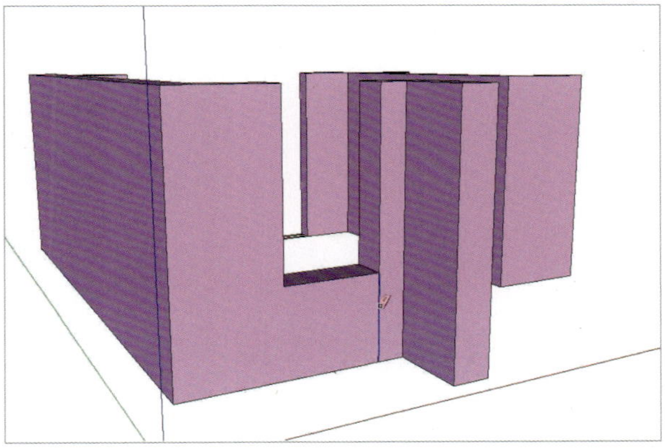

06 모든 벽체 면들을 선택하여 그룹으로 만듭니다. 단, 벽면들을 모두 선택할 때 '2d-line' 레이어에 포함된 캐드 선들이 함께 그룹으로 묶이지 않도록 조심해야 합니다.

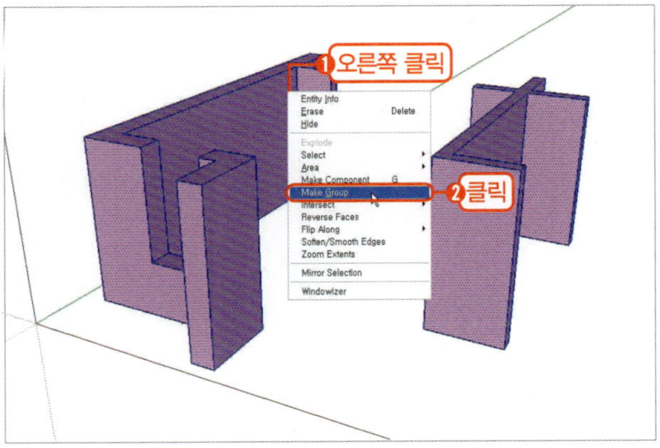

07 레이어 창에서 '바닥' 레이어 옆의 [스위치] 버튼(◉)을 선택합니다.

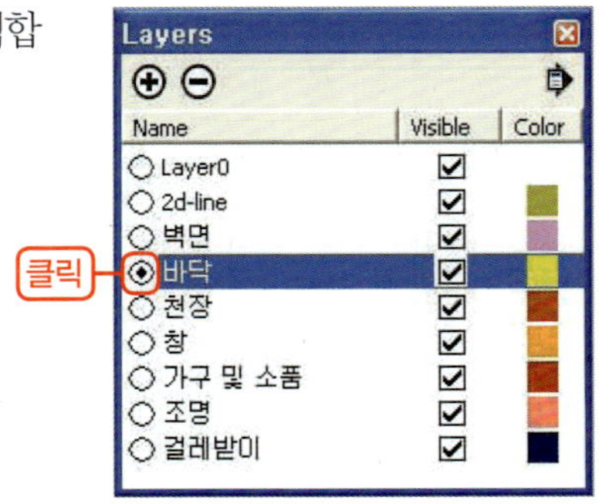

08 바닥을 쉽게 작업하기 위해 '벽면' 레이어를 끄겠습니다. 레이어 창에서 [Visible] 버튼을 클릭하여 체크 표시를 해제합니다. '벽면' 레이어에 포함되어 있던 모든 객체가 사라진 것을 볼 수 있습니다.

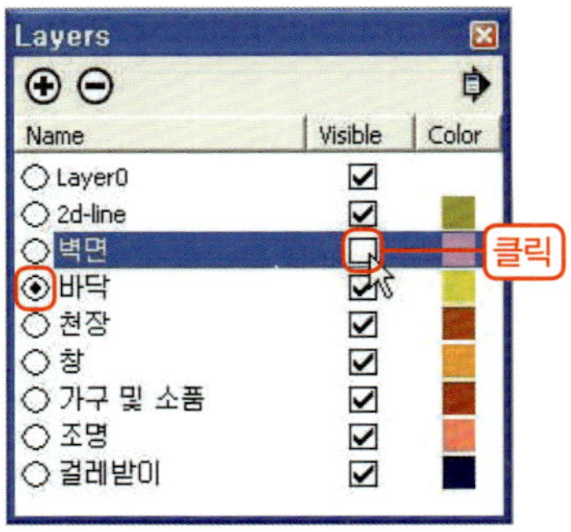

09 바닥을 작업하기 위해 선 툴(✏)과 사각형 툴(▣)로 외곽선의 끝점과 끝점을 연결하여 면을 만듭니다.

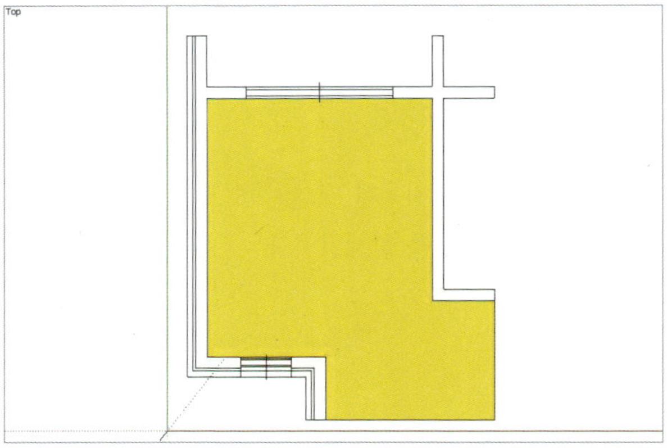

10 밀고/끌기 툴(⬆)로 바닥 높이 입력란에 '50'을 입력하여 위로 돌출시킵니다. 그런 다음, 모든 바닥 면들을 선택하고 마우스 오른쪽 버튼을 클릭하면 나타나는 확장 메뉴 중에서 [Make Group]을 선택하여 그룹으로 만듭니다.

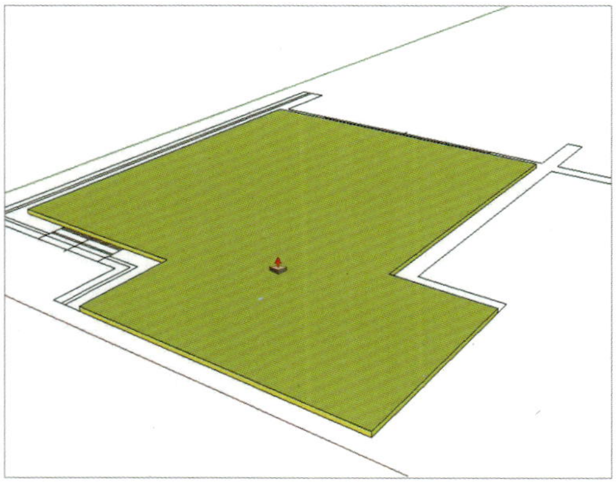

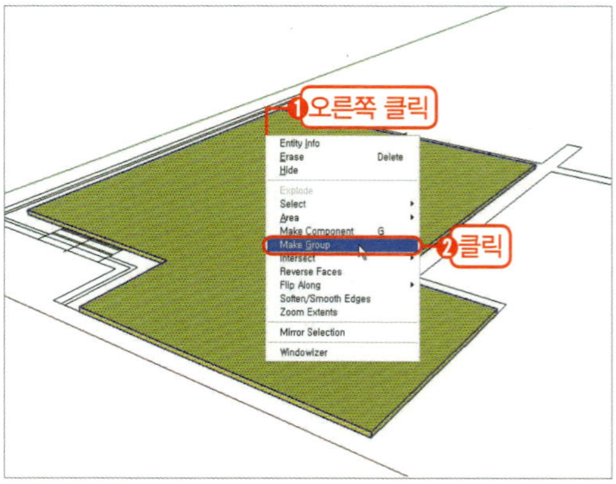

11 레이어 창에서 '걸레받이' 레이어 옆의 [스위치] 버튼(◉)을 선택합니다.

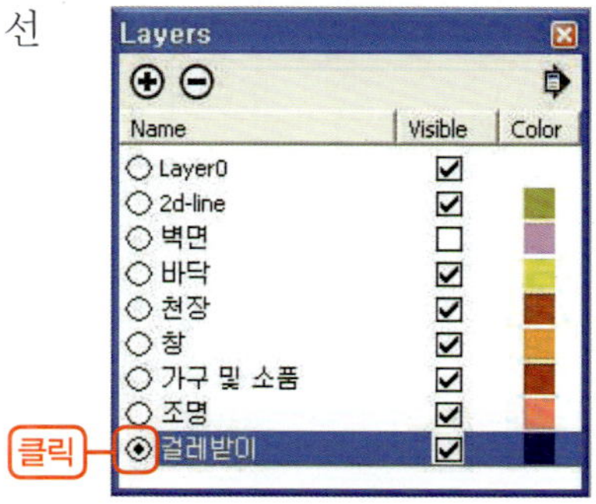

12 08에서 끈 '벽면' 레이어를 다시 켜기 위해 레이어 창에서 [Visible] 버튼을 클릭하여 체크 표시를 합니다. '벽면' 레이어에 포함되어 있던 모든 객체가 다시 나타난 것을 볼 수 있습니다.

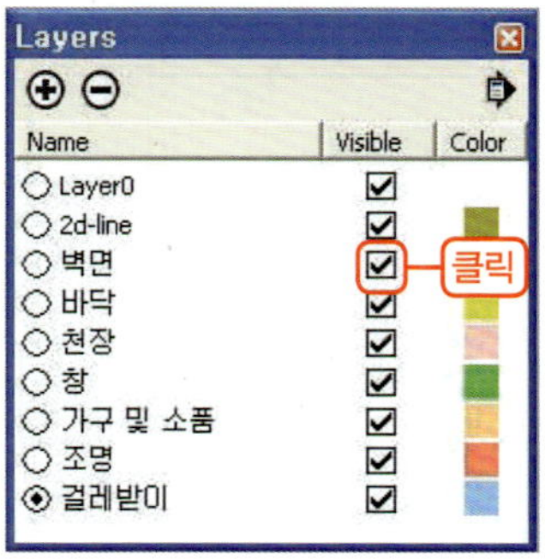

13 걸레받이를 작업하기 위해 선 툴(✎)로 외곽선의 끝점과 끝점을 연결한 후 바닥 테두리 둘레에 선을 그립니다.

14 걸레받이를 쉽게 작업하기 위해서는 '2d-line', '벽면', '바닥' 레이어를 끄는 것이 좋습니다. 레이어 창에서 [Visible] 버튼의 체크 표시를 해제합니다. '2d-line', '벽면', '바닥' 레이어에 포함되어 있던 모든 객체가 사라진 것을 볼 수 있습니다.

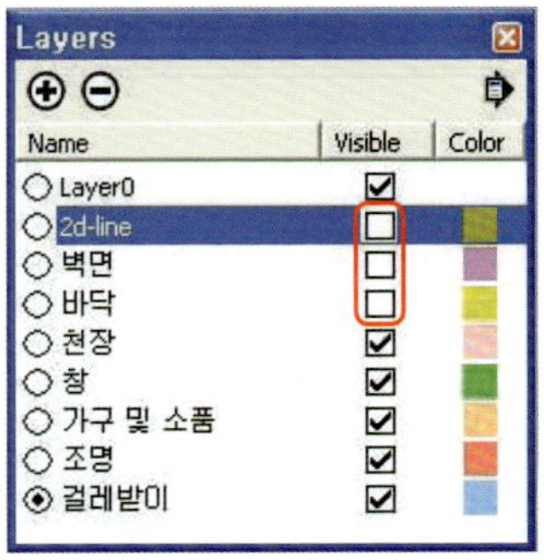

15 13에서 그린 선들만 화면에서 볼 수 있습니다.

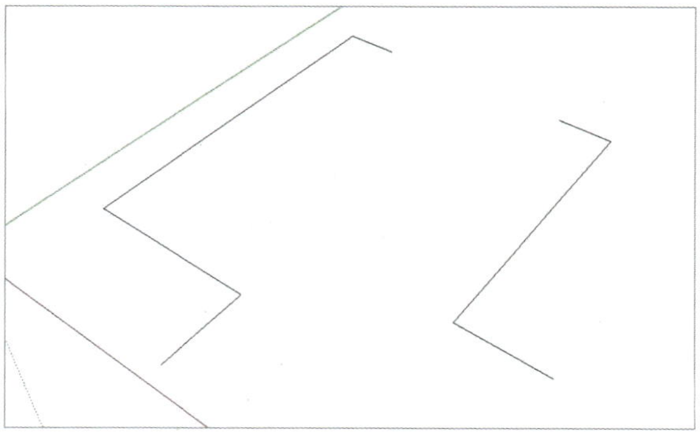

16 선택 툴()로 선들을 선택한 후 간격 띄우기 툴()로 '30'을 입력한 후 안으로 들입니다.

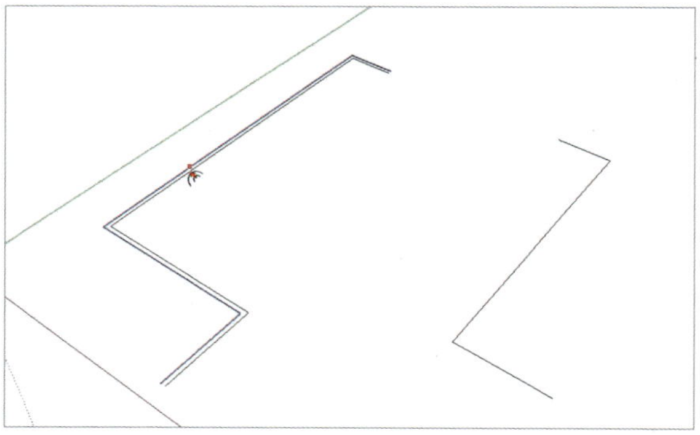

17 면을 만들기 위하여 선 툴()로 양쪽 끝부분에 끝점과 끝점을 연결하는 선을 그려 면을 만듭니다.

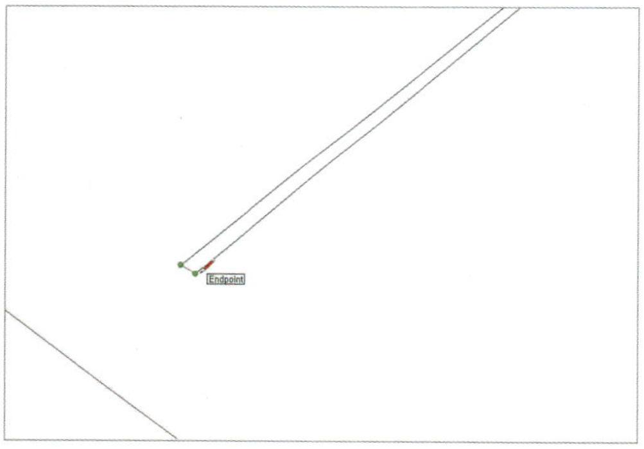

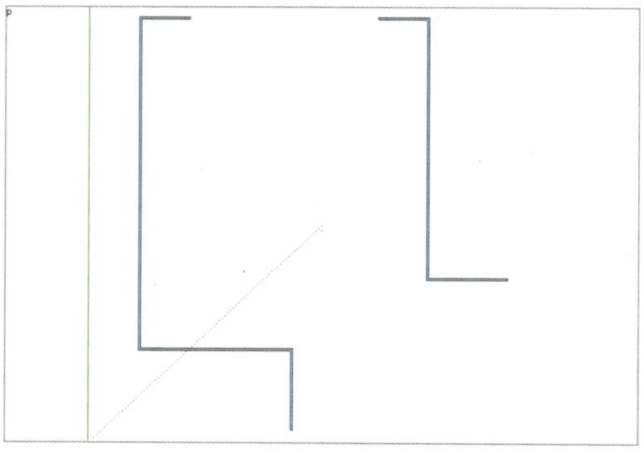

18 밀고/끌기 툴()로 걸레받이 높이 입력란에 '50'을 입력하여 위로 돌출시킵니다. 그리고 모든 걸레받이 면들을 선택하고 마우스 오른쪽 버튼을 클릭하면 나타나는 확장 메뉴 중에서 [Make Group]을 선택하여 그룹으로 만듭니다.

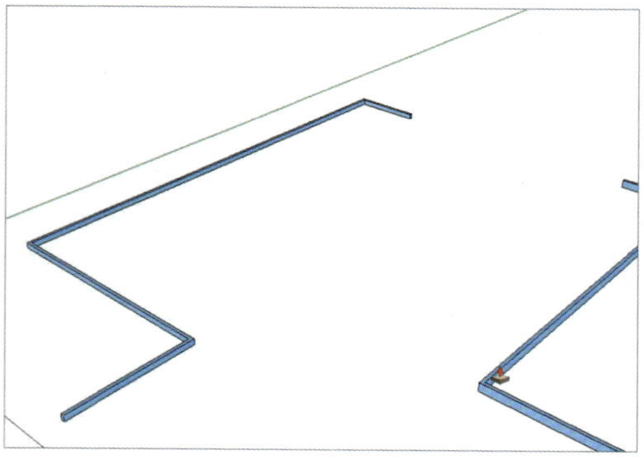

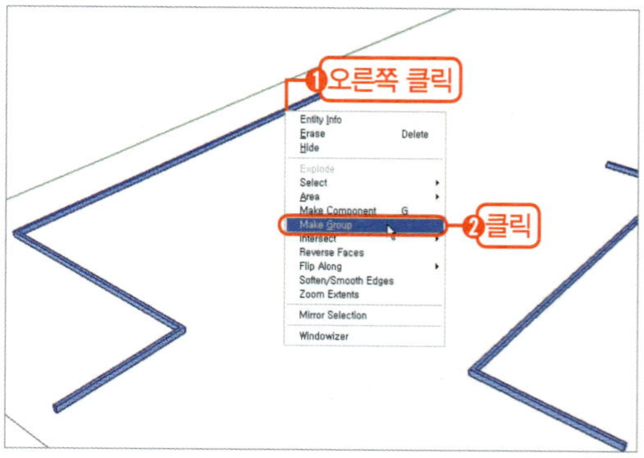

19 꺼진 '벽면', '바닥' 레이어를 다시 켜기 위하여 레이어 창에서 [Visible] 버튼을 클릭하여 체크 표시를 합니다. '벽면', '바닥' 레이어에 포함되어 있던 모든 객체가 나타난 것을 볼 수 있습니다.

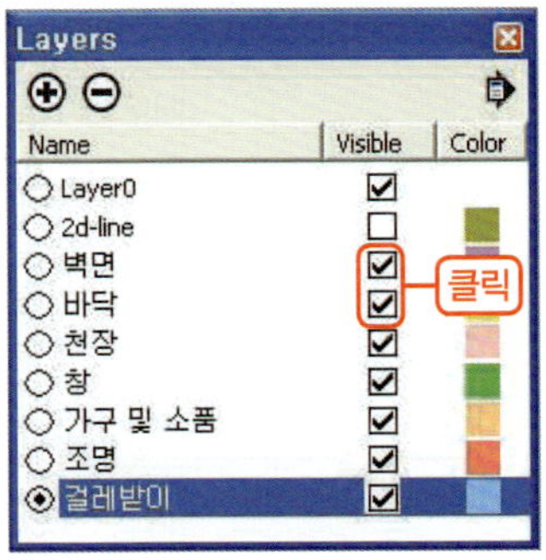

20 하단에 있는 '걸레받이' 객체를 선택합니다. 이동 툴( )로 Control을 누른 채 위로 드래그하면서 벽면 끝에 복사합니다.

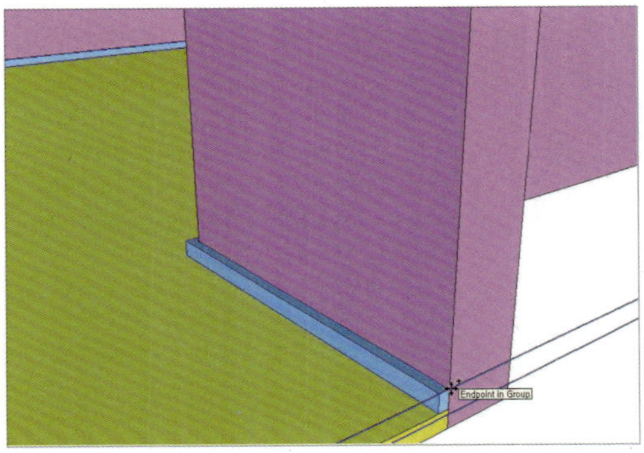

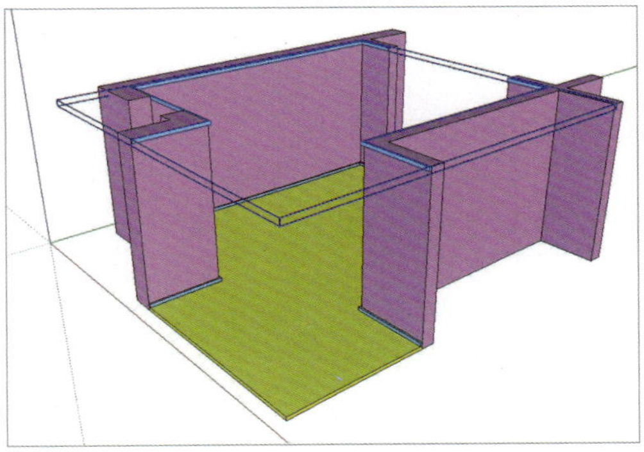

21 레이어 창에서 '천장' 레이어 옆의 [스위치] 버튼( )을 클릭한 후 선택합니다. 천장을 쉽게 작업하기 위해서는 '2d–line', '바닥', '걸레받이' 레이어를 끄는 것이 좋습니다. 레이어 창에서 [Visible] 버튼의 체크 표시를 해제합니다.

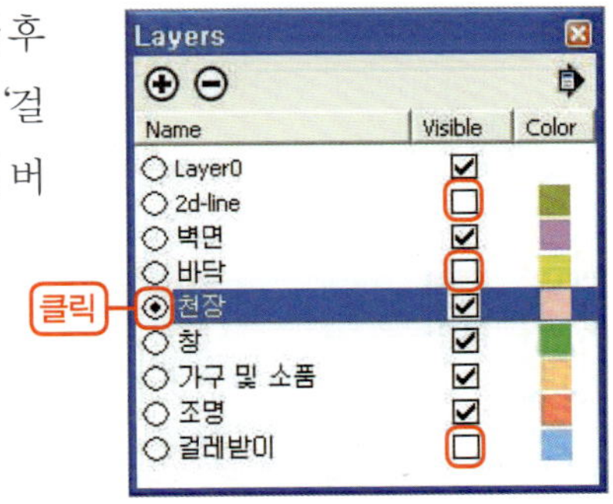

22 면을 만들기 위하여 벽체 위에서 선 툴( )과 사각형 툴( )로 외곽선의 끝점과 끝점을 연결하여 면을 만듭니다.

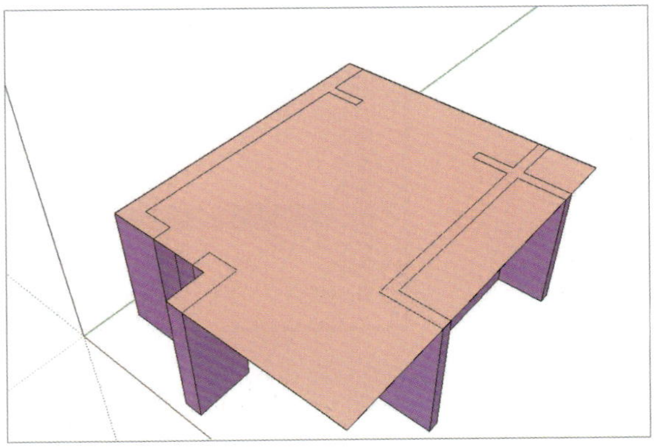

23 밀고/끌기 툴( )로 천장 높이를 '155'로 입력하여 위로 돌출시킵니다. 그런 다음, 천장 면들을 선택하고 마우스 오른쪽 버튼을 클릭하면 나타나는 확장 메뉴 중에서 [Make Group]을 선택하여 그룹으로 만듭니다.

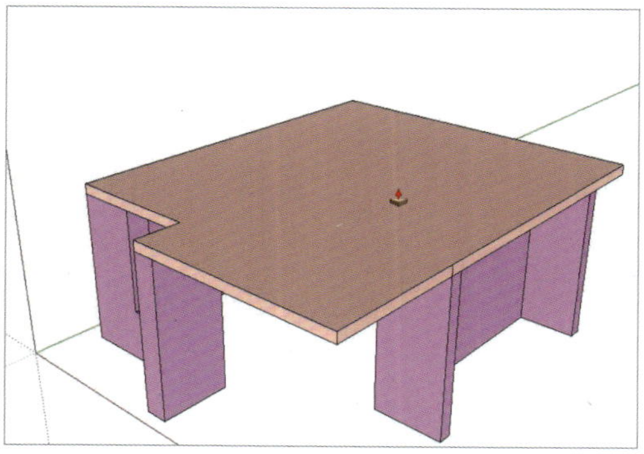

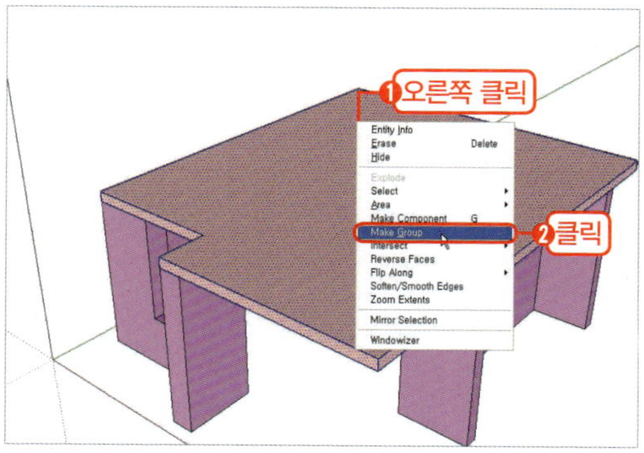

04. 창과 가구 삽입하기

스케치업 8의 가장 큰 장점은 많은 컴포넌트(소스)들을 무료로 사용할 수 있다는 것입니다. [Components] 창 또는 메뉴의 [File]–[3dwarehouse]에서 컴포넌트(소스)들을 다운로드하여 사용할 수 있습니다.

---

01 메뉴에서 [Window]–[Layers]를 클릭합니다. 레이어 창에서 '창' 레이어 옆의 [스위치] 버튼( )을 선택합니다. 창을 쉽게 삽입하기 위해 '2d–line', '천장', '걸레받이' 레이어를 끄겠습니다. 레이어 창에서 [Visible] 버튼의 체크 표시를 해제합니다.

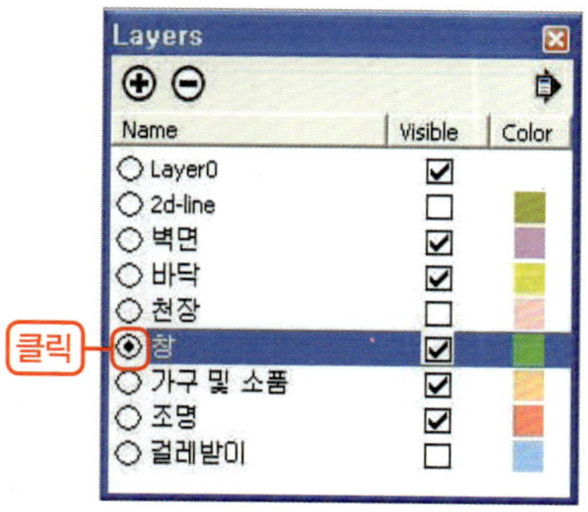

02 메뉴에서 [Window]-[Components]를 선택합니다. [Components] 창의 검색란에 'Doors'를 입력하고 검색을 합니다. 그리고 원하는 베란다 문을 선택합니다.

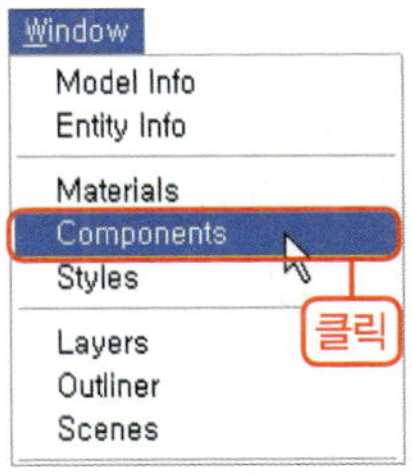

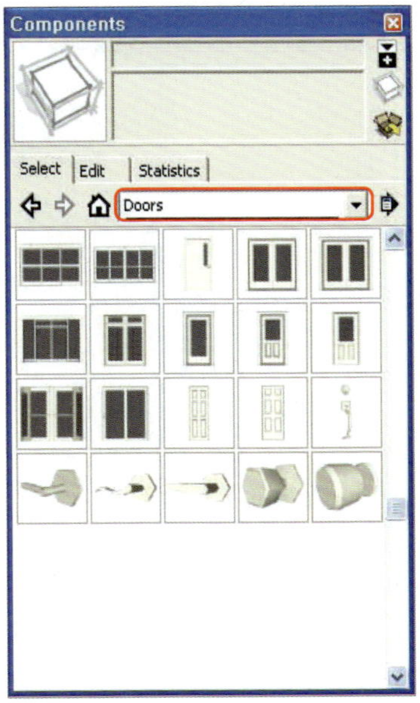

03 창문이 위치할 끝점을 클릭하여 삽입한 후 스케일 툴()로 크기를 조절합니다.

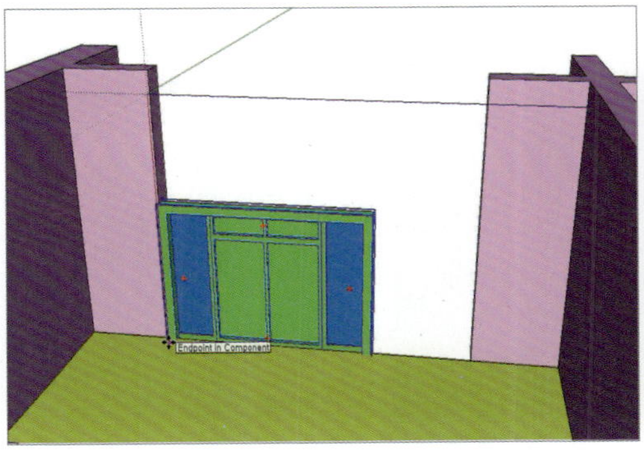

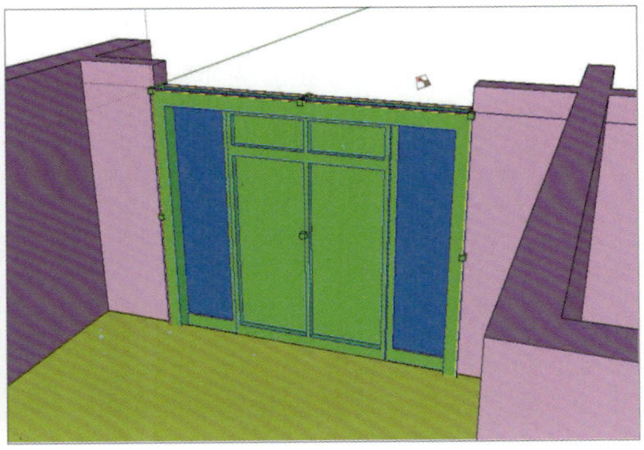

04 삽입한 창문이 실내 내부 쪽으로 들어와 있습니다. 창문 객체를 선택한 후 마우스 오른쪽 버튼을 클릭하면 나타나는 확장 메뉴 중에서 [Edit Components]를 선택합니다. 그런 다음, Control + A를 눌러 삽입한 모든 창문 객체를 선택합니다. 앞으로 나와 있는 창문을 밀어 넣기 위해 이동 툴()로 벽체 끝을 드래그하여 수평 이동을 합니다.

Tip

[Component] 사용 방법은 174쪽을 참고하세요.

05 창문의 위쪽 공간이 비어 있습니다. 벽면을 연장하기 위해 벽 객체를 선택한 후 마우스 오른쪽 버튼을 클릭하면 나타나는 확장 메뉴 중에서 [Edit Group]을 선택합니다.

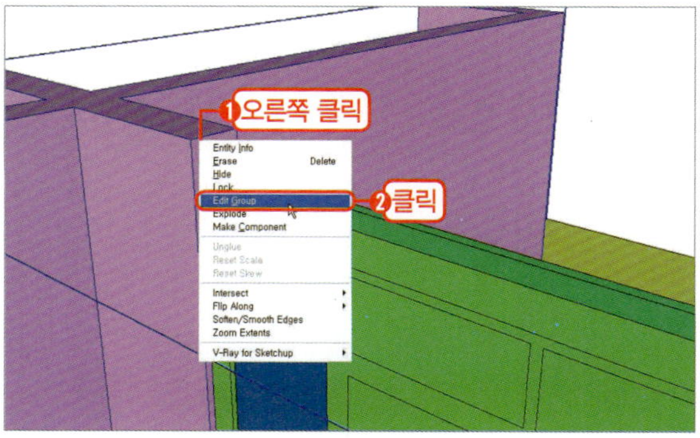

06 선 툴( )로 양쪽 끝부분에 끝점과 끝점을 연결하는 선을 그려 면을 만듭니다. 그리고 밀고/끌기 툴( )로 드래그하여 커서를 선 위로 가져갑니다. 그러면 그 위치만큼 늘어납니다.

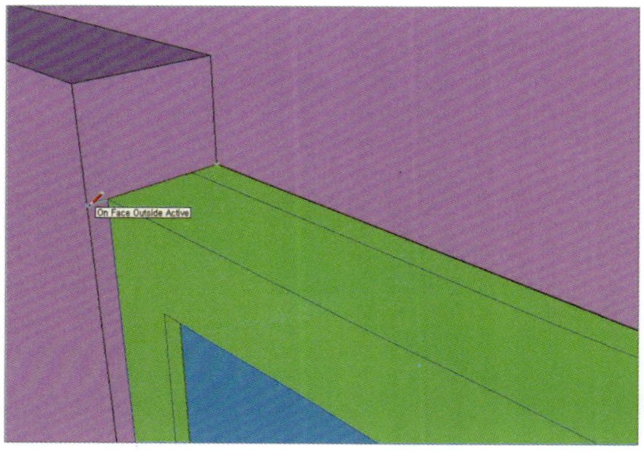

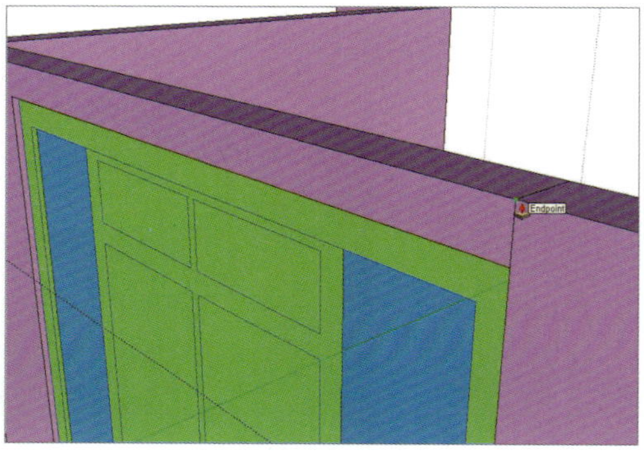

07 지우개 툴( )로 불필요한 부분들을 삭제합니다.

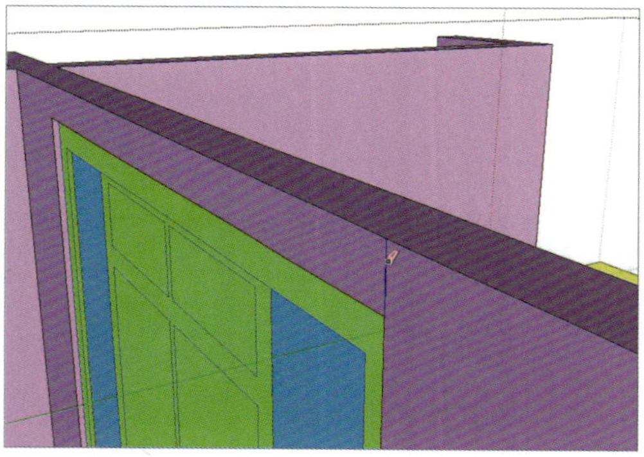

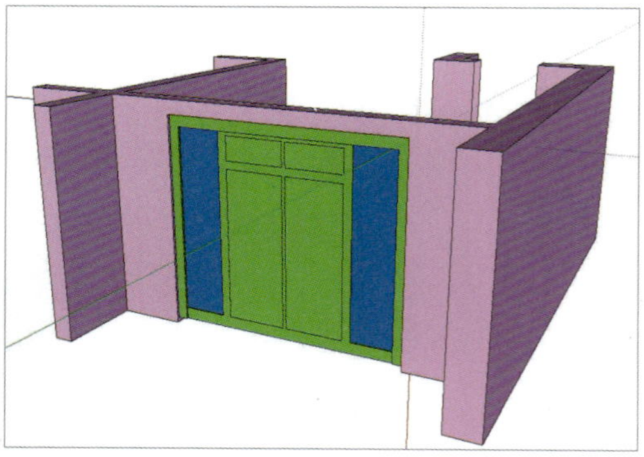

08 또 다른 창문을 삽입하기 위해 메뉴에서 [Window]-[Components]를 선택합니다. [Components] 창에서 창문을 선택한 후 창문이 위치할 끝점을 클릭하여 삽입하고, 스케일 툴(![])로 크기를 조절합니다.

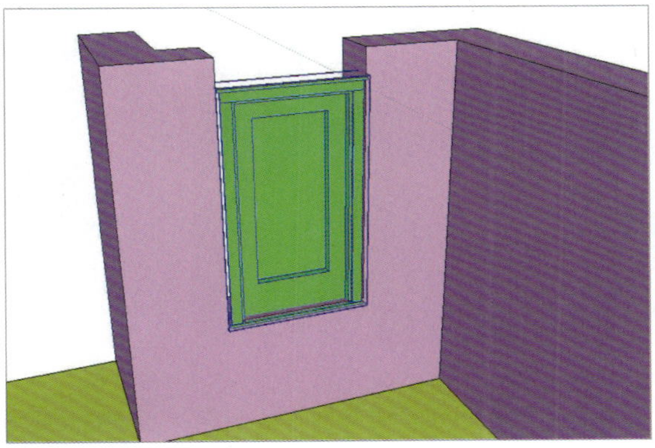

09 삽입한 창문이 실내 내부에 들어와 있습니다. 창문 객체를 선택한 후 마우스 오른쪽 버튼을 클릭하면 나타나는 확장 메뉴 중에서 [Edit Components]를 선택합니다. 그런 다음, Control + A를 눌러 삽입한 모든 창문 객체를 선택합니다. 앞으로 나와 있는 창문을 밀어 넣기 위해 이동 툴(![])로 벽체 끝을 드래그하여 수평 이동을 합니다.

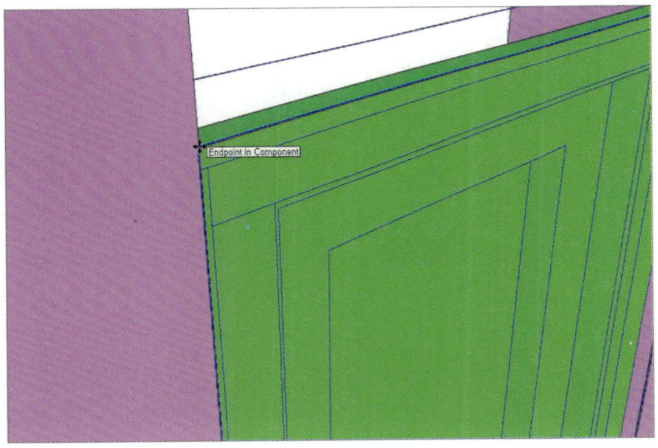

10 창문 위쪽의 공간이 비어 있습니다. 벽면을 연장하기 위해 벽 객체를 선택한 후 마우스 오른쪽 버튼을 클릭하면 나타나는 확장 메뉴 중에서 [Edit Group]을 선택합니다.

11 선 툴( )로 양쪽 끝부분에 끝점과 끝점을 연결하는 선을 그려 면을 만듭니다. 그런 다음, 밀고/끌기 툴( )로 드래그하여 커서를 선 위로 가져갑니다. 그러면 그 위치만큼 늘어납니다.

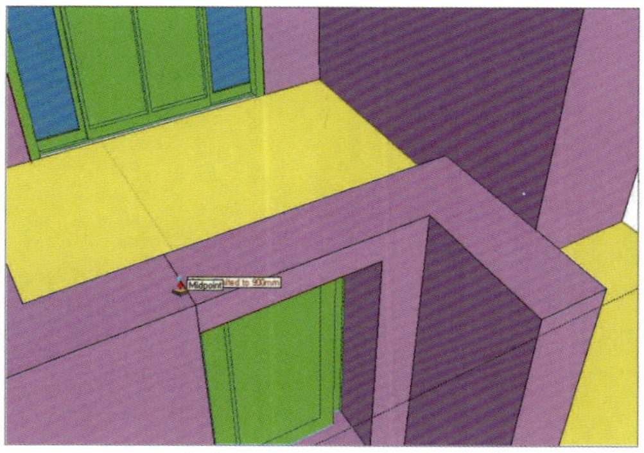

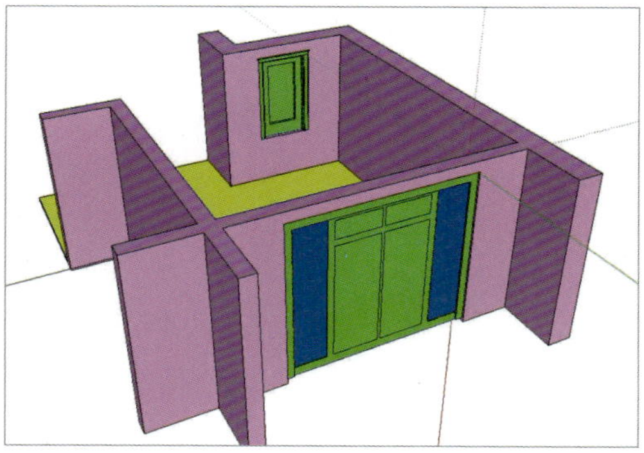

12 레이어 창에서 필요 없는 레이어들을 삭제하기 위해 레이어들을 클릭, 드래그하여 선택합니다. 그런 다음, [레이어 삭제] 버튼( )을 클릭합니다.

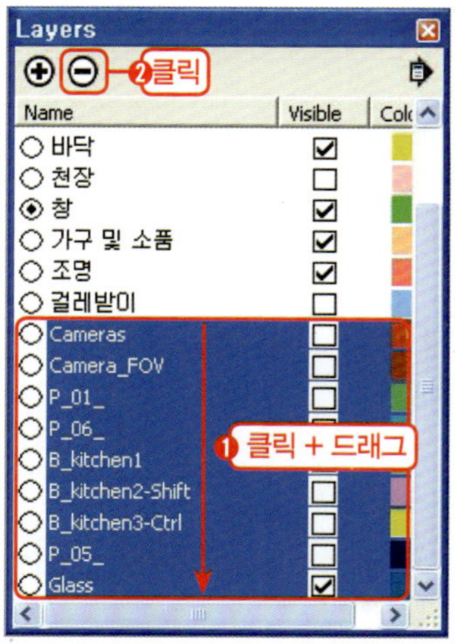

Tip

- [Components] 창에서 불러와 삽입한 객체를 사용하면 간혹 삽입한 객체에 등록된 레이어들이 레이어 창에 자동으로 생성되는 것을 확인할 수 있습니다. 이때는 작업이 편하도록 레이어들을 정리하는 것이 좋습니다.
- 사용자에 따라 레이어 창에 자동으로 생긴 레이어들이 다를 수도 있습니다.

13 [Move contents to Default layer]를 선택한 후 [OK] 버튼을 클릭합니다. 레이어 창이 정리된 것을 확인할 수 있습니다.

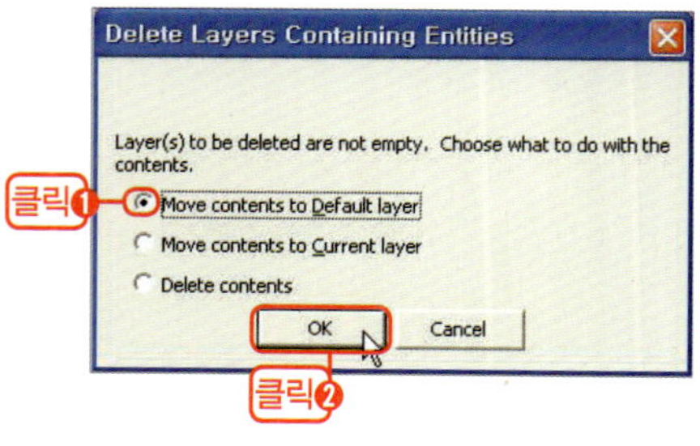

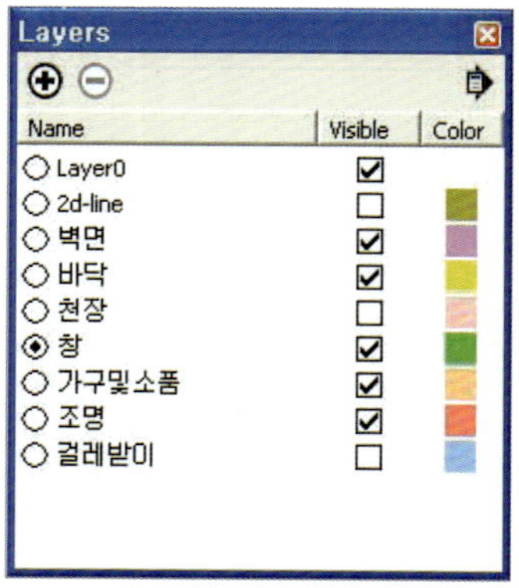

14 레이어 창에서 '바닥' 레이어 옆의 [스위치] 버튼(◉)을 클릭한 후 선택합니다. 바닥을 쉽게 작업하기 위해서는 '2d-line', '천장', '창', '걸레받이' 레이어를 끄는 것이 좋습니다. 레이어 창에서 [Visible] 버튼의 체크 표시를 해제합니다.

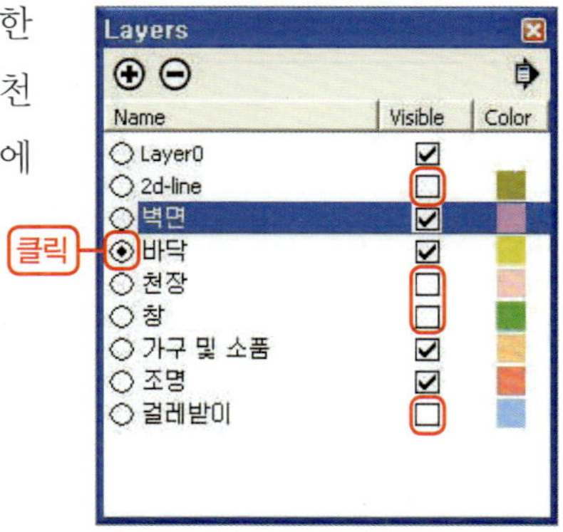

15 바닥 아래쪽 공간이 비어 있습니다. 바닥면을 연장하기 위해 바닥 객체를 선택한 후 마우스 오른쪽 버튼을 클릭하면 나타나는 확장 메뉴 중에서 [Edit Group]을 선택합니다.

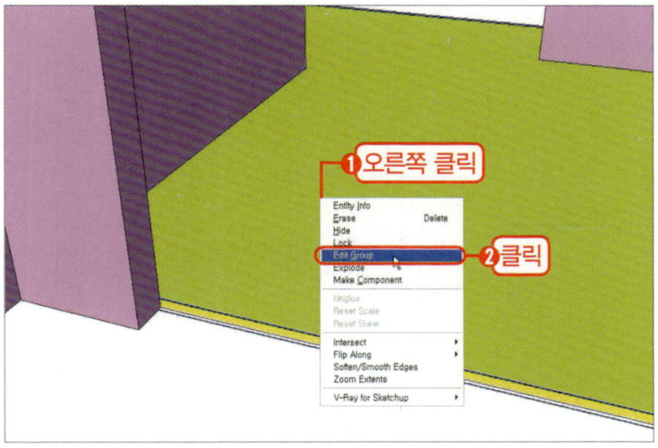

16 선 툴(✏)로 양쪽 끝부분에 끝점과 끝점을 연결하는 선을 그려 면을 만듭니다. 그리고 밀고/끌기 툴(⬆)로 드래그하여 커서를 선 위로 가져갑니다. 그러면 그 위치만큼 늘어납니다.

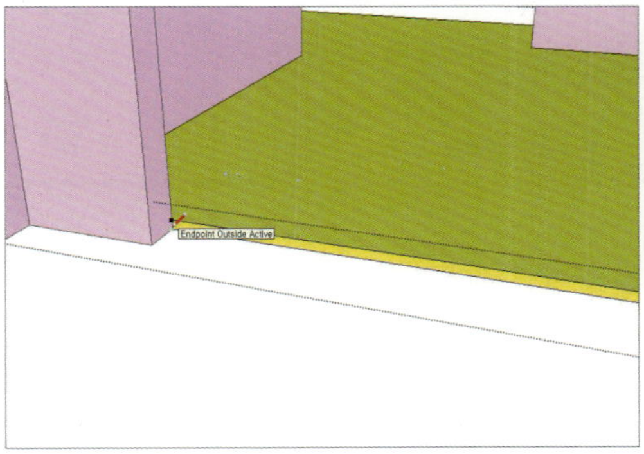

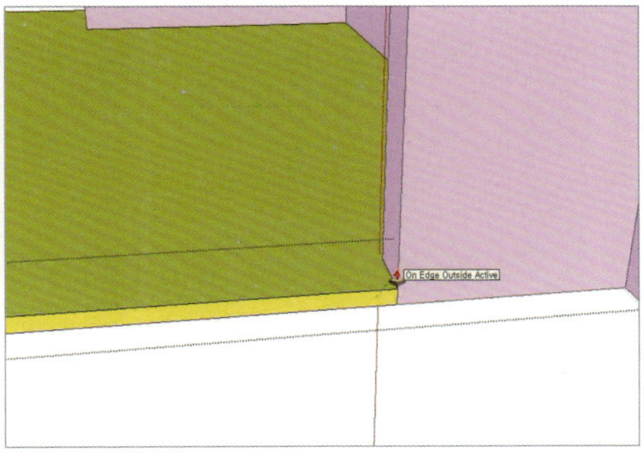

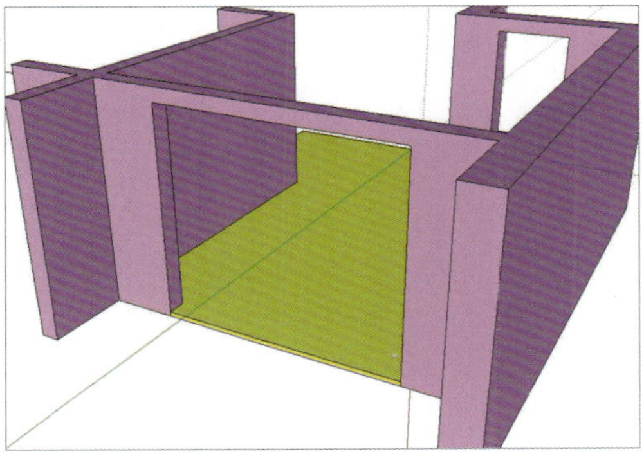

17 레이어 창에서 '가구 및 소품' 레이어 옆의 [스위치] 버튼(⦿)을 클릭한 후 선택합니다. 가구를 쉽게 삽입하기 위해서는 '2d-line', '벽면', '천장', '창', '걸레받이' 레이어를 끄는 것이 좋습니다. 레이어 창에서 [Visible] 버튼의 체크 표시를 해제합니다.

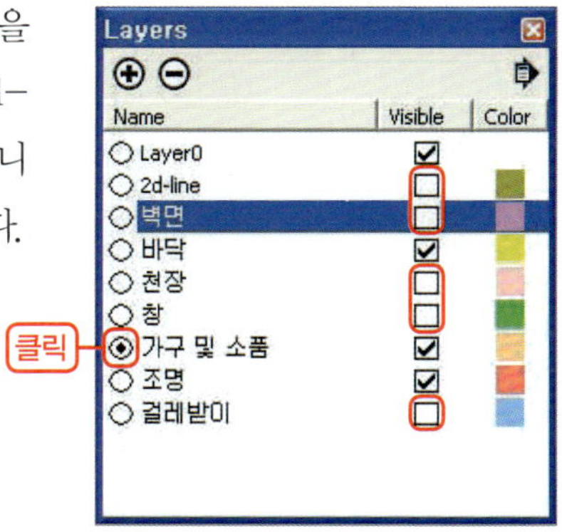

18 메뉴에서 [Window]-[Components]를 선택합니다. [Components] 창에서 다양한 가구들을 선택합니다. 그리고 이동 툴(), 회전 툴(), 스케일 툴()로 크기를 조절해 가면서 가구들을 배치합니다.

- **예제 파일 I** 부록 CD\Sample\Part 02\[02]컴포넌트-소스

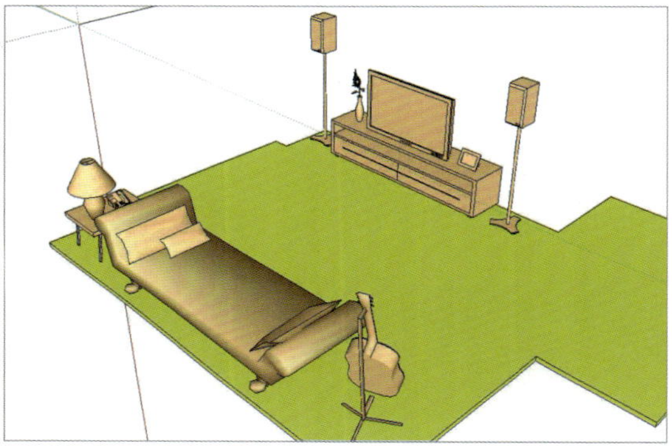

19 꺼진 '벽면' 레이어를 다시 켜기 위하여 레이어 창의 [Visible] 버튼을 클릭하여 체크 표시를 합니다. '벽면' 레이어에 포함되어 있던 모든 객체가 나타난 것을 볼 수 있습니다.

20 그림 액자판을 만들기 위하여 벽면에 줄자 툴(   )로 가상선을 설정합니다. 그런 다음, 사각형 툴(   )로 사각형을 그립니다. 그리고 밀고/끌기 툴(   )로 앞으로 적당히 늘려 줍니다.

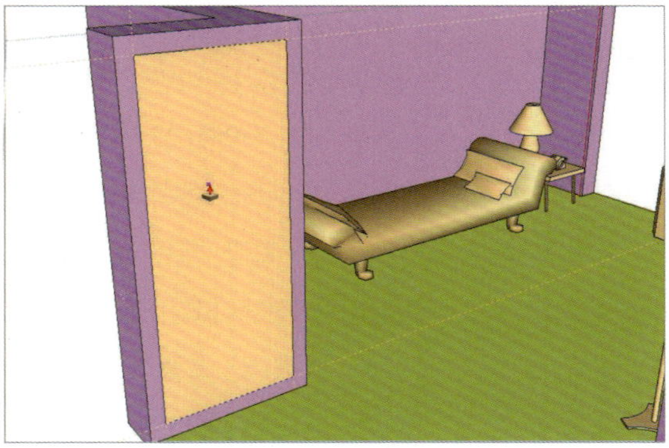

21 메뉴에서 [File]–[Import]를 선택합니다. 파일 형식에서 'JPEG Image(*.jpg)'를 선택한 후 [부록 CD\map]에서 원하는 이미지를 선택하고 [열기] 버튼을 클릭합니다.

22 불러온 그림을 삽입한 후 스케일 툴(   )로 크기를 조절합니다. 그런 다음, 돌출된 액자판과 삽입된 그림을 모두 선택하고 마우스 오른쪽 버튼을 클릭하면 나타나는 확장 메뉴 중에서 [Make Group]을 선택하여 그룹으로 만듭니다.

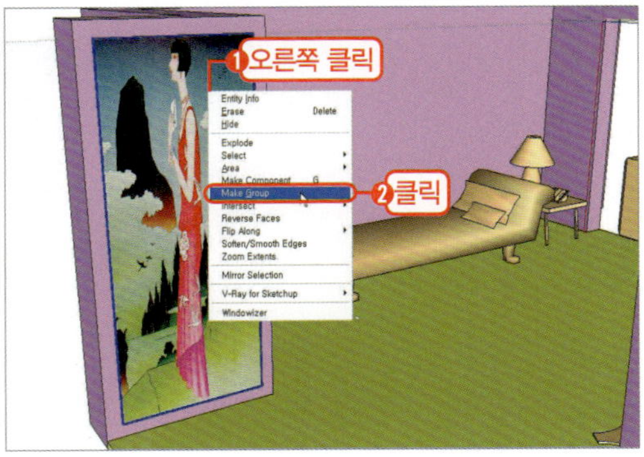

23 20에서 22까지의 작업을 반복하여 다른 방향에 있는 벽면에도 액자판 작업을 합니다. 작업한 그림 액자판을 선택한 후 마우스 오른쪽 버튼을 클릭하면 나타나는 확장 메뉴 중에서 [Entity Info]를 선택하고 [Entity Info] 창에서 '가구 및 소품' 레이어를 선택합니다.

24 레이어 창에서 '조명' 레이어 옆의 [스위치] 버튼( )을 선택합니다. 조명을 쉽게 삽입하기 위해서는 '2d-line', '벽면', '바닥', '창', '가구 및 소품', '걸레받이' 레이어를 끄는 것이 좋습니다. 레이어 창에서 [Visible] 버튼의 체크 표시를 해제합니다.

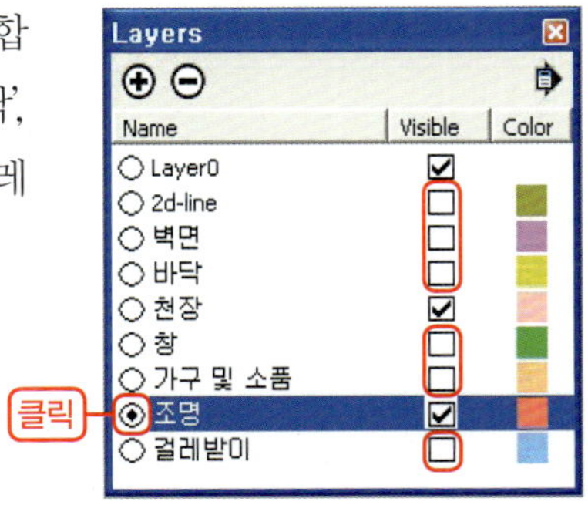

25 [Components] 창에서 다양한 조명을 선택합니다. 천장에 불러온 조명 객체를 삽입합니다. 그런 다음, 이동 툴( ), 회전 툴( ), 스케일 툴( )로 크기를 조절하면서 조명을 배치합니다.

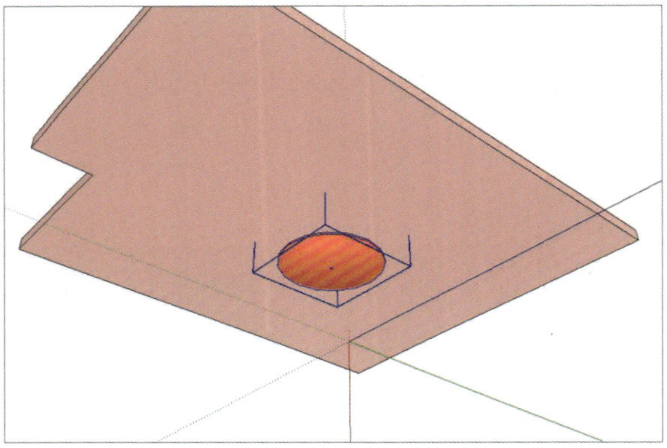

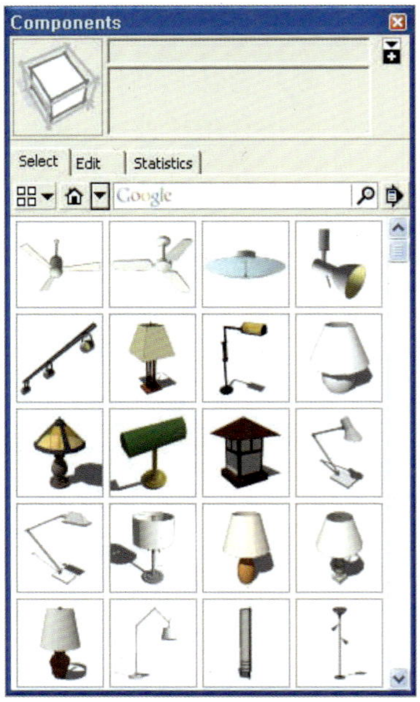

26 꺼진 '벽면', '바닥', '창', '가구 및 소품', '걸레받이' 레이어를 다시 켜기 위하여 레이어 창에서 [Visible] 버튼을 클릭하여 체크 표시를 합니다. 모든 객체들이 화면에 나타난 것을 확인할 수 있습니다.

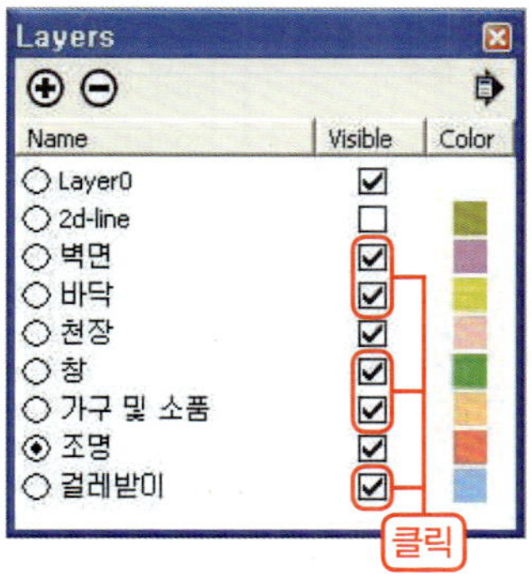

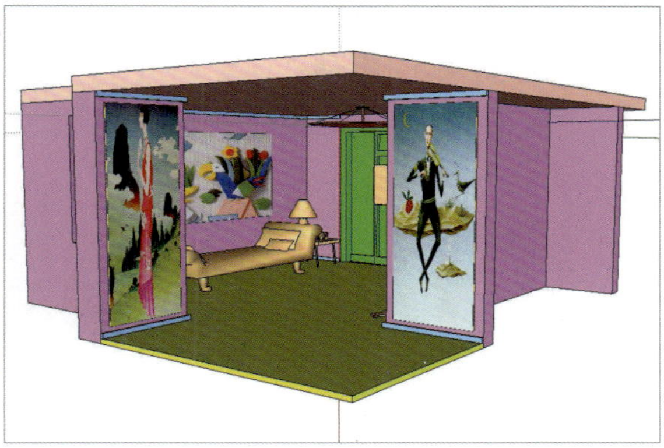

05. 재질 입히기

이번에는 벽면과 바닥 및 천장에 원하는 재질을 채워 좀 더 자연스럽게 표현해 보겠습니다. 그리고 삽입된 컴포넌트(소스)들에도 원하는 재질을 채워 실내 분위기를 아늑하게 꾸며 보겠습니다.

---

01 레이어 창에서 '벽면' 레이어를 선택합니다. 벽면과 바닥에 쉽게 재질을 채우기 위해서는 '2d-line', '천장', '창', '가구 및 소품', '조명' 레이어를 끄는 것이 좋습니다. 레이어 창에서 [Visible] 버튼의 체크 표시를 해제합니다.

02 채우기 툴(🪣)을 선택하면 나타나는 [Materials] 창에서 추가 툴(🎨)과 브라우저 툴(📂)을 클릭한 후 [부록 CD\map]에서 원하는 재질을 선택합니다.

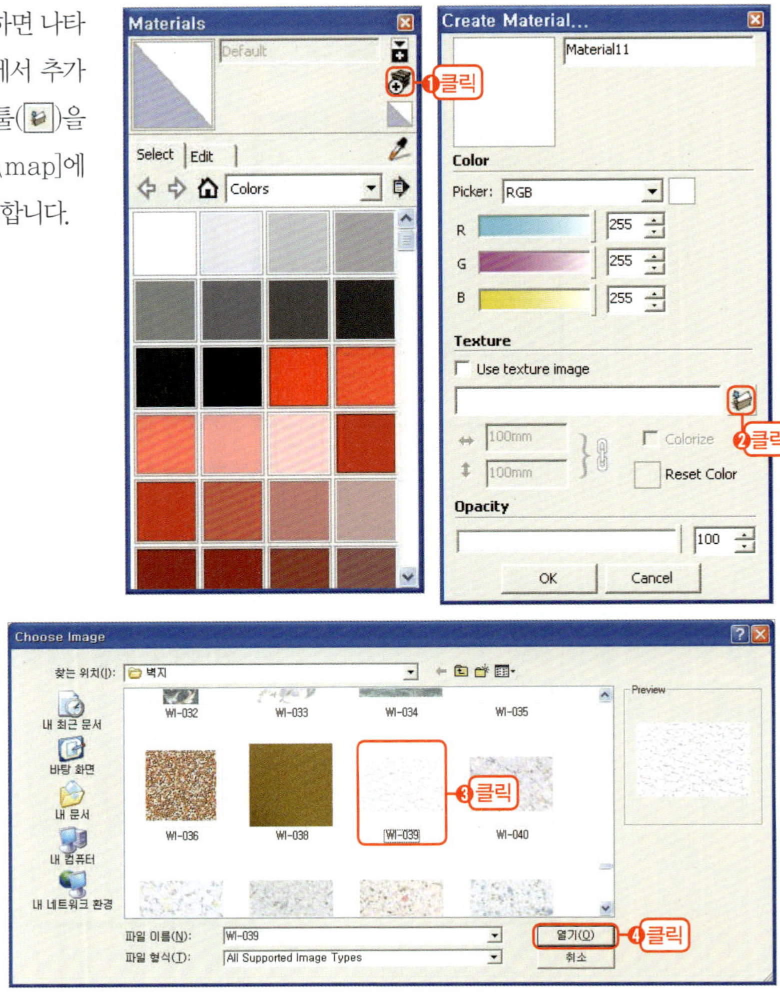

03 재질 패턴의 크기도 조절하면서 재질을 채웁니다. 모든 객체에 재질이 채워진 것을 확인할 수 있습니다.

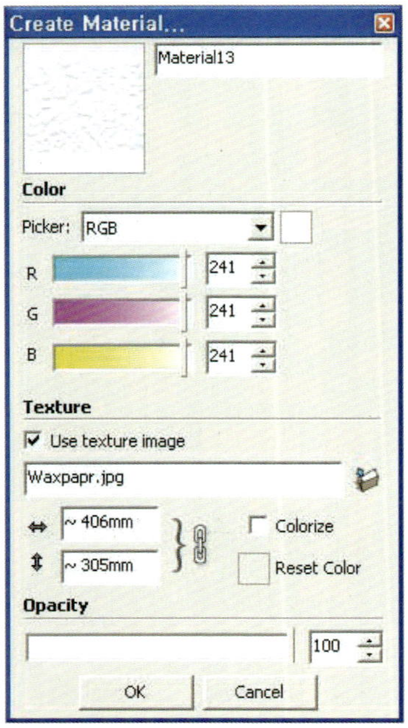

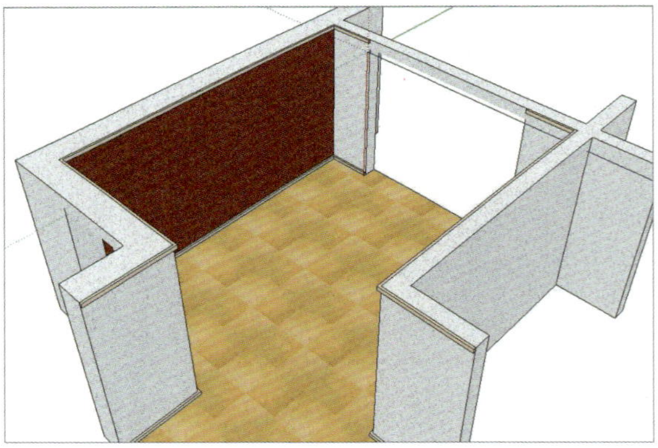

04 레이어 창에서 '가구 및 소품' 레이어 옆의 [스위치] 버튼(◉)을 클릭한 후 선택합니다. 가구와 소품에 쉽게 재질을 채우기 위해서는 '2d-line', '벽면', '천장', '창', '조명', '걸레받이' 레이어를 끄는 것이 좋습니다. 레이어 창에서 [Visible] 버튼의 체크 표시를 해제합니다.

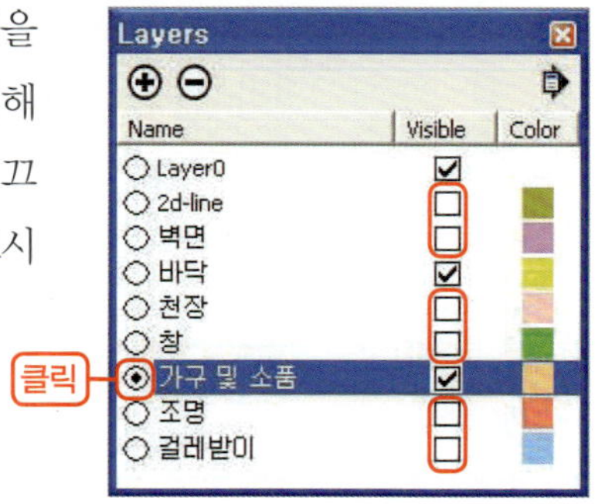

05 가구와 소품에 원하는 재질을 채웁니다.

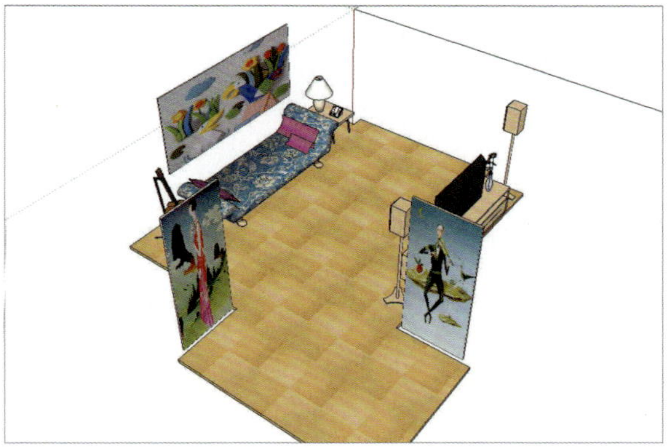

06 레이어 창에서 '창' 레이어 옆의 [스위치] 버튼(◉)을 선택합니다. 창에 쉽게 재질을 채우기 위해서는 '2d-line', '벽면', '바닥', '천장', '가구 및 소품', '조명', '걸레받이' 레이어를 끄는 것이 좋습니다. 레이어 창에서 [Visible] 버튼의 체크 표시를 해제합니다.

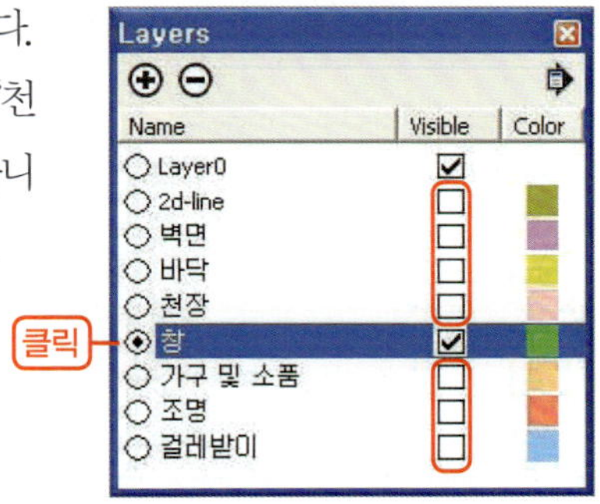

07 창틀과 유리면에 원하는 재질을 채웁니다.

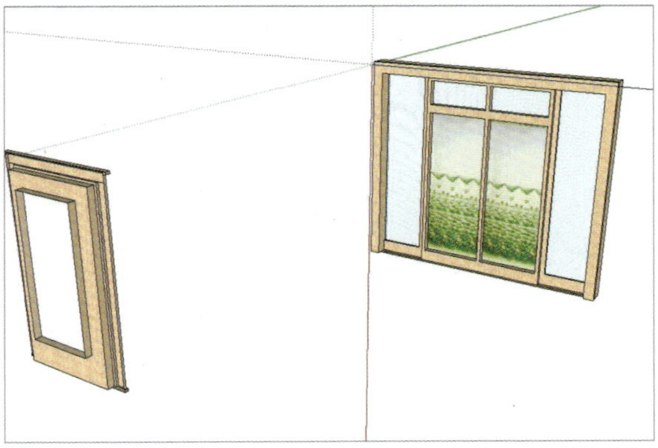

08 레이어 창에서 '천장' 레이어 옆의 [스위치] 버튼(◉)을 선택합니다. 천장에 쉽게 재질을 채우기 위해서는 '2d–line', '벽면', '바닥', '창', '가구 및 소품', '걸레받이' 레이어를 끄는 것이 좋습니다. 레이어 창에서 [Visible] 버튼의 체크 표시를 해제합니다.

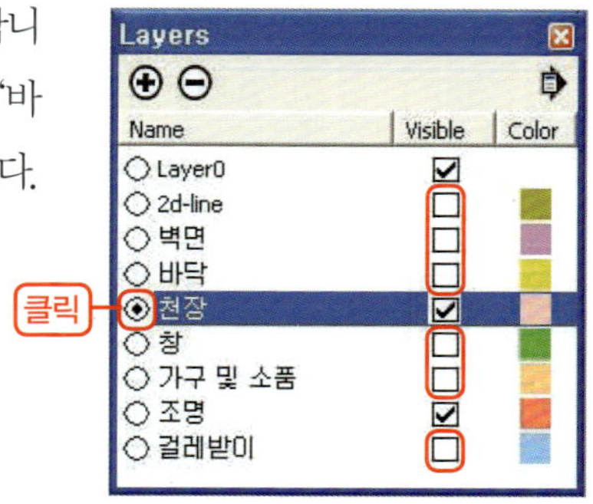

09 천장과 조명에 원하는 재질을 채웁니다.

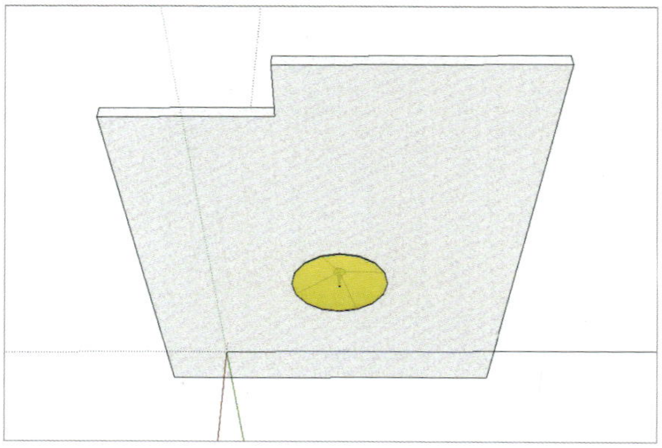

10 꺼진 '벽면', '바닥', '천장', '창', '가구 및 소품', '조명', '걸레받이' 레이어를 다시 켜기 위해 레이어 창에서 [Visible] 버튼을 클릭하여 체크 표시를 합니다. 모든 객체들이 화면에 나타난 것을 확인할 수 있습니다.

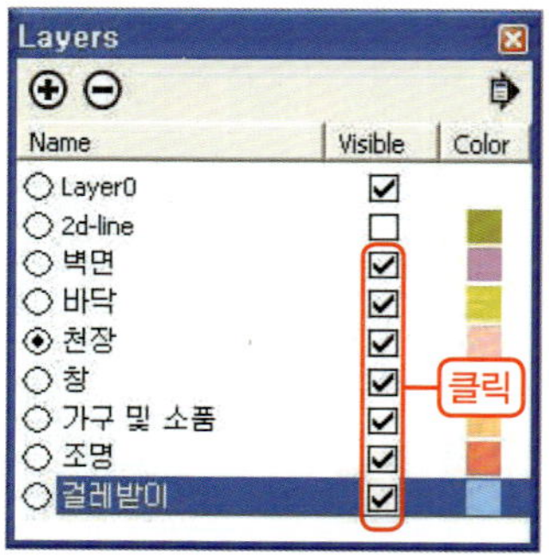

11 거실 실내 공간이 완성된 것을 확인할 수 있습니다.

06. 단면 설정하기

건물 내부를 확인해 보기 위해서는 단면 툴(아이콘)을 활용해야 합니다. 절단면으로 건물 내부를 확인한 후 줌 툴(아이콘)로 건물 내부를 드래그하면 원근을 조절할 수 있습니다.

● 예제 파일 | 부록 CD\Sample\Part 02\완성\실내거실-ISO.skp

01 다른 이름으로 저장하기 위하여 메뉴에서 [File]-[Save As]를 선택한 후 '실내거실-ISO.skp'로 저장합니다.

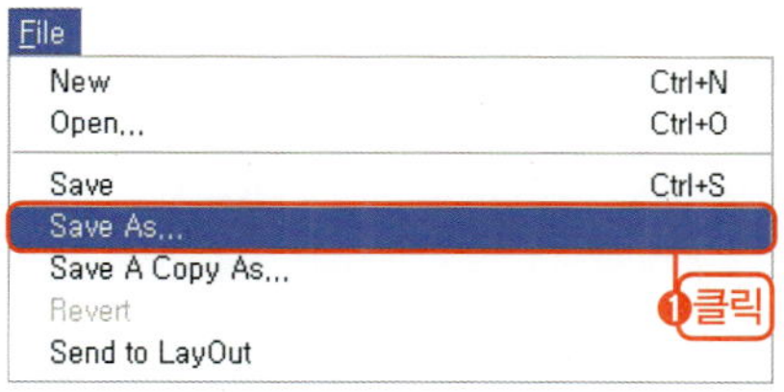

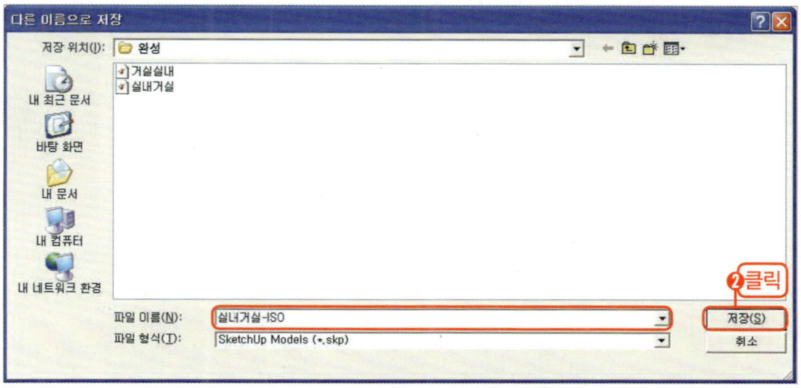

02 단면 툴(아이콘)로 정면 벽면에서 클릭합니다. 그런 다음, 이동 툴(아이콘)로 절단된 단면 내부를 살펴봅니다.

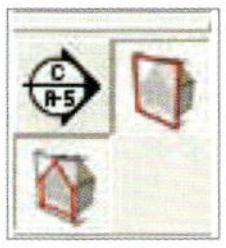

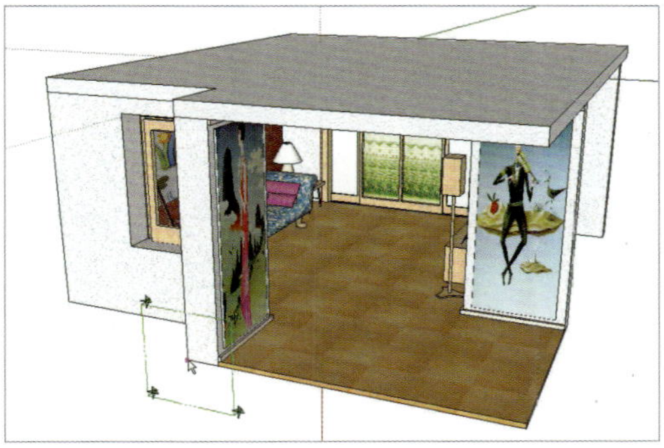

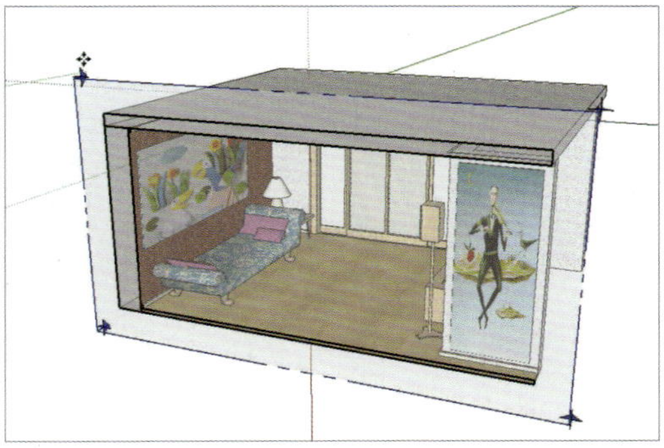

03 단면 망을 숨기기 위하여 마우스 오른쪽 버튼을 클릭하면 나타나는 확장 메뉴 중에서 [Hide]를 선택합니다.

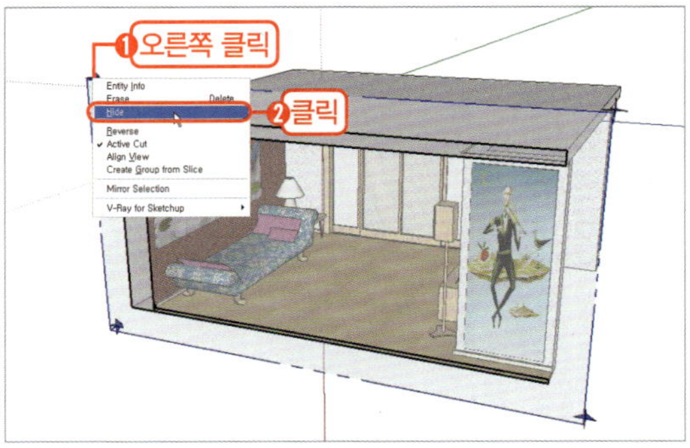

04 Front(🏠) 화면으로 이동합니다. 확대축소 줌 툴(🔍)로 거실 안으로 조금 드래그한 후 다시 Shift를 누르면서 확대축소 줌 툴(🔍)로 거실 밖으로 적당히 드래그합니다.

Tip

확대축소 줌 툴(🔍)로 카메라 구도를 설정하는 2가지 방법

① 확대축소 줌 툴(🔍)을 선택한 상태에서 Shift를 누른 채 위, 아래 또는 앞, 뒤로 드래그하면 원근을 조절할 수 있습니다.

② 확대축소 줌 툴(🔍)을 선택한 상태에서 화면 하단의 입력 창에 [Field of View] deg 값을 입력한 후 드래그하면 원근을 조절할 수 있습니다.

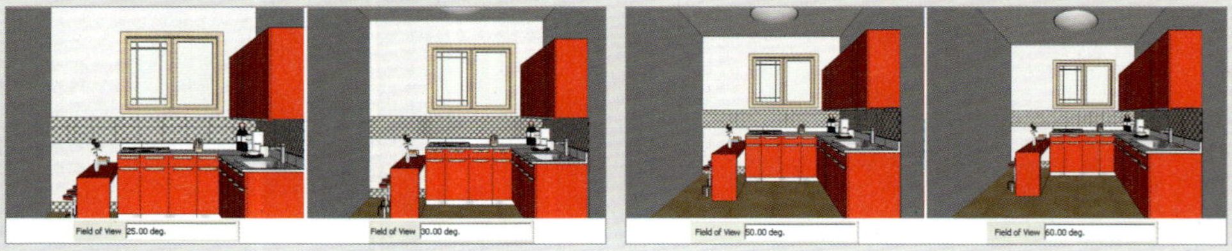

05 단면 툴(⊕)로 측면의 벽면을 클릭합니다. 그런 다음, 이동 툴(✥)로 절단면 내부를 살펴봅니다. 그리고 단면 망을 숨기기 위하여 마우스 오른쪽 버튼을 클릭하면 나타나는 확장 메뉴 중에서 [Hide]를 선택합니다.

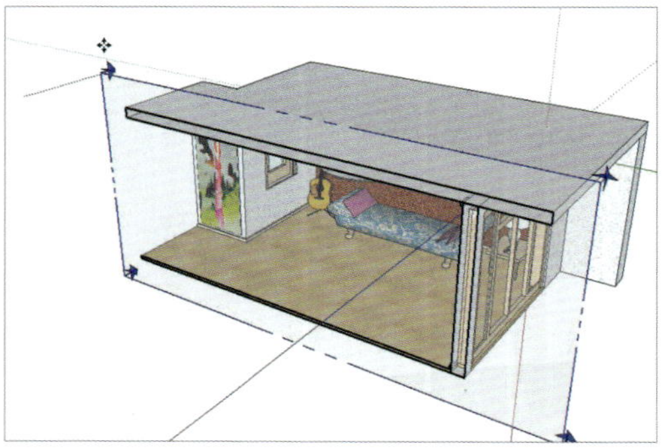

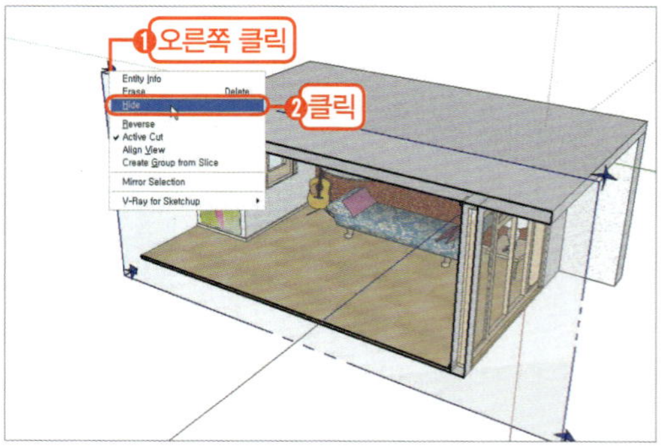

06 Right(💾) 화면으로 이동합니다. 확대축소 줌 툴(🔍)로 거실 안으로 조금 드래그한 후 다시 Shift를 누른 채 확대축소 줌 툴(🔍)로 거실 내부를 적당히 드래그합니다.

07 단면 툴(⊕)로 평면 벽면을 클릭합니다. 그런 다음, 이동 툴(✥)로 절단면 내부를 살펴봅니다. 그리고 단면 망을 숨기기 위하여 마우스 오른쪽 버튼을 클릭하면 나타나는 확장 메뉴 중에서 [Hide]를 선택합니다.

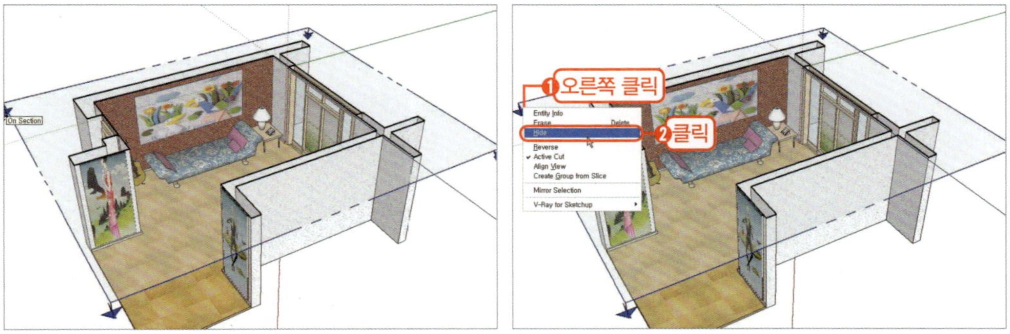

Tip

단면 툴(⊕)을 사용할 때는 하나의 화면에 한 개의 단면만을 설정할 수 있습니다. 따라서 하나의 화면에는 두 개 이상의 단면을 설정할 수 없습니다.

08 Top(📕) 화면으로 이동합니다. 확대축소 줌 툴(🔍)로 거실 안으로 조금 드래그한 후 다시 Shift를 누른 채 확대축소 줌 툴(🔍)로 거실 내부를 적당히 드래그합니다.

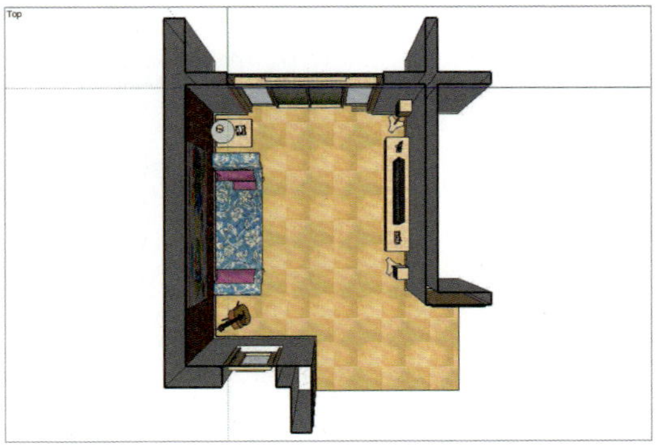

03;

바다 위 조용한 펜션 디자인

이번에는 바다 위에 2인실 펜션을 꾸며 보겠습니다. 스케치업 8을 사용하여 원룸형 펜션의 실내 공간을 꾸미고 펜션 주변의 환경을 바다로 표현하여 자연 속에서 편히 쉴 수 있는 휴식 공간을 제작해 보겠습니다.

01. 펜션 건물 작업하기

CAD 평면 도면을 기준으로 작업하는 것이 아니라 스케치업 8에서 직접 임의대로 육면체를 작업한 후 드로잉 도구 툴로 펜션 건물을 제작합니다. 그리고 펜션 건물을 좀 더 디테일하게 작업하기 위해 다양한 편집 기능을 활용합니다.

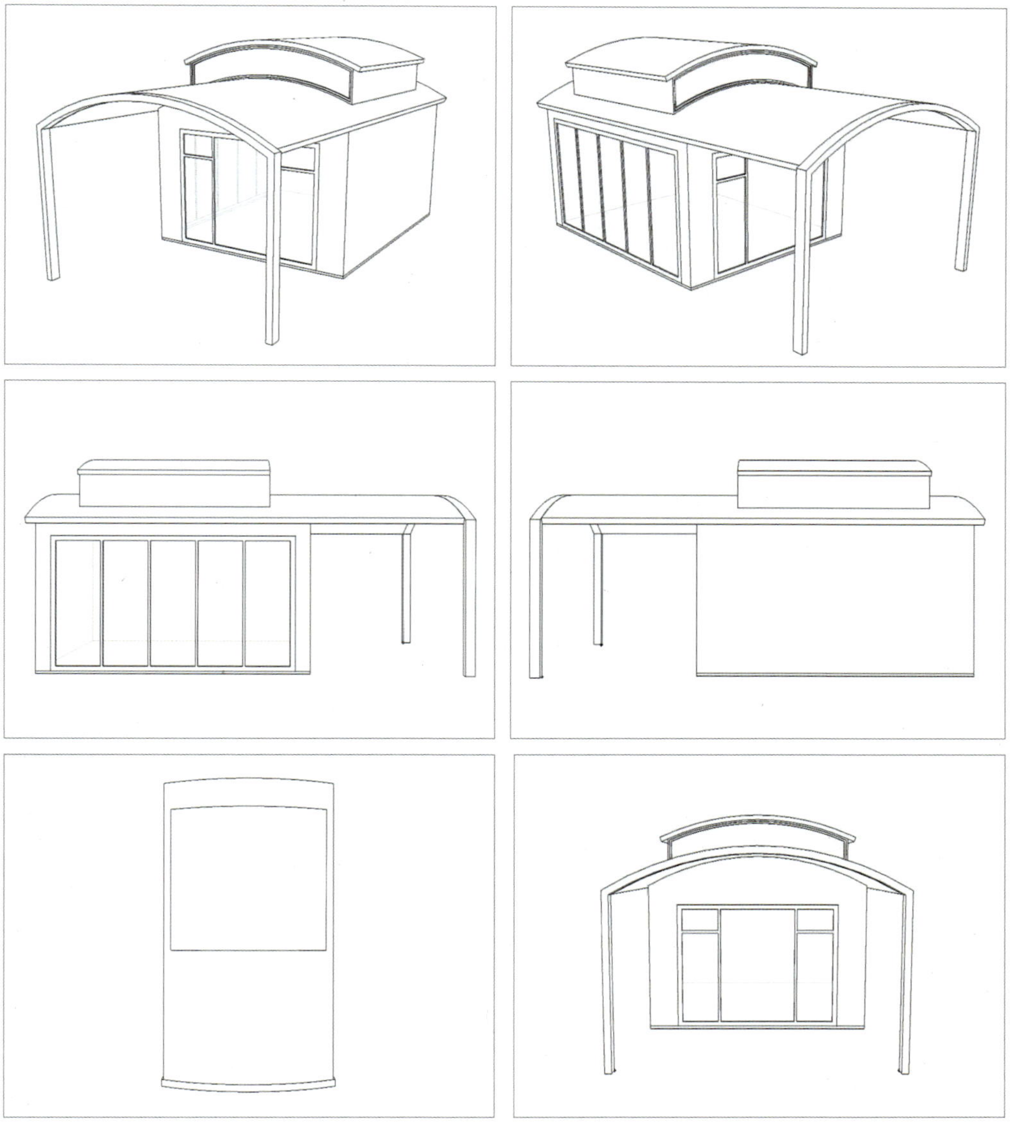

STEP 01 벽체 만들기

01 Top(icon) 화면에서 건물 바닥을 작업하기 위해 사각형 툴(icon)로 사각형을 그립니다. 그리고 밀고/끌기 툴(icon)로 위로 적당히 늘려 줍니다. 그런 다음, 작업한 건물 바닥의 모든 면들을 선택하고 마우스 오른쪽 버튼을 클릭하면 나타나는 확장 메뉴 중에서 [Make Group]을 선택하여 그룹으로 만듭니다.

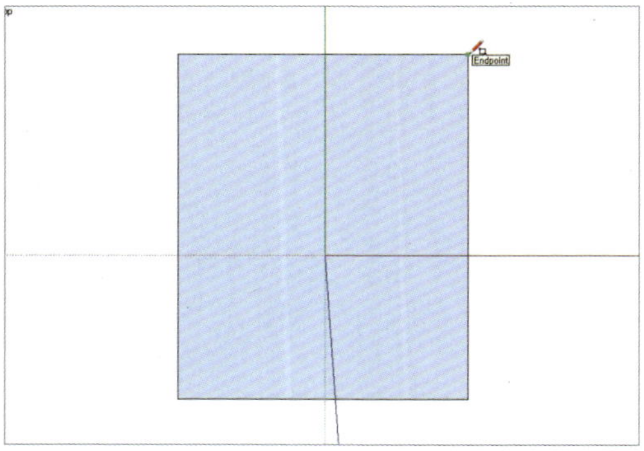

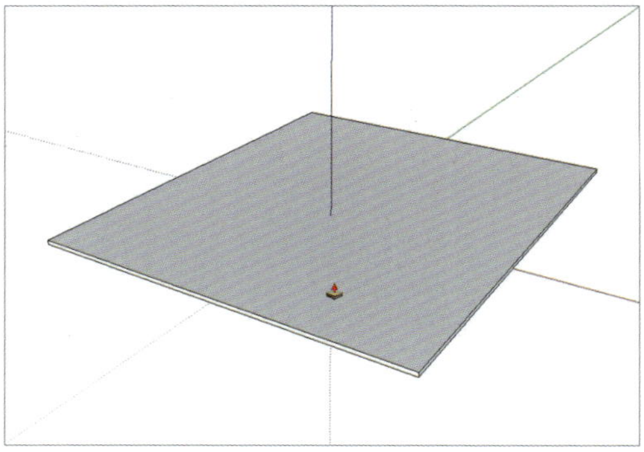

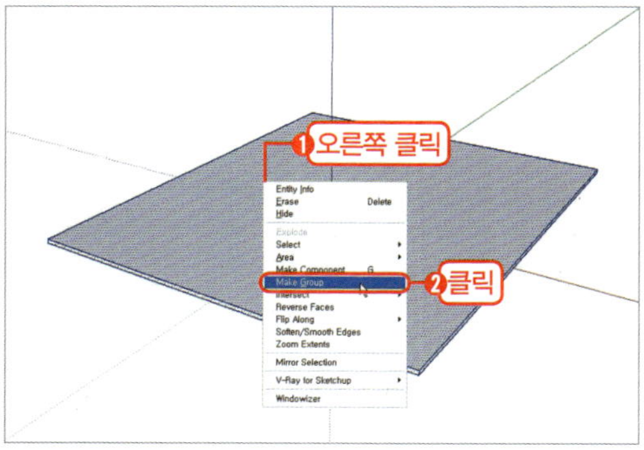

02 메뉴에서 [Window]−[Layers]를 클릭합니다. [레이어 추가] 버튼(⊕)을 클릭하여 새로운 레이어를 추가한 후 레이어 이름을 '바닥'으로 변경합니다.

03 01에서 작업한 그룹을 선택한 후 마우스 오른쪽 버튼을 클릭하면 나타나는 확장 메뉴 중에서 [Entity Info]를 선택하고 [Entity Info] 창에서 '바닥' 레이어를 선택합니다. 레이어가 변경되었지만 화면상으로 변경된 내용을 볼 수 없다는 것이 문제입니다.

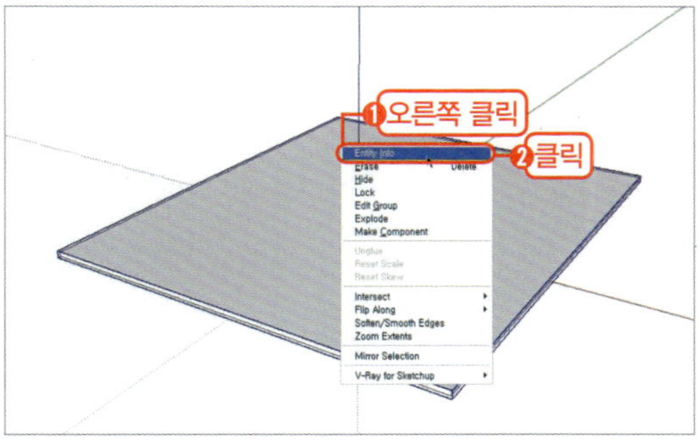

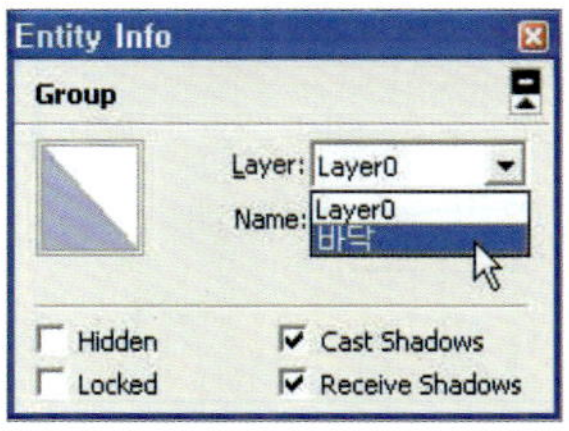

04 레이어 창에서 [레이어 추가] 버튼(⊕)을 클릭하여 새로운 레이어를 추가합니다. 레이어 이름을 '벽'으로 변경하고 레이어 이름 옆의 [스위치] 버튼(◉)을 클릭한 후 선택합니다.

05 벽면을 만들기 위해 줄자 툴( )로 수직 가상선을 설정합니다.

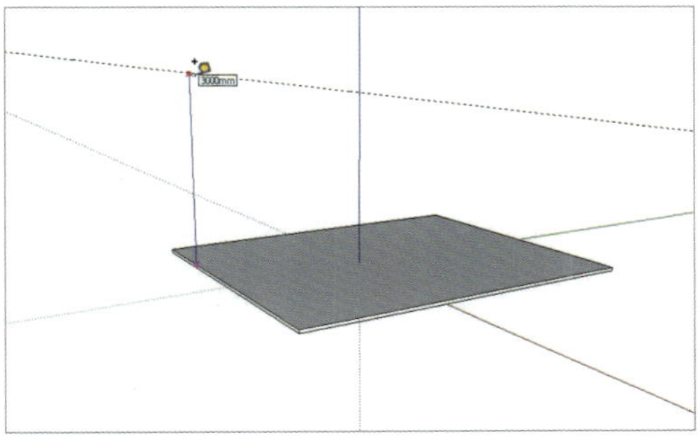

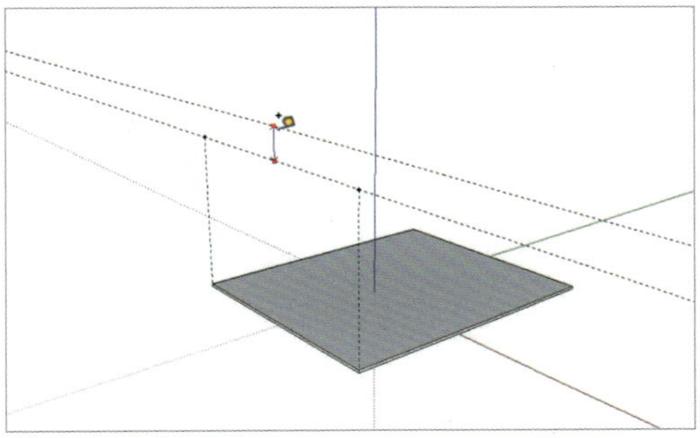

Tip

모델링을 치수에 맞게 작업하려면 줄자 툴을 이용해 지정한 치수 값만큼 축조선(가상선)을 설정한 후, 각 가상선의 교차점을 기준으로 도형을 그립니다. 모든 작업을 종료한 후 필요 없는 가상선은 삭제합니다.

06 벽면을 작업하기 위해 선 툴( ), 사각형 툴( ), 호 툴( )로 외곽선의 끝점과 끝점을 연결하여 면을 만듭니다.

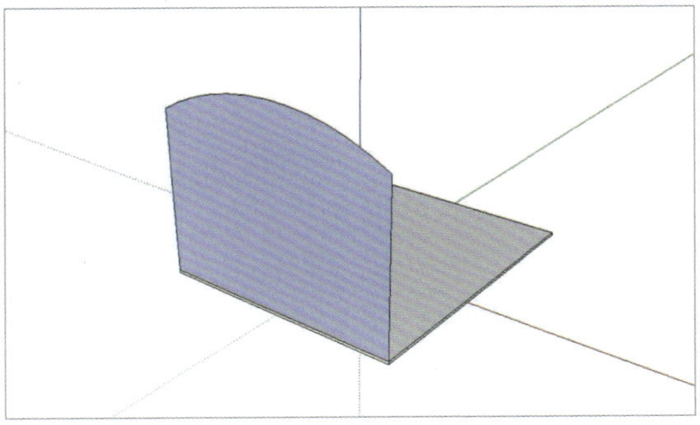

07 06에서 만든 벽면을 선택한 후 Control을 누른 채 이동 툴( )로 바닥의 끝점에 끝점까지 드래그하여 복사합니다.

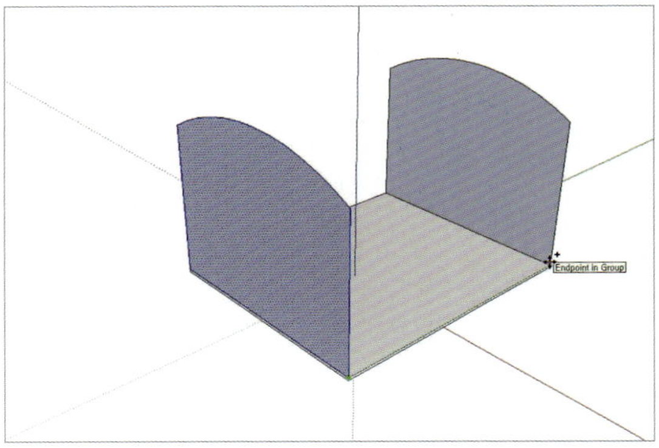

08 다른 벽에도 벽면을 만들기 위해 선 툴( )과 사각형 툴( )로 외곽선의 끝점과 끝점을 연결하여 면을 만듭니다.

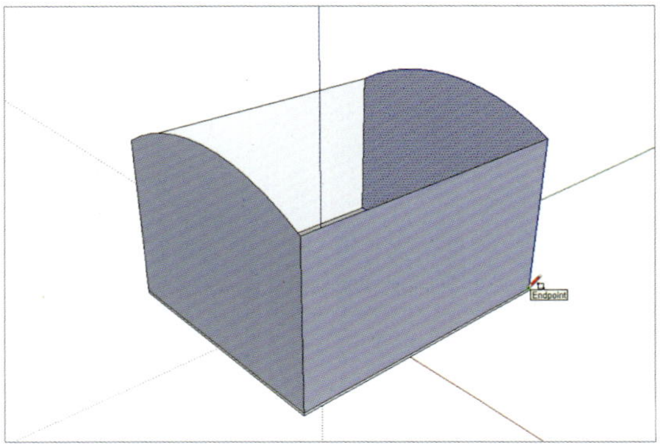

09 창문을 삽입할 영역을 만들기 위해 줄자 툴( )로 가상선을 설정합니다.

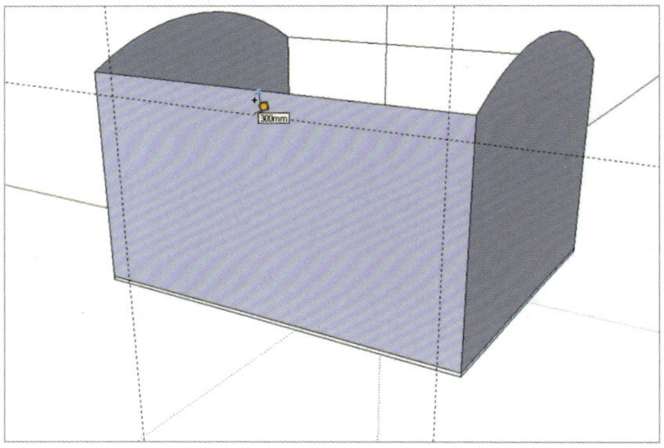

10 창문을 삽입할 영역을 작업하기 위해 사각형 툴( )로 외곽선의 끝점과 끝점을 연결하여 면을 만듭니다. 그리고 선택 툴( )로 면을 선택한 후 Delete로 삭제합니다.

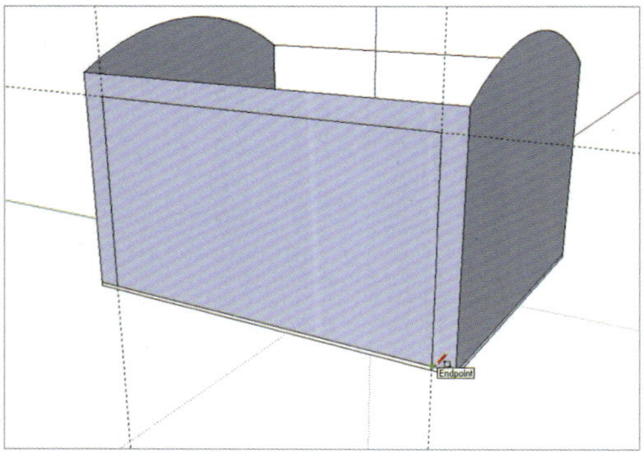

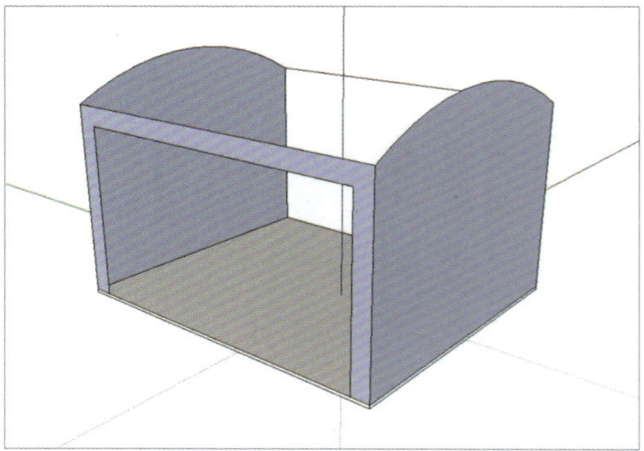

11 오른쪽 측면에 출구를 삽입할 수 있도록 줄자 툴( )로 가상선을 설정합니다. 그리고 창문을 삽입할 영역을 작업하기 위해 사각형 툴( )로 외곽선의 끝점과 끝점을 연결하여 면을 만듭니다.

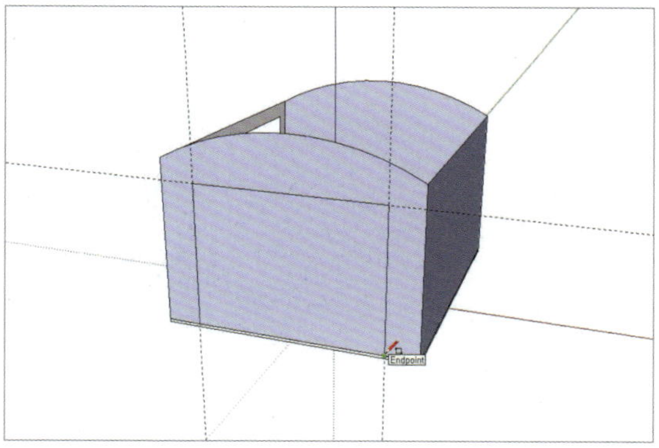

12 선택 툴( )로 면을 선택한 후 Delete로 삭제합니다. 그런 다음, 벽의 모든 면들을 선택하고 마우스 오른쪽 버튼을 클릭하면 나타나는 확장 메뉴 중에서 [Make Group]을 선택하여 그룹으로 만듭니다.

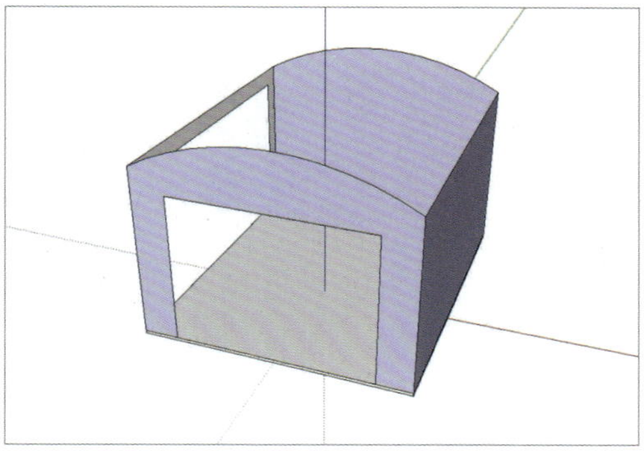

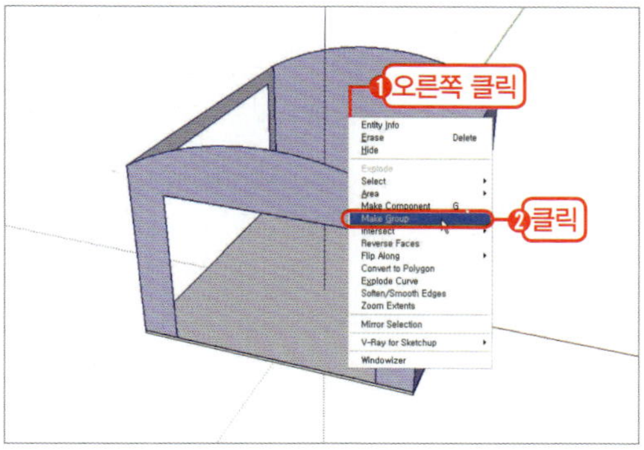

STEP 02 1단계 – 지붕 만들기

01 레이어 창에서 [레이어 추가] 버튼( )을 클릭하여 새로운 레이어를 추가합니다. 레이어 이름을 '1단계–지붕'으로 변경하고 레이어 이름 옆의 [스위치] 버튼( )을 클릭한 후 선택합니다.

02 1단계-지붕면을 작업하기 위해 선 툴(), 호 툴(), 간격 띄우기 툴()로 외곽선의 끝점과 끝점을 연결하여 면을 만듭니다. 그런 다음, 밀고/끌기 툴()로 다음 그림처럼 앞쪽으로 적당히 늘려 줍니다.

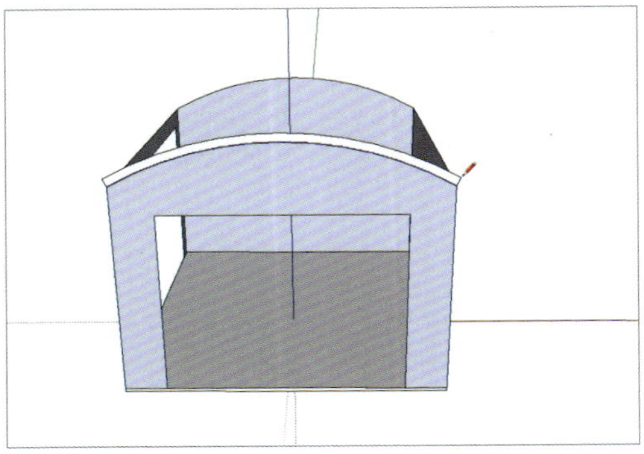
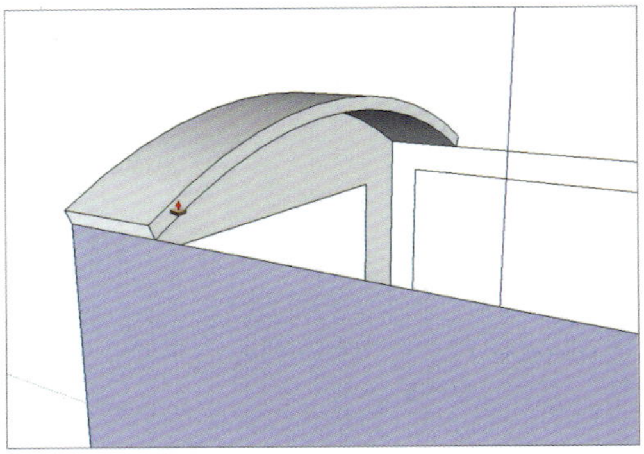

03 02에서 작업한 1단계-지붕면을 선택합니다. Control을 누른 채 이동 툴()로 1단계-지붕 끝점에 드래그하여 벽 끝점까지 복사합니다.

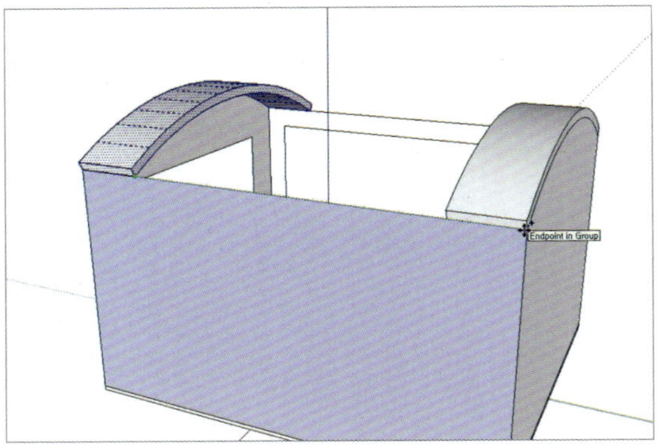

04 1단계-지붕면에서 보이지 않는 선을 나타나도록 하기 위해 메뉴에서 [View]-[Hidden Geometry]를 선택합니다.

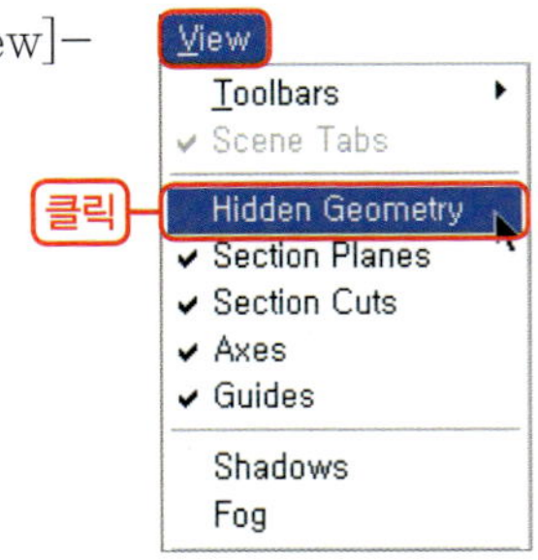

Tip

[Hidden Geometry]는 원기둥, 구, 곡선, 호 돌출 또는 Hide로 안 보이는 선을 화면에 보이게 해 주기 때문에 편집이 가능합니다.

05 04에서 선택한 메뉴 때문에 선이 화면에 보이게 되었습니다. 1단계-지붕면의 양쪽에서 한 칸 끝점을 기준으로 하여 선 툴( )로 양쪽 끝부분에 끝점과 끝점을 연결하는 선을 그려 면을 만듭니다.

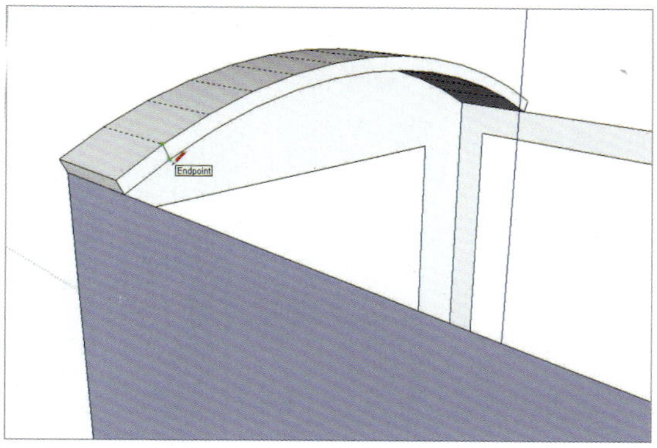

06 05에서 만든 양쪽 면을 밀고/끌기 툴( )로 드래그하여 커서를 선 위로 가져갑니다. 그러면 그 위치까지만 늘어납니다.

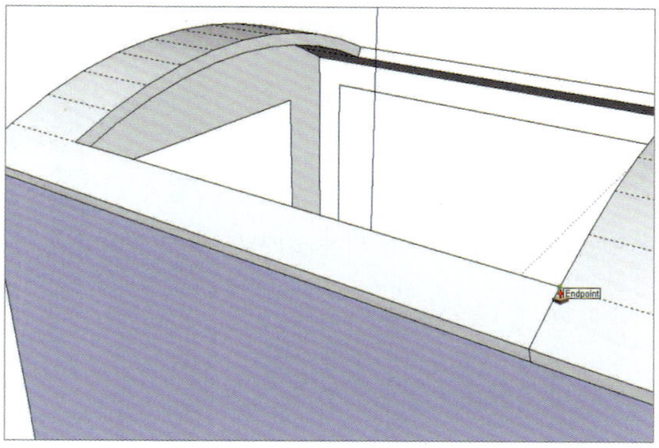

07 지금까지 작업한 1단계-지붕에서 불필요한 부분들을 지우개 툴( )로 삭제합니다.

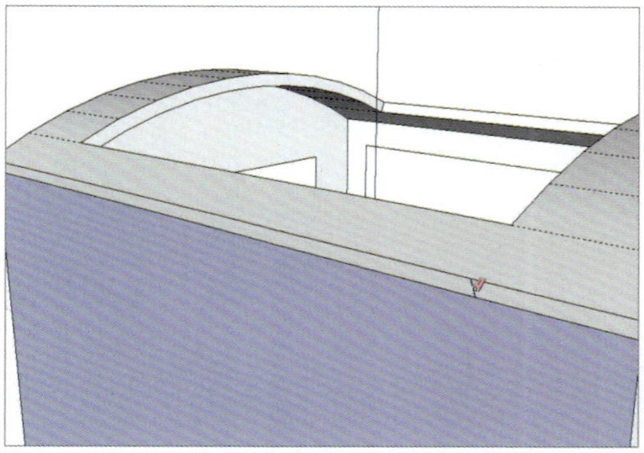

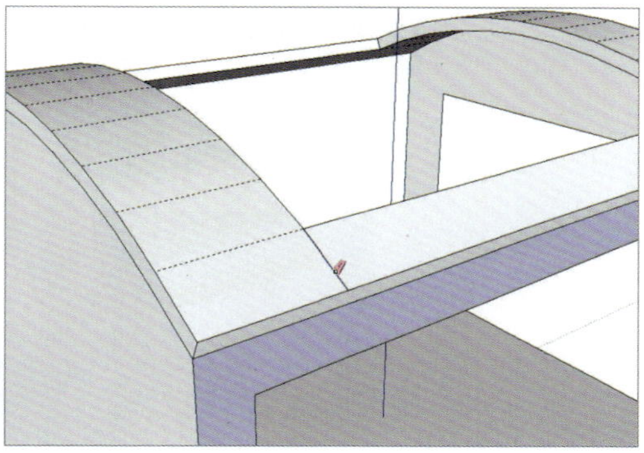

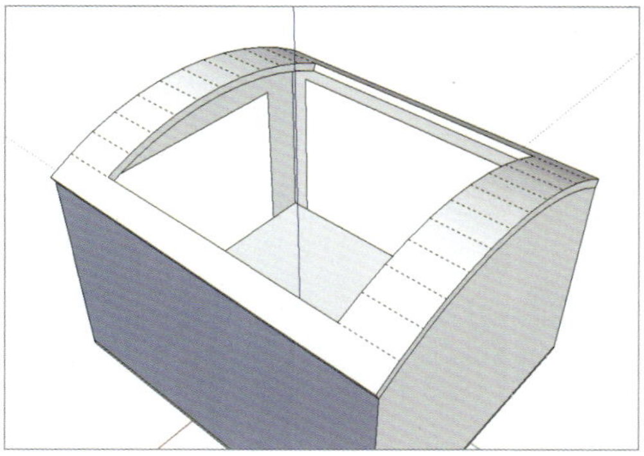

08 1단계-지붕의 가장자리 4군데의 면들을 사용자가 지정한 수치만큼 밀고/끌기 툴(아이콘)로 늘려 줍니다.

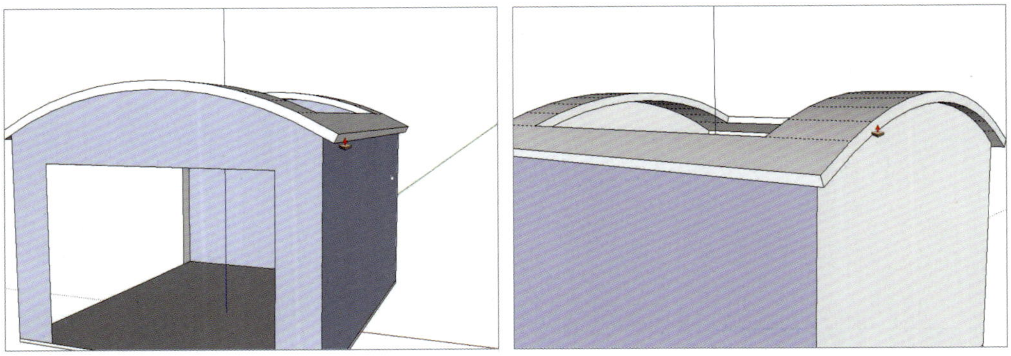

09 출입구 위치에 있는 1단계-지붕면을 Control 을 누른 채 밀고/끌기 툴(아이콘)로 앞쪽으로 적당히 늘리면서 복사합니다.

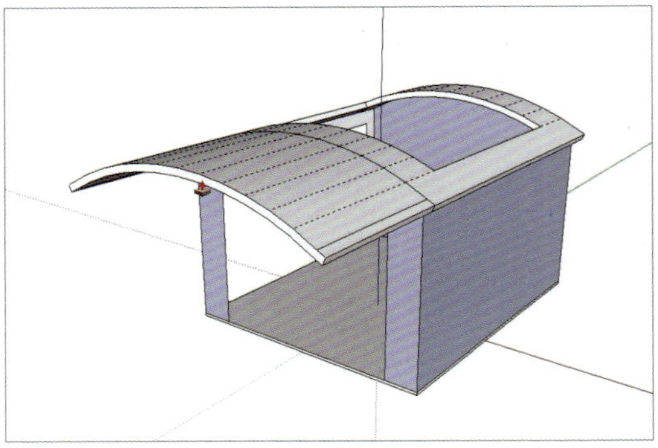

10 지우개 툴(아이콘)로 불필요한 부분들을 삭제합니다. 그런 다음, 1단계-지붕면의 모든 면들을 선택하고 마우스 오른쪽 버튼을 클릭하면 나타나는 확장 메뉴 중에서 [Make Group]을 선택하여 그룹으로 만듭니다.

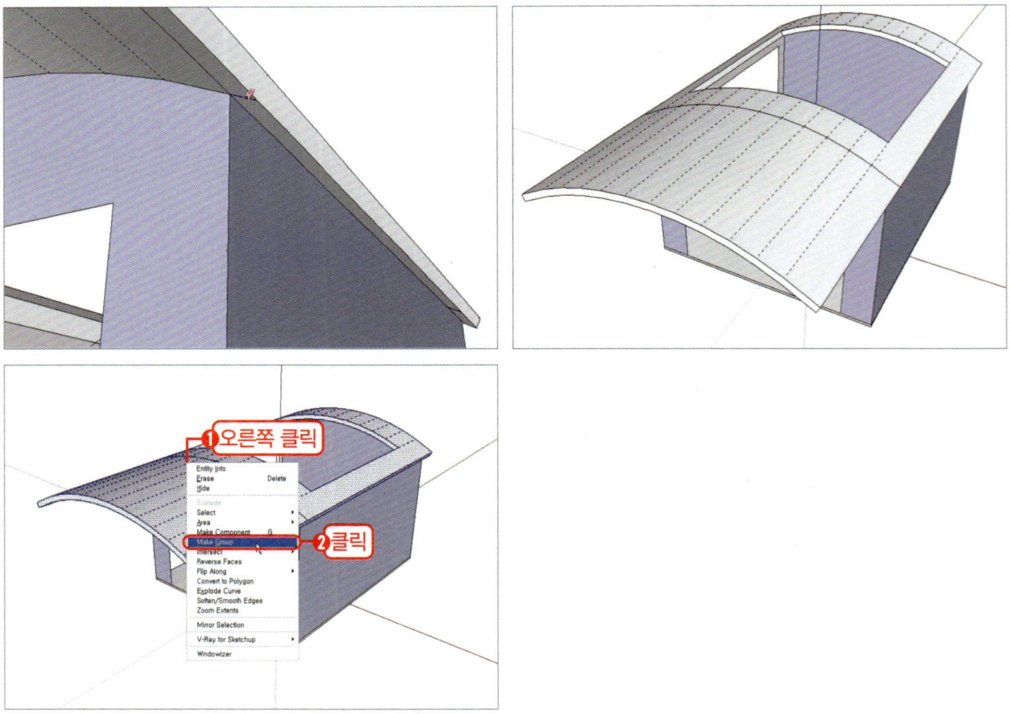

11 1단계-지붕의 기둥을 만들기 위해 줄자 툴()로 1단계-지붕의 양쪽 끝점을 클릭한 후 아래로 수직 가상선을 설정합니다.

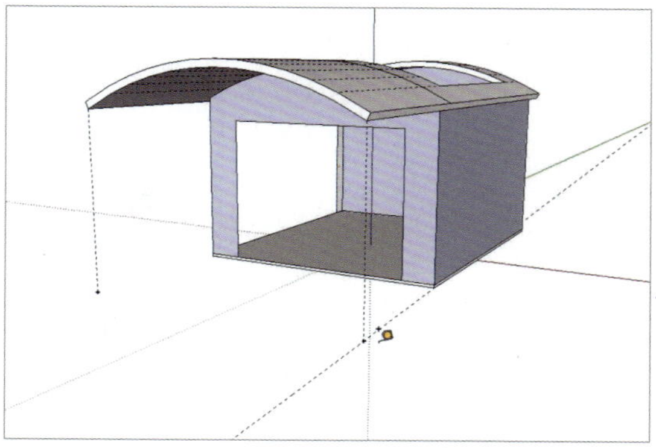

12 레이어 창에서 [레이어 추가] 버튼()을 클릭하여 새로운 레이어를 추가합니다. 레이어 이름을 '기둥'으로 변경하고 레이어 이름 옆의 [스위치] 버튼()을 클릭한 후 선택합니다.

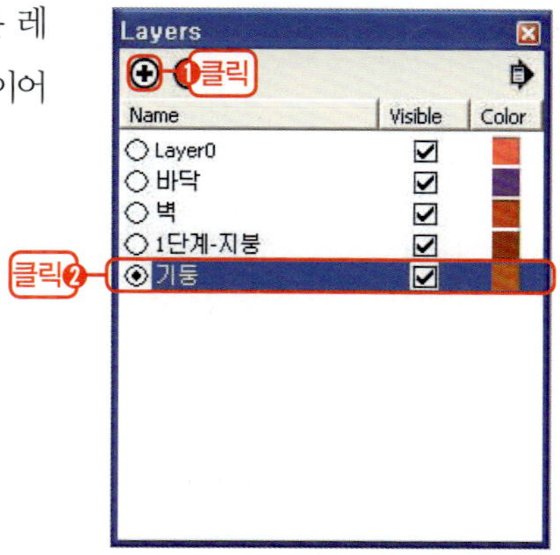

13 기둥을 작업하기 위해 선 툴()과 호 툴()로 **12**에서 줄자로 만든 가상선을 따라 선을 그립니다. 그런 다음, 1단계-지붕의 가장자리 호를 기준으로 호를 그립니다.

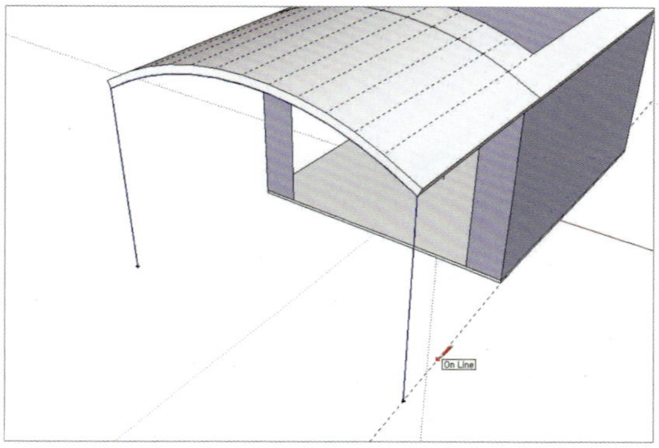

14 **13**에서 그린 선과 호를 선택 툴()로 선택한 후 간격 띄우기 툴()로 드래그하여 커서를 1단계-지붕 끝점 위에 가져갑니다. 그러면 그 위치만큼 간격을 띄울 수 있습니다.

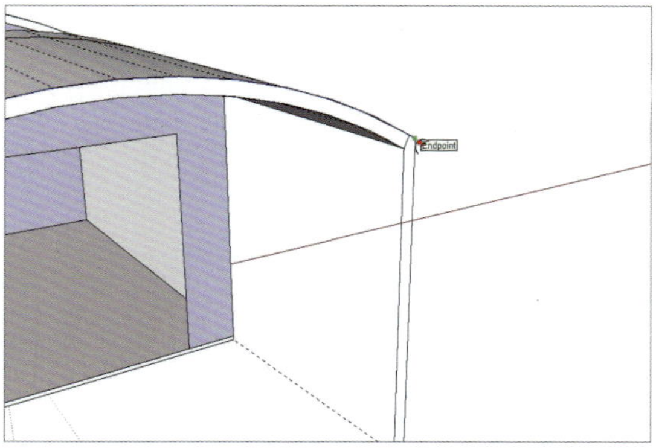

15 14에서 작업한 선과 호에 닫힌 면을 만들기 위해 선 툴()로 양쪽 끝부분에 끝점과 끝점을 연결하는 선을 그려 면을 만듭니다.

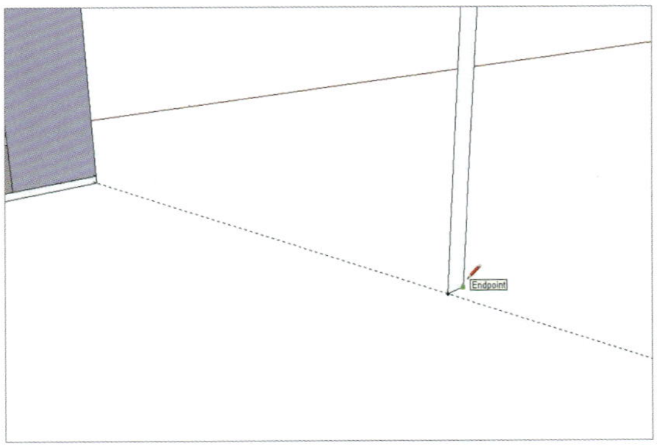

16 기둥의 면을 사용자가 지정한 수치만큼 밀고/끌기 툴()로 늘려 줍니다. 그런 다음, 방금 작업한 맨 앞에 있는 기둥의 모든 면들을 선택하고 마우스 오른쪽 버튼을 클릭하면 나타나는 확장 메뉴 중에서 [Make Group]을 선택하여 그룹으로 만듭니다.

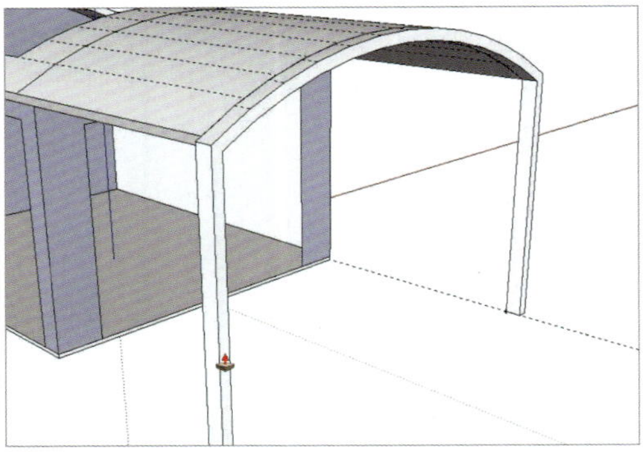

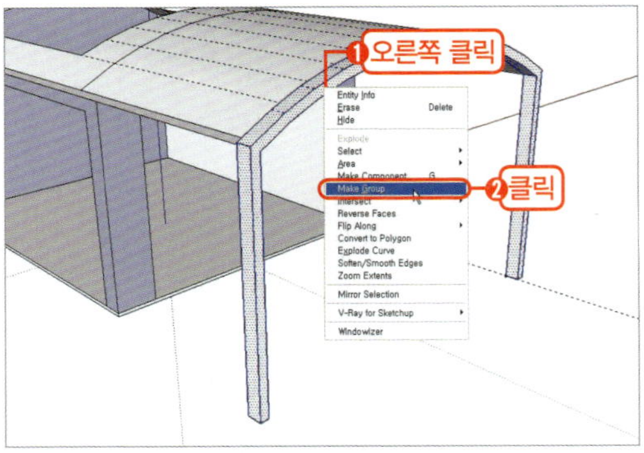

STEP 03 2단계 – 지붕 만들기

01 레이어 창에서 [레이어 추가] 버튼()을 클릭하여 새로운 레이어를 추가합니다. 레이어 이름을 '2단계–지붕'으로 변경한 후에 선택합니다.

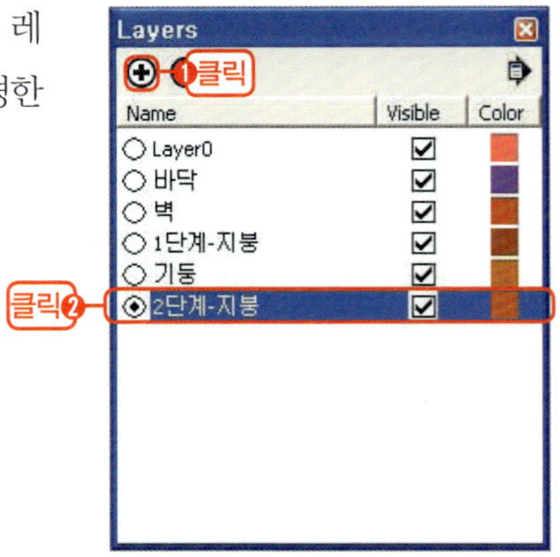

02 2단계–지붕 벽면을 만들기 위해 줄자 툴()로 지붕 벽면 높이의 가상선을 설정합니다. 그런 다음, 1단계–지붕의 위쪽에 있는 호선을 기준으로 호 툴()로 호를 그립니다.

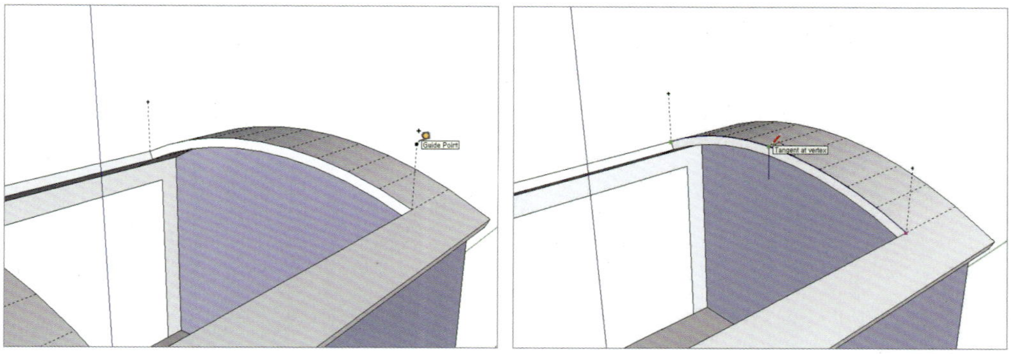

03 02에서 그린 호는 Control 을 누른 채 이동 툴( )로 가상선의 끝점까지 드래그하여 복사합니다.

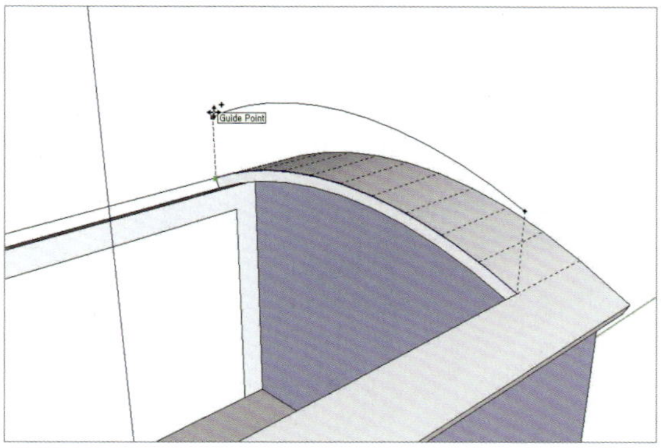

04 03에서 작업한 호에 닫힌 면을 만들기 위해 선 툴( )로 양쪽 끝부분에 끝점과 끝점을 연결하는 선을 그려 닫힌 면을 만듭니다.

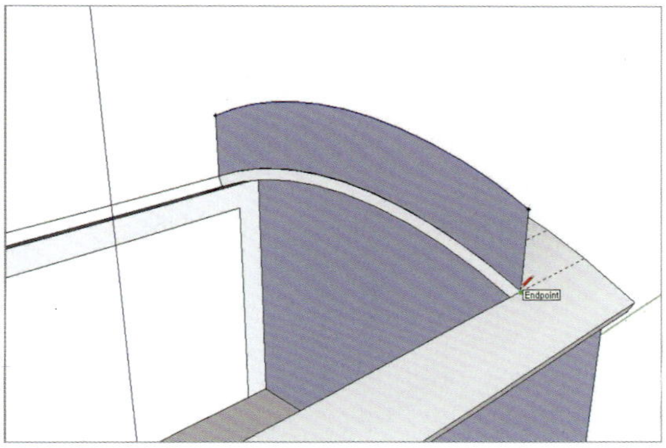

05 04에서 그린 면을 선택한 후 Control 을 누른 채 이동 툴( )로 1단계-지붕선의 끝점까지 드래그하여 복사합니다.

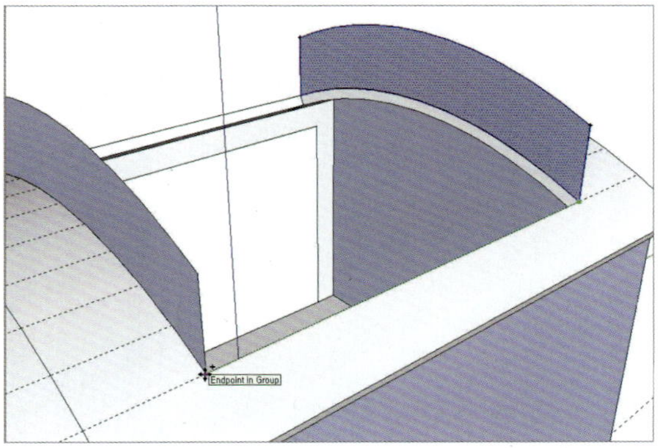

06 2단계-지붕의 다른 지붕 벽에 면을 만들기 위해 사각형 툴( )로 외곽선의 끝점과 끝점을 연결하여 면을 만듭니다.

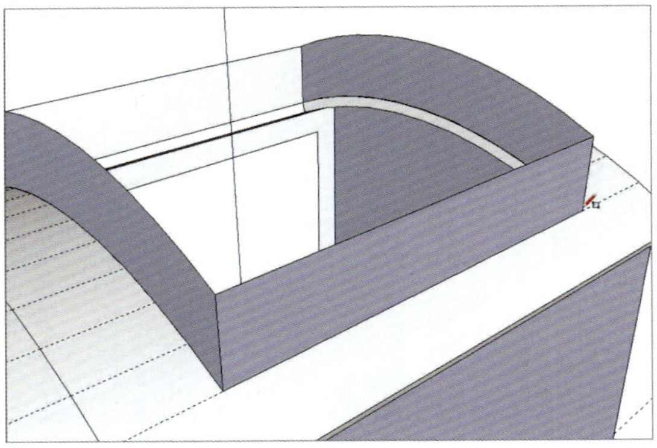

07 2단계-지붕 위를 덮을 면을 만들기 위해 우선 2단계-지붕 벽 위에 있는 호를 선택합니다. 간격 띄우기 툴( )로 드래그하면 적당한 높이만큼 간격을 띄울 수 있습니다.

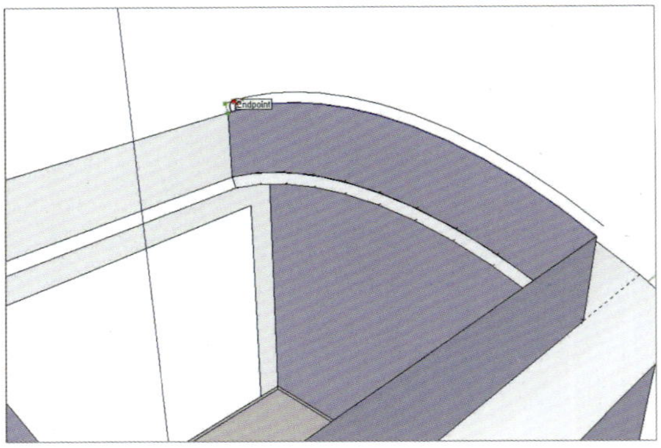

08 **07**에서 작업한 호의 닫힌 면을 만들기 위해 선 툴( )로 양쪽 끝부분에 끝점과 끝점을 연결하는 선을 그려 닫힌 면을 만듭니다.

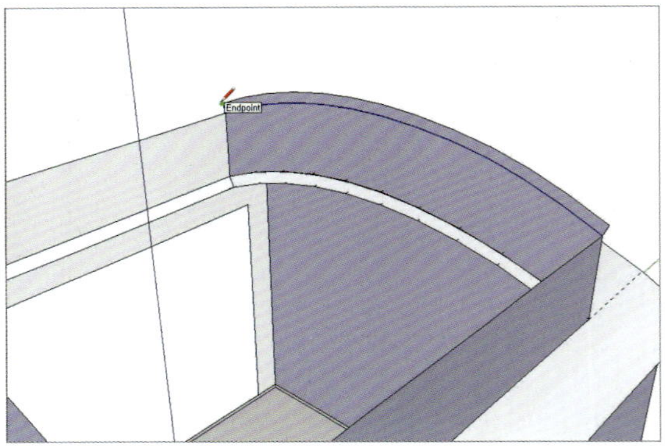

09 **08**에서 만든 면을 밀고/끌기 툴( )로 커서를 선 위까지 드래그하여 그 위치만큼만 늘려 줍니다.

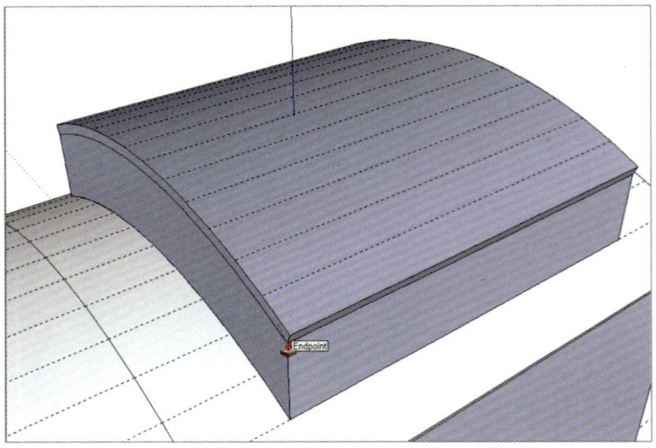

10 2단계-지붕의 양쪽 면들을 사용자가 지정한 수치만큼 밀고/끌기 툴(▲)로 늘려 줍니다. 그리고 지우개 툴(▲)로 불필요한 부분들을 삭제합니다.

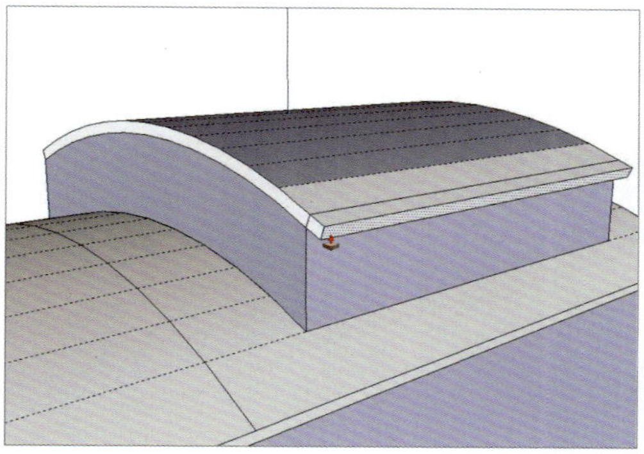

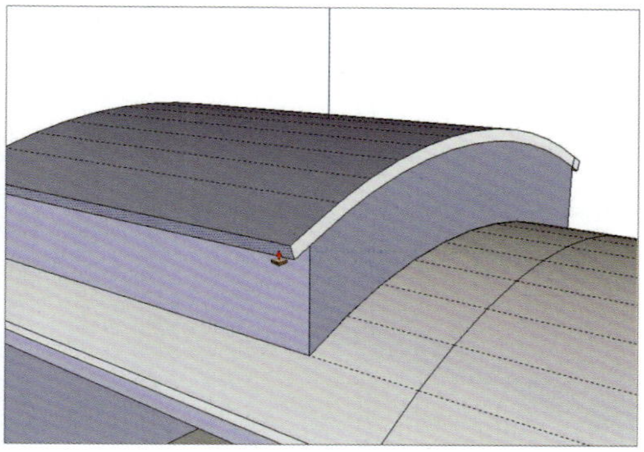

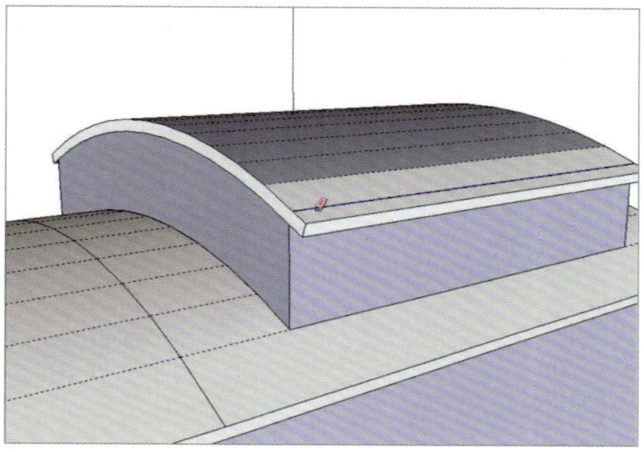

> **Tip**
>
> **지우개 도구와 같이 사용하는 단축키**
>
> - Shift+지우개 툴(▲) : 선 숨기기(=Hide)
> - Ctrl+지우개 툴(▲) : 선을 부드럽게/매끄럽게 표현하기
> - Shift+Ctrl+지우개 툴(▲) : 선을 거칠게 하기

11 간격 띄우기 툴(▲)로 2단계-지붕 벽의 앞면을 안쪽으로 적당한 간격으로 두 번 끌어서 지정합니다. 그리고 밀고/끌기 툴(▲)로 그림처럼 뒤쪽으로 적당히 밀어 줍니다.

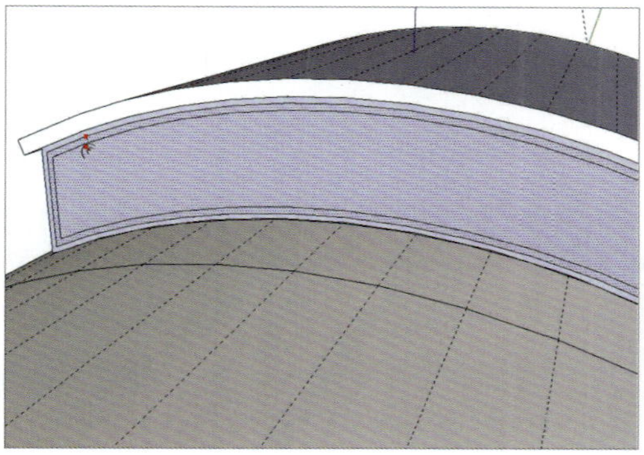

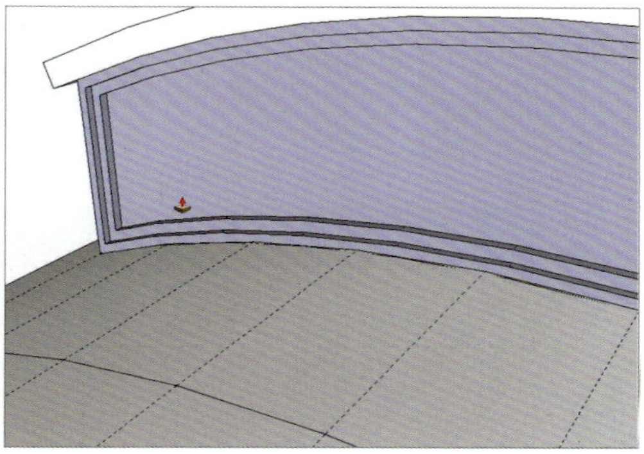

12 지금까지 작업한 2단계-지붕의 모든 면들을 선택한 후 마우스 오른쪽 버튼을 클릭하면 나타나는 확장 메뉴 중에서 [Make Group]을 선택하여 그룹으로 만듭니다.

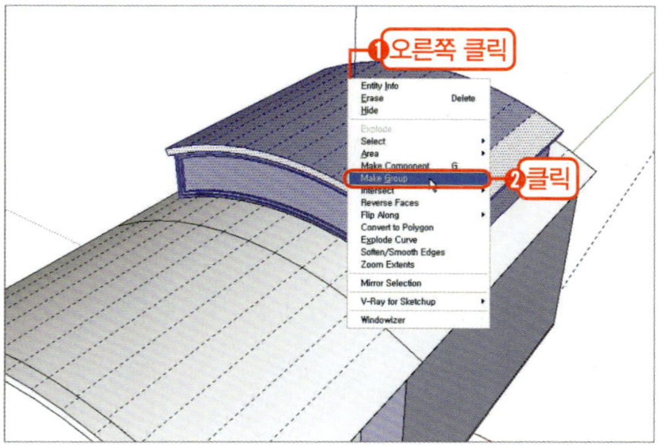

13 1단계-지붕 객체를 선택한 후 마우스 오른쪽 버튼을 클릭하면 나타나는 확장 메뉴 중에서 [Edit Group]을 선택합니다. 그리고 지우개 툴( )로 불필요한 부분들을 삭제합니다.

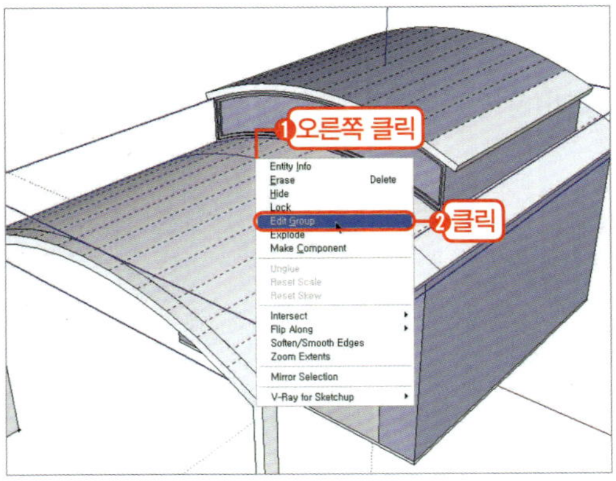

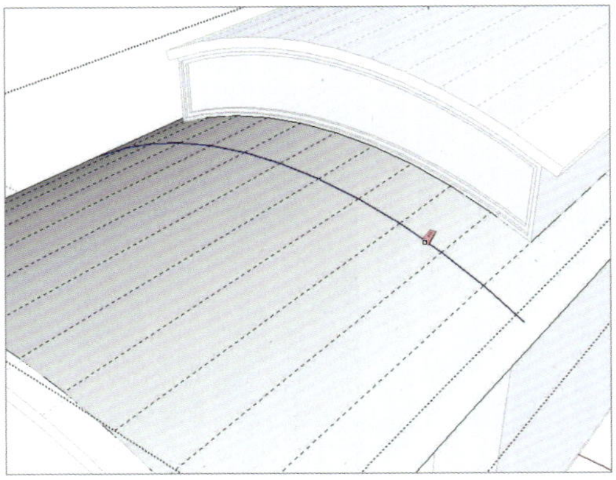

14 Step 02의 04에서 설정한 [Hidden Geometry]를 다시 [View]-[Hidden Geometry]를 선택하여 해제합니다.

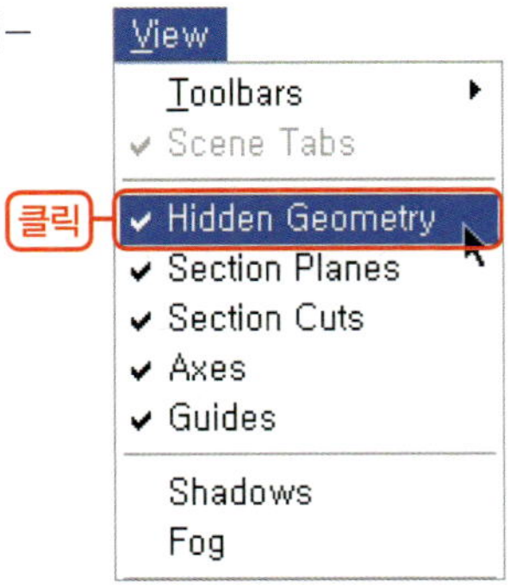

Tip

보이는 점선(은선)을 화면에서 보이지 않게 하려면 [Hidden Geometry]의 체크 표시를 해제해야 합니다.

STEP 03 창문 만들기

01 레이어 창에서 [레이어 추가] 버튼( )을 클릭하여 새로운 레이어를 추가합니다. 레이어 이름을 '창문'으로 변경하고 레이어 이름 옆의 [스위치] 버튼( )을 클릭한 후 선택합니다.

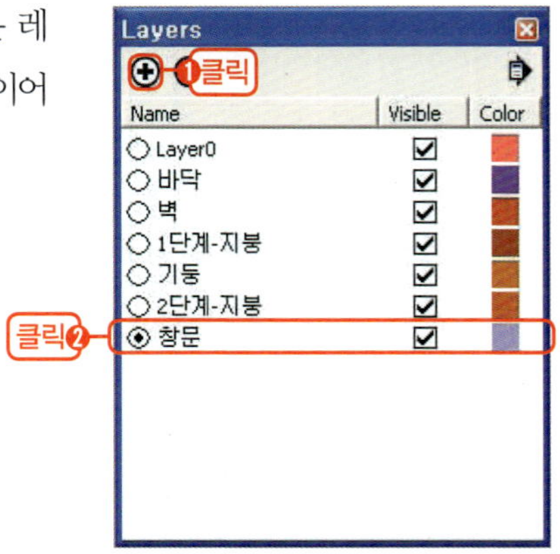

02 창문을 삽입할 벽에 창문을 만들기 위해 사각형 툴(■)로 면을 만듭니다. 그런 다음, 방금 만든 면을 선택하고 마우스 오른쪽 버튼을 클릭하면 나타나는 확장 메뉴 중에서 [Windowizer]를 선택합니다.

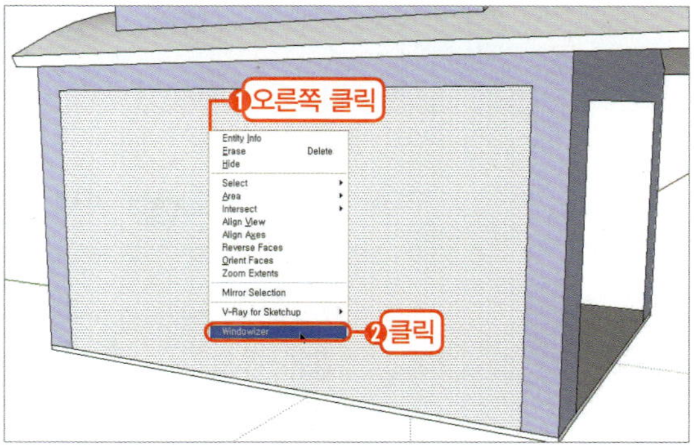

Tip

[Windowizer]는 루비 파일입니다. 루비 파일 사용 방법은 69쪽을 참고하세요.

03 [Windowizer Settings] 창에 다음과 같이 수치를 입력한 후 [OK] 버튼을 클릭합니다. 단, 건물의 크기를 사용자가 임의대로 제작하기 때문에 창문 모양이 사용자가 원하는 대로 표현되지 않는 경우, 창틀과 안쪽 창틀의 값을 수정하면서 표현합니다.

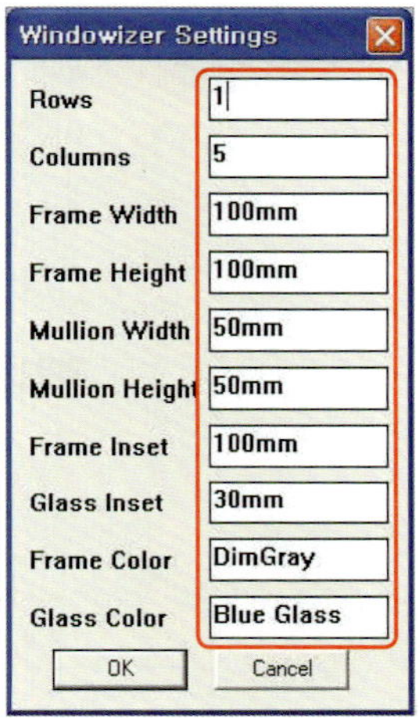

Tip

건물의 작업 크기에 따라 사용자가 원하는 창문 모양이 만들어지지 않는 경우가 있습니다. 이 경우에는 [Windowizer Settings] 창에서 창틀과 안쪽 창틀의 값을 수정하면서 창문을 만들어야 합니다.

04 앞 과정처럼 작업을 했음에도 불구하고 면이 없어지지 않고 그대로 남아 있습니다. 면을 선택한 후 마우스 오른쪽 버튼을 클릭하면 나타나는 확장 메뉴 중에서 [Erase]를 선택하여 면을 삭제하면 작업한 창문을 볼 수 있습니다.

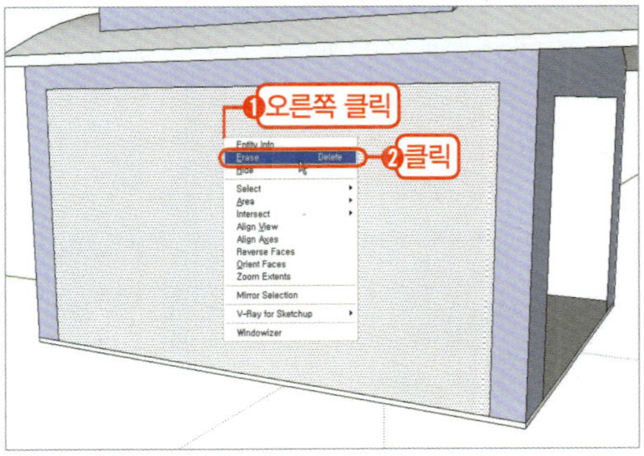

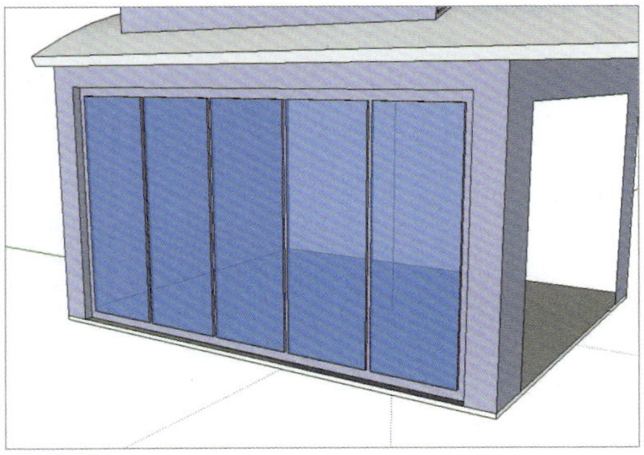

05 창문을 삽입할 벽에 창문을 만들기 위해 사각형 툴(■)로 면을 만듭니다. 만약, 방금 만든 면의 뒷면 색상이 파란색으로 되어 있다면 이를 앞면으로 전환하기 위해 마우스 오른쪽 버튼을 클릭하면 나타나는 확장 메뉴 중에서 [Reverse Faces]를 선택합니다.

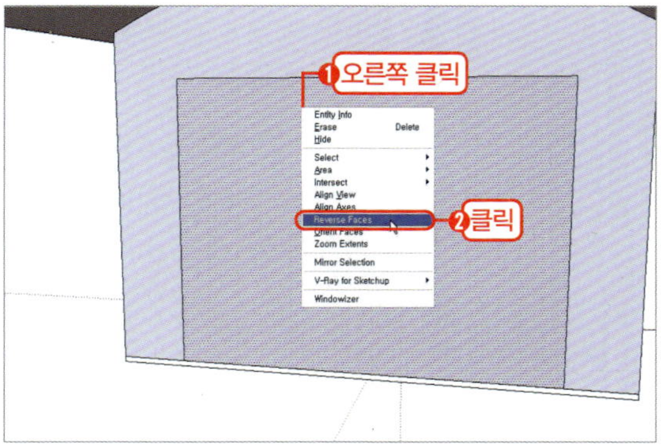

Tip

Windowizer 루비를 사용할 때 면이 뒷면으로 되어 있으면 창틀의 돌출이 뒤집혀 만들어지는 경우가 있습니다. 이를 예방하기 위해서는 뒷면을 앞면으로 전환해야 합니다.

06 방금 만든 면을 선택한 후 마우스 오른쪽 버튼을 클릭하면 나타나는 확장 메뉴 중에서 [Windowizer]를 선택합니다. 그리고 [Windowizer Settings] 창에 다음과 같이 수치를 입력한 후 [OK] 버튼을 클릭합니다.

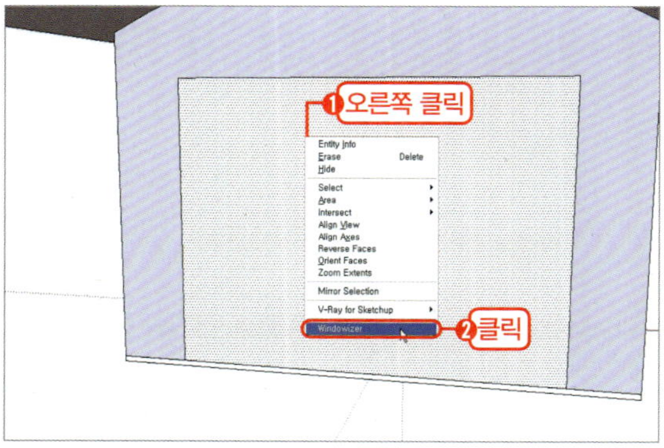

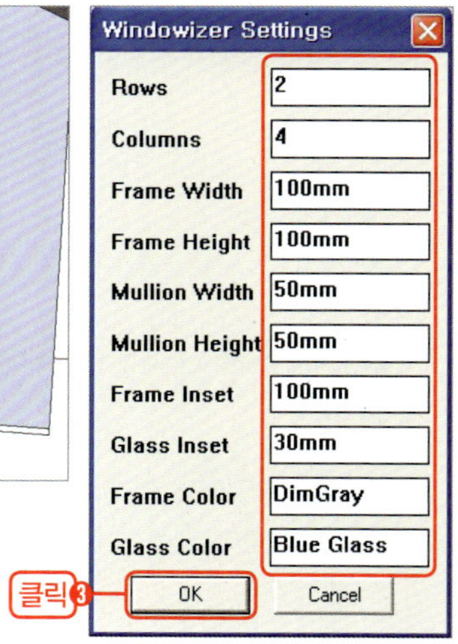

07 앞과 같이 작업을 했음에도 불구하고 면이 없어지지 않고 그대로 남아 있다면, 면을 선택한 후 마우스 오른쪽 버튼을 클릭하면 나타나는 확장 메뉴 중에서 [Erase]를 선택하여 면을 삭제합니다.

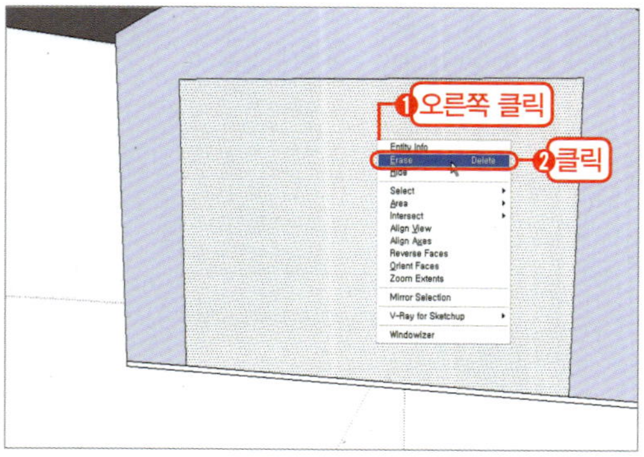

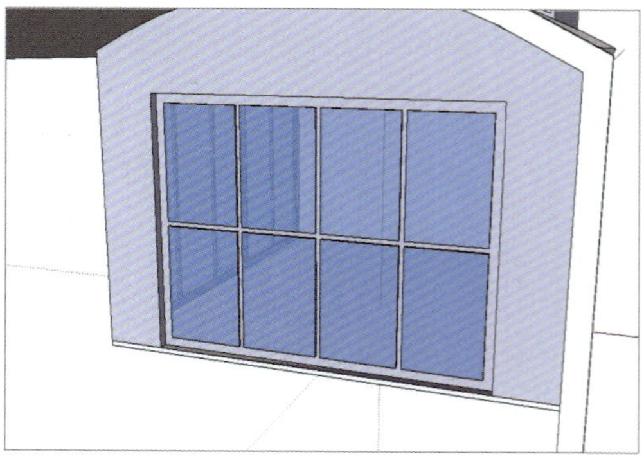

08 창문을 편집하려면 '바닥', '벽', '1단계–지붕', '기둥', '2단계–지붕' 레이어를 끄는 것이 좋습니다. 레이어 창에서 [Visible] 버튼의 체크 표시를 해제합니다.

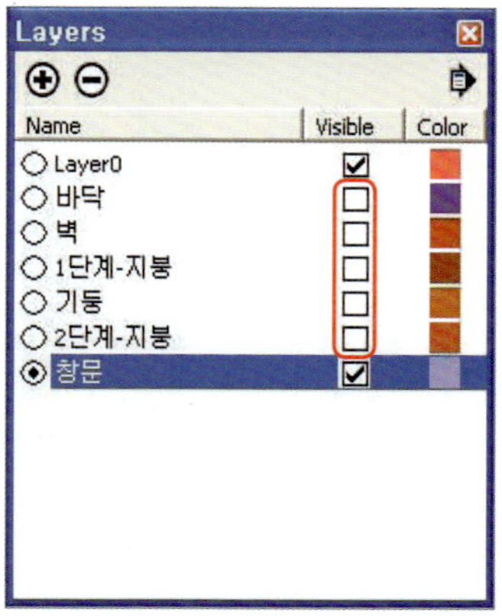

09 간혹 창문의 방향이 바뀌는 경우에는 스케일 툴( )로 안쪽에 있는 가운데 점을 클릭하여 앞으로 당깁니다. 그런 다음, 바로 화면 하단의 입력란에 '–1'을 입력하고 Enter 를 누릅니다.

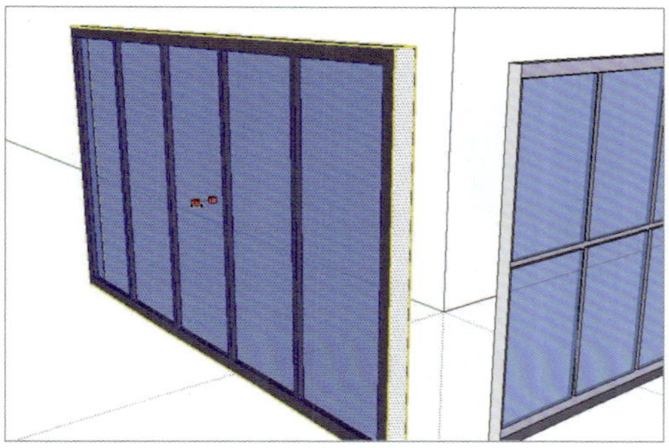

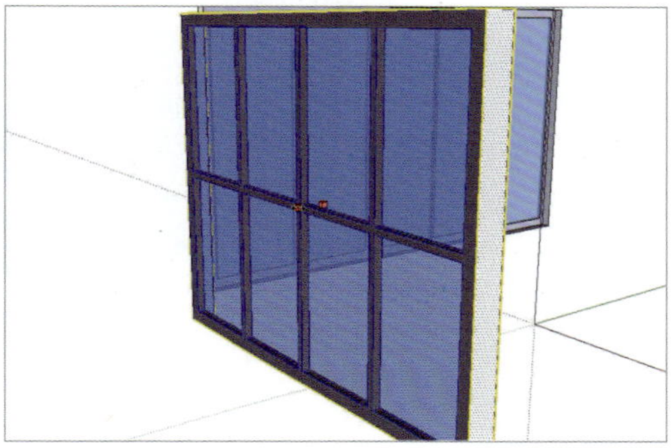

10 1열과 4열에 있는 창틀의 높이를 수정하기 위해 밀고/끌기 툴( )로 위로 적당히 늘려 줍니다.

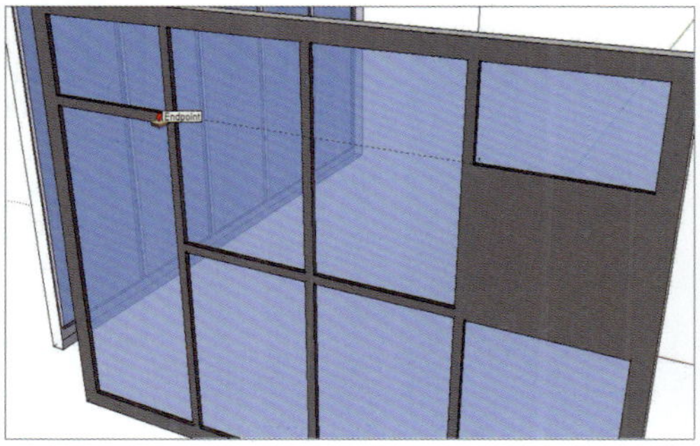

11 가운데 창틀들을 없애기 위해 4군데 창틀의 끝점에 선 툴( )로 양쪽 끝부분에 끝점과 끝점을 연결하는 선을 그려 면을 만듭니다.

12 밀고/끌기 툴( )로 창문 쪽인 안쪽으로 드래그하여 커서를 선 위로 가져갑니다. 그리고 지우개 툴( )로 불필요한 부분들을 삭제합니다.

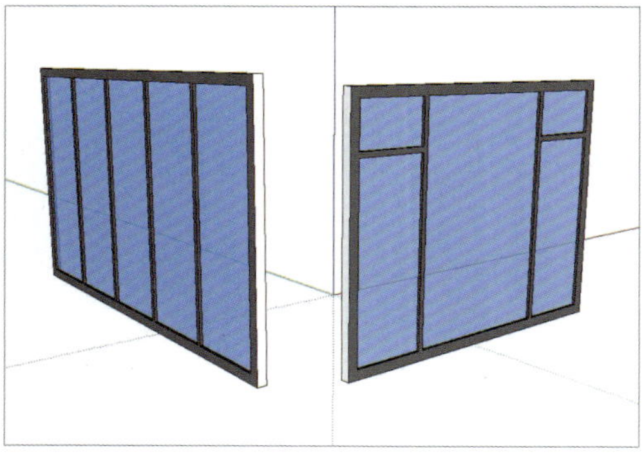

13 창문을 쉽게 작업하기 위해서는 '바닥', '1단계-지붕', '기둥', '2단계-지붕' 레이어를 끄는 것이 좋습니다. 레이어 창에서 [Visible] 버튼의 체크 표시를 해제합니다.

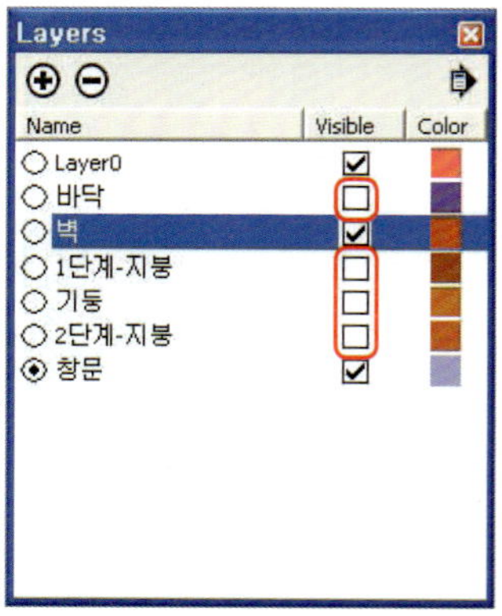

14 지금까지 작업한 정면 창문을 선택한 후 그룹으로 만듭니다. 그런 다음, 측면 창문을 선택하고 마우스 오른쪽 버튼을 클릭하면 나타나는 확장 메뉴 중에서 [Make Group]을 선택하여 그룹으로 만듭니다.

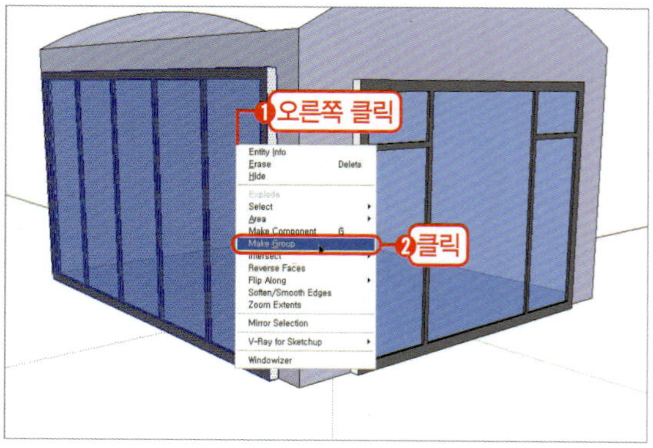

15 이동 툴( )로 창문선 끝점에서 벽선 끝점까지 드래그합니다.

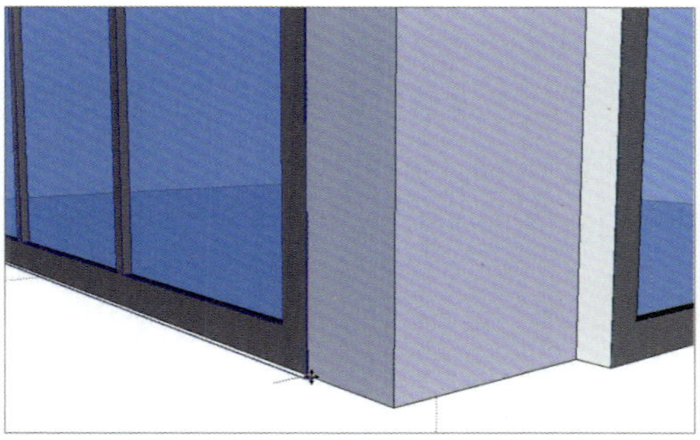

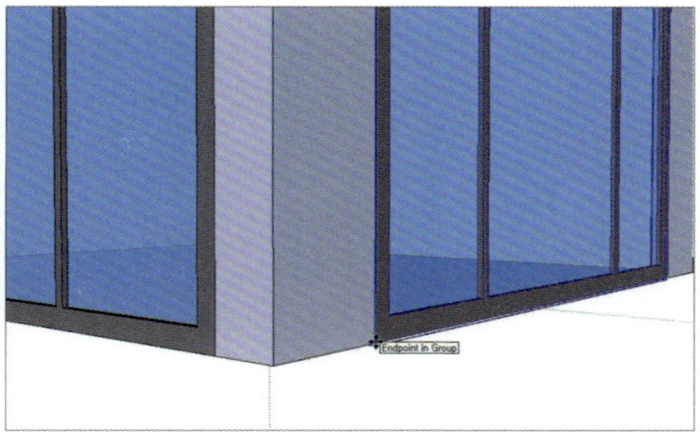

16 레이어들을 모두 켜기 위해 레이어 창에서 [Visible] 버튼을 클릭하여 체크 표시를 합니다. 각 레이어에 포함되어 있던 모든 객체가 나타난 것을 볼 수 있습니다.

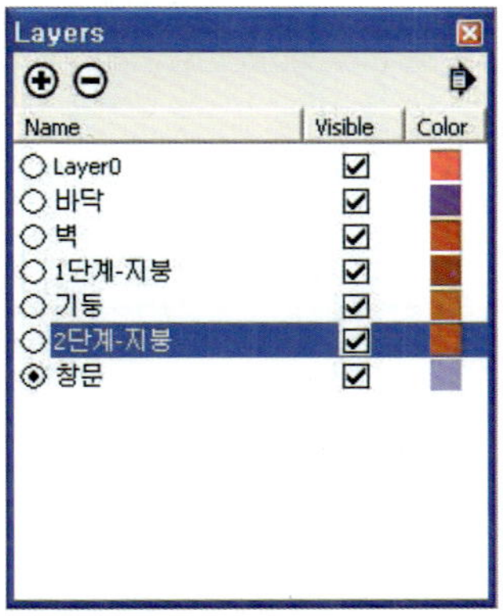

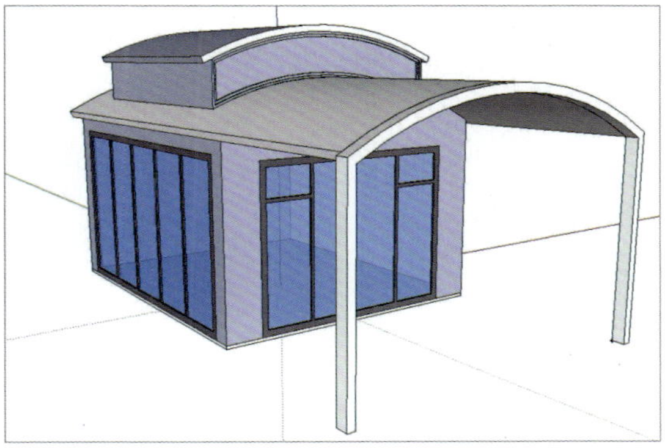

02. 수영장과 계단, 기둥 작업하기

1장에서 작업한 펜션 건물을 기준으로 건물 바탕과 개인 수영장을 제작합니다. 그리고 계단을 만들어 펜션 건물로 이동할 동선을 제작합니다. 가상선을 이용하여 사용자 임의대로 치수를 설정한 후 건물 바탕과 수영장을 작업합니다.

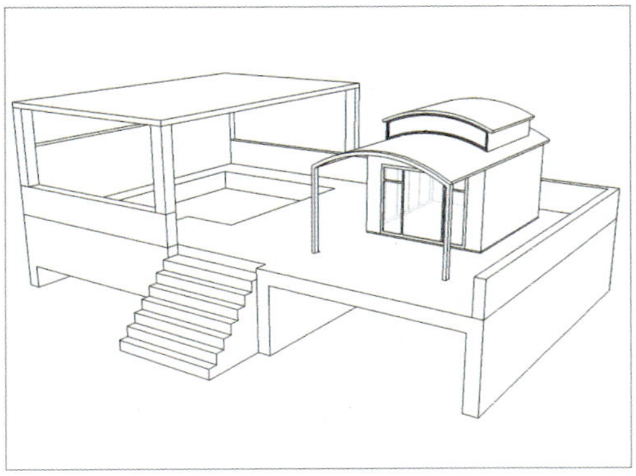

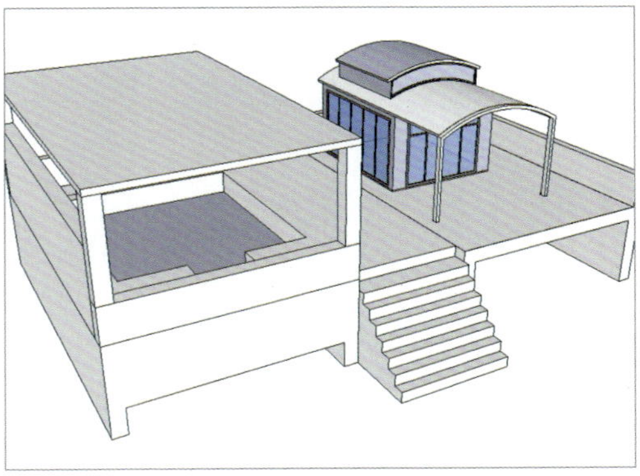

STEP 01 건물 바탕과 수영장 만들기

01 레이어 창에서 [레이어 추가] 버튼(⊕)을 클릭하여 새로운 레이어를 추가합니다. 레이어 이름을 '바탕-1'으로 변경하고 레이어 이름 옆의 [스위치] 버튼(⊙)을 클릭한 후 선택합니다.

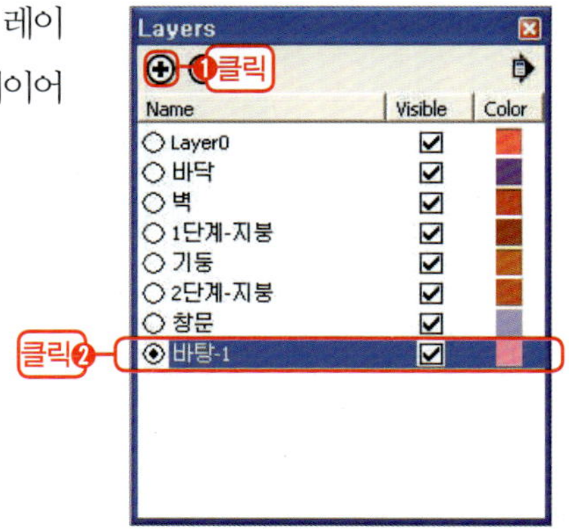

02 Top( ) 화면으로 이동합니다. 사각형 툴( )로 사각형을 그린 후 밀고/끌기 툴( )로 '바탕-1'의 높이를 3,000만큼 아래 방향으로 늘려 줍니다.

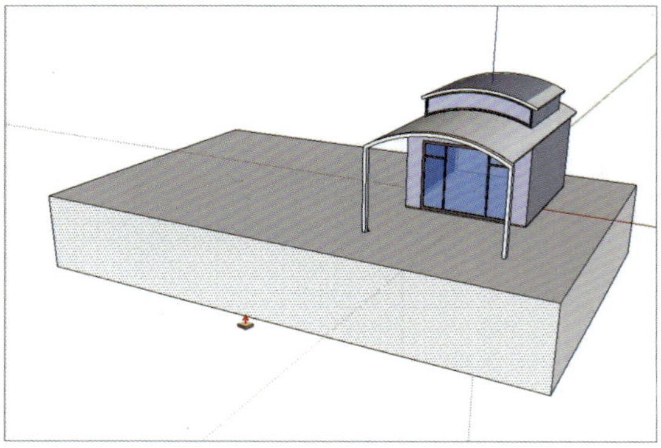

03 02에서 작업한 육면체의 아래 가로선을 선택 툴( )로 선택한 후 마우스 오른쪽 버튼을 클릭하면 나타나는 확장 메뉴 중에서 [Divide]를 선택합니다. 그리고 5개의 Segments로 선을 분할합니다. 선 분할은 임의대로 변경하여 작업할 수 있습니다.

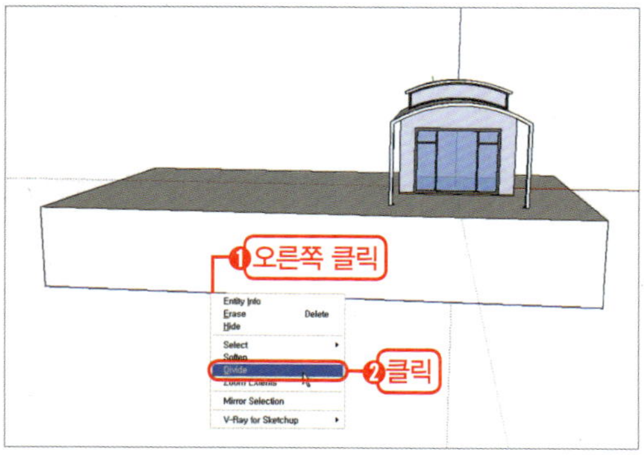

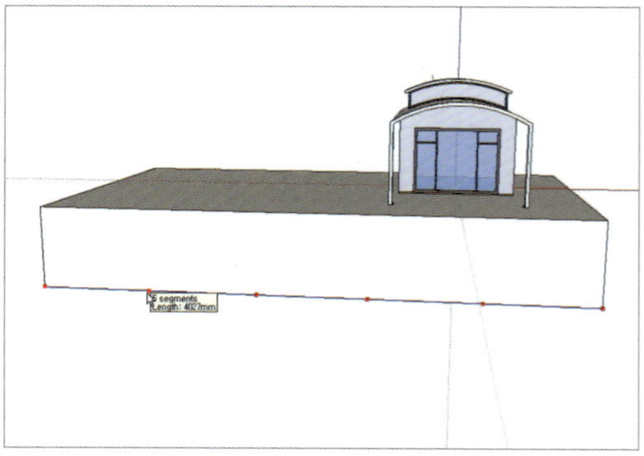

04 선 툴( )로 계단이 위치할 부분을 끝점에서 수직으로 선을 그립니다. 그리고 주차 공간을 만들기 위해 줄자 툴( )로 그림처럼 가상선을 설정합니다.

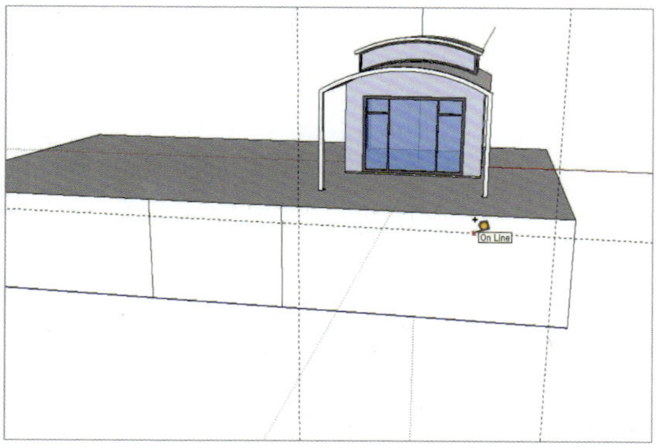

05 사각형 툴( )로 가상선의 교차점을 기준으로 사각형을 그립니다. 그리고 밀고/끌기 툴( )로 밀어서 없앱니다. 이러한 방법으로 주차 공간을 작업합니다.

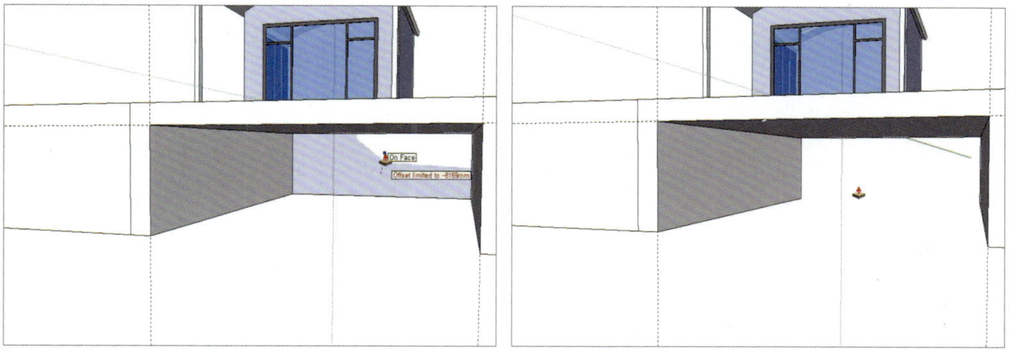

06 계단이 위치할 부분을 만들기 위해 02에서 작업한 위쪽 면에 줄자 툴( )로 가상선을 설정합니다. 그런 다음, 선 툴( )로 끝점에서 수평으로 선을 그린 후 선과 가상선이 교차하는 부분에 선을 그려 면을 만듭니다. 그리고 밀고/끌기 툴( )로 아래쪽으로 밀어 없앱니다.

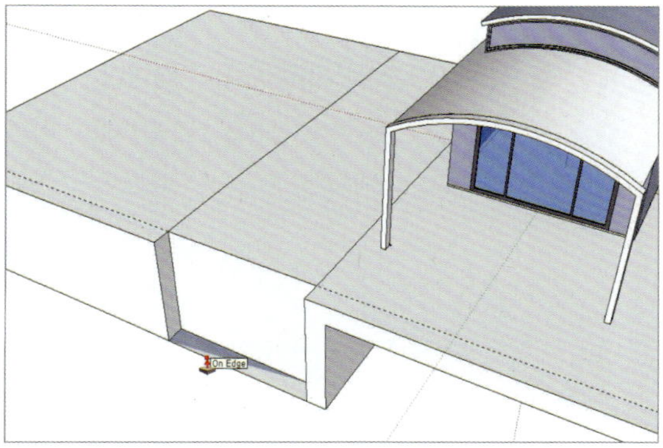

07 왼쪽에 작은 통로를 만들기 위해 줄자 툴( )로 가상선을 설정합니다.

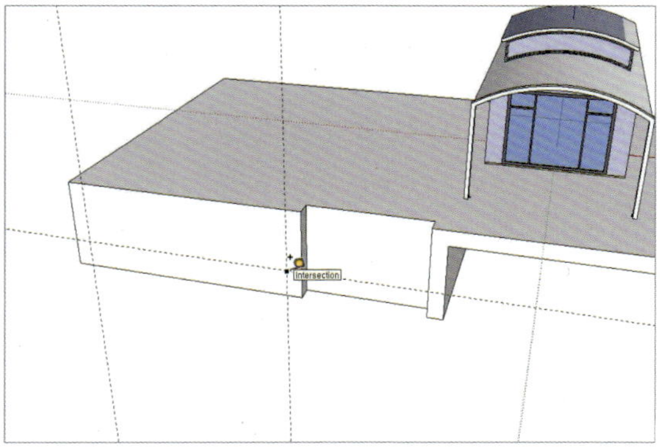

08 사각형 툴( )로 가상선 교차점을 기준으로 하여 사각형을 그립니다. 그런 다음, 밀고/끌기 툴 ( )로 밀어서 없앱니다. 그리고 지우개 툴( )로 불필요한 부분들을 삭제합니다.

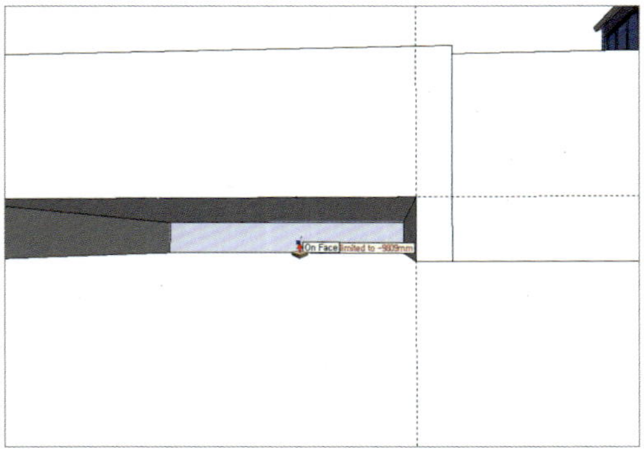

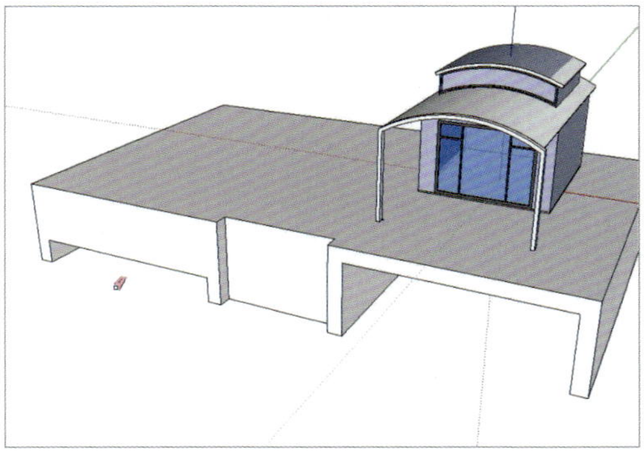

09 Top( ) 화면으로 이동합니다. 수영장 공간을 꾸미기 위해 줄자 툴( )로 가상선을 설정합니다.

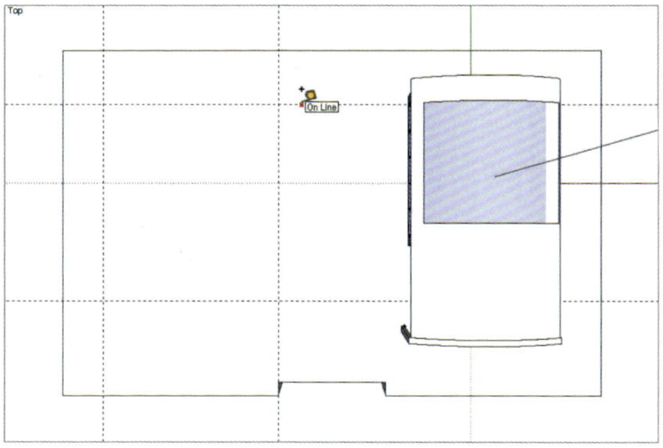

10 사각형 툴( )로 가상선 교차점을 기준으로 사각형을 그립니다. 그런 다음, 밀고/끌기 툴( )로 적당히 아래로 밀어 내립니다.

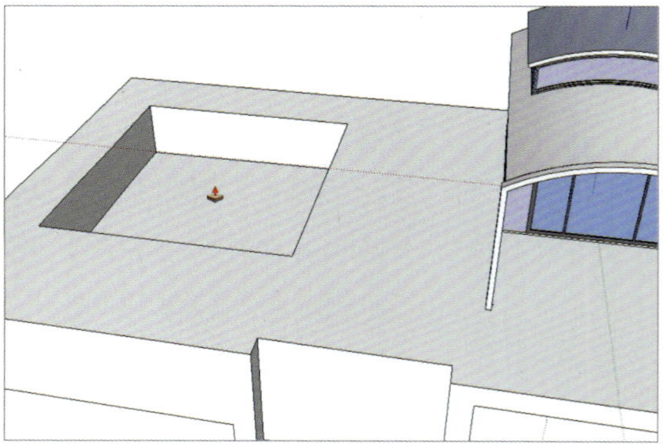

11 수영장 계단이 위치할 부분을 만들기 위해 줄자 툴( )로 가상선을 설정합니다. 그리고 선 툴( )로 끝점에서 가상선이 교차된 부분까지 선을 그려 면을 만듭니다. 마지막으로 밀고/끌기 툴( )로 적당히 밀어냅니다.

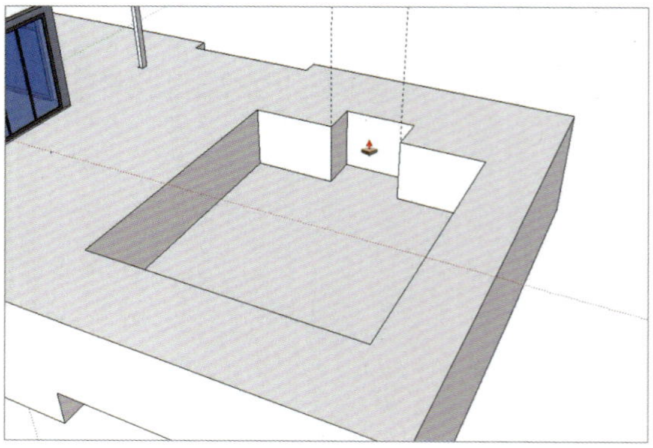

12 수영장 계단을 만들기 위해 안쪽 세로선을 선택 툴(![])로 선택한 후 마우스 오른쪽 버튼을 클릭하면 나타나는 확장 메뉴 중에서 [Divide]를 선택합니다. 그리고 4개의 Segments로 선을 분할합니다. 선 분할은 임의대로 변경하여 작업할 수 있습니다.

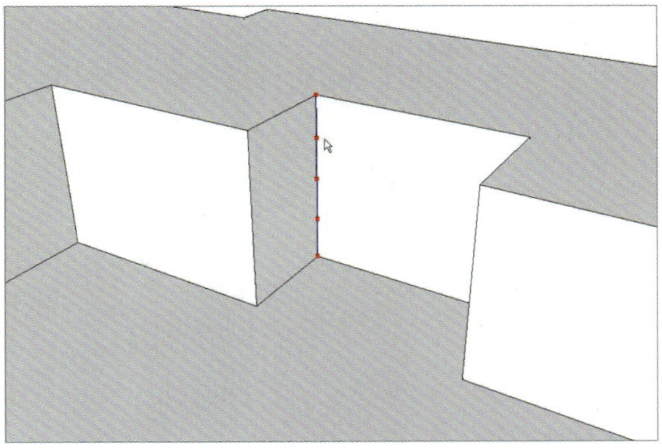

13 선 툴(![])로 계단이 위치할 부분을 끝점에서 수평으로 선을 그립니다.

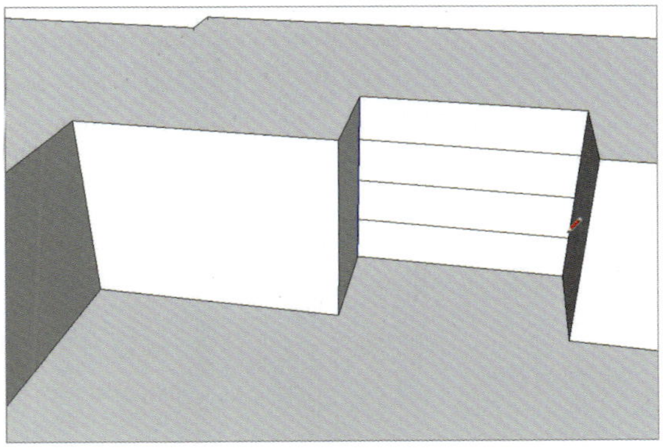

14 수영장 계단을 만들기 위해 위쪽 측면 가로선을 선택 툴(![])로 선택한 후 마우스 오른쪽 버튼을 클릭하면 나타나는 확장 메뉴 중에서 [Divide]를 선택합니다. 그리고 4개의 Segments로 선을 분할합니다. 선 분할은 임의대로 변경하여 작업할 수 있습니다.

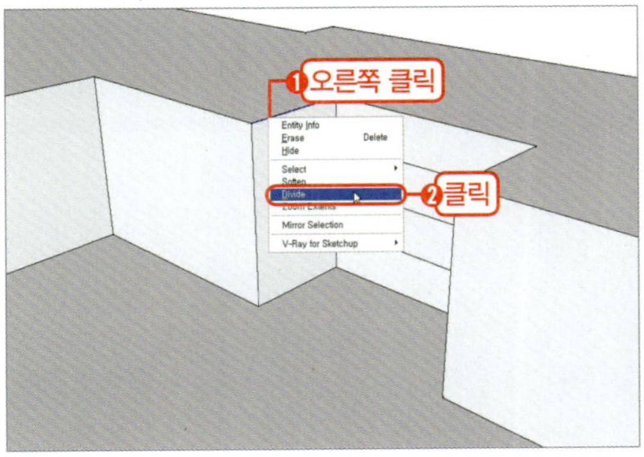

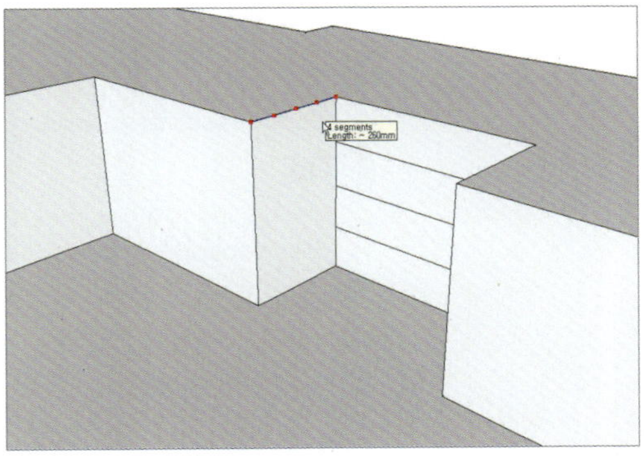

15 계단이 위치할 부분을 선 툴(![])로 끝점에서 수직으로 선을 그립니다.

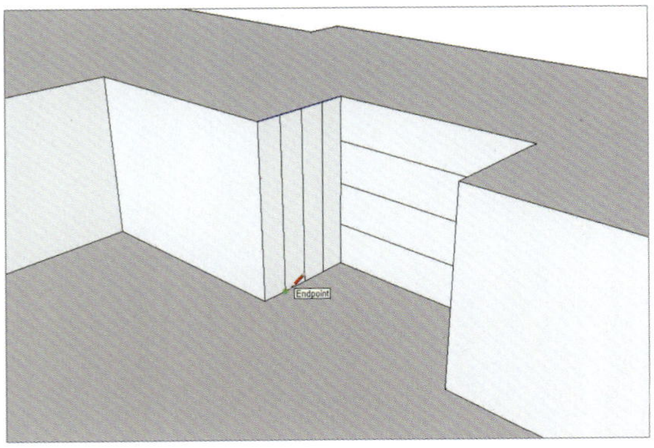

16 각 면을 밀고/끌기 툴( )로 드래그하여 커서를 단계적으로 선 위에 가져갑니다. 그런 다음, 지우개 툴( )로 불필요한 부분들을 삭제합니다.

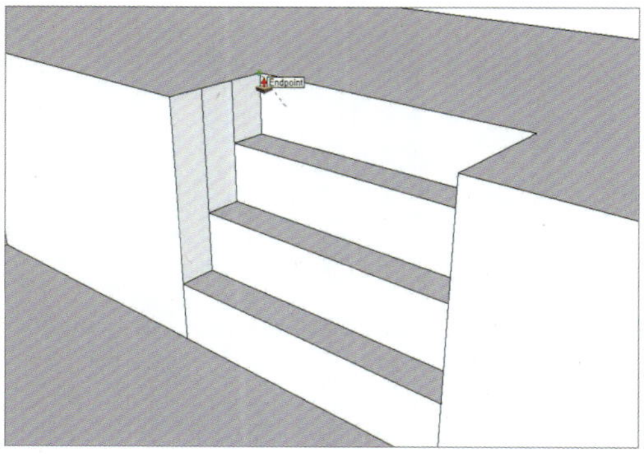

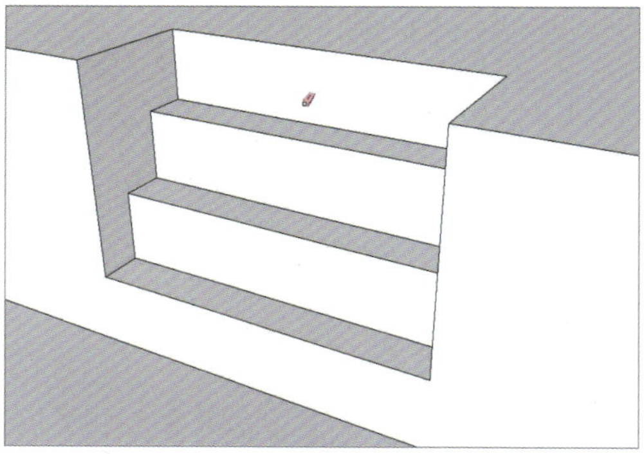

17 '바탕-1'의 모든 객체를 선택한 후 마우스 오른쪽 버튼을 클릭하면 나타나는 확장 메뉴 중에서 [Make Component]를 선택합니다. 이름에 '바탕-1'이라고 입력한 후 [Create] 버튼을 클릭합니다.

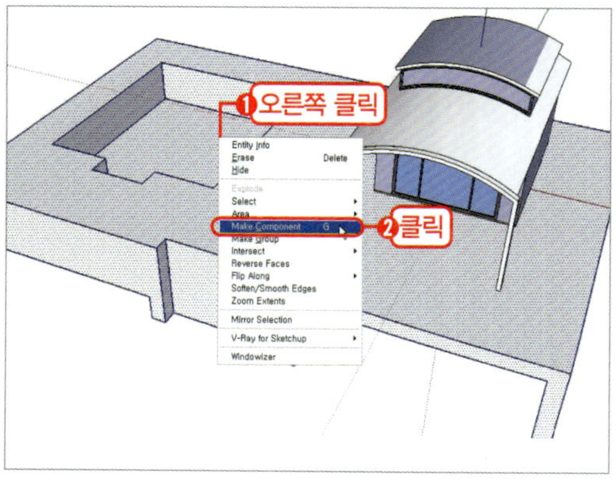

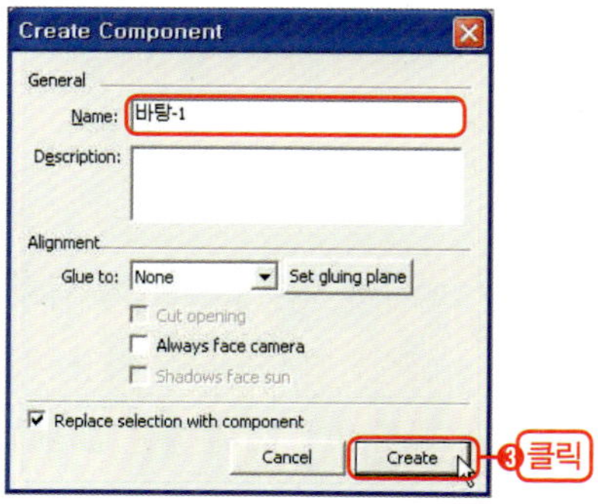

Tip

[Make Group]을 선택하여 그룹으로 만들어 작업해도 상관없습니다.

18 레이어 창에서 [레이어 추가] 버튼( )을 클릭하여 새로운 레이어를 추가합니다. 레이어 이름을 '수영장 물'로 변경하고 레이어 이름 옆의 [스위치] 버튼( )을 클릭한 후 선택합니다.

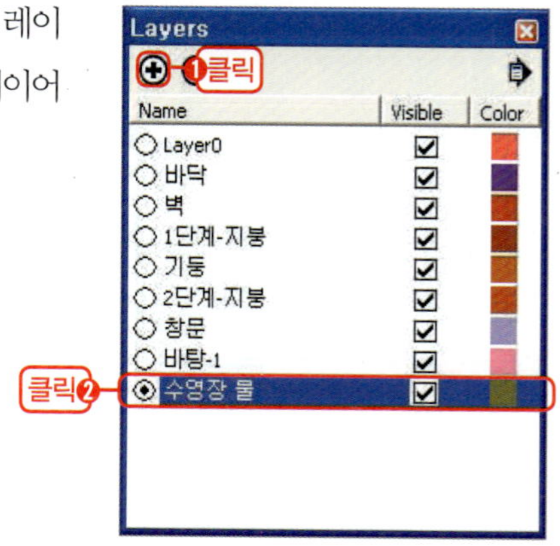

19 수영장의 물 표면을 작업하기 위해 사각형 툴( )로 수영장 높이의 중간점을 기준으로 사각형을 그립니다.

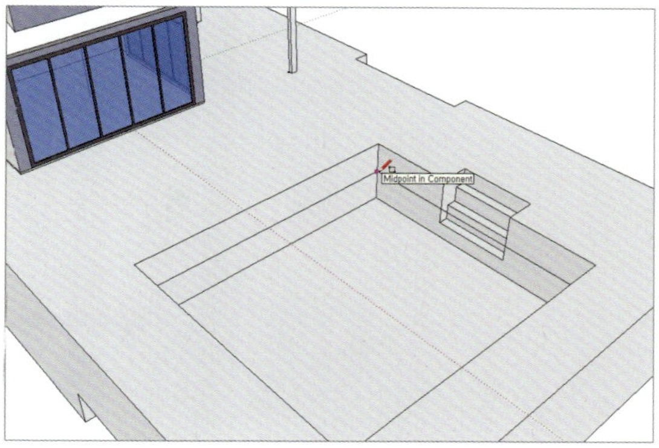

STEP 02 담장 및 수영장 기둥 만들기

01 레이어 창에서 [레이어 추가] 버튼( )을 클릭하여 새로운 레이어를 추가합니다. 레이어 이름을 '담장'으로 변경하고 레이어 이름 옆의 [스위치] 버튼( )을 클릭한 후 선택합니다.

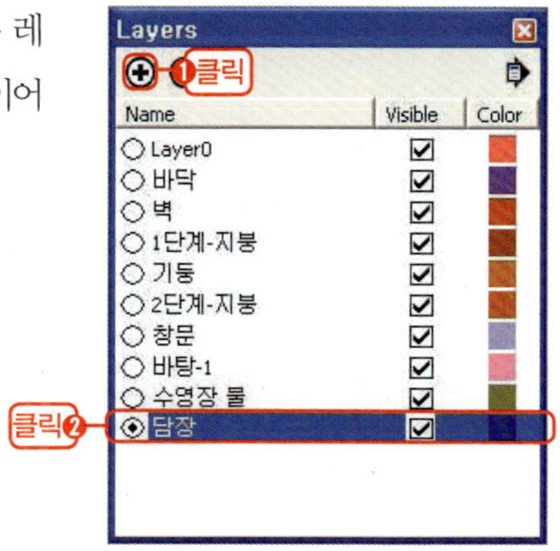

02 Top( ) 화면으로 이동합니다. 담장 공간을 꾸미기 위해 줄자 툴( )로 세 군데 가장자리에서 안쪽으로 가상선을 설정합니다. 그런 다음, 사각형 툴( )로 가상선 교차점을 기준으로 사각형을 그립니다. 그리고 밀고/끌기 툴( )로 위로 적당히 늘려 줍니다.

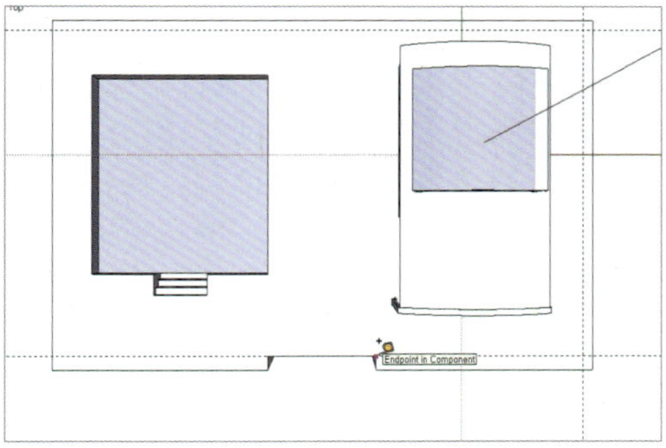

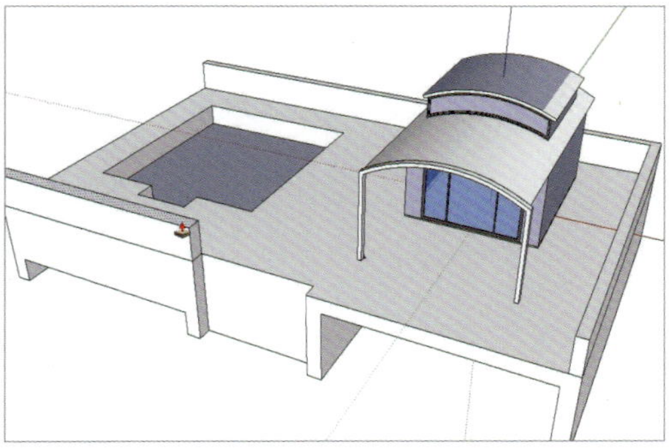

03 담장의 모든 객체를 선택한 후 마우스 오른쪽 버튼을 클릭하면 나타나는 확장 메뉴 중에서 [Make Component]를 선택합니다. 이름에 '담장'이라고 입력한 후 [Create] 버튼을 클릭합니다.

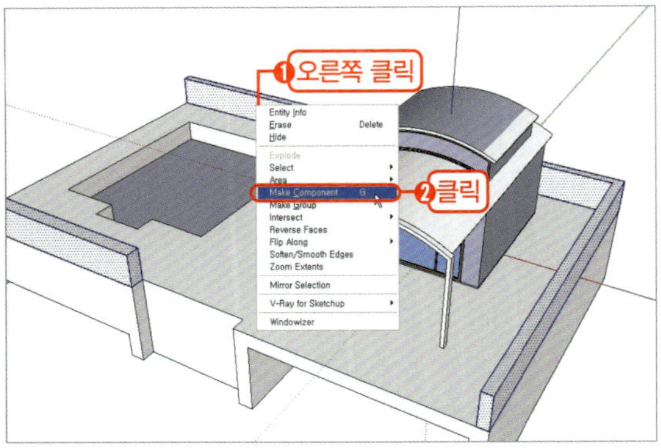

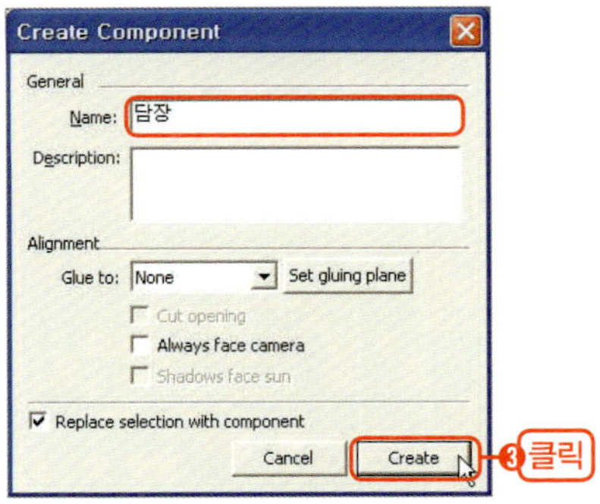

04 레이어 창에서 [레이어 추가] 버튼(⊕)을 클릭하여 새로운 레이어를 추가합니다. 레이어 이름을 '바탕-2'라고 변경하고 [스위치] 버튼(◉)을 클릭한 후 선택합니다.

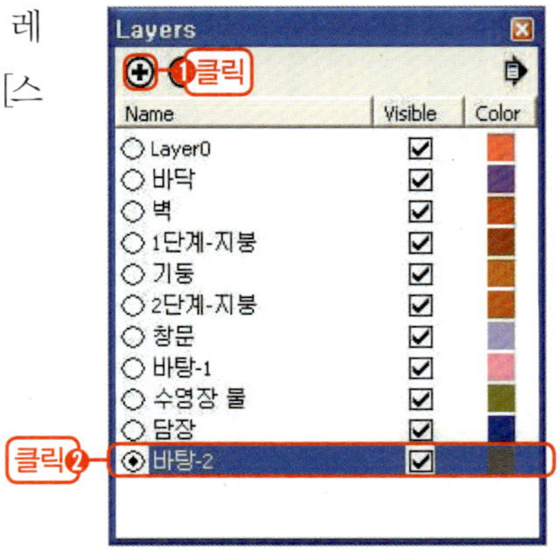

05 수영장 기둥을 꾸미기 위해 줄자 툴( )로 가상선을 설정합니다. 그런 다음, 사각형 툴( )로 가상선 교차점을 기준으로 사각형을 그리고, 밀고/끌기 툴( )로 위로 적당히 늘려 줍니다.

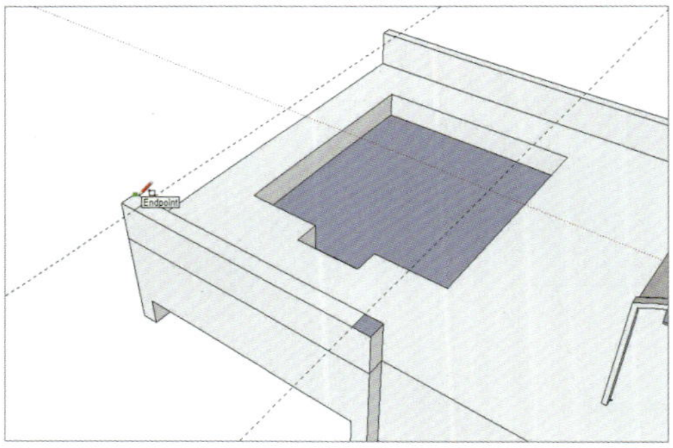

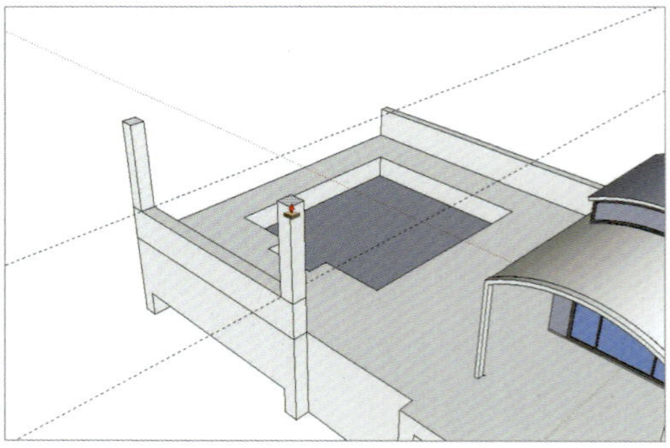

06 반대쪽 수영장 기둥을 작업하기 위해 사각형 툴( )로 가상선 교차점을 기준으로 사각형을 그립니다. 그런 다음, 밀고/끌기 툴( )로 05에서 작업한 높이와 동일하게 위로 늘려 줍니다.

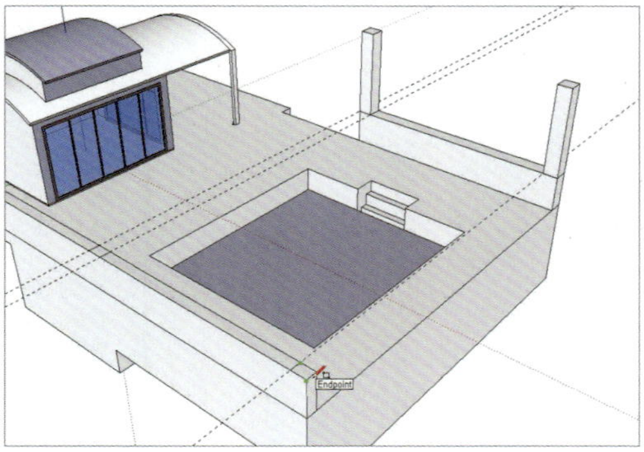

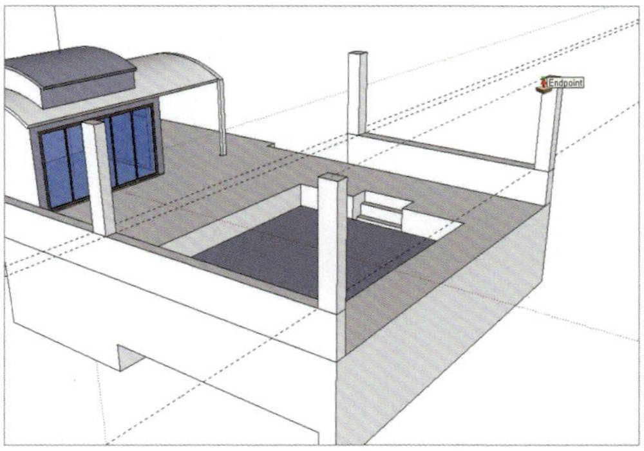

07 05와 06에서 작업한 수영장 기둥의 모든 면들을 선택한 후 마우스 오른쪽 버튼을 클릭하면 나타나는 확장 메뉴 중에서 [Make Group]을 선택하여 그룹으로 만듭니다.

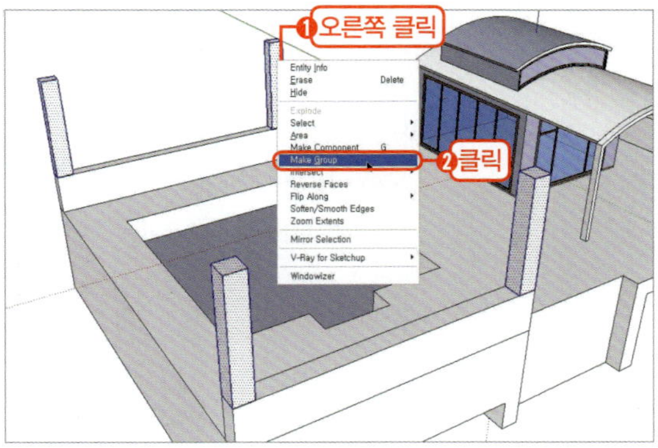

08 수영장 지붕을 꾸미기 위해 사각형 툴(▣)로 수영장 기둥의 끝점을 기준으로 사각형을 그립니다. 그런 다음, 밀고/끌기 툴(◈)로 위로 적당히 늘려 줍니다.

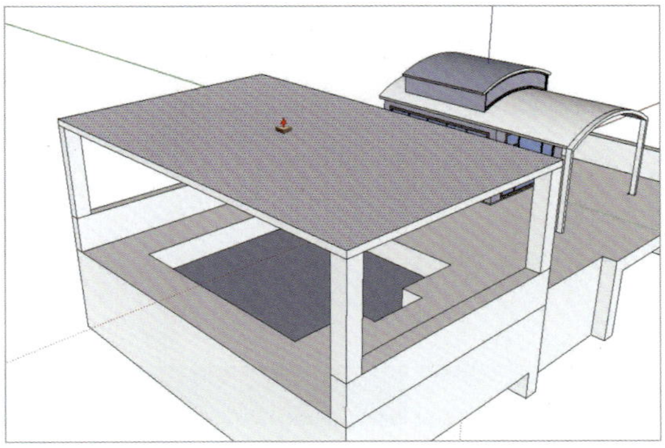

09 수영장 기둥과 수영장 지붕을 모두 선택한 후 마우스 오른쪽 버튼을 클릭하면 나타나는 확장 메뉴 중에서 [Make Component]를 선택합니다. 이름에 '바탕-2'라고 입력한 후 [Create] 버튼을 클릭합니다.

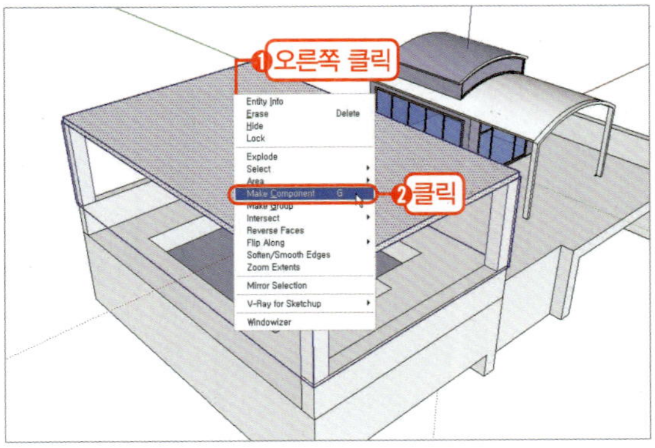

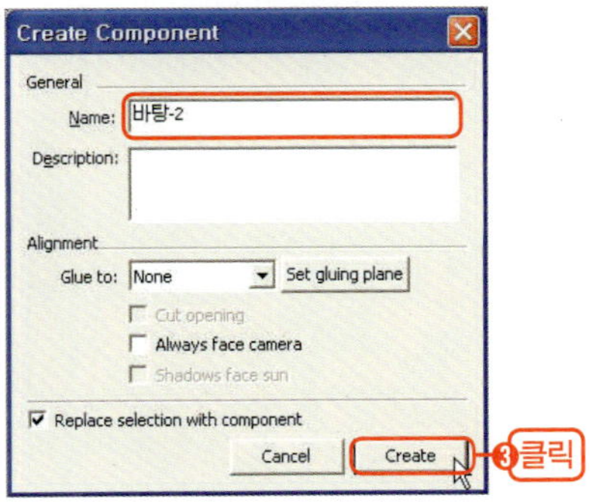

10 레이어 창에서 [레이어 추가] 버튼(⊕)을 클릭하여 새로운 레이어를 추가합니다. 레이어 이름을 '칸막이'로 변경하고 레이어 이름 옆의 [스위치] 버튼(⊙)을 클릭한 후 선택합니다.

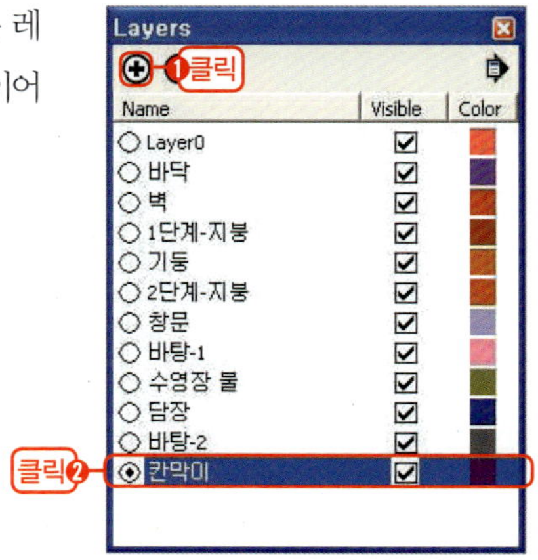

11 수영장 칸막이를 꾸미기 위해 사각형 툴(▢)로 수영장 기둥의 끝점을 기준으로 사각형을 그립니다. 그런 다음, 밀고/끌기 툴(⬆)로 위로 적당히 늘려 줍니다. 그리고 수영장 칸막이를 모두 선택한 후 마우스 오른쪽 버튼을 클릭하면 나타나는 확장 메뉴 중에서 [Make Component]를 선택합니다. 이름에 '칸막이'라고 입력한 후 [Create] 버튼을 클릭합니다.

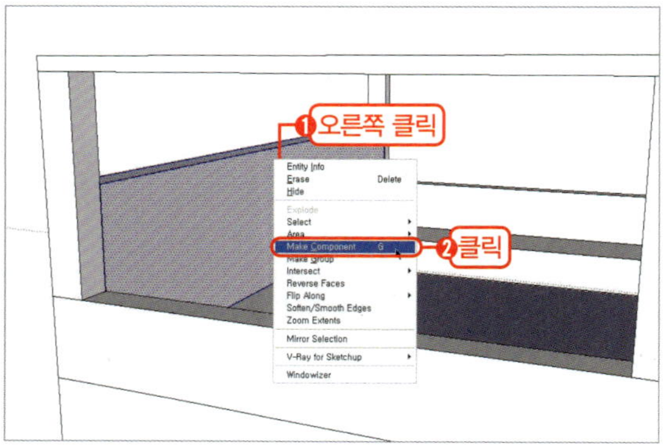

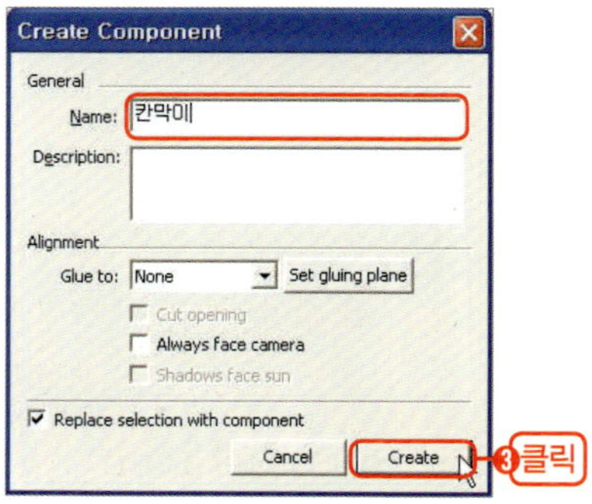

STEP 03 계단과 잔디 영역 만들기

01 레이어 창에서 [레이어 추가] 버튼(⊕)을 클릭하여 새로운 레이어를 추가합니다. 그런 다음, 레이어 이름을 '계단'으로 변경하고 레이어 이름 옆의 [스위치] 버튼(⊙)을 클릭한 후 선택합니다.

02 계단을 만들 위치에 사각형 툴( )로 사각형을 그립니다. 그런 다음, 밀고/끌기 툴( )로 드래그하여 커서를 선 위에 가져갑니다. 밀고/끌기 툴( )로 계단이 앞쪽으로 돌출되도록 앞으로 적당히 늘려 줍니다.

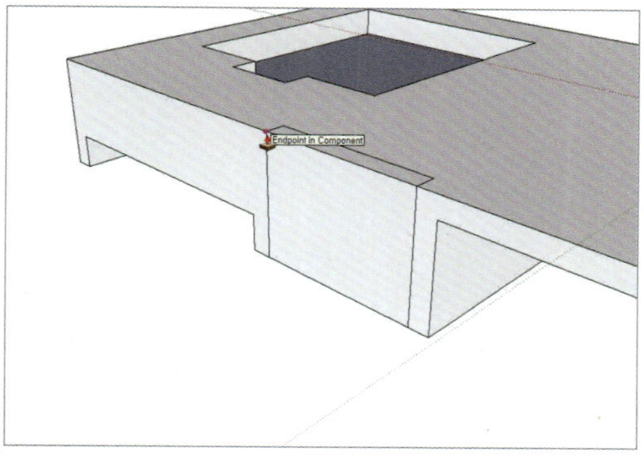

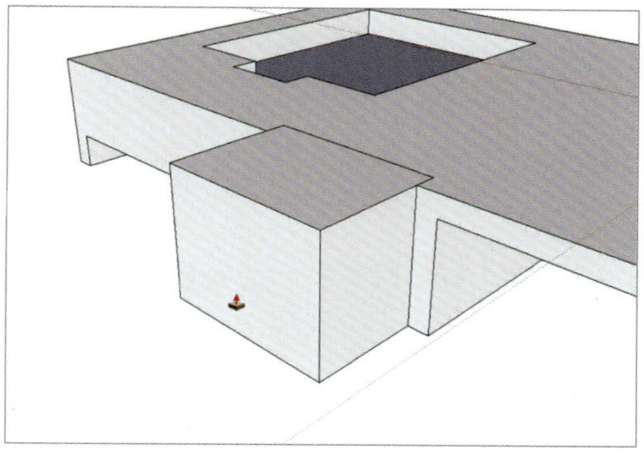

03 이제 계단을 만들어 보겠습니다. 선 툴( )로 정육면체 양쪽 모서리의 중간선에 마우스를 클릭하면서 선을 그립니다. 그리고 정육면체의 옆면에도 반복적으로 선을 그립니다.

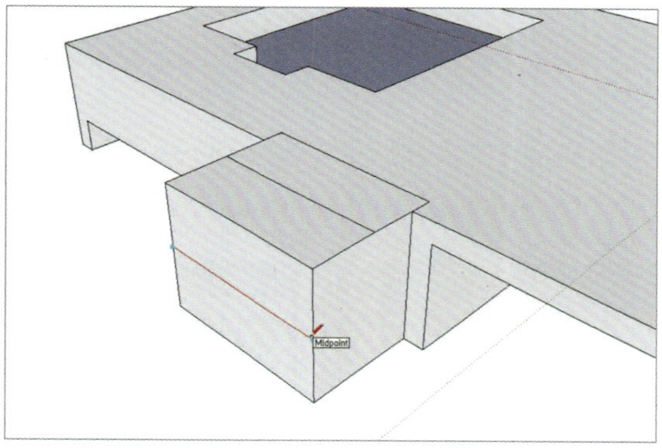

04 밀고/끌기 툴( )로 드래그하여 커서를 선 위로 가져갑니다. 그러면 그 위치만큼 늘어납니다.

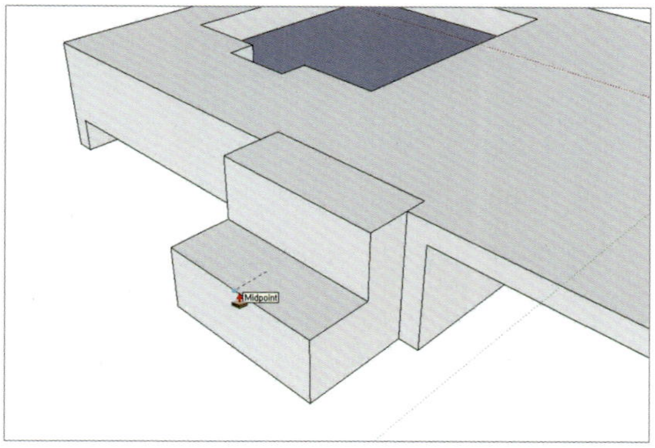

05 03과 04처럼 반복적으로 작업하여 계단을 완성합니다.

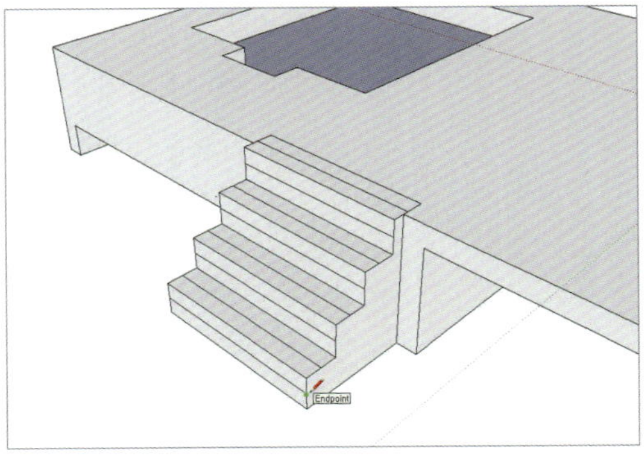

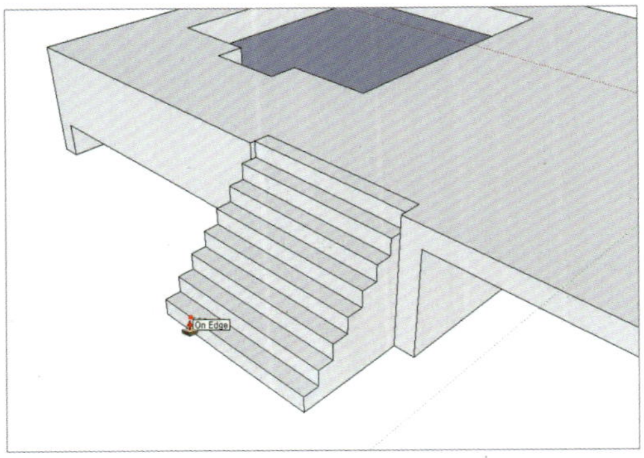

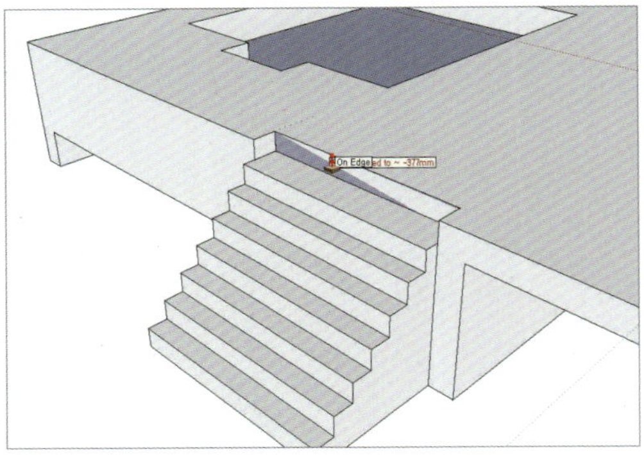

06 계단을 모두 선택한 후 마우스 오른쪽 버튼을 클릭하면 나타나는 확장 메뉴 중에서 [Make Component]를 선택합니다. 이름에 '계단'이라고 입력한 후 [Create] 버튼을 클릭합니다.

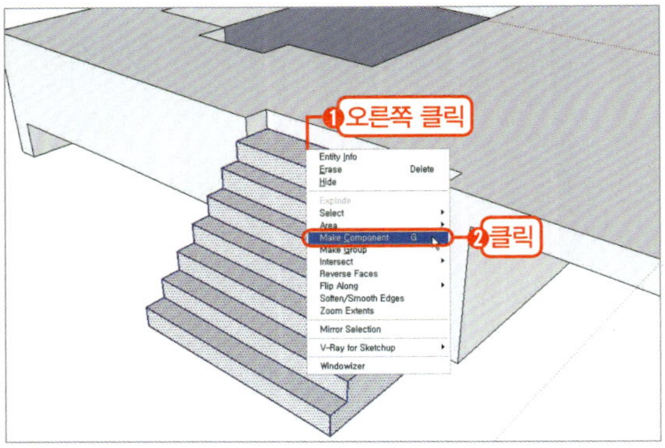

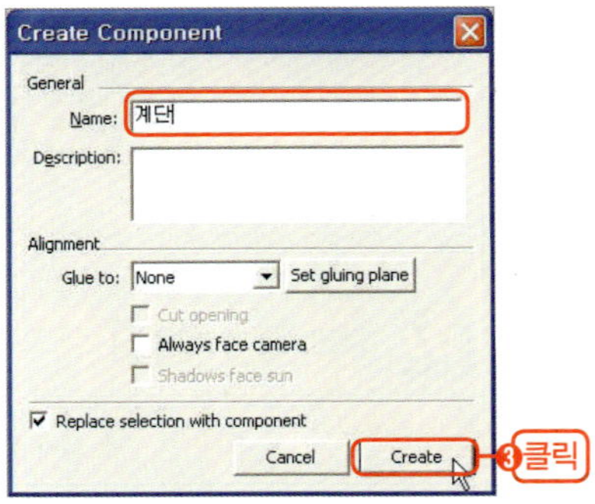

07 레이어 창에서 [레이어 추가] 버튼(⊕)을 클릭하여 새로운 레이어를 추가합니다. 레이어 이름을 '잔디 바탕'으로 변경하고 레이어 이름 옆의 [스위치] 버튼(◉)을 클릭한 후 선택합니다. 작업을 편하게 하기 위해서는 '벽', '1단계-지붕', '기둥', '2단계-지붕', '창문', '바탕-2' 레이어를 끄는 것이 좋습니다. 레이어 창에서 [Visible] 버튼을 클릭하여 체크 표시를 해제합니다.

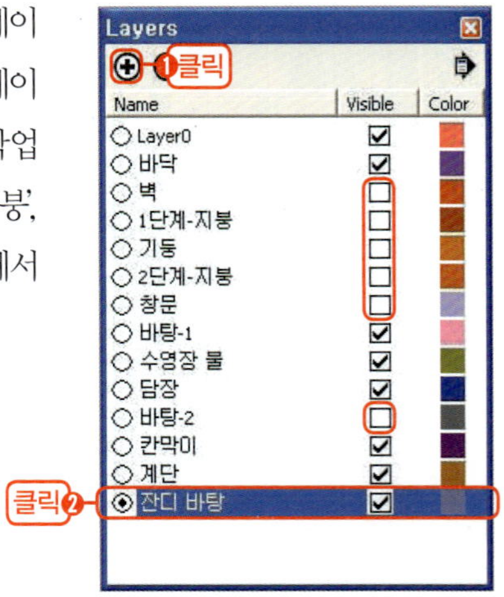

08 Top( ) 화면에서 잔디 바탕을 만들 위치에 사각형 툴( )로 계단을 기준으로 원룸 방향으로 사각형을 그립니다. 그런 다음, 잔디 바탕 면을 밀고/끌기 툴( )로 위로 아주 조금 돌출시킵니다.

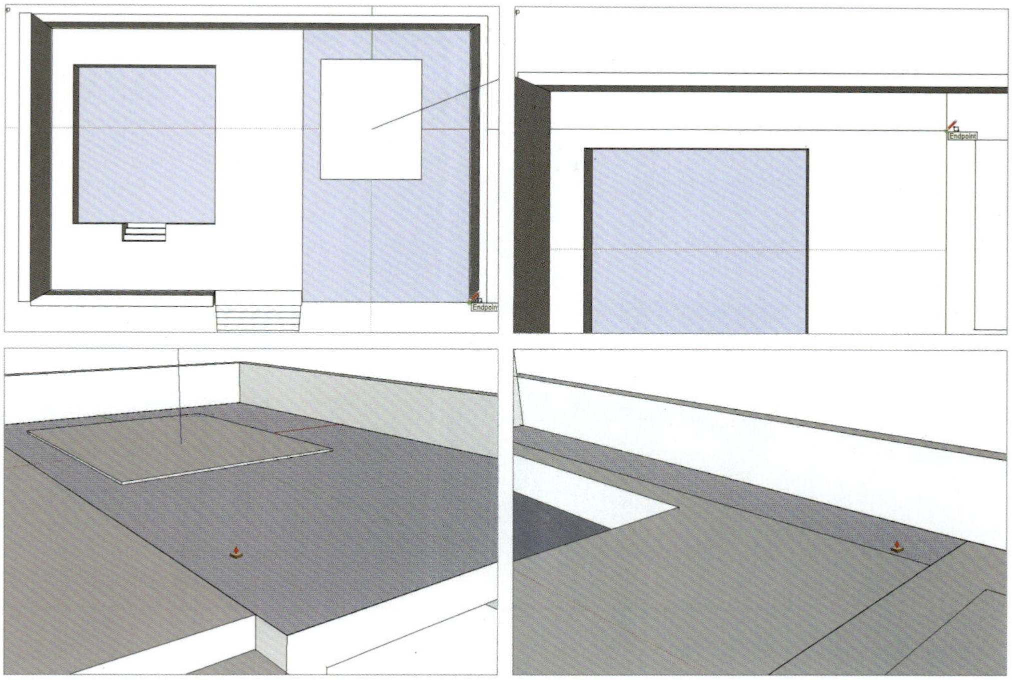

09 08에서 작업한 잔디 바탕의 모든 면들을 선택하고 마우스 오른쪽 버튼을 클릭하면 나타나는 확장 메뉴 중에서 [Make Group]을 선택하여 그룹으로 만듭니다.

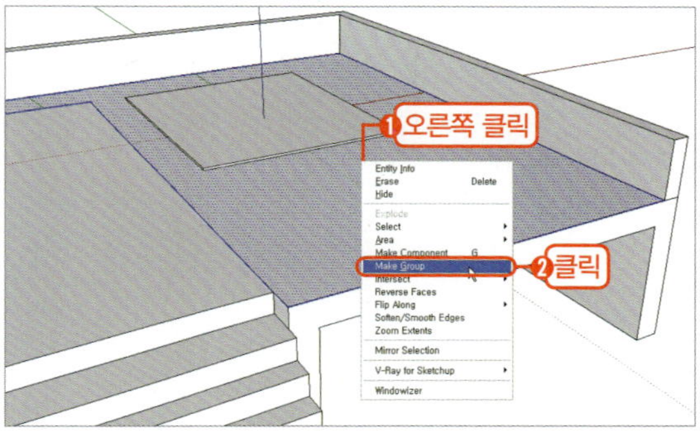

10 꺼져 있는 모든 레이어를 다시 켜기 위해 레이어 창에서 [Visible] 버튼을 클릭하여 체크 표시를 합니다. 모든 객체들이 화면에 나타난 것을 확인할 수 있습니다.

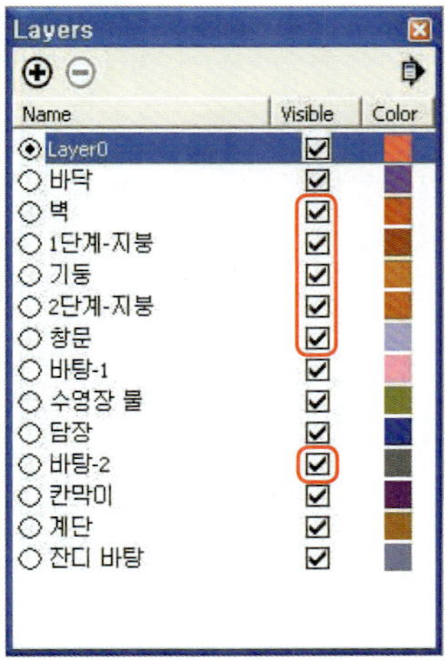

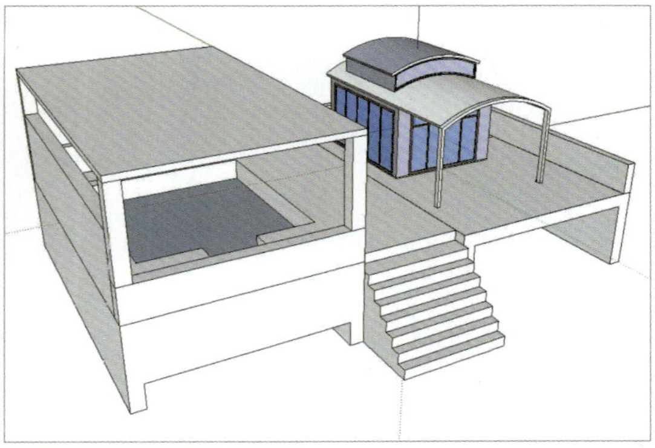

03. 건물 전체에 재질 적용하기

펜션 건물의 실내 및 실외에 재질을 채웁니다. 그런 다음, 수영장의 지붕, 벽과 물에도 투명 재질을 채워 수영장 공간을 표현합니다. 또 건물 바탕과 계단, 잔디 영역에 재질을 채워 건물 전체를 효과적으로 표현합니다.

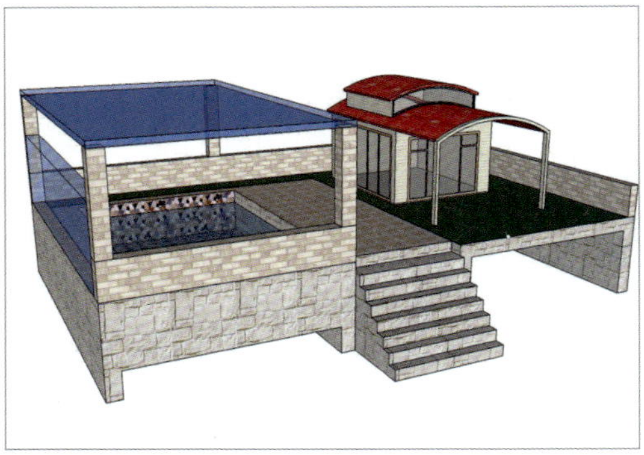

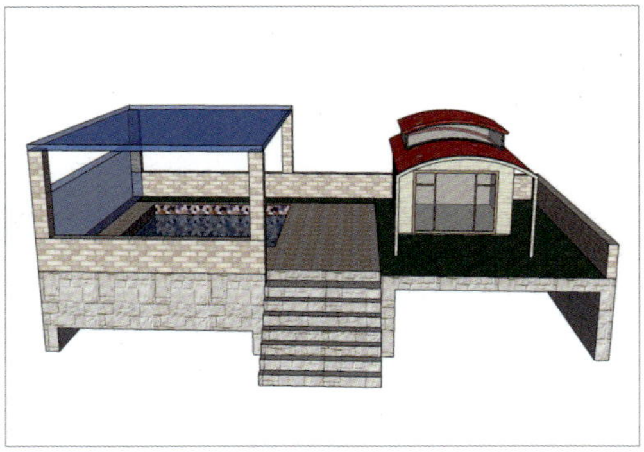

01 레이어 창에서 작업을 편하게 하기 위해서는 '바탕-1', '수영장 물', '담장', '바탕-2', '칸막이', '계단', '잔디 바탕' 레이어를 끄는 것이 좋습니다. 레이어 창에서 [Visible] 버튼의 체크 표시를 해제합니다.

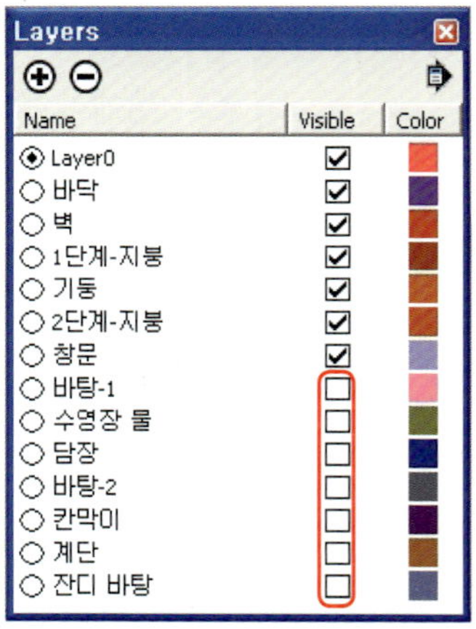

02 채우기 툴( )을 선택합니다. [Materials] 대화상자가 나타나면 건물 벽과 지붕 및 창문에 원하는 재질을 채웁니다. 모든 객체에 재질이 채워진 것을 확인할 수 있습니다.

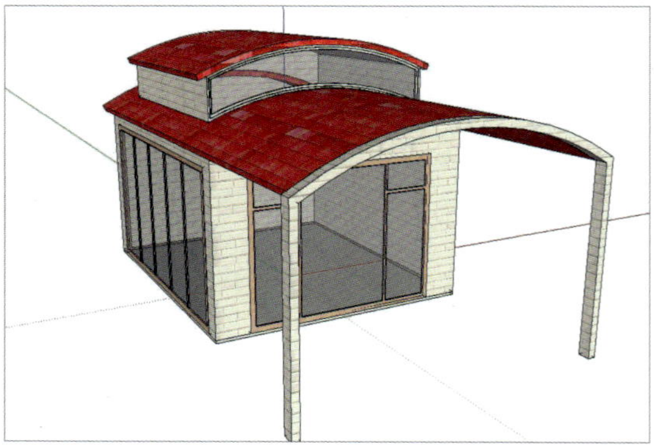

03 레이어 창에서 작업을 편하게 하기 위해서는 '바닥', '벽', '1단계–지붕', '기둥', '2단계–지붕', '창문', '수영장 물' 레이어를 끄는 것이 좋습니다. 레이어 창에서 [Visible] 버튼을 클릭하여 체크 표시를 해제합니다.

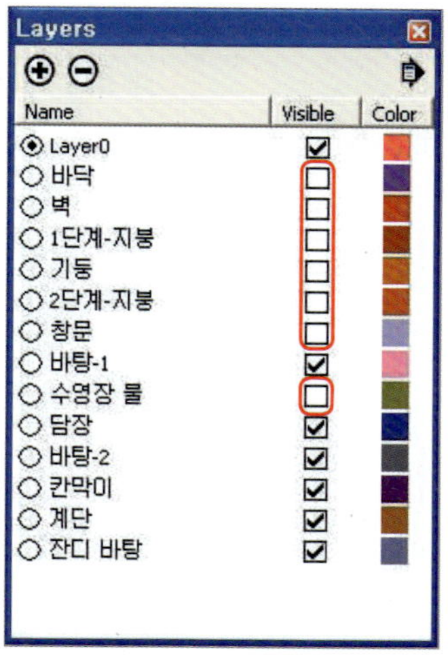

04 채우기 툴( )을 선택합니다. [Materials] 대화상자가 나타나면 건물 바탕과 수영장 기둥 및 지붕에 원하는 재질을 채웁니다. 모든 객체에 재질이 채워진 것을 확인할 수 있습니다.

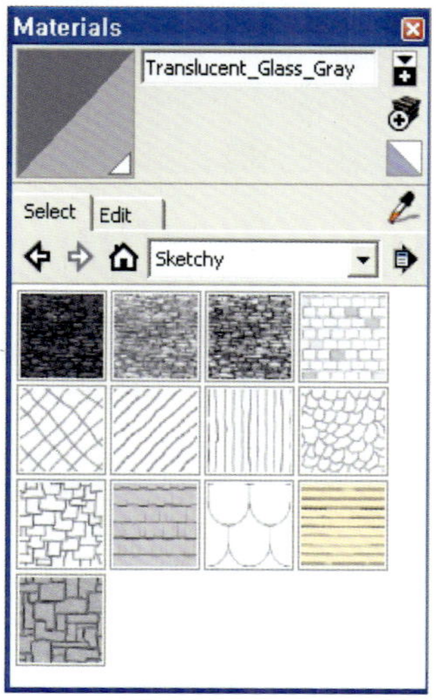

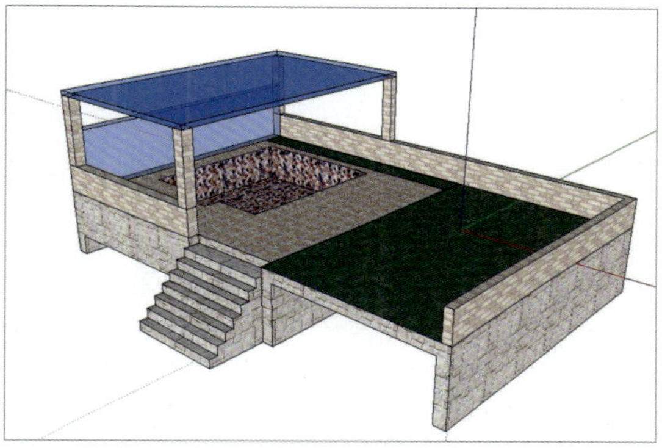

05 레이어 창에서 작업을 편하게 하려면 '바닥', '벽', '1단계–지붕', '기둥', '2단계–지붕', '창문' 레이어를 끄는 것이 좋습니다. 레이어 창에서 [Visible] 버튼을 클릭하여 체크 표시를 해제합니다.

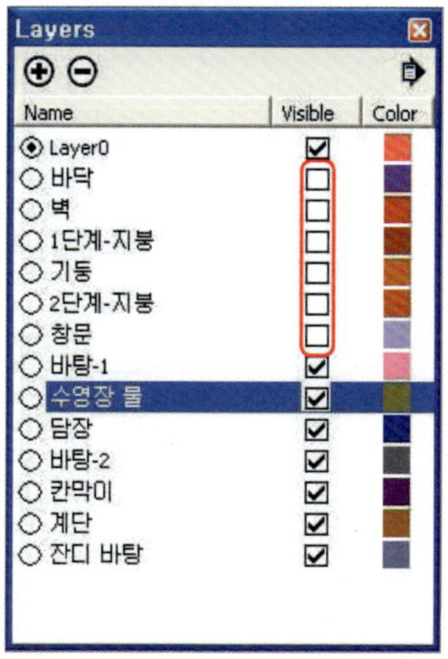

06 채우기 툴(🪣)을 선택한 후 수영장 물에 재질을 채웁니다.

07 부족한 수영장 물의 면을 만들기 위해 선 툴(✏)과 사각형 툴(▢)로 양쪽 끝부분에 끝점과 끝점을 연결하는 선을 그려 면을 만듭니다.

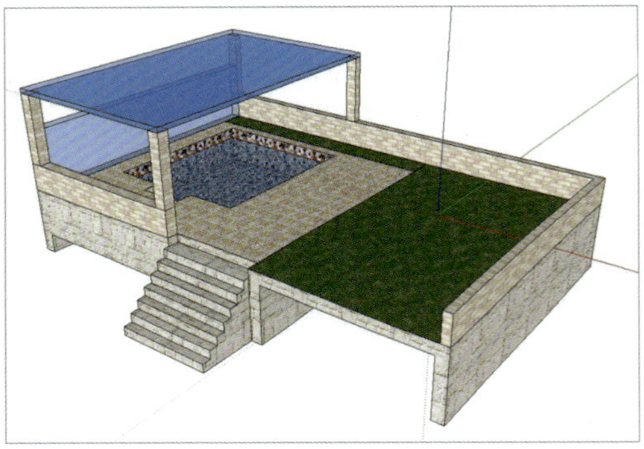

08 레이어 창에서 꺼져 있는 모든 레이어를 다시 켜기 위해 레이어 창에서 [Visible] 버튼을 클릭하여 체크 표시를 합니다. 모든 객체들이 화면에 나타난 것을 확인할 수 있습니다.

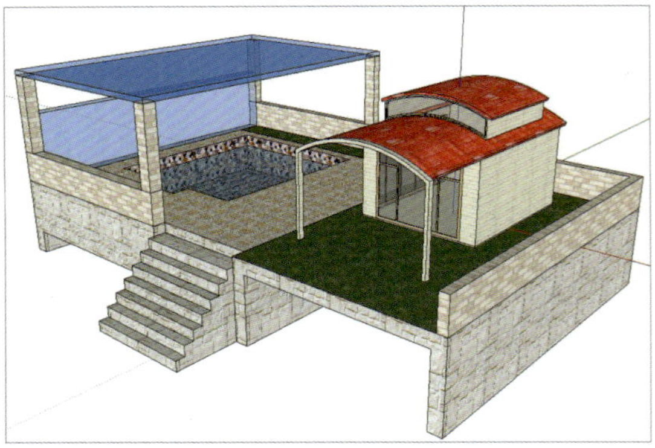

04. 지형을 이용한 배경 꾸미기

이번에는 모래상자 툴로 바다 위에 육지를 제작하고, 펜션 건물까지 이동하는 통로를 만들어 보겠습니다. 또 육지를 가운데에 두고 바다 영역을 작업한 후 원하는 재질로 전체 배경을 표현해 보겠습니다.

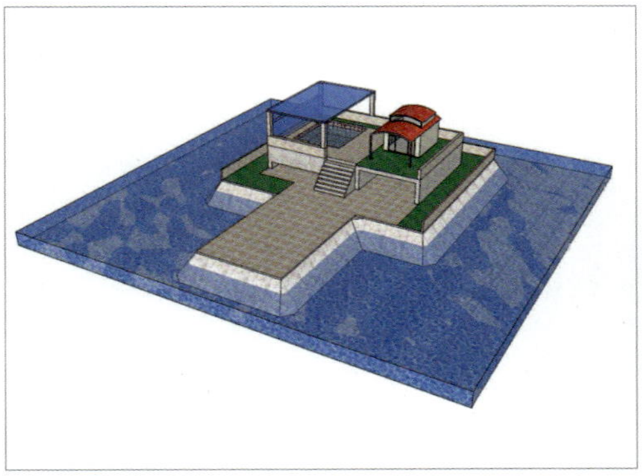

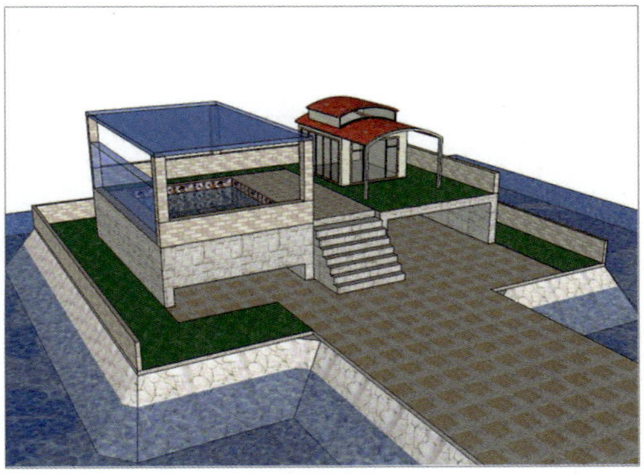

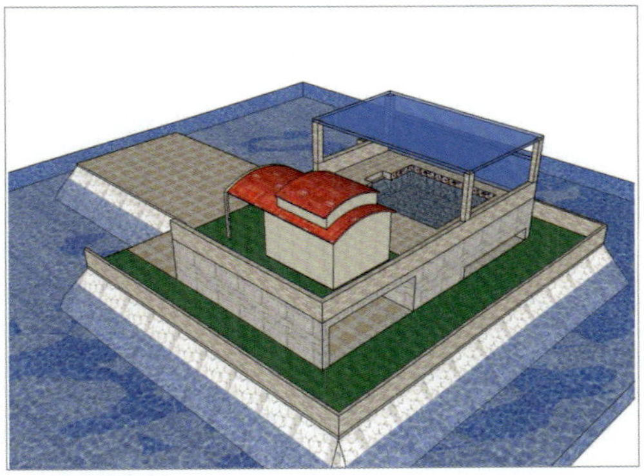

01 레이어 창에서 [레이어 추가] 버튼(⊕)을 클릭하여 새로운 레이어를 추가합니다. 레이어 이름을 '지형'으로 변경하고 레이어 이름 옆의 [스위치] 버튼(◉)을 클릭한 후 선택합니다. 레이어 창에서 지형을 작업하기 위해서는 'Layer0', '바탕-1' 레이어를 제외한 모든 레이어를 끄는 것이 좋습니다. 레이어 창에서 [Visible] 버튼의 체크 표시를 해제합니다.

02 펜션 지형을 꾸미기 위해 바탕 건물 하단을 기준으로 하여 줄자 툴( )로 가상선을 설정합니다.

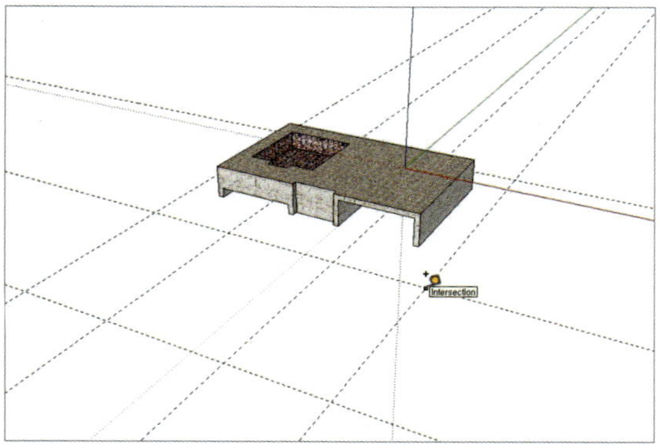

Tip

줄자 툴은 거리를 재는 기능 외에도 축조선(가상선)을 긋는 기능이 있습니다.

03 레이어 창에서 지형을 작업하기 위해 'Layer0', '지형' 레이어를 제외한 모든 레이어를 끄는 것이 좋습니다. 레이어 창에서 [Visible] 버튼의 체크 표시를 해제합니다.

04 Top( ) 화면으로 이동합니다. 가상선으로 설정한 지형 영역을 가상선을 기준으로 하여 사각형 툴( )로 면을 그립니다.

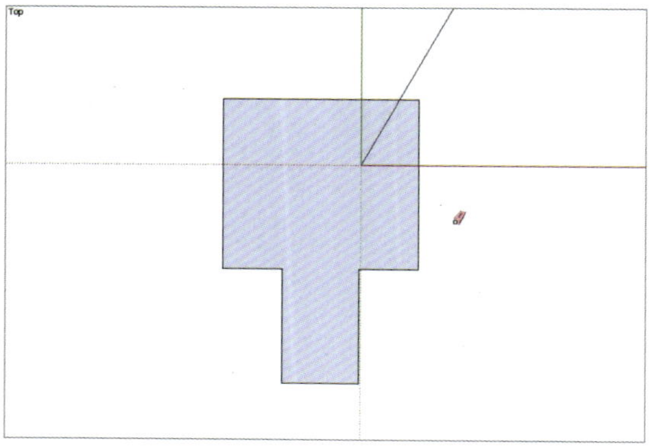

05 모래상자 툴을 사용하기 위해 메뉴에서 [Window]–[Preferences]를 선택합니다. 그런 다음, [Extensions]를 선택하고 [Sandbox Tools]에 체크 표시를 합니다.

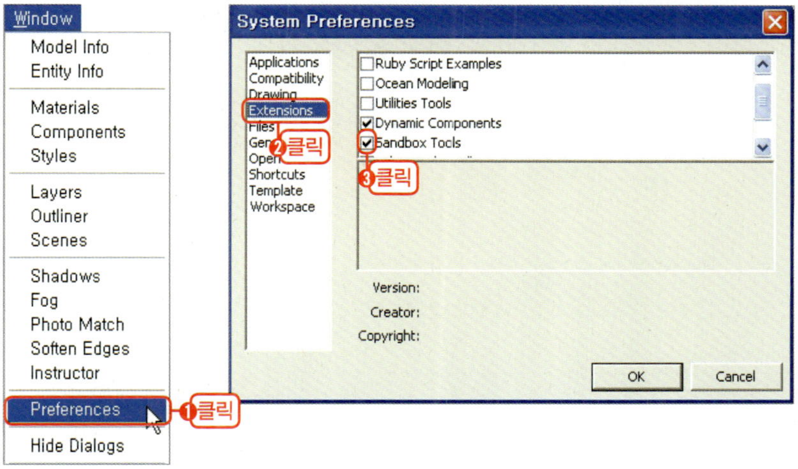

06 만약 화면에 [Sandbox] 툴이 나타나지 않았다면 메뉴에서 [View]–[Toolbars]–[Sandbox]를 선택하고, Top( ) 화면으로 이동한 후 [Sandbox] 툴에서 스크래치 툴( )을 클릭하면 됩니다.

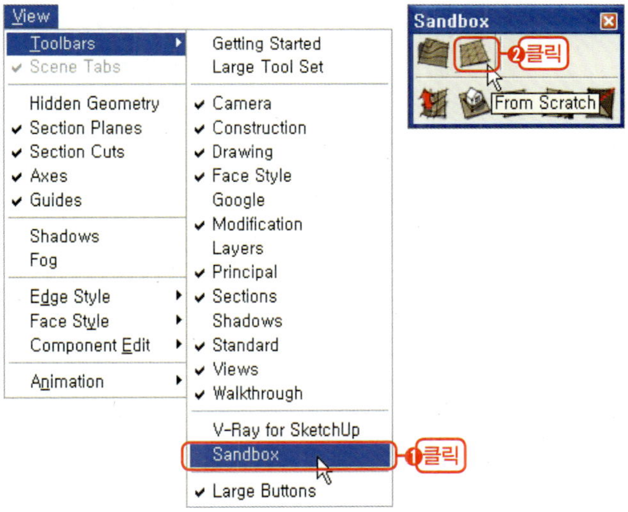

Tip

- 모래상자 툴은 지형을 만들거나 곡면 형태를 만들 때 사용합니다. 다양한 높이를 가진 다양한 간격의 선과 곡선을 그리거나 지형도를 스케치업 8로 작업할 수 있습니다.
- [Sandbox] 툴의 사용 방법은 198쪽을 참고하세요.

07 화면 하단의 입력란에 '300'을 입력한 후 Enter↵를 누릅니다. 수치는 임의대로 지정해도 상관없으며, 다음 그림처럼 지형 영역을 그려 줍니다.

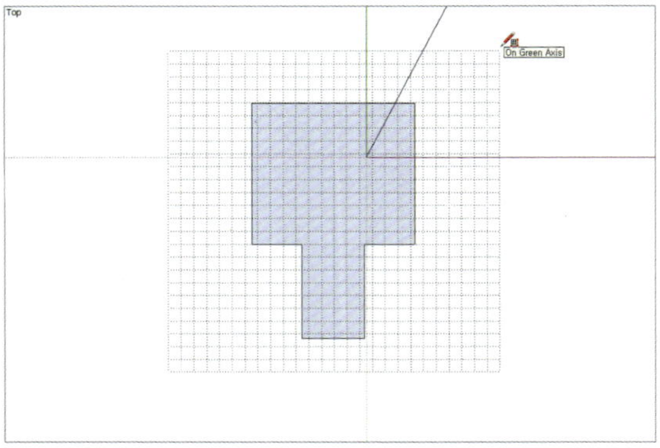

Tip

스크래치 툴(　)을 이용하여 지형을 다양한 형태로 표현할 수 있습니다. 지형을 그리면 자동으로 그룹이 설정됩니다. 지형을 편집하려면 [Edit Group]을 선택합니다.

08 객체의 밑을 바라보기 위해 시점을 이동한 후 04에서 그린 면을 선택합니다.

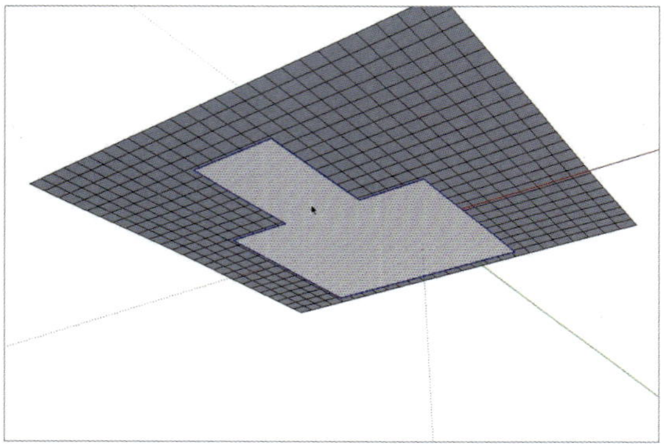

09 Front(　) 화면으로 이동합니다. 08에서 선택한 면을 이동 툴(　)로 수직 이동합니다.

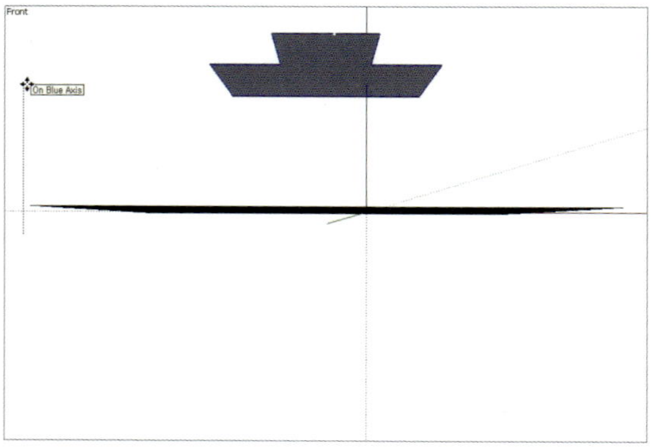

10 09에서 이동한 면을 선택한 상태에서 모래상자 툴의 스탬프 툴()을 클릭합니다. 화면 입력 칸에 빨간색 영역의 간격을 임의대로 입력한 후 Enter↵를 누릅니다. 그런 다음, 하단의 지형을 클릭하고 적당한 지형 높이를 만들기 위해 위로 드래그합니다.

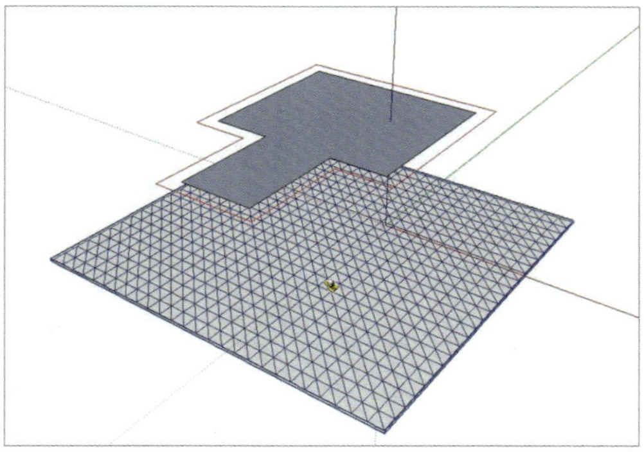
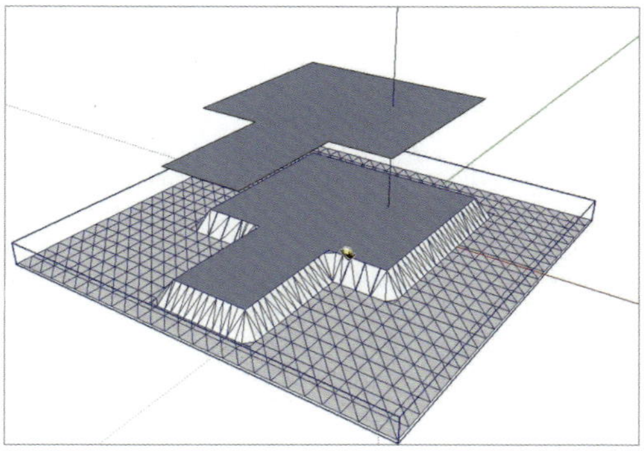

11 상단의 면은 더 이상 필요 없기 때문에 면을 선택한 후 마우스 오른쪽 버튼을 클릭하면 나타나는 확장 메뉴 중에서 [Erase]를 선택하여 삭제합니다.

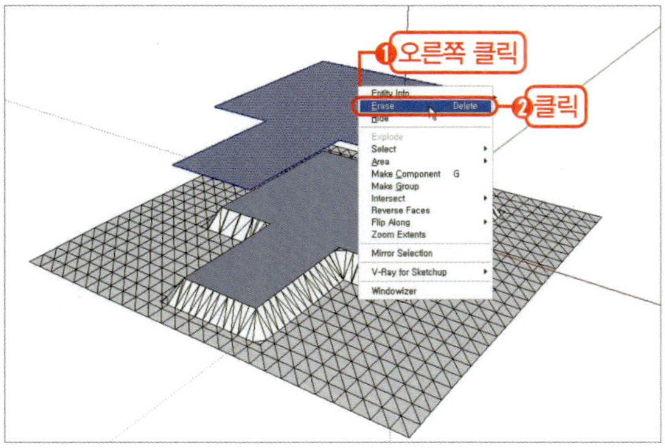

12 지형으로 작업 면들을 부드럽게 하기 위해 마우스 오른쪽 버튼을 클릭하면 나타나는 확장 메뉴 중에서 [Soften/Smooth Edges]를 선택합니다.

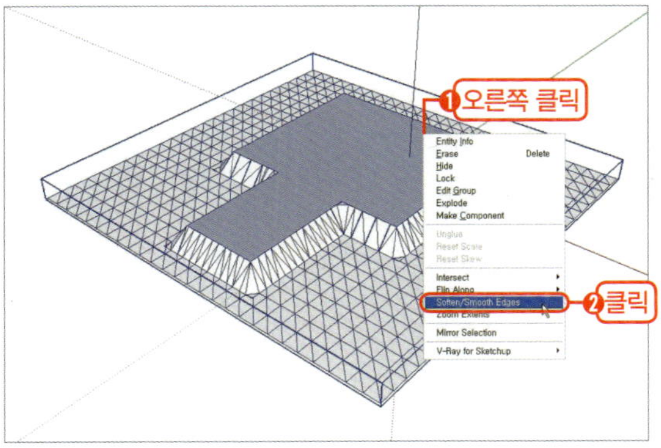

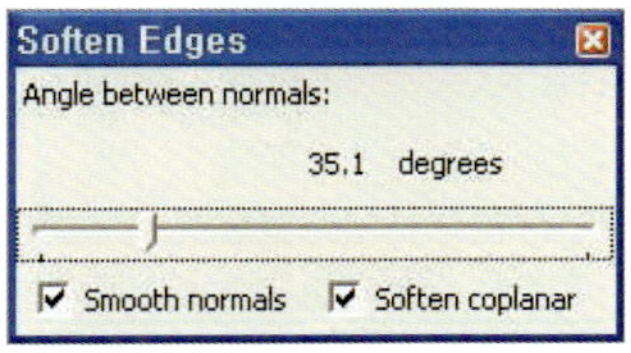

13 레이어 창에서 [레이어 추가] 버튼(⊕)을 클릭하여 새로운 레이어를 추가합니다. 레이어 이름을 '지형–바탕'으로 변경하고 레이어 이름 옆의 [스위치] 버튼(◉)을 클릭한 후 선택합니다. 레이어 창에서 '지형–바탕'을 작업하기 위해 'Layer0', '지형' 레이어를 제외한 모든 레이어를 끕니다. 그런 다음, 레이어 창에서 [Visible] 버튼의 체크 표시를 해제합니다.

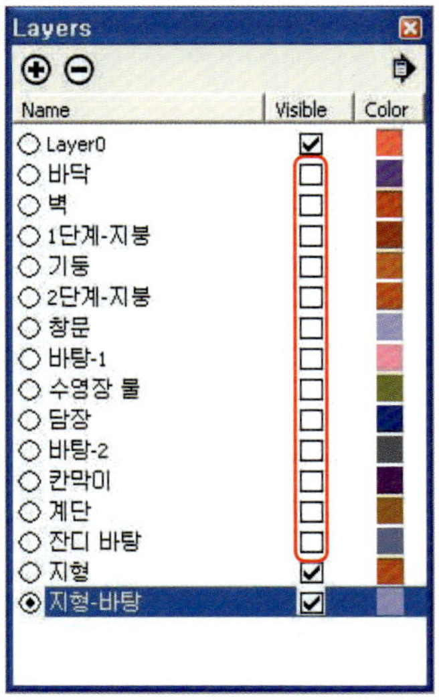

14 10과 12에서 만든 '지형–바탕'은 사각형 툴( )로 면을 그린 후 밀고/끌기 툴( )로 위로 적당히 늘려 줍니다. 그런 다음, 방금 그린 면을 선택하고 마우스 오른쪽 버튼을 클릭하면 나타나는 확장 메뉴 중에서 [Make Group]을 선택하여 그룹으로 만듭니다.

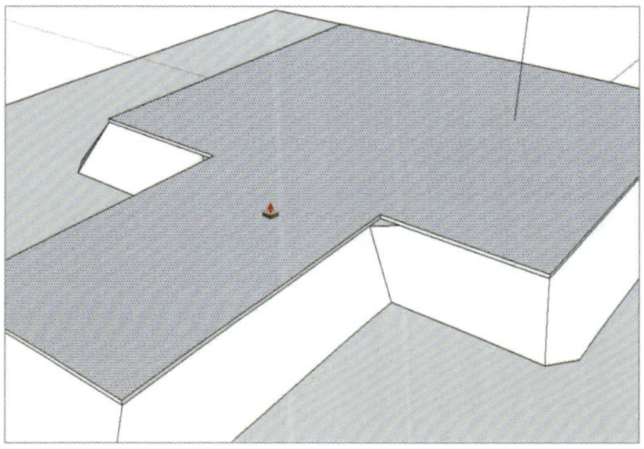

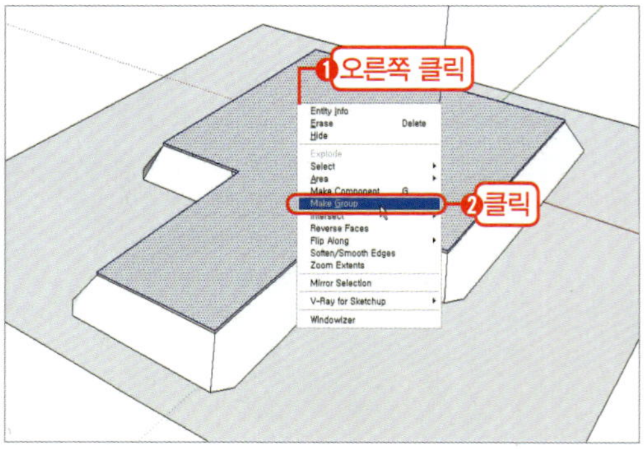

15 레이어 창에서 '지형' 레이어를 제외한 모든 레이어를 켜기 위해 레이어 창에서 [Visible] 버튼에 체크 표시를 합니다.

16 '지형–바탕'을 제외한 모든 건물 전체를 선택합니다. 그리고 이동 툴( )로 모든 객체의 하단 끝점을 클릭한 후 수직으로 이동하여 '지형–바탕' 상단 위로 이동합니다.

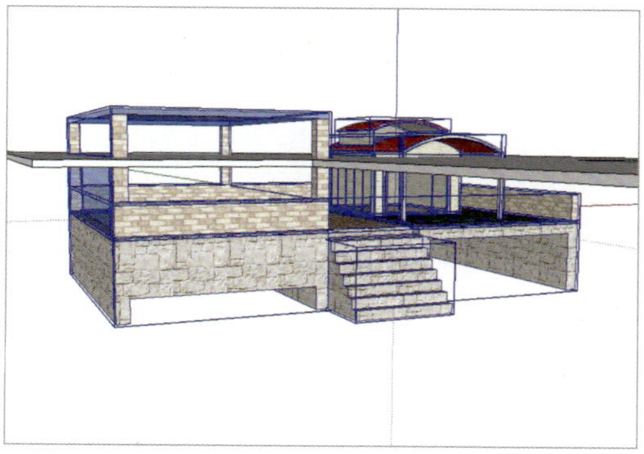

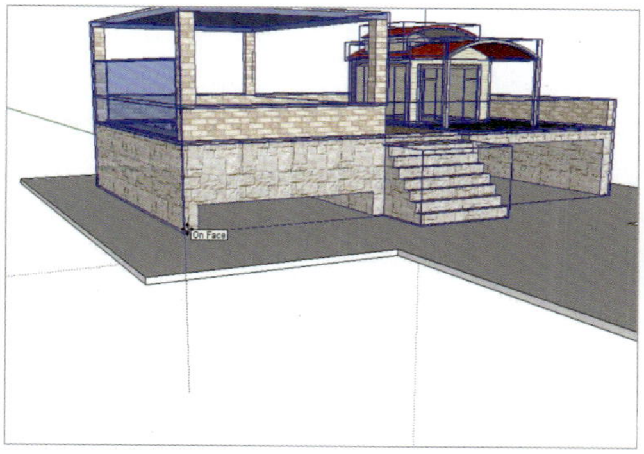

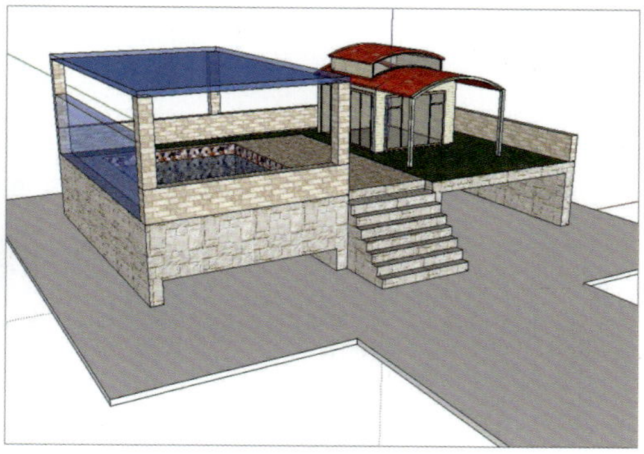

17 레이어 창에서 'Layer0', '바탕–1', '계단', '지형–바탕' 레이어를 제외한 모든 레이어를 끕니다. 레이어 창에서 [Visible] 버튼의 체크 표시를 해제합니다.

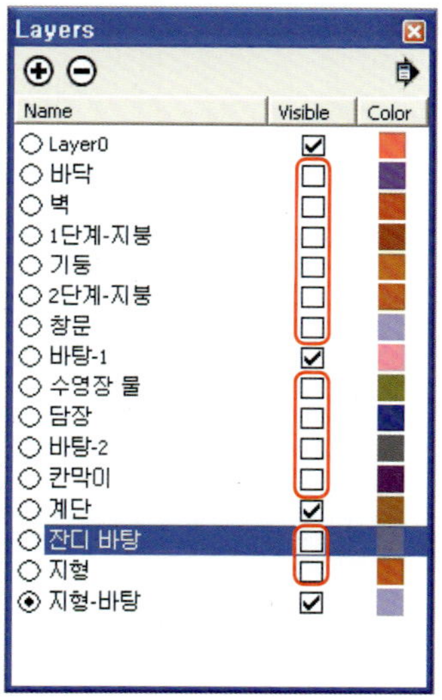

18 Top( ) 화면으로 이동합니다. 선 툴( )로 펜션 건물 배경 영역 안에 도로 영역과 잔디 영역을 표현할 영역을 그려 줍니다.

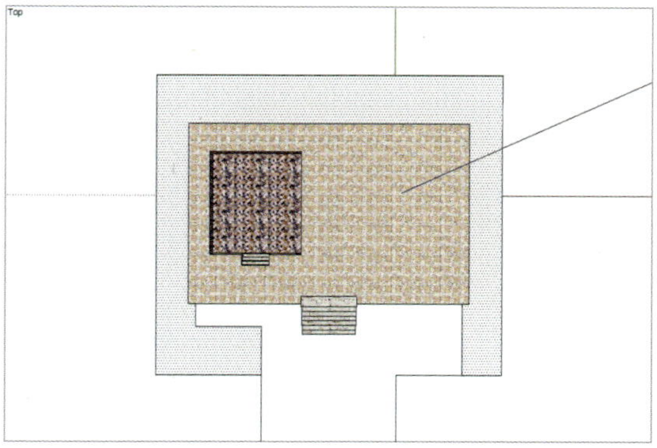

19 '지형–바탕'에 담장을 꾸미기 위해 줄자 툴()로 가상선을 설정합니다. 그리고 가상선으로 설정한 담장을 가상선 교차점을 기준으로 하여 사각형 툴()로 사각형을 그립니다. 지금까지 작업한 가상선을 지우개 툴()로 삭제합니다.

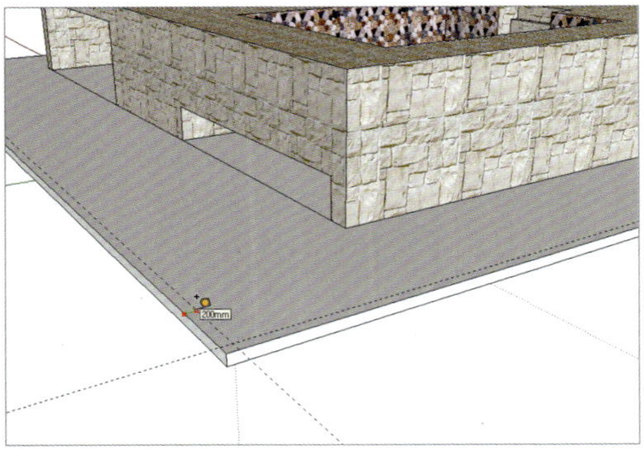
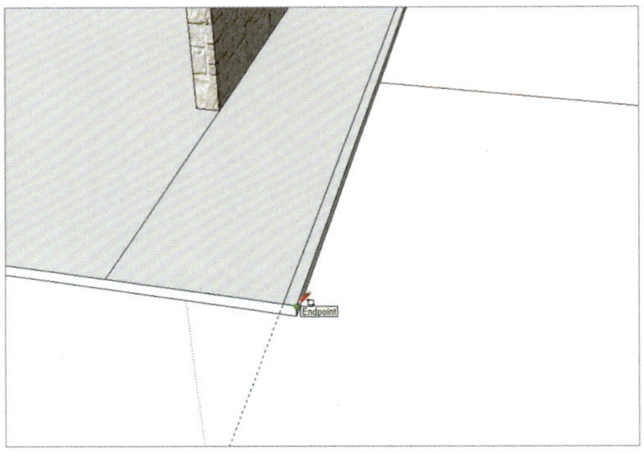

20 18에서 19까지 작업한 잔디 영역과 담장의 모든 면을 밀고/끌기 툴()로 위로 적당히 늘려 줍니다. 그런 다음, 지금 작업한 잔디 영역과 담장의 모든 면을 선택하고 마우스 오른쪽 버튼을 클릭하면 나타나는 확장 메뉴 중에서 [Make Group]을 선택하여 그룹으로 만듭니다.

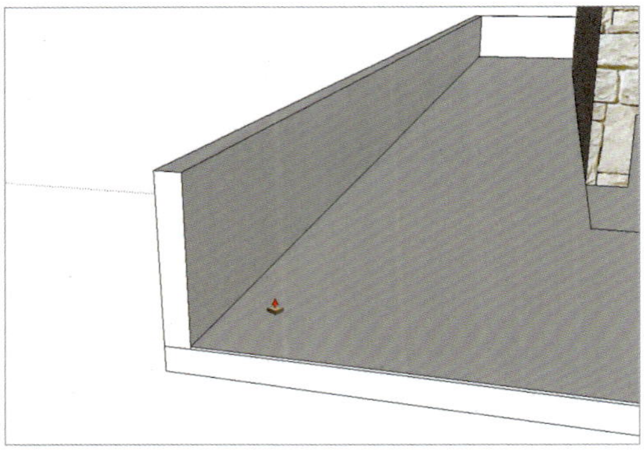
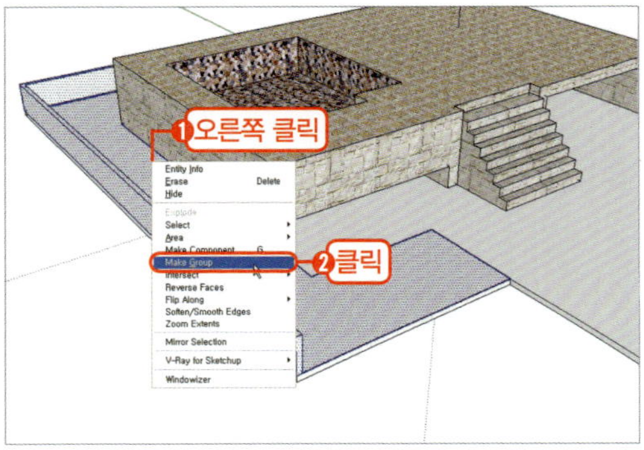

21 레이어 창에서 [레이어 추가] 버튼()을 클릭하여 새로운 레이어를 추가합니다. 레이어 이름을 '바닷물'으로 변경하고 레이어 이름 옆의 [스위치] 버튼()을 클릭한 후 선택합니다. 바닷물 작업을 하기 위해서는 'Layer0', '지형', '지형–바탕' 레이어를 제외한 모든 레이어를 끄는 것이 좋습니다. 레이어 창에서 [Visible] 버튼의 체크 표시를 해제합니다.

22 사각형 툴(■)로 **08**에서 그린 지형 영역의 끝점과 끝점을 연결하여 사각형을 그립니다. 그런 다음, 밀고/끌기 툴(◆)로 위로 적당히 늘려 줍니다. 그리고 바닥물의 모든 면들을 선택한 후 마우스 오른쪽 버튼을 클릭하면 나타나는 확장 메뉴 중에서 [Make Group]을 선택하여 그룹으로 만듭니다.

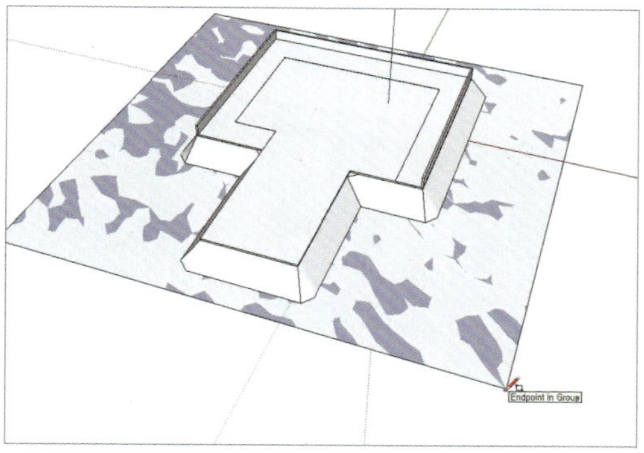

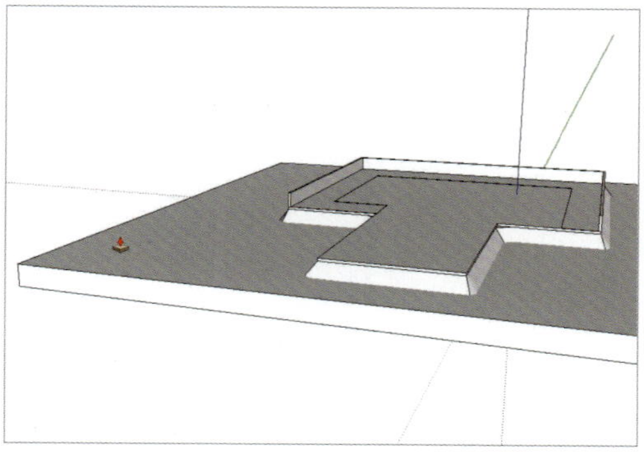

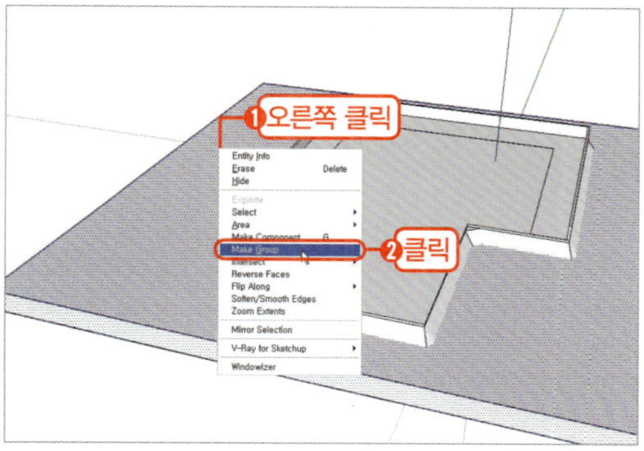

23 레이어 창에서 지형을 작업하기 위해 'Layer0', '지형', '지형-바탕' 레이어를 제외한 모든 레이어를 끕니다. 그런 다음, 레이어 창에서 [Visible] 버튼의 체크 표시를 해제합니다. 그리고 채우기 툴(◆)을 선택하여 지금까지 작업한 객체에 재질을 채웁니다.

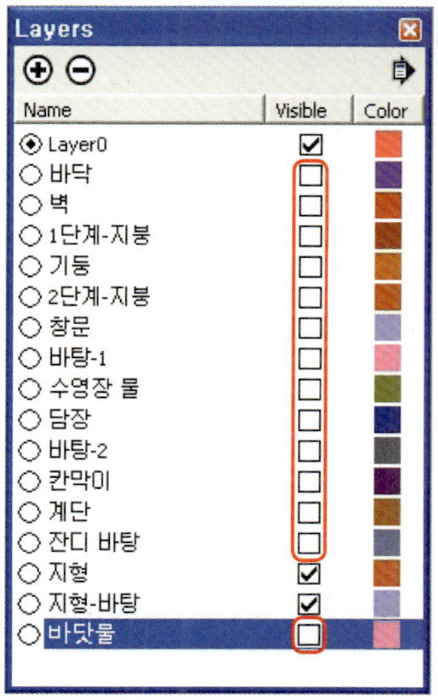

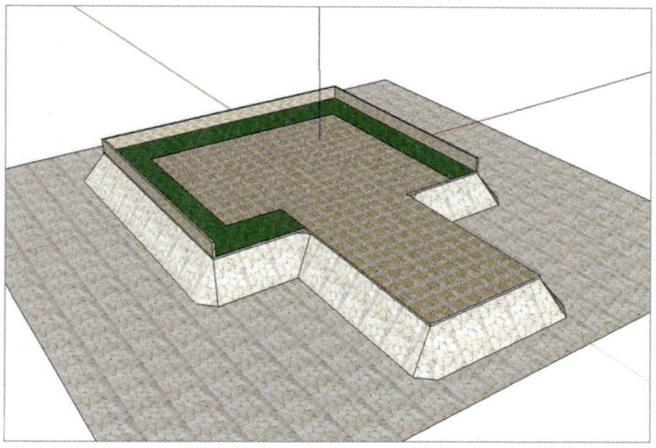

24 레이어 창에서 지형을 작업하기 위해 'Layer0', '지형', '지형-바탕', '바닷물' 레이어를 제외한 모든 레이어를 끕니다. 그런 다음, 레이어 창에서 [Visible] 버튼의 체크 표시를 해제합니다. 그리고 채우기 툴( )을 선택하여 바닷물에 재질을 채웁니다.

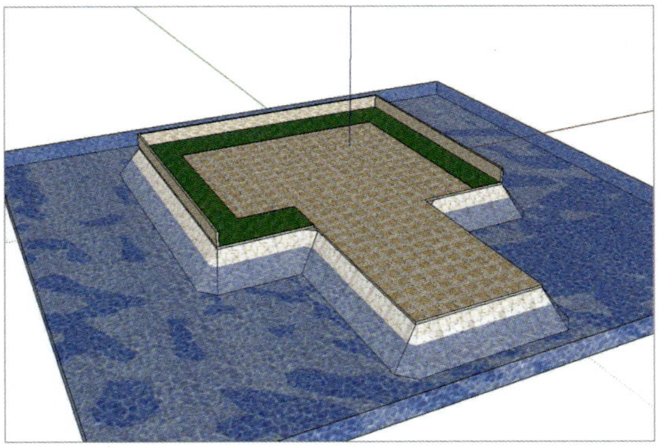

25 레이어 창에서 꺼져 있는 모든 레이어를 다시 켜기 위해 레이어 창에서 [Visible] 버튼을 클릭하여 체크 표시를 합니다. 모든 객체들이 화면에 나타난 것을 확인할 수 있습니다.

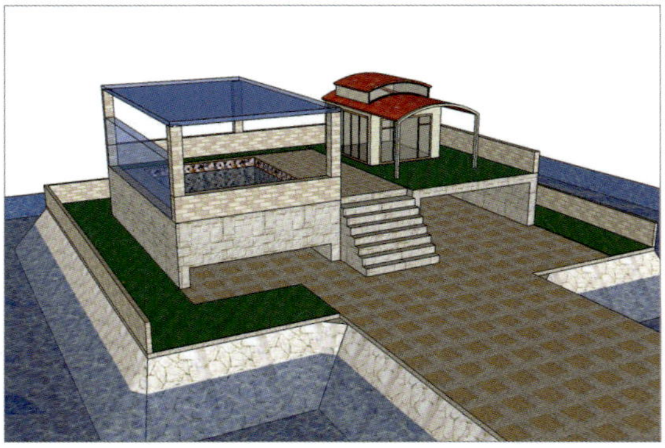

05. 컴포넌트 객체 삽입하기

펜션의 실내 공간과 실외 공간에 [Components] 창 또는 메뉴의 [File]-[3dwarehouse]에서 컴포넌트(소스)들을 다운로드하여 배치하고 바닷가에 어울리는 소품들을 삽입하여 적절하게 배치해 보겠습니다.

01 레이어 창에서 [레이어 추가] 버튼(⊕)을 클릭하여 새로운 레이어를 추가합니다. 레이어 이름을 '가구 및 소품'으로 변경하고 레이어 이름 옆의 [스위치] 버튼(◉)을 클릭한 후 선택합니다. 작업을 편하게 하기 위해서는 'Layer0', '바닥' 레이어를 제외한 모든 레이어를 끄는 것이 좋습니다. 레이어 창에서 [Visible] 버튼의 체크 표시를 해제합니다.

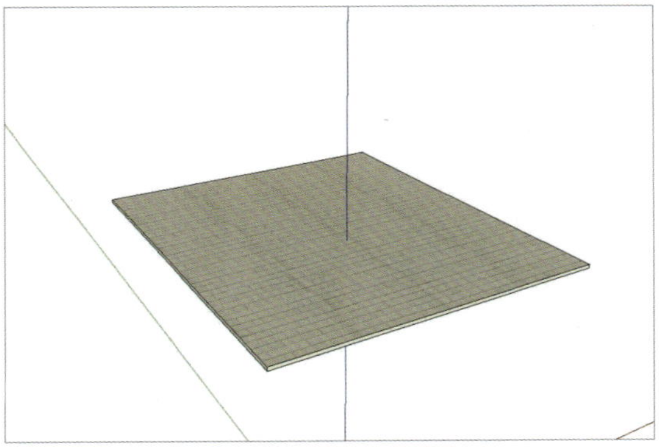

02 메뉴에서 [Window]-[Components]를 선택합니다. [Components] 창에서 가구들을 선택합니다.

● 예제 파일 I 부록 CD\Sample\Part 02\[02]컴포넌트-소스

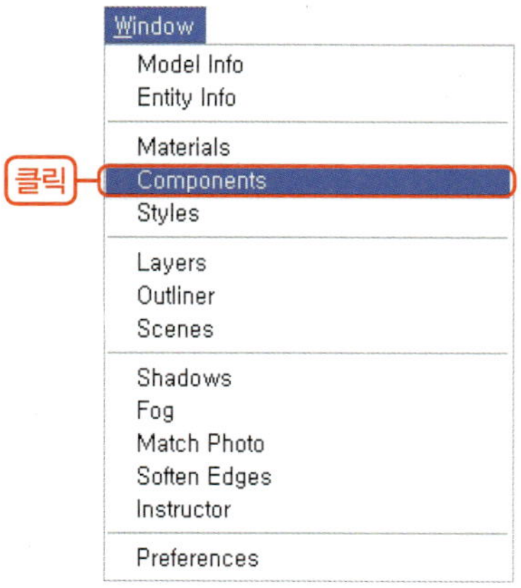

03 펜션의 실내 공간에 이동 툴(), 회전 툴(), 스케일 툴()로 불러온 가구들을 삽입, 배치합니다.

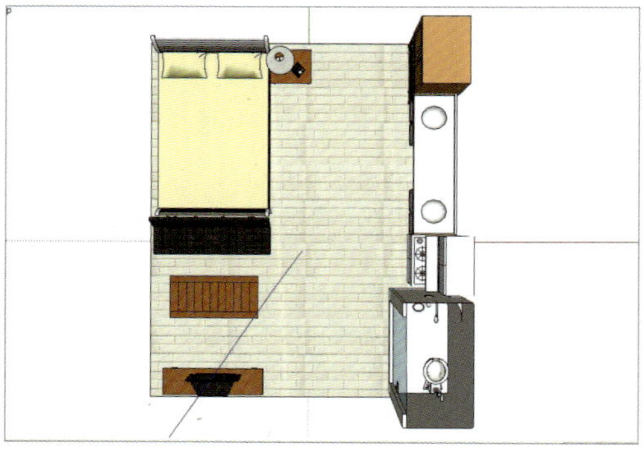

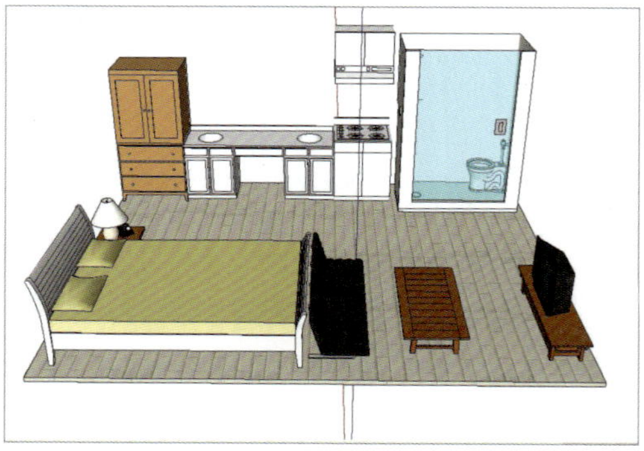

04 레이어 창에서 'Layer0', '바닥', '벽', '1단계-지붕', '기둥', '2단계-지붕', '창문', '가구 및 소품' 레이어를 제외한 모든 레이어를 끕니다. 그런 다음, 레이어 창에서 [Visible] 버튼의 체크 표시를 해제합니다.

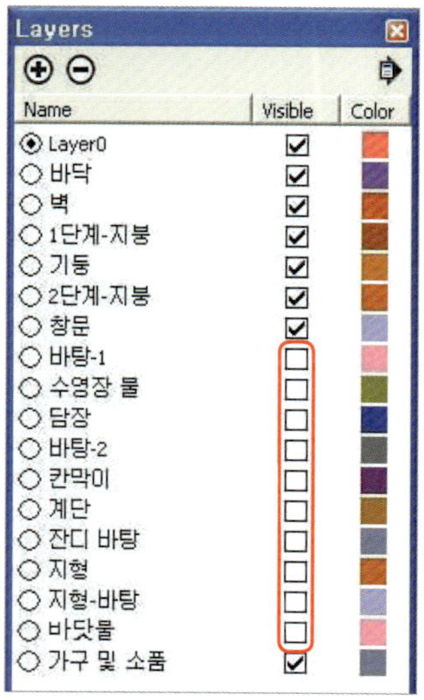

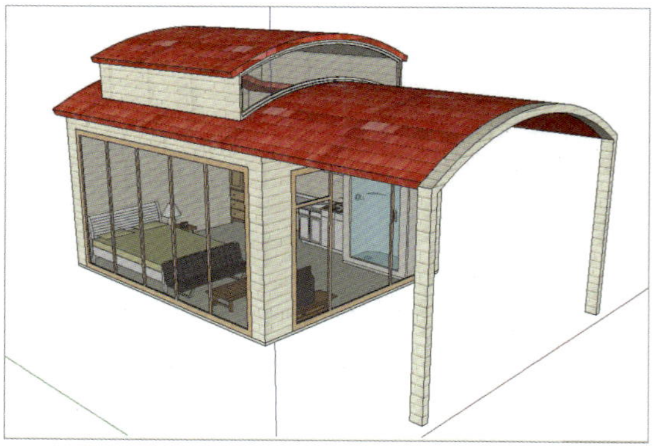

05 레이어 창에서 [레이어 추가] 버튼(⊕)을 클릭하여 새로운 레이어를 추가합니다. 레이어 이름을 '조명'으로 변경하고 레이어 이름 옆의 [스위치] 버튼(◉)을 클릭한 후 선택합니다. 레이어 창에서 'Layer0', '2단계–지붕' 레이어를 제외한 모든 레이어를 끕니다. 그런 다음, 레이어 창에서 [Visible] 버튼의 체크 표시를 해제합니다.

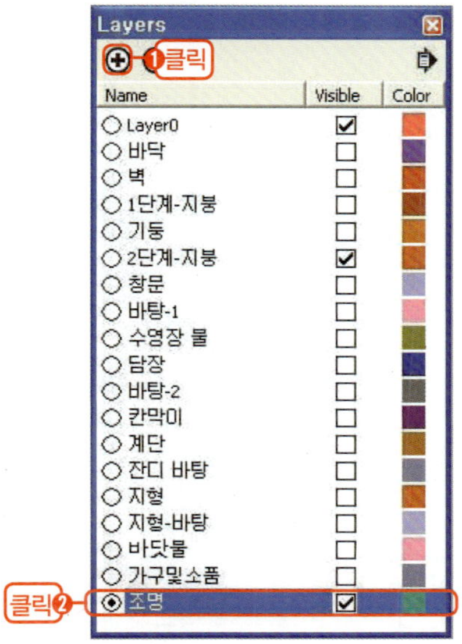

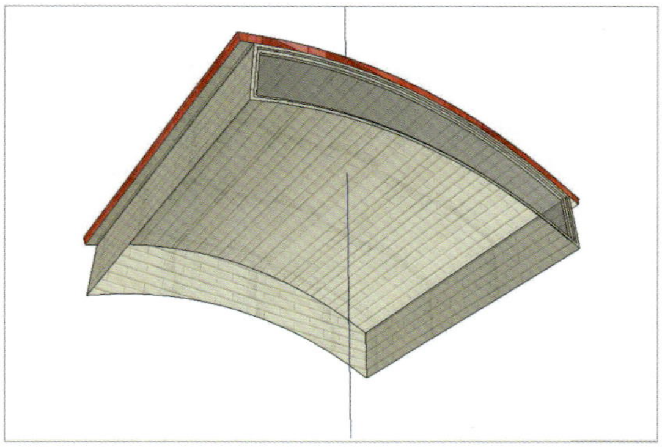

06 [Components] 창에서 조명들을 선택합니다. 불러온 천장 조명은 이동 툴(), 스케일 툴()로 삽입, 배치합니다.

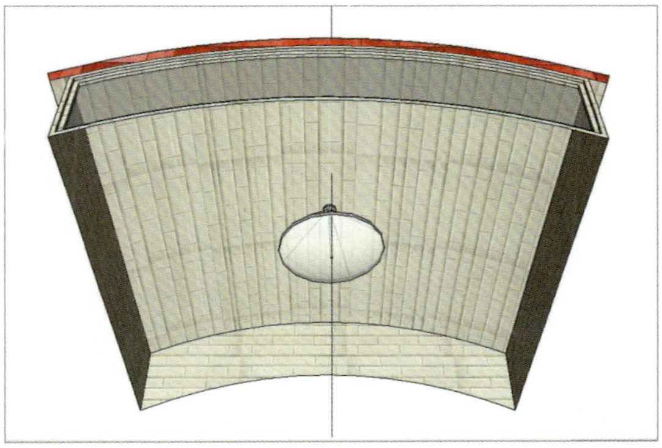

07 레이어 창에서 [레이어 추가] 버튼(⊕)을 클릭하여 새로운 레이어를 추가합니다. 레이어 이름을 '수영장-소품'으로 변경하고 레이어 이름 옆의 [스위치] 버튼(⊙)을 클릭한 후 선택합니다. 레이어 창에서 'Layer0', '바닥', '벽', '1단계-지붕', '기둥', '2단계-지붕', '창문', '바탕-1', '수영장 물', '칸막이' 레이어를 제외한 모든 레이어를 끕니다. 그런 다음, 레이어 창에서 [Visible] 버튼의 체크 표시를 해제합니다.

08 [Components] 창에서 주변 실외 소품들을 선택합니다. 불러온 객체들을 삽입한 후 이동 툴( ), 회전 툴( ), 스케일 툴( )로 배치합니다.

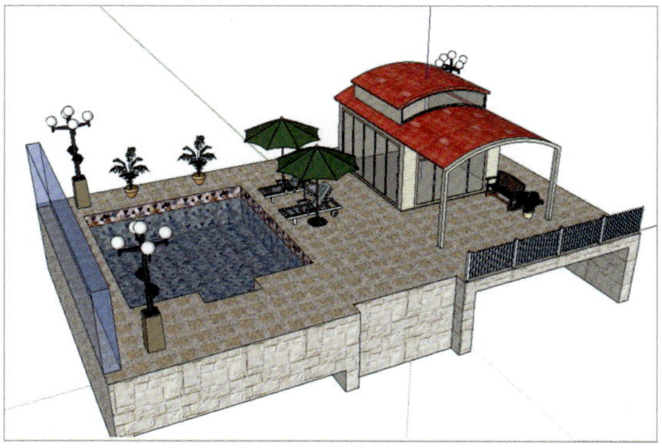

09 레이어 창에서 '계단', '잔디 바탕', '지형', '지형-바탕', '바닷물' 레이어를 끕니다. 레이어 창에서 [Visible] 버튼의 체크 표시를 해제합니다.

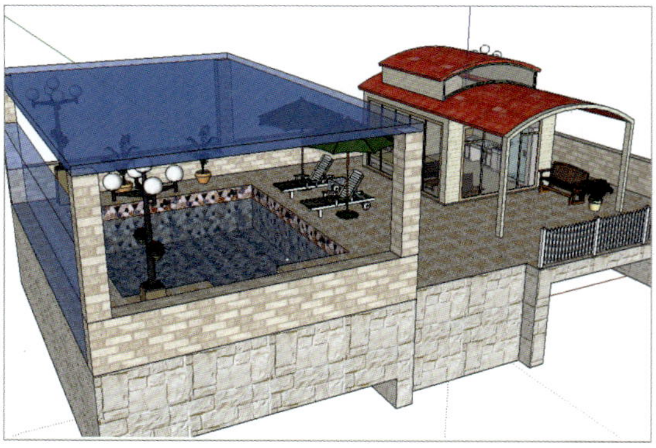

10 레이어 창에서 [레이어 추가] 버튼(⊕)을 클릭하여 새로운 레이어를 추가합니다. 레이어 이름을 '지형-소품'이라 변경하고 [스위치] 버튼(◉)을 클릭한 후 선택합니다. 레이어 창에서 'Layer0', '계단', '지형-바탕' 레이어를 제외한 모든 레이어를 끕니다. 그런 다음, 레이어 창에서 [Visible] 버튼의 체크 표시를 해제합니다.

11 [Components] 창에서 배경 소품들을 선택합니다. 불러온 객체들을 삽입한 후 이동 툴(), 회전 툴(), 스케일 툴()로 배치합니다.

12 레이어 창에서 '바닥', '벽', '1단계-지붕', '기둥', '2단계-지붕', '창문', '가구 및 소품', '조명', '수영장-소품' 레이어를 끕니다. 그런 다음, 레이어 창에서 [Visible] 버튼의 체크 표시를 해제합니다.

13 [Components] 창에서 운송 수단들을 선택합니다. 불러온 객체들을 삽입한 후 이동 툴(), 회전 툴(), 스케일 툴()로 배치합니다.

14 레이어 창에서 꺼져 있는 모든 레이어를 다시 켜기 위해 레이어 창에서 [Visible] 버튼을 클릭하여 체크 표시를 합니다. 모든 객체들이 화면에 나타난 것을 확인할 수 있습니다.

06. 그림자 및 스타일 설정하기

주간 배경을 만들고자 그림자를 설정합니다. 스케치업 8에서는 그림자를 좀 더 세밀하게 설정하기 위해 [Geo-location]에서 작업한 현재 위치를 먼저 설정합니다. 완성된 작품에 다양한 스타일을 표현하기 위해 [Style] 창과 Face Style 도구 툴로 작업합니다.

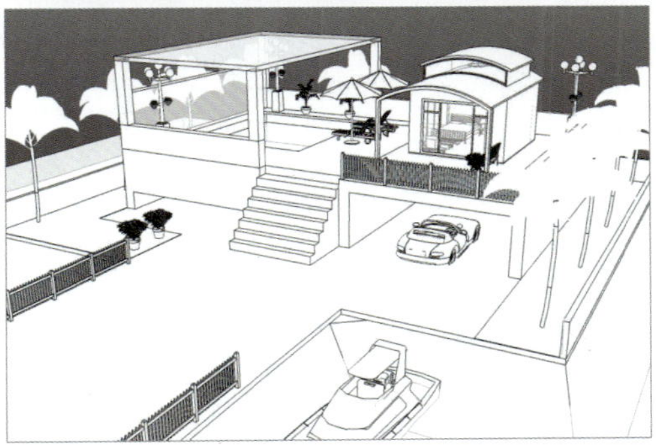

01 메뉴에서 [Window]–[Model Info]–[Geo–location]을 선택합니다. 작업한 현재 위치를 설정하기 위해 [Model Info] 대화상자에서 [Add Location] 버튼을 클릭합니다.

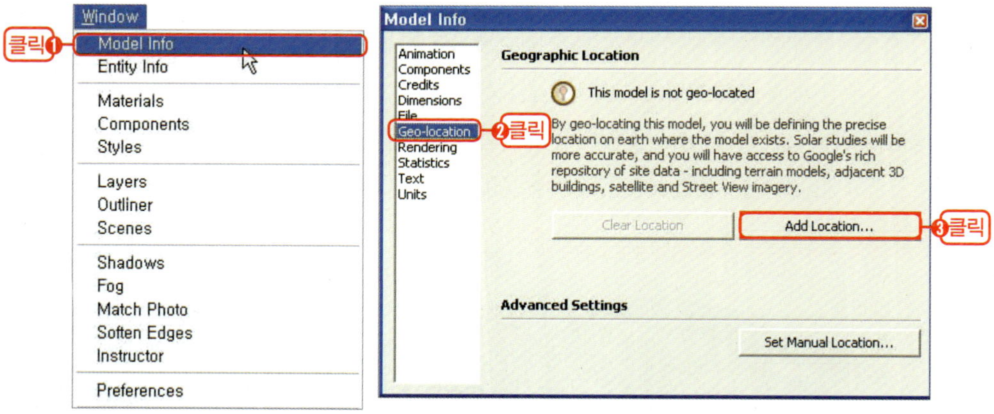

02 지리적 위치를 설정할 수 있는 [Add Location] 창이 나타납니다. 원하는 국가를 입력한 후 검색합니다. 입력한 국가의 지형을 정확하게 지정하기 위해 [Select Region]을 클릭합니다. 그리고 [Grab]을 클릭하여 마지막으로 선택합니다.

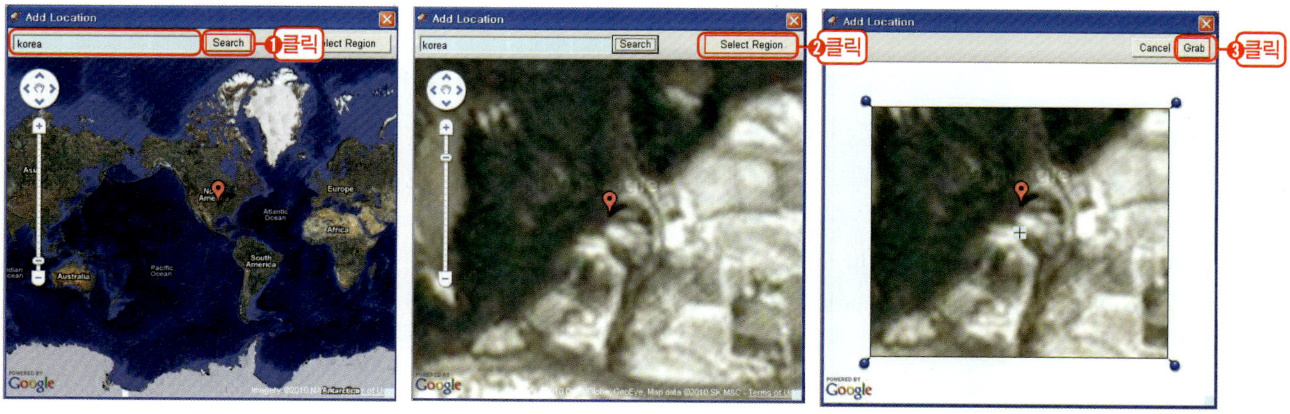

03 '국가', '위도', '경도'가 설정된 것을 확인할 수 있습니다. 단, '위치' 필드에서 도시를 새롭게 수정하기 위해 [수동 위치 설정] 버튼인 [Set Manual Location]을 클릭합니다.

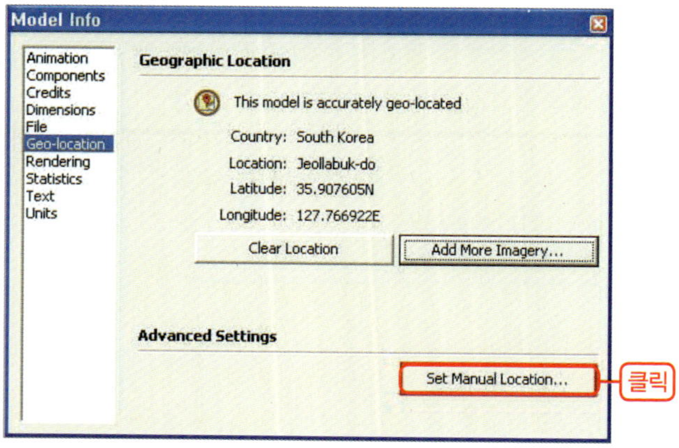

04 'Location' 항목에 위치(도시)를 입력하여 마지막으로 설정합니다. 설정한 지형을 최종적으로 확인할 수 있습니다.

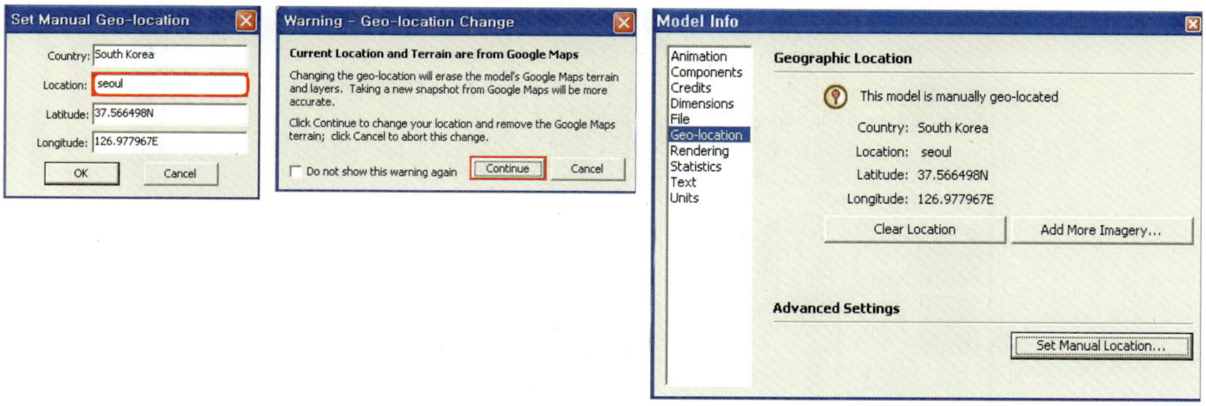

05 그림자를 표현하기 위해 메뉴에서 [Window]-[Shadows]를 선택합니다. [Shadows Settings] 창에서 [세팅] 버튼( )을 클릭한 후 Time 및 Date 값을 변경하고 Light와 Dark의 수치를 조절하면서 가장 보기 좋은 그림자를 설정합니다.

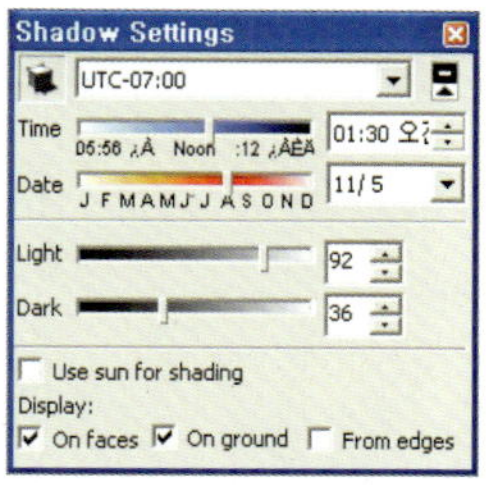

Tip

[Shadows] 사용 방법은 191쪽을 참고하세요.

06 메뉴에서 [Window]-[Styles]를 선택한 후 [Select] 리스트의 [Assorted Styles]를 선택합니다. 그런 다음, 미리 등록되어 있는 스타일 중에서 원하는 스타일을 선택합니다.

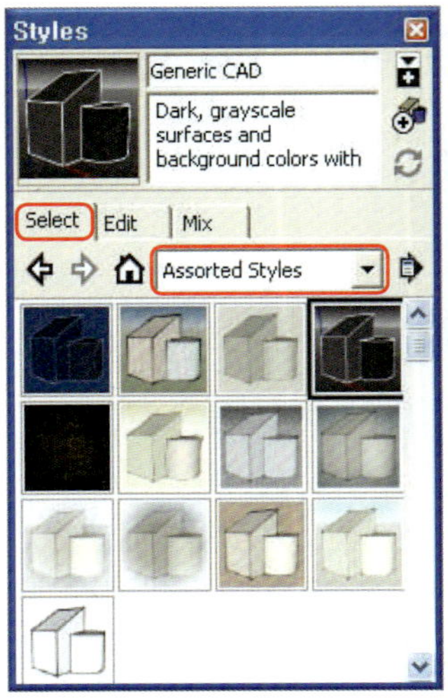

Tip

[Styles] 사용 방법은 160쪽을 참고하세요.

07 Face Style 도구에서 Hidden Line 툴( )/Shaded 툴( )/Shaded With Textures 툴( )을 선택합니다. 각각 변경된 Style을 확인할 수 있습니다.

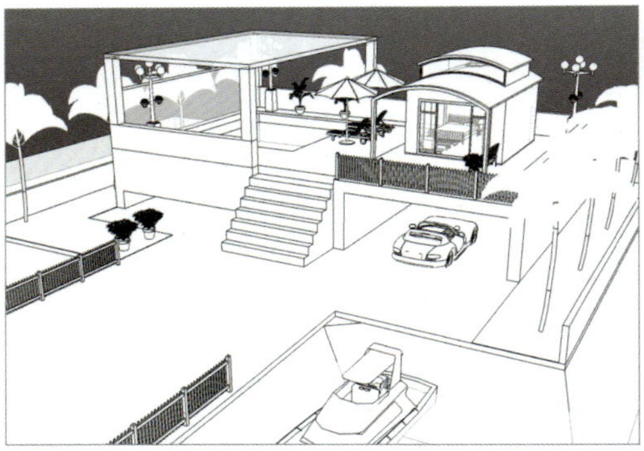

04;

야외 공원 속, 전시 건물 디자인

계단을 이용하여 지상에서 지하로 내려오면 계단 양쪽에 배치되어 있는 3D 건물을 제작해 보겠습니다.
스케치업 8을 사용하여 건물 사이의 작은 통로를 사람들이 휴식할 수 있는 공간으로 꾸며 보겠습니다.

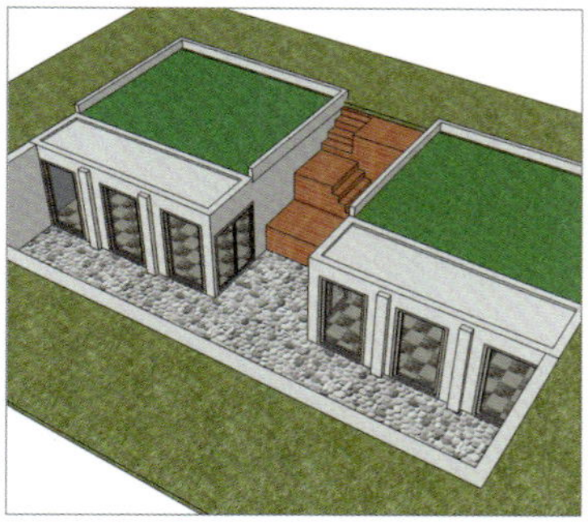

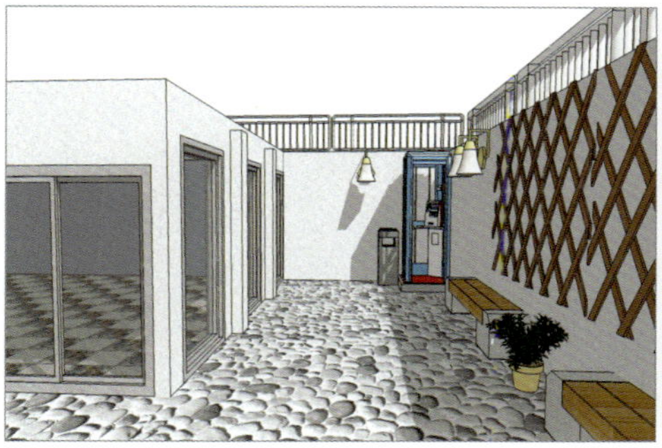
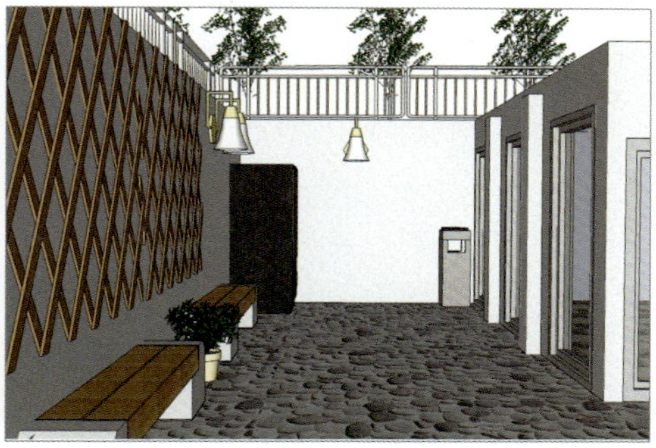

01. 건물 모델링 작업하기

건물의 평면 도면을 기준으로 건물 전체와 계단, 담장을 작업합니다. 그리고 창문 소스를 삽입한 후 두 개의 건물을 완성합니다.

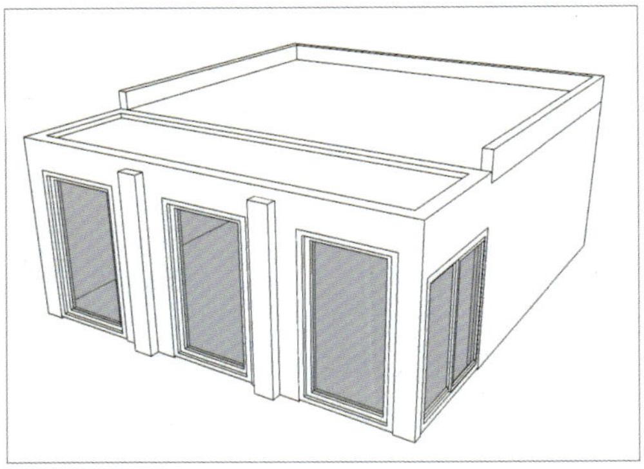
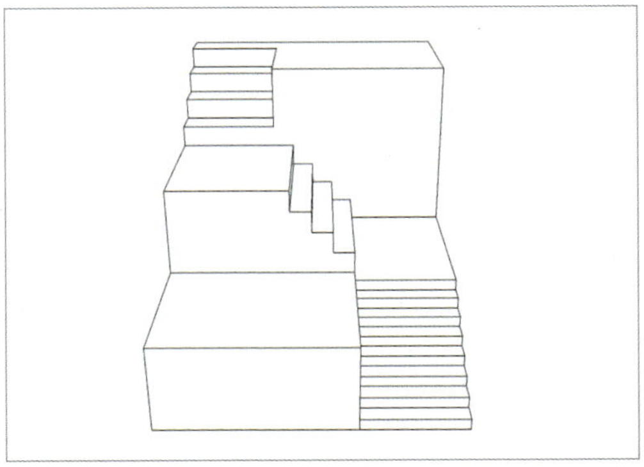
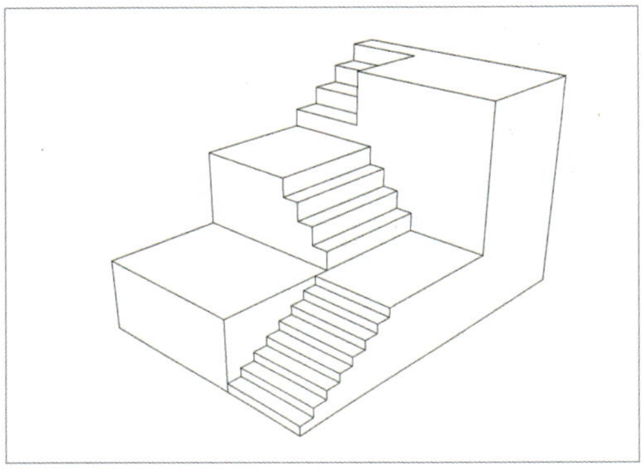
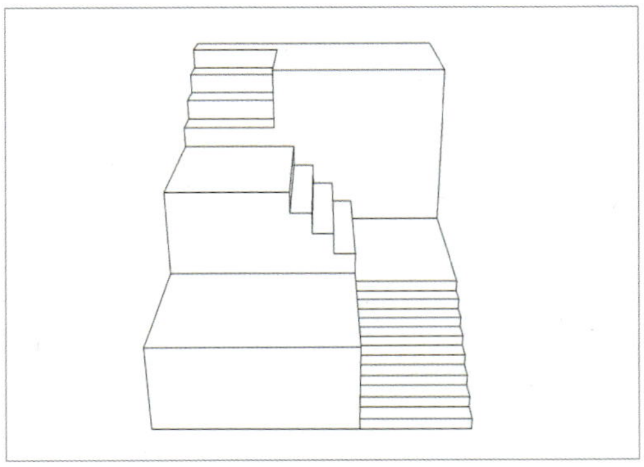
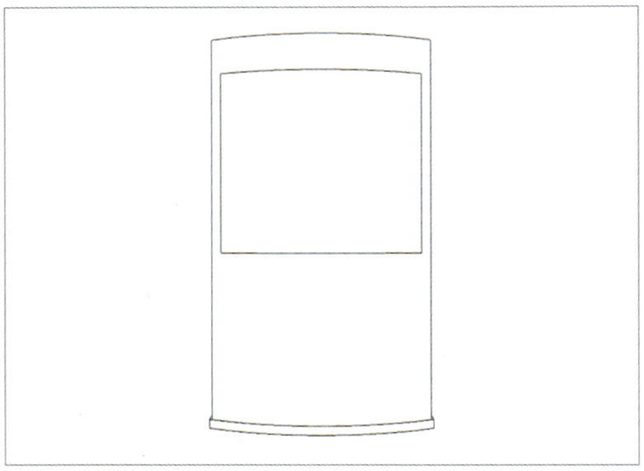
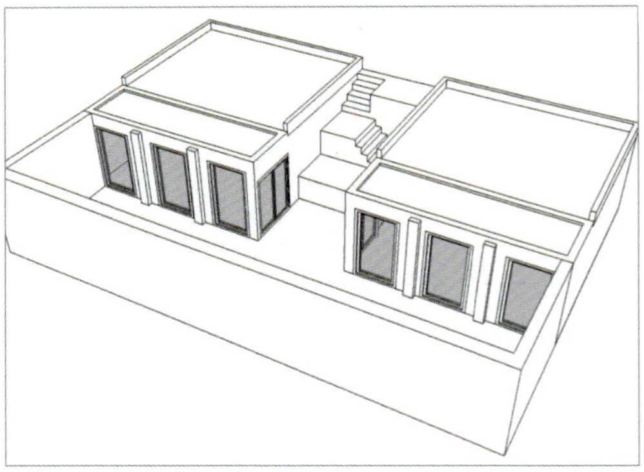

STEP 01 건물 작업하기

01 예제 파일을 불러오기 위해 건물 샘플 파일을 불러옵니다.

● 예제 파일 | 부록 CD\Sample\Part 02\예제\건물-sample.skp

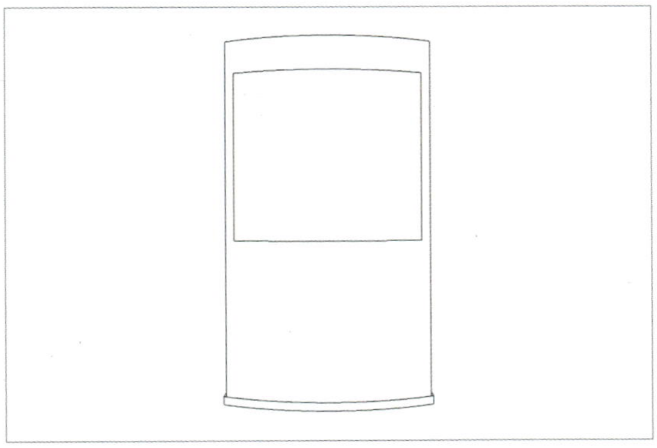

02 메뉴에서 [Window]-[Layers]를 클릭합니다. [레이어 추가] 버튼(⊕)을 클릭하여 새로운 레이어를 추가합니다. 레이어 이름을 '평면 라인'으로 변경합니다. 그런 다음, 불러온 예제 파일인 [건물-sample.skp]의 모든 선들을 선택한 후 마우스 오른쪽 버튼을 클릭하면 나타나는 확장 메뉴 중에서 [Make Group]을 선택하여 그룹으로 만듭니다.

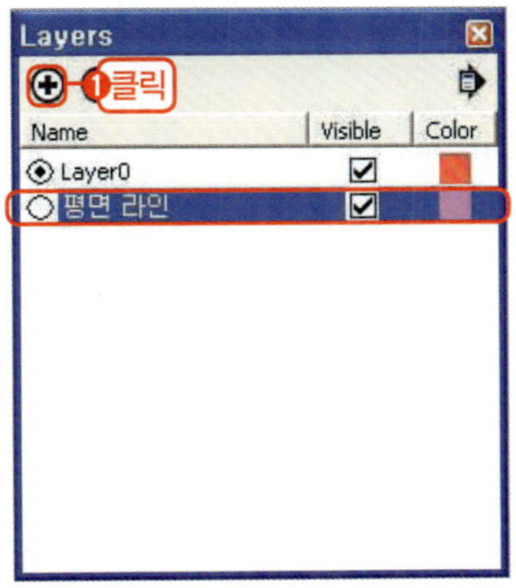

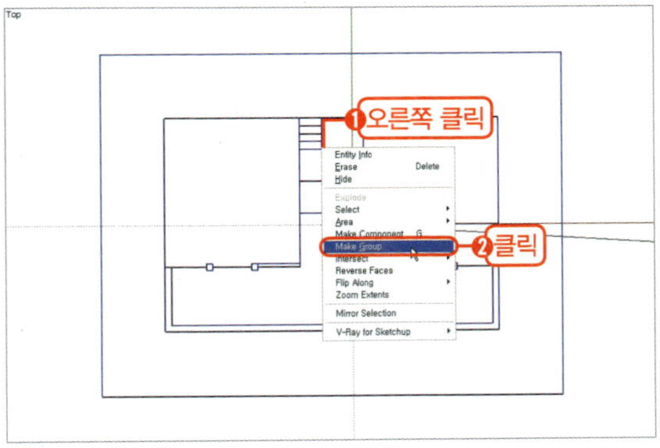

Tip

벽과 바닥을 작업할 때 스케치업 8은 두개의 면이 서로 하나의 면으로 합쳐지는 성질이 있습니다. 그래서 그 성질을 예방하기 위해 선들을 그룹으로 선택합니다.

03 02에서 작업한 그룹을 선택한 후 마우스 오른쪽 버튼을 클릭하면 나타나는 확장 메뉴 중에서 [Entity Info]를 선택합니다. [Entity Info] 창에서 '평면 라인' 레이어를 선택하면 레이어가 변경됩니다. 그러나 화면상으로 변경된 내용을 볼 수 없다는 것이 문제입니다.

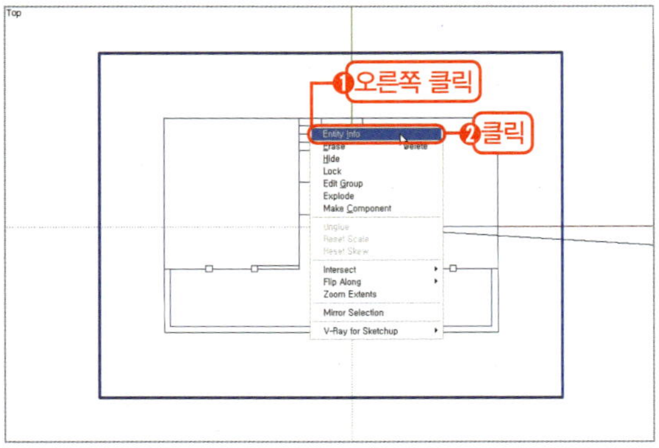

04 레이어 창에서 [레이어 추가] 버튼(⊕)을 클릭하여 새로운 레이어를 추가합니다. 레이어 이름을 '건물'으로 변경하고 레이어 이름 옆의 [스위치] 버튼(◉)을 클릭한 후 선택합니다.

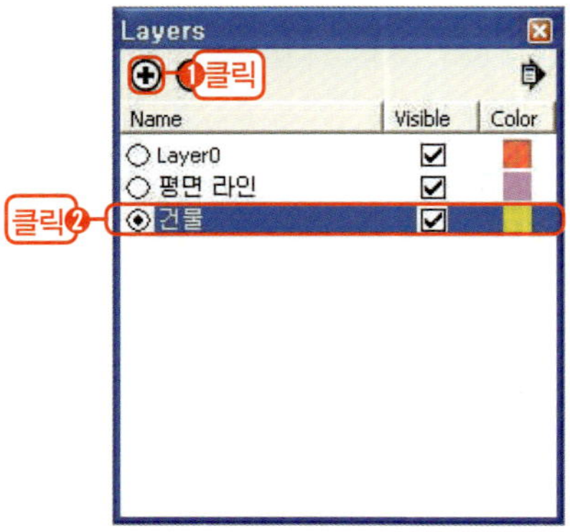

05 바닥을 작업하기 위해 선 툴( )과 사각형 툴( )로 외곽선의 끝점과 끝점을 연결하여 면을 만듭니다. 그리고 건물 육면체와 건물 기둥을 만들기 위해 밀고/끌기 툴( )로 건물 높이를 '950'으로 입력하고 위로 돌출시킵니다.

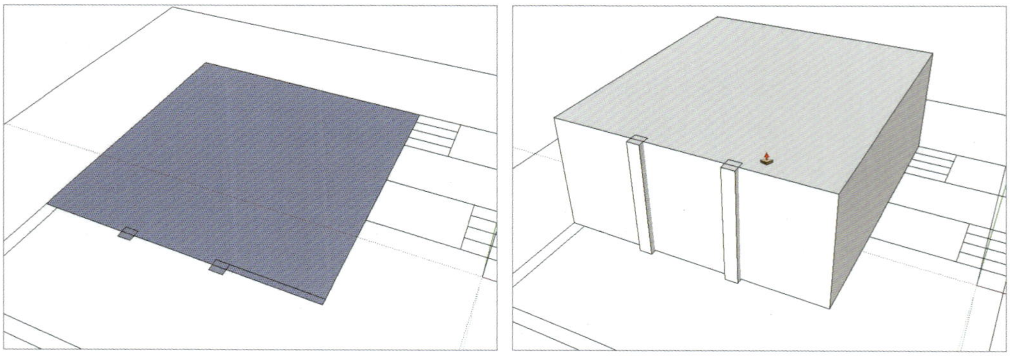

06 05에서 작업한 건물과 건물 기둥의 교차된 경계선을 뚜렷하게 표현하기 위해 건물 기둥들을 선택한 후 마우스 오른쪽 버튼을 클릭하면 나타나는 확장 메뉴 중에서 [Intersect]–[Intersect with Model]을 선택합니다.

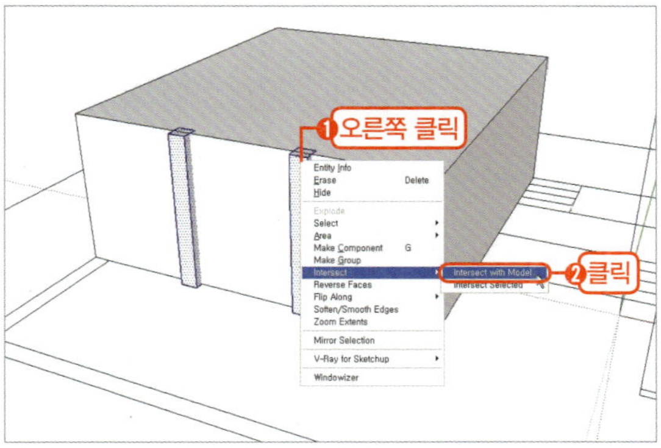

07 측면의 출입구 영역을 꾸미기 위해 줄자 툴( )로 가상선을 설정합니다. 가상선 교차점을 기준으로 하여 사각형 툴( )로 사각형을 그립니다. 문틀 두께를 만들기 위해 밀고/끌기 툴( )로 그림처럼 안쪽으로 적당히 밀어 줍니다.

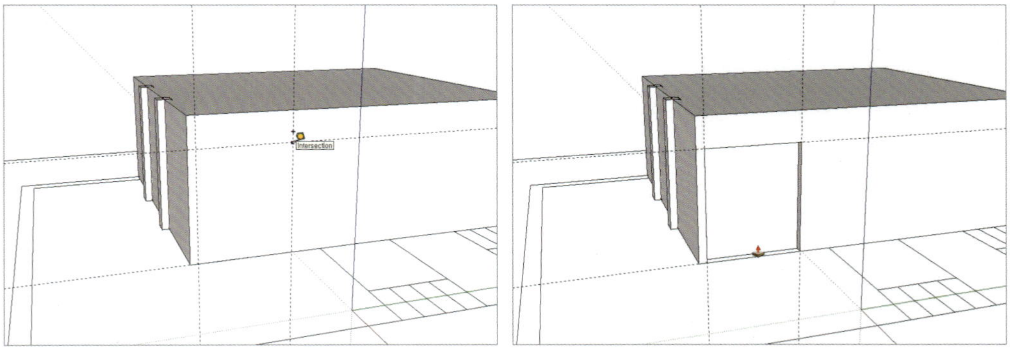

08 안쪽 면을 선택한 후 마우스 오른쪽 버튼을 클릭하면 나타나는 확장 메뉴 중에서 [Erase]를 선택하여 면을 삭제합니다. 그런 다음, 지우개 툴( )로 불필요한 가상선들을 삭제합니다.

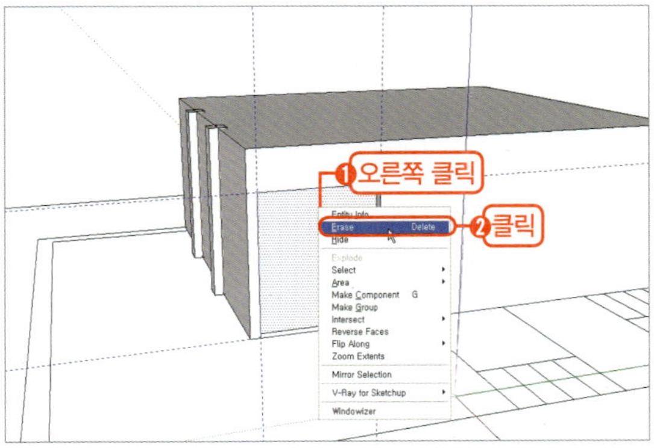

09 정면의 창문 영역을 꾸미기 위해 줄자 툴( )로 가상선을 설정합니다. 사각형 툴( )로 가상선 교차점을 기준으로 사각형을 그립니다. 그리고 Control 을 누른 채 이동 툴( )로 건물의 끝점에서 다음 칸의 끝점까지 드래그하여 복사합니다. 마지막으로 지우개 툴( )로 불필요한 가상선들을 삭제합니다.

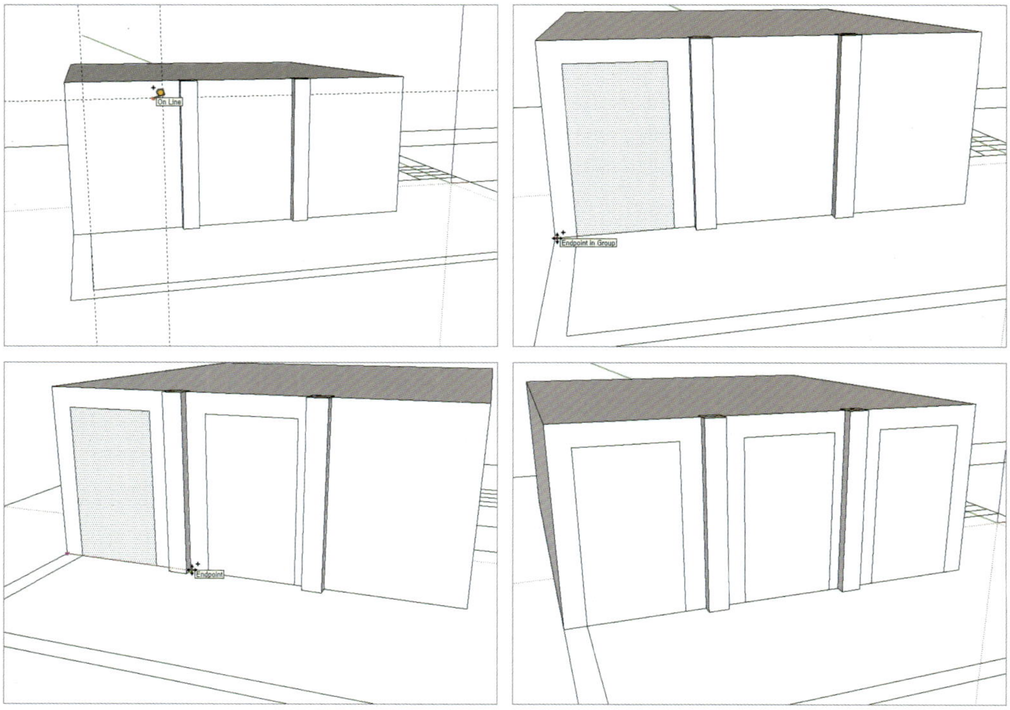

10 09에서 작업한 각 면에 창문틀 두께를 만들기 위해 밀고/끌기 툴( )로 적당히 안쪽으로 밀어 줍니다. 그런 다음, 각 면을 선택하고 마우스 오른쪽 버튼을 클릭하면 나타나는 확장 메뉴 중에서 [Erase]를 선택하여 면을 삭제합니다.

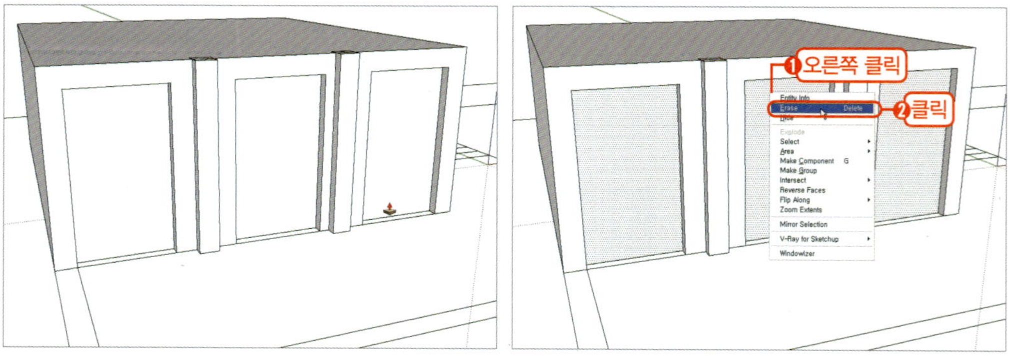

11 지금까지 작업한 건물의 모든 객체를 선택한 후 마우스 오른쪽 버튼을 클릭하면 나타나는 확장 메뉴 중에서 [Make Component]를 선택합니다. 이름에 '건물'이라고 입력한 후 [Create] 버튼을 클릭합니다.

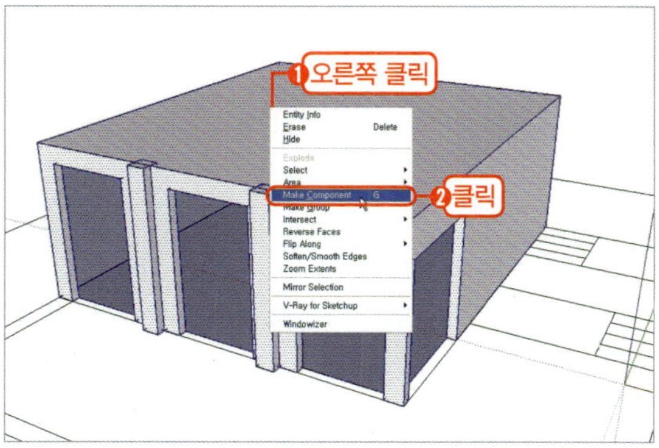

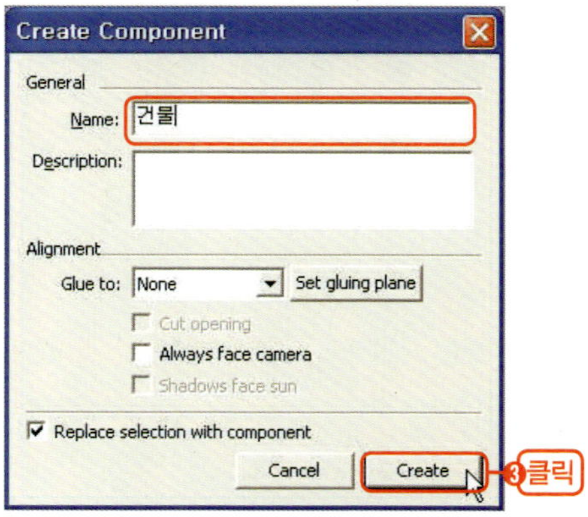

Tip

컴포넌트를 선택한다는 것은 지금까지 작업한 객체를 여러 개 복사하고 수정할 때 하나의 객체만 수정해도 복사한 다른 객체 또한 자동으로 수정이 가능하도록 등록하는 것을 말합니다.

12 건물을 대칭 복사하기 위해 객체를 선택한 후 마우스 오른쪽 버튼을 클릭하면 나타나는 확장 메뉴 중에서 [Mirror Selection]을 선택합니다. 그림처럼 도면의 중간 지점에 세점(p1, p2, p3)을 클릭합니다. "원본을 삭제하시겠습니까?"라는 창이 나타나면, [아니오] 버튼을 클릭합니다.

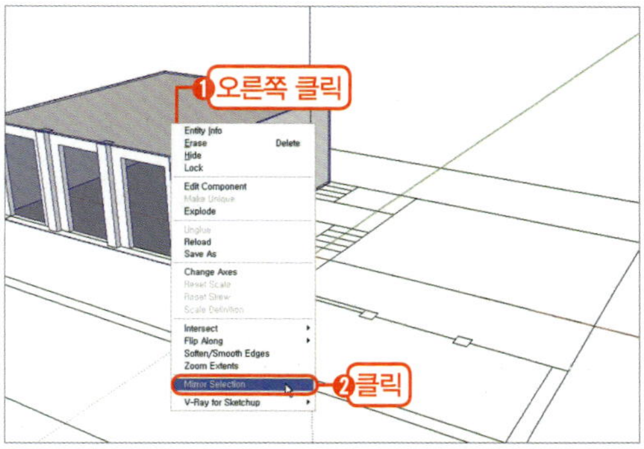

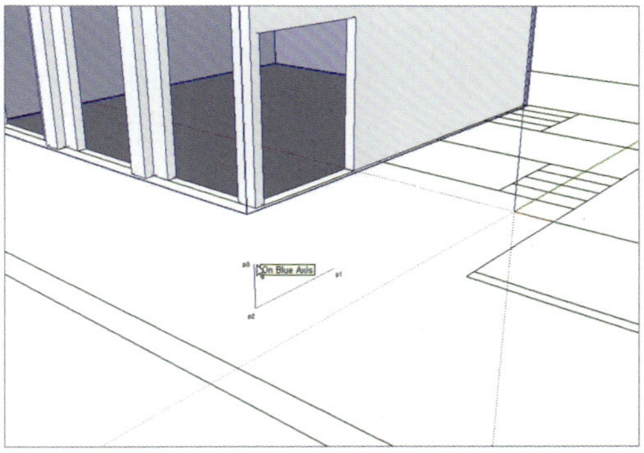

Tip

[Mirror Selection] 루비 스크립트 사용 방법은 54쪽을 참고하세요.

13 12에서 대칭 복사한 건물을 이동 툴()로 정확한 위치로 옮깁니다.

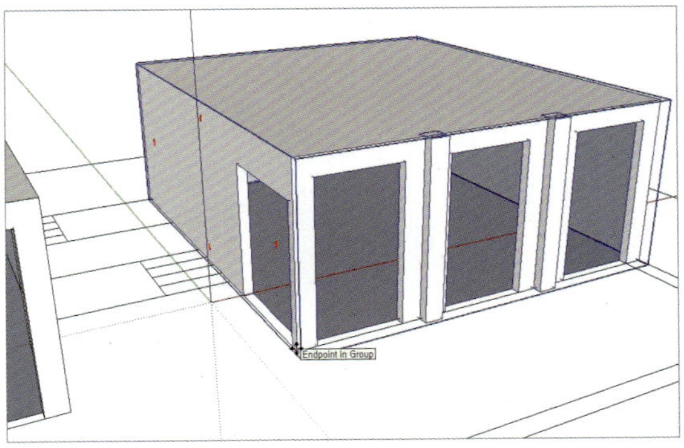

14 첫 번째 건물을 선택한 후 마우스 오른쪽 버튼을 클릭하면 나타나는 확장 메뉴 중에서 [Edit Component]를 선택합니다. 다음 그림처럼 건물 상단에 줄자 툴()로 원하는 위치에 가상선을 설정합니다. 선 툴()로 가로선을 그린 후 밀고/끌기 툴()로 다음 그림처럼 일부 면을 위로 50만큼 늘려 줍니다.

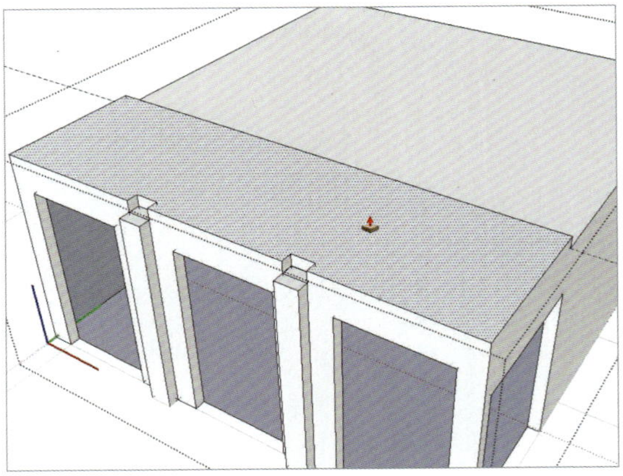

15 밀고/끌기 툴()로 건물의 기둥면을 드래그하여 커서를 선의 끝점에 가져갑니다. 그리고 지우개 툴()로 불필요한 선들을 삭제합니다.

16 간격 띄우기 툴()로 상단면 윗부분을 안쪽으로 50만큼 들어옵니다. 그리고 밀고/끌기 툴()로 작업한 안쪽 면을 드래그하여 아래로 25만큼 내립니다.

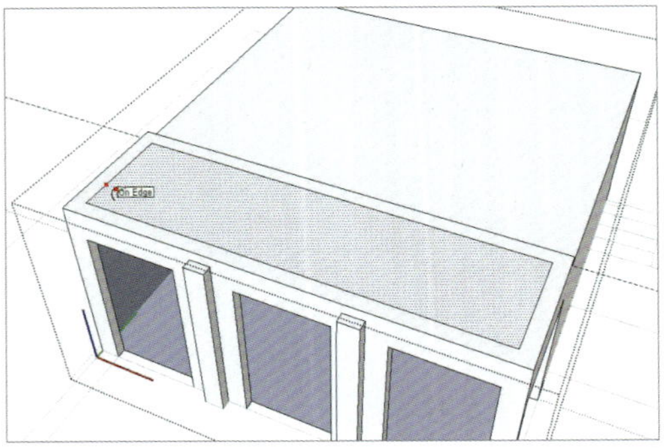

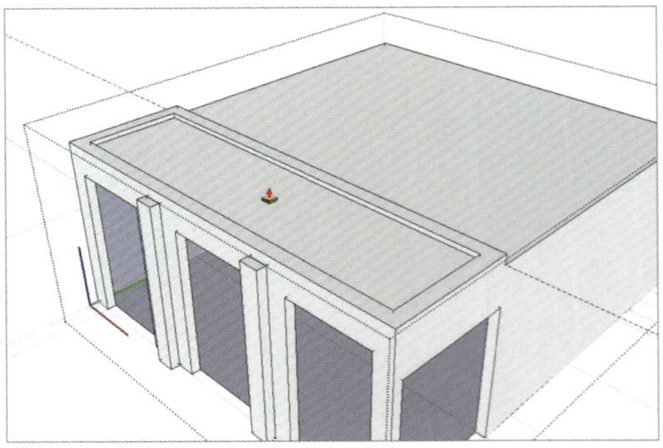

17 다른 쪽의 대칭 복사했던 건물도 똑같이 편집된 것을 확인할 수 있습니다. 그것은 11과 13에서 Component로 등록한 후 대칭 복사를 했기 때문에 자동으로 편집된 것입니다.

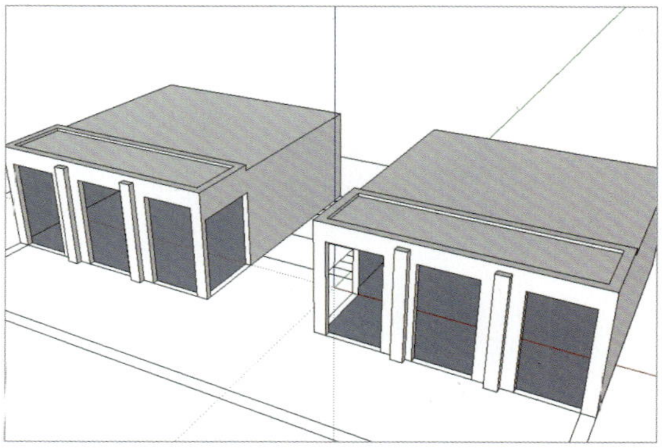

18 레이어 창에서 [레이어 추가] 버튼( )을 클릭하여 새로운 레이어를 추가합니다. 레이어 이름을 '지붕'으로 변경하고 레이어 이름 옆의 [스위치] 버튼( )을 클릭한 후 선택합니다.

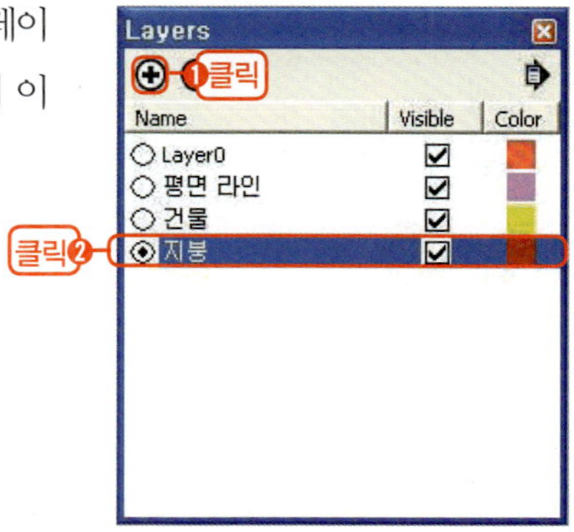

19 건물 위에 지붕을 만들기 위해 선 툴( )로 가장자리에 3개의 선을 그립니다. 방금 그린 3개의 선들을 선택 툴( )로 가장자리 3개의 선들을 추가 선택한 후 간격 띄우기 툴( )로 안쪽으로 50만큼 들입니다.

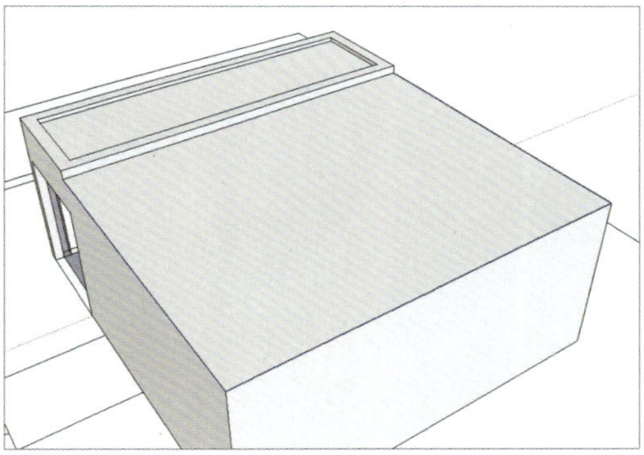

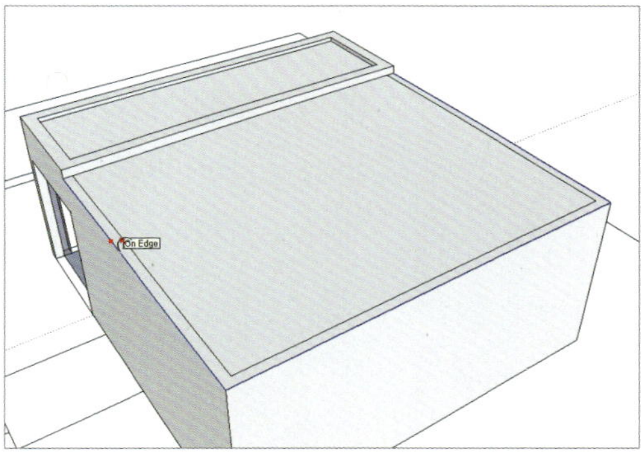

20 19에서 간격 띄우기를 한 선을 닫힌 면으로 만들기 위해 선 툴( )로 양쪽 끝부분에 끝점과 끝점을 연결하는 선을 그려 닫힌 면을 만듭니다.

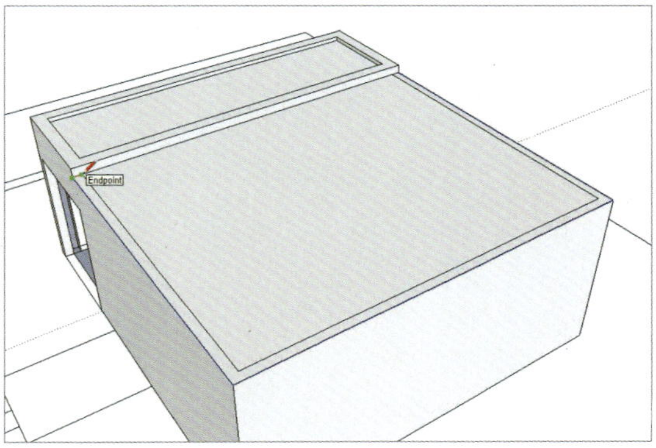

21 밀고/끌기 툴( )로 20에서 작업한 가장자리의 면을 위쪽으로 150만큼 늘려 줍니다. 그런 다음, 안쪽 면을 위로 드래그하여 커서를 선 위로 가져갑니다.

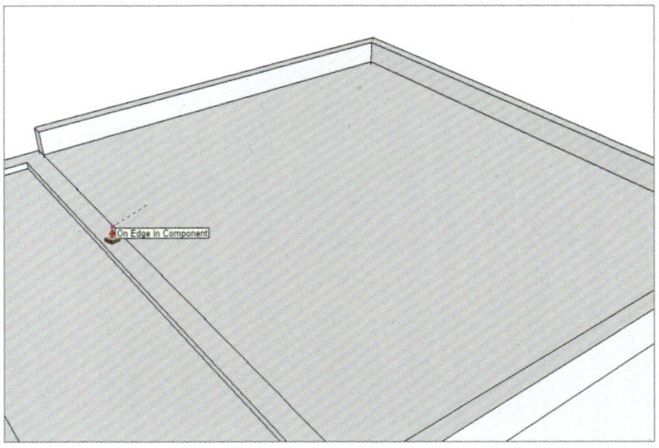

22 19에서 21까지 작업한 건물 지붕의 모든 객체를 선택한 후 마우스 오른쪽 버튼을 클릭하면 나타나는 확장 메뉴 중에서 [Make Component]를 선택합니다. 이름에 '지붕'이라고 입력한 후 [Create] 버튼을 클릭합니다.

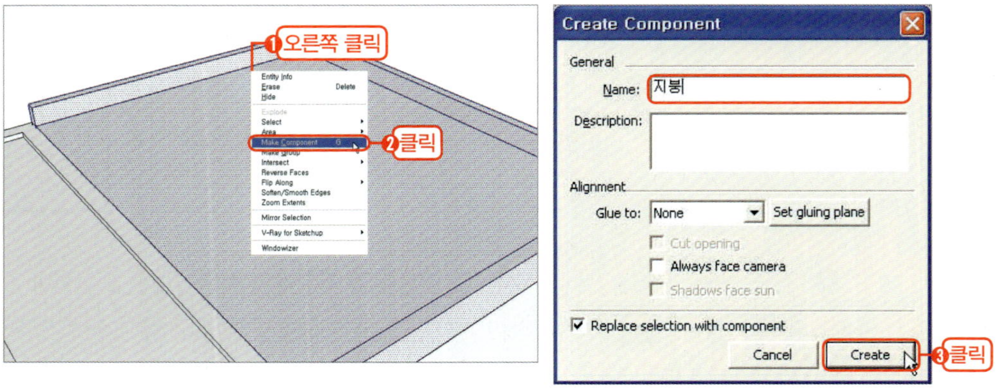

23 22에서 작업한 지붕은 Control을 누른 채 이동 툴( )로 건물 지붕의 끝점에서 끝점으로 드래그하여 복사합니다.

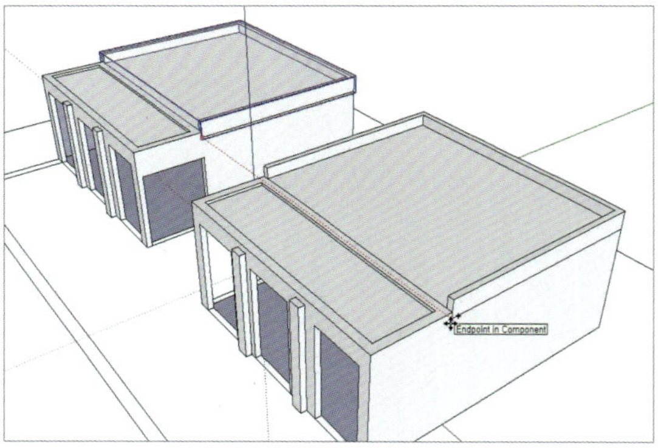

STEP 02 **계단과 건물 배경 바닥 만들기**

01 레이어 창에서 [레이어 추가] 버튼(⊕)을 클릭하여 새로운 레이어를 추가합니다. 레이어 이름을 '계단'으로 변경하고 레이어 이름 옆의 [스위치] 버튼(◉)을 클릭한 후 선택합니다. 레이어 창에서 '건물', '지붕' 레이어를 끕니다. 레이어 창에서 [Visible] 버튼의 체크 표시를 해제합니다.

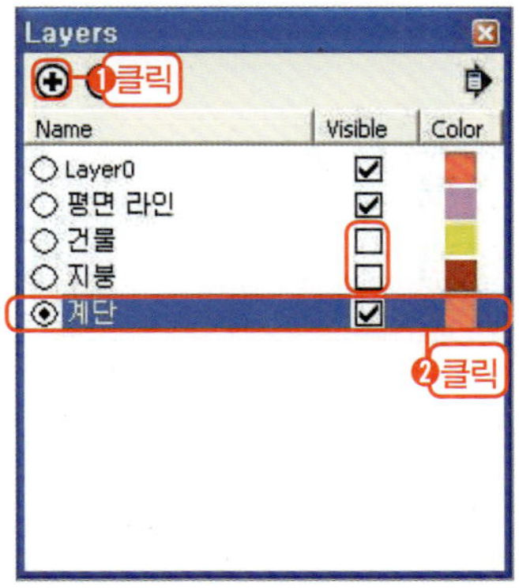

02 계단을 작업하기 위해 사각형 툴(▢)로 외곽선의 끝점과 끝점을 연결하여 면을 만듭니다. 밀고/끌기 툴(⬆)로 계단의 총 높이를 '900'으로 입력하여 위로 돌출시킵니다. 그리고 [Divide]을 이용하여 가로선과 세로선에 3개 Segments로 선을 분할한 후 밀고/끌기 툴(⬆)로 계단을 만듭니다.

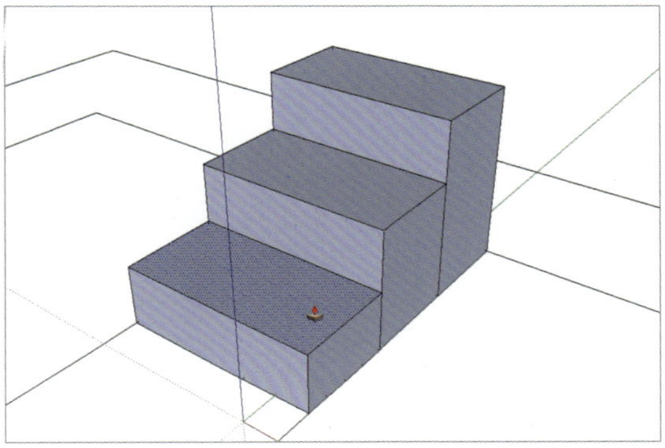

03 층계별로 계단을 만들기 위해 줄자 툴(📏)로 가상선을 설정합니다. 그리고 선 툴(✏)로 가상선을 기준으로 하여 선을 그려 면들을 만듭니다.

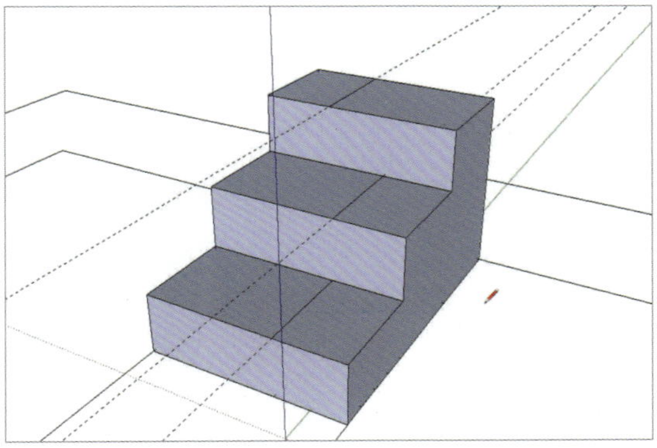

04 층계별로 계단을 만들기 위해 밀고/끌기 툴(⬆)로 그림처럼 드래그하여 커서를 선의 중간점으로 가져갑니다.

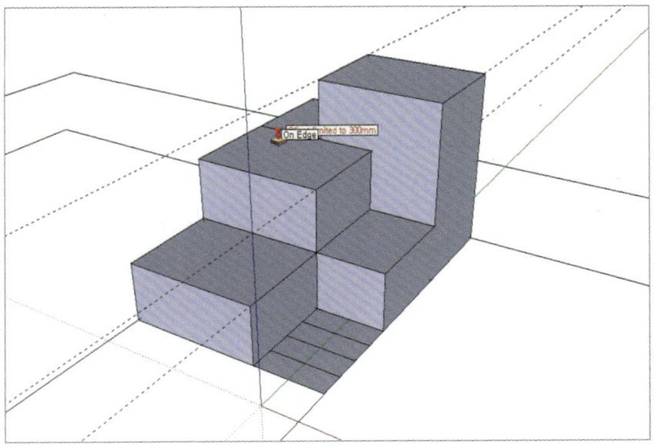

05 이제 계단을 만들어 보겠습니다. 사각형 툴( )로 사각형을 그린 후 밀고/끌기 툴( )로 위로 드래그하여 커서를 선 위의 끝점으로 가져갑니다.

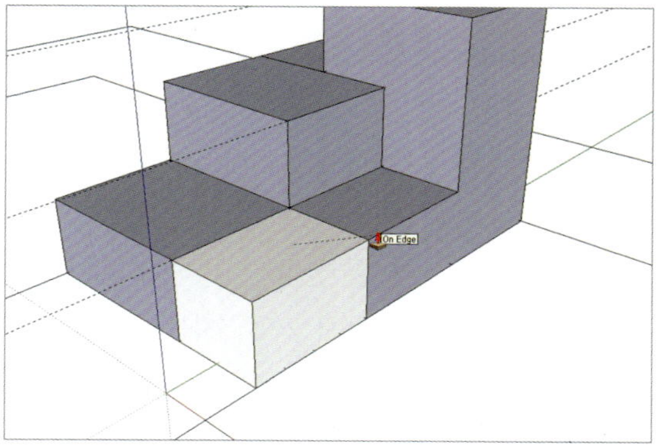

06 선 툴( )로 정육면체 양쪽 모서리의 중간선에 마우스를 클릭하면서 선을 그립니다. 그리고 정육면체의 옆면에도 반복적으로 선을 그립니다. 그런 다음, 밀고/끌기 툴( )로 아래로 드래그하여 커서를 선 위로 가져갑니다.

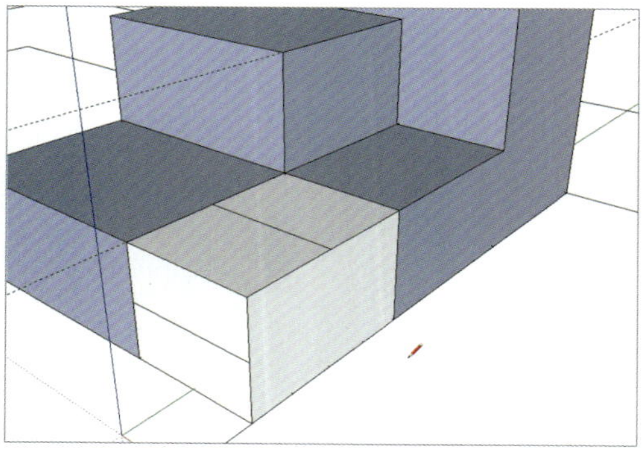

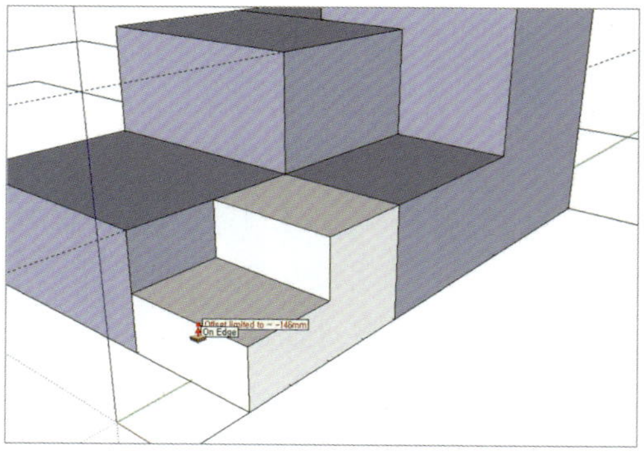

07 06의 작업을 반복하여 1단계 계단을 작업합니다. 그런 다음, 지우개 툴( )로 불필요한 선들을 삭제합니다.

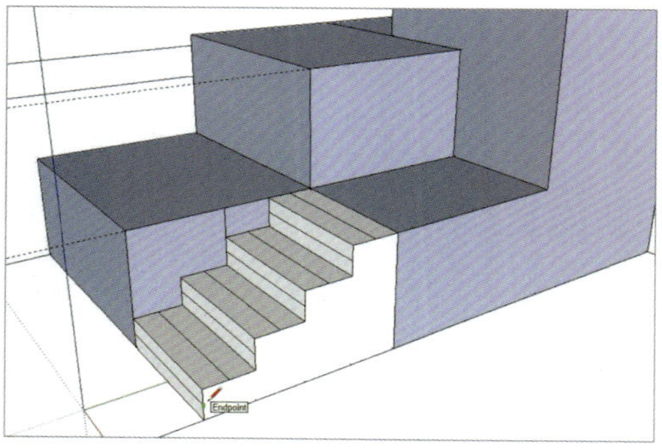

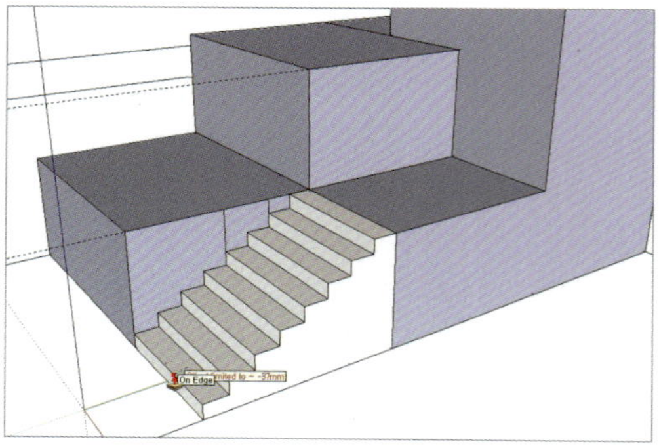

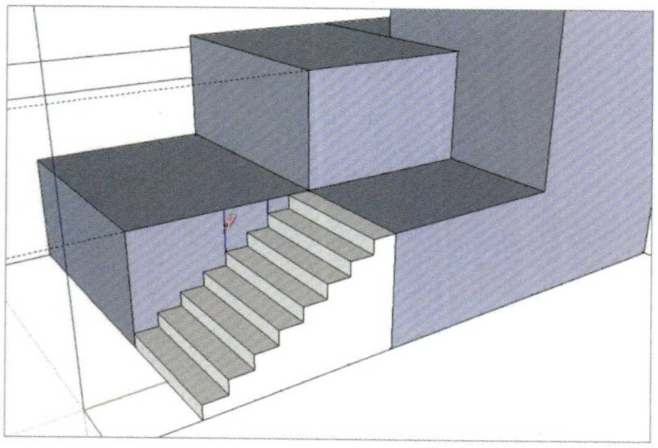

08 06에서 07까지를 반복하여 2단계 계단을 작업합니다. 그런 다음, 지우개 툴( )로 불필요한 선들을 삭제합니다.

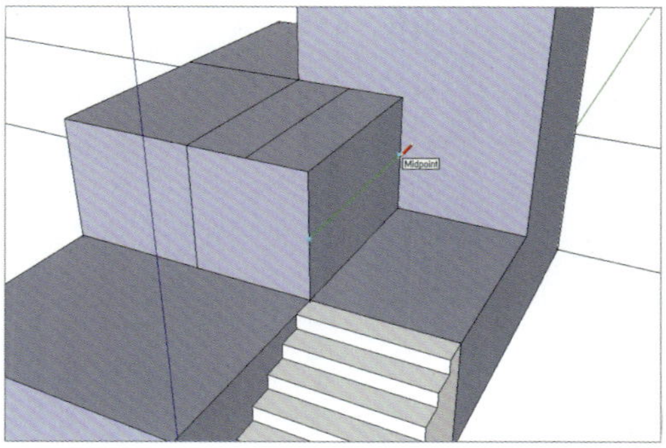
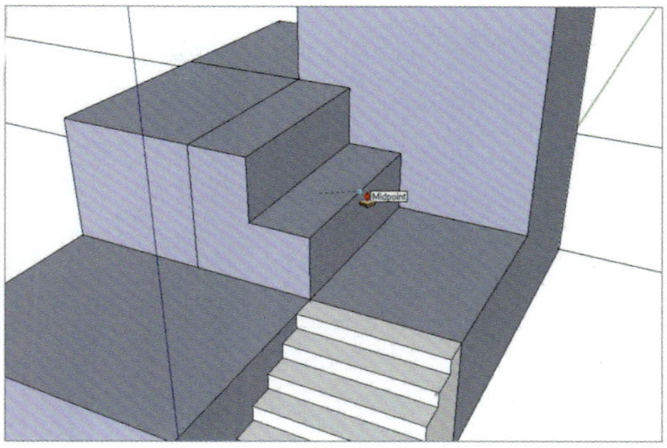
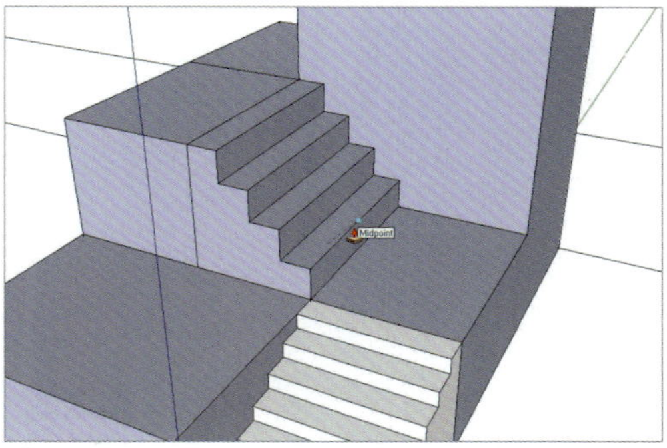
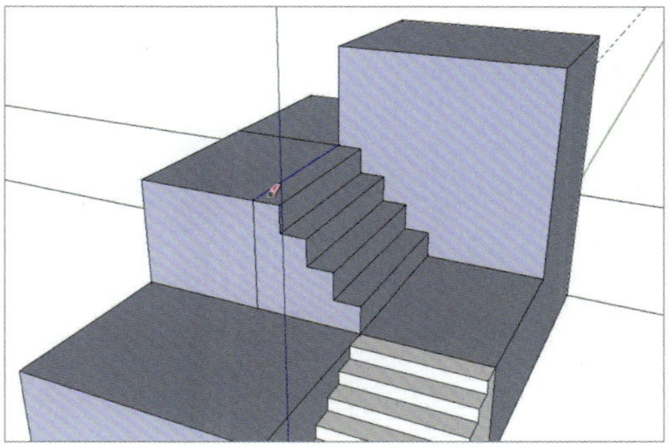
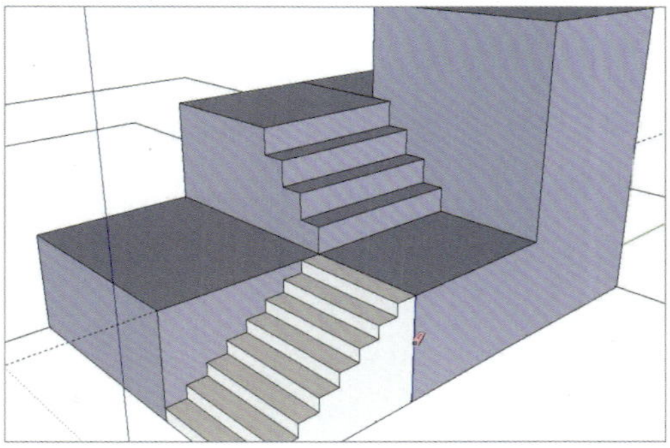
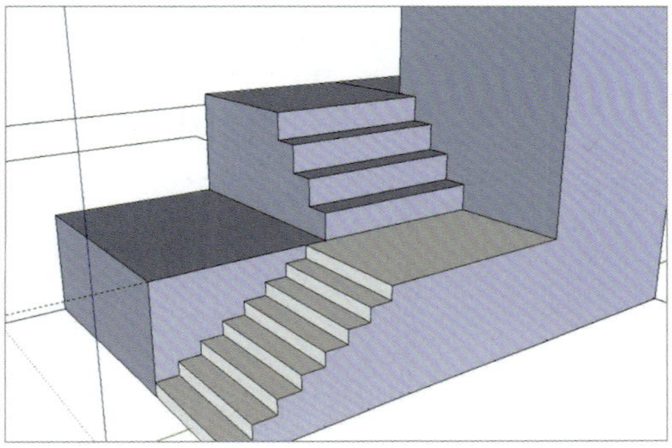

09 06에서 07까지를 반복하여 3단계 계단을 작업합니다. 그런 다음, 계단의 모든 면들을 선택하고 마우스 오른쪽 버튼을 클릭하면 나타나는 확장 메뉴 중에서 [Make Group]을 선택하여 그룹으로 만듭니다.

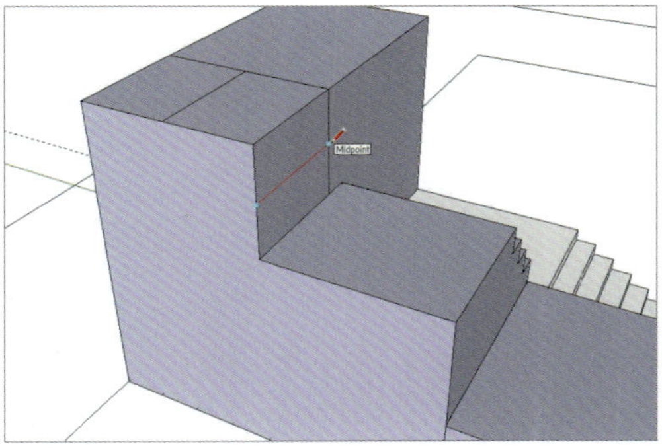
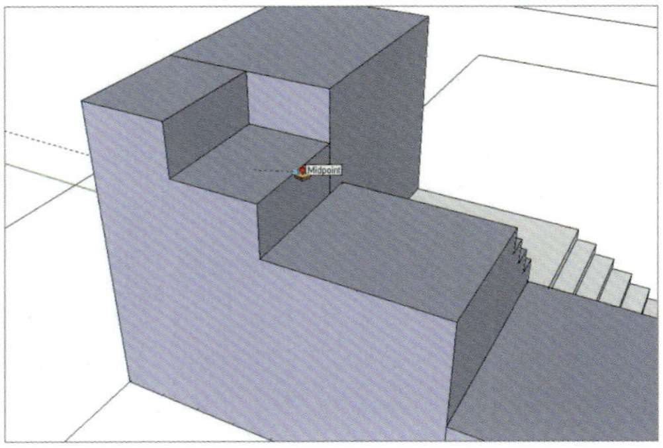

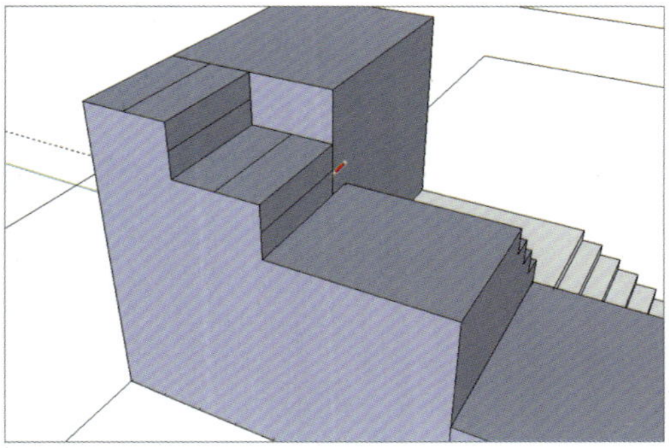

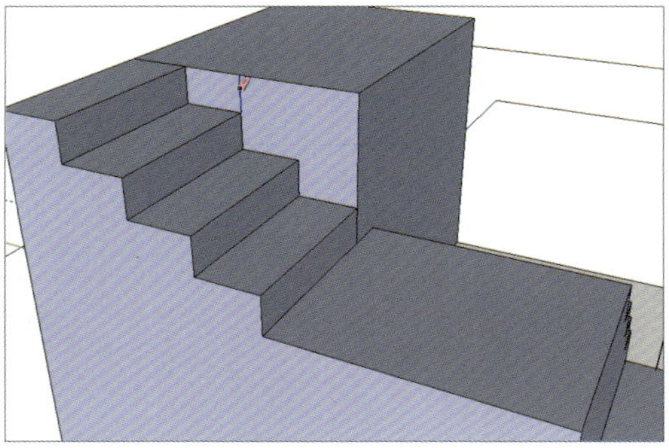

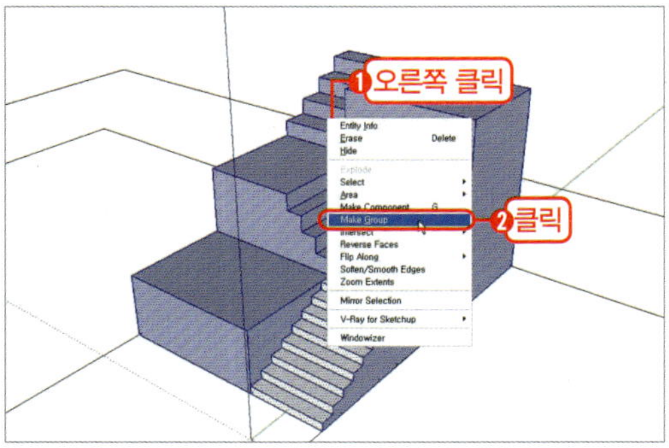

10 레이어 창에서 [레이어 추가] 버튼(⊕)을 클릭하여 새로운 레이어를 추가합니다. 레이어 이름을 '바닥'으로 변경하고 레이어 이름 옆의 [스위치] 버튼(◉)을 클릭한 후 선택합니다. 레이어 창에서 '건물', '지붕' 레이어를 끕니다. 그런 다음, 레이어 창에서 [Visible] 버튼의 체크 표시를 해제합니다.

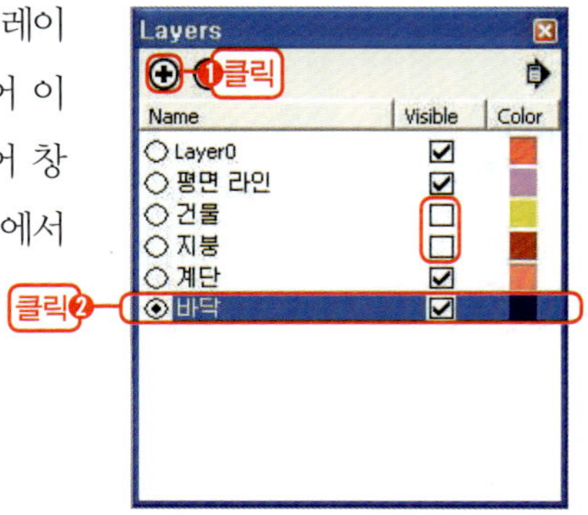

11 바닥을 작업하기 위해 선 툴(✏)과 사각형 툴(▢)로 양쪽 끝부분에 끝점과 끝점을 연결하는 선을 그려 면을 만듭니다. 그리고 밀고/끌기 툴(⬆)로 위로 10만큼 돌출합니다. 작업한 바닥의 모든 면들을 선택한 후 마우스 오른쪽 버튼을 클릭하면 나타나는 확장 메뉴 중에서 [Make Group]을 선택하여 그룹으로 만듭니다.

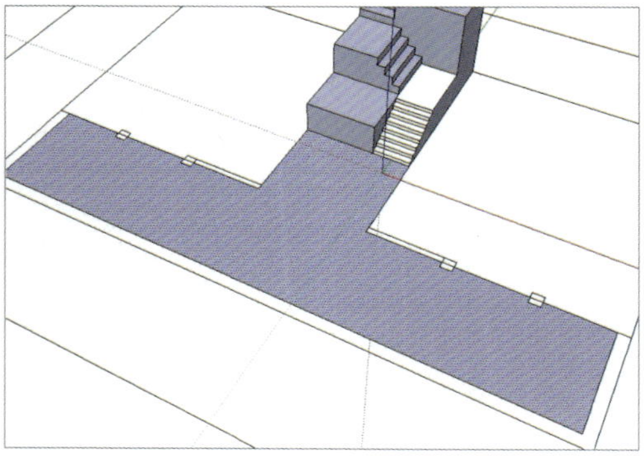

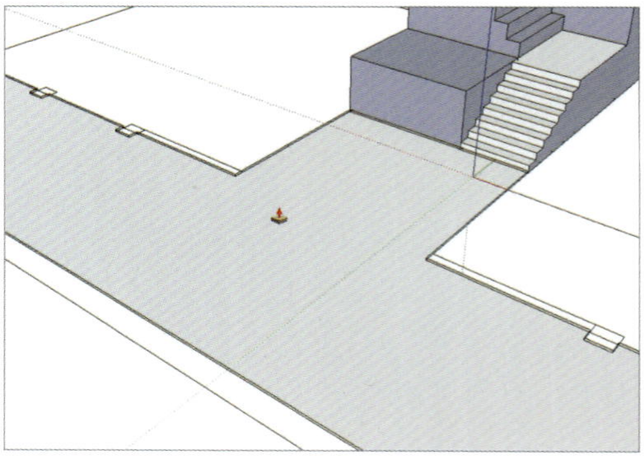

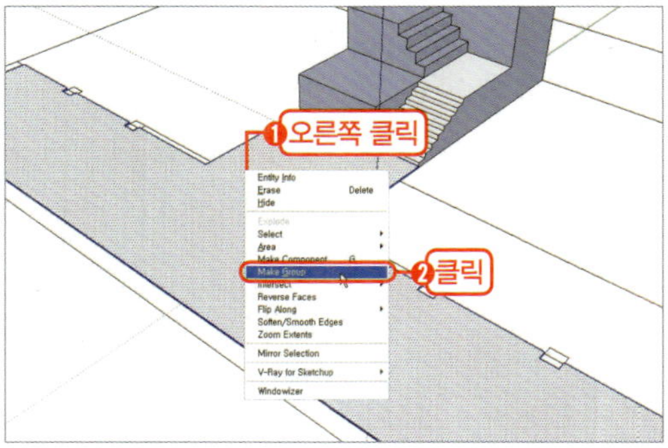

Tip

스케치업 8에서는 면의 색상이 흰색이면 앞면, 파란색이면 뒷면으로 구분합니다. 파란색 뒷면에서 클릭한 상태에서 마우스를 위로 돌출하며 3D 객체를 만드는 작업을 할 때, 가끔 바닥 밑면이 뚫려 있는 경우가 있습니다. 이때, 선 툴로 양쪽 끝점을 클릭하여 선을 그리면 바로 전체 면이 생성되는 것을 알 수 있습니다.

12 건물 안쪽 바닥을 작업하기 위해 선 툴( )과 사각형 툴( )로 양쪽 끝부분에 끝점과 끝점을 연결하는 선을 그려 면을 만듭니다.

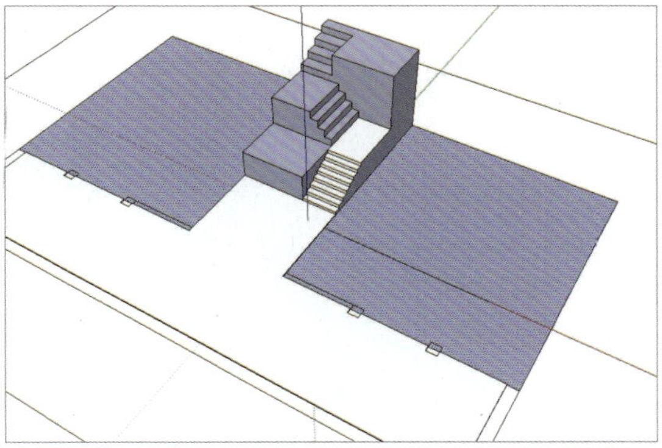

13 밀고/끌기 툴( )로 드래그하여 커서를 선 위로 가져갑니다. 그러면 그 위치만큼 늘어납니다. 작업한 건물 안 바닥의 모든 면들을 선택한 후 마우스 오른쪽 버튼을 클릭하면 나타나는 확장 메뉴 중에서 [Make Group]을 선택하여 그룹으로 만듭니다.

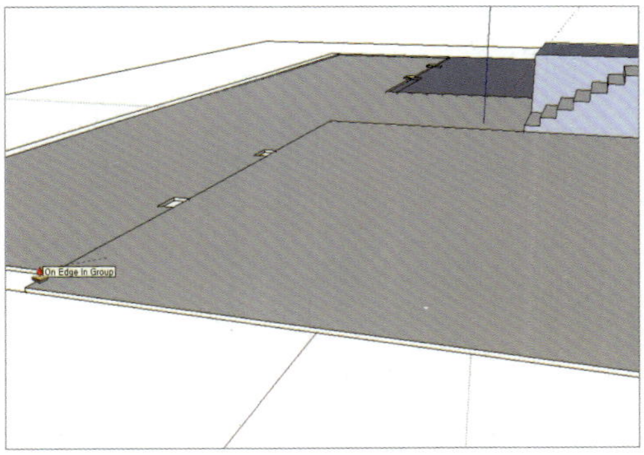

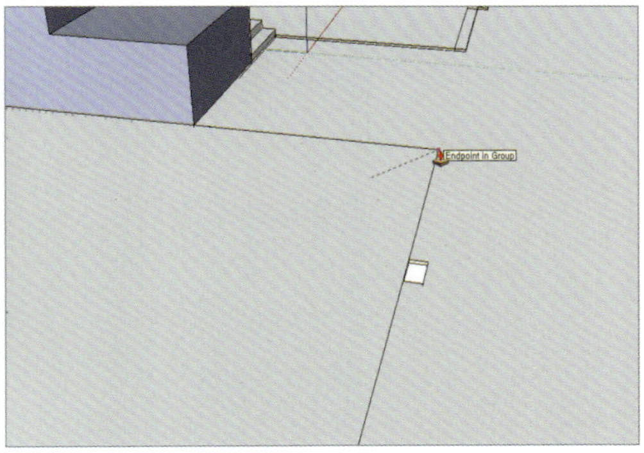

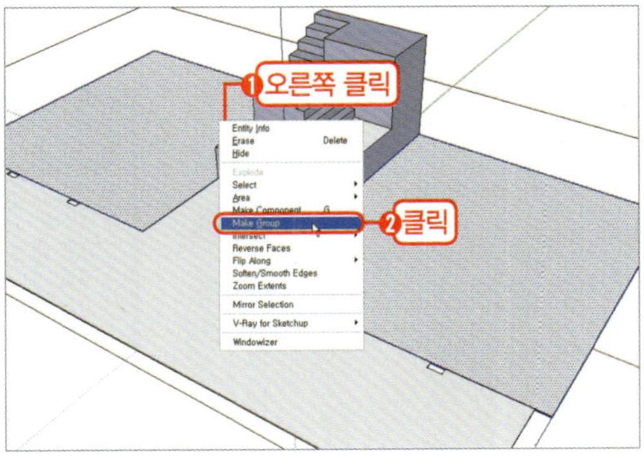

14 레이어 창에서 [레이어 추가] 버튼(⊕)을 클릭하여 새로운 레이어를 추가합니다. 레이어 이름을 '난간'으로 변경하고 레이어 이름 옆의 [스위치] 버튼(◉)을 클릭한 후 선택합니다. 레이어 창에서 '건물', '지붕', '계단', '바닥' 레이어를 끕니다. 레이어 창에서 [Visible] 버튼의 체크 표시를 해제합니다.

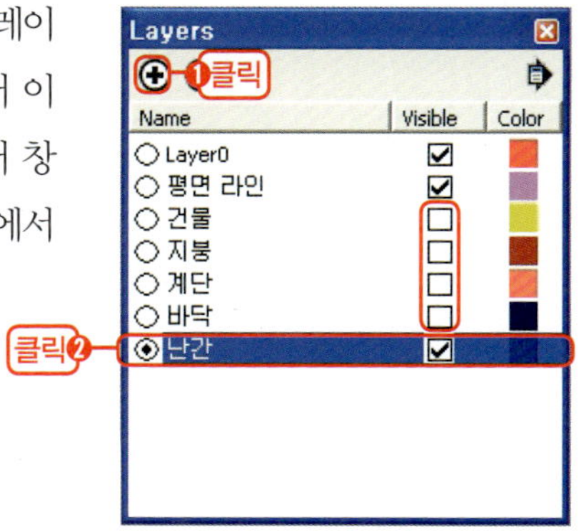

15 난간을 작업하기 위해 선 툴(✏)과 사각형 툴(■)로 양쪽 끝부분에 끝점과 끝점을 연결하는 선을 그려 면을 만듭니다. 그런 다음, 밀고/끌기 툴(◆)로 '950'을 입력하여 난간의 높이를 건물 높이와 똑같이 위로 돌출시킵니다.

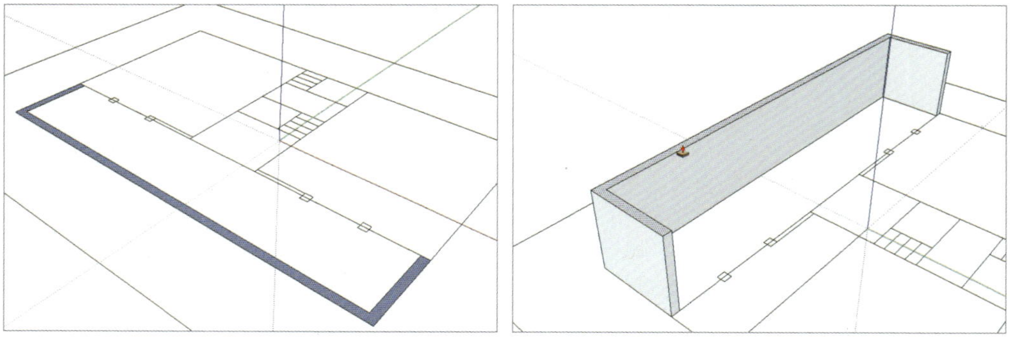

16 난간의 모든 면들을 선택한 후 마우스 오른쪽 버튼을 클릭하면 나타나는 확장 메뉴 중에서 [Make Group]을 선택하여 그룹으로 만듭니다.

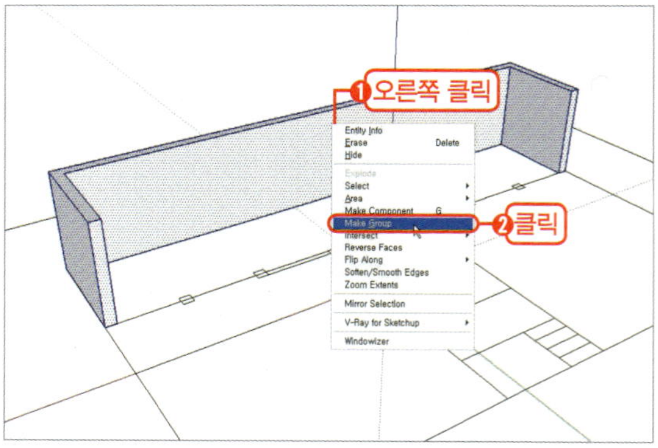

17 레이어 창에서 [레이어 추가] 버튼(⊕)을 클릭하여 새로운 레이어를 추가합니다. 레이어 이름을 '바탕'으로 변경하고 레이어 이름 옆의 [스위치] 버튼(◉)을 클릭한 후 선택합니다. 레이어 창에서 '건물', '지붕', '계단', '바닥', '난간' 레이어를 끕니다. 레이어 창에서 [Visible] 버튼의 체크 표시를 해제합니다.

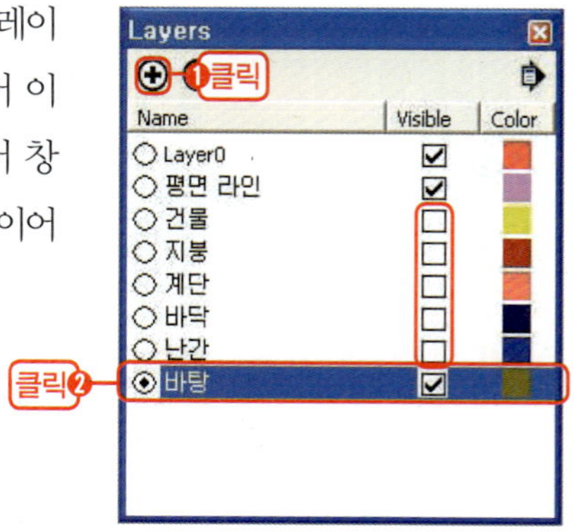

18 Top( ) 화면으로 이동합니다. 바탕을 작업하기 위해 선 툴( )과 사각형 툴( )로 양쪽 끝부분에 끝점과 끝점을 연결하는 선을 그려 면을 만듭니다. 그런 다음, 밀고/끌기 툴( )로 난간의 높이를 건물 높이와 똑같이 50만큼 위로 돌출시킵니다. 작업한 바탕의 모든 면들을 선택한 후 마우스 오른쪽 버튼을 클릭하면 나타나는 확장 메뉴 중에서 [Make Group]을 선택하여 그룹으로 만듭니다.

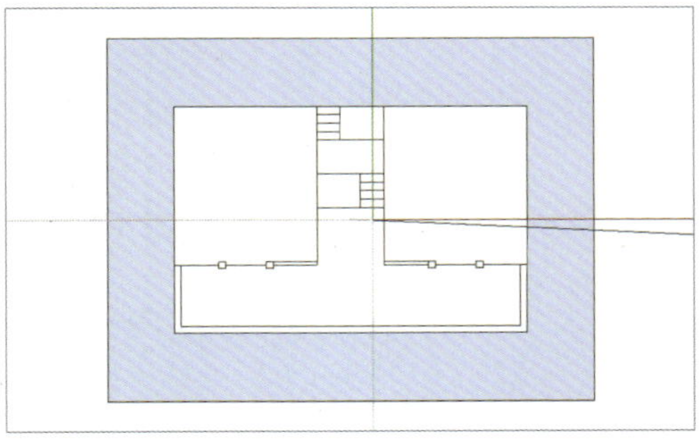

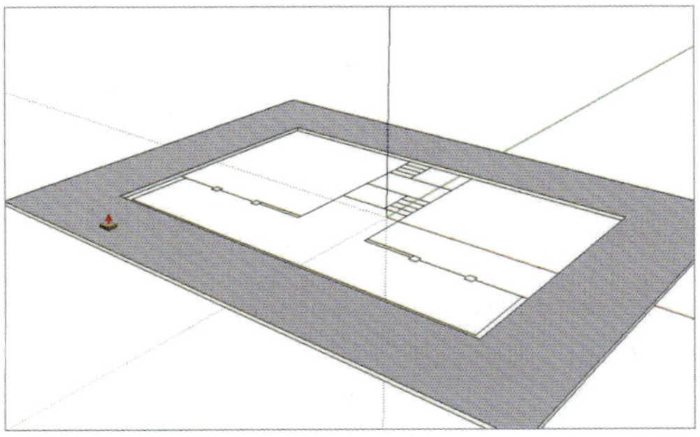

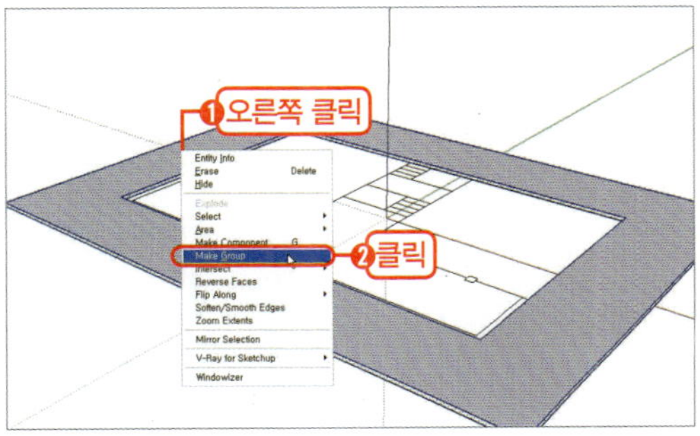

19 Front( ) 화면으로 이동합니다. 그런 다음, 이동 툴( )로 바탕의 밑부분 끝점을 클릭하고 수직으로 드래그합니다. 그리고 '900'을 입력한 후 Enter↵를 눌러 계단 바로 위까지 이동합니다.

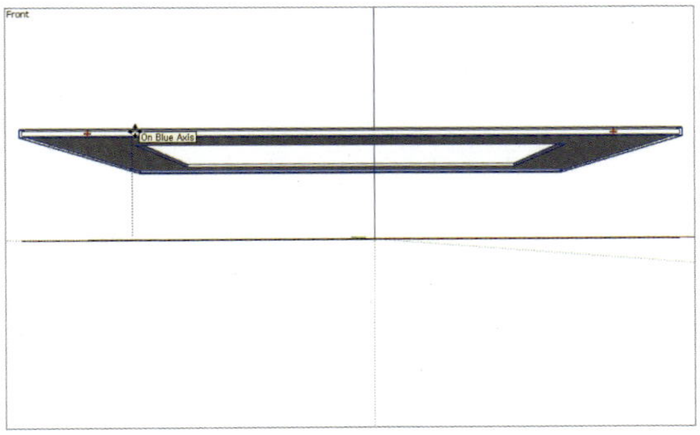

20 꺼져 있는 모든 레이어를 다시 켜기 위해 레이어 창에서 [Visible] 버튼을 클릭하여 체크 표시를 합니다. 모든 객체들이 화면에 나타난 것을 확인할 수 있습니다.

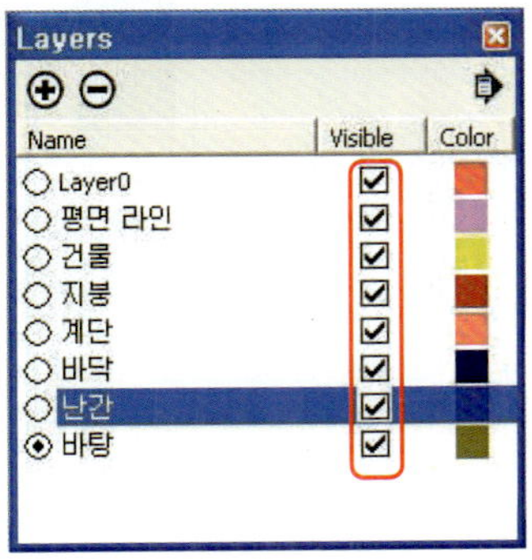

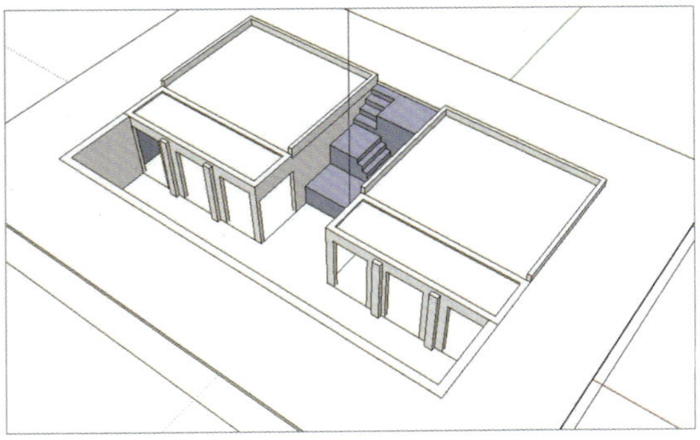

STEP 03 창문 삽입하고 배치하기

01 레이어 창에서 [레이어 추가] 버튼(⊕)을 클릭하여 새로운 레이어를 추가합니다. 레이어 이름을 '창'으로 변경하고 레이어 이름 옆의 [스위치] 버튼(⦿)을 클릭한 후 선택합니다. 레이어 창에서 '평면 라인', '계단', '난간', '바탕' 레이어를 끕니다. 그런 다음, 레이어 창에서 [Visible] 버튼의 체크 표시를 해제합니다.

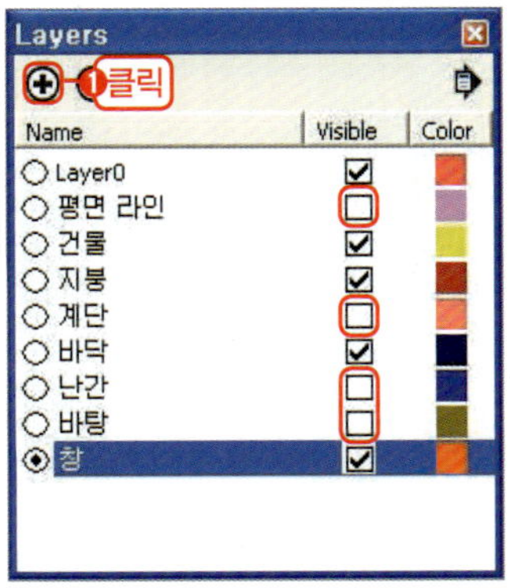

02 메뉴에서 [Window]-[Components]를 선택합니다. [Components] 창에서 창문들을 선택합니다. 건물 공간에 불러온 창문을 삽입한 후 이동 툴( ), 회전 툴( ), 스케일 툴( )로 배치합니다.

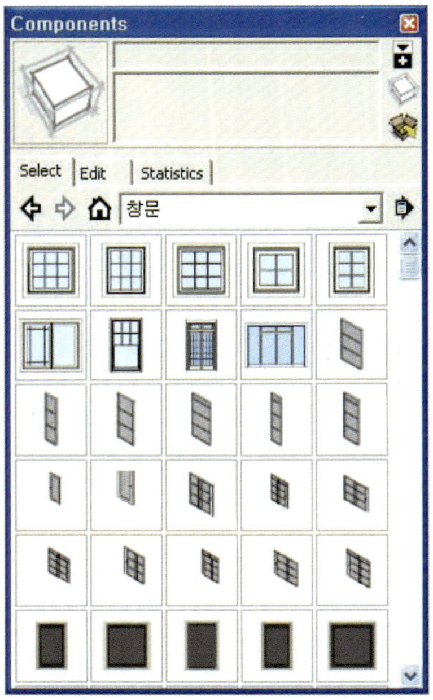

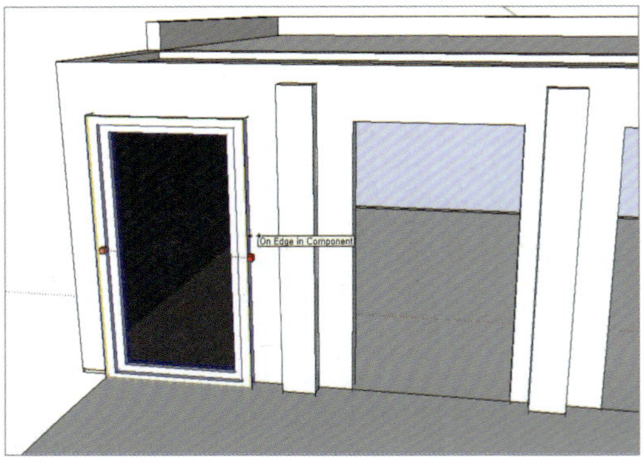

03 삽입한 창문이 바깥쪽으로 나와 있습니다. 창문 객체를 선택한 후 마우스 오른쪽 버튼을 클릭하면 나타나는 확장 메뉴 중에서 [Edit Components]를 선택합니다. 그런 다음, Control+A를 눌러 삽입한 모든 창문 객체를 선택합니다. 앞으로 나와 있는 창문을 밀어 넣기 위해 이동 툴( )로 창문 끝점에서 건물 끝점까지 드래그합니다.

Tip

[Components] 사용 방법은 174쪽을 참고하세요.

04 02에서 03까지 작업한 창문을 복사하기 위해 Control을 누른 채 이동 툴()로 건물의 끝점을 클릭한 후 드래그하여 반복적으로 복사합니다. 그리고 또 다른 건물에도 같은 방법으로 복사를 합니다.

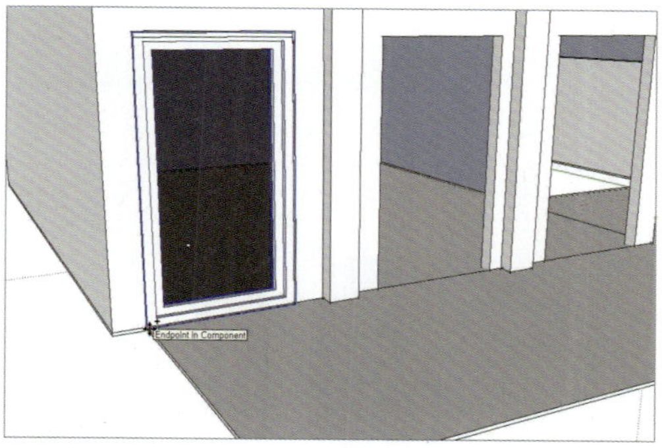

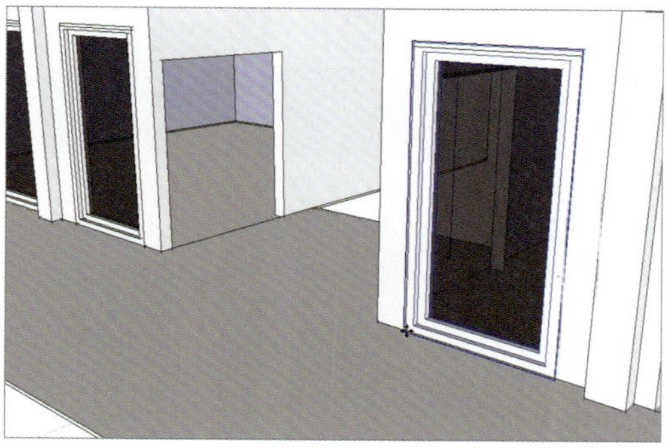

05 [Components] 창에서 창문들을 선택합니다. 측면 건물 공간에 불러온 창문을 삽입한 후 이동 툴(), 회전 툴(), 스케일 툴()로 배치합니다.

06 삽입한 창문이 바깥쪽으로 나와 있습니다. 창문 객체를 선택한 후 마우스 오른쪽 버튼을 클릭하면 나타나는 확장 메뉴 중에서 [Edit Components]를 선택합니다. 그리고 Control+A를 눌러 삽입한 모든 창문 객체를 선택합니다. 앞으로 나와 있는 창문을 밀어 넣기 위해 이동 툴()로 창문 끝점에서 건물 끝점까지 드래그합니다.

07 06에서 작업한 측면 창문을 또 다른 건물에 대칭 복사하면서 배치합니다.

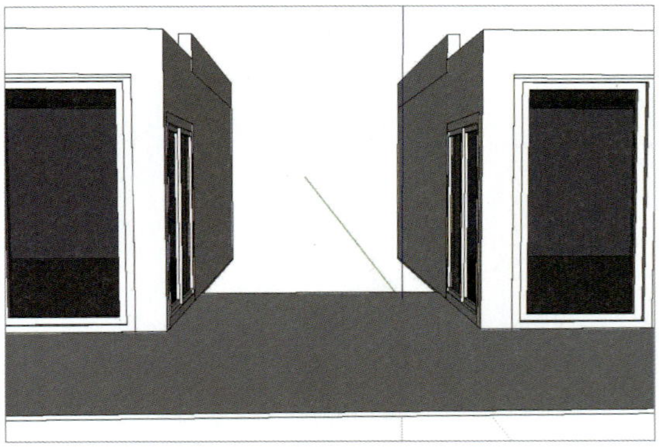

08 레이어 창에서 꺼져 있는 '평면 라인' 레이어를 제외한 모든 레이어를 다시 켜기 위해 레이어 창에서 [Visible] 버튼을 클릭하여 체크 표시를 합니다. 모든 객체들이 화면에 나타난 것을 확인할 수 있습니다.

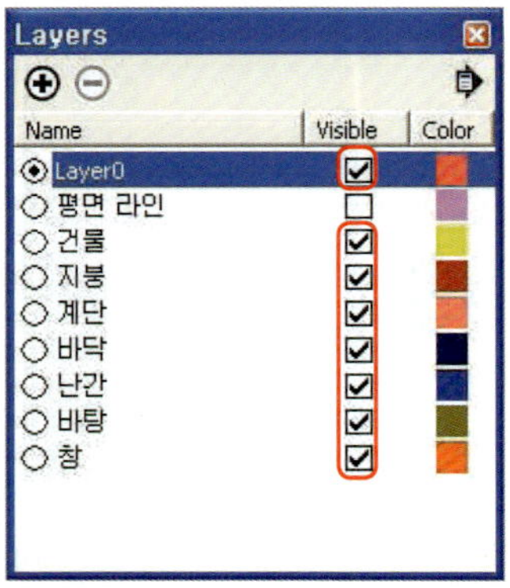

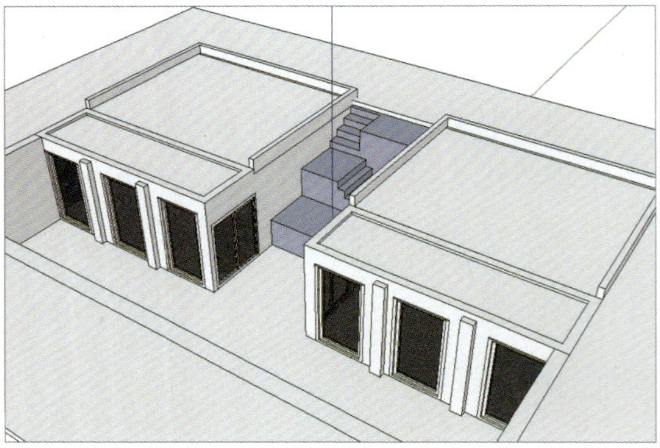

02. 건물에 재질 적용하기

건물 실내외에 적용할 재질 패턴들을 편집한 후 각 건물의 면에 재질을 채웁니다. 창문의 유리에는 투명 재질을 적용하고 계단에도 재질을 적용합니다. 건물 상단의 배경은 잔디 재질로 공원의 느낌을 주어 표현합니다.

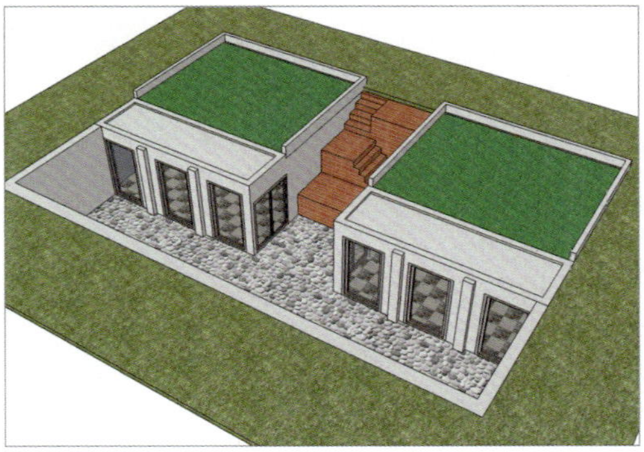

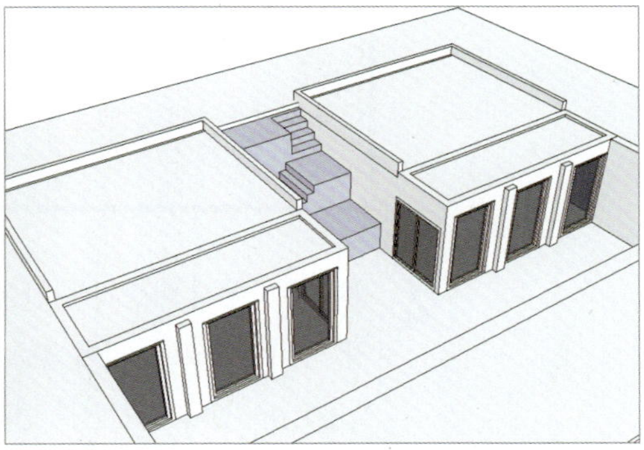

01 메뉴에서 [Window]-[Layers]를 클릭합니다. 레이어 창에서 '건물 벽', '지붕', '창문'에 쉽게 재질을 채우기 위해서는 '평면 라인', '계단', '바닥', '난간', '바탕' 레이어를 끄는 것이 좋습니다. 레이어 창에서 [Visible] 버튼의 체크 표시를 해제합니다.

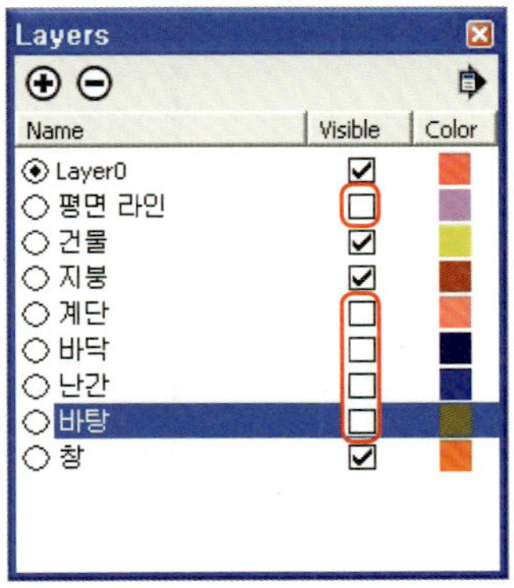

02 채우기 툴( )을 선택합니다. 2개의 건물과 지붕, 창문에 원하는 재질을 채웁니다. 모든 객체에 재질이 채워진 것을 확인할 수 있습니다.

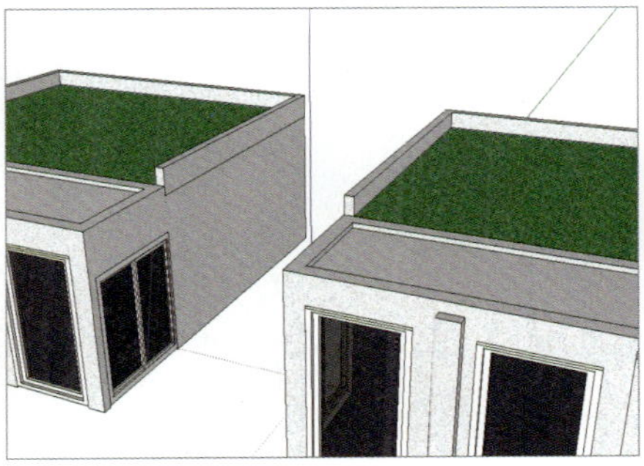

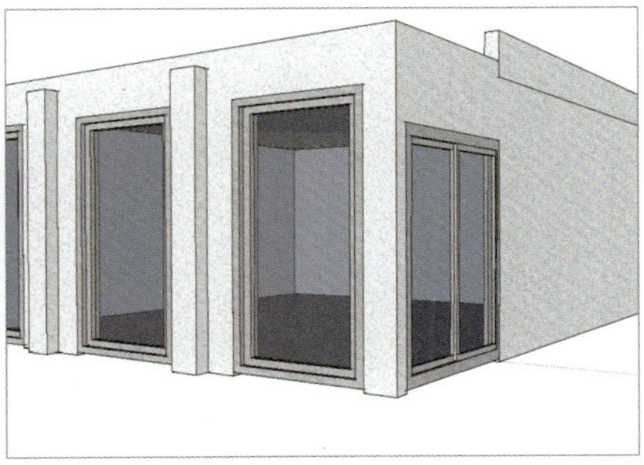

03 레이어 창에서 계단에 쉽게 재질을 채우기 위해서는 '평면 라인', '건물', '지붕', '바닥', '난간', '바탕', '창' 레이어를 끄는 것이 좋습니다. 레이어 창에서 [Visible] 버튼의 체크 표시를 해제한 후 채우기 툴( )을 선택하여 계단에 원하는 재질을 채웁니다.

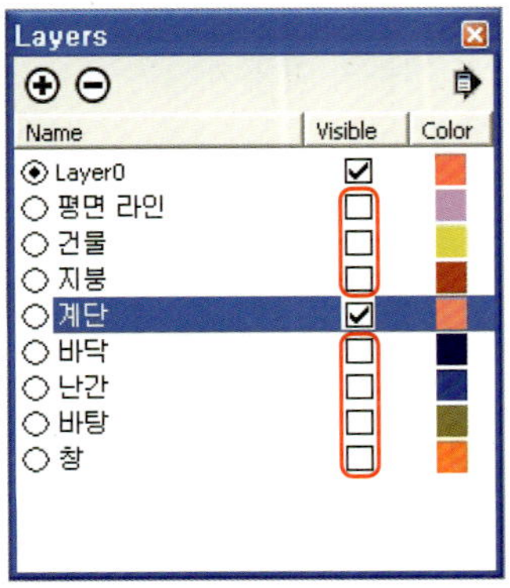

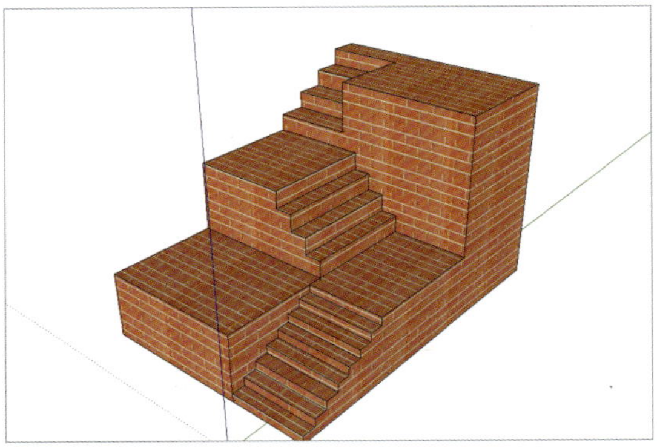

04 레이어 창에서 바탕과 난간에 쉽게 재질을 채우기 위해서는 '평면 라인', '건물', '지붕', '계단', '바탕', '창' 레이어를 끄는 것이 좋습니다. 레이어 창에서 [Visible] 버튼의 체크 표시를 해제한 후 채우기 툴( )을 선택하여 건물 난간과 바닥에 원하는 재질을 채웁니다.

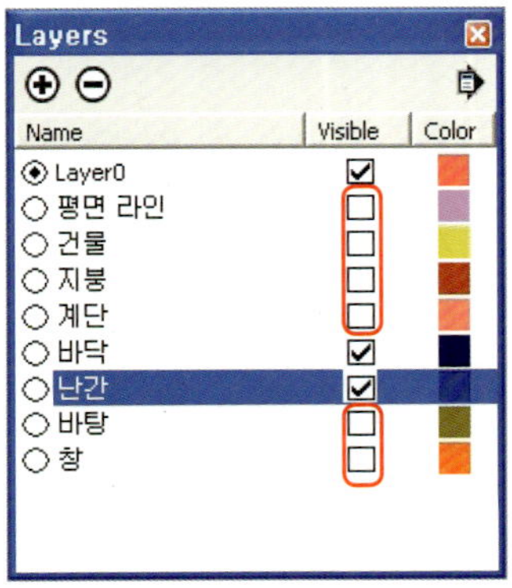

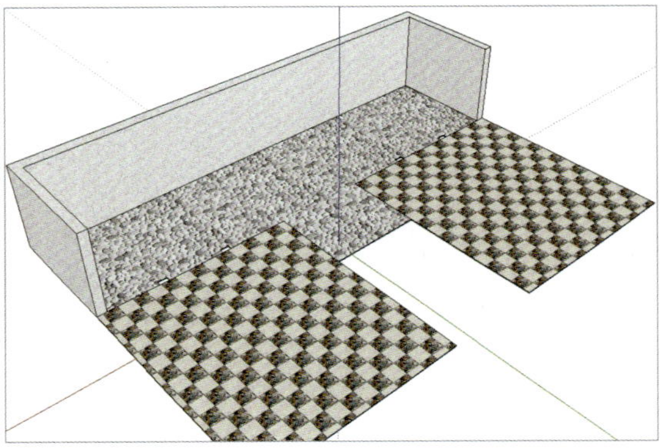

05 레이어 창에서 바탕에 쉽게 재질을 채우기 위해서는 '평면 라인', '건물', '지붕', '계단', '창' 레이어를 끄는 것이 좋습니다. 레이어 창에서 [Visible] 버튼의 체크 표시를 해제한 후 채우기 툴( )을 선택하여 건물 바탕에 원하는 재질을 채웁니다.

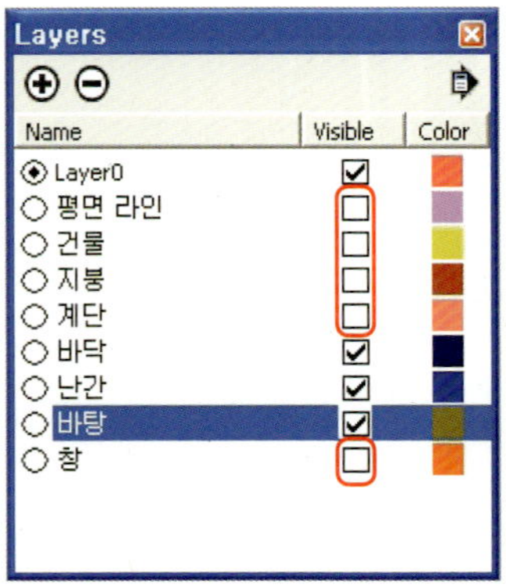

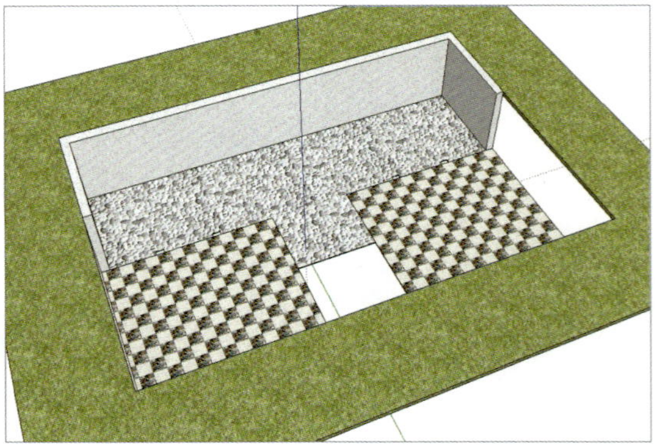

06 레이어 창에서 꺼져 있는 '평면 라인' 레이어를 제외한 모든 레이어를 다시 켜기 위해 레이어 창에서 [Visible] 버튼을 클릭하여 체크 표시를 합니다. 모든 객체들이 화면에 나타난 것을 확인할 수 있습니다.

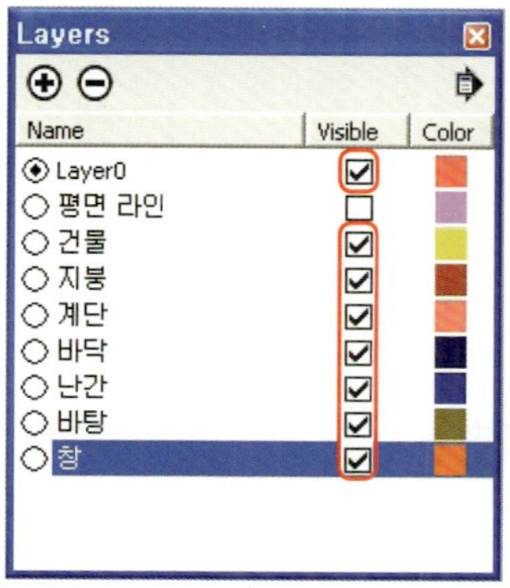

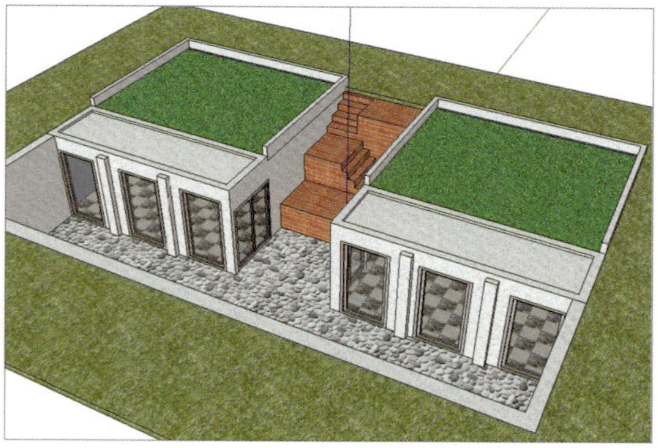

03. 컴포넌트 객체 삽입하기

공원 배경에 어울리는 컴포넌트(소스)들을 [Components] 창 또는 메뉴의 [File]–[3dwarehouse]에서 검색한 후 배치합니다. 건물 앞의 공간에 각 소품들을 검색한 후 배치합니다.

01 메뉴에서 [Window]–[Layers]를 클릭합니다. 레이어 창에서 [레이어 추가] 버튼(⊕)을 클릭하여 새로운 레이어를 추가합니다. 레이어 이름을 '배경 소품'으로 변경하고 레이어 이름 옆의 [스위치] 버튼(⊙)을 클릭한 후 선택합니다. 레이어 창에서 '평면 라인', '건물', '지붕', '바탕', '창' 레이어를 끕니다. 레이어 창에서 [Visible] 버튼의 체크 표시를 해제합니다.

02 메뉴에서 [Window]–[Components]를 선택합니다. [Components] 창에서 배경 소품들을 선택합니다. 그런 다음, 계단과 담장 내부에 불러온 배경 소품들을 삽입하고 이동 툴( ), 회전 툴( ), 스케일 툴( )로 배치합니다.

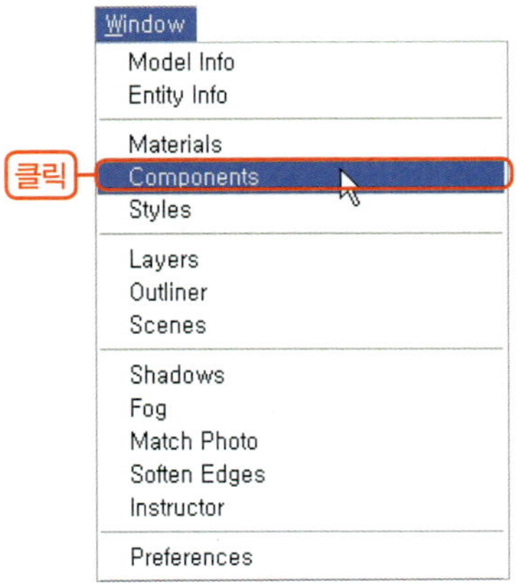

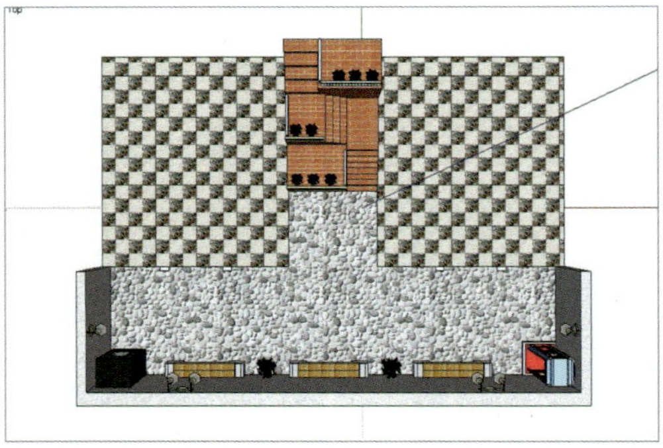

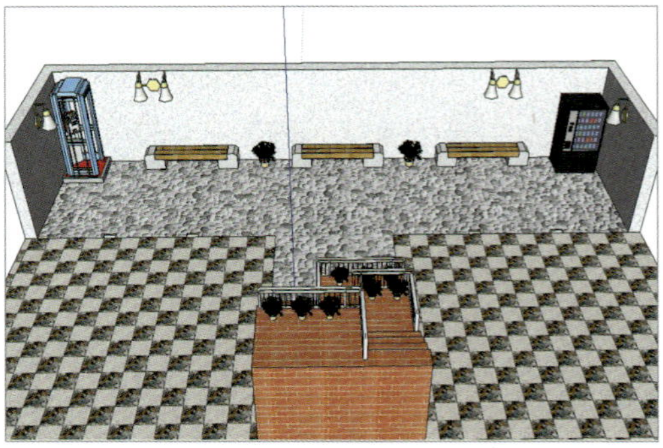

03 레이어 창에서 [레이어 추가] 버튼(⊕)을 클릭하여 새로운 레이어를 추가합니다. 레이어 이름을 '바탕 소품'으로 변경하고 레이어 이름 옆의 [스위치] 버튼(⊙)을 클릭한 후 선택합니다. 레이어 창에서 '배경 소품', '평면 라인' 레이어를 끕니다. 레이어 창에서 [Visible] 버튼의 체크 표시를 해제합니다.

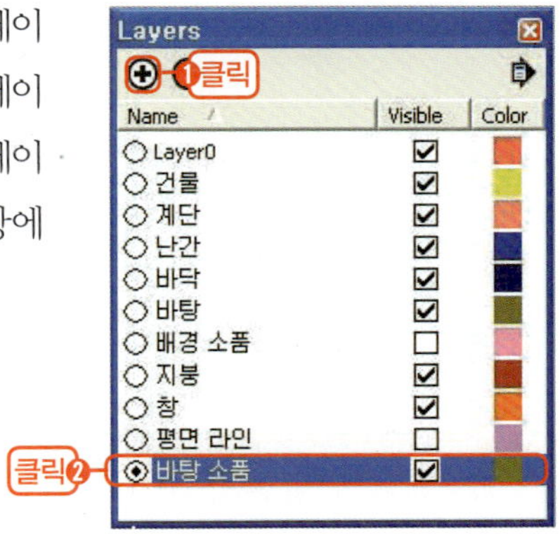

04 메뉴에서 [Window]-[Components]를 선택합니다. [Components] 창에서 바탕 소품들을 선택합니다. 그런 다음, 건물 주위 배경에 불러온 바탕 소품들을 삽입하고 이동 툴( ), 회전 툴( ), 스케일 툴( )로 배치합니다.

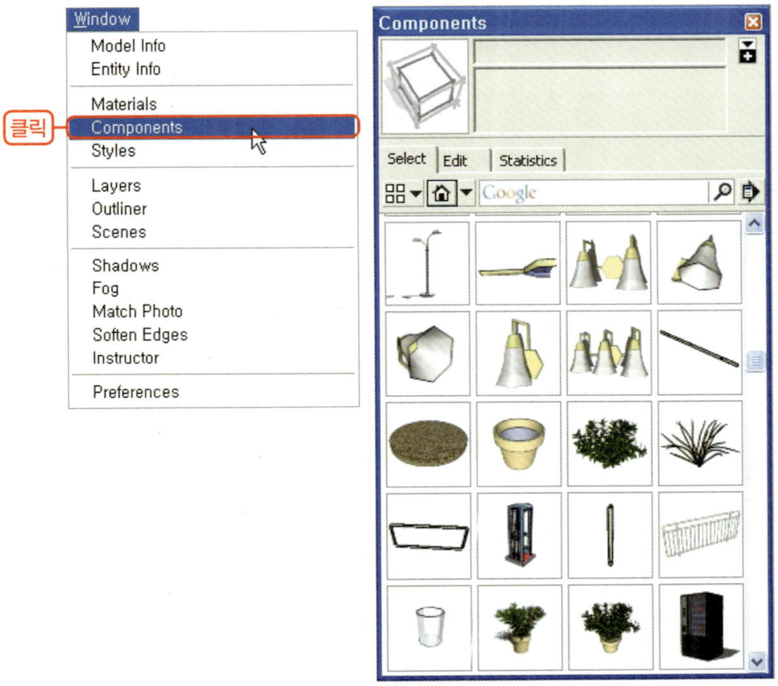

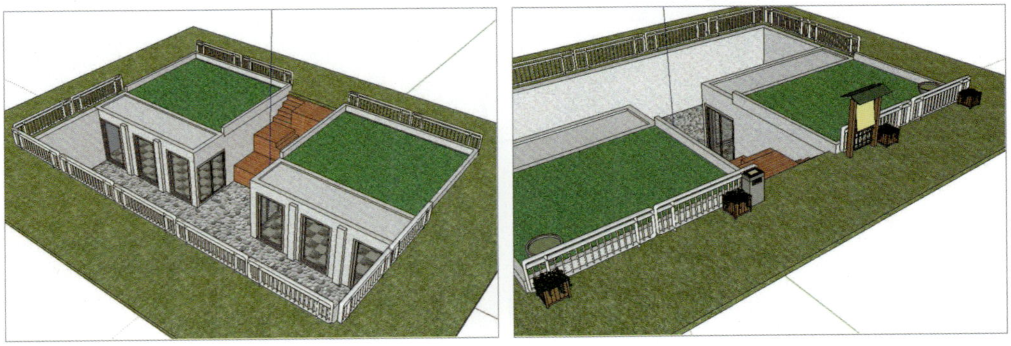

05 레이어 창에서 '건물', '계단', '바탕', '바탕 소품', '지붕', '창', '평면 라인' 레이어를 끕니다. 레이어 창에서 [Visible] 버튼의 체크 표시를 해제합니다.

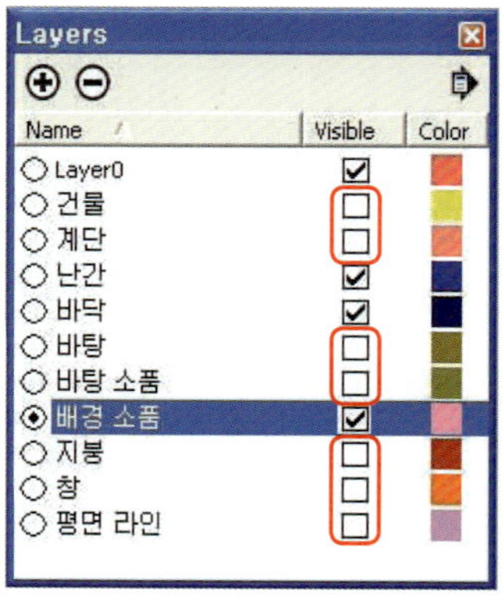

06 메뉴에서 [Window]-[Components]를 선택합니다. [Components] 창에서 여러 소품들을 선택한 후 불러온 여러 소품들을 삽입하여 배치합니다.

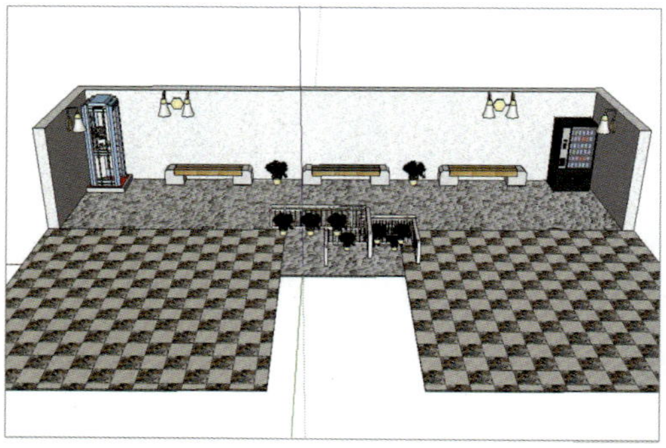

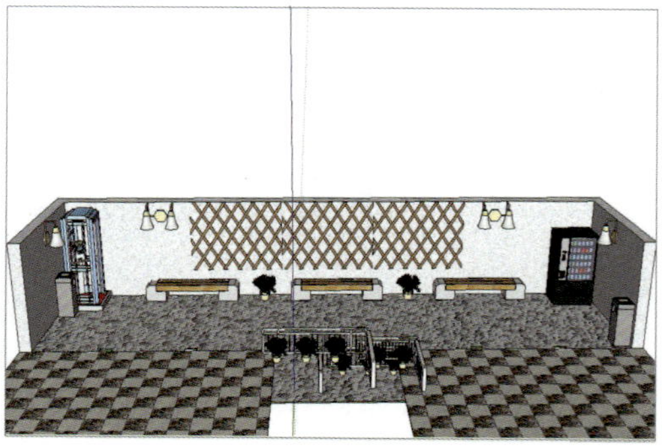

07 레이어 창에서 꺼져 있는 모든 레이어를 다시 켜기 위해 레이어 창에서 [Visible] 버튼을 클릭하여 체크 표시를 합니다. 모든 객체들이 화면에 나타난 것을 확인할 수 있습니다.

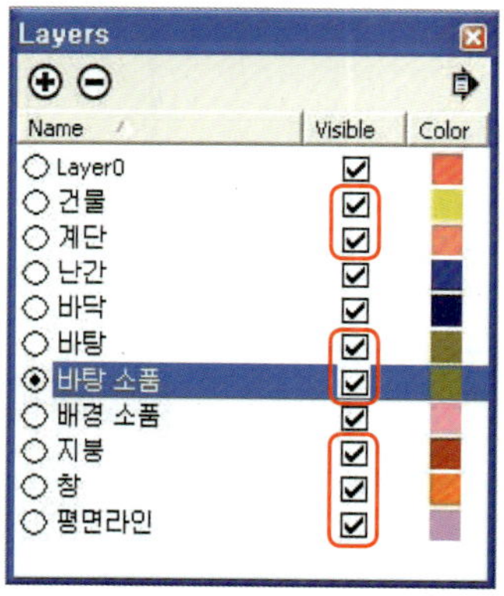

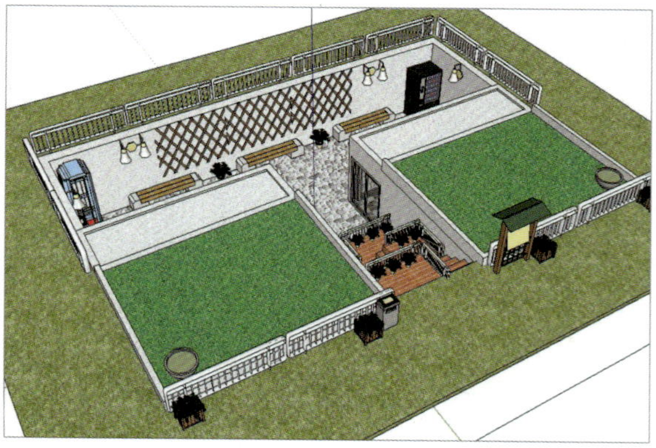

08 레이어 창에서 [레이어 추가] 버튼(⊕)을 클릭하여 새로운 레이어를 추가합니다. 레이어 이름을 '나무'라고 변경하고 선택합니다. 그런 다음, 메뉴에서 [Window]-[Components]를 선택합니다. [Components] 창에서 나무들을 선택한 후 불러온 나무들을 삽입하여 배치합니다.

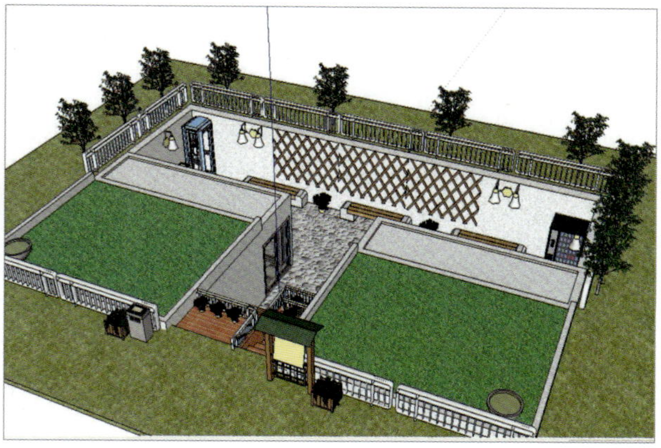

04. 그림자 및 스타일 설정하기

공원 배경과 건물에 주간 배경을 만들기 위해 [Shadows Settings] 창에서 그림자를 설정합니다. 그림자를 좀 더 세밀하게 설정하기 위해 [Geo-location]에서 작업한 현재 위치를 먼저 설정합니다. 완성된 작품에 다양한 스타일을 표현하려면 [Style] 창을 이용하여 작업해야 합니다.

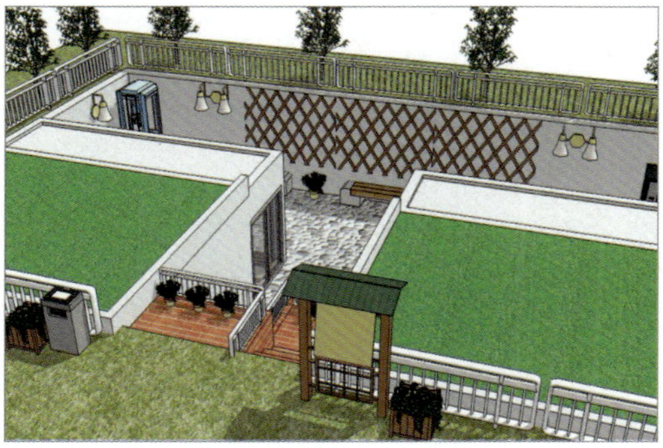

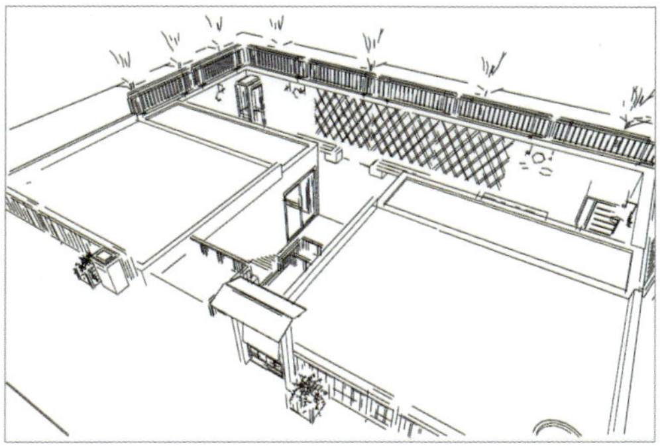

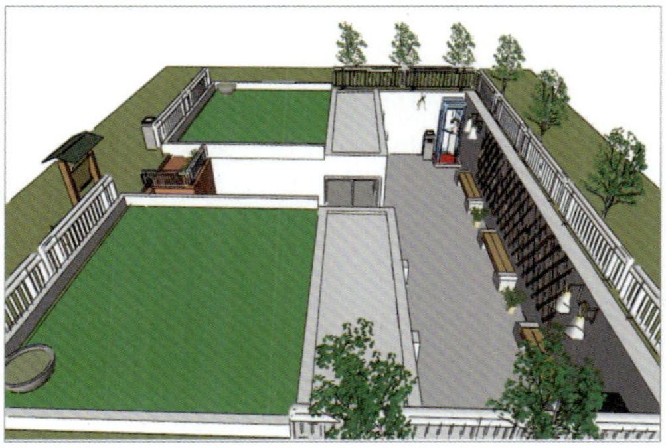

01 메뉴에서 [Window]-[Model Info]를 선택합니다. [Model Info] 창에서 'Geo-location' 항목을 선택합니다. 작업한 현재 위치를 설정하기 위해 지리적 위치를 설정할 수 있는 [Add Location] 버튼을 클릭합니다.

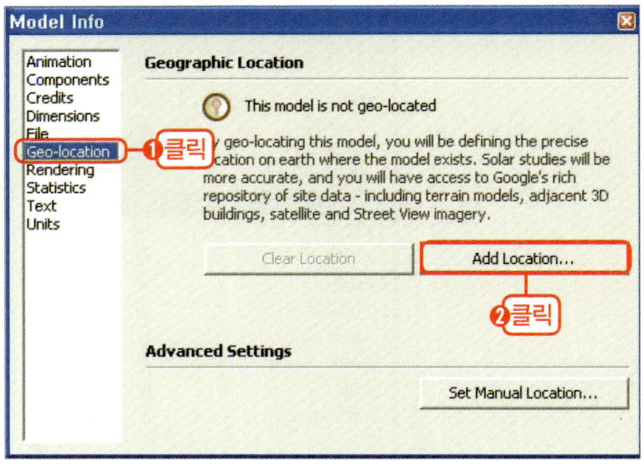

02 [Add Location] 창이 나타나면 원하는 국가를 입력한 후 검색합니다. 입력한 국가 지형을 정확하게 지정하기 위해 [Select Region]을 클릭합니다. 그리고 [Grab]을 클릭하여 마지막으로 선택합니다.

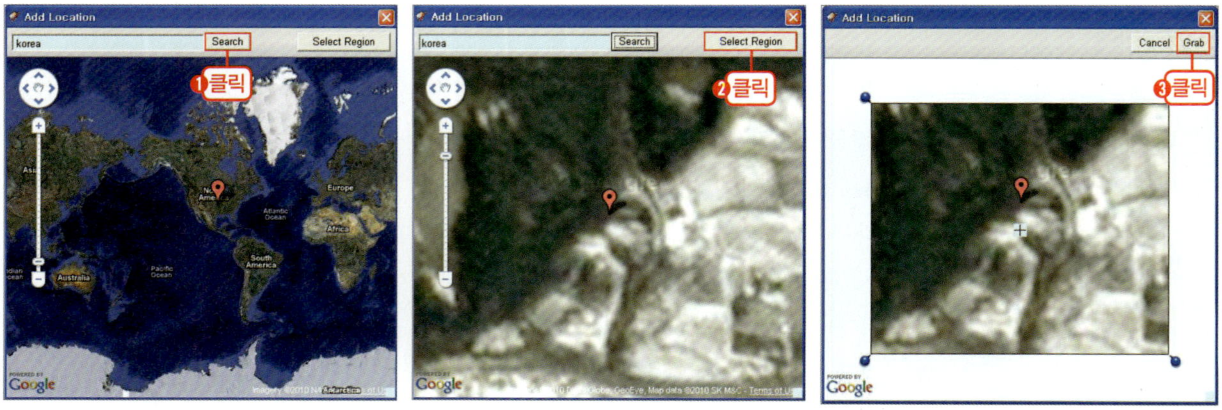

03 '국가', '위도', '경도'가 설정된 것을 확인할 수 있습니다. 단, '위치' 필드에 도시를 새롭게 수정하기 위해 [Set Manual Location] 버튼을 클릭합니다.

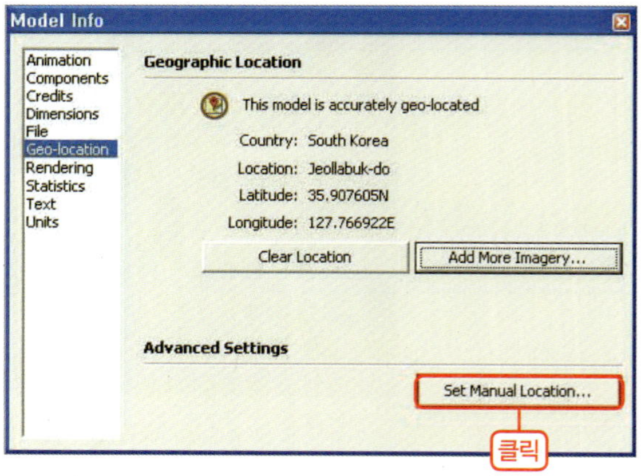

04 '위치' 필드에 위치(도시)를 입력하여 마지막 설정을 마칩니다. 설정한 지형을 최종적으로 확인할 수 있습니다.

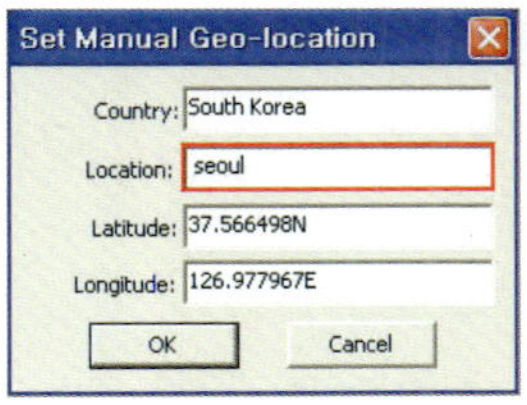

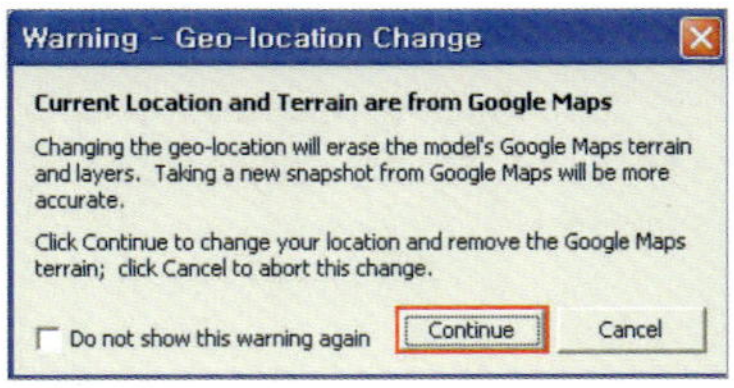

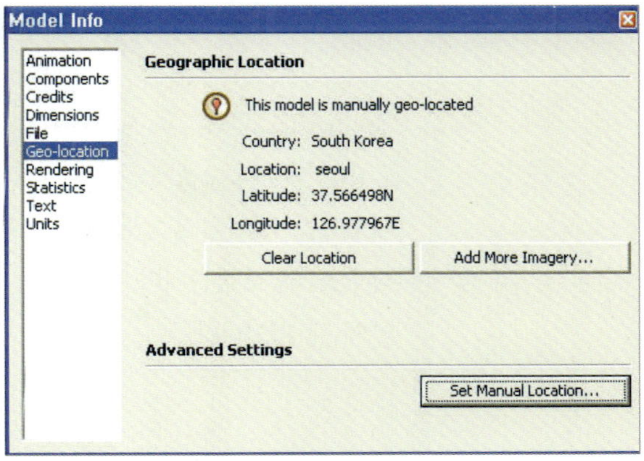

05 그림자를 표현하기 위해 메뉴에서 [Window]–[Shadows]를 선택합니다. [Shadows Settings] 창에서 [세팅] 버튼(■)을 클릭한 후 Time 및 Date 값을 변경하고, Light와 Dark의 수치를 조절하면서 가장 보기 좋은 그림자를 설정합니다.

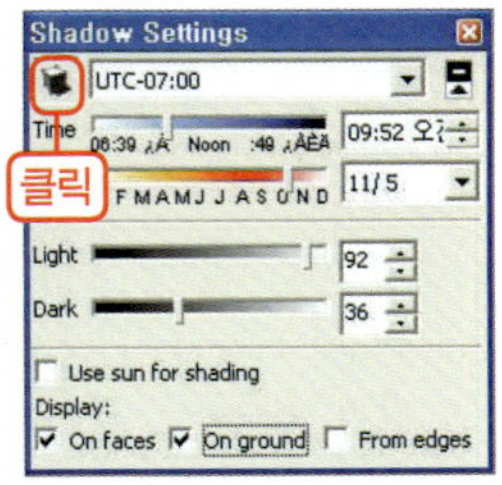

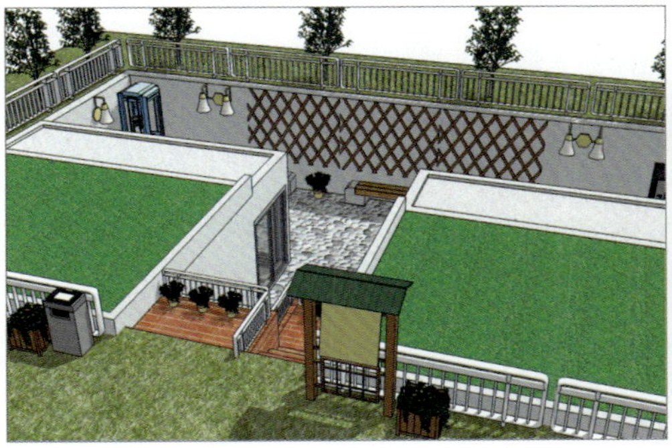

06 메뉴에서 [Window]–[Styles]를 선택한 후 [Select] 리스트에서 [Straight Lines]를 선택합니다. 그리고 미리 등록되어 있는 스타일 중에서 원하는 스타일을 선택합니다. [Edit]에서 각각의 항목을 사용자가 원하는 대로 수치를 변경하면 변경된 스타일을 볼 수 있습니다.

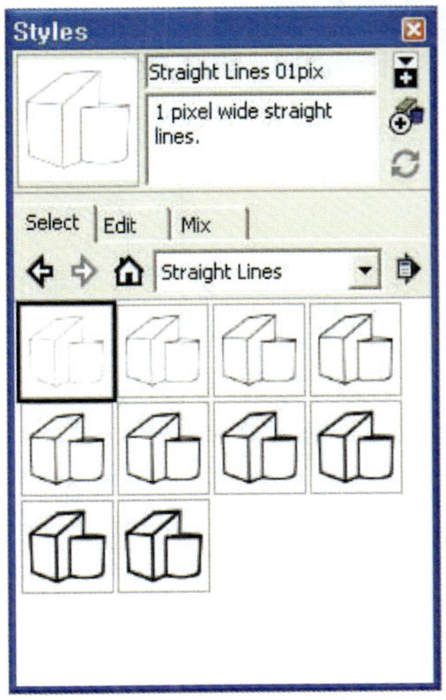

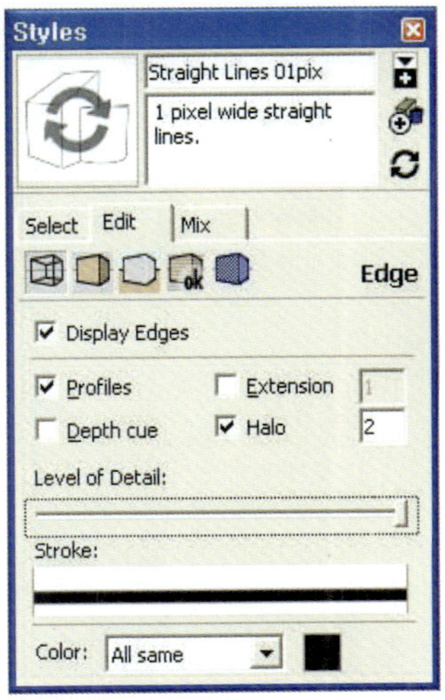

05. 포토샵을 활용하여 스케치업 8 표현하기

작업한 스케치업 8 모델링을 이미지로 저장한 후 배경 이미지 합성을 통해 좀 더 효과적인 리터칭 작업을 해 보겠습니다. 매우 간단한 방법을 통해 제작되지만 결과는 생각보다 효과적이라는 것을 알게 될 것입니다.

01 스케치업 8에서 작업한 이미지 파일을 포토샵에서 불러옵니다.

● 예제 파일 | 부록 CD\Sample\Part 02\예제\건물 공간.jpg

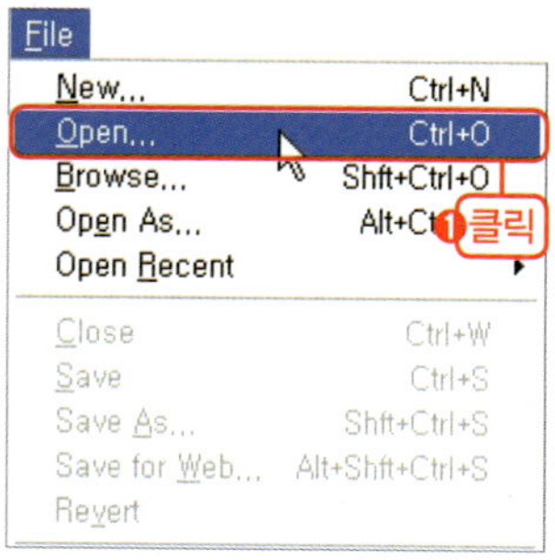

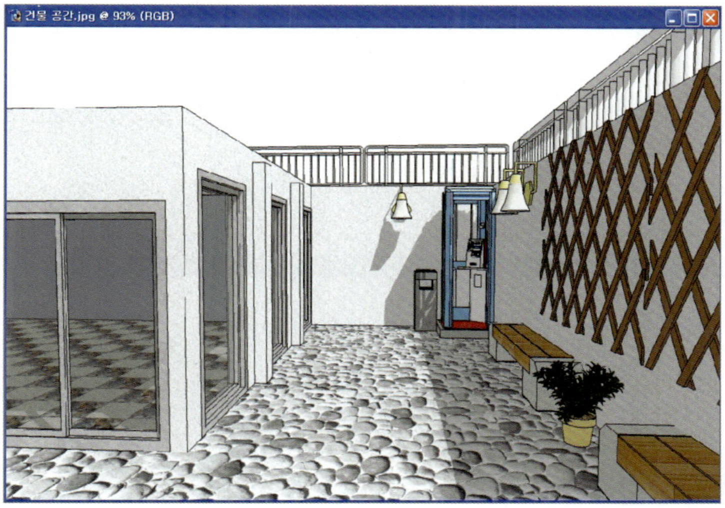

02 배경 영역을 삭제한 후 하늘 이미지를 삽입하기 위해 레이어 팔레트의 백그라운드를 더블클릭하여 일반 레이어로 변경합니다. 레이어 이름을 '건물'이라고 입력합니다.

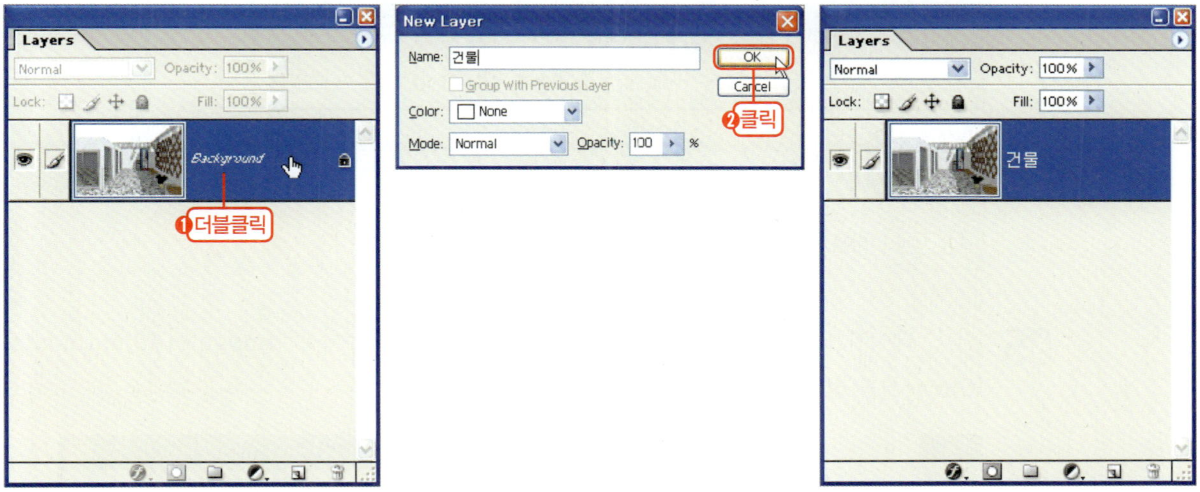

03 도구 툴에서 마술봉 툴( )과 화면 상단의 옵션 바에서 추가 툴( )을 선택하여 하늘 영역을 세밀하게 선택합니다.

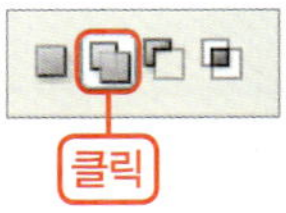

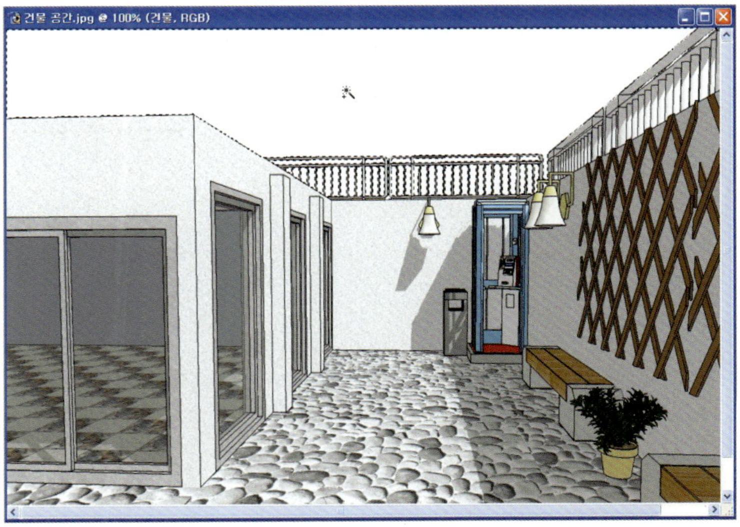

Tip

마술봉 툴(🪄)은 유사한 색상으로 이루어진 이미지를 한꺼번에 선택할 수 있는 툴입니다.

04 Delete를 눌러 하늘 영역을 삭제한 후 Control+D를 눌러 선택 영역을 해제합니다.

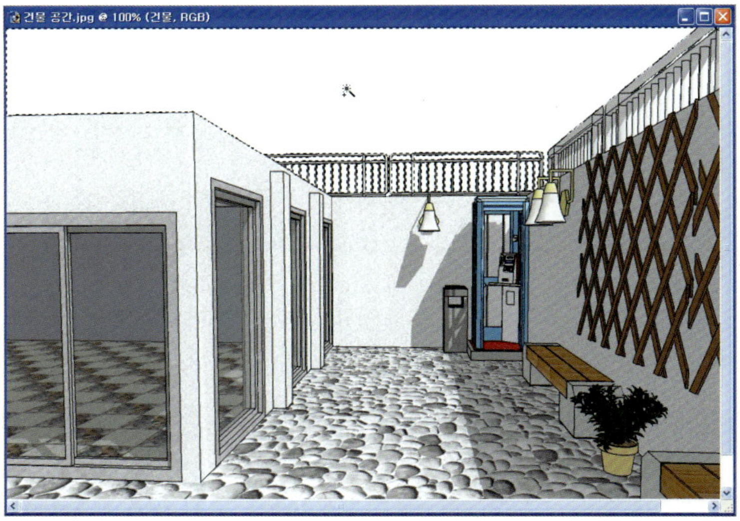

Tip

Control + D를 누르면 모든 선택 영역이 해제됩니다.

05 '건물' 레이어를 선택한 후 이미지 보정을 하기 위해 메뉴에서 [Image]-[Adjustments]-[Curves]를 선택합니다.

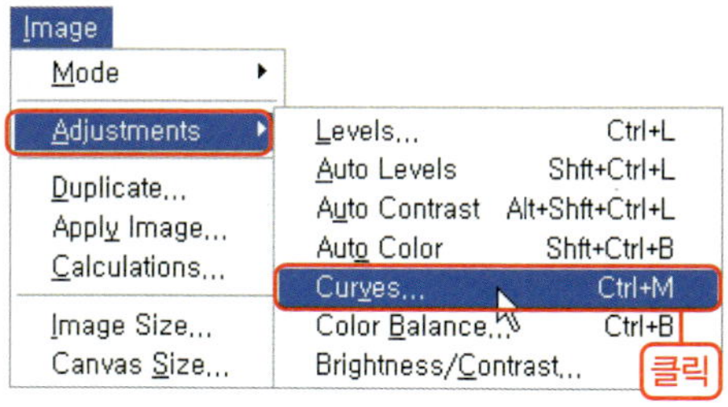

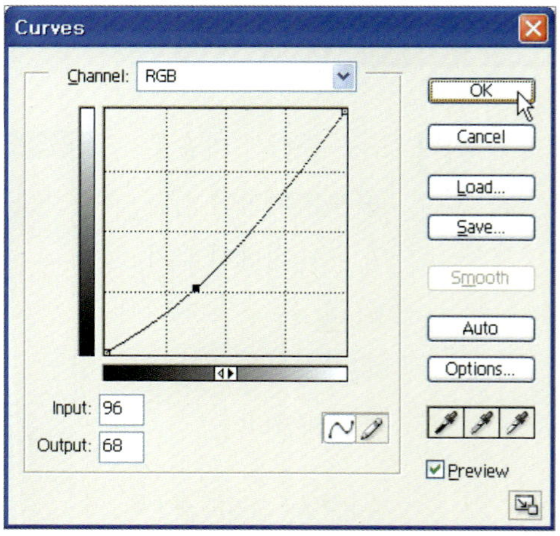

Tip

[Curves]는 Level과 같지만 커브로 조절하기 때문에 더 정확한 밝기 보정이 가능합니다.

06 레이어 팔레트에 새로운 레이어를 추가합니다. 레이어 이름을 '하늘 표현'으로 변경합니다.

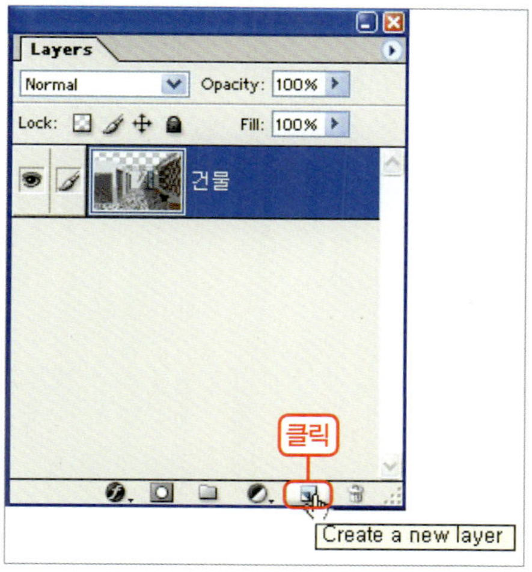

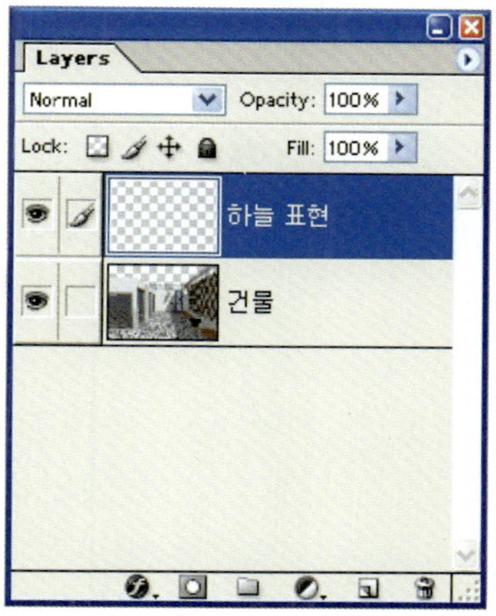

07 Gradient 툴(□)을 선택합니다. 화면 상단의 옵션 바에서 Gradient 슬라이드 바를 클릭한 후 [Gradient Editor] 창에서 하늘의 색상을 설정합니다.

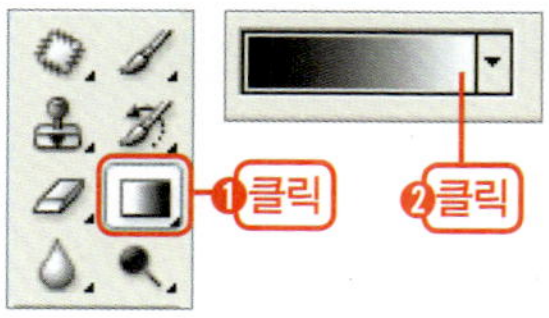

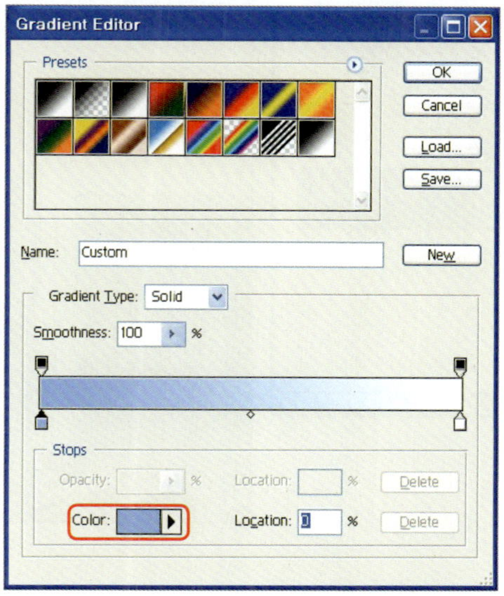

Tip

Gradient 툴은 두 가지 이상의 색상을 자연스럽게 변화시킬 수 있습니다. 처음 클릭한 지점에서 드래그하여 마우스에서 손을 떼는 지점까지 적용됩니다.

08 '하늘 표현' 레이어를 선택한 후 화면에 Gradient 색상을 채웁니다.

09 레이어 팔레트에서 '하늘 표현' 레이어를 클릭, 드래그하여 '건물' 레이어 아래로 이동합니다. 08에서 작업한 하늘 색상이 자연스럽게 표현된 것을 확인할 수 있습니다.

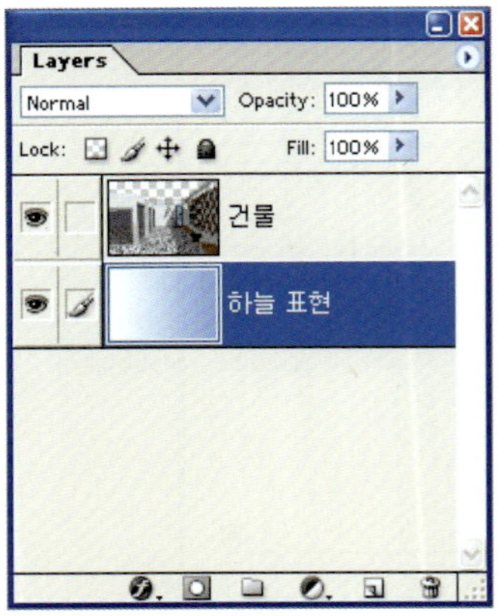

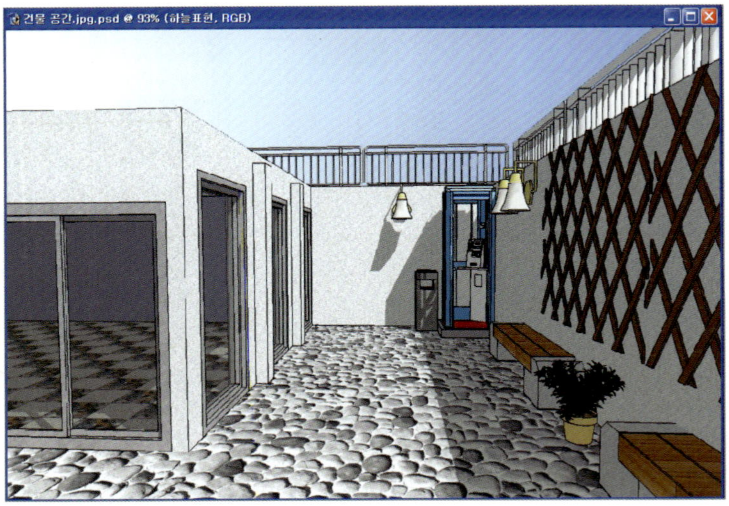

10 나무 이미지를 불러오기 위해 메뉴에서 [File]-[Open]을 선택합니다.

● 예제 파일 I 부록 CD\Sample\Part 02\예제\Tree.psd

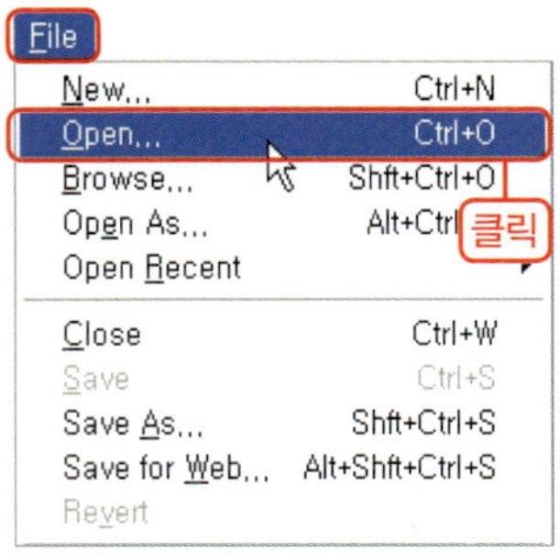

11 Control을 누른 채 'Tree' 레이어 창을 클릭하여 나무 이미지를 선택합니다. 그런 다음, 메뉴의 [Edit]-[Copy]를 선택하여 나무 이미지를 복사합니다.

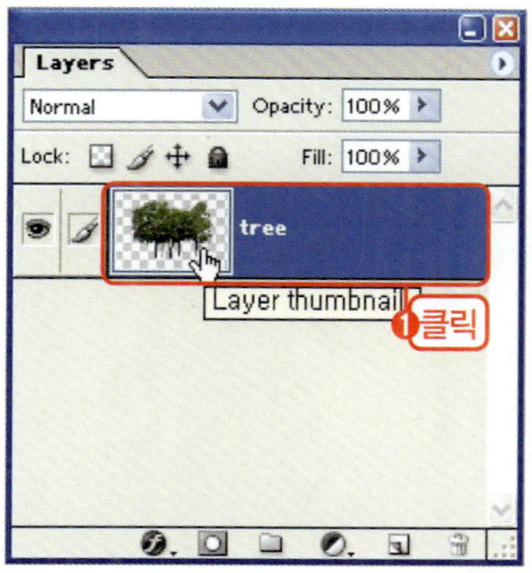

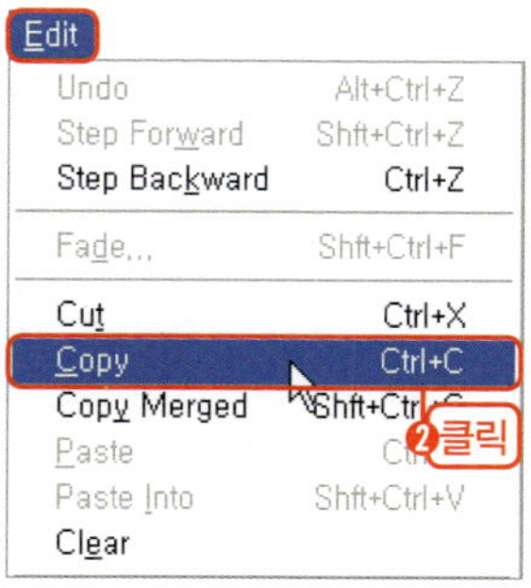

Tip

Control을 누른 채 원하는 레이어 이름의 창을 클릭하면 선택된 레이어에 포함된 모든 이미지가 선택됩니다.

12 '건물 공간.jpg' 이미지 파일을 다시 선택합니다. 그런 다음, 메뉴의 [Edit]-[Paste]를 선택하여 11에서 복사한 나무 이미지를 붙여넣기합니다.

13 자동으로 나무가 삽입된 레이어를 확인할 수 있습니다. 레이어 이름을 '나무'로 변경합니다. 그리고 '건물' 레이어 아래로 이동하여 건물 뒤로 나무가 보이는 효과를 표현합니다.

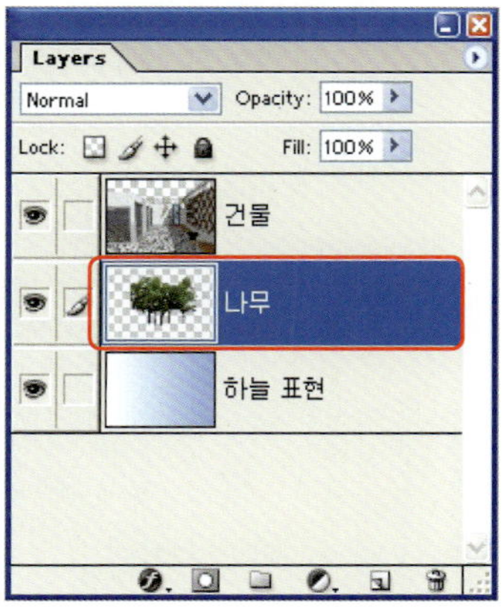

14 Control+T를 눌러 나무 이미지의 크기를 조절한 후 이동시켜 배치합니다.

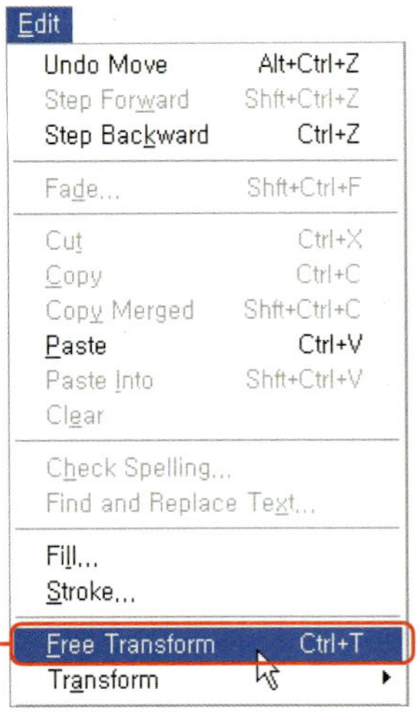

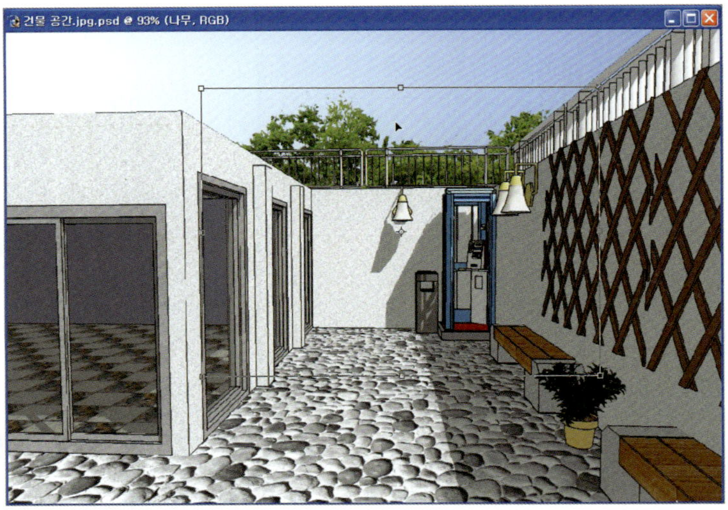

Tip

Free Transform는 이미지의 확대, 축소, 회전 등을 한 번에 변경하는 기능으로, 단축키는 Control+T입니다.

15 14에서 작업한 나무 이미지의 테두리를 좀 더 깨끗하게 정리하기 위해 메뉴에서 [Layer Matting–Defringe]를 선택합니다.

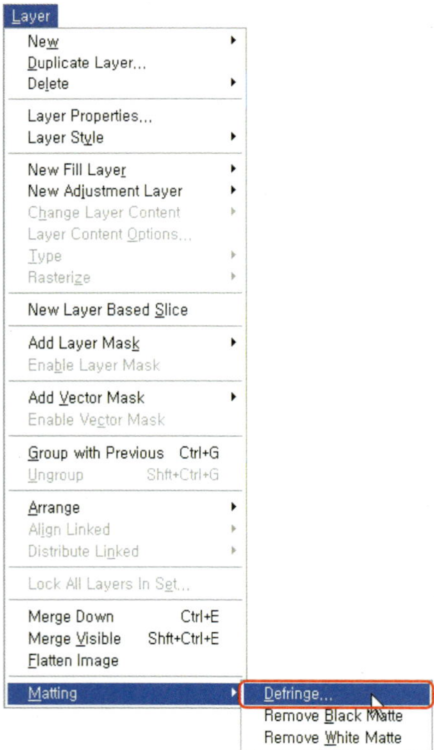

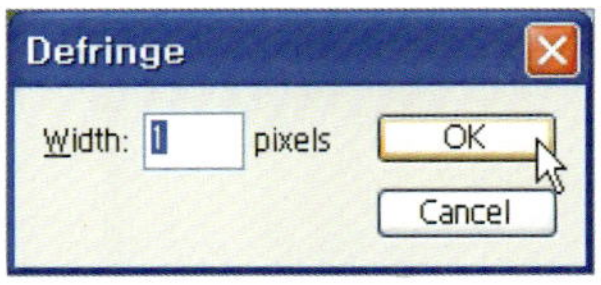

Tip

Defringe는 이미지의 테두리 부분에 있는 픽셀 상태를 보정합니다.

16 '나무' 레이어를 선택한 후 도구 툴에서 번 툴( )을 선택합니다. 그리고 화면에서 벽에 인접해 있는 배경 나무와 건물 난간에 가까이 있는 일부분을 클릭, 드래그하면서 그림처럼 좀 더 어두운 효과를 줍니다.

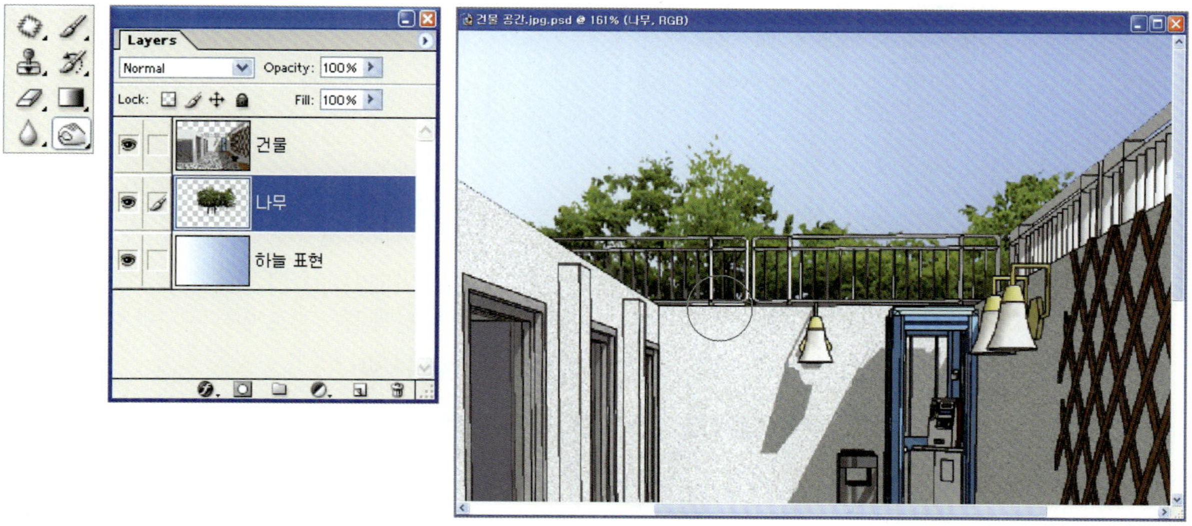

Tip

번 툴( )은 이미지를 어둡게 하는 효과 툴입니다.

17 다시 '나무' 레이어를 선택한 후 도구 툴에서 닷지(Dodge) 툴( )을 선택합니다. 그리고 화면에서 하늘에서 가까운 나무 윗부분을 클릭, 드래그하면서 좀 더 밝은 효과를 줍니다.

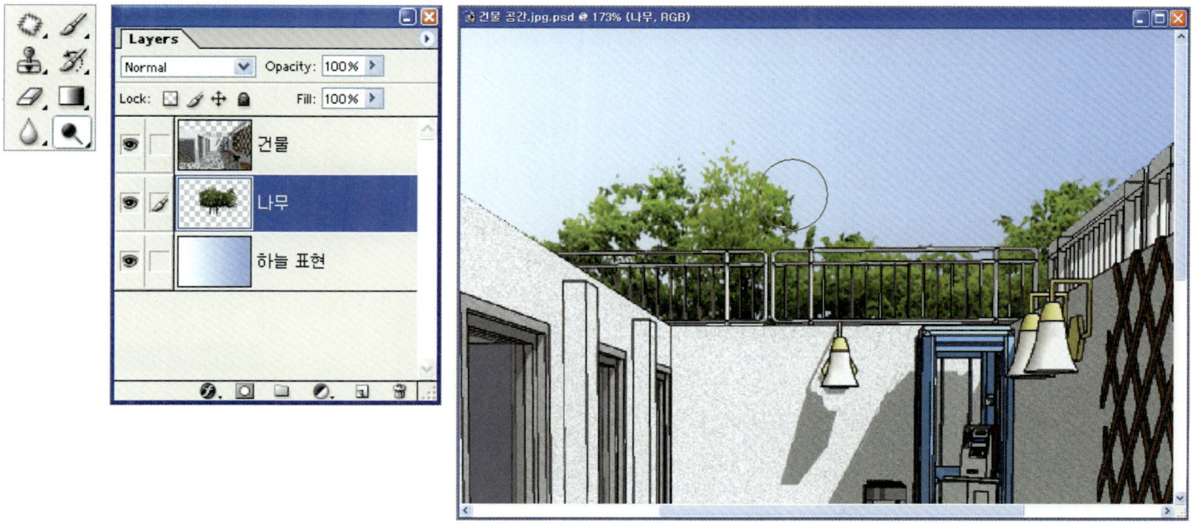

Tip

Dodge 툴(🔍)은 이미지를 밝게 하는 효과 툴입니다.

18 사람 이미지를 불러오기 위해 메뉴에서 [File]-[Open]을 선택합니다.

● 예제 파일 | 부록 CD\Sample\Part 04\예제\사람.psd

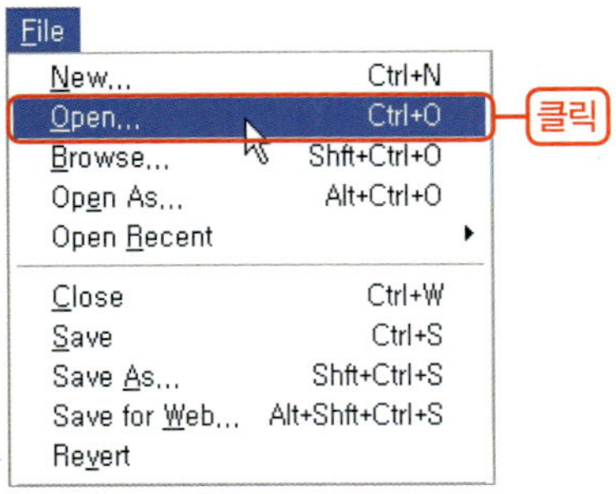

19 'Layer 3' 레이어 창을 클릭한 후 도구 툴에서 사각형 선택 툴(⬚)로 원하는 사람 이미지를 선택합니다. 그리고 메뉴에서 [Edit]-[Copy]를 선택하여 복사합니다.

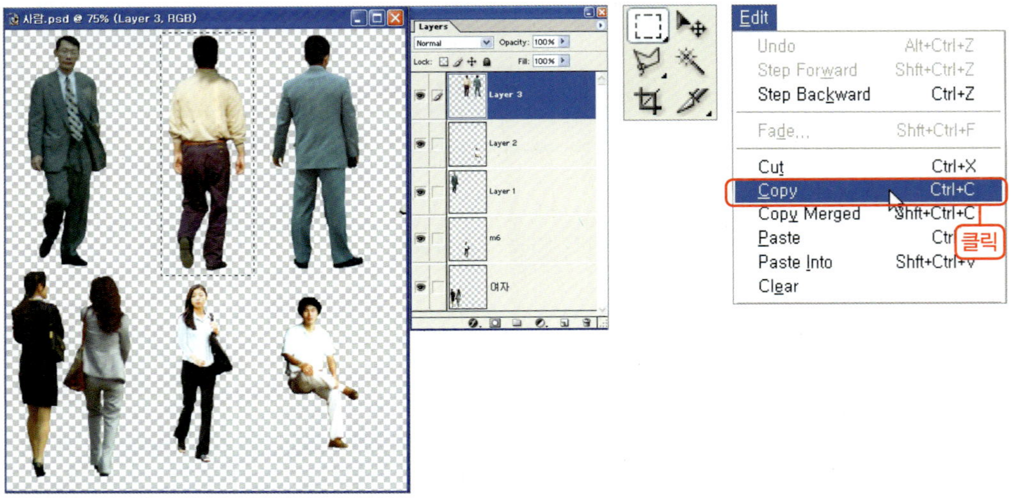

20 '건물 공간.jpg' 이미지 파일을 다시 선택합니다. 그리고 메뉴의 [Edit]-[Paste]를 선택하여 19에서 복사한 사람 이미지를 붙여넣기합니다.

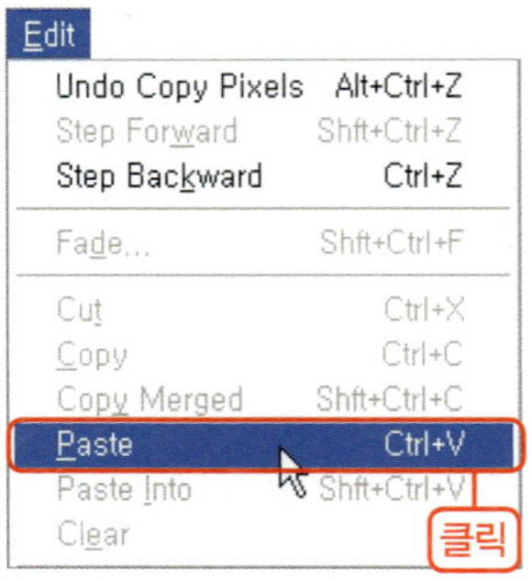

21 자동으로 사람이 삽입된 레이어를 확인할 수 있습니다. 레이어 이름을 '사람'으로 변경한 후 '건물' 레이어 위로 이동합니다. Control+T를 눌러 사람 이미지의 크기를 조절한 후 배치합니다.

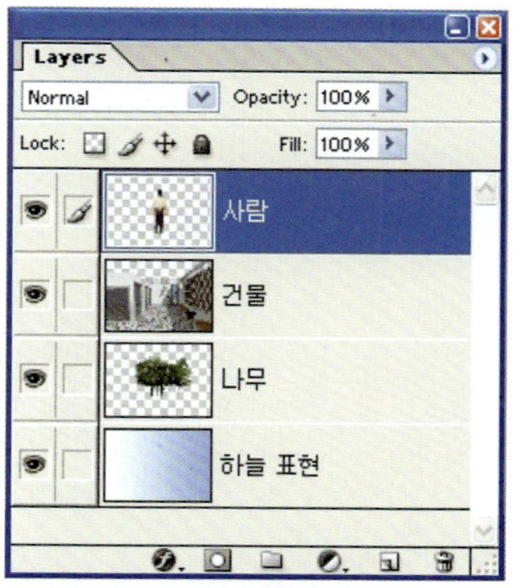

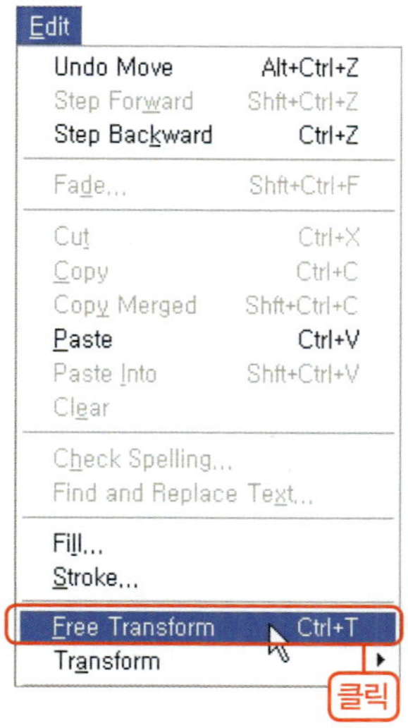

22 21에서 작업한 사람 이미지의 가장자리를 좀 더 깨끗하게 정리하기 위해 메뉴에서 [Layer]–[Matting]–[Defringe]를 선택합니다.

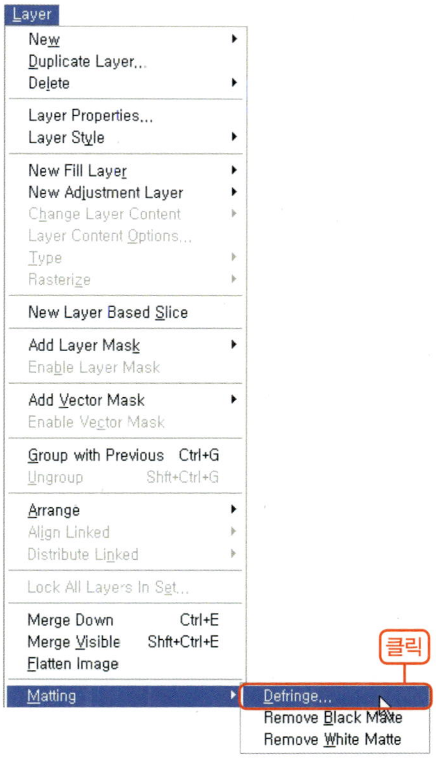

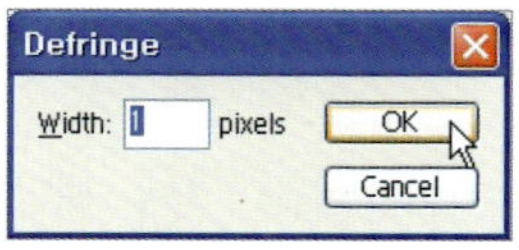

23 Control을 누른 채 '사람' 레이어 창을 클릭합니다. 그러면 해당하는 레이어의 모든 객체를 쉽게 선택할 수 있습니다.

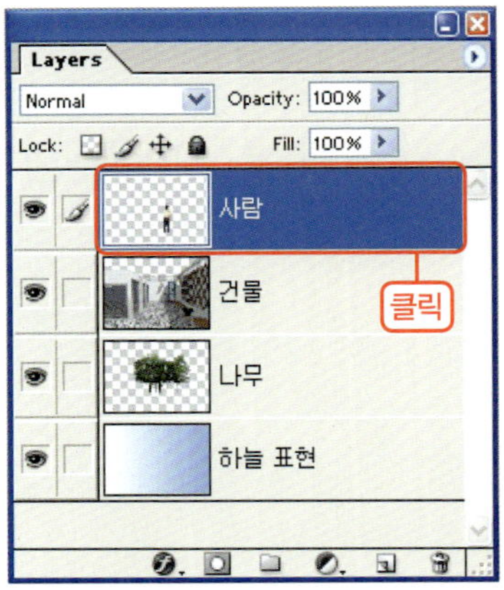

24 23에서 작업하여 화면에서 선택된 사람 이미지를 Delete로 삭제합니다. 단, 다음 작업을 위하여 선택 영역을 해제하면 안 됩니다.

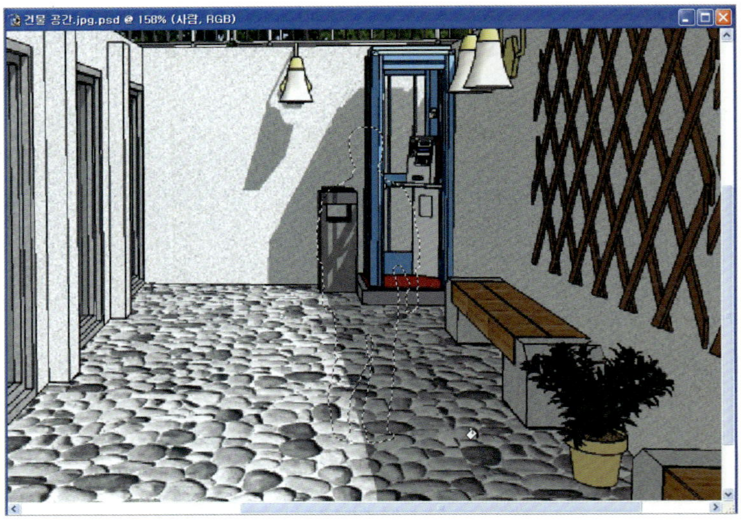

25 페인트 툴()을 선택한 후 전경색을 흰색으로 지정합니다. 옵션 바에서 [Opacity] 수치를 '50%'로 입력합니다. 그런 다음, 화면에서 선택된 사람 영역 안을 클릭하여 투명한 흰색을 채웁니다.

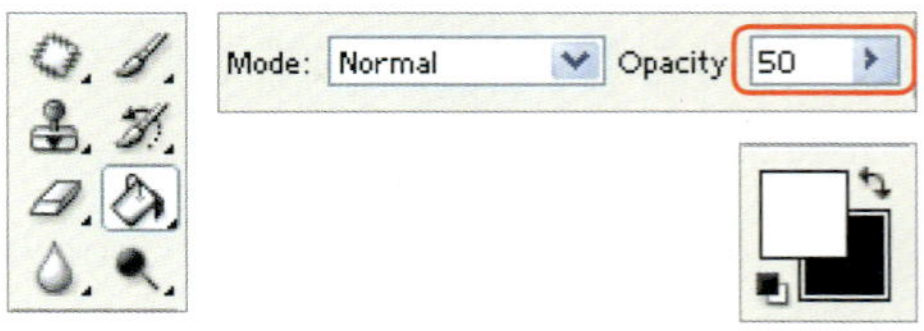

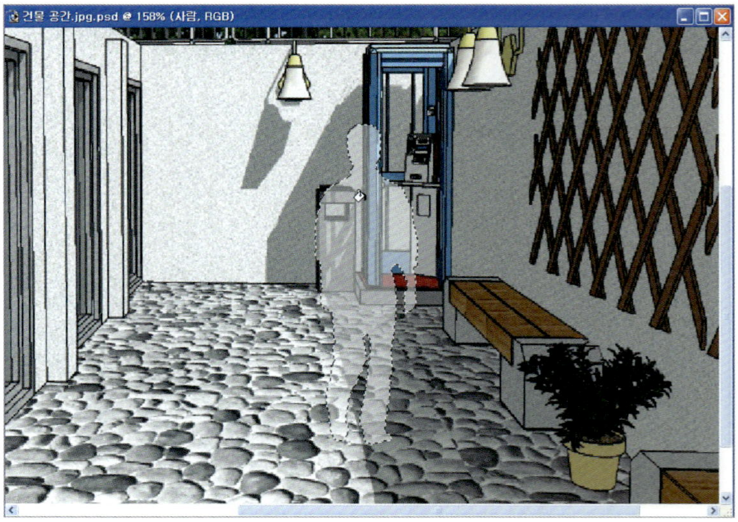

26 25에서 작업한 후 선택된 테두리 선에 두께를 주기 위해 메뉴에서 [Edit]–[Stroke]를 선택합니다. 그리고 [Stroke] 창이 나타나면 다음처럼 설정합니다.

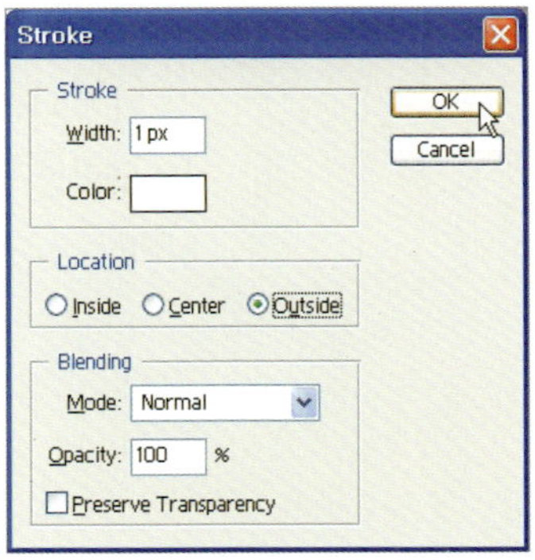

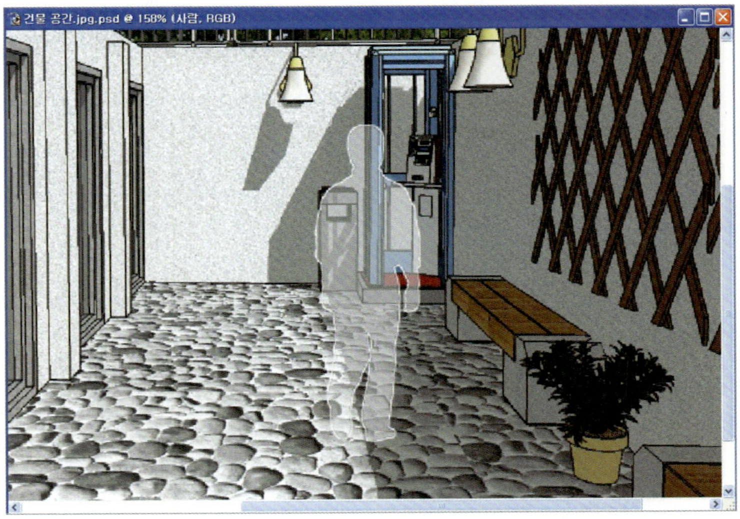

27 18에서 26까지의 작업을 반복하여 사람 이미지를 삽입합니다. 이번에는 다음 그림처럼 반투명한 검은색을 채웁니다.

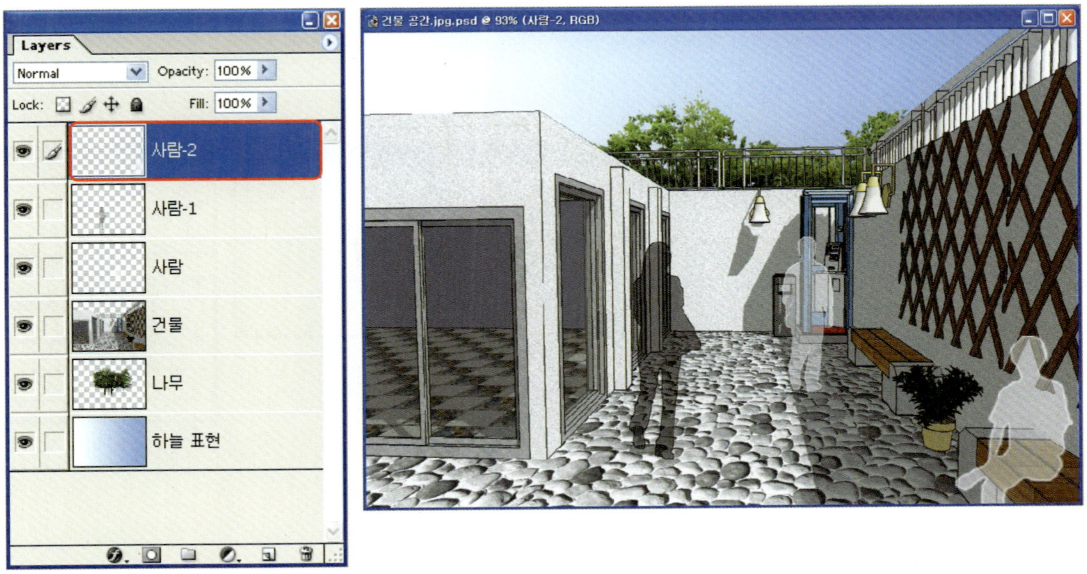

28 모든 레이어를 하나의 레이어로 합치기 위해 레이어 팔레트에서 [▶] 버튼을 클릭한 후 [Flatten Image]를 선택합니다.

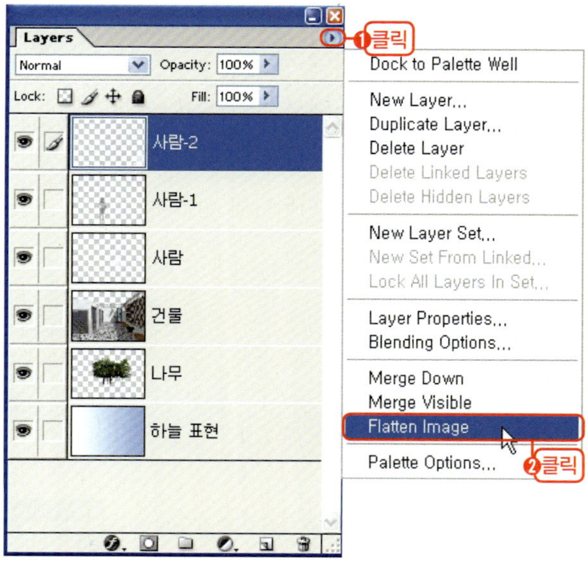

Tip

Flatten Image는 모든 레이어를 하나로 합치는 기능입니다.

29 'Background' 레이어를 클릭한 후 마우스 오른쪽 버튼을 클릭하면 나타나는 확장 메뉴 중에서 [Duplicate Layer]를 선택합니다.

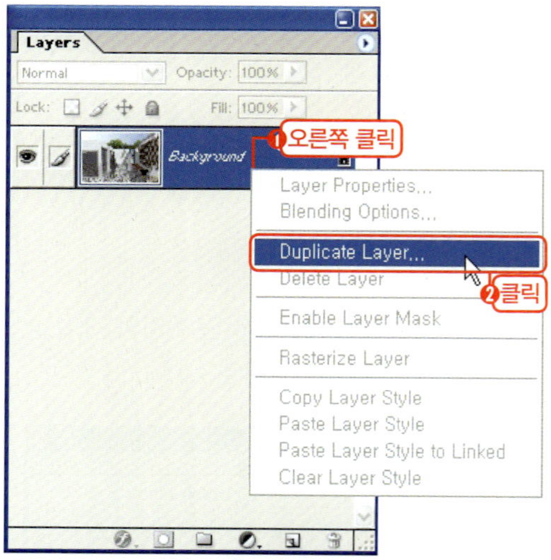

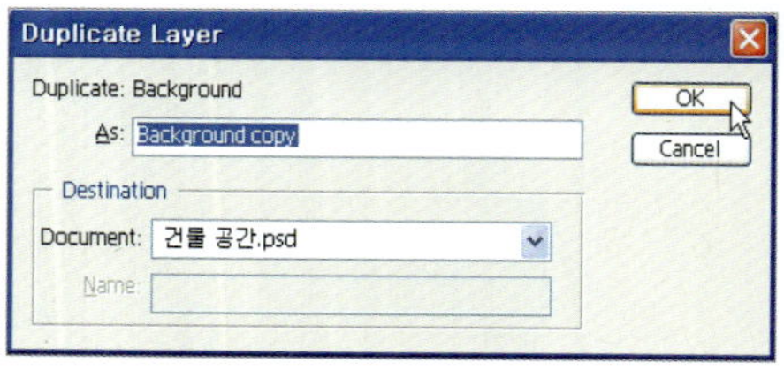

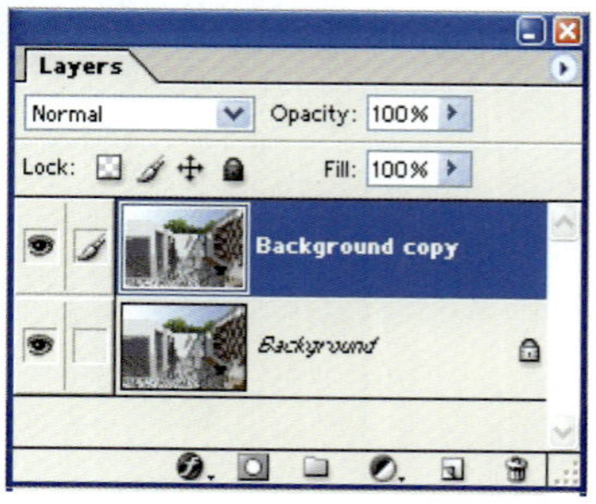

30 29에서 작업한 복제된 레이어를 선택합니다. 그런 다음, 메뉴에서 [Filter]-[Blur]-[Gaussian Blur]를 선택합니다.

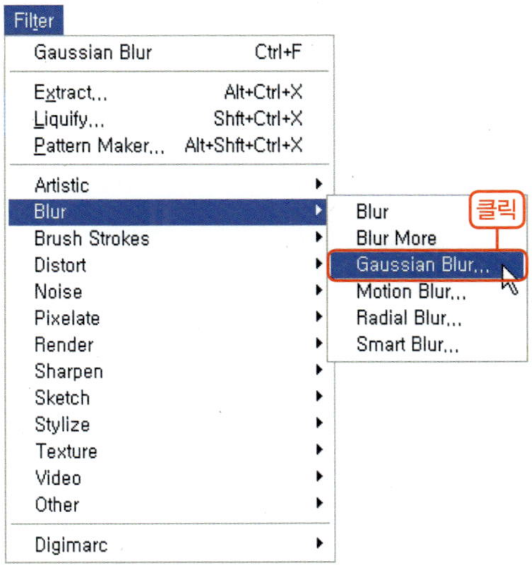

Tip

Gaussian Blur는 조절 슬라이드가 있기 때문에 미리보기를 하면서 이미지를 흐리게 할 수 있습니다.

31 [Gaussian Blur] 창에서 Radius 값을 '1'로 설정합니다.

32 복제된 레이어를 선택한 후 레이어 팔레트에 블렌딩 모드 중에서 [Soft Light]를 선택합니다. [Opacity] 수치를 '55%'로 지정합니다.

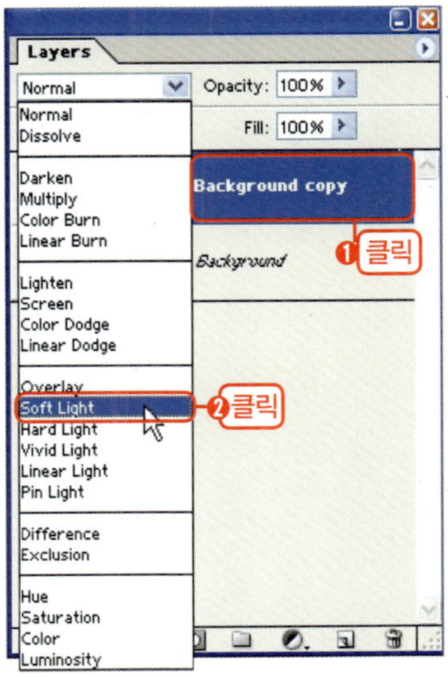

Tip

- 블렌딩 모드는 두 레이어 이미지를 투명하게 섞었을 때 혼합하여 표현하는 방식입니다.
- Soft Light는 빛을 비춘 것처럼 부드러운 투명 효과를 냅니다.

33 최종적으로 완성된 결과를 확인할 수 있습니다.

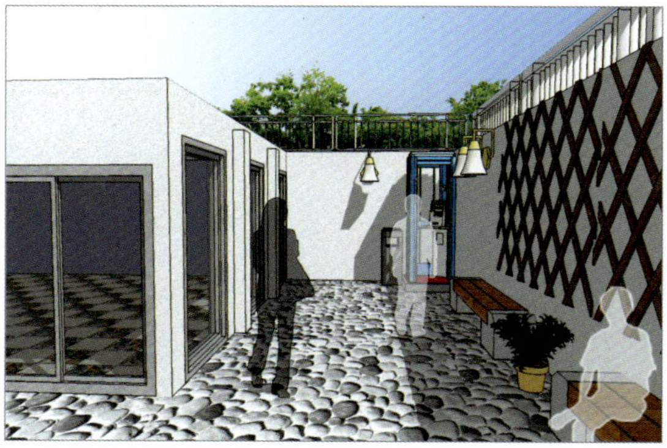

memo

PART

03

예쁜 단독주택 인테리어 디자인

단독주택은 다른 주택과 연결되어 있지 않으며, 한 세대만의 주거 생활을 위해 만들어진 단일 주택을 의미합니다. 제작에 앞서 AutoCAD로 제작한 도면 파일을 불러와 이를 확인하면서 단독주택이 갖고 있는 공간을 먼저 이해한 후 다양한 소품들을 도면에 정확하게 배치하여 편안하고 아늑한 느낌의 공간을 만들어 보겠습니다.

01;

주택의 기본 구조 작업하기

주택 내부를 장식할 수 있는 2D, 3D 도면으로 각종 소품의 코디 및 거실, 주방, 화장실, 베란다 등을 공간별로 설정하는 방법을 알아보겠습니다. 그리고 벽이나 바닥, 천장 및 기타 조명 기구, 소품 등을 설정하는 공간 및 부분별 설정에서 얻은 정보를 3D 도면으로 표현하는 방법도 알아보겠습니다. 편리한 생활을 영위할 수 있는 도시적인 구조 속에서 자연의 따뜻함을 함께 표현할 수 있는 주거 공간을 만들어 봅니다.

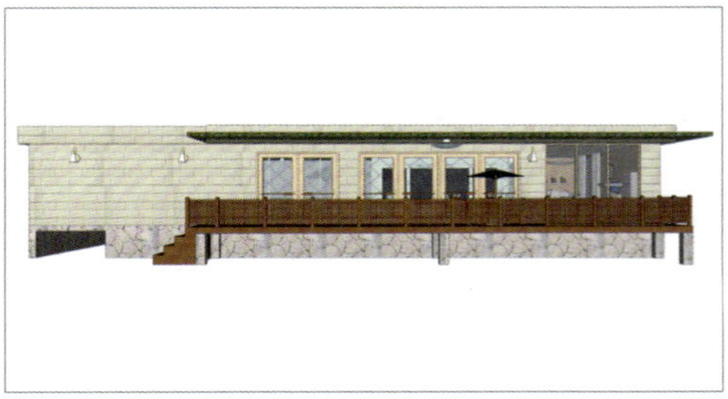

01. 주택의 기본 구조 작업하기

우선 스케치업 8에 CAD 도면을 불러왔을 때 3D 작업을 효율적으로 할 수 있는 기초적인 면 처리 작업을 해 보겠습니다. 스케치업 8 자체로도 큰 무리 없이 작업할 수 있지만 CAD 도면을 활용하면 훨씬 효율적으로 작업할 수 있습니다. 더불어 복잡한 형태의 곡면은 스케치업 8에서 작업하기보다 캐드에서 작업하는 것이 효과적입니다.

STEP 01 CAD 도면 불러오기

01 AutoCAD 프로그램에서 주택 평면을 작업한 CAD 파일을 불러오기 위해 메뉴에서 [File]–[Import]를 선택합니다.

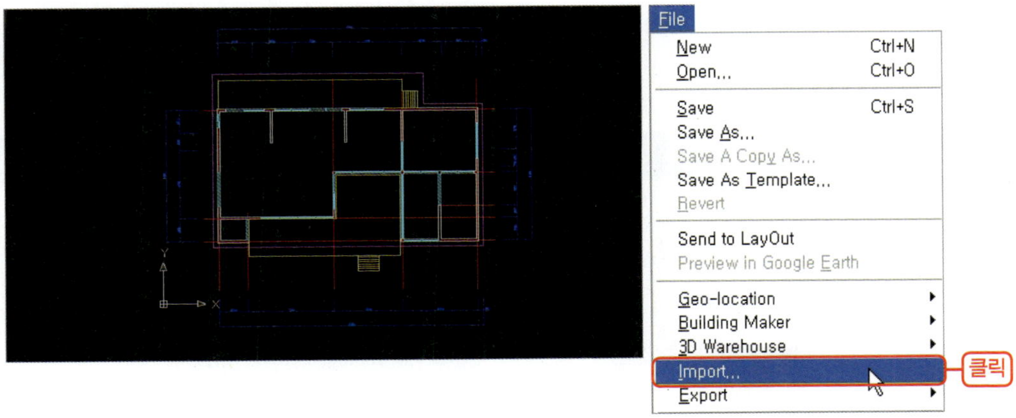

02 파일 형식을 클릭한 후 'AutoCAD Files(*.dwg, *.dxf)'를 선택합니다. 그런 다음, [Options] 버튼을 클릭하고 Geometry의 두 가지 옵션에 모두 체크 표시를 한 후 단위를 Millimeters로 지정합니다. 단위(Units) 밑의 [Preserve drawing origin]에는 체크 표시를 하지 않고 [OK] 버튼을 클릭합니다.

● 예제 파일 | 부록 CD\Sample\Part 03\예제\sample–plan.dwg

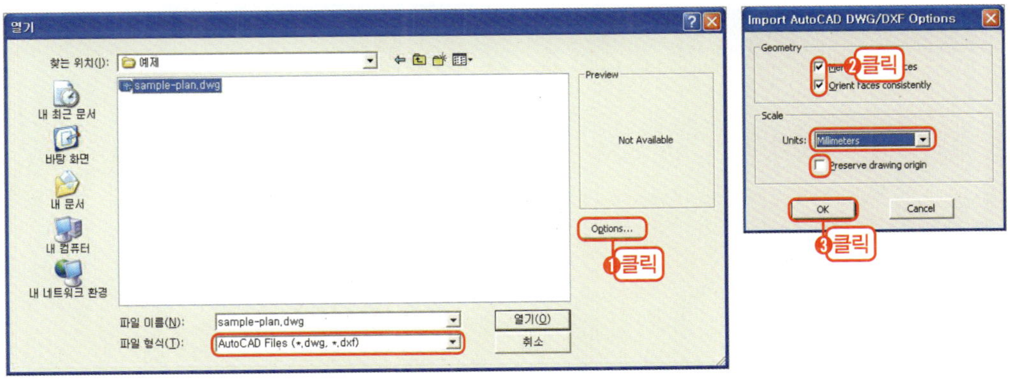

Tip

- Preserve drawing origin에 체크 표시를 하지 않는 이유는 도면을 임포트(Import)했을 때 기본 축으로 불러오기 위해서입니다.
- 캐드에서 도면이 기본 축에서 멀리 떨어져 있다면 그만큼 스케치업 8에서도 엉뚱한 위치에 놓이게 됩니다.

03 불러온 캐드 도면이 스케치업 8에 나타난 것을 확인할 수 있습니다.

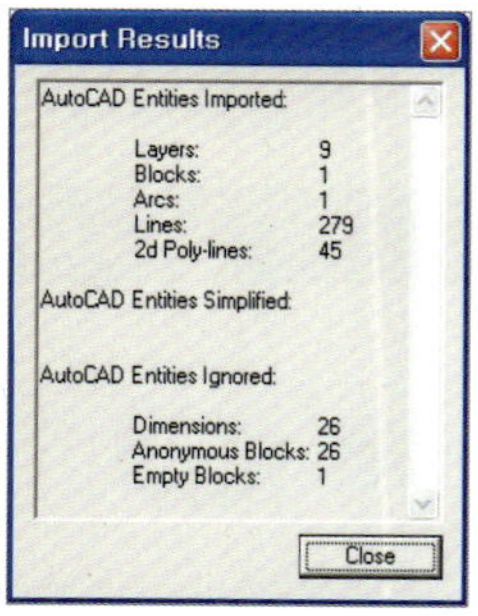

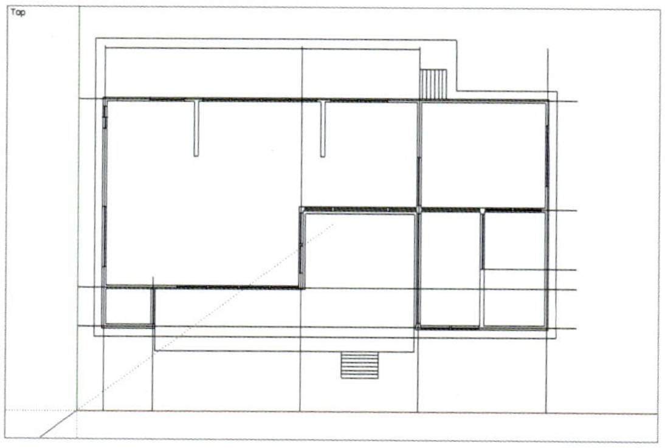

STEP 02 벽면 작업하기

01 메뉴에서 [Window]-[Layer]를 클릭합니다. 캐드 파일을 스케치업 8로 불러오면 캐드에서 작업한 모든 레이어 또한 스케치업 8에서 확인할 수 있습니다.

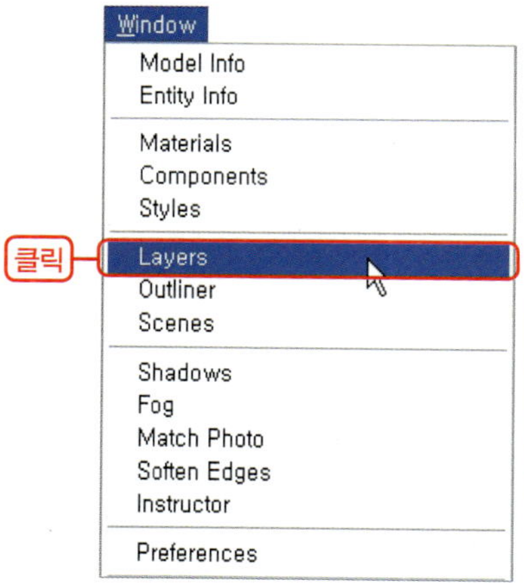

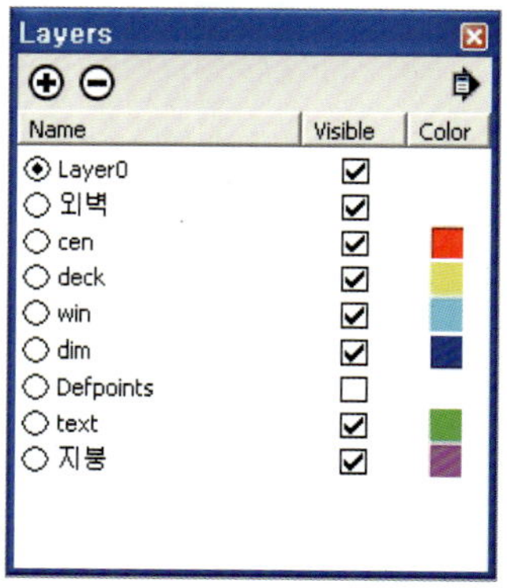

02 'cen' 레이어를 삭제하기 위해 'cen' 레이어를 선택한 후 [레이어 삭제] 버튼(⊖) 을 클릭합니다. 그런 다음, [Delete contents]를 선택하고 [OK] 버튼을 클릭하면 레이어 이름과 화면의 객체가 삭제됩니다.

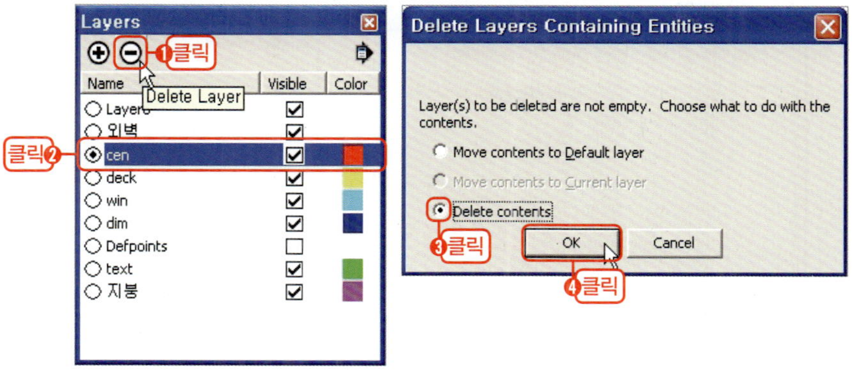

03 모든 레이어를 선택한 후 [레이어 삭제] 버튼(⊖)을 클릭하면 선택된 모든 레이어가 삭제됩니다. [Move contents to Default layer]를 선택한 후 [OK] 버튼을 클릭하면 레이어 이름만 삭제되고 화면 객체는 삭제되지 않습니다. 즉, Layer0 레이어로 자동 변경됩니다.

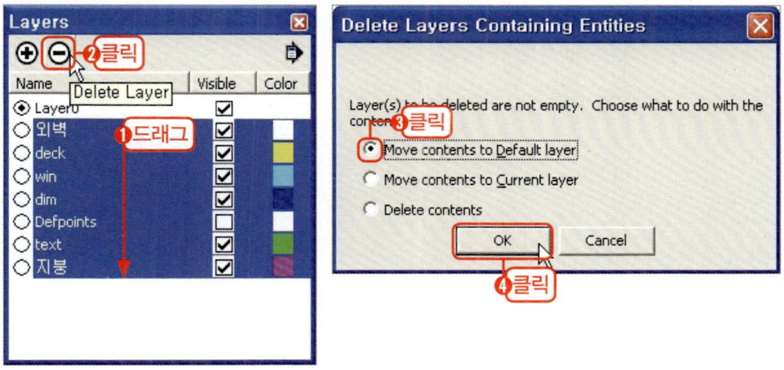

04 [레이어 추가] 버튼(⊕)을 클릭하여 새로운 레이어를 추가합니다. 레이어 이름을 '2d-line'으로 변경하고, 불러온 캐드 도면의 선들을 모두 선택한 후 마우스 오른쪽 버튼을 클릭하면 나타나는 확장 메뉴 중에서 [Make Group]을 선택하여 그룹으로 만듭니다.

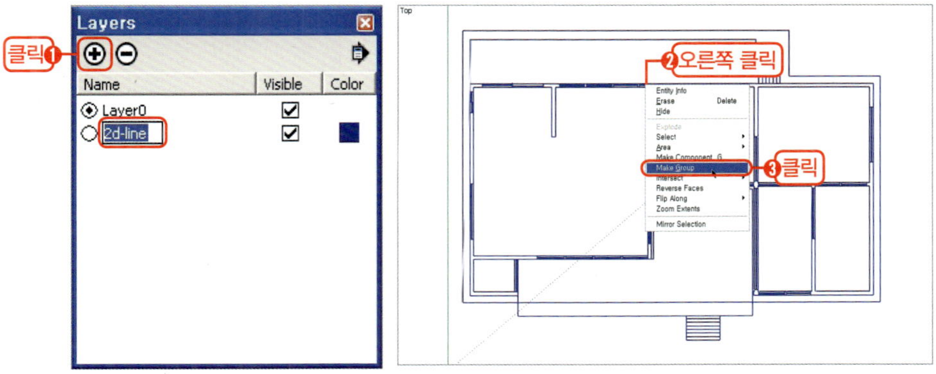

05 04에서 작업한 그룹을 선택한 후 마우스 오른쪽 버튼을 클릭하면 나타나는 확장 메뉴 중에서 [Entity Info]를 선택하고 [Entity Info] 창에서 '2d-line' 레이어를 선택합니다. 레이어가 변경되었지만 화면상으로 변경된 내용을 볼 수 없는 것이 문제입니다.

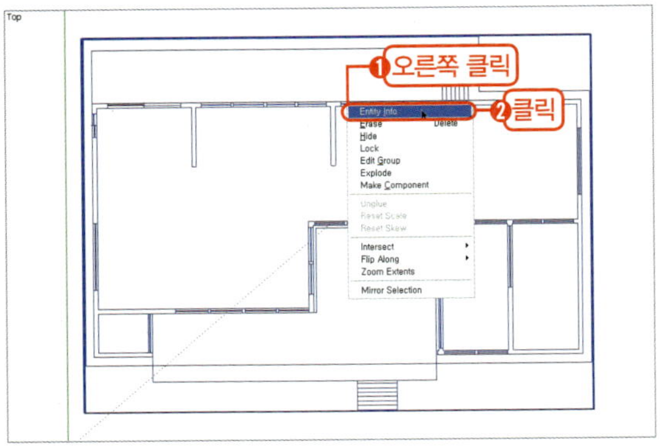

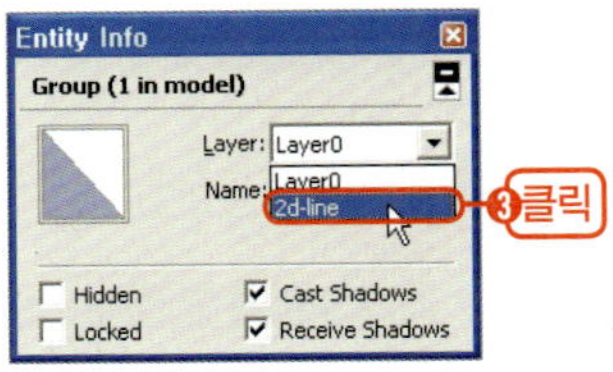

06 [레이어 추가] 버튼(⊕)을 클릭하여 새로운 레이어를 추가합니다. 레이어 이름을 '벽'으로 변경하고 레이어 이름 옆의 [스위치] 버튼(◉)을 클릭하여 선택합니다.

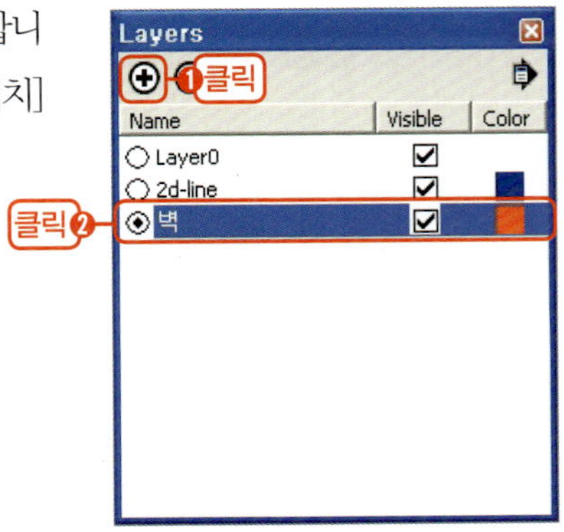

07 Top( ) 화면으로 이동합니다. 벽면을 작업하기 위해 선 툴( )과 사각형 툴( )로 외곽선의 끝점과 끝점을 연결하여 벽면을 만듭니다.

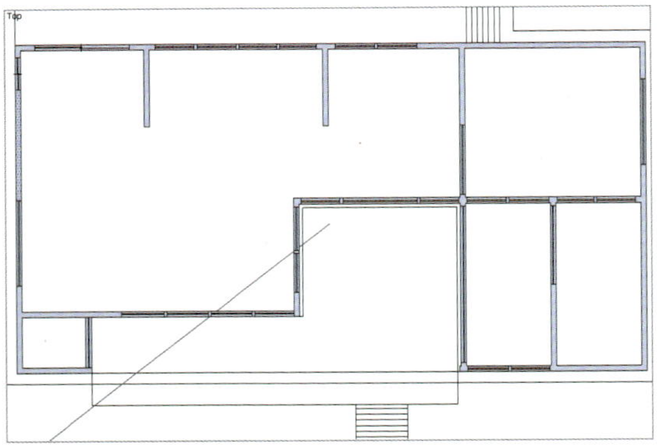

08 Iso 툴()을 클릭하여 Iso 화면으로 이동한 후 밀고/끌기 툴()로 벽체의 높이에 '2400'을 입력하여 위로 돌출시킵니다. 그런 다음, 창 아래의 벽체를 선택하고 밀고/끌기 툴()로 벽체의 높이에 '50'을 입력하여 위로 돌출시킵니다.

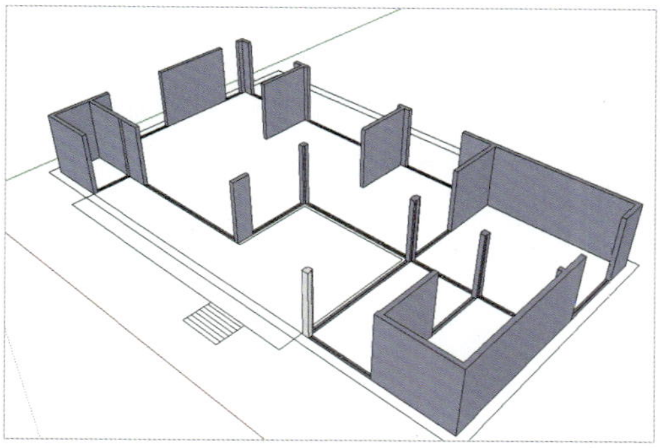

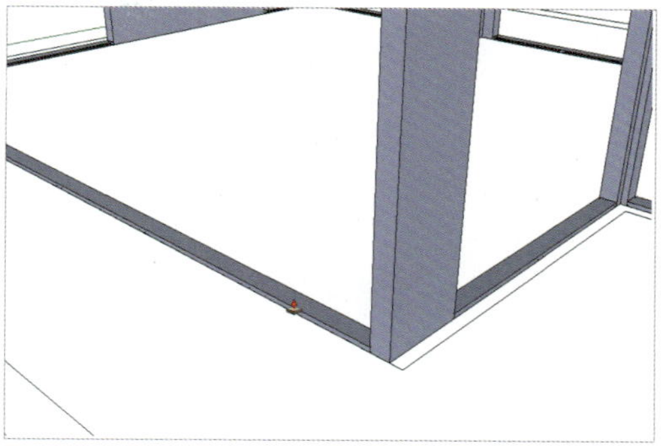

09 지우개 툴()로 지금까지 작업한 벽면에서 불필요한 선들을 삭제합니다. 그런 다음, 모든 벽체 면들을 선택하고 마우스 오른쪽 버튼을 클릭하면 나타나는 확장 메뉴 중에서 [Make Group]을 선택하여 그룹으로 만듭니다.

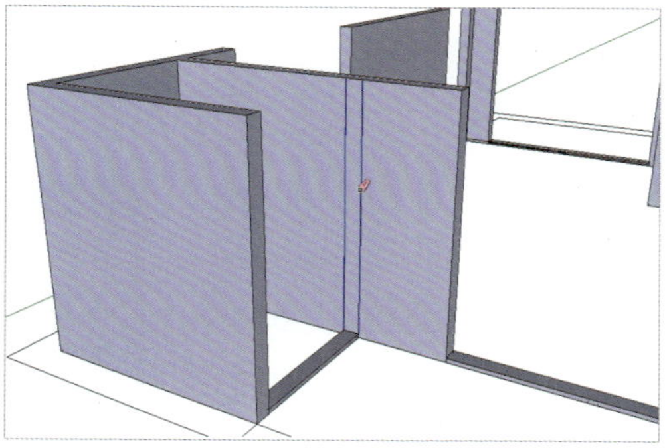

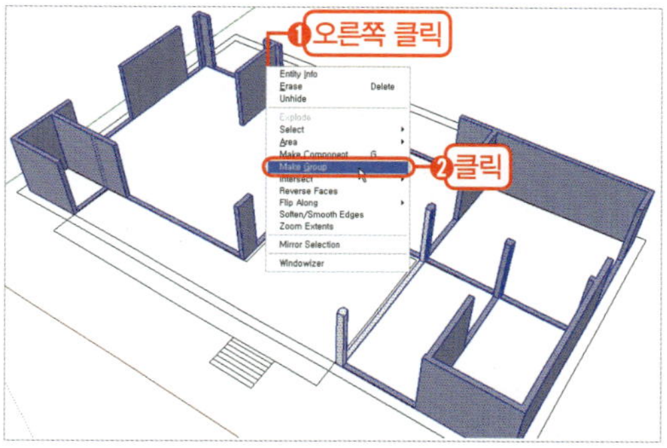

STEP 03 주택 실내의 바닥과 수영장 작업하기

01 [레이어 추가] 버튼()을 클릭하여 새로운 레이어를 추가합니다. 레이어 이름을 '바닥'으로 변경하고 레이어 이름 옆의 [스위치] 버튼()을 클릭한 후 선택합니다. 바닥을 좀 더 쉽게 작업하기 위해 '벽' 레이어를 끕니다. 레이어 창에서 [Visible] 버튼의 체크 표시를 해제하면 '벽' 레이어에 포함되어 있던 객체가 모두 사라진 것을 볼 수 있습니다.

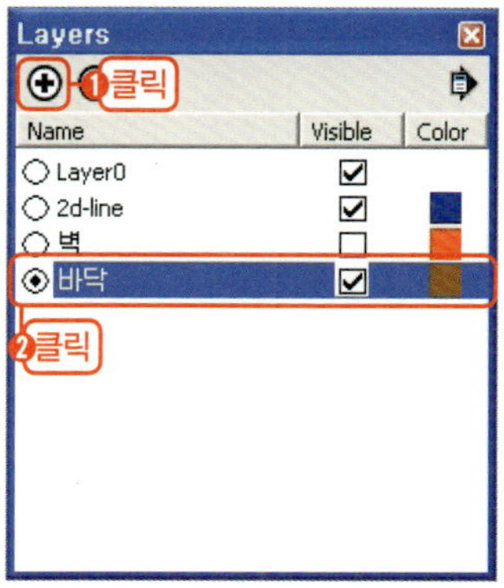

02 Top() 화면으로 이동합니다. 바닥면을 작업하기 위해 선 툴()과 사각형 툴()로 외곽선 끝점과 끝점을 연결하여 면을 만듭니다.

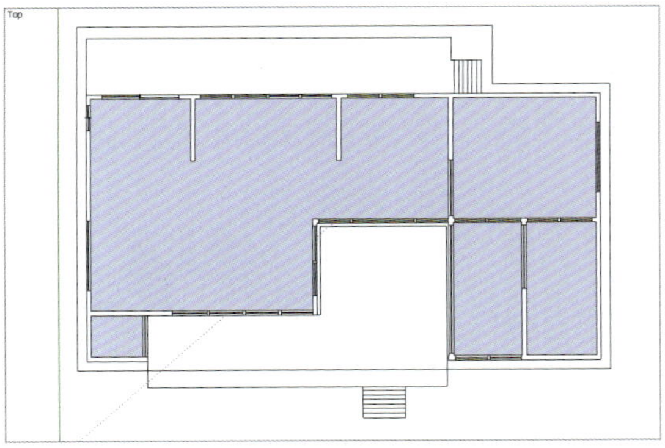

03 Iso 툴()을 클릭하여 Iso 화면으로 이동합니다. 밀고/끌기 툴()을 선택한 후 바닥 높이에 '50'을 입력하여 위로 돌출시킵니다. 그런 다음, 모든 바닥 면들을 선택하고 마우스 오른쪽 버튼을 클릭하면 나타나는 확장 메뉴 중에서 [Make Group]을 선택하여 그룹으로 만듭니다.

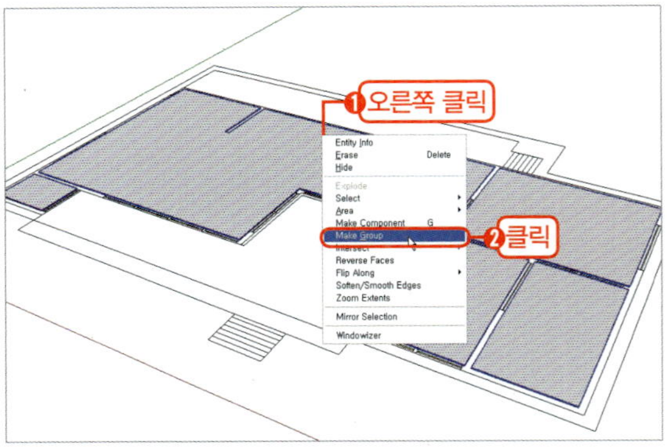

04 [레이어 추가] 버튼()을 클릭하여 새로운 레이어를 추가합니다. 레이어 이름을 'deck'이라 변경하고 레이어 이름 옆의 [스위치] 버튼()을 클릭한 후 선택합니다. deck을 쉽게 작업하기 위해 레이어 창에서 [Visible] 버튼의 체크 표시를 해제하여 '벽', '바닥' 레이어를 끕니다.

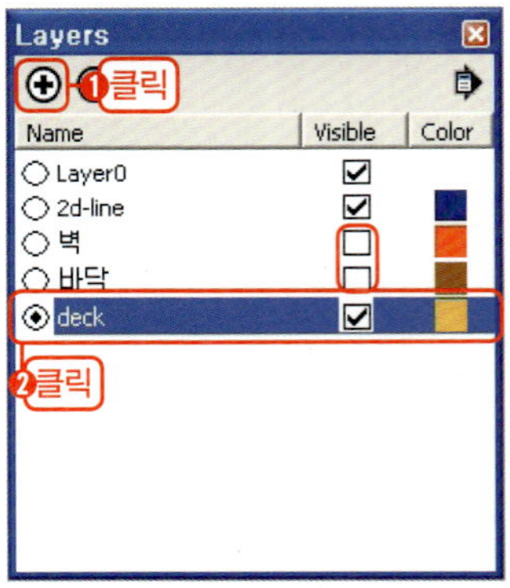

05 Top() 화면으로 이동합니다. deck 면을 작업하기 위해 선 툴()과 사각형 툴()로 외곽선의 끝점과 끝점을 연결하여 면을 만듭니다. 그리고 Iso 툴()을 클릭하여 Iso 화면으로 이동합니다. 밀고/끌기 툴()을 선택한 후 deck 높이에 '50'을 입력하여 위로 돌출시킵니다.

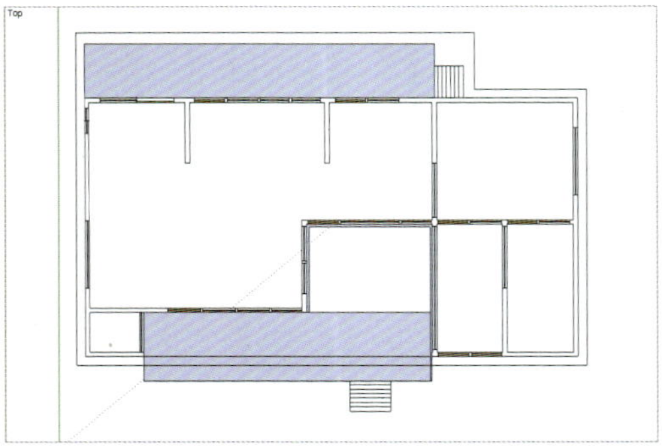

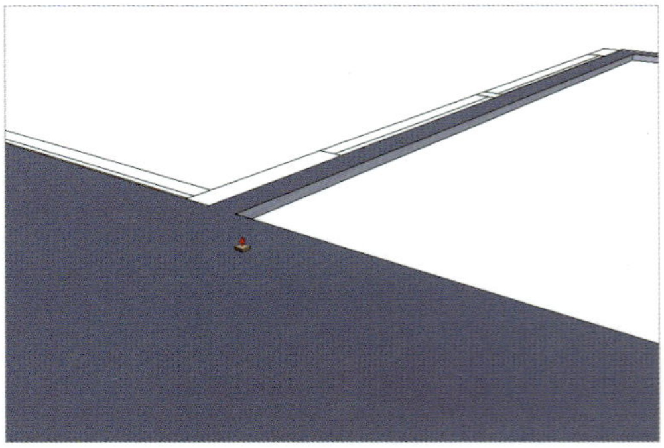

06 Orbit 툴( )로 deck 밑바닥을 볼 수 있는 시점으로 이동합니다. 밀고/끌기 툴( )을 선택한 후 deck 높이를 아래로 '150'만큼 늘려줍니다. 그리고 모든 deck 면들을 선택하고 마우스 오른쪽 버튼을 클릭하면 나타나는 확장 메뉴 중에서 [Make Group]을 선택하여 그룹으로 만듭니다.

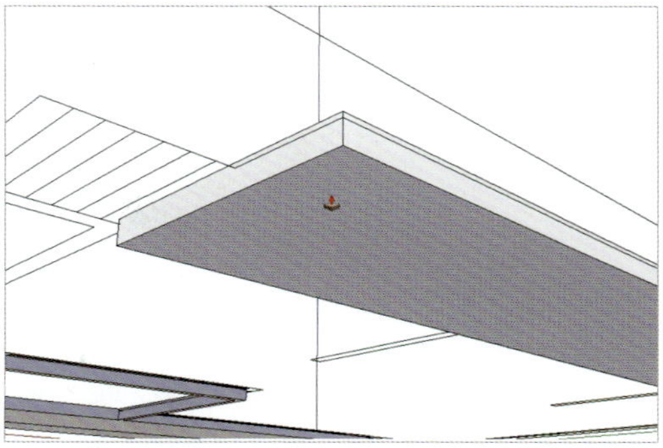

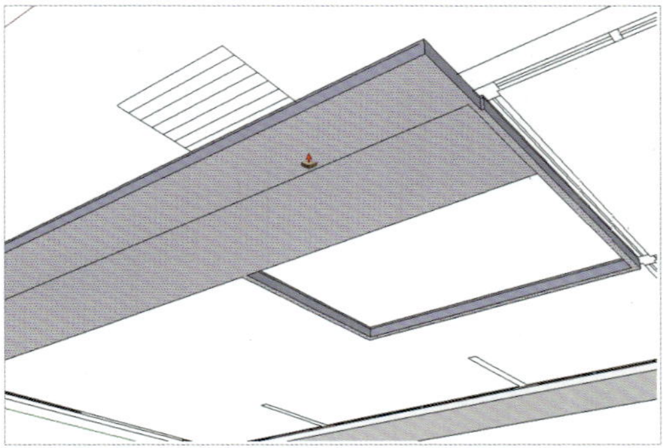

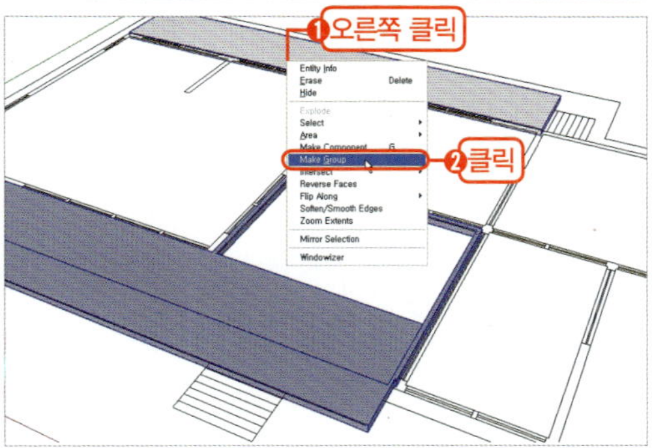

07 [레이어 추가] 버튼( )을 클릭하여 새로운 레이어를 추가합니다. 레이어 이름을 '수영장'으로 변경하고 레이어 이름 옆의 [스위치] 버튼( )을 클릭한 후 선택합니다. 수영장을 쉽게 작업하기 위해 '벽', '바닥', 'deck' 레이어를 끕니다. 레이어 창에서 [Visible] 버튼의 체크 표시를 해제합니다.

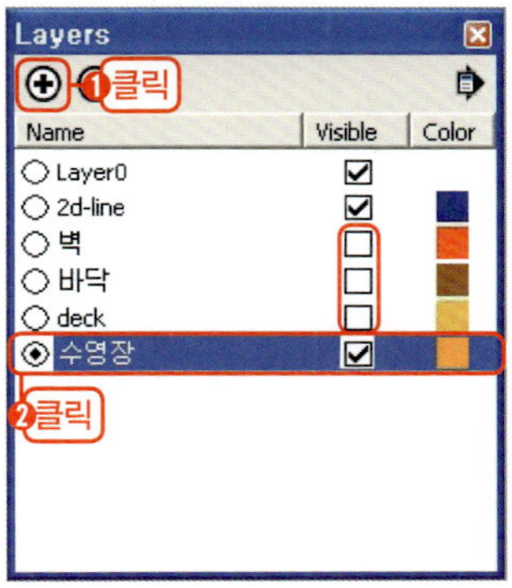

08 Top( ) 화면으로 이동한 후 수영장의 면을 작업하기 위해 사각형 툴( )로 외곽선의 끝점과 끝점을 연결하여 면을 만듭니다. 그런 다음, Iso 툴( )을 클릭하여 Iso 화면으로 이동합니다. 밀고/끌기 툴( )을 선택한 후 수영장 틀 높이에 '50'을 입력하여 위로 돌출시킵니다.

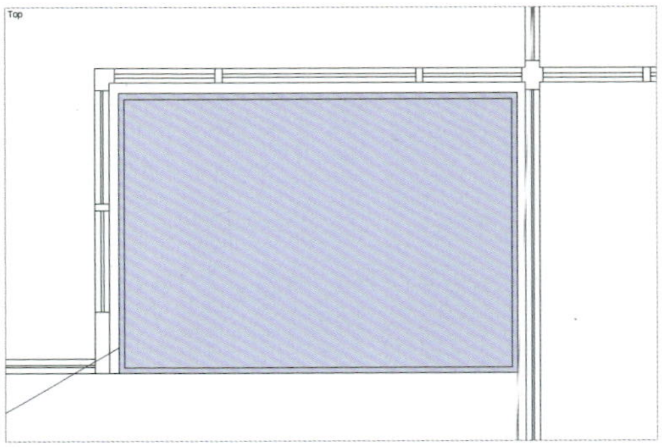

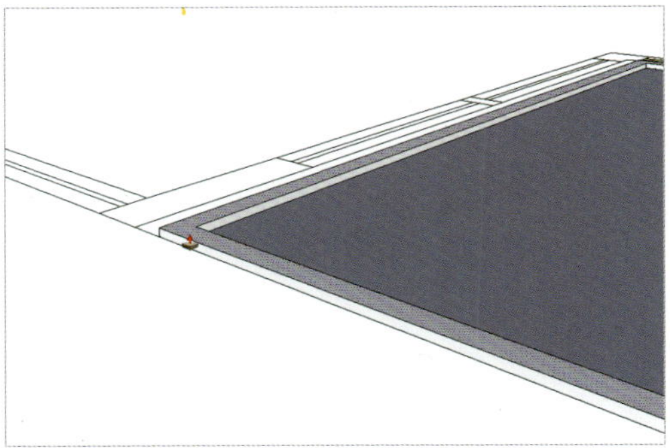

09 밀고/끌기 툴( )로 다음 그림처럼 수영장 내부 높이를 '400'만큼 아래 방향으로 늘려 줍니다. 그런 다음, 모든 수영장 틀과 수영장 면들을 선택하고 마우스 오른쪽 버튼을 클릭하면 나타나는 확장 메뉴 중에서 [Make Group]을 선택하여 그룹으로 만듭니다.

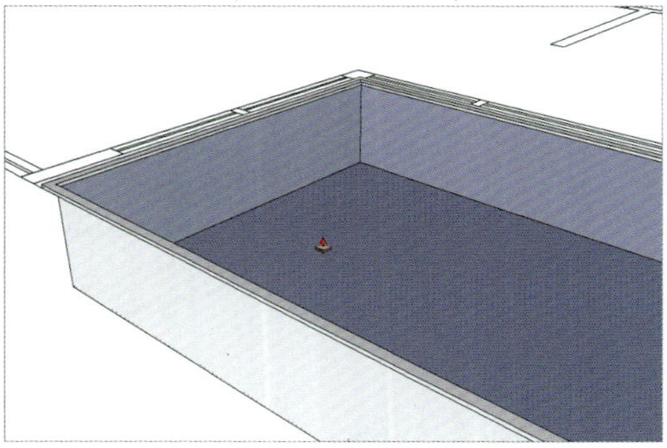

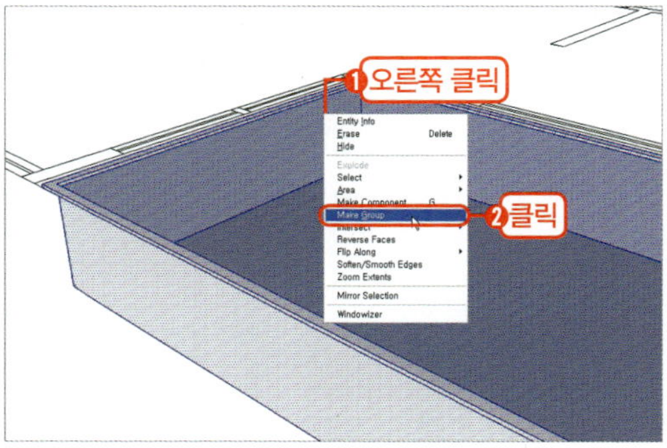

10 [레이어 추가] 버튼( )을 클릭하여 새로운 레이어를 추가합니다. 레이어 이름을 '수영장 물'으로 변경하고 레이어 이름 옆의 [스위치] 버튼( )을 클릭한 후 선택합니다. 수영장을 쉽게 작업하기 위해 '벽', '바닥', 'deck' 레이어를 끕니다. 레이어 창에서 [Visible] 버튼의 체크 표시를 해제합니다.

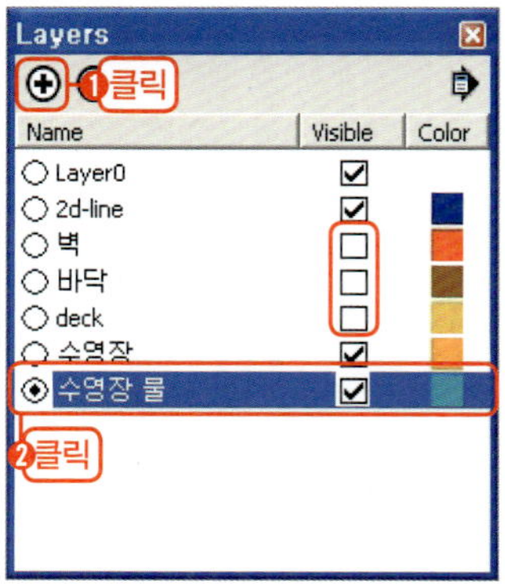

11 수영장 물의 면을 작업하기 위해 사각형 툴( )로 외곽선의 끝점과 끝점을 연결하는 면을 만듭니다. 그리고 모든 수영장 물의 면을 선택한 후 마우스 오른쪽 버튼을 클릭하면 나타나는 확장 메뉴 중에서 [Make Group]을 선택하여 그룹으로 만듭니다.

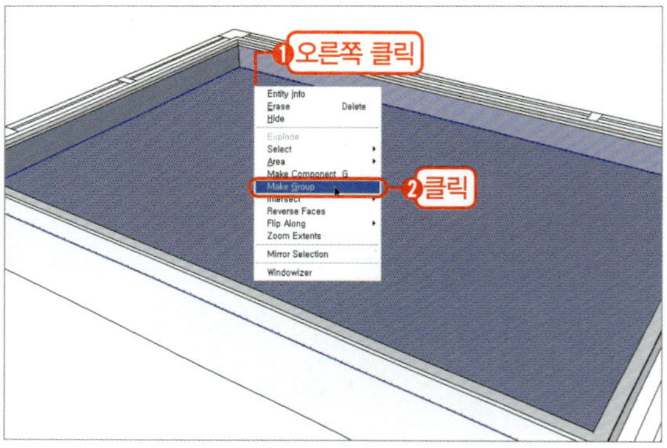

STEP 04 주택의 건물 기둥과 계단 작업하기

01 [레이어 추가] 버튼(⊕)을 클릭하여 새로운 레이어를 추가합니다. 레이어 이름을 '건물 기둥'으로 변경하고 레이어 이름 옆의 [스위치] 버튼(◉)을 클릭한 후 선택합니다. 건물 기둥을 쉽게 작업하기 위해 '벽', '바닥', 'deck', '수영장', '수영장 물' 레이어를 끕니다. 레이어 창에서 [Visible] 버튼의 체크 표시를 해제합니다.

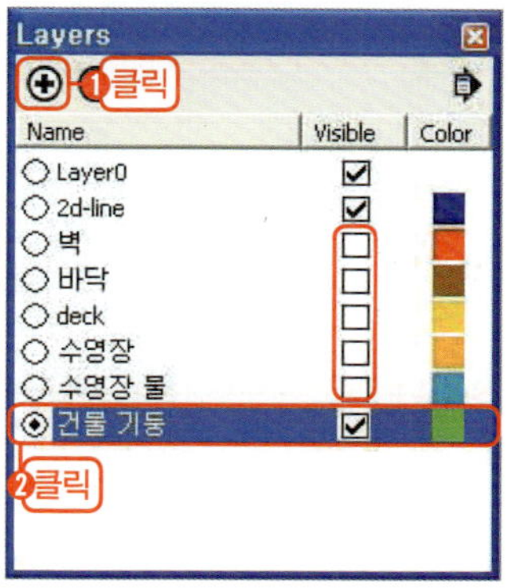

02 Top( ) 화면으로 이동합니다. 건물 기둥의 면을 작업하기 위해 선 툴( )과 사각형 툴( )로 외곽선 끝점과 끝점을 연결하는 면을 만듭니다.

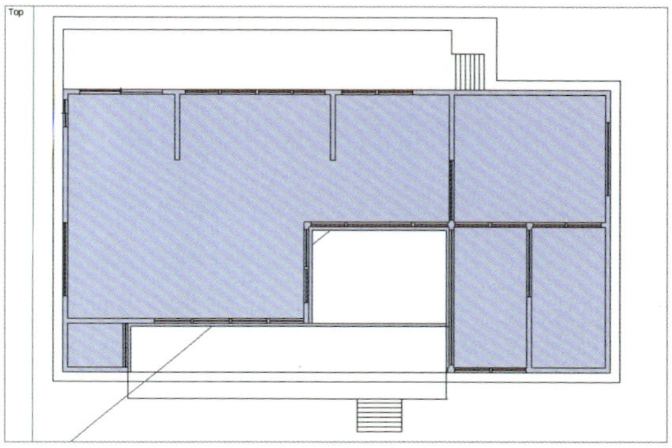

03 Orbit 툴( )로 밑바닥을 볼 수 있는 시점으로 이동합니다. 밀고/끌기 툴( )로 deck 높이를 '500'으로 입력하여 아래로 늘려 줍니다.

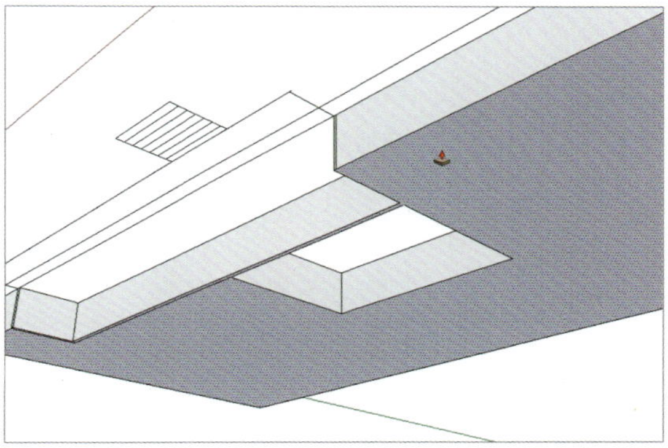

04 수영장 부분이 뚫려 있는 것을 볼 수 있습니다. 바닥이 닫히도록 하기 위해 사각형 툴()로 사각형을 그립니다. 그리고 Orbit 툴()로 다시 건물 기둥의 위쪽을 바라보는 시점으로 변경합니다. 수영장 내부의 바닥 면에 두께를 주기 위해 밀고/끌기 툴()로 높이를 '50'으로 입력하여 위로 늘려 줍니다.

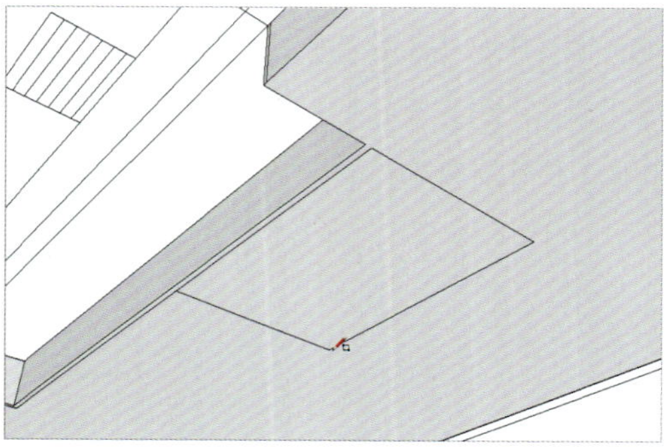

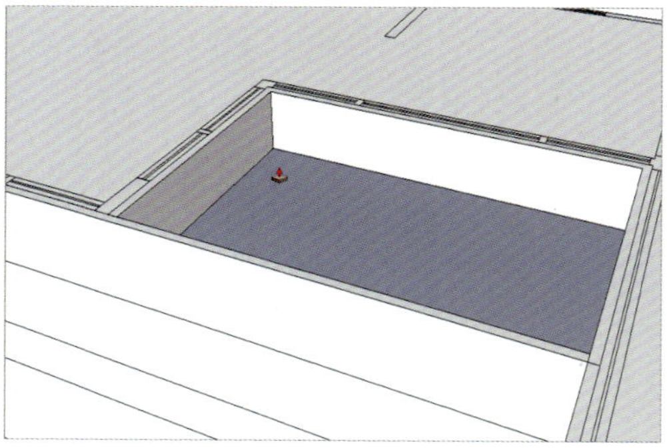

05 Back 툴()로 화면의 뒷면으로 이동합니다. 건물의 정문 쪽에서 기둥 왼쪽 부분에 작은 통로를 만들려면 우선 줄자 툴()로 가상선을 설정해야 합니다. 단, 통로를 작업할 때 반대편에 방해되는 선이 있는지 확인하면서 만들어야 합니다. 통로는 작업하지 않아도 상관없습니다.

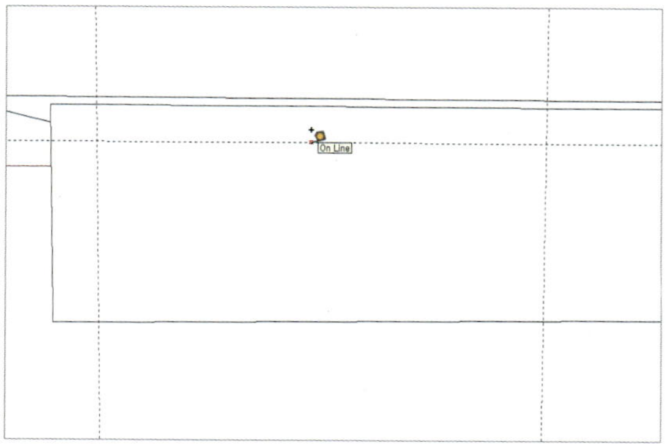

06 줄자 툴()로 설정한 가상선의 교차점을 기준으로 하여 사각형 툴()로 면을 만듭니다. 그리고 밀고/끌기 툴()로 밀어서 없앱니다.

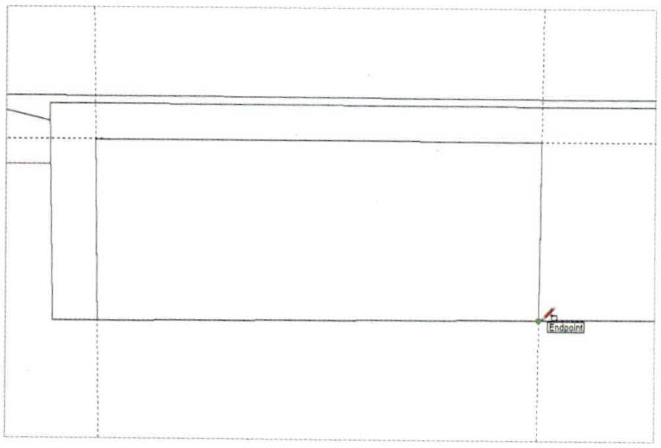

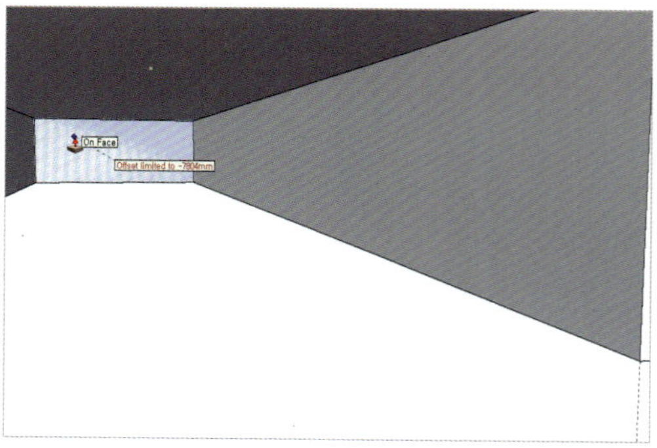

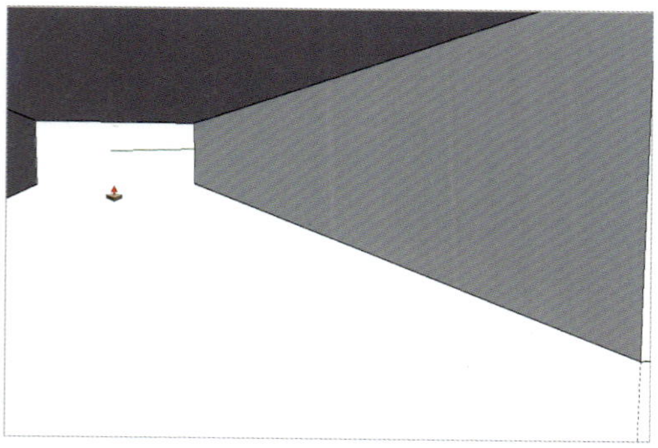

07 건물 기둥의 모든 면들을 선택한 후 마우스 오른쪽 버튼을 클릭하면 나타나는 확장 메뉴 중에서 [Make Group]을 선택하여 그룹으로 만듭니다.

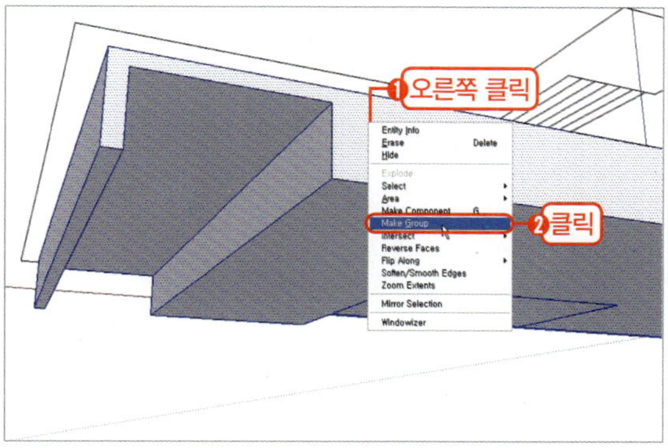

08 [레이어 추가] 버튼()을 클릭하여 새로운 레이어를 추가합니다. 레이어 이름을 'deck 기둥'으로 변경하고 레이어 이름 옆의 [스위치] 버튼()을 클릭한 후 선택합니다. deck 기둥을 쉽게 작업하기 위해 '2d-line', '벽', '바닥', '수영장', '수영장 물', '건물 기둥' 레이어를 끕니다. 레이어 창에서 [Visible] 버튼의 체크 표시를 해제합니다.

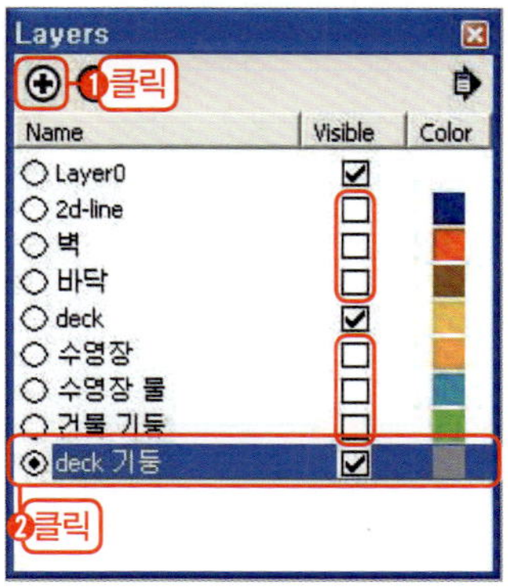

09 Orbit 툴()로 밑바닥 쪽을 바라볼 수 있는 시점으로 이동합니다. 'deck 기둥'의 각 면을 작업하기 위해 줄자 툴()로 가상선을 설정합니다. 그리고 가상선의 교차점을 기준으로 하여 사각형 툴()로 외곽선 끝점과 끝점을 연결하여 면을 만듭니다.

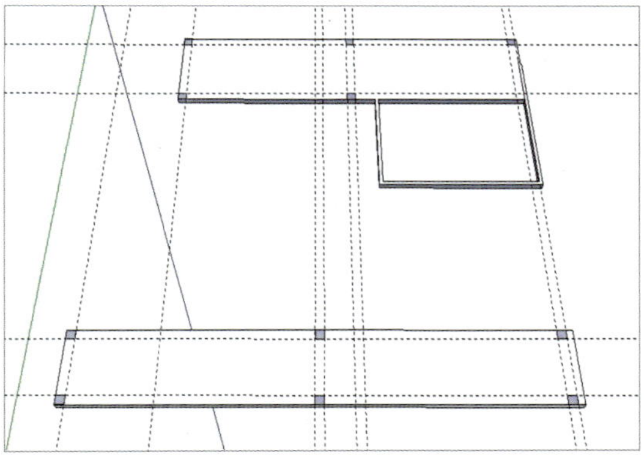

10 **09**에서 작업한 면은 밀고/끌기 툴()로 deck 높이를 '350'으로 입력하여 아래로 늘려 줍니다. 그리고 deck 기둥들의 모든 면들을 선택한 후 마우스 오른쪽 버튼을 클릭하면 나타나는 확장 메뉴 중에서 [Make Group]을 선택하여 그룹으로 만듭니다.

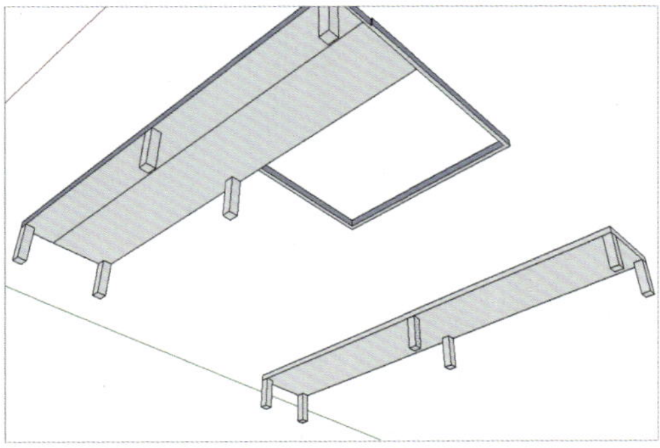

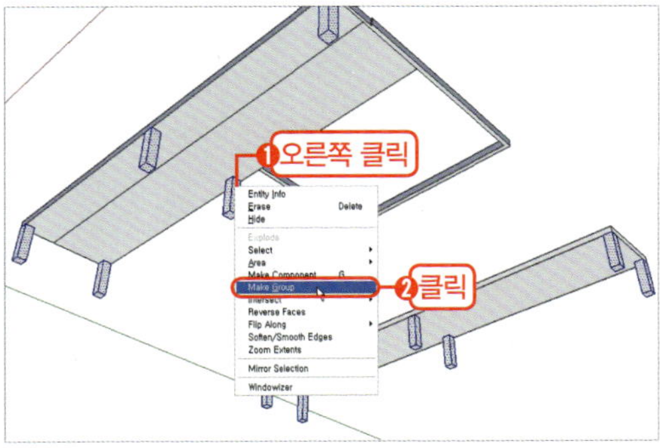

11 '건물 기둥' 레이어를 다시 켜기 위해 레이어 창에서 [Visible] 버튼에 체크 표시를 합니다. 다시 한 번 '2d-line', '벽', '바닥', '수영장', '수영장 물' 레이어를 끕니다. 레이어 창에서 [Visible] 버튼의 체크 표시를 해제합니다.

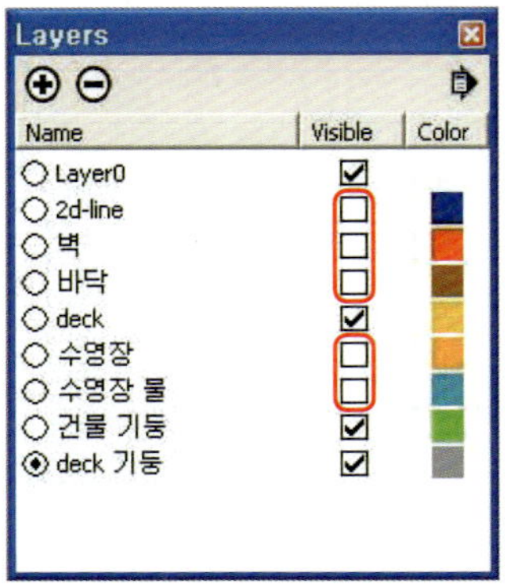

12 'deck 기둥'을 편집하기 위해 객체를 선택한 후 마우스 오른쪽 버튼을 클릭하면 나타나는 확장 메뉴 중에서 [Edit Group]을 선택합니다.

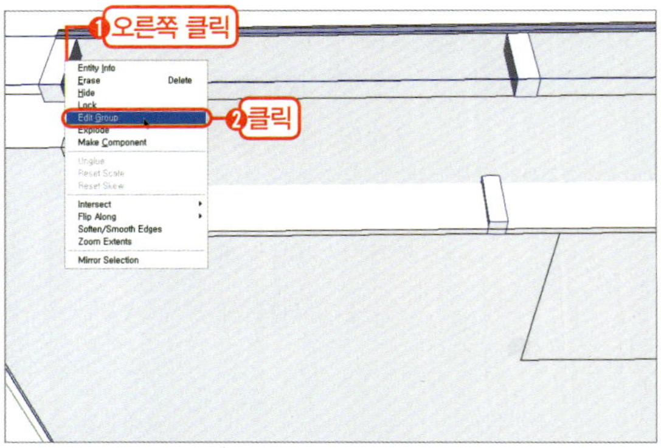

13 'deck 기둥'과 '건물 기둥'의 경계선이 선명하지 않습니다. 경계선을 선명하게 만들기 위해 'deck 기둥'의 모든 면들을 선택한 후 마우스 오른쪽 버튼을 클릭하면 나타나는 확장 메뉴 중에서 [Intersect]-[Intersect with Model]을 선택합니다.

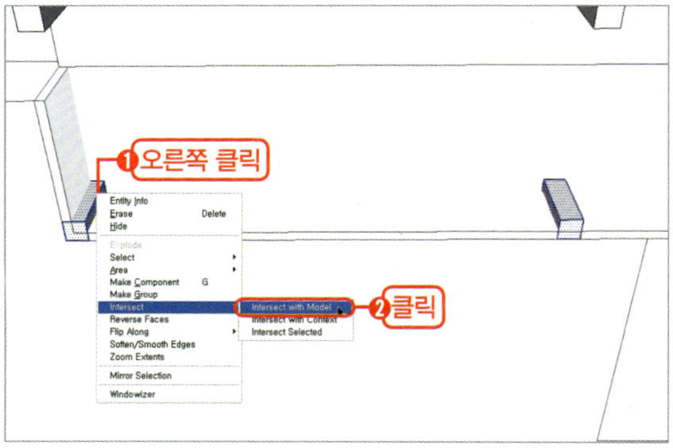

14 [레이어 추가] 버튼(⊕)을 클릭하여 새로운 레이어를 추가합니다. 레이어 이름을 '계단'으로 변경하고 레이어 이름 옆의 [스위치] 버튼(◉)을 클릭한 후 선택합니다. 계단을 쉽게 작업하기 위해 '2d-line', '벽', '바닥', '수영장', '수영장 물' 레이어를 끕니다. 레이어 창에서 [Visible] 버튼의 체크 표시를 해제합니다.

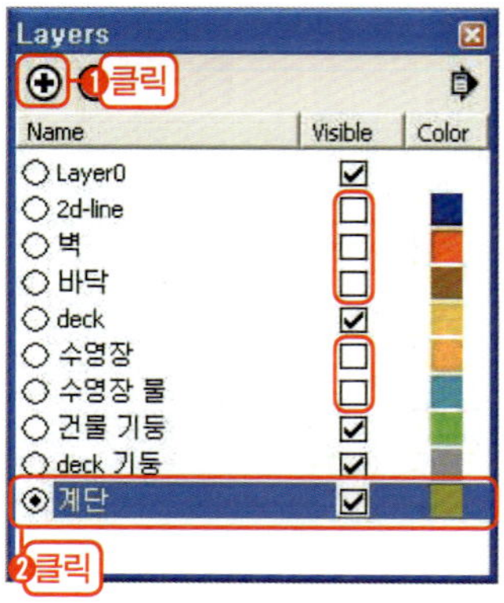

15 건물 정문 앞에서 줄자 툴()로 건물 기둥의 하단을 기준으로 가상선을 설정합니다. 그리고 건물 앞의 있는 계단의 면을 작업하기 위해 사각형 툴()로 외곽선 끝점과 끝점을 연결하여 면을 만듭니다. 밀고/끌기 툴()로 드래그하여 커서를 선 위로 가져갑니다.

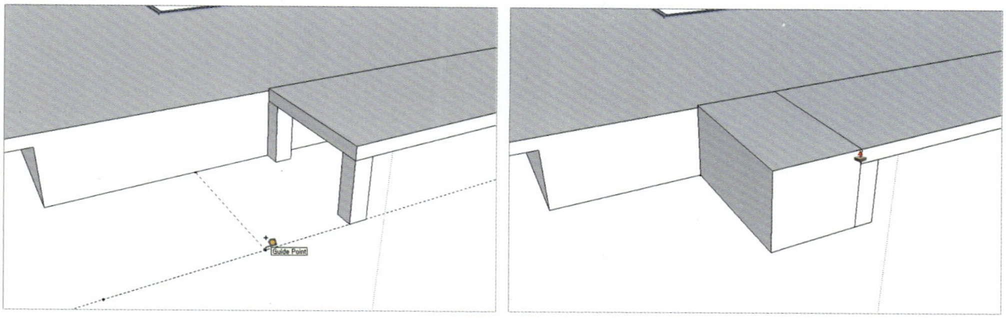

16 베란다 쪽에 있는 '건물 기둥'과 'deck 기둥' 하단을 기준으로 하여 줄자 툴()로 가상선을 설정합니다. 베란다 쪽에 있는 계단의 면을 작업하기 위해 사각형 툴()로 외곽선의 끝점과 끝점을 연결하여 면을 만듭니다. 밀고/끌기 툴()로 드래그하여 커서를 선 위로 가져갑니다.

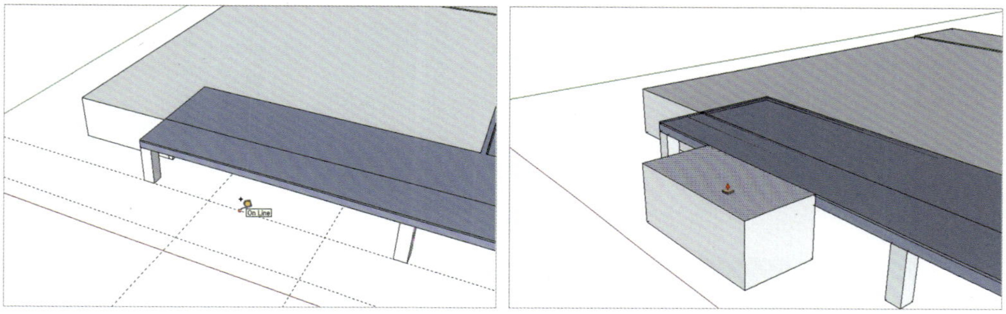

17 계단을 작업하기 위해 'Layer0', '계단' 레이어를 제외한 나머지 레이어들을 끕니다. 레이어 창에서 [Visible] 버튼의 체크 표시를 해제합니다.

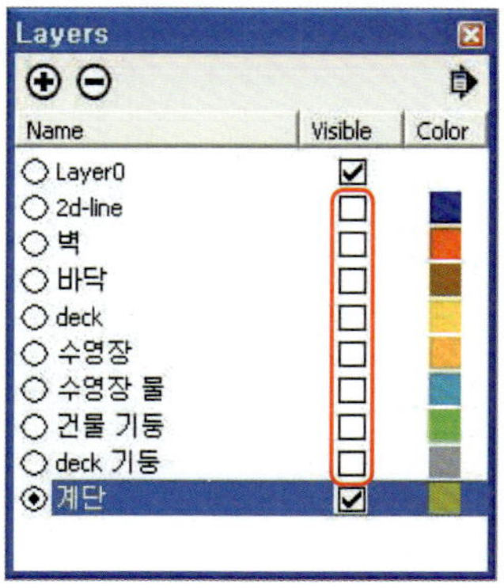

18 이제 계단을 만들어 보겠습니다. 선 툴()로 16에서 작업한 정문 앞쪽의 정육면체 양쪽 모서리 중간 지점을 마우스로 클릭하여 선을 그립니다. 그리고 정육면체의 옆면에도 반복적으로 선을 그립니다.

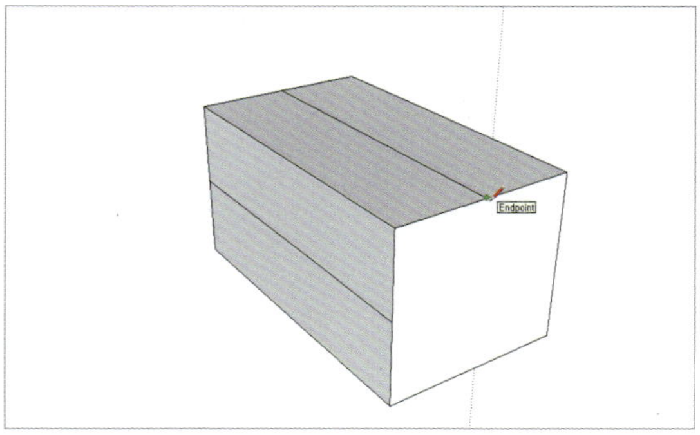

19 밀고/끌기 툴( )로 드래그하여 커서를 선 위로 가져가면 그 위치만큼 내려갑니다. 18에서 지금까지 작업하는 방법을 반복적으로 작업하여 계단을 완성합니다.

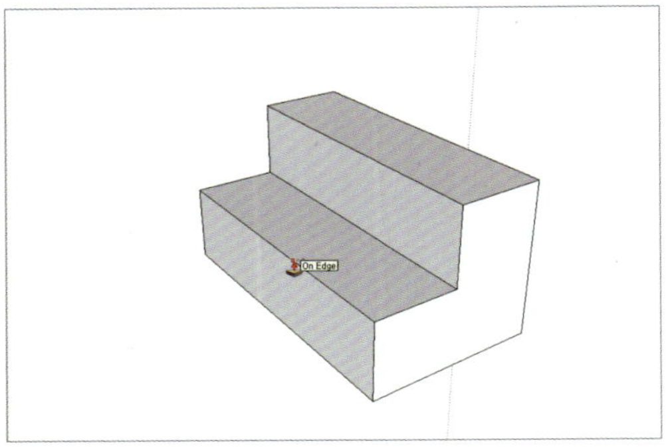

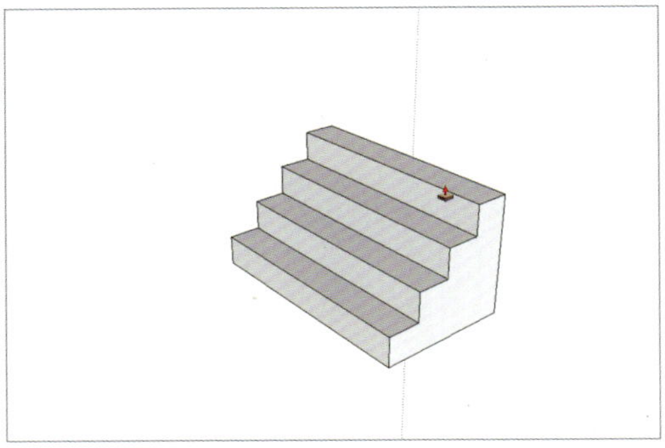

20 15에서 작업한 건물의 베란다 쪽 계단면을 18과 19처럼 반복 작업하여 계단을 만듭니다. 그런 다음, 작업한 계단들을 모두 선택하고 마우스 오른쪽 버튼을 클릭하면 나타나는 확장 메뉴 중에서 [Make Group]을 선택하여 그룹으로 만듭니다.

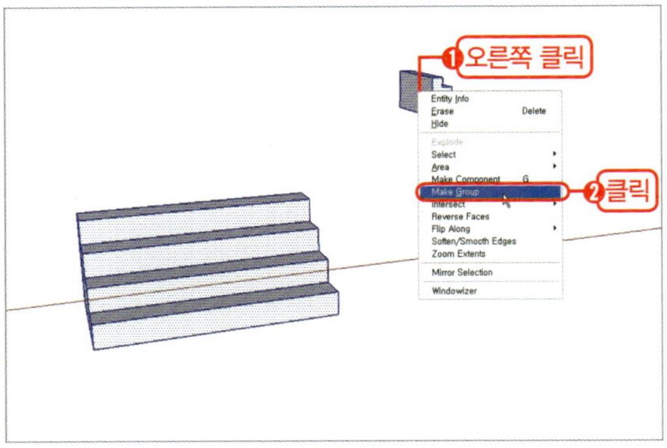

STEP 05 지붕 작업하기

01 [레이어 추가] 버튼( )을 클릭하여 새로운 레이어를 추가합니다. 레이어 이름을 '지붕'으로 변경하고 레이어 이름 옆의 [스위치] 버튼( )을 클릭한 후 선택합니다. 지붕을 쉽게 작업하기 위해 '벽', '바닥', 'deck', '수영장', '수영장 물', '건물 기둥', 'deck 기둥', '계단' 레이어를 끕니다. 레이어 창에서 [Visible] 버튼의 체크 표시를 해제합니다.

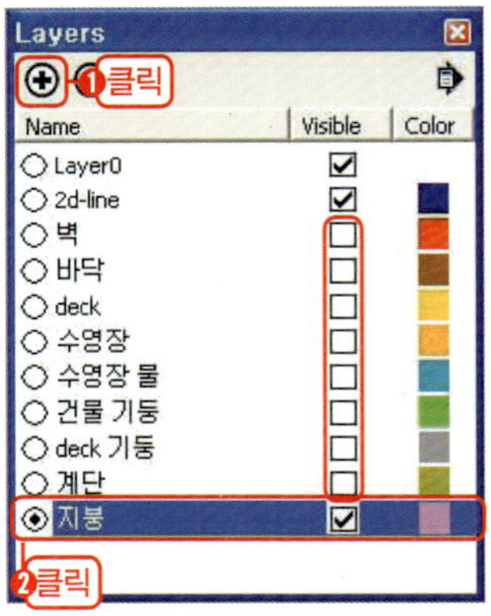

02 Top() 화면으로 이동합니다. 지붕면을 작업하기 위해 선 툴()과 사각형 툴()로 외곽선 끝점과 끝점을 연결하여 면을 만듭니다.

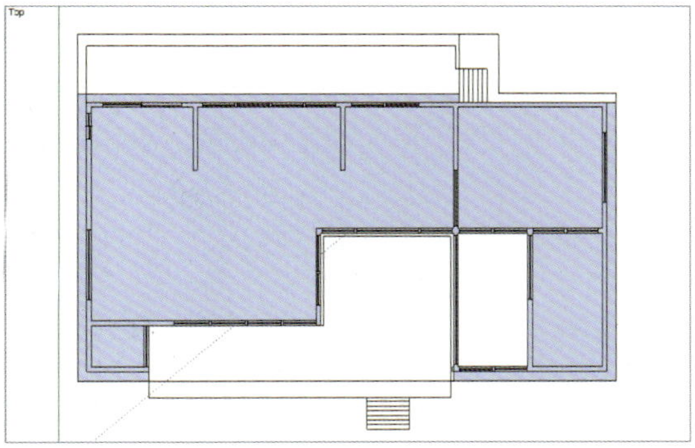

03 Iso 툴() 화면으로 이동합니다. 간격 띄우기 툴()을 선택한 후 '50'을 입력합니다. 그리고 간격 띄우기를 한 가장자리 부분은 다음 그림처럼 편집합니다. 밀고/끌기 툴()로 간격 띄우기를 한 가장자리 부분의 지붕 높이를 '300'으로 입력하여 위로 돌출시킵니다. 그런 다음, 지붕의 안쪽 면을 선택하여 밀고/끌기 툴()을 선택하고 '100'을 입력하여 아래로 적당히 내립니다.

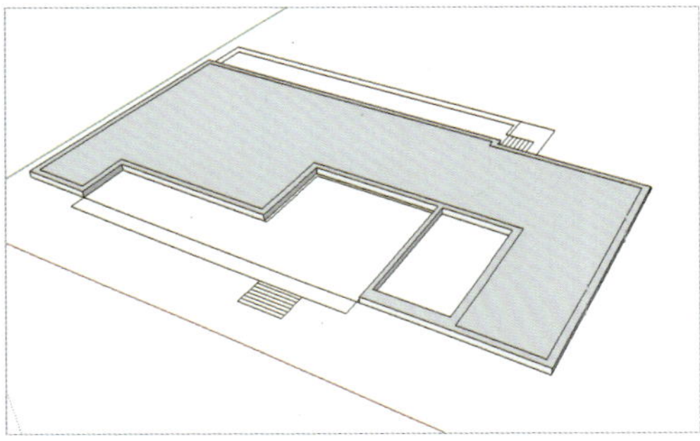

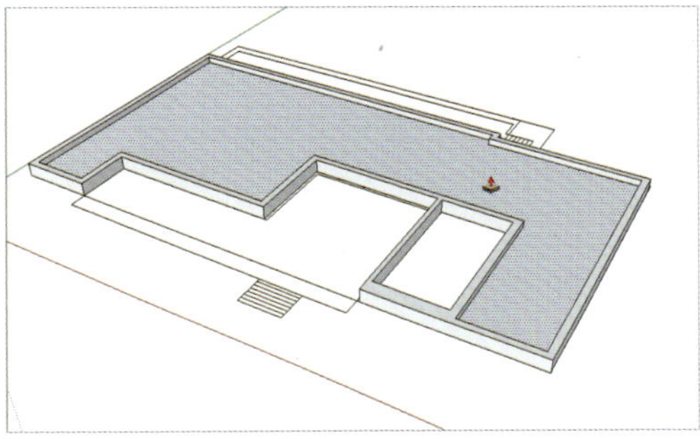

04 03에서 작업한 지붕을 모두 선택한 후 마우스 오른쪽 버튼을 클릭하면 나타나는 확장 메뉴 중에서 [Make Group]을 선택하여 그룹으로 만듭니다.

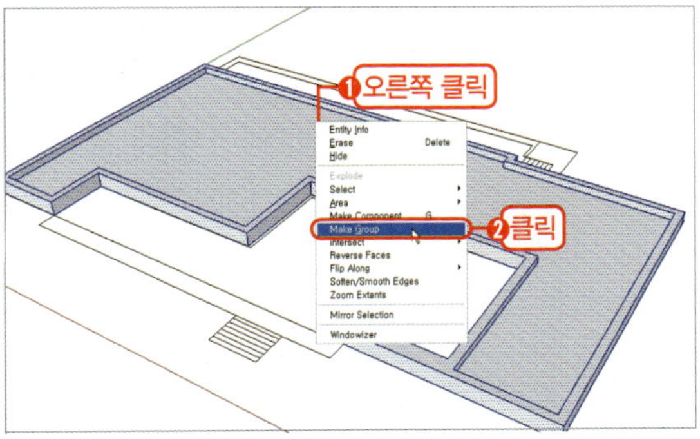

05 [레이어 추가] 버튼()을 클릭하여 새로운 레이어를 추가합니다. 레이어 이름을 '유리 지붕'으로 변경하고 레이어 이름 옆의 [스위치] 버튼()을 클릭한 후 선택합니다. 유리 지붕을 쉽게 작업하기 위해 '벽', '바닥', 'deck', '수영장', '수영장 물', '건물 기둥', 'deck 기둥', '계단' 레이어를 끕니다. 그런 다음, 레이어 창에서 [Visible] 버튼의 체크 표시를 해제합니다.

06 사각형 툴(▣)로 유리 지붕을 만들 수영장과 화장실 위치에 외곽선의 끝점과 끝점을 연결하여 면을 만듭니다.

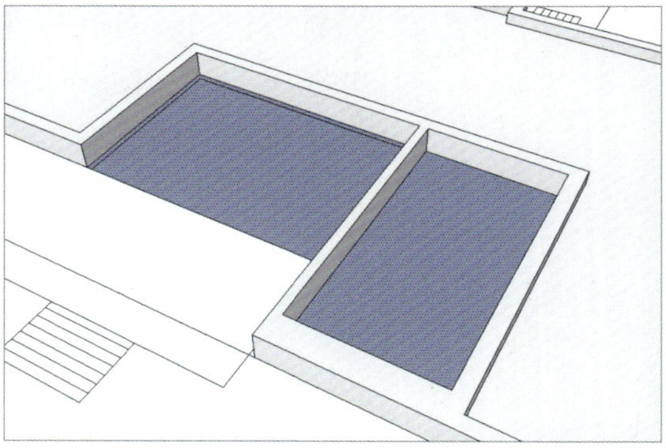

07 06에서 작업한 면은 밀고/끌기 툴(▣)로 유리 지붕 높이를 '100'으로 입력하여 위로 돌출시킵니다. 그런 다음, 작업한 유리 지붕을 모두 선택하고 마우스 오른쪽 버튼을 클릭하면 나타나는 확장 메뉴 중에서 [Make Group]을 선택하여 그룹으로 만듭니다.

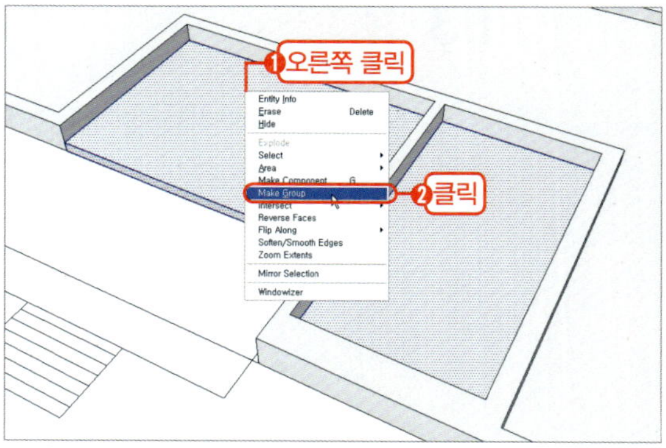

08 [레이어 추가] 버튼(⊕)을 클릭하여 새로운 레이어를 추가합니다. 레이어 이름을 'deck 지붕'으로 변경하고 레이어 이름 옆의 [스위치] 버튼(◉)을 클릭한 후 선택합니다. deck 지붕을 쉽게 작업하기 위해 '벽', '바닥', 'deck', '수영장', '수영장 물', '건물 기둥', 'deck 기둥', '계단' 레이어를 끕니다. 그런 다음, 레이어 창에서 [Visible] 버튼의 체크 표시를 해제합니다.

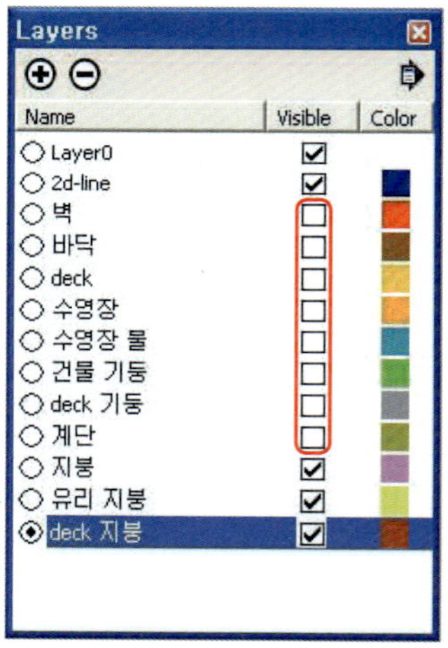

09 deck 지붕의 위치에 사각형 툴(▣)로 외곽선의 끝점과 끝점을 연결하여 면을 만듭니다. 그런 다음, 작업한 면에 밀고/끌기 툴(▣)로 deck 지붕 높이에 '100'을 입력하여 위로 돌출시킵니다.

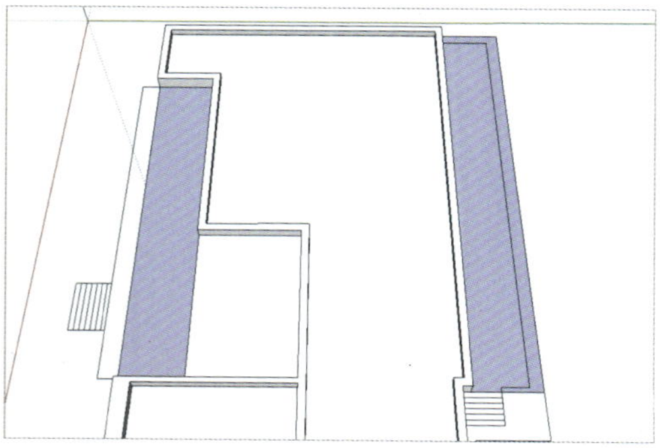

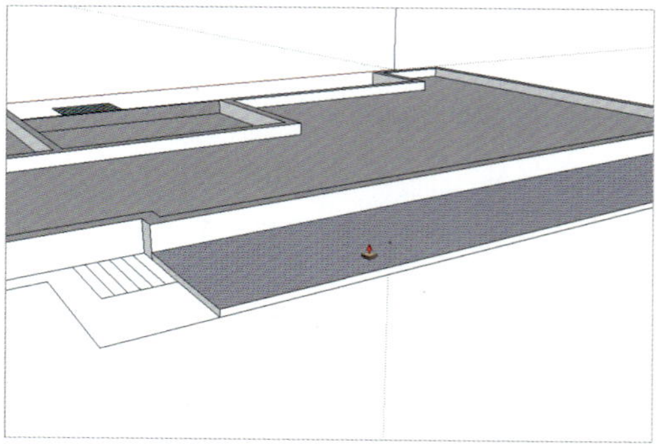

10 작업한 deck 지붕을 모두 선택한 후 마우스 오른쪽 버튼을 클릭하면 나타나는 확장 메뉴 중에서 [Make Group]을 선택하여 그룹으로 만듭니다.

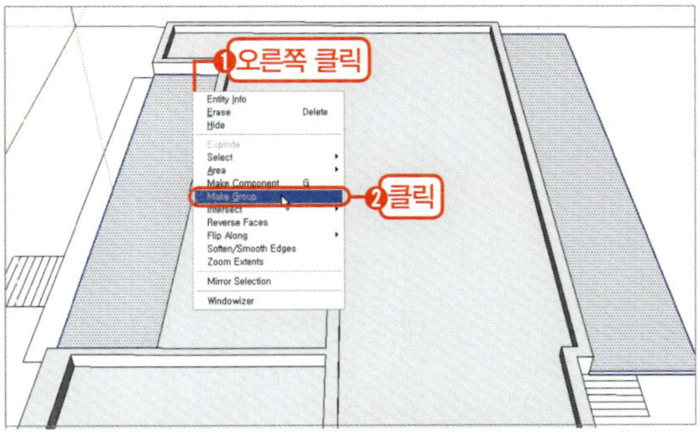

11 Front(🏠) 화면으로 이동합니다. 지금까지 작업한 '지붕', '유리 지붕', 'deck'을 선택합니다. 그런 다음, 이동 툴(✥)로 각 지붕 객체의 바닥 부분을 클릭하고, 벽체 높이에 '2400'을 입력한 후 이동합니다.

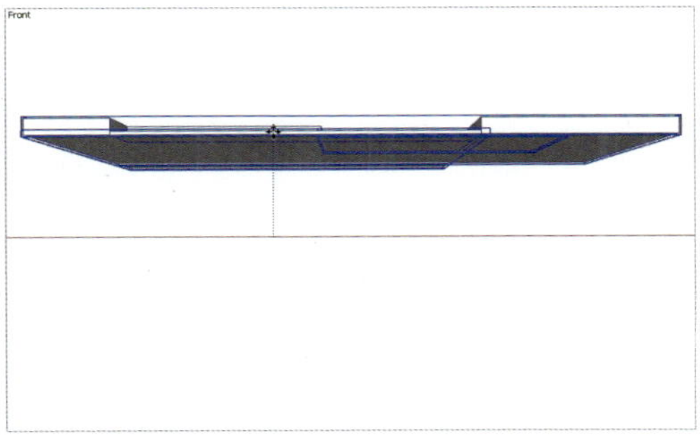

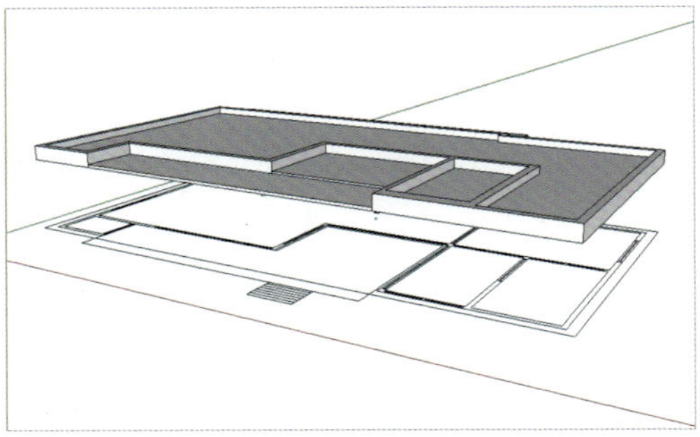

12 [레이어 추가] 버튼(⊕)을 클릭하여 새로운 레이어를 추가합니다. 레이어 이름을 '실내 조경 바닥'으로 변경하고 레이어 이름 옆의 [스위치] 버튼(◉)을 클릭한 후 선택합니다. 실내 조경 바닥을 쉽게 작업하기 위해 '2d-line', '벽', '지붕', '유리 지붕', 'deck지붕' 레이어를 끕니다. 레이어 창에서 [Visible] 버튼의 체크 표시를 해제합니다.

13 정문 쪽에 있는 deck 상단 위에서 실내 조경 바닥을 만들 위치에 사각형 툴(▣)로 면을 만듭니다. 그리고 간격 띄우기 툴(↶)로 임의대로 적당히 안쪽으로 들입니다.

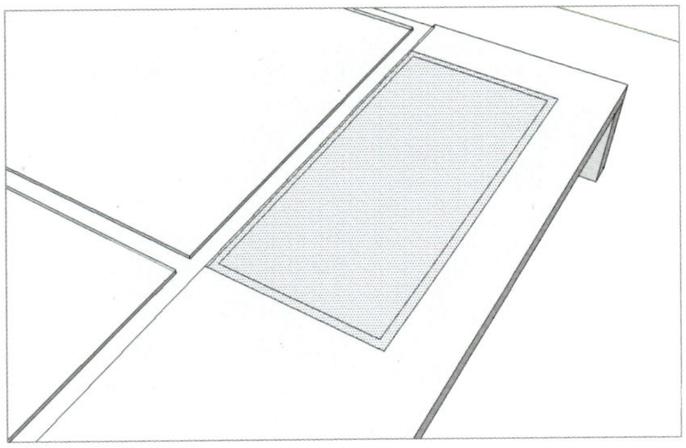

14 간격 띄우기를 한 가장자리 부분의 면을 밀고/끌기 툴(버튼)로 임의대로 적당히 위로 돌출시킵니다. 실내 조경 바닥 안쪽 면을 선택한 후 밀고/끌기 툴(버튼)로 적당히 아래로 내립니다. 그런 다음, 작업한 실내 조경 바닥 면을 모두 선택하고 마우스 오른쪽 버튼을 클릭하면 나타나는 확장 메뉴 중에서 [Make Group]을 선택하여 그룹으로 만듭니다.

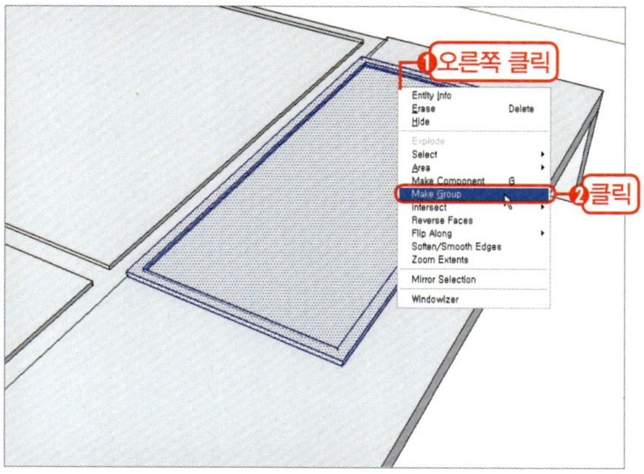

15 '2d-line' 레이어를 제외한 모든 레이어들을 켜기 위해 레이어 창에서 [Visible] 버튼을 클릭하여 체크 표시를 합니다. 각 레이어에 포함되어 있던 객체가 모두 나타난 것을 확인할 수 있습니다.

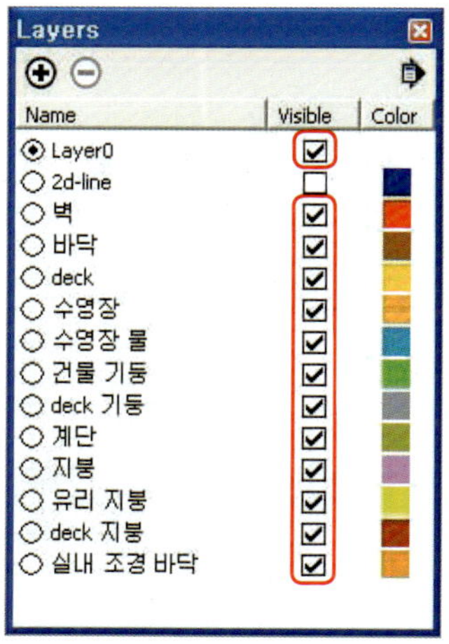

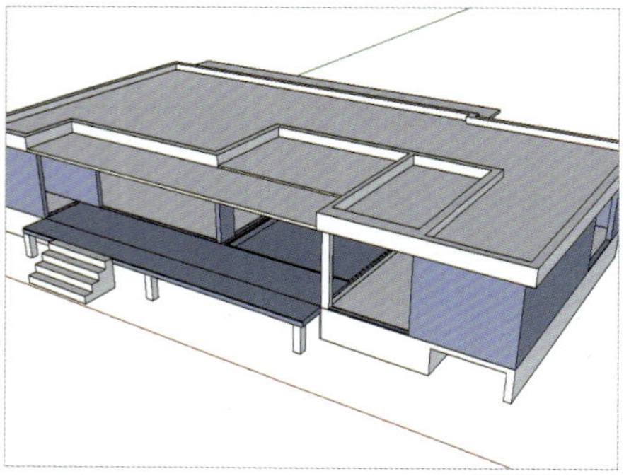

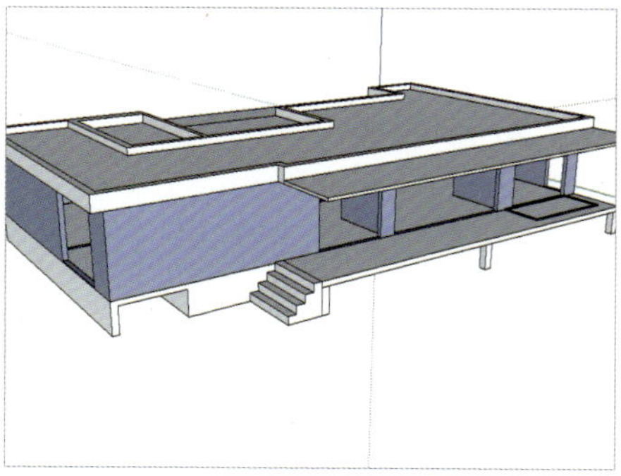

02. 문, 창 삽입하기

[Windowizer] 루비 파일과 [Components] 창을 이용하여 창문을 작업하거나 검색합니다. 그리고 창문의 크기 및 형태, 방향 등으로 적절히 배치하여 실내의 공간을 넓게 보이도록 표현합니다. 이번에는 난간의 위치 또는 방향을 선택하여 작업해 보겠습니다.

STEP 01 CAD 도면 불러오기

01 메뉴에서 [Window]−[Layer]를 클릭합니다. [레이어 추가] 버튼(⊕)을 클릭하여 새로운 레이어를 추가합니다. 레이어 이름을 '창문'으로 변경하고 레이어 이름 옆의 [스위치] 버튼(◉)을 클릭한 후 선택합니다. 창문을 쉽게 작업하기 위해 '2d−line', '수영장', '수영장 물', '건물 기둥', 'deck 기둥', '계단', '지붕', '유리 지붕', 'deck 지붕', '실내 조경 바닥' 레이어를 끕니다. 레이어 창에서 [Visible] 버튼의 체크 표시를 해제합니다.

02 사각형 툴(▣)로 창문을 삽입할 벽에 면을 만듭니다. 그런 다음, 사각형 면을 선택하고 마우스 오른쪽 버튼을 클릭하면 나타나는 확장 메뉴 중에서 [Windowizer]를 선택합니다.

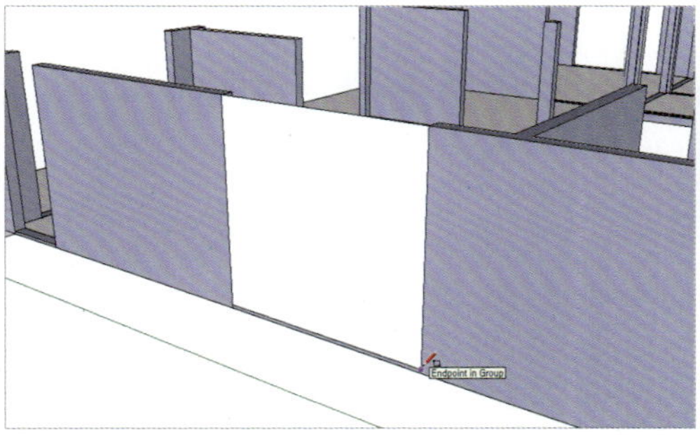

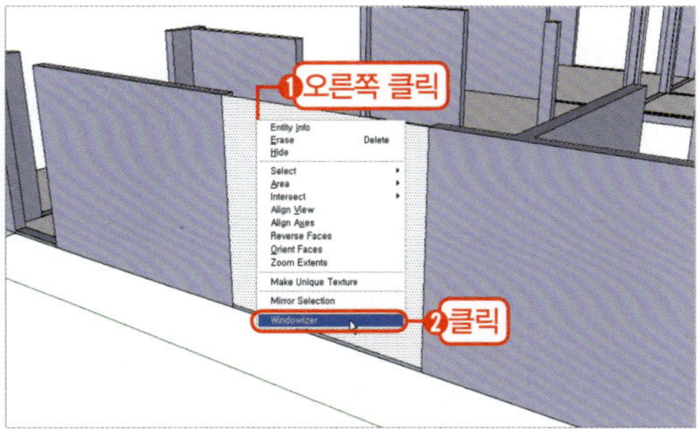

Tip

[Windowizer]는 루비 파일입니다. 루비 파일 사용 방법은 70쪽을 참고하세요.

03 [Windowizer Settings] 창에 다음과 같이 수치를 입력한 후 [OK] 버튼을 클릭합니다.

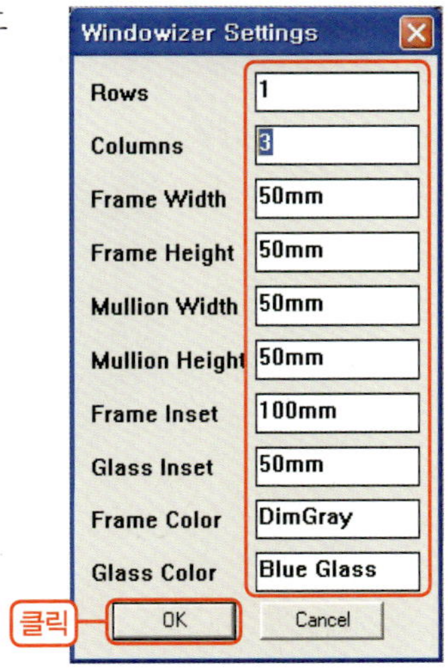

04 앞에서처럼 작업을 했음에도 불구하고 면이 없어지지 않고 그대로 있다면 작업한 면을 선택한 후 마우스 오른쪽 버튼을 클릭하면 나타나는 확장 메뉴 중에서 [Erase]를 선택하여 면을 삭제하면 작업한 창문을 볼 수 있습니다.

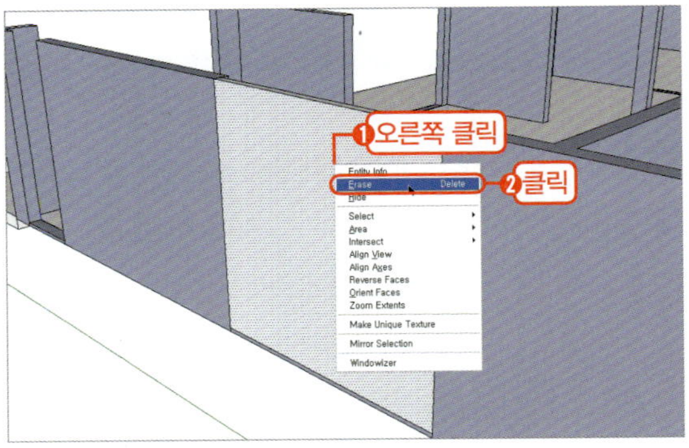

05 작업한 창문을 모두 선택한 후 마우스 오른쪽 버튼을 클릭하면 나타나는 확장 메뉴 중에서 [Make Group]을 선택하여 그룹으로 만듭니다.

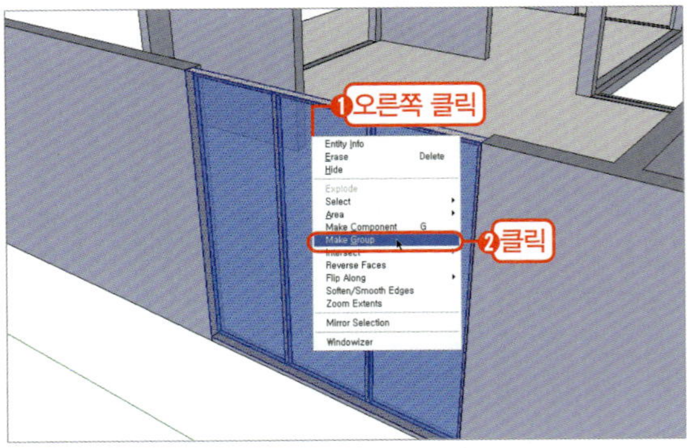

06 창문이 앞뒤로 뒤집힌 경우에는 스케일 툴( )로 안쪽에 있는 가운데 점을 클릭하여 앞으로 당깁니다. 그런 다음, 화면 하단의 입력란에 '-1'을 입력하고 Enter↵ 를 누르면 창문의 앞, 뒤 부분이 뒤집어집니다. 단, 작업한 창문 결과가 사용자가 원하는 창문 모양이라면 그대로 사용해도 됩니다.

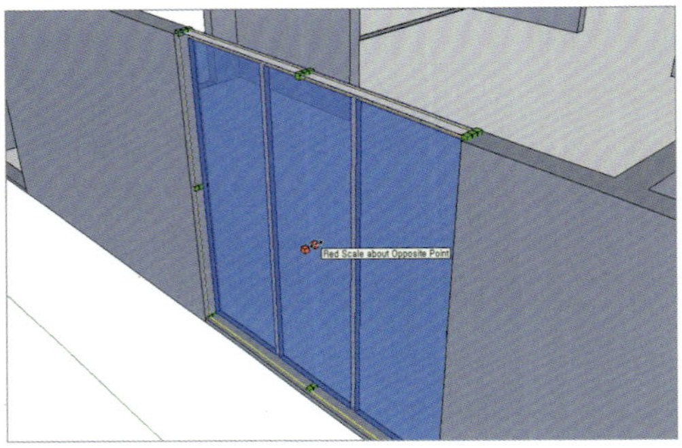

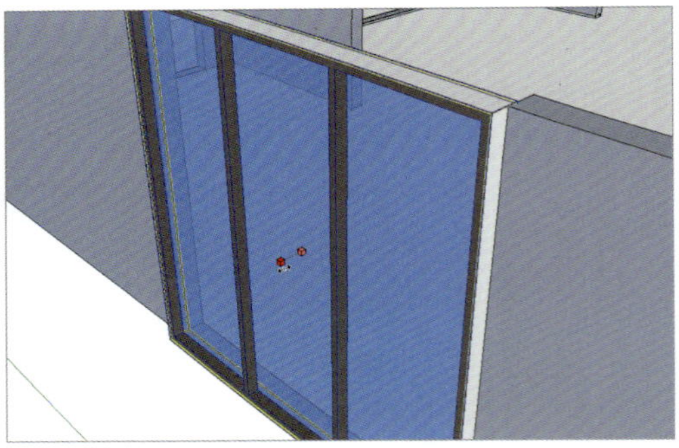

07 이동 툴( )로 다음 그림처럼 창문 선의 중간점에서 벽 선의 중간점까지 드래그합니다.

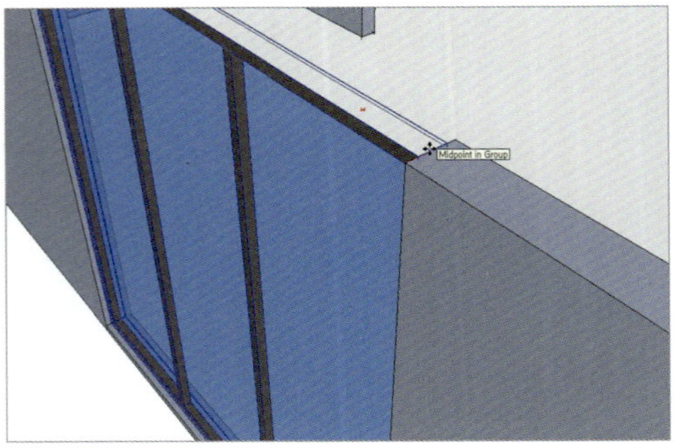

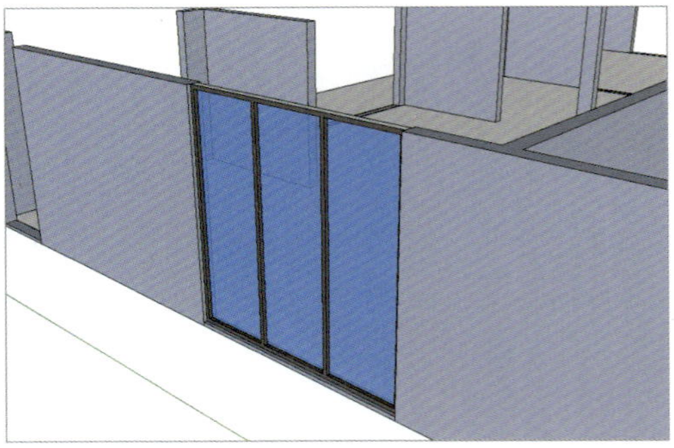

08 메뉴에서 [Window]-[Components]를 선택합니다. [Components] 창에서 문 소스들을 검색한 후 원하는 문을 선택합니다. 그런 다음, 창문이 배치될 끝점을 클릭하여 삽입하고 스케일 툴( )로 크기를 조절합니다.

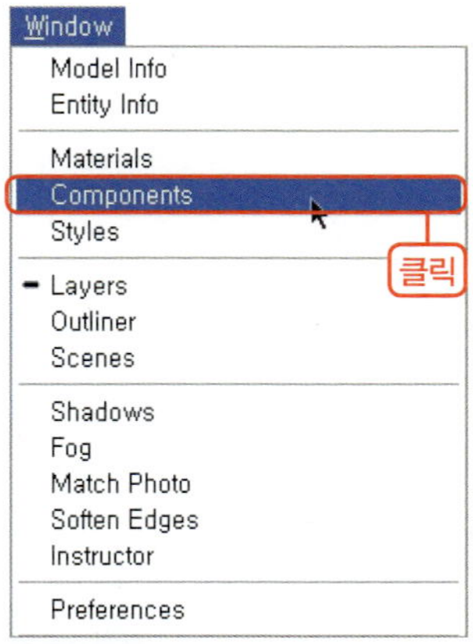

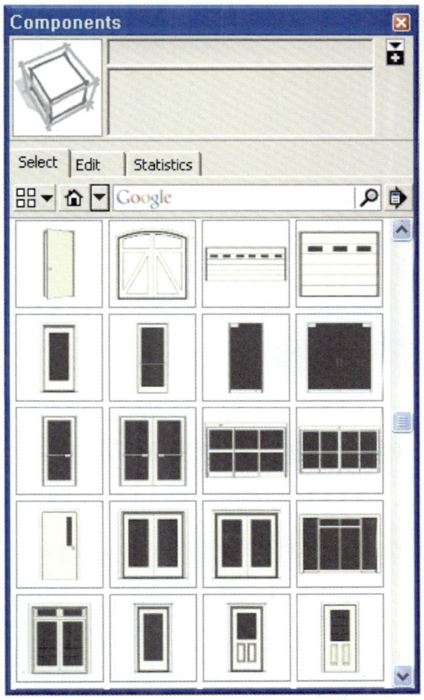

09 삽입한 문의 위쪽 공간이 비어 있기 때문에 빈 공간을 채울 수 있도록 벽면을 연장합니다. 벽면을 연장하기 위해 벽면 객체를 선택한 후 마우스 오른쪽 버튼을 클릭하면 나타나는 확장 메뉴 중에서 [Edit Group]을 선택합니다.

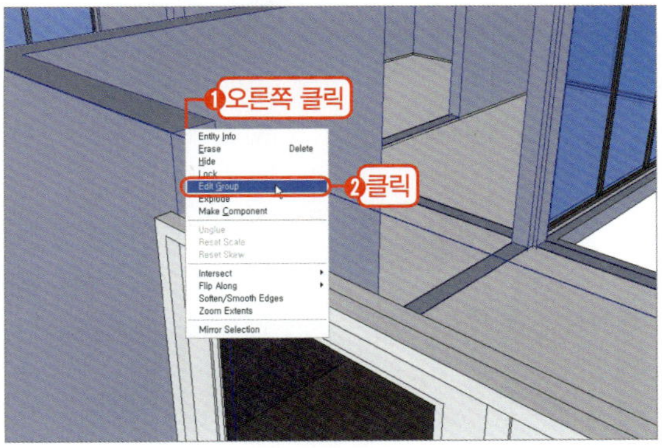

10 선 툴( )로 양끝 부분에 끝점과 끝점을 연결하는 선을 그려 면을 만듭니다. 그리고 밀고/끌기 툴( )로 드래그하여 커서를 선 위로 가져갑니다. 그런 다음, 지우개 툴( )로 불필요한 선들을 삭제합니다.

11 02 ~10까지의 작업을 반복하면서 창문과 문을 삽입한 후 이동 툴( ), 회전 툴( ), 스케일 툴( )로 삽입한 객체들을 편집하여 배치합니다.

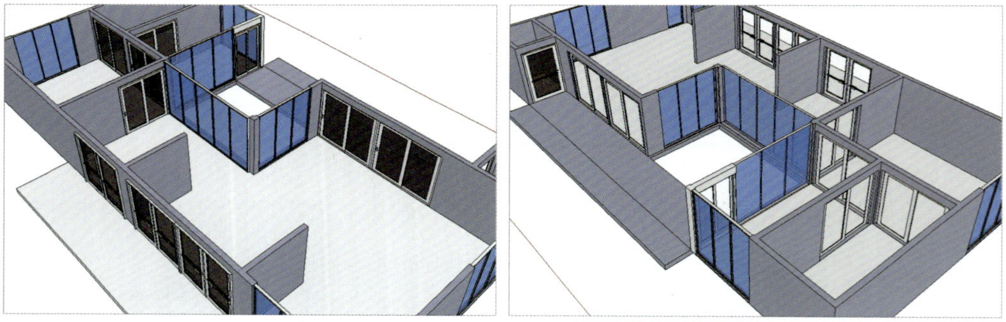

12 [레이어 추가] 버튼( )을 클릭하여 새로운 레이어를 추가합니다. 레이어 이름을 '난간'으로 변경하고 레이어 이름 옆의 [스위치] 버튼( )을 클릭한 후 선택합니다. 난간을 쉽게 작업하기 위해 '2d-line', '벽', '수영장', '수영장 물', '건물 기둥', 'deck 기둥', '지붕', '유리 지붕', 'deck 지붕', '창문' 레이어를 끕니다. 레이어 창에서 [Visible] 버튼의 체크 표시를 해제합니다.

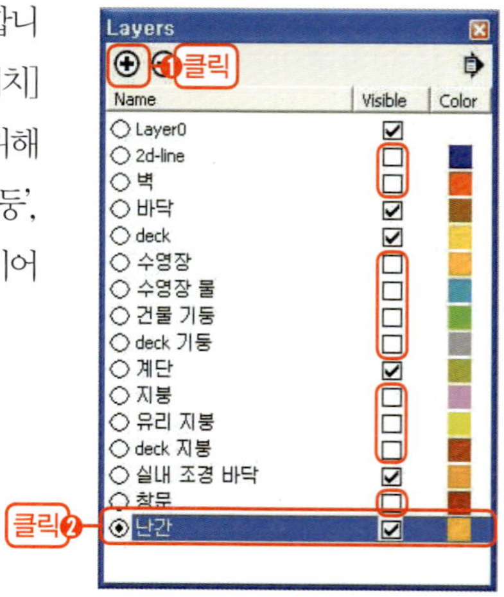

13 메뉴에서 [Window]–[Components]를 선택합니다. [Components] 창에서 난간을 선택합니다. 그리고 deck 바닥 위에 난간을 삽입한 후 이동 툴( ), 회전 툴( ), 스케일 툴( )로 편집하여 배치합니다.

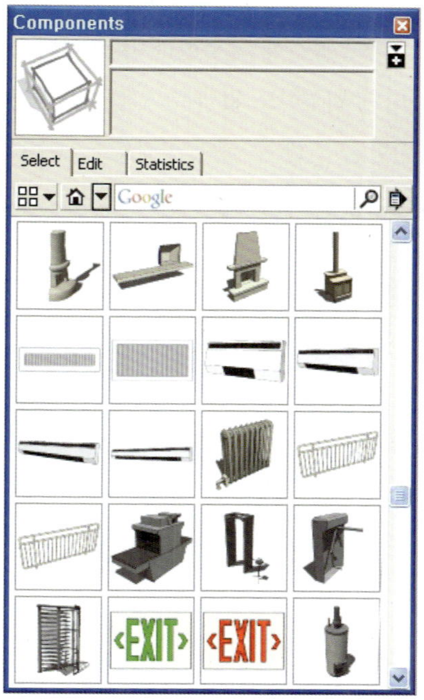

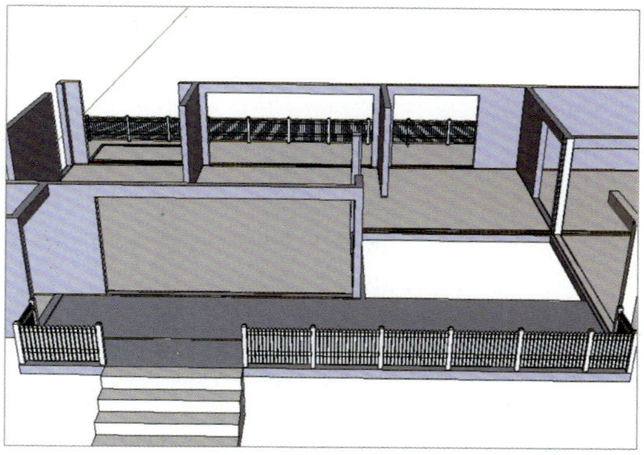

14 '2d-line', '지붕', '유리 지붕', 'deck 지붕' 레이어를 제외한 나머지 레이어들을 켜기 위해 레이어 창에서 [Visible] 버튼을 클릭하여 체크 표시를 합니다. 각 레이어에 포함되어 있던 객체가 모두 나타난 것을 확인할 수 있습니다.

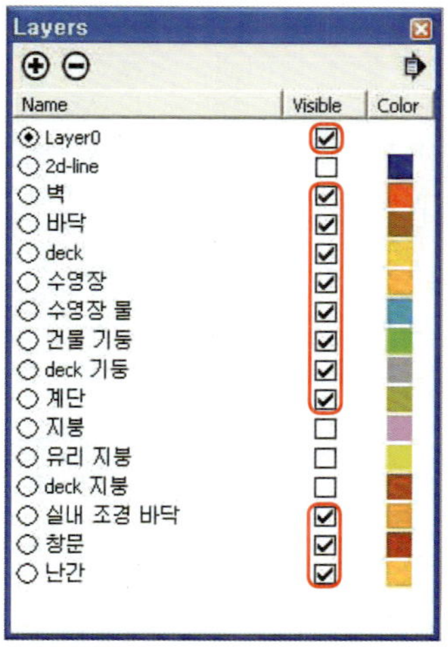

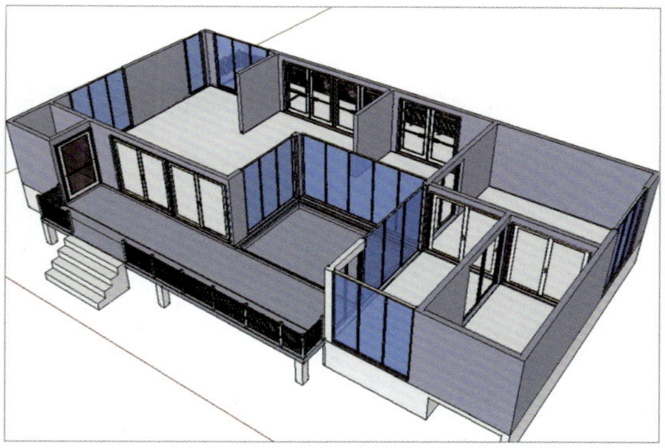

03. 기본 구조에 재질 입히기

욕실, 거실, 주방, 침실 등과 같은 여러 공간에 따뜻함과 안정감을 주기 위해 밝은 컬러로 분위기를 연출합니다. 이렇게 공간을 연출하면 지루함도 없앨 수 있습니다. 주택 외벽과 지붕은 여러 재질을 이용하여 전체적인 안정감과 편안함을 느낄 수 있는 공간으로 표현해 보겠습니다.

01 메뉴에서 [Window]-[Layer]를 클릭합니다. 레이어 창에서 벽면, 바닥, 계단에 쉽게 재질을 채우기 위해 '2d-line', '수영장 물', '건물 기둥', 'deck 기둥', '지붕', '유리지붕', 'deck 지붕', '창문', '난간' 레이어를 끕니다. 레이어 창에서 [Visible] 버튼의 체크 표시를 해제합니다.

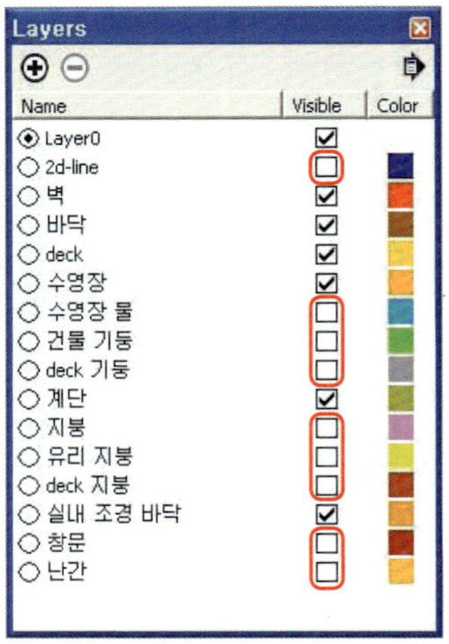

02 채우기 툴( )을 선택한 후 원하는 재질을 불러오기 위해 [Materials] 창에서 추가 툴( )을 클릭합니다. 브라우저 툴( )을 클릭하면 원하는 재질을 선택할 수 있습니다. 재질 패턴의 크기도 조절하면서 채웁니다. 모든 객체에 재질이 채워진 것을 확인할 수 있습니다.

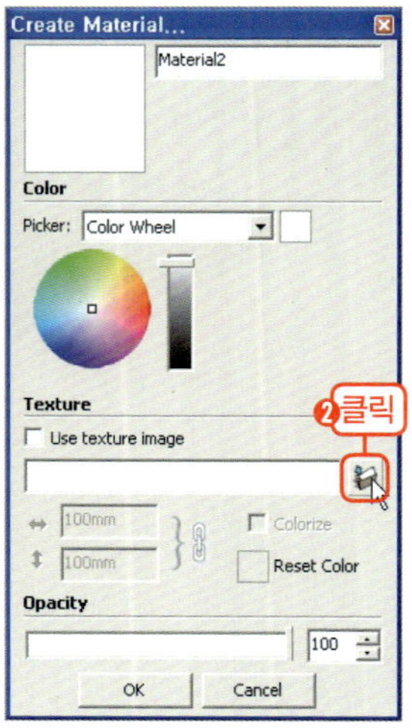

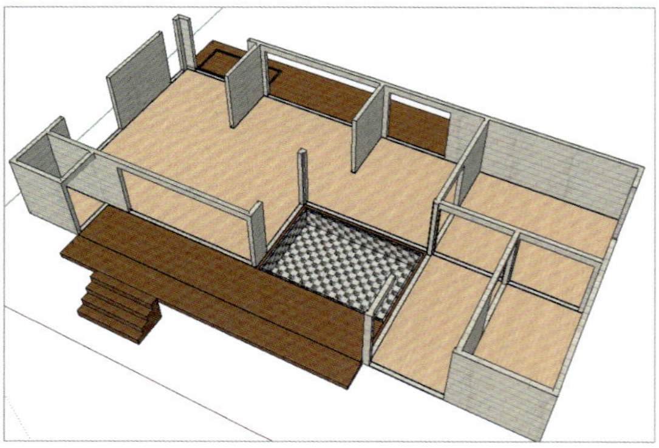

03 실내 벽면을 다른 재질로 채우기 위해 벽 객체를 선택한 후, 마우스 오른쪽 버튼을 클릭하면 나타나는 확장 메뉴 중에서 [Edit Group]을 선택합니다. 채우기 툴( )을 선택한 후 재질 패턴의 크기를 조절하면서 원하는 재질을 채웁니다.

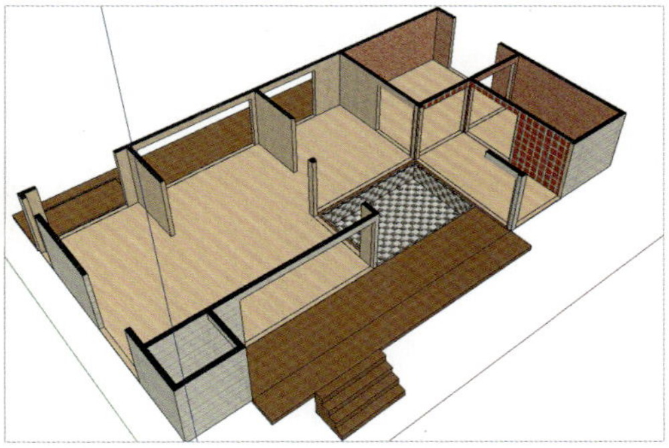

04 바닥 역시 다른 재질을 채우기 위해 바닥 객체를 선택한 후 마우스 오른쪽 버튼을 클릭하면 나타나는 확장 메뉴 중에서 [Edit Group]을 선택합니다.

05 채우기 툴( )을 선택한 후 각 방과 거실, 욕실 등의 모든 바닥에 서로 다른 재질을 채웁니다. 그리고 deck 바닥의 재질만 다르게 채우기 위해 deck 바닥 객체를 선택한 후 마우스 오른쪽 버튼을 클릭하면 나타나는 확장 메뉴 중에서 [Edit Group]을 선택하여 deck 바닥에 재질을 채웁니다. 그리고 실내 조경 바닥의 재질도 변경합니다.

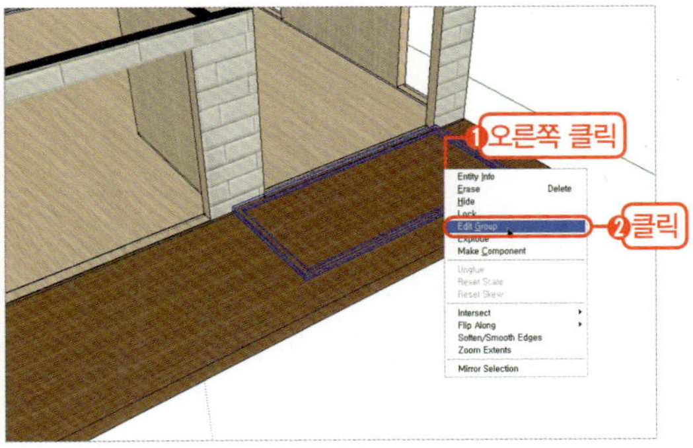

06 레이어 창에서 수영장, 수영장 물, 건물 기둥, deck 기둥, 계단에 쉽게 재질을 채우기 위해 '2d-line', '벽', '바닥', 'deck', '지붕', '유리 지붕', 'deck 지붕', '실내 조경 바닥', '창문', '난간' 레이어를 끕니다. 레이어 창에서 [Visible] 버튼의 체크 표시를 해제합니다.

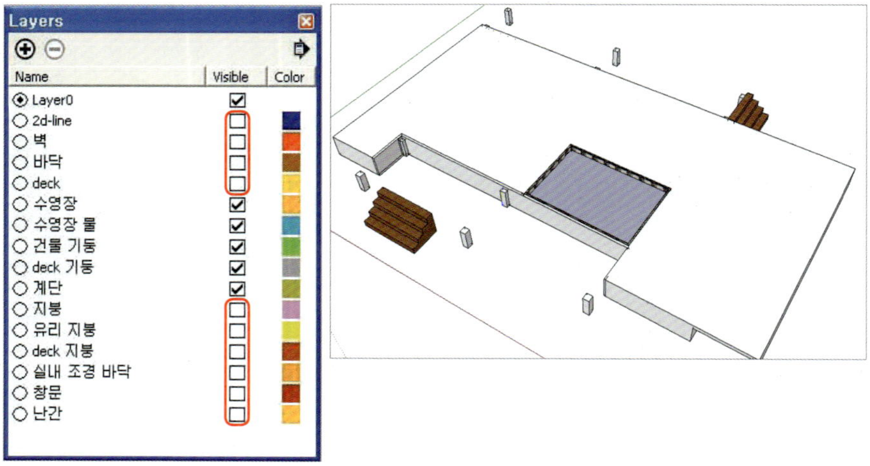

07 채우기 툴( )을 선택합니다. 그런 다음, 원하는 재질을 불러오기 위해 [Materials] 창에서 추가 툴( )을 클릭하고 브라우저 툴( )을 클릭합니다. 원하는 재질을 선택한 후 재질 패턴의 크기를 조절하면서 채웁니다.

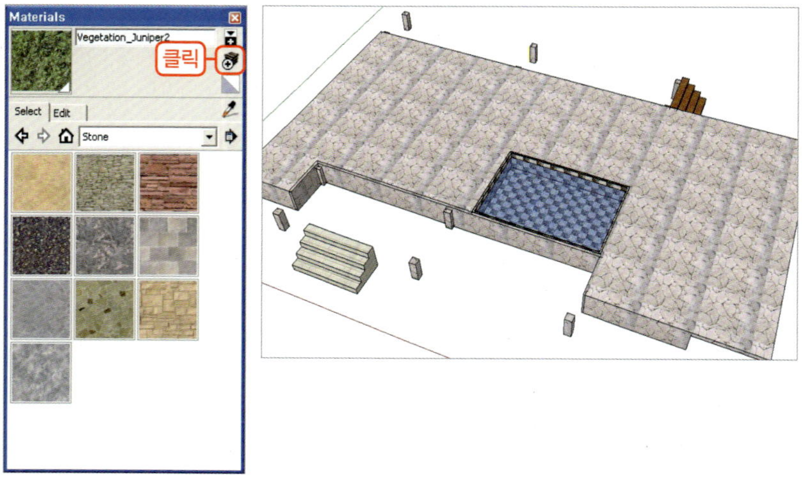

08 레이어 창에서 창문과 난간에 쉽게 재질을 채우기 위해 '2d-line', '벽', '바닥', 'deck', '수영장', '수영장 물', '건물 기둥', 'deck 기둥', '계단', '지붕', '유리 지붕', 'deck 지붕', '실내 조경 바닥' 레이어를 끕니다. 레이어 창에서 [Visible] 버튼의 체크 표시를 해제합니다.

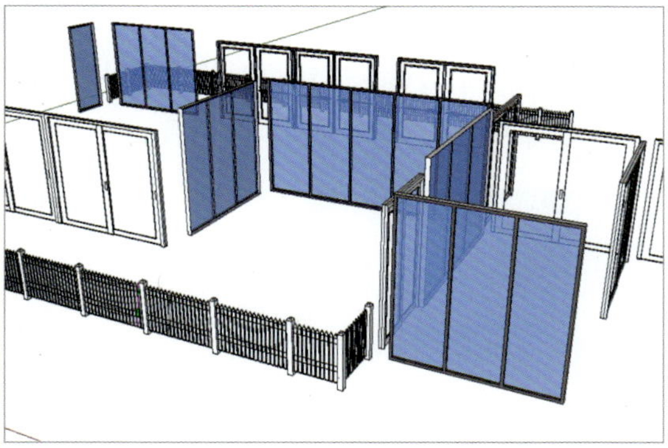

09 채우기 툴( )을 선택합니다. 그런 다음, 원하는 재질을 불러오기 위해 [Materials] 창에서 추가 툴( )를 클릭하고 브라우저 툴( )을 클릭합니다. 원하는 재질을 선택한 후 패턴의 크기를 조절하면서 채웁니다.

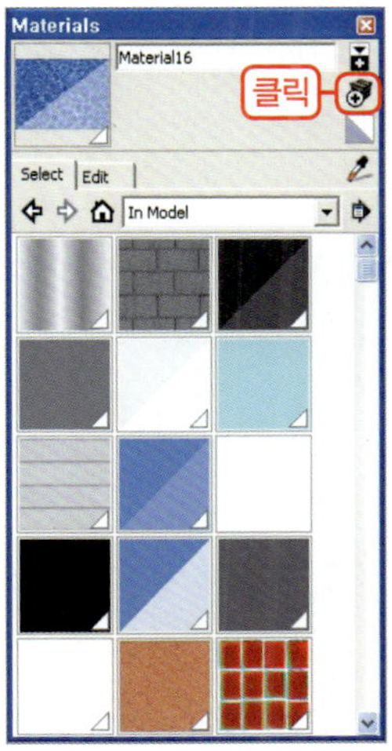

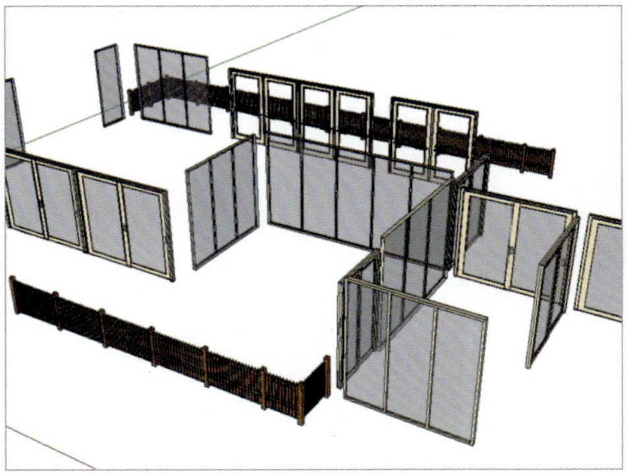

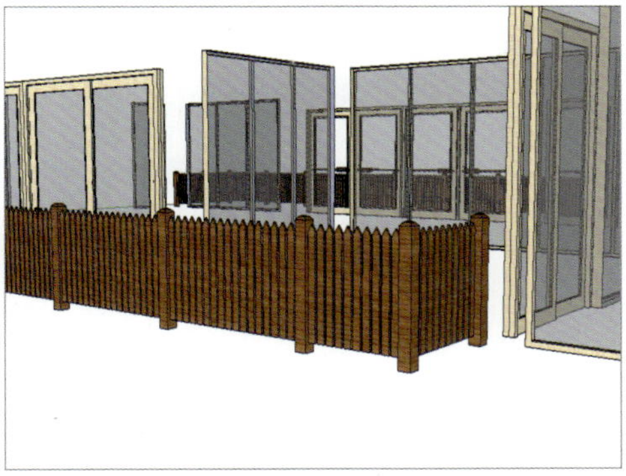

10 레이어 창에서 지붕, 유리 지붕, deck 지붕에 쉽게 재질을 채우기 위해 '2d-line', '벽', '바닥', 'deck', '수영장', '수영장 물', '건물 기둥', 'deck 기둥', '계단', '실내 조경 바닥', '창문', '난간' 레이어를 끕니다. 레이어 창에서 [Visible] 버튼의 체크 표시를 해제합니다.

11 채우기 툴(🎨)을 선택합니다. 그런 다음, 원하는 재질을 불러오기 위해 [Materials] 창에서 추가 툴(📦)을 클릭하고 브라우저 툴(📂)을 클릭합니다. 원하는 재질을 선택한 후 패턴의 크기를 조절하면서 채웁니다.

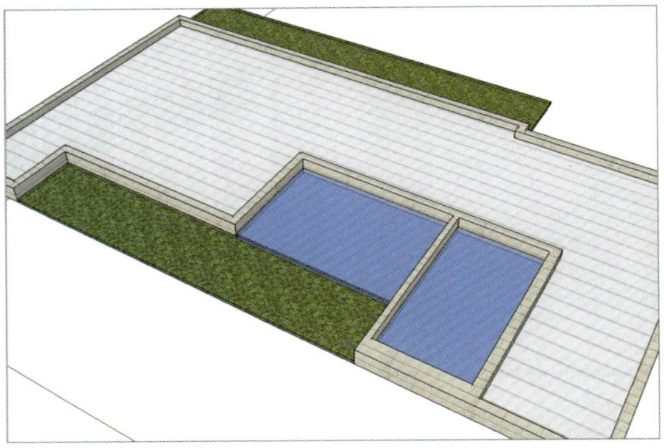

12 '2d-line' 레이어를 제외한 나머지 레이어들을 켜기 위해 레이어 창에서 [Visible] 버튼을 클릭하여 체크 표시를 합니다. 각 레이어에 포함되어 있던 객체가 모두 나타난 것을 볼 수 있습니다.

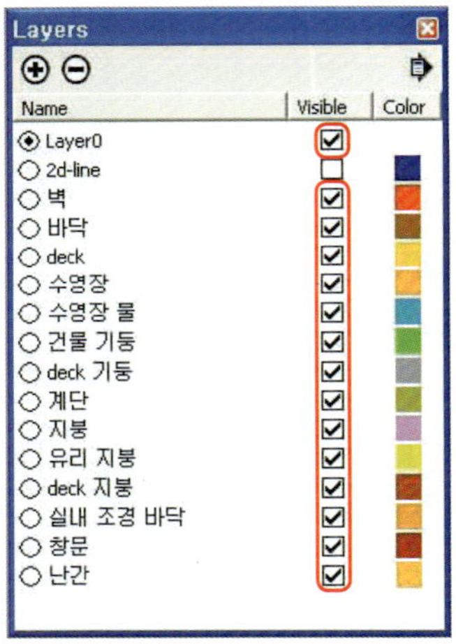

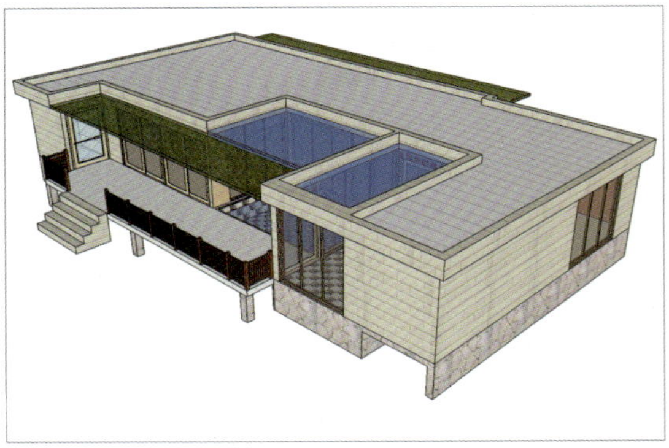

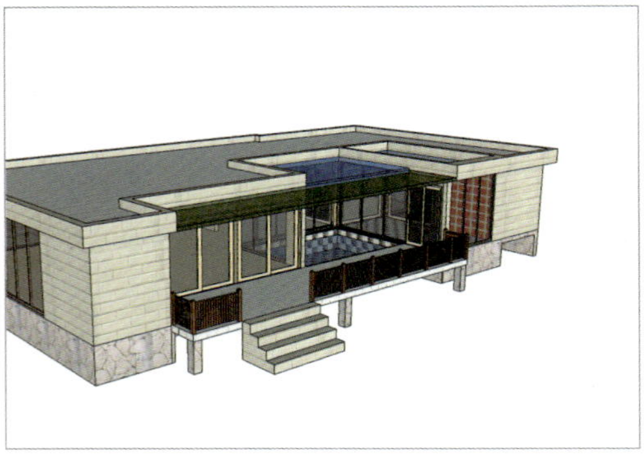

04. 가구 및 인테리어 소품들 삽입하기

욕실, 거실, 주방, 침실 등 여러 공간에 어울리는 가구와 소품을 배치하면 좀 더 활동적인 분위기를 연출할 수 있고 공간의 지루함도 없앨 수 있습니다. 실내 공간과 실외 공간을 이어 주는 소품으로 일치감을 주고, 동선을 잘 활용하여 활동 영역의 폭을 넓힐 수 있는 구조로 배치해 보겠습니다.

01 메뉴에서 [Window]–[Layer]를 클릭합니다. [레이어 추가] 버튼(⊕)을 클릭하여 새로운 레이어를 추가합니다. 레이어 이름을 '가구 모음'으로 변경하고 레이어 이름 옆의 [스위치] 버튼(◉)을 클릭한 후 선택합니다. 레이어 창에서 가구들을 삽입하기 위해 '2d–line', '수영장 물', '건물 기둥', 'deck 기둥', '계단', '지붕', '유리 지붕', 'deck 지붕', '창문', '난간' 레이어를 끕니다. 레이어 창에서 [Visible] 버튼의 체크 표시를 해제합니다.

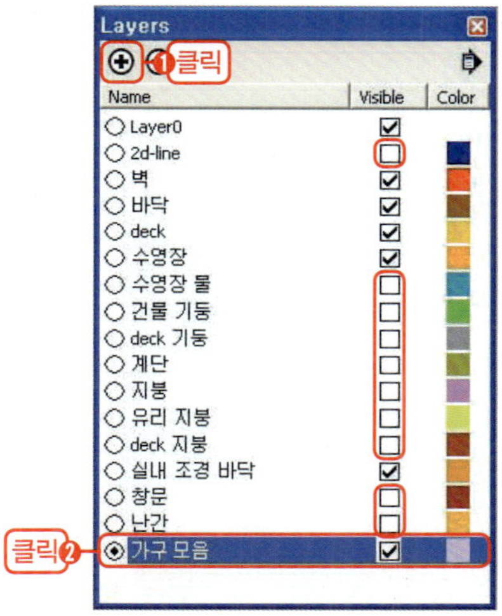

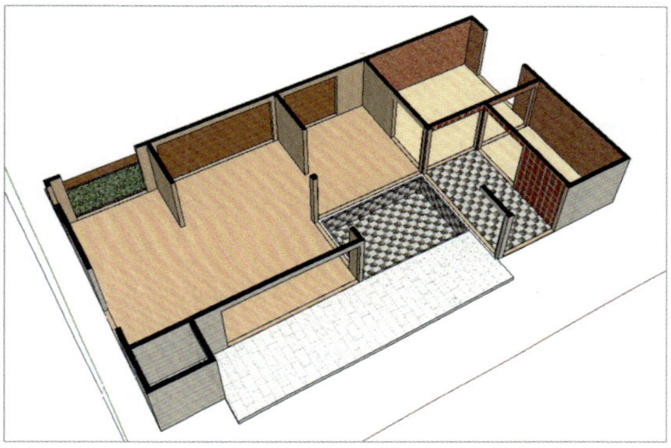

02 메뉴에서 [Window]–[Components]를 선택하면 [Components] 창이 나타납니다. 주택의 실내 공간에 불러올 가구들을 선택한 후 삽입합니다. 이동 툴(), 회전 툴 (), 스케일 툴()로 가구를 배치합니다.

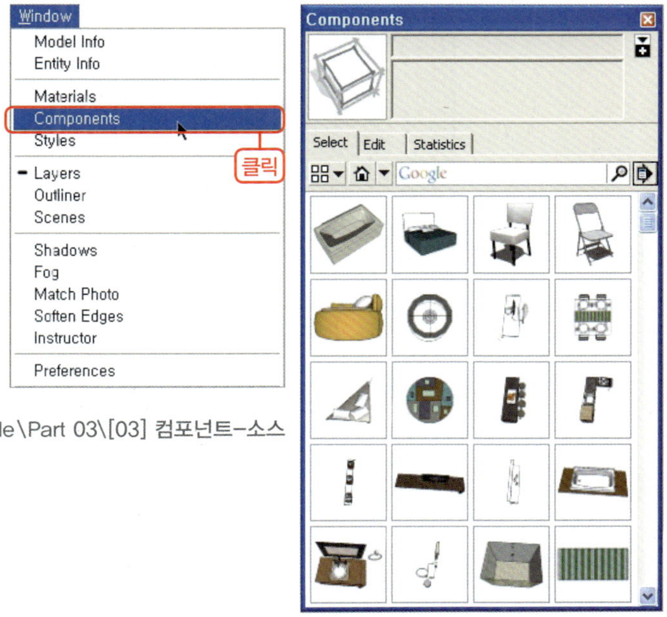

● 예제 파일 | 부록 CD\Sample\Part 03\[03] 컴포넌트–소스

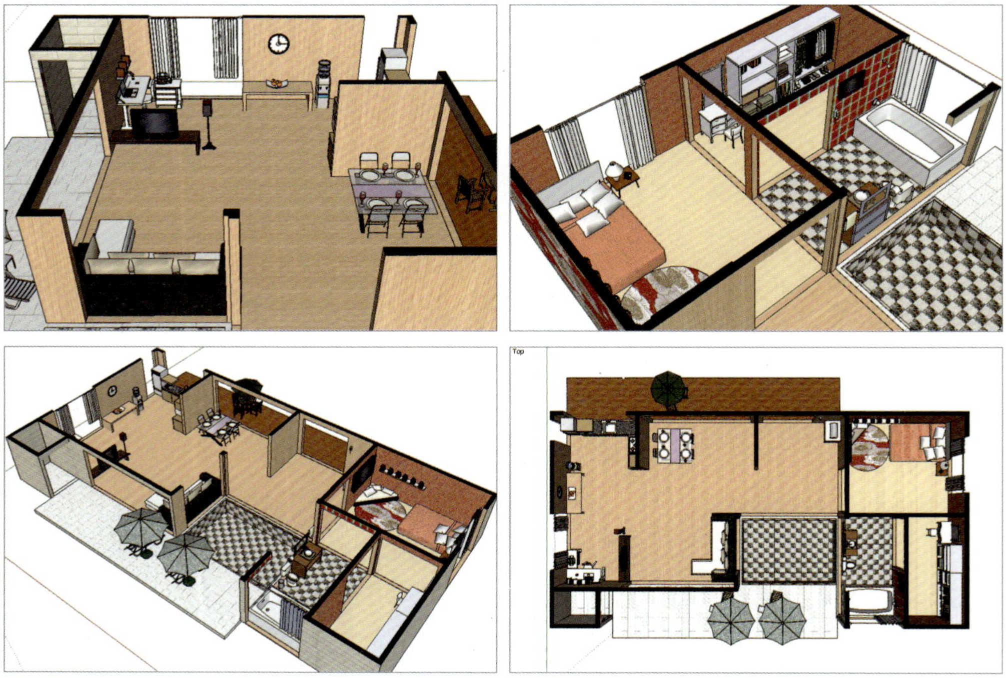

03 [레이어 추가] 버튼(⊕)을 클릭하여 새로운 레이어를 추가합니다. 레이어 이름을 '실내 조명'으로 변경하고 레이어 이름 옆의 [스위치] 버튼(◉)을 클릭한 후 선택합니다. 레이어 창에서 조명들을 삽입하기 위해 '2d-line', 'deck', '수영장 물', '건물 기둥', 'deck 기둥', '계단', '지붕', '유리 지붕', 'deck 지붕', '실내 조경 바닥', '창문', '난간', '가구 모음' 레이어를 끕니다. 레이어 창에서 [Visible] 버튼의 체크 표시를 해제합니다.

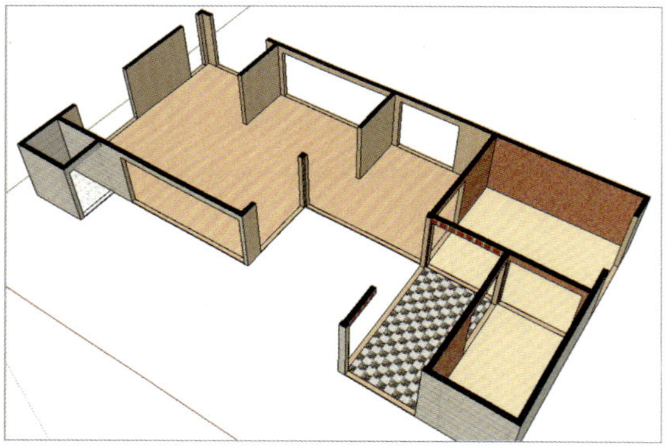

04 메뉴에서 [Window]–[Components]를 선택한 후 [Components] 창에서 조명들을 선택합니다. 그리고 주택의 실내 공간에 삽입할 조명들을 불러온 후 이동 툴( ), 회전 툴( ), 스케일 툴( )로 배치합니다.

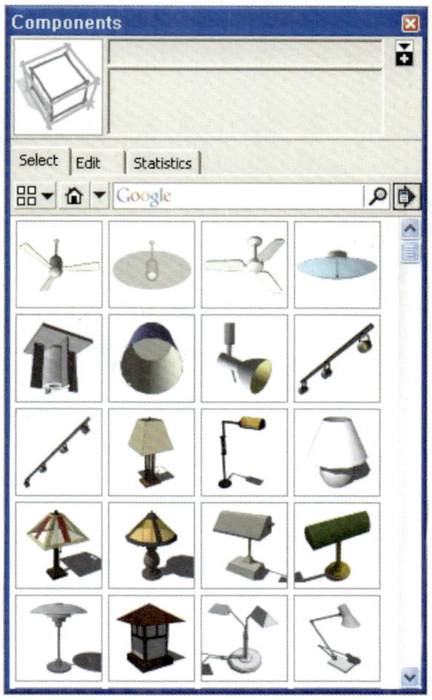

05 [레이어 추가] 버튼( )을 클릭하여 새로운 레이어를 추가합니다. 레이어 이름을 '실외 조명'으로 변경하고 레이어 이름 옆의 [스위치] 버튼( )을 클릭한 후 선택합니다. 레이어 창에서 조명들을 삽입하기 위해 '2d–line', 'deck', '수영장 물', '건물 기둥', 'deck 기둥', '계단', '지붕', '유리 지붕', 'deck 지붕', '실내 조경 바닥', '창문', '난간', '가구 모음', '실내 조명' 레이어를 끕니다. 레이어 창에서 [Visible] 버튼의 체크 표시를 해제합니다.

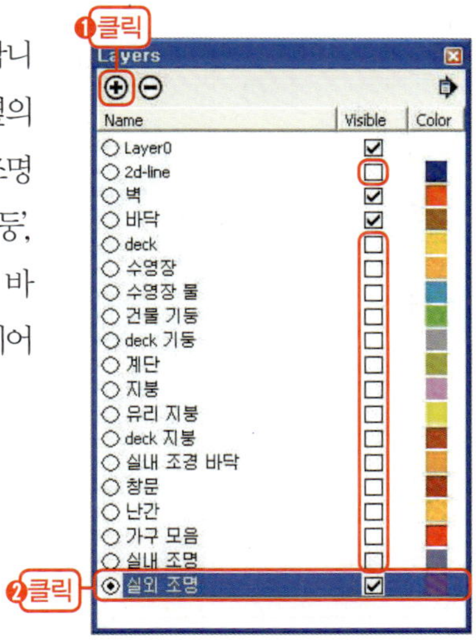

06 [Components] 창에서 조명들을 선택한 후 주택 실외 공간에 불러와 삽입합니다. 삽입한 조명들은 이동 툴( ), 회전 툴( ), 스케일 툴( )로 배치합니다.

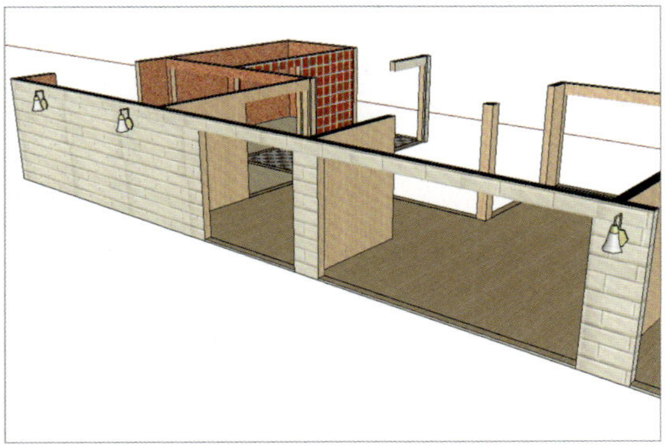

07 [레이어 추가] 버튼( )을 클릭하여 새로운 레이어를 추가합니다. 레이어 이름을 '창문 조명'으로 변경하고 레이어 이름 옆의 [스위치] 버튼( )을 클릭한 후 선택합니다. 레이어 창에서 조명들을 삽입하기 위해 '2d-line', '바닥', 'deck', '수영장 물', '건물 기둥', 'deck 기둥', '계단', '지붕', '유리 지붕', 'deck 지붕', '실내 조경 바닥', '난간', '가구 모음', '실내 조명', '실외 조명' 레이어를 끕니다. 레이어 창에서 [Visible] 버튼의 체크 표시를 해제합니다.

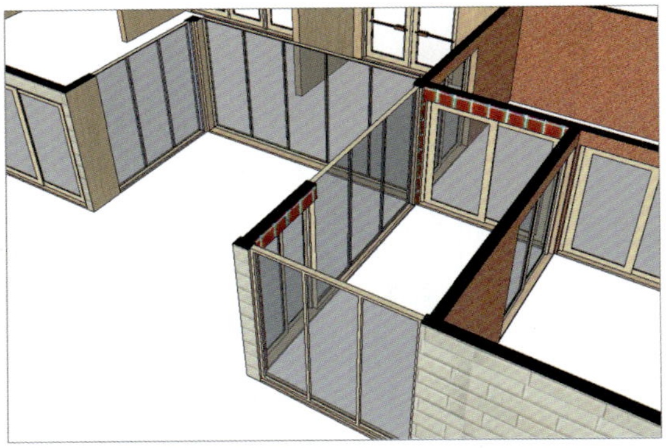

08 [Components] 창에서 창문에 불러올 조명들을 선택합니다. 불러온 조명들은 이동 툴( ), 회전 툴( ), 스케일 툴( )로 삽입한 후 배치합니다.

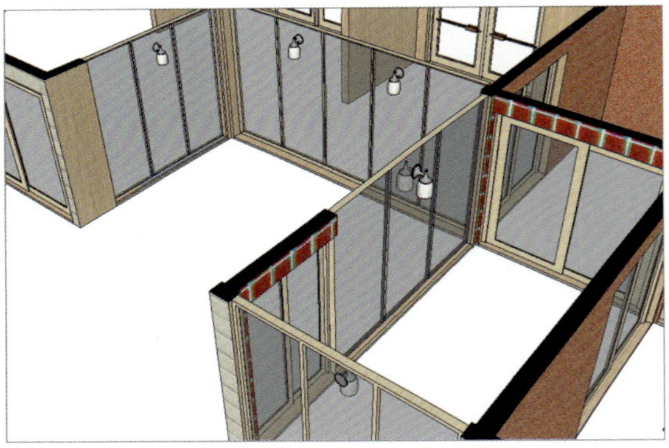

09 [레이어 추가] 버튼( )을 클릭하여 새로운 레이어를 추가합니다. 레이어 이름을 '천장 조명'으로 변경하고 레이어 이름 옆의 [스위치] 버튼( )을 클릭한 후 선택합니다. 레이어 창에서 조명들을 삽입하기 위해 '2d-line', '바닥', 'deck', '수영장 물', '건물 기둥', 'deck 기둥', '계단', '실내 조경 바닥', '난간', '가구 모음', '실내 조명', '실외 조명', '창문 조명' 레이어를 끕니다. 레이어 창에서 [Visible] 버튼의 체크 표시를 해제합니다.

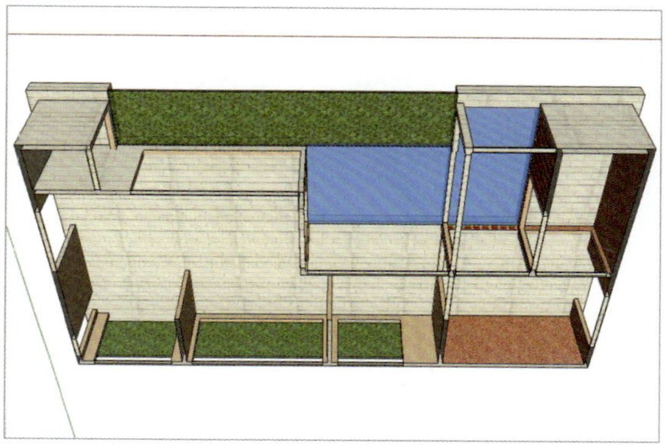

10 지붕 밑부분을 볼 수 있는 시점으로 이동합니다. 그런 다음, [Components] 창에서 삽입할 조명들을 선택하고 삽입한 조명들은 이동 툴( ), 회전 툴( ), 스케일 툴( )로 배치합니다.

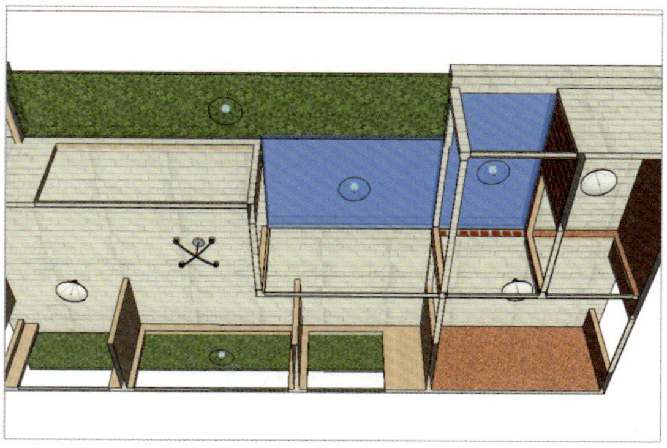

11 '2d-line' 레이어를 제외한 나머지 레이어들이 다시 보이도록 하기 위해 레이어 창에서 [Visible] 버튼을 클릭하여 체크 표시를 합니다. 각 레이어에 포함되어 있던 객체가 모두 나타난 것을 볼 수 있습니다.

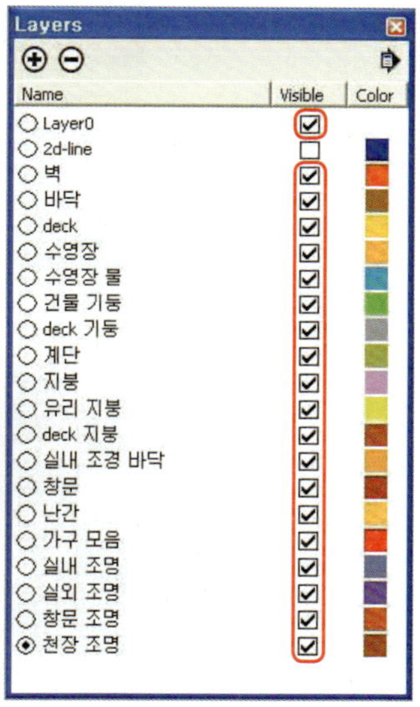

02;

단독주택 건물 주변 제작하기

단독주택 건물의 주변을 다른 사람들과 함께 편히 쉴 수 있는 공간으로 제작합니다. 단독주택은 실제로 매우 큰 규모의 공간이기 때문에 많은 인내력과 세심함이 필요합니다.

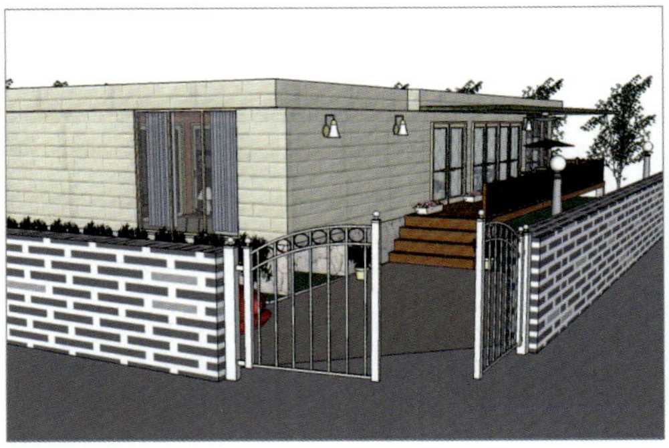

01. 주택 배경 꾸미기

주택의 내부뿐만 아니라 다양한 공간 연출이 가능한 정원이나 인적이 드문 이동 통로도 세심하게 연출하여 다양한 변화를 줄 수 있습니다.

● 완성 파일 I 부록 CD\Sample\Part 03\완성\전원주택.skp

STEP 01 배치도 꾸미기

01 메뉴에서 [Window]-[Layer]를 클릭합니다. [레이어 추가] 버튼(⊕)을 클릭하여 새로운 레이어를 추가합니다. 레이어 이름을 '배경 라인'으로 변경하고 레이어 이름 옆의 [스위치] 버튼(⊙)을 클릭한 후 선택합니다. 레이어 창에서 조명들을 삽입하기 위해 '2d-line', '벽', '수영장 물', '지붕', '유리 지붕', 'deck 지붕', '창문', '난간', '가구 모음', '실내 조명', '실외 조명', '창문 조명', '천장 조명' 레이어를 끕니다. 레이어 창에서 [Visible] 버튼의 체크 표시를 해제합니다.

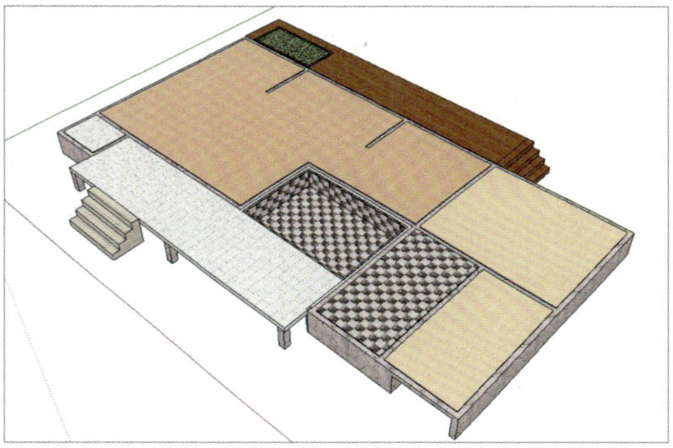

02 주택 주위의 배경을 꾸미기 위해 줄자 툴( )로 주택 배경 배치도에 가상선을 설정합니다. 배경 배치도에 설정해 놓은 가상선의 교차점을 기준으로 사각형 툴( )로 사각형을 그립니다.

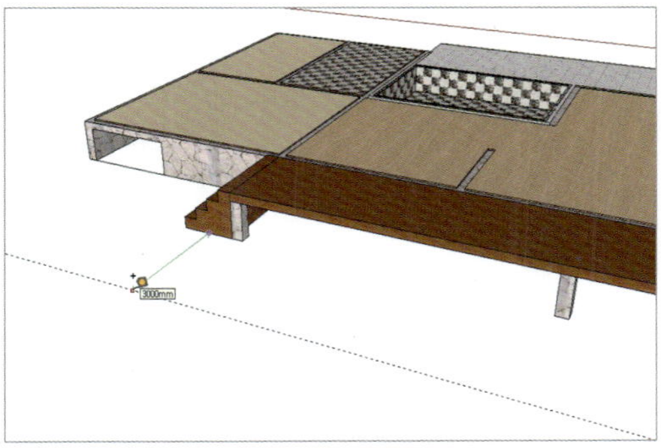

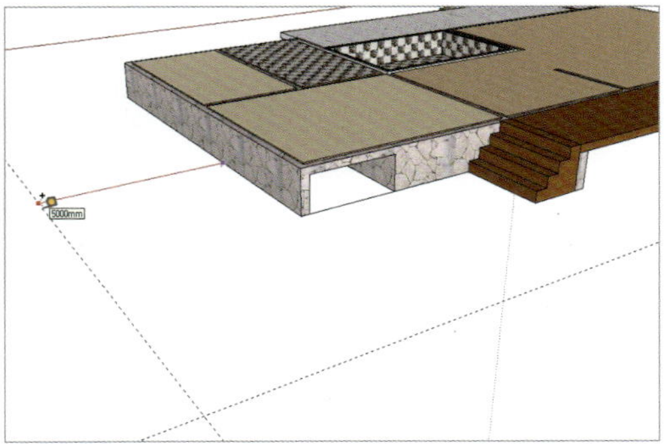

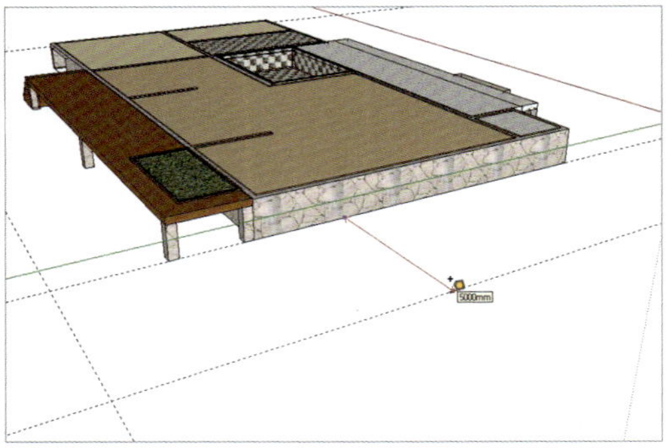

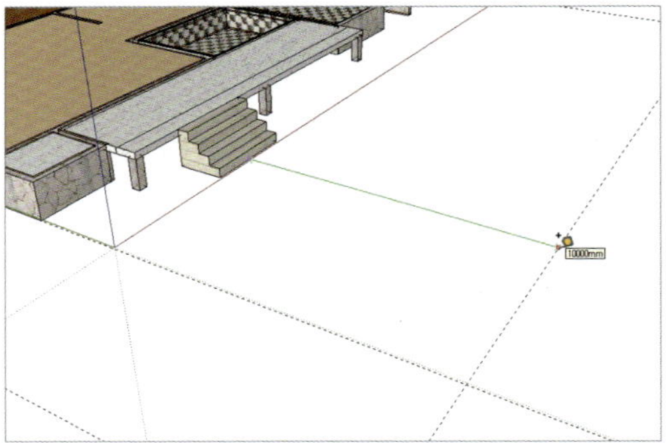

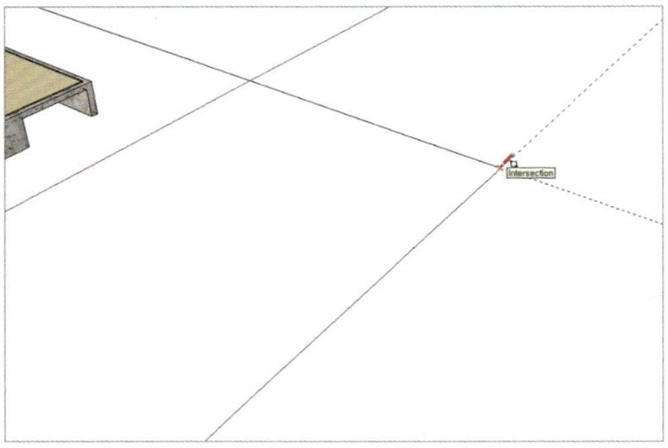

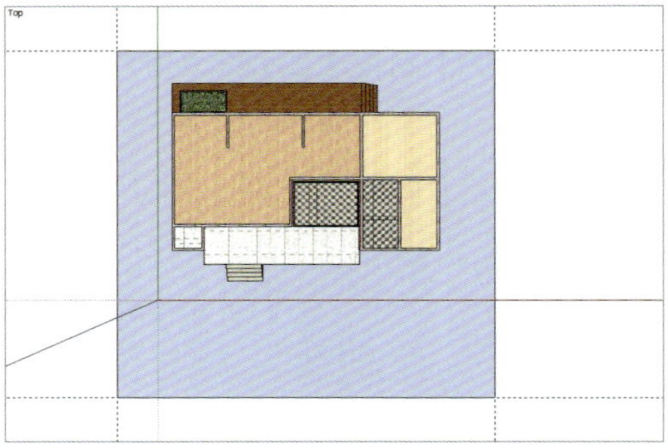

03 지우개 툴( )로 불필요한 가상선들을 삭제합니다. 그리고 줄자 툴( )로 주차 영역, 잔디 영역, 호수, 담장, 도로 등의 영역을 먼저 가상선으로 설정합니다. 그리고 가상선을 기준으로 하여 선 툴( ), 호 툴( ), 간격 띄우기 툴( ), 지우개 툴( )로 다음 그림처럼 작업합니다.

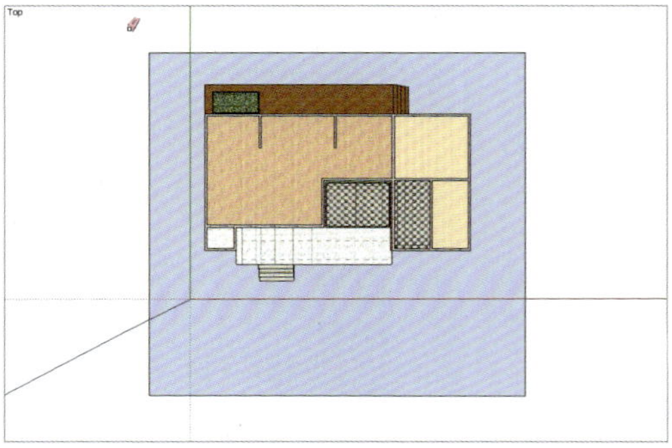

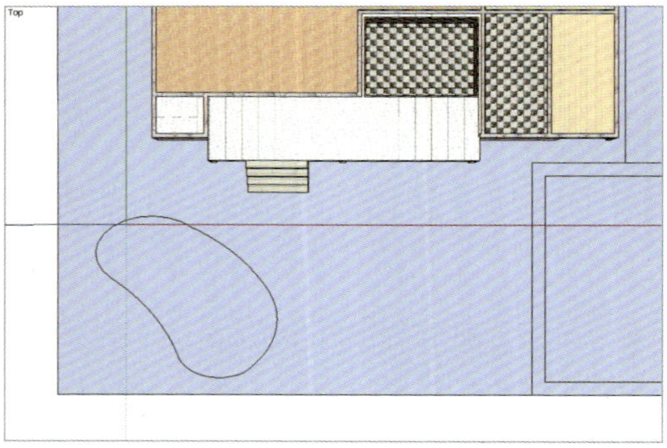

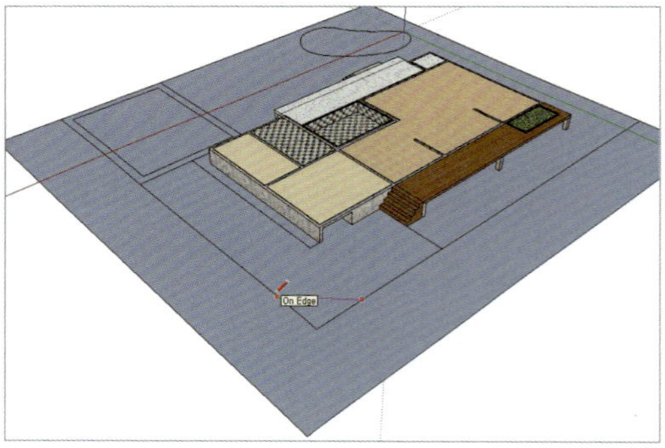

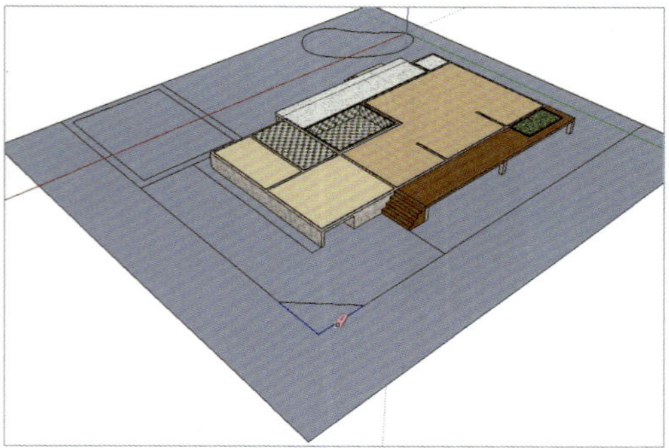

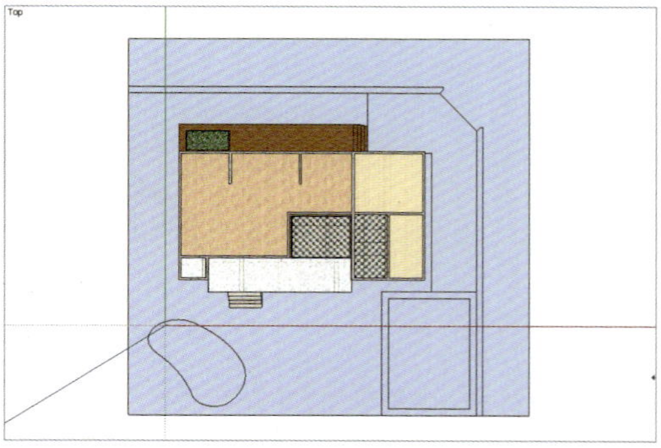

04 'Layer0', '배경 라인' 레이어를 제외한 모든 레이어를 끕니다. 레이어 창에서 [Visible] 버튼의 체크 표시를 해제합니다. 그런 다음, 배경 영역의 모든 면들을 선택한 후 마우스 오른쪽 버튼을 클릭하면 나타나는 확장 메뉴 중에서 [Make Group]을 선택하여 그룹으로 만듭니다.

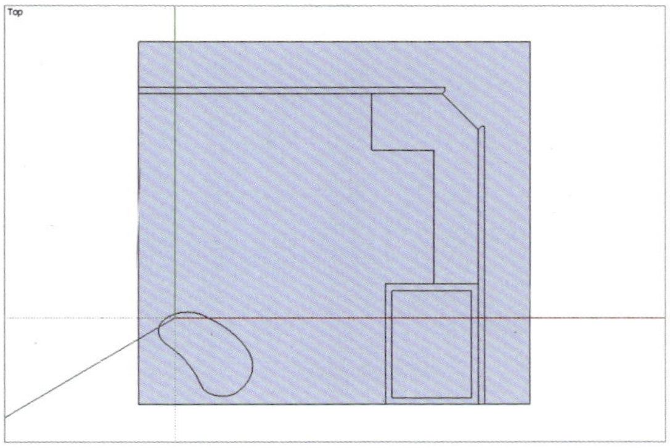

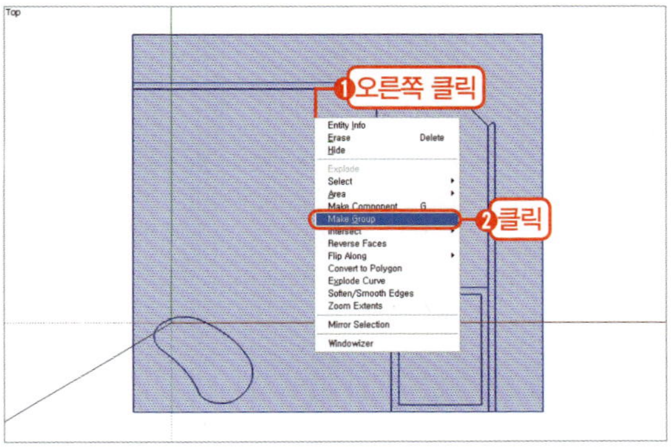

05 [레이어 추가] 버튼(⊕)을 클릭하여 새로운 레이어를 추가합니다. 레이어 이름을 '주택-입구'로 변경하고 레이어 이름 옆의 [스위치] 버튼(⊙)을 클릭한 후 선택합니다. 그리고 'Layer0', '배경 라인' 레이어를 제외한 모든 레이어를 끕니다. 레이어 창에서 [Visible] 버튼의 체크 표시를 해제합니다.

06 Top( ) 화면으로 이동합니다. 선 툴( )로 주택-입구의 외곽선 끝점과 끝점을 연결하여 면을 만듭니다. 그리고 Iso 툴( ) 화면으로 이동합니다. 밀고/끌기 툴( )로 주택-입구의 높이를 '50' 만큼 위로 돌출시킵니다.

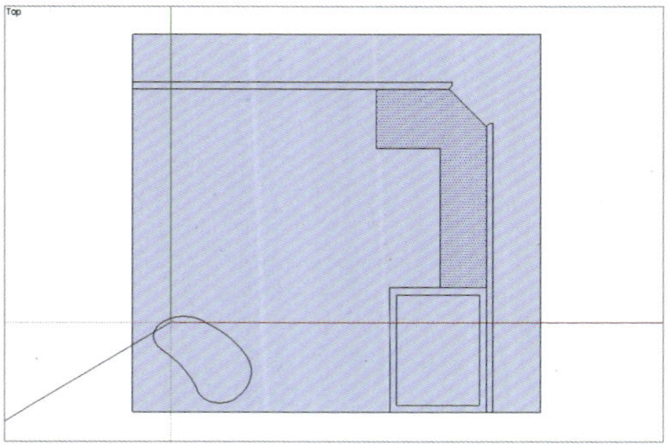

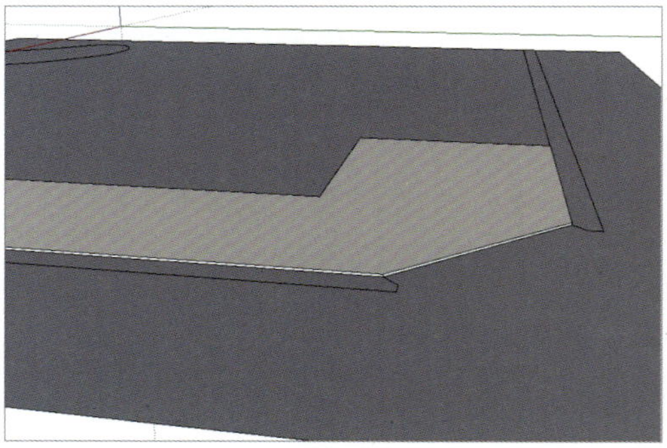

07 주택-입구의 모든 면들을 선택한 후 마우스 오른쪽 버튼을 클릭하면 나타나는 확장 메뉴 중에서 [Make Group]을 선택하여 그룹으로 만듭니다.

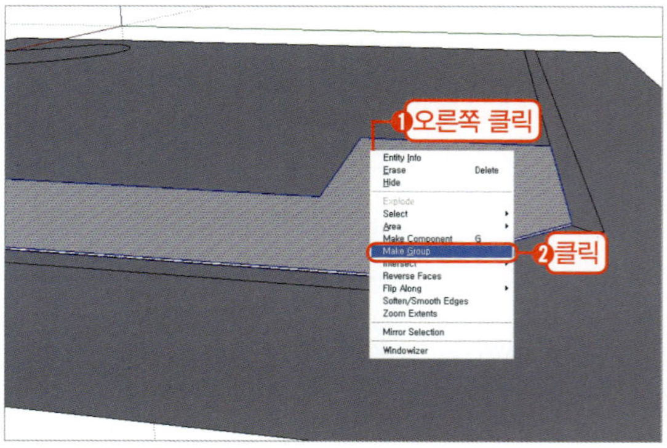

08 [레이어 추가] 버튼( )을 클릭하여 새로운 레이어를 추가합니다. 레이어 이름을 '주택-도로'로 변경하고 레이어 이름 옆의 [스위치] 버튼( )을 클릭한 후 선택합니다. 그리고 'Layer0', '배경 라인' 레이어를 제외한 모든 레이어를 끕니다. 레이어 창에서 [Visible] 버튼의 체크 표시를 해제합니다.

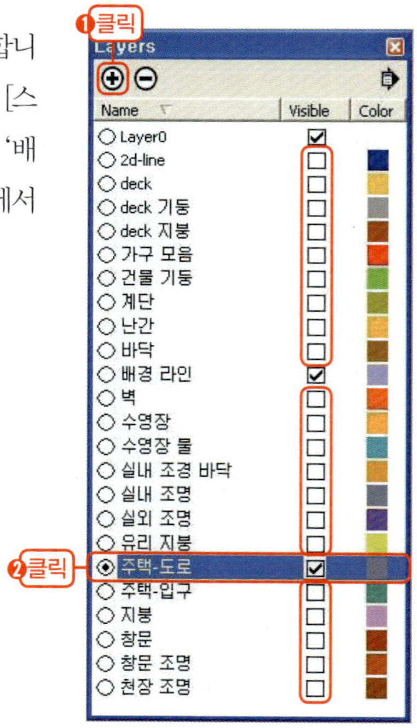

09 Top( ) 화면으로 이동합니다. 선 툴( )로 주택-도로의 외곽선 끝점과 끝점을 연결하여 면을 만듭니다.

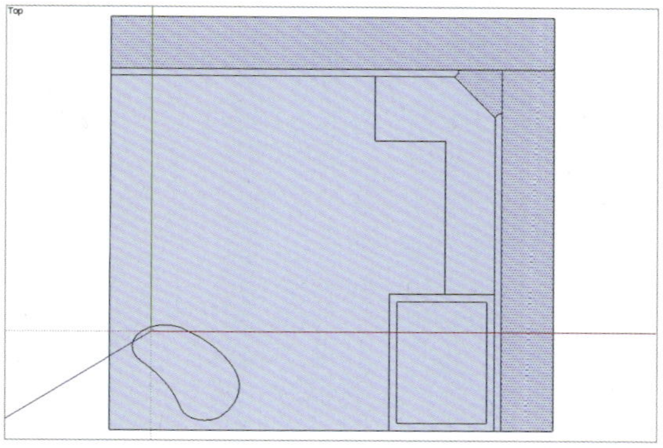

10 Iso 툴( ) 화면으로 이동합니다. 09에서 작업한 면을 밀고/끌기 툴( )로 주택-도로의 높이를 '50'만큼 위로 돌출시킵니다. 그리고 지우개 툴( )로 불필요한 선들을 삭제합니다.

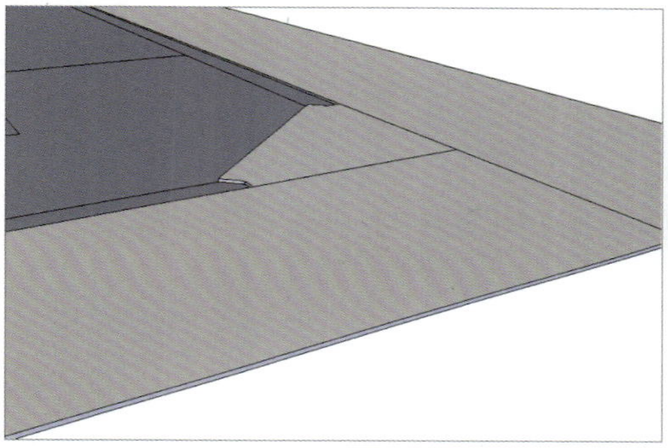

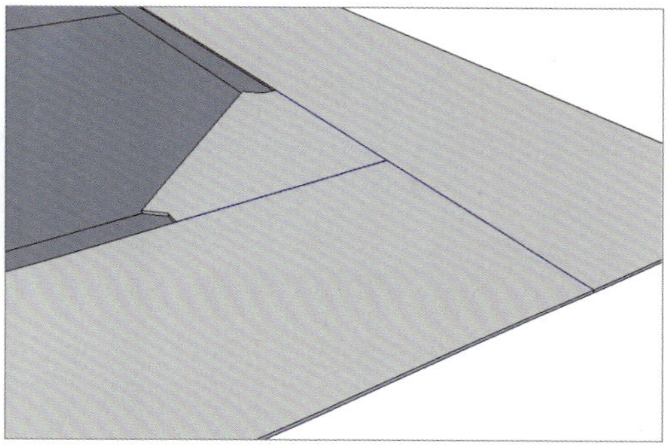

11 주택-도로의 모든 면들을 선택한 후 마우스 오른쪽 버튼을 클릭하면 나타나는 확장 메뉴 중에서 [Make Group]을 선택하여 그룹으로 만듭니다.

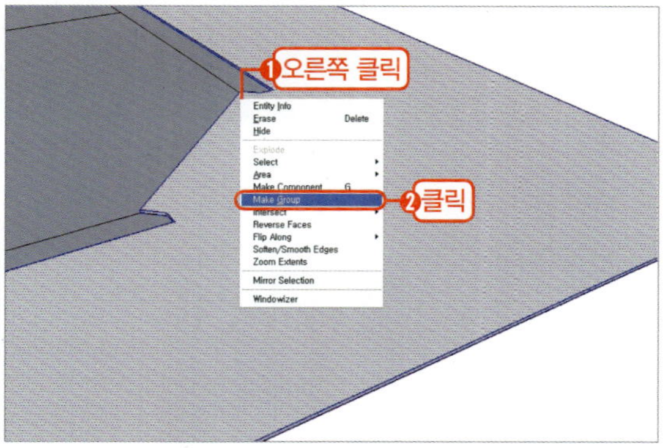

12 [레이어 추가] 버튼(⊕)을 클릭하여 새로운 레이어를 추가합니다. 레이어 이름을 '주택-잔디'로 변경하고 레이어 이름 옆의 [스위치] 버튼(◉)을 클릭한 후 선택합니다. 그리고 'Layer0', '배경 라인' 레이어를 제외한 모든 레이어를 끕니다. 레이어 창에서 [Visible] 버튼의 체크 표시를 해제합니다.

13 Top( ) 화면으로 이동합니다. 선 툴( )로 주택-잔디의 외곽선 끝점과 끝점을 연결하여 면을 만듭니다. 그리고 Iso 툴( ) 화면으로 이동합니다. 밀고/끌기 툴( )로 주택-잔디의 높이를 '50' 만큼 위로 돌출시킵니다.

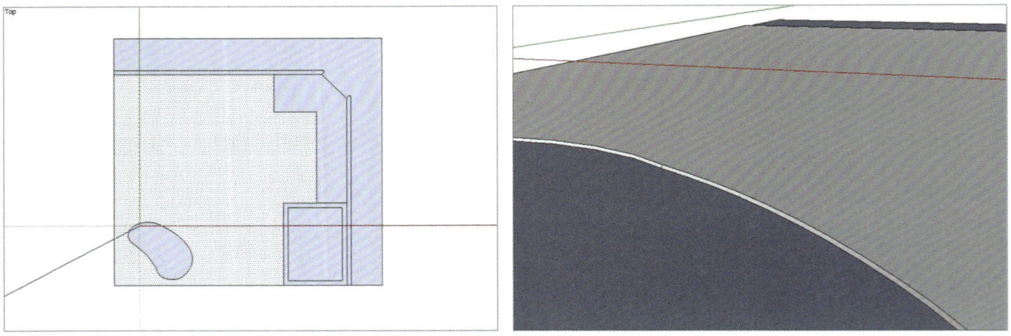

14 주택-잔디의 모든 면들을 선택한 후 마우스 오른쪽 버튼을 클릭하면 나타나는 확장 메뉴 중에서 [Make Group]을 선택하여 그룹으로 만듭니다.

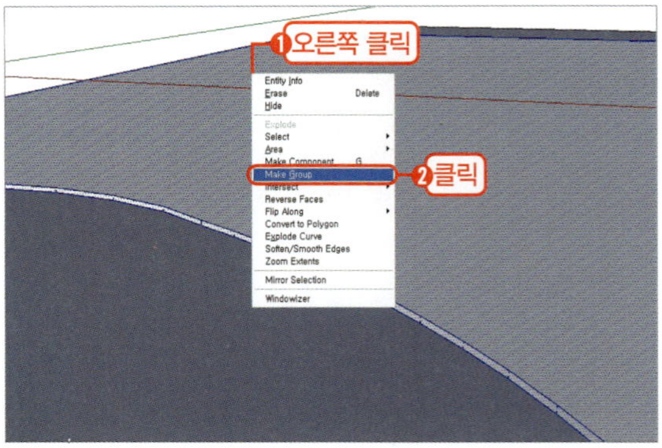

15 [레이어 추가] 버튼(⊕)을 클릭하여 새로운 레이어를 추가합니다. 레이어 이름을 '주택-운동'으로 변경하고 레이어 이름 옆의 [스위치] 버튼(◉)을 클릭한 후 선택합니다. 그리고 'Layer0', '배경 라인' 레이어를 제외한 모든 레이어를 끕니다. 레이어 창에서 [Visible] 버튼의 체크 표시를 해제합니다.

16 Top(▣) 화면으로 이동합니다. 사각형 툴(▣)로 주택-운동의 외곽선 끝점과 끝점을 연결하여 면을 만듭니다. 그리고 Iso 툴(▣) 화면으로 이동합니다. 밀고/끌기 툴(▣)로 주택-운동의 높이를 '50'만큼 위로 돌출시킵니다.

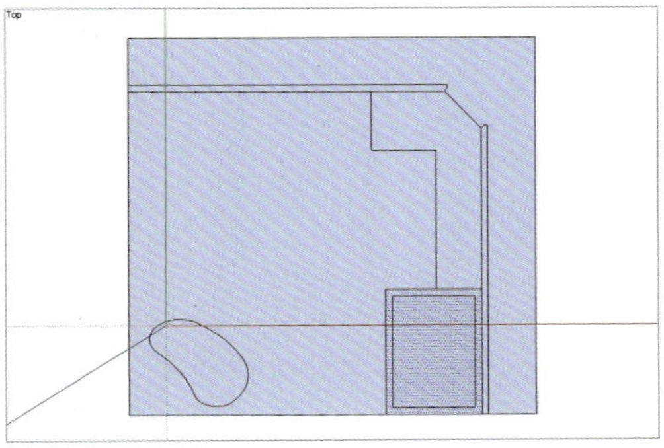

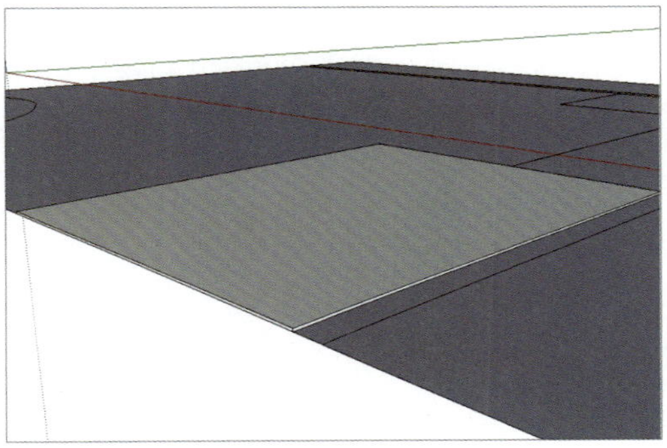

17 주택-잔디의 모든 면들을 선택한 후 마우스 오른쪽 버튼을 클릭하면 나타나는 확장 메뉴 중에서 [Make Group]을 선택하여 그룹으로 만듭니다.

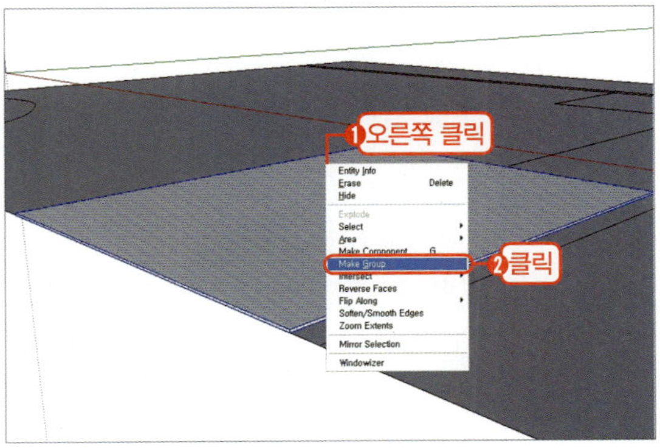

STEP 02 주택 담장과 연못 작업하기

01 [레이어 추가] 버튼( )을 클릭하여 새로운 레이어를 추가합니다. 레이어 이름을 '주택-호수'로 변경하고 레이어 이름 옆의 [스위치] 버튼( )을 클릭한 후 선택합니다. 그리고 'Layer0', '배경 라인' 레이어를 제외한 모든 레이어를 끕니다. 레이어 창에서 [Visible] 버튼의 체크 표시를 해제합니다.

02 배경 라인의 객체를 선택한 후 마우스 오른쪽 버튼을 클릭하면 나타나는 확장 메뉴 중에서 [Edit Group]을 선택하고 Top( ) 화면으로 이동합니다. 선 툴( )과 호 툴( )로 주택-호수의 외곽선을 연결하여 면을 만듭니다.

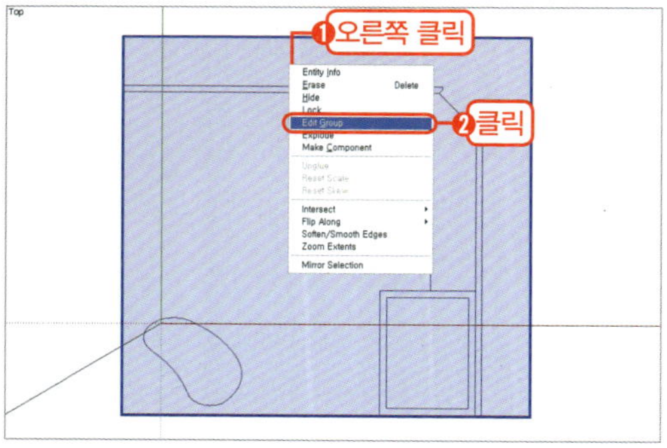

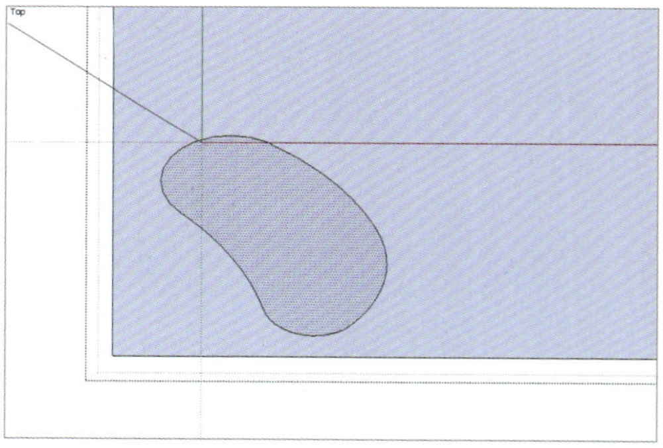

03 02에서 작업한 주택-호수의 면을 선택합니다. 그리고 메뉴에서 [Edit]-[Copy]를 선택합니다. [Edit Group]으로 설정한 배경 라인이 그룹 영역 안에 있었다면 이번에는 배경 라인이 그룹 영역 밖으로 빠져나옵니다.

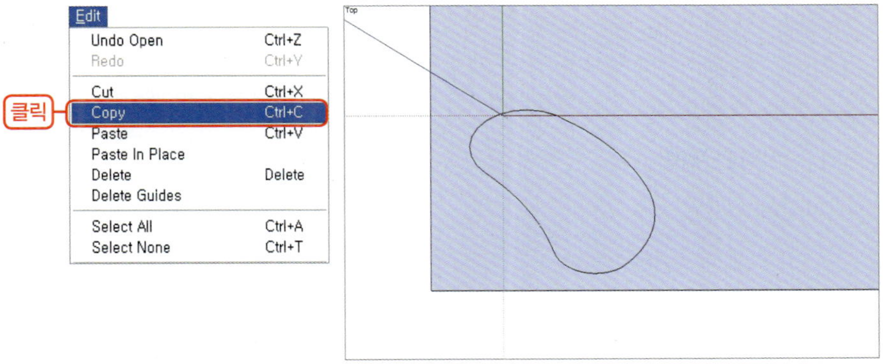

04 03에서 복사한 호수면을 제자리에 그대로 붙여넣기를 하기 위해 메뉴에서 [Edit]-[Paste In Place]를 선택합니다.

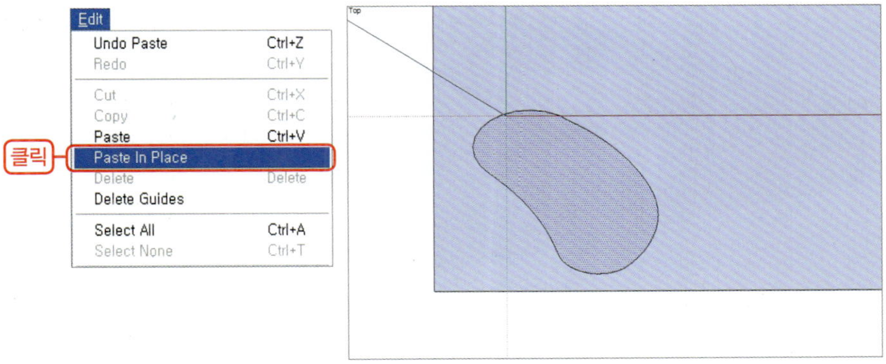

05 Iso 툴( ) 화면으로 이동합니다. 밀고/끌기 툴( )로 주택-호수의 높이를 적당한 높이만큼 아래로 늘립니다.

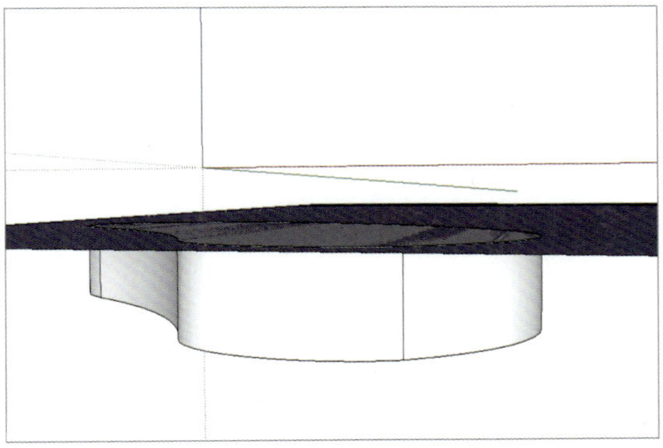

06 04에서 붙여놓은 주택-호수의 면을 선택한 후 마우스 오른쪽 버튼을 클릭하면 나타나는 확장 메뉴 중에서 [Erase]를 선택하여 면을 삭제합니다.

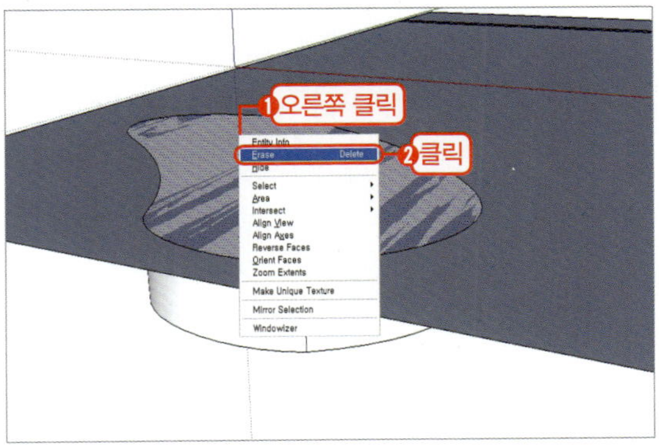

07 배경 라인의 영역 안에 있는 주택-호수의 면을 삭제하기 위해 배경 라인 객체를 선택한 후 마우스 오른쪽 버튼을 클릭하면 나타나는 확장 메뉴 중에서 [Edit Group]을 선택합니다.

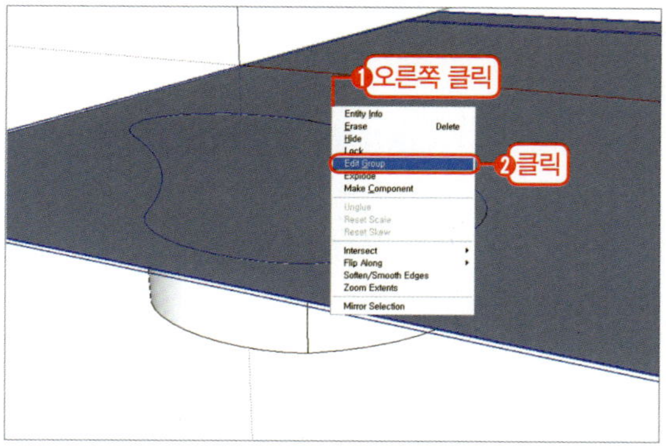

08 주택-호수의 면을 선택한 후 마우스 오른쪽 버튼을 클릭하면 나타나는 확장 메뉴 중에서 [Erase]를 선택하여 면을 삭제합니다. 주택-호수가 안쪽으로 뚫린 형태로 바뀝니다.

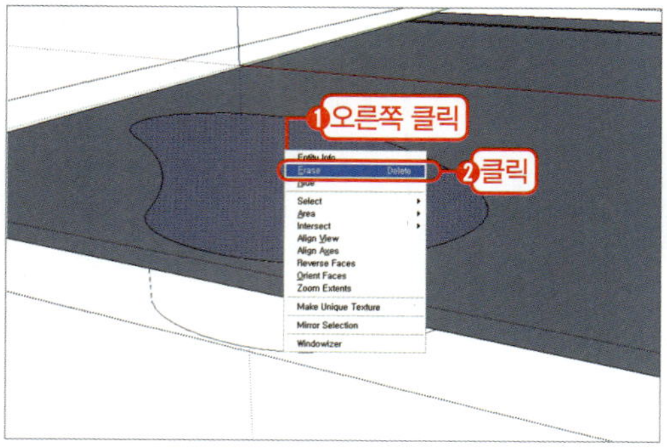

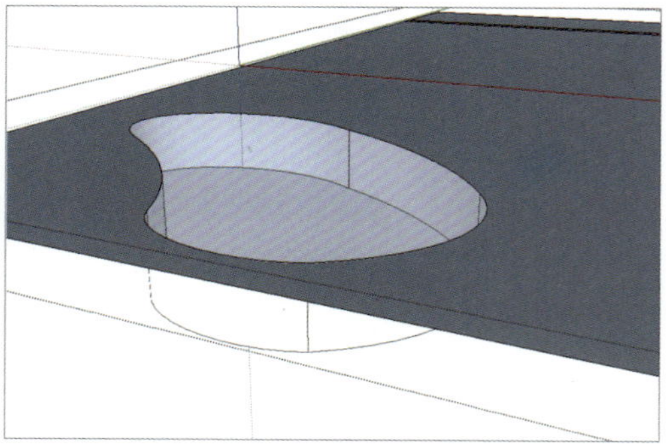

09 뚫린 주택-호수의 모든 면들을 선택한 후 마우스 오른쪽 버튼을 클릭하면 나타나는 확장 메뉴 중에서 [Make Group]을 선택하여 그룹으로 만듭니다.

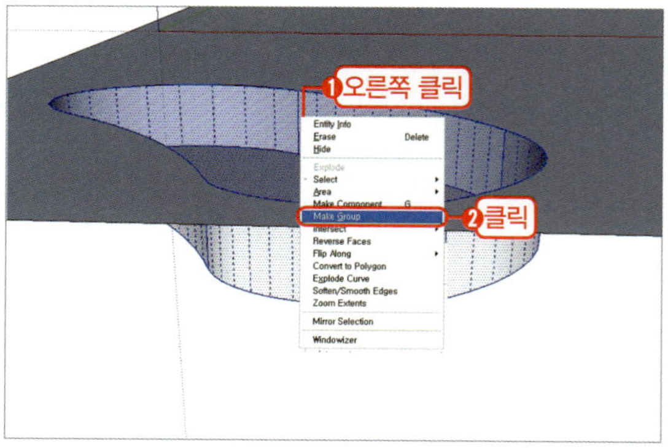

10 호수에 물을 채우기 위해 03에서 복사한 호수의 면을 다시 한 번 제자리에 그대로 붙여넣기를 합니다. 그런 다음, 메뉴에서 [Edit]-[Paste In Place]를 선택하면 복사한 자리에 붙여넣기가 됩니다.

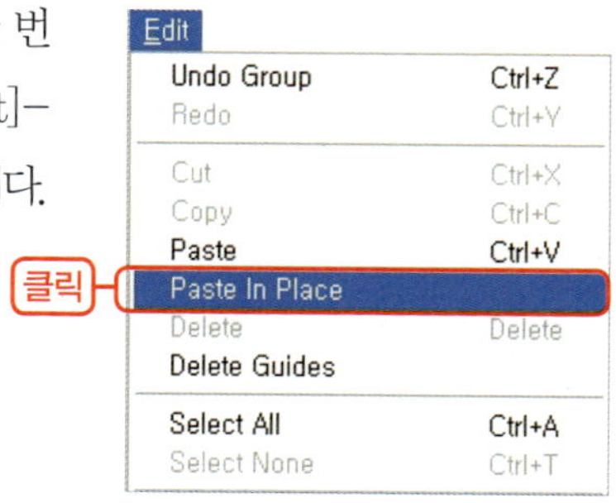

11 이동 툴( )로 드래그하여 수직 아래로 이동합니다.

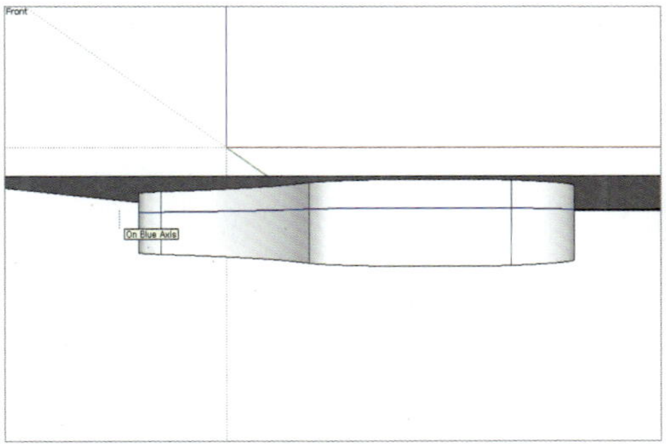

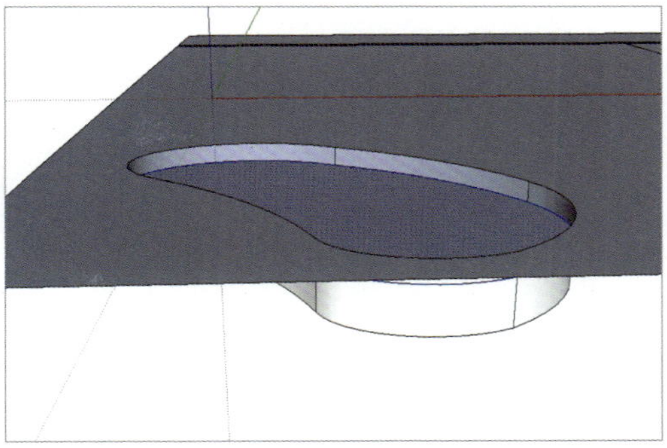

12 [레이어 추가] 버튼( )을 클릭하여 새로운 레이어를 추가합니다. 레이어 이름을 '주택–담장'으로 변경하고 레이어 이름 옆의 [스위치] 버튼( )을 클릭한 후 선택합니다. 그리고 'Layer0', '배경 라인' 레이어를 제외한 모든 레이어를 끕니다. 레이어 창에서 [Visible] 버튼의 체크 표시를 해제합니다.

13 Top( ) 화면으로 이동합니다. 선 툴( )로 주택–담장의 외곽선 끝점과 끝점을 연결하여 면을 만듭니다. 그리고 Iso 툴( ) 화면으로 이동합니다. 밀고/끌기 툴( )로 주택–담장의 높이를 적당히 위로 돌출시킵니다.

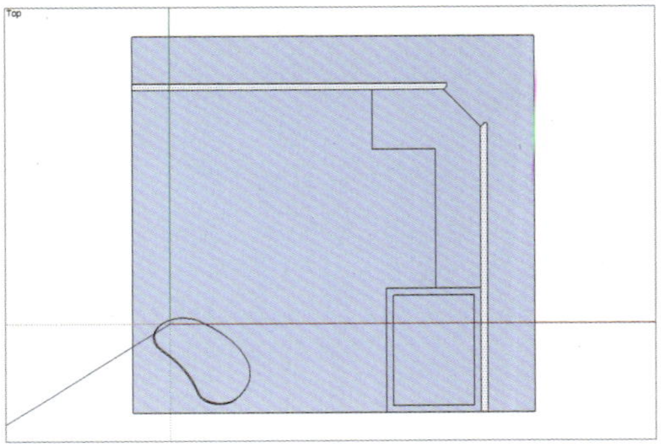

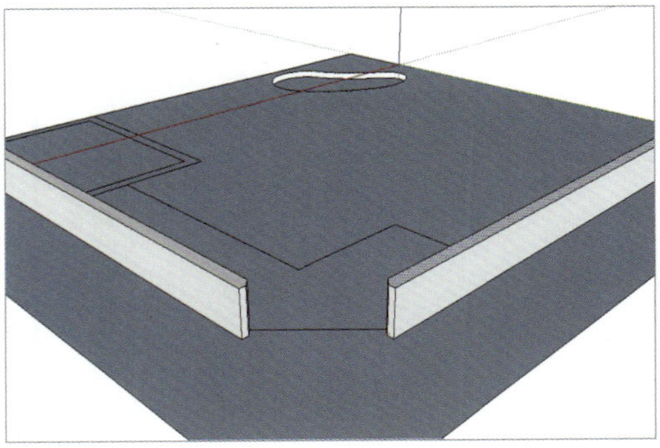

14 주택–담장의 모든 면들을 선택한 후 마우스 오른쪽 버튼을 클릭하면 나타나는 확장 메뉴 중에서 [Make Group]을 선택하여 그룹으로 만듭니다.

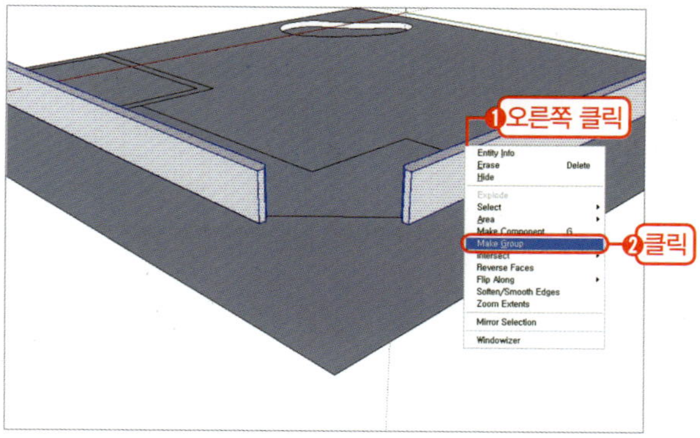

15 'Layer0', '배경 라인', '주택–담장', '주택–도로', '주택–운동', '주택–입구', '주택–잔디', '주택–호수' 레이어를 제외한 모든 레이어를 끕니다. 레이어 창에서 [Visible] 버튼의 체크 표시를 해제합니다.

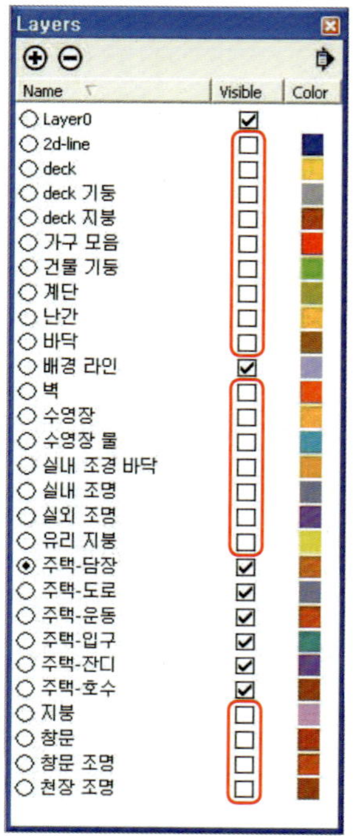

16 채우기 툴( )을 선택합니다. [Materials] 창에서 추가 툴( )을 클릭한 후 브라우저 툴( )을 클릭합니다. 원하는 재질을 선택한 후 재질 패턴의 크기를 조절하면서 재질을 채웁니다.

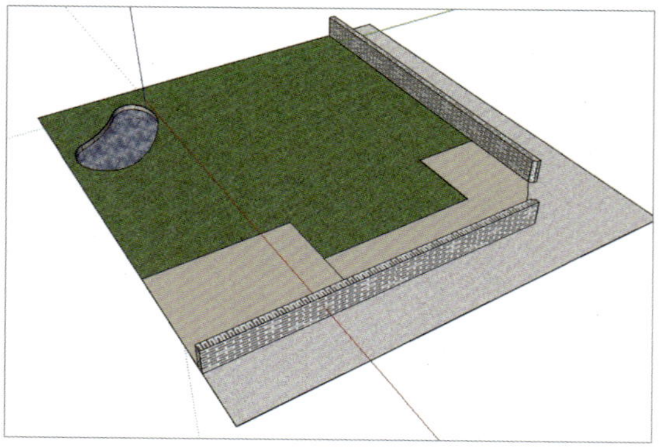

STEP 03 주택 배경에 소스 배치하기

01 [레이어 추가] 버튼(⊕)을 클릭하여 새로운 레이어를 추가합니다. 레이어 이름을 '주택-조경'으로 변경하고 레이어 이름 옆의 [스위치] 버튼(⊙)을 클릭한 후 선택합니다. 'Layer0', 'deck', 'deck 기둥', '건물 기둥', '계단', '바닥', '배경 라인', '주택-담장', '주택-도로', '주택-운동', '주택-입구', '주택-잔디', '주택-조경', '주택-호수' 레이어를 제외한 모든 레이어를 끕니다. 레이어 창에서 [Visible] 버튼의 체크 표시를 해제합니다.

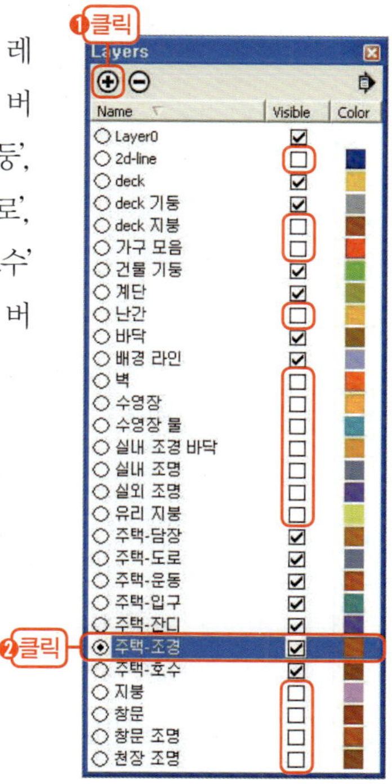

02 메뉴에서 [Window]-[Components]를 선택합니다. [Components] 창에서 나무들을 선택한 후 불러온 나무들을 삽입합니다. 이동 툴( ), 회전 툴( ), 스케일 툴( )로 배치합니다.

03 [레이어 추가] 버튼(⊕)을 클릭하여 새로운 레이어를 추가합니다. 레이어 이름을 '주택-소품'으로 변경하고 레이어 이름 옆의 [스위치] 버튼(◉)을 클릭한 후 선택합니다. 'Layer0', 'deck', 'deck 기둥', '건물 기둥', '계단', '바닥', '배경 라인', '주택-담장', '주택-도로', '주택-소품', '주택-운동', '주택-입구', '주택-잔디', '주택-호수' 레이어를 제외한 모든 레이어를 끕니다. 레이어 창에서 [Visible] 버튼의 체크 표시를 해제합니다.

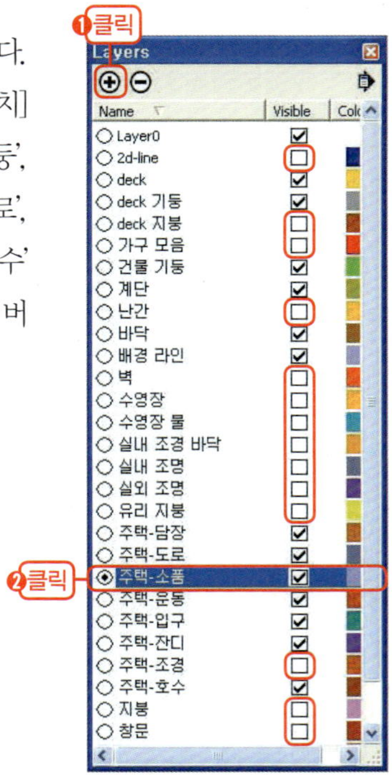

04 메뉴에서 [Window]-[Components]를 선택합니다. [Components] 창에서 배경 소품들을 선택한 후 불러온 배경 소품들을 삽입합니다. 이동 툴(), 회전 툴(), 스케일 툴()로 배치합니다.

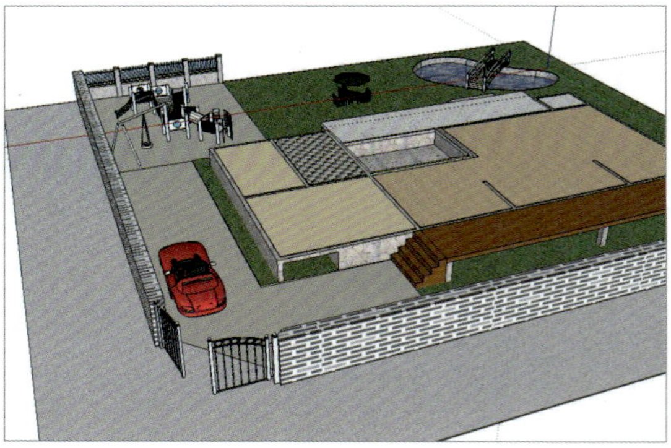

05 [레이어 추가] 버튼(⊕)을 클릭하여 새로운 레이어를 추가합니다. 레이어 이름을 '주택-조명'으로 변경하고 레이어 이름 옆의 [스위치] 버튼(⦿)을 클릭한 후 선택합니다. 'Layer0', 'deck', 'deck 기둥', '건물 기둥', '계단', '바닥', '배경 라인', '주택-담장', '주택-도로', '주택-운동', '주택-입구', '주택-잔디', '주택-호수' 레이어를 제외한 모든 레이어를 끕니다. 레이어 창에서 [Visible] 버튼의 체크 표시를 해제합니다.

06 메뉴에서 [Window]–[Components]를 선택합니다. [Components] 창에서 실외 조명들을 선택한 후 불러온 실외 조명들을 삽입합니다. 이동 툴(✥), 회전 툴(↻), 스케일 툴(⤡)로 배치합니다.

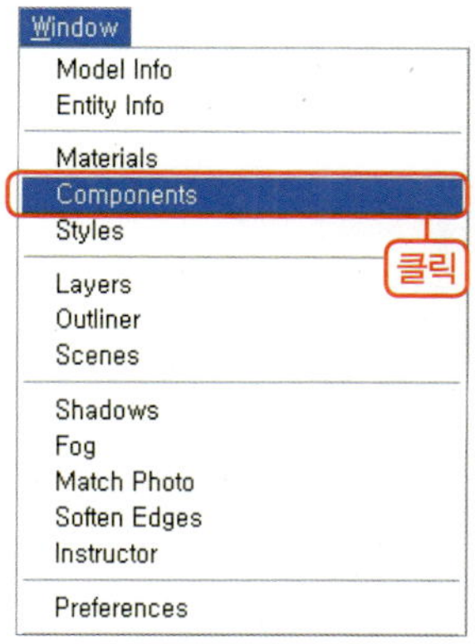

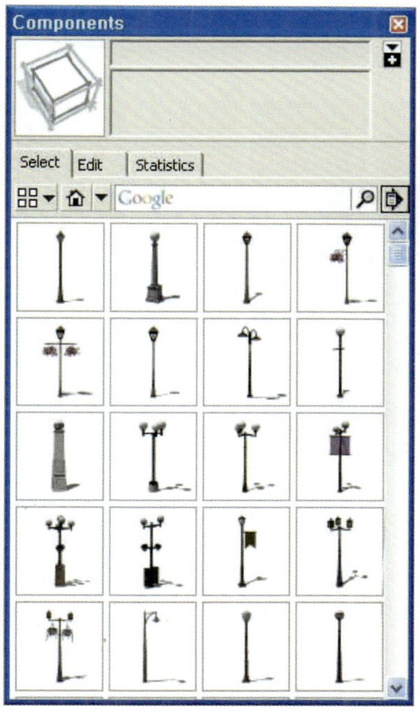

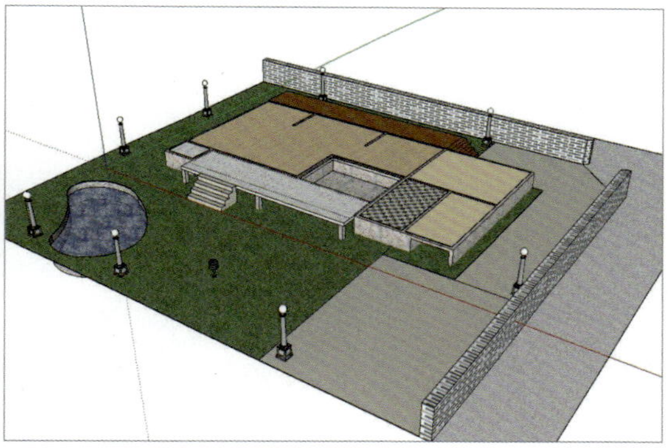

07 [레이어 추가] 버튼(⊕)을 클릭하여 새로운 레이어를 추가합니다. 레이어 이름을 '실내 조경'으로 변경하고 레이어 이름 옆의 [스위치] 버튼(◉)을 클릭한 후 선택합니다. 'Layer0', 'deck', 'deck 기둥', '건물 기둥', '계단', '난간', '바닥', '벽', '수영장', '수영장 물', '실내 조경 바닥', '실내 조명' 레이어를 제외한 모든 레이어를 끕니다. 레이어 창에서 [Visible] 버튼의 체크 표시를 해제합니다.

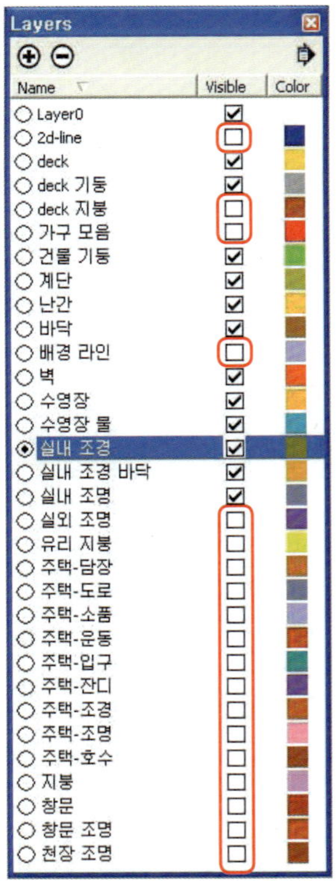

08 [Components] 창에서 소형 나무들을 선택한 후 불러온 소형 나무들을 삽입합니다. 이동 툴(✥), 회전 툴(↻), 스케일 툴(⤡)로 배치합니다.

09 '2d-line' 레이어를 제외한 나머지 레이어들을 켜기 위해 레이어 창에서 [Visible] 버튼을 클릭하여 체크 표시를 합니다. 각 레이어에 포함되어 있던 객체가 모두 나타난 것을 볼 수 있습니다.

02. 단면 및 카메라 설정하기

건물 내부를 확인한 후 카메라 구도를 설정하기 위해 단면 툴( )과 확대축소 줌 툴( )을 활용합니다. 또 절단면으로 건물 내부를 확인한 후 [Field of View] deg 값을 입력하고 드래그하면 원근 조절도 가능합니다.

●예제 파일 | 부록 CD\Sample\Part 03\완성\전원주택.skp, 전원주택-뒷배경.skp

01 단면 툴( )로 건물의 뒷부분에 벽면을 만듭니다. 그럼 다음, 이동 툴( )로 건물의 단면 내부를 볼 수 있도록 절단면을 이동합니다.

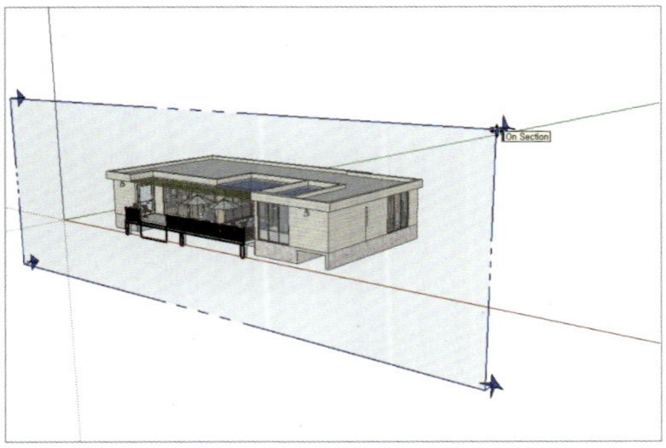

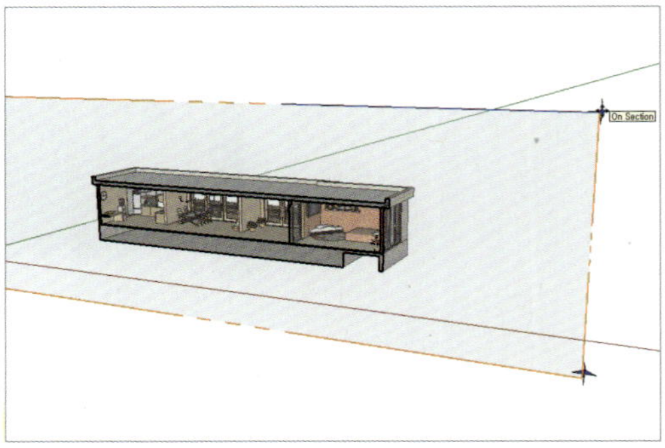

02 단면선을 숨기기 위해 마우스 오른쪽 버튼을 클릭하면 나타나는 확장 메뉴 중에서 [Hide]를 선택합니다.

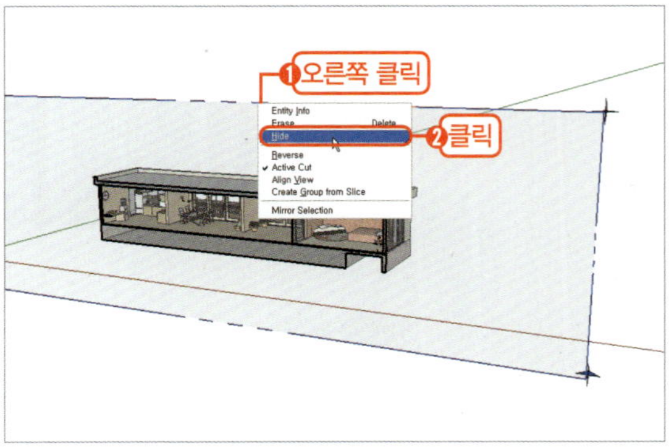

03 단면으로 작업한 건물의 내부를 확인할 수 있습니다.

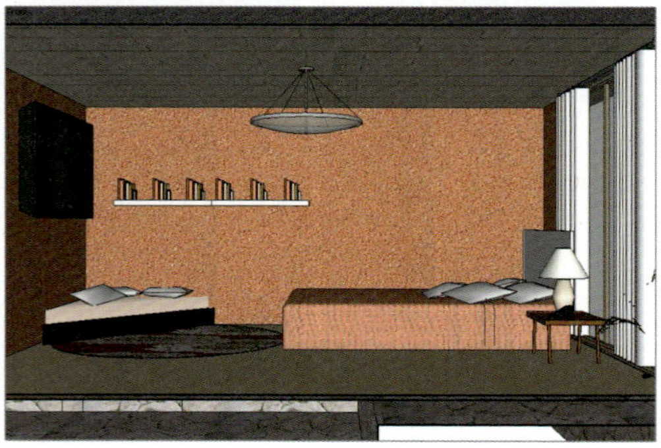

04 숨은 단면선을 다시 불러오기 위해 메뉴에서 [Edit]-[Unhide]-[All]을 선택합니다. 그런 다음, 단면선을 삭제하기 위해 단면을 선택한 후 마우스 오른쪽 버튼을 클릭하면 나타나는 확장 메뉴 중에서 [Erase]를 선택하여 면을 삭제합니다.

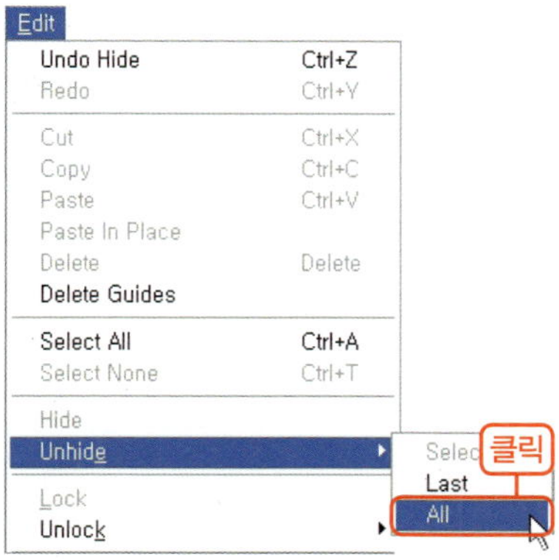

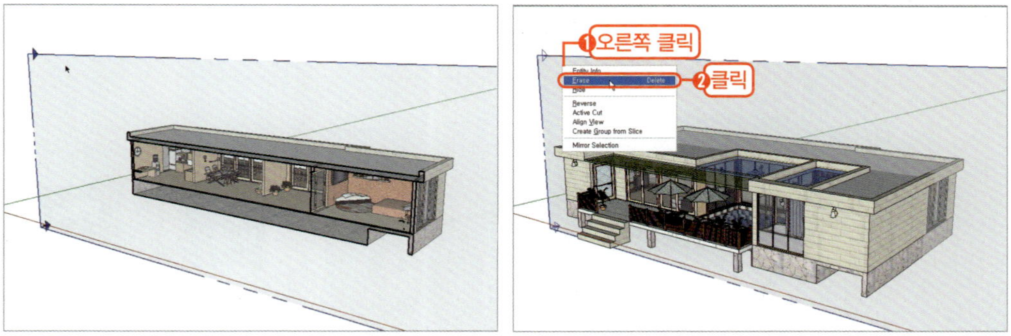

05 이번에는 단면 툴( )로 건물 상단 쪽을 클릭합니다. 그런 다음, 이동 툴( )로 아래쪽으로 내리면 건물 윗부분에서 내부를 볼 수 있는 단면이 생깁니다. 단면선을 숨기기 위해 마우스 오른쪽 버튼을 클릭하면 나타나는 확장 메뉴 중에서 [Hide]를 선택합니다.

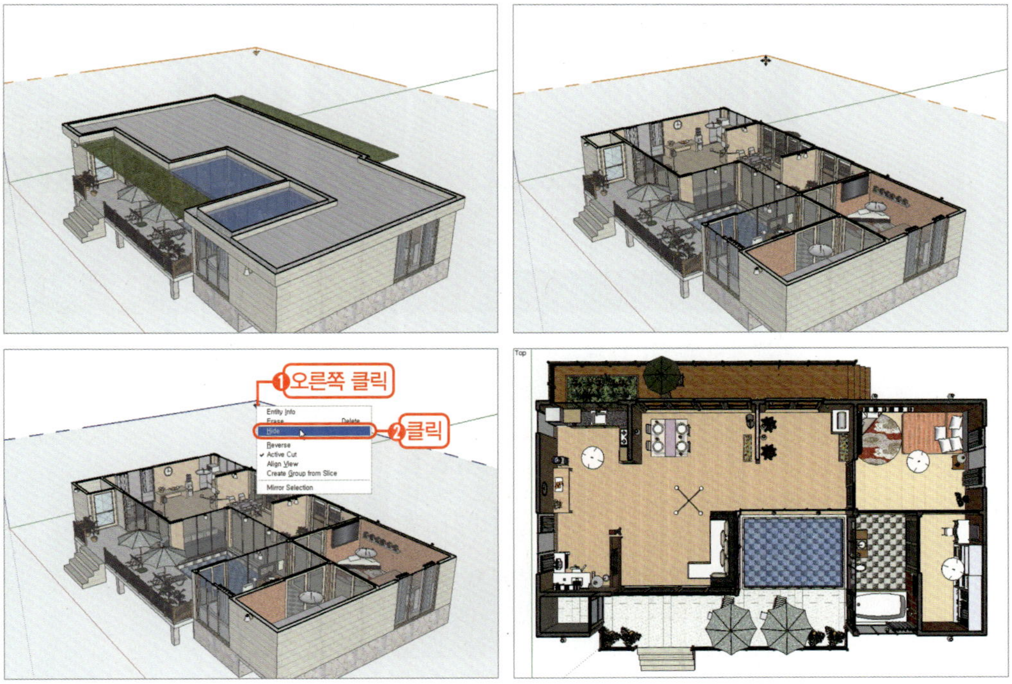

06 이번에도 단면 툴( )로 정문 쪽의 벽면을 클릭합니다. 그런 다음, 이동 툴( )로 건물을 절단하면 단면 내부를 볼 수 있습니다. 단면선을 숨기기 위해 마우스 오른쪽 버튼을 클릭하면 나타나는 확장 메뉴 중에서 [Hide]를 선택합니다.

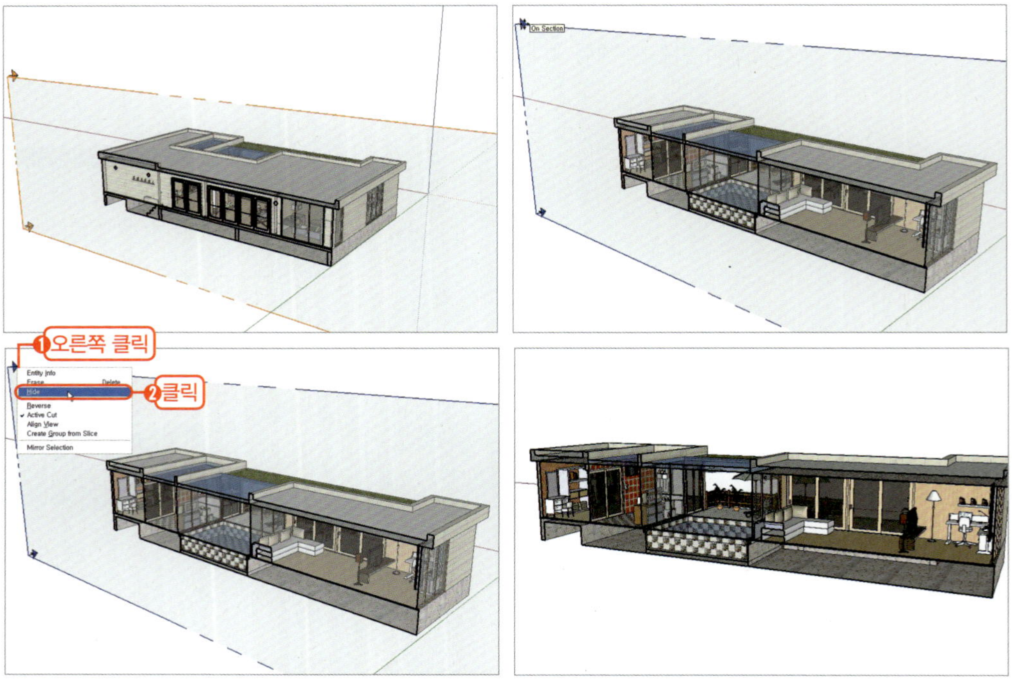

07 건물 정면에서 단면으로 작업한 내부를 확인할 수 있습니다.

08 07의 작업 중에서 욕실 내부를 확인할 수 있습니다. 이곳에서 카메라 구도를 조절해 보겠습니다. 확대축소 줌 툴(🔍)로 욕실 안쪽으로 조금 드래그하면서 들어갑니다. 다시 Shift를 누른 채 확대축소 줌 툴(🔍)로 욕실 내부에서 외부로 적당히 드래그하여 원근 조절을 설정합니다.

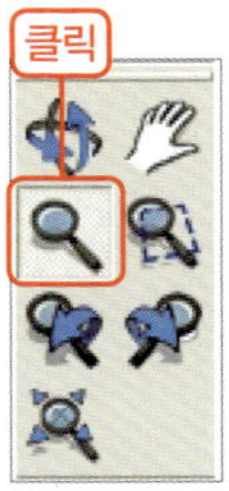

09 08에서 작업한 욕실 내부를 다른 이름으로 저장하기 위해 메뉴에서 [File]–[Save As]를 선택합니다. '전원주택–욕실.skp'로 저장합니다.

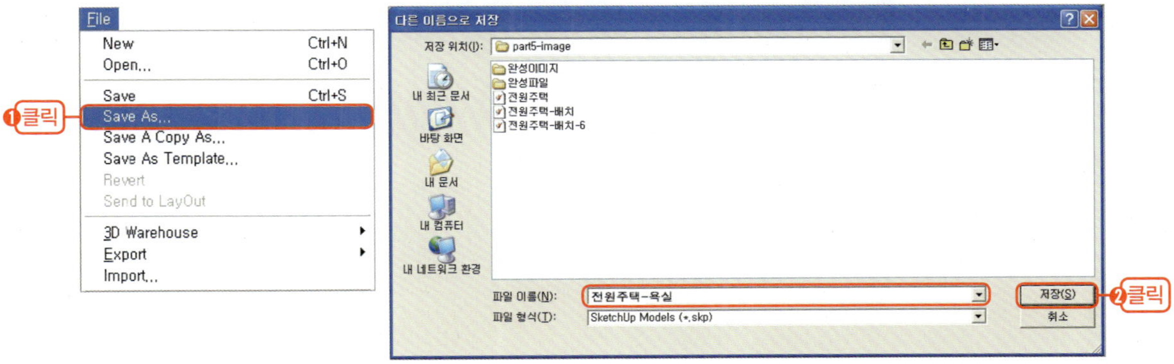

● 완성 파일 I 부록 CD\Sample\Part 02\완성\전원주택–뒷배경.skp

10 이번에는 각각 다른 방향의 주택 뒷배경에 카메라를 설정하기 위해 원하는 방향으로 배경 화면을 조절합니다.

11 확대축소 줌 툴(🔍)로 주택 뒷배경에서 조금 드래그합니다. 다시 Shift를 누른 채 확대축소 줌 툴(🔍)로 주택 뒷배경에서 적당히 드래그합니다.

03. 그림자와 스타일 설정하기

시점을 설정해 놓아 실내 공간을 투시도 형태로 구성한 후 그림자를 표현하기 위해 다양한 옵션을 설정하여 음영을 표현할 수 있습니다. 완성된 인테리어 디자인에는 스케치업 8에서 제공되는 다양한 스타일 패턴들을 적용할 수 있습니다.

● 완성 파일 I 부록 CD\Sample\Part 03\완성\전원주택–배치.skp

01 메뉴에서 [Window]–[Model Info]–[Geo–location]을 선택합니다. 작업한 현재 위치를 설정하기 위해 지리적 위치를 설정할 수 있는 [Add Location] 버튼을 클릭합니다.

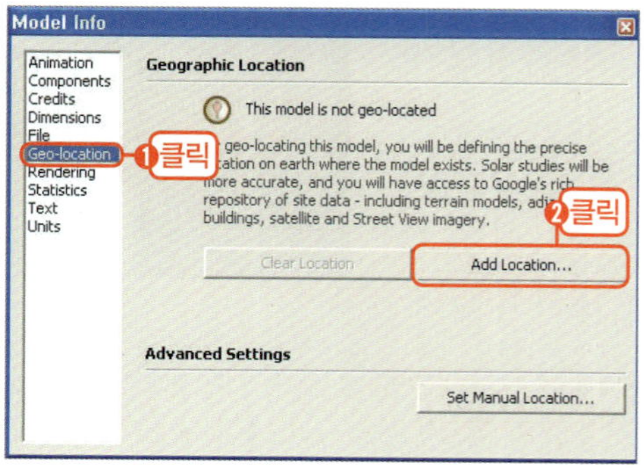

02 [Add Location] 창이 나타나면 원하는 국가를 입력한 후 검색합니다. 입력한 국가의 지형을 정확하게 지정하기 위해 [Select Region]을 클릭합니다. 그리고 [Grab]을 클릭하여 마지막으로 선택합니다.

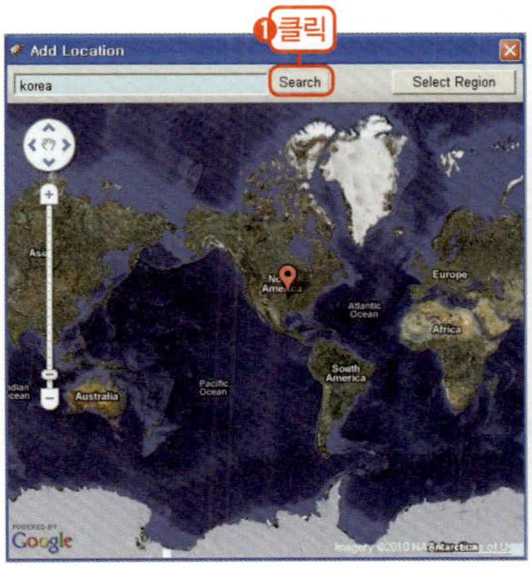

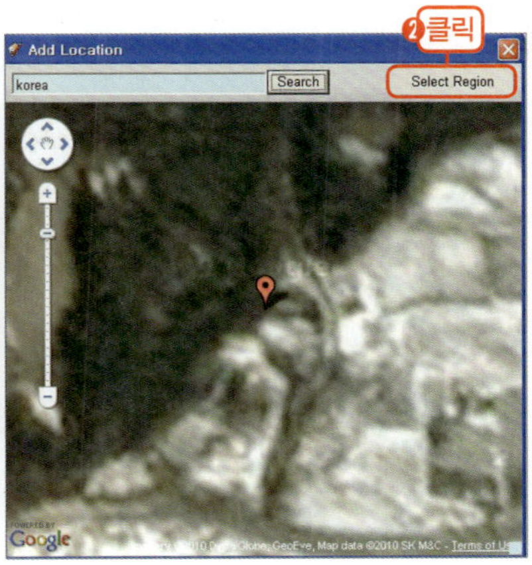

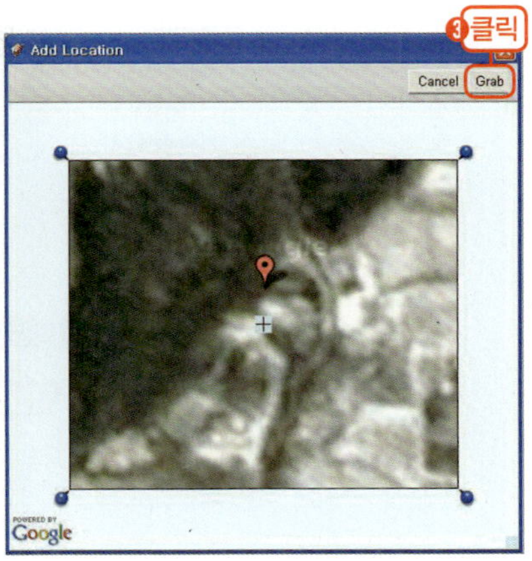

03 '국가', '위도', '경도'가 설정된 것을 확인할 수 있습니다. 단, '위치' 필드에 도시를 새롭게 수정하기 위해 [Set Manual Location] 버튼을 클릭합니다.

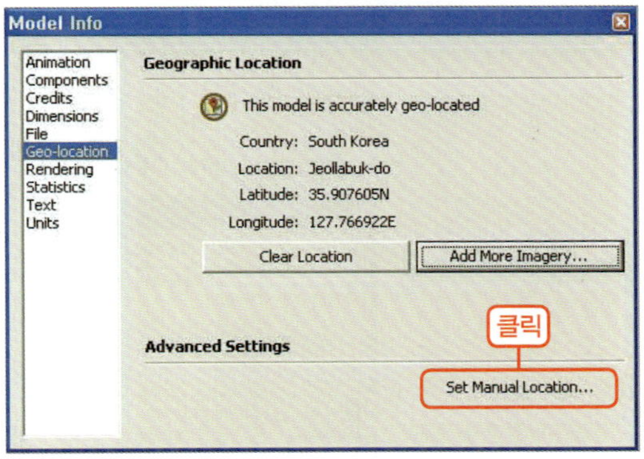

04 'Location' 항목에 위치(도시)를 입력합니다. 마지막으로 설정한 지형을 최종적으로 확인할 수 있습니다.

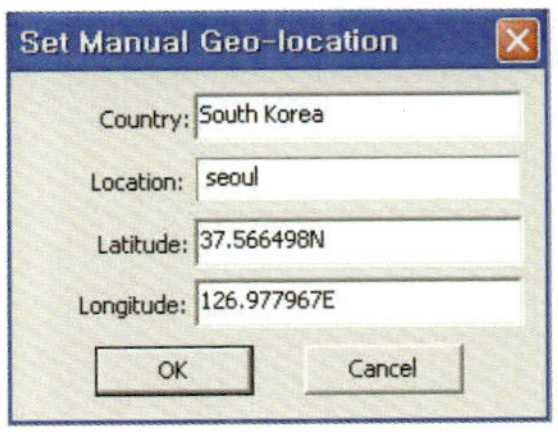

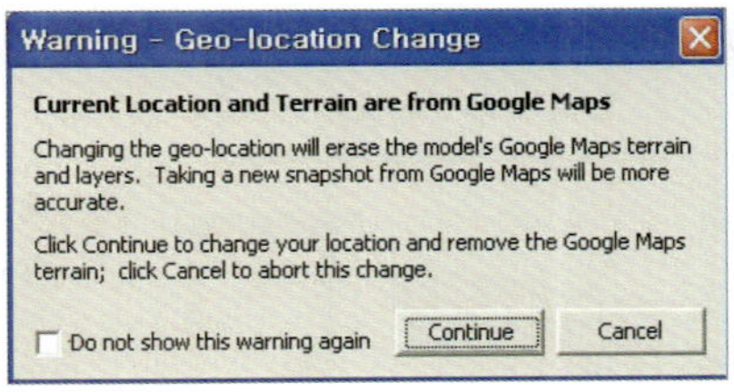

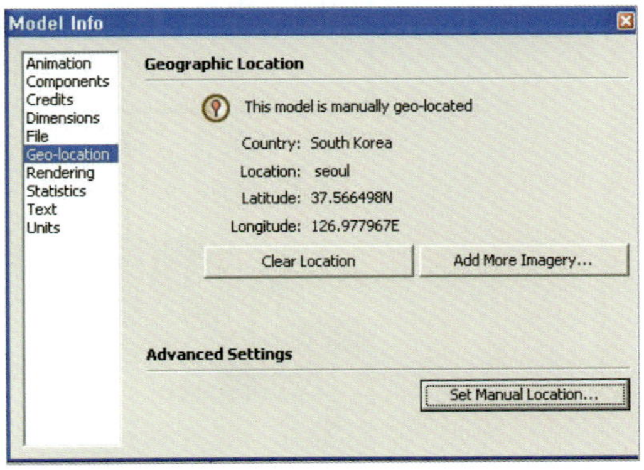

05 그림자를 표현하기 위해 메뉴에서 [Window]–[Shadows]를 선택합니다. [Shadows Settings] 창에서 [세팅] 버튼( )을 클릭한 후 Time 및 Date 값을 변경하고 Light와 Dark의 수치를 조절하면서 가장 보기 좋은 그림자를 설정합니다.

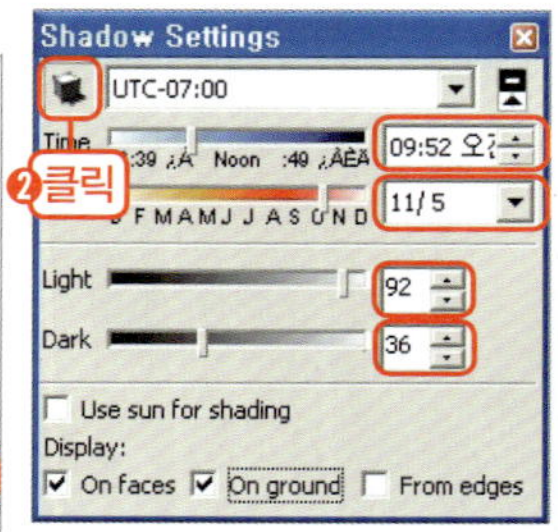

06 메뉴에서 [Window]–[Styles]를 선택합니다. [Select] 리스트에 미리 등록되어 있는 스타일 중에서 원하는 스타일을 선택합니다. 그리고 [Edit]에서 사용자가 원하는 대로 각 항목의 수치를 변경하면 변경된 스타일을 볼 수 있습니다.

▶ [Straight Lines] 스타일

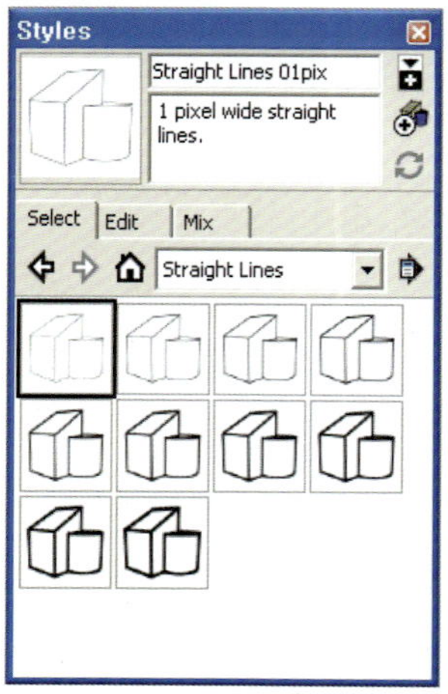

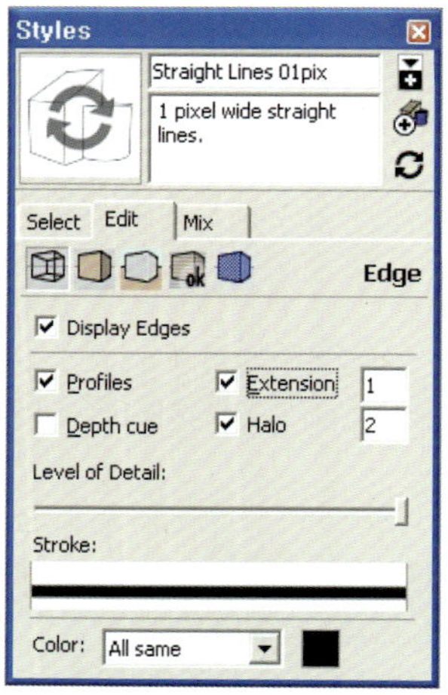

▶ [Style Builder] 스타일

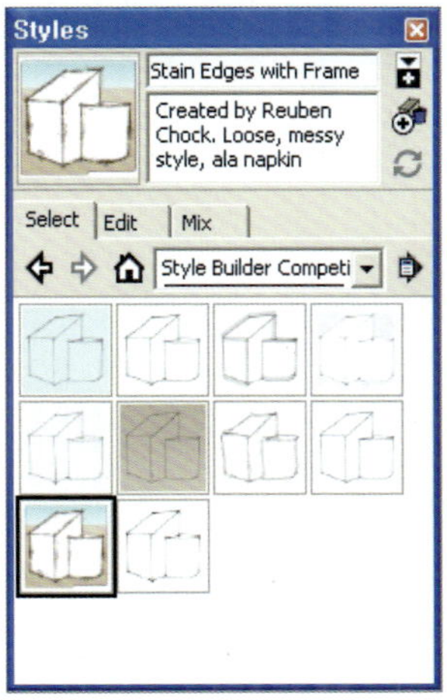

▶ [Assorted Styles] 스타일

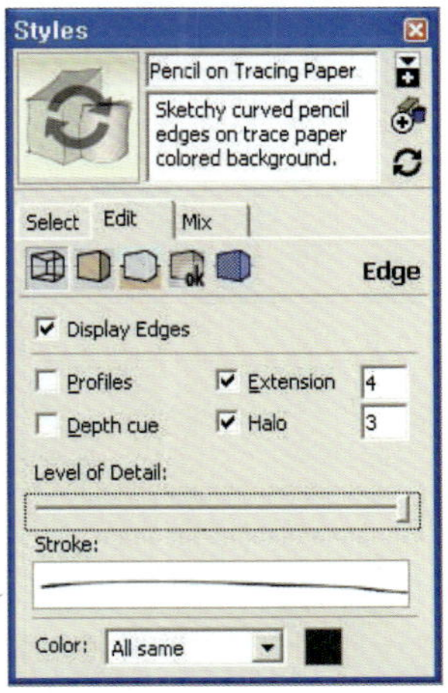

PART

04

다양한 애니메이션

스케치업 8에서 두 개 이상의 장면(Scene)을 작업할 경우, 각각의 장면을 전환해 가면서 작업한 과정을 동영상으로 저장하여 확인할 수 있습니다. 이런 작업은 장면 관리자에서 이루어지는데, 스케치업 8 장면의 여러 기능들을 제어하는 곳이 바로 '장면 관리자'입니다. 장면 관리자에는 모델에 대한 모든 장면 목록이 포함됩니다. 이 장면 목록은 애니메이션을 실행할 때 표시되는 순서에 따라 달라집니다.

01; 장면을 활용한 애니메이션

스케치업 8에서 애니메이션을 작업하기 위해서는 먼저 장면(Scene)을 설정해야 합니다. 스케치업 8에서 애니메이션의 기본이 되는 장면의 설정을 통해 제작해 보겠습니다.

01. 장면 도구 이해하기

각 장면에는 해당 장면과 함께 저장되는 일련의 저장 위치가 포함됩니다. 또 장면을 업데이트할 때 장면과 함께 저장된 속성 중에서 이러한 속성을 선택하여 업데이트할 수 있습니다. 장면을 업데이트하기 전에 장면과 함께 저장할 모든 속성이 선택되었는지를 확인하는 것이 중요합니다. 다음은 메뉴에서 [Window]-[Scenes]을 클릭하면 나타나는 [Scenes] 대화상자입니다. 대화상자에 포함된 다양한 기능들에 대해서 알아보겠습니다.

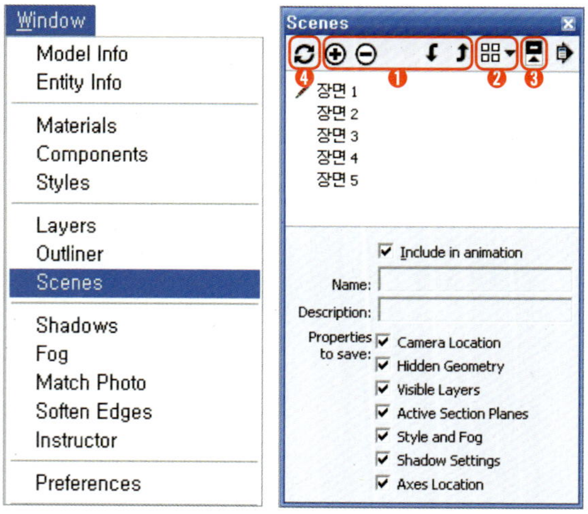

▲ [Scenes] 대화상자

❶ 장면 매니저 옵션

❷ 보기 옵션

❸ 표시/ 숨기기 세부 사항

❹ 장면 업데이트

01 장면 매니저 옵션(Scenes Manager Options)

- Add Scene(⊕) [장면 추가] 버튼을 클릭하면, 현재 파일에 새로운 장면을 추가할 수 있습니다.

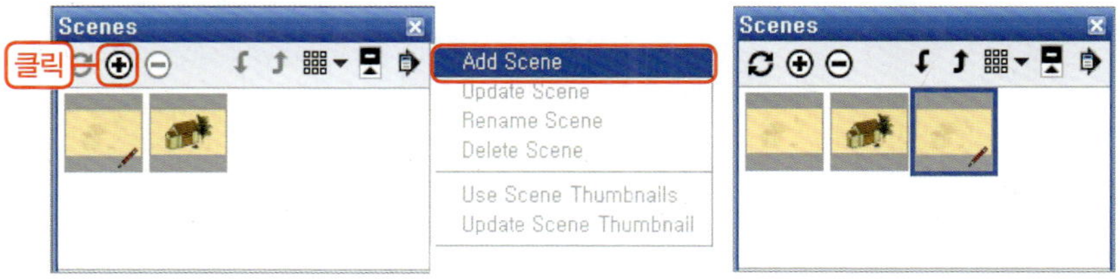

- Delete Scene(⊖) [장면 삭제] 버튼을 클릭하면, 현재 파일에서 장면을 삭제할 수 있습니다.

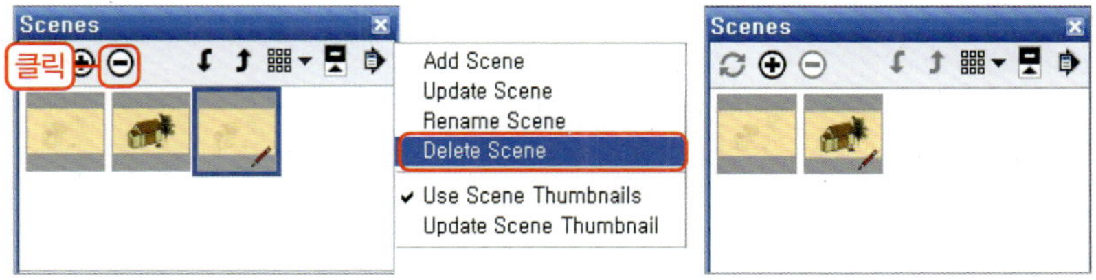

- 장면 위/아래 이동( ) 목록에서 현재 선택된 장면을 이동하는 버튼입니다.

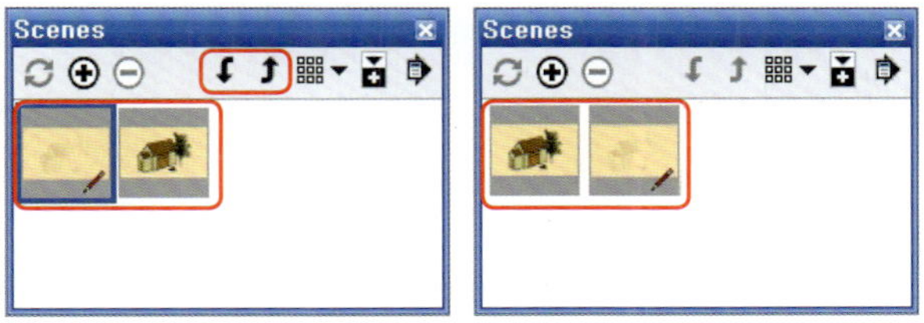

02 보기 옵션 드롭다운 목록(View Options Drop-down List)

- Small thumbnails( ) 작은 썸네일을 보여 줍니다.

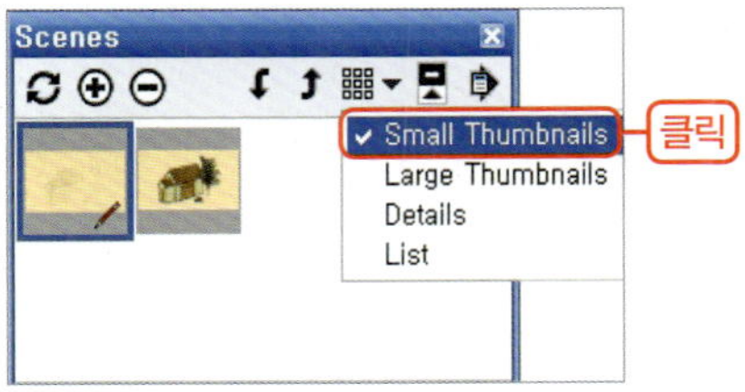

- Large Thumbnails(⊞▾) 큰 썸네일을 보여 줍니다.

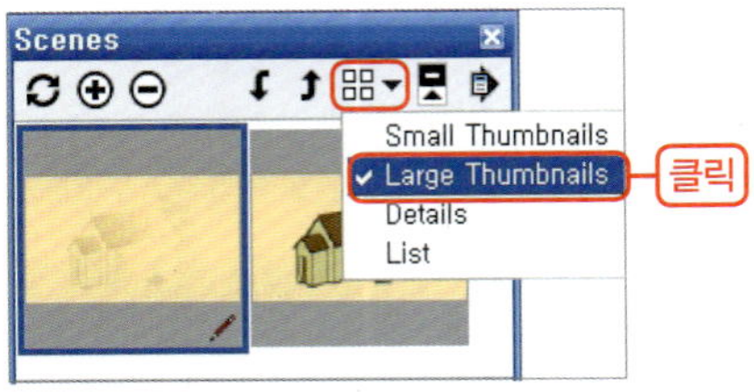

- Details(☷▾) 현장 이름, 저자 및 설명과 함께 세부적인 내용을 보여 줍니다.

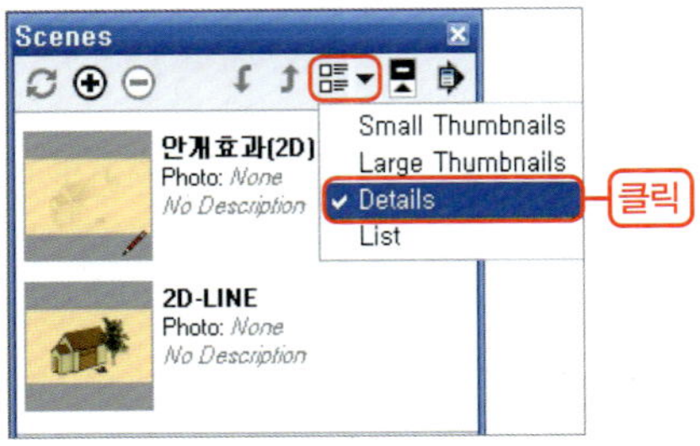

- List(≣▾) 모든 장면 이름의 목록을 보여 줍니다.

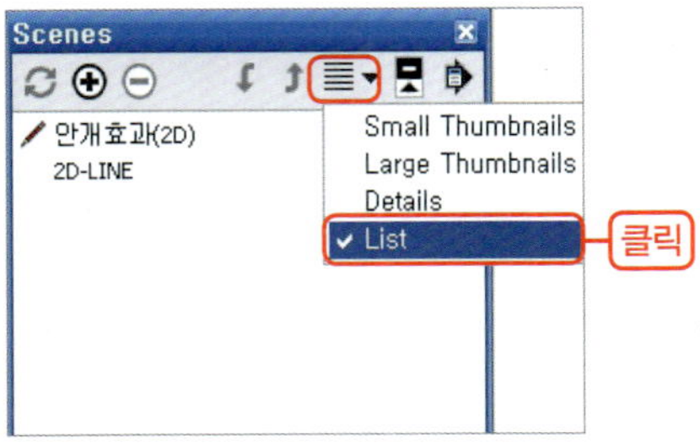

03 표시/숨기기 세부 사항 버튼(Show/Hide Details Button)

- 표시(▣)/ 숨기기(▣) 세부 정보를 보여 주거나 숨길 수 있습니다.

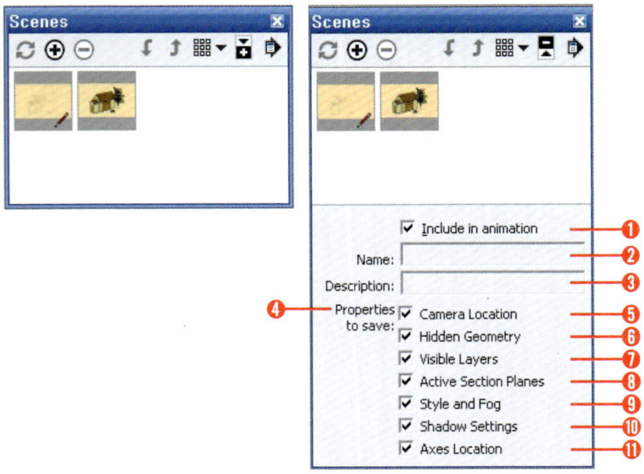

❶ Include in Animation(**애니메이션 포함**) 장면을 선택하고 애니메이션의 한 장면을 포함시킵니다.

❷ Name(**이름**) 장면의 이름을 입력합니다.

❸ Description(**설명**) 간단한 설명을 참고합니다.

❹ Properties to Save(**등록 정보 저장**) 각 장면의 속성을 저장합니다.

❺ Camera Location(**카메라 위치**) 카메라 위치 확인란을 클릭하고, 현장과 거리를 포함한 관점을 저장합니다.

❻ Hidden Geometry(**숨겨진 도형**) 안 보이는 선과 면을 포함한 객체를 저장합니다.

❼ Visible Layers(**보이는 레이어**) 레이어 표시 확인란을 클릭한 후 장면이 보이는 레이어를 저장합니다.

❽ Active Section Planes(**참고 사항**) 액티브 섹션 체크 박스를 클릭하여 현장 활성 섹션에 비행기를 저장합니다.

❾ Style and Fog(**스타일과 안개**) 렌더링과 같은 장면 그리기 스타일과 안개의 설정을 저장합니다.

❿ Shadows Settings(**그림자 설정**) 현장과 유형, 시간, 날짜, 관련 정보, 모든 그림자를 저장합니다.

⓫ Axes Location(**축의 위치**) 디스플레이 위치의 현장과 스케치업 8의 도면 축 위치를 알 수 있습니다.

04 장면 업데이트(Scene Update)

[Update Scene] 버튼(🔄)을 클릭하면 나타나는 [Scene Update] 대화상자에서 [Update] 버튼을 클릭하면 지금까지 작업한 장면들을 모두 저장할 수 있습니다. 만약 'Update'를 선택하지 않으면 지금까지 작업한 장면들은 저장되지 않습니다.

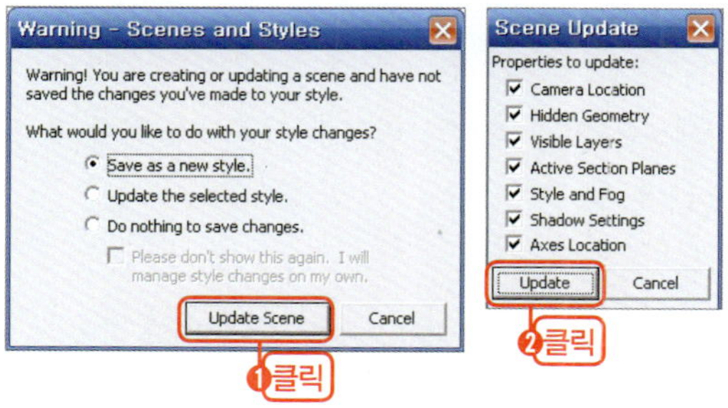

02. 애니메이션 출력 설정 값 지정하기

애니메이션 패널에서 애니메이션에 대한 속성을 설정할 수 있습니다. 다음 화면은 Microsoft Windows 사용 시 볼 수 있으며, 파일 메뉴에서 [Window]-[Model Info]를 선택하면 나타나는 [Model Info] 대화상자의 애니메이션 패널입니다.

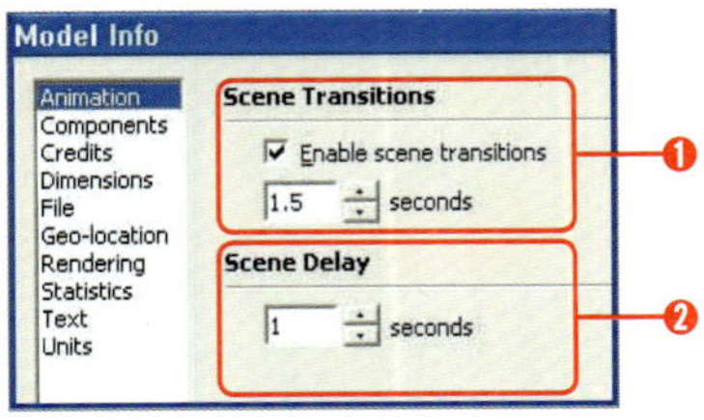

❶ 장면 전환

❷ 장면 지연

01 장면 전환(Scene Transitions)

애니메이션 패널의 장면 전환 섹션을 통해 특정 애니메이션 화면에서 다른 화면으로 전환하는 데 소요되는 시간을 확인할 수 있습니다.

- **Enable scene transitions(장면 전환 사용)** 장면 전환을 하고자 할 때 옵션에 체크 표시를 하여 선택합니다.
- **seconds(초)** 다음 전환이 다른 장면으로 바뀌기 전까지의 초를 입력합니다.

02 장면 지연(Scene Delay)

애니메이션 패널의 장면 지연 섹션을 통해 다른 장면으로 전환하기 전에 각 장면에 소요되는 애니메이션 시간을 확인할 수 있습니다.

- **seconds(초)** 전환에서 다른 장면을 시작하기 전까지의 초를 입력합니다.

03. Walkthrough Tools 알아보기

스케치업 8의 Walkthrough Tools는 걸어다니는 작업자의 눈을 통해 사용할 수 있습니다. Walkthrough Tools에는 포지션 카메라 도구, 워크 도구, 그리고 둘러보기 도구가 있습니다.

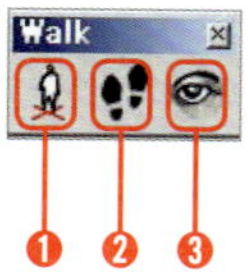

❶ 포지션 카메라 도구

❷ 워크 도구

❸ 둘러보기 도구

01 포지션 카메라 도구(Position Camera Tool)

포지션 카메라 도구( )를 사용하여 카메라의 위치를 확인할 수 있습니다.

- 카메라 위치를 설정합니다.
- 첫 번째 방법은 눈으로 카메라의 장소를 지정할 수 있습니다.
- 두 번째 방법은 특정 지점에 카메라를 배치하고, 특정 방향을 바라보게 할 수 있습니다.

02 워크 도구(Walk Tool)

워크 도구( )를 사용하면 마치 작업자가 모델을 통해 걷고 있는 표현을 스케치업 8 모델을 통해 애니메이션 작업을 할 수 있습니다. 워크 도구는 시각 모드에서만 사용할 수 있으며, 걷기 연습 툴바 또는 카메라 메뉴 중 도구 하나를 활성화할 수 있습니다.

- 워크 도구를 선택합니다.
- 신발 한 켤레에 아이콘이 변경됩니다.
- 눈높이를 유지하면서 자동으로 위, 아래, 좌, 우로 걸을 수 있습니다.
  - Shift : 위아래로 커서를 이동하면서 앞으로 또는 뒤로 이동할 수 있습니다.
  - Control : 달리는 것처럼 빨리 화면 전환을 할 수 있습니다.
  - Alt : 충돌 탐지를 피하기 위해 벽을 통해 걸을 수 있습니다. 일시적으로 충돌을 감지하는 동안 이 옵션은 가구 또는 건물 내부를 둘러보면서 걸어다니는 데 유용합니다.

03 둘러보기 도구(Look Around Tool)

둘러보기 도구(👁)는 특히 포지션 카메라 도구(🧍)를 사용하여 카메라의 위치를 클릭한 후 공간의 높이를 변경하여 유용하게 사용할 수 있습니다.

- 둘러보기 도구를 선택하면, 눈이 커서로 변경됩니다.
- 지상 위의 높이를 변경하려면 키보드로 눈높이 값을 입력하고 Enter↵를 누르면 됩니다.
- 둘러보기 도구로 변경하고 싶을 때는 마우스 가운데의 휠 버튼을 클릭합니다.

04. 안개 효과를 이용한 애니메이션 만들기

스케치업 8은 6개의 화면으로 구성되어 있습니다. 스케치업 8을 실행시키면, 그림과 같은 화면을 볼 수 있습니다. 화면 상단에는 메뉴바, 각 메뉴를 클릭했을 때 나타나는 풀다운 메뉴, 좌측에는 아이콘 모음이 위치하고 있습니다.

● 예제 파일 I 부록 CD\Sample\Part 04\예제\안개효과-sample.skp

01 메뉴에서 [Window]-[Scenes]를 클릭합니다. [Scene] 창에서 [Add] 버튼(⊕)을 클릭하여 장면(Scene)을 추가합니다. 그런 다음, 이름을 '안개효과(2D)', '맑은하늘'로 변경합니다.

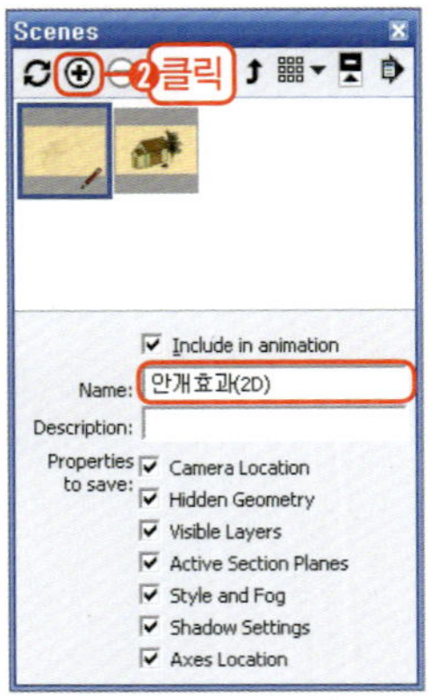

02 화면 상단에서 '안개효과(2D)' 장면을 선택한 후 메뉴에서 [Window]–[Fog]를 선택합니다. 그런 다음, [Fog] 창에서 다음 그림과 같이 설정합니다.

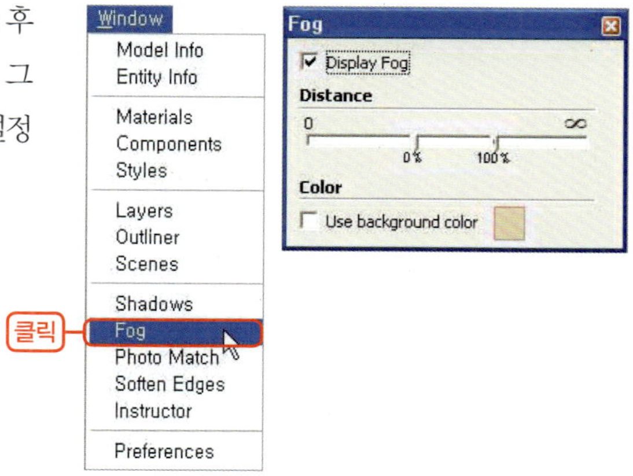

Tip

안개 효과를 위한 [Fog] 메뉴 이해하기

메뉴에서 [Window]–[Fog]를 선택하여 [Fog] 창을 엽니다. 이 창에서는 작업 영역에 안개 효과를 표현하기 위해 설정합니다.

▲ [Fog] 창

- Display Fog : 안개 효과 표현 설정을 On/Off합니다.
- Distance : 안개 효과 영역을 조절합니다.
  - 슬라이드바를 오른쪽으로 이동할수록 안개 효과가 옅어집니다.
  - 슬라이드바를 왼쪽으로 이동할수록 안개 효과가 짙어집니다.
  - 슬라이드바를 오른쪽으로 이동할수록 시점이 먼 쪽으로 안개가 조절됩니다.
  - 슬라이드바를 왼쪽으로 이동할수록 시점이 가까운 쪽으로 안개가 조절됩니다.
- Color : 안개 색상을 지정합니다.
- Use background color : 이 항목에 체크 표시를 하면 안개 색상이 스타일 배경색으로 설정되며, 반대로 이 항목의 체크 표시를 해제하면 변경한 색상으로 안개 색상이 설정됩니다.

03 화면 상단에서 '안개효과(2D)' 장면을 선택한 후 마우스 오른쪽 버튼을 클릭하면 나타나는 확장 메뉴 중에서 [Update]를 선택합니다.

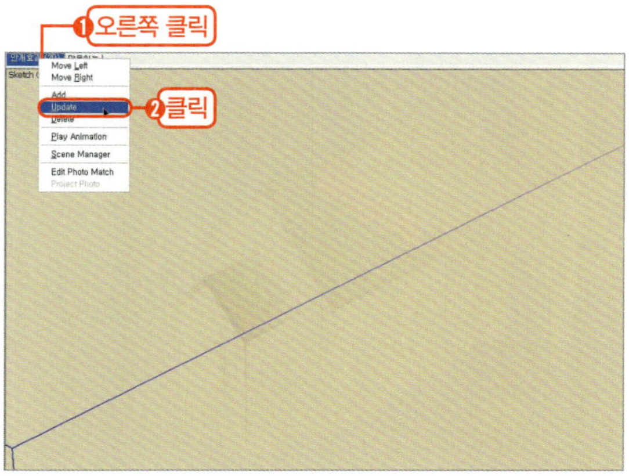

04 화면 상단에서 '맑은하늘' 장면을 선택한 후 [Fog] 창에서 다음 그림과 같이 설정합니다.

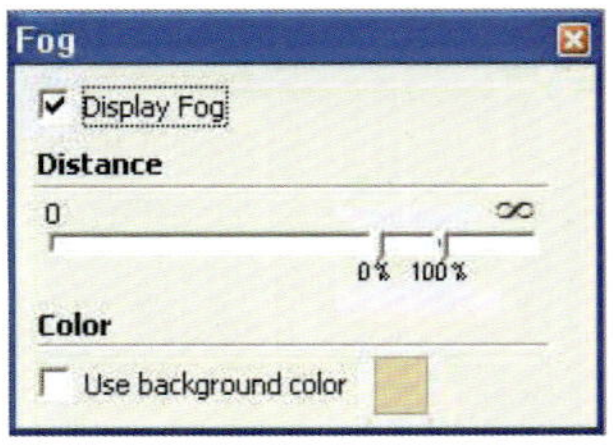

05 화면 상단에서 '맑은하늘' 장면을 선택한 후 마우스 오른쪽 버튼을 클릭하면 나타나는 확장 메뉴 중에서 [Update]를 선택합니다.

06 메뉴에서 [Window]-[Model Info]를 선택합니다. 그리고 [Animation] 항목에서 'Enable scene transitions'에 체크 표시를 한 후 'Scene Transitions(화면 전환 시간)'은 2초, 'Scene Delay(각 장면에서 정지하는 시간)'은 0초로 설정합니다.

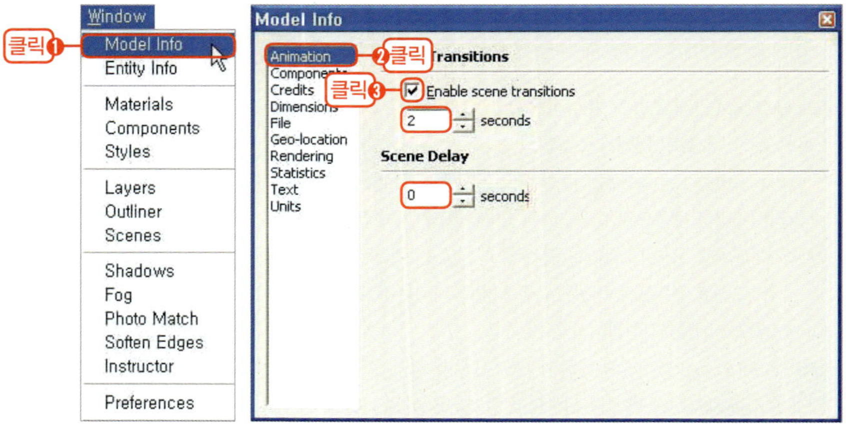

07 애니메이션(Animation)을 저장하기 위해 메뉴에서 [File]-[Export]-[Animation]을 선택합니다.

08 [Export Animation] 대화상자에서 [Options] 버튼을 클릭합니다. [Animation Export Options] 대화상자가 나타나면 'Width'는 '640', 'Height'는 '480', 'Frame Rate'는 '10'으로 설정합니다.

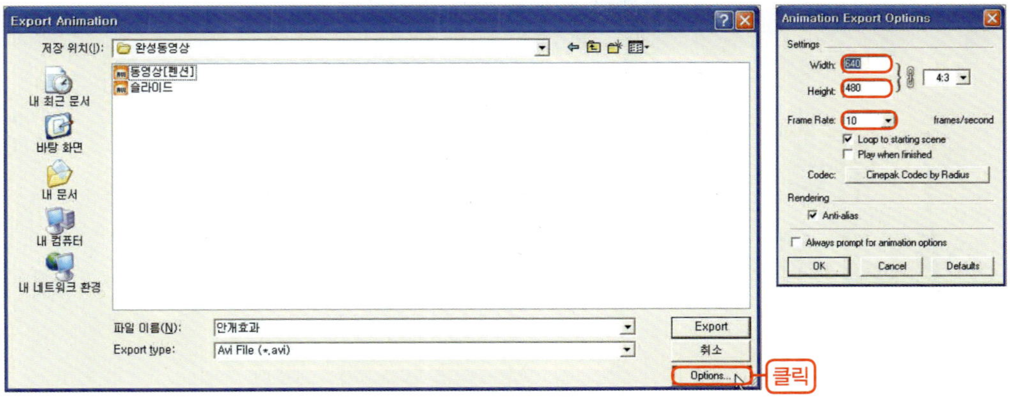

Tip

동영상을 순서대로 실행할 수 있는 옵션 설정

- Settings
  - **Width 및 Height** 동영상 및 이미지의 크기를 설정합니다.
  - **Frame Rate** 1초 동안 재생되는 프레임 수를 설정합니다.
  - **Loop to starting scene** 장면이 역순으로 플레이되는 영상을 추가하기 위해 체크 표시를 합니다.
  - **Play when finished** 동영상 출력이 완료되면 디폴트로 설정되어 있는 동영상을 재생합니다.
- Rendering
  - **Anti-alias** 출력 시간이 길어지지만 계단 현상 등을 보정할 수 있습니다.

09 애니메이션(Animation)으로 저장되는 과정을 확인할 수 있습니다. 작업이 종료되면 저장된 동영상을 확인할 수 있습니다.

● 완성 파일 | 부록 CD\Sample\Part 04\완성\안개효과.avi

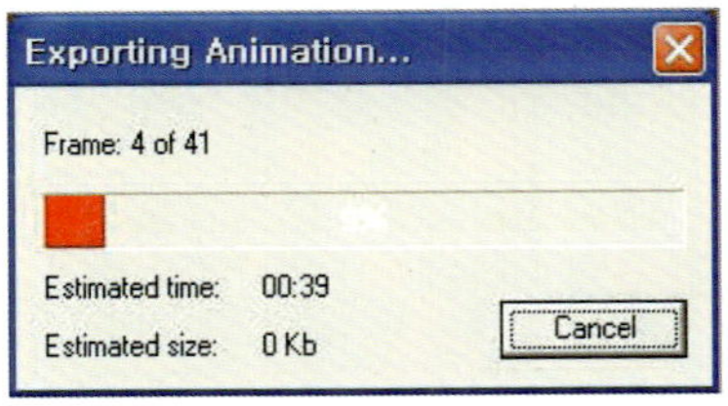

Tip

동영상 제작은 약간의 시간이 소요됩니다. 화면 전환 시간과 프레임 수치에 따라 시간이 많이 소요되는 경우도 있습니다.

02; 카메라 도구를 이용한 애니메이션

카메라 도구와 시연 도구(Walkthrough Tool)를 이용하여 모델링을 할 때 다양한 방법으로 카메라를 배치할 수 있습니다. 눈높이에 맞춰 원하는 방향으로 표현되는 애니메이션을 제작해 보겠습니다.

01. 단독주택 작업 과정을 슬라이드 쇼로 만들기

2D 평면도에서 3D로 전환할 때 주택의 작업 과정을 동영상으로 보여 주는 방법에 대해 알아보겠습니다. 이 방법을 기준으로 좀 더 세련되고 다양한 방법을 익혀 보세요.

● 예제 파일 I 부록 CD\Sample\Part 04\예제\슬라이드-sample.skp

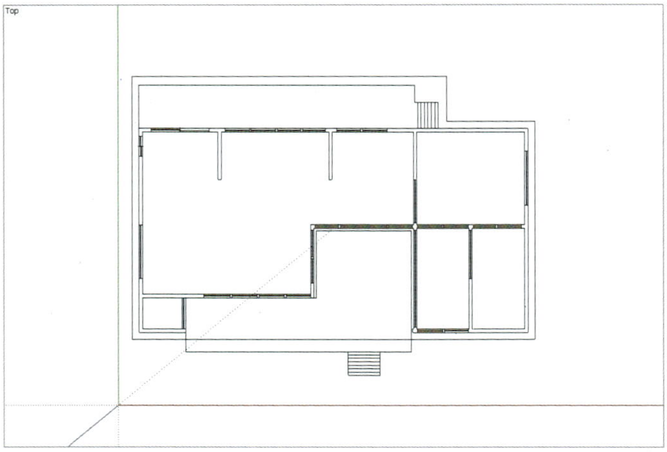

01 메뉴에서 [Window]–[Layer]를 클릭한 후 레이어 창에서 'Layer0', '2d-line' 레이어를 제외한 모든 레이어를 끄기 위해 [Visible] 버튼의 체크 표시를 해제합니다.

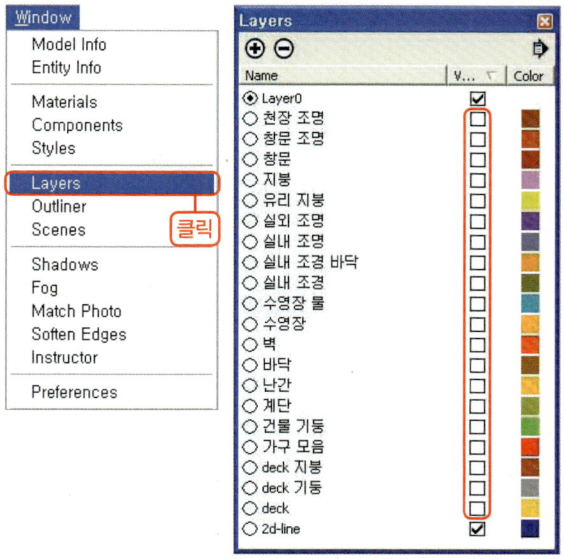

02 메뉴에서 [Window]–[Styles]를 선택합니다. [Styles] 창의 [Edit] 탭에서 각각의 항목을 사용자가 원하는 수치로 변경합니다.

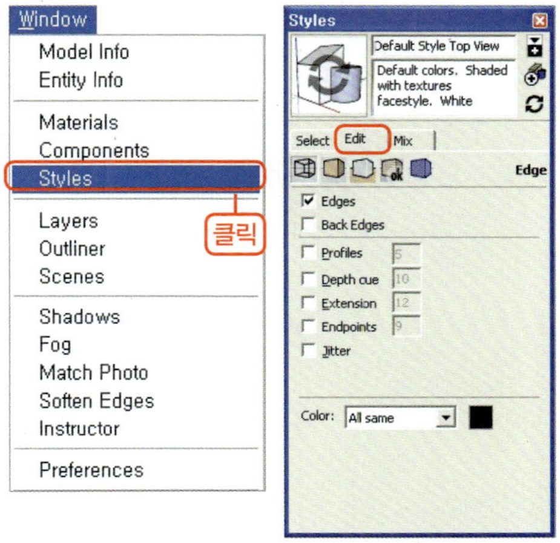

03 메뉴에서 [Window]–[Scenes]를 클릭합니다. [Scenes] 창에서 [Add] 버튼(⊕)을 클릭하여 장면을 추가합니다.

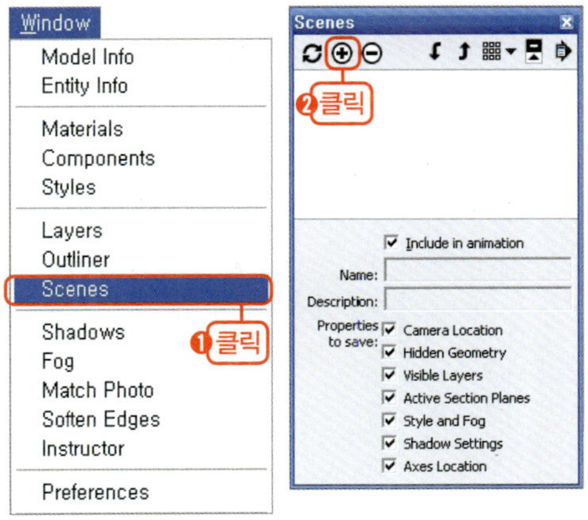

04 [Warning–Scenes and Styles] 창이 나타나면 'Save as a new style' 옵션을 선택한 후 [Update Scene] 버튼을 클릭합니다.

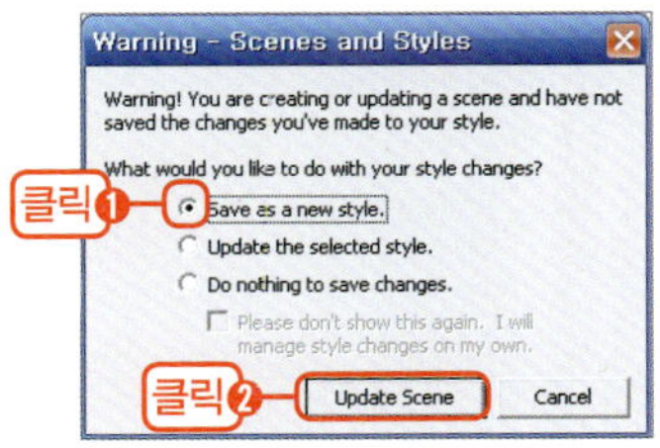

Tip

Style을 변경하면 나타나는 [Warning – Scenes and Styles] 창에서 새로 저장하는 것을 권장합니다.

05 장면의 이름을 '2d-line'으로 변경합니다. 화면의 상단에 '2d-line' 장면이 추가된 것을 확인할 수 있습니다.

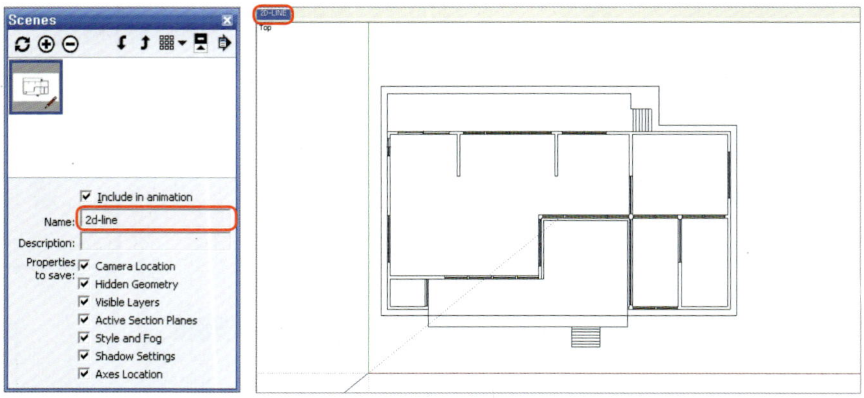

06 장면을 추가하기 위해 화면에서 '2d-line' 장면을 선택한 후 마우스 오른쪽 버튼을 클릭하면 나타나는 확장 메뉴 중에서 [Add]를 선택한 후 Iso 툴()을 클릭하여 Iso 화면으로 이동합니다.

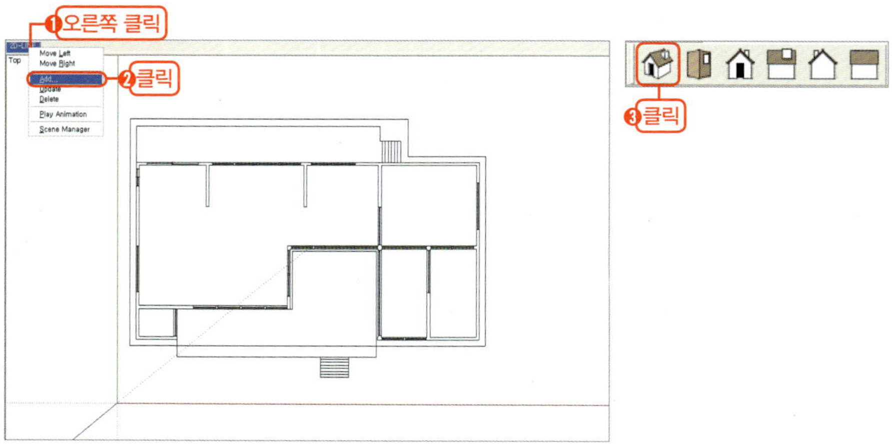

07 [Styles] 창에서 [Edit] 항목을 사용자가 원하는 대로 설정하면 변경된 스타일을 볼 수 있습니다. 지금까지 작업한 장면을 저장하기 위해 화면에서 'Scene2' 장면을 선택한 후 마우스 오른쪽 버튼을 클릭하면 나타나는 확장 메뉴 중에서 [Update]를 선택합니다. 만약, [Warning–Scenes and Styles] 창이 나타나면 'Save as a new style' 옵션을 선택한 후 [Update Scene] 버튼을 클릭합니다.

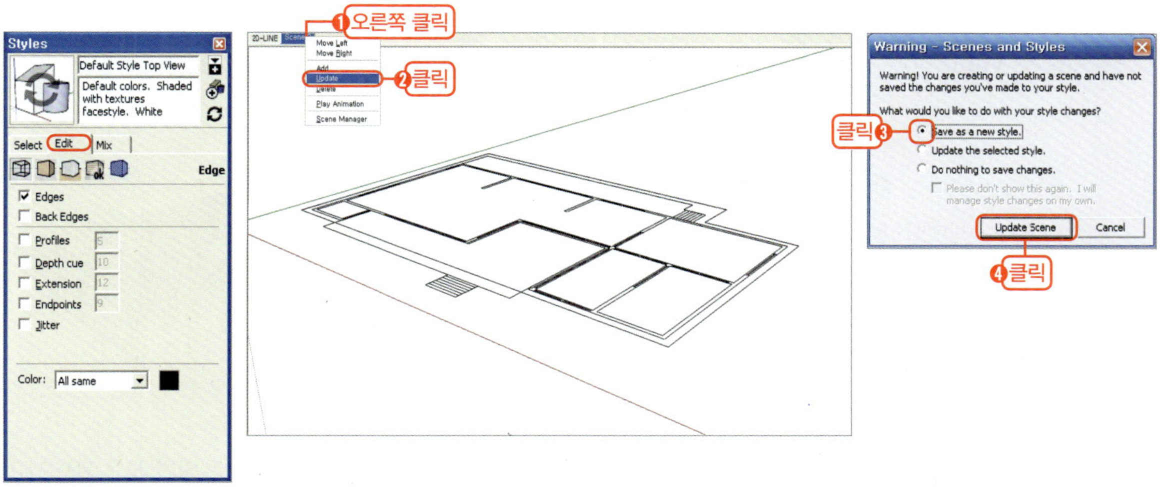

08 장면을 추가하기 위해 화면에서 'Scene2' 장면을 선택한 후 마우스 오른쪽 버튼을 클릭하면 나타나는 확장 메뉴 중에서 [Add]를 선택합니다. 레이어 창에서 'Layer0', '건물 기둥', '2d-line' 레이어를 제외한 모든 레이어를 끄기 위해 [Visible] 버튼의 체크 표시를 해제합니다.

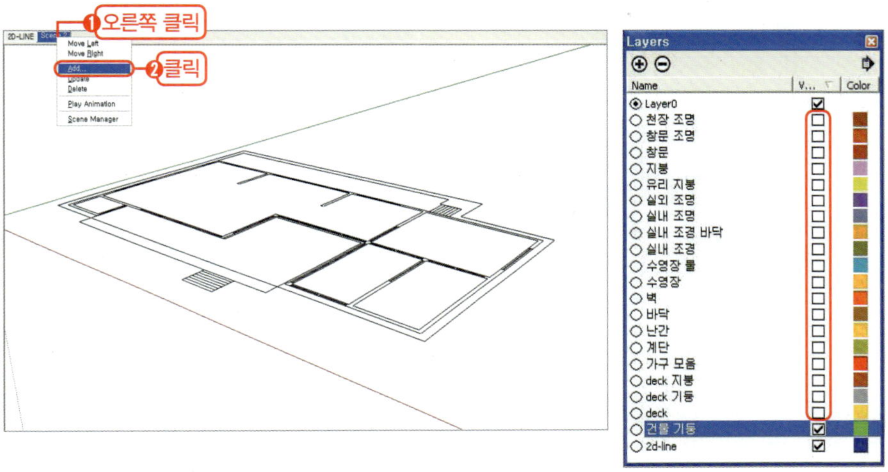

09 [Styles] 도구에서 Shaded 툴( )을 선택하면 변경된 스타일을 확인할 수 있습니다. 지금까지 작업한 장면을 저장하기 위해 화면에서 'Scene3' 장면을 선택한 후 마우스 오른쪽 버튼을 클릭하면 나타나는 확장 메뉴 중에서 [Update]를 선택합니다. [Warning-Scenes and Styles] 창이 나타나면 'Save as a new style' 옵션을 선택한 후 [Update Scene] 버튼을 클릭합니다.

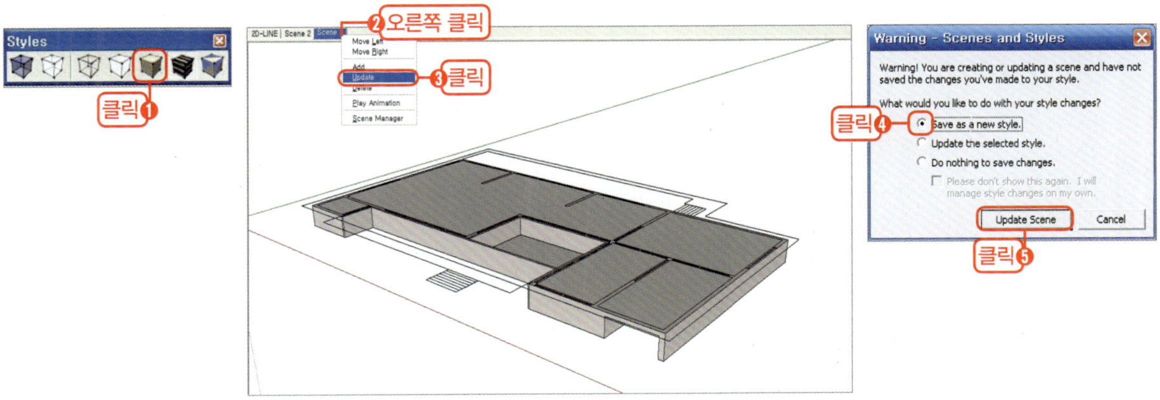

10 Scene을 추가하기 위해 화면에서 'Scene3' 장면을 선택한 후 마우스 오른쪽 버튼을 클릭하면 나타나는 확장 메뉴 중에서 [Add]를 선택합니다.

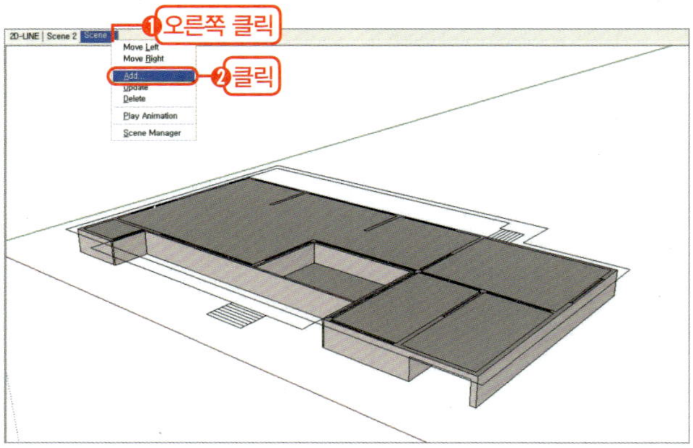

11 레이어 창에서 'Layer0', '건물 기둥', 'deck 기둥', '2d-line' 레이어를 제외한 모든 레이어를 끄기 위해 [Visible] 버튼의 체크 표시를 해제합니다. 지금까지 작업한 장면을 저장하기 위해 화면에서 'Scene4' 장면을 선택한 후 마우스 오른쪽 버튼을 클릭하면 나타나는 확장 메뉴 중에서 [Update]를 선택합니다.

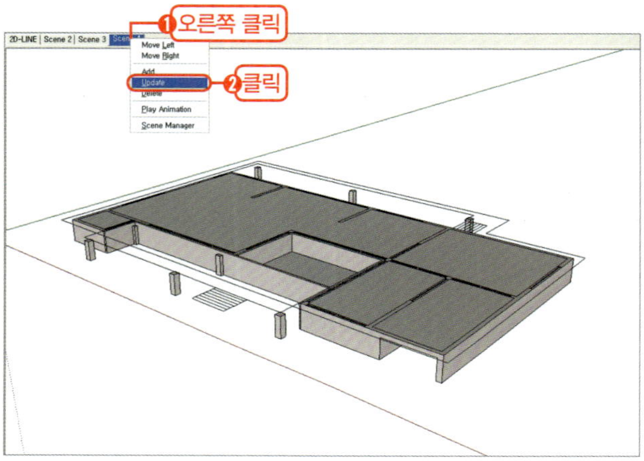

12 장면을 추가하기 위해 화면에서 'Scene4' 장면을 선택한 후 마우스 오른쪽 버튼을 클릭하면 나타나는 확장 메뉴 중에서 [Add]를 선택합니다. 레이어 창에서 'Layer0', '건물 기둥', 'deck 기둥', 'deck', '2d-line'레이어를 제외한 모든 레이어를 끄기 위해 [Visible] 버튼의 체크 표시를 해제합니다.

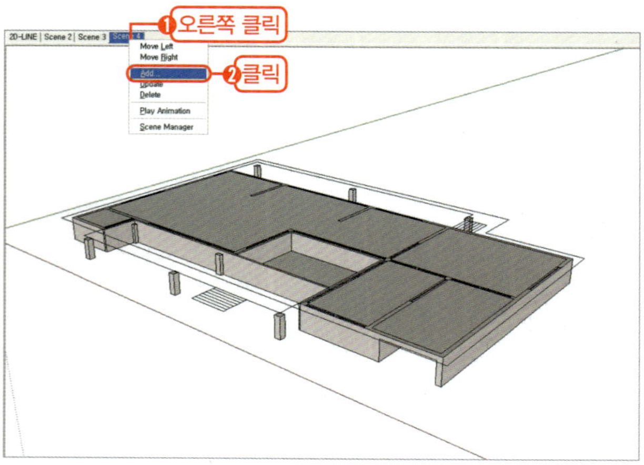

13 지금까지 작업한 장면을 저장하기 위해 화면에서 'Scene5' 장면을 선택한 후 마우스 오른쪽 버튼을 클릭하면 나타나는 확장 메뉴 중에서 [Update]를 선택합니다.

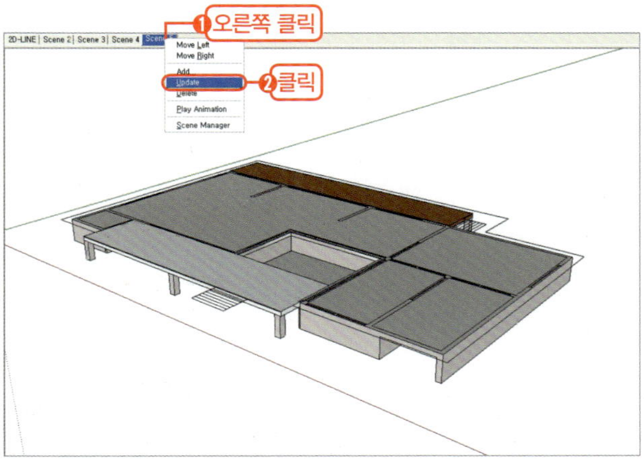

14 장면을 추가하기 위해 화면에서 'Scene5' 장면을 선택한 후 마우스 오른쪽 버튼을 클릭하면 나타나는 확장 메뉴 중에서 [Add]를 선택합니다. 레이어 창에서 'Layer0', '바닥', '건물 기둥', 'deck 기둥', 'deck', '2d-line' 레이어를 제외한 모든 레이어를 끄기 위해 [Visible] 버튼의 체크 표시를 해제합니다.

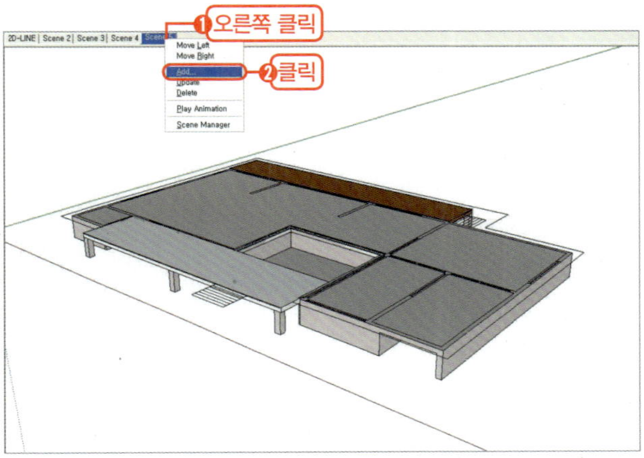

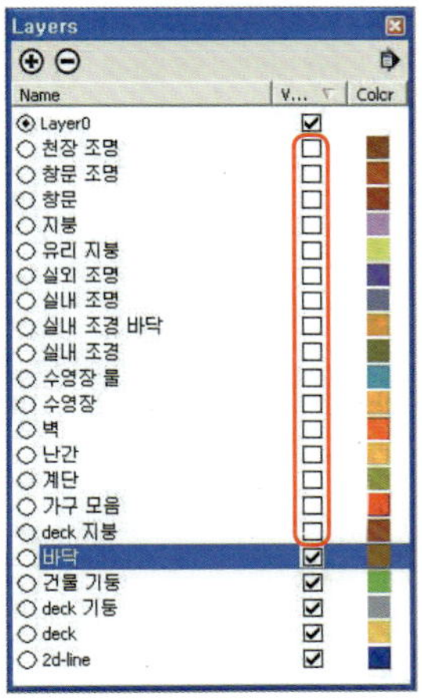

15 지금까지 작업한 장면을 저장하기 위해 화면에서 'Scene6' 장면을 선택한 후 마우스 오른쪽 버튼을 클릭하면 나타나는 확장 메뉴 중에서 [Update]를 선택합니다.

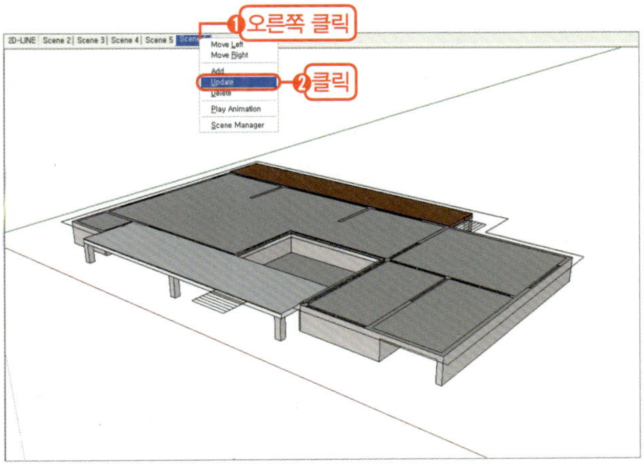

16 장면을 추가하기 위해 화면에서 'Scene6' 장면을 선택한 후 마우스 오른쪽 버튼을 클릭하면 나타나는 확장 메뉴 중에서 [Add]를 선택합니다. 레이어 창에서 'Layer0', '계단', '건물 기둥', 'deck 기둥', 'deck', '2d-line' 레이어를 제외한 모든 레이어를 끄기 위해 [Visible] 버튼의 체크 표시를 해제합니다.

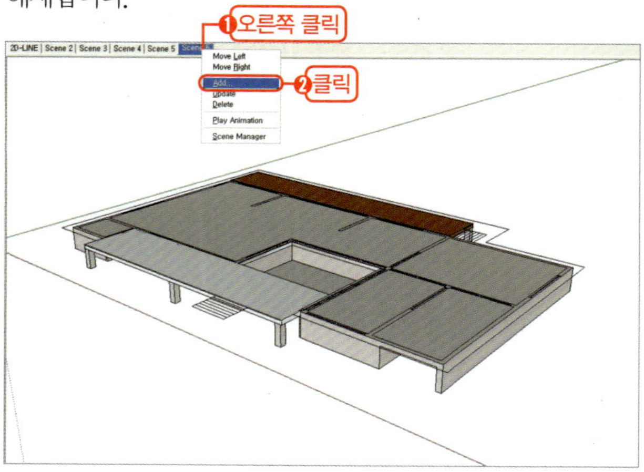

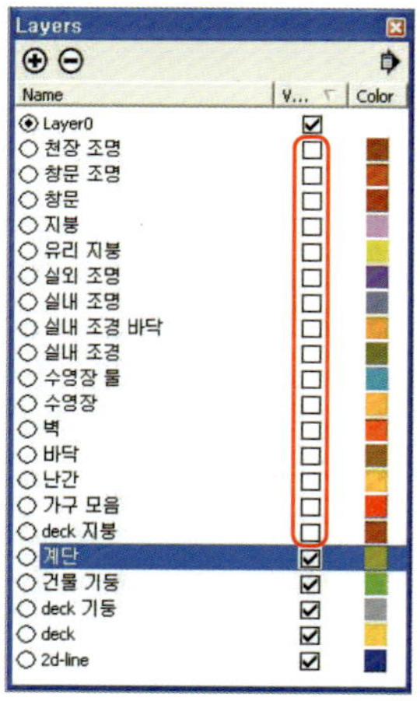

17 지금까지 작업한 장면을 저장하기 위해 화면에서 'Scene7' 장면을 선택한 후 마우스 오른쪽 버튼을 클릭하면 나타나는 확장 메뉴 중에서 [Update]를 선택합니다.

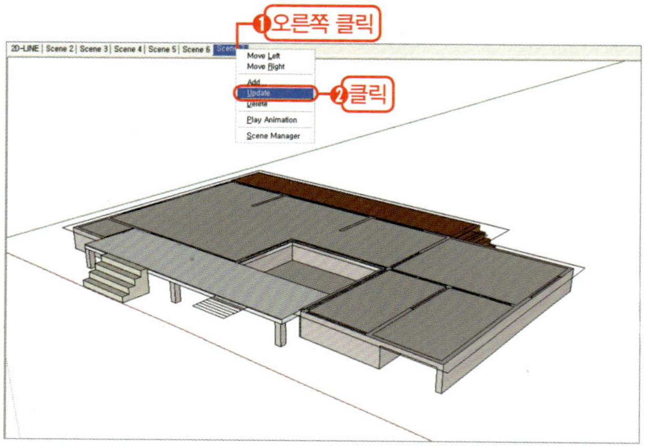

18 장면을 추가하기 위해 화면에서 'Scene7' 장면을 선택한 후 마우스 오른쪽 버튼을 클릭하면 나타나는 확장 메뉴 중에서 [Add]를 선택합니다. 레이어 창에서 'Layer0', '벽', '계단', '건물 기둥', 'deck 기둥', 'deck', '2d-line' 레이어를 제외한 모든 레이어를 끄기 위해 [Visible] 버튼의 체크 표시를 해제합니다.

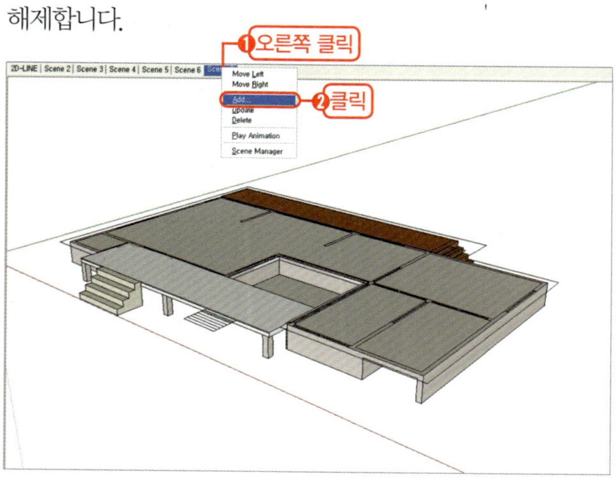

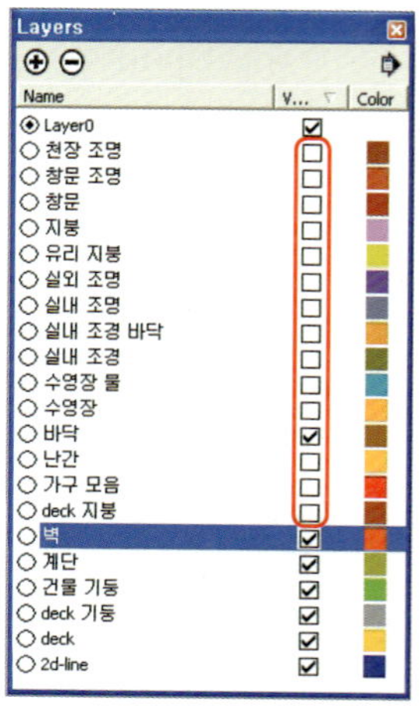

19 지금까지 작업한 장면을 저장하기 위해 화면에서 'Scene8' 장면을 선택한 후 마우스 오른쪽 버튼을 클릭하면 나타나는 확장 메뉴 중에서 [Update]를 선택합니다.

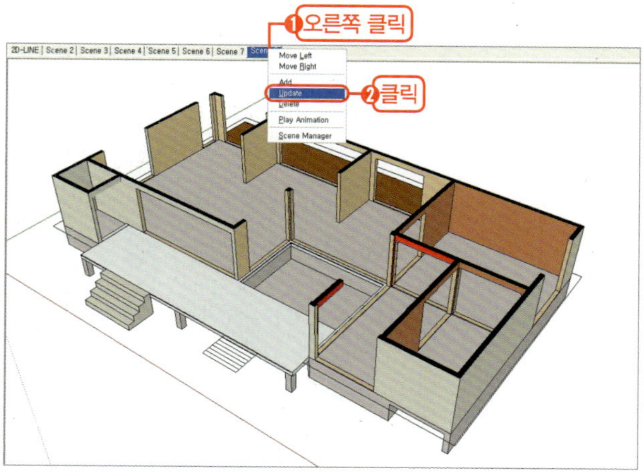

20 장면을 추가하기 위해 화면에서 'Scene8' 장면을 선택한 후 마우스 오른쪽 버튼을 클릭하면 나타나는 확장 메뉴 중에서 [Add]를 선택합니다. 레이어 창에서 'Layer0', '벽', '바닥', '계단', '건물 기둥', 'deck 기둥', 'deck', '2d-line' 레이어를 제외한 모든 레이어를 끄기 위해 [Visible] 버튼의 체크 표시를 해제합니다.

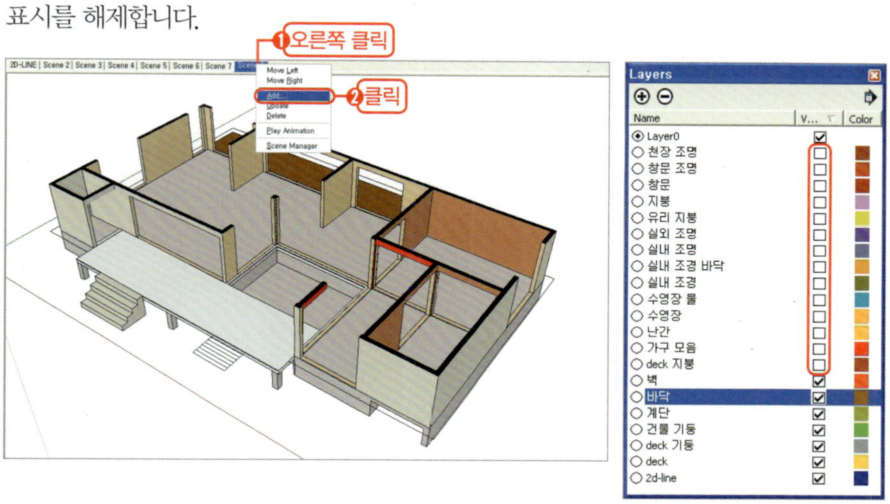

21 지금까지 작업한 장면을 저장하기 위해 화면에서 'Scene9' 장면을 선택한 후 마우스 오른쪽 버튼을 클릭하면 나타나는 확장 메뉴 중에서 [Update]를 선택합니다.

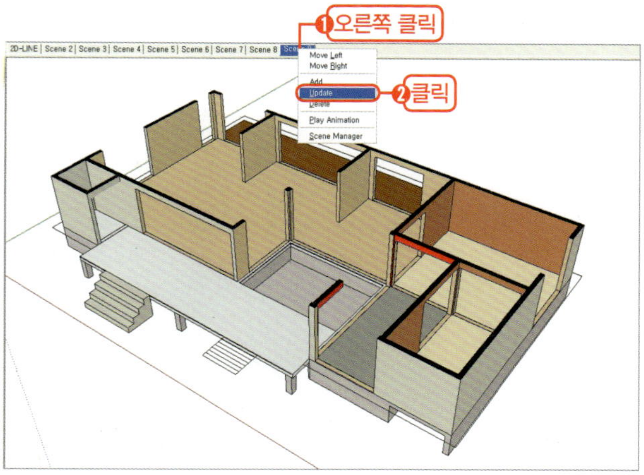

22 장면을 추가하기 위해 화면에서 'Scene9' 장면을 선택한 후 마우스 오른쪽 버튼을 클릭하면 나타나는 확장 메뉴 중에서 [Add]를 선택합니다. 레이어 창에서 'Layer0', '창문', '벽', '바닥', '계단', '건물 기둥', 'deck 기둥', 'deck' 레이어를 제외한 모든 레이어를 끄기 위해 [Visible] 버튼의 체크 표시를 해제합니다.

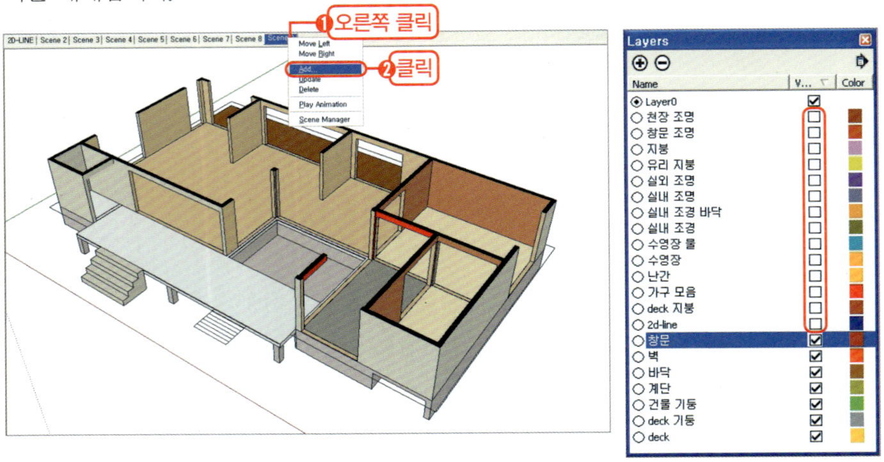

23 지금까지 작업한 장면을 저장하기 위해 화면에서 'Scene10' 장면을 선택한 후 마우스 오른쪽 버튼을 클릭하면 나타나는 확장 메뉴 중에서 [Update]를 선택합니다.

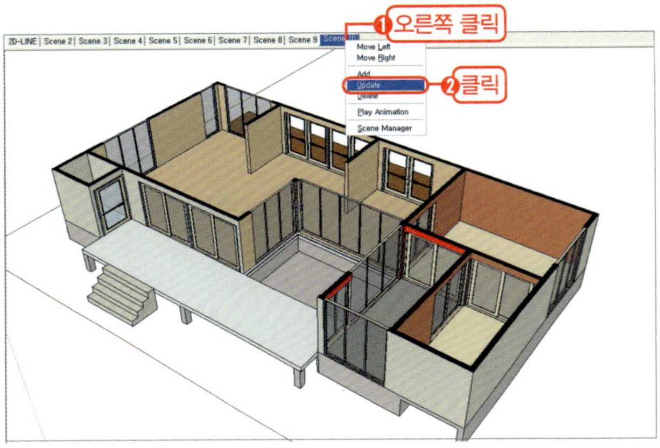

24 장면을 추가하기 위해 화면에서 'Scene10' 장면을 선택한 후 마우스 오른쪽 버튼을 클릭하면 나타나는 확장 메뉴 중에서 [Add]를 선택합니다. 레이어 창에서 'Layer0', '창문', '벽', '바닥', '난간', '계단', '건물 기둥', 'deck 기둥', 'deck' 레이어를 제외한 모든 레이어를 끄기 위해 [Visible] 버튼의 체크 표시를 해제합니다.

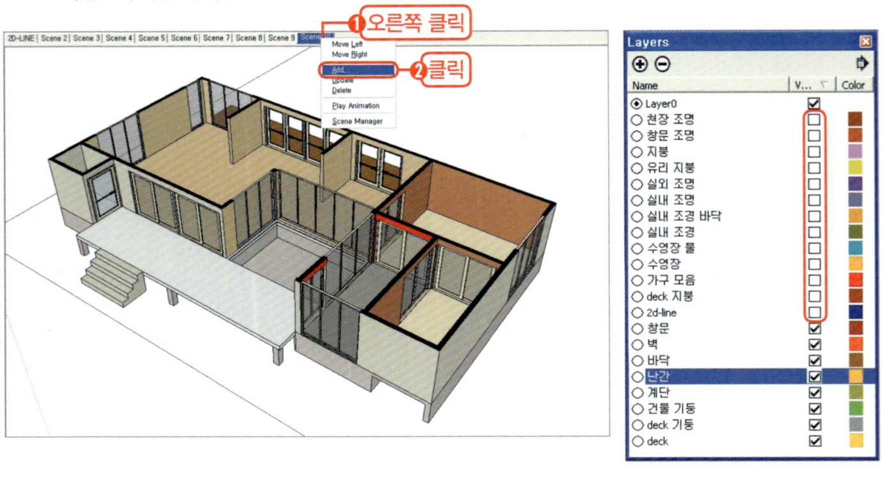

25 지금까지 작업한 장면을 저장하기 위해 화면에서 'Scene11' 장면을 선택한 후 마우스 오른쪽 버튼을 클릭하면 나타나는 확장 메뉴 중에서 [Update]를 선택합니다.

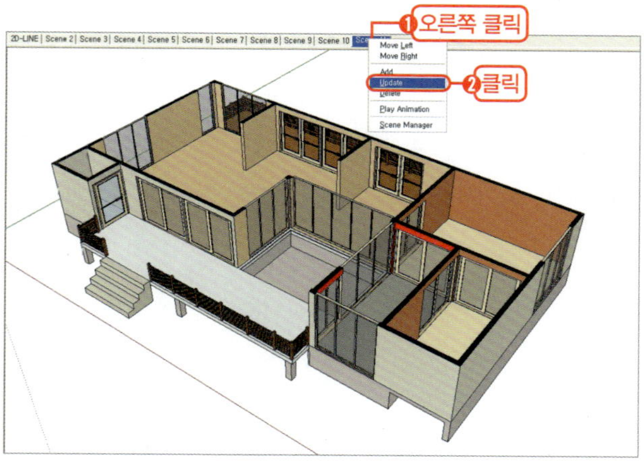

26 장면을 추가하기 위해 화면에서 'Scene11' 장면을 선택한 후 마우스 오른쪽 버튼을 클릭하면 나타나는 확장 메뉴 중에서 [Add]를 선택합니다. 레이어 창에서 'Layer0', '창문', '실내 조경 바닥', '수영장 물', '수영장', '벽', '바닥', '난간', '계단', '건물 기둥', 'deck 기둥', 'deck', 레이어를 제외한 모든 레이어를 끄기 위해 [Visible] 버튼의 체크 표시를 해제합니다.

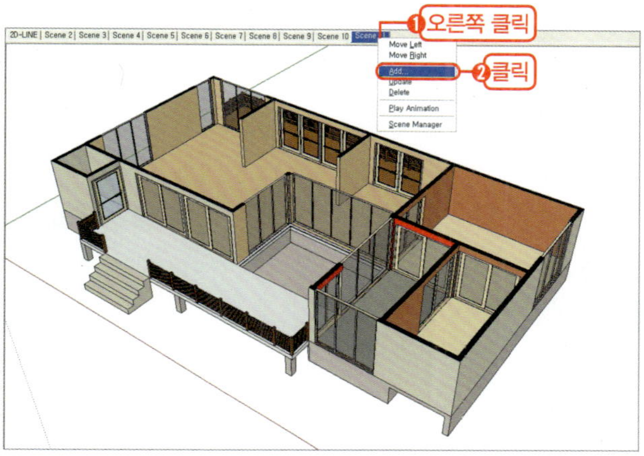

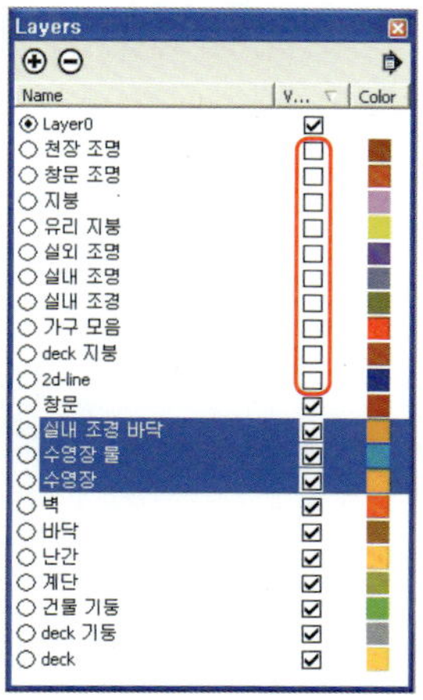

27 지금까지 작업한 장면을 저장하기 위해 화면에서 'Scene12' 장면을 선택한 후 마우스 오른쪽 버튼을 클릭하면 나타나는 확장 메뉴 중에서 [Update]를 선택합니다.

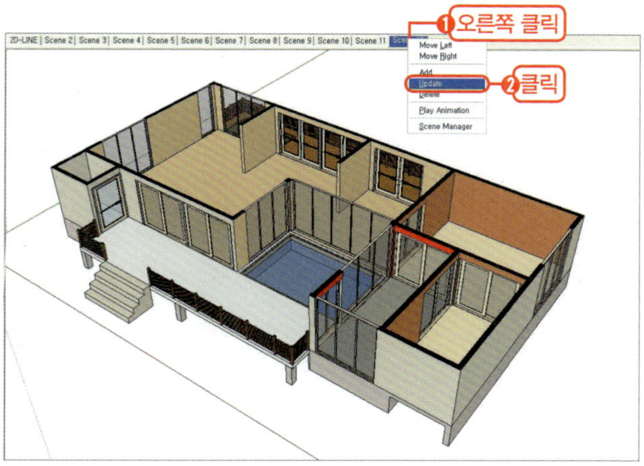

28 장면을 추가하기 위해 화면에서 'Scene12' 장면을 선택한 후 마우스 오른쪽 버튼을 클릭하면 나타나는 확장 메뉴 중에서 [Add]를 선택합니다. [Face Style] 도구에서 Shaded With Textures 툴( )을 선택합니다. 그러면 변경된 스타일을 확인할 수 있습니다.

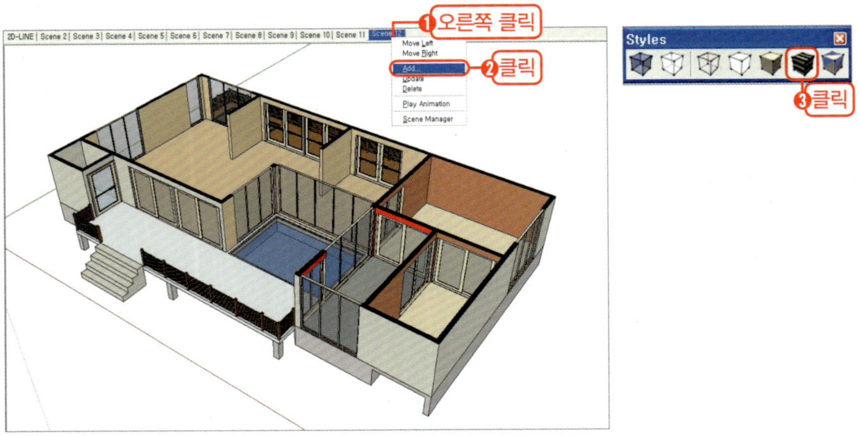

29 지금까지 작업한 장면을 저장하기 위해 화면에서 'Scene13' 장면을 선택한 후 마우스 오른쪽 버튼을 클릭하면 나타나는 확장 메뉴 중에서 [Update]를 선택합니다. [Warning–Scenes and Styles] 창이 나타나면 'Save as a new style' 옵션을 선택한 후 [Update Scene] 버튼을 클릭합니다.

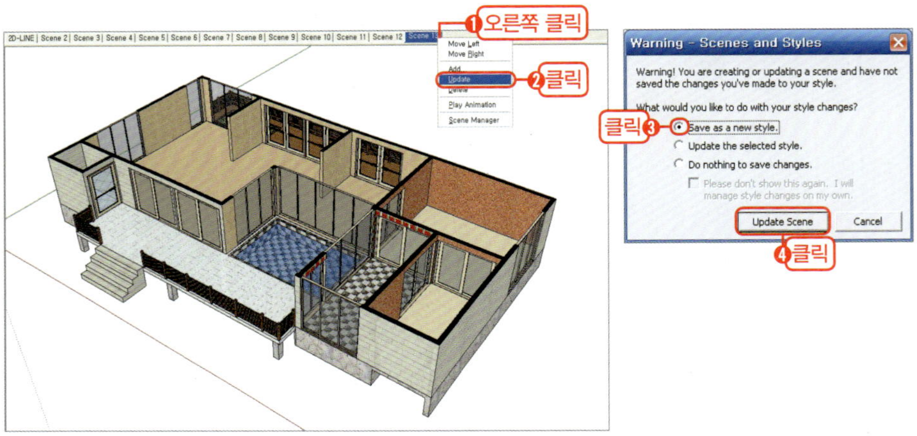

30 장면을 추가하기 위해 화면에서 'Scene13' 장면을 선택한 후 마우스 오른쪽 버튼을 클릭하면 나타나는 확장 메뉴 중에서 [Add]를 선택합니다. 레이어 창에서 'Layer0', '창문', '실외 조명', '실내 조명', '실내 조경 바닥', '수영장 물', '수영장', '벽', '바닥', '난간', '계단', '건물 기둥', 'deck 기둥', 'deck' 레이어를 제외한 모든 레이어를 끄기 위해 [Visible] 버튼의 체크 표시를 해제합니다.

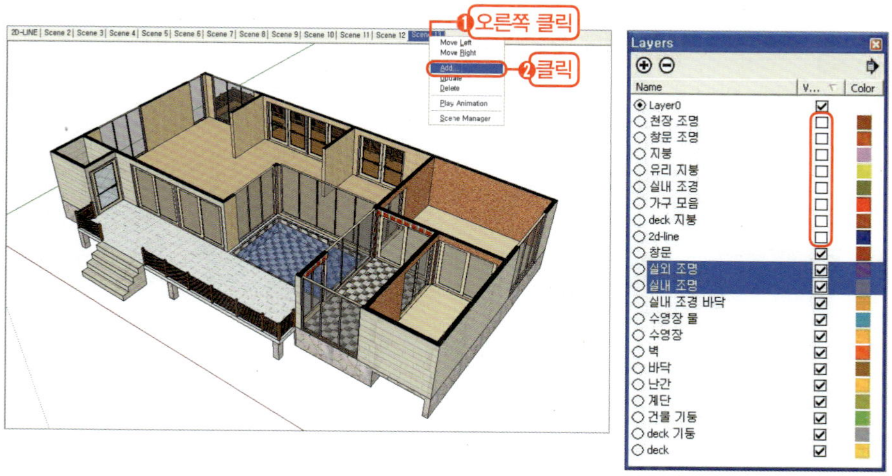

31 지금까지 작업한 장면을 저장하기 위해 화면에서 'Scene14' 장면을 선택한 후 마우스 오른쪽 버튼을 클릭하면 나타나는 확장 메뉴 중에서 [Update]를 선택합니다.

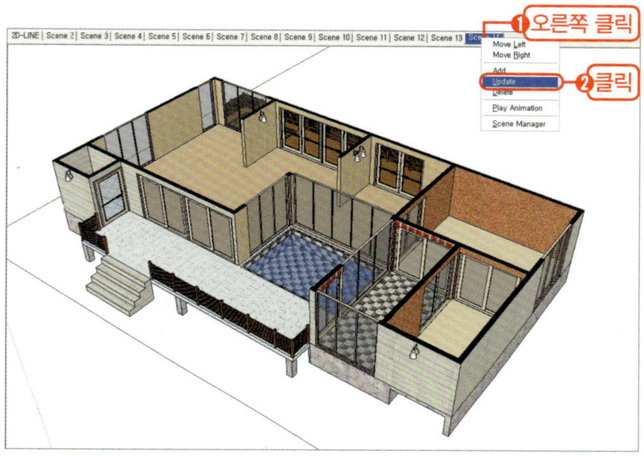

32 장면을 추가하기 위해 화면에서 'Scene14' 장면을 선택한 후 마우스 오른쪽 버튼을 클릭하면 나타나는 확장 메뉴 중에서 [Add]를 선택합니다. 레이어 창에서 'Layer0', '창문', '실외 조명', '실내 조명', '실내 조경 바닥', '수영장 물', '수영장', '벽', '바닥', '난간', '계단', '건물 기둥', '가구 모음', 'deck 기둥', 'deck' 레이어를 제외한 모든 레이어를 끄기 위해 [Visible] 버튼의 체크 표시를 해제합니다.

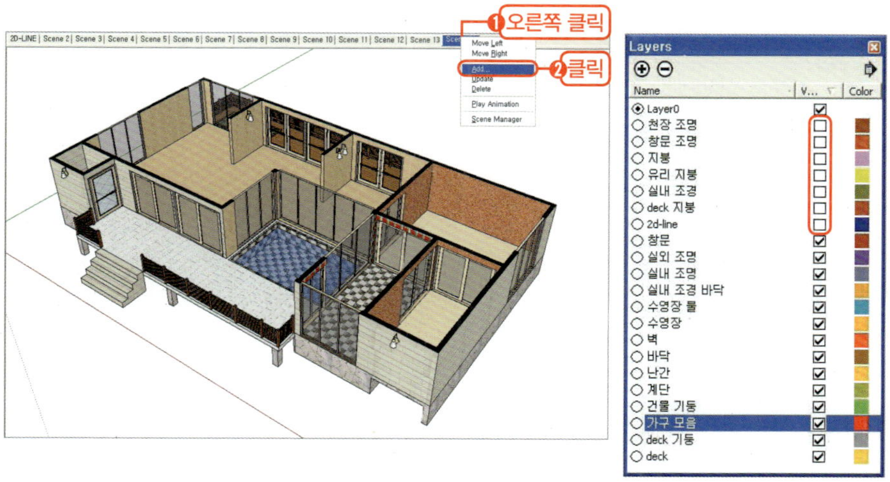

33 지금까지 작업한 장면을 저장하기 위해 화면에서 'Scene15' 장면을 선택한 후 마우스 오른쪽 버튼을 클릭하면 나타나는 확장 메뉴 중에서 [Update]를 선택합니다.

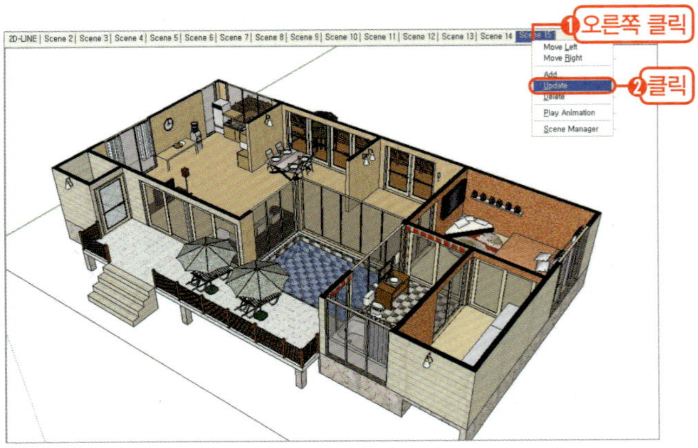

34 장면을 추가하기 위해 화면에서 'Scene15' 장면을 선택한 후 마우스 오른쪽 버튼을 클릭하면 나타나는 확장 메뉴 중에서 [Add]를 선택합니다. 레이어 창에서 'Layer0', '창문', '실외 조명', '실내 조명', '실내 조경 바닥', '실내 조경', '수영장 물', '수영장', '벽', '바닥', '난간', '계단', '건물 기둥', '가구 모음', 'deck 기둥', 'deck' 레이어를 제외한 모든 레이어를 끄기 위해 [Visible] 버튼의 체크 표시를 해제합니다.

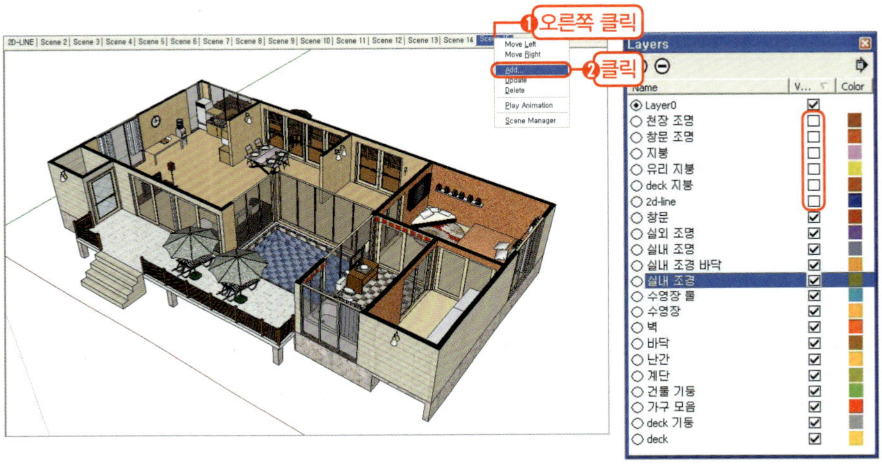

35 지금까지 작업한 장면을 저장하기 위해 화면에서 'Scene16' 장면을 선택한 후 마우스 오른쪽 버튼을 클릭하면 나타나는 확장 메뉴 중에서 [Update]를 선택합니다.

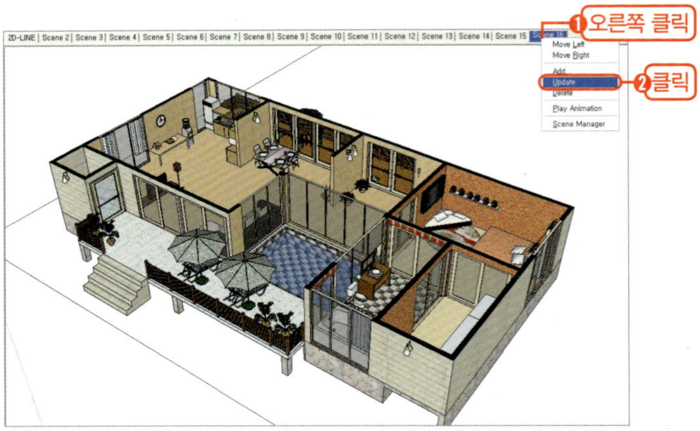

36 장면을 추가하기 위해 화면에서 'Scene16' 장면을 선택한 후 마우스 오른쪽 버튼을 클릭하면 나타나는 확장 메뉴 중에서 [Add]를 선택한 후 Top( ) 화면으로 이동합니다. 그리고 지금까지 작업한 장면을 저장하기 위해 화면에서 'Scene17' 장면을 선택한 후 마우스 오른쪽 버튼을 클릭하면 나타나는 확장 메뉴 중에서 [Update]를 선택합니다.

37 장면을 추가하기 위해 화면에서 'Scene17' 장면을 선택한 후 마우스 오른쪽 버튼을 클릭하면 나타나는 확장 메뉴 중에서 [Add]를 선택합니다. 아래 그림처럼 카메라 도구들을 이용해 화면을 설정합니다. 지금까지 작업한 장면을 저장하기 위해 화면에서 'Scene18' 장면을 선택한 후 마우스 오른쪽 버튼을 클릭하면 나타나는 확장 메뉴 중에서 [Update]를 선택합니다.

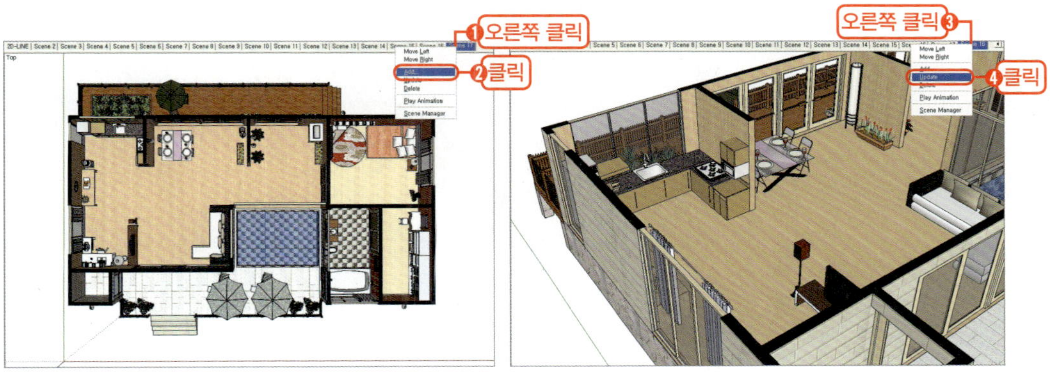

38 'Scene18' 장면을 선택한 후 마우스 오른쪽 버튼을 클릭하면 나타나는 확장 메뉴 중에서 [Add]를 선택합니다. 아래 그림처럼 카메라 도구들을 이용해 화면을 설정합니다. 화면에서 'Scene19' 장면을 선택한 후 마우스 오른쪽 버튼을 클릭하면 나타나는 확장 메뉴 중에서 [Update]를 선택합니다.

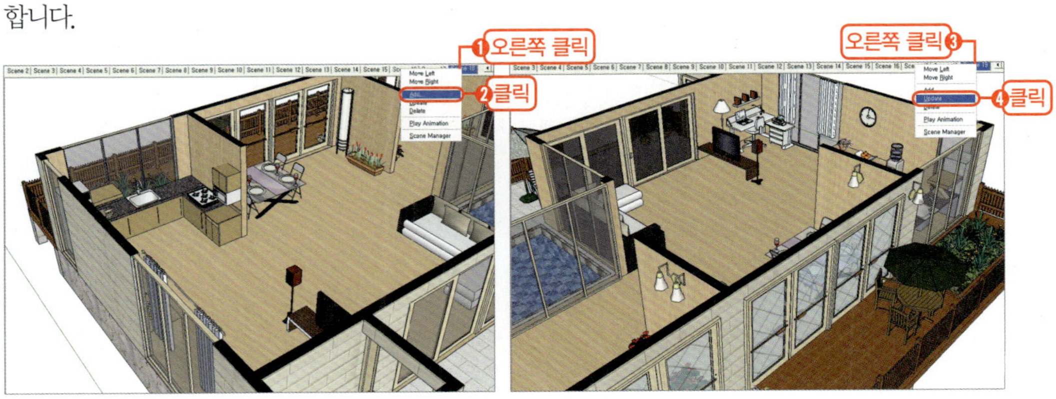

39 'Scene19' 장면을 선택한 후 마우스 오른쪽 버튼을 클릭하면 나타나는 확장 메뉴 중에서 [Add]를 선택합니다. 아래 그림처럼 카메라 도구들을 이용해 화면을 설정합니다. 'Scene20' 장면을 선택한 후 마우스 오른쪽 버튼을 클릭하면 나타나는 확장 메뉴 중에서 [Update]를 선택합니다.

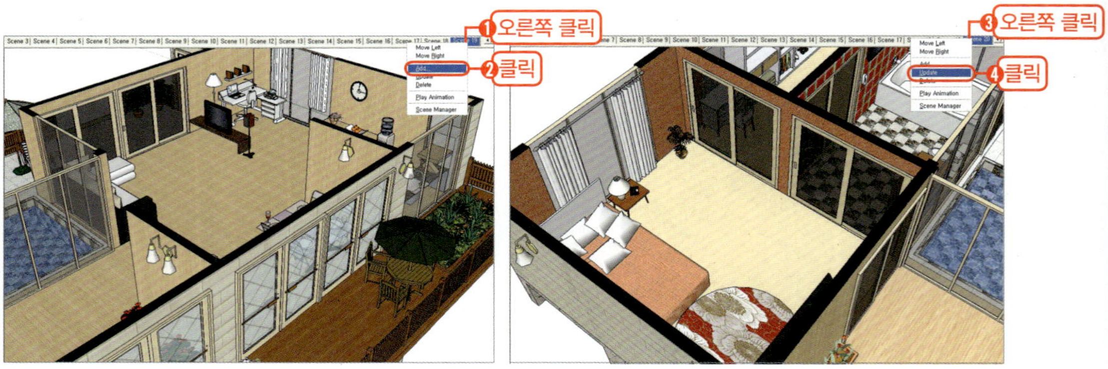

40 'Scene20' 장면을 선택한 후 마우스 오른쪽 버튼을 클릭하면 나타나는 확장 메뉴 중에서 [Add]를 선택합니다. 아래 그림처럼 카메라 도구들을 이용해 화면을 설정합니다. 'Scene21' 장면을 선택한 후 마우스 오른쪽 버튼을 클릭하면 나타나는 확장 메뉴 중에서 [Update]를 선택합니다.

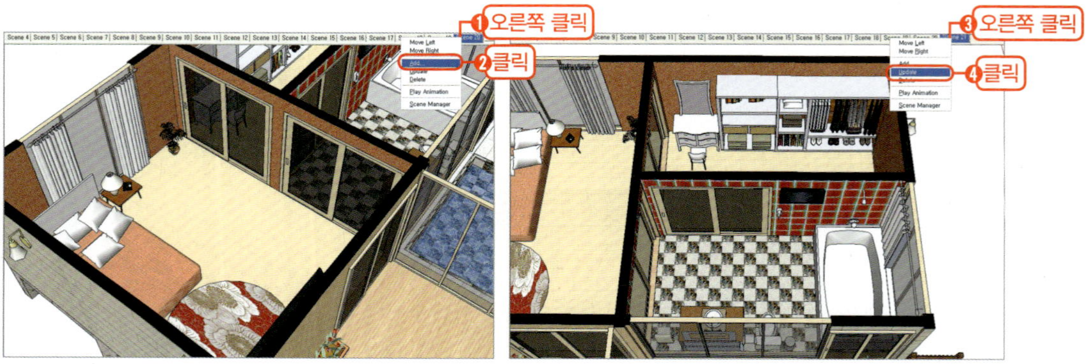

41 'Scene21' 장면을 선택한 후 마우스 오른쪽 버튼을 클릭하면 나타나는 확장 메뉴 중에서 [Add]를 선택합니다. 아래 그림처럼 카메라 도구들을 이용해 화면을 설정합니다. 'Scene22' 장면을 선택한 후 마우스 오른쪽 버튼을 클릭하면 나타나는 확장 메뉴 중에서 [Update]를 선택합니다.

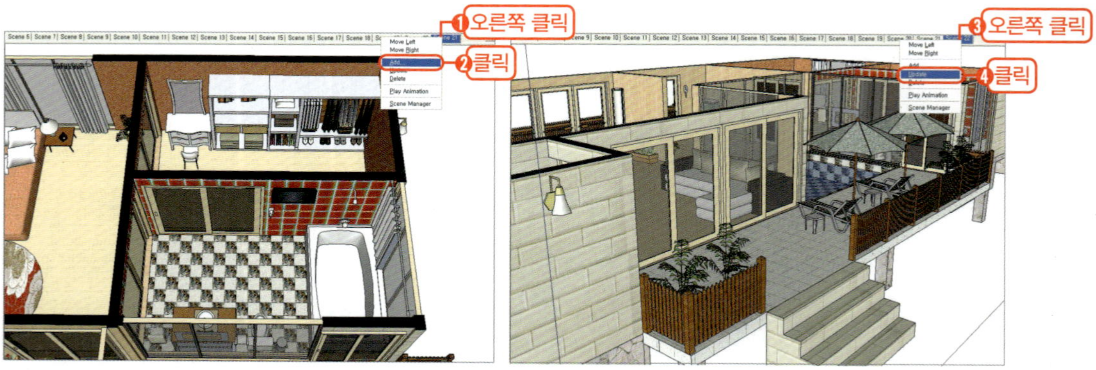

42 'Scene22' 장면을 선택한 후 마우스 오른쪽 버튼을 클릭하면 나타나는 확장 메뉴 중에서 [Add]를 선택합니다. 아래 그림처럼 카메라 도구들을 이용해 화면을 설정합니다. 'Scene23' 장면을 선택한 후 마우스 오른쪽 버튼을 클릭하면 나타나는 확장 메뉴 중에서 [Update]를 선택합니다.

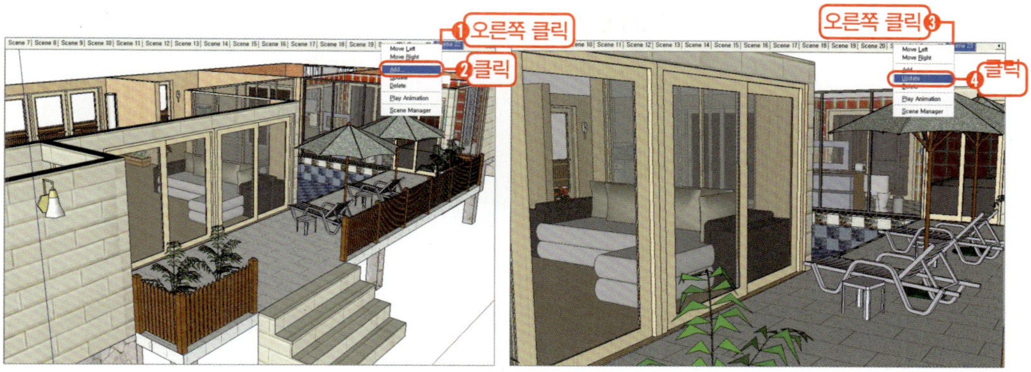

43 'Scene23' 장면을 선택한 후 마우스 오른쪽 버튼을 클릭하면 나타나는 확장 메뉴 중에서 [Add]를 선택합니다. 아래 그림처럼 카메라 도구들을 이용해 화면을 설정합니다. 'Scene24' 장면을 선택한 후 마우스 오른쪽 버튼을 클릭하면 나타나는 확장 메뉴 중에서 [Update]를 선택합니다.

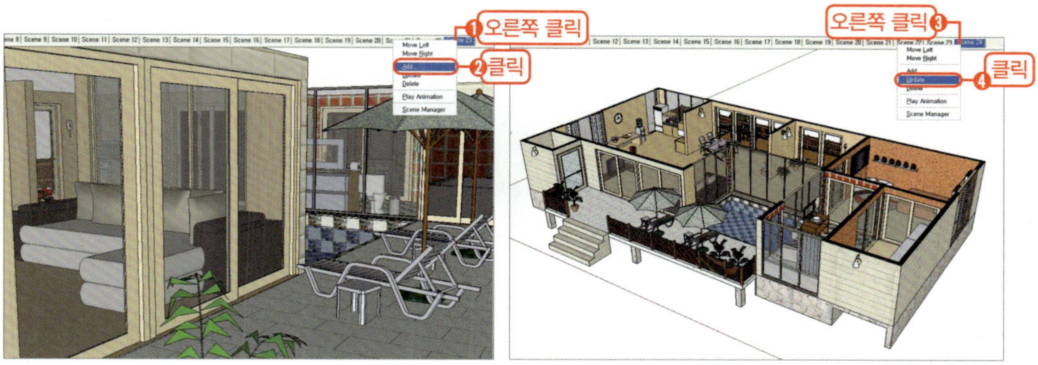

44 장면을 추가하기 위해 화면에서 'Scene24' 장면을 선택한 후 마우스 오른쪽 버튼을 클릭하면 나타나는 확장 메뉴 중에서 [Add]를 선택합니다. 다시 한 번 장면을 추가하기 위해 [Add]를 선택합니다. 레이어 창에서 '천장 조명', '창문 조명', '지붕' 레이어를 끄기 위해 [Visible] 버튼의 체크 표시를 해제합니다.

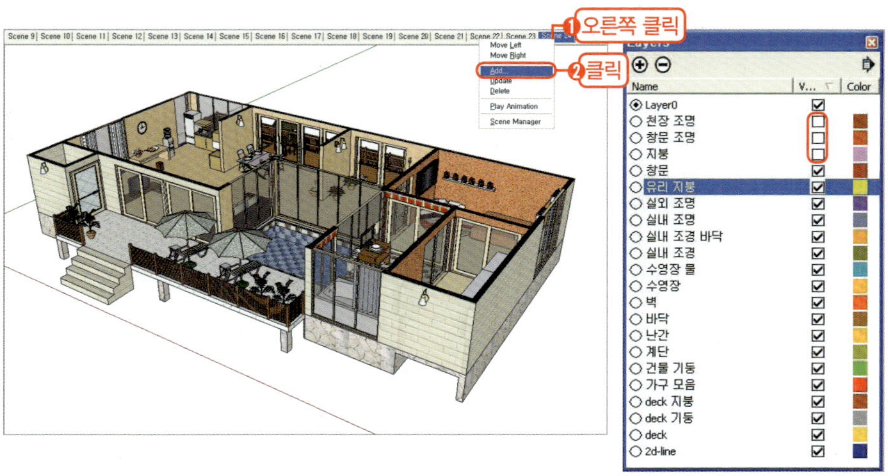

45 지금까지 작업한 장면을 저장하기 위해 화면에서 'Scene26' 장면을 선택한 후 마우스 오른쪽 버튼을 클릭하면 나타나는 확장 메뉴 중에서 [Update]를 선택합니다.

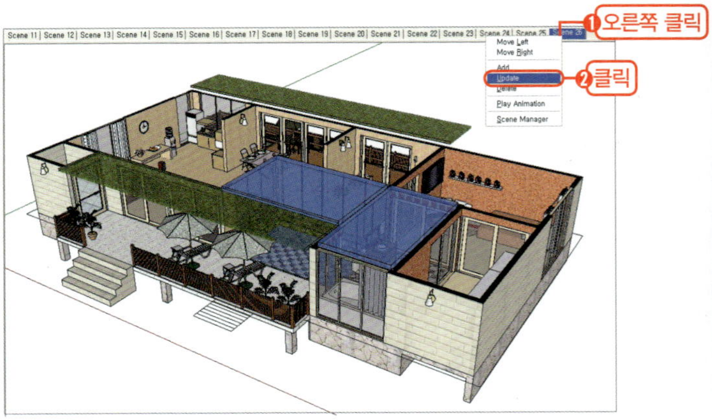

46 장면을 추가하기 위해 화면에서 'Scene26' 장면을 선택한 후 마우스 오른쪽 버튼을 클릭하면 나타나는 확장 메뉴 중에서 [Add]를 선택합니다. 레이어 창에서 '2d-line' 레이어를 제외한 모든 레이어를 켜기 위해 [Visible] 버튼을 클릭하여 체크 표시를 합니다.

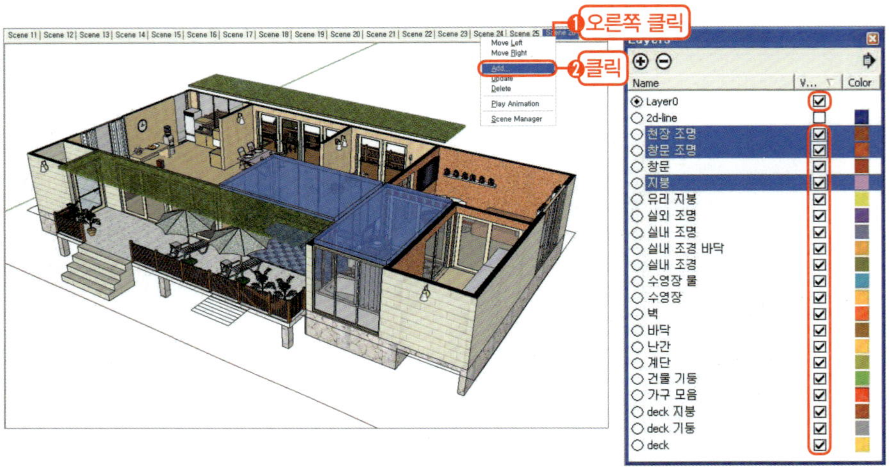

47 지금까지 작업한 장면을 저장하기 위해 화면에서 'Scene27' 장면을 선택한 후 마우스 오른쪽 버튼을 클릭하면 나타나는 확장 메뉴 중에서 [Update]를 선택합니다.

48 장면을 추가하기 위해 화면에서 'Scene27' 장면을 선택한 후 마우스 오른쪽 버튼을 클릭하면 나타나는 확장 메뉴 중에서 [Add]를 선택합니다.

49 [Styles] 창의 [Edit] 탭에서 배경 색상을 지정하여 변경된 스타일을 볼 수 있습니다. 지금까지 작업한 장면을 저장하기 위해 화면에서 'Scene28' 장면을 선택한 후 마우스 오른쪽 버튼을 클릭하면 나타나는 확장 메뉴 중에서 [Update]를 선택합니다.

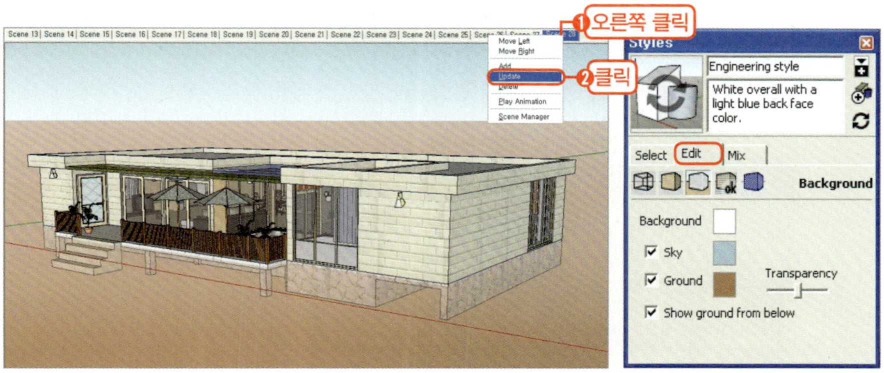

50 [Warning–Scenes and Styles] 창이 나타나면 'Save as a new style' 옵션을 선택한 후 [Update Scene] 버튼을 클릭합니다.

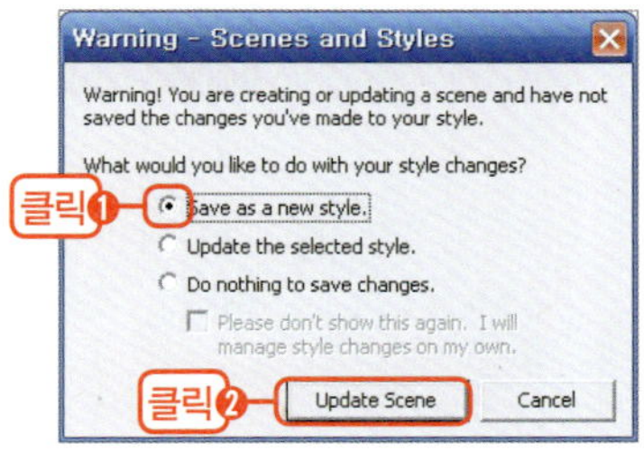

51 장면을 추가하기 위해 화면에서 'Scene28' 장면을 선택한 후 마우스 오른쪽 버튼을 클릭하면 나타나는 확장 메뉴 중에서 [Add]를 선택합니다. 단면 툴(⊕)로 그림처럼 정면에서 벽면을 클릭합니다.

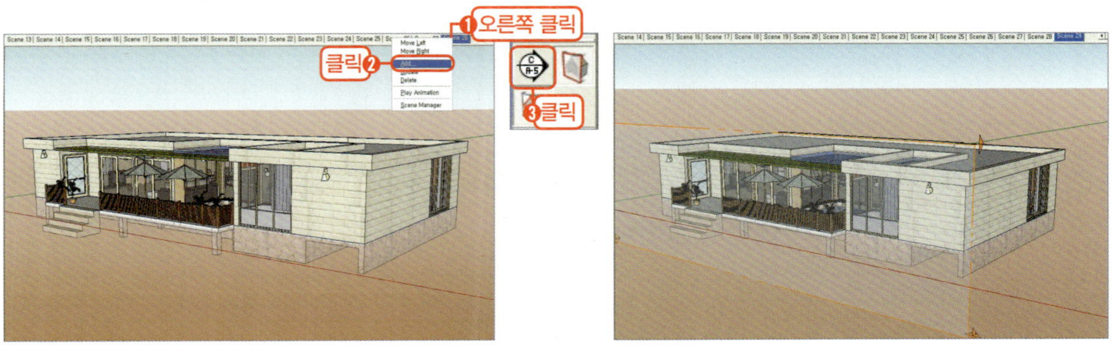

52 이동 툴( )로 절단면을 건물 중간까지 이동하면 내부를 볼 수 있습니다. 현재 화면을 Front( ) 화면으로 이동합니다. 지금까지 작업한 장면을 저장하기 위해 화면에서 'Scene29' 장면을 선택한 후 마우스 오른쪽 버튼을 클릭하면 나타나는 확장 메뉴 중에서 [Update]를 선택합니다.

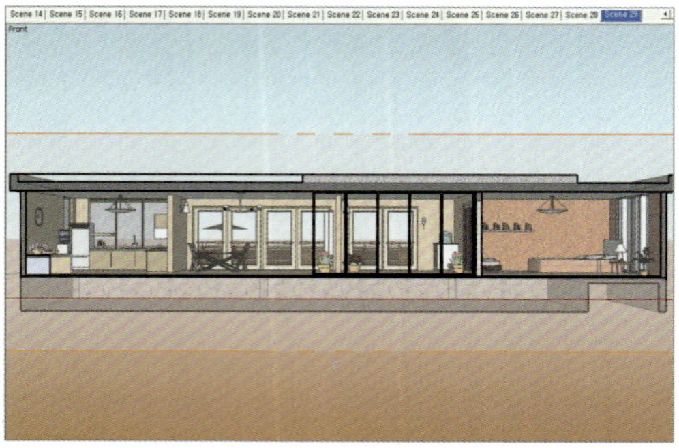

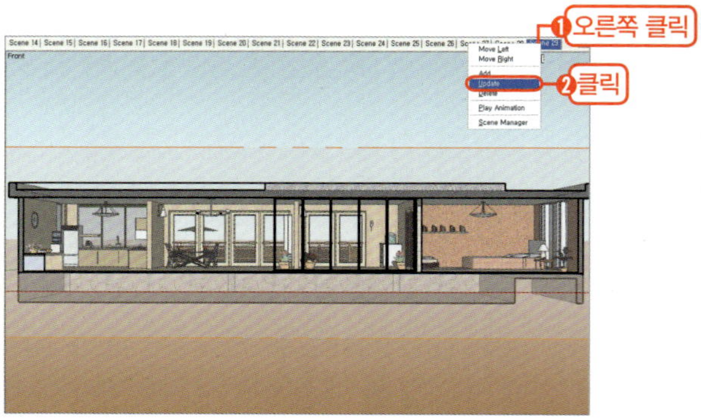

53 장면을 추가하기 위해 화면에서 'Scene29' 장면을 선택한 후 마우스 오른쪽 버튼을 클릭하면 나타나는 확장 메뉴 중에서 [Add]를 선택합니다. 지금까지 작업한 장면을 저장하기 위해 화면에서 'Scene30' 장면을 선택한 후 마우스 오른쪽 버튼을 클릭하면 나타나는 확장 메뉴 중에서 [Update]를 선택합니다.

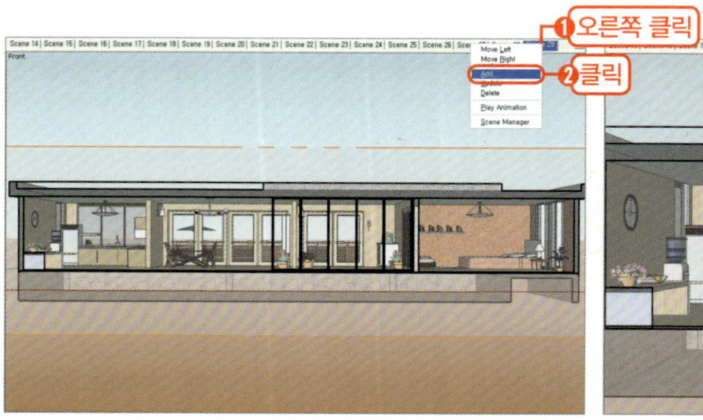

54 장면을 추가하기 위해 화면에서 'Scene30' 장면을 선택한 후 마우스 오른쪽 버튼을 클릭하면 나타나는 확장 메뉴 중에서 [Add]를 선택합니다. 지금까지 작업한 장면을 저장하기 위해 화면에서 'Scene31' 장면을 선택한 후 마우스 오른쪽 버튼을 클릭하면 나타나는 확장 메뉴 중에서 [Update]를 선택합니다.

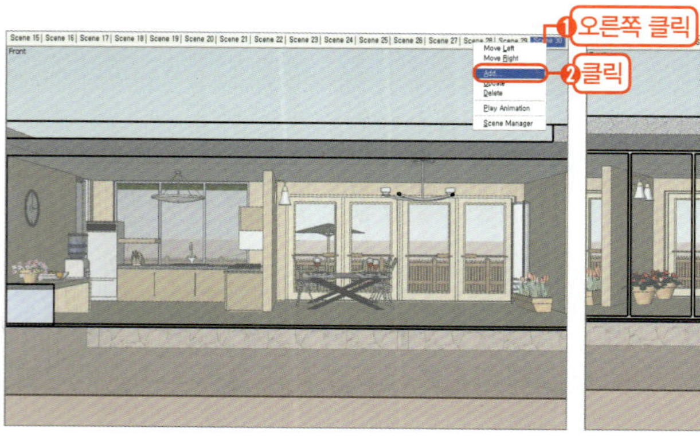

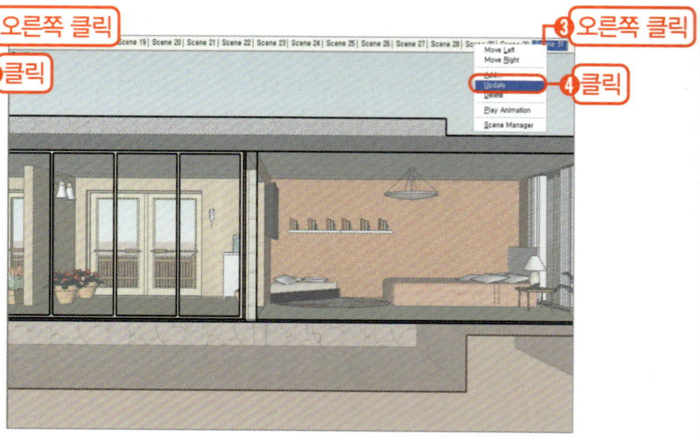

55 장면을 추가하기 위해 화면에서 'Scene31' 장면을 선택한 후 마우스 오른쪽 버튼을 클릭하면 나타나는 확장 메뉴 중에서 [Add]를 선택합니다. 단면 툴(⊕)로 건물 측면의 벽면에서 클릭합니다.

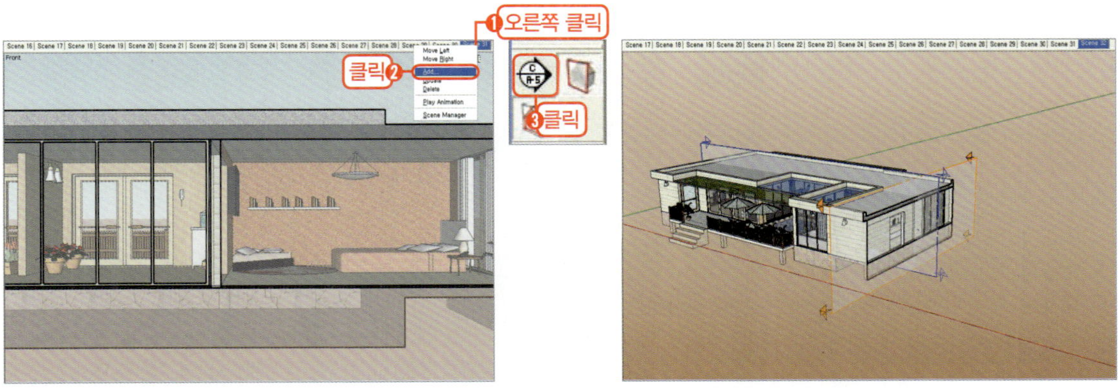

56 절단면은 이동 툴(✥)과 회전 툴(↻)로 다음 그림처럼 회전한 후 이동시키면 단면 내부를 볼 수 있습니다.

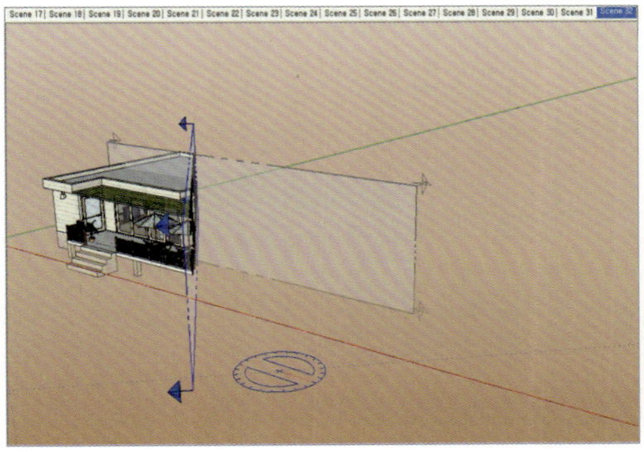

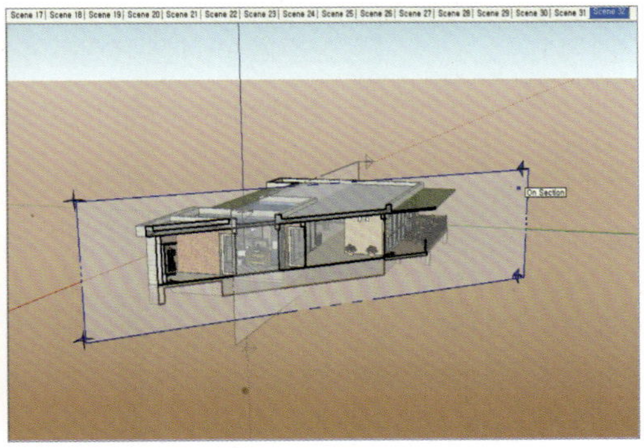

57 지금까지 작업한 장면을 저장하기 위해 화면에서 'Scene32' 장면을 선택한 후 마우스 오른쪽 버튼을 클릭하면 나타나는 확장 메뉴 중에서 [Update]를 선택합니다.

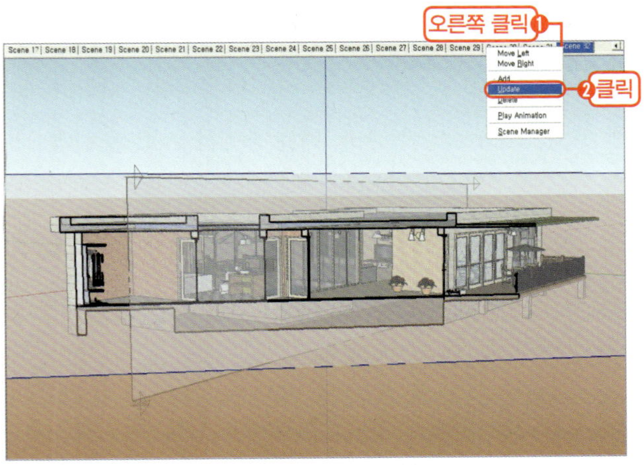

58 장면을 추가하기 위해 화면에서 'Scene32' 장면을 선택한 후 마우스 오른쪽 버튼을 클릭하면 나타나는 확장 메뉴 중에서 [Add]를 선택합니다. 지금까지 작업한 장면을 저장하기 위해 화면에서 'Scene33' 장면을 선택한 후 마우스 오른쪽 버튼을 클릭하면 나타나는 확장 메뉴 중에서 [Update]를 선택합니다.

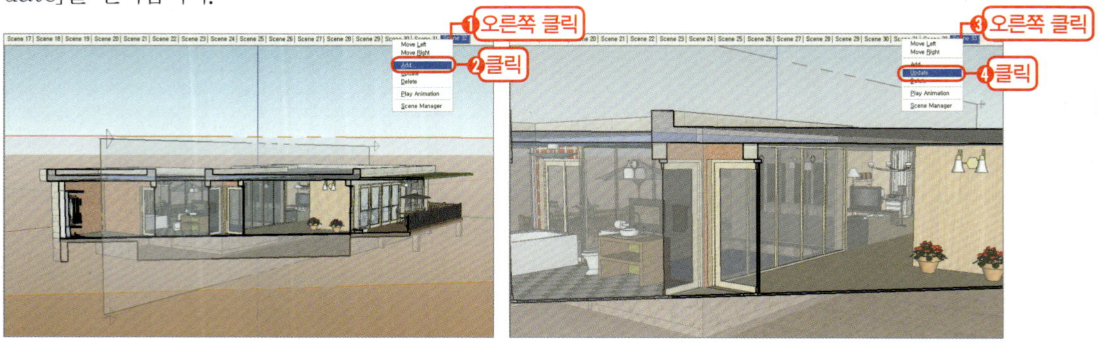

59 장면을 추가하기 위해 화면에서 'Scene33' 장면을 선택한 후 마우스 오른쪽 버튼을 클릭하면 나타나는 확장 메뉴 중에서 [Add]를 선택합니다.

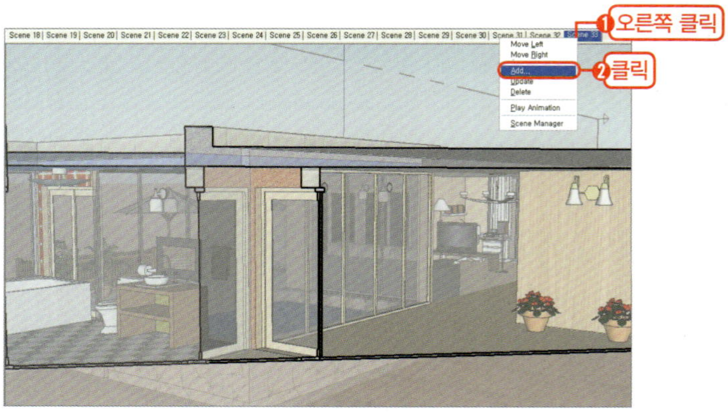

60 장면을 추가하기 위해 화면에서 'Scene28' 장면을 선택한 후 마우스 오른쪽 버튼을 클릭하면 나타나는 확장 메뉴 중에서 [Add]를 선택합니다.

61 장면을 이동하기 위해 화면에서 'Scene35' 장면을 선택한 후 마우스 오른쪽 버튼을 클릭하면 나타나는 확장 메뉴 중에서 [Move Right]를 선택합니다.

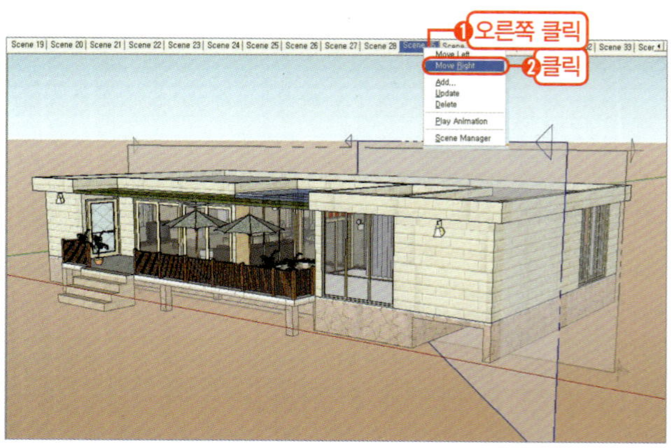

62 61번 작업을 반복하여 'Scene35' 장면을 맨 끝까지 이동시킵니다. 그러면 단면 작업으로 실행되다가 다시 전체 건물로 자연스럽게 전환되는 과정을 볼 수 있습니다.

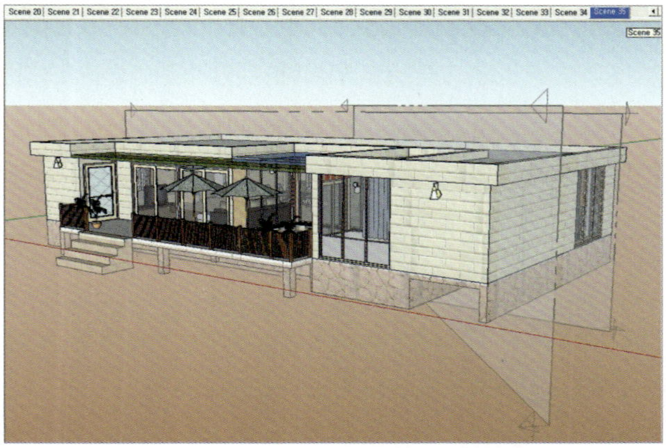

63 장면을 추가하기 위해 화면에서 'Scene35' 장면을 선택한 후 마우스 오른쪽 버튼을 클릭하면 나타나는 확장 메뉴 중에서 [Add]를 선택합니다.

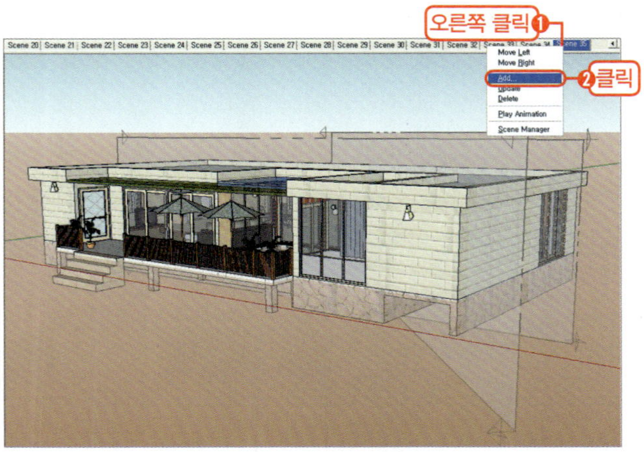

64 Top(▣) 화면으로 이동합니다. 지금까지 작업한 장면을 저장하기 위해 화면에서 'Scene36' 장면을 선택한 후 마우스 오른쪽 버튼을 클릭하면 나타나는 확장 메뉴 중에서 [Update]를 선택합니다.

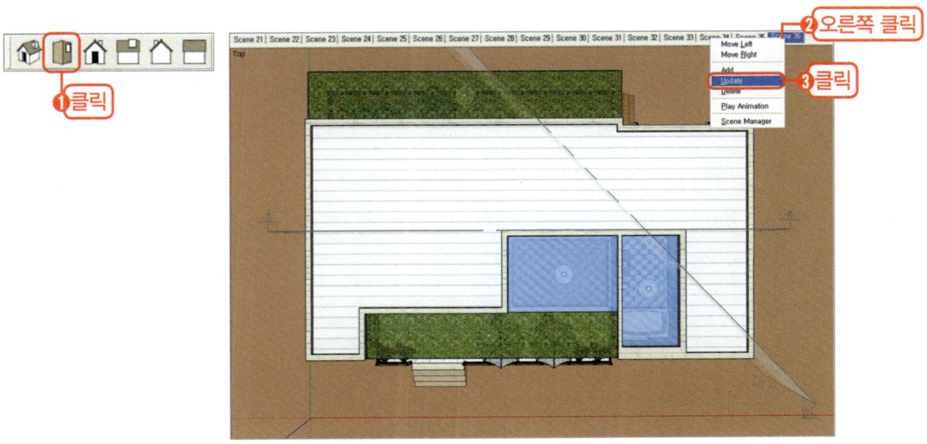

65 레이어 창에서 [레이어 추가] 버튼(⊕)을 클릭하여 새로운 레이어를 추가합니다. 레이어 이름을 'SECTION'으로 변경하고 레이어 이름 옆의 [스위치] 버튼(◉)을 클릭한 후 선택합니다.

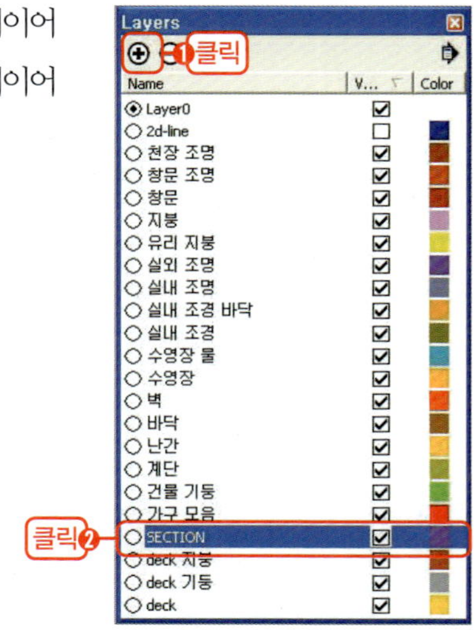

66 화면에서 'Scene36' 장면을 선택합니다. 그런 다음, 단면 두 개를 선택하고 마우스 오른쪽 버튼을 클릭하면 나타나는 확장 메뉴 중에서 [Entity Info]를 선택합니다. [Entity Info] 창에서 'SECTION' 레이어를 선택하면 레이어가 변경된 것을 알 수 있습니다.

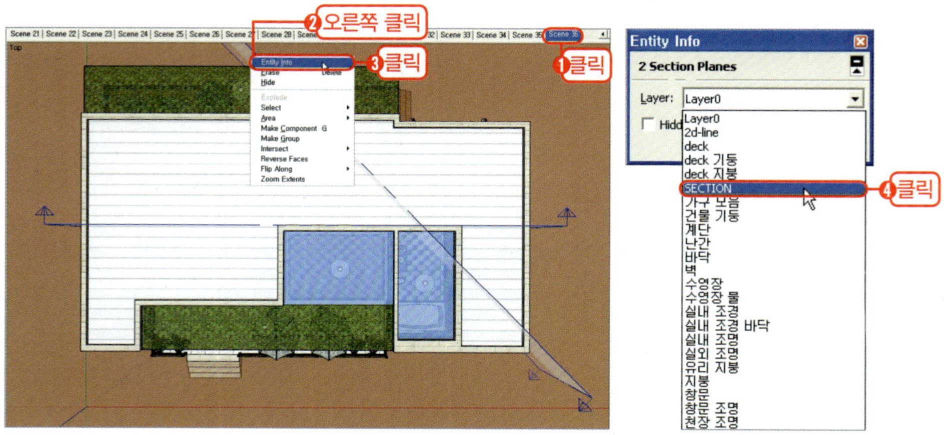

67 화면에서 '2D-LINE' 장면을 선택합니다. 레이어 창에서 'SECTION' 레이어를 끄기 위해 [Visible] 버튼의 체크 표시를 해제합니다. 그러면 동영상을 실행할 때 단면선이 나타나지 않습니다.

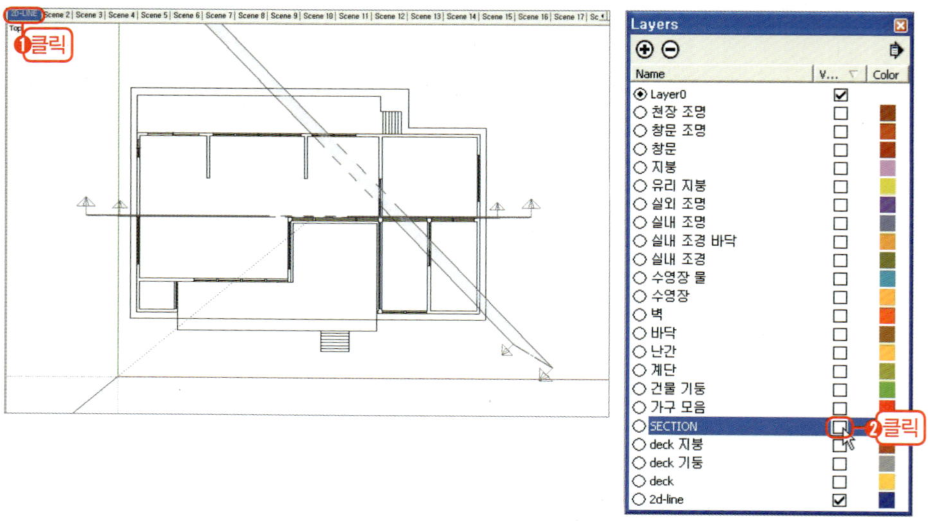

68 지금까지 작업한 장면을 저장하기 위해 화면에서 '2D-LINE' 장면을 선택한 후 마우스 오른쪽 버튼을 클릭하면 나타나는 확장 메뉴 중에서 [Update]를 선택합니다. 67번의 작업을 반복하여 모든 장면을 작업합니다. 그런 다음, 각 장면에 있는 'SECTION' 레이어를 끄기 위해 [Visible] 버튼의 체크 표시를 해제합니다.

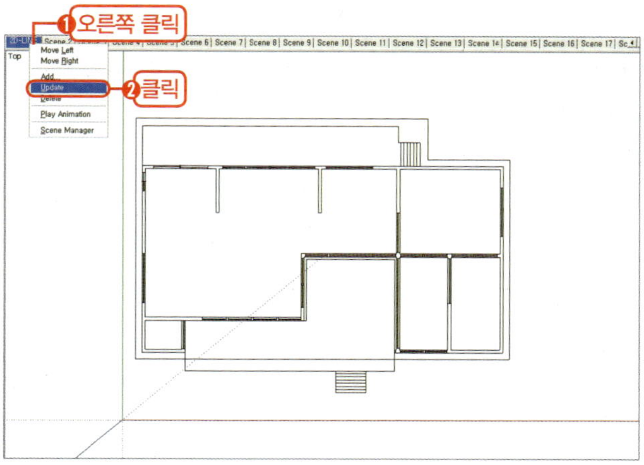

▲ 메뉴 [Window]–[Scene]

69 메뉴에서 [Window]–[Model Info]를 선택합니다. [Animation] 항목에서 'Enable scene transitions'에 체크 표시를 한 후 'Scene Transitions(화면 전환 시간)'은 1초, 'Scene Delay(각 장면에서 정지하는 시간)'은 0.5초를 설정합니다.

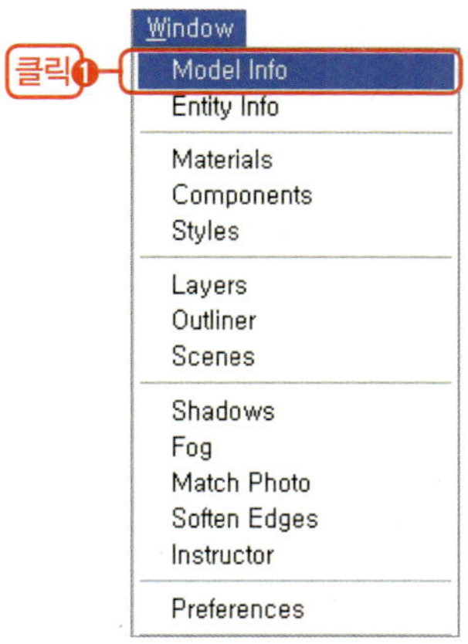

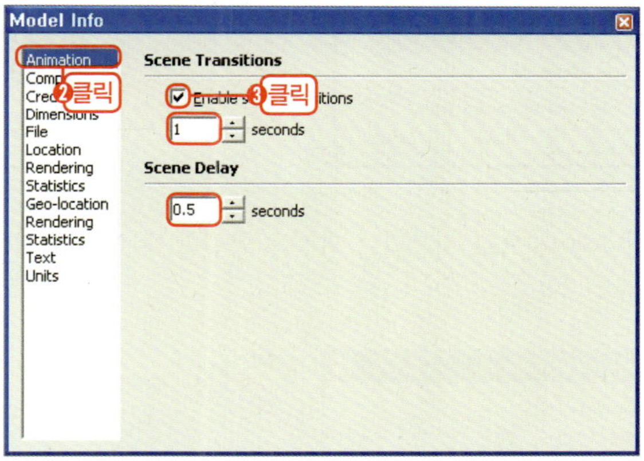

70 애니메이션(Animation)을 저장하기 위해 메뉴에서 [File]–[Export]–[Animation]을 선택합니다. [Export Animation] 대화상자에서 [Options] 버튼을 클릭합니다. 그런 다음, [Animation Export Options] 대화상자에서 'Width'는 '640', 'Height'는 '480', 'Frame Rate'는 '12'로 설정합니다.

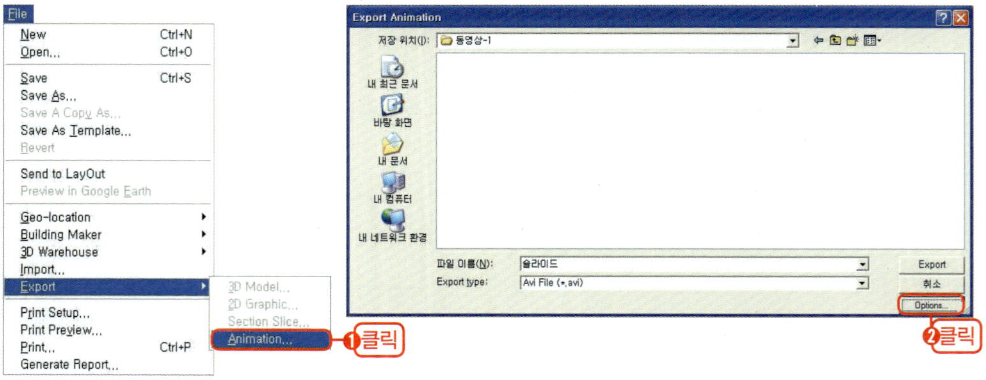

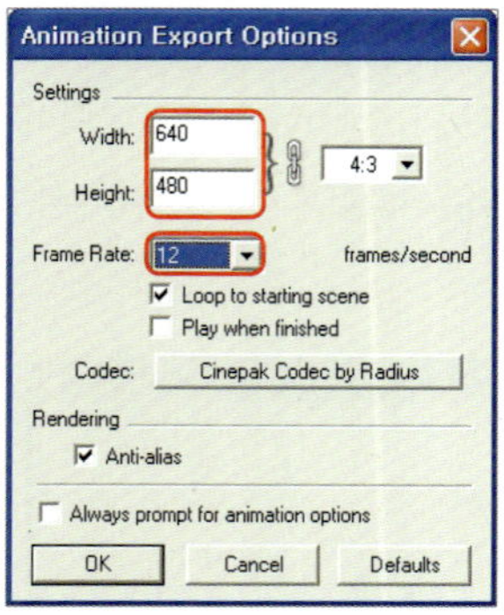

71 애니메이션으로 저장되는 과정을 확인할 수 있습니다. 작업이 종료된 후 저장된 동영상을 확인합니다.

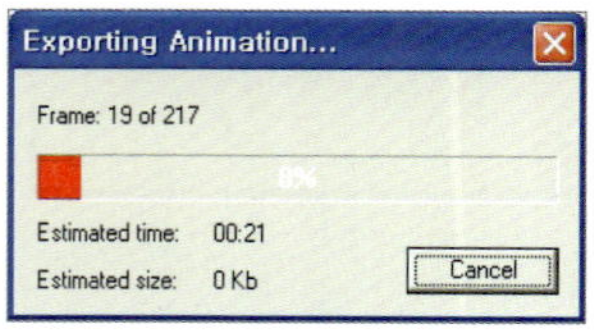

● 완성 파일 I 부록 CD\Sample\Part 04\완성\슬라이드.avi

02. 동선에 따라 움직이는 실내/실외 공간 동영상 만들기

주택의 실내 공간을 구경해 보겠습니다. Walkthrough Tools로 정문을 통해 집안으로 들어가 방과 욕실, 거실, 주방 등을 구경해 보겠습니다. 그리고 집안 주변에 있는 정원을 돌아다니면서 주택 내부도 살펴보겠습니다.

● 예제 파일 | 부록 CD\Sample\Part 04\예제\동영상[주택]-sample.skp

01 메뉴에서 [Window]-[Styles]를 선택합니다. [Styles] 창의 [Edit] 탭에서 원하는 항목에 체크 표시를 하면 변경된 스타일을 볼 수 있습니다.

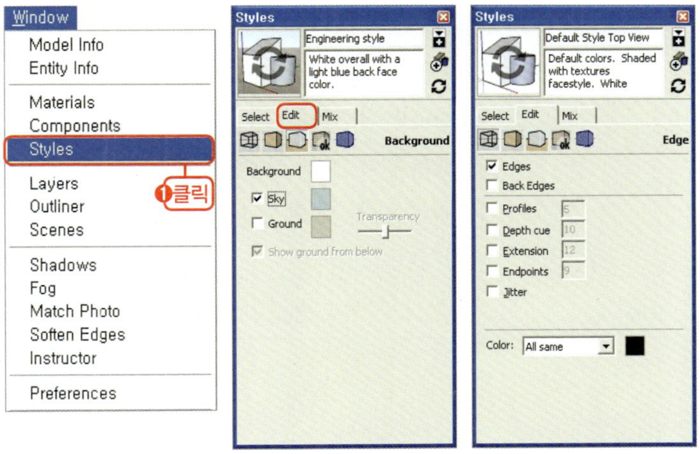

02 그림자를 표현하기 위해 메뉴에서 [Window]-[Shadows]를 선택합니다. [Shadows Settings] 창에서 [세팅] 버튼()을 클릭한 후 Time 및 Date 값을 변경하고 Light와 Dark의 수치를 조절하면서 가장 보기 좋은 그림자로 설정합니다.

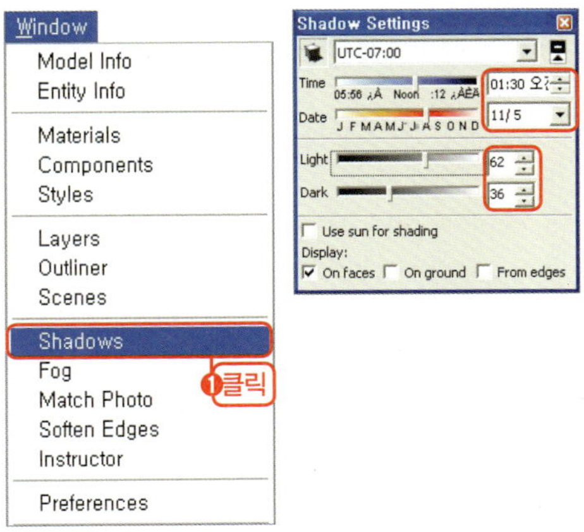

03 메뉴에서 [Window]–[Scenes]를 선택합니다. [Scenes] 창에서 [Add(⊕)] 버튼을 클릭하여 장면을 추가합니다.

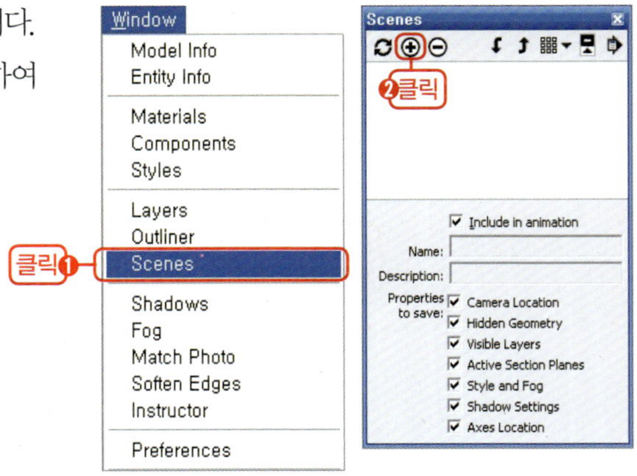

04 [Warning–Scenes and Styles] 창이 나타나면 'Save as a new style' 옵션을 선택한 후 [Update Scene] 버튼을 클릭합니다. 'Scene1'이 추가된 것을 확인할 수 있습니다.

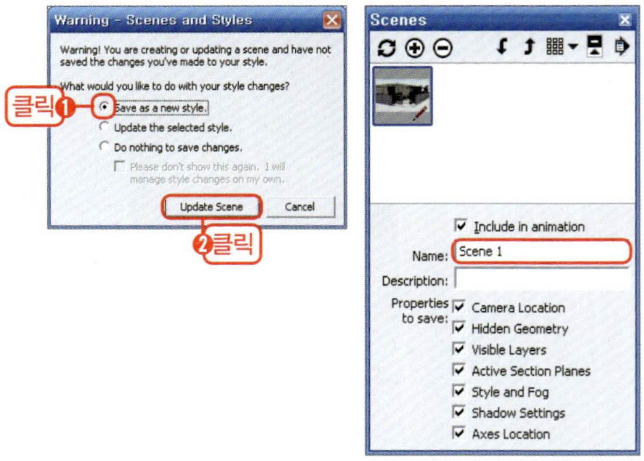

05 장면을 추가하기 위해 화면에서 'Scene1' 장면을 선택한 후 마우스 오른쪽 버튼을 클릭하면 나타나는 확장 메뉴 중에서 [Add]를 선택합니다.

06 포지션 카메라 도구()를 선택한 후 주택 정문 앞의 도로 바닥을 클릭합니다.

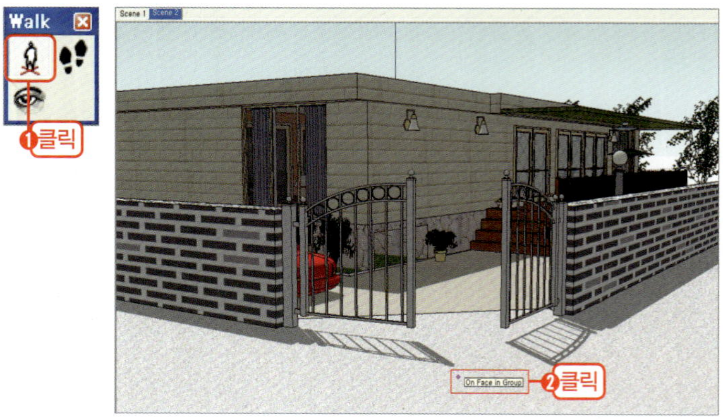

07 06의 작업에서 카메라의 위치(시점)를 조절하기 위해 화면 하단에 있는 입력란에 시점의 높이 값 '526'을 입력하고 Enter↵를 누릅니다. 시점의 높이는 임의대로 설정할 수 있습니다.

08 지금까지 작업한 장면을 저장하기 위해 화면에서 'Scene 2' 장면을 선택한 후 마우스 오른쪽 버튼을 클릭하면 나타나는 확장 메뉴 중에서 [Update]를 선택합니다.

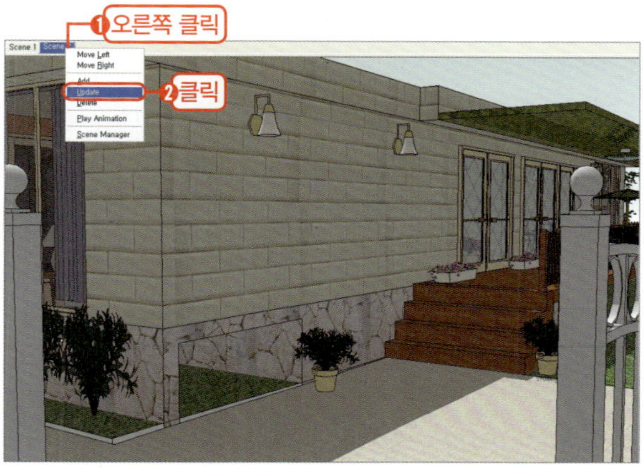

09 장면을 추가하기 위해 화면에서 'Scene2' 장면을 선택한 후 마우스 오른쪽 버튼을 클릭하면 나타나는 확장 메뉴 중에서 [Add]를 선택합니다.

10 Alt를 누른 채 워크 도구(👣)로 드래그하면서 주택 안으로 걸어 들어갑니다.

Tip

- 한 번에 너무 많이 걸어 가다 보면 나중에 동영상으로 저장할 때 그 부분이 잘리는 경우가 있습니다. 따라서 조금씩 걸어가면서 장면을 저장해야 합니다. 장면이 많이 생기겠지만 이렇게 해야만 사용자가 원하는 동영상을 실행할 수 있습니다.
- Shift 를 누른 채 커서를 위아래로 움직이면 앞뒤로 이동할 수 있습니다. 볼거리가 많은 넓은 필드 모델을 살펴볼 때 바람직합니다.
- Control : 달리는 것처럼 빠르게 화면을 전환할 수 있습니다.
- Alt : 충돌을 피하기 위해 벽을 이용하여 걸을 수 있습니다.

11 지금까지 작업한 장면을 저장하기 위해 화면에서 'Scene3' 장면을 선택한 후 마우스 오른쪽 버튼을 클릭하면 나타나는 확장 메뉴 중에서 [Update]를 선택합니다.

12 장면을 추가하기 위해 화면에서 'Scene3' 장면을 선택한 후 마우스 오른쪽 버튼을 클릭하면 나타나는 확장 메뉴 중에서 [Add]를 선택합니다.

13 Alt 를 누른 채 워크 도구( )로 드래그하면서 주택 안으로 걸어 들어갑니다. 지금까지 작업한 장면을 저장하기 위해 화면에서 'Scene4' 장면을 선택한 후 마우스 오른쪽 버튼을 클릭하면 나타나는 확장 메뉴 중에서 [Update]를 선택합니다.

14 장면을 추가하기 위해 화면에서 'Scene4' 장면을 선택한 후 마우스 오른쪽 버튼을 클릭하면 나타나는 확장 메뉴 중에서 [Add]를 선택합니다.

15 실내로 들어가기 전 그림자를 해제하기 위해 메뉴에서 [View]–[Shadows]를 선택합니다.

16 'Scene5' 장면을 선택한 후 Alt를 누른 채 워크 도구( )로 드래그하여 실내로 걸어 들어갑니다.

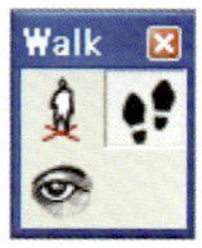

17 지금까지 작업한 장면을 저장하기 위해 화면에서 'Scene5' 장면을 선택한 후 마우스 오른쪽 버튼을 클릭하면 나타나는 확장 메뉴 중에서 [Update]를 선택합니다.

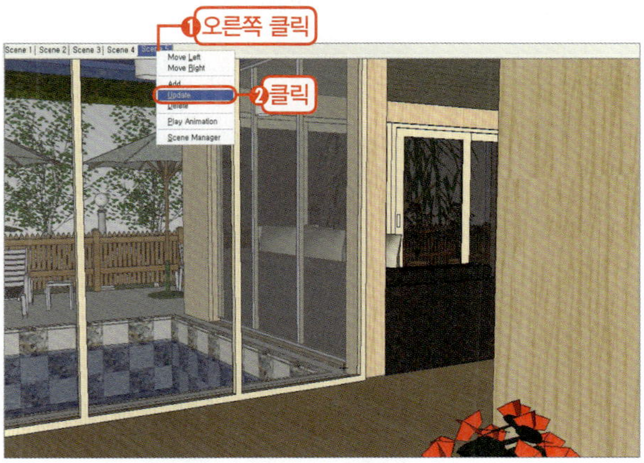

18 장면을 추가하기 위해 화면에서 'Scene5' 장면을 선택한 후 마우스 오른쪽 버튼을 클릭하면 나타나는 확장 메뉴 중에서 [Add]를 선택합니다.

19 'Scene6' 장면을 선택한 후 Alt를 누른 채 워크 도구(👣)로 드래그하면서 실내로 걸어 들어갑니다. 그런 다음, 지금까지 작업한 장면을 저장하기 위해 마우스 오른쪽 버튼을 클릭하면 나타나는 확장 메뉴 중에서 [Update]를 선택합니다.

20 19에서 20까지의 작업을 반복하면서 사용자가 원하는 대로 실내 공간의 화면을 조절하며 전환합니다.

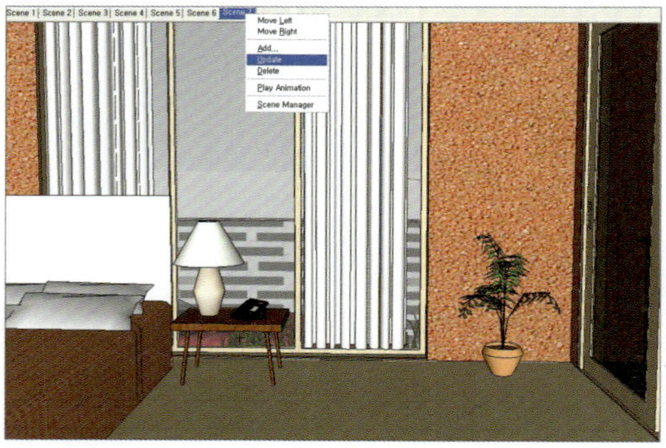

▲ Scene7

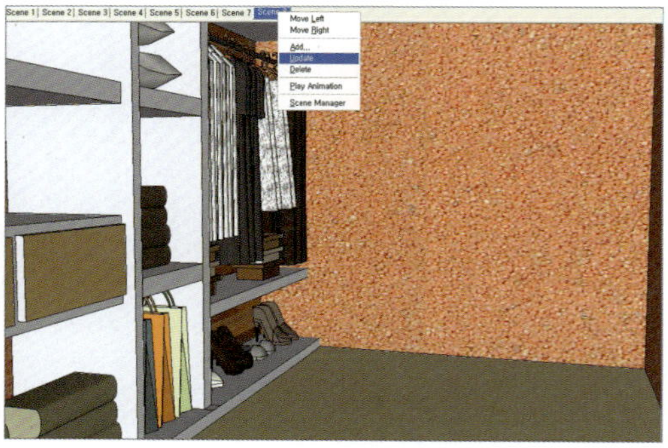

▲ Scene8

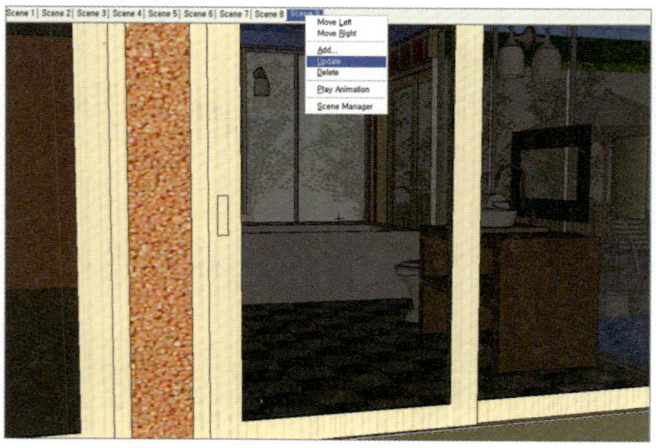

▲ Scene9

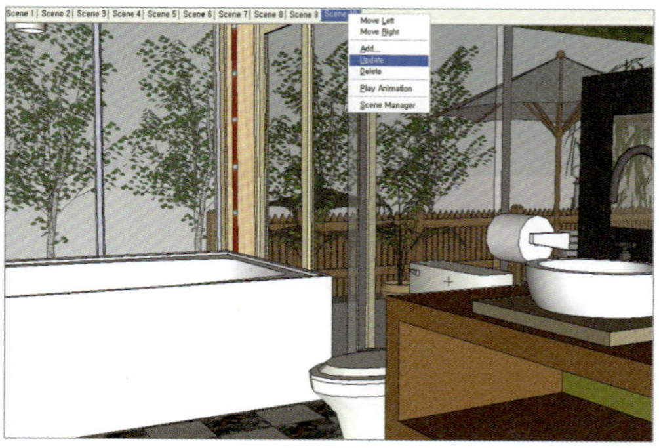

▲ Scene10

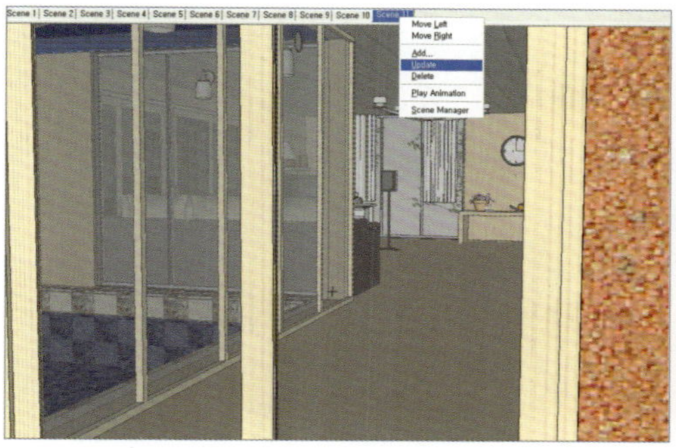

▲ Scene11

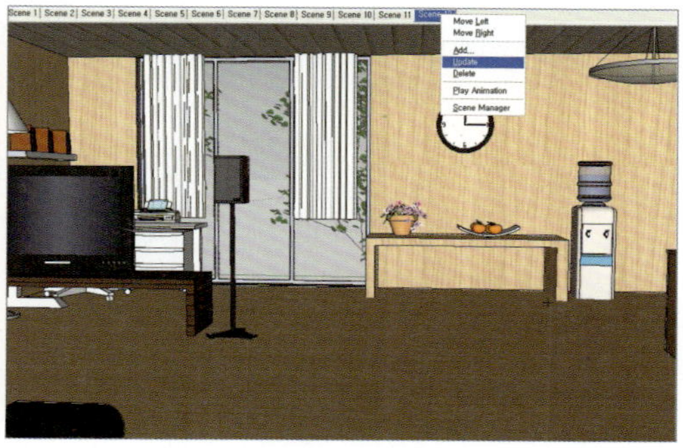

▲ Scene12

▲ Scene13

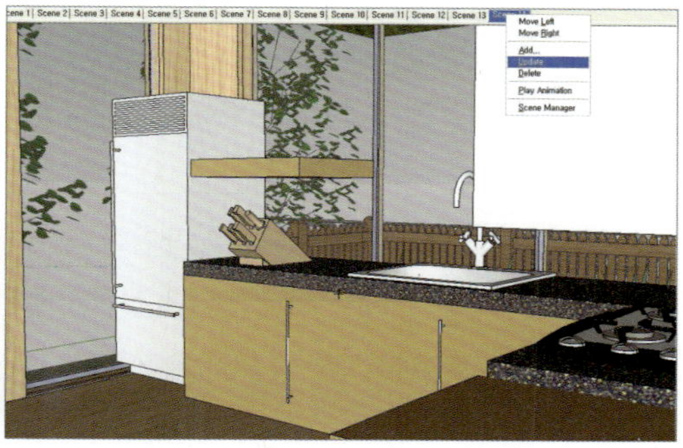

▲ Scene14

▲ Scene15

▲ Scene16

▲ Scene17

▲ Scene18

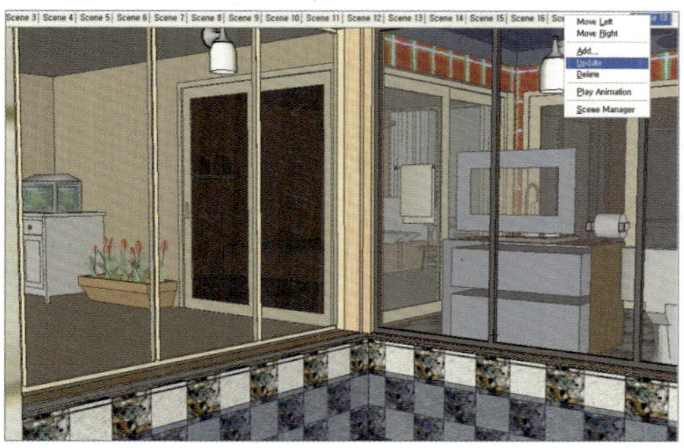

◀ Scene19

21 장면을 추가하기 위해 화면에서 'Scene19' 장면을 선택한 후 마우스 오른쪽 버튼을 클릭하면 나타나는 확장 메뉴 중에서 [Add]를 선택합니다.

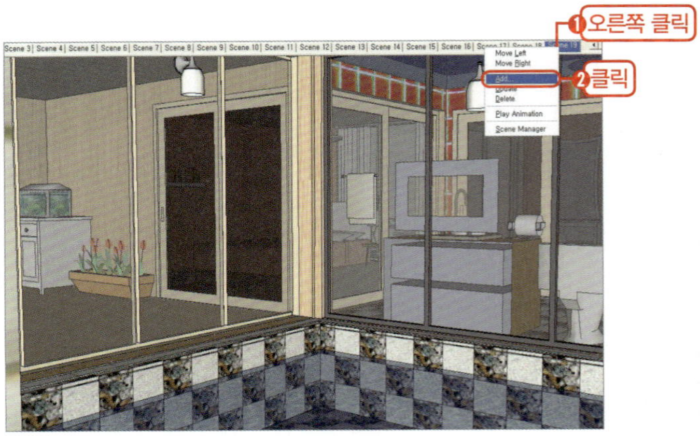

22 Orbit 툴(🔄)과 확대축소 줌 툴(🔍)로 화면의 시점을 이동시킵니다. 지금까지 작업한 장면을 저장하기 위해 'Scene20' 장면을 선택한 후 마우스 오른쪽 버튼을 클릭하면 나타나는 확장 메뉴 중에서 [Update]를 선택합니다.

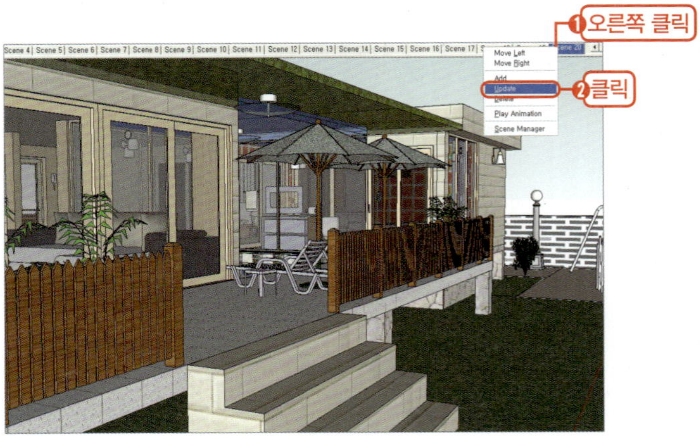

23 장면을 추가하기 위해 화면에서 'Scene20' 장면을 선택한 후 마우스 오른쪽 버튼을 클릭하면 나타나는 확장 메뉴 중에서 [Add]를 선택합니다.

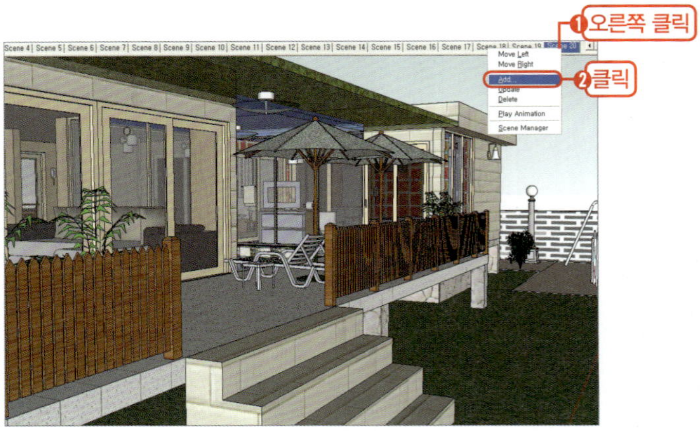

24 Alt를 누른 채 워크 도구(👣)로 드래그하여 정원 주위를 걸어 다닙니다. 그리고 지금까지 작업한 장면을 저장하기 위해 'Scene21' 장면을 선택한 후 마우스 오른쪽 버튼을 클릭하면 나타나는 확장 메뉴 중에서 [Update]를 선택합니다.

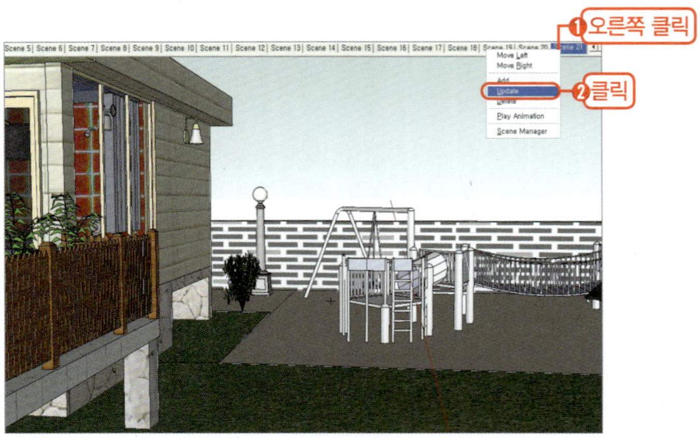

25 장면을 추가하기 위해 화면에서 'Scene21' 장면을 선택한 후 마우스 오른쪽 버튼을 클릭하면 나타나는 확장 메뉴 중에서 [Add]를 선택합니다.

26 Alt를 누른 채 워크 도구( )로 드래그하여 정원 주위를 걸어 다닙니다. 그리고 지금까지 작업한 장면을 저장하기 위해 'Scene22' 장면을 선택한 후 마우스 오른쪽 버튼을 클릭하면 나타나는 확장 메뉴 중에서 [Update]를 선택합니다.

27 장면을 추가하기 위해 화면에서 'Scene22' 장면을 선택한 후 마우스 오른쪽 버튼을 클릭하면 나타나는 확장 메뉴 중에서 [Add]를 선택합니다.

28 Alt를 누른 채 워크 도구( )로 드래그하여 정원 주위를 걸어 다닙니다. 그리고 지금까지 작업한 장면을 저장하기 위해 'Scene23' 장면을 선택한 후 마우스 오른쪽 버튼을 클릭하면 나타나는 확장 메뉴 중에서 [Update]를 선택합니다.

29 28에서 29까지의 작업을 반복하면서 사용자가 원하는 대로 실내 공간의 화면을 조절하며 전환합니다.

▲ Scene24

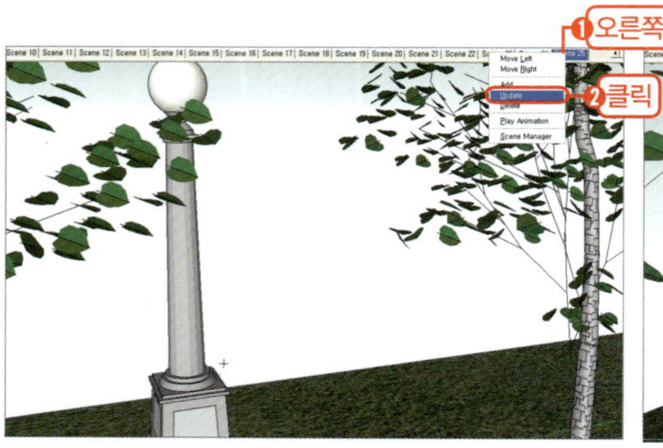

▲ Scene25

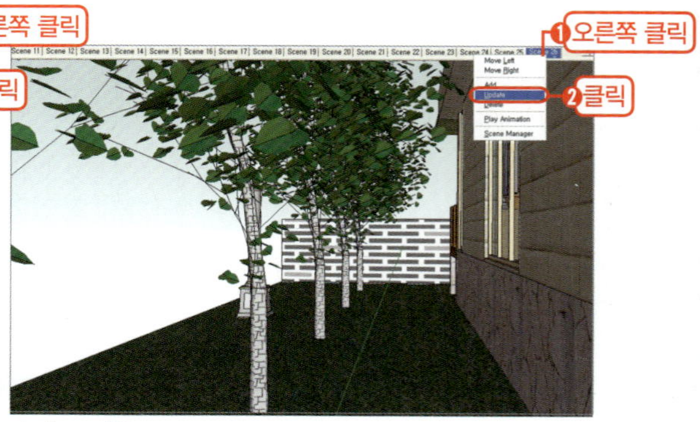

▲ Scene26

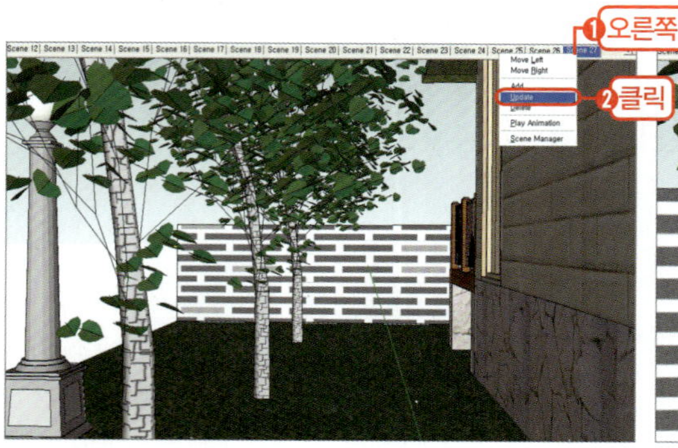

▲ Scene27

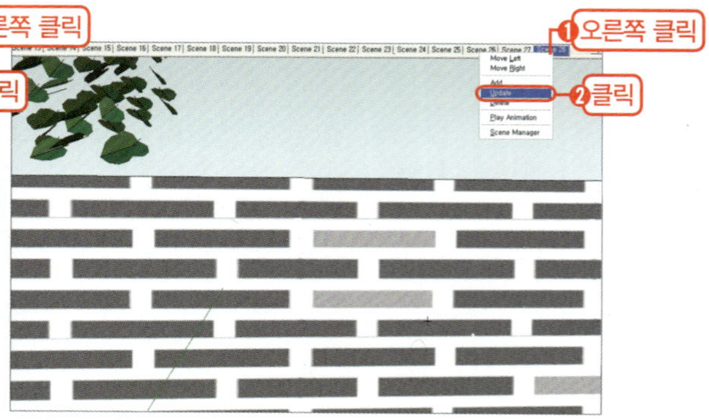

▲ Scene28

▲ Scene29

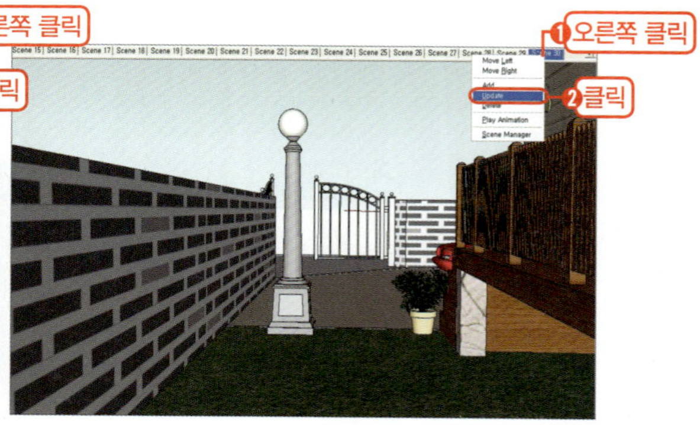

▲ Scene30

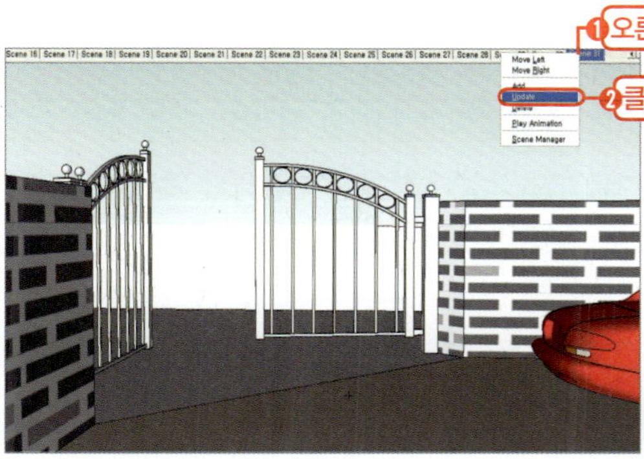

▲ Scene31

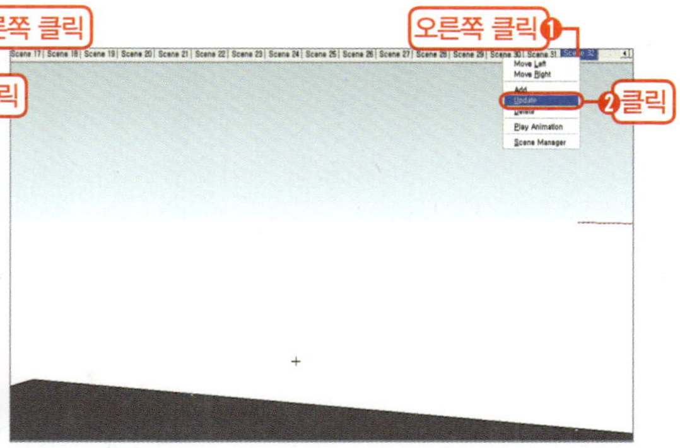

▲ Scene32

30 장면을 추가하기 위해 화면에서 'Scene32' 장면을 선택한 후 마우스 오른쪽 버튼을 클릭하면 나타나는 확장 메뉴 중에서 [Add]를 선택합니다.

31 Top( ) 화면으로 이동합니다. 지금까지 작업한 장면을 저장하기 위해 'Scene33' 장면을 선택한 후 마우스 오른쪽 버튼을 클릭하면 나타나는 확장 메뉴 중에서 [Update]를 선택합니다.

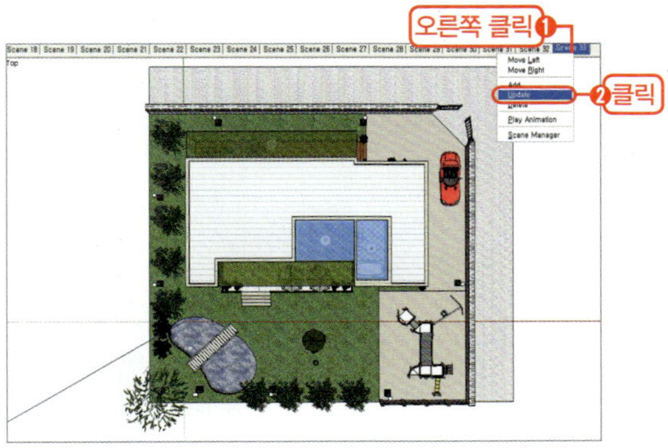

32 장면을 추가하기 위해 화면에서 'Scene33' 장면을 선택한 후 마우스 오른쪽 버튼을 클릭하면 나타나는 확장 메뉴 중에서 [Add]를 선택합니다. Orbit 툴( )과 확대축소 줌 툴( )을 이용하여 화면의 시점을 이동시킵니다. 지금까지 작업한 장면을 저장하기 위해 'Scene34' 장면을 선택한 후 마우스 오른쪽 버튼을 클릭하면 나타나는 확장 메뉴 중에서 [Update]를 선택합니다.

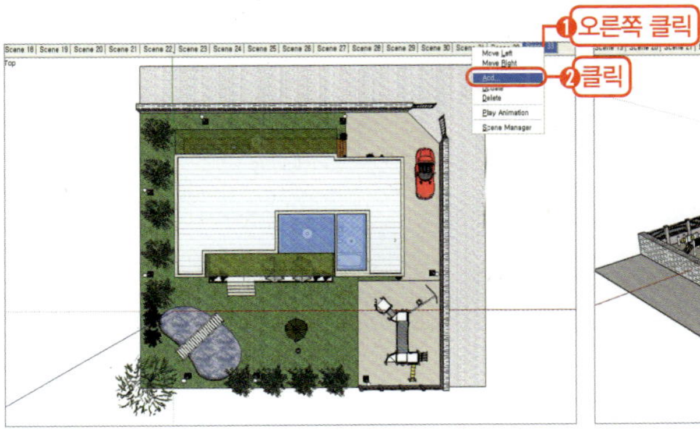

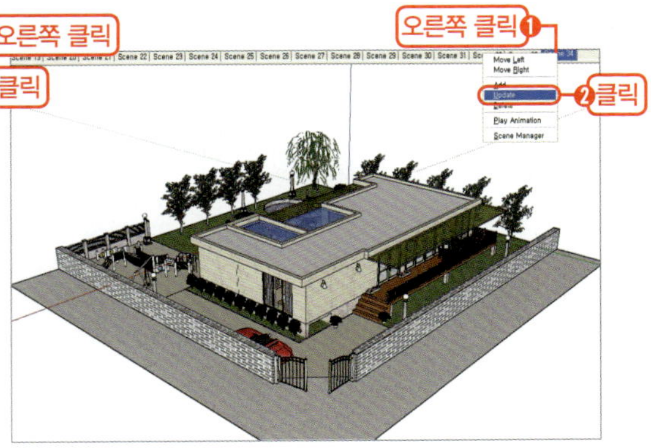

33 장면을 추가하기 위해 화면에서 'Scene34' 장면을 선택한 후 마우스 오른쪽 버튼을 클릭하면 나타나는 확장 메뉴 중에서 [Add]를 선택합니다. Orbit 툴( )과 확대축소 줌 툴( )을 이용하여 화면의 시점을 이동시킵니다. 지금까지 작업한 장면을 저장하기 위해 'Scene35' 장면을 선택한 후 마우스 오른쪽 버튼을 클릭하면 나타나는 확장 메뉴 중에서 [Update]를 선택합니다.

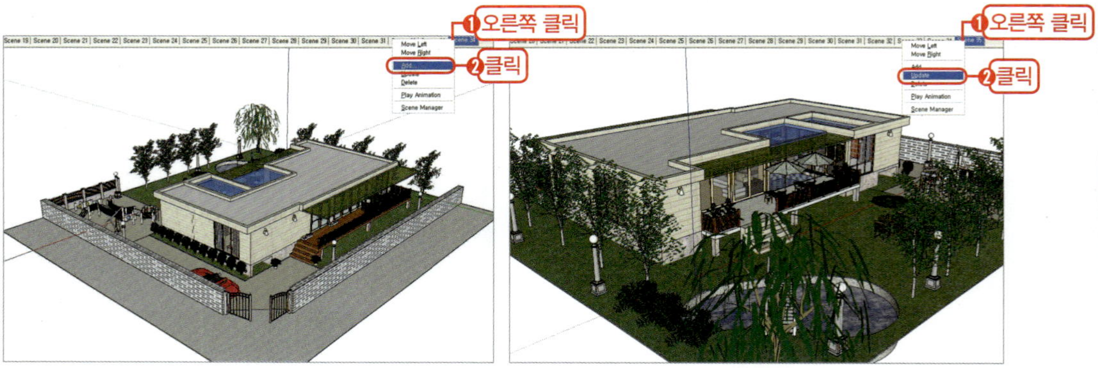

34 장면을 추가하기 위해 화면에서 'Scene35' 장면을 선택한 후 마우스 오른쪽 버튼을 클릭하면 나타나는 확장 메뉴 중에서 [Add]를 선택합니다. Orbit 툴( )과 확대축소 줌 툴( )을 이용하여 화면의 시점을 이동시킵니다. 지금까지 작업한 장면을 저장하기 위해 'Scene36' 장면을 선택한 후 마우스 오른쪽 버튼을 클릭하면 나타나는 확장 메뉴 중에서 [Update]를 선택합니다.

35 그림자를 불러오기 위해 화면에서 'Scene17' 장면을 선택한 후 메뉴에서 [View]-[Shadows]를 선택합니다.

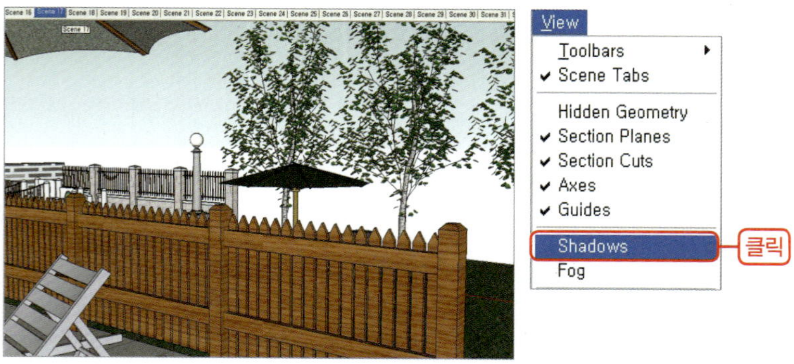

Tip

처음부터 그림자를 설정하지 않고 작업하는 이유는 주택 주변에 삽입한 조경들의 용량 때문입니다. 그림자까지 설정하면 용량이 2배가 되어 속도가 느려집니다. 따라서 화면을 모두 설정한 후 그림자가 필요한 장면만 선택하여 설정하는 것이 좋습니다.

36 지금까지 작업한 장면을 저장하기 위해 'Scene17' 장면을 선택한 후 마우스 오른쪽 버튼을 클릭하면 나타나는 확장 메뉴 중에서 [Update]를 선택합니다.

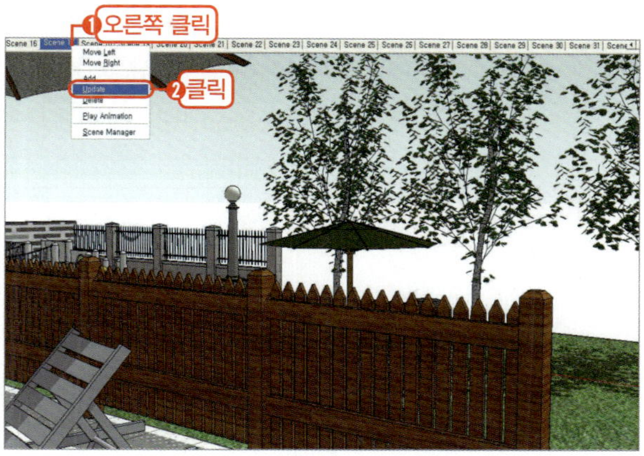

37 'Scene18'에서 'Scene36'까지의 장면은 36~37까지의 작업을 반복하면서 사용자가 원하는 대로 실내 공간의 그림자를 설정합니다.

38 메뉴에서 [Window]-[Model Info]를 선택합니다. [Animation] 항목에서 'Enable scene transitions'에 체크 표시를 한 후 'Scene Transitions(화면 전환 시간)'은 3초, 'Scene Dela(각 장면에서 정지하는 시간)'는 0초를 설정합니다.

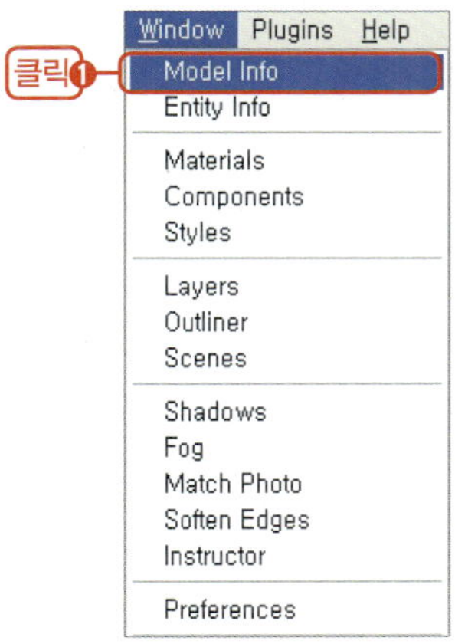

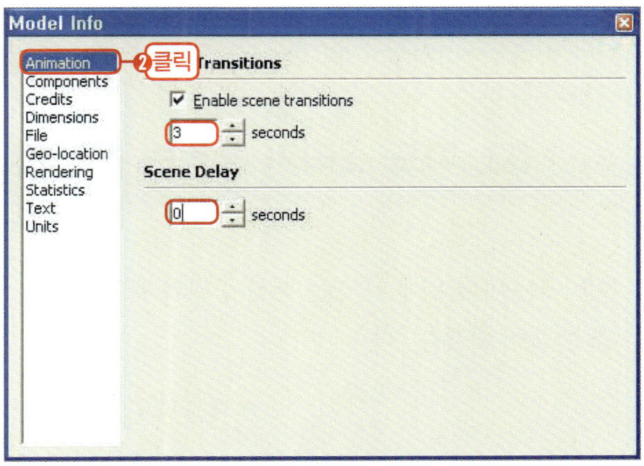

Tip

화면이 부드럽게 전환되는 동영상을 제작하기 위해서는 정지 시간(Scene Delay)을 '0'으로 설정해야 합니다.

39 애니메이션을 저장하기 위해 메뉴에서 [File]–[Export]–[Animation]을 선택하면 나타나는 [Animation Export] 대화상자에서 [Option] 버튼을 클릭한 후 [Animation Export Options] 대화상자에서 수치값을 설정하고 동영상 파일로 저장합니다.

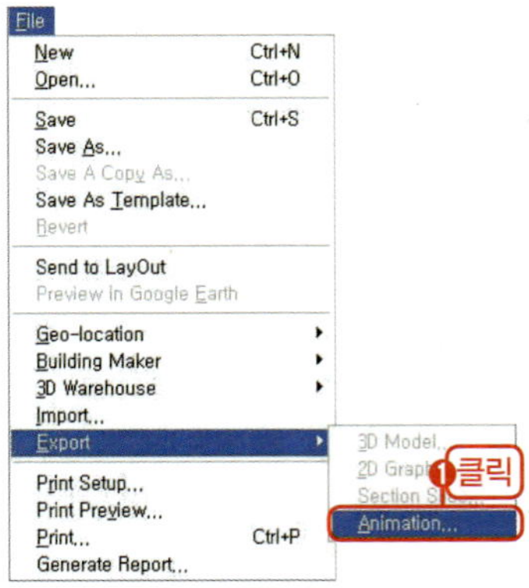

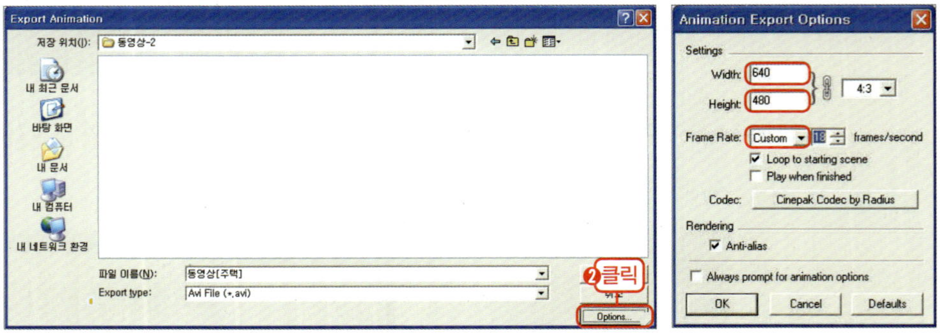

40 애니메이션으로 저장되는 과정을 확인할 수 있으며, 작업이 종료되면 저장된 동영상을 확인할 수 있습니다.

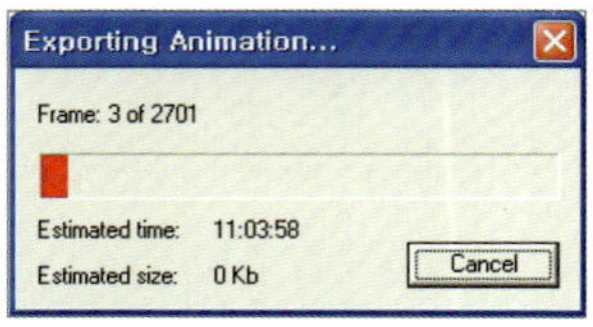

● 완성 파일 I 부록 CD\Sample\Part 04\완성\동영상[주택].avi

03. 파도 소리가 들리는 조용한 펜션의 실외 동영상 만들기

이번에는 바다 위에 떠 있는 펜션 주위의 배경을 여러 시점으로 바라보며 화면이 전환되는 동영상을 만들어 보겠습니다.

● 예제 파일 I 부록 CD\Sample\Part 04\예제\동영상[펜션]-sample.skp

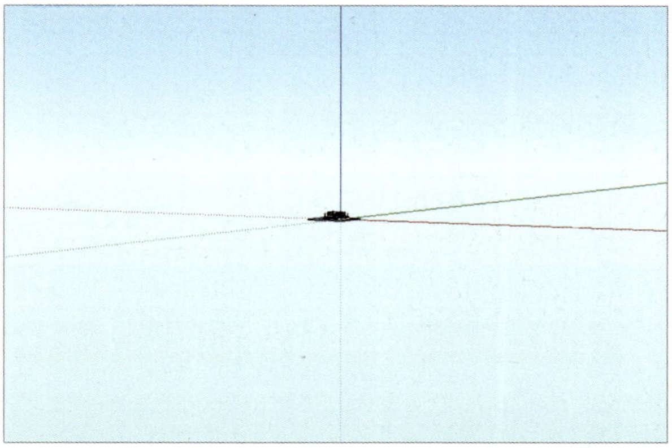

01 그림자를 표현하기 위해 메뉴에서 [Window]-[Shadows]를 선택합니다. [Shadows Settings] 창에서 [세팅] 버튼()을 클릭한 후 Time 및 Date 값을 변경하고 Light와 Dark의 수치를 조절하면서 가장 보기 좋은 그림자를 표현합니다.

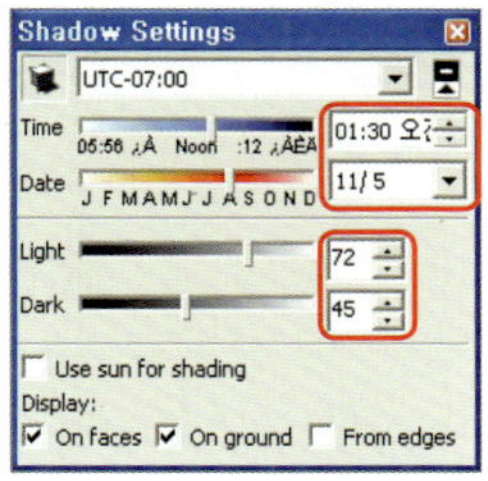

02 메뉴에서 [Window]-[Styles]를 선택합니다. [Styles] 창의 [Edit] 탭 항목에서 원하는 옵션에 체크 표시를 합니다. 그런 다음, 메뉴에서 [Window]-[Scenes]를 클릭합니다. [Scenes] 창에서 [Add(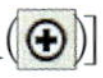)] 버튼을 클릭하여 장면을 추가합니다.

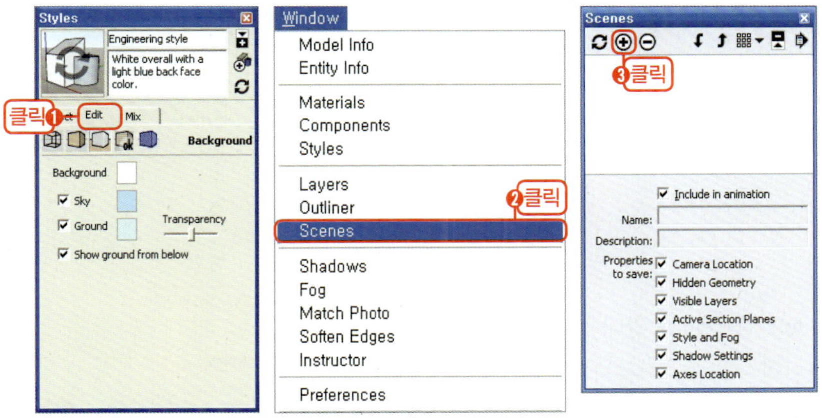

03 [Warning-Scenes and Styles] 창이 나타나면 'Save as a new style' 옵션을 선택한 후 [Update Scene] 버튼을 클릭합니다. 그러면 'Scene1'이 추가된 것을 알 수 있습니다.

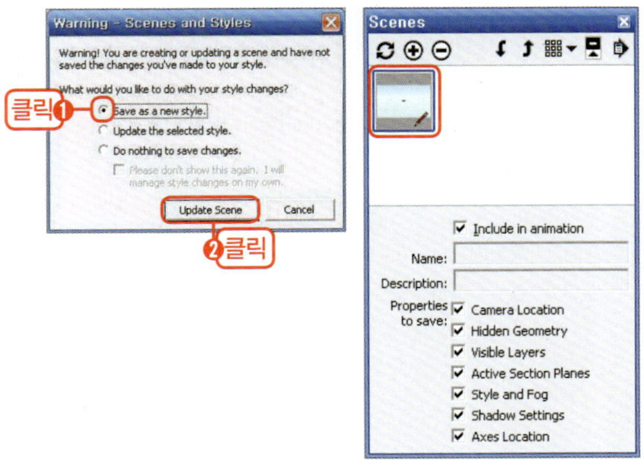

04 장면을 추가하기 위해 화면에서 'Scene1' 장면을 선택한 후 마우스 오른쪽 버튼을 클릭하면 나타나는 확장 메뉴 중에서 [Add]를 선택합니다.

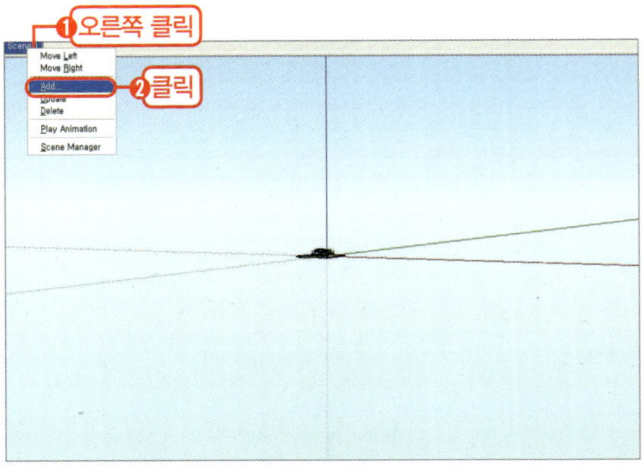

05 Orbit 툴( )과 확대축소 줌 툴( )로 화면의 시점을 이동시킵니다. 지금까지 작업한 장면을 저장하기 위해 'Scene2' 장면을 선택한 후 마우스 오른쪽 버튼을 클릭하면 나타나는 확장 메뉴 중에서 [Update]를 선택합니다.

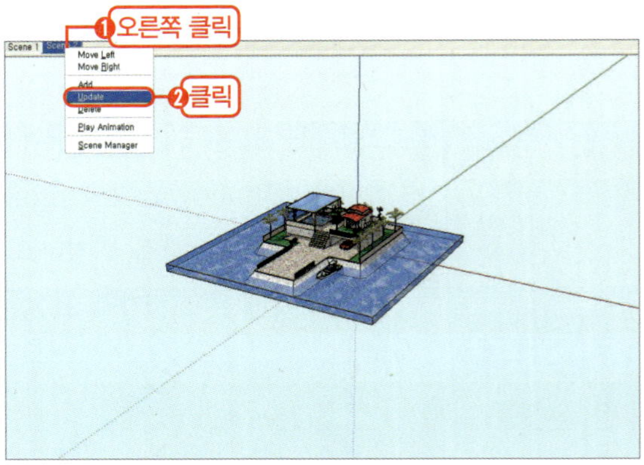

06 장면을 추가하기 위해 화면에서 'Scene2' 장면을 선택한 후 마우스 오른쪽 버튼을 클릭하면 나타나는 확장 메뉴 중에서 [Add]를 선택합니다.

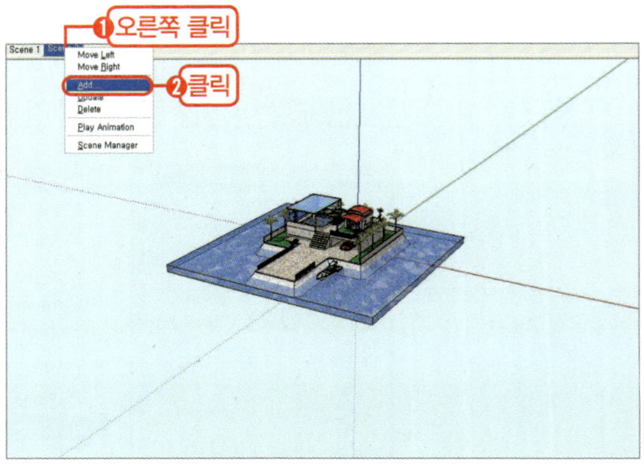

07 Orbit 툴( )과 확대축소 줌 툴( )로 화면의 시점을 이동시킵니다. 지금까지 작업한 장면을 저장하기 위하여 'Scene 3' 장면을 선택한 후 마우스 오른쪽 버튼을 클릭하면 나타나는 확장 메뉴 중에서 [Update]를 선택합니다.

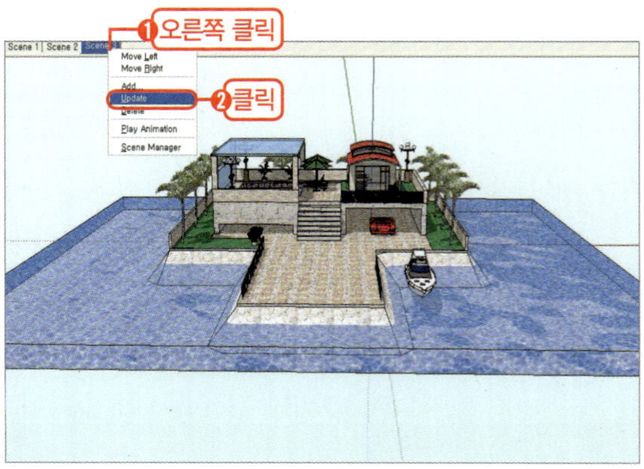

08 06에서 07까지의 작업을 반복하면서 사용자가 원하는 대로 실내 공간의 화면을 조절하며 전환합니다.

▲ Scene4

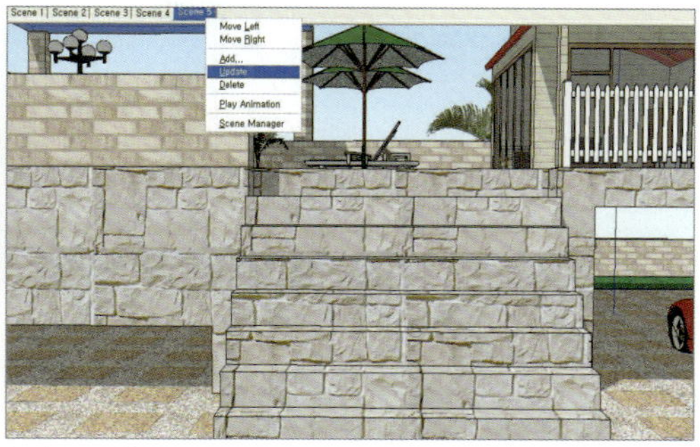

▲ Scene5

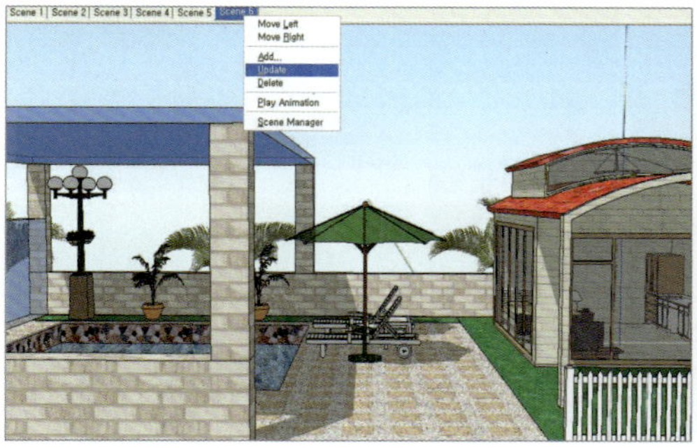

▲ Scene6

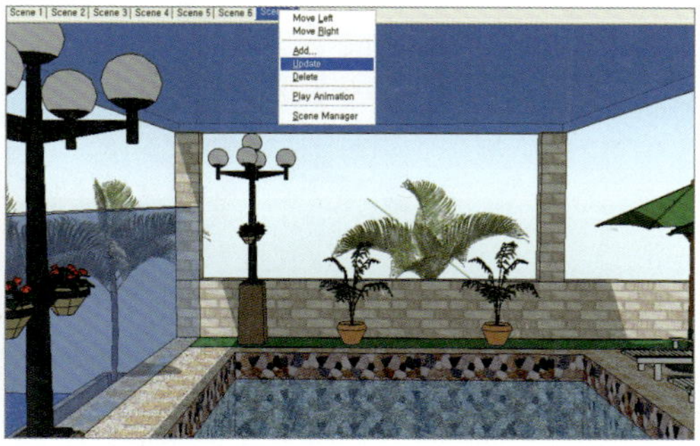

▲ Scene7

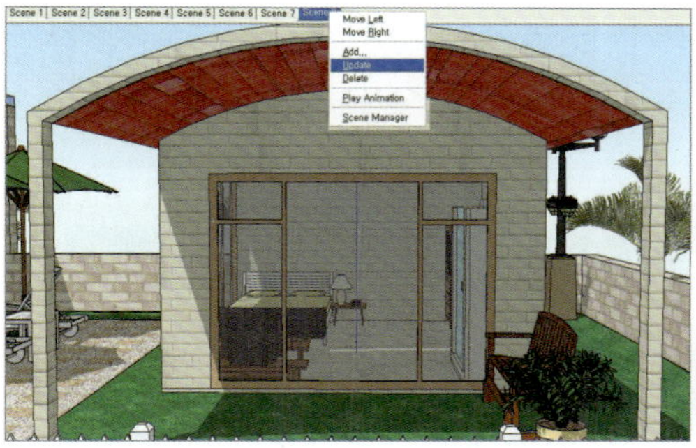

▲ Scene8

▲ Scene9

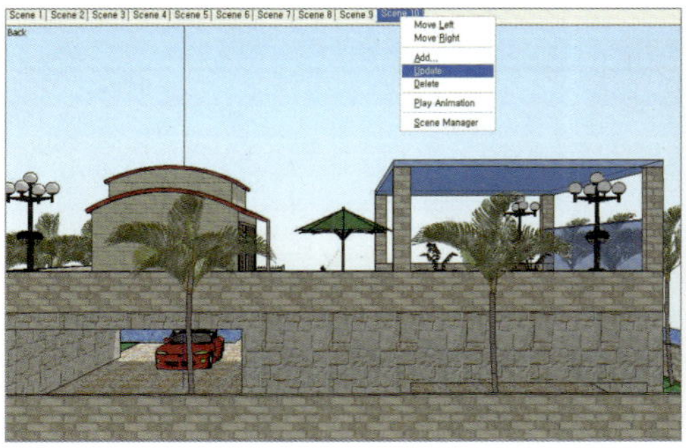

▲ Scene10

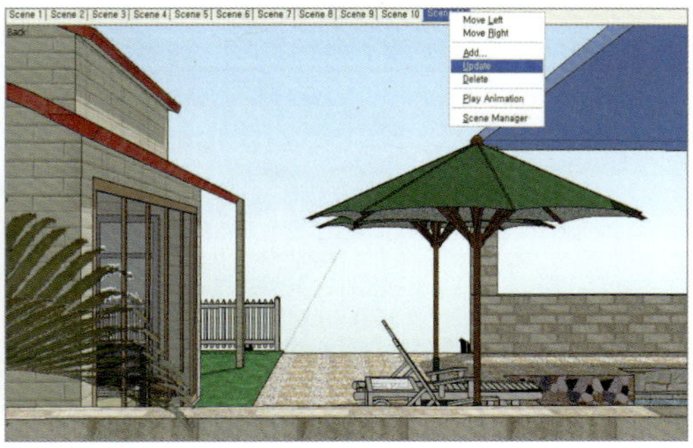

▲ Scene11

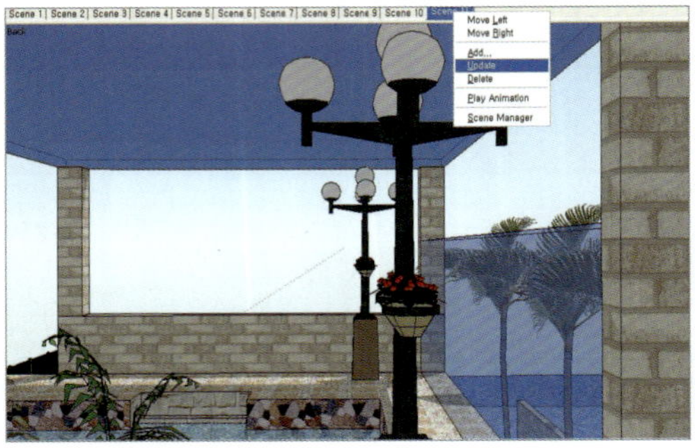

▲ Scene12

▲ Scene13

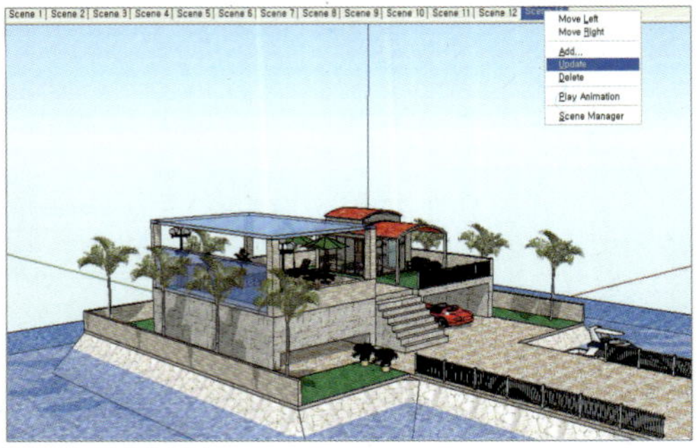

▲ Scene14

▲ Scene15

▲ Scene16

▲ Scene17

▲ Scene18

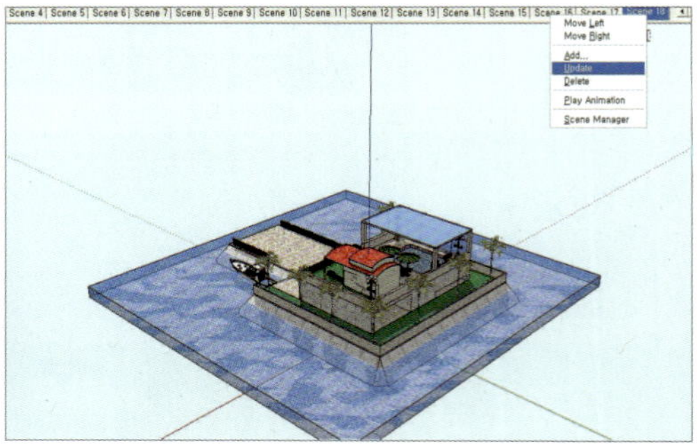

▲ Scene19

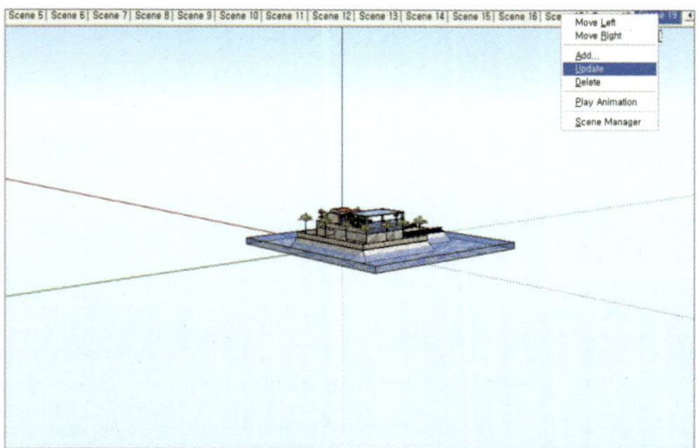

▲ Scene20

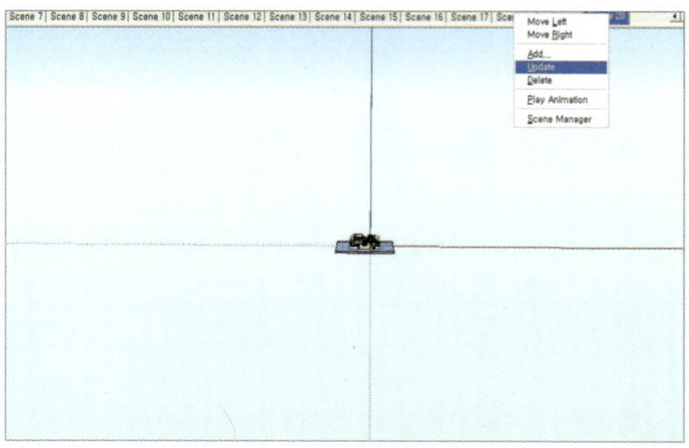

▲ Scene21

09 메뉴에서 [Window]–[Model Info]를 선택합니다. [Animation] 항목에서 'Enable scene transitions'에 체크 표시를 한 후 'Scene Transitions(화면 전환 시간)'은 3초, 'Scene Delay(각 장면에서 정지하는 시간)'은 0초를 설정합니다.

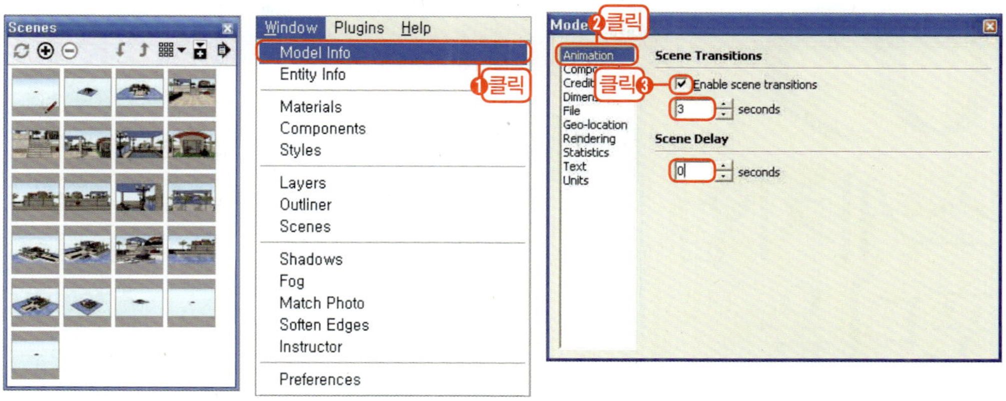

10 애니메이션(Animation)을 저장하기 위해 메뉴에서 [File]–[Export]–[Animation]을 선택합니다. [Export Animation] 대화상자의 [Options]를 선택합니다. [Animation Export Options] 대화상자에서 다음 그림과 같이 수치를 설정한 후 동영상 파일로 저장합니다.

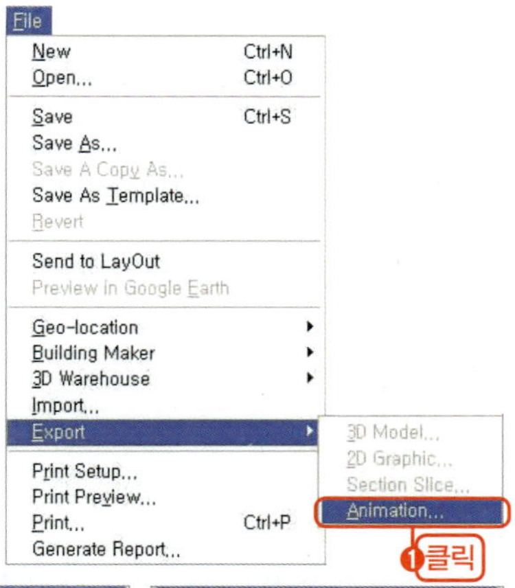

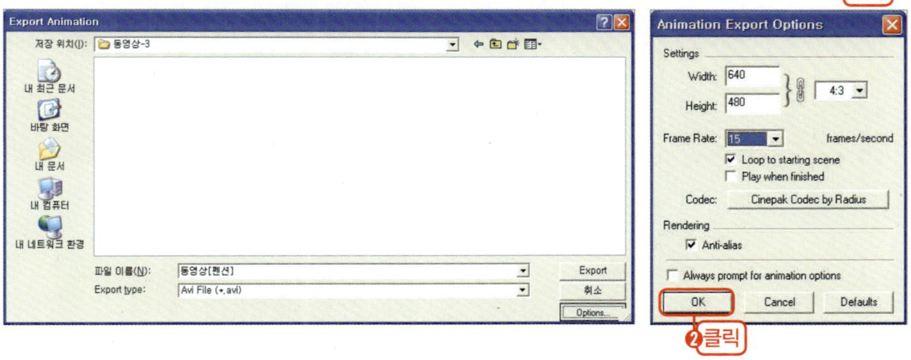

11 애니메이션으로 저장되는 과정을 확인할 수 있습니다. 작업이 종료된 후 저장된 동영상을 확인합니다.

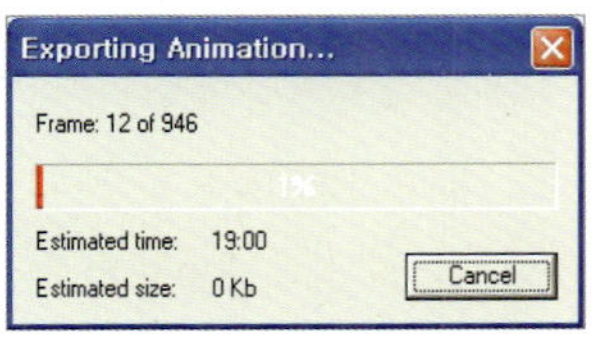

● 예제 파일 I 부록 CD\Sample\Part 04\완성\동영상[펜션].avi

PART

05

스케치업 전용 조명-포디움

포디움은 스케치업 8의 내부에서 작동되는 실사(Real Image) 렌더링 소프트웨어(Rendering Software)입니다. 쉽게 말해서 스케치업 8 사용자가 멋진 작품을 만들 수 있도록 도와주는 도구라고 생각하면 됩니다. 스케치업 8을 도와 실사 렌더링을 할 수 있는 렌더링 프로그램에는 여러 가지 종류가 있습니다. 일반적으로 많은 사람들이 알고 있는 조명 프로그램은 아틸랜티스(Artlantis)와 브이레이(V-Ray)입니다. 그러나 포디움은 사용법이 매우 쉽고 간편하기 때문에 다른 조명 프로그램에 쓰이는 복잡한 컴퓨터 그래픽 용어를 몰라도 사용할 수 있다는 장점이 있습니다.

01;

포디움(Podium)의 조명 자세히 알아보기

포디움(SU_Podium_V2)의 세밀한 기능을 이용하면 다양한 조명 효과를 표현할 수 있습니다. 그리고 포디움은 인공적인 조명과 자연적인 조명의 2가지 조명 형식을 가지고 있습니다. 먼저 포디움에 구성되어 있는 도구 툴의 사용 방법을 살펴본 후 예제를 통해 차근차근 익히면서 응용하는 방법을 알아보겠습니다.

01. 포디움 설치 방법

포디움은 매우 간단하기 때문에 쉽게 설치할 수 있습니다. 단, 프로그램을 설치할 때 경로 위치를 지정하게 되는데, 경로가 잘못되면 설치하기가 어려우므로 정확하게 지정해야 합니다.

01 부록 CD의 [Program] 폴더에서 'SU_Podium_V2_TRIAL_Setup.exe' 파일을 더블 클릭하여 설치를 진행합니다.

02 설치 프로세스가 시작되면 [Next] 버튼을 클릭합니다. 만약 스케치업 8 버전을 사용하고 있다면, 설치 파일의 기본 위치를 지정하기 위해 [Browse] 버튼을 클릭합니다.

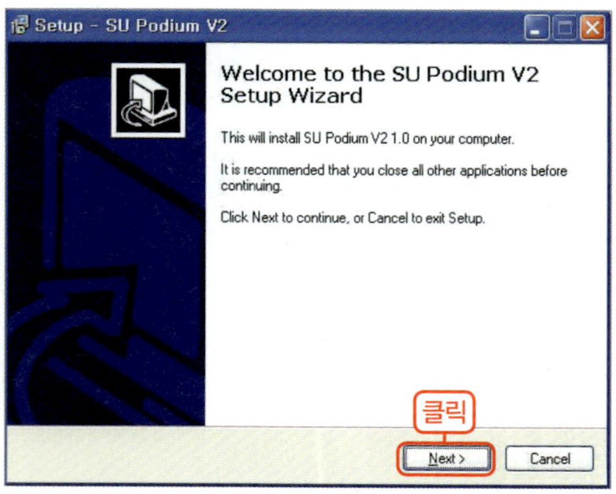

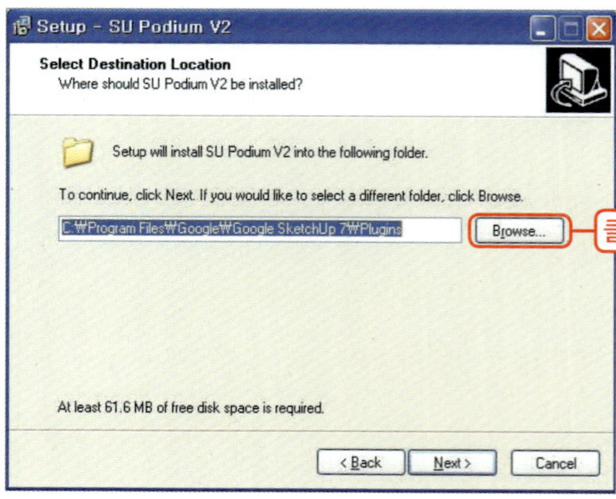

03 [C:\Program Files\Google\Google SketchUp 8]의 경로를 찾아 선택하고 [OK] 버튼을 클릭합니다. 경로 위치가 정확하게 지정되었는지 확인한 후 [Next] 버튼을 클릭합니다.

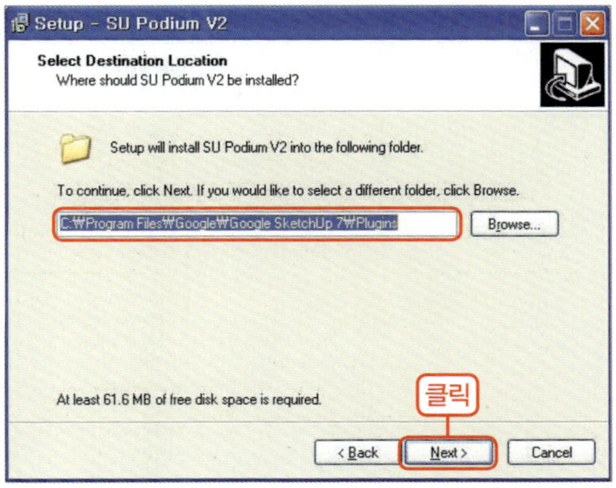

04 [C:\Program Files\Google\Google SketchUp 8\Plugins] 하위 폴더에 [SU_Podium_V2] 폴더를 만듭니다.

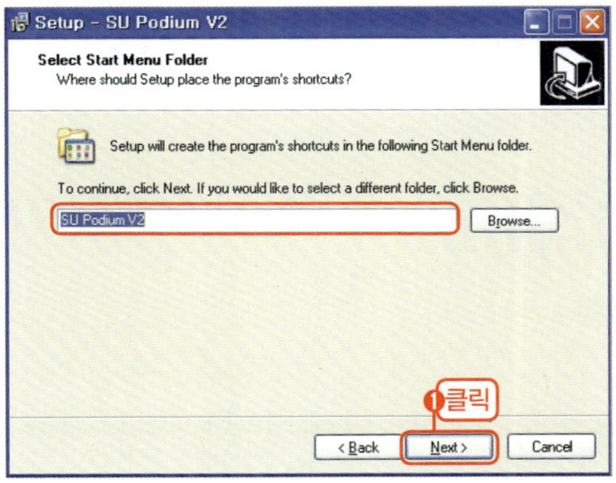

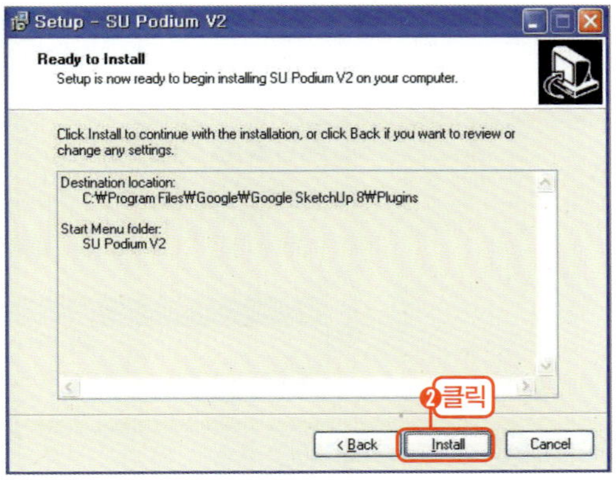

05 [SU_Podium_V2]가 설치(Install)되는 것을 확인할 수 있습니다.

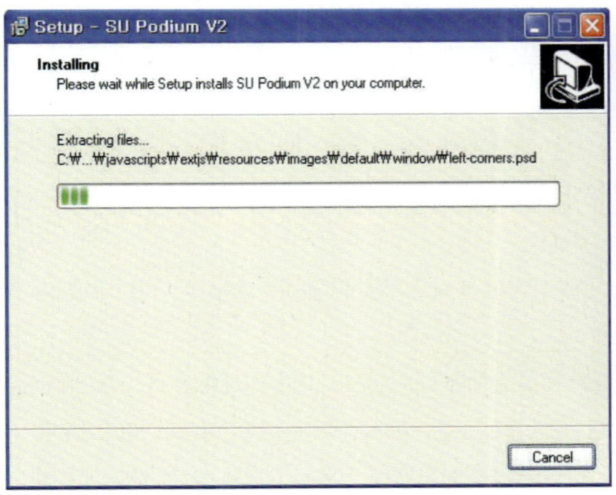

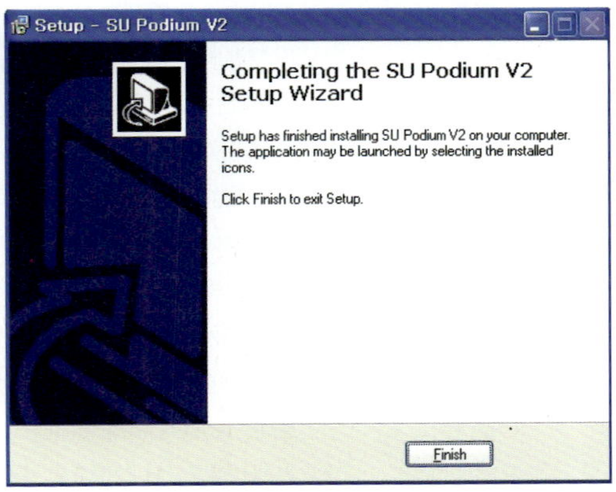

06 설치가 끝나면 스케치업 8을 다시 시작합니다. 메뉴에서 [View]-[Toolbars]-[Podium V2]를 선택하면 [Podium V2] 도구 툴이 나타납니다. 또는 메뉴에서 [Plugins]-[SU Podium V2]를 선택합니다.

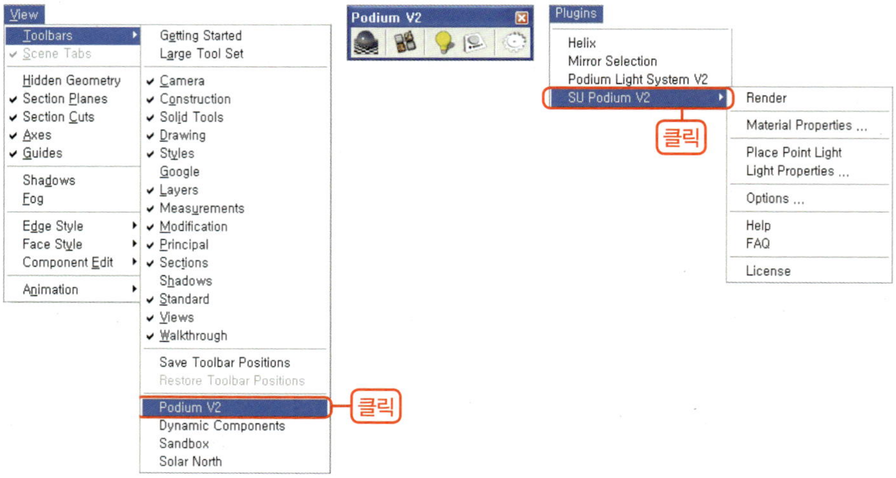

Tip

포디움 제거하기

포디움을 제거하려면 [C:\Program Files\Google\Google SketchUp 8\Plugins\SU_Podium_V2\uninst] 경로로 이동한 다음 'Uninstall.exe'를 클릭하여 실행합니다.

Tip

포디움 주의사항

① 포디움은 대형 또는 복잡한 모델을 지원하지만, 메모리 사용의 제한으로 충돌이 발생할 수 있습니다. 시스템의 램(RAM) 용량이 부족하기 때문에 일부 모델은 렌더링되지 않을 수도 있습니다. Podium_V2는 64 비트 버전에서 작동한다는 것을 알아 두세요.

② 렌더링 결과는 작업 전에 미리 설정한 결과에 의존하고 있습니다. 몇 가지 프리셋은 작업의 종류에 대해 다양한 결과를 얻을 수 있습니다. 그래서 마지막 렌더링 전에 미리 여러 번 실험을 해 보아야 합니다. 흐린 반사와 굴절은 렌더링 실행이 느려진다는 것도 알아 두세요.

③ 스케치업 8 작업 중에 스케치업 8의 내부에서 텍스처를 편집하는 경우, 렌더링 이미지가 원래의 질감이 아니라 편집 텍스처로 표현됩니다.

④ 곡선 모델링에 반사, 굴절, 발광 효과 등을 선택할 때는 반드시 메뉴에서 [View]-[Hidden Geometry]를 선택하여 안 보이는 선을 보이게 합니다. 그리고 모델링의 모든 면을 선택하는 것이 아니라 하나의 면만 선택하면 됩니다.

⑤ 스케치업 8에서 작업한 후 곧바로 여러 효과를 설정할 때 잘못된 결과를 볼 수 있습니다. 따라서 반드시 채우기 툴( )로 원하는 질감을 채운 후 질감 면에 반사, 굴절, 발광 효과 등을 설정합니다.

⑥ 스케치업 파일, 이미지, 그룹, 이름 등은 영문으로 설정합니다.

02. 포디움 인터페이스 알아보기

포디움 도구 툴의 각 기능 설명과 렌더링의 실행 과정을 자세히 알아보겠습니다. 아울러 작업물을 렌더링한 이미지와 스카이 등 다양한 환경 설정을 저장하는 방법도 알아보겠습니다.

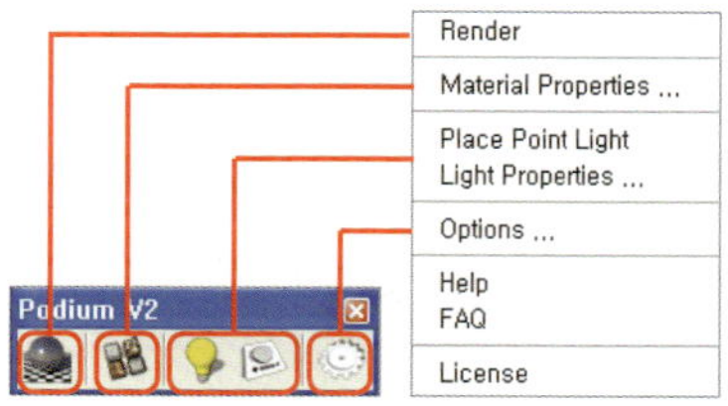

01 Render( )

렌더링을 실행하면, 이미 설정된 값에 의해 렌더링이 진행됩니다. 설정된 값은 환경 설정( )부분에서 설정합니다.

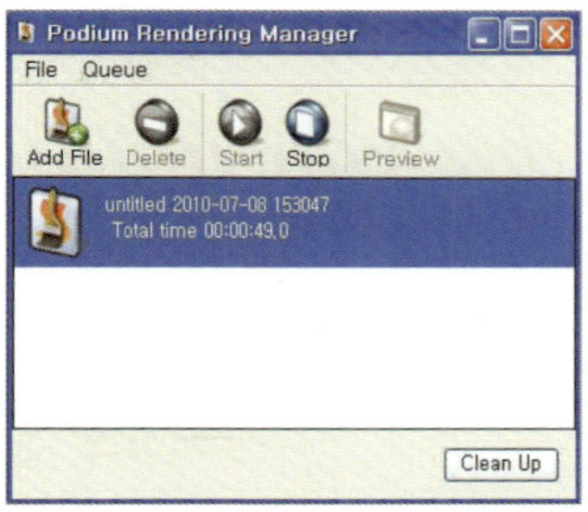

- Podium V2의 렌더링 과정을 도입하여 모델링의 신속한 렌더링 작업이 가능합니다.
- Option( )의 목록에서 [Default.pps]를 선택합니다.
- [출력] 탭에서 치수에 따라 고정 크기 또는 렌더링 이미지 크기에 대한 기본 뷰 포트의 크기를 선택합니다.
- 마지막 실행은 반사와 가장자리를 부드럽게 처리합니다.
- 렌더링 진행 상황을 볼 수 있는 [Podium Rendering Manager] 창에서 [Preview] 버튼을 클릭합니다.
- 미리보기(Preview) : 렌더링하기 전에 렌더링된 이미지가 저장될 곳을 [옵션] 메뉴에서 설정 및 확인할 수 있습니다.

Tip

렌더링 진행 과정

▲ 1단계 ▲ 2단계 ▲ 3단계 ▲ 결과

- **1단계** 질감, 반사, 발광, 옴니 라이트(Omni Light)의 설정을 실행합니다.
- **2단계** 1단계에서 설정한 1단계 결과를 보여 줍니다.
- **3단계** 모델링과 질감의 엣지(Edge) 선을 세밀하고 부드럽게 실행합니다.
- **결과** 모든 단계의 최종 결과를 보여 줍니다.

02 Material Properties()

반사, 굴절, 범프 맵핑, 램 라이트 및 기타 속성이 모델링에 특정 텍스처를 적용합니다. 스케치업 8의 채우기 툴에서 직접 재질을 선택하고 맵핑할 모든 도형을 선택한 후 재질을 적용합니다.

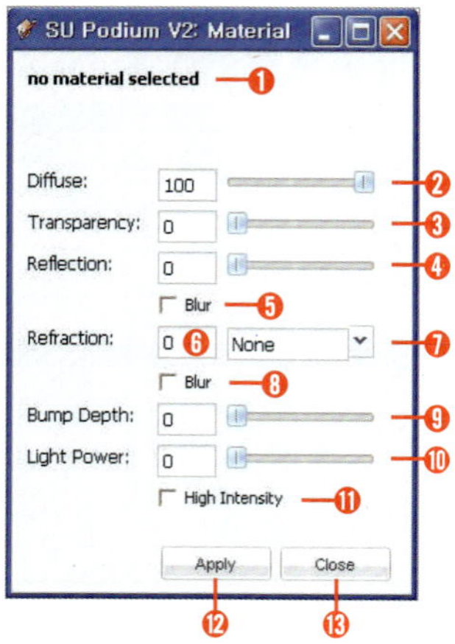

❶ 선택한 재질을 표시

❷ 기본적인 색상 및 재질 감도 설정

❸ 색상과 재질의 투명도 값 설정

❹ 색상과 재질의 반사도 설정

❺ 반사 값을 흐리게 설정

❻ 색상과 재질의 굴절 값 설정

❼ 굴절율 선택

❽ 굴절 값을 흐리게 설정

❾ 범프 깊이 슬라이더는 텍스처로 범프 맵핑을 적용

❿ 라이트 슬라이더는 선택한 질감에 램(발광 물질)을 적용

⓫ [Light Power] 값을 좀 더 강하게 설정

⓬ 모든 설정 값을 적용

⓭ [Apply] 버튼으로 설정 값 적용 후 닫기

03 Place Point Light()

- 원하는 위치에 클릭하면서 조명을 배치합니다.
- 조명의 강도 값은 1이며, 강도 값은 변경할 수 있습니다.
- Sky light는 하늘에서 방출되고, 외관 주변과 균일한 광원을 표현합니다.

- Sun light는 태양 빛을 자연 채광으로 표현합니다.
- 옴니(Omni) 라이트/Point lights의 모든 조명 방향으로 균일하게 빛을 방출하는 인공 광원, 전구 표현과 비슷합니다.

04 Light Properties()

도구 모음의 빛 속성 아이콘을 클릭한 후 옴니 라이트를 선택하면, [강도 및 색상] 대화상자에서 조명의 색상과 빛의 강도 값을 조정할 수 있습니다.

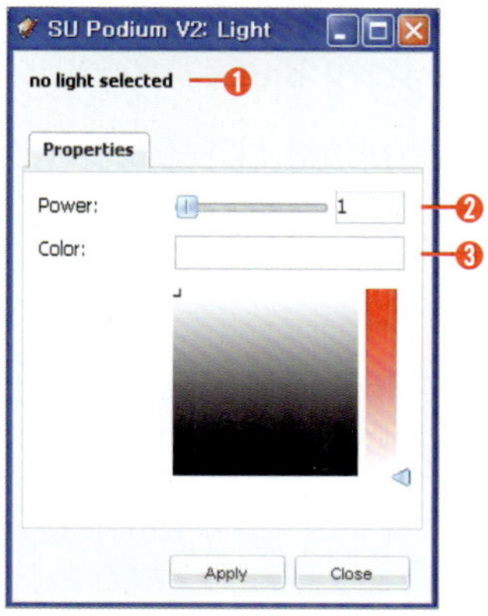

❶ 현재 선택한 조명 표시

❷ 조명 강도 값 설정

❸ 조명 색상 설정

05 Option()

[옵션] 메뉴에서는 작업 전에 포디움의 기본 설정을 선택할 수 있습니다. 작업의 렌더링 이미지와 실제 스카이 등 다양한 환경 설정을 저장하려면 이미지 파일 형식(*.JPG, *.PNG, *.HDR)을 선택한 후 투명 또는 해상도 크기를 선택합니다.

[Presets] 렌더링할 때 사용하는 설정 파일이며, 기본 값은 특별한 경우에만 변경합니다.

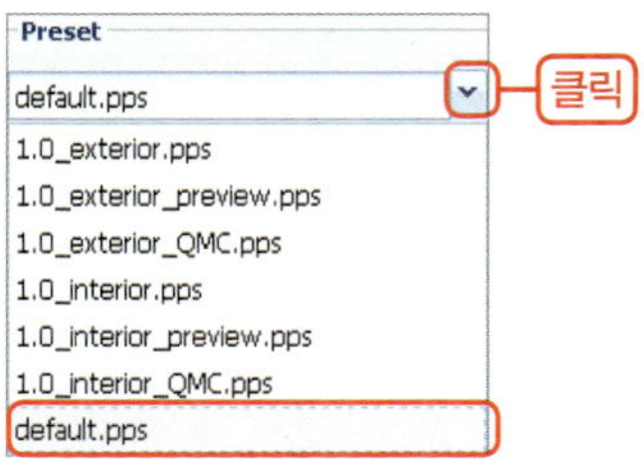

- 작업 전 특정한 렌더링 환경을 설정하기 위해 만들어진 몇 가지 환경 설정이 있습니다.
- default.pps(기본 표준 렌더링을 미리 설정) 설정은 모든 종류의 렌더링에 안정적인 결과를 만들어 줍니다. 또 렌더링 시간이 가장 빠르게 진행됩니다.
- 프리셋은 스카이 같은 물리적인 효과를 가진 태양의 밝기 및 대비, 실내등의 크기, 톤 맵핑 변수, 앤티 에일리어싱 등 숨겨진 변수를 통제하기 위한 것입니다.

- 내부 프리셋은 태양의 밝기 레벨을 증가시킬 수 있습니다.
- 작업 전에 Sun Light와 Sky Light를 설정한 후 인테리어에 적용하면 품질을 향상시킬 수 있습니다.

[Output]

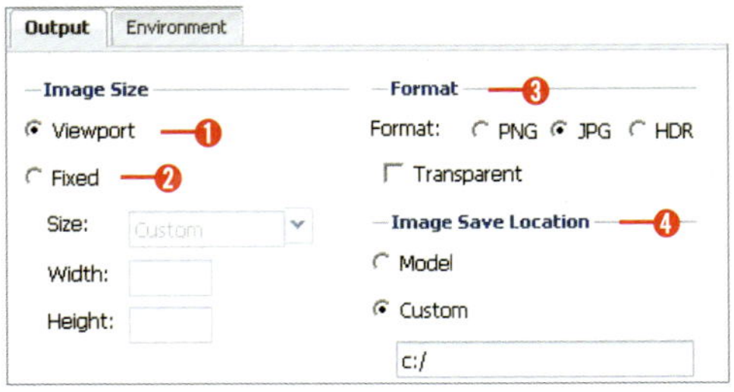

❶ Viewport : 스케치업 8의 화면 크기로 렌더링합니다. 이미지 해상도는 스케치업 8의 Viewport의 픽셀 크기와 일치합니다(예를 들어, 1,280×768 컴퓨터 화면이 스케치업 8의 Viewport의 렌더링 이미지 해상도와 일치합니다).

❷ Fixed : 아래에서 지정된 크기로 렌더링을 합니다.

- **Size** 고정 크기(230×150, 640×480)부터 1024×768, 2048×536, 3076×2304, 4076×3304 등 와이드 화면 해상도를 선택합니다.
- **Width / Height** 사용자 정의 크기는 500×450처럼 어떤 픽셀의 높이(Height)와 넓이(Width)도 사용자가 자유롭게 입력할 수 있습니다.

Tip

- 정식 버전의 해상도 크기는 고정 크기 또는 사용자 크기를 포함합니다.
- 단, 트라이얼 버전은 제한된 해상도 크기를 하고 있습니다. Viewport 해상도는 렌더링 이미지가 스케치업 8의 Viewport 해상도 크기에 제한을 의미합니다.

❸ Format

- 이미지 포맷(*.JPG, *.PNG, *.HDR)을 저장 파일 형태로 선택할 수 있는 옵션을 제공합니다. 일반적으로 *.JPG를 선택합니다.
- **Transparent** 이미지 편집기 프로그램에서 파일을 PNG로 설정하여 투명한 배경으로 렌더링 이미지를 만들 수 있습니다.

❹ Image Save Location

- **Model** 스케치업 8 파일과 동일한 폴더에 렌더링 이미지를 저장합니다.
- **Custom** 사용자가 임의로 설정한 폴더에 렌더링 이미지를 저장합니다.

[Environment]

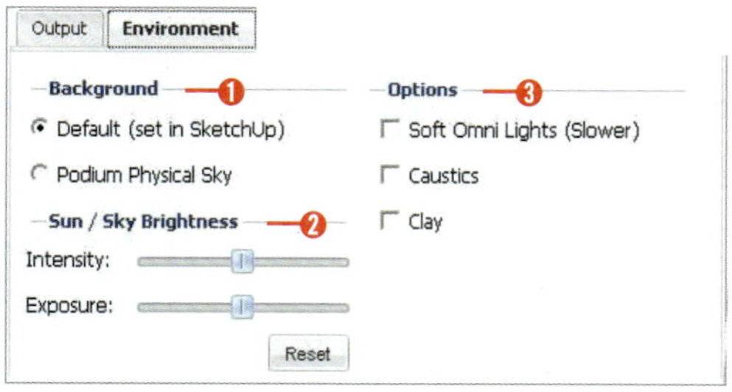

❶ Background

- **기본 값(Default)** 스케치업 8에 배경 색상을 사용하거나 렌더링 이미지의 배경색을 위한 스케치업 8스타일을 설정합니다.
- **Podium Physical Sky** 스케치업 배경 색상을 무시합니다. 스케치업 8에서 그림자 설정의 변수, 시간 일 및 연도, 위치에 의해 제어됩니다.

❷ Sun/Sky Brightness : 환경 설정에서 태양/하늘의 노출 또는 강도를 슬라이더를 이동하면서 설정합니다. 슬라이더를 반대로 이동하면 대비되는 효과가 나타납니다.

- **Intensity** 태양/하늘 강도
- **Exposure** 태양/하늘 노출 강도

❸ Options

- **Soft Omni Lights** 옴니 라이트(Omni Light) 또는 포인트 라이트(Point Light)에 대한 설정입니다. 기본 설정 값은 해제되어 있으며, 부드러운 그림자, 자연 채광 효과를 주기 위해서는 체크 표시를 한 후 렌더링합니다.
- **Caustics** 투명한 소재에 가상 효과를 적용합니다. 금속, 유리와 액체 개체 중 하나를 선택하여 조명 및 굴절에 밝은 빛의 패턴이 되는 부식성 효과를 나타냅니다.
- **Clay** 질감을 무시하고, 기본 스케치업 8의 모델링 색깔로 표시합니다.

03. Podium Light Fixtures 1.1 설치하기

옴니 라이트(Omni Light)로 작업한 여러 가지 조명 소스들로 드래그 앤 드롭, 전등 라이브러리를 사용할 수 있으며, [Podium_V2_Light_Fixtures] 창의 조명 소품들은 옴니 라이트가 설치되어 있습니다. 여기에서는 부록 CD에 있는 설치 파일을 설치하는 과정입니다.

01 [부록 CD\Program\Podium_V2_Light_Fixtures_1.1_Setup.exe] 설치 파일을 더블클릭하여 설치를 진행합니다.

02 설치 프로세스가 시작되면 [Next] 버튼을 클릭합니다. 만약 스케치업 8 버전을 사용하고 있다면, 설치될 기본 위치를 지정해야 합니다. [Browse] 버튼을 클릭하여 설치 경로를 지정해 보겠습니다.

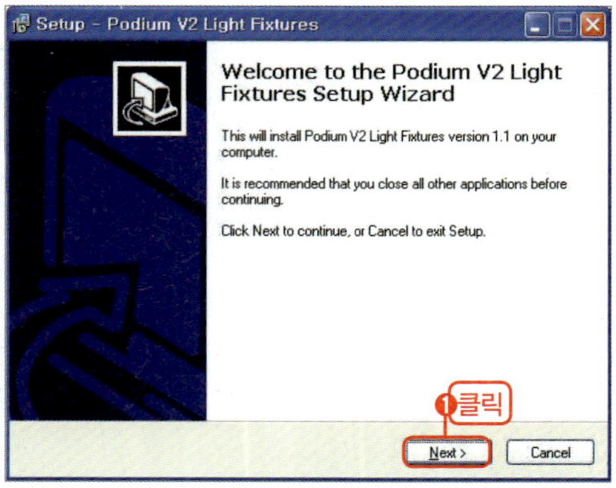

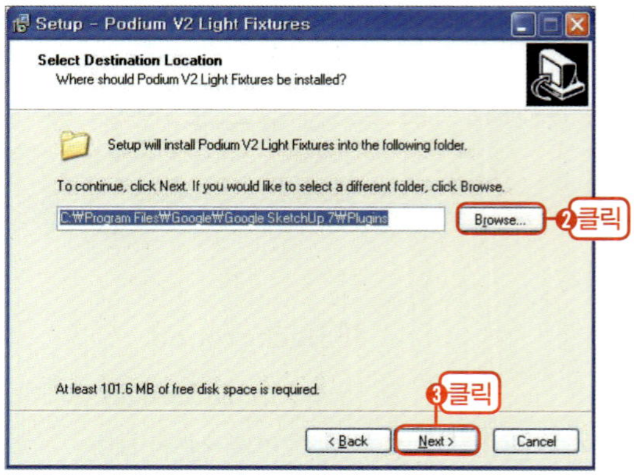

03 [C:\Program Files\Google\Google SketchUp 8]로 경로를 찾아 선택하고 [OK] 버튼을 클릭합니다. 경로 위치가 정확하게 지정되었는지 확인한 후 [Next] 버튼을 클릭합니다.

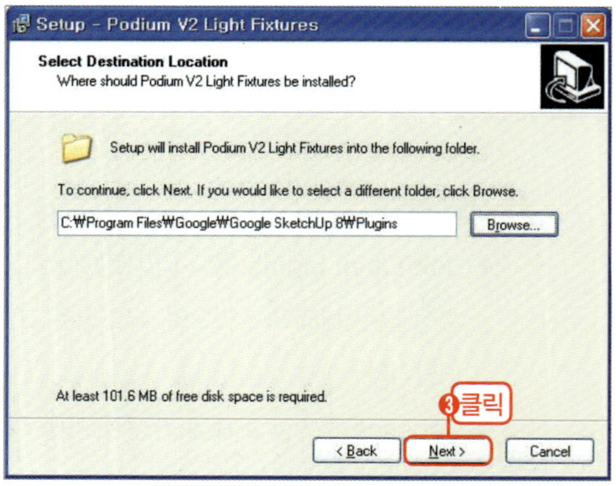

04 [C:\Program Files\Google\Google SketchUp 8\Plugins] 하위 폴더에 [Podium V2 Light Fixtures] 폴더를 만듭니다.

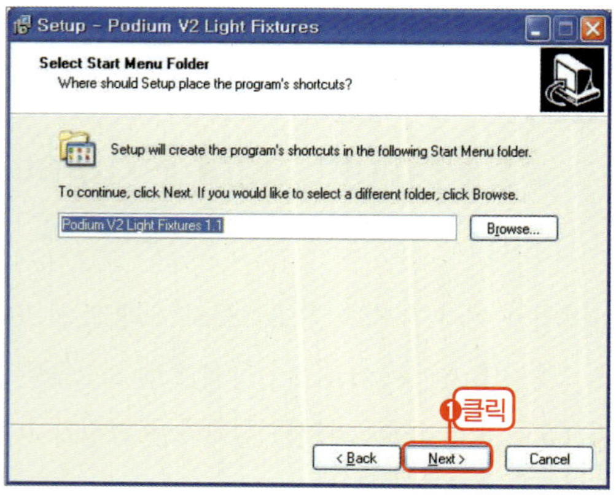

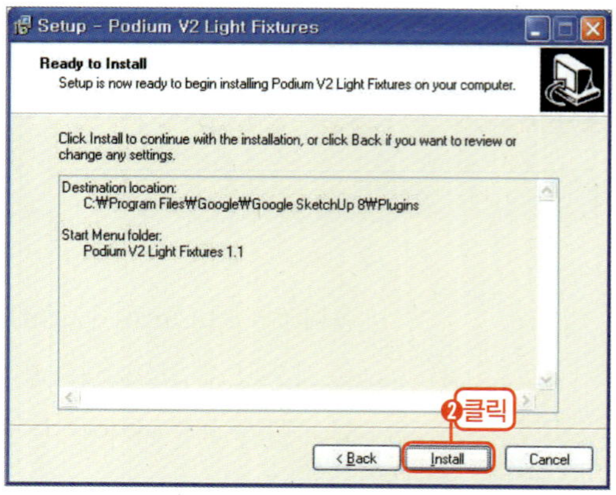

05 [Podium V2 Light Fixtures]가 설치되는 것을 확인할 수 있습니다. 설치가 끝나면 [Finish] 버튼을 클릭하여 설치를 종료합니다.

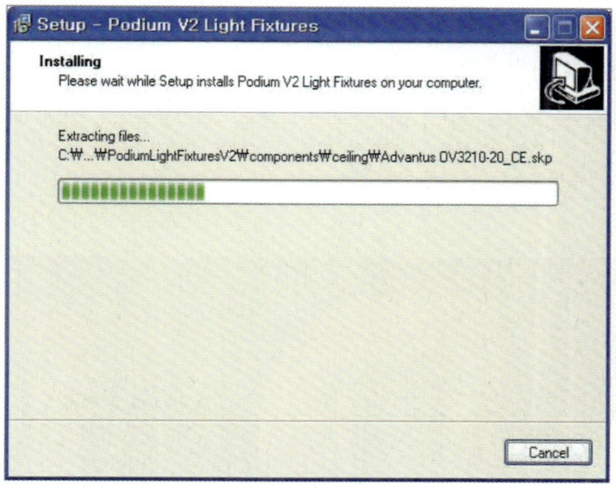

06 스케치업 8을 실행하면 메뉴에서 [Plugins]–[Podium v2 Light Fixtures]를 선택할 수 있습니다. [Podium v2 Light Fixtures] 창이 나타나면 다양한 조명들을 확인하고 사용할 수 있습니다.

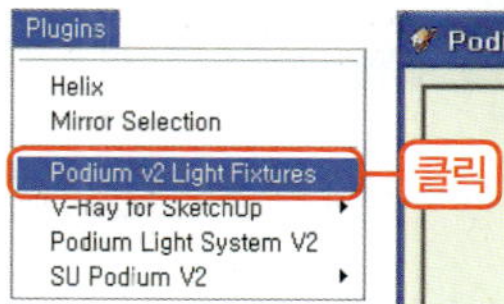

04. [Podium v2 Light Fixtures] 활용하기

[Podium Light Fixtures]를 이용해 실내 공간에 다양한 조명을 설치해 보겠습니다. 배치한 조명의 옴니 라이트를 편집한 후 결과를 확인합니다.

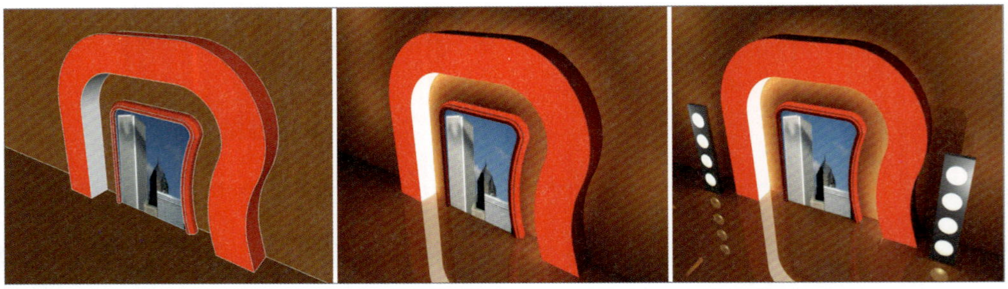

▲ 원본 ▲ Omni + LEM Light ▲ Light_Fixtures

01 먼저 [부록 CD\Sample\Part 05\예제\Light-5.skp] 경로에 있는 예제 파일을 불러옵니다.

02 메뉴에서 [Plugins]-[Podium v2 Light Fixtures]를 선택하면 [Podium v2 Light Fixtures] 창이 나타납니다.

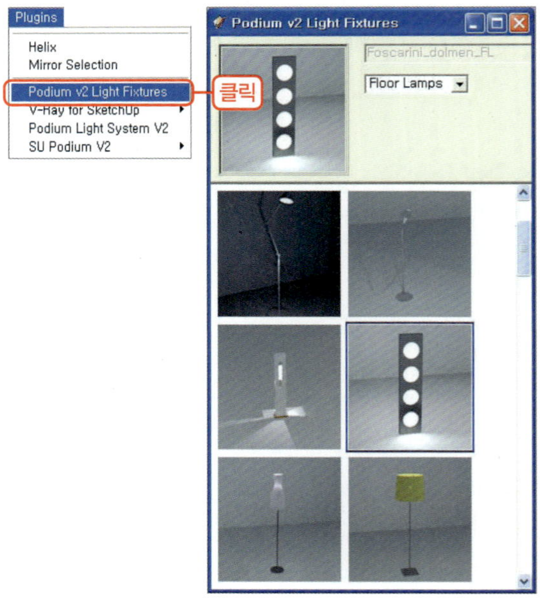

03 다음 그림처럼 [Podium v2 Light Fixtures] 창에서 조명 소품을 선택한 후 화면에 배치합니다.

04 [Podium v2 Light Fixtures] 창에서 불러온 조명 소품에는 기본적으로 옴니 라이트가 설정되어 있습니다. 다음 그림처럼 각 조명의 농도 값을 변경하기 위해 03에서 배치한 조명을 선택한 후 마우스 오른쪽 버튼을 클릭하면 나타나는 확장 메뉴 중에서 [Edit Component]를 선택합니다. 그리고 선택 툴( )로 첫 번째 옴니 라이트를 선택합니다. [Podium V2] 툴에서 Light Properties( )를 클릭한 후 옴니 라이트에 색상과 빛의 강도 값을 변경합니다. 그리고 두 번째 옴니 라이트에서 네 번째 옴니 라이트까지 색상과 빛의 강도 값을 반복적으로 변경합니다.

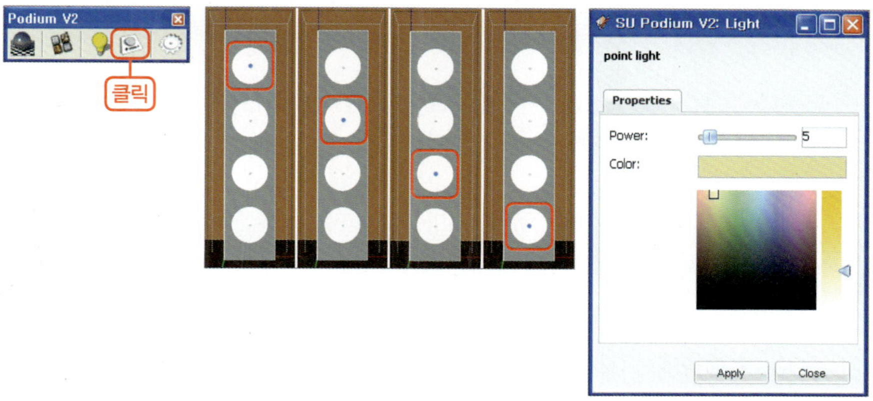

05 [Podium V2] 툴에서 Option( )을 클릭한 후 [Presets]에서 'default.pps'를 선택합니다. 그런 다음, [Output] 항목에서 'Viewport'를 선택하고 현재 작업 중인 스케치업 8의 View Size와 동일하게 설정합니다. [Format] 항목에서 'JPG'에 체크 표시를 하여 렌더링 이미지 파일 형식을 선택합니다. 마지막으로 [Image Save Location]에서 'C:/'를 입력합니다. 그러면 렌더링 이미지는 선택한 폴더로 자동 저장됩니다.

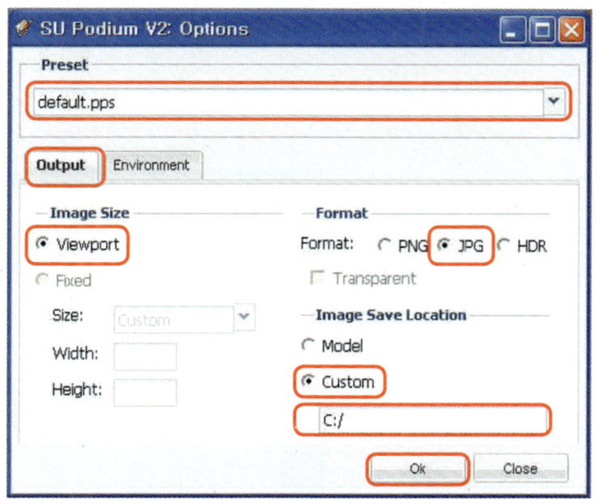

06 [Podium V2] 툴에서 Render(아이콘)를 클릭하면 렌더링이 진행됩니다. 그리고 렌더링 진행 상황을 보기 위해 [Podium Rendering Manager] 창에서 [Preview] 버튼을 클릭합니다. 지금까지 작업한 결과를 확인할 수 있습니다.

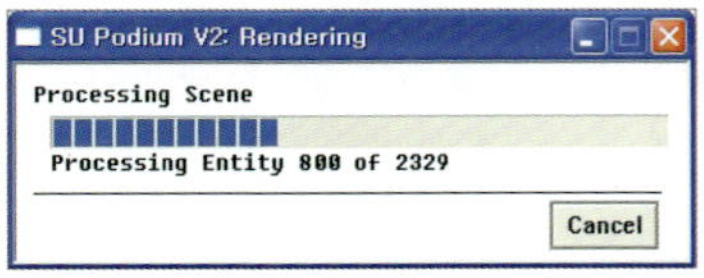

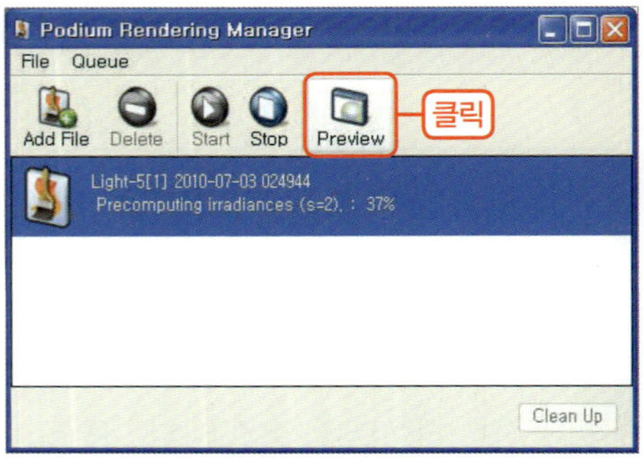

05. 사진이나 이미지를 삽입한 후 렌더링하기

삽입한 사진이나 이미지들에 조명을 렌더링 했을 때 제대로 표현되도록 하려면 메뉴에서 [File]-[Import]를 선택해야 합니다. [Option] 항목에서 [Use as texture]에 체크 표시를 하거나 또는 채우기 툴(아이콘)을 선택한 후 그림을 삽입해야 합니다.

01 [부록 CD\Sample\Part 05\예제\Light-6.skp] 경로에 있는 예제 파일을 불러옵니다. 액자판에 이미지를 삽입하기 위해 다음 그림처럼 액자틀을 확대합니다.

02 메뉴에서 [File]-[Import]를 선택한 후 파일 형식을 'JPEG Image(*.jpg)'로 선택합니다. 그리고 [Option] 항목에서 [Use as texture]를 선택합니다. 이미지를 재질로 불러온 후 삽입해야만 렌더링할 때 그림이 제대로 실행됩니다. 액자판에 원하는 이미지를 채웁니다(이미지 불러오기는 [부록 CD\Sample\Part 05\예제]).

Tip

메뉴의 [File]-[Import]에서 이미지를 삽입할 때 [Option] 항목에서 [Use as Image]를 선택한 후 삽입하면 렌더링할 때 액자판에 이미지가 나타나지 않습니다.

한글 파일명을 가진 이미지를 불러와 삽입하면 렌더링할 때 액자판이 검은색으로 렌더링됩니다. 따라서 영문 파일명을 가진 이미지를 삽입해야 합니다.

03 재질을 편집하려면 편집하고 싶은 면을 선택한 후 마우스 오른쪽 버튼을 클릭하면 나타나는 확장 메뉴에서 [Texture]-[Position]을 선택하여 재질 편집 도구를 시작합니다.

04 재질 편집 도구를 이용하여 편집 작업을 마친 후 마우스 오른쪽 버튼을 클릭하면 나타나는 확장 메뉴 중에서 [Done]을 선택하여 완성합니다.

Tip

재질 편집 툴(Position Texture Tool)을 사용하는 방법은 187쪽을 참고하세요.

05 [Podium V2] 툴에서 Render( )를 클릭한 후 렌더링 진행 상황을 보기 위해 [Podium Rendering Manager] 창에서 [Preview] 버튼을 클릭합니다. 지금까지 작업 결과를 확인할 수 있습니다.

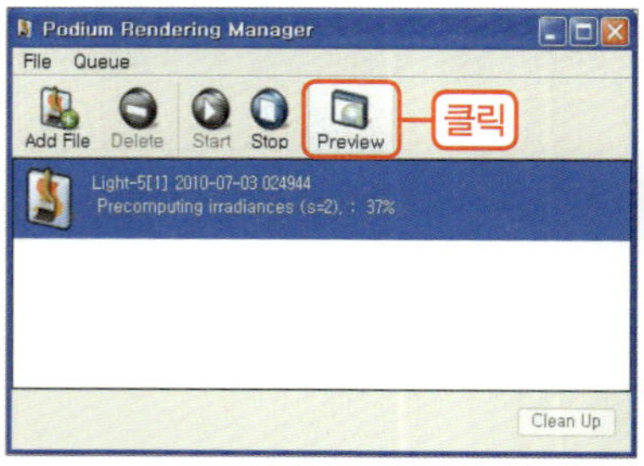

02; 포디움의 다양한 효과 살펴보기

포디움의 도구들을 살펴보았다면 지금부터 포디움에서 제공하는 여러 효과를 응용하는 방법을 익혀 보겠습니다. 다양한 예제들을 통해 도구들을 응용하면서 사용하는 방법을 익혀 봅시다.

01. 옴니 라이트 효과 살펴보기

지금까지는 화면에 어떤 빛도 추가하지 않았지만 결과물은 제법 괜찮게 나왔습니다. 스케치업 8의 그림자를 자연 광원으로 설정했기 때문에 부드러운 느낌을 연출할 수 있었습니다. 하지만 질감의 색상을 좀 더 강하게 표현하기 위해 빛을 추가할 필요가 있습니다.

STEP 01 천장에 설치된 등에 LEM Light 적용하기

실내 공간에 조명의 다양한 색상을 적용하여 조명을 설치해 보겠습니다.

▲ 원본 ▲ Light Power [0%] ▲ Light Power [100%] ▲ Light Power [50%]

01 [부록 CD\Sample\Part 05\Light– 2.skp] 경로에 있는 예제 파일을 불러옵니다.

02 채우기 툴( )을 선택한 후 [Materials] 창에서 흰색을 선택합니다. 천장에 설치된 등의 한 쪽면에 흰색을 채웁니다. LEM Light를 표현하기 위해 선택 툴( )로 다시 한 번 천장에 설치된 등의 면을 선택합니다.

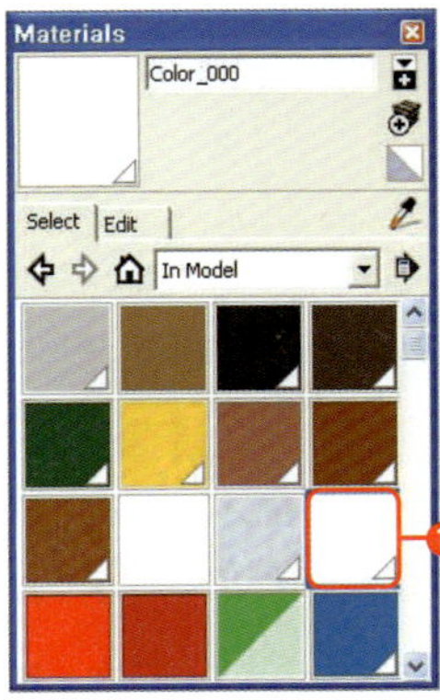

Tip

- 포디움에서 반사, 발광, 범프 효과 등을 선택할 때는 채우기 툴( )로 재질을 채운 후 재질에 효과를 적용해야 합니다.
- 포디움은 모델링 객체 면에 효과를 적용할 수는 없습니다. 그래서 반드시 재질을 먼저 채운 후 재질 이름 또는 질감에 효과를 적용해야 원하는 결과를 얻을 수 있습니다.
- 선택한 질감에 다양한 효과를 설정하면, 선택하지는 않았지만 동일한 이름의 질감에도 자동적으로 효과가 적용됩니다.

03 02에서 작업한 천장 등의 한쪽 면을 선택한 후 [Podium V2] 툴에서 Material Properties( )를 클릭합니다. Light Power에 '100'을 입력한 후 선택한 질감에 램(발광 물질)을 적용합니다.

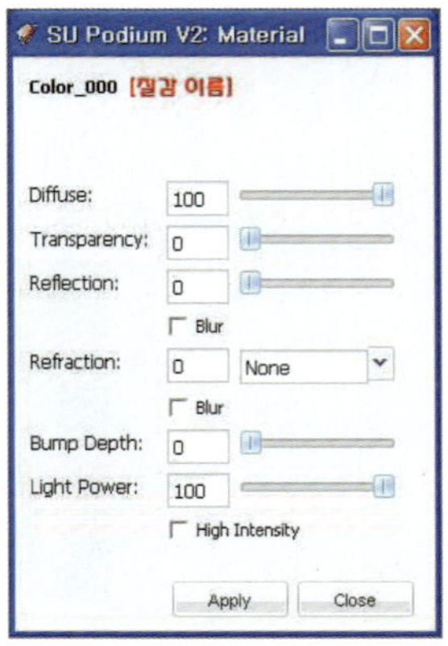

04 [Podium V2] 툴에서 Render( )를 클릭하면 렌더링이 진행됩니다. [Podium Rendering Manager] 창에서 [Preview] 버튼을 클릭하면 지금까지 작업한 결과를 확인할 수 있습니다.

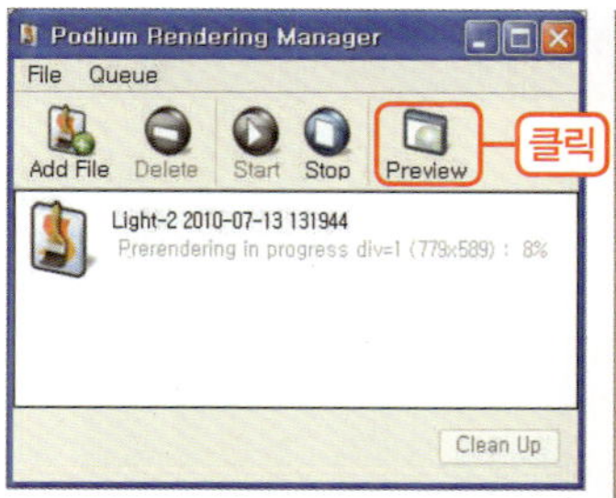

05 채우기 툴(🪣)을 선택한 후 [Materials] 창에서 빨간색을 선택합니다. 천장에 설치된 등의 한쪽 면에 원하는 색상을 채워 조명 색을 변경합니다. 선택 툴(↖)로 그림처럼 천장에 설치된 등의 면을 선택합니다.

06 [Podium V2] 툴에서 Material Properties(▣)를 클릭한 후 Light Power에 '50'을 입력하고 선택한 질감에 램(발광 물질)을 적용합니다.

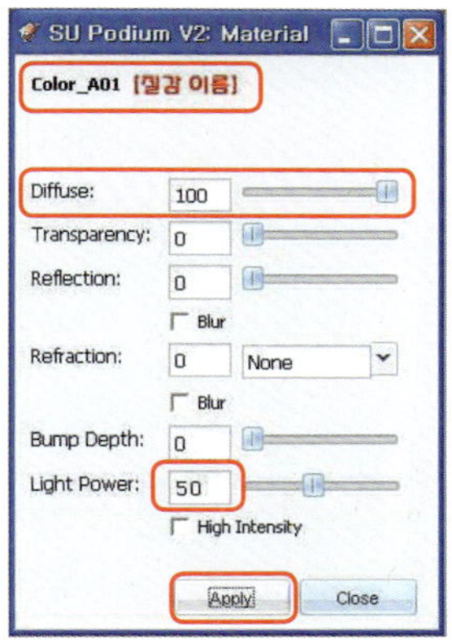

07 [Podium V2] 툴에서 Render(●)를 클릭하면 렌더링이 진행됩니다. [Podium Rendering Manager] 창에서 [Preview] 버튼을 클릭하면 지금까지 작업한 결과를 확인할 수 있습니다.

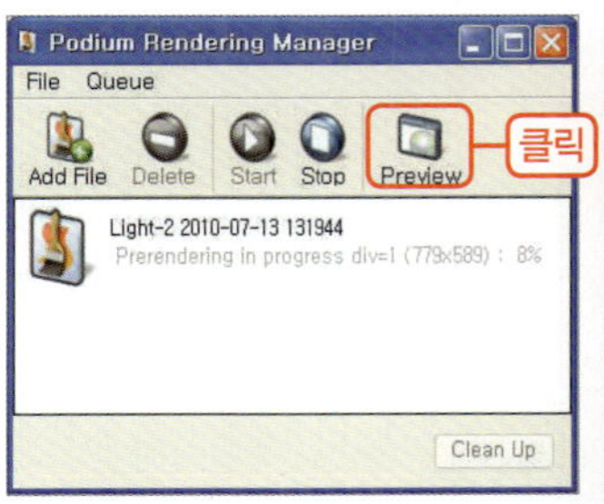

STEP 02 실내에 옴니 라이트를 삽입하고 색상 변경하기

실내 공간에 조명의 다양한 색상을 적용해서 조명을 설치해 보겠습니다.

▲ 원본

▲ Light [0%]

▲ Light [0.1%]

▲ Light [0.5%]

▲ 원본

▲ Light Properties [1%]

▲ Light Properties [5%]

---

01 먼저 [부록 CD\Sample\Part 05\예제\Light-3.skp] 경로에 있는 예제 파일을 불러옵니다.

02 [Podium V2] 툴에서 Place Point Light( )를 클릭한 후 옴니 라이트를 바닥 중앙에 클릭합니다.

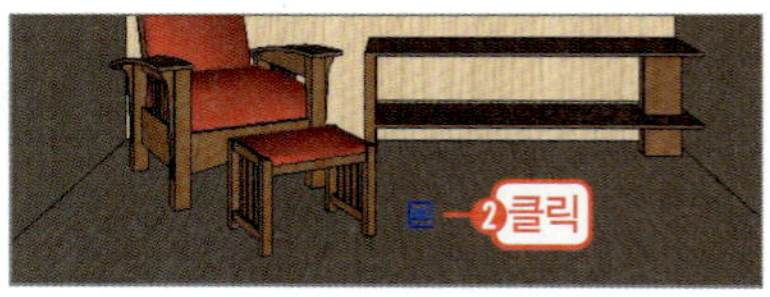

03 02에서 삽입한 옴니 라이트를 선택한 후 이동 툴( )로 드래그하여 실내 공간 중앙에 배치합니다. 옴니 라이트의 빛이 골고루 분산되는 것을 확인할 수 있습니다.

04 03에서 삽입한 옴니 라이트를 선택한 후 [Podium V2] 툴에서 Light Properties( )를 클릭합니다. 옴니 라이트의 색상을 '흰색'으로 변경하고 빛의 강도 값을 변경합니다.

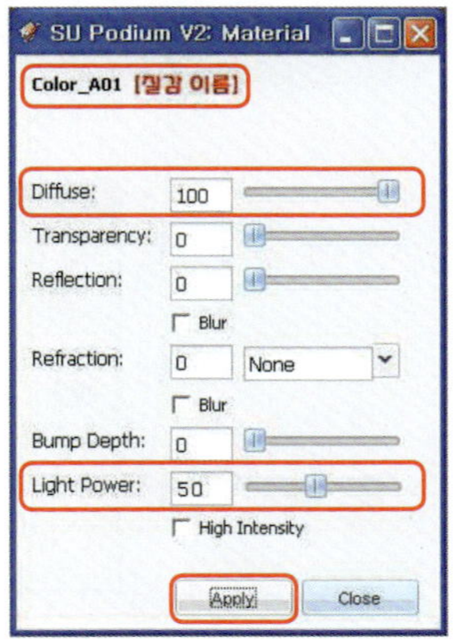

05 [Podium V2] 툴에서 Render( )를 클릭하면 렌더링이 진행됩니다. [Podium Rendering Manager] 창에서 [Preview] 버튼을 클릭하면 지금까지 작업한 결과를 확인할 수 있습니다.

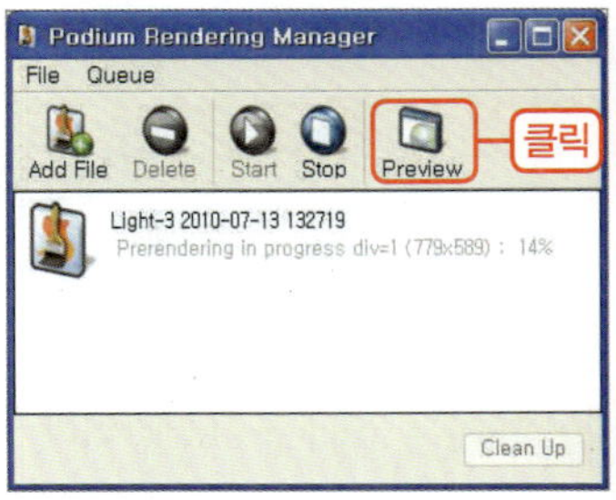

06 다시 한 번 03에서 삽입한 옴니 라이트를 선택한 후 [Podium V2] 툴에서 Light Properties( )를 클릭합니다. 옴니 라이트의 색상을 '분홍색'으로 변경하고 빛의 강도 값을 변경합니다.

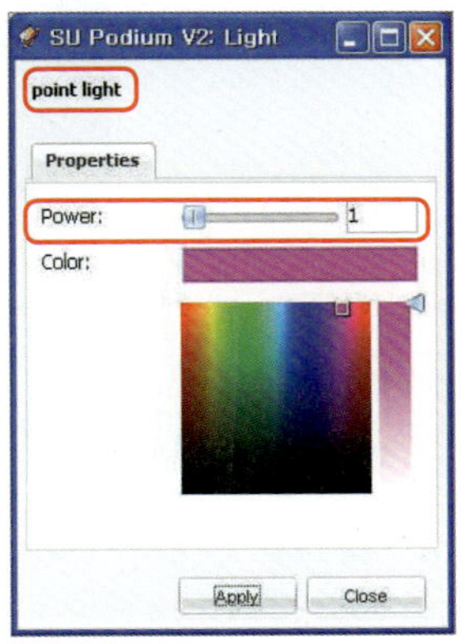

07 [Podium V2] 툴에서 Render( )를 클릭합니다. [Podium Rendering Manager] 창에서 [Preview] 버튼을 클릭하면 지금까지 작업한 결과를 확인할 수 있습니다.

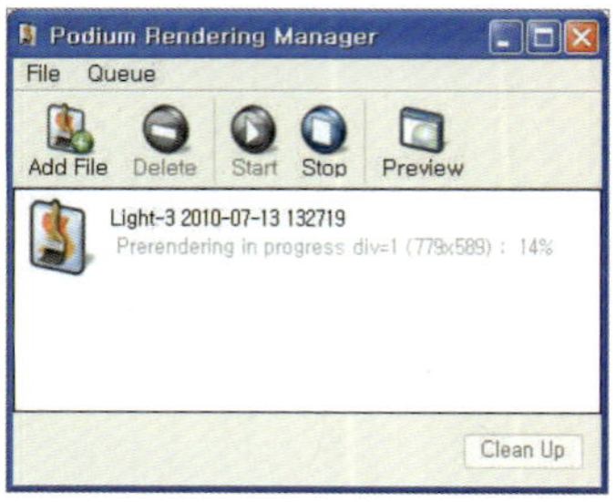

02. 고전적인 스탠드 기본 조명 설정 방법

스탠드 전등 안에 조명을 설치해 보겠습니다. 전등 면을 투명한 재질로 채웁니다. 옴니 라이트를 전등 안의 중앙에 배치한 후 실행할 때 외부로 빛이 퍼지는 효과를 표현합니다.

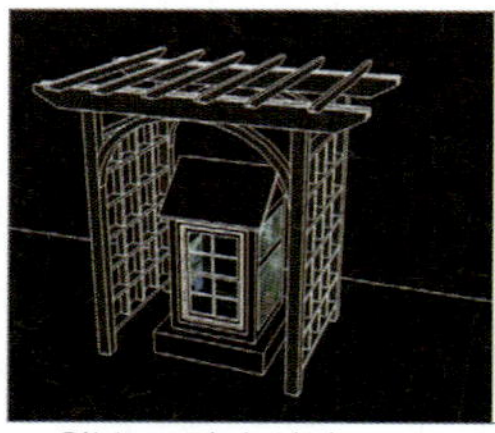
▲ 원본-그림자 설정

▲ Light [0%]

▲ Light [1%]

▲ Light [0.5%]

01 [부록 CD\Sample\Part 05\예제\ Light-1.skp] 경로에 있는 예제 파일을 불러옵니다.

02 옴니 라이트를 쉽게 설치하기 위해 스탠드 기둥을 마우스 오른쪽 버튼으로 클릭하면 나타나는 확장 메뉴 중에서 [Hide]를 선택합니다.

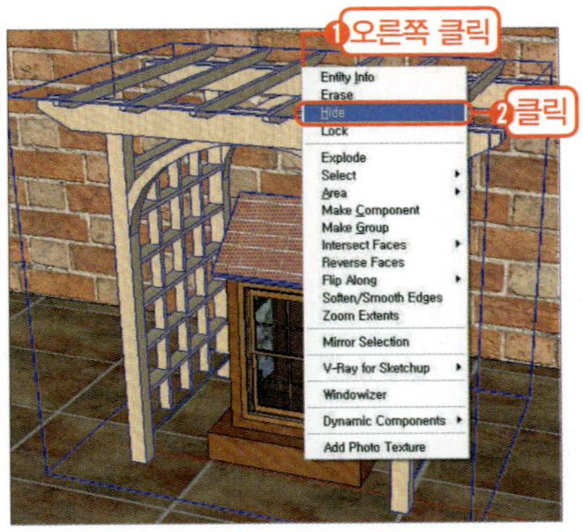

03 [Podium V2] 툴에서 Place Point Light()를 클릭한 후 옴니 라이트를 바닥 중앙에 클릭합니다. 디스플레이 화면을 X-ray() 디스플레이로 전환합니다. 그리고 삽입한 옴니 라이트를 선택한 후 이동 툴()로 드래그하여 이동합니다. 다음 그림처럼 전등 공간 중앙에 배치합니다.

04 03에서 작업한 옴니 라이트를 선택합니다. [Podium V2] 툴에서 Light Properties()를 클릭한 후 옴니 라이트의 색상을 '흰색'으로 설정하고 빛의 강도 값을 변경합니다.

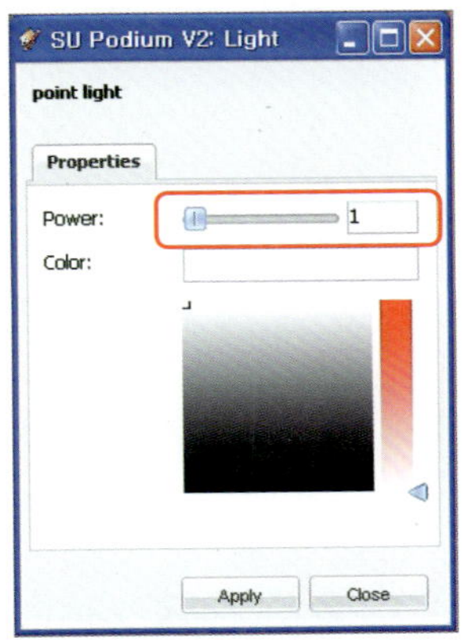

05 02에서 숨긴 객체를 다시 화면에 나타나도록 하기 위해 메뉴에서 [Edit]-[Unhide]-[All]을 선택합니다.

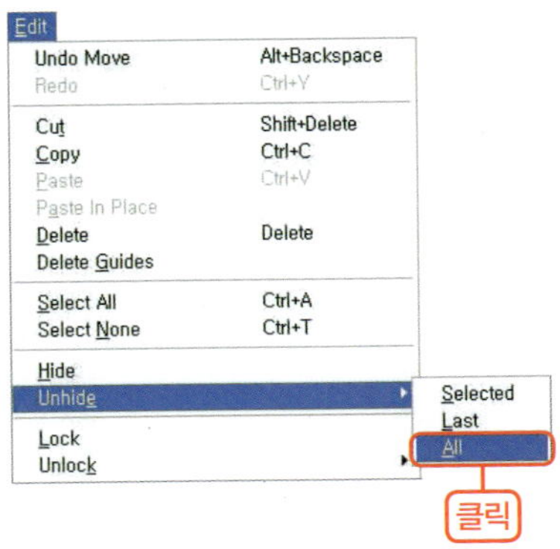

06 그림자를 표현하기 위해 메뉴에서 [Window]-[Shadows]를 선택합니다. Time 및 Date 값을 변경하고 Light와 Dark의 수치를 조절하면서 어두운 배경을 표현합니다.

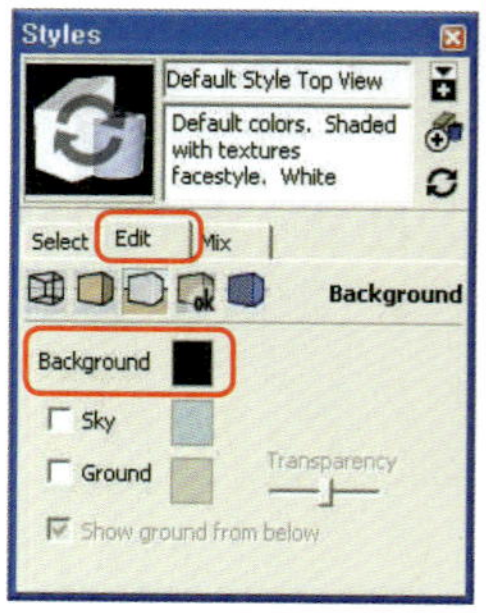

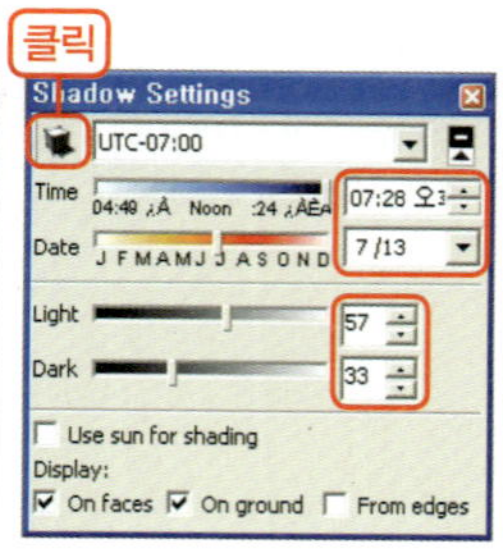

07 [Podium V2] 툴에서 Render( )를 클릭하면 렌더링이 진행됩니다. [Podium Rendering Manager] 창에서 [Preview] 버튼을 클릭하면 지금까지 작업한 결과를 확인할 수 있습니다.

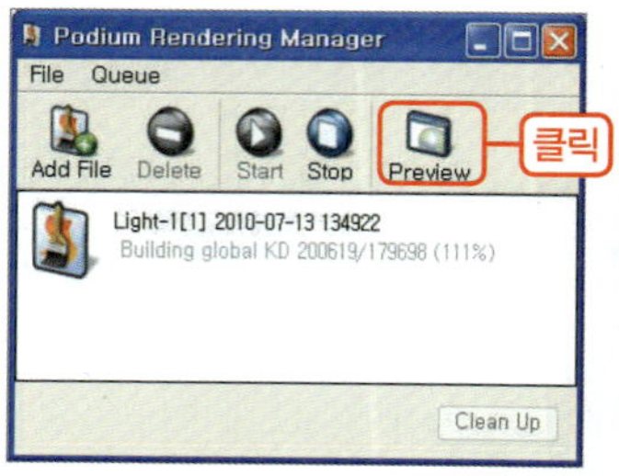

08 다시 한 번 03에서 작업한 옴니 라이트를 선택합니다. [Podium V2] 툴에서 Light Properties( )를 클릭한 후 옴니 라이트의 색상을 '빨강'으로 설정하고 빛의 강도 값을 변경합니다.

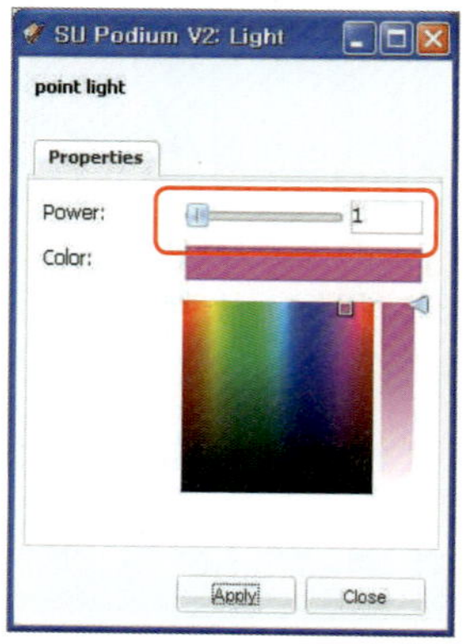

09 [Podium V2] 툴에서 Render( )를 클릭하면 렌더링이 진행됩니다. [Podium Rendering Manager] 창에서 [Preview] 버튼을 클릭하면 지금까지 작업한 결과를 확인할 수 있습니다.

03. Spot Light 살펴보기

Spot Light는 특정한 지점을 목표로 빛을 비춰주며, 빛이 나오는 라이트와 목표점의 타깃(Target)이 있습니다. 메뉴에서 [Plugins]-[Podium Light System V2]를 선택합니다.

● 메뉴에서 [Plugins]-[Podium Light System V2]를 선택한 후 Control 을 누르면 패널이 화면에 나타납니다.

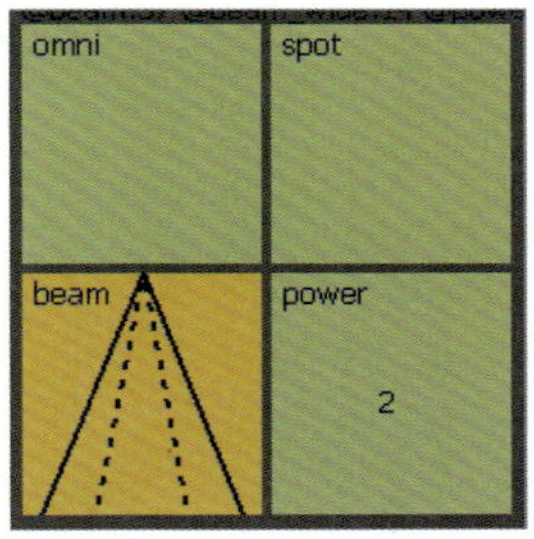

● 빛은 가운데 부분이 밝고 외곽으로 갈수록 약해집니다.
  - **Hotspot** 조명 주위가 흐릿할 때 가운데 부분에 나타나는 밝은 부분입니다.
  - **Falloff** 조명 맨 가장자리에서 어둠과 만나게 되는 부분입니다.

● Hotspot와 Falloff 간의 차이가 거의 같은 크기이면 또렷한 가장자리를 갖게 됩니다.

● Spot Light의 Hotspot 각도는 항상 Falloff 각도보다 작아야 합니다.

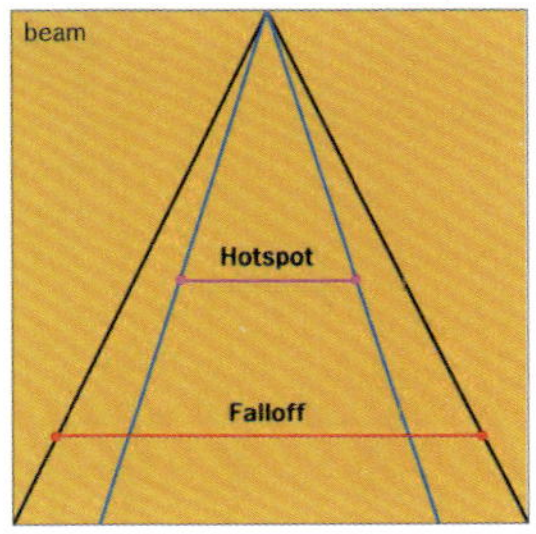

STEP 01 수직 방향으로 Spot Light 설정하기

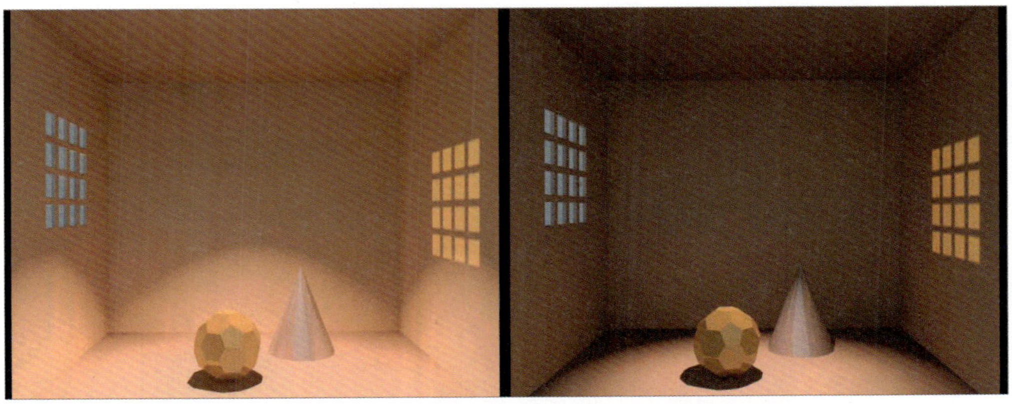

01 [부록 CD\Sample\Part 05\예제\S-light.skp] 경로에 있는 예제 파일을 불러옵니다.

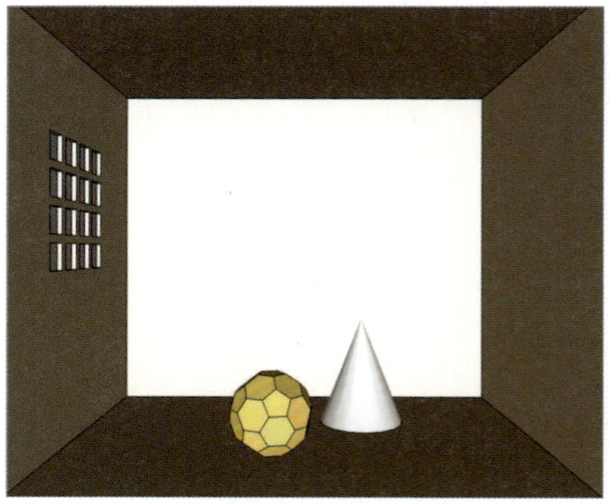

02 곡선 모델링에서 안 보이는 선을 보이게 하기 위해 메뉴에서 [View]-[Hidden Geometry]를 선택합니다. 반사 효과를 적용할 면을 선택하기 위해 육각형으로 이루어진 구를 마우스 오른쪽 버튼으로 클릭하면 나타나는 확장 메뉴 중에서 [Edit Component]를 선택합니다.

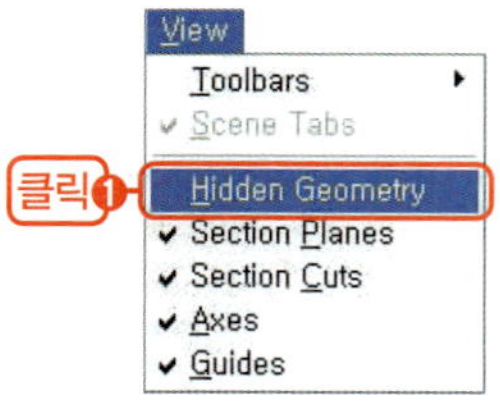

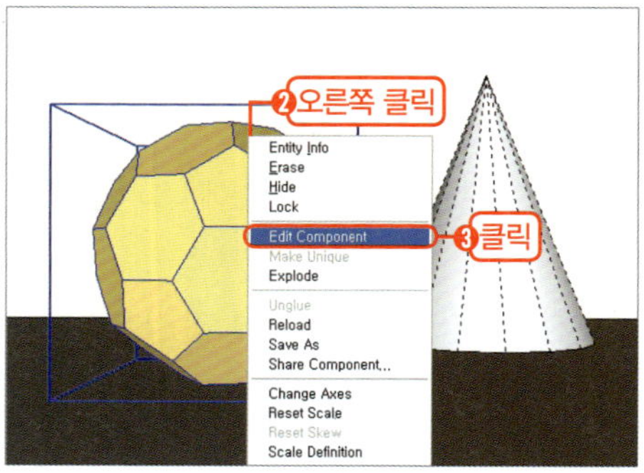

Tip

곡선에 반사 효과를 설정할 때, 모델링 객체 면에는 효과가 적용되지 않습니다. 따라서 곡선에 안 보이는 선을 보이도록 한 후 하나의 면만 선택하고 효과를 적용해야 합니다.

03 반사 효과를 적용할 면은 선택 툴(▶)로 다음 그림처럼 하나의 면을 선택합니다. 질감에 직접 반사 효과를 적용하기 위해 반사(Reflection)에 반사값으로 '25%'를 입력합니다.

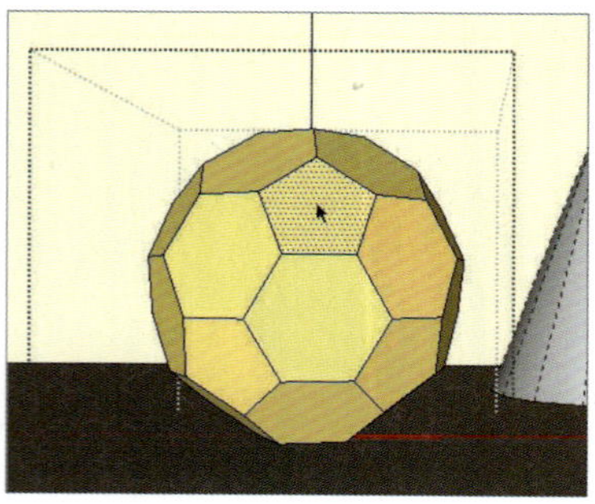

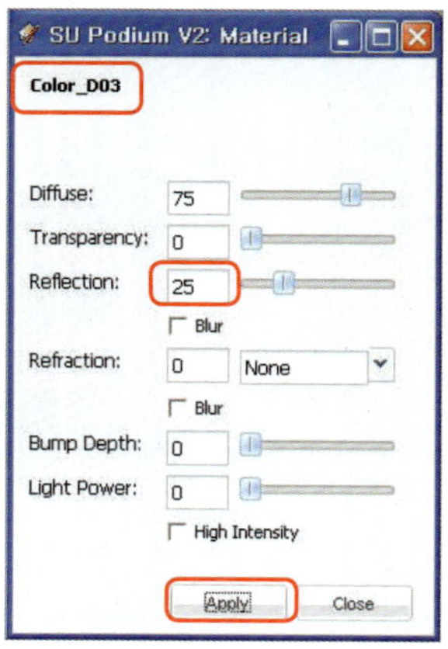

Tip

반사 슬라이더를 이동할 경우, 나머지 두 개(Diffuse, Transparency)의 슬라이더는 자동으로 왼쪽으로 이동합니다.

04 원뿔에서 반사 효과를 적용할 면을 선택하기 위해 마우스 오른쪽 버튼을 클릭하면 나타나는 확장 메뉴 중에서 [Edit Component]를 선택합니다. 반사 효과를 적용할 면은 선택 툴( )로 그림처럼 하나의 면을 선택합니다. 질감에 직접 반사 효과를 적용하기 위해 반사(Reflection)에 반사값으로 '35%'를 입력합니다.

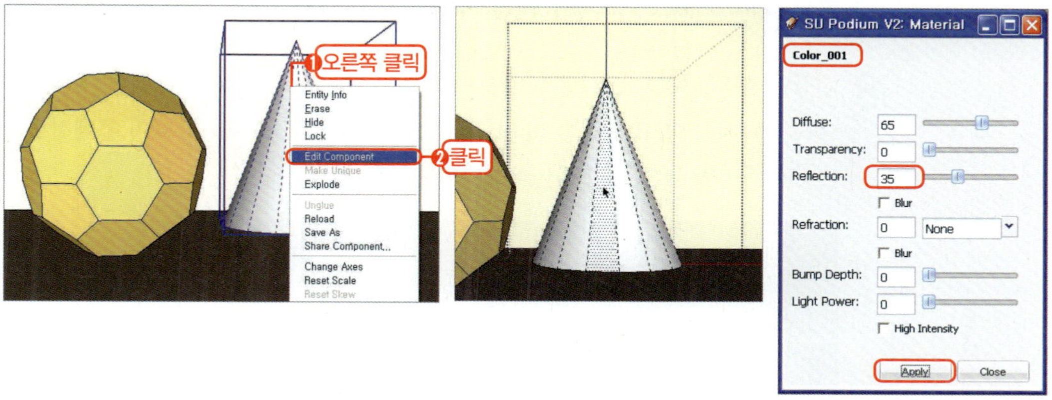

05 그림자를 표현하기 위해 메뉴에서 [Window]–[Shadows]를 선택합니다. Time 및 Date 값을 변경하고 Light와 Dark의 수치를 조절하면서 어두운 배경을 표현합니다.

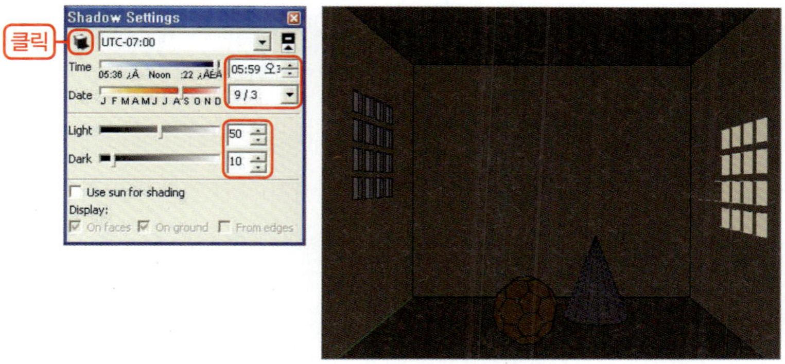

06 메뉴에서 [Plugins]–[Podium Light System V2]를 선택합니다. Control을 누르면 패널이 화면에 나타납니다. Control을 누른 채 [beam] 항목에서 Spot Light 영역을 설정합니다. 그런 다음, [spot] 버튼을 클릭합니다.

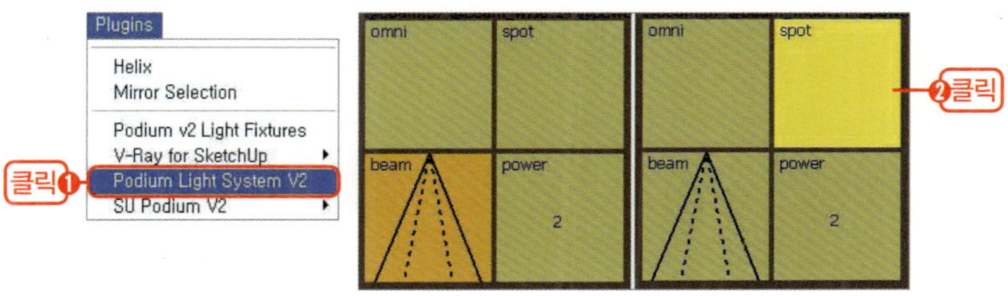

07 다음 그림처럼 P1, P2, P3 포인트를 차례대로 클릭하면서 빛이 비춰지는 방향을 설정합니다.

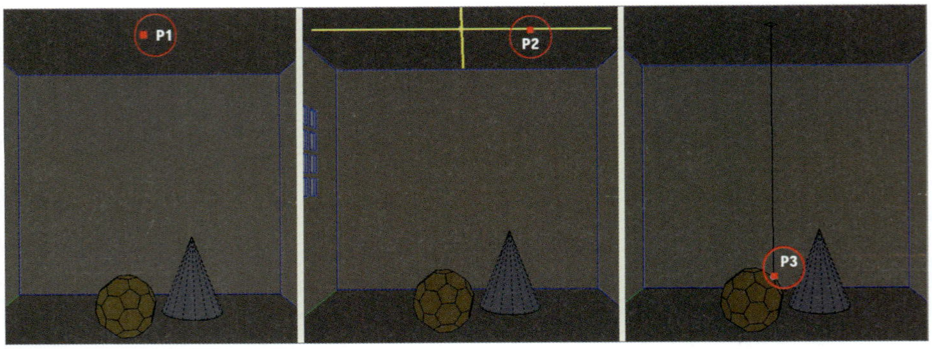

08 천장에 작은 점처럼 Light가 생성되었습니다. 스케일 툴( )을 선택한 후 수직 아래로 스케일을 늘려 줍니다. 그리고 삽입한 Spot Light를 선택한 후 [Podium V2] 툴에서 Light Properties ( )를 클릭하고 Spot Light에 색상과 빛의 강도 값을 변경합니다.

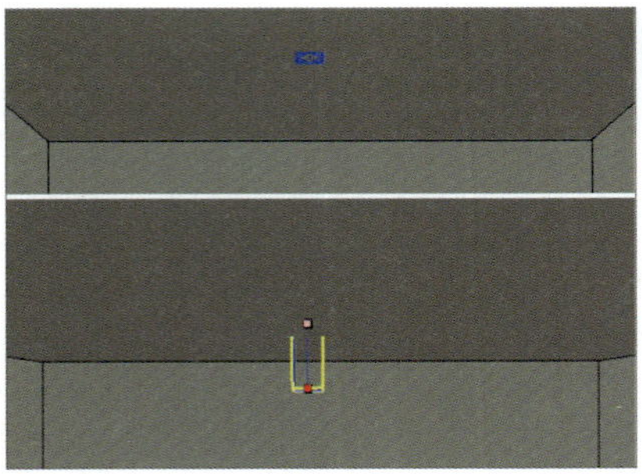

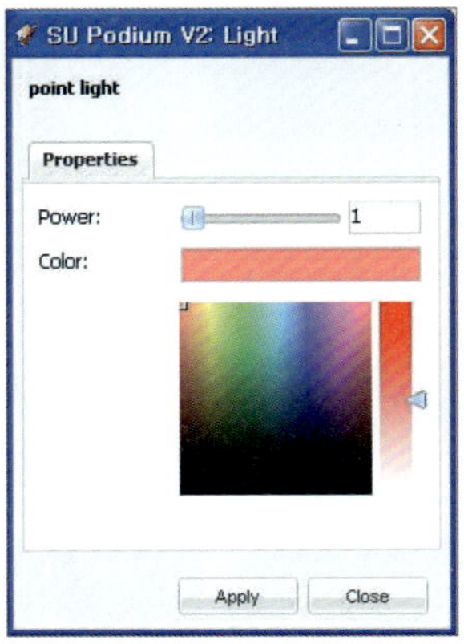

09 [Podium V2] 툴에서 Render( )를 클릭하면 렌더링이 진행됩니다. [Podium Rendering Manager] 창에서 [Preview] 버튼을 클릭하면 지금까지 작업한 결과를 확인할 수 있습니다.

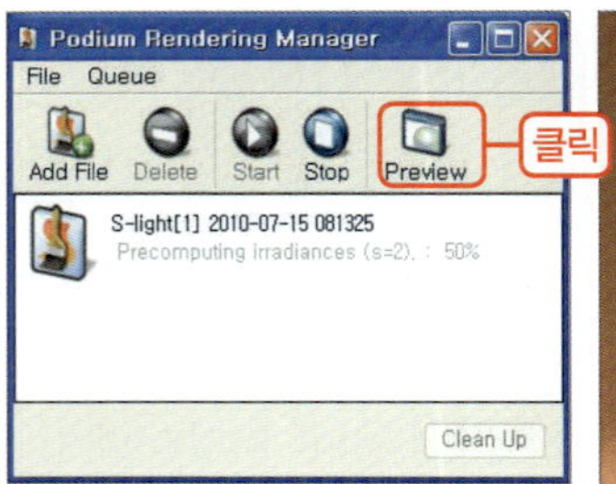

10 다시 한 번 **08**에서 작업한 Spot Light를 선택한 후 스케일 툴( )로 수직 아래로 길게 스케일을 늘려 줍니다.

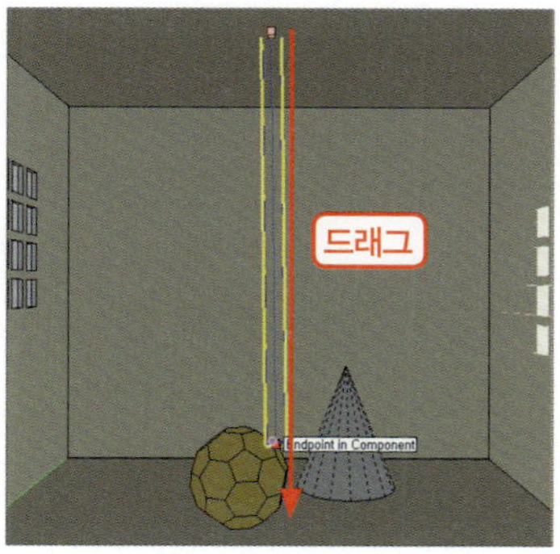

11 [Podium V2] 툴에서 Render( )를 클릭하면 렌더링이 진행됩니다. [Podium Rendering Manager] 창에서 [Preview] 버튼을 클릭하면 지금까지 작업한 결과를 확인할 수 있습니다.

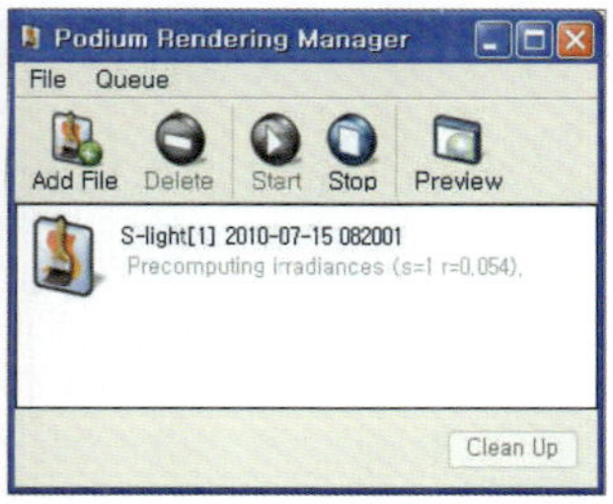

STEP 02 대각선 방향으로 Spot Light 설정하기

01 [부록 CD\Sample\Part 05\예제\S-light.skp] 경로에 있는 예제 파일을 불러옵니다.

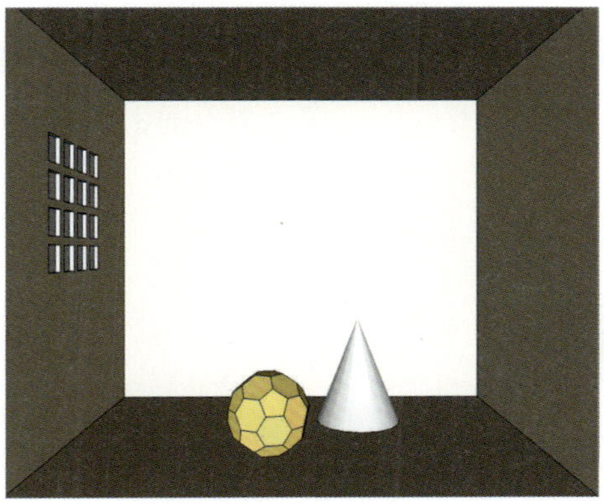

02 메뉴에서 [Plugins]-[Podium Light System V2]를 선택합니다. 다음 그림처럼 P1, P2, P3 포인트를 차례대로 클릭하며 빛이 비춰지는 방향을 설정합니다.

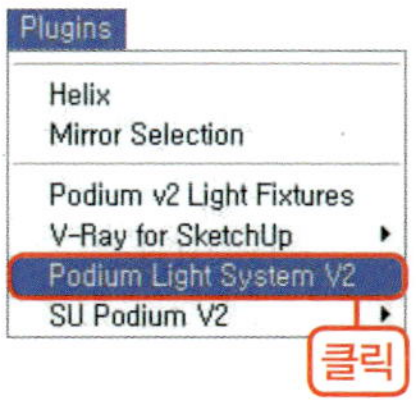

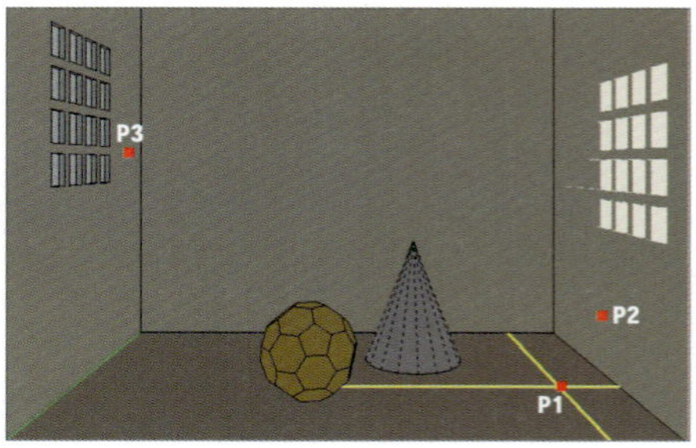

03 벽에 대각선으로 Light가 생성되었습니다. 삽입한 Spot Light를 선택한 후 [Podium V2] 툴에서 Light Properties( )를 클릭하고 Spot Light에 색상과 빛의 강도 값을 변경합니다.

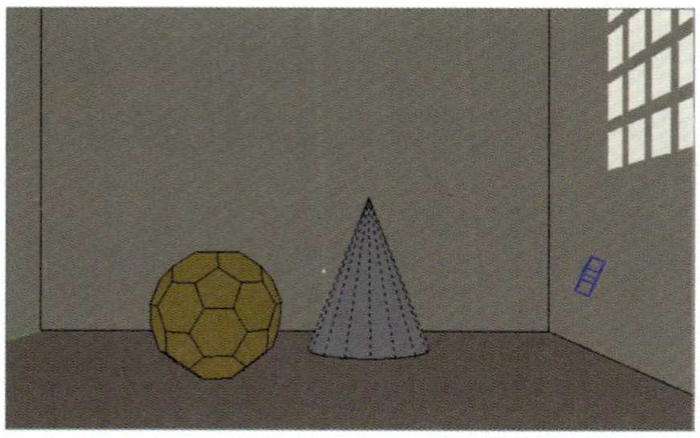

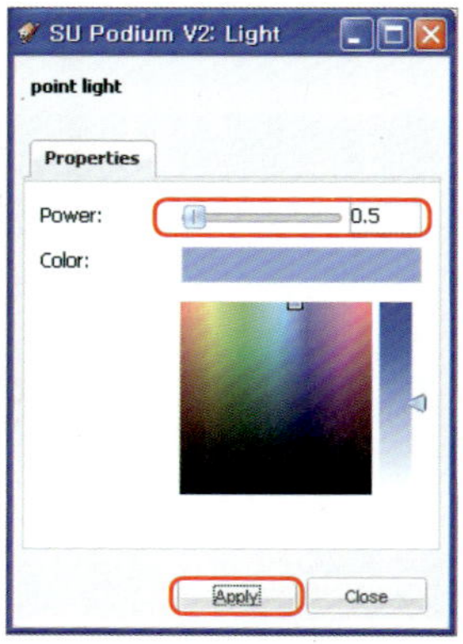

04 [Podium V2] 툴에서 Render( )를 클릭하면 렌더링이 진행됩니다. [Podium Rendering Manager] 창에서 [Preview] 버튼을 클릭하면 지금까지 작업한 결과를 확인할 수 있습니다.

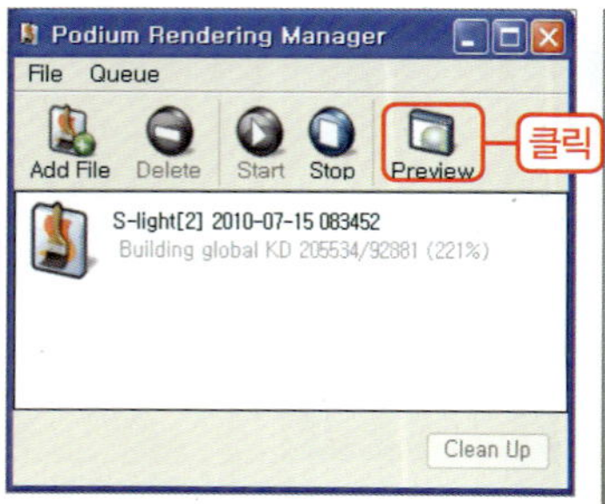

05 다시 한 번 03에서 작업한 Spot Light를 선택한 후 스케일 툴( )로 Spot Light 크기를 확대하고, 대각선 방향으로 길게 스케일을 늘려 줍니다.

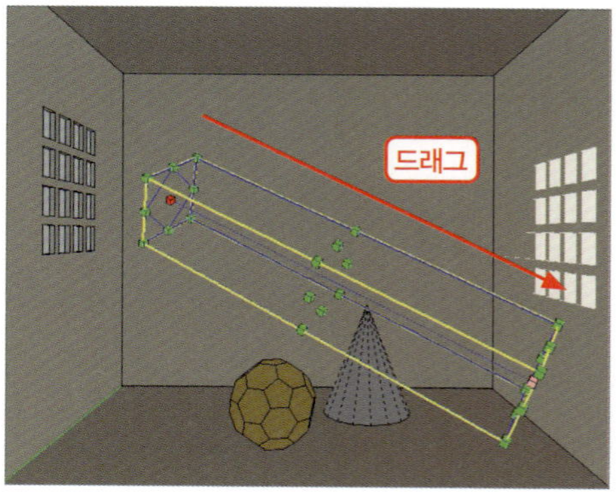

06 [Podium V2] 툴에서 Render(아이콘)를 클릭하면 렌더링이 진행됩니다. [Podium Rendering Manager] 창에서 [Preview] 버튼을 클릭하면 지금까지 작업한 결과를 확인할 수 있습니다.

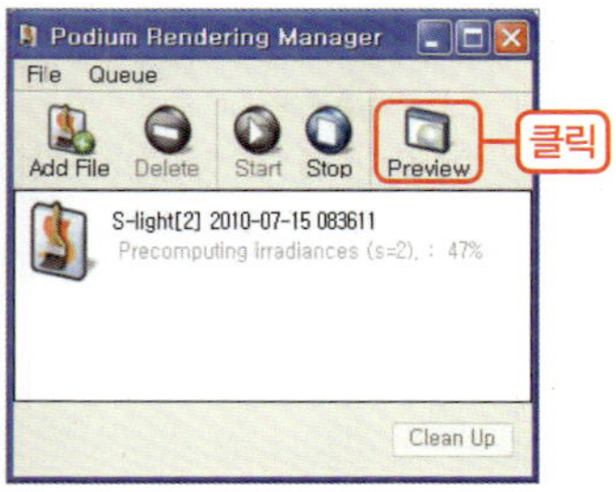

07 다시 한 번 03에서 작업한 Spot Light를 선택한 후 스케일 툴(아이콘)로 대각선 방향으로 길게 스케일을 늘려 준 다음 대칭으로 복사합니다. Spot Light를 선택하고 [Podium V2] 툴에서 Light Properties(아이콘)를 클릭한 후 Spot Light에 색상과 빛의 강도 값을 변경합니다.

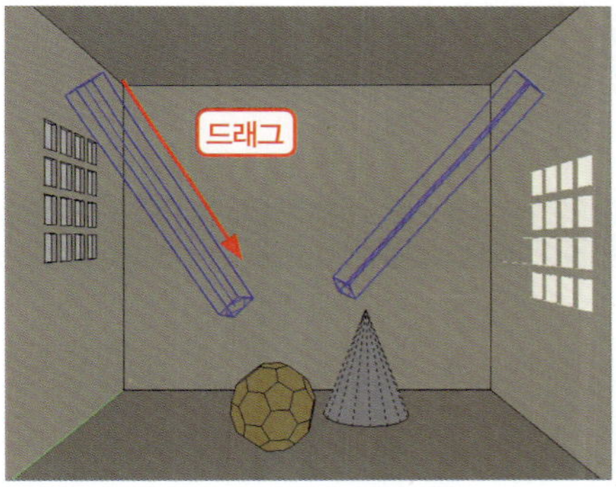

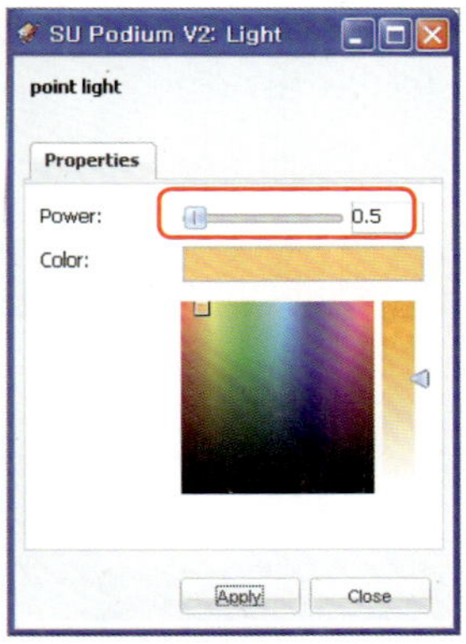

08 [Podium V2] 툴에서 Render(아이콘)를 클릭하면 렌더링이 진행됩니다. [Podium Rendering Manager] 창에서 [Preview] 버튼을 클릭하면 지금까지 작업한 결과를 확인할 수 있습니다.

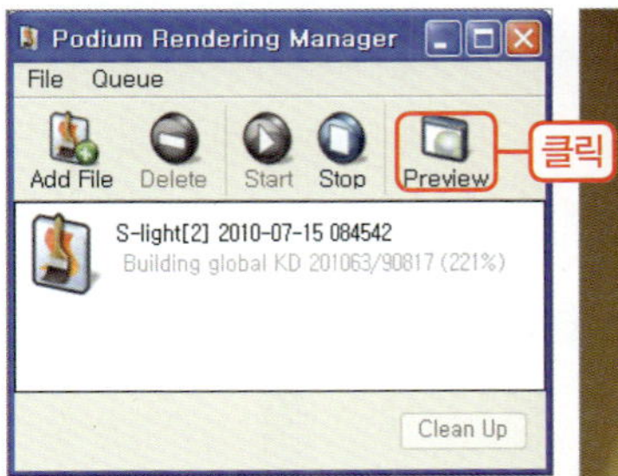

04. 반사 효과 살펴보기

반사(Reflection)는 개체의 색상과 질감도 중요하지만 유리, 금속, 액체와 같은 개체라면 빛을 반사시키는 정도를 표현해 내는 것이 아주 중요합니다.

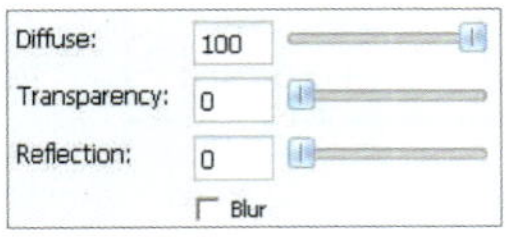

- 텍스처에 적용될 때 세 개(Diffuse, Transparency, Reflection) 슬라이더의 통합 값은 100% 동일해야 합니다. 기본 설정은 Diffuse(100%) 입니다. Diffuse, Transparency는 서로 연결되어 있습니다.
- 질감에 직접 반사 효과를 적용하기 위해 오른쪽으로 반사(Reflection) 슬라이더를 이동했을 경우, 나머지 두 개(Diffuse, Transparency)의 슬라이더는 자동으로 왼쪽으로 이동합니다.
- Transparency 투명성은 스케치업 투명도/불투명도 속성을 가지고 있습니다. 단, 높은 투명성과 높은 반사 값을 설정하는 것은 현명하지 않습니다. 렌더링할 때 이상한 결과가 나타납니다.

STEP 01 기본 반사 효과 적용하기

▲ Reflection [0%]

▲ Reflection [20%]

▲ Reflection [50%]

▲ Reflection [25%]+Blur

01 [부록 CD\Sample\Part 05\예제\ball.skp] 경로에 있는 예제 파일을 불러옵니다. 그런 다음, 채우기 툴(🪣)을 선택하고 [Materials] 창에서 흰색을 선택하여 구에 색상을 채웁니다.

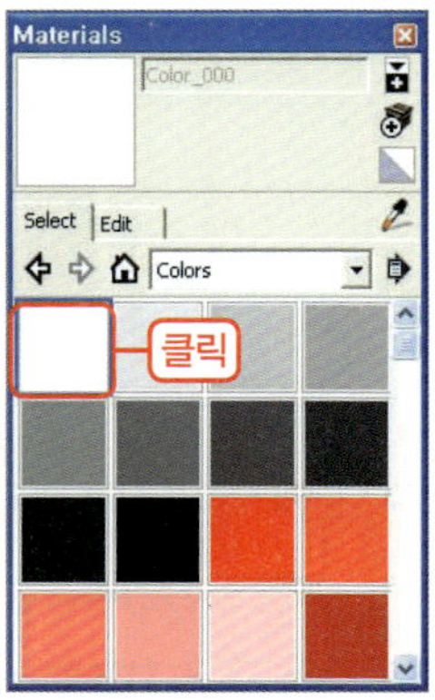

02 곡선 모델링에서 안 보이는 선을 보이게 하기 위해 메뉴에서 [View]–[Hidden Geometry]를 선택합니다. 그리고 반사 효과를 적용할 면을 선택 툴(↖)로 그림처럼 구의 한 면을 선택합니다.

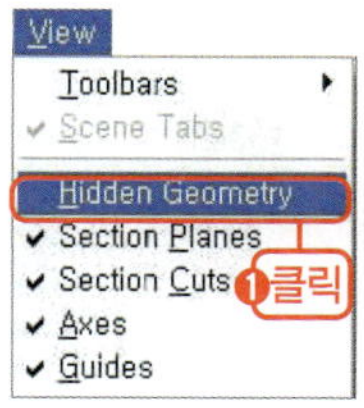

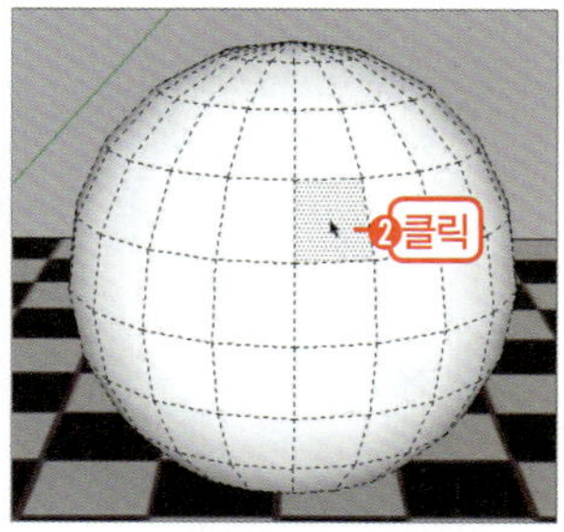

Tip

곡선 모델링에 반사, 굴절, 발광 효과 등을 선택할 때는 반드시 메뉴에서 [View]–[Hidden Geometry]를 선택하여 안 보이는 선을 보이도록 해야 합니다. 그리고 모델링의 모든 면을 선택하는 것이 아니라 하나의 면만을 선택해야 합니다.

03 질감에 직접 반사 효과를 적용하기 위해 반사값을 '50%'으로 입력합니다.

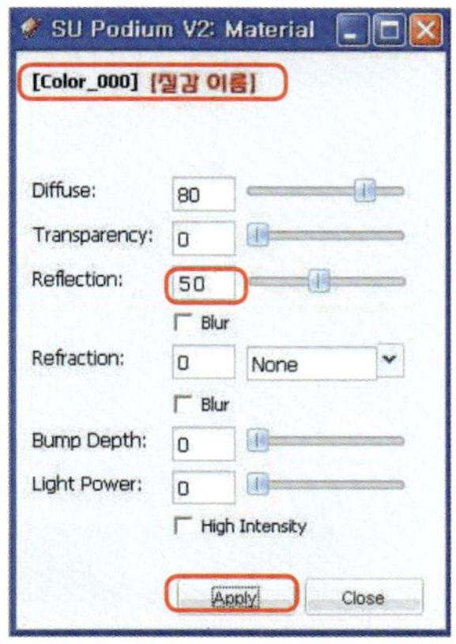

04 [Podium V2] 툴에서 Render( )를 클릭하면 렌더링이 진행됩니다. [Podium Rendering Manager] 창에서 [Preview] 버튼을 클릭하면 지금까지 작업한 결과를 확인할 수 있습니다.

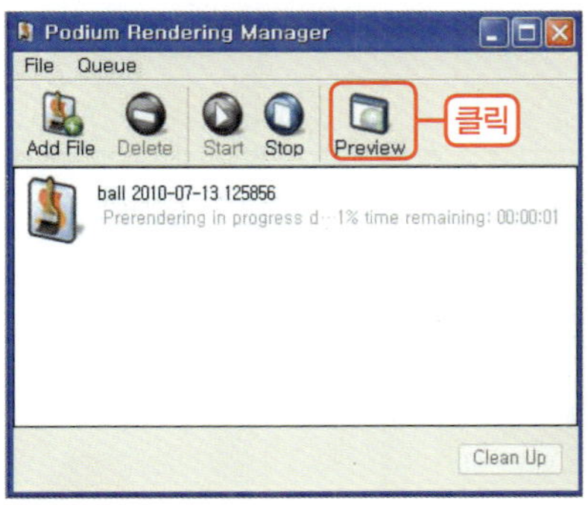

05 다시 한 번 질감에 직접 반사 효과를 적용하기 위해 반사(Reflection)에 반사값으로 '25%'를 입력합니다. 그리고 [Blur]에 체크 표시를 하면 흐림 반사 효과가 되어 아주 현실적인 모델링이 됩니다. 단, 렌더링 속도가 느려집니다.

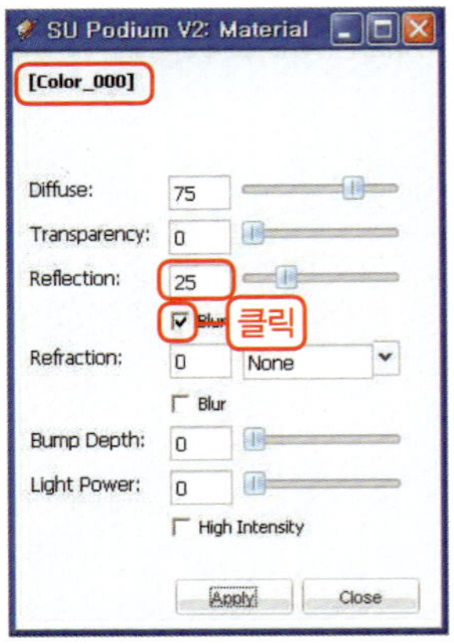

06 [Podium V2] 툴에서 Render( )를 클릭하면 렌더링이 진행됩니다. [Podium Rendering Manager] 창에서 [Preview] 버튼을 클릭하면 지금까지 작업한 결과를 확인할 수 있습니다.

STEP 02 의자에 반사 효과 적용하기

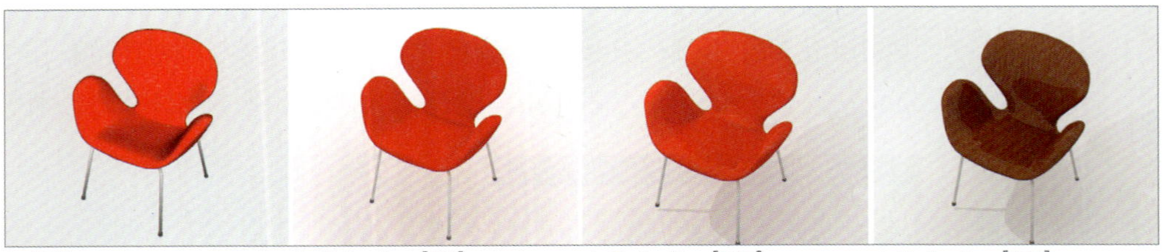

▲ 원본 ▲ Reflection [0%] ▲ Reflection [10%] ▲ Reflection [15%]

01 [부록 CD\Sample\Part 05\예제\chair.skp] 경로에 있는 예제 파일을 불러옵니다.

02 곡선 모델링에서 안 보이는 선을 보이게 하기 위해 메뉴에서 [View]–[Hidden Geometry]를 선택합니다. 그리고 의자면에 반사 효과를 적용하기 위해 마우스 오른쪽 버튼을 클릭하면 나타나는 확장 메뉴 중에서 [Edit Component]를 선택합니다.

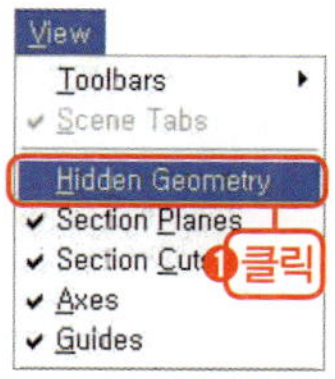

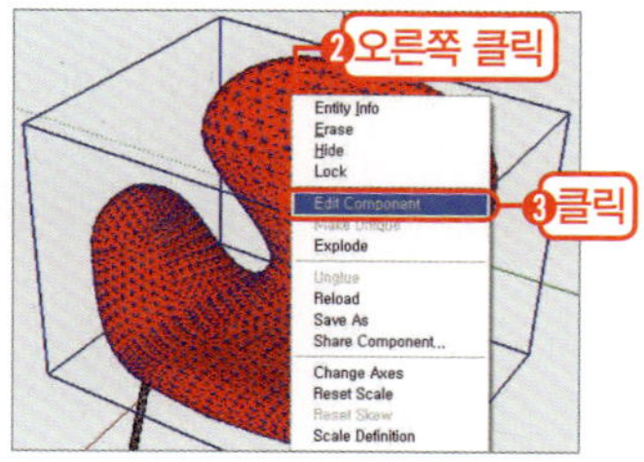

03 반사 효과를 적용할 면을 선택 툴()로 그림처럼 의자면의 한 면을 선택합니다. 그리고 질감에 직접 반사 효과를 적용하기 위해 반사(Reflection)에 반사값으로 '10%'를 입력합니다.

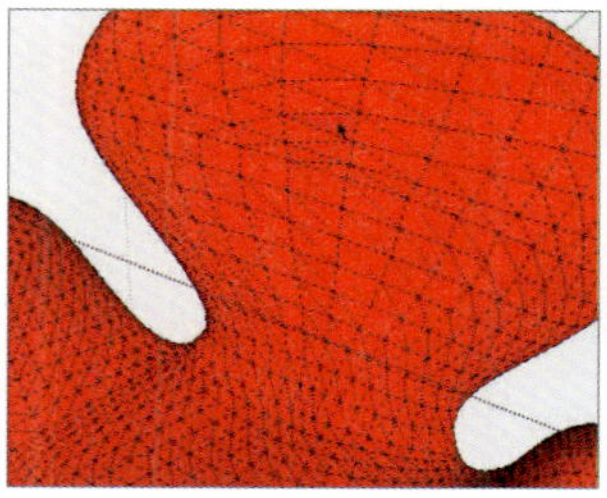

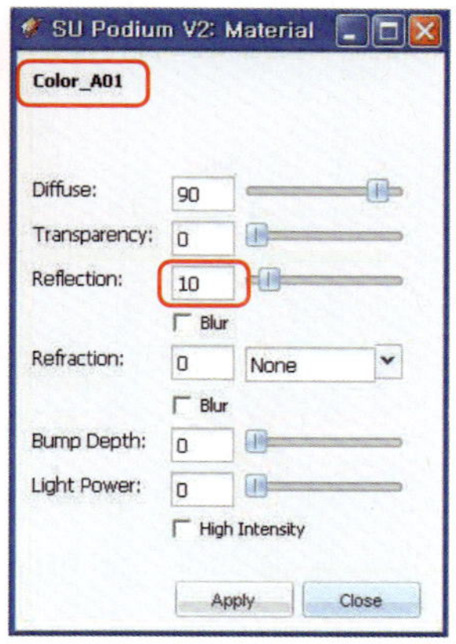

04 [Podium V2] 툴에서 Render()를 클릭하면 렌더링이 진행됩니다. [Podium Rendering Manager] 창에서 [Preview] 버튼을 클릭하면 지금까지 작업한 결과를 확인할 수 있습니다.

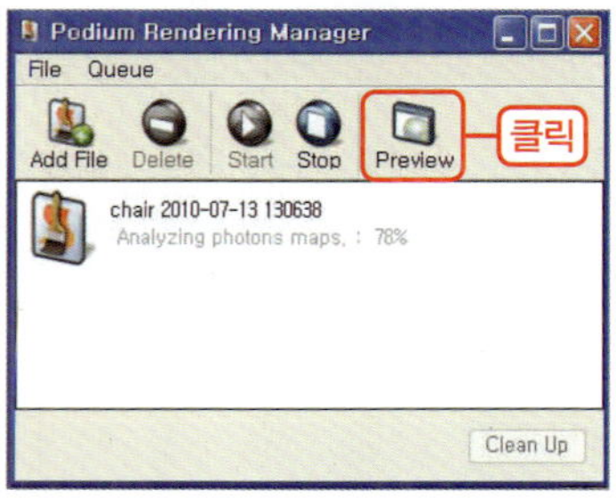

05. 굴절 효과 살펴보기

굴절(Refraction)은 굴절률을 가진 물질을 통과하면서 나타나는 빛의 파장을 말합니다. 예를 들어, 물이 담긴 잔에 각도를 기울여 빨대를 넣으면 빨대는 수면에서 구부러져 보입니다. 이는 물이 1.33의 굴절률을 가지고 있기 때문입니다.

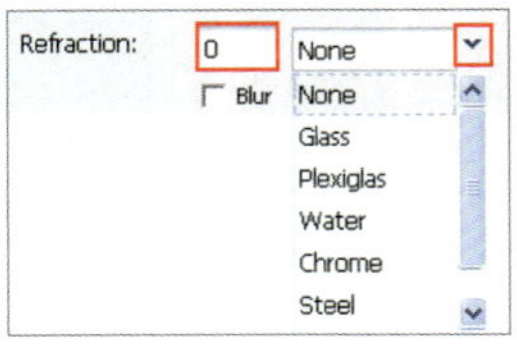

- 특정 물질에 대한 굴절률의 목록이 있습니다.
- 텍스처에 굴절을 사용하려면 질감을 선택한 후에 굴절률을 입력해야 합니다.
- 반사 효과를 작업한 후 굴절 옵션의 [Blur]에 체크 표시를 하면 흐림 반사 효과가 적용되어 아주 현실적인 모델링이 됩니다. 단, 렌더링 속도가 느려집니다.

● IOR 수치로 굴절률 조절하기

IOR(Index of Refraction)은 투명한 물체를 투과하는 빛의 굴절을 계산하기 위해 사용되었습니다. 반사율과 굴절률의 IOR 값은 분산되었지만 정확한 효과를 얻기 위해서는 이 값들이 같아야 합니다.

Material	IOR	Material	IOR
Glass	1.517	Gold	0.47
Plexiglas	1.49	Silver	1.35
Water	1.33	Copper	2.43
Chrome	2.97	Doamond	2.42
Steel	2.5	Oil	1.47
Aluminum	1.39	Jade	1.6
Ceramic	4	–	–

STEP 01 질감에 굴절 효과 적용하기

▲ 원본

▲ Reflection [1.55]

▲ Reflection [1.55]+Blur

01 [부록 CD\Sample\Part 05\예제\IOR.skp] 경로에 있는 예제 파일을 불러옵니다.

02 곡선 모델링에서 안 보이는 선을 보이게 하기 위해 메뉴에서 [View]-[Hidden Geometry]를 선택합니다. 그리고 굴절 효과를 적용할 면은 선택 툴( )로 그림처럼 구의 한 면을 선택합니다.

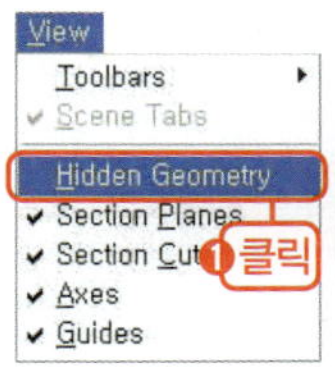

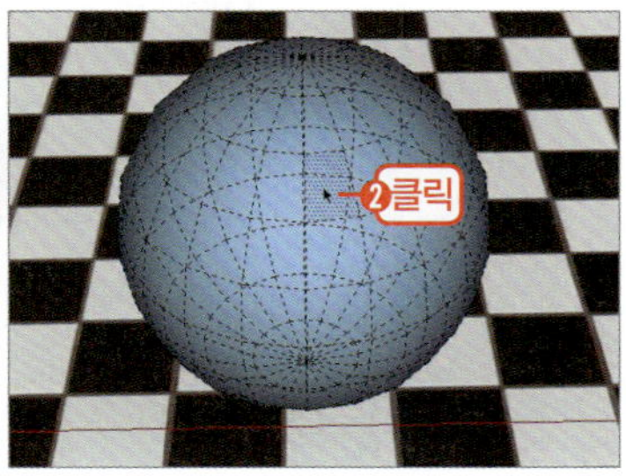

03 질감에 직접 굴절 효과를 적용하기 위해 굴절률 IOR 값으로 '1.55'를 입력합니다. 그리고 굴절 효과에는 투명한 질감을 설정하기 위해 Transparency은 85%로 지정합니다. 그리고 Diffuse는 10%, Reflection은 5%로 지정합니다.

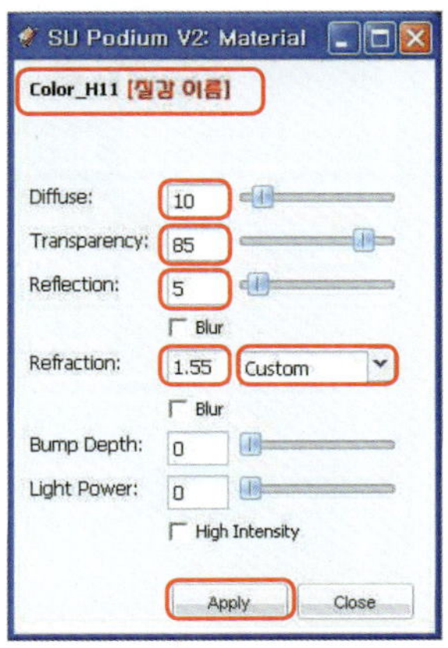

04 [Podium V2] 툴에서 Render(아이콘)를 클릭하면 렌더링이 진행됩니다. [Podium Rendering Manager] 창에서 [Preview] 버튼을 클릭하면 지금까지 작업한 결과를 확인할 수 있습니다.

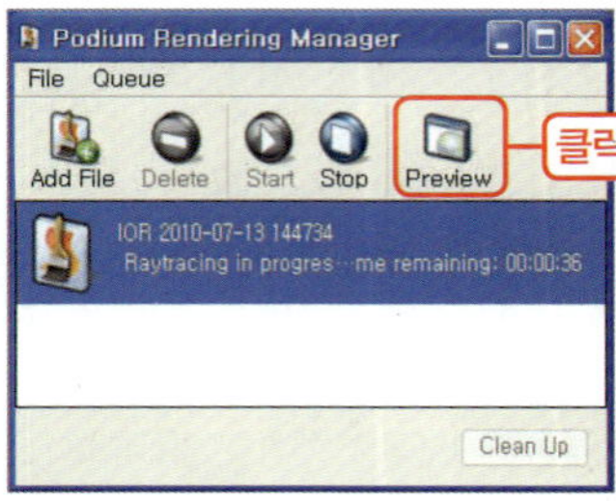

05 다시 한 번 굴절 효과를 적용할 면은 선택 툴(아이콘)로 그림처럼 구의 한 면을 선택합니다. 질감에 직접 굴절 효과를 적용하기 위해 굴절률 IOR 값으로 '1.55'를 입력하고 굴절 옵션의 [Blur]에 체크 표시를 하면 흐림 반사 효과가 되어 아주 현실적인 모델링이 됩니다. 단, 렌더링 속도가 느려집니다.

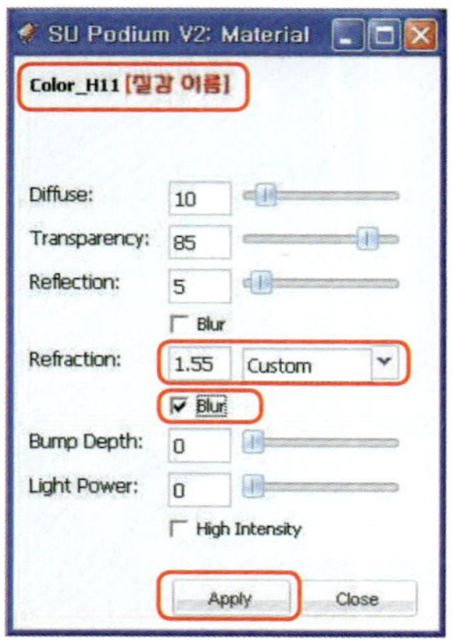

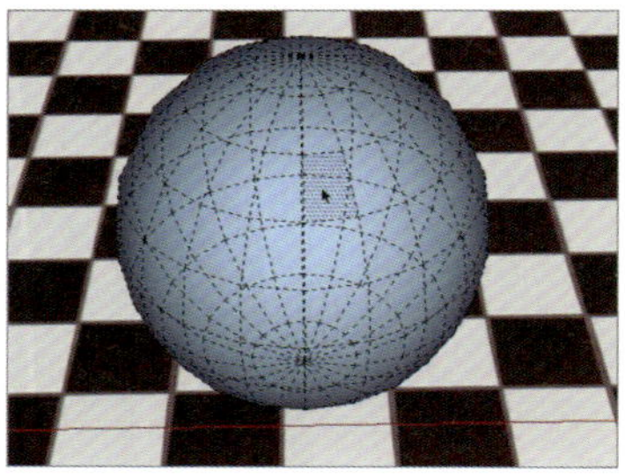

06 [Podium V2] 툴에서 Render(아이콘)를 클릭하면 렌더링이 진행됩니다. [Podium Rendering Manager] 창에서 [Preview] 버튼을 클릭하면 지금까지 작업한 결과를 확인할 수 있습니다.

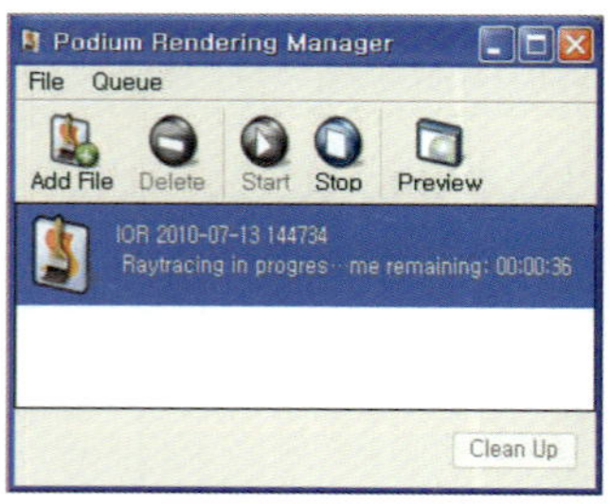

06. 범프(Bump) 효과 살펴보기

질감을 표현하기 위해서는 물체의 재질에 비트맵을 사용하면 되지만 벽 표면이나 타일, 나무, 유성 페인트, 가죽, 물과 같은 표편을 울퉁불퉁한 재질로 만들고자 할 때는 범프 맵을 사용하는 것이 좋습니다.

STEP 01 질감에 범프 효과 적용하기

▲ 원본 ▲ Bump [0%] ▲ Bump [100%]

01 [부록 CD\Sample\Part 05\예제\bump.skp] 경로에 있는 예제 파일을 불러옵니다.

02 질감에 범프(Bump) 효과를 설정하기 위해 마우스 오른쪽 버튼을 클릭하면 나타나는 확장 메뉴 중에서 [Edit Group]을 선택하고 선택 툴( )로 그림처럼 질감의 하나의 면을 선택합니다.

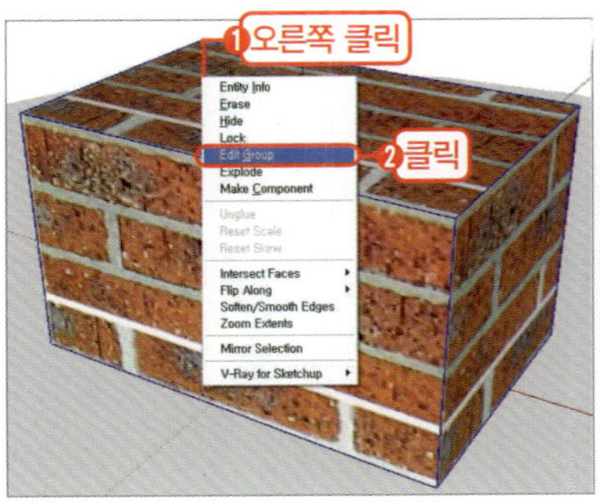

03 02에서 선택한 질감에 범프 효과를 설정하기 위해 [Bump Depth] 값으로 '100'을 입력합니다.

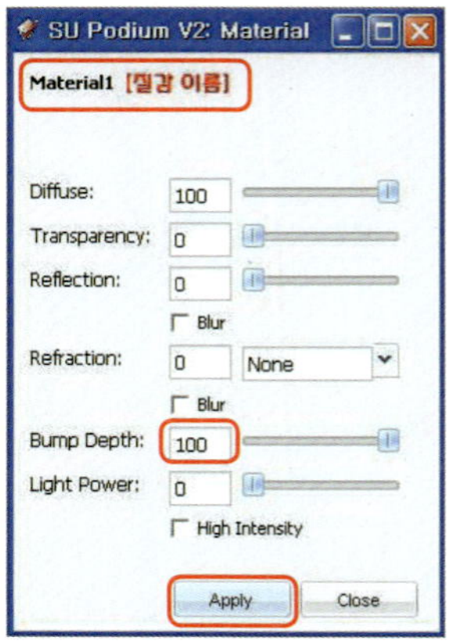

04 [Podium V2] 툴에서 Render( )를 클릭하면 렌더링이 진행됩니다. [Podium Rendering Manager] 창에서 [Preview] 버튼을 클릭하면 지금까지 작업한 결과를 확인할 수 있습니다.

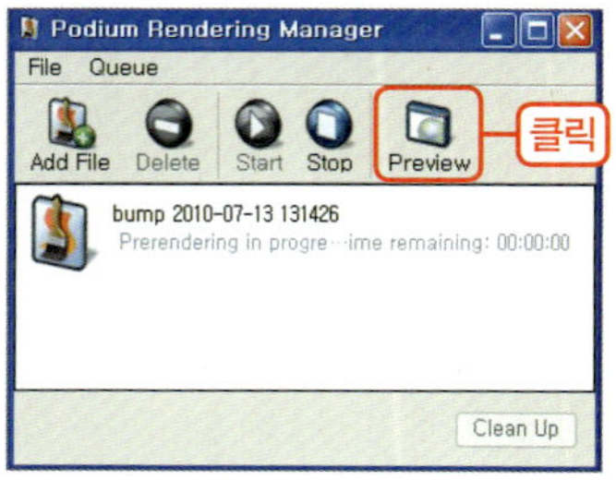

07. LEM 발광 효과 살펴보기

자체 발광 재질은 물체 그 자체를 광원으로 만들 수 있습니다. 그래서 설정된 광원과 같이 정형화된 형태의 빛에 제한되지 않는 광원을 만들게 됩니다. 따라서 물체의 모든 부분을 광원으로 사용할 수 있는 것입니다.

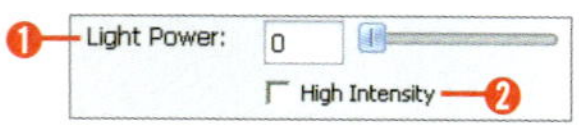

❶ Light Power

- Light 슬라이더를 이동시키면 질감에 LEM(Light Emitting Material) 발광 물질이 적용됩니다.
- LEM Light는 SU_Podium_V2의 인공 광원의 한 유형입니다. 질감으로부터 한 방향으로 빛을 방출하는 불빛이 만들어집니다.

- 질감과 빛을 슬라이더로 적용할 수 있습니다. 그리고 LEM 표시등을 쉽게 작성할 수 있으며, 렌더링도 빠르게 진행됩니다.
- 강도 설정값이 너무 높으면 물체 자체의 색상이 흰색에 가까워짐을 알 수 있습니다.

❷ High Intensity

- High Intensity에 체크 표시를 하면 LEM Light가 적용됩니다. 높은 강도가 되면 LEM 빛이 매우 밝아집니다. 대부분의 경우에는 High Intensity 옵션이 필요하지 않습니다.

STEP 01 자체 발광 재질 작업하기

▲ 원본 ▲ Light Power [5%] ▲ Light Power [10%] ▲ Light Power [1%] + High Intensity

01 [부록 CD\Sample\Part 05\예제\LEM.skp] 경로에 있는 예제 파일을 불러옵니다.

02 채우기 툴(🎨)을 선택한 후 [Materials] 창에서 '아이보리색'을 선택합니다. 정면에 원하는 색상을 채운 후 곡선 모델링에서 안 보이는 선을 보이게 하기 위해 메뉴에서 [View]–[Hidden Geometry]를 선택합니다.

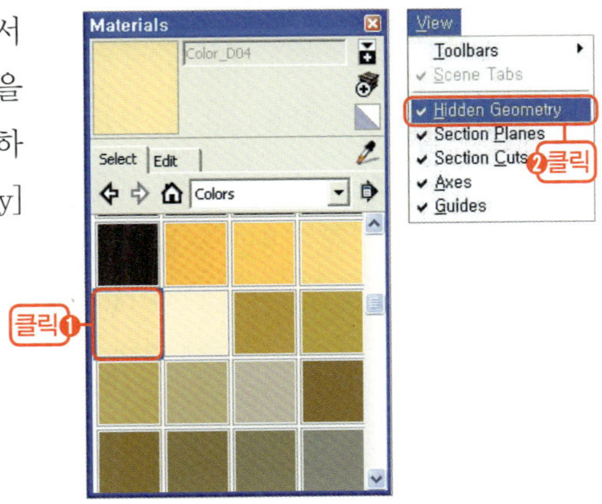

03 질감에 LEM 발광 효과를 설정하기 위해 마우스 오른쪽 버튼을 클릭하면 나타나는 확장 메뉴 중에서 [Edit Group]를 선택합니다. LEM 발광 효과를 적용할 면은 선택 툴( )로 그림처럼 하나의 면을 선택합니다.

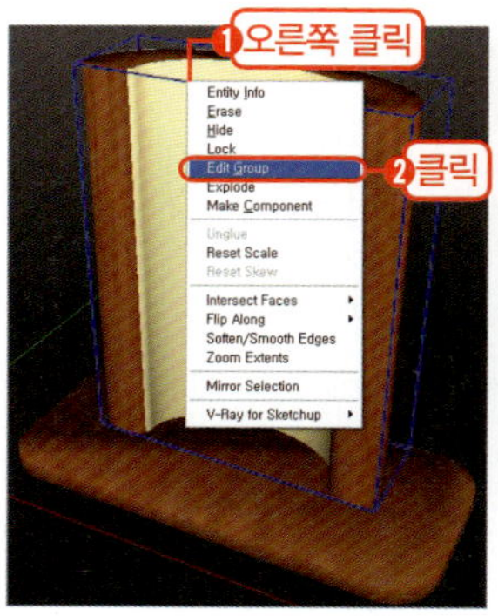

04 [Light Power] 값에 '10'을 입력합니다. 선택한 질감에 LEM 발광 물질이 적용됩니다.

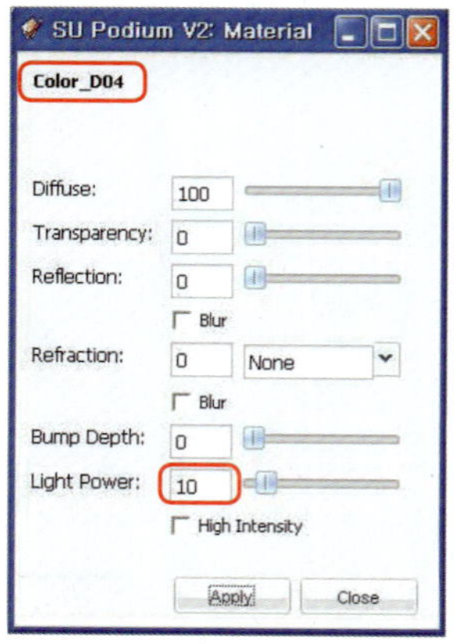

05 [Podium V2] 툴에서 Render( )를 클릭하면 렌더링이 진행됩니다. [Podium Rendering Manager] 창에서 [Preview] 버튼을 클릭하면 지금까지 작업한 결과를 확인할 수 있습니다.

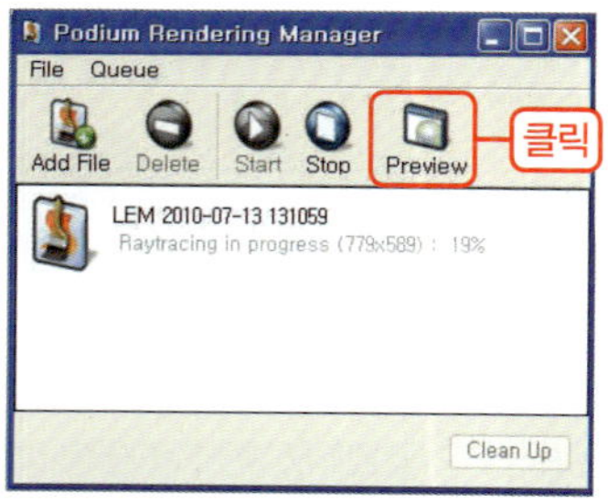

06 다시 한 번 선택 툴( )로 LEM 발광 효과를 적용할 하나의 면을 선택합니다. [Light Power] 값으로 '10'을 입력하고 [High Intensity]에 체크 표시를 합니다.

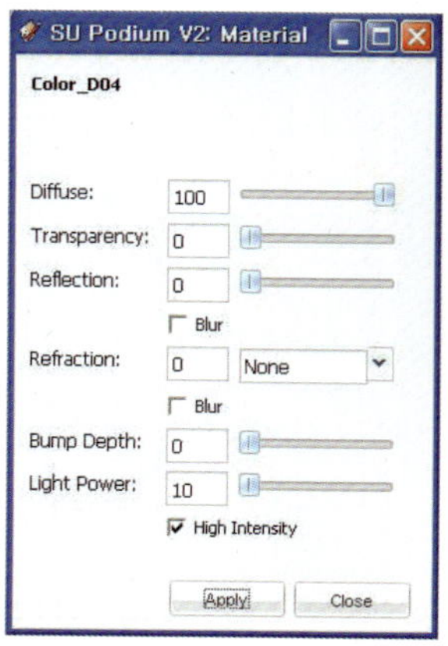

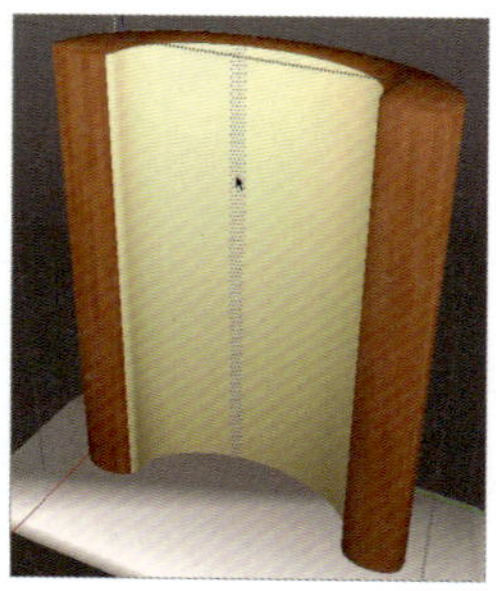

Tip

High Intensity에 체크 표시를 하면 LEM 빛이 매우 밝아집니다. 강도 설정값이 너무 높으면 물체 자체의 색상이 흰색에 가까워짐을 알 수 있습니다.

07 [Podium V2] 툴에서 Render( )를 클릭하면 렌더링이 진행됩니다. [Podium Rendering Manager] 창에서 [Preview] 버튼을 클릭하면 지금까지 작업한 결과를 확인할 수 있습니다.

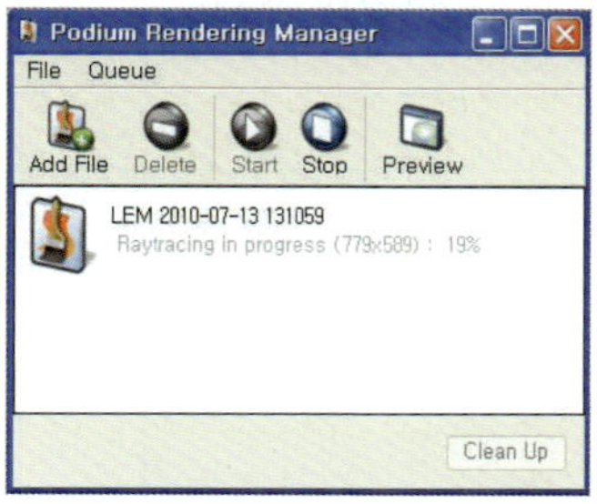

STEP 02 자체 발광 응용해 보기

01 [부록 CD\Sample\Part 05\예제\LEM-2.skp] 경로에 있는 예제 파일을 불러옵니다.

02 곡선 모델링에서 안 보이는 선을 보이게 하기 위해 메뉴에서 [View]–[Hidden Geometry]를 선택합니다. 다음 그림처럼 질감에 LEM 발광 효과를 설정하기 위해 마우스 오른쪽 버튼을 클릭하면 나타나는 확장 메뉴 중에서 [Edit Component]를 선택합니다.

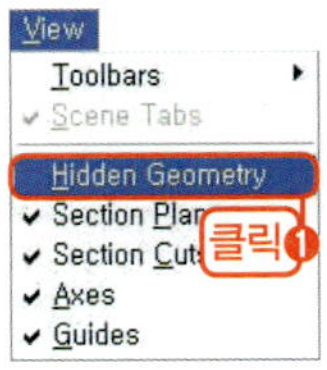

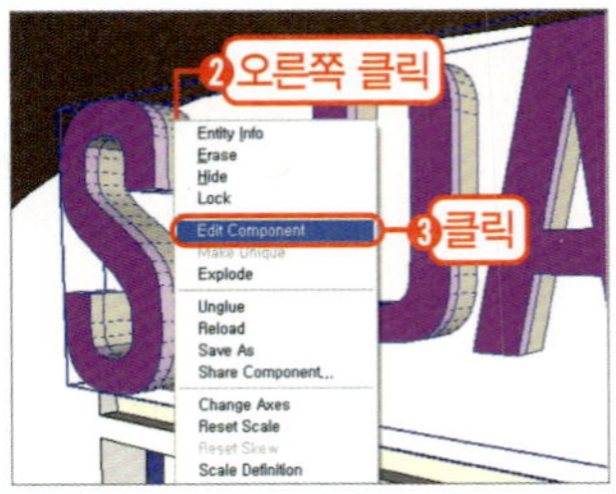

03 선택 툴( )로 LEM 발광 효과를 적용할 하나의 면을 선택합니다. [Light Power] 값으로 '30'을 입력합니다. Light 슬라이더를 적용한 질감에 LEM 발광 물질이 적용됩니다.

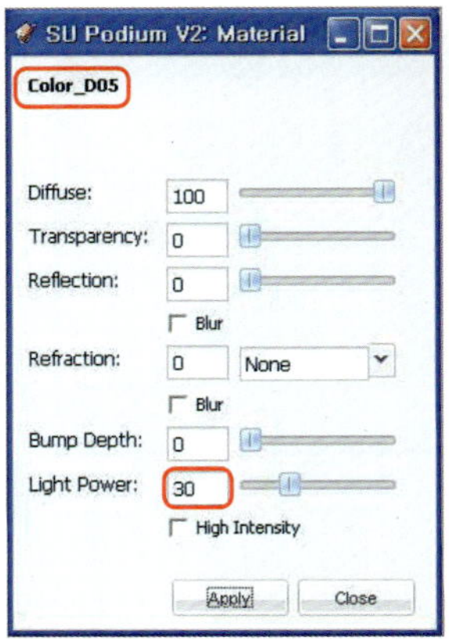

04 질감에 LEM 발광 효과를 설정하기 위해 마우스 오른쪽 버튼을 클릭하면 나타나는 확장 메뉴 중에서 [Edit Group]을 선택합니다. 선택 툴( )로 LEM 발광 효과를 적용할 면을 선택합니다. 그리고 [Light Power] 값으로 '30'을 입력합니다. Light 슬라이더를 적용한 질감에 LEM 발광 물질이 적용됩니다.

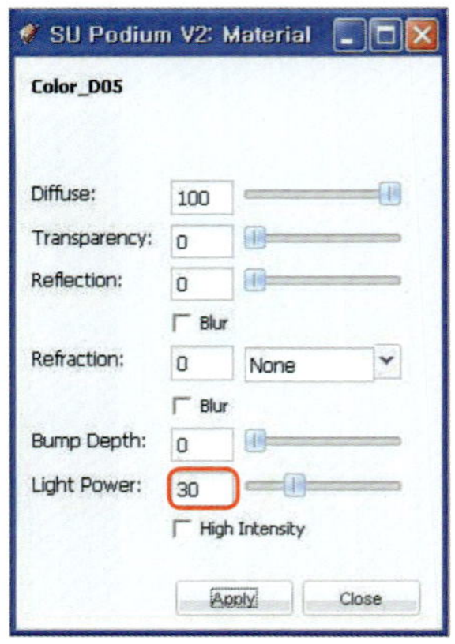

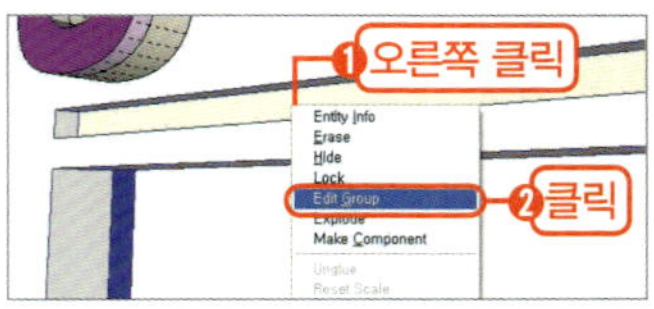

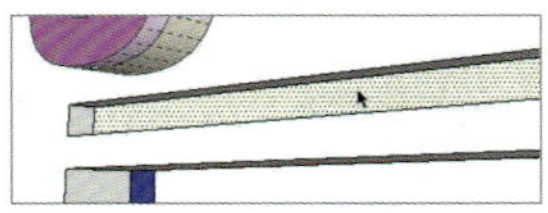

05 질감에 LEM 발광 효과를 설정하기 위해 마우스 오른쪽 버튼을 클릭하면 나타나는 확장 메뉴 중에서 [Edit Group]을 선택합니다. 선택 툴( )로 LEM 발광 효과를 적용할 면을 선택합니다. 그리고 [Light Power]값으로 '45'를 입력합니다. Light 슬라이더를 적용한 질감에 LEM 발광 물질이 적용됩니다.

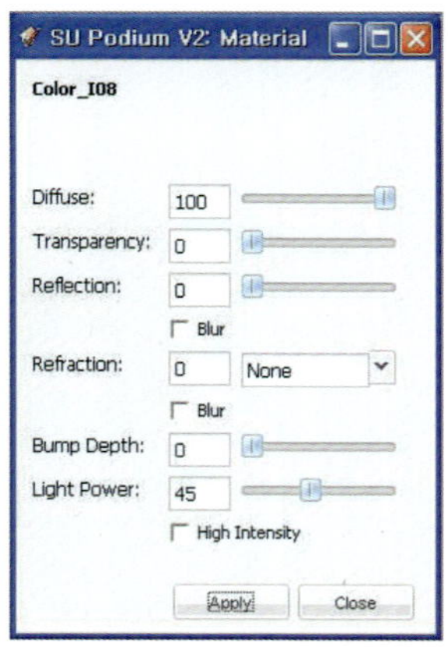

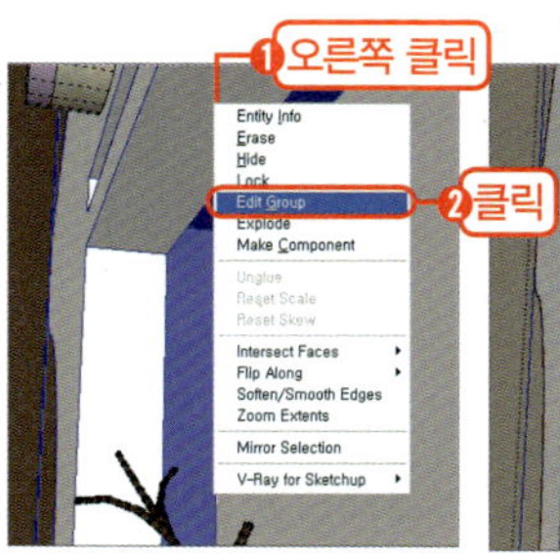

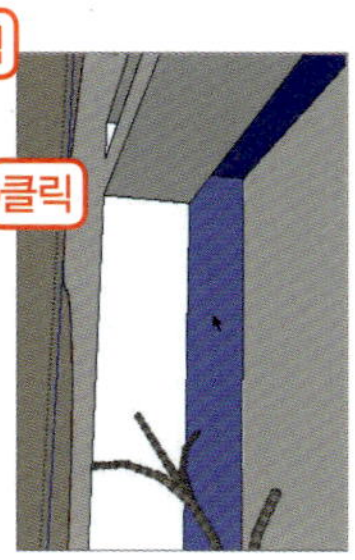

06 [Podium V2] 툴에서 Place Point Light(💡)를 클릭한 후 옴니 라이트를 바닥에 클릭하여 다섯 개의 옴니 라이트를 삽입합니다. 그리고 삽입한 옴니 라이트를 선택한 후 이동 툴( )로 드래그하여 실내 공간 중앙에 배치합니다.

07 06에서 삽입한 옴니 라이트 중에서 하나를 선택합니다. [Podium V2] 툴에서 Light Properties( )를 클릭한 후 옴니 라이트의 색상은 '연한 붉은색'으로 설정하고 빛의 강도 값으로 '15'를 입력합니다.

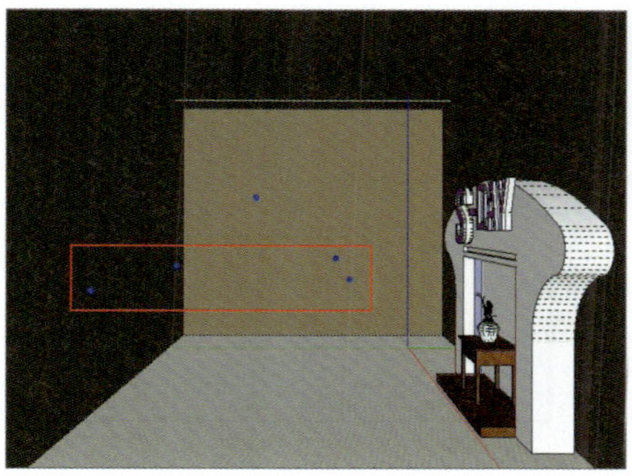

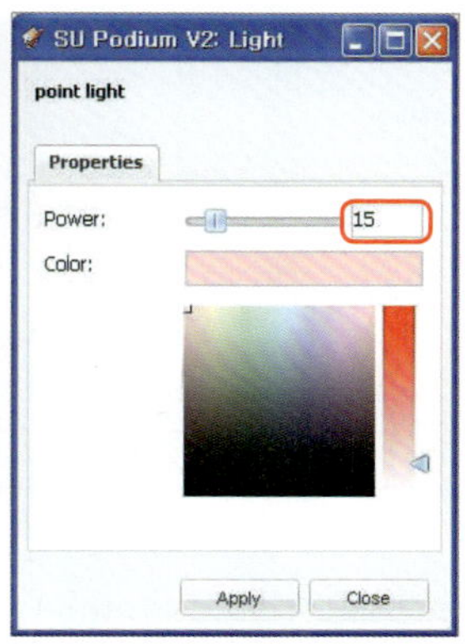

08 06에서 삽입한 옴니 라이트 중 네 개의 옴니 라이트를 그림처럼 선택합니다. [Podium V2] 툴에서 Light Properties( )를 클릭한 후 옴니 라이트에 '연한 붉은색'과 빛의 강도 값으로 '10'을 입력합니다.

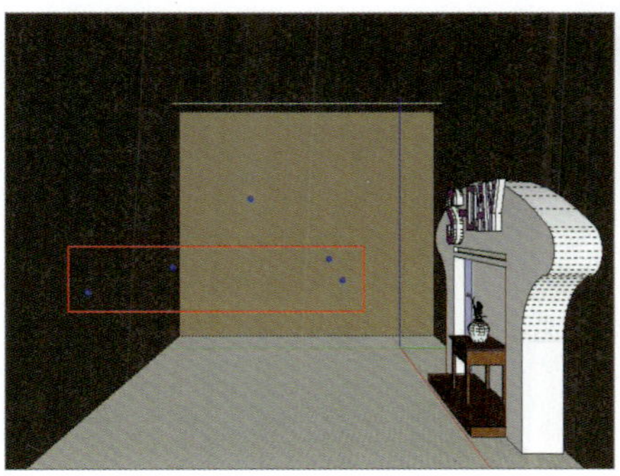

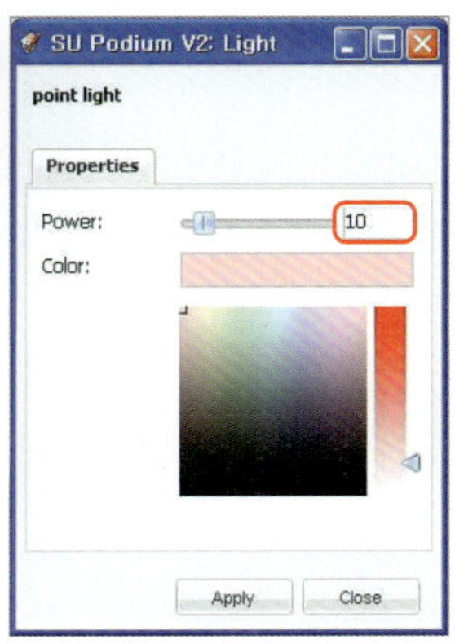

09 그림자를 표현하기 위해 메뉴에서 [Window]-[Shadows]를 선택합니다. Time 및 Date 값을 변경하고 Light와 Dark의 수치를 조절하면서 어두운 배경을 표현합니다.

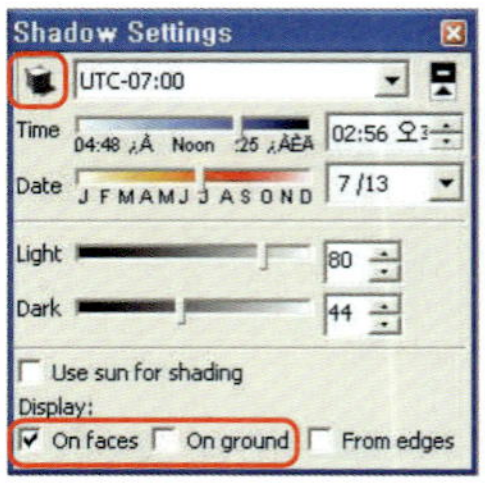

10 [Podium V2] 툴에서 Option( )을 클릭한 후 [Presets]에서 'default.pps'를 선택합니다. 그런 다음, [Output] 항목과 [Environment] 항목을 다음 그림처럼 설정합니다.

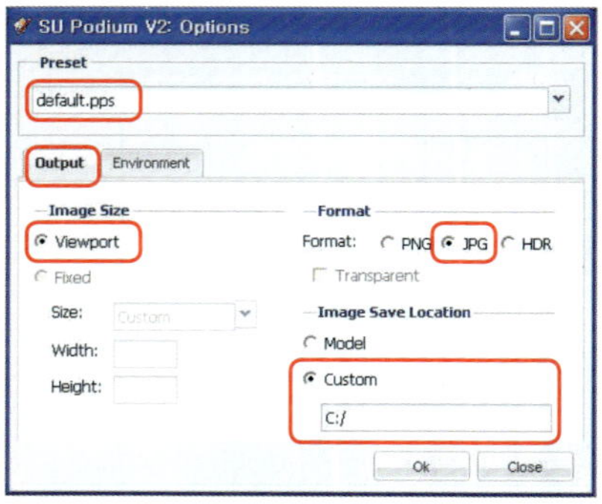

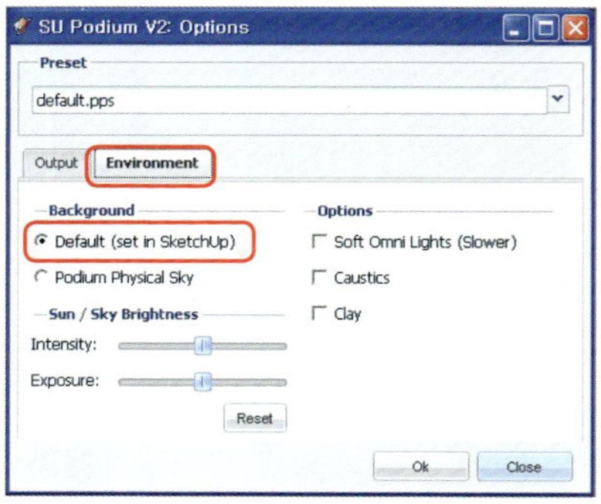

11 [Podium V2] 툴에서 Render( )를 클릭하면 렌더링이 진행됩니다. [Podium Rendering Manager] 창에서 [Preview] 버튼을 클릭하면 지금까지 작업한 결과를 확인할 수 있습니다.

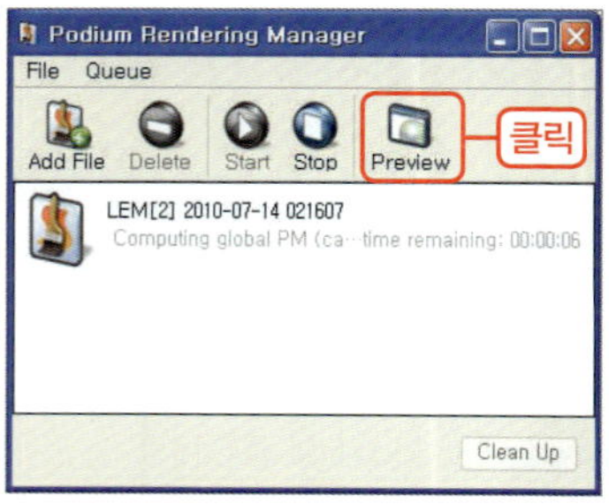

08. 자연 조명[Sun Light/Sky Light] 살펴보기

자연 조명에는 두 가지 종류가 있습니다. 하늘과 태양은 모두 '외부등'이 되는데 모델링을 할 때 창문과 문 등 외관에 구멍이 있는 경우 내부 렌더링에 큰 영향을 끼칠 수 있습니다.

01 Sun Light

- 태양 빛은 자연 채광의 또 다른 원천입니다. 태양의 밝기와 노출이 변수의 숫자에 의해 제어됩니다.

02 Sky Light

- Sky Light는 하늘에서 방출되고, 외관 주변과 균일한 광원입니다.
- 햇빛이 숨겨져 흐린 날씨에는 Sky 표시등이 항상 켜져 있습니다.
- 하늘 빛의 밝기 변수가 다양하게 제어됩니다.
- [옵션] 메뉴의 [프리셋] 항목에서 선택하여 미리 설정합니다.
- 스케치업 8의 배경 색상을 하늘 조명의 밝기로 제어합니다.
- SU_Podium_V2의 Sky light를 선택한 경우, 스케치업에 배경 색상은 무시됩니다.

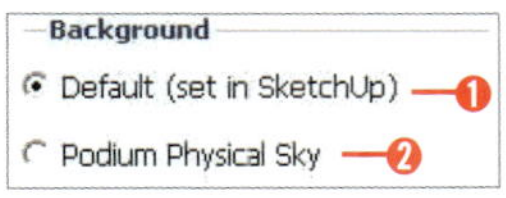

❶ **기본값(Default)** : 스케치업 8에 배경 색상을 스케치업 8 스타일에서 설정합니다.

❷ **Podium Physical Sky** : 스케치업 8 배경 색상을 무시합니다. 스케치업 8에서 그림자 설정의 변수, 시간 및 연도, 위치에 의해 제어됩니다.

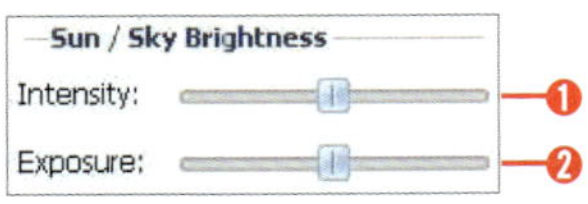

❶ **강도(Intensity)** : 빛의 강도를 설정합니다.

❷ **노출(Exposure)** : 빛의 노출을 설정합니다. 명도에 따라 속도와 노출을 조정합니다. [Sun/Sky Brightness] 항목의 슬라이드는 왼쪽이 약하고, 오른쪽이 강하게 설정됩니다.

STEP 01 Sun Light 작업하기

01 [부록 CD\Sample\Part 05\예제\SKY-SUN.skp] 경로에 있는 예제 파일을 불러옵니다.

02 메뉴에서 [Window]-[Styles]를 선택한 후 배경색을 '파란색'으로 변경합니다.

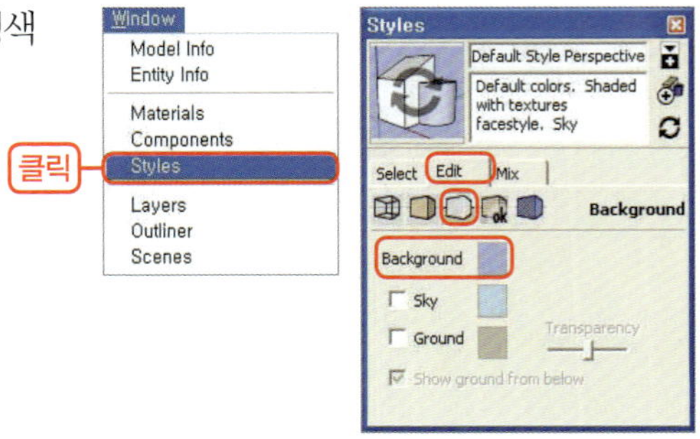

03 반사 효과를 적용할 수영장 면은 선택 툴( )로 다음 그림처럼 선택합니다. 질감에 직접 반사 효과를 적용하기 위해 반사(Reflection)에 반사값으로 '35%'를 입력하고, 나머지 두 개(Diffuse, Transparency) 값도 변경합니다.

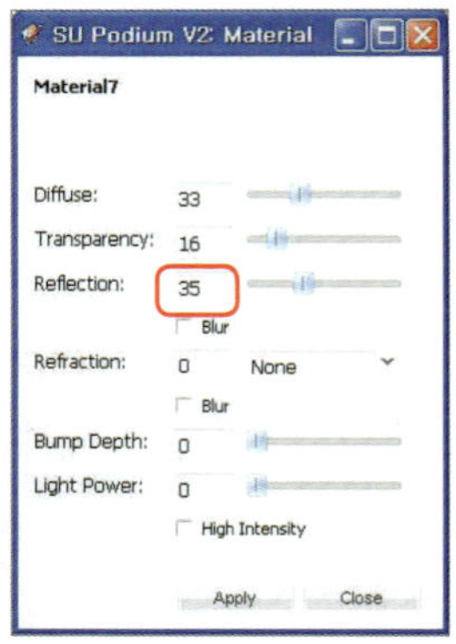

04 창문에서 마우스 오른쪽 버튼을 클릭하면 나타나는 확장 메뉴 중에서 [Edit Component]를 선택합니다. 반사 효과를 적용할 유리면을 선택 툴( )로 선택합니다. 질감에 직접 반사 효과를 적용하기 위해 반사(Reflection)에 반사값으로 '10%'를 입력하고, 나머지 두 개(Diffuse, Transparency) 값도 변경합니다.

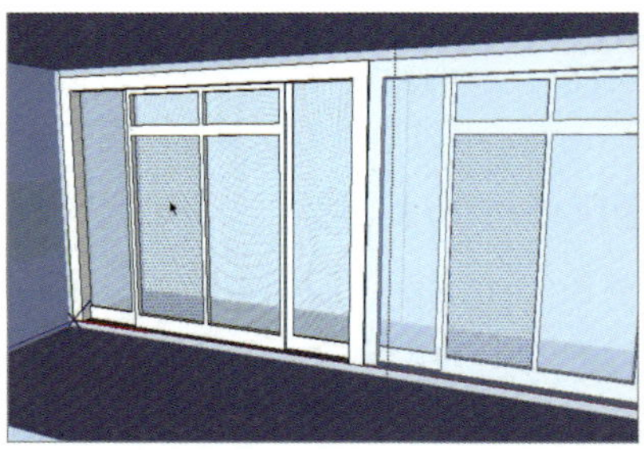

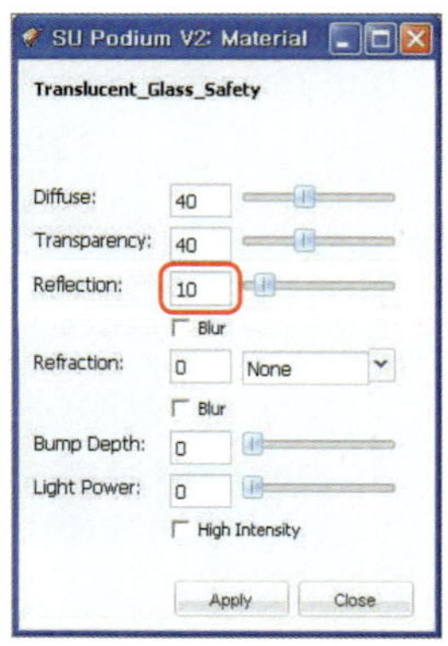

05 그림자를 표현하기 위해 메뉴에서 [Window]–[Shadows]를 선택합니다. Time 및 Date 값을 변경하고 Light와 Dark의 수치를 조절하면서 어두운 배경으로 설정합니다.

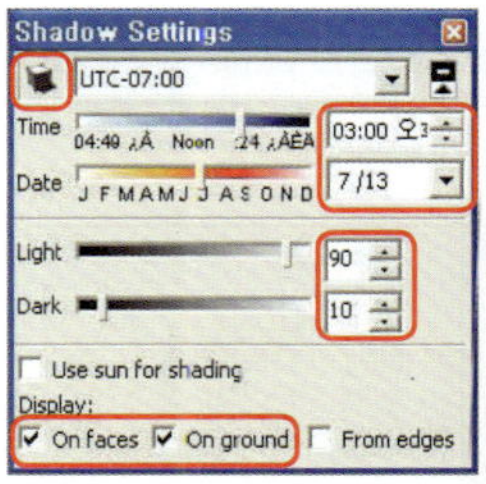

06 [Podium V2] 툴에서 Option( )을 클릭한 후 [Presets]에서 'default.pps'를 선택합니다. 그런 다음, [Output] 항목과 [Environment] 항목을 다음 그림처럼 설정합니다. [Environment] 항목에서 [Background]는 'Default(set in SketchUp)'를 선택하고, [Sun/Sky Brightness] 항목의 슬라이드는 중간으로 설정합니다.

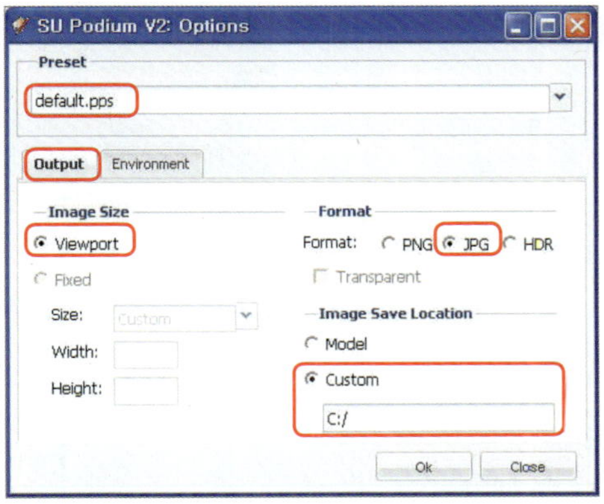

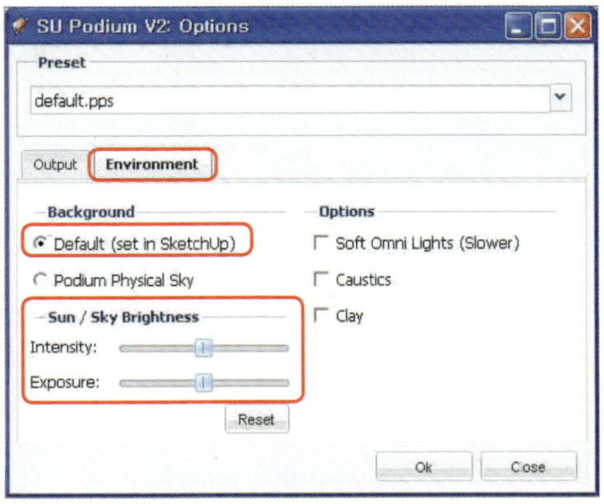

07 [Podium V2] 툴에서 Render( )를 클릭합니다. [Podium Rendering Manager] 창에서 [Preview] 버튼을 클릭하면 지금까지 작업한 결과를 확인할 수 있습니다.

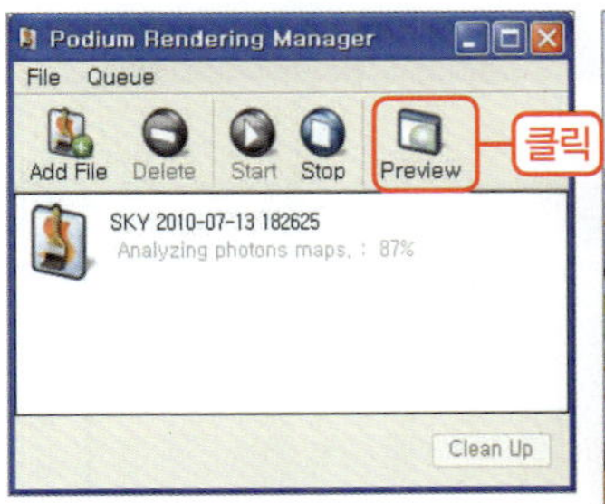

STEP 02 Sky Light 작업하기

01 [부록 CD\Sample\Part 05\예제\SKY-SUN.skp] 경로에 있는 예제 파일을 불러옵니다.

02 반사 효과를 적용할 수영장 면을 선택 툴( )로 다음 그림처럼 선택합니다. 질감에 직접 반사 효과를 적용하기 위해 반사(Reflection)에 반사값 '35%'를 입력하고, 나머지 두 개(Diffuse, Transparency) 값도 변경합니다.

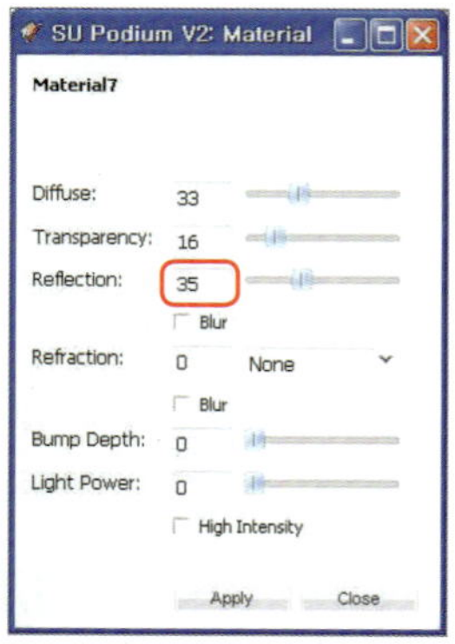

03 창문을 마우스 오른쪽 버튼으로 클릭하면 나타나는 확장 메뉴 중에서 [Edit Component]를 선택합니다. 반사 효과를 적용할 유리면은 선택 툴( )로 선택합니다. 질감에 직접 반사 효과를 적용하기 위해 반사(Reflection)에 반사값으로 '10%'를 입력하고, 나머지 두 개(Diffuse, Transparency) 값도 변경합니다.

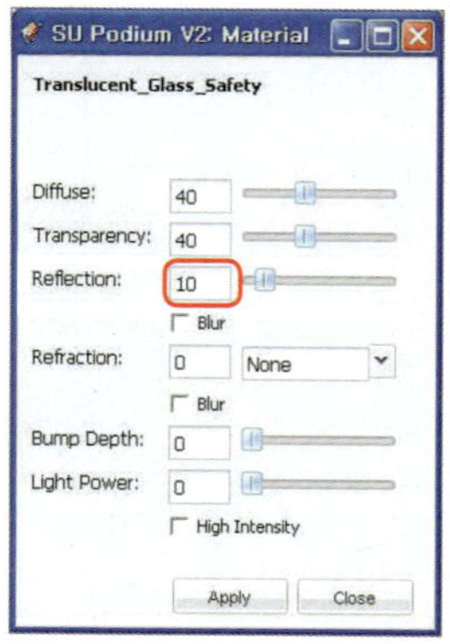

04 그림자를 표현하기 위해 메뉴에서 [Window]−[Shadows]를 선택합니다. Time 및 Date 값을 변경하고 Light와 Dark의 수치를 조절합니다.

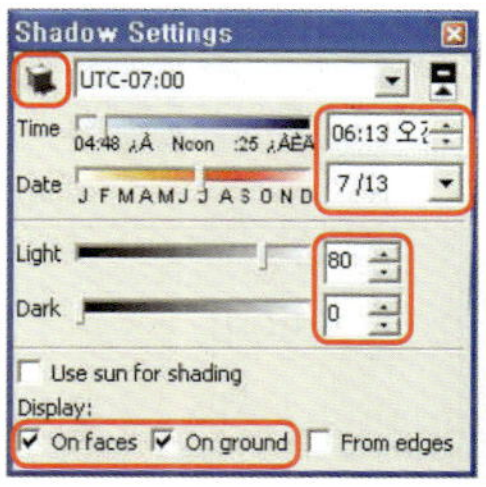

05 [Podium V2] 툴에서 Option( )을 클릭한 후 [Presets]에서 'default.pps'를 선택합니다. 그런 다음, [Output] 항목과 [Environment] 항목을 다음 그림처럼 설정합니다. [Environment] 항목에서 [Background]는 'Podium physical Sky'를 선택하고, [Sun/Sky Brightness] 항목의 슬라이드는 왼쪽으로 이동합니다.

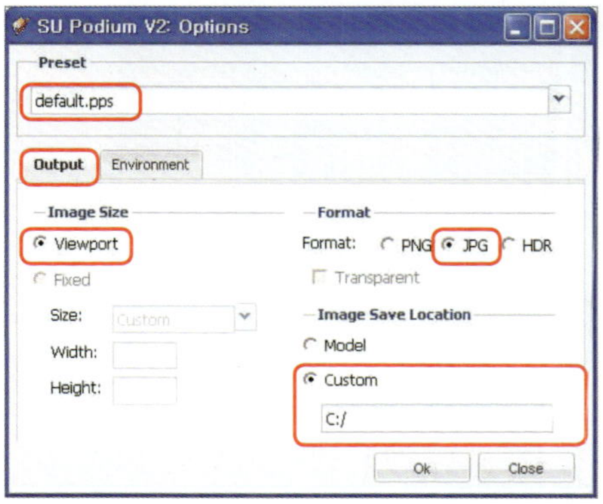

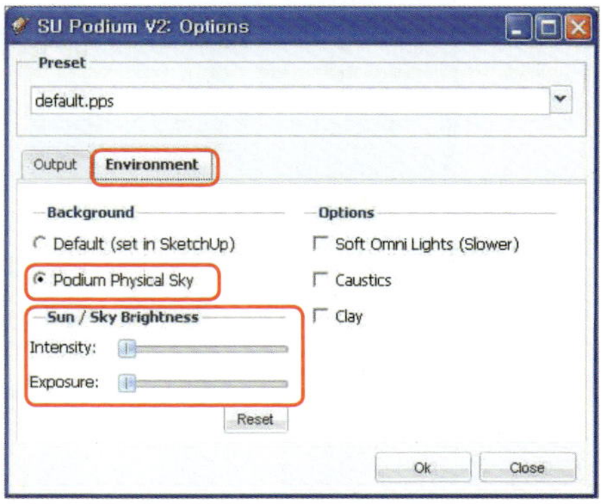

06 [Podium V2] 툴에서 Render( )를 클릭하면 렌더링이 진행됩니다. [Podium Rendering Manager] 창에서 [Preview] 버튼을 클릭하면 지금까지 작업한 결과를 확인할 수 있습니다.

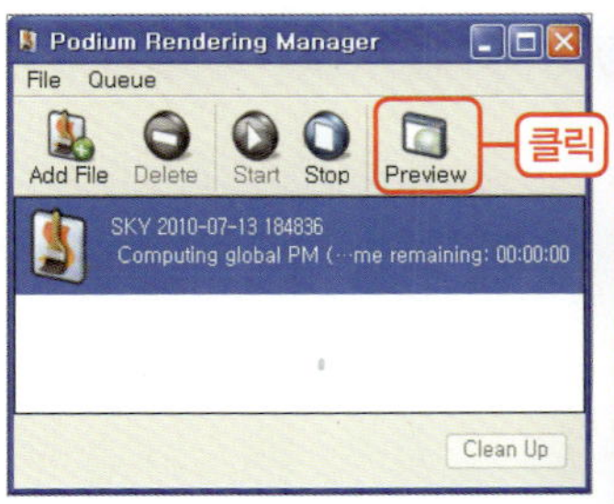

07 다시 한 번 [Podium V2] 툴에서 Option(◌)을 클릭한 후 [Presets]에서 'default.xml'를 선택합니다. [Environment] 항목에서 [Background]는 'Podium Physical Sky'를 선택하고, [Sun/Sky Brightness] 항목의 슬라이드는 중간으로 이동합니다.

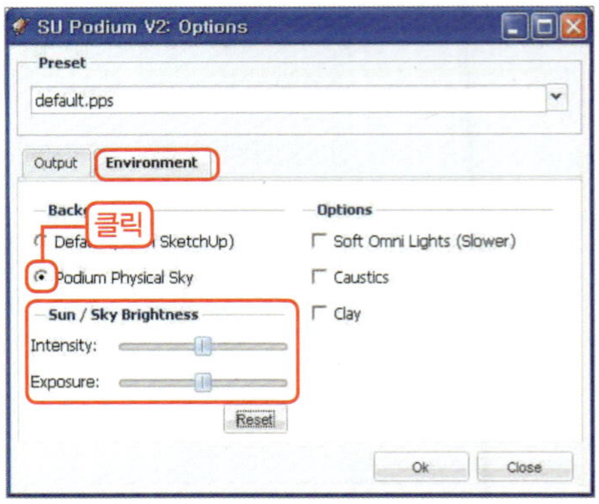

08 [Podium V2] 툴에서 Render(◌)를 클릭하면 렌더링이 진행됩니다. [Podium Rendering Manager] 창에서 [Preview] 버튼을 클릭하면 지금까지 작업한 결과를 확인할 수 있습니다.

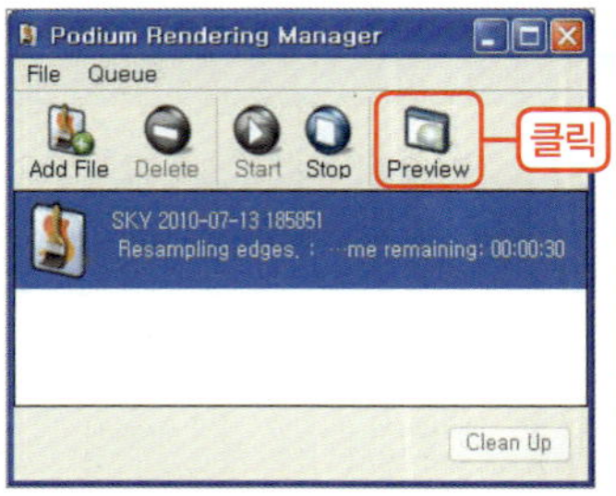

03; 실내 조명 살펴보기

이번에는 포디움이 스케치업 8의 그림자 설정에 따라 어떻게 표현되고 있는지 샘플 이미지를 통해 알아보겠습니다. 실내에서 Light를 설정할 경우, 먼저 스케치업 8에서 그림자를 설정하고 옴니 라이트를 추가하면 좀 더 좋은 결과를 얻을 수 있습니다. 실내에 들어오는 그림자는 Light(라이트)와 Dark(다크)를 조절하여 맞춰야 합니다.

01. 옴니 조명 크기 조절하기

Place Point Light( )를 클릭하면 작은 파란색 점이 나타납니다. 넓은 공간에서는 옴니 라이트의 파란색 점이 너무 작아 눈에 잘 보이지 않는 경우도 있습니다. 이런 경우 스케일 툴( )로 옴니 라이트의 크기를 크게 확대하면 옴니 라이트를 선택한 후 편집 및 이동하기가 편합니다. 옴니 라이트 크기를 확대하더라도 렌더링 결과는 큰 차이가 없지만 조명이 좀 더 부드럽게 퍼지는 것을 확인할 수 있습니다.

01 [Podium V2] 툴의 Place Point Light( )로 삽입한 옴니 라이트를 이동 툴( )로 실내 공간 중앙에 배치합니다. 그리고 [Podium V2] 툴에서 Render( )를 클릭하면 렌더링이 진행됩니다. [Podium Rendering Manager] 창에서 [Preview] 버튼을 클릭하면 지금까지 작업한 결과를 확인할 수 있습니다.

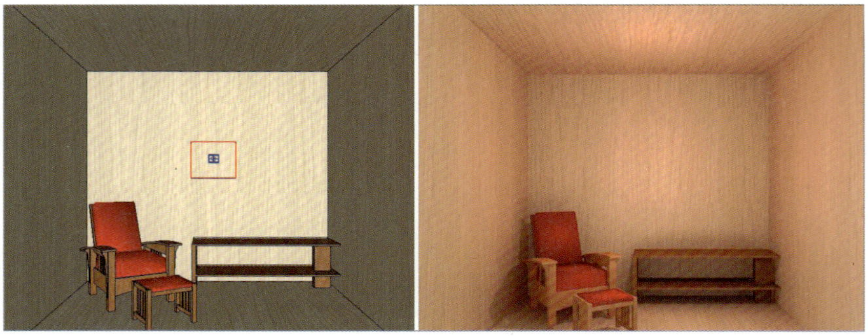

02 Place Point Light( )로 삽입한 옴니 라이트를 선택합니다. 스케일 툴( )로 옴니 라이트의 크기를 크게 확대합니다. 그리고 이동 툴( )로 실내 공간 중앙에 배치한 후 Render( )를 클릭하면 지금까지 작업한 결과를 확인할 수 있습니다.

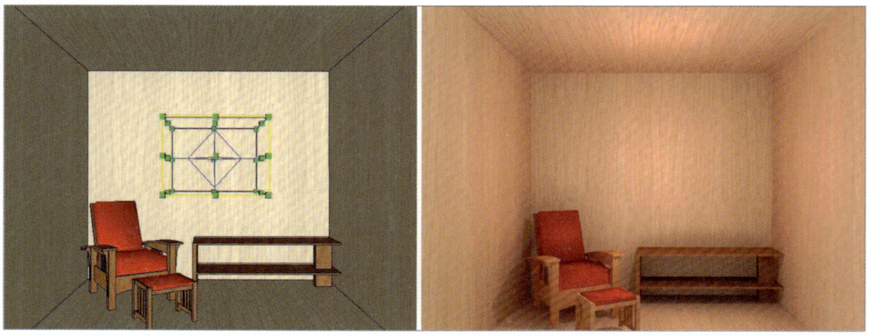

02. 아늑한 침실 꾸미기

포디움 조명으로 벽면 거울과 천장 가운데 거울의 반사 효과를 강하게 설정하여 좁은 실내 공간을 좀 더 넓게 보이도록 반사 효과를 설정해 보겠습니다. 그리고 천장에 작은 LEM 라이트 조명을 설정하여 발광 효과를 나타내 보겠습니다.

STEP 01 포디움으로 조명 설정하기

01 [부록 CD\Sample\Part 05\예제\room.skp] 경로에 있는 예제 파일을 불러옵니다.

02 바닥면에 반사 효과를 적용하기 위해 바닥을 선택한 후 마우스 오른쪽 버튼을 클릭하면 나타나는 확장 메뉴 중에서 [Edit Group]을 선택합니다.

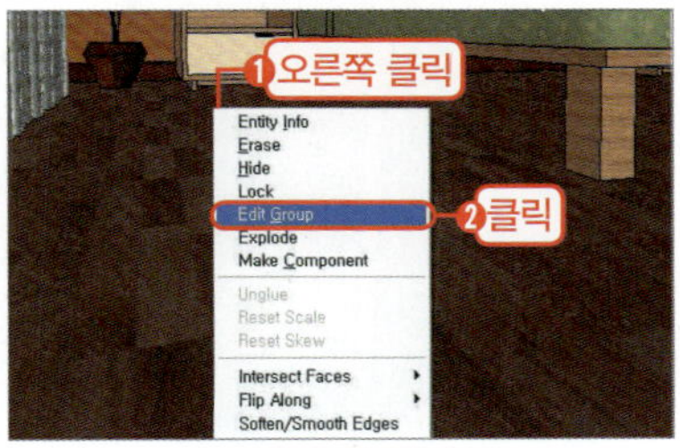

03 반사 효과를 적용할 바닥면은 선택 툴( )로 다음 그림처럼 선택합니다. 그리고 [Podium V2] 툴에서 Material Properties( )를 클릭한 후 바닥 질감에 직접 반사 효과를 적용하기 위해 반사(Reflection)에 반사값으로 '10%'를 입력합니다.

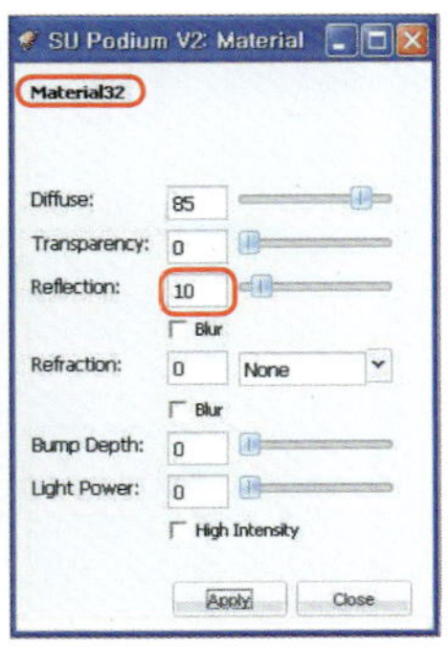

04 거울을 표현할 면에 거울 반사 효과를 적용하기 위해 그림처럼 벽 거울을 선택한 후 마우스 오른쪽 버튼을 클릭하면 나타나는 확장 메뉴 중에서 [Edit Group]을 선택합니다. 반사 효과를 적용할 벽 거울 면은 선택 툴(![선택 툴])로 그림처럼 선택합니다. 그리고 Material Properties(![아이콘])를 클릭한 후 벽 거울 질감에 직접 반사 효과를 적용하기 위해 반사(Reflection)에 반사값으로 '100%'를 입력합니다.

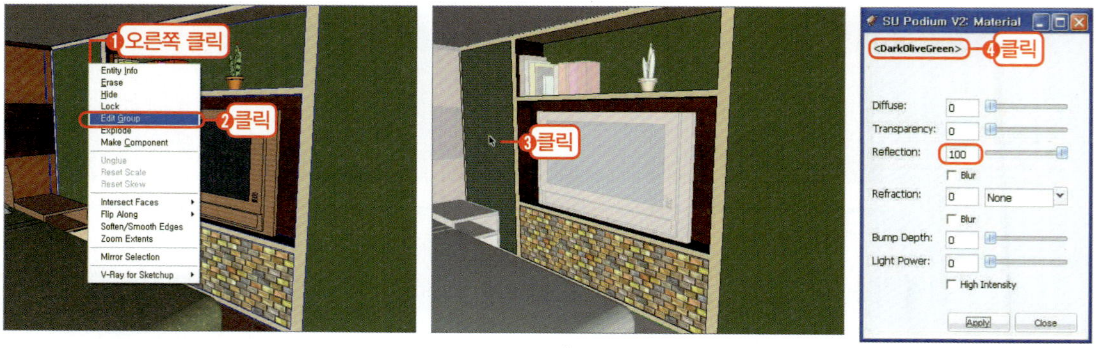

05 텔레비전의 화면에 반사 효과를 적용하기 위해 그림처럼 텔레비전을 선택한 후 마우스 오른쪽 버튼을 클릭하면 나타나는 확장 메뉴 중에서 [Edit Component]를 선택합니다. 반사 효과를 적용하기 위해 선택 툴(![선택 툴])로 그림처럼 화면을 선택합니다. 그리고 Material Properties(![아이콘])을 클릭한 후 반사(Reflection)에 반사값으로 '5%'를 입력합니다.

06 천장 가운데 면에 거울 반사 효과를 적용하기 위해 그림처럼 천장을 선택한 후 마우스 오른쪽 버튼을 클릭하면 나타나는 확장 메뉴 중에서 [Edit Group]을 선택합니다. 반사 효과를 적용하기 위해 선택 툴(![선택 툴])로 그림처럼 천장 가운데 면을 선택합니다. 그리고 Material Properties(![아이콘])를 클릭한 후 반사(Reflection)에 반사값으로 '100%'를 입력합니다.

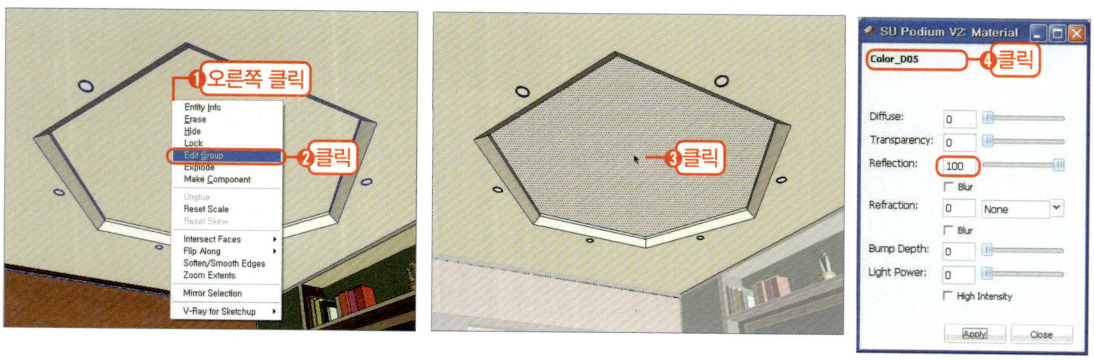

07 천장의 작은 조명에 LEM Light를 적용하기 위해 선택 툴( )로 그림처럼 작은 조명 면을 선택합니다. 그런 다음, [Podium V2] 툴에서 Material Properties( )를 클릭하고 Light Power에 '20'을 입력하면 선택한 질감에 램(발광 물질)이 적용됩니다.

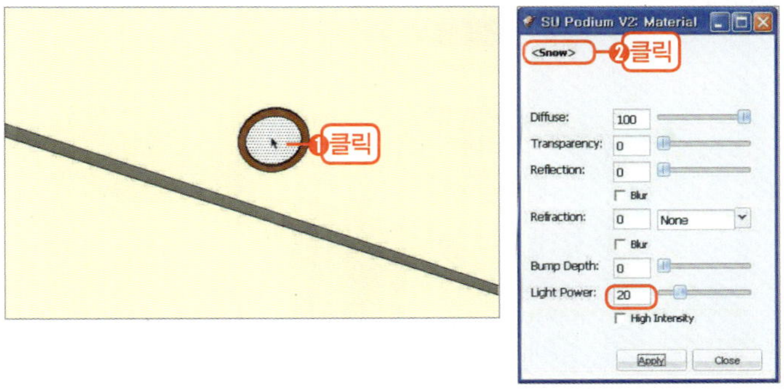

08 메뉴에서 [Plugins]-[Podium v2 Light Fixtures]를 선택하면 [Podium v2 Light Fixtures] 창이 나타납니다. [Podium v2 Light Fixtures] 창에서 다음 그림처럼 조명 소품을 선택하여 화면에 배치합니다.

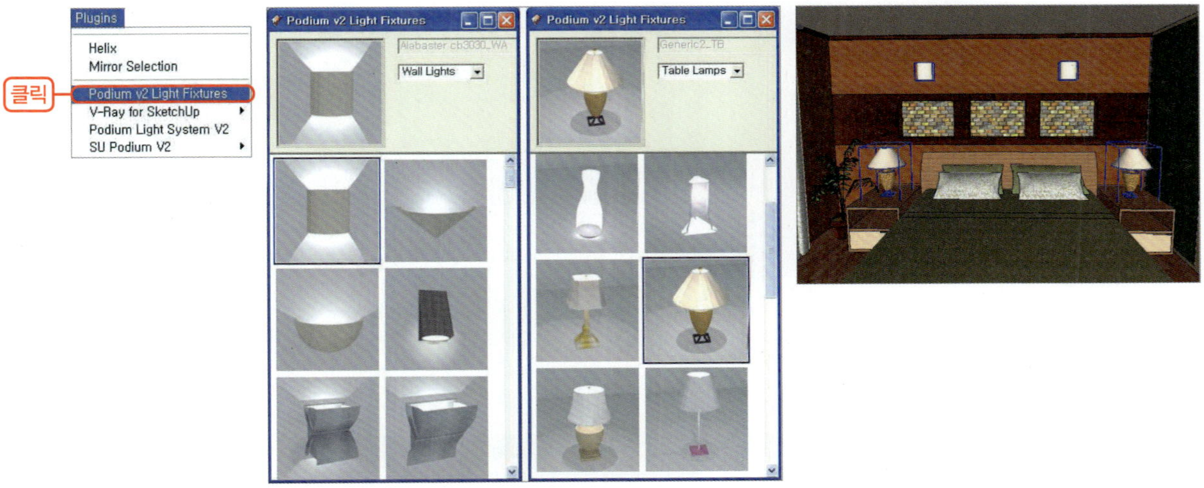

09 메뉴에서 [Window]-[Layer]를 클릭한 후 '가구', '소품', '조경', '천장' 레이어를 끄기 위해 레이어 창에서 [Visible] 버튼의 체크 표시를 해제합니다.

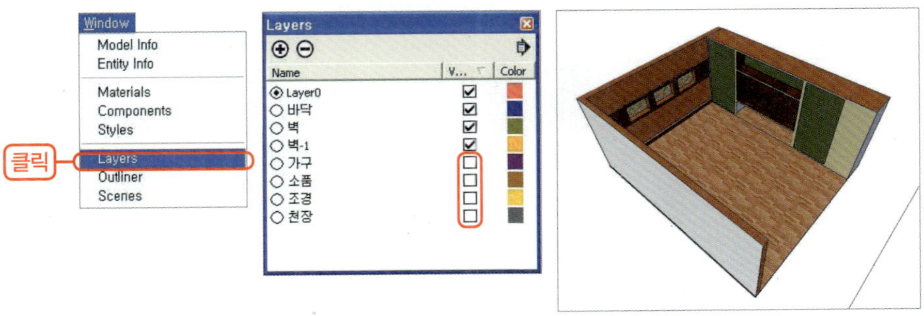

10 [Podium V2] 툴에서 Place Point Light(💡)를 클릭한 후 옴니 라이트를 바닥 중앙에 클릭합니다. 스케일 툴( )로 옴니 라이트의 크기를 크게 확대합니다. 삽입한 옴니 라이트를 선택하고 Light Properties( )를 클릭한 후 옴니 라이트에 색상과 빛의 강도 값을 '1.5'로 변경합니다.

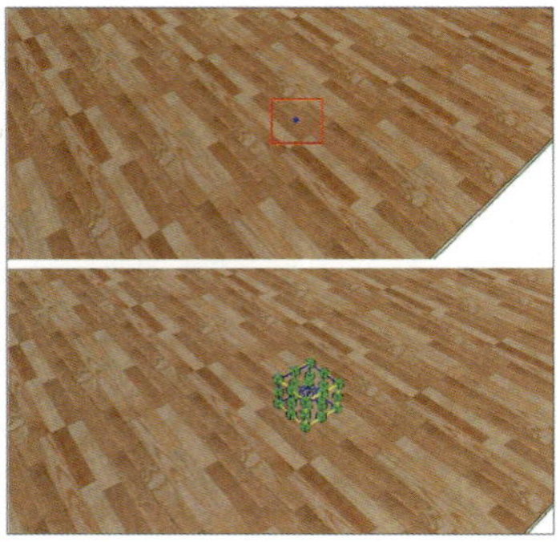

11 10에서 삽입한 옴니 라이트를 선택한 후 이동 툴( )로 Control 을 누른 후 그림처럼 복사합니다. 그런 다음, 이동 툴( )로 드래그하여 그림처럼 실내 공간 중앙에 배치합니다.

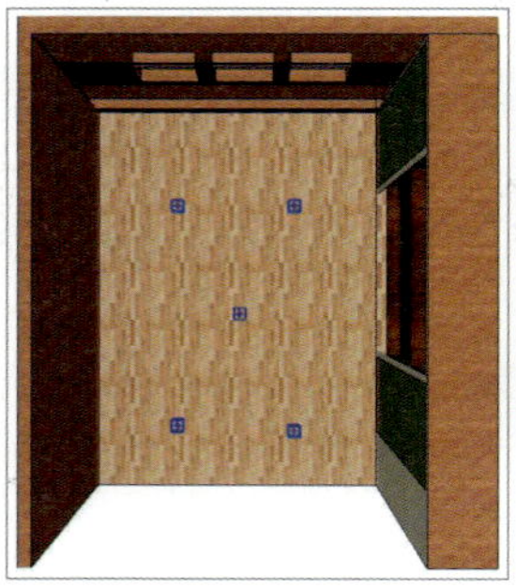

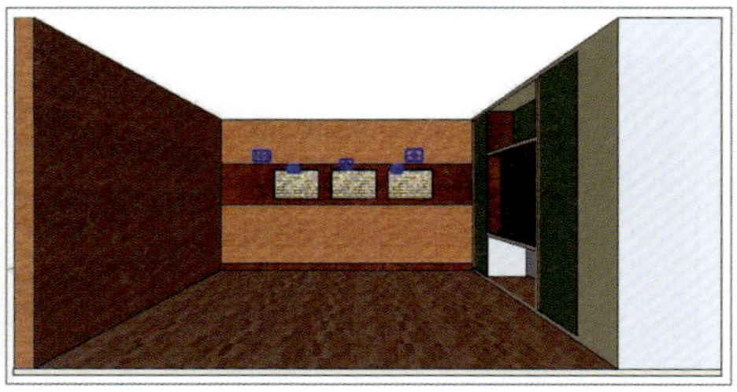

12 '가구', '소품', '조경', '천장' 레이어를 다시 켜기 위해 레이어 창에서 [Visible] 버튼에 체크 표시를 합니다.

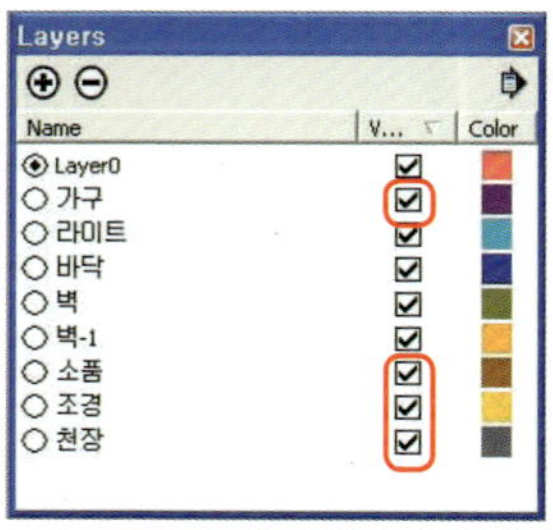

13 [Podium V2] 툴에서 Option( )을 클릭한 후 [Presets]에서 'default.pps'를 선택합니다. 그런 다음, [Output] 항목과 [Environment] 항목을 다음 그림처럼 설정합니다. [Environment] 항목에서 [Background]는 'Podium physical Sky'를 선택하고, [Sun/Sky Brightness] 항목의 슬라이드는 왼쪽으로 이동합니다.

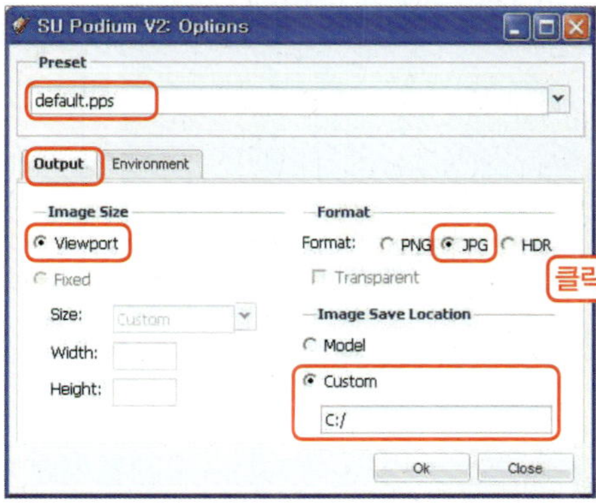

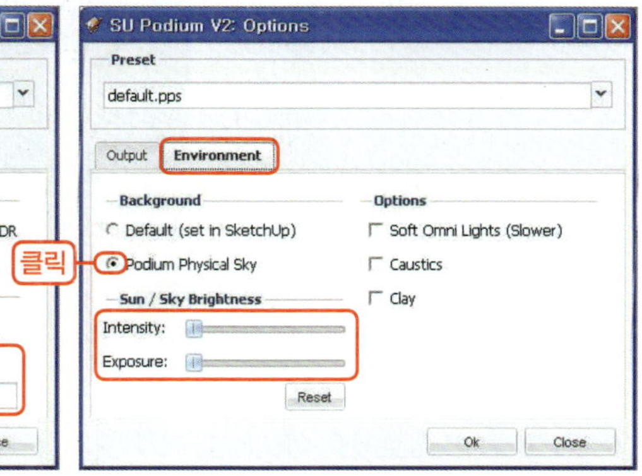

14 [Podium V2] 툴에서 Render( )를 클릭하면 렌더링이 진행됩니다. [Podium Rendering Manager] 창에서 [Preview] 버튼을 클릭하면 지금까지 작업한 결과를 확인할 수 있습니다.

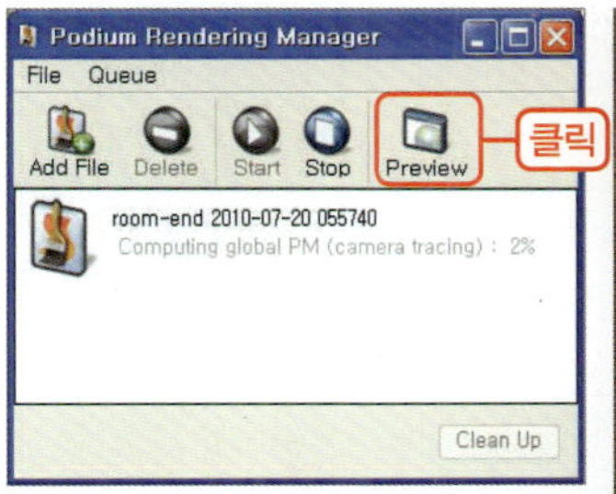

STEP 02 포토샵으로 리터칭 작업하기

01 포토샵 프로그램을 실행한 후 포디움으로 작업한 파일(*.jpg)을 포토샵 화면으로 불러옵니다. 여기에서는 [부록 CD\Sample\Part 05\예제\room-sky.jpg]를 불러옵니다.

02 이미지 보정을 위해 메뉴에서 [Image]-[Adjustments]-[Curves]를 선택합니다. 그림처럼 이미지를 조금 밝게 표현하기 위해 [Curves] 창에서 그래프를 조절합니다.

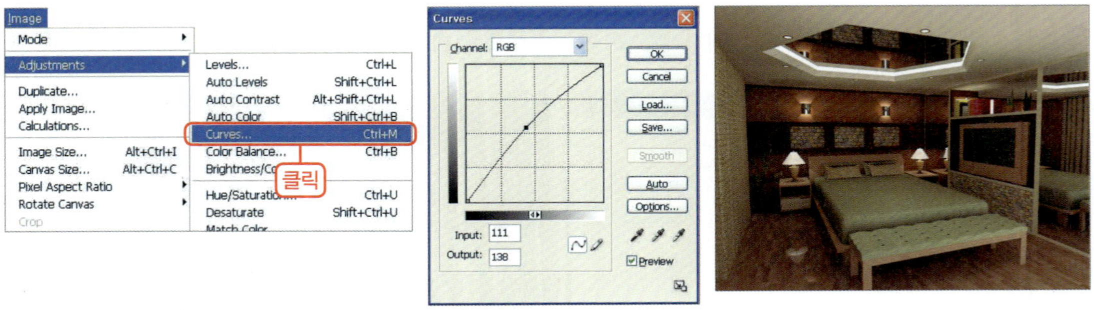

03 'Background' 레이어를 클릭한 후 하단에 있는 New Layer( ) 버튼 위로 드래그합니다. 그러면 'Background copy' 레이어가 복제된 것을 확인할 수 있습니다.

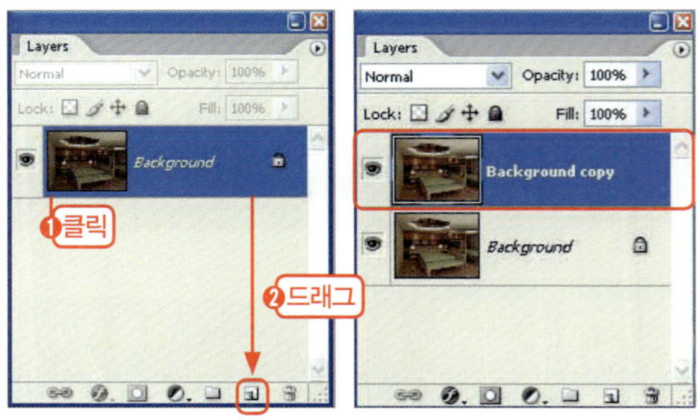

04 03에서 복제된 'Background copy' 레이어를 선택합니다. 그런 다음, 메뉴에서 [Filter]-[Blur]-[Gaussian Blur]를 선택하고 Radius 값으로 '0.5'를 입력합니다.

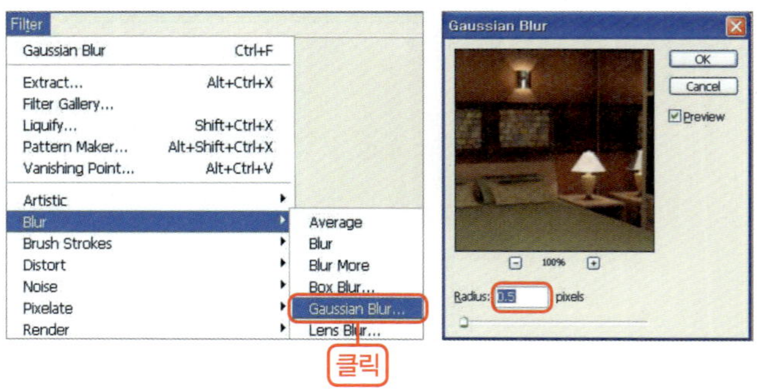

Tip

Gaussian Blur는 조절 슬라이드를 통해 미리보기를 하면서 이미지를 흐리게 할 수 있습니다.

05 03과 04에서 작업한 'Background copy' 레이어를 선택합니다. 레이어 팔레트의 블렌딩 모드 중에서 [Screen]을 선택한 후 [Opacity] 수치를 '40%'로 지정합니다.

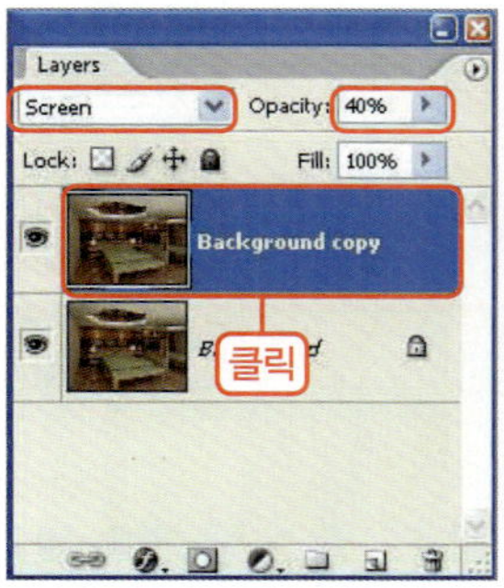

Tip

블렌딩 모드를 이용해 두 레이어 이미지를 투명하게 섞어 혼합하는 방식으로 표현합니다. 블렌딩 모드를 사용하면 실내의 조명을 좀 더 포근함을 살려 줍니다.

06 그림처럼 'Background copy' 레이어를 클릭한 후 레이어 창 하단에 있는 New Layer( ) 버튼 위로 드래그합니다. 복제된 'Background copy 2' 레이어를 선택한 후 레이어 팔레트의 블렌딩 모드 중에서 [Soft Light]를 선택합니다. [Opacity] 수치를 '50%'로 지정하면 완성된 결과를 확인할 수 있습니다.

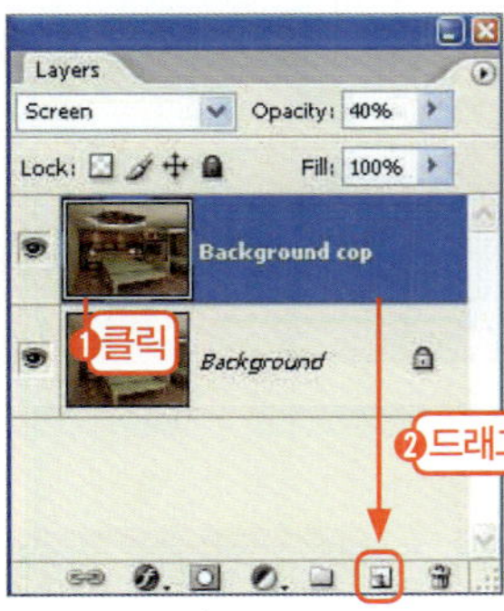

03. 따뜻한 욕실 꾸미기

Sky Light를 설정하여 자연 조명을 표현합니다. 욕조와 세면대에 반사 효과를 주기보다는 무광택을 주어 원목 건물과 어울리게 설정합니다. 실내 빛을 은은하게 설정하며, 창문을 통해 들어오는 빛을 표현합니다.

▲ SketchUp ▲ Podium[Sky Light] ▲ Photoshop

STEP 01 포디움으로 조명 설정하기

01 [부록 CD\Sample\Part 05\예제\in-light.skp] 경로에 있는 예제 파일을 불러옵니다.

02 메뉴에서 [Window]-[Layer] 버튼을 클릭합니다. '소품', '조경' 레이어를 끄기 위해 레이어 창에서 [Visible] 버튼의 체크 표시를 해제합니다.

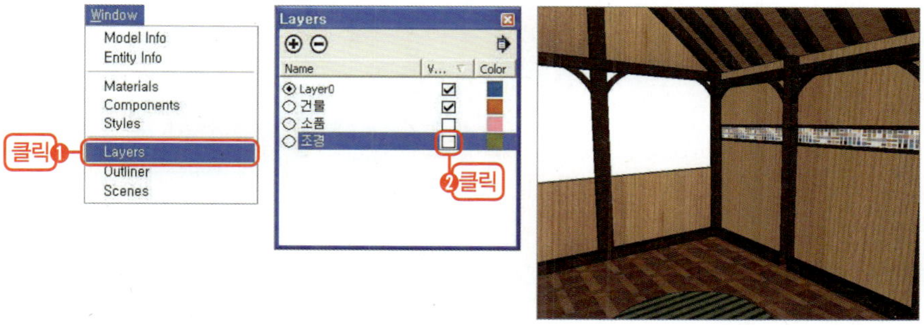

03 [Podium V2] 툴에서 Place Point Light()를 클릭한 후 옴니 라이트를 바닥에 클릭합니다. 스케일 툴()로 옴니 라이트의 크기를 크게 확대합니다. 그런 다음, 삽입한 옴니 라이트를 선택하고 Light Properties()를 클릭한 후 옴니 라이트에 색상과 빛의 강도 값을 '1.5'로 변경합니다.

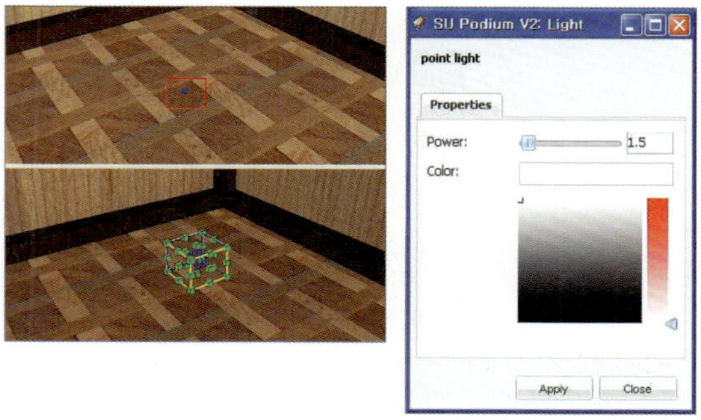

04 03에서 삽입한 옴니 라이트를 선택한 후 이동 툴()로 Control을 누른 후 '5개'를 복사합니다. 그런 다음, 이동 툴()로 드래그하여 그림처럼 실내 공간 중앙에 배치합니다.

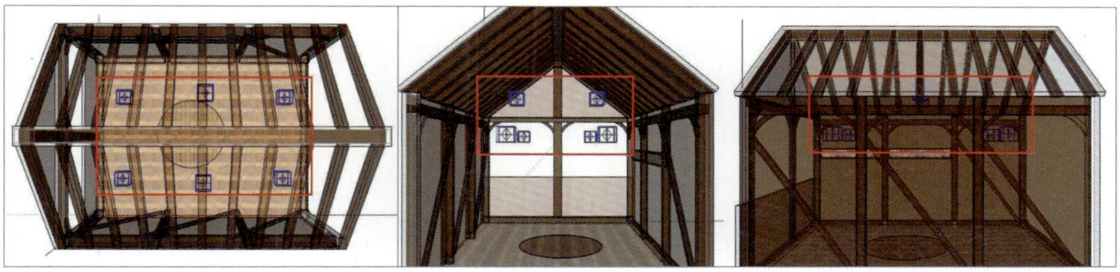

05 '소품', '조경' 레이어를 다시 켜기 위해 레이어 창에서 [Visible] 버튼에 체크 표시를 합니다.

06 그림자를 표현하기 위해 메뉴에서 [Window]–[Shadows]를 선택합니다. Time 및 Date 값을 변경하고 Light와 Dark의 수치를 조절하면서 창을 통해 실내에 들어온 햇빛으로 그림자를 표현합니다.

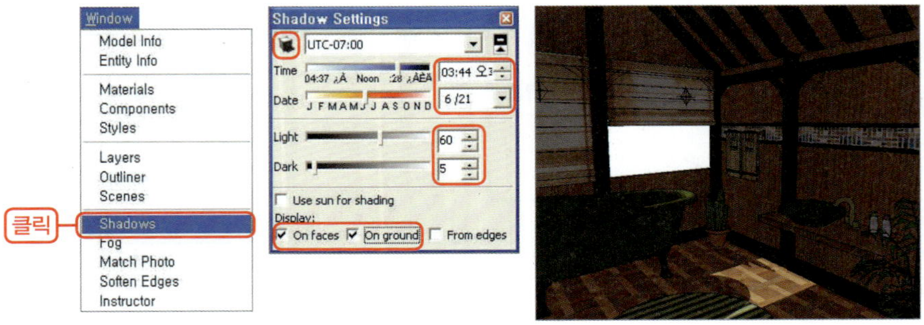

07 [Podium V2] 툴에서 Option( )을 클릭한 후 [Presets]에서 'default.pps'를 선택합니다. 그런 다음, [Output] 항목과 [Environment] 항목을 다음 그림처럼 설정합니다. [Environment] 항목에서 [Background]는 'Default(set in SketchUp)'를 선택하고, [Sun/Sky Brightness] 항목의 슬라이드는 중간으로 설정합니다.

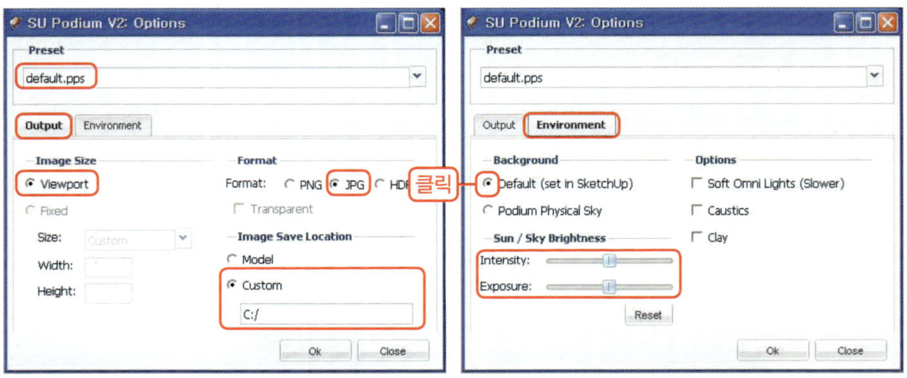

08 [Podium V2] 툴에서 Render( )를 클릭하면 렌더링이 진행됩니다. 렌더링 진행 상황을 보기 위해 [Podium Rendering Manager] 창에서 [Preview] 버튼을 클릭합니다. 지금까지 작업한 결과를 확인할 수 있습니다.

09 다시 한 번 [Environment] 항목에서 [Background]는 'Podium physical Sky'를 선택하고, [Sun/Sky Brightness] 항목의 슬라이드를 왼쪽으로 이동합니다. 그리고 [Podium V2] 툴에서 Render( )를 클릭하면 지금까지 작업한 결과를 확인할 수 있습니다.

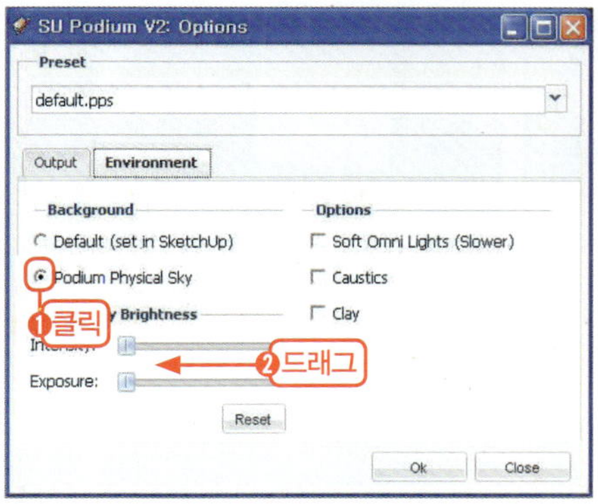

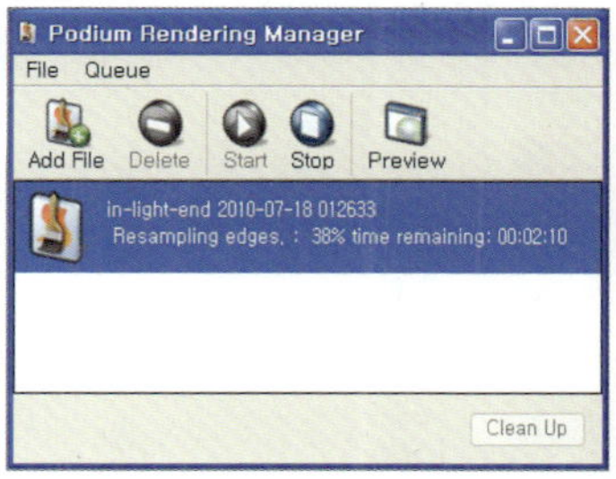

STEP 02 포토샵으로 리터칭 작업하기

01 포토샵 프로그램을 실행한 후 포디움으로 작업한 파일(*.jpg)을 포토샵 화면으로 불러옵니다. 여기에서는 [부록 CD\Sample\Part 05\예제\in-light-sky.jpg]를 불러옵니다.

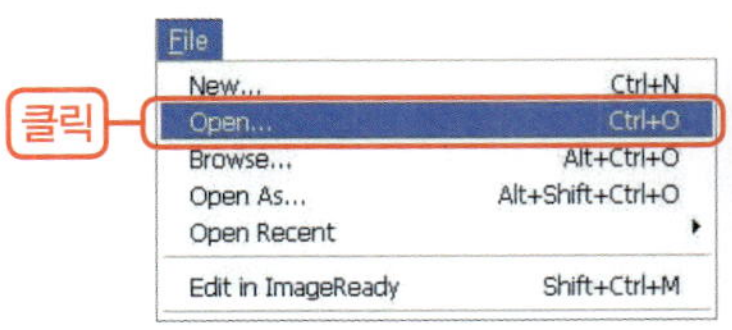

02 이미지 보정을 하기 위해 메뉴에서 [Image]–[Adjustments]–[Curves]를 선택합니다. 그림처럼 이미지를 조금 밝게 표현하기 위해 [Curves] 창에서 그래프를 조절합니다.

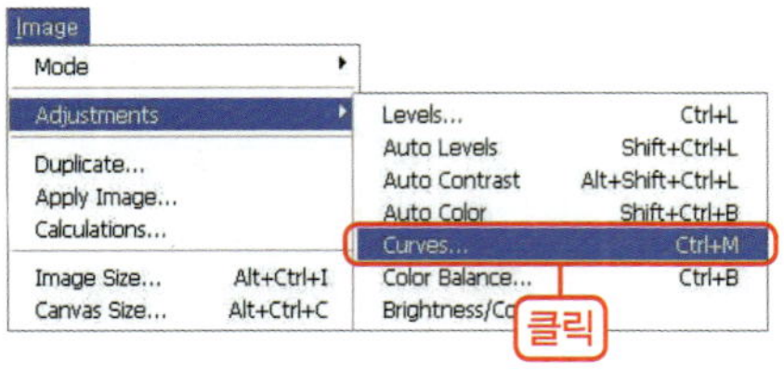

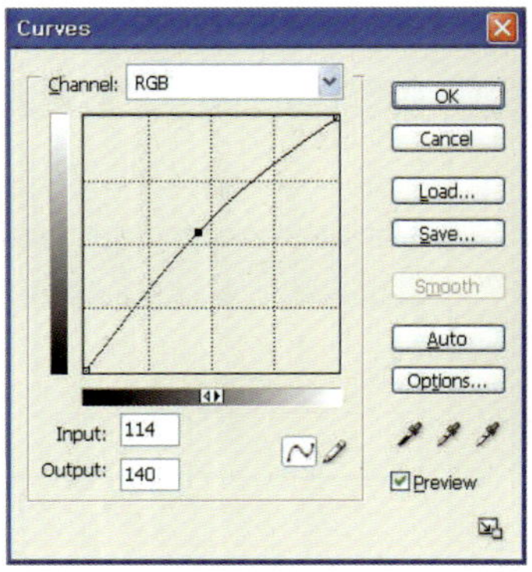

03 배경 영역을 삭제하고 배경 이미지를 삽입하기 위해 레이어 팔레트에서 'Background' 레이어를 더블 클릭하여 일반 레이어로 변경합니다. 레이어 이름은 '원본'이라고 입력합니다.

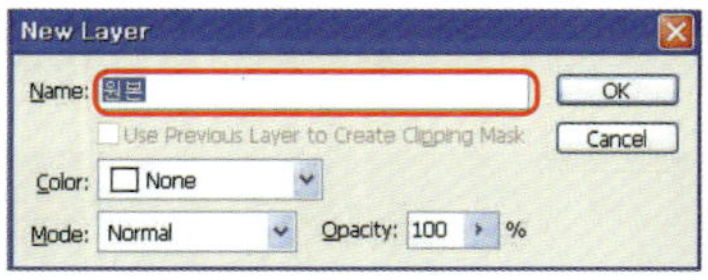

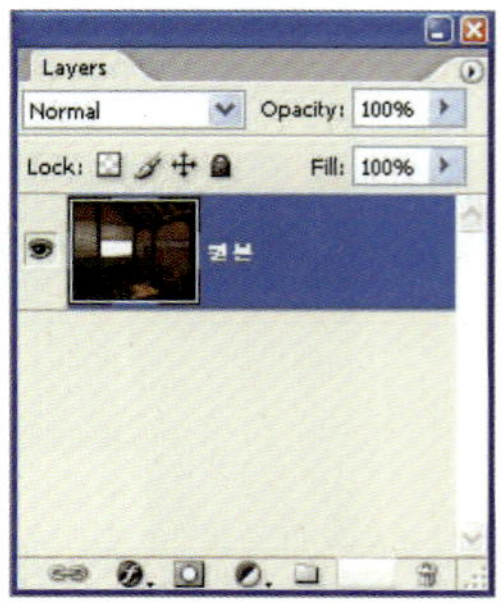

04 도구 툴에서 마술봉 툴()로 배경 창문을 선택합니다. 그리고 Delete를 눌러 영역을 삭제한 후 Control + D를 눌러 선택 영역을 해제합니다.

05 포토샵 프로그램을 실행한 후 포디움으로 작업한 파일(*.jpg)을 포토샵 화면으로 불러옵니다. 그런 다음, 선택 툴()로 복사할 부분을 드래그하고 메뉴에서 [Edit]–[Copy]를 선택하여 복사를 합니다. 여기에서는 [CD\Sample\Part 05\예제\잔디.jpg]를 불러옵니다.

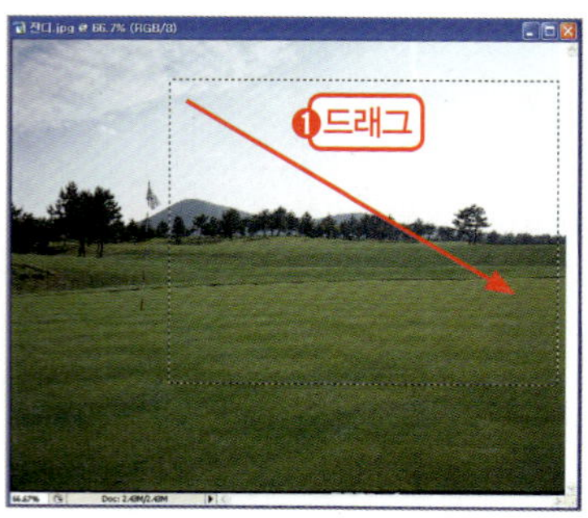

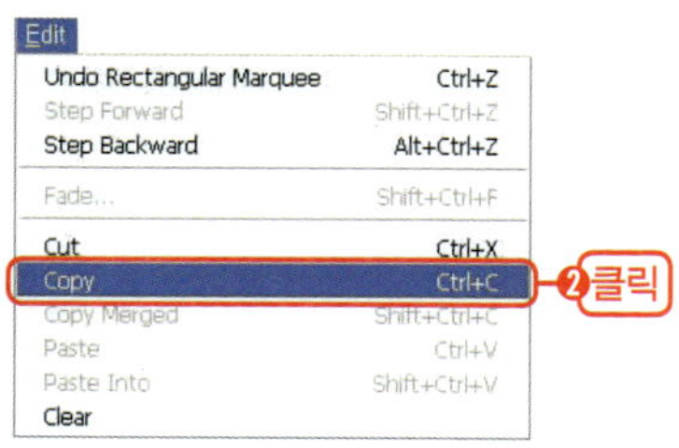

06 다시 'in-light-sky.jpg' 이미지 파일을 선택합니다. **05**에서 복사한 이미지를 메뉴에서 [File]-[Paste]를 선택하여 붙여넣기합니다. 자동적으로 배경이 삽입된 레이어를 확인할 수 있습니다.

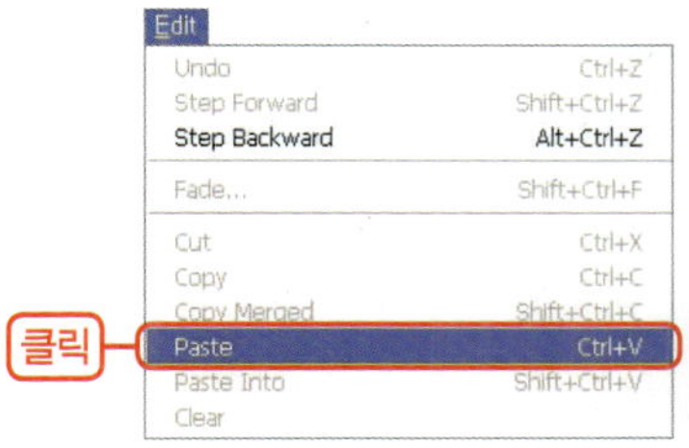

07 삽입된 배경 레이어를 '원본' 레이어 아래로 클릭, 드래그하여 이동합니다. 배경이 '원본' 레이어 뒤로 이동되어 창문을 통해 배경이 보입니다.

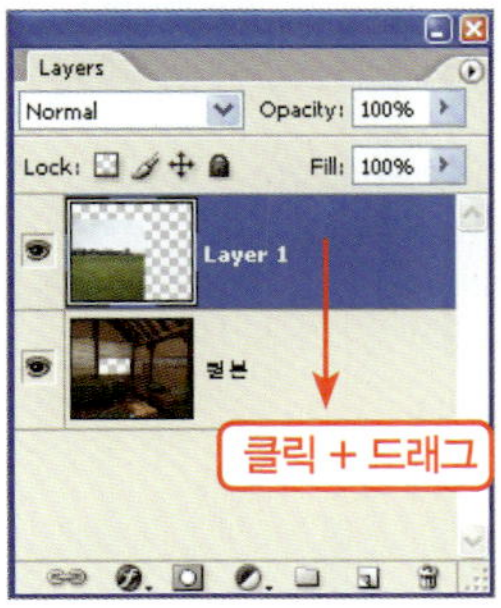

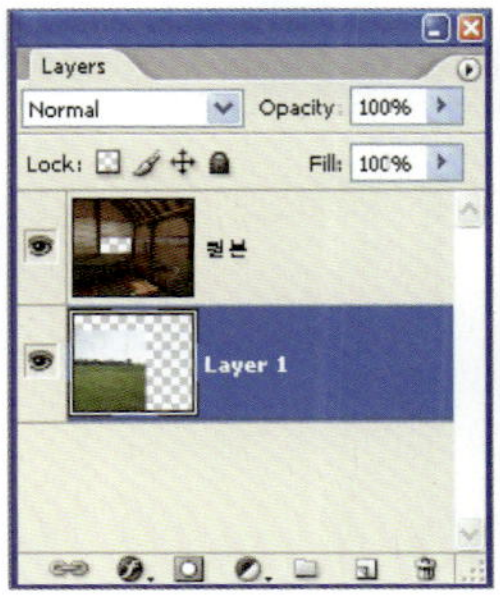

08 배경 이미지 보정을 위해 메뉴에서 [Image]-[Adjustments]-[Curves]를 선택합니다. 그림처럼 [Curves] 창에서 이미지를 조금 밝게 표현하여 창문을 통해 보이는 배경이 약간 뿌옇게 보이는 착각을 하도록 보정합니다.

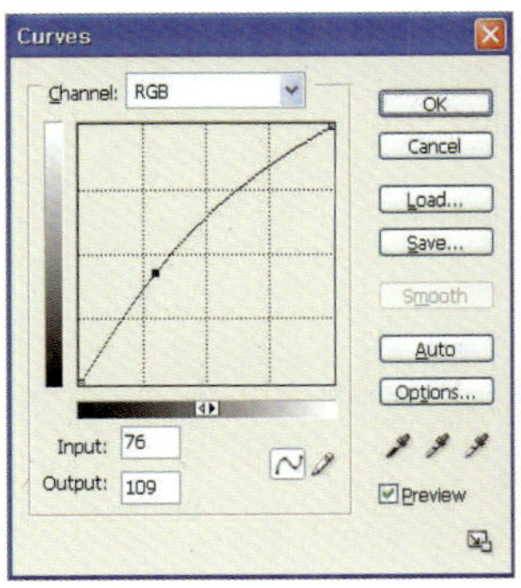

09 레이어 팔레트에서 '원본' 레이어를 클릭, 드래그하여 New Layer(▫) 버튼 위로 드래그합니다. '원본 copy' 레이어가 복제됩니다.

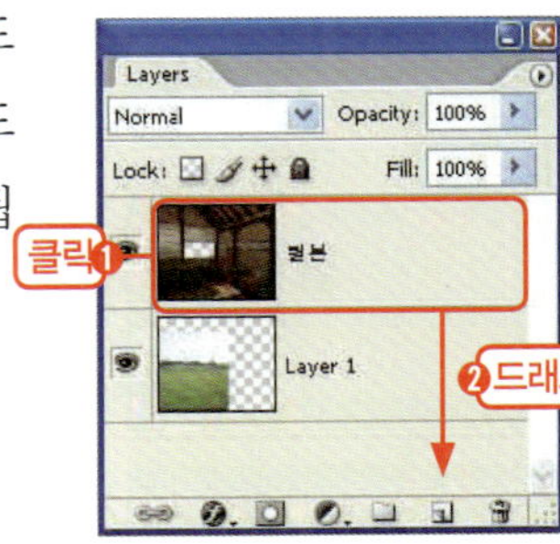

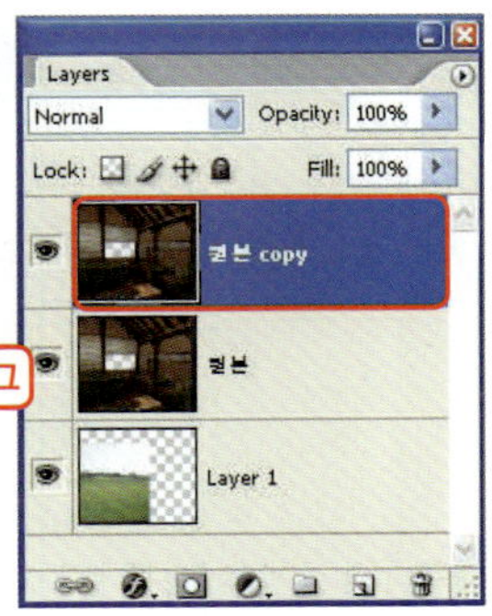

10 09에서 복제한 '원본 copy' 레이어를 선택합니다. 그런 다음, 메뉴에서 [Filter]-[Blur]-[Gaussian Blur]를 선택한 후 Radius 값을 '1.0'으로 설정합니다.

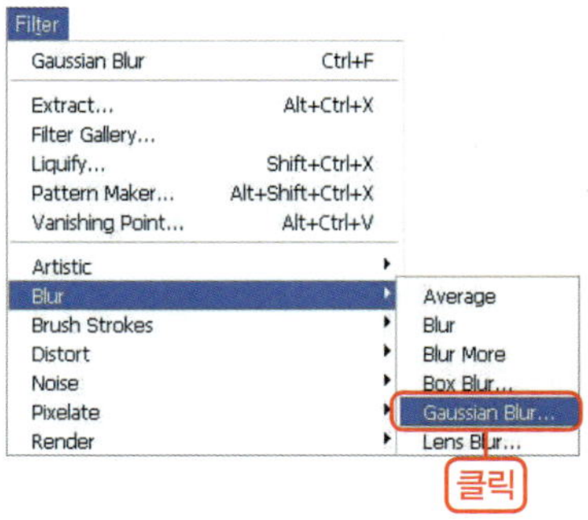

11 09와 10에서 작업한 '원본 copy' 레이어를 선택합니다. 레이어 팔레트의 블렌딩 모드 중에서 [Color Dodge]를 선택한 후 [Opacity] 수치를 '35%'로 지정합니다.

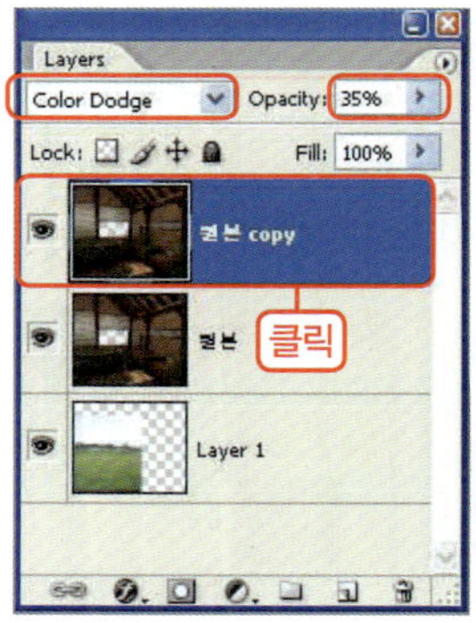

04; 실외 조명 살펴보기

스케치업 8 모델링은 포디움으로 조명을 작업한 후 이미지로 저장합니다. 그런 다음, 배경 이미지 합성 및 리터칭 작업으로 좀 더 실사에 가까운 결과물을 만듭니다. 작업 방법은 매우 간단하지만 결과물은 뛰어납니다. 정확한 디자인을 통해 야외 건물의 형태와 재질을 좀 더 부각시키고 자연 조명으로 자연스러움을 더해 보겠습니다.

01. 낭만적인 야외 조명 꾸미기

Sky Light에 체크 표시를 하여 자연 조명을 설정한 후 주간 배경을 야간 배경으로 전환하는 방법에 대해 알아보겠습니다. 유리창과 바닥에 반사 효과를 설정하고 베란다 조명에 LEM 라이트를 설정하여 발광 효과를 표현합니다. 그리고 [Podium v2 Light Fixtures] 창에서 다양한 조명 소품을 검색한 후 벽에 배치해 보겠습니다.

▲ Podium[Sun Light] ▲ Podium [Sky Light]

▲ SketchUp ▲ Podium [Sky Light] ▲ Photoshop

STEP 01 **포디움을 이용한 조명 설치**

01 [부록 CD\Sample\Part 05\예제\out-light.skp] 경로에 있는 예제 파일을 불러옵니다.

02 [Podium V2] 툴에서 Place Point Light()를 클릭한 후 옴니 라이트를 바닥에 클릭합니다. 스케일 툴()로 옴니 라이트의 크기를 확대합니다. 그리고 삽입한 옴니 라이트를 선택하고 Light Properties()를 클릭한 후 옴니 라이트에 색상과 빛의 강도 값을 '1'로 지정합니다.

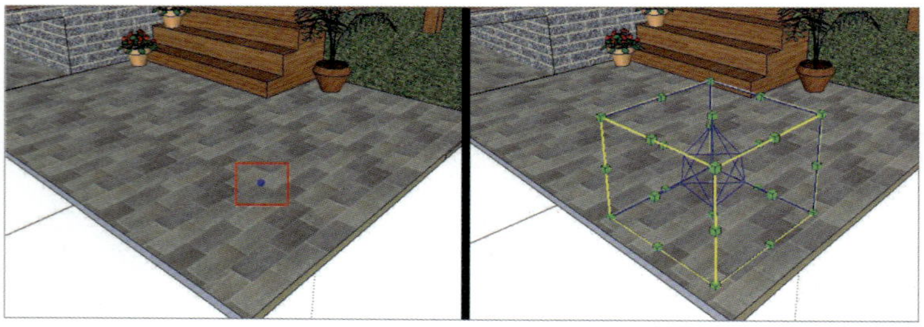

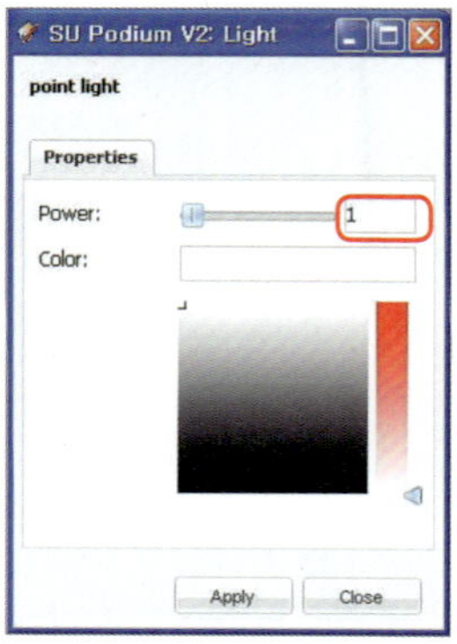

03 02에서 삽입한 옴니 라이트를 선택한 후 이동 툴()로 Control을 누른 채 그림처럼 복사합니다. 그런 다음, 이동 툴()로 드래그하여 그림처럼 실외 공간에 배치합니다.

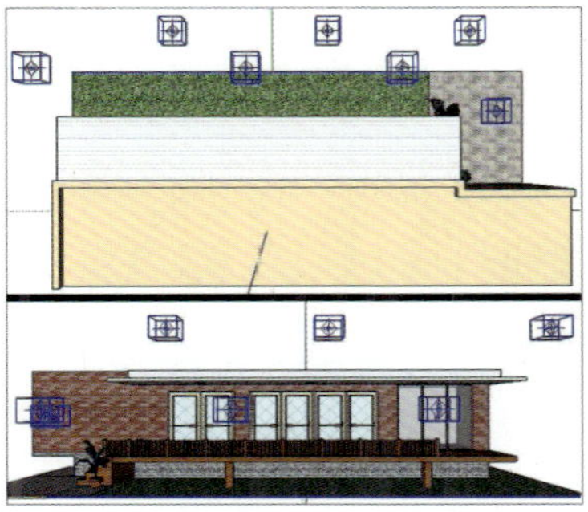

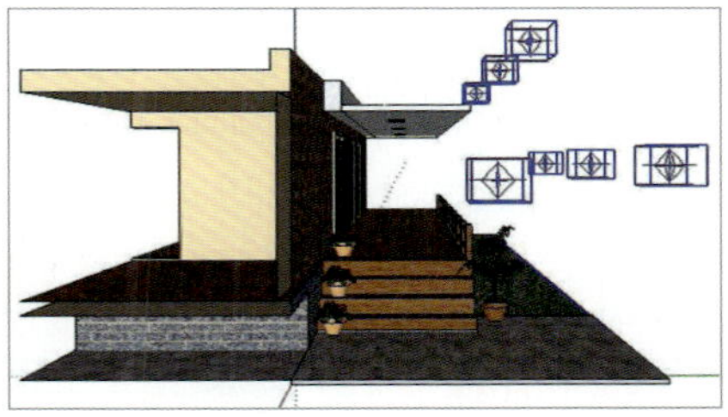

04 [Podium V2] 툴에서 Place Point Light(💡)를 클릭한 후 옴니 라이트를 현관 창문 실내 바닥에 클릭합니다. 그런 다음, 삽입한 옴니 라이트를 선택하고 Light Properties( )를 클릭한 후 옴니 라이트의 색상과 빛의 강도 값을 '5'로 변경합니다.

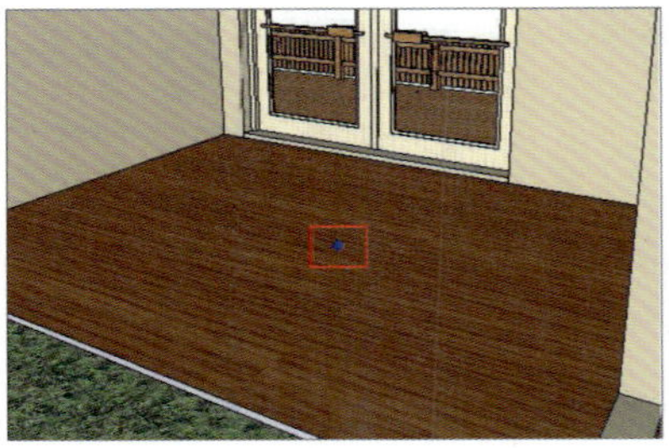

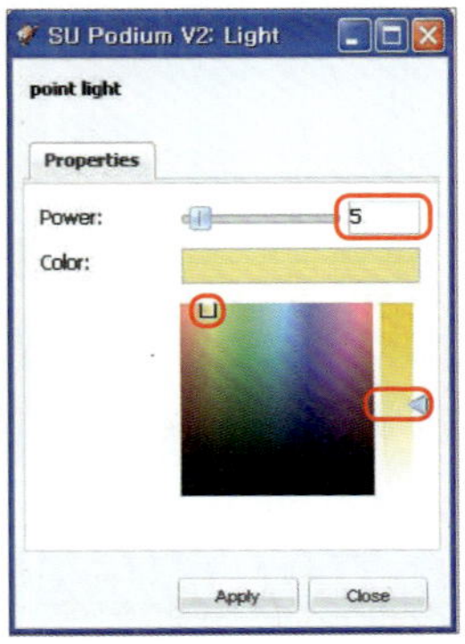

05 04에서 삽입한 옴니 라이트를 선택한 후 이동 툴( )로 Control을 누른 채 그림처럼 각 현관 창문 실내 앞에 복사합니다. 그런 다음, 이동 툴( )로 드래그하여 그림처럼 문과 가까운 실내 공간 중앙에 배치합니다.

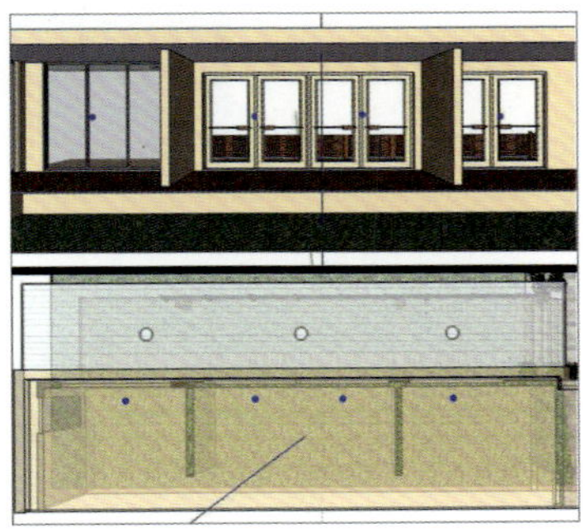

06 반사 효과를 적용할 바닥면은 선택 툴( )로 그림처럼 선택합니다. 그리고 [Podium V2] 툴에서 Material Properties( )를 클릭한 후 바닥 질감에 직접 반사 효과를 적용하기 위해 반사(Reflection)에 반사값으로 '10%'를 입력합니다.

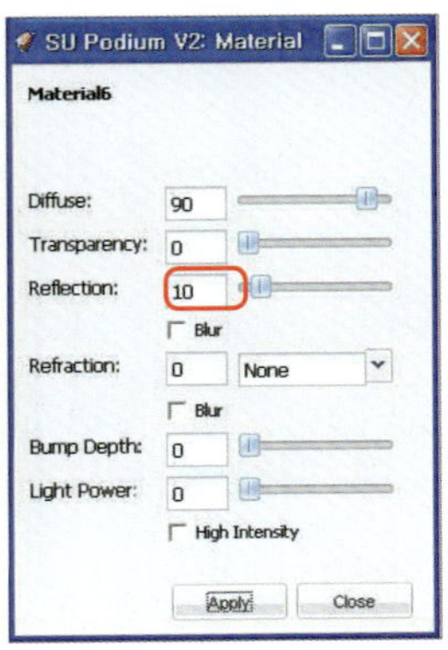

07 문의 유리면에 반사 효과를 적용하기 위해 그림처럼 문을 선택한 후 마우스 오른쪽 버튼을 클릭하면 나타나는 확장 메뉴 중에서 [Edit Component]를 선택합니다. 반사 효과를 적용하기 위해 선택 툴(아이콘)로 그림처럼 유리면을 선택합니다. 그리고 Material Properties(아이콘)를 클릭한 후 반사(Reflection)에 반사값으로 '20%'를 입력합니다.

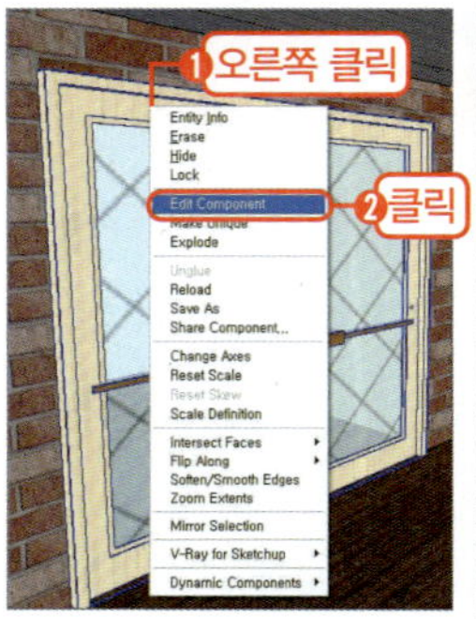

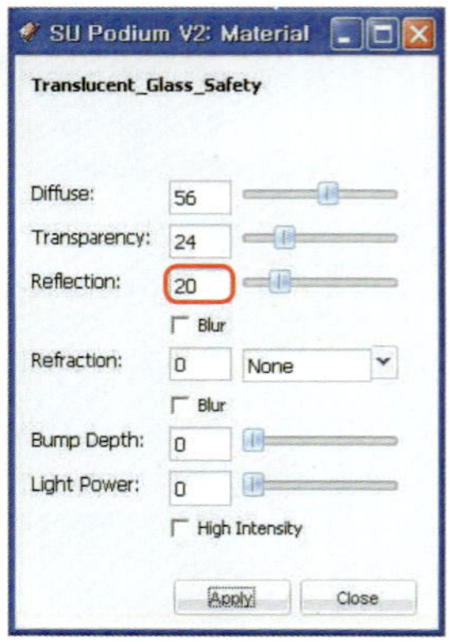

08 반사 효과를 적용할 바닥면은 선택 툴(아이콘)로 그림처럼 선택합니다. 그리고 [Podium V2] 툴에서 Material Properties(아이콘)를 클릭한 후 바닥 질감에 직접 반사 효과를 적용하기 위해 반사(Reflection)에 반사값으로 '15%'를 입력합니다.

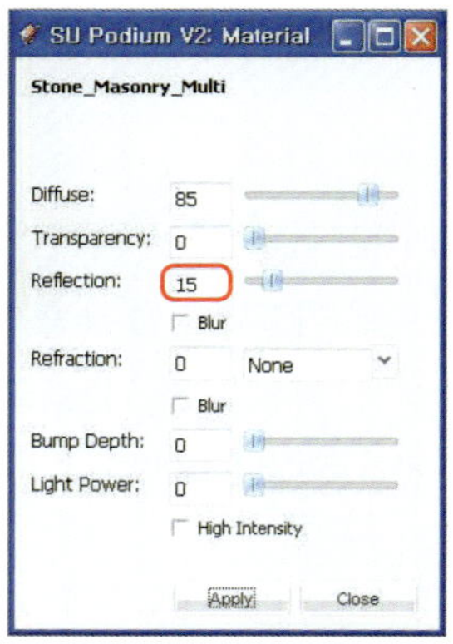

09 정문 지붕 위에 있는 작은 조명에 LEM Light를 적용하기 위해 선택 툴(아이콘)로 그림처럼 작은 조명의 한 면을 선택합니다. 그리고 [Podium V2] 툴에서 Material Properties(아이콘)를 클릭한 후 Light Power에 '20'을 입력하면 선택한 질감에 램(발광 물질)이 적용됩니다.

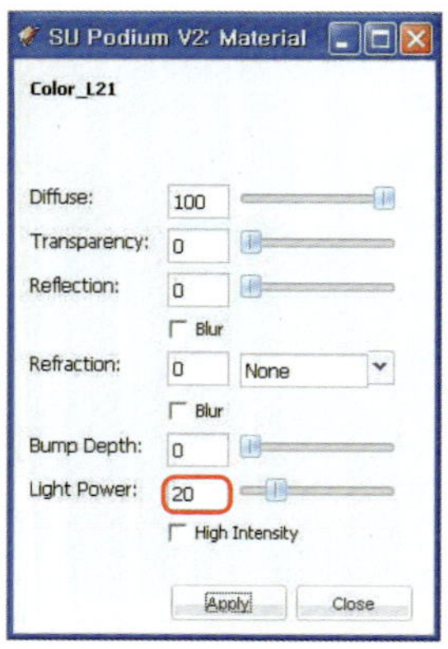

10 메뉴에서 [Plugins]–[Podium v2 Light Fixtures]를 선택하면 [Podium v2 Light Fixtures] 창이 나타납니다. [Podium v2 Light Fixtures] 창에서 다음 그림처럼 조명 소품을 선택하여 벽면에 배치합니다.

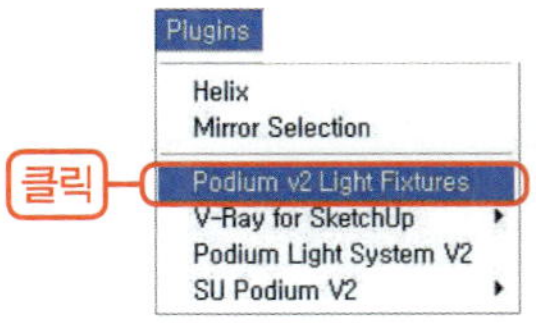

11 배경색을 변경하기 위해 메뉴에서 [Window]–[Styles]를 선택합니다. 그리고 야간 배경을 표현하기 위해 배경색을 '검은색'으로 변경합니다.

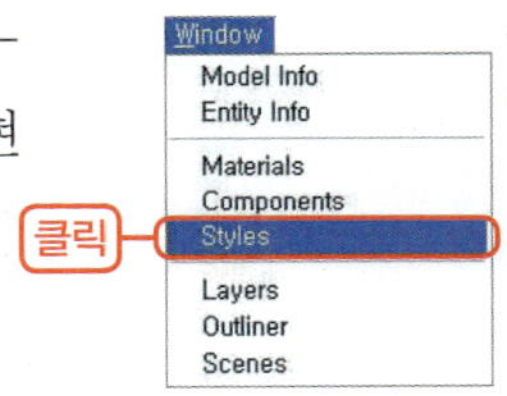

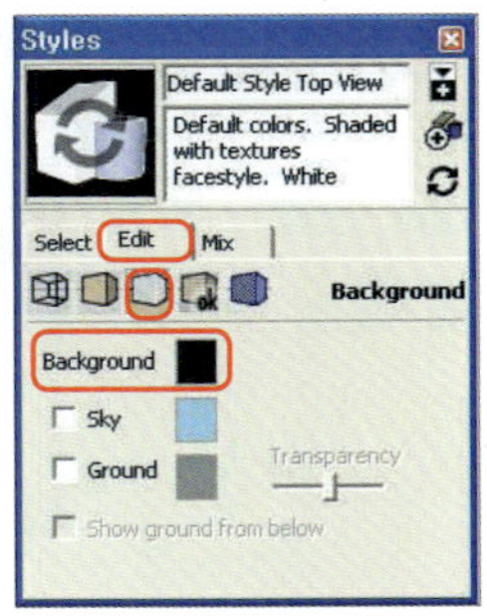

12 그림자를 표현하기 위해 메뉴에서 [Window]–[Shadows]를 선택합니다. Time 및 Date 값을 변경하고 Light와 Dark의 수치를 조절하면서 어두운 배경으로 설정합니다.

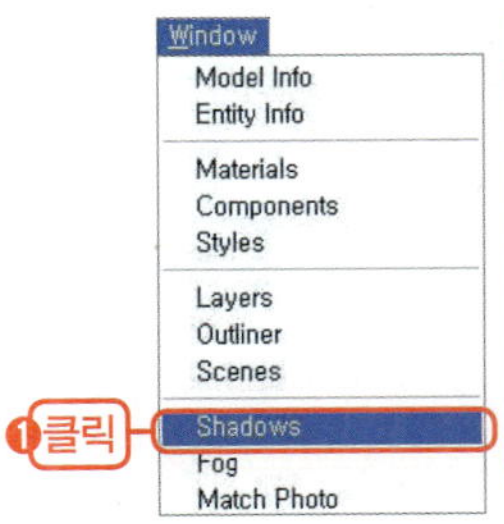

13 [Podium V2] 툴에서 Option(◌)을 클릭한 후 [Presets]에서 'default.pps'를 선택합니다. 그런 다음, [Output] 항목과 [Environment] 항목을 다음 그림처럼 설정합니다. [Environment] 항목에서 [Background]는 'Default(set in SketchUp)'을 선택하고, [Sun/Sky Brightness] 항목의 슬라이드는 중간으로 설정합니다.

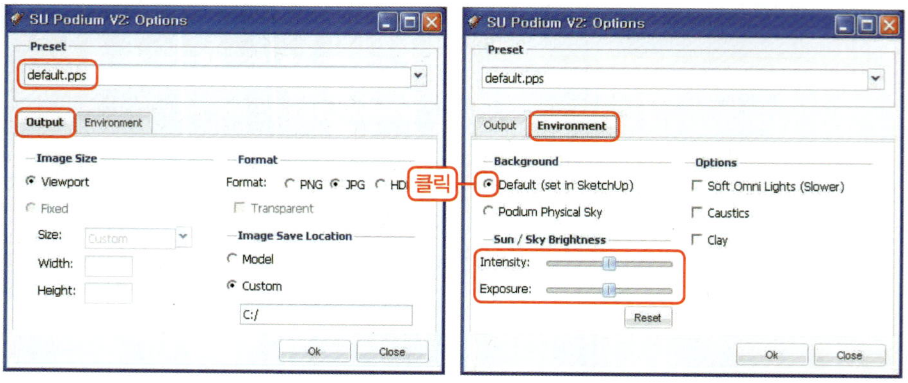

14 [Podium V2] 툴에서 Render(●)를 클릭하면 렌더링이 진행됩니다. [Podium Rendering Manager] 창에서 [Preview] 버튼을 클릭하면 지금까지 작업한 결과를 확인할 수 있습니다.

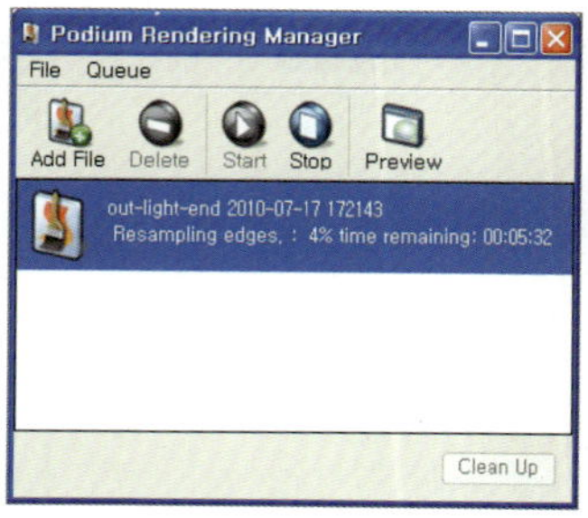

15 다시 한 번 [Environment] 항목에서 [Background]는 'Podium physical Sky'를 선택하고, [Sun/Sky Brightness] 항목의 슬라이드를 왼쪽으로 이동합니다. [Podium V2] 툴에서 Render(●)를 클릭하면 렌더링이 진행됩니다. 렌더링 진행 상황을 보기 위해 [Podium Rendering Manager] 창에서 [Preview] 버튼을 클릭합니다. 지금까지 작업한 결과를 확인할 수 있습니다.

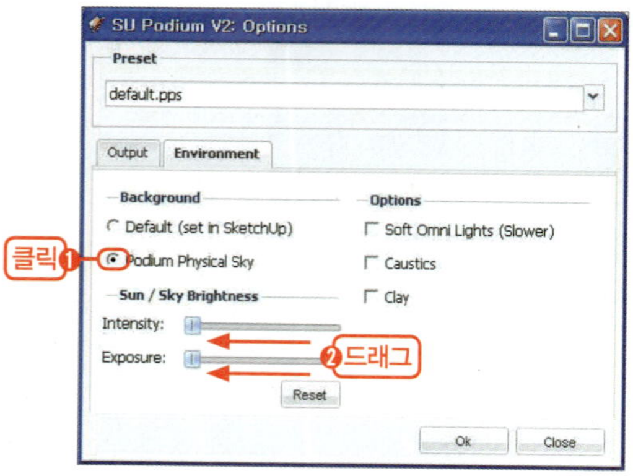

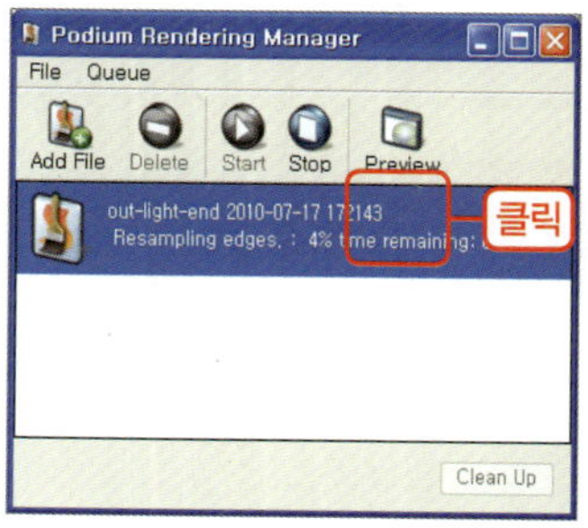

STEP 02 포토샵으로 리터칭 작업하기

01 포토샵 프로그램을 실행한 후 포디움을 이용해 작업한 파일(*.jpg)을 포토샵 화면으로 불러옵니다. 여기에서는 [부록 CD\Sample\Part 05\예제\out-light-sky.jpg]를 불러옵니다.

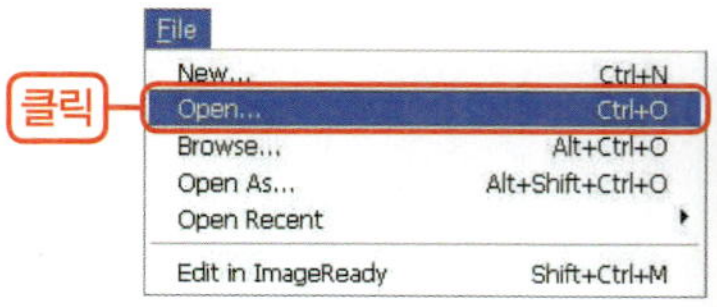

02 그림처럼 'Background' 레이어를 클릭, 드래그하여 New Layer(□) 버튼 위로 드래그합니다. 그러면 'Background copy' 레이어가 복제됩니다.

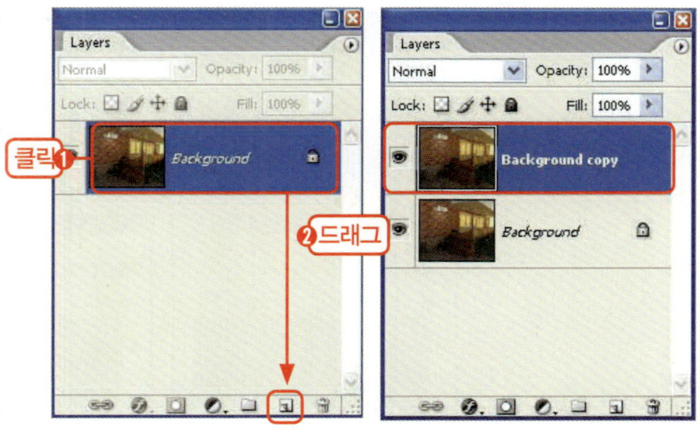

03 **02**에서 복제한 'Background copy' 레이어를 선택한 후 메뉴에서 [Filter]–[Blur]–[Gaussian Blur]를 선택하고 Radius 값을 '1.0'으로 설정합니다.

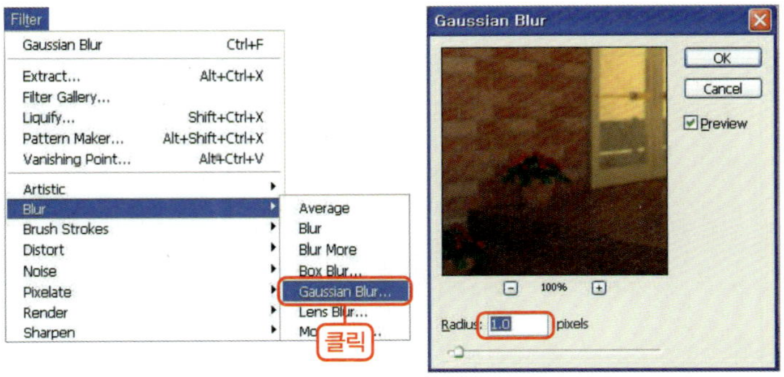

04 **02**와 **03**에서 작업한 'Background copy' 레이어를 선택합니다. 레이어 팔레트의 블렌딩 모드 중에서 [Multiply]를 선택한 후 [Opacity] 수치를 '50%'로 지정합니다. 야간 배경 표현은 스케치업 8에서 포디움으로 야간 조명을 세팅한 후 포토샵에서 리터칭을 마무리하는 방법입니다. 포토샵의 블렌딩 모드를 적절하게 사용하여 좀 더 부드러운 야간 배경으로 마무리합니다.

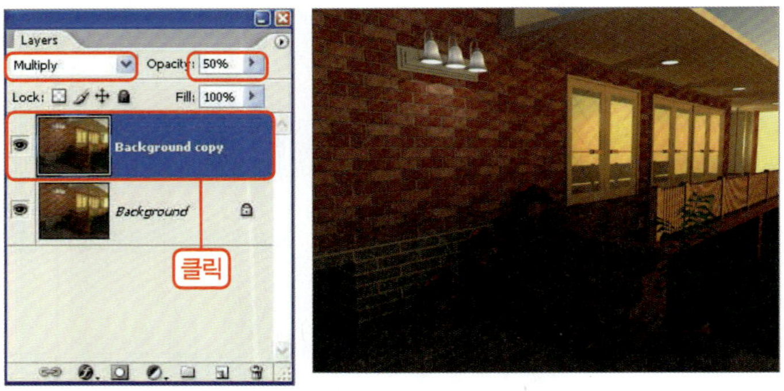

05 'Background copy' 레이어를 클릭한 후 New Layer( ) 버튼 위로 드래그하면 'Background copy 2' 레이어가 복제됩니다. 'Background copy 2' 레이어를 선택한 후 레이어 팔레트에 블렌딩 모드 중에서 [Overlay]를 선택합니다. [Opacity] 수치를 '50%'로 지정하면 완성된 결과를 확인할 수 있습니다.

02. 화창한 날씨의 야외 조명 꾸미기

건물의 용도에 따라 이미지의 분위기를 다르게 표현할 수 있습니다. 하늘의 색상을 조금 바꾸어도 이미지의 전체 분위기가 크게 달라지는 건물 배경을 표현해 보겠습니다.

01 [부록 CD\Sample\Part 05\예제\house.skp] 경로에 있는 예제 파일을 불러옵니다.

02 문의 유리면에 반사 효과를 적용하기 위해 그림처럼 문을 선택한 후 마우스 오른쪽 버튼을 클릭하면 나타나는 확장 메뉴 중에서 [Edit Component]를 선택합니다.

03 반사 효과를 적용하기 위해 선택 툴( )로 그림처럼 유리면을 선택합니다. 그런 다음, Material Properties( )를 클릭하고 반사(Reflection)에 반사값으로 '13%'를 입력합니다.

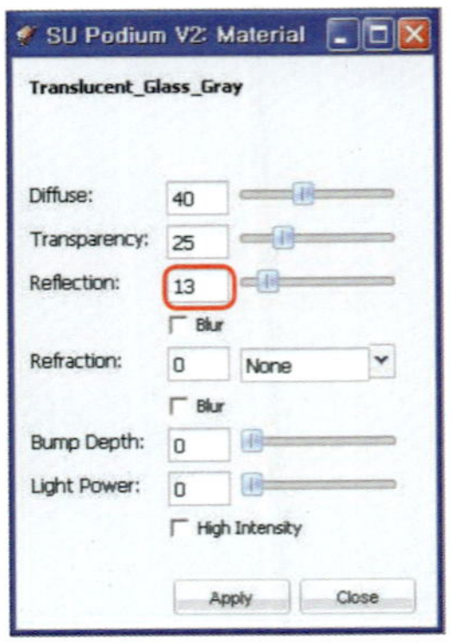

04 반사 효과를 적용할 바닥면은 선택 툴( )로 그림처럼 선택합니다. 그런 다음, [Podium V2] 툴에서 Material Properties( )를 클릭하고 바닥 질감에 직접 반사 효과를 적용하기 위해 반사(Reflection)에 반사값으로 '15%'를 입력합니다.

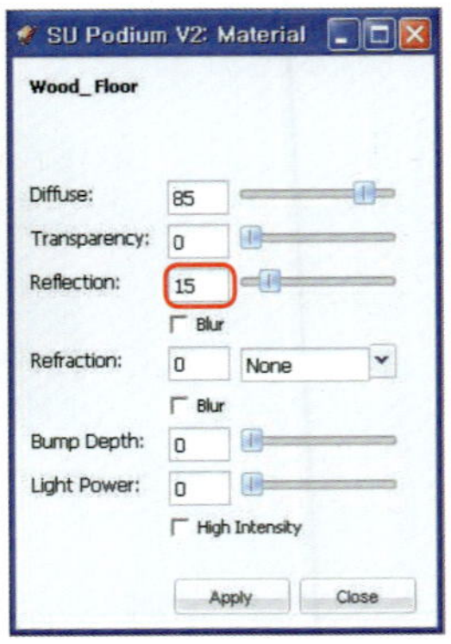

05 반사 효과를 적용할 창문 유리창 면을 선택 툴( )로 그림처럼 선택합니다. 그리고 [Podium V2] 툴에서 Material Properties( )를 클릭한 후 반사 효과를 적용하기 위해 반사(Reflection)에 반사값으로 '13%'를 입력합니다.

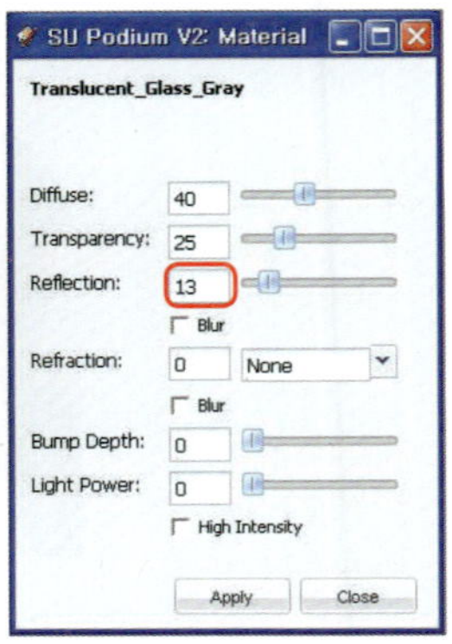

06 수영장 물 위로 건물 또는 배경이 반사 되도록 선택 툴( )로 수영장 물을 선택합니다. 그리고 [Podium V2] 툴에서 Material Properties( )를 클릭한 후 반사 효과를 적용하기 위해 반사(Reflection)에 반사값으로 '30%'를 입력합니다.

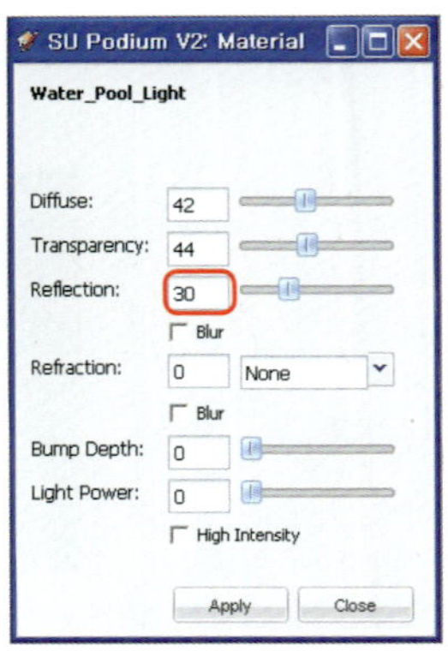

07 그림자를 표현하기 위해 메뉴에서 [Window]-[Shadows]를 선택합니다. Time 및 Date 값을 변경하고 Light와 Dark의 수치를 조절하면서 어두운 배경으로 설정합니다.

08 [Podium V2] 툴에서 Option( )을 클릭한 후 [Output] 항목과 [Environment] 항목을 다음 그림처럼 설정합니다. [Environment] 항목에서 [Background]는 'Podium physical Sky'를 선택하고, [Sun/Sky Brightness] 항목의 슬라이드는 왼쪽으로 이동합니다.

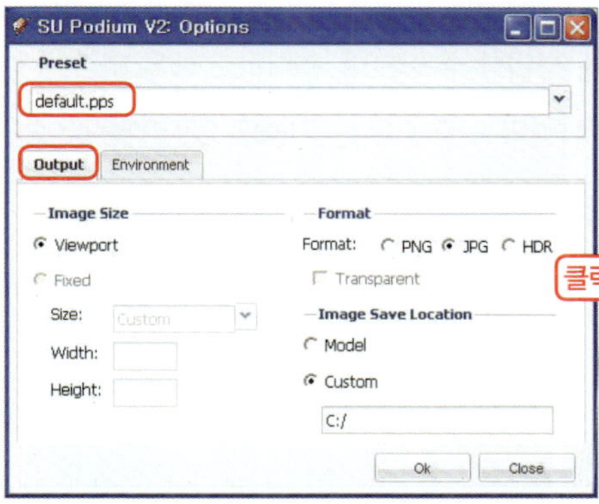

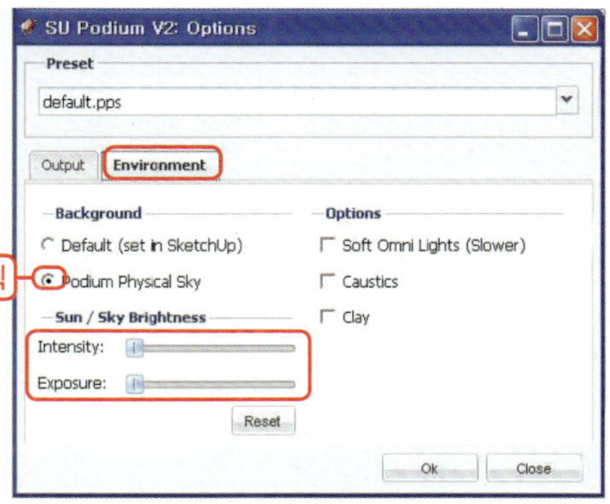

09 [Podium V2] 툴에서 Render( )를 클릭하면 렌더링이 진행됩니다. [Podium Rendering Manager] 창에서 [Preview] 버튼을 클릭하면 지금까지 작업한 결과를 확인할 수 있습니다.

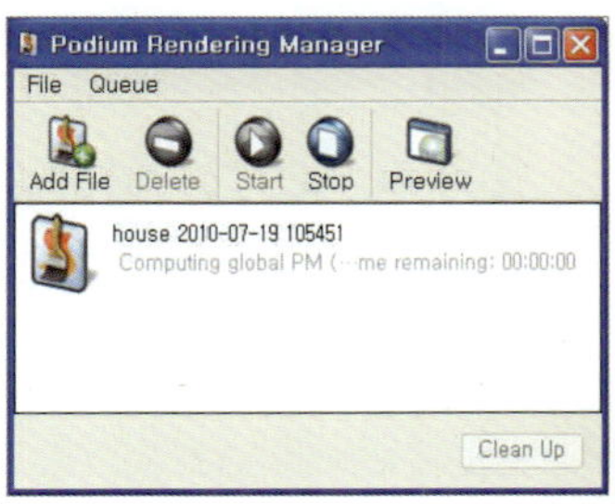

PART

06

피라네시(Piranesi 2010)

스케치업 8로 작업한 3D 모델을 피라네시(Piranesi)로 전환하면 실사와 비슷하게 리터칭을 할 수 있기 때문에 눈에 띄는 디자인 작업을 할 수 있습니다. 또 피라네시의 창의적인 기능을 활용하여 시각화 작업을 할 수 있을 뿐만 아니라 3차원 데이터를 간단하게 작업할 수 있으며, 렌더링도 매우 빠르게 할 수 있습니다. 다양한 효과 중에는 수작업의 느낌을 주는 기능도 있기 때문에 좀 더 친근감을 주며, 따뜻한 느낌으로 표현할 수 있는 효과들도 있습니다.

01;

피라네시 시작하기

스케치업 8로 작업한 3D 모델을 피라네시로 불러와서 실사와 비슷하게 리터칭하는 작업을 알아보겠습니다. 그리고 수작업의 느낌을 주기 위한 피라네시의 다양한 효과와 기능들에 대해서도 알아보겠습니다.

01. 피라네시 2010의 특징과 기능

피라네시 2010 버전에 추가된 새로운 기능과 프로그램을 실행한 후 피라네시 파일로 저장하는 방법 및 불러오는 방법에 대해 알아보겠습니다. 이와 아울러 피라네시의 기본적인 구성과 기능에 대해서도 자세하게 알아보겠습니다.

01 피라네시의 정보

- 피라네시는 다양한 장면 제작과 텍스처의 페인팅 기능을 이용하여 사진과 같은 이미지를 작업하는 데 매우 효과적입니다.
- 다양한 특수 효과들을 표현할 수 있으며, 손으로 그린 듯한 이미지도 손쉽게 제작할 수 있습니다.
- 완성된 이미지는 포토샵과 같은 2차원 이미지 편집에서 다시 수정할 수 있습니다.
- 3차원 이미지를 빠르고 간편하게 채색하는 프로그램으로, 건축 이미지를 다루는 3차원 형태의 포토샵 정도로 이해할 수 있습니다.
- 사진을 촬영하듯이 3차원 이미지를 피라네시 툴에 고정한 후, 다양한 도구들을 선택하여 원하는 이미지로 완성할 수 있습니다.
- 3D 리터칭 프로그램으로, 자체적으로 깊이값과 재질값을 가지고 있습니다.
- 스케치업 8, 맥스, 레빗, 캐드 등 3D 프로그램에서 '*.Epx' 파일을 생성시켜 사용합니다.

02 피라네시의 특징

페인팅 툴의 작업 과정을 더욱 섬세하게 설정하여 좀 더 정밀한 재질, 세공, 배경 효과 등을 제공합니다. 피라네시 작업으로 업그레이드된 명암이나 재질 등은 최종 이미지에 그대로 반영됩니다.

03 피라네시의 기능

피라네시는 간단한 모델에서부터 다양한 텍스처와 컷 아웃 라이브러리 및 독특한 3D 페인팅에 이르기까지 다양하게 활용할 수 있습니다. 이 밖에도 피라네시는 마스킹, 그림자 및 반사 등을 자동으로 작업할 수 있습니다.

04 복잡한 이미지 파일 관리

작업에 필요한 복잡한 이미지 파일을 관리할 수 있습니다. 다시 말해 추가된 하드웨어 메모리를 활용하여 시스템 성능을 증가시킵니다.

05 피라네시 2010 레이어

쉽게 작업할 수 있도록 [Layer Manager] 툴이 추가되었습니다.

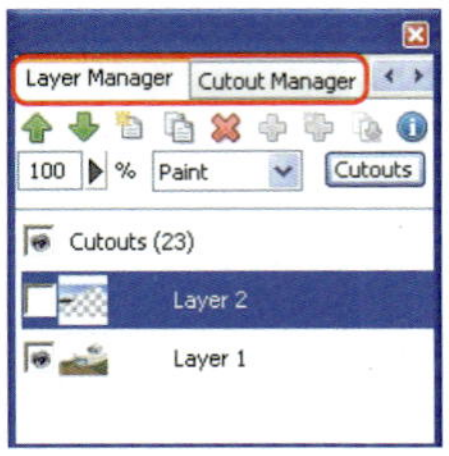

● Google 3D 이미지 갤러리 창에서 3D 모델 파일을 사용하기 위해 [Tool Options]에서 [Warehouse]를 클릭하면 Google에서 지원하는 다양한 3D 모델을 사용할 수 있습니다.

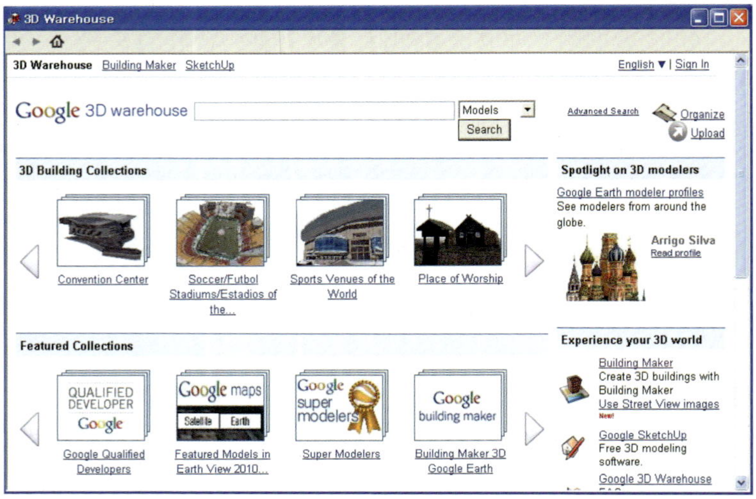

● 표면에 질감 페인트를 할 때 사용할 수 있는 새로운 래스터 텍스처를 만듭니다.

● 다양한 특수 효과들을 표현할 수 있으며, 손으로 그린 듯한 이미지도 손쉽게 제작할 수 있습니다.

● 화면 어디에서든 자동으로 색상을 전송할 수 있습니다.

● 복원 도구는 지우기 툴로 변경되었습니다. 지우기 툴은 기본 레이어의 색상을 지우면서 작업합니다. 이것은 이전 채널의 색상을 복원한다는 점에서 표현하는 방법에 차이가 있습니다. 이 방법으로 색상을 복원할 때의 컬러 도구 채우기는 0%로 설정합니다.

Tip

Piranesi 2010 시스템 요구 사항

강력한 렌더링 기능과 효과에도 불구하고 피라네시는 높은 사양의 컴퓨터가 필요하지 않습니다.

▶ Windows

Microsoft Windows XP : Windows Vista 또는 Windows 7.0

1024×768 해상도의 컬러는 최소한 65,000 색상을 표시하는 모니터

▶ Macintosh

Mac OS X v10.4.11 이상

1000×750 해상도의 컬러는 최소한 65,000 색상을 표시하는 모니터

06 스타일 라이브러리(Style Libraries)

피라네시에서는 다양한 리터칭 효과들을 제공합니다. 다음은 리터치 기능 소스인 스타일 라이브러리를 정리한 것입니다.

- 소스 파일 I 부록 CD\피라네시-Style Libraries
- C:\Program Files\Informatix\Piranesi 2010 Pro\Style Libraries

- [Brushes]

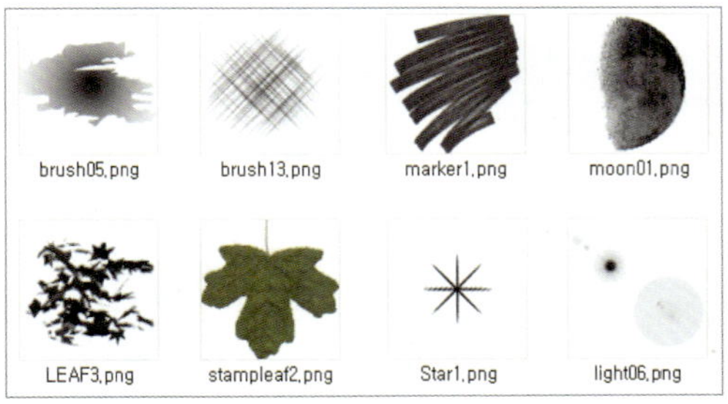

- [Grains]

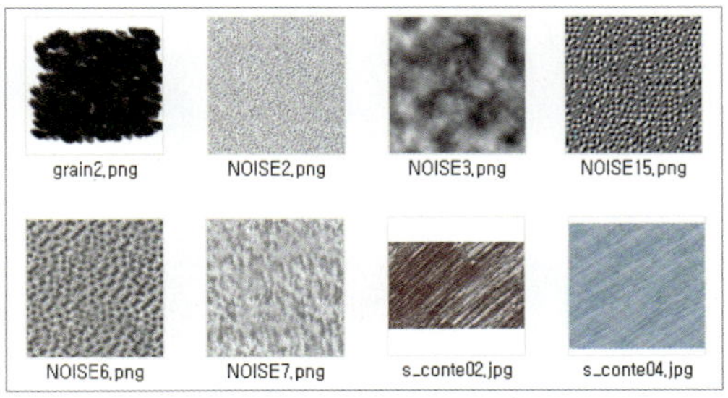

- [Textures]

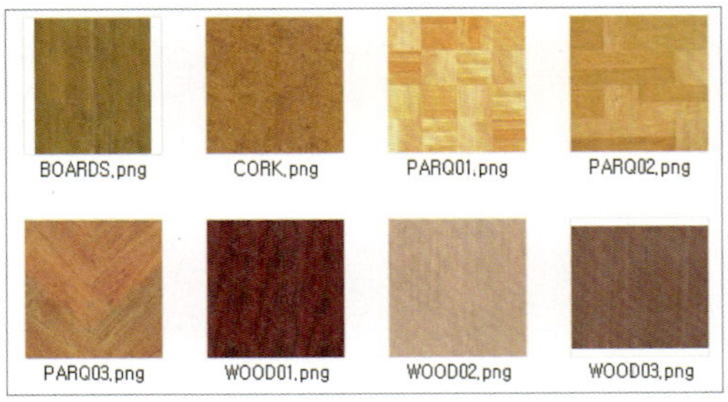

- [Cutouts]

- [3D Cutouts] / [SketchUp 소스]

- [Rworld]

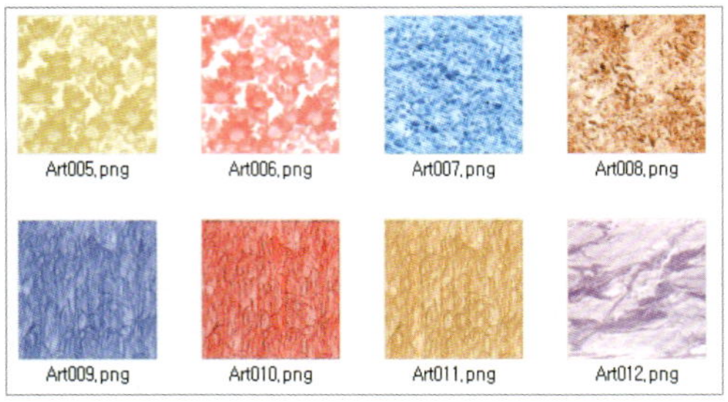

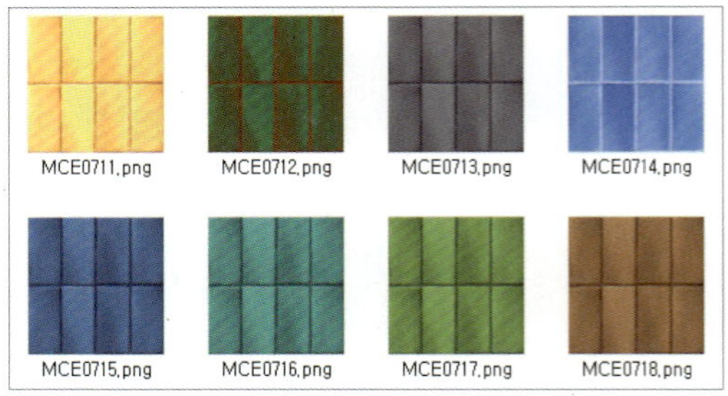

- [SketchCutouts]

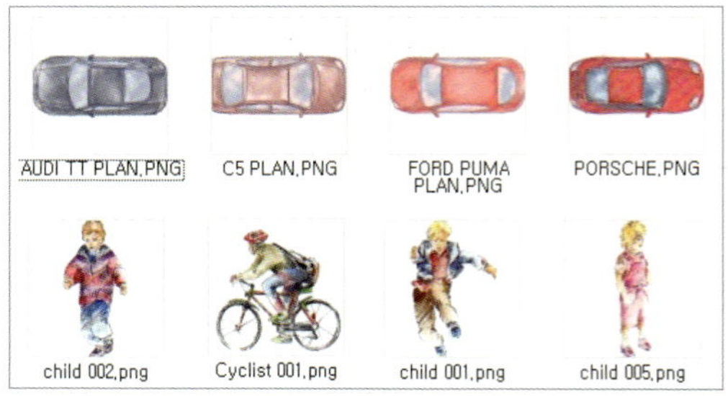

Tip

부록 CD\피라네시-Style Libraries에 있는 폴더들을 복사하여 C:\Program Files\Informatix\Piranesi2010Pro\Style Libraries에 붙여넣기를 합니다. 그러면 피라네시에서 작업을 할 때 쉽게 활용할 수 있습니다.

02. 스케치업 8에서 피라네시 파일로 저장하기

스케치업 8에서 작업한 모델링을 피라네시 파일로 저장하려면 [Export Epx Options] 대화상자에서 원하는 옵션을 선택한 후 피라네시 파일(*.Epx)로 저장해야 합니다. 다양한 옵션을 선택하여 피라네시 파일(*.Epx)로 저장하는 방법을 알아보겠습니다.

● 예제 파일 I 부록 CD\Sample\Part 06\스케치업파일\반사.skp

01 스케치업 8에서 3D 모델을 작업합니다.

02 피라네시 파일로 저장하기 위해 메뉴에서 [File]-[Export]-[2D Graphic]을 선택합니다.

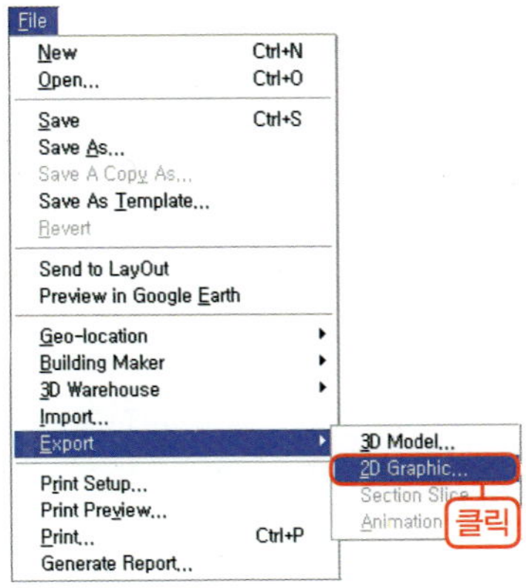

03 파일 형식에서 'Piranesi Epix(*.epx)'를 선택합니다.

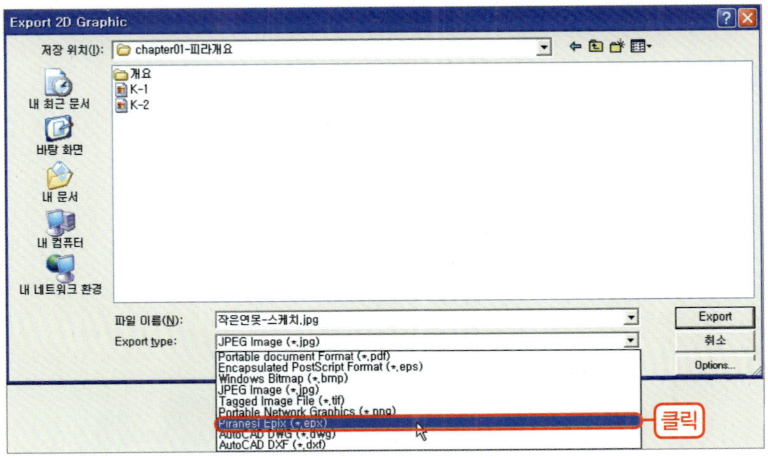

04 [Option] 버튼을 클릭한 후 [Export edges] 항목에 체크 표시를 하면 피라네시 파일로 저장할 때 결과물 형식을 지정할 수 있습니다. 그런 다음, 파일명을 입력하고 [Export] 버튼을 클릭합니다.

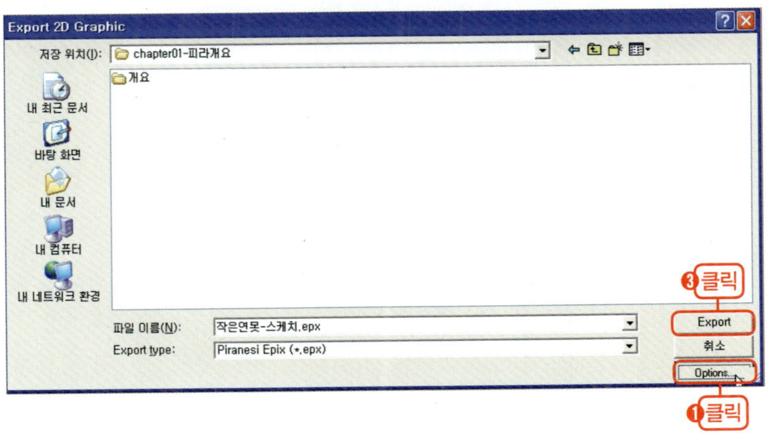

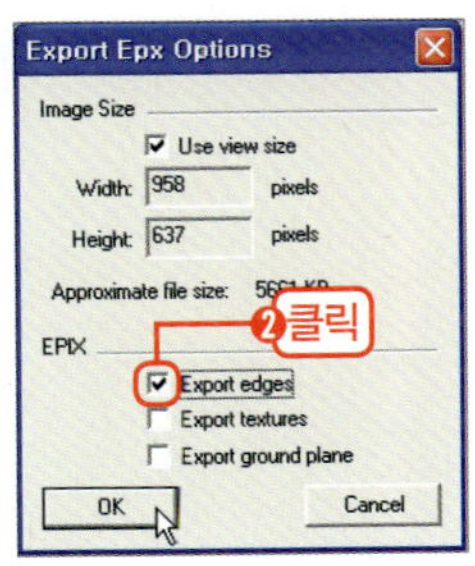

Tip

[Export Epx Options] 대화상자

- **Image Size** 이미지 사이즈를 설정합니다.
- **EPIX** 저장 결과물 형식을 설정합니다.
- **Export edges** 테두리 선을 포함하여 저장합니다.
- **Export textures** 재질을 포함하여 저장합니다.
- **Export ground plane** 배경 영역을 포함하여 저장합니다.

05 피라네시 프로그램을 실행한 후 메뉴에서 [File]-[Open]을 선택하면 작업한 파일을 불러올 수 있습니다.

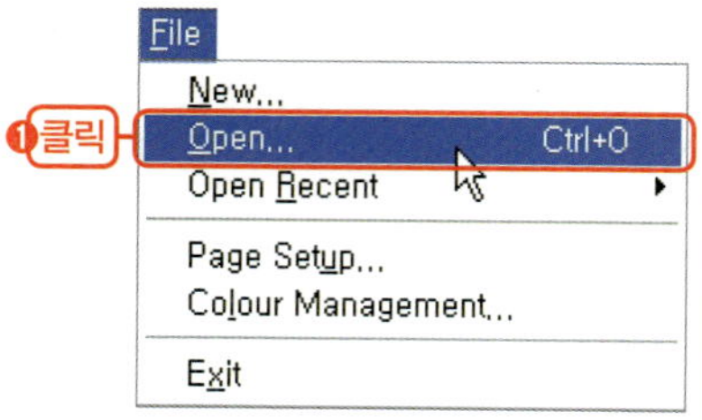

03. 피라네시 파일 열기

스케치업 8에서 작업한 후 피라네시 파일(*.Epx)로 저장한 파일을 피라네시 프로그램에서 불러옵니다. 또는 다양한 2차원 이미지 파일을 불러옵니다. 이처럼 피라네시에서 파일을 불러오는 형식에는 3가지가 있습니다. 새 파일을 만드는 방법부터 알아보겠습니다.

STEP 01 피라네시에서 새 파일 만들기

01 새 파일을 불러오기 위해 메뉴에서 [File]–[New]를 선택합니다.

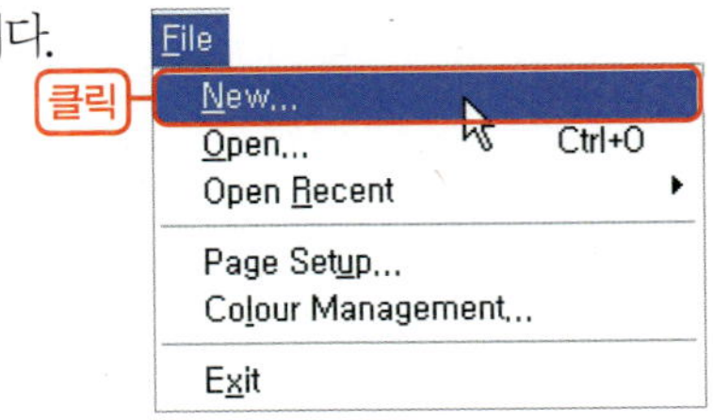

02 [New] 대화상자가 나타나면 [Create an EPix file]을 선택합니다. 그리고 새 도면의 크기를 선택합니다.

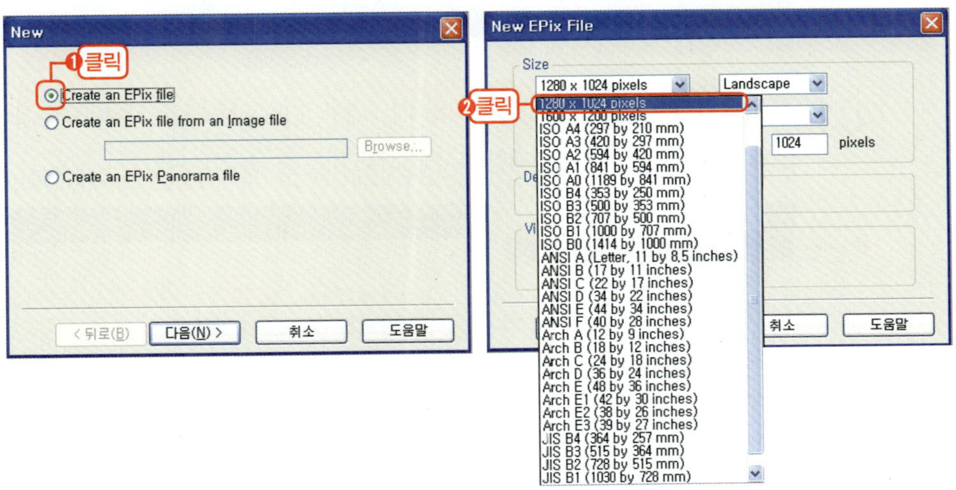

03 다음과 같이 평면 도면으로 설정한 후 [마침] 버튼을 클릭합니다.

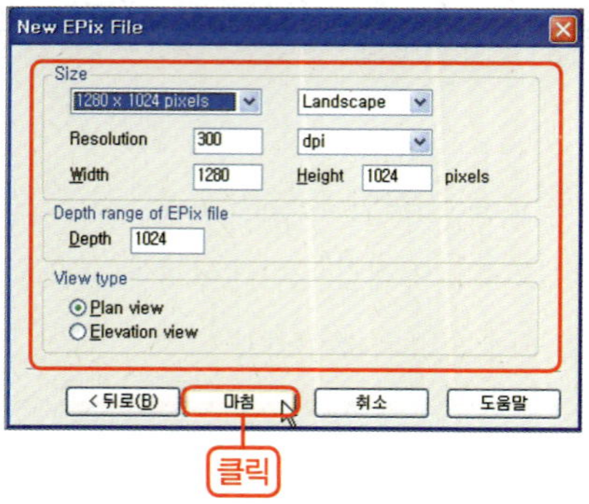

Tip

Depth Epx 파일의 깊이 범위를 나타냅니다. 지정한 값의 깊이 정보를 기준으로 합니다.

STEP 02 피라네시에서 새 파일 만들기

01 이미지 파일(*.jpg)을 불러오기 위해 메뉴에서 [File]–[New]를 선택합니다. [Create an EPix file from an Image file]을 선택한 후 [Browse] 버튼을 클릭합니다.

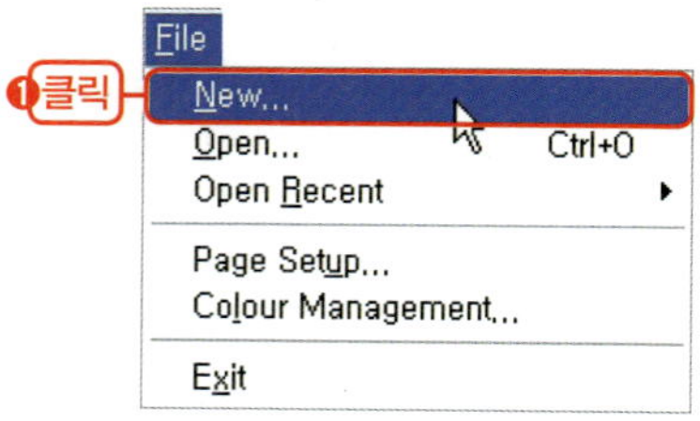

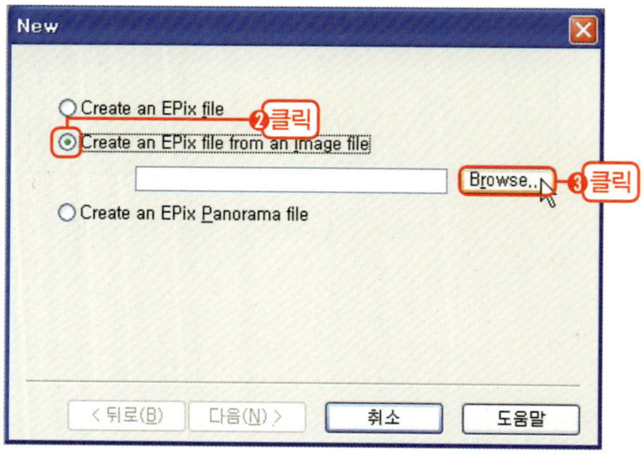

Tip

가능한 이미지 파일 *.bmp, *.tiff, *.jpg, *.tga, *.png, *.epx, *.pic, *.pit

02 원하는 '*.jpg' 파일을 선택한 후 [열기] 버튼을 클릭합니다. 선택한 이미지 파일(*.jpg)의 경로가 나타나면 [다음] 버튼을 클릭합니다.

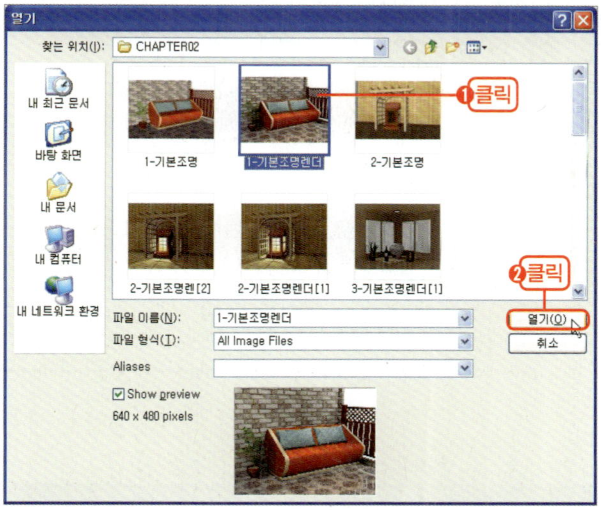

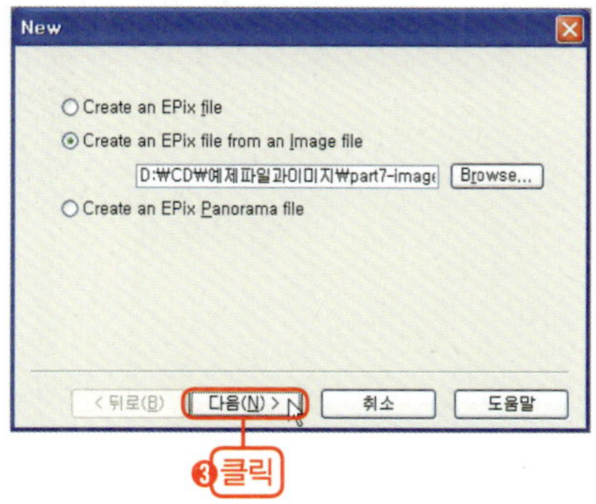

03 이미지 파일은 2차원 이미지이기 때문에 [New EPix File from Image] 대화상자에서 [Plan view]를 선택해야 합니다.

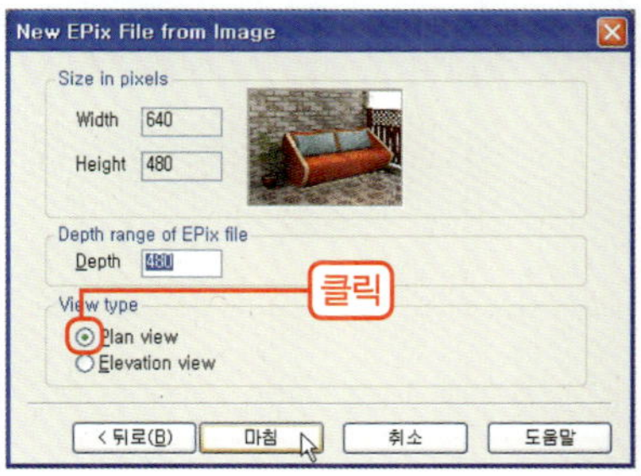

STEP 03 피라네시에 파노라마 파일 불러오기

01 파노라마 파일을 불러오기 위해 메뉴에서 [File]-[New]를 선택합니다. [Create an EPix Panorama file]을 선택한 후 [다음] 버튼을 클릭합니다.

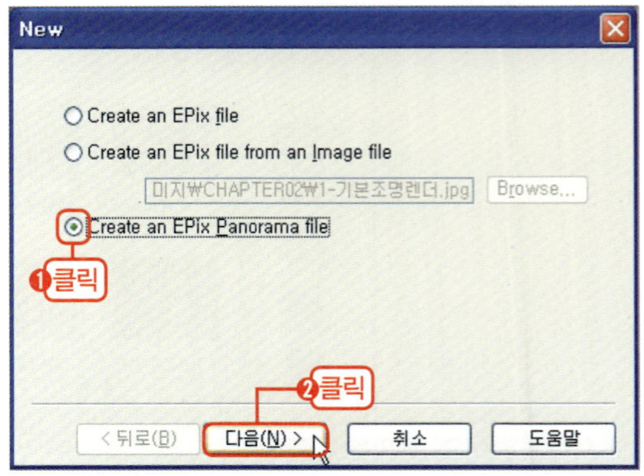

02 높이 값을 설정합니다.

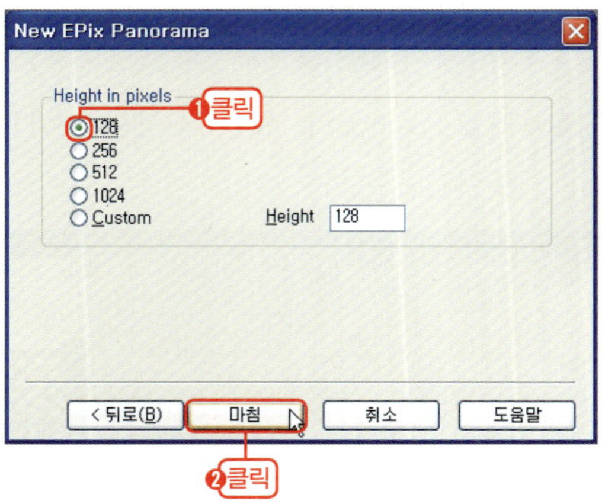

04. 피라네시 기능 설명

피라네시의 메인 프로그램 창에는 페인트, 강화, 수정 및 인쇄 등 명령과 도구가 포함되어 있습니다. 이번에는 피라네시의 다양한 도구와 명령에 대해 알아보겠습니다.

STEP 01 도구 모음

화면 상단의 툴바에는 다양한 도구 모음 항목이 나타납니다. 화면에 띄운 각 도구 모음은 체크 표시를 하여 표시를 확인할 수 있습니다. 그리고 체크 표시를 해제하면 도구가 화면에서 사라집니다. 각 도구 모음에 마우스 포인터를 위치시킨 후 마우스 오른쪽 버튼을 클릭하면 도구 모음 항목이 나타납니다.

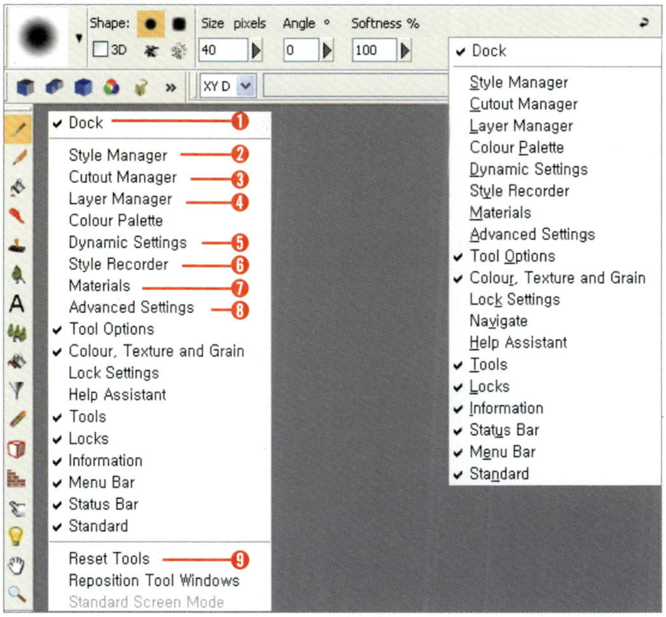

❶ Dock [On/Off]로 이동할 수 있는 도구 상자를 분리하여 사용할 수 있습니다.

❷ Style manager 기존의 스타일뿐만 아니라 새로운 스타일을 저장한 후 새롭게 페인팅하는 작업을 반복적으로 사용할 수 있습니다.

❸ Cutout Manager 플로팅 단편이 장면에서 표시되는 방법을 변경할 수 있습니다.

❹ Layer Manager 자신이 만들고, 구성하는 장면에서 레이어를 관리할 수 있습니다.

❺ Dynamic Settings 도구에 대한 추가 옵션을 설정할 수 있습니다.

❻ Style Recorder 자동으로 스타일을 기록할 수 있습니다.

❼ Materials 현장에서 사용되는 자료를 편집할 수 있습니다.

❽ Advanced Settings 현재 도구에 대한 고급 설정을 변경할 수 있습니다.

❾ Reset Tools 피라네시의 모든 작업 영역과 도구 모음을 초기화합니다.

Tip

- 피라네시는 포토샵, 맥스, 스케치업 8, 일러스트레이터 등 다른 프로그램과 달리 마지막에 작업한 도구 설정과 화면 영역 설정 그리고 각 도구 세팅의 설정이 초기화되지 않지 않은 상태에서 프로그램이 실행됩니다.
- 피라네시를 작업하기 전에는 반드시 [Reset tools]를 선택한 후 직접 모든 화면과 도구 영역을 초기화시킨 후에 작업해야 합니다.

STEP 02 정보 및 재질 툴

● 정보(Information) 툴

기본적으로 정보 표시줄은 메뉴 표시줄 아래의 도구 모음 옆에 표시됩니다. 그리고 마우스 포인터를 이동하면 픽셀에 대한 정보를 아래의 정보 표시줄에서 볼 수 있습니다.

● 시스템의 위치 정보를 표시하는 데 사용되는 좌표

● X, Y, Z의 위치와 깊이의 좌표

● 픽셀 위치의 현재의 단위 좌표

● 픽셀 정보를 팔레트에서 픽셀 탭을 사용하여 볼 수 있습니다.

● 재질(Material) 도구

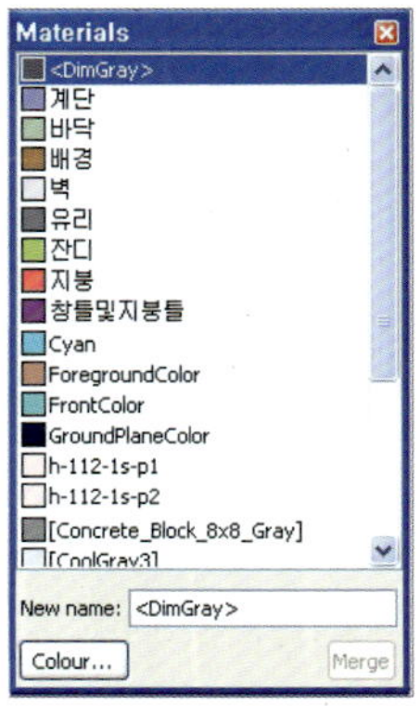

● 재질 이름과 각 재질에서 사용되는 색상을 표시합니다.

● 어느 재질이든지 사용 채널을 볼 수 있습니다.

● 정보 표시줄은 현재 자료의 이름을 볼 수 있는 상태 표시줄에 있습니다.

● 이름이나 소재의 색상을 변경할 수 있습니다.

STEP 03 단위 설정

피라네시 기본 단위는 인치(Inch)로 되어 있습니다. 2D 그래픽으로 단위는 크게 비중을 차지하지 않지만 스케치업 작업 단위를 동일하게 작업하는 경우도 있습니다.

● **메뉴** [File]-[Properties]

● **단축키**(Alt + Enter) [Geometry] 항목에서 [mm]로 단위를 변경하면 됩니다.

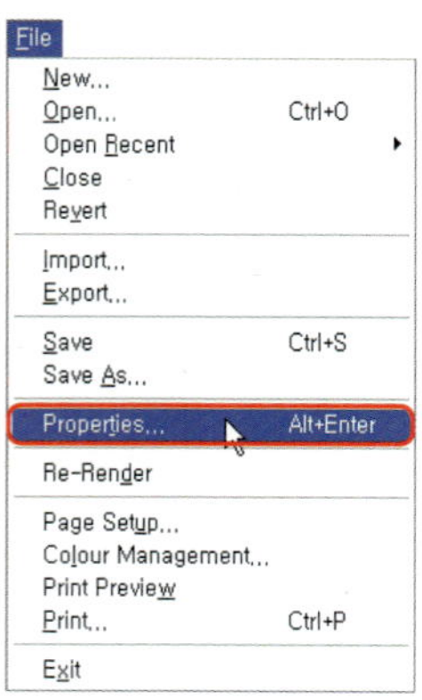

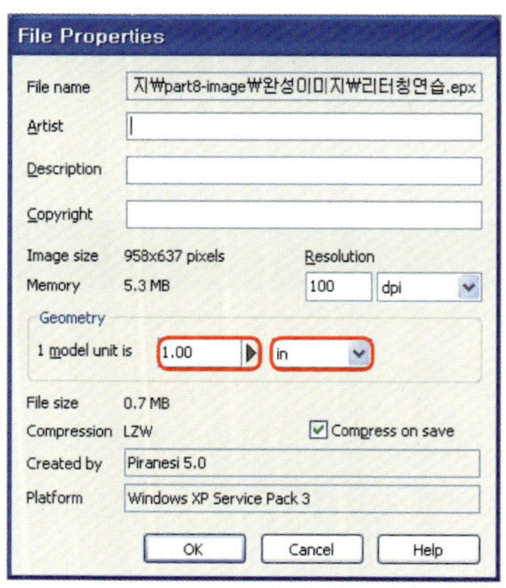

STEP 04 프린터 설정 및 미리보기

01 피라네시에서 작업한 이미지를 출력하기 전에 미리보기를 하려면 메뉴에서 [File]–[Print Preview]를 선택해야 합니다.

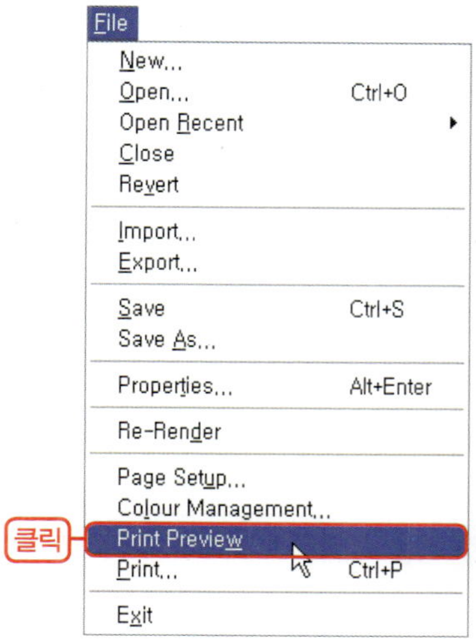

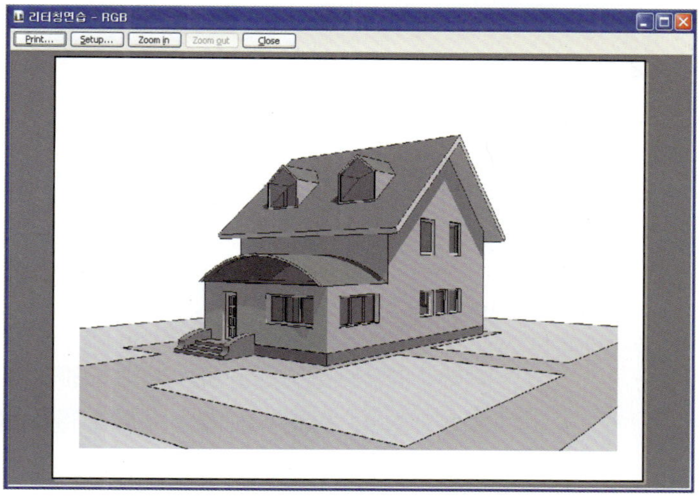

02 피라네시에서 작업한 이미지를 출력하기 위해 메뉴에서 [File]–[Page SetUp]을 선택합니다.

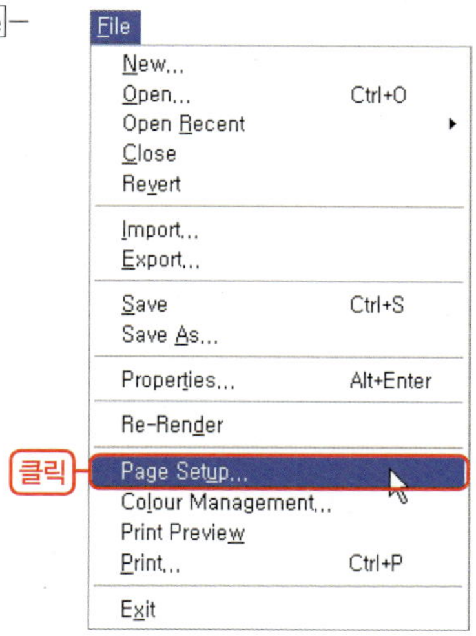

03 [Page SetUp] 대화상자에서 프린터 용지 설정과 용지 방향 및 용지 여백을 설정합니다.

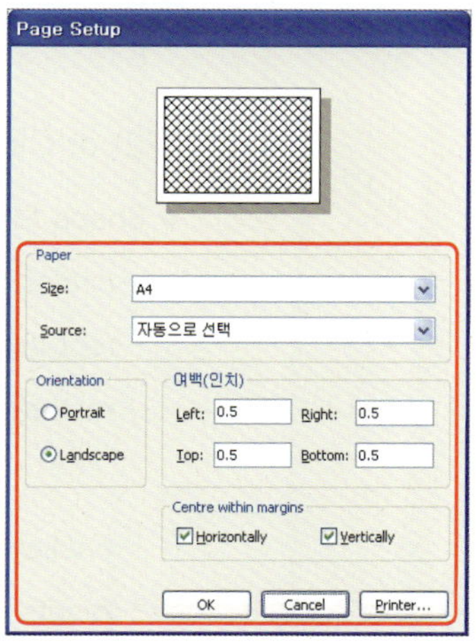

02; 피라네시 도구 툴

피라네시에서 사용되는 툴에는 원하는 모델링 효과를 만들기 위해 사용되는 드로잉 툴과 잠금 기능 툴 등이 있습니다. 원하는 결과를 얻기 위해서는 이러한 툴을 이해하는 것이 필수이므로 이번 장에서는 피라네시의 각 툴에 대해 알아보겠습니다.

01. 피라네시 브러시 툴 이해하기

피라네시 프로그램에서 작업할 때 필요한 여러 도구들의 기능을 알아봅니다. 좀 더 세밀하게 각 도구들을 응용하는 방법을 알아보고, 다양한 예제를 통해 작업하는 방법도 익히도록 합니다.

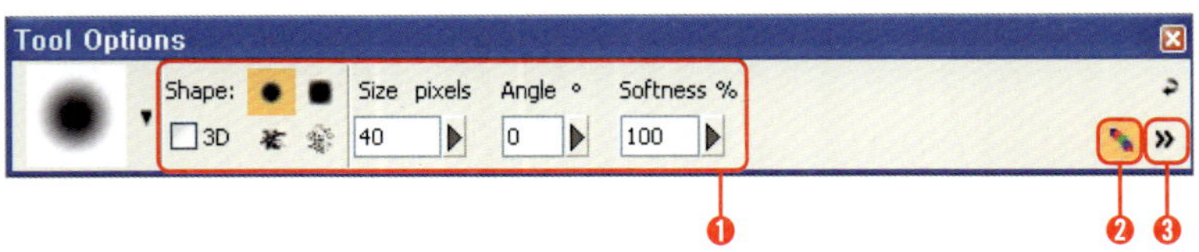

❶ Tool Options

- **Shape** 브러시의 종류를 선택합니다. 또는 래스터 브러시를 선택하여 브러시 파일을 불러옵니다.
  - circle( ) 원형 또는 타원형 브러시를 만듭니다.
  - rectangle( ) 직사각형 또는 사각형 브러시를 만듭니다.
  - raster( ) 다양한 브러시 소스를 불러옵니다.

    ● 소스 파일 I 부록 CD\피라네시-Style Libraries\Brushes
    ● C:\Program Files\Informatix\Piranesi 2010 Pro\Style Libraries\Brushes
  - bristle( ) 스프레이 브러시 효과를 적용합니다.
  - resets all Brush settings to their defaults( ) 브러시 설정을 기본 값으로 다시 재설정합니다.

- **Size Pixel** 브러시의 크기를 지정합니다.
- **Angle** 브러시의 각도를 지정합니다.
- **Softness** 브러시 가장자리의 번지는 값을 지정합니다.

❷ Dynamic Settings( )

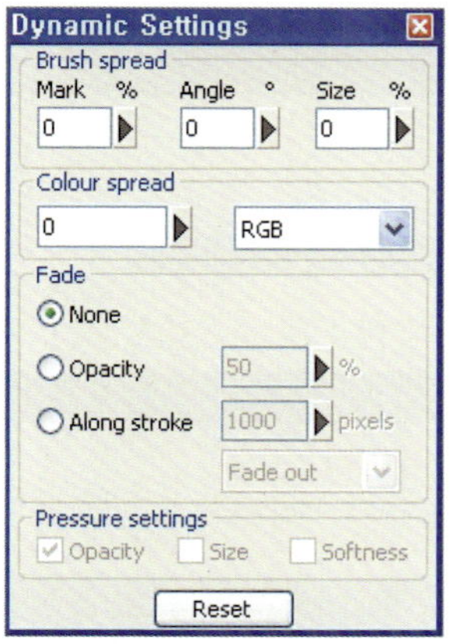

- **Mark** 브러시의 흩어져 있는 확산 분포 영역 값을 지정합니다.
- **Angle** 브러시에 각도 확산 효과 값을 지정합니다.
- **Size** 브러시 크기의 확대/축소 값을 지정합니다.
- **Colour spread** 색상 확산 분포 영역 값을 지정합니다. 무작위로 확산되는 값을 지정 표시 색상인 '0'에서 '255' 사이의 값으로 입력하거나 슬라이더를 사용하여 추가합니다.

Tip

- **색상 값이 0일 때** 정확한 색상 선명도 슬라이더를 사용하여 결정
- **색상 값이 255일 때** 무작위로 최대 255에 의해 각 컬러 값 변경
- 작업을 시작할 때나 재작업을 할 때는 [Reset] 버튼을 클릭하여 기본 값으로 재설정하거나 설정을 되돌릴 수 있습니다.

❸ Advanced Settings(»)

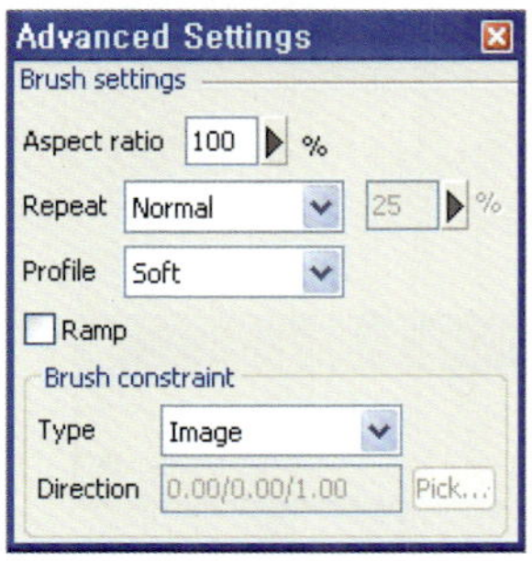

- **Aspect ratio** 브러시의 기울기를 지정합니다.
- **Repeat** 선의 종류를 선택합니다. Normal은 기본 선긋기, Spaced는 브러시의 간격값을 지정하여 선 긋기, Continuous는 연속적인 선긋기를 의미합니다.
- **Profile** 브러시 가장자리 종류입니다.
- **Ramp** 이 옵션에 체크 표시를 하면 가로 그레이디언트 같은 느낌을 줍니다.
- **Type** 선을 그릴 방향을 설정합니다. Image는 가장 기본적인 브러시 타입이므로 언제나 수평, 수직으로만 선이 그려집니다. 따라서 각도가 있는 선이나 대각선에서는 사용할 수 없습니다. world axes는 각도가 있는 선을 그릴 때 사용합니다. 도형의 테두리 선을 따라 그릴 수 있습니다. Fixed direction은 대각선을 그릴 때 사용합니다. 먼저 'Pick'로 선을 그릴 방향을 설정한 후 도형의 테두리 선을 따라 그리면 됩니다.

Tip

작업을 시작할 때나 재작업을 할 때는 모든 도구 툴의 [Tool Options] 설정값에서 [resets all] 버튼( )을 클릭하여 설정을 되돌릴 수 있습니다.

STEP 01 브러시( ) 작업 따라하기

01 새 파일을 불러오기 위해 메뉴에서 [File]-[New]를 선택합니다. 그런 다음, [Create an EPix file]을 선택한 후 새로운 도면의 사이즈를 선택합니다.

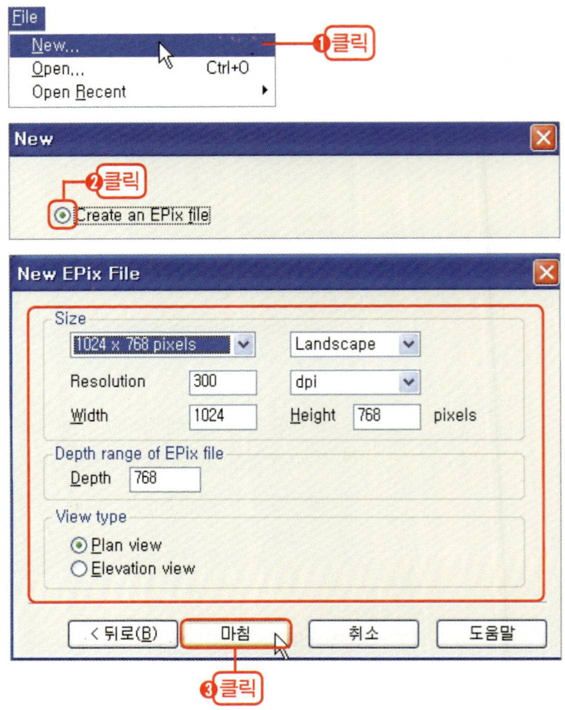

02 도구 툴에서 브러시 툴( )을 선택하면 [Tool Options] 대화상자의 [브러시] 탭으로 변경됩니다. 그림처럼 원형 브러시 툴( )을 설정합니다.

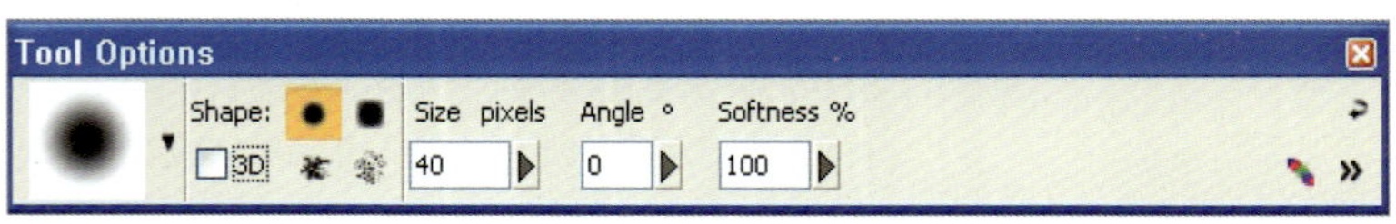

03 [Tool Options] 대화상자에서 [세팅] 버튼( )을 클릭하면 [Advanced Settings] 대화상자가 나타납니다. [Repeat] 항목에 있는 선의 종류별로 브러시를 사용할 수 있습니다.

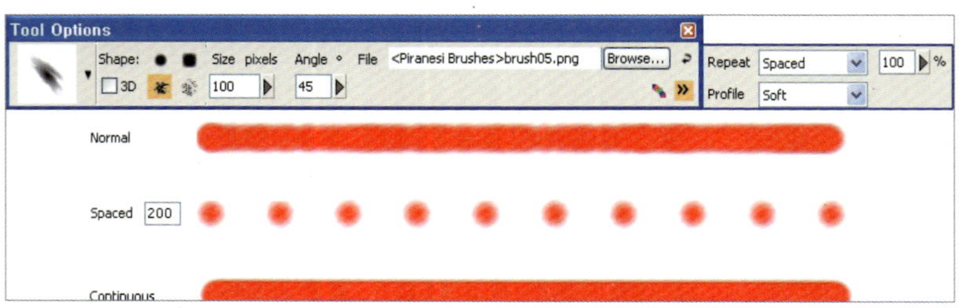

Tip

- **Normal** 기본 선긋기
- **Spaced** 브러시의 간격값을 지정하여 선 긋기
- **Continuous** 연속적인 선긋기
- 수평, 수직으로 직선을 그릴 때는 Shift 를 누른 후 선을 그립니다.

04 도구 툴에서 브러시 툴( )을 선택한 후 [브러시] 탭에서 그림처럼 설정합니다. [Softness %]에 각각의 수치를 입력한 후 브러시로 화면을 클릭하면 각 브러시 가장자리가 변하는 것을 볼 수 있습니다.

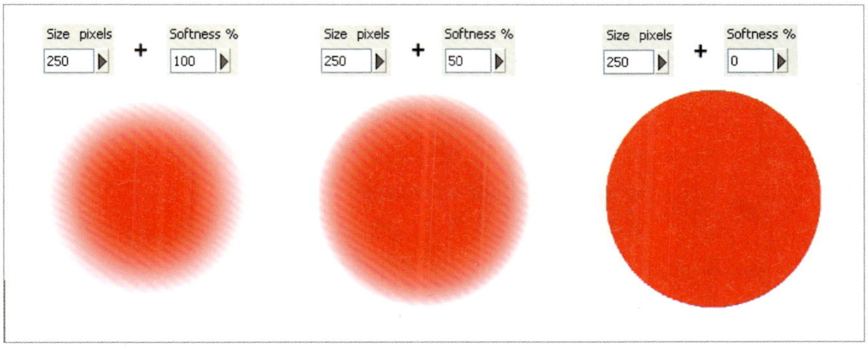

Tip

[Softness %]는 브러시 가장자리의 번지는 값을 지정합니다.

05 브러시 툴( )을 선택한 후 [브러시] 탭에서 [세팅] 버튼(»)을 클릭합니다. 그리고 [Advanced Settings] 대화상자에서 [Profile] 항목에 있는 기능들을 선택하여 브러시를 그리면 각 종류의 모양을 볼 수 있습니다.

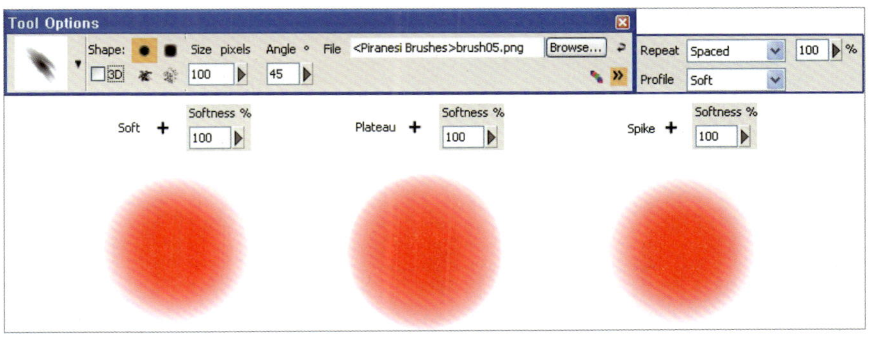

Tip

[Profile] 항목의 기능들

- **Soft** 가장자리 밖으로 부드럽게 번지는 브러시
- **Plateau** 가장자리 안으로 부드럽게 번지는 브러시
- **Spike** 가장자리 안과 밖으로 부드럽게 번지는 브러시

06 브러시 툴( )을 선택한 후 [브러시] 탭에 [Angle]과 [세팅] 버튼(»)을 클릭하면 나타나는 [Advanced Settings] 대화상자에서 [Aspect ratio]의 수치를 변경합니다.

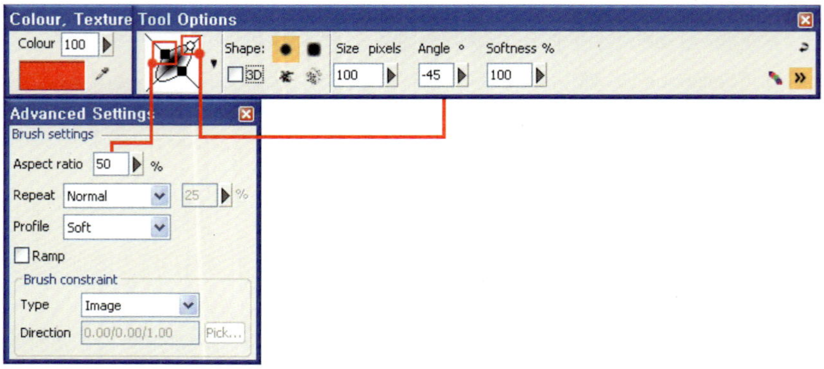

07 각각 그림처럼 설정한 후 브러시를 드래그하여 선을 그립니다.

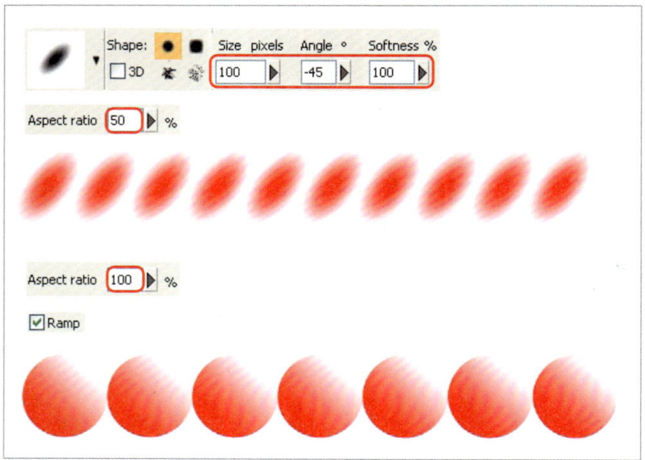

08 브러시 툴( )을 선택한 후 [브러시] 탭에서 각각 사각형 브러시( )와 스프레이 브러시( )를 선택합니다. 다음 그림처럼 설정한 후 브러시를 드래그하여 선을 그립니다.

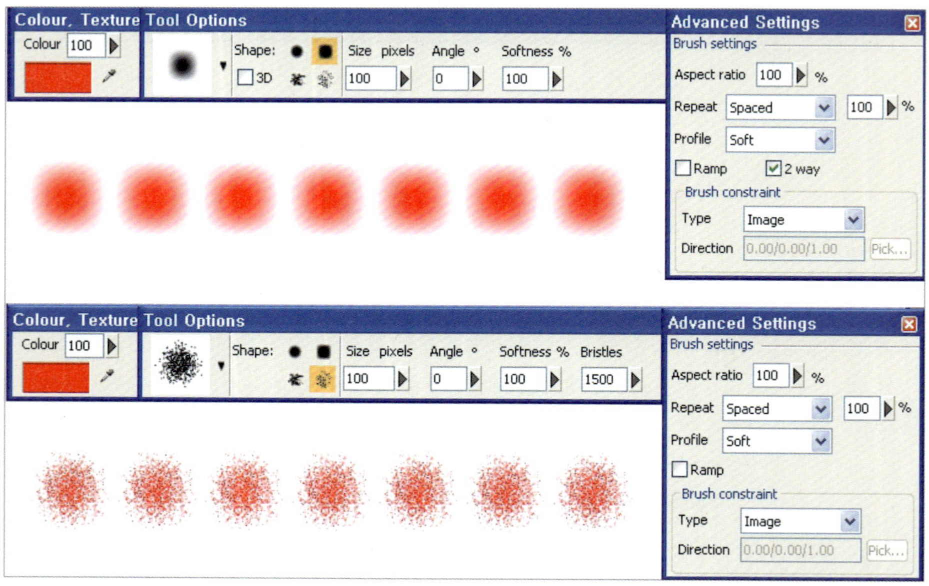

09 브러시 툴( )을 선택한 후 [브러시] 탭에서 래스터 브러시( )를 선택합니다. 그런 다음, [Browser] 버튼을 클릭하고 원하는 브러시 모양을 선택합니다.

● 소스 파일 | 부록 CD\피라네시-Style Libraries\Brushes
● C:\Program Files\Informatix\Piranesi 2010 Pro\Style Libraries\Brushes

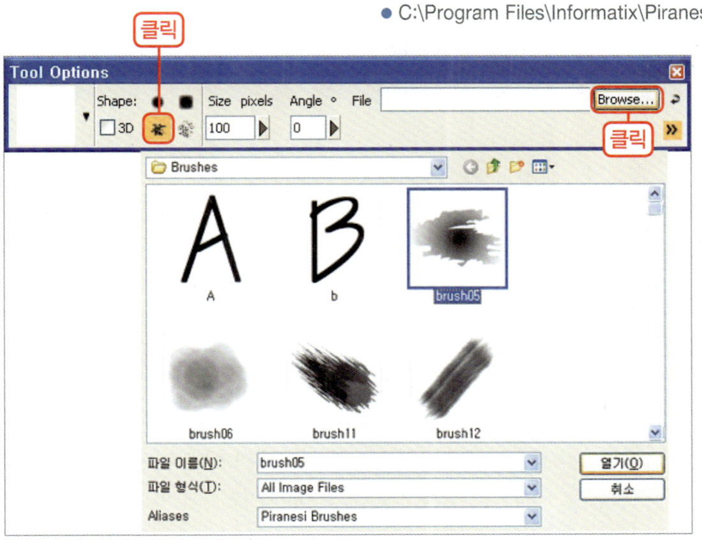

10 09에서 불러온 브러시 모양을 이용하여 [세팅] 버튼( )을 클릭한 후 [Advanced Settings] 대화상자의 [Repeat] 종류와 수치를 변경했습니다.

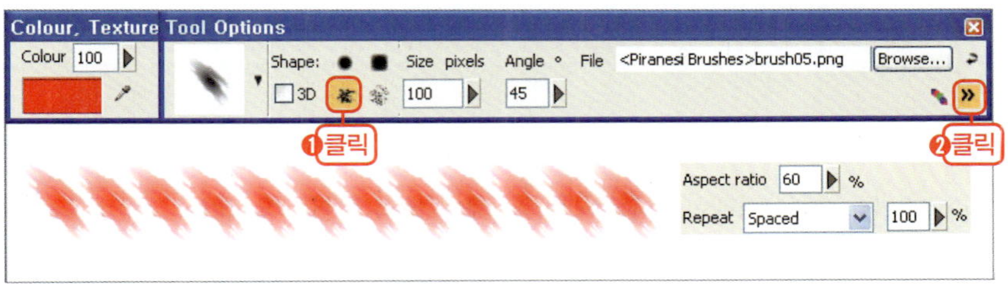

11 10의 작업 이후 다이내믹 버튼( )을 클릭하고 [Dynamic Settings] 대화상자에서 그림처럼 [Mark] 및 [Angle] 값을 설정한 후 브러시를 그립니다.

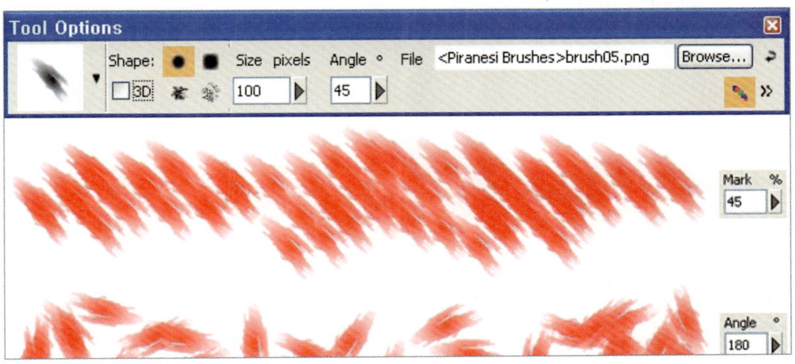

Tip

- **Mark** 브러시의 흩어져 있는 자국의 확산 분포 영역값을 지정합니다.
- **Angle** 브러시에 각도 확산 효과값을 지정합니다.

12 다이내믹 버튼( )을 클릭한 후 [Dynamic Settings] 대화상자에서 그림처럼 [Size] 및 [Colour spread] 값을 설정하여 브러시를 그립니다.

Tip

- **Size** 브러시의 확대/축소 값을 지정하여 크기를 설정합니다.
- **Colour spread** 색상 확산 분포 영역값을 지정합니다. 무작위로 확산 값을 지정하며, 표시 색상은 0에서 255 사이의 값을 입력하거나 슬라이더를 사용하여 추가합니다.

STEP 02 Type 항목 활용하기

01 [File]–[Open]을 선택합니다. 피라네시 예제 파일을 불러옵니다.

● 소스 파일 | 부록 CD\Sample\Part 06\예제\예제-브러시연습.epx

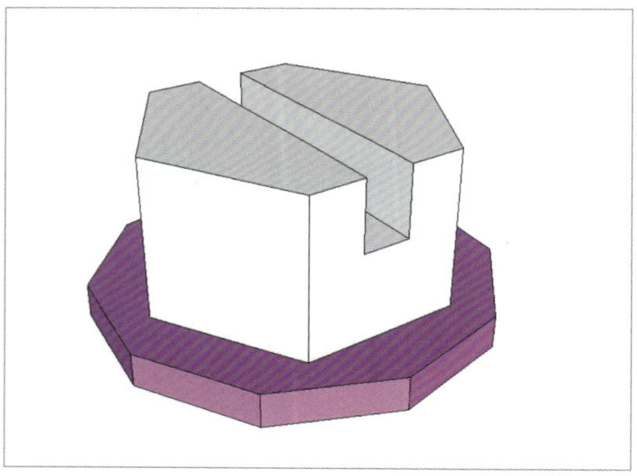

02 브러시 툴( )을 선택한 후 [브러시] 탭에서 원 브러시( )를 선택하고 [세팅] 버튼(»)을 클릭합니다. [Advanced Settings] 대화상자에서 선 종류를 'Continuous'로 선택한 후 [Type]에서 'Image'를 선택합니다. 도형 테두리를 기준으로 그림처럼 Shift를 누른 후 선을 그립니다.

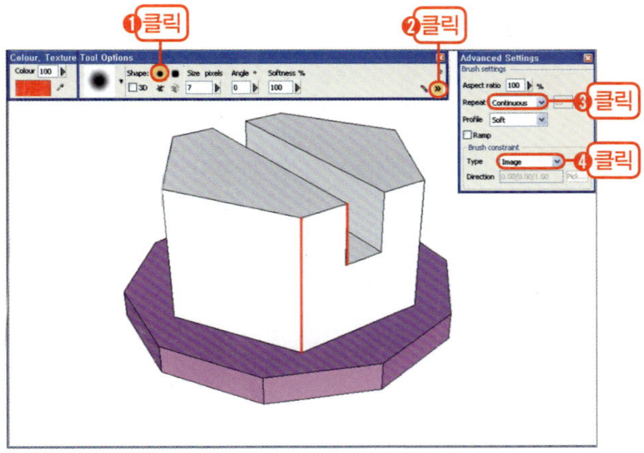

03 원 브러시( )를 선택한 후 [Advanced Settings] 대화상자에서 선 종류를 'Continuous'로 선택하고 [Type]에서 'world axes'를 선택합니다. 도형 테두리를 기준으로 그림처럼 Shift를 누른 후 선을 그립니다.

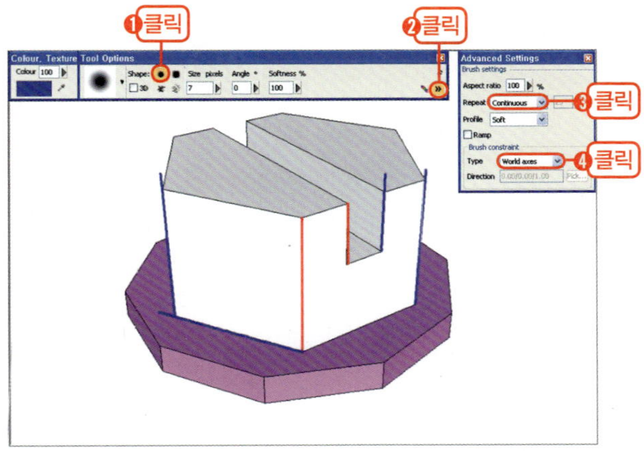

Tip

world axes 각도가 있는 선을 그릴 때 사용합니다. 도형의 테두리선을 따라 그릴 수 있습니다.

04 원 브러시( )를 선택한 후 [Advanced Settings] 대화상자에서 선 종류를 'Continuous'로 선택하고 [Type]에서 'Fixed direction'를 선택합니다. [Pick] 버튼을 클릭한 후 선을 그릴 방향을 [P1]에서 [P2]로 먼저 드래그하여 방향을 정합니다. 도형 테두리를 기준으로 Shift를 누른 채 선을 그립니다.

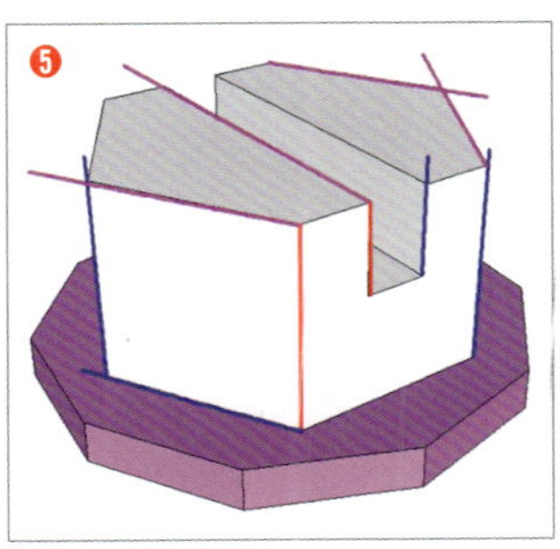

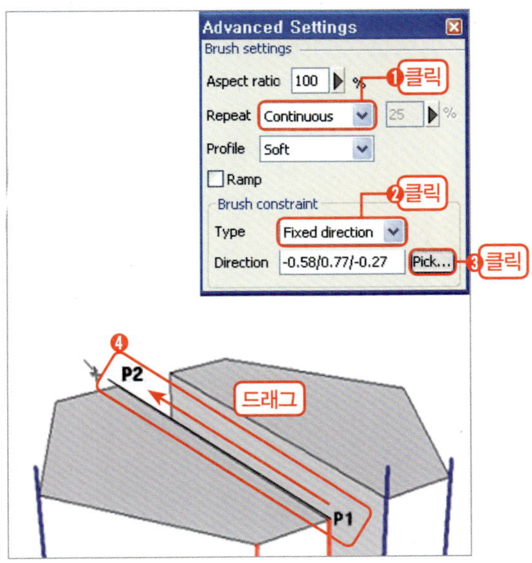

Tip

Fixed direction 대각선을 그릴 때 사용합니다. 먼저 [Pick]로 선을 그릴 방향을 설정한 후, 도형의 테두리선을 따라 그립니다.

02. 연필 툴 이해하기

01 도구 툴에서 연필 툴( )을 선택합니다. [Tool Options] 창이 [연필] 탭으로 변경됩니다. 선을 선택한 후 선 두께 값으로 '3'을 입력하고 그림처럼 설정합니다.

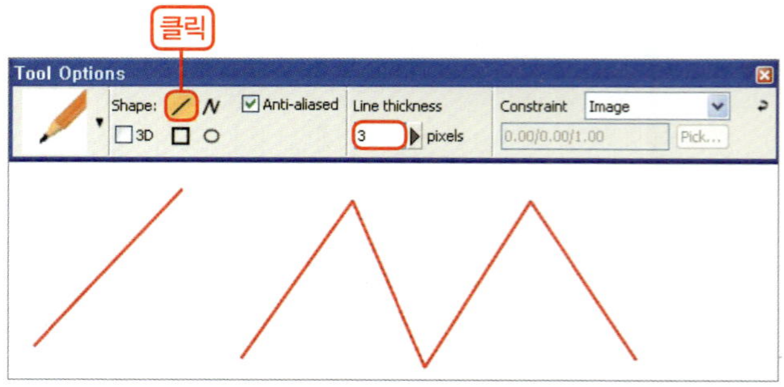

02 [연필] 탭에서 지그재그 선( )을 선택한 후 선 두께 값으로 '10'을 입력하고 그림처럼 설정합니다.

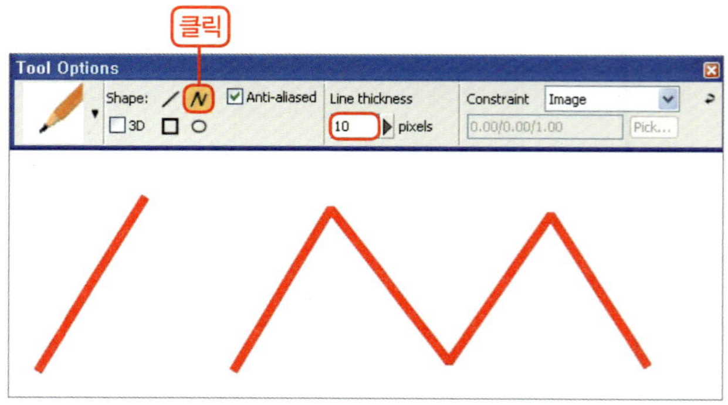

03 [연필] 탭에서 사각형( )과 원( )을 선택한 후 채워진 도형을 그리기 위해 [Filled]에 체크 표시를 하고 그림처럼 설정합니다.

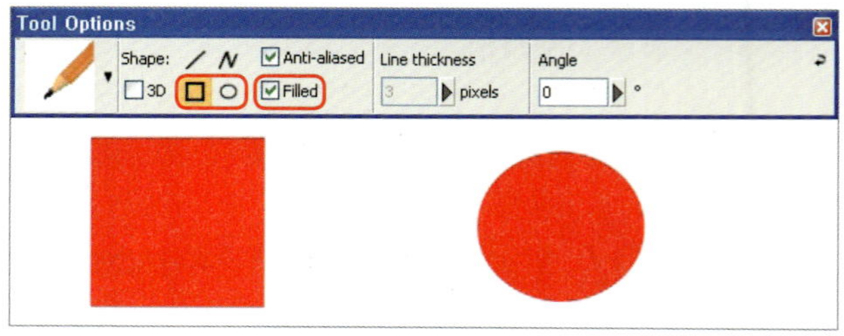

04 [연필] 탭에서 사각형( )와 원( )을 선택한 후 테두리만 있는 도형을 그리기 위해 [Filled]를 체크 표시를 해제하여 그림처럼 설정합니다.

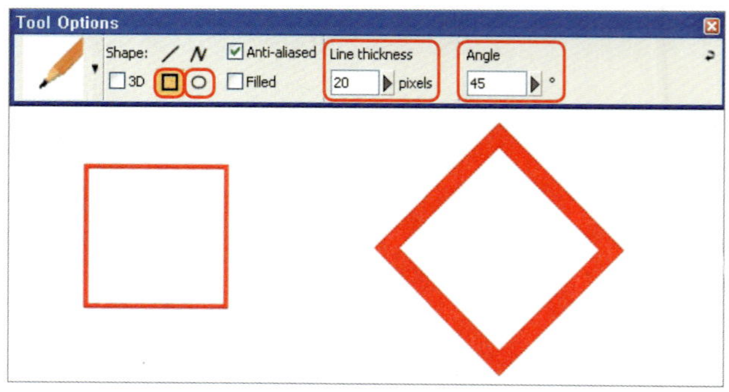

01 도구 툴에서 문자 툴(A)을 선택합니다. [Tool Options] 창이 [문자] 탭으로 변경되면 다음과 같이 문자를 입력합니다. 이때 문자 두께(Thickness) 값은 설정하지 않습니다. 그러면 두께가 없는 2D 문자를 입력할 수 있습니다.

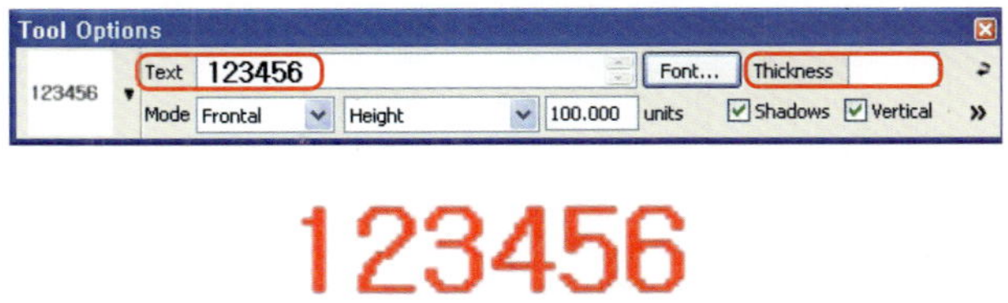

02 [문자] 탭에서 문자를 입력한 후 문자 두께 값을 그림처럼 설정합니다. 그러면 두께가 있는 3D 문자를 입력할 수 있습니다.

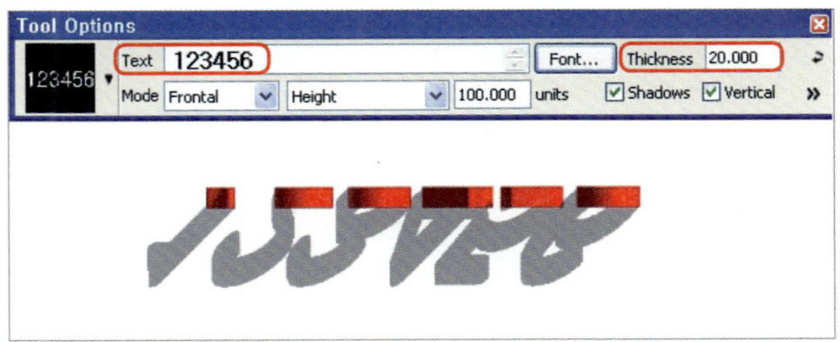

03 02에서 작업한 후 [세팅] 버튼(»)을 클릭합니다. [Text] 대화상자에서 그림처럼 [Angle]과 [Twist]를 설정하면 변경된 문자를 볼 수 있습니다.

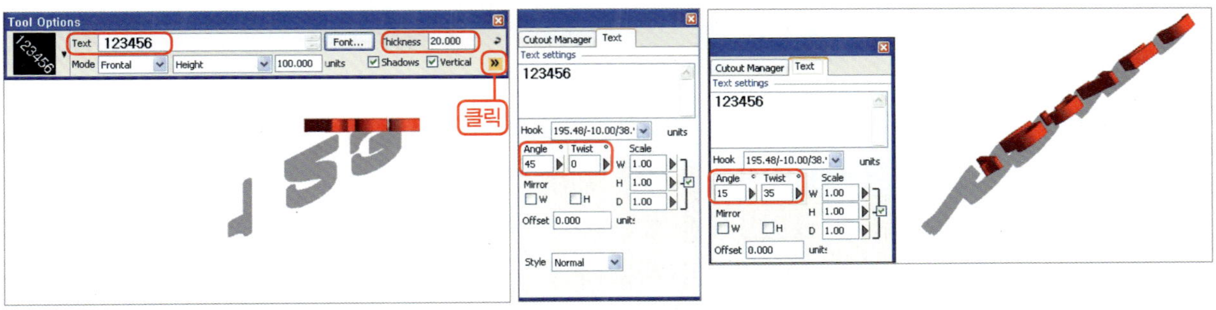

04 [세팅] 버튼(»)을 클릭하면 [Cutout Manager] 대화상자가 나타납니다. 그림자 색을 그림처럼 설정하여 문자의 그림자 색을 변경합니다.

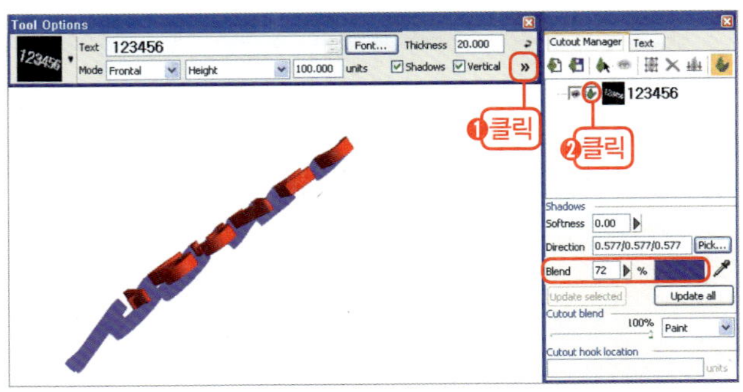

04. 페인트 툴과 잠금 툴 이해하기

작업을 할 때 페인트 툴( )로 선택한 특정 영역에 재질이나 색상 또는 효과를 줄 때 잠금 툴을 설정할 수 있습니다. 페인트 툴( )을 사용할 때 잠금 툴을 설정하지 않으면 화면 전체에 페인팅되어 채워집니다.

Tip

'Contiguous'의 체크 표시를 해제해야만 각 잠금 툴의 기능을 제대로 활용할 수 있습니다.

01 잠금(Lock) 툴 활용하기

잠금 기능을 이용하면 현재 장면에서 원하는 영역에만 스타일(Style)을 적용할 수 있습니다. 작업 중 선택한 영역 면에 금속, 유리 또는 다양한 색상으로 쉽고 빠르게 적용할 수 있습니다. 잠금 기능은 작업 방법에 따라 여러 개의 잠금 기능을 사용할 수 있습니다. 잠금 툴을 한 개에서 네 개 이상 다중으로 선택하여 사용할 수도 있습니다.

- **평면 잠금**(+ Shift + P) 선택한 면만 선택하여 페인팅할 수 있습니다.
- **방향 잠금**(+ Shift + O) 같은 방향의 면들이 한 번에 페인팅할 수 있습니다.
- **재질 잠금**(+ Shift + M) 동일한 재질 이름을 가진 영역에 페인팅됩니다.
- **색상 잠금**(+ Shift + C) 색상별로 페인팅할 수 있습니다.
- **잠금 해제**(+ Shift + U) 작업할 때 설정한 모든 잠금을 해제합니다.
- **잠금 세팅**(») 잠금 설정 세팅에 잠금 장치를 사용할 때 페인트 제한에 대한 설정값을 지정할 수 있습니다. 잠금 세팅에서 낮은 값을 지정하면 가까운 영역에 페인팅됩니다. 반대로 높은 값을 지정하면 먼 영역까지 페인팅됩니다.

- **평면 잠금(+ »)** 픽셀의 범위(1~100)를 지정할 수 있습니다.
- **방향 잠금(+ »)** 같은 방향으로 입력(1~90도) 픽셀의 범위를 지정할 수 있습니다.
- **색상 잠금(+ »)** 컬러 허용 목록에서 사용하려는 색상 구성표를 선택합니다.

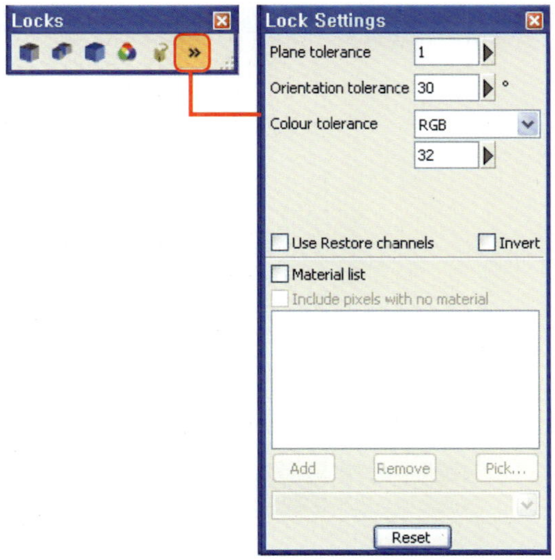

STEP 01 평면 잠금( ) 이해하기

01 메뉴에서 [File]–[Open]을 선택한 후 피라네시 예제 파일을 불러옵니다.

● 예제 파일 | 부록 CD\Sample\Part 06\예제\예제-하우스.epx

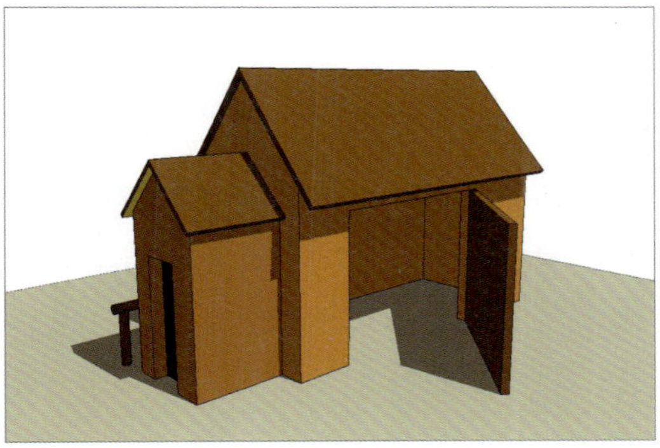

02 도구 툴에서 페인트 툴( )을 선택합니다. [Tool Options] 창이 [페인트] 탭으로 변경되면 'Contiguous'의 체크 표시를 해제합니다. [Locks] 툴에서 평면 잠금( )을 선택한 후 [세팅] 버튼(»)에서 그림처럼 수치를 '1'로 설정하고 지붕에 페인팅을 합니다.

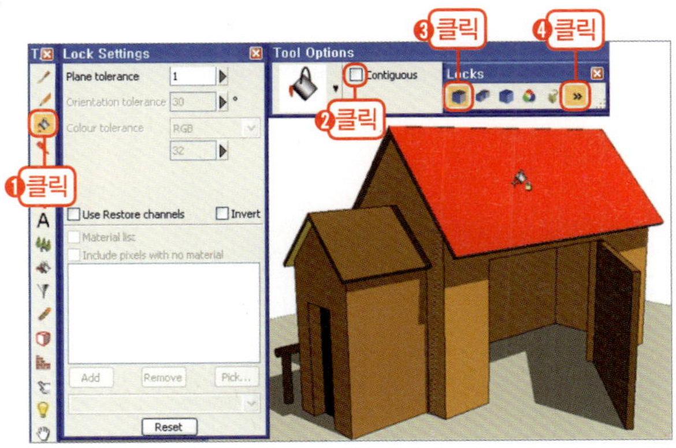

03 다시 한 번 [세팅] 버튼(»)을 클릭한 후 그림처럼 수치를 '30'으로 설정하여 지붕에 페인팅을 합니다.

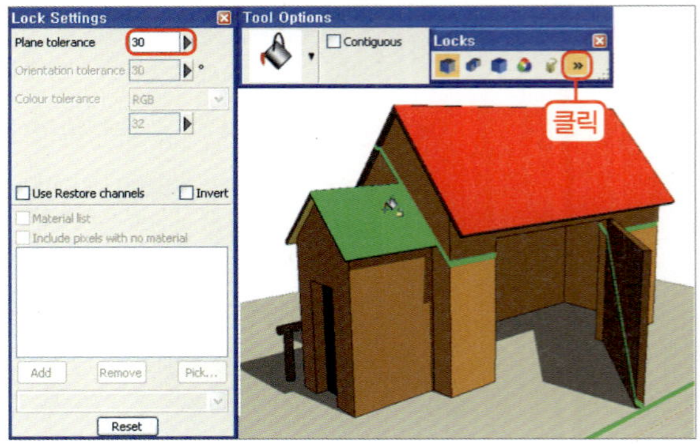

STEP 02 방향 잠금( ) 이해하기

01 도구 툴에서 페인트 툴( )을 선택합니다. [Tool Options] 창이 [페인트] 탭으로 변경되면 'Contiguous'의 체크 표시를 해제합니다. [Locks] 툴에서 방향 잠금( )을 선택한 후 [세팅] 버튼(»)에서 그림처럼 수치를 '30'으로 설정하여 지붕에 페인팅을 합니다.

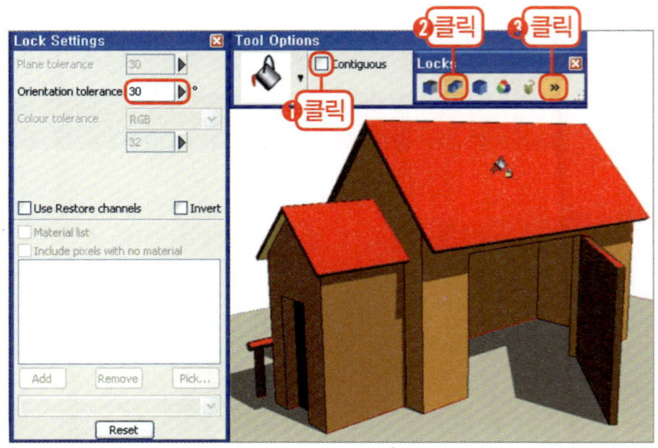

02 다시 한 번 [세팅] 버튼(»)을 클릭합니다. 그림처럼 수치를 '40'으로 설정하고 벽에 페인팅을 합니다.

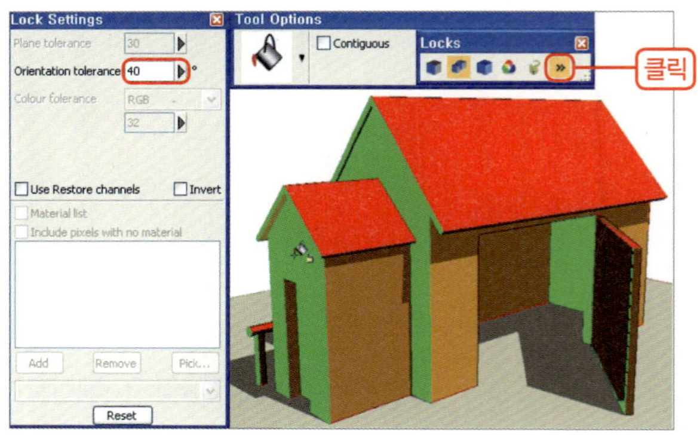

STEP 03 재질 잠금( ) 이해하기

00 도구 툴에서 페인트 툴( )을 선택합니다. [Tool Options] 창이 [페인트] 탭으로 변경되면 'Contiguous'의 체크 표시를 해제합니다. [Locks] 툴에서 재질 잠금( )을 선택한 후 지붕과 벽에 페인팅을 합니다.

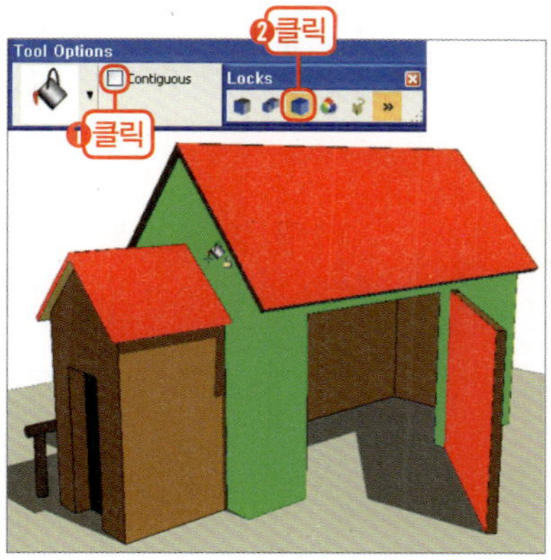

Tip

- **재질 잠금** 동일한 재질 이름을 가진 영역에 페인팅됩니다.
- 재질(Material) 툴에서 재질의 이름을 확인하면서 작업하면 페인팅을 세밀하게 할 수 있습니다.

STEP 04 색상 잠금( ) 이해하기

01 도구 툴에서 페인트 툴( )을 선택합니다. [Tool Options] 창이 [페인트] 탭으로 변경되면 'Contiguous'의 체크 표시를 해제합니다.

02 [Locks] 툴에서 색상 잠금( )을 선택한 후 [세팅] 버튼(»)을 클릭합니다. 그림처럼 [Colour tolerance] 항목에서 'RGB'와 '32'로 설정하여 지붕에 페인팅을 합니다.

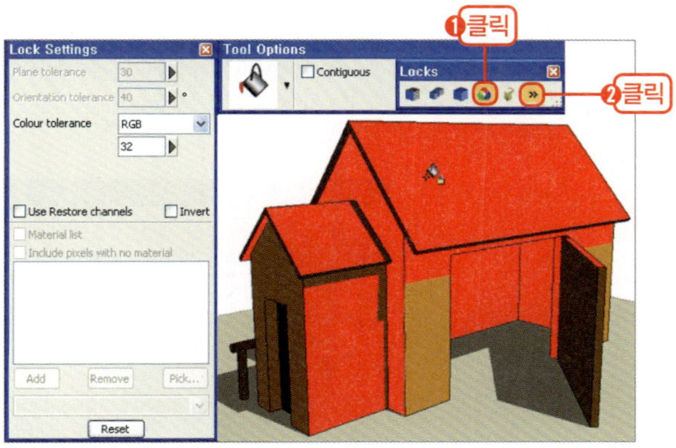

Tip

- RGB, 255 범위는 0에서 감도를 지정합니다.
- 색조(0~359), 밝음(0~100), 채도(0~100)에 대한 민감도를 지정합니다.

STEP 05 방향 잠금( )+재질 잠금( ) 이해하기

01 도구 툴에서 페인트 툴( )을 선택합니다. [Tool Options] 창이 [페인트] 탭으로 변경되면 'Contiguous'의 체크 표시를 해제합니다.

02 [Locks] 툴에서 방향 잠금( )과 재질 잠금( ) 등 두 개의 잠금을 선택한 후 각 면에 페인팅을 합니다.

05. 지우기(Erase) 툴 이해하기

지우기 툴을 사용하면 현재 RGB, 깊이, 그리고 채널을 모두 낮은 레이어를 통해 보여 주거나 투명하게 보여 줍니다. 레이어의 일부만을 지우려면 [지우기(Erase) 툴] 탭에서 브러시 툴 또는 채우기 툴을 사용할 수 있습니다.

Tip

- 레이어 창에서는 레이어를 삭제할 수 있거나 투명하게 표현할 수 있습니다.
- 레이어에 있는 색상을 바꾸려면, RGB 채널을 복원 브러시를 사용하거나 컬러값을 '0%'로 입력합니다. 특정 지역에 페인트를 제한하려면 잠금 툴을 설정합니다.

01 도구 툴에서 지우기(Erase) 툴( )을 선택합니다. [Tool Options] 창이 [Erase] 탭으로 변경되면 'Contiguous'의 체크 표시를 해제하고 페인트 툴( )을 선택합니다.

02 [Locks] 툴에서 평면 잠금( )을 선택한 후 화면 영역을 클릭하면 화면이 모두 복구된 것을 확인할 수 있습니다.

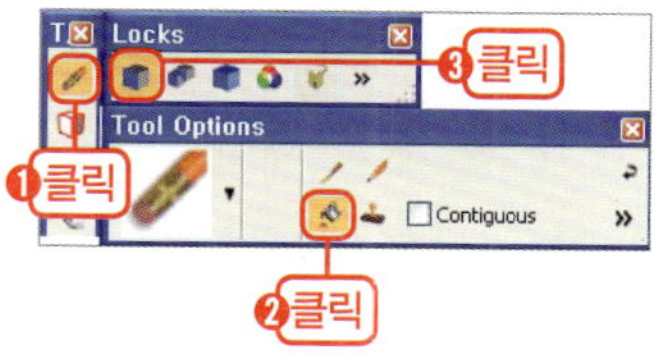

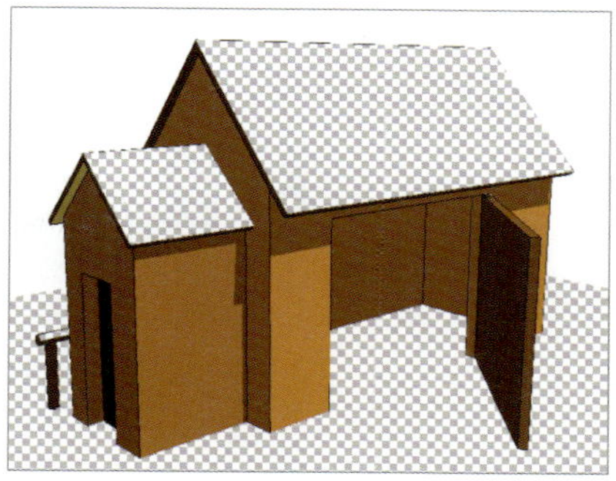

06. 확대/축소(Zoom) 툴 이해하기

확대/축소(Zoom) 툴은 작업 시 장면의 특정 부분을 확대 또는 축소하는 기능입니다.

❶ **확대 버튼**( ) 화면에서 확대하고자 하는 곳에 마우스를 가져간 후 클릭합니다.

❷ **축소 버튼**( ) 화면에 마우스를 올려 놓은 후 Shift+클릭합니다. 마우스 휠을 전/후로 밀거나 당겨도 확대/축소가 가능합니다.

---

01 확대/축소 툴을( ) 선택합니다.

02 화면에 마우스를 올려 놓은 후 클릭합니다. 화면이 확대된 것을 확인할 수 있습니다.

▲ 원 본

▲ 확 대

03 화면에 마우스를 올려 놓은 후 Shift+클릭하면 화면이 축소된 것을 확인할 수 있습니다.

▲ 원 본

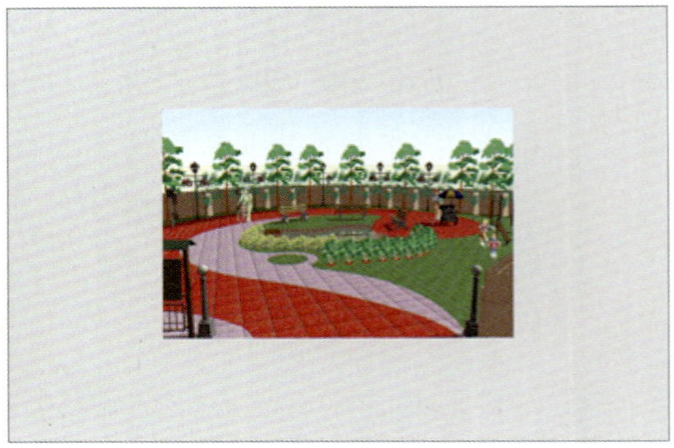

▲ 축 소

Tip

상태 표시줄(status bar)

기본적으로 상태 표시줄은 피라네시의 하단에 표시됩니다.

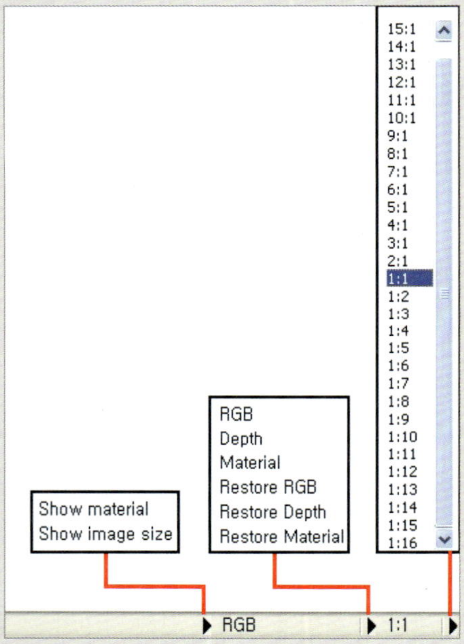

- 마우스 오른쪽 포인터 또는 영역의 이미지 크기를 설정할 수 있습니다.
- 채널의 이름, 현재 활성화된 윈도우의 요소를 설정합니다.
- 채널 이름의 왼쪽 목록에서 선택하려면 화살표를 클릭해야 합니다. 그러면 현재 소재의 이름과 이미지 크기가 나타납니다.

07. 손바닥(Hand) 툴 이해하기

현재의 작업 화면에서 실시간으로 이동하는 도구입니다. 확대/축소(Zoom) 툴( )을 이용하여 화면을 확대한 후 손바닥 툴로 화면을 이동할 수 있습니다.

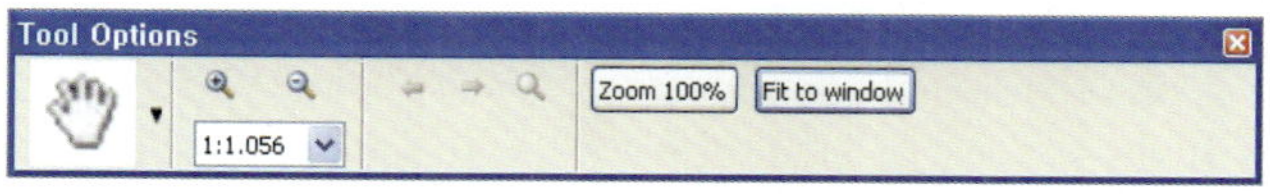

01 확대/축소(Zoom) 툴( )을 선택합니다. 화면에 마우스를 올려 놓은 후 클릭하면 화면이 확대된 것을 확인할 수 있습니다.

02 손바닥(Hand) 툴( )을 선택합니다. 확대된 화면에 마우스를 올려 놓은 후 클릭, 드래그하면 화면이 이동됩니다.

03 손바닥(Hand) 툴( )로 더블클릭하면 화면 영역이 [Fit to window]로 전환됩니다.

08. 가장선 툴 이해하기

가장선(Edge) 툴은 작업한 대상에 다른 색상이나 질감을 입힐 때나 가장자리에 선명한 선을 표현하고자 할 때 사용합니다.

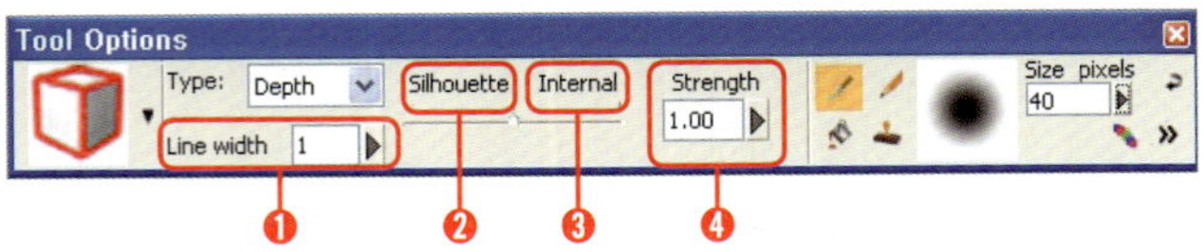

❶ **Line width** 선의 폭을 지정합니다. 단, 선명하기보다는 퍼지는 느낌을 주어 잘 사용하지 않습니다.

❷ **Silhouette limit** 값 (0.1 – 10) 강도 상자에서 슬라이더를 사용하거나 입력하여 가장자리의 전체 두께를 지정합니다.

❸ **Internal limit** 값 (0.1 – 10) 적절한 한도를 상자에서 슬라이더를 사용하거나 입력하여 실루엣 및 내부 가장자리에 대한 민감도를 지정합니다.

❹ **Strength** 선의 선명함을 지정합니다. Edge에서 많이 사용하는 기능입니다.

STEP 01 가장선(Edge) 툴( ) 따라하기

01 메뉴에서 [File]–[Open]을 선택합니다. 피라네시 예제 파일을 불러옵니다.

● 예제 파일 | 부록 CD\Sample\Part 06\예제\예제-하우스.epx

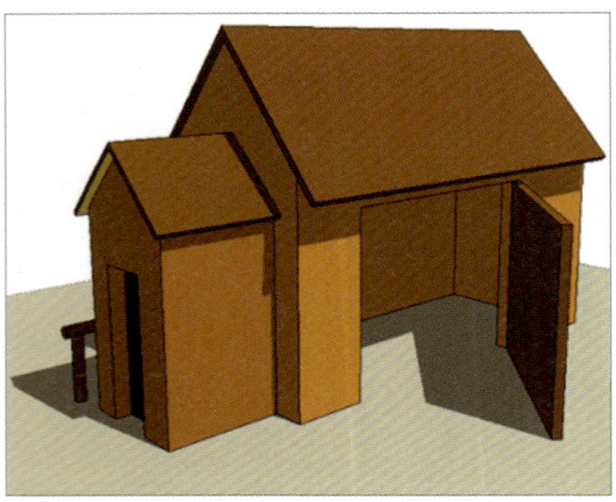

02 도구 툴에서 페인트 툴( )을 선택합니다. [Tool Options] 창이 [페인트] 탭으로 변경되면 'Contiguous'의 체크 표시를 해제합니다. [Locks] 툴에서 잠금 해제( ) 버튼을 클릭합니다. 색상은 '흰색'으로 설정하고 작업 영역에서 페인트 툴로 클릭합니다. 그러면 화면이 하얗게 변하는 것을 볼 수 있습니다.

03 도구 툴에서 가장선(Edge) 툴( )을 선택합니다. [Tool Options] 창의 [Edge] 탭에서 페인트 툴( )을 선택하고 'Contiguous'의 체크 표시를 해제합니다. [Locks] 툴에서 잠금 해제 버튼( )을 선택합니다. 색상은 '검은색'으로 설정하고 작업 영역에서 페인트 툴을 이용하여 클릭합니다.

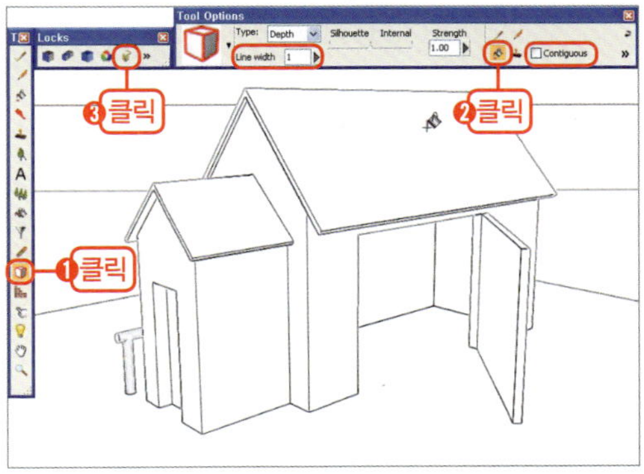

04 다시 한 번 가장선(Edge) 툴을 적용하기 위해 Control+Z를 눌러 이전 단계로 돌아갑니다. 그리고 [Edge] 탭에서 [Line width] 값에 '10'을 입력한 후 작업 영역에서 페인트 툴( )을 이용하여 클릭합니다.

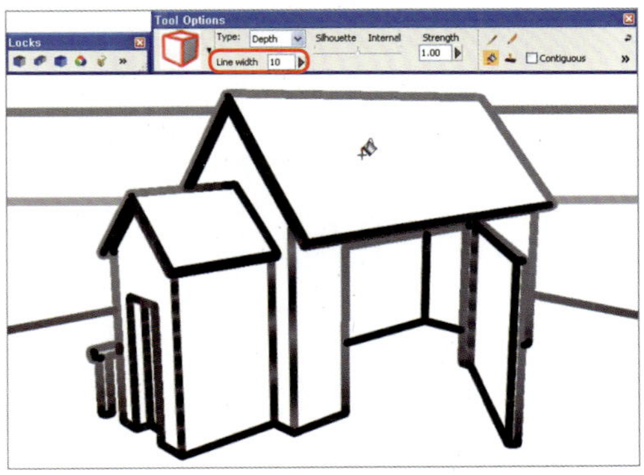

05 다시 한 번 가장선(Edge) 툴( )을 적용하기 위해 Control+Z를 눌러 이전 단계로 돌아갑니다. 그리고 [Edge] 탭에서 [Line width] 값에 '1'을 입력한 후 [Strength] 값에 '5'를 입력합니다. 작업 영역에서 페인트 툴( )로 클릭합니다.

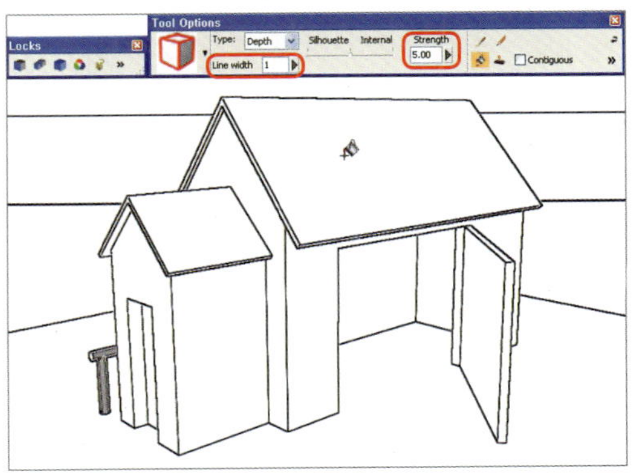

06 다시 한 번 가장선(Edge) 툴( )을 적용하기 위해 Control+Z를 눌러 이전 단계로 돌아갑니다. [Edge] 탭에서 브러시 버튼( )을 선택한 후 [Line width] 값을 '1'로 입력하고 [Strength] 값에 '5'를 입력합니다. 작업 영역에서 브러시 툴을 이용하여 드래그합니다.

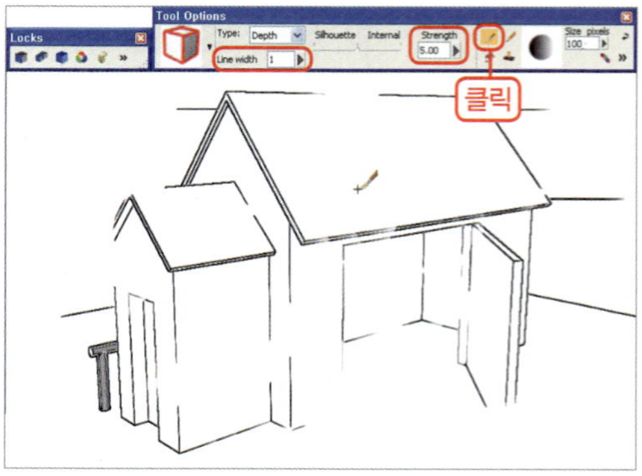

09. [Colour, Texture and Grain] 모음 이해하기

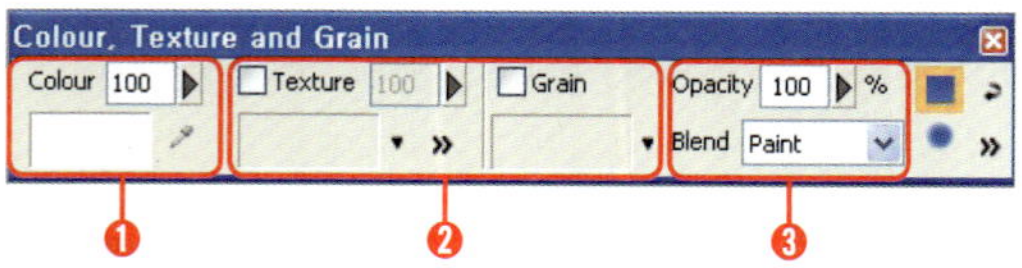

❶ 색상(Color) palette 도구

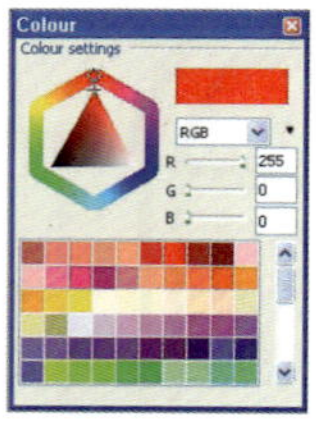

- 사용할 수 있는 컬러 모드를 선택합니다.
  [RGB : 녹색, 파랑, 빨강/HLS : 색조, 밝음, 채도/HSV : 색조, 채도, 값]
- 색상 도구 상자를 사용하여 색상을 지정합니다.
- 색상을 선택했다면 도구 상자의 색상 상자에 표시됩니다.
- 컬러 선명도 슬라이더를 사용하여 색상의 혼합을 지정합니다.

❷ 질감(Texture) 및 표면(Grain) 툴

- 소스 파일 | 부록 CD\피라네시-Style Libraries\Grains
- 소스 파일 | 부록 CD\피라네시-Style Libraries\Texture
- C:\Porgram File\Inpormatix\Piranesi 2010 Pro\Style Libraries\Texture
- C:\Porgram File\Inpormatix\Piranesi 2010 Pro\Style Libraries\Grains

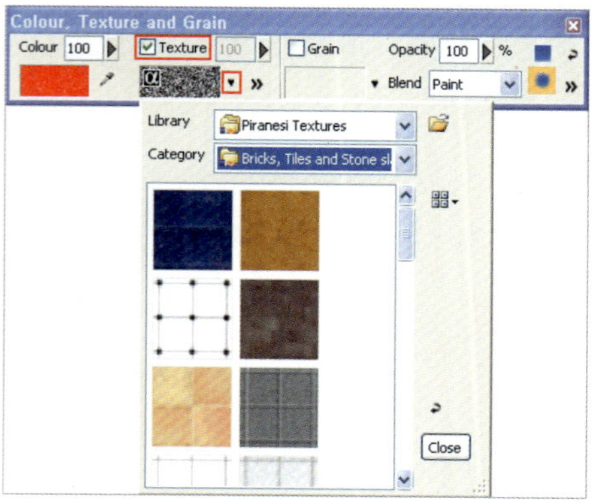

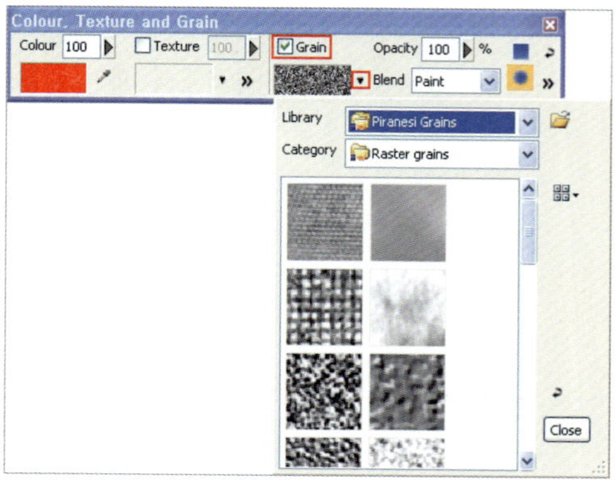

- 선택한 영역에 사용할 색상과 질감을 표시합니다.
- 스타일 및 효과를 정의하면 질감(Texture), 표면(Grain)을 둘 다 추가할 수 있습니다.
- 질감(Texture) 또는 표면(Grain)의 목록 단추를 클릭하여 여러 질감과 표면 효과들을 미리보기를 통해 선택할 수 있습니다.
- 3차원 효과를 만들 수 있으며, 자신만의 색깔을 포함시킨 질감을 같이 사용할 수 있습니다.
- 질감(Texture) 효과를 추가하려면 [질감(Texture)] 탭에서 도구 세팅(»)을 선택하여 원하는 질감을 찾아 선택합니다.
- 질감 환경 설정, 질감 미리보기 상자 설정 팔레트에 [질감] 탭을 표시하려면 변경을 클릭해야 합니다.

● [Texture] 대화상자

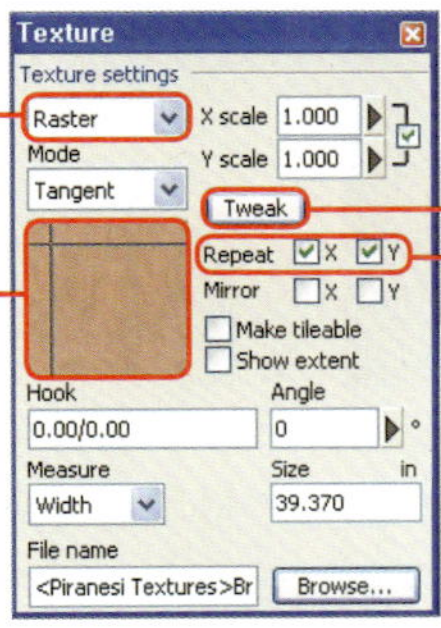

❶ 도구 세팅(»)을 선택하면 질감(Texture)에서 자주 사용하는 항목을 선택할 수 있으며, 가장 많이 사용하는 항목은 [Rester]입니다.

❷ 재질 미리보기 영역에는 십자 표시가 있는데 이를 'Hook'라고 합니다. 미리보기 창에서 마우스로 클릭, 드래그하면 이동할 수 있습니다. [Hook]이라는 십자 표시는 재질을 채울 때 재질 방향이나 재질 시작점을 지정합니다.

❸ [Repeat]

- **[X, Y] 모두 체크[On]** 재질이 패턴으로 적용되어 페인팅됩니다.
- **[X, Y] 모두 체크 해제[Off]** 단일 재질만 채워지며, 하늘이나 배경 이미지에 페인팅할 때 사용합니다.

❹ [Tweak]

- [Tweak] 버튼을 클릭하면 조절 핸들이 나타납니다. [이동] + [회전] + [크기 조절] 등이 모두 가능합니다.
- [Tweak] 버튼으로 크기 조절이 끝난 후에는 반드시 다시 [Tweak] 버튼을 클릭하여 해제해야 합니다.
- 대각선 방향으로 크기 조절할 때 Shift를 누른 후 조절하면 [1:1] 크기로 조절할 수 있습니다.

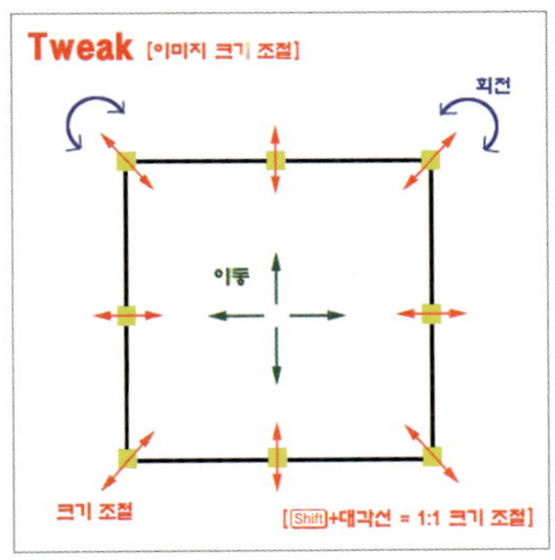

❸ Blend와 Layer Manager 혼합 적용

컬러 효과는 그림 도구를 사용하여 적용되는 색상입니다. Colour, Texture and Grain toolbar 모음에서 다양한 도구들을 사용하여 작업합니다.

혼합 모드는 brush, pencil, fill, paint, stamp 도구들과 함께 사용되며, Layer Manager에서 기본 레이어와 새로운 레이어에 혼합 모드를 사용할 수 있습니다.

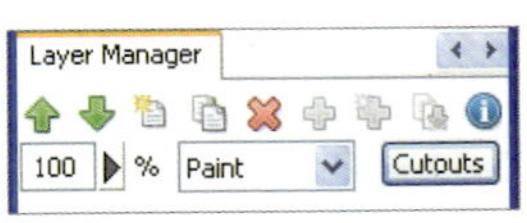

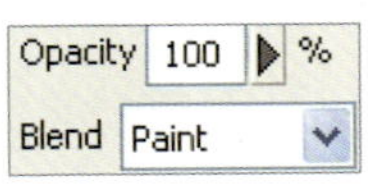

● **Paint** 컬러를 만드는 효과와 함께 기존의 색상을 바꿀 페인트 혼합 형식을 사용합니다. 이것은 기본적인 혼합 형식입니다[100% colour and 100% opacity].

● **Ink** 잉크 혼합 형식을 사용하여 효과와 함께 기존의 색상을 혼합합니다. 잉크 혼합은 기존의 색상을 부분적으로 보존하며, 반투명 효과를 주고 있습니다[100% colour and 100% opacity].

● **Tint** 가벼움과 기존 색상의 어둠을 보존하며, 컬러와 기존의 색상을 혼합하는 형식을 사용합니다[100% colour and 100% opacity].

● **Light** 라이트 혼합 형식을 사용하여 밝은 빛을 표현합니다. 컬러와 기존의 색상이 혼합하여 밝은 효과를 주고 있습니다[100% colour and 100% opacity].

● **Dissolve** 임의의 혼합 형식을 사용하여 작업 화면에서 패턴의 픽셀 페인트를 늘리면서 픽셀을 증가시킵니다. 불투명도를 증가시켜 픽셀이 색칠되는 확률을 증가시킵니다[100% colour and 100% opacity].

- **Lighten** 라이트 혼합 형식을 사용하여 밝은 빛을 표현합니다. 컬러와 기존의 색상을 혼합하여 밝은 효과를 주고 있습니다[100% colour and 100% opacity].

- **Darken** 픽셀 효과가 색깔보다 더 가볍고, 그림판의 어두운 혼합 형식을 사용합니다[100% colour and 100% opacity].

- **Difference** 조화 형식을 사용하여 기존의 컬러에서 컬러 빼기를 합니다[100% colour and 100% opacity].

- **Exclusion** 낮은 라스트 효과가 기존의 색상에서 유사한 색을 제외한 혼합 형식을 사용합니다[100% colour and 100% opacity].

- **Hard light** 작업 영역에 어두운 Hard light 조화를 이루며, 사용하는 컬러에 비해 50%의 회색 또는 어두운 light 효과를 표현합니다[100% colour and 100% opacity].

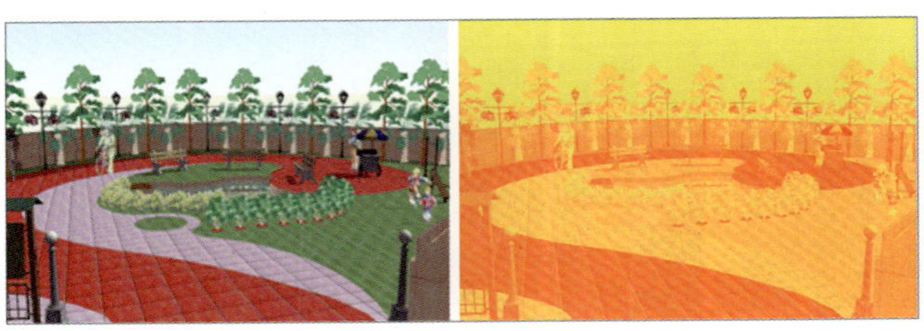

- **Overlay** 가벼운 기존 컬러의 어둠을 보존하며, 색상을 혼합합니다. 결과는 잉크 혼합과 빛의 조화의 결합 효과입니다[100% colour and 100% opacity].

- **Dodge** 닷지 혼합 형식으로 그 효과를 색상에 적용하여 기존의 색상을 밝게 합니다[100% colour and 100% opacity].

- **Burn** 굽기 혼합 형식을 사용하여 기존의 색상보다 어둡게 합니다[100% colour and 100% opacity].

- **Soft light** 소프트 빛이 조화를 이루며, 작업 화면에서 소프트 조명 효과를 만들 수 있습니다[100% colour and 100% opacity].

- **Hue** 색상 혼합 형식을 사용하여 기존 색상의 채도를 유지하고, 이 효과를 이용하여 컬러의 색조를 변경할 수 있습니다[100% colour and 100% opacity].

- **Lightness** 밝은 혼합 형식을 사용하여 색조 및 기존 색상의 채도를 유지하고, 이 효과를 이용하여 색상의 밝기를 변경할 수 있습니다[100% colour and 100% opacity].

- **Saturation** 채도 조화 형식을 사용하여 색조 및 기존 색상의 밝기를 유지하고, 이 효과를 이용하여 색상의 채도를 변경할 수 있습니다[100% colour and 100% opacity].

- **Colour** 색상 혼합 형식을 사용하여 기존의 색상을 보존하고, 이 효과를 이용하여 색상의 색조 및 채도를 변경할 수 있습니다[100% colour and 100% opacity].

STEP 01 그림자 영역을 살리며 기본적으로 페인팅할 때

스케치업 8에서 표현한 그림자를 피라네시에서 그대로 살려 페인팅하고 싶을 때 가장 많이 사용하는 것이 [Blend] 효과입니다. 이번에는 그림자의 영역을 살리는 기본적인 페인팅 작업에 대해 알아보겠습니다.

01 메뉴에서 [File]-[Open]을 선택합니다. 피라네시 예제 파일을 불러옵니다.

● 예제 파일 | 부록 CD\Sample\Part 06\예제\예제-하우스.epx

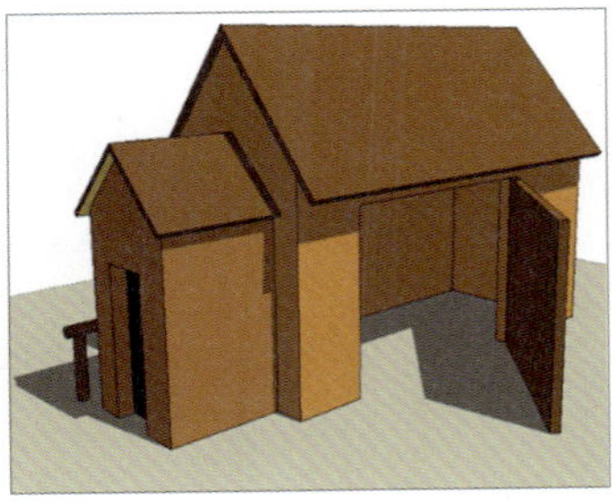

02 도구 툴에서 페인트 툴( )을 선택한 후 'Contiguous'의 체크 표시를 해제합니다. [Locks] 툴에서 방향 잠금( )과 재질 잠금( )을 선택합니다.

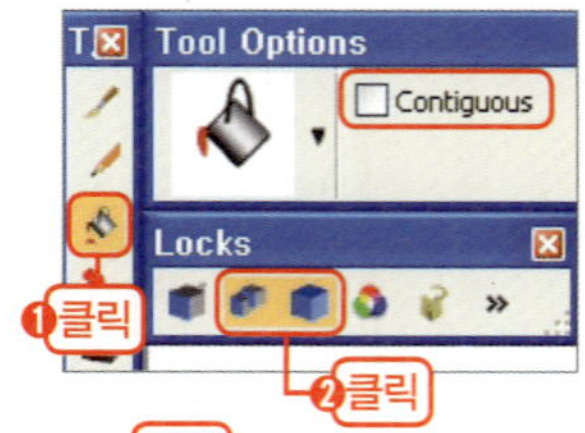

03 [Colour and Texture] 대화상자의 재질 목록( )을 클릭한 후, 원하는 재질을 선택합니다. 그림자를 그대로 표현해 주기 위해 [Blend]는 'Light', [Opacity]는 '100%'로 설정한 후 지붕을 클릭합니다.

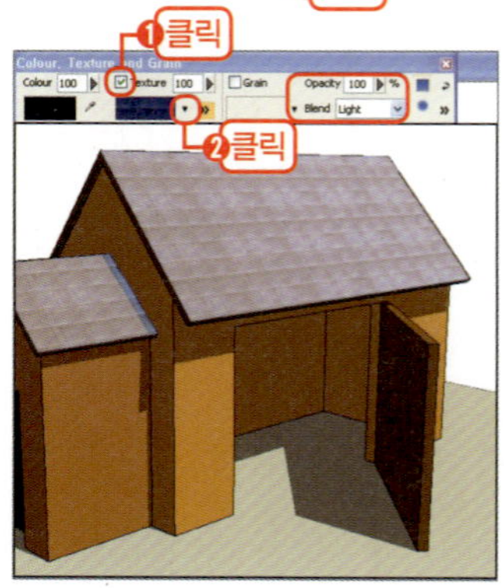

04 03처럼 기본 설정한 후 [Blend]는 'Ink'를, [Opacity]는 '90%'로 설정하고 지붕에서 다시 클릭합니다.

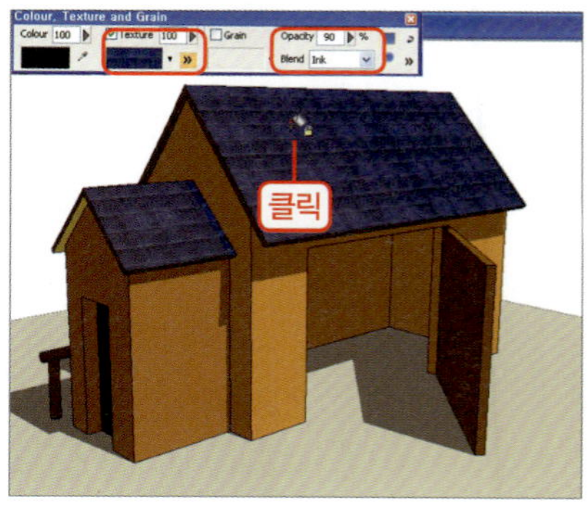

05 [Colour and Texture] 대화상자에서 재질 목록( )을 클릭한 후 원하는 재질을 선택합니다. 그림자를 그대로 표현해 주기 위해 [Blend]는 'Light', [Opacity]는 '100%'로 설정한 후 건물 벽을 클릭합니다.

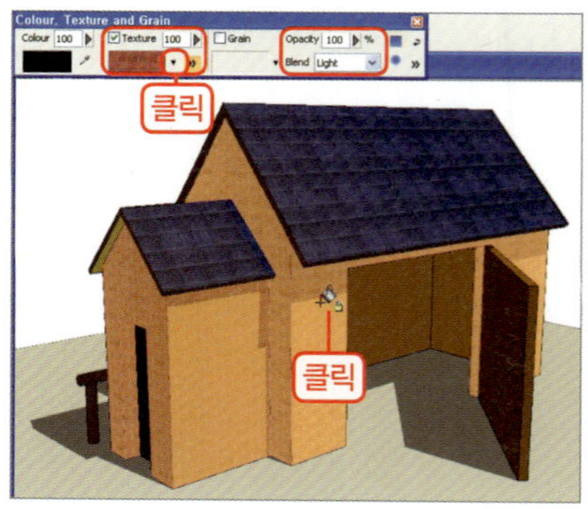

06 건물 측면 벽에 음영을 표현하기 위해 [Blend]는 'Ink', [Opacity]는 '85%'로 설정한 후 측면 벽을 클릭합니다.

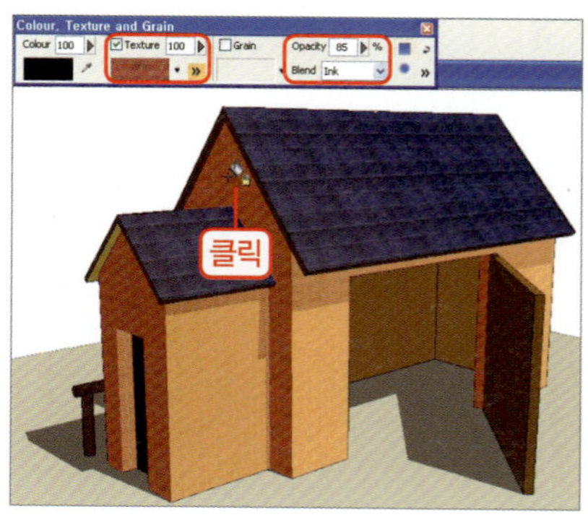

07 건물 정면 벽을 약간 어둡게 표현하기 위해 [Blend]는 'Ink', [Opacity]는 '65%'로 설정합니다. 정면 벽을 클릭합니다.

08 문에 재질을 채우기 위해 [Blend]는 'Paint', [Opacity]는 '100%'로 설정합니다. 문을 클릭합니다.

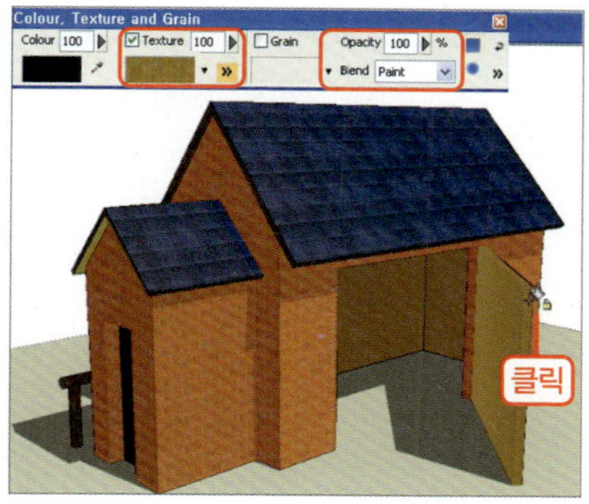

09 어두운 공간의 문을 표현하기 위해 [Blend]는 'Ink', [Opacity]는 '80%'로 설정합니다. 정면 문을 클릭합니다.

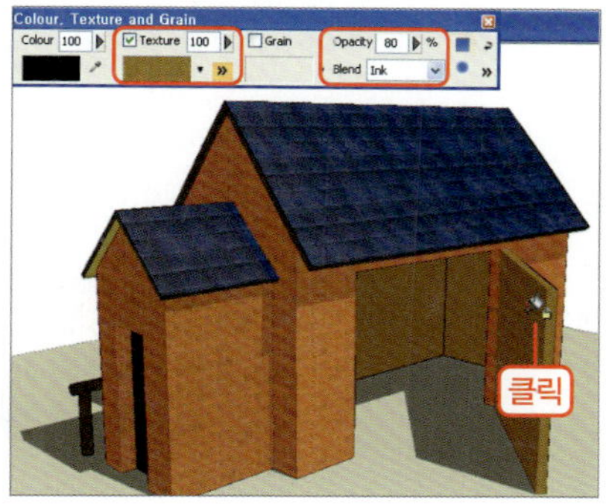

10 문의 측면에 음영을 주기 위해 [Blend]는 'Ink', [Opacity]는 '45%'로 설정합니다. 측면 문을 클릭합니다.

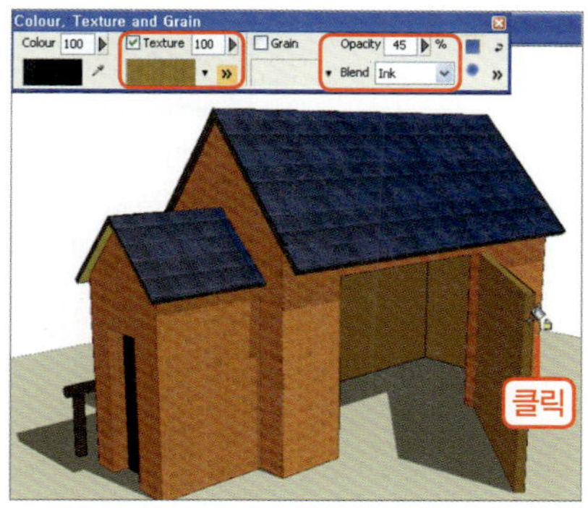

11 [Colour and Texture] 대화상자의 재질 목록(▼)을 클릭한 후 원하는 재질을 선택합니다. 그리고 그림자를 그대로 표현해 주기 위해 [Blend]는 'Ink', [Opacity]는 '100%'로 설정합니다. 바닥을 클릭합니다.

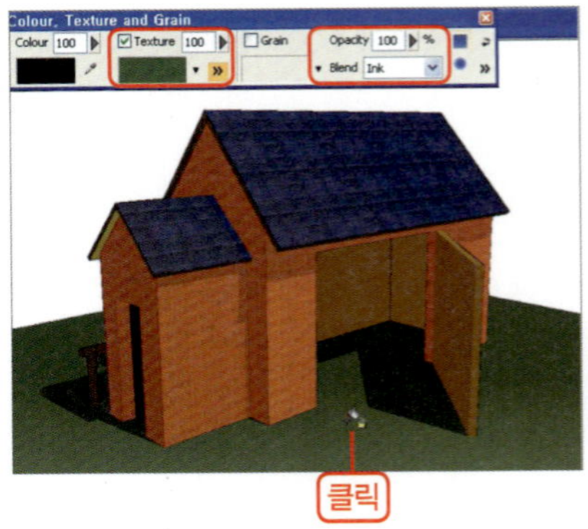

12 11에서 선택한 재질을 유지한 후 [Blend]는 'Paink', [Opacity]는 '100%'로 설정합니다. 바탕의 바닥을 클릭합니다.

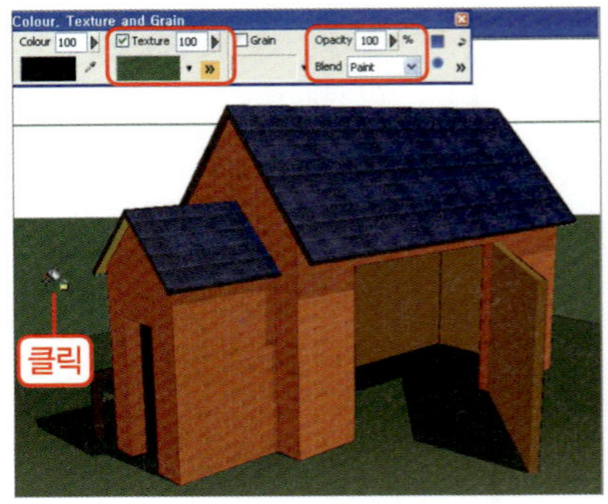

13 배경 이미지를 추가하려면 질감 [Texture] 탭에서 [세팅] 버튼(»)을 클릭합니다. [Colour and Texture] 대화상자에서 [Rester]를 선택하고 [Browser] 버튼을 클릭한 후 배경 이미지를 선택합니다. 그리고 배경에 이미지를 삽입하기 위해 [Repeat] 항목에서 [X, Y]의 체크 표시를 모두 해제합니다. [Blend]는 'Paint', [Opacity]는 '100%'로 설정합니다.

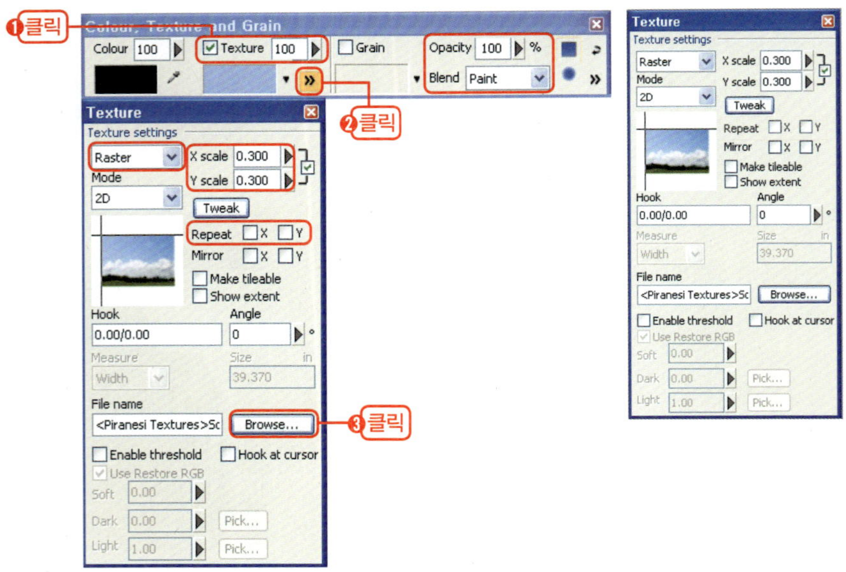

14 배경 이미지의 크기를 수동으로 조절한 후 배치하기 위해 [Tweak] 버튼을 클릭합니다. 배치가 끝난 후 다시 [Tweak] 버튼을 클릭하고 해제합니다.

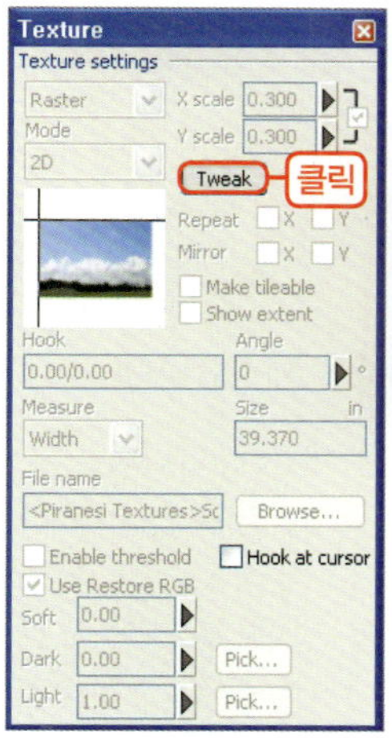

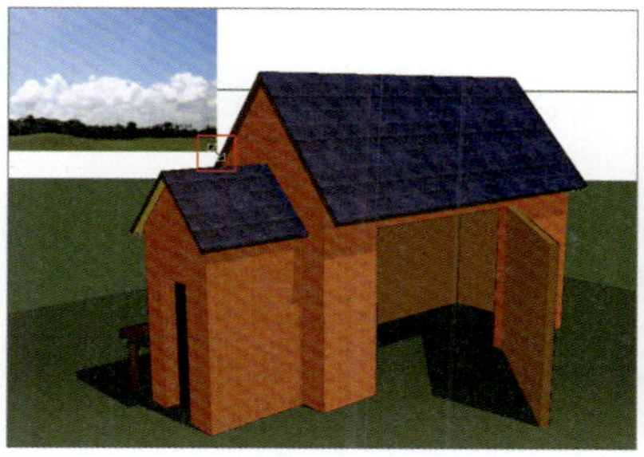

10. 몽타주 툴 이해하기

피라네시로 작업할 때 '나무', '사람', '3D 객체', '실외 객체' 등을 불러와 작업 영역에 배치하고, 그림자 효과를 지정할 수 있습니다. 다음은 나무, 사람 그리고 다양한 가구와 소품 항목입니다.

01 몽타주 툴( )의 Tool Option 이해하기

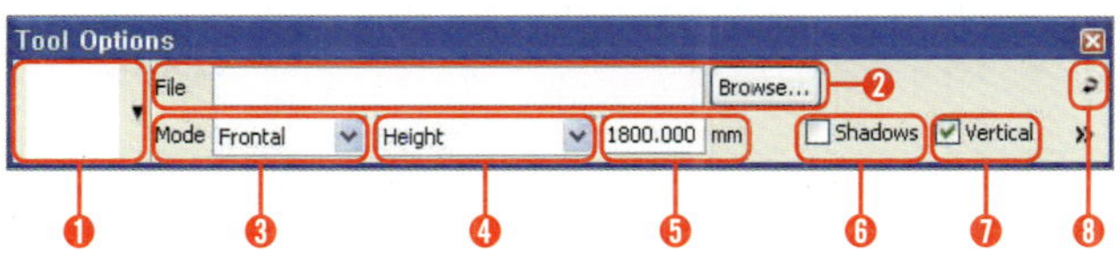

❶ **Preview** 현재 Cutout 이미지의 미리보기를 보여 줍니다. 기본적으로 2D Cutout은 '흰색 배경'이며, 3D Cutouts는 '검은색 배경'입니다.

❷ File Cutout 파일을 사용하도록 지정합니다. 필요한 경우 새로운 Cutout 파일을 선택합니다.

- 2D Cutouts 항상 정면을 바라보며, 기본적으로 그래픽 이미지 파일입니다.
- 3D Cutouts 원하는 방향으로 객체를 회전할 수 있습니다. 이것은 실제 3D 모델 파일입니다.

❸ Mode 작업 영역에 Cutout을 배치합니다.

- Frontal 작업 영역 정면에 Cutout을 배치합니다.
- Tangent 렌더 방향으로 Cutout을 배치합니다.
- Axis aligned 3차원(X축/Y축/Z축) 방향으로 Cutout을 배치합니다.

❹ Direction 폭 또는 높이에서 Cutout의 크기를 지정하는 데 사용합니다.

❺ Size Cutout의 전체 크기를 설정합니다.

❻ Shadows Cutout에 그림자를 추가합니다. 그림자는 조화, 방향, 부드러움으로 그려져 있습니다.

❼ Vertical 작업 영역에 수직으로 Cutout을 배치합니다.

❽ Resets( ) 기본값으로 모든 Cutout 설정을 다시 설정합니다.

02 몽타주 세팅 창( ) 이해하기

● 소스 파일 | 부록 CD\피라네시-Style Libraries\Cutouts
● 소스 파일 | 부록 CD\피라네시-Style Libraries\SketchCutouts
● C:\Program Files\Informatix\Piranesi 2010 Pro\Style Libraries\Cutouts
● C:\Program Files\Informatix\Piranesi 2010 Pro\Style Libraries\SketchCutouts

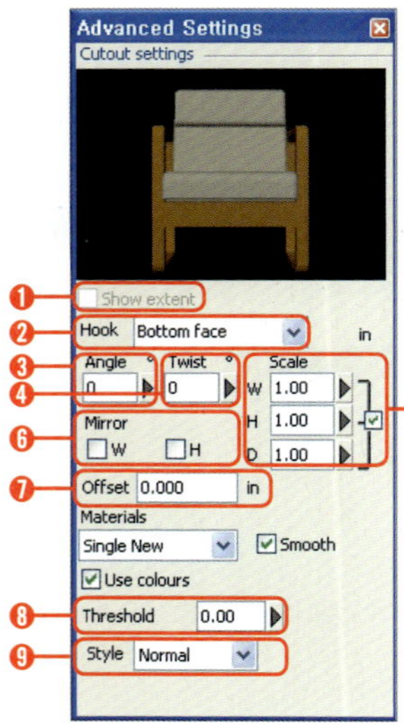

❶ Show extent 미리보기 이미지에 Cutout 타일의 범위를 보여 줍니다. 이 옵션은 일부 Cutout 형식에 대해서는 사용할 수 없습니다.

❷ Hook Cutout 타일의 후크 지점을 지정합니다. 좌표에서 위치를 선택할 수 있습니다. 2D Cutouts에서는 클릭하거나 미리보기에 십자선을 드래그하여 후크 지점을 변경할 수 있습니다.

❸ Angle Cutout의 수평에서 회전 각도를 지정합니다.

❹ Twist 어떤 차원의 Cutout으로부터 Z축을 중심으로 회전을 지정합니다.

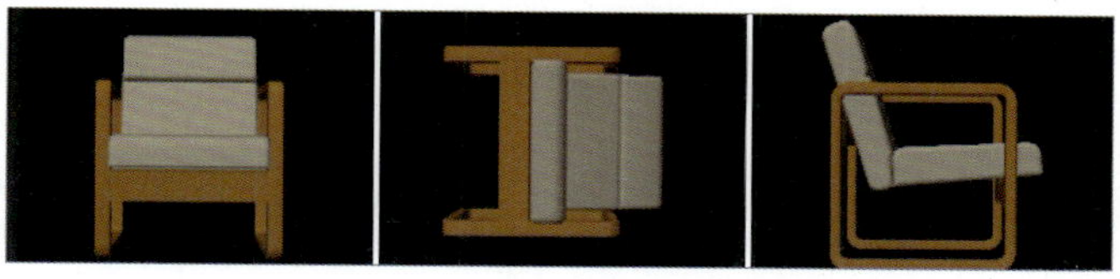

[원 본] [Angle : 90도] [Twist : 90도]

❺ **Scale** 너비와 높이 값을 입력하여 크기를 조절합니다.

❻ **Mirror** 폭 또는 높이에 의해 Cutout을 대칭 이동합니다.

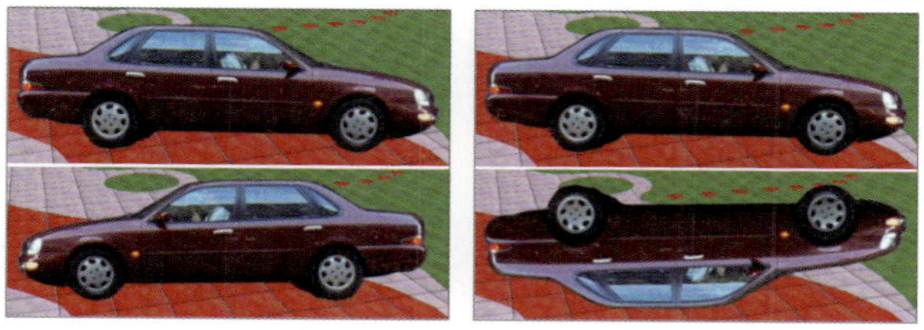

❼ **Offset** 오프셋으로 고정된 총합에 의해 Cutout의 후크를 가리킵니다.

❽ **Threshold** 알파 채널에 대한 투명도의 임계값을 지정합니다.

❾ **Style** Cutout을 그리는 방법을 지정합니다.

- **Normal** 미리보기 상자에 표시되는 일반적인 방법으로 Cutout을 그립니다.
- **Outlined** 실루엣 개요로 Cutout을 그립니다.
- **Motion blur** 움직이는 것처럼 Cutout을 그립니다.

[Normal] [Outlined] [Motion blur]

Tip

도구를 사용할 때는 반드시 잠금 툴을 모두 해제한 후에 몽타주를 배치해야 합니다.

03 [Cutout Manager] 대화상자 이해하기

[Cutout Manager] 대화상자에 대한 설정을 지정하려면 도구 옵션의 도구 모음을 사용해야 합니다. 컷아웃 또는 선택한 텍스트 도구를 가지고 있거나 컷아웃 관리자를 표시하려면 도구 모음에서 옵션을 클릭해야 합니다. [Cutout Manager] 대화상자를 표시하는 방법은 다음과 같습니다.

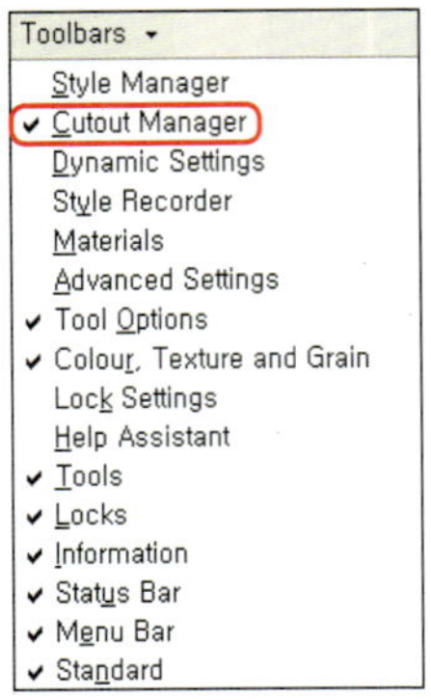

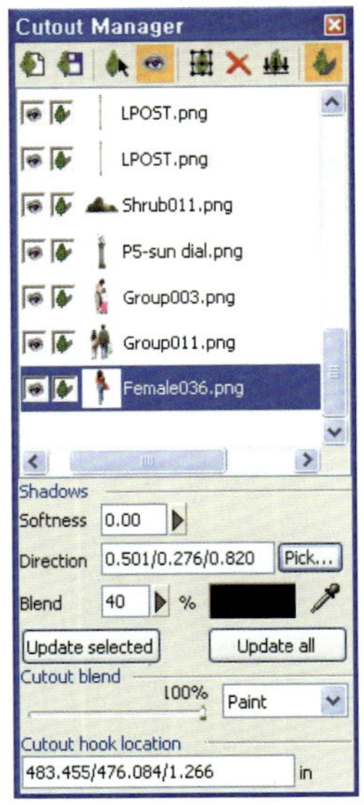

▲ 화면 상단의 [Toolbars]를 클릭

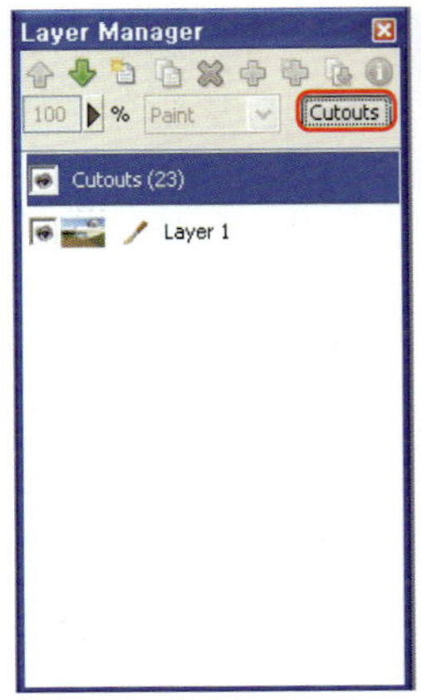

▲ [Layer Manager] 대화상자에서 [Cutouts] 선택

- : 작업 영역에서 몽타주 객체를 선택합니다.
- : [Cutout Manager] 대화상자에 있는 몽타주 객체를 작업 영역에서 보이거나/보이지 않게 합니다.
- : 작업 영역에서 선택한 몽타주 객체의 크기를 조절하거나 이동, 회전시킵니다.
  - : 삽입된 몽타주 위치를 이동하여 변경할 수 있습니다.
  - : 삽입된 몽타주를 X축을 기준으로 회전시킵니다.
  - : 삽입된 몽타주를 Y축을 기준으로 회전시킵니다.
  - : 삽입된 몽타주를 Z축을 기준으로 회전시킵니다.

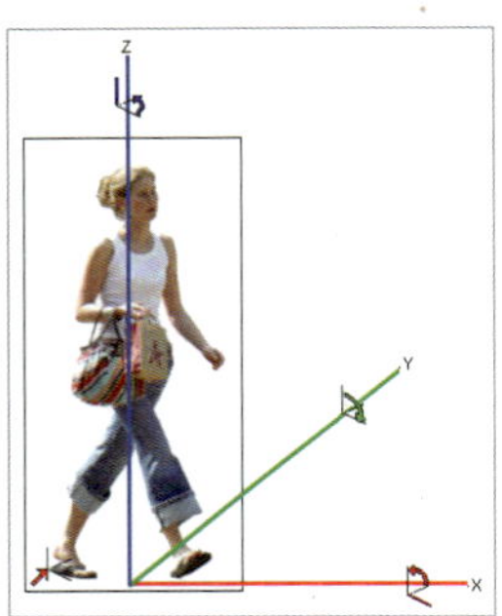

- : 선택한 몽타주 객체를 삭제합니다.
- : 선택한 몽타주 객체를 작업 이미지와 합칩니다.
- : 선택한 몽타주 객체에 그림자를 설정합니다.

STEP 01 [3D warehouse] 활용하기

3D 모델 파일을 다운로드하려면 [Tool Options]에서 [Warehouse]를 클릭합니다. 그러면 Google 3D 이미지 갤러리 창이 열립니다. 이를 통해 Google에서 지원하는 다양한 3D 모델을 사용할 수 있습니다.

01 몽타주 툴( )을 선택한 후 [Tool Options] 대화상자에서 [Warehouse]를 클릭합니다. Google 사이트의 [3D warehouse] 검색 창이 열립니다.

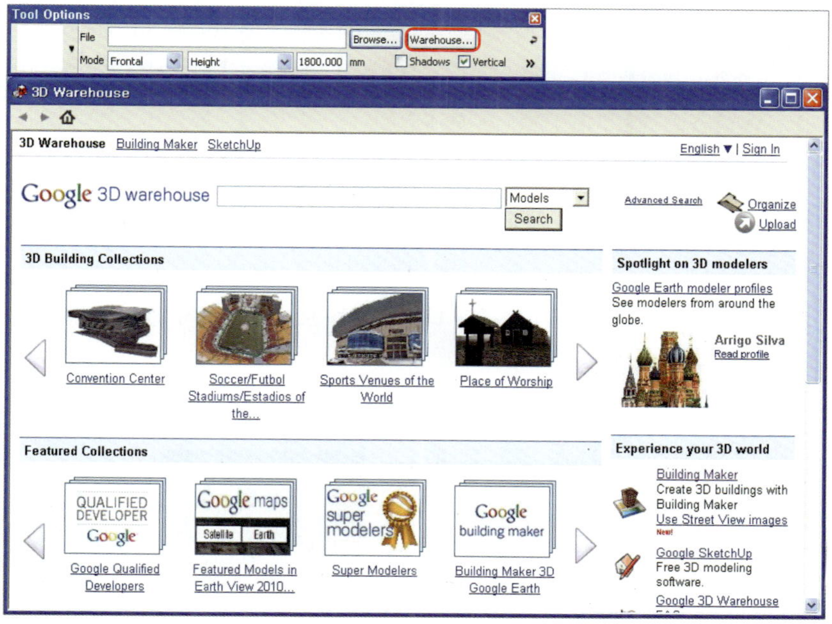

02 [3D warehouse] 창의 검색 상자에 'Table'을 입력한 후 [검색] 버튼을 클릭합니다. 다양한 모델들이 검색됩니다.

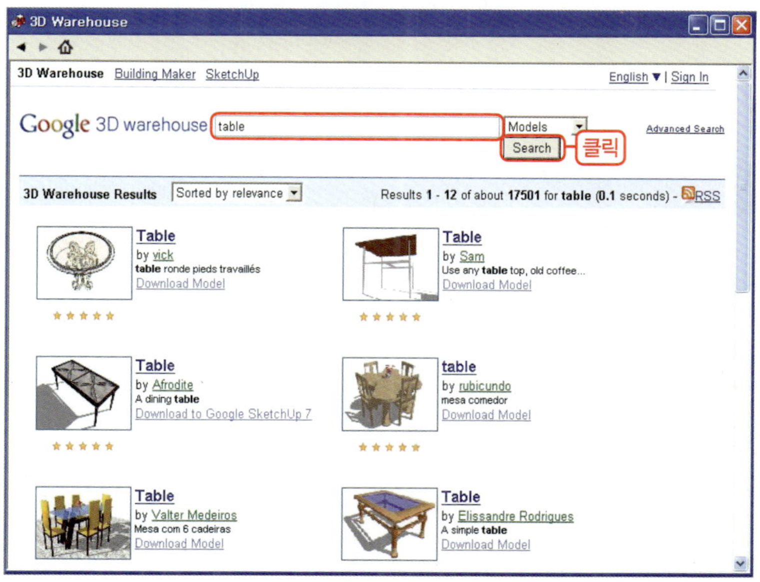

03 검색 결과에서 피라네시로 다운로드하고 싶은 모델을 선택한 후 [다운로드] 버튼을 클릭합니다. [다른 이름으로 저장] 대화상자에서 다운로드한 모델의 저장 위치를 지정합니다.

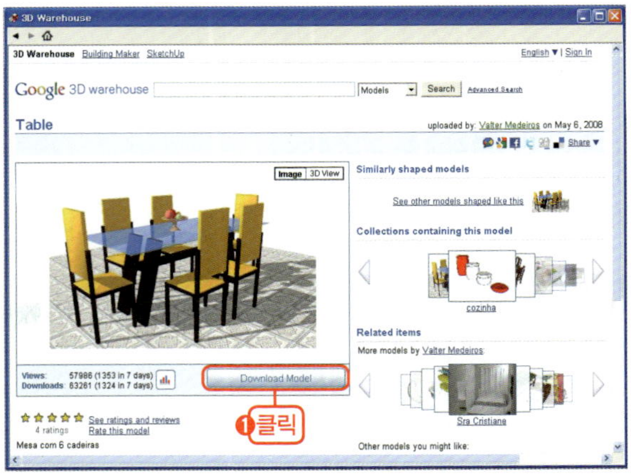

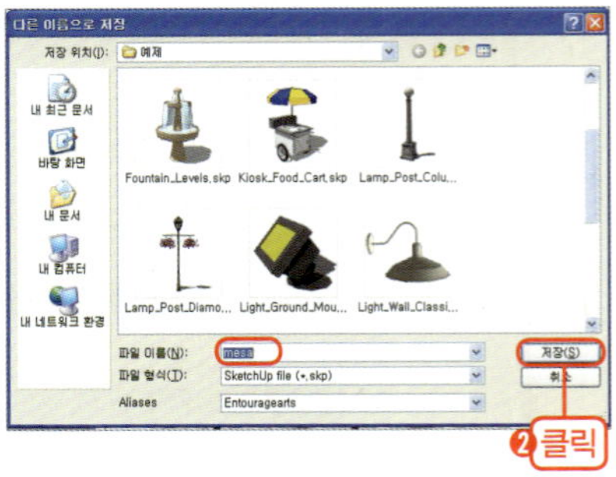

04 Google 3D 이미지 갤러리를 통해 다운로드한 모델을 선택한 후 다음 그림처럼 작업 영역에 배치합니다.

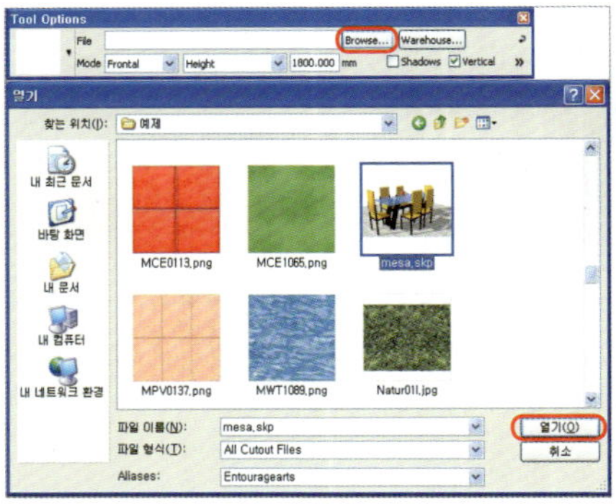

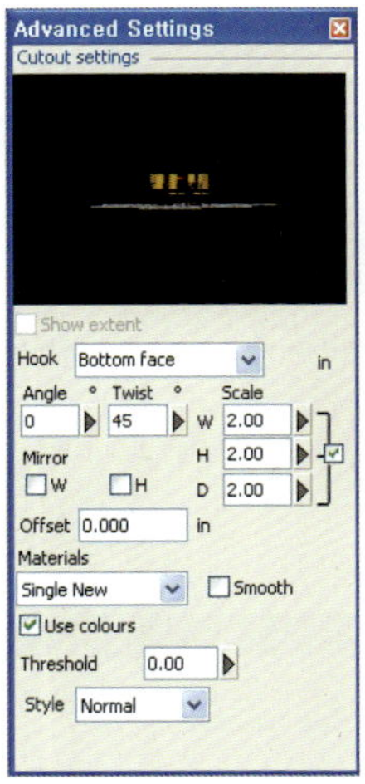

STEP 02 Cutouts 예제 따라하기

01 메뉴에서 [File]–[Open]을 선택하여 피라네시 예제 파일을 불러옵니다.

● 예제 파일 | 부록 CD\Sample\Part 06\예제\예제-컷아웃 기능.epx

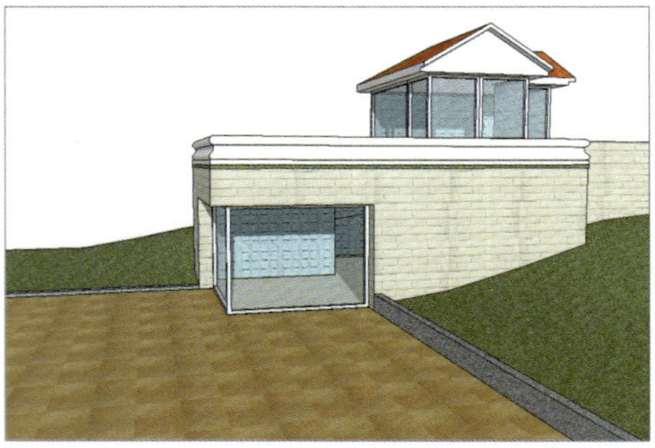

02 도구 툴에서 페인트 툴( )을 선택한 후 'Contiguous'의 체크 표시를 해제합니다. [Locks] 툴에서 방향 잠금( )과 재질 잠금( )을 선택합니다. 배경 이미지를 추가하려면 질감[Texture] 탭에서 [세팅] 버튼(»)을 선택한 후 [Colour and Texture] 대화상자에서 [Rester]를 선택하고 [Browser] 버튼을 클릭하여 배경 이미지를 선택합니다. 그리고 배경에 이미지를 삽입하기 위해 [Repeat] 항목에서 [X, Y]의 체크 표시를 모두 해제하고, 크기를 조절한 후 배경을 클릭합니다.

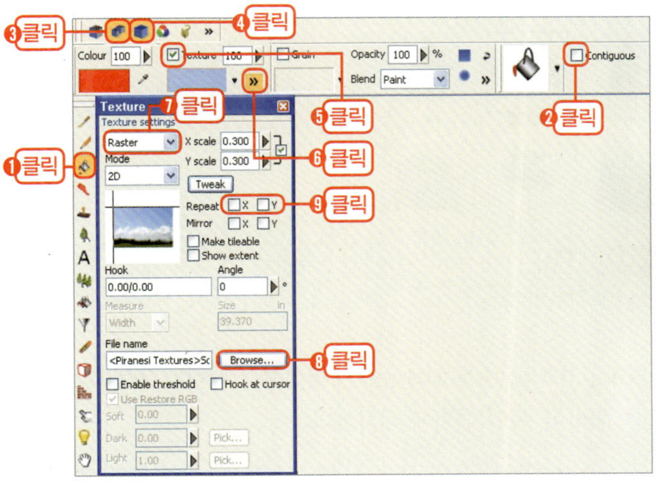

03 수동으로 배경 이미지의 크기 조절한 후 배치하기 위해 [Tweak] 버튼을 클릭합니다. 배치가 끝나면 다시 [Tweak] 버튼을 클릭하여 해제합니다.

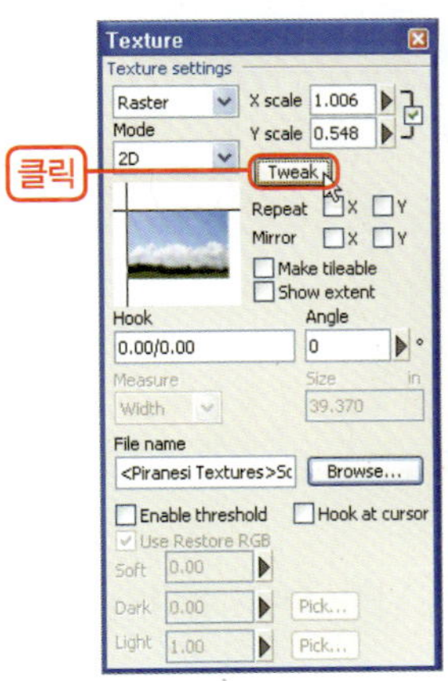

04 몽타주 툴( )을 선택한 후 [Browser] 버튼을 클릭하여 원하는 몽타주 객체를 선택합니다. 그런 다음, [Locks] 툴에서 잠금 해제( ) 버튼을 클릭하여 잠금을 모두 해제합니다.

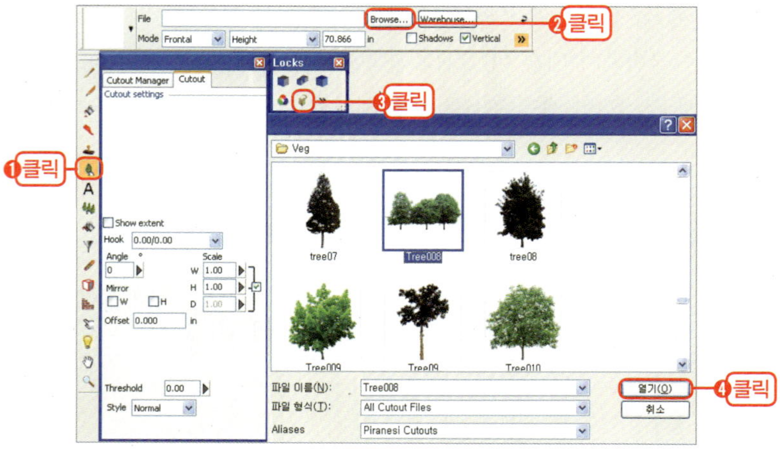

05 [세팅] 버튼 (»)을 클릭하면 [Cutout Settings] 대화상자가 나타납니다. 04에서 불러온 몽타주 객체의 크기를 조절한 후 원하는 작업 위치에 배치합니다.

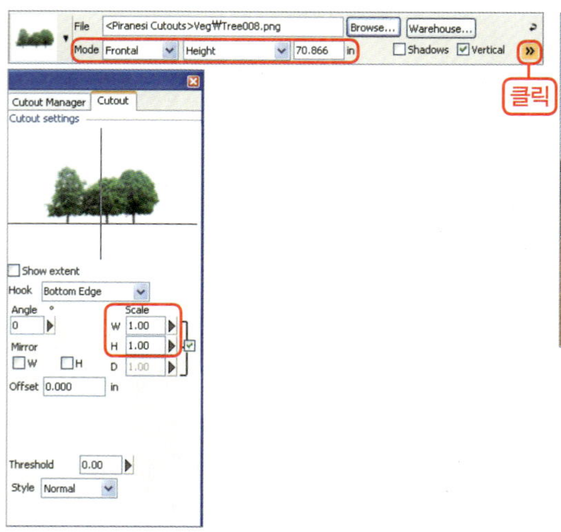

06 새로 불러온 몽타주 객체의 크기를 조절한 후 원하는 작업 위치에 배치합니다.

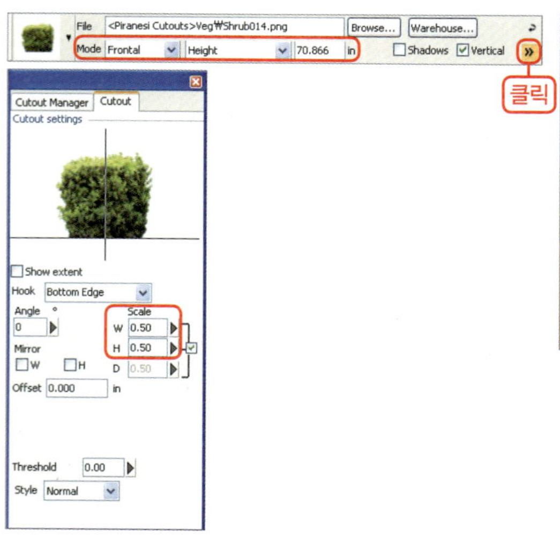

07 앞 04~06까지 방법을 반복해서 다시 한 번 새로 불러온 몽타주 객체의 크기를 조절한 후 그림처럼 원하는 작업 위치에 배치하여 완성합니다.

08 몽타주 툴( )을 선택한 후 [Tool Options] 대화상자에서 [세팅] 버튼 » 을 클릭하면 [Cutout Manager] 대화상자가 나타납니다. [Cutout Manager] 대화상자에서 이동하고 싶은 객체를 선택한 후 버튼을 클릭하여 커서가 일 때 작업 영역에서 원하는 위치로 이동시킵니다.

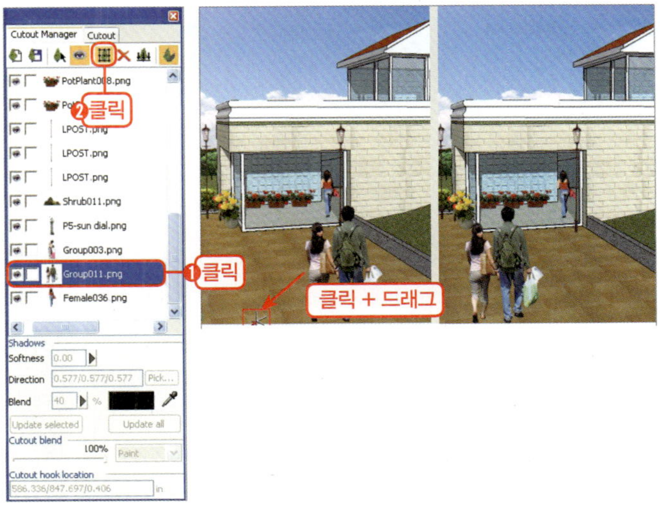

Tip

: 삽입된 몽타주 위치를 변경할 수 있습니다.

09 [Cutout Manager] 대화상자에서 크기 조절을 하고 싶은 객체를 선택한 후 버튼을 클릭합니다. 커서가 일 때 작업 영역에서 Z축 방향으로 회전합니다.

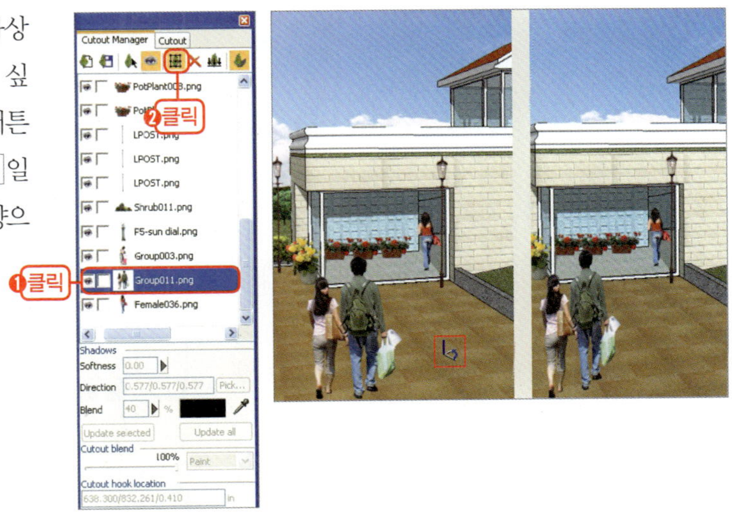

Tip

: 삽입된 몽타주를 Z축을 기준으로 회전시킵니다.

10 [Cutout Manager] 대화상자에서 버튼을 클릭한 후 작업 영역에서 '가로등'을 클릭합니다. [Cutout Manager] 대화상자를 보면 방금 클릭한 '가로등'이 선택되어 있는 것을 확인할 수 있습니다.

11 10에서 선택한 '가로등'을 삭제하기 위해 버튼을 클릭하여 삭제합니다.

12 [Cutout Manager] 대화상자에서 그림처럼 몇 개의 몽타주 객체 옆에 있는 를 클릭하여 해제하면 작업 영역에 선택한 몽타주가 보이지 않는 것을 확인할 수 있습니다.

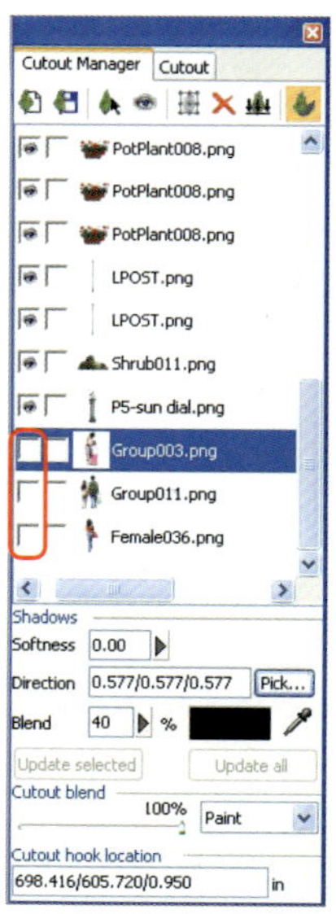

13 작업 영역에 배치한 모든 몽타주 객체들에 그림자 효과를 주기 위해 [Cut-out Manager] 대화상자에 있는 모든 몽타주 객체 옆에 빈 공간을 일일이 클릭하여 그림자 표시인 가 나타나게 합니다.

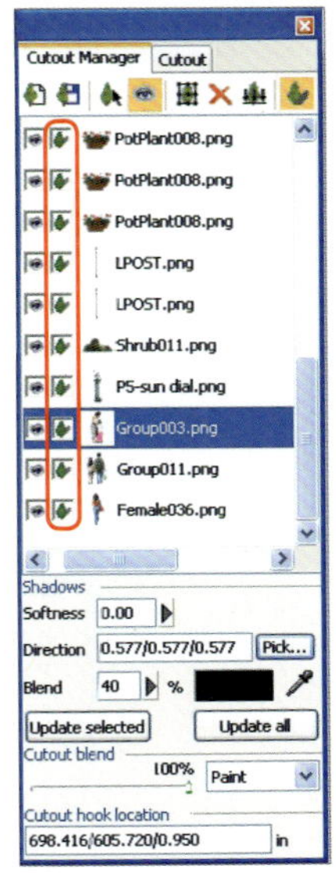

Tip

[Cutout Manager] 대화상자 상단에 버튼이 선택되어 있는지 반드시 확인합니다. 버튼에 체크 표시가 되어 있어야만 그림자를 표현할 수 있습니다.

14 작업 영역에 있는 몽타주 객체에 그림자를 표현하기 위해 [Pick] 버튼을 클릭합니다. 몽타주 객체 위에서 대각선 아래 방향으로 드래그하여 그림자 방향을 지정합니다.

Tip

그림자 방향은 여러 번 수정할 수 있지만 몽타주 객체 하나하나의 그림자 방향을 다르게 할 수는 없습니다.

15 [Cutout Manager] 대화상자에서 그림자 색상과 [Blend] 값을 지정한 후 [Update all] 버튼을 클릭합니다.

16 다시 [Cutout Manager] 대화상자에서 그림자 색상을 '적색'으로 변경하고 그림자 농도값을 입력합니다. 그림자 색상이 변경된 것을 확인할 수 있습니다.

17 [Cutout Manager] 대화상자에서 [Cutout blend]의 설정값을 'Light'와 '100%'로 지정합니다. 작업 영역의 모든 몽타주 객체에 'Light' 효과가 적용된 것을 확인할 수 있습니다.

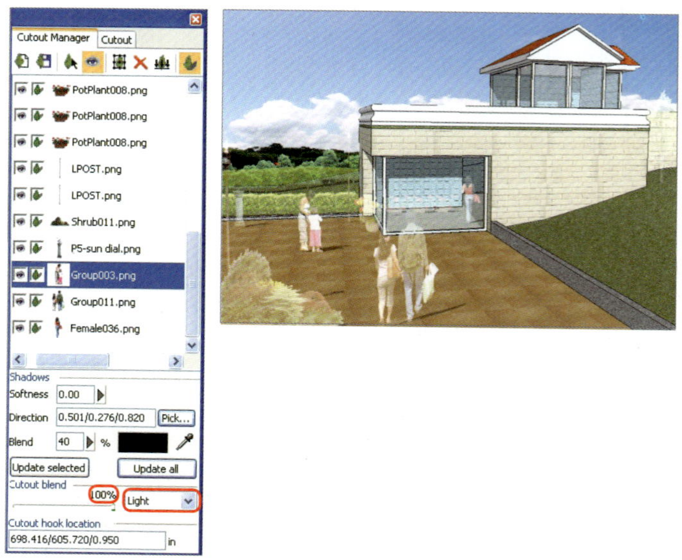

18 [Cutout Manager] 대화상자에 있는 여러 개의 몽타주 객체들을 Control을 누른 채 다중 선택한 후 버튼을 클릭합니다. 그런 다음, [Cutout Manager] 대화상자를 보면 선택되었던 몽타주 객체들이 사라지면서 작업 영역 이미지와 합쳐집니다.

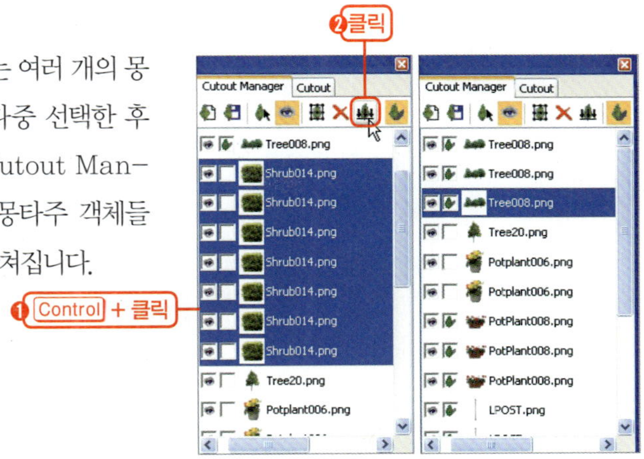

Tip

: 선택한 몽타주 객체를 작업 이미지와 합쳐 줍니다.

19 18에서 작업한 내용이 제대로 이루어졌는지 확인하기 위해 페인트 툴( )과 잠금 해제( ) 버튼을 클릭합니다. 색상을 흰색으로 지정하고 작업 영역을 클릭합니다. 그러면 15에서 합친 몽타주 객체를 제외한 다른 객체들만 보이게 됩니다.

20 메뉴에서 [File]-[Re-Render]를 선택합니다. 그리고 메시지 창이 나올 때마다 [예] 버튼을 클릭합니다.

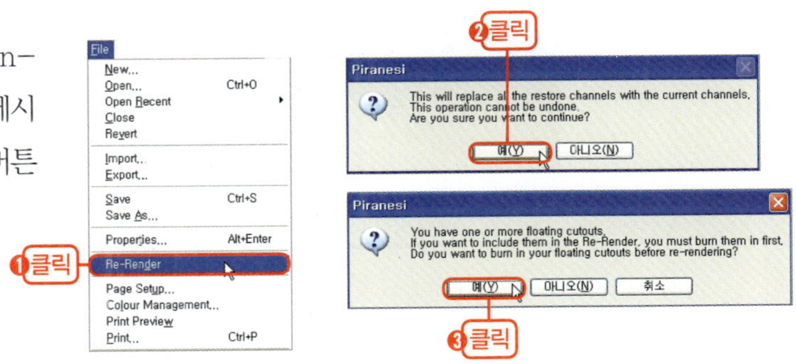

Tip

[Re-Render]는 모든 몽타주 객체들을 작업 영역 이미지에 합치는 과정입니다. 회화 효과, 야간 효과, 연필 효과 등과 같은 다양한 효과를 만들 때는 반드시 [Re-Render]를 수행한 후에 작업을 해야 합니다.

21 20에서 작업한 내용이 제대로 이루어졌는지 확인하기 위해 페인트 툴( )을 선택한 후 색상을 흰색으로 지정하고 작업 영역을 클릭해 봅니다. 지금까지 작업한 몽타주 객체가 배경 이미지와 합쳐진 것을 확인할 수 있습니다. 또 [Cutout Manager] 대화상자를 보면 모든 몽타주가 없어진 것을 확인할 수 있습니다.

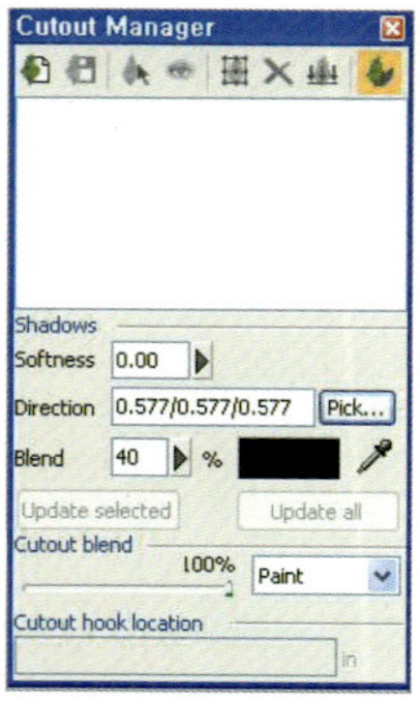

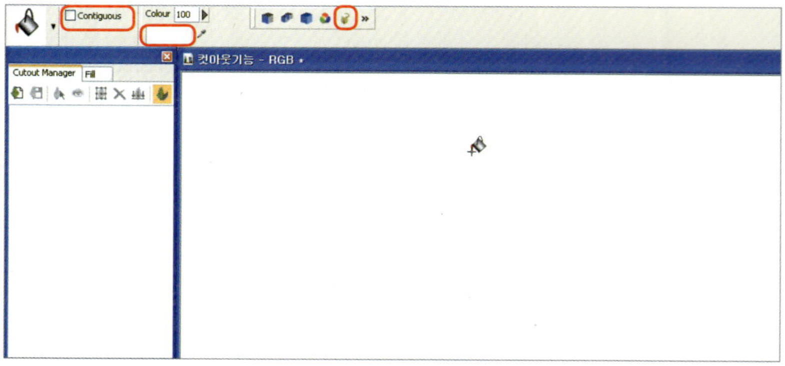

11. [Layer Manager] 이해하기

레이어는 기본적으로 아래에서 위로 차곡차곡 쌓이며 하나의 이미지를 만듭니다. 레이어는 그림을 그릴 수 있는 투명한 셀로판 종이와 비슷합니다. 레이어를 하나하나 추가할 때마다 눈에 보이지 않는 투명 종이가 깔린다고 생각하면 됩니다.

▲ Layer 1–원본

▲ Layer 2–장면

▲ Cutouts( )

▲ 완 성

01 [Layer Manager] 탭의 도구 모음 알아보기

레이어 관리자를 식별할 수 있도록 각 레이어의 작은 축소판 이미지가 표시됩니다. 그리고 현재 활성화된 레이어는 파란색으로 강조 표시됩니다. 레이어의 위치를 위/아래로 이동하거나 새로운 레이어를 생성하고 레이어 속성을 보여 줍니다. 이번에는 일반적인 작업을 수행하는 버튼들에 대해서 알아보겠습니다.

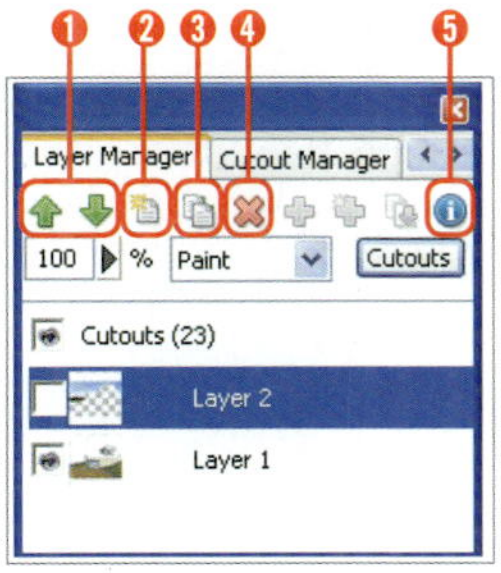

❶ [Up/Down] **버튼**(⬆/⬇) 레이어 위치를 위/아래로 이동하는 버튼입니다.

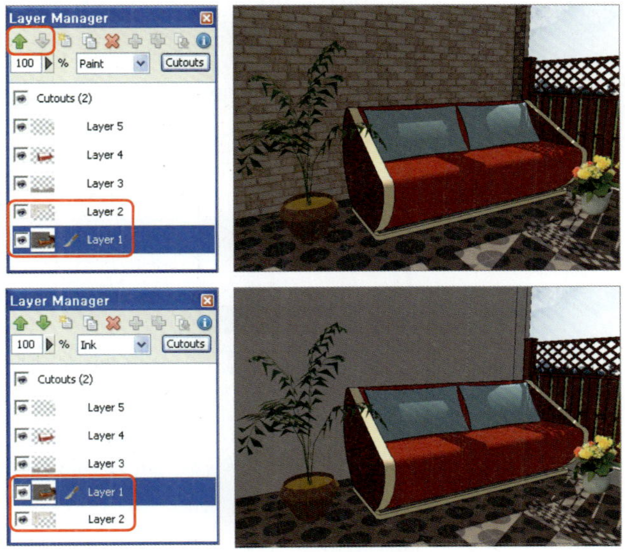

❷ [Insert layer] **버튼**( ) 새로운 레이어를 생성하는 버튼입니다.

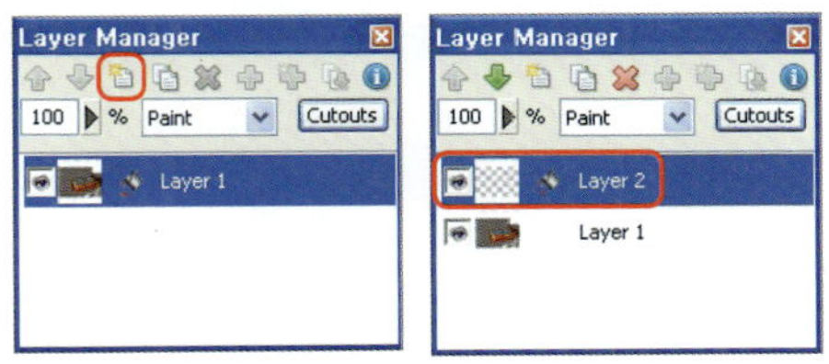

❸ [Duplicate layer] **버튼**( ) 선택된 레이어를 복사하는 버튼입니다.

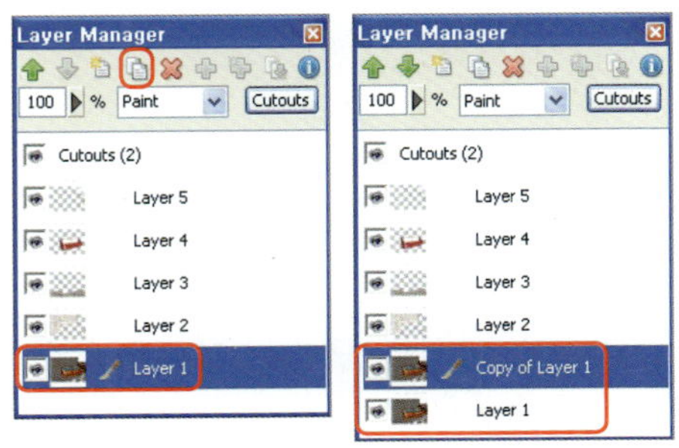

❹ [Delete layer] **버튼**( ) 선택된 레이어를 삭제하는 버튼입니다.

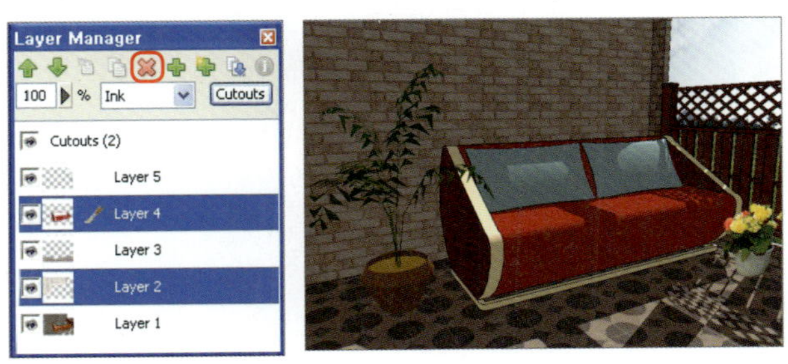

❺ [Layer properties] 버튼(ⓘ) 레이어 이름을 변경하는 버튼입니다. 이름을 편집하고 레이어 속성을 사용하여 레이어에 설명을 추가할 수 있습니다.

02 [Cutouts Manager] 탭 알아보기

지금까지 배치한 컷아웃을 편집하기 위해 [Cutouts] 탭을 클릭하면 다음과 같은 [Cutout Manager] 대화상자가 나타납니다.

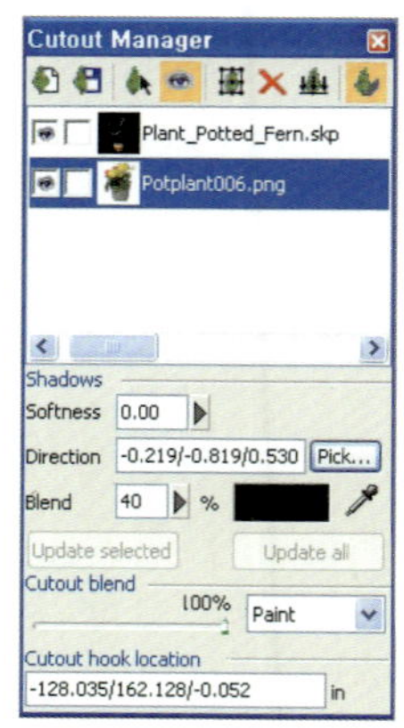

03 Blend Mode

두 레이어 이미지를 투명하게 섞었을 때 혼합하여 보여 주는 방식입니다. 레이어의 합성 상태를 여러 모드로 선택할 수 있습니다.

1단계

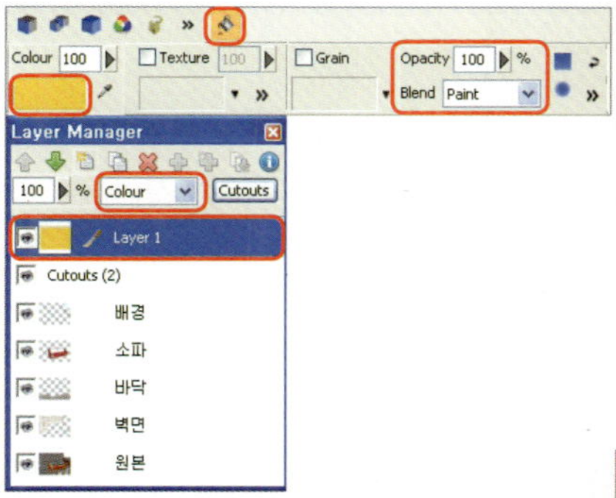

2단계

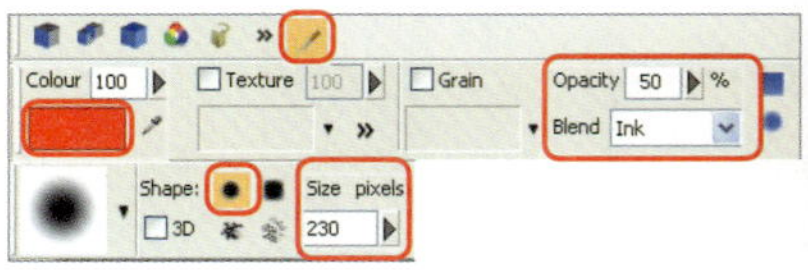

04 Cutouts(#)

몽타주( ) 툴을 선택하여 화면에 배치한 다양한 컷아웃의 숫자를 확인합니다.

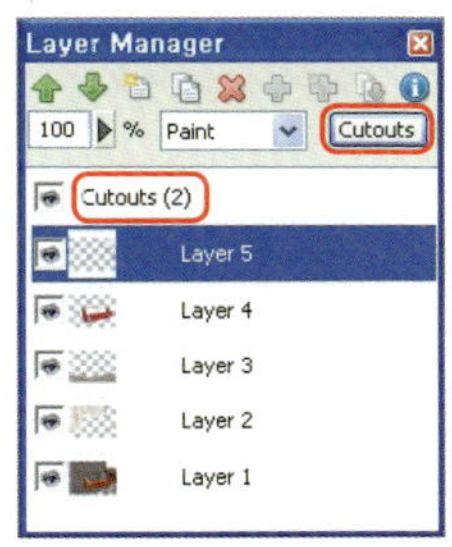

05 눈 아이콘(On/Off)

레이어 이미지를 보이지 않게 가려 줍니다.

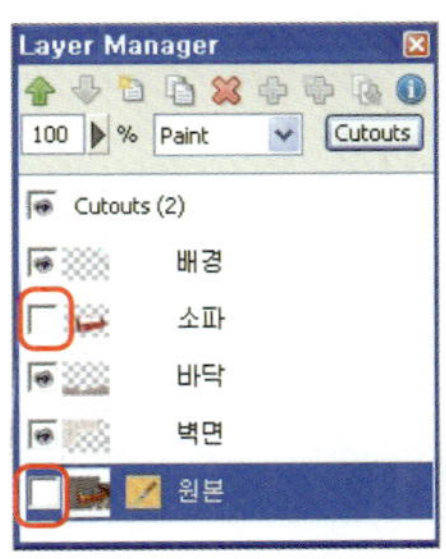

06 레이어 목록

각 레이어는 이름, 축소판 이미지 및 레이어를 관리할 수 있습니다. 그리고 레이어 목록에서 선택한 레이어에 마우스 오른쪽 버튼을 클릭하면 나타나는 바로가기 명령에 액세스할 수 있습니다.

STEP 01 Layer 예제 따라하기

01 피라네시 프로그램을 실행합니다. 메뉴에서 [File]-[Open]을 선택합니다. 작업 영역을 초기화하기 위해 도구 툴에서 마우스 오른쪽 버튼을 클릭하면 나타나는 확장 메뉴 중에서 [Reset Tools]를 선택합니다.

● 예제 파일 I 부록 CD\Sample\Part 06\예제\레이어 기본.epx

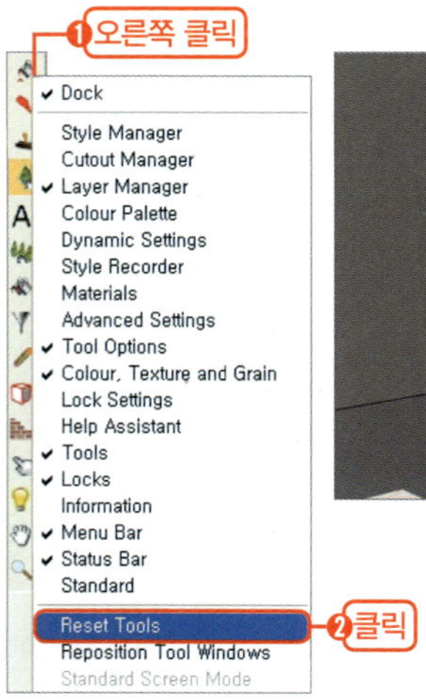

02 화면 상단의 [Toolbars] 목록에서 [Layer Manager]를 선택합니다. Insert layer( ) 버튼을 클릭하여 새로운 레이어를 생성합니다.

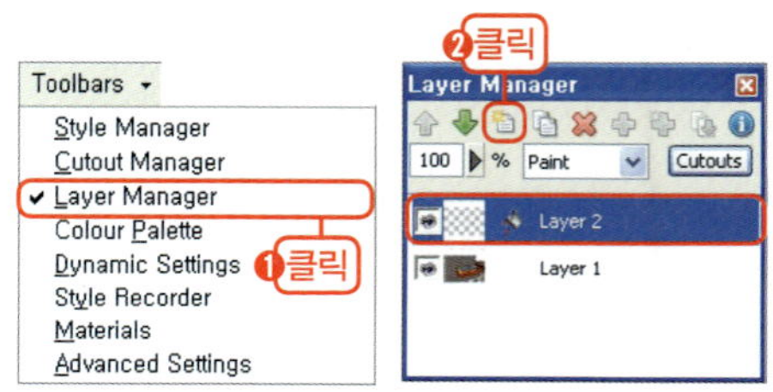

03 도구 툴에서 페인트 툴( )을 선택한 후 [Texture]에 체크 표시를 합니다. [세팅] 버튼(»)을 선택하여 [Colour and Texture] 대화상자를 불러옵니다. 다음 그림처럼 [Rester]를 선택하고 [Browser] 버튼을 클릭한 후 원하는 재질을 선택합니다. 그런 다음, [Contiguous]의 체크 표시를 해제하고 [Locks] 툴에서 방향 잠금( )과 재질 잠금( ) 버튼을 선택합니다. [Colour and Texture] 대화상자에서 벽면 재질의 크기를 조절합니다.

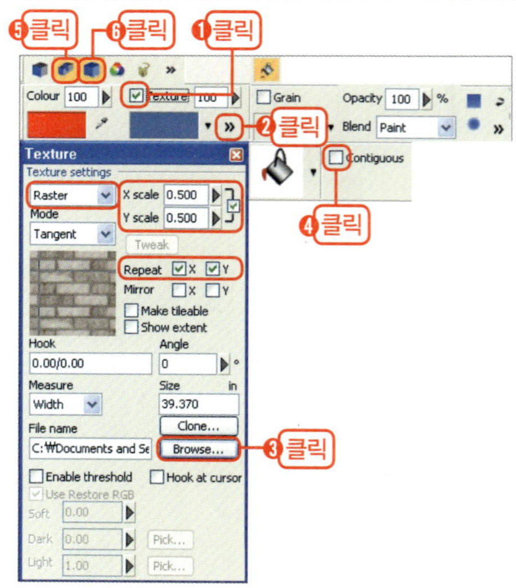

Tip

재질 소스는 [부록 CD\Sample\map] 경로에 있습니다. 만약, 다른 재질을 사용하고 싶으면 원하는 재질을 적용하여 연습하세요.

04 [Layer Manager] 대화상자에서 'Layer2'를 클릭합니다. 그리고 벽면의 그림자를 그대로 표현해 주기 위해 [Blend]에서 'Ink'를 선택하고 [Opacity]는 '100%'로 설정한 후 벽면을 클릭합니다.

05 [Locks] 툴에서 방향 잠금( )과 재질 잠금( )을 선택합니다. [Colour and Texture] 대화상자에서 벽면의 음영을 표현해 주기 위해 [Blend]는 'Light', [Opacity]는 '100%'로 설정한 후 정면 벽 일부분을 클릭합니다.

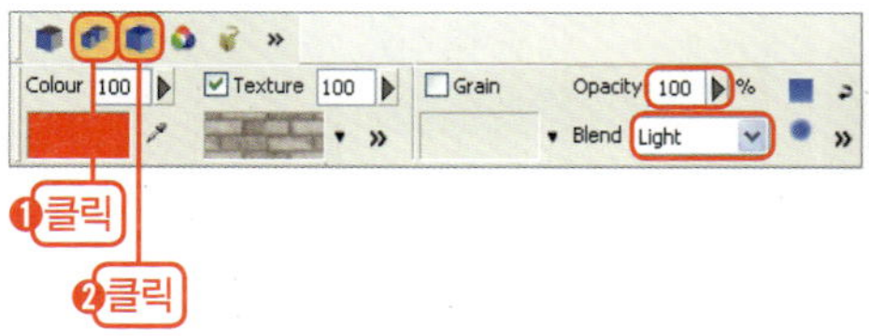

06 [Texture]에 체크 표시를 한 후 [세팅] 버튼(»)을 선택하여 [Colour and Texture] 대화상자를 불러옵니다. 다음 그림처럼 [Rester]를 선택하고 [Browser] 버튼을 클릭한 후 원하는 재질을 선택합니다. 그런 다음, 'Contiguous'의 체크 표시를 해제하고 [Locks] 툴에서 방향 잠금( )과 재질 잠금( )을 선택합니다. [Colour and Texture] 대화상자에서 바닥 재질의 크기를 조절합니다.

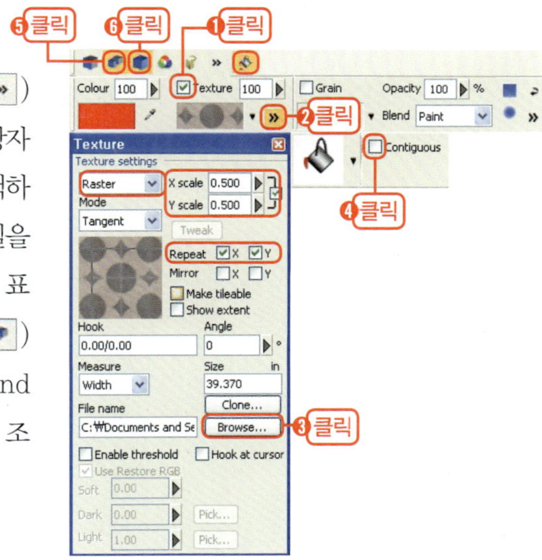

07 [Layer Manager] 대화상자에서 Insert Layer( )를 클릭하여 새로운 레이어를 생성한 후 'Layer3'을 클릭합니다. 그리고 바닥의 그림자를 그대로 표현해 주기 위해 [Blend]는 'Ink', [Opacity]는 '100%'로 설정한 후 바닥을 클릭합니다.

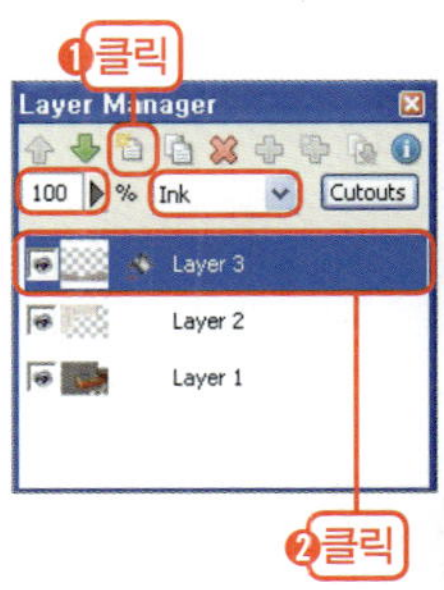

08 [Texture]에 체크 표시를 한 후 [세팅] 버튼(»)을 선택하여 [Colour and Texture] 대화상자를 불러옵니다. 다음 그림처럼 [Rester]를 선택하고 [Browser] 버튼을 클릭한 후 원하는 재질을 선택합니다. 그런 다음, 'Contiguous'의 체크 표시를 해제하고 [Locks] 툴에서 재질 잠금( )을 선택합니다. [Colour and Texture] 대화상자에서 소파 재질의 크기를 조절합니다.

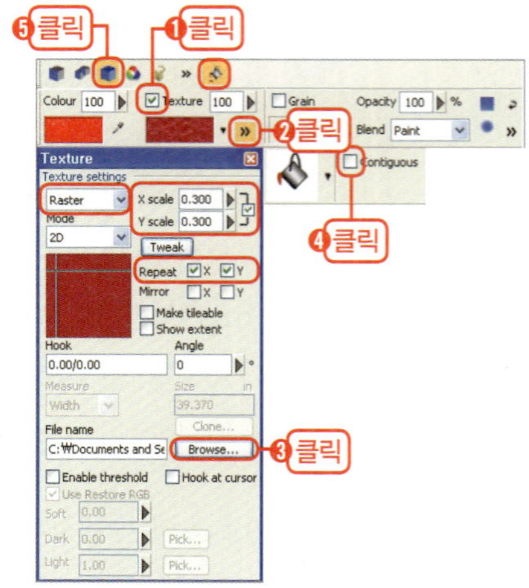

09 [Layer Manager] 대화상자에서 Insert Layer( )를 클릭하여 새로운 레이어를 생성한 후 'Layer4'를 클릭합니다. 그리고 소파의 그림자를 그대로 표현해 주기 위해 [Blend]는 'Ink', [Opacity]는 '100%'로 설정한 후 소파를 클릭합니다.

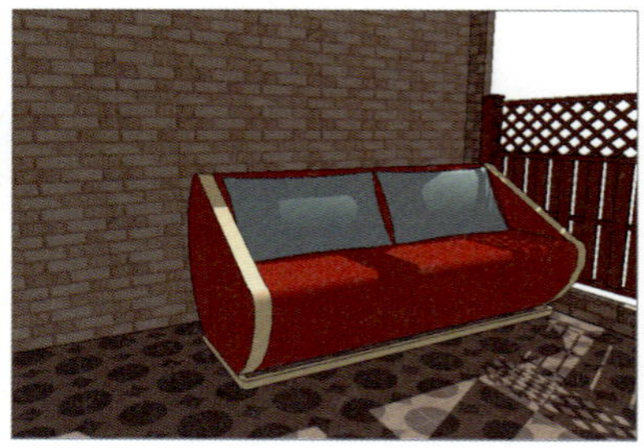

10 [Locks] 툴에서 방향 잠금( )과 재질 잠금( )을 선택합니다. [Colour and Texture] 대화상자에서 벽면의 음영을 표현해 주기 위해 [Blend]는 'Ink', [Opacity]는 '100%'로 설정한 후 소파의 측면 일부분을 클릭합니다.

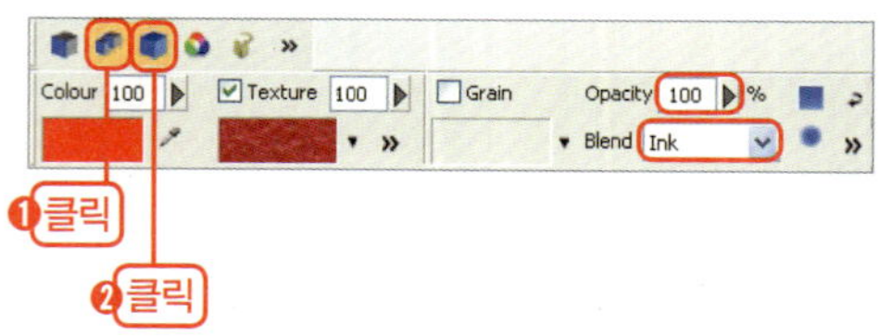

11 [Texture]에 체크 표시를 한 후 [세팅] 버튼(»)을 선택하여 [Colour and Texture] 대화상자를 불러옵니다. 다음 그림처럼 [Rester]를 선택하고 [Browser] 버튼을 클릭한 후 원하는 배경 이미지를 선택합니다. 그런 다음, 'Contiguous'의 체크 표시를 해제하고 [Locks] 툴에서 재질 잠금( )을 선택합니다. [Colour and Texture] 대화상자에서 배경에 이미지를 삽입하기 위해 [Repeat] 항목에서 [X, Y]의 체크 표시를 모두 해제합니다. [Blend]에서 'Paint'를 선택하고 [Opacity]는 '100%'로 설정합니다.

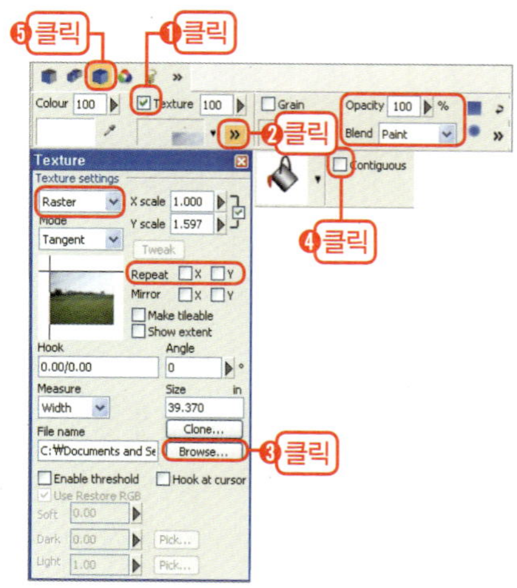

12 [Layer Manager] 대화상자에서 Insert Layer( )를 클릭하여 새로운 레이어를 생성한 후 'Layer5'를 클릭합니다. 그리고 소파의 그림자를 그대로 표현해 주기 위해 [Blend]는 'Paint', [Opacity]는 '100%'로 설정한 후 배경을 클릭합니다.

13 12에서 삽입한 배경 이미지의 크기를 다음 그림처럼 조절하기 위해 [Tweak] 버튼을 클릭합니다.

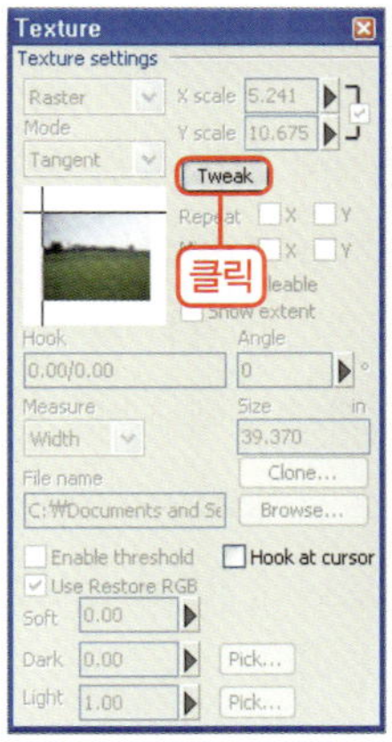

14 작업 영역을 초기화시키기 위해 도구 툴에 마우스 오른쪽 버튼을 클릭하면 나타나는 확장 메뉴 중에서 [Reset Tools]를 선택합니다. 그런 다음, 몽타주 툴( )을 선택하고 [Browser] 버튼을 클릭하여 원하는 몽타주 객체를 선택합니다. [세팅] 버튼 » 을 클릭하면 [Cutout Settings] 대화상자가 나타납니다. 삽입한 몽타주 객체의 크기를 조절한 후 다음 그림처럼 원하는 위치에 배치합니다.

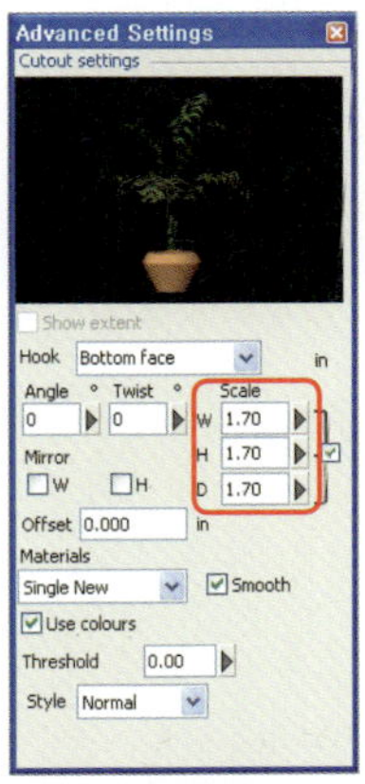

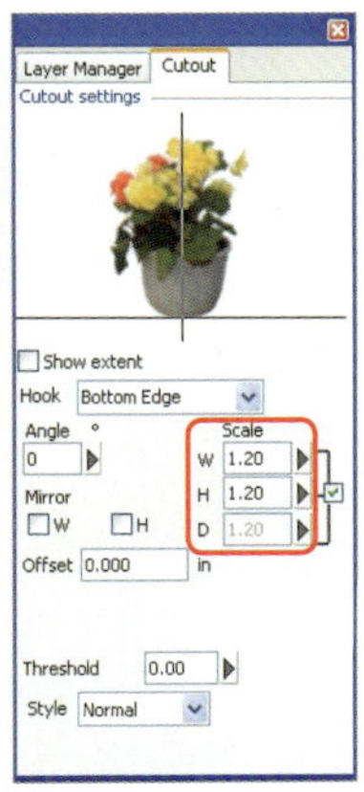

15 지금까지 배치한 컷아웃을 편집하기 위해 [Cut-outs] 컷아웃 관리를 클릭합니다. 작업 영역에 배치한 모든 몽타주 객체들에 그림자 효과를 주기 위해 [Cutout Manager] 대화상자에 있는 모든 몽타주 객체의 빈 공간을 모두 클릭하여 그림자 표시( )가 나타나게 합니다.

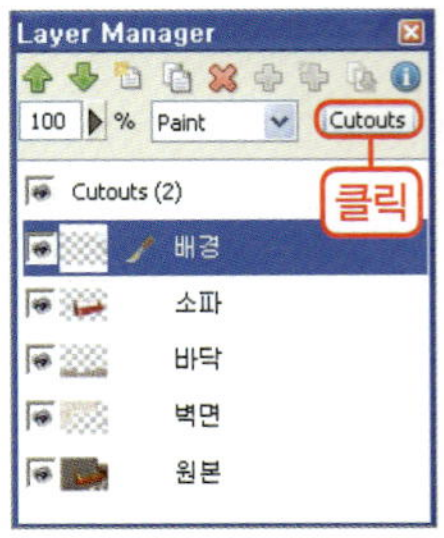

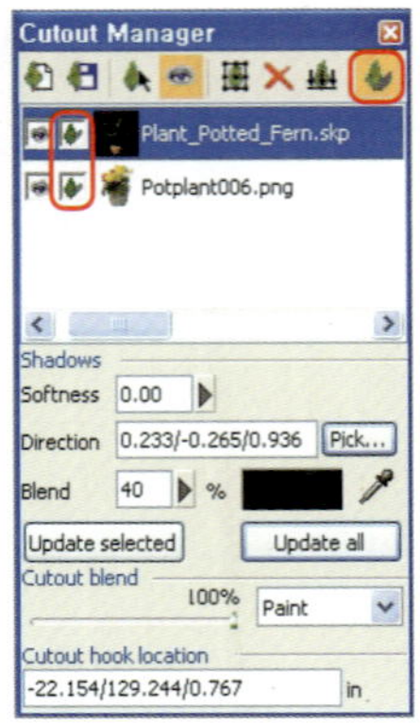

16 작업 영역에 있는 몽타주 객체들에 그림자를 표현하기 위해 [Pick] 버튼을 클릭합니다. 작업 영역의 몽타주 객체 위에서 대각선 아래 방향으로 드래그하여 그림자 방향을 지정합니다. [Update all] 버튼을 클릭합니다.

17 [Layer Manager] 대화상자에서 몽타주( ) 버튼을 선택하면 화면에 배치한 컷아웃의 숫자를 확인할 수 있습니다.

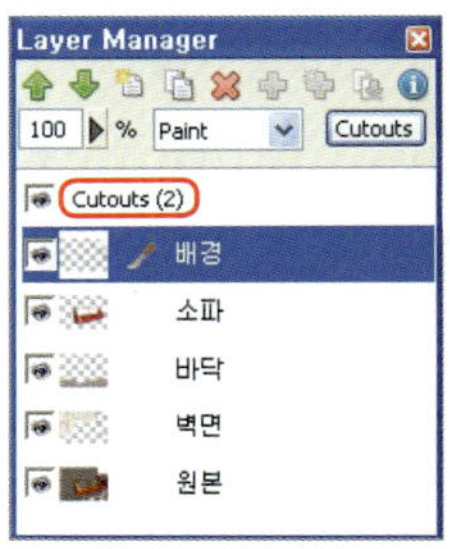

03; 스타일 브라우저 (Style Browser)

피라네시는 우리 눈에 익숙한 회화적 표현도 가능합니다. 스타일을 저장해 놓고 반복하여 사용할 수 있으며, 설정도 까다롭지 않습니다. 이 기능을 활용하면 스케치업의 렌더링 또는 다양한 스타일을 이용한 작품보다 훨씬 높은 회화적 표현이 가능합니다.

00. 스타일 브라우저 이해하기

피라네시의 모든 스타일 라이브러리는 [Style Manager] 대화상자에서 언제나 볼 수 있습니다. 새로운 스타일을 추가, 편집, 삭제하거나 필요한 경우 현재 사용하고 있는 스타일을 라이브러리에 저장한 후 언제든지 반복하여 사용할 수 있습니다.

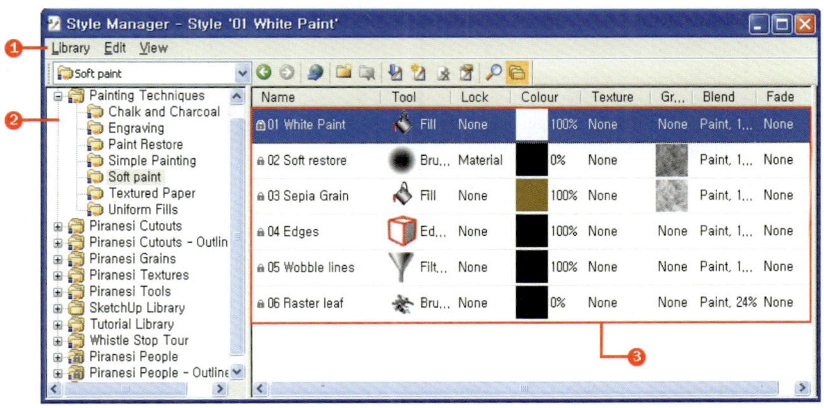

❶ Menu 새로운 스타일을 생성 및 저장, 그리고 여러 명령어들을 실행합니다.

❷ Tree View 스타일을 빠르게 검색하거나 선택할 수 있습니다.

❸ List View Tree View에서 검색한 스타일들을 다양한 방법으로 디스플레이합니다.

STEP 01 **재질 채우기**

01 피라네시 프로그램을 실행한 후 메뉴에서 [File]-[Open]을 선택합니다. 그런 다음, 작업 영역을 초기화시키기 위해 도구 툴에서 마우스 오른쪽 버튼을 클릭하면 나타나는 확장 메뉴 중에서 [Reset Tools]를 선택합니다.

● 예제 파일 I 부록 CD\Sample\Part 06\예제\재질 적용 예제.epx

Tip

[New Style]( ) Control + N

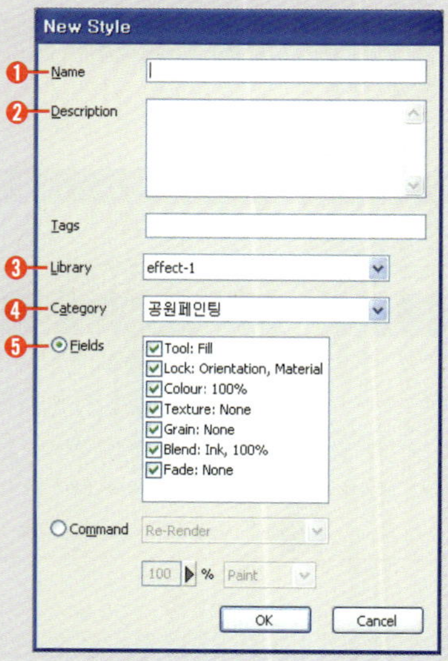

❶ Name 스타일 이름을 입력합니다.
❷ Description 지정한 스타일에 대한 참조 설명을 입력합니다.
❸ Library 새로운 스타일을 저장하기 위한 라이브러리를 선택합니다.
❹ Category 새로운 스타일을 저장하기 위한 카테고리를 선택합니다.
❺ Fields 원하는 기능만 스타일에 적용합니다.

02 화면 상단에서 스타일 브라우저 툴(▣)을 클릭하면 [Style Manager] 대화상자가 나타납니다. [Style]을 등록하기 위해 [Style Manager] 대화상자의 메뉴에서 [Library]–[New]–[Style Library]를 선택합니다.

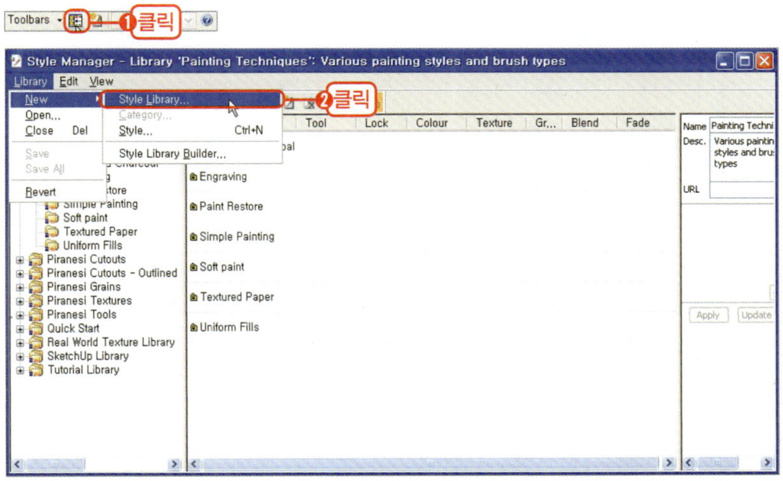

03 [Style] 파일 이름을 'effect-1'로 입력하면 [Style Manager] 대화상자에 'effect-1'이라는 폴더가 생성된 것을 알 수 있습니다. 'effect-1'을 클릭한 후 [Default] 폴더에서 마우스 오른쪽 버튼을 클릭하면 나타나는 확장 메뉴 중에서 [Properties]를 선택합니다.

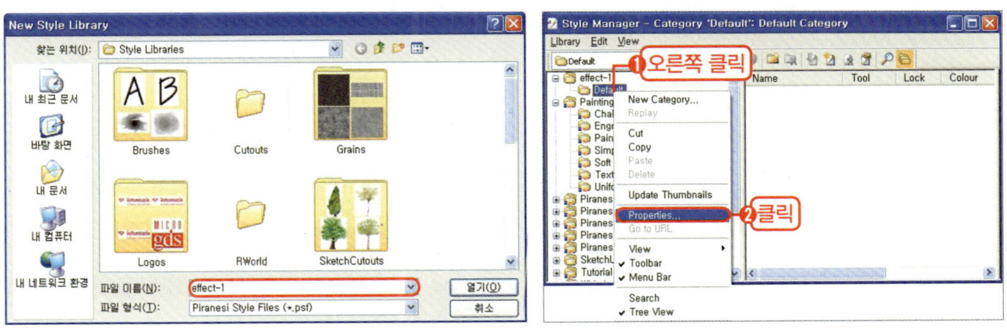

04 [Style Category Properties] 대화상자에 '공원 페인팅'을 입력하고 [OK] 버튼을 클릭합니다. [Default] 폴더의 이름이 변경됩니다.

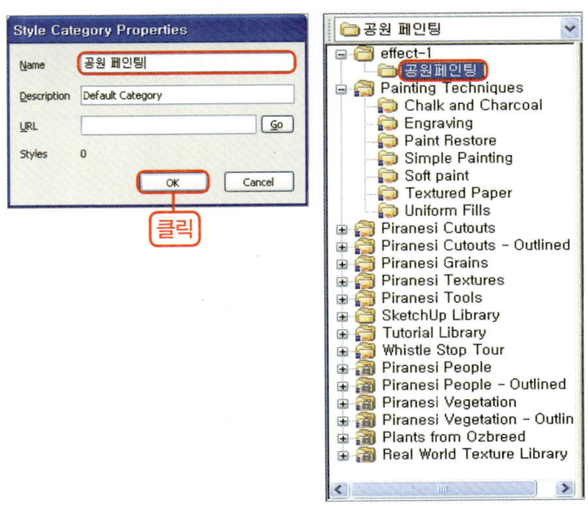

05 도구 툴에서 페인트 툴( )을 선택한 후 [Texture]에 체크 표시를 합니다. [세팅] 버튼(»)을 클릭하면 나타나는 [Colour and Texture] 대화상자에서 다음 그림처럼 [Rester]를 선택하고 [Browser] 버튼을 클릭한 후 원하는 재질을 선택합니다.

● 예제 파일 | 부록 CD\피라네시-Style Libraries\Textures
● 예제 파일 | 부록 CD\피라네시-Style Libraries\RWorld

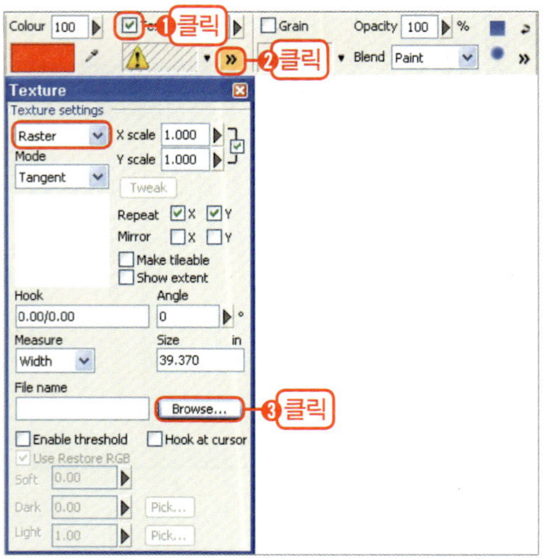

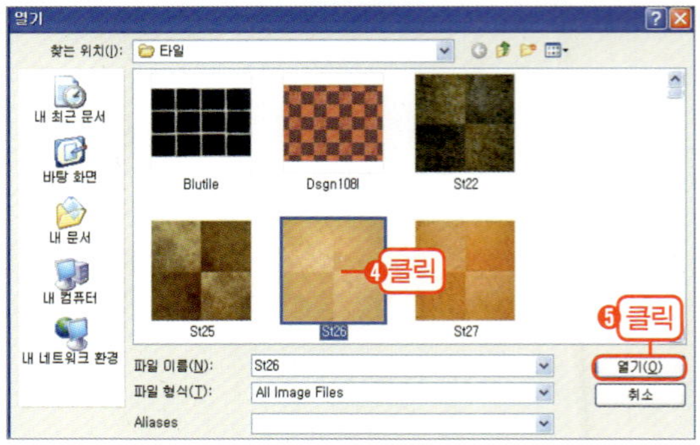

Tip

재질 소스는 [부록 CD\map] 경로에 있습니다. 만약, 다른 재질을 사용하고 싶다면 원하는 재질을 적용하여 연습하세요.

06 [Contiguous]의 체크 표시를 해제한 후 [Locks] 툴에서 방향 잠금( )과 재질 잠금( )을 선택합니다. [Colour and Texture] 대화상자에서 바닥 재질의 크기를 조절합니다. 그림자를 그대로 표현해 주기 위해 [Blend]는 'Ink', [Opacity]는 '100%'로 설정한 후 바닥을 클릭합니다.

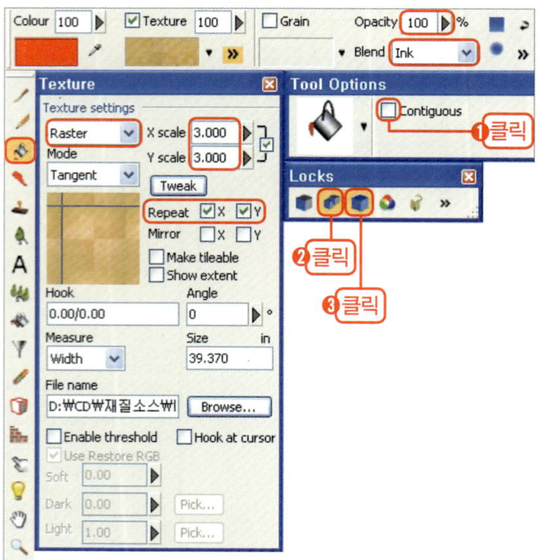

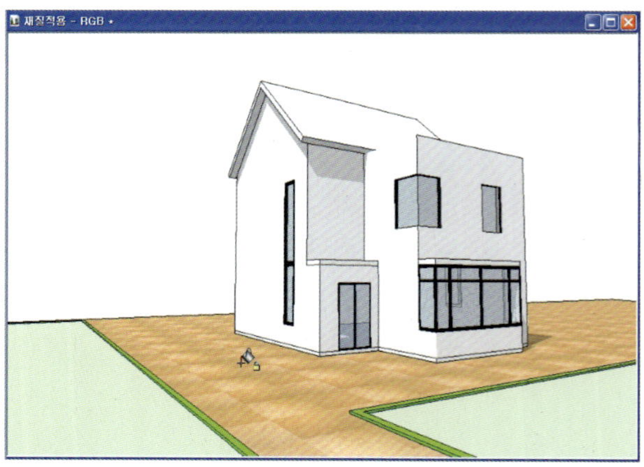

07 05와 06에서 작업한 스타일을 등록하기 위해 화면 상단에서 스타일 목록( ) 버튼을 클릭하고 [New Style] 대화상자에서 '바닥'이라고 입력합니다. 그런 다음, [Library]와 [Category]가 제대로 설정되었는지 확인하고 [OK] 버튼을 클릭합니다.

08 [Colour and Texture] 대화상자에서 다음 그림처럼 잔디 재질을 선택하고 크기를 조절합니다. 그런 다음, [Blend]는 'Paint', [Opacity]는 '100%'로 설정하고 잔디를 클릭합니다.

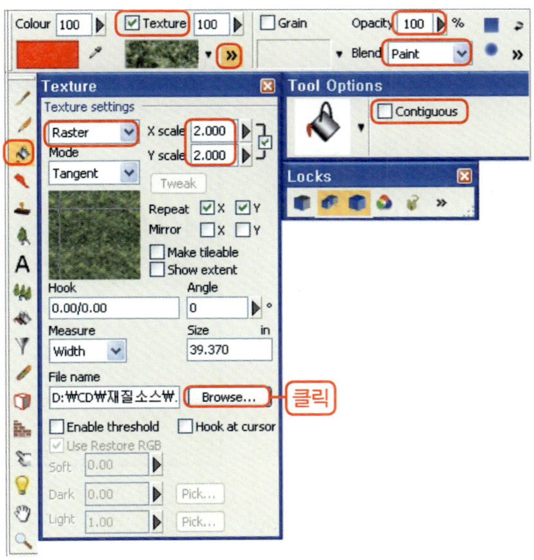

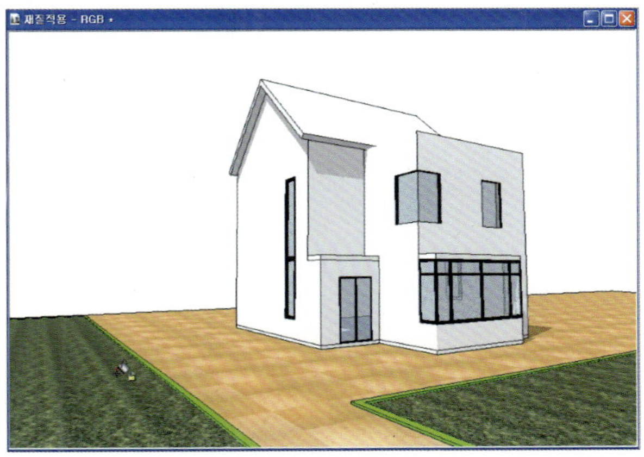

09 08에서 작업한 스타일을 등록하기 위해 화면 상단에서 스타일 목록( ) 버튼을 클릭합니다. [New Style] 대화상자에서 '잔디'라고 입력한 후 [OK] 버튼을 클릭합니다.

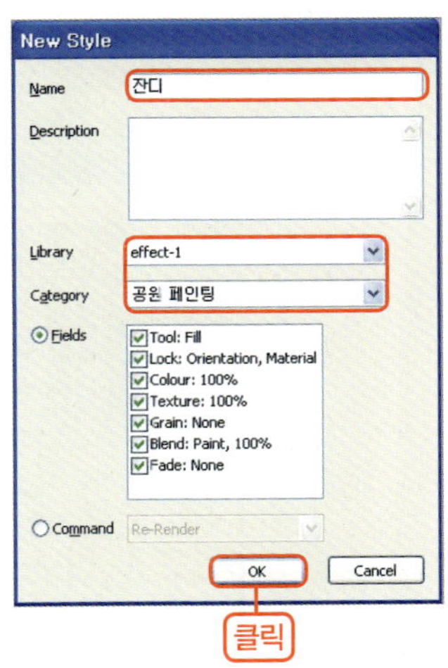

10 [Colour and Texture] 대화상자에서 다음 그림처럼 잔디 중간의 재질을 선택하고 크기를 조절합니다. 그런 다음, [Blend]는 'Paint', [Opacity]는 '100%'로 설정하고 잔디 중간을 클릭합니다.

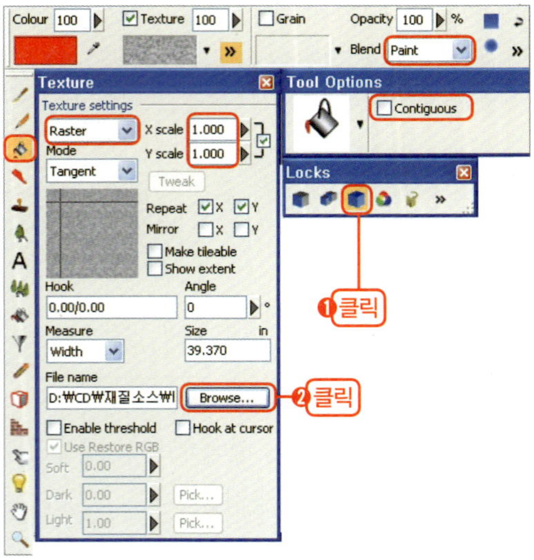

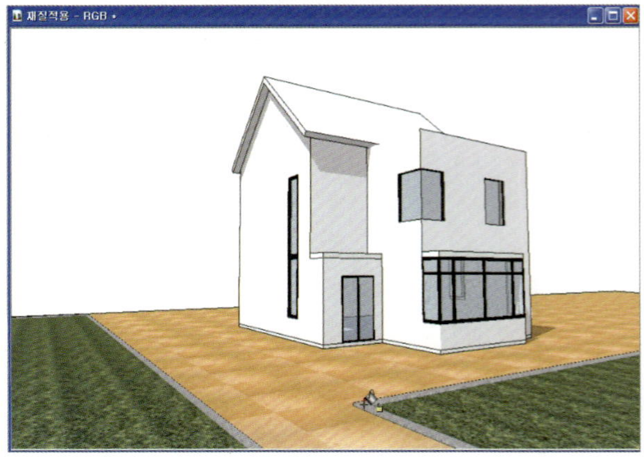

11 10에서 작업한 스타일을 등록하기 위해 화면 상단에서 스타일 목록( ) 버튼을 클릭하고 [New Style] 대화상자에서 '중간'을 입력한 후 [OK] 버튼을 클릭합니다.

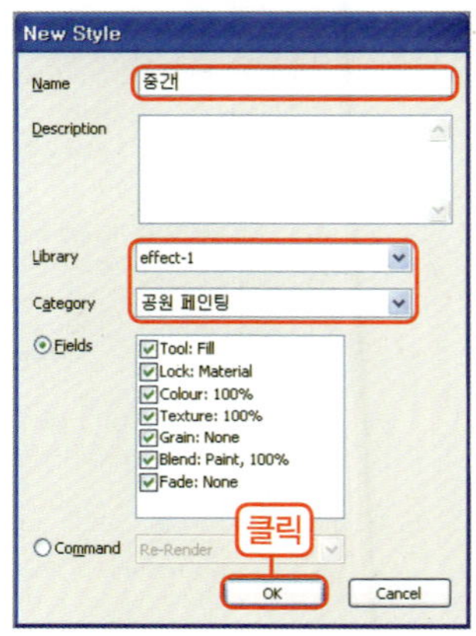

12 [Colour and Texture] 대화상자에서 다음 그림처럼 지붕 재질을 선택하고 크기를 조절합니다. [Blend]는 'Paint', [Opacity]는 '100%'로 설정하고 지붕을 클릭합니다.

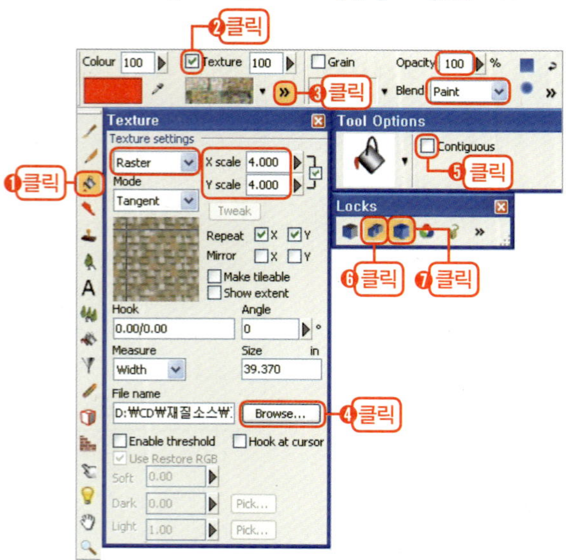

13 12에서 작업한 스타일을 등록하기 위해 화면 상단에서 스타일 목록( ) 버튼을 클릭하고 [New Style] 대화상자에서 '지붕'이라고 입력한 후 [OK] 버튼을 클릭합니다.

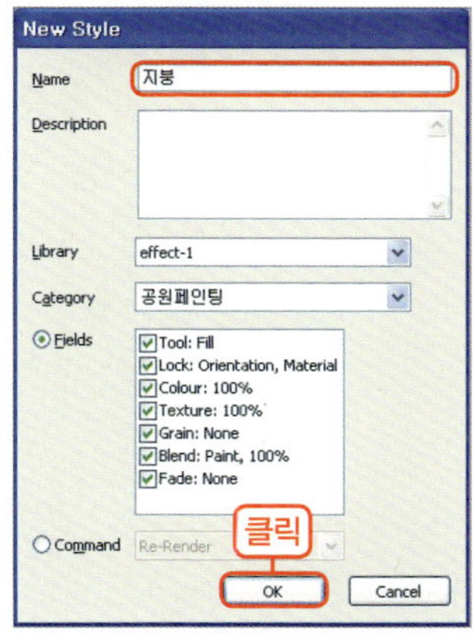

14 지붕에 음영을 주기 위해 [Blend]는 'Ink', [Opacity]는 '100%'로 설정한 후 지붕의 측면을 클릭합니다.

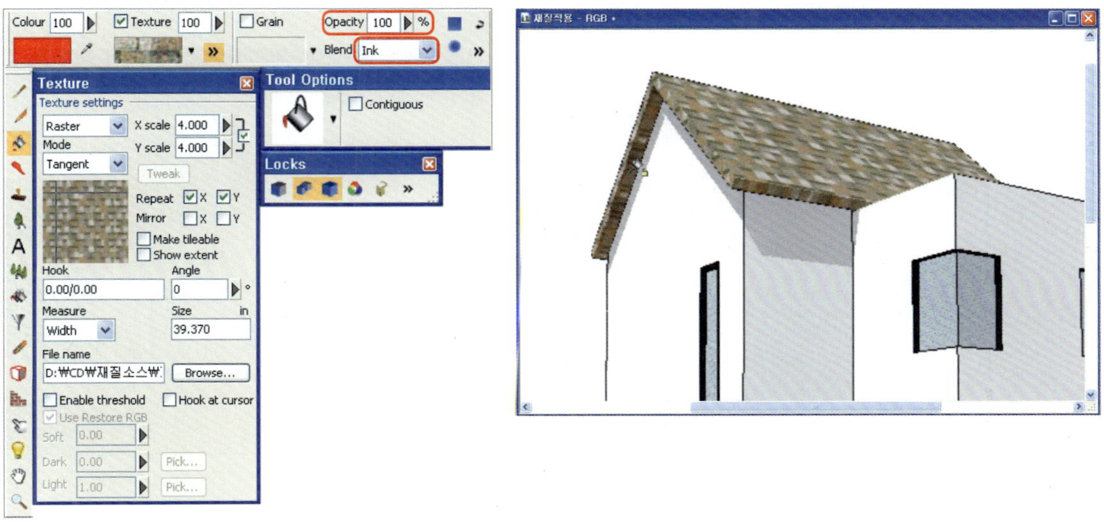

15 [Colour and Texture] 대화상자에서 지붕 음영을 주기 위해 [Blend]는 'Ink', [Opacity]는 '75%'로 설정한 후 지붕 밑을 클릭합니다.

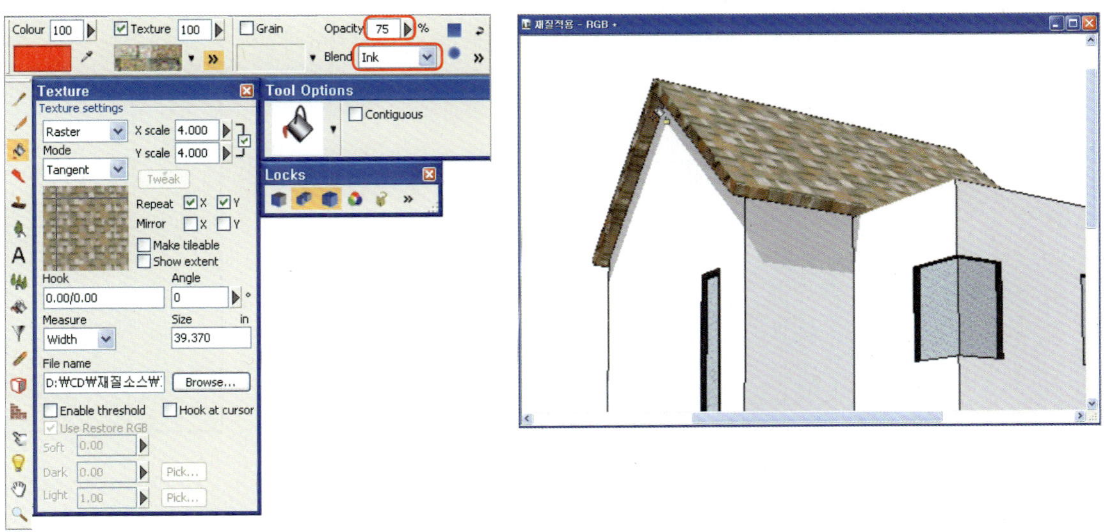

16 15에서 작업한 스타일을 등록하기 위해 화면 상단에서 스타일 목록( ) 버튼을 클릭하고 [New Style] 대화상자에서 '지붕–그림자'라고 입력한 후 [OK] 버튼을 클릭합니다.

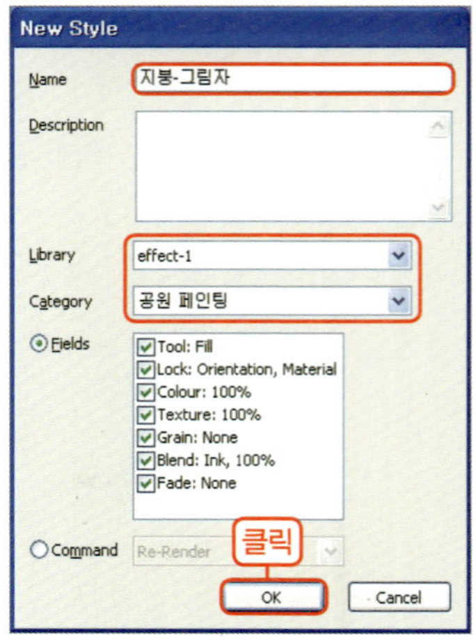

17 [Colour and Texture] 대화상자에서 다음 그림처럼 벽돌 재질을 선택하고 크기를 조절합니다. [Blend]는 'Ink', [Opacity]는 '85%'로 설정하고 벽을 클릭합니다.

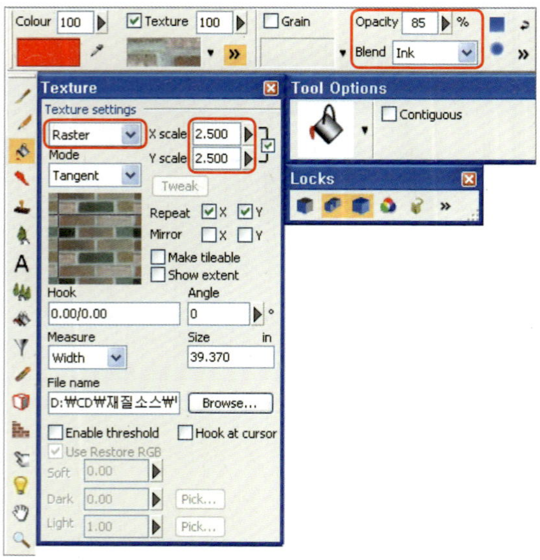

18 17에서 작업한 스타일을 등록하기 위해 화면 상단에서 스타일 목록( ) 버튼을 클릭하고 [New Style] 대화상자에서 '벽'이라고 입력한 후 [OK] 버튼을 클릭합니다.

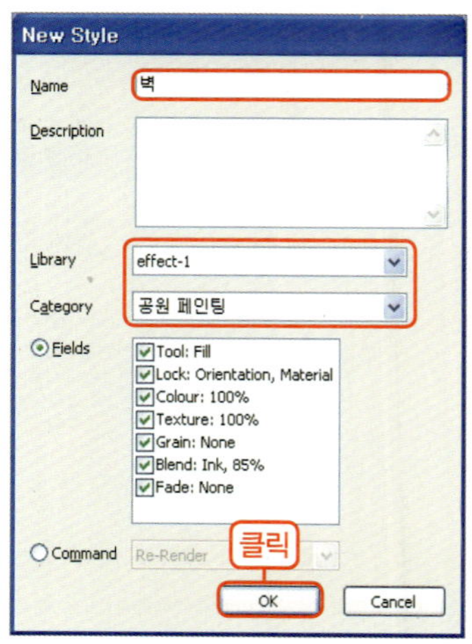

19 [Colour and Texture] 대화상자에서 벽에 음영을 주기 위해 [Blend]는 'Light', [Opacity]는 '20%'로 설정하고 정면 벽을 클릭합니다.

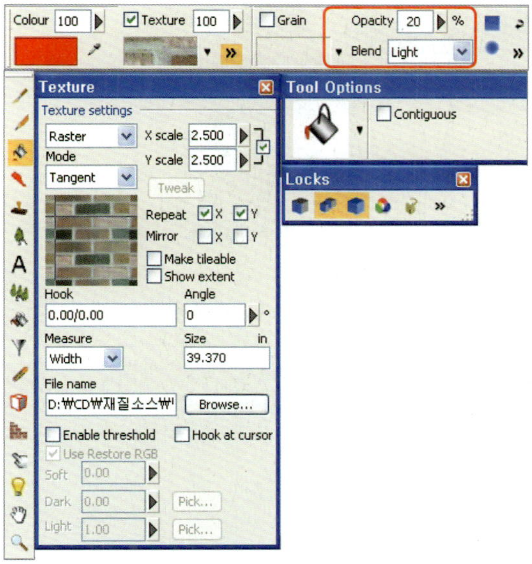

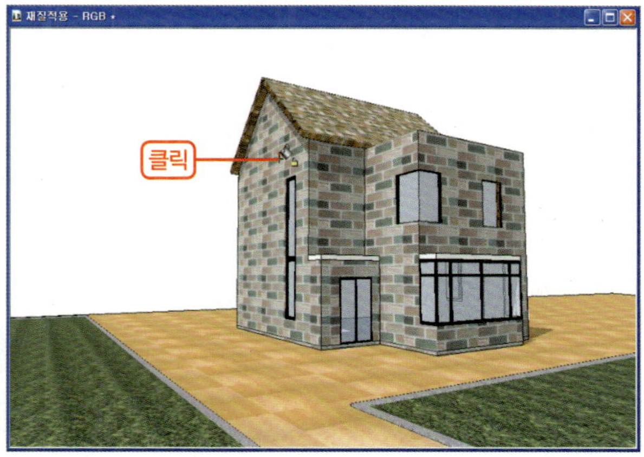

20 19에서 작업한 스타일을 등록하기 위해 화면 상단에서 스타일 목록( ) 버튼을 클릭하고 [New Style] 대화상자에서 '벽-음영'이라고 입력한 후 [OK] 버튼을 클릭합니다.

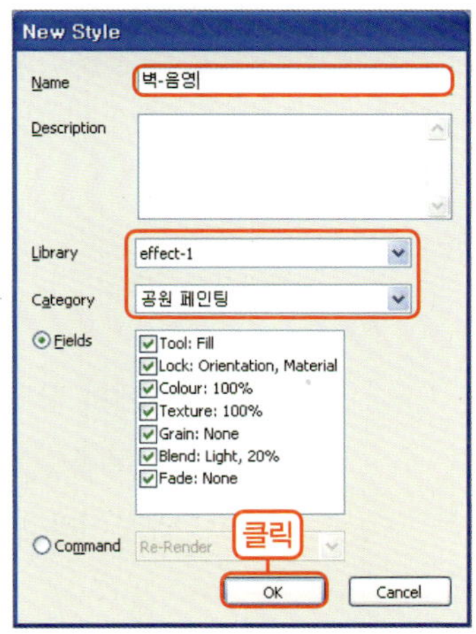

21 [Colour and Texture] 대화상자에서 배경에 이미지를 삽입하기 위해 [Repeat] 항목에서 [X, Y]의 체크 표시를 모두 해제합니다. [Blend]는 'Paint', [Opacity]는 '100%'로 설정합니다. 배경을 클릭한 다음 [Tweak]를 이용하여 크기를 조절합니다.

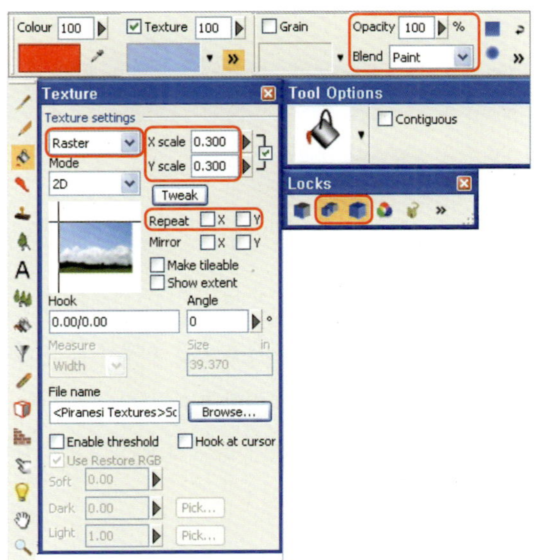

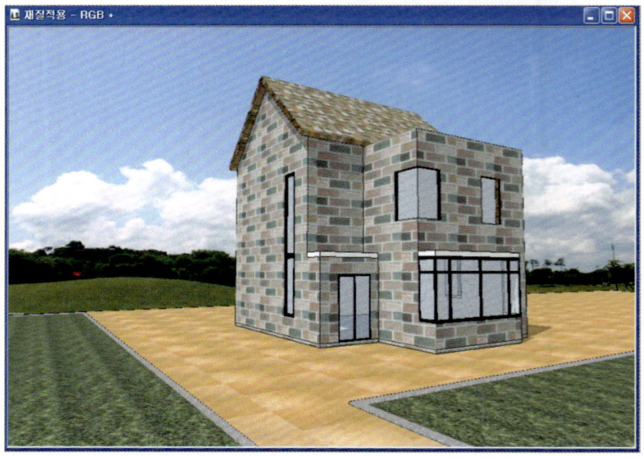

22 21에서 작업한 스타일을 등록하기 위해 화면 상단에서 스타일 목록( ) 버튼을 클릭하고 [New Style] 대화상자에서 '배경'이라고 입력한 후 [OK] 버튼을 클릭합니다.

23 몽타주 툴( )을 선택한 후 [Browser] 버튼을 클릭하고 원하는 몽타주 객체를 선택합니다. 그런 다음, [Locks] 툴에서 잠금 해제( )를 클릭하여 잠금을 모두 해제합니다. 그리고 [세팅] 버튼 을 클릭하면 [Cutout Settings] 대화상자가 나타납니다. 불러온 몽타주 객체의 크기를 조절한 후 원하는 작업 위치에 배치합니다.

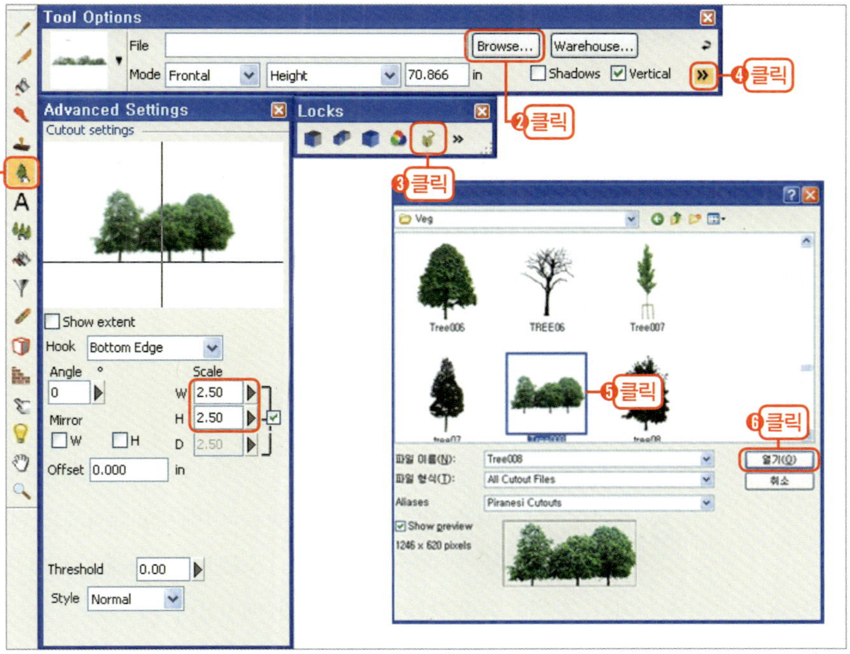

Tip

- 지금까지 사용하는 몽타주 객체들은 피라네시 프로그램에 포함된 소스들이기 때문에 언제든지 사용할 수 있습니다.
- 몽타주 객체는 [부록 CD\Sample\Part 06\예제] 경로에 있습니다. 만약, 다른 몽타주 객체를 삽입하고 싶다면 원하는 객체를 적용하여 연습하세요.
- 소스 파일 : [부록 CD\피라네시-Style Libraries\Cutouts]
- 소스 파일 : [부록 CD\피라네시-Style Libraries\SketchCutouts]

24 23에서 불러온 몽타주 객체의 크기를 조절한 후 원하는 위치에 배치합니다.

25 24에서 작업한 스타일을 등록하기 위해 화면 상단에서 스타일 목록( ) 버튼을 클릭합니다. [New Style] 대화상자에서 '나무'라고 입력한 후 [OK] 버튼을 클릭합니다.

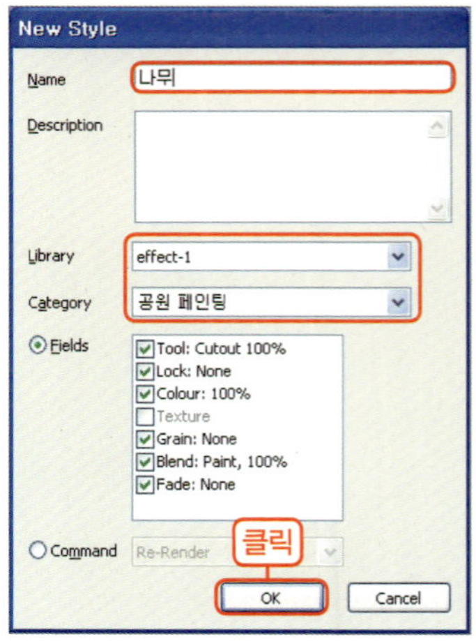

26 몽타주 툴( )을 선택한 후 [Browser] 버튼을 클릭하고 원하는 몽타주 객체를 선택합니다. [세팅] 버튼(»)을 클릭하면 [Cutout Settings] 대화상자가 나타납니다. 불러온 몽타주 객체의 크기를 조절한 후 원하는 작업 위치에 배치합니다.

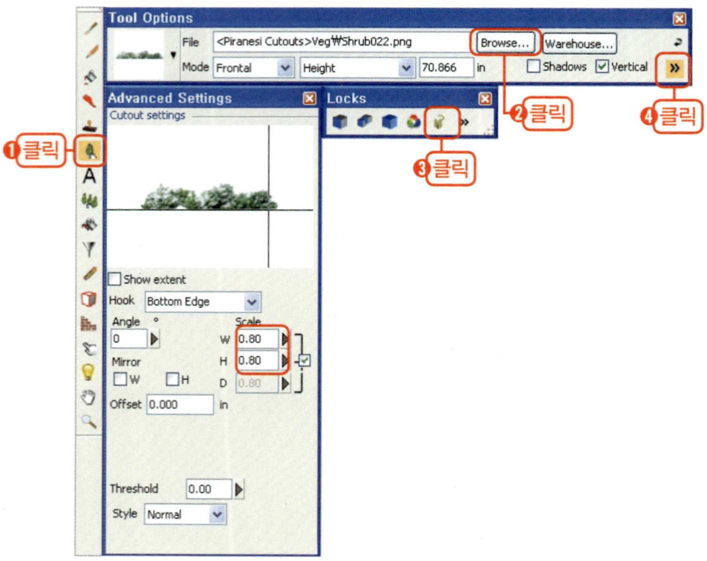

27 26에서 작업한 스타일을 등록하기 위해 화면 상단에서 스타일 목록( ) 버튼을 클릭합니다. [New Style] 대화상자에서 '나무-1'이라고 입력한 후 [OK] 버튼을 클릭합니다.

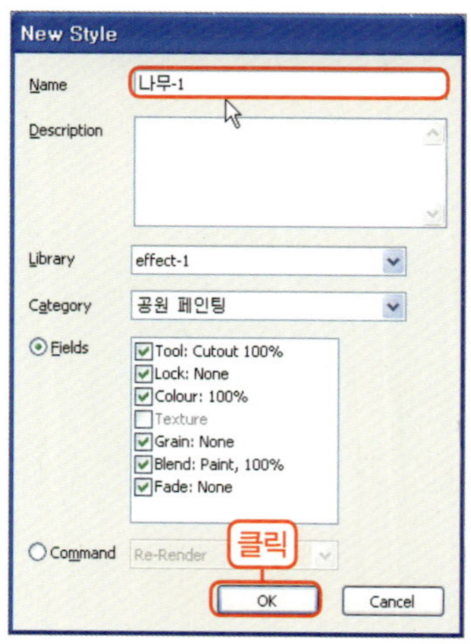

28 화면 상단의 스타일 브라우저 툴( )을 클릭하면 [Style Manager] 대화상자가 나타납니다. 지금까지 등록한 [Style]들이 등록되었으며, 등록된 스타일의 정보도 세밀하게 등록된 것을 확인할 수 있습니다.

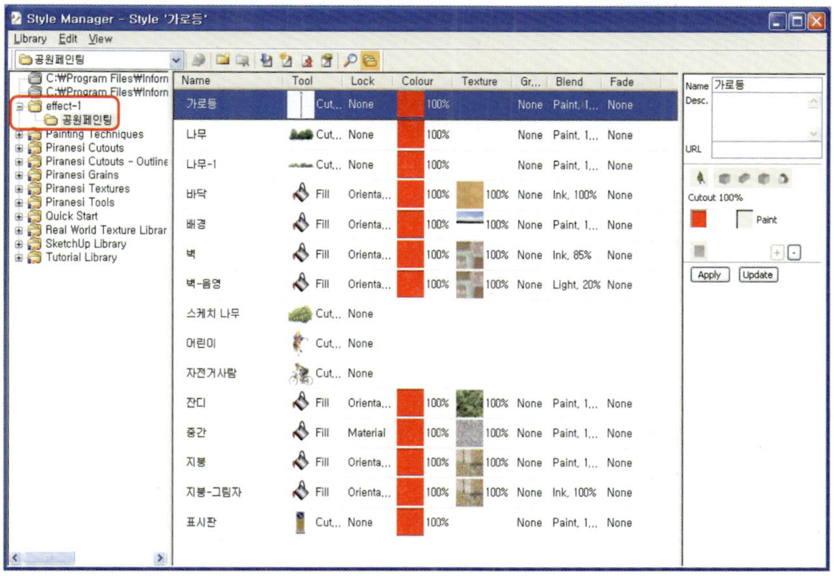

29 화면 상단에서 스타일 목록( ) 버튼 옆에 있는 [스타일 이름]의 목록( ) 버튼을 클릭하면 스타일 등록 이름 목록을 확인할 수 있습니다.

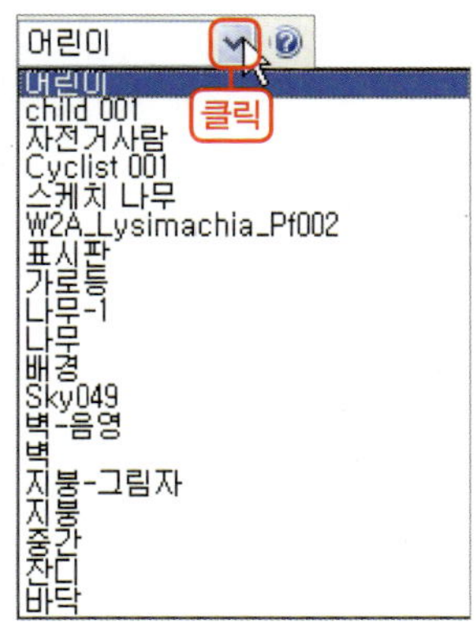

04;

테크닉을 익히는 주택 페인팅

스케치업 8에서 작업한 3D 주택 건물을 피라네시 파일(*.Epx)로 저장한 후 피라네시로 불러와 다양한 재질을 적용할 수 있습니다. 피라네시 리터칭 작업을 통해 몇 가지의 기본적인 표현 방법을 알아보겠습니다. 리터칭 작업에는 자연스러운 결과물이 나올 수 있도록 배경, 조경, 사람, 3D 소스들이 사용됩니다.

01. 3D 주택 모델링 리터칭 작업하기

스케치업 8에서 작업한 3D 주택 모델링은 2D 이미지(*.EPX)로 저장합니다. 스케치업 8에서 작업하여 불러온 주택 모델링에 다양한 리터칭 작업을 해 보겠습니다. 또 재질과 소스들을 삽입하여 좀 더 자연스러운 배경을 꾸며 보겠습니다.

STEP 01 재질 리터칭 작업하기

01 피라네시 프로그램을 실행한 후 메뉴에서 [File]–[Open]을 선택하여 다음 예제 파일을 불러옵니다.

● 예제 파일 | 부록 CD\Sample\Part 06\예제\예제–리터칭 연습.epx

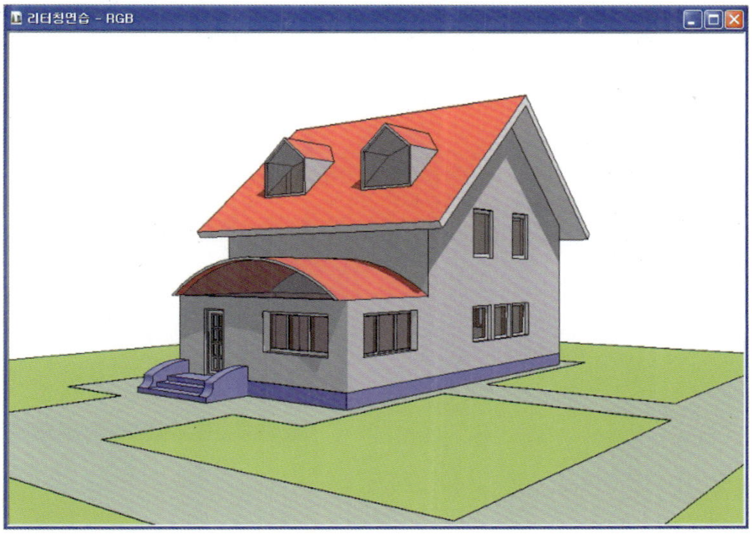

02 작업 영역을 초기화시키기 위해 도구 툴에서 마우스 오른쪽 버튼을 클릭하면 나타나는 확장 메뉴 중에서 [Reset Tools]를 선택합니다.

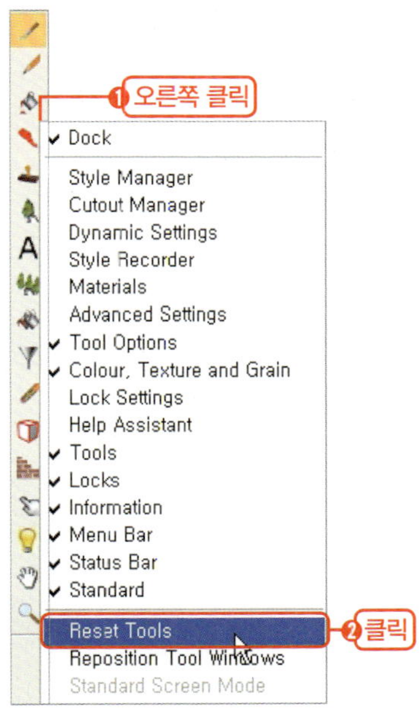

03 도구 툴에서 페인트 툴()을 선택한 후 'Contiguous'의 체크 표시를 해제합니다. [Locks] 툴에서 재질 잠금()을 선택합니다. [질감(Texture)] 탭에서 [세팅] 버튼()을 클릭합니다. [Colour and Texture] 대화상자에서 그림처럼 [Rester]를 선택하고 [Browser] 버튼을 클릭하여 원하는 재질을 선택합니다.

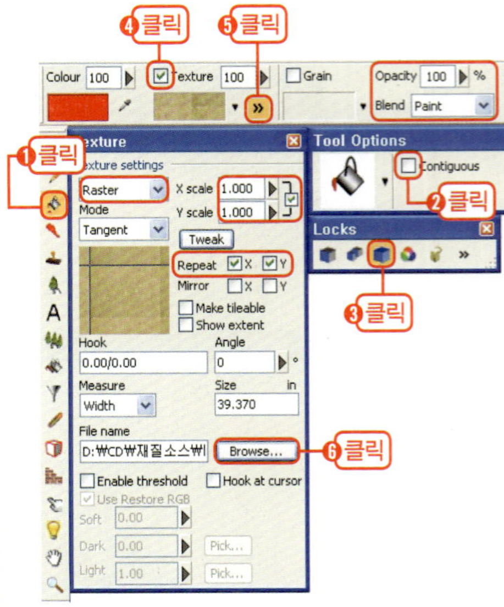

Tip

재질 소스는 [부록 CD\Sample\Part 06\예제] 경로에 있습니다. 만약, 다른 재질을 사용하고 싶다면 원하는 재질을 적용하여 연습하세요.

04 03처럼 [Blend]에서 'Paint'를 선택하고 [Opacity]는 '100%'로 설정합니다. 바닥을 클릭합니다.

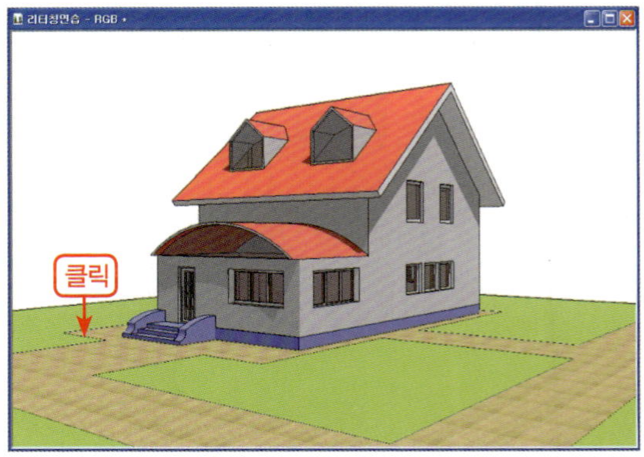

05 [Colour and Texture] 대화상자에서 그림처럼 잔디 재질을 선택하고 크기를 조절합니다. 그런 다음, [Blend]는 'Paint', [Opacity]는 '100%'로 설정하고 잔디를 클릭합니다.

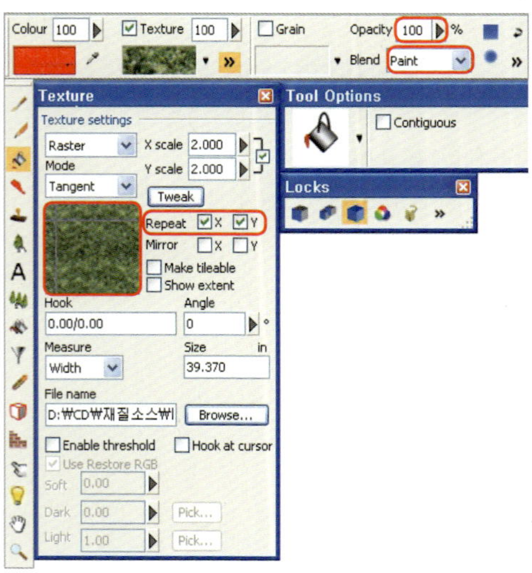

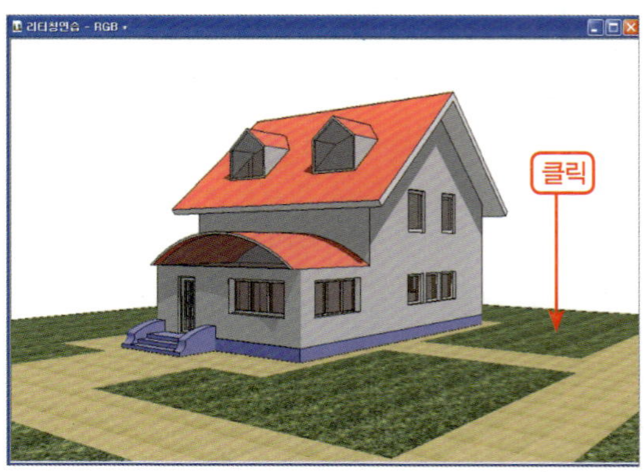

06 [Colour and Texture] 대화상자에서 그림처럼 지붕 재질을 선택한 후 크기를 조절합니다. [Locks] 툴에서 평면 잠금( )과 재질 잠금( )을 선택합니다. [Blend]는 'Ink', [Opacity]는 '100%'로 설정하고 2층 지붕을 클릭합니다.

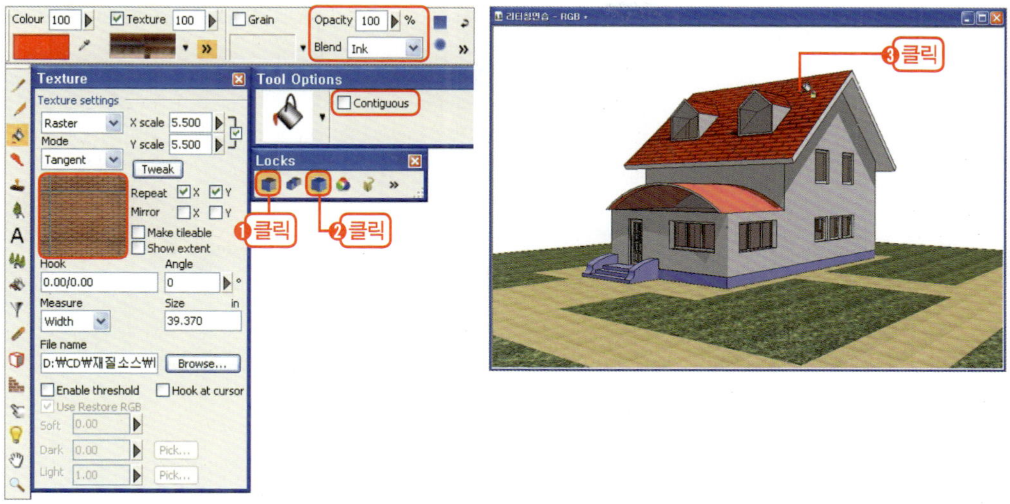

07 06과 같은 지붕 재질에서 크기를 조절합니다. 툴에서 방향 잠금( )과 재질 잠금( )을 선택합니다. [Blend]는 'Ink', [Opacity]는 '100%'로 설정하고 1층 지붕을 클릭합니다.

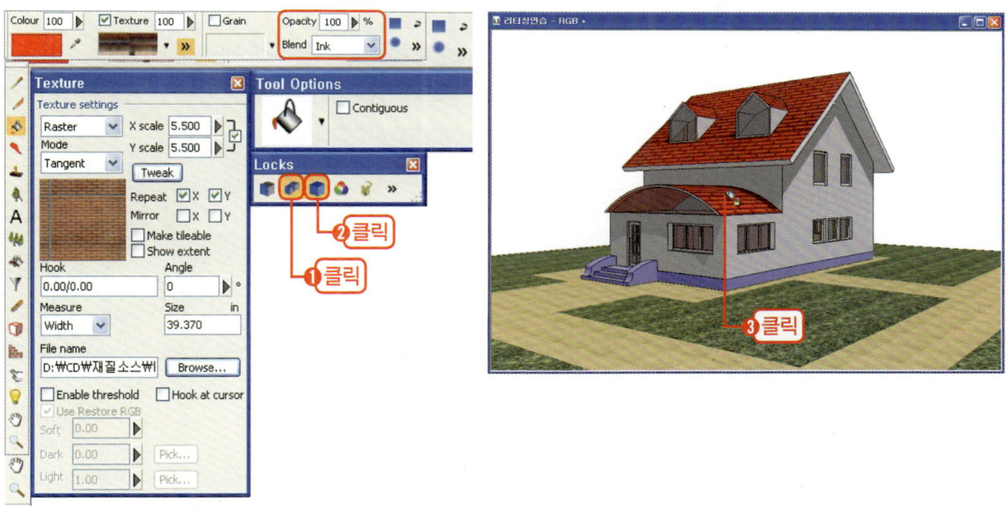

08 06과 같은 지붕 재질에서 크기를 조절합니다. 그리고 [Locks] 툴에서 방향 잠금( )과 재질 잠금( )을 선택합니다. [Blend]는 'Soft light', [Opacity]는 '100%'로 설정하고 주택 외벽을 클릭합니다.

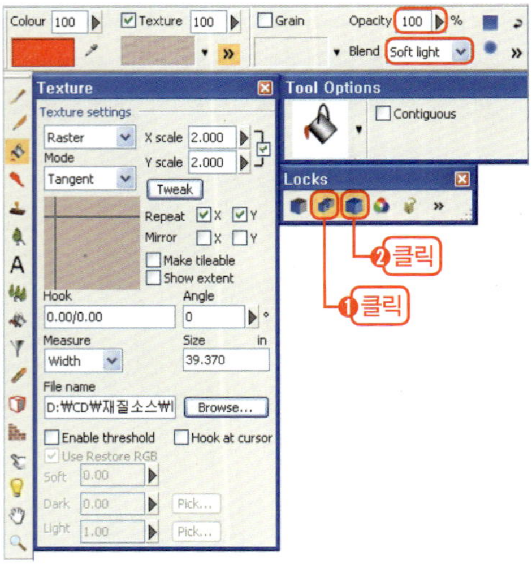

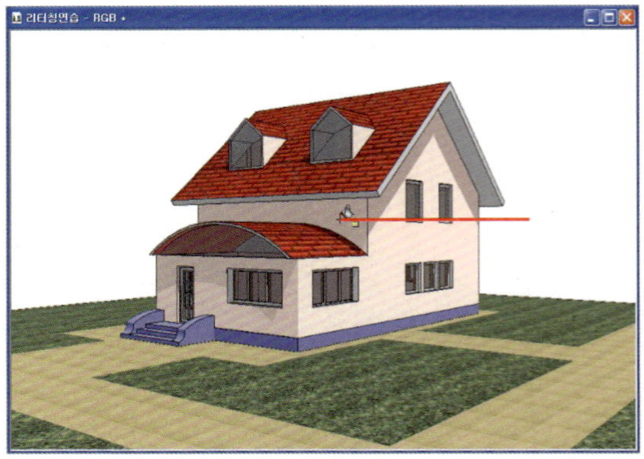

09 벽에 음영을 주기 위해 [Blend]는 'Ink', [Opacity]는 '35%'로 설정하고 주택 정면 외벽을 클릭합니다.

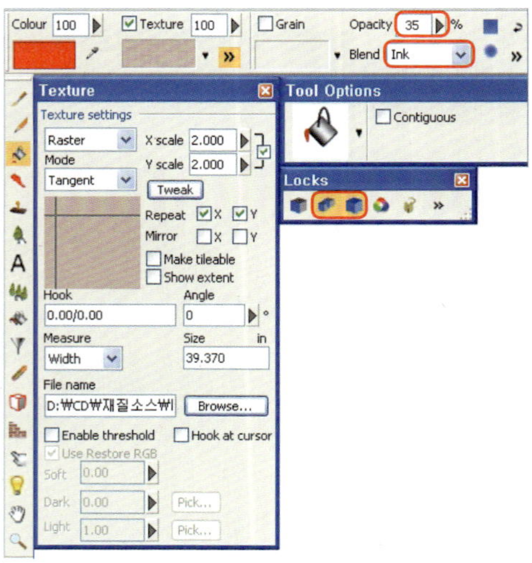

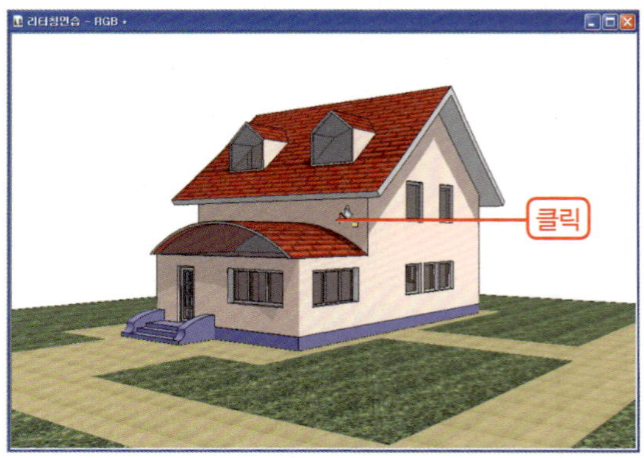

10 06과 같은 지붕 재질에서 크기를 조절합니다. [Locks] 툴에서 그림처럼 설정합니다. [Blend]는 'Paint', [Opacity]는 '100%'로 설정하고 계단과 건물 하단을 클릭합니다.

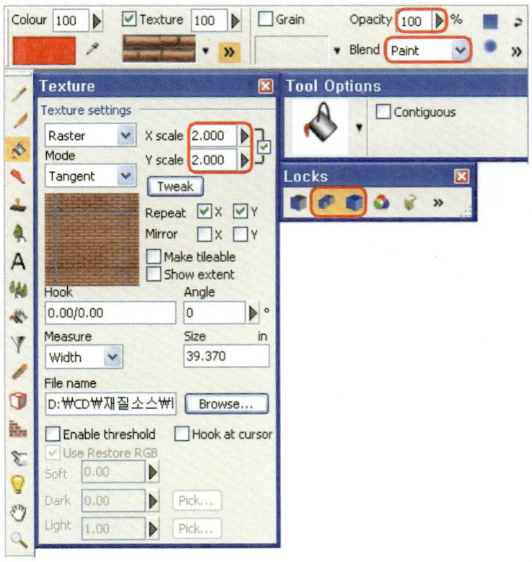

11 [Locks] 툴에서 그림처럼 설정합니다. 건물 하단 벽에 음영을 주기 위해 [Blend]는 'Ink', [Opacity]는 '65%'로 설정합니다. 건물 하단 벽 정면을 클릭하여 음영을 확실히 표현합니다.

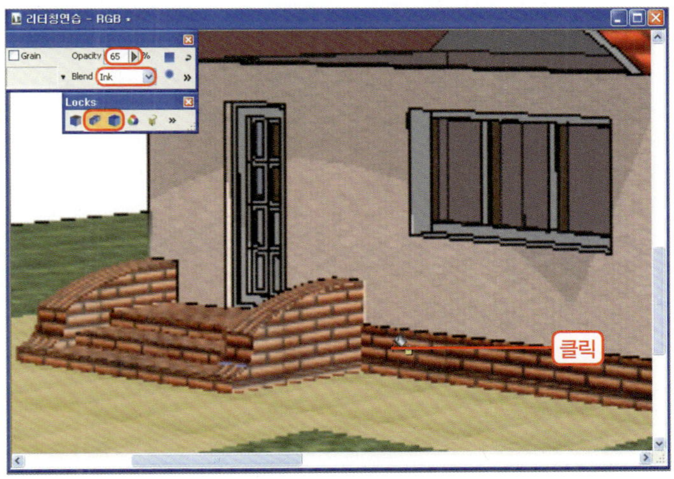

12 [Locks] 툴에서 그림처럼 설정합니다. 계단 측면에 음영을 주기 위해 [Blend]는 'Ink', [Opacity]는 '40%'로 설정하고, 계단 측면을 클릭하여 음영을 확실히 표현합니다.

13 [Locks] 툴에서 평면 잠금( )과 재질 잠금( )을 선택합니다. 계단 정면에 음영을 주기 위해 [Blend]는 'Ink', [Opacity]는 '30%'로 설정합니다. 계단 정면을 다시 한 번 클릭하여 음영을 확실히 표현합니다.

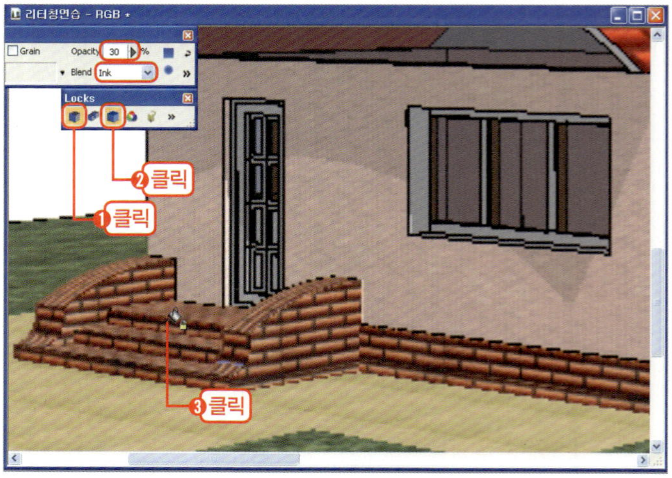

14 [질감(Texture)] 탭에서 [세팅] 버튼(»)을 선택합니다. [Colour and Texture] 대화상자에서 [Rester]를 선택하고 [Browser] 버튼을 클릭한 뒤 배경 이미지를 선택합니다. 배경에 이미지를 삽입하기 위해 [Repeat] 항목에서 [X, Y]의 체크 표시를 모두 해제합니다. [Locks] 툴에서 방향 잠금( )과 재질 잠금( )을 선택합니다. [Blend]는 'Paint', [Opacity]는 '100%'로 설정합니다.

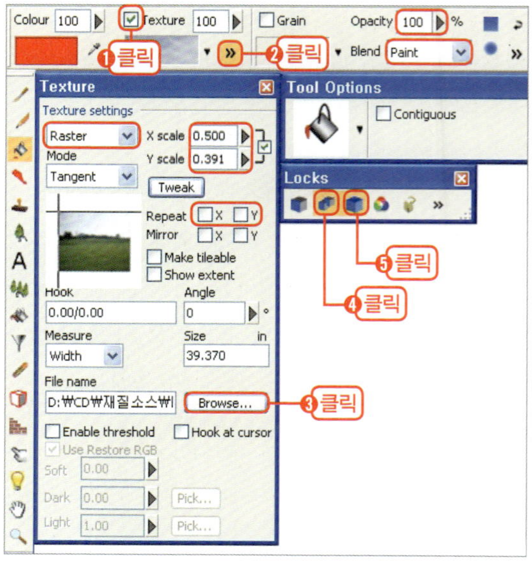

15 14에서 선택한 배경 이미지를 배경에 클릭합니다. [질감(Texture)] 탭에서 [세팅] 버튼(»)을 선택한 후 [Colour and Texture] 대화상자의 [Tweak] 버튼으로 크기를 조절합니다.

STEP 02 Cutouts 배치하기

01 몽타주 툴( )을 선택한 후 [Browser] 버튼을 클릭하고 원하는 몽타주 객체를 선택합니다. [Locks] 툴에서 잠금 해제( )를 클릭하여 잠금을 모두 해제합니다. 그리고 [세팅] 버튼( )을 클릭하면 나타나는 [Cutout Settings] 대화상자에서 불러온 몽타주 객체의 크기를 조절합니다.

● 예제 파일 | 부록 CD\Sample\Part 06\예제
● 예제 파일 | 부록 CD\피라네시-Style Libraries\Cutouts

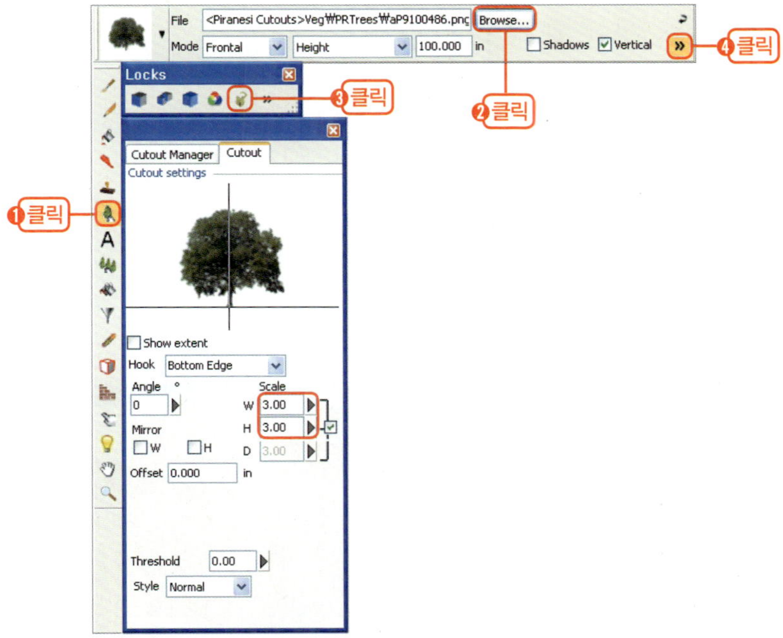

Tip

몽타주 객체는 [부록 CD\Sample\Part 06\예제] 경로에 있습니다. 만약, 다른 몽타주 객체를 삽입하고 싶다면 원하는 객체를 적용하여 연습하세요.

02 01에서 불러온 몽타주 객체의 크기를 조절한 후 원하는 위치에 배치합니다.

03 [Browser] 버튼을 클릭한 후 원하는 몽타주 객체를 선택합니다. [세팅] 버튼(»)을 클릭하면 나타나는 [Cutout Settings] 대화상자에서 불러온 몽타주 객체의 크기를 조절합니다.

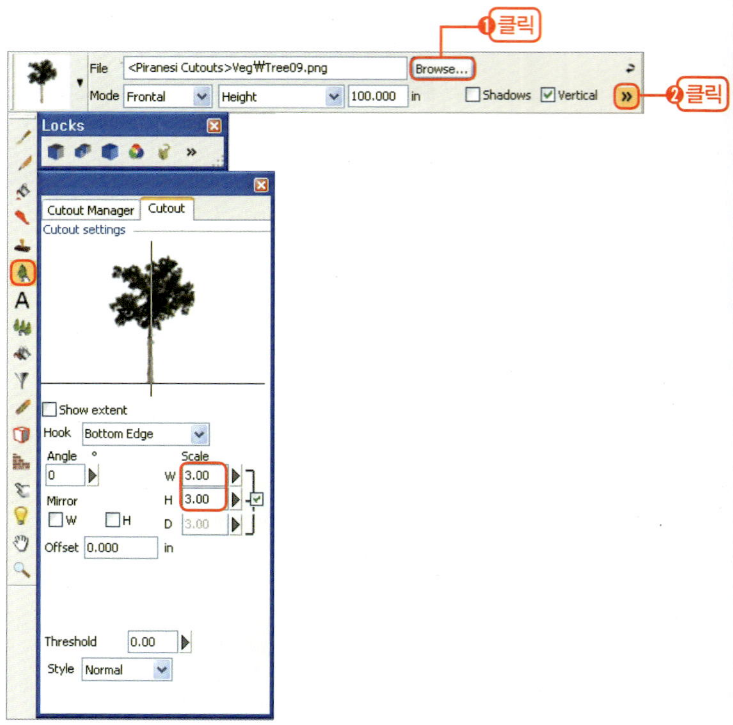

04 03에서 불러온 몽타주 객체의 크기를 조절한 후 원하는 위치에 배치합니다.

05 [Browser] 버튼을 클릭한 후 원하는 3D 몽타주 객체를 선택합니다. [세팅] 버튼(»)을 클릭하면 나타나는 [Cut-out Settings] 대화상자에서 불러온 3D 몽타주 객체의 크기를 조절합니다.

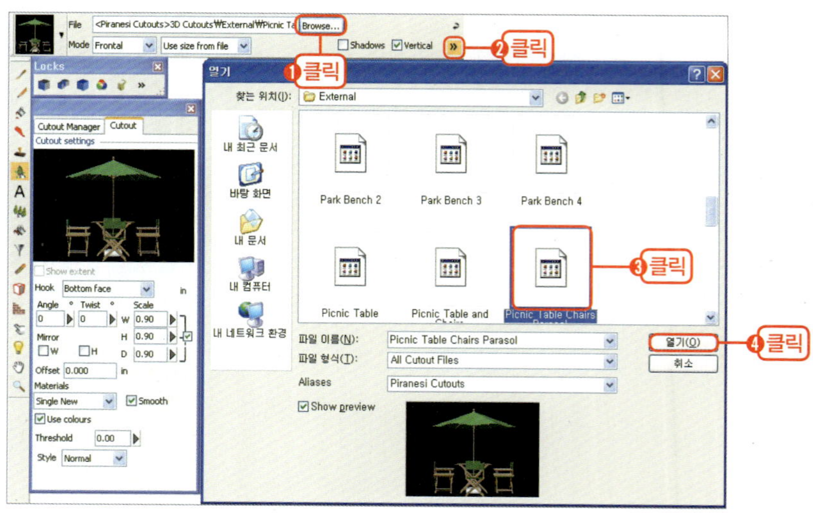

Tip

지금까지 사용하는 몽타주 객체들은 피라네시 프로그램에 포함된 소스이므로 언제든지 사용할 수 있습니다.

06 05에서 불러온 몽타주 객체의 크기를 조절한 후 원하는 위치에 배치합니다.

07 3D 몽타주 객체와 스케치업으로 저장한 객체들을 선택하여 불러옵니다. [세팅] 버튼(»)을 클릭하면 나타나는 [Cutout Settings] 대화상자에서 불러온 3D 몽타주 객체의 크기를 조절합니다.

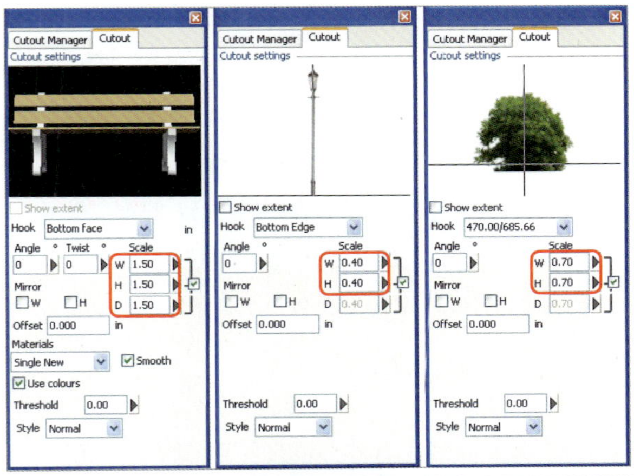

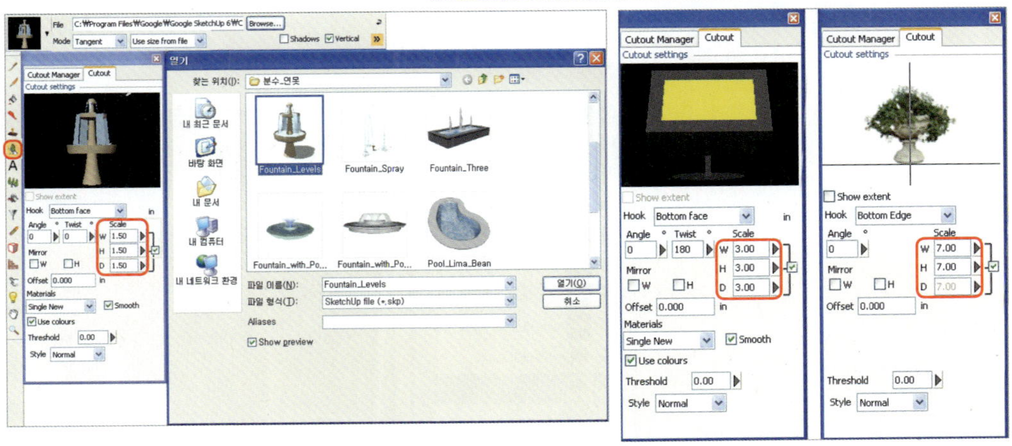

08 07에서 불러온 몽타주 객체들이 적당한 위치에 배치된 것을 볼 수 있습니다.

09 작업 영역에 배치한 모든 몽타주 객체들에 그림자 효과를 주기 위해 [Cutout Manager] 대화상자에 있는 몽타주 객체 옆의 빈 공간을 모두 클릭하여 그림자 표시( )가 나타나게 합니다. 그런 다음, 그림자를 표현하기 위해 [Pick] 버튼을 클릭한 후 작업 영역의 몽타주 객체 위에서 대각선 아래 방향으로 드래그하여 그림자 방향을 설정합니다.

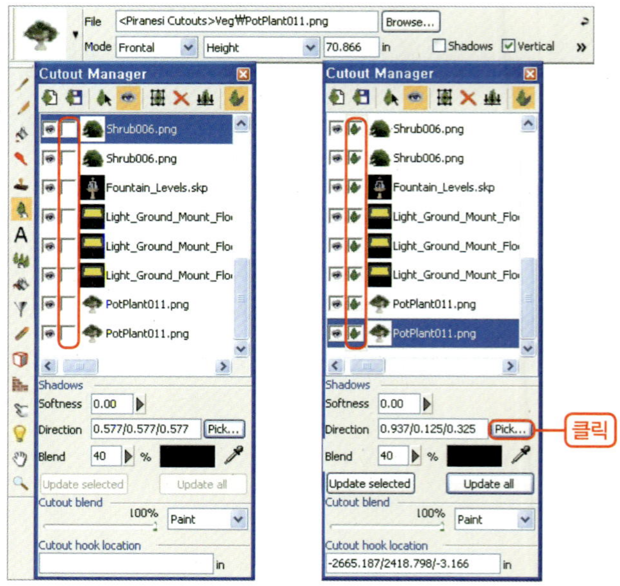

10 09에서 작업한 그림자 설정을 적용하기 위해 [Cutout Manager] 대화상자에서 [Update all] 버튼을 클릭합니다.

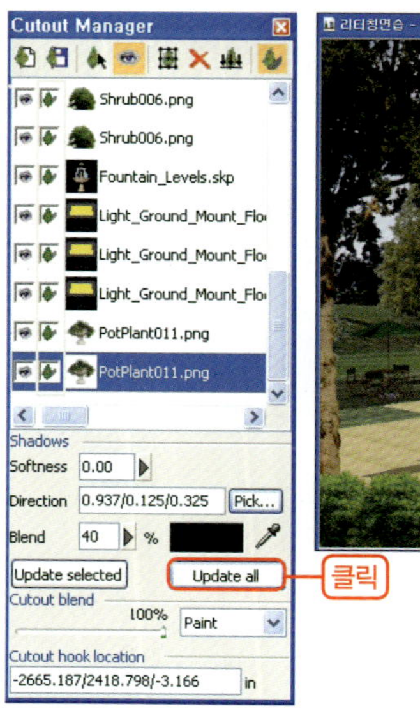

02. Filter의 Tool Options 살펴보기

피라네시에서는 활성화된 이미지의 특정 부분을 다양하고 고급스런 패턴으로 제작할 수 있습니다. 이번에는 필터를 이용한 옵션 설정에 대해 알아보겠습니다.

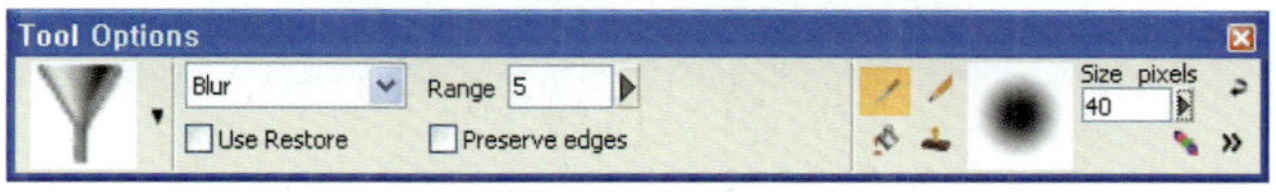

01 Blur

이미지를 뿌옇게 초점이 흐려지도록 표현하는 필터입니다.

02 Emboss

이미지의 양각과 음각으로 조각한 느낌을 주는 필터입니다.

03 Random

선에 떨림 효과를 주는 필터입니다. 선을 손으로 직접 그린 것처럼 수작업의 느낌을 줄 때 사용합니다.

04 Custom

자신이 원하는 대로 이미지에 다양한 효과를 표현하는 필터입니다.

05 Halftone

이미지에 연필 효과 및 다양한 인쇄물 효과를 표현하는 필터입니다.

06 Brightness

이미지의 명암과 밝기를 표현하는 필터입니다.

07 Hue

색의 3속성(색상, 채도, 명도)을 표현하는 필터입니다.

08 Reduce colors

색상의 수가 감소되는 것을 표현하는 필터입니다.

09 Majority

색상 또는 모든 픽셀의 강도를 변경하거나 컬러 노이즈를 제거하여 경계를 다듬어 주는 효과를 가지고 있습니다. 유화의 느낌을 살릴 수 있는 필터입니다.

10 Sharpen

인접한 픽셀의 대비를 증가시켜 이미지를 선명하게 표현하는 필터입니다.

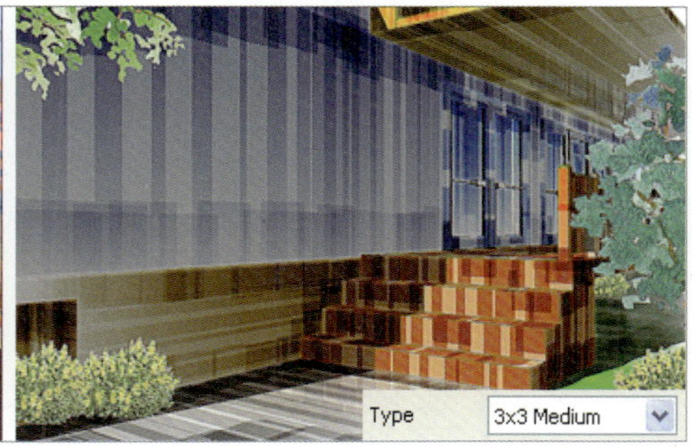

11 Classify

유사한 특성을 가진 픽셀에 효과를 표현하는 필터입니다.

12 Smooth edges

이미지에 부드럽고 최소한의 흐림 효과를 표현하는 필터입니다.

05; 붓 터치를 이용한 회화 효과 주기

붓 터치는 피라네시로 리터칭 작업을 한 후 종이의 질감이 그대로 살아나도록 하는 독특한 회화 효과를 말합니다. 이때는 브러시 툴을 사용하는데, 브러시 툴은 세부적인 묘사를 하는 데 효과적입니다. 붓 터치는 수채화의 밝고 투명한 작업에 주로 사용합니다.

00. 회화 효과 관련 기능 이해하기

앞에서 작업한 주택 모델링 리터칭에 다양한 효과를 표현할 수 있습니다. 필터 기능과 브러시 터치를 이용하여 자연스러운 회화 또는 수채화 효과를 표현합니다. 다양한 색상을 이용해 좀 더 화사한 수채화를 표현할 수도 있습니다.

01 메뉴에서 [File]–[Open]을 선택합니다. 메뉴에서 [File]–[Re–Render]를 선택하고 메시지 창이 나올 때마다 [예] 버튼을 클릭합니다.

● 예제 파일 I 부록 CD\Sample\Part 06\예제\리터칭 연습.epx

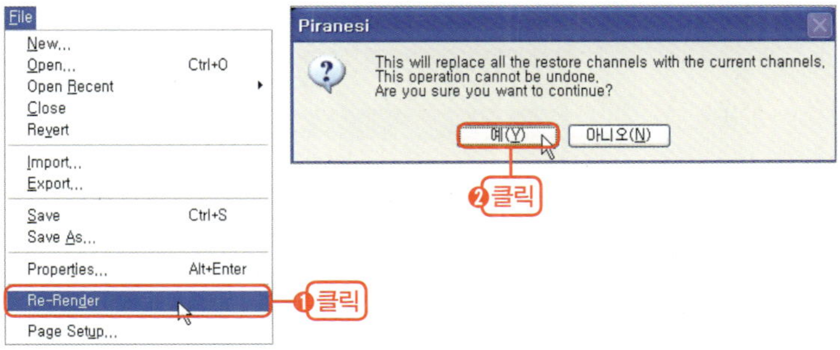

Tip

[Re–Render]는 모든 몽타주 객체들을 작업 영역 이미지에 합치는 과정입니다. 회화, 야간, 연필 효과 등 다양한 효과를 만들 때는 반드시 [Re–Render]를 수행한 후 작업을 해야 합니다.

02 화면 상단의 [Toolbars]를 클릭한 후 [Layer Manager]를 선택합니다. 컷아웃을 편집하기 위해 [Cutouts] 관리자를 클릭합니다. 지금까지 작업한 몽타주 객체들을 작업 이미지와 합쳐 주기 위해 [Cutout Manager] 대화상자에서 Burn in() 버튼을 클릭합니다.

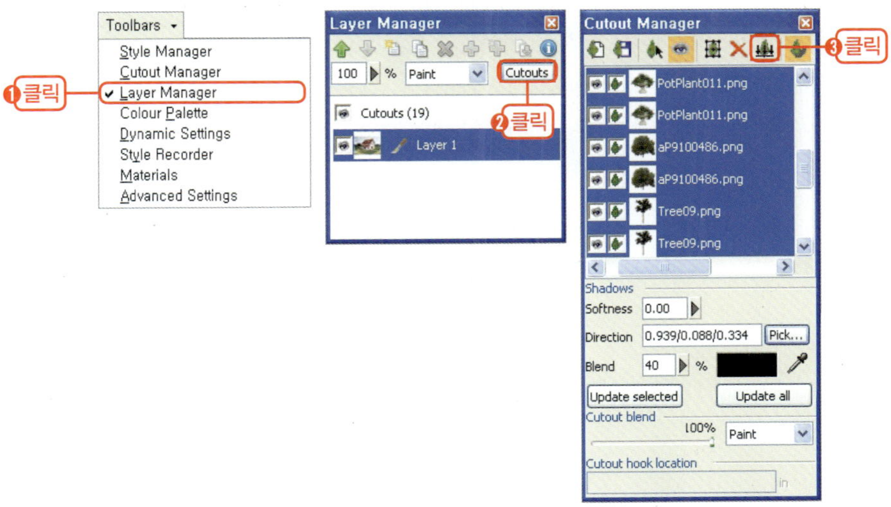

03 [Layer Manager] 대화상자에서 'Layer 1'을 선택하고 작업 영역을 초기화하기 위해 도구 툴에서 마우스 오른쪽 버튼을 클릭한 후 [Reset Tools]를 선택합니다.

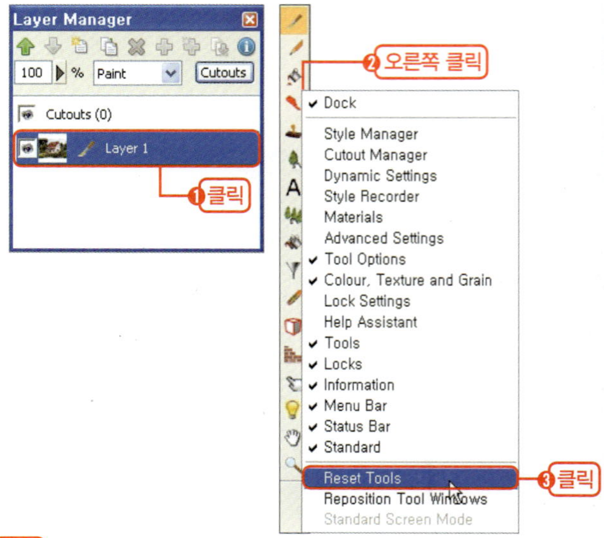

04 페인트 툴()을 선택한 후 색상을 흰색으로 지정합니다. [Locks]툴에서 잠금 해제()를 설정하고 작업 영역을 클릭합니다. 그러면 하얗게 채워진 것을 볼 수 있습니다.

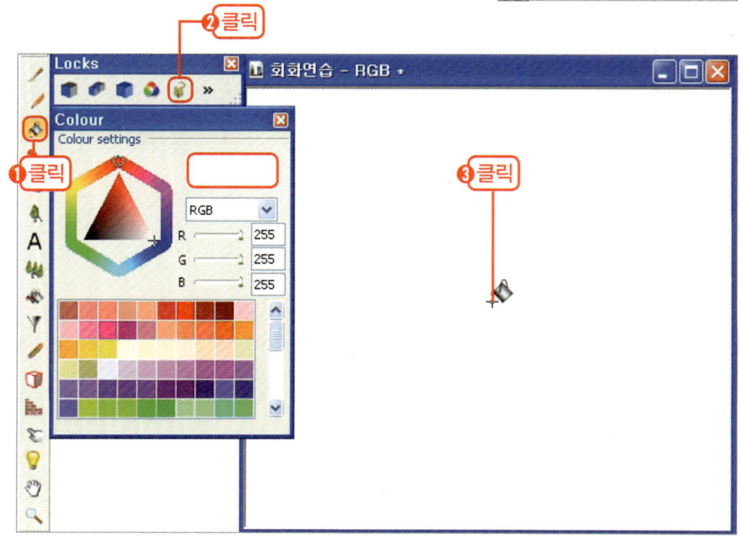

05 색상을 '진회색'으로 선택합니다. [Grain] 툴에서 [세팅] 버튼()을 클릭하면 [Grain] 대화상자가 나타납니다. [Grain] 대화상자에서 'Noise'를 선택한 후 그림처럼 설정값을 입력합니다.

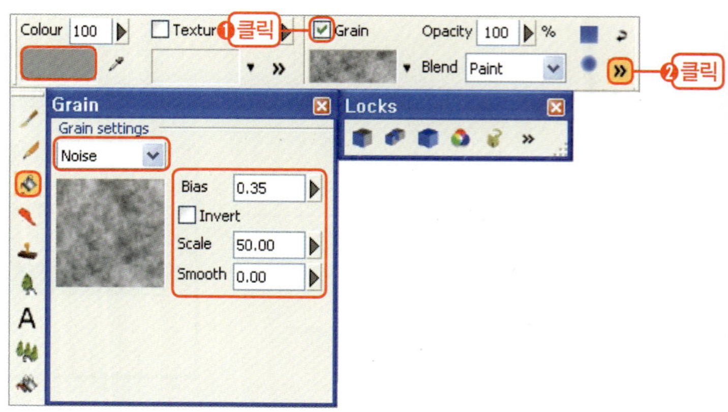

06 05에서 작업한 영역을 페인트 툴()로 클릭합니다.

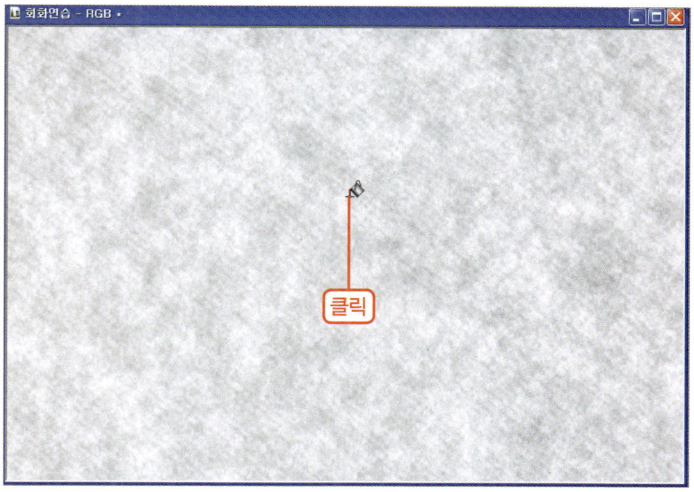

07 색상을 '검은색'으로 설정한 후 도구 툴에서 가장선(Edge) 툴()을 선택합니다. [Tool Options] 대화상자의 [Edge] 탭에서 브러시 버튼()을 클릭한 후 브러시 사이즈를 '255'로 입력합니다. 그런 다음, [세팅] 버튼()을 클릭하고 [Advanced Settings] 대화상자에 원 브러시()를 선택합니다. 그리고 [Locks] 툴에서 잠금 해제()를 선택합니다.

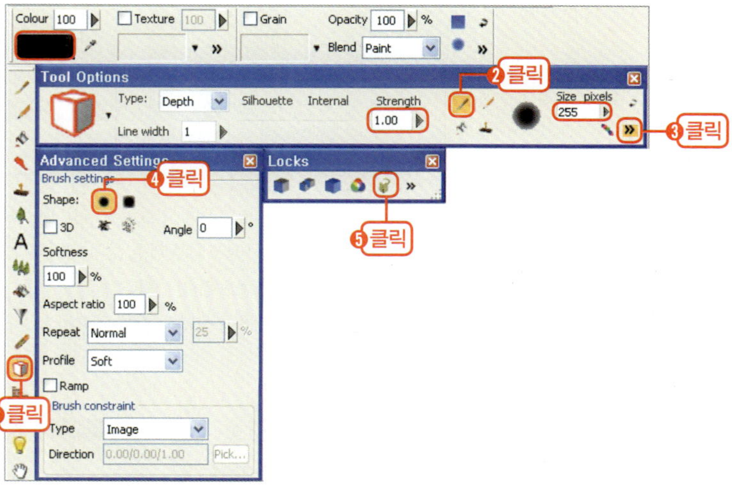

08 07에서 작업한 [Tool Options] 대화상자의 [Edge] 탭에서 브러시 버튼()을 클릭합니다. 작업 영역 중앙에서부터 클릭, 드래그하여 잔잔한 효과를 표현합니다. 작성자의 임의대로 드래그를 해도 상관 없습니다.

09 색상은 '검은색'으로 설정합니다. 테두리 선에 손떨림 효과를 주기 위해 도구 툴에서 필터 툴( )을 선택합니다. [Tool Options] 대화상자의 [필터] 탭에서 [Random] 필터를 선택한 후 다음 그림처럼 [Random] 필터의 수치를 입력하고 페인트( )를 클릭합니다. [Locks] 툴에서 잠금 해제( )를 선택합니다.

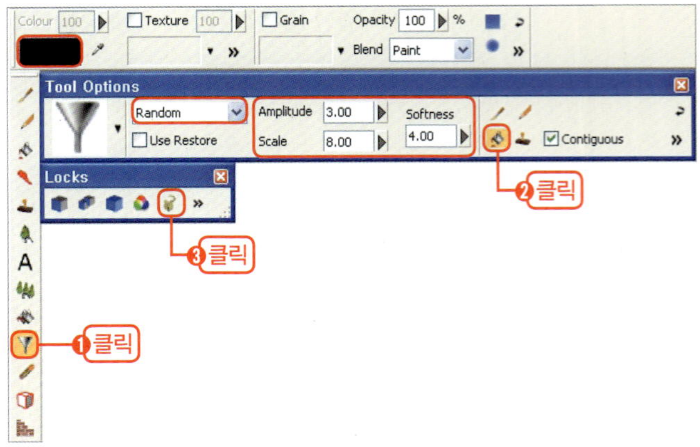

Tip

랜덤(Random) 필터 알아보기

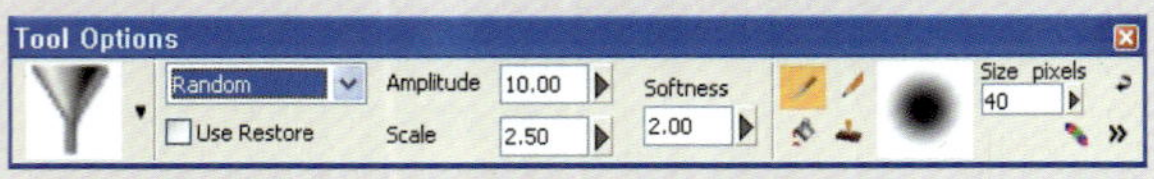

- **[Amplitude]** 진폭 상자에서 값을 입력하거나 슬라이더를 사용하여 최대로 움직인 거리 값을 지정합니다.
- **[Scale]** 규모 상자에서 어떻게 값을 입력하거나 슬라이더를 사용하여 될 픽셀 분산을 지정합니다. 값이 낮을수록 더 많은 픽셀이 독립적으로 분산됩니다.
- **[Softness]** 부드러움 상자에 값을 입력하거나 슬라이더를 사용하여 픽셀 왜곡의 크기를 지정할 수 있습니다.

10 [Random] 필터 값을 설정한 작업 영역에서 페인트 툴( )을 이용해 클릭합니다.

11 브러시 툴( )을 선택한 후 [브러시] 탭에서 래스터 브러시( )를 선택합니다. [Browser] 버튼을 클릭한 후 원하는 브러시 모양(brush13.png)을 선택하고 그림처럼 설정합니다. 색상인 [colour] 값에 '0'을 입력합니다. [Locks] 툴에서 잠금 해제( ) 버튼을 클릭합니다. [Blend]는 'Paint', [Opacity]는 '25%'로 설정합니다.

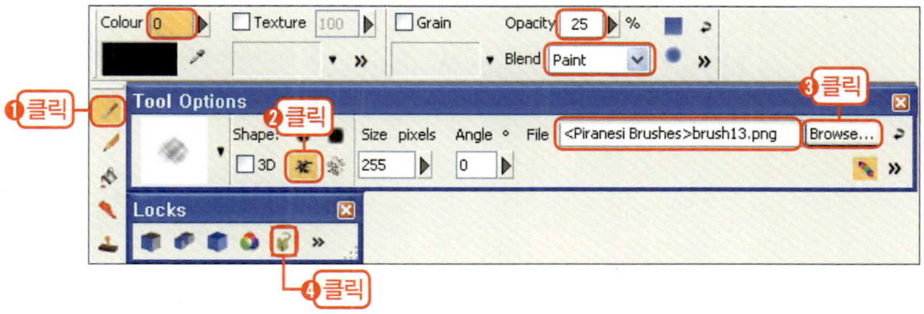

12 다이내믹 버튼( )을 클릭한 후 [Dynamic Settings] 대화상자에서 그림처럼 [Angle] 값을 '180도'로 설정하면 브러시가 회전되면서 효과를 줍니다.

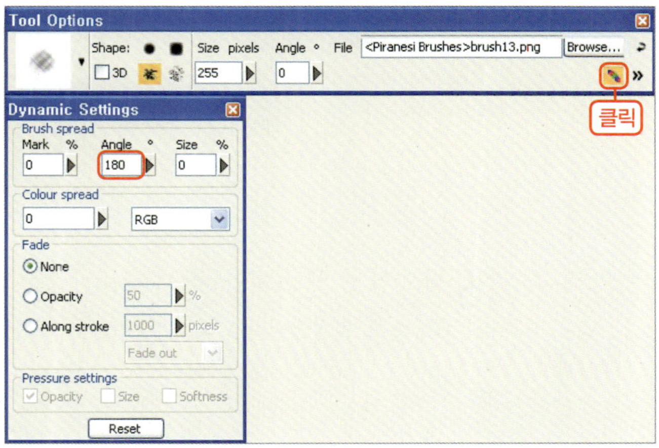

13 11과 12에서 설정한 대로 작업 영역에 브러시 툴( )을 이용하여 클릭, 드래그하면서 원을 그린다는 느낌으로 화면 중앙에서 바깥쪽 방향으로 효과를 줍니다.

14 11과 12처럼 설정한 후 일부 부분의 색상을 '진노란색'과 [colour] 값을 '35'로 입력합니다. [Blend]는 'Soft light', [Opacity]는 '50%'로 설정합니다.

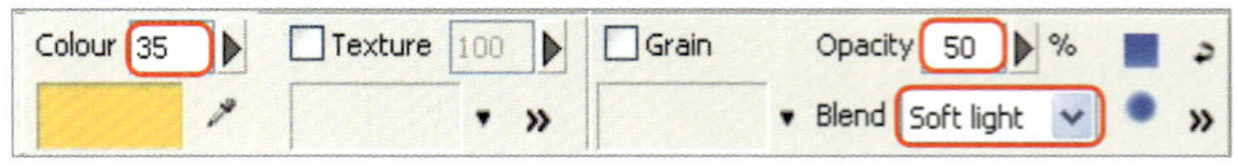

15 14에서 설정한 대로 그림처럼 작업 영역에 조경 또는 잔디 쪽을 클릭, 드래그하여 잔잔한 효과를 줍니다.

16 다시 한 번 색상은 '연두색', [colour] 값은 '35'로 입력합니다. [Blend]는 'Soft light', [Opacity]는 '50%'로 설정합니다. 기타 설정은 다음 그림처럼 설정합니다.

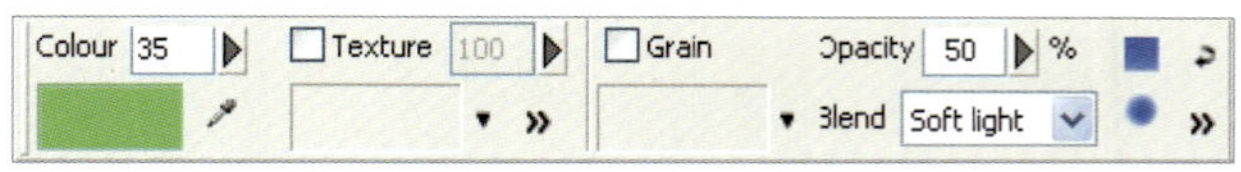

17 16에서 설정한 대로 15에서 효과를 준 부분에 다시 한 번 효과를 주어 좀 더 자연스러운 조경과 잔디를 표현합니다.

18 지금까지 작업한 피라네시 이미지를 [*.jpg] 파일로 저장하기 위해 메뉴에서 [File]–[Export]를 선택합니다.

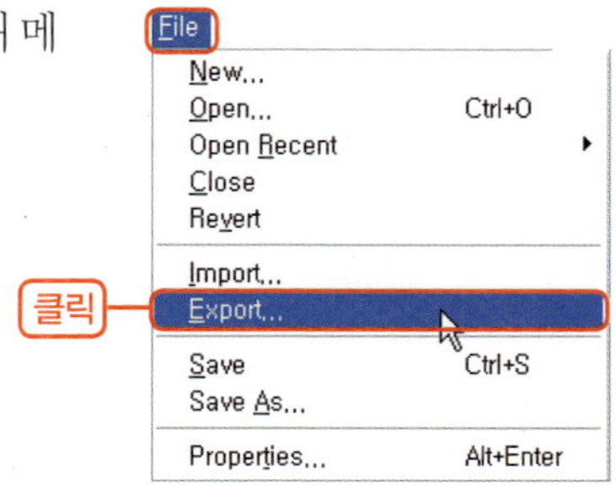

19 파일 형식은 'JPEG(*.jpg)'를 선택하고, 파일 이름을 입력한 후 [저장] 버튼을 클릭합니다.

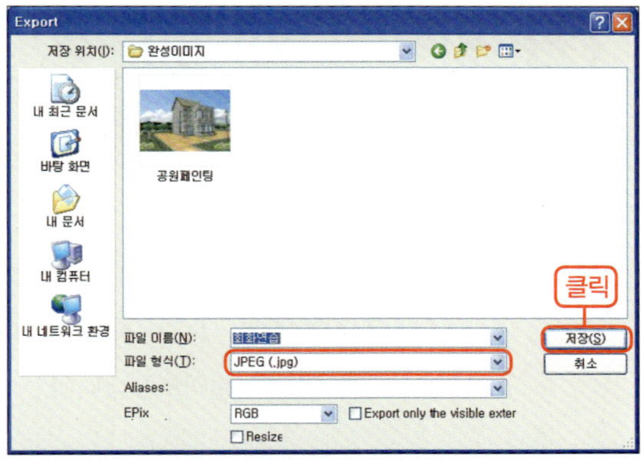

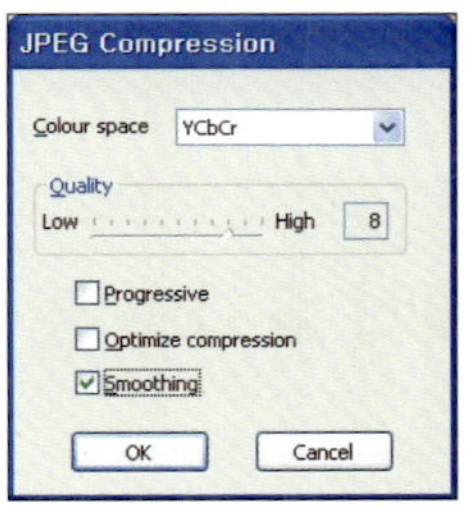

06; 자유로운 패턴을 활용한 연필 스케치 효과 주기

연필을 이용하여 명암을 정밀한 선으로 표현하는 방법에서 더 나아가 빛의 효과에 색조를 표현할 때 굵고 가는 선을 자유자재로 사용하면 특색 있는 효과를 표현할 수 있습니다. 이 장에서는 연필 스케치 효과에 대해서 알아보겠습니다.

01. 연필 스케치 효과와 관련된 기능 이해하기

앞에서 작업한 주택 모델링에 다양한 효과를 표현해 보겠습니다. 필터 기능과 브러시 터치를 이용하면 좀 더 사실적으로 연필 스케치 효과를 표현할 수 있습니다. 또 색상을 이용하여 채색된 연필 스케치 효과를 표현할 수도 있습니다.

01 하프톤(Halftone) 필터의 Tool Options 알아보기

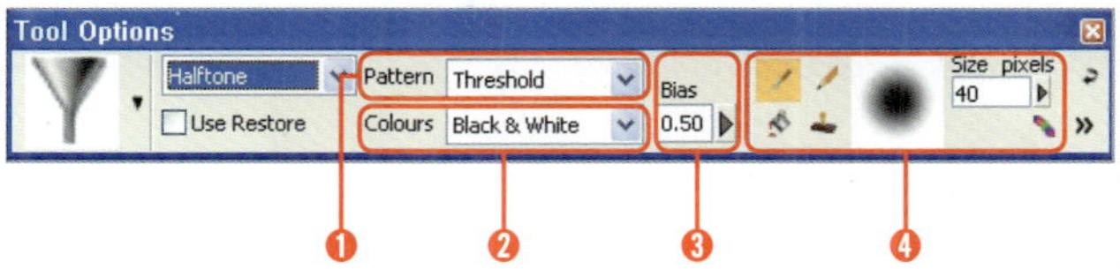

❶ [Pattern] **항목** 효과 형식을 선택합니다.

- **Threshold** 점유법 같은 효과를 보여 줍니다.

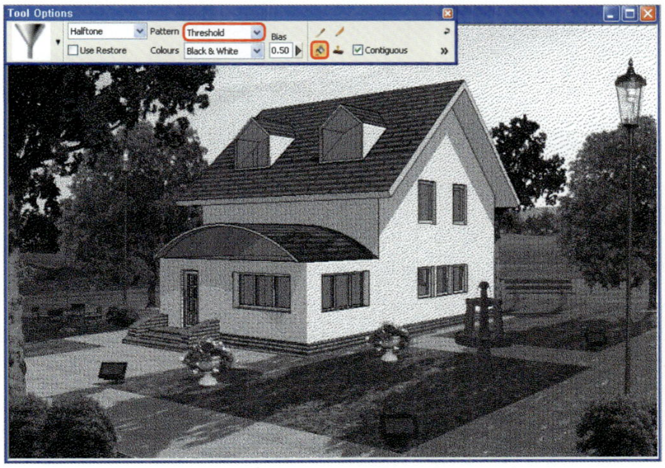

- **Ordered Dither** 정밀한 효과를 보여 줍니다.

● Newsprint 신문지 인쇄 같은 효과를 보여 줍니다.

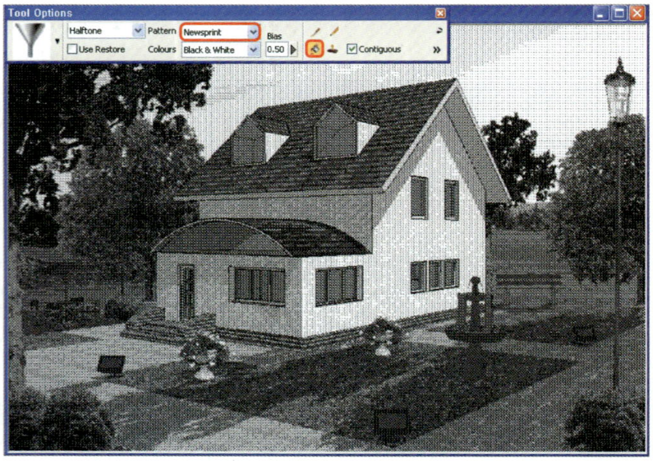

● Hilbert Chunks 점의 불규칙한 표현을 효과로 보여 줍니다.

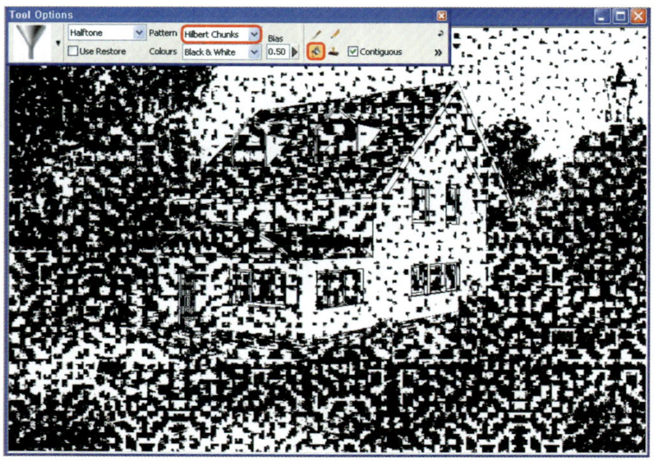

● Pencil 연필 효과를 보여 줍니다.

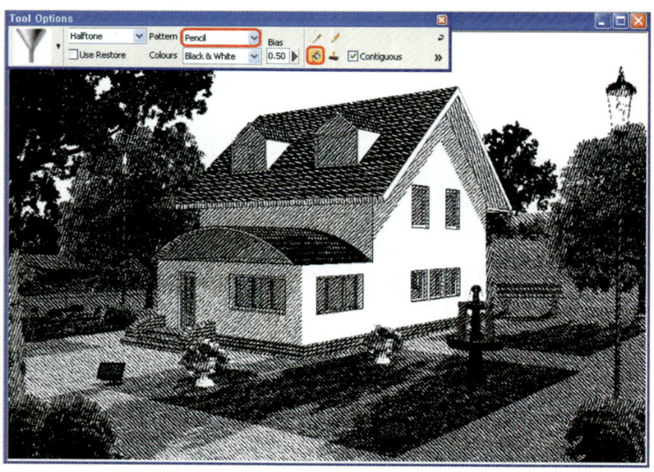

❷ [Colours] **항목** 색상 구성표를 선택합니다.

- **Black & White** 검정과 흰색 패턴의 색상을 보여 줍니다.
- **Sepia tone** 갈색과 흰색 패턴의 색상을 보여 줍니다.

- **Colour & White** 현재 색상과 흰색의 패턴의 색상을 보여 줍니다.

❸ [Bias] 항목 패턴의 조명과 어두운 부분 사이의 값(0~1.0)을 입력하여 지정할 수 있습니다.

- '0' 색상은 어두운 패턴을 생성합니다.

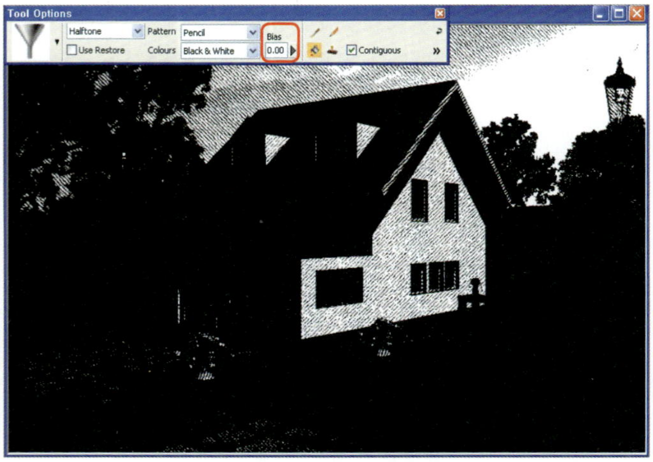

- '1.0' 색상은 흰색 페인트를 사용한 조명 패턴을 생성합니다.

❹ [Pattern-Pencil] 항목

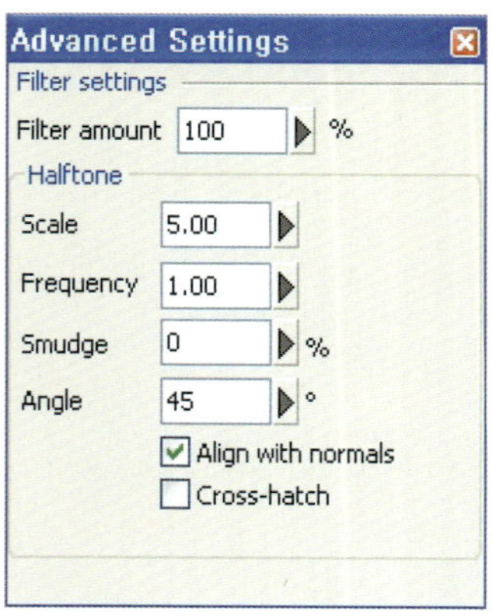

- **Black & White** 검정과 흰색 패턴의 색상을 보여 줍니다.
- **Scale** 연필 폭을 지정합니다.
- **Frequency** 연필의 떨림을 지정합니다['0': 직선 / '1'부터는 선 떨림 효과를 지정합니다].
- **Smudge** 연필의 얼룩이나 부드럽게 번지는 효과를 지정합니다.
- **Angle** 선을 그릴 때 선이 그려지는 방향을 지정합니다.
- **Align with normals** 모델의 렌더링 방향으로 표시를 합니다(On 일 때)./직선을 일정한 방향으로 표시합니다(Off 일 때).
- **Cross-hatch** 렌더링이 교차되는 부분을 진하게 표시합니다.

● [Pencil] 항목에서 [Advanced Settings]의 설정값을 적용한 예

[scale (5)]일때

[Frequency(0)]일때

[smudge (30)]일때

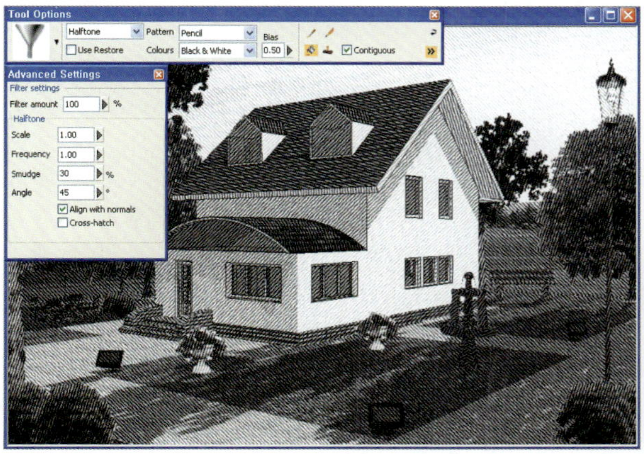

[Angle (0)]일때

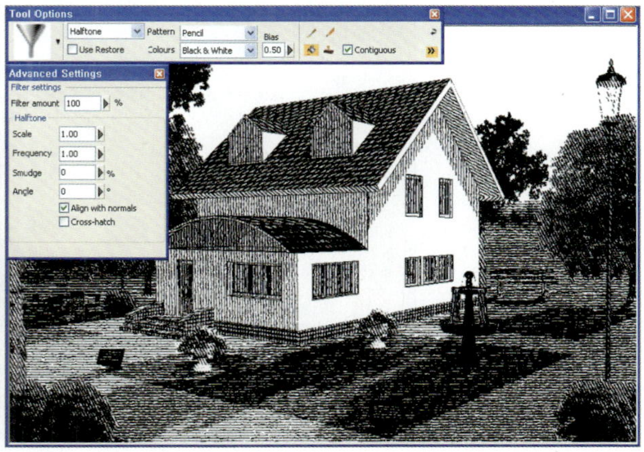

[Align with normals]의 체크 표시를 해제했을 때

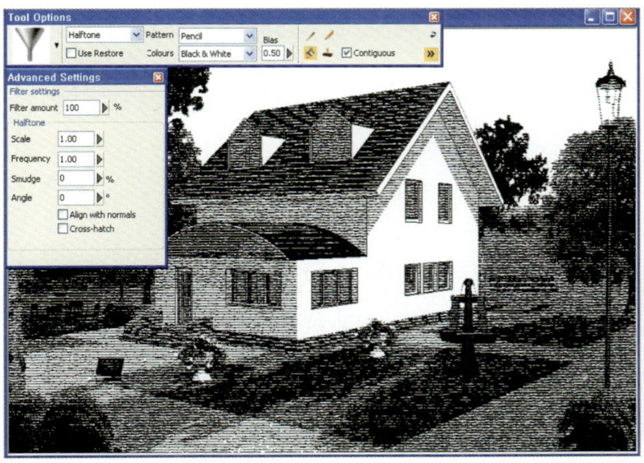

[Cross-hatch]에 체크 표시를 했을 때

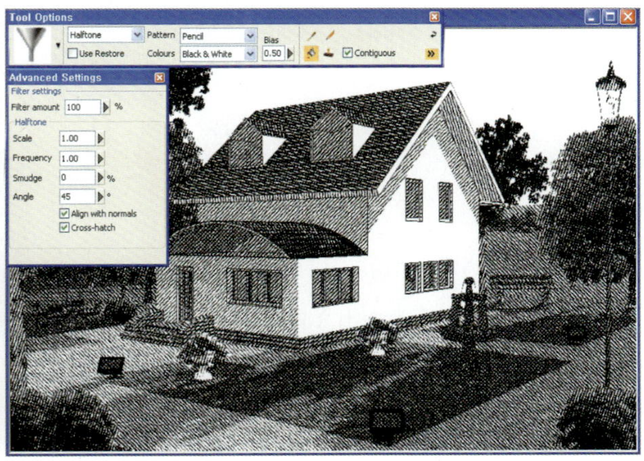

02. 스케치 작업하기

앞서 알아보았던 간단한 기능을 이용해 예제 파일에 스케치 작업을 하는 방법에 대해서 간략히 알아보겠습니다.

STEP 01 1단계 스케치 작업하기

01 메뉴에서 [File]-[Open]을 선택합니다. 그런 다음, 메뉴에서 [File]-[Re-Render]를 선택하고 메시지 창이 나올 때마다 [예] 버튼을 클릭합니다.

● 예제 파일 I 부록 CD\Sample\Part 06\예제\리터칭 연습.epx

Tip

[Re-Render]는 모든 몽타주 객체들을 작업 영역 이미지에 합치는 과정입니다. 회화 효과, 야간 효과, 연필 효과 등 다양한 효과를 만들 때는 반드시 [Re-Render]를 수행한 후에 작업을 해야만 합니다.

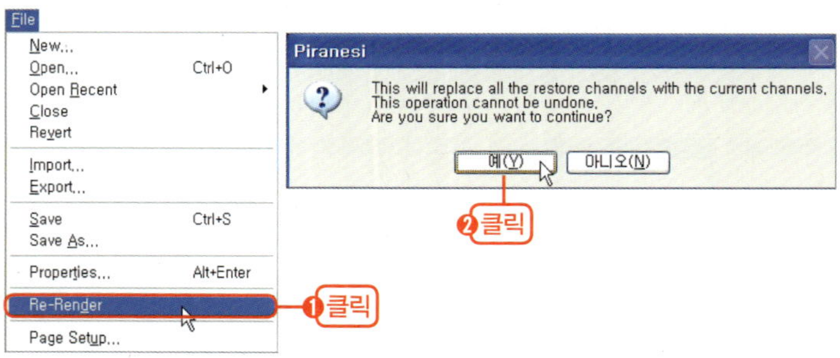

02 화면 상단의 [Toolbars]에서 [Layer Manager]를 선택합니다. 컷아웃 편집을 위해 컷아웃 관리자를 클릭합니다. 지금까지 작업한 몽타주 객체들을 작업 이미지와 합치기 위해 [Cutout Manager] 대화상자에서 Burn in( ) 버튼을 클릭합니다.

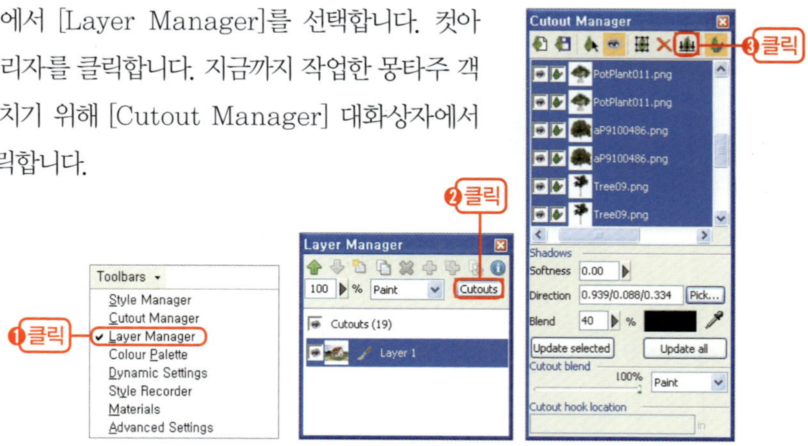

03 [Layer Manager] 대화상자에서 'Layer 1'을 선택하고 작업 영역을 초기화시키기 위해 도구 툴에서 마우스 오른쪽 버튼을 클릭하면 나타나는 확장 메뉴 중에서 [Reset Tools]를 선택합니다.

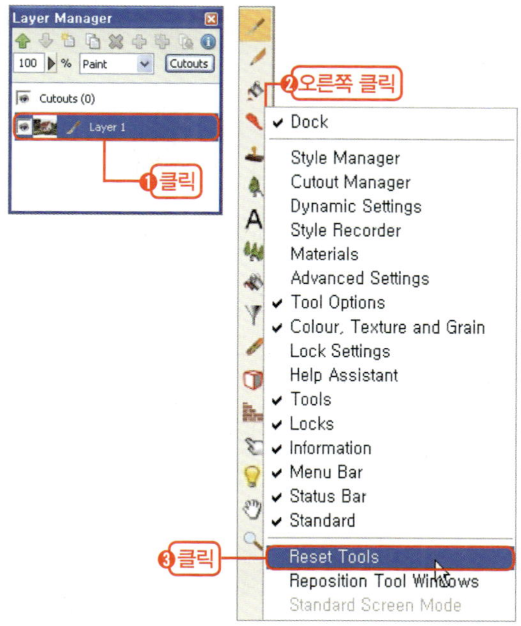

04 도구 툴에서 필터 툴( )을 선택한 후 [필터] 탭에서 [Halftone] 필터를 선택합니다. 그림처럼 [Pattern]은 'Pencil', [Bias]는 '1.00'으로 설정하고 페인트( )를 선택합니다. [세팅] 버튼(»)을 클릭하면 나타나는 [Advanced Settings] 대화상자에서 다음 그림처럼 설정합니다. [Locks] 툴에서 잠금 해제( )를 선택합니다. 페인트로 작업 영역을 클릭한 후 확인할 수 있습니다.

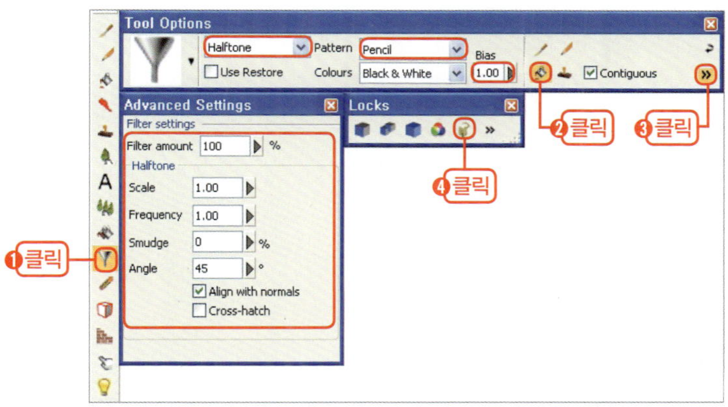

Tip

연필 스케치 효과를 할 때는 먼저 초벌 스케치를 하여 명도를 확실히 구분해 놓는 것이 좋습니다.

STEP 02 2단계 스케치 작업하기

01 [Tool Options] 에서 [resets all...] 버튼(↺)을 클릭하여 재설정합니다. [필터] 탭에서 [Half-tone] 필터를 선택하고 그림처럼 [Pattern]은 'Pencil', [Bias]는 '0.55'로 설정합니다. 브러시(✎)를 클릭하고 브러시 크기값을 '100'으로 설정합니다.

02 [필터] 탭에서 [세팅] 버튼(»)을 클릭하면 나타나는 [Advanced Settings] 대화상자에서 그림처럼 각 수치값을 설정한 후 브러시의 Shape 종류 중 원 브러시(●)를 선택합니다.

03 [Locks] 툴에서 색상 잠금(◉)을 선택합니다. 그리고 [세팅] 버튼(»)을 클릭하고 [Colour to-erance]는 'HLS'를 선택한 후 그림처럼 각 수치값을 설정합니다. 이때는 반드시 [Use Restore chanels]에 체크 표시를 해야만 합니다.

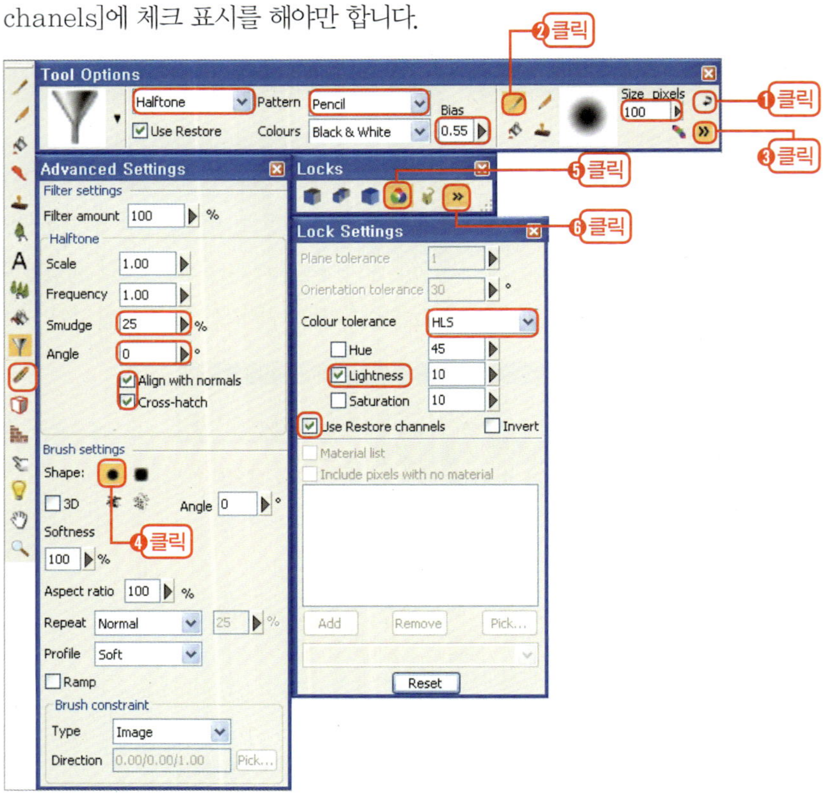

Tip

- 01에서 초벌 스케치를 했다면 지금부터는 재벌 스케치를 하여 연필 효과를 주어야 합니다. 그 전에 재벌 스케치를 하기 위한 여러 설정 도구 세팅을 정확히 해야 합니다.
- 재벌 스케치의 설정 도구 세팅을 정확하게 하지 않는다면 연필 스케치 효과를 주기 어렵습니다.

04 01~03까지 진행한 작업을 이용하여 작업 영역의 어두운 부분부터 반복적으로 마우스로 클릭, 드래그하면서 연필 스케치 효과를 줍니다.

Tip

작업자가 [Bias] 항목 수치를 임의대로 조절하면서 작업할 경우, 작업 영역에서 브러시()를 어떻게 드래그하는지에 따라 다르게 나올 수 있습니다. 원하는 효과를 얻을 때까지 클릭, 드래그하면서 작업을 합니다.

05 도구 툴에서 가장선(Edge) 툴()을 선택합니다. [Tool Options] 창의 [Edge] 탭에서 페인트 버튼()을 선택하고 'Contiguous'의 체크 표시를 해제합니다. [Locks] 툴에서 잠금 해제()를 선택합니다. 색상은 '검은색'으로 설정하고 작업 영역에서 페인트()를 이용하여 클릭합니다.

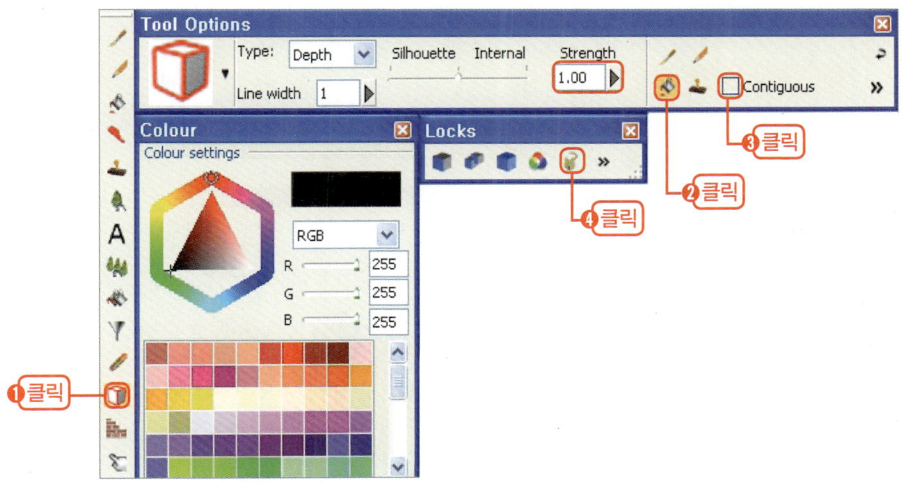

Tip

지금까지 필터 툴()을 선택한 후 [필터] 탭에서 [Halftone] 필터를 선택하여 작업을 했는데, 단점이라면 작업한 이미지의 가장자리가 선명하게 보이지 않는다는 것입니다. 가장자리의 선이 선명하게 보이도록 하기 위해서는 가장선(Edge) 툴()로 작업해야 합니다.

06 05의 [Edge] 탭에서 페인트( )를 클릭한 채 작업 영역을 클릭하면 지금까지 작업한 결과를 확인할 수 있습니다.

07 색상은 '검은색'으로 설정합니다. 테두리 선에 손떨림 효과를 주기 위해 도구 툴에서 필터 툴( )을 선택합니다. [Tool Options] 대화상자의 [필터] 탭에서 [Random] 필터를 선택하고 그림처럼 [Random] 필터의 각 항목에 수치 값을 입력한 후 페인트( )를 선택합니다. [Locks] 툴에서 잠금 해제( )를 선택하고 작업 영역에서 페인트( )를 이용하여 작업 영역을 클릭합니다.

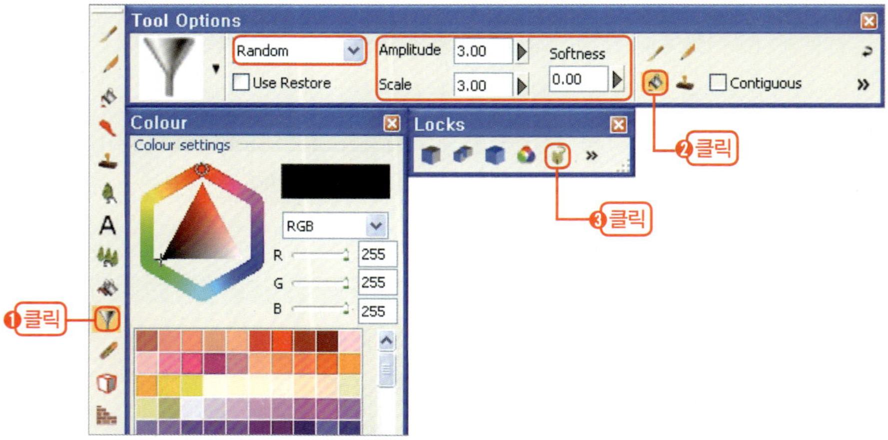

Tip

[Random] 필터는 선의 떨림을 주는 필터입니다. 선을 마치 손으로 그린 것처럼 수작업 느낌을 줄 때 사용합니다.

08 도구 툴에서 브러시 툴( )을 선택한 후 [브러시] 탭에서 그림처럼 설정합니다. 색상(colour) 값을 '0'으로 입력한 다음 [Blend]는 'Paint', [Opacity]는 '35%'로 설정합니다. [Locks] 툴에서 색상 잠금( )을 선택합니다. [세팅] 버튼(»)을 클릭하면 나타나는 [Lock Settings] 대화상자에서 [Colour tolerance]를 'RGB'로 선택한 후 그림처럼 각 수치값을 설정합니다. 이때는 반드시 [Use Restore channels]에 체크 표시를 해야만 합니다.

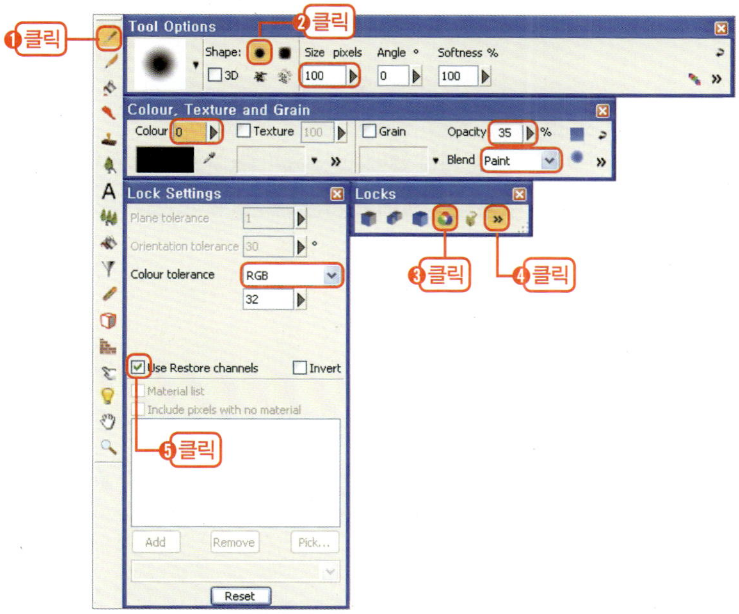

Tip

[colour] 값을 '0'으로 설정하는 이유는 작업 화면을 [Restore] 기능과 비슷한 결과로 설정할 수 있기 때문입니다.

09 08에서 설정한 설정값을 유지한 상태로 작업 영역을 클릭, 드래그하여 원본의 색상이 은은하게 표현되도록 효과를 줍니다.

07; 연못과 유리창에 반사되는 효과 주기

인테리어 작업 시 실내 공간의 바닥, 거울, 천장 등에 반사 효과를 설정하면 좀 더 자연스럽고 사실적인 공간을 표현할 수 있습니다. 실외 수영장, 강물에도 자연스러운 웨이브 효과와 반사 효과를 표현해 보겠습니다.

01. 반사 효과와 관련된 [Captured] 기능 이해하기

파라네시에서는 유리, 타일, 바닥, 물 등에 반사되는 효과를 좀 더 자연스럽게 표현할 수 있습니다. [Texture]에서 [Captured] 항목을 선택한 후 다양한 반사 효과를 표현하면 됩니다.

STEP 01 [Captured] 기본 사용법 익히기

01 메뉴에서 [File]–[Open]을 선택하여 다음 예제 파일을 불러옵니다.

● 예제 파일 | 부록 CD\Sample\Part 07\예제\예제–Captured.epx

02 페인트 툴( )을 선택한 후 [Colour, Texture and Grain] 대화상자에서 [Texture]를 선택합니다. [Locks] 툴에서 방향 잠금( )으로 설정합니다. [질감(Texture)] 탭에서 [세팅] 버튼(»)을 선택한 후 [Texture setting] 대화상자에서 그림처럼 [Captured]를 선택합니다. 물결 효과를 주기 위해 [Dispersal] 값을 '0.125', [Scale] 수치를 '2.5'로 입력합니다.

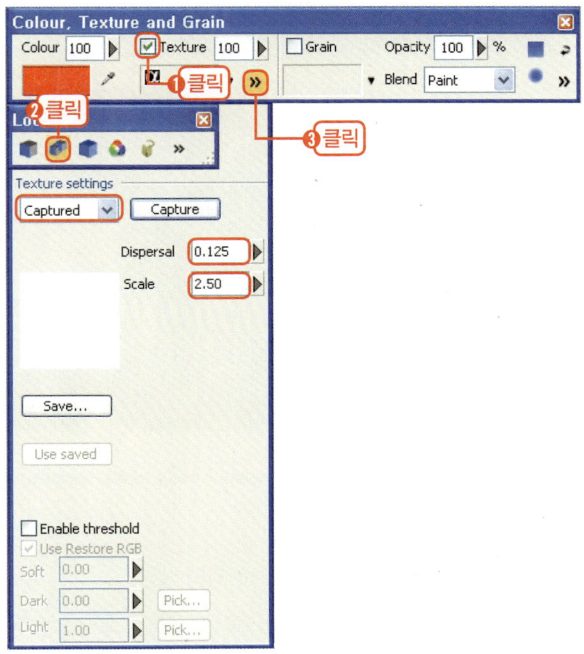

03 [Texture] 대화상자에서 첫 번째는 [Capture] 버튼을 클릭하고, 두 번째는 반사를 적용할 물에 클릭합니다.

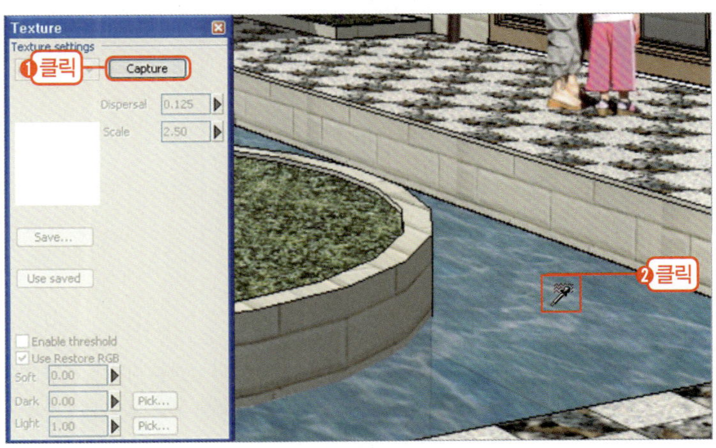

04 [Texture] 대화상자에 있는 작은 창에서 캡처 가능한 영역을 확인할 수 있습니다. 그리고 물을 세 번째로 클릭합니다. 반사 효과가 적용된 것을 확인할 수 있습니다.

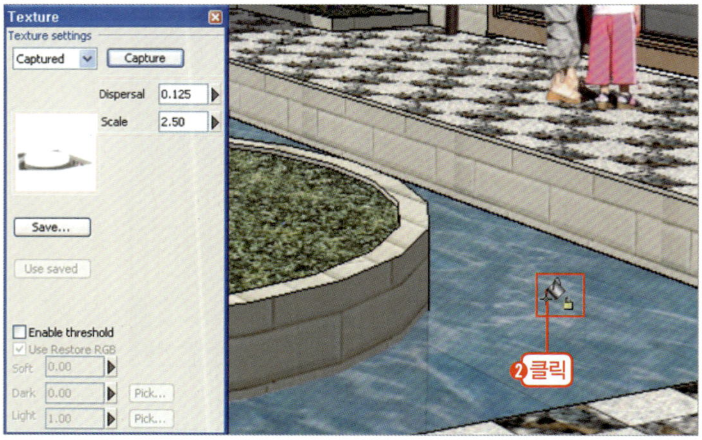

Tip

[Captured] 기능 설명

[Texture]에 체크 표시 → [Colour and Texture] 창 → [Captured]를 선택합니다. 이 기능은 반사 효과를 설정하기 위한 명령어입니다. 각 축에는 원점을 기준으로 양쪽에 실선과 점선이 있습니다.

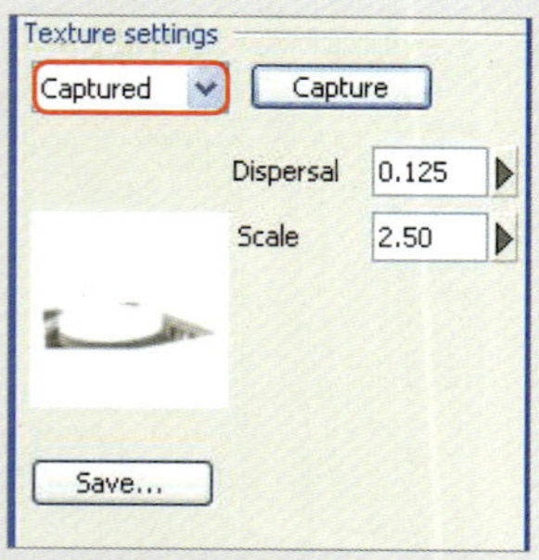

[Dispersal] 물결의 왜곡된 반사 효과 주기

- '0'일 때 거울 같은 깔끔한 반사 효과를 만들며, [Scale]은 비활성화됩니다.
- '1' 이상일 때는 물결에 출렁거리는 웨이브 형태의 반사 효과를 만들며, [Scale] 수치에 따라 강한 물결 효과를 줄 수 있습니다(예 물결, 유리, 거울, 실내 바닥 등에 주는 효과).

Tip

[Dispersal]과 [Scale] 수치를 조절하여 웨이브와 거울 같은 효과 적용하기

- [Colour and Texture] 대화상자에서 [Captured]를 선택한 후 [Dispersal] 값을 '0.2', [Scale] 수치를 '2.5'로 입력합니다. 그리고 첫 번째는 [Capture] 버튼을 클릭하고 두 번째는 반사를 적용할 물에 클릭합니다. 그리고 세 번째로 다시 한 번 물을 클릭합니다.

- [Colour and Texture] 대화상자에서 [Captured]를 선택한 후 [Dispersal]의 값을 그림처럼 '0'으로 입력합니다. 그리고 첫 번째는 [Capture] 버튼을 클릭하고 두 번째는 반사를 적용할 물에 클릭합니다. 그리고 세 번째로 물을 클릭합니다.

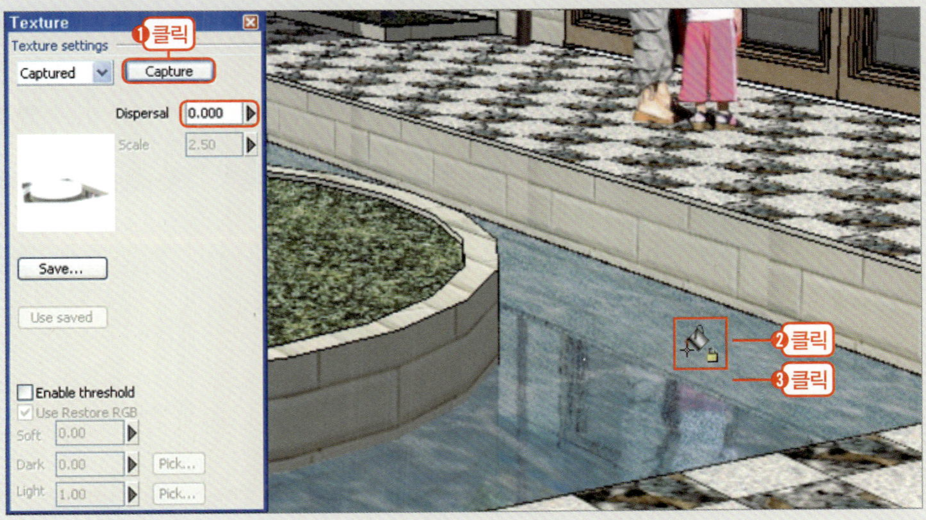

STEP 02 [Blend]에서 'Hard light'를 이용하여 반사 효과 적용하기

01 페인트 툴( )을 선택한 후 [Texture]에 체크 표시를 합니다. [Locks] 툴에서 방향 잠금( )으로 설정합니다. [Blend]에서 'Hard light'를 선택하고 [Opacity]는 '85%'로 설정합니다.

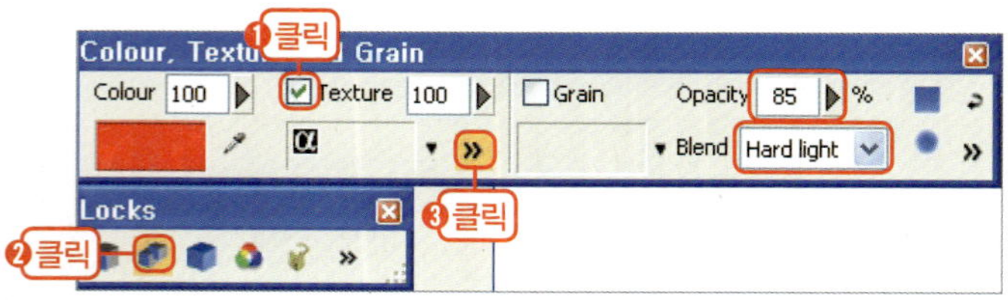

02 [Texture] 대화상자에서 그림처럼 [Captured]를 선택합니다. 물결 효과를 주기 위해 [Dispersal] 값을 '0.2', [Scale] 수치를 '2.5'로 입력합니다. 그리고 첫 번째는 [Capture] 버튼을 클릭하고 두 번째는 반사를 적용할 물에 클릭합니다. 그리고 세 번째로 물을 클릭합니다.

08; 공원 페인팅과 야간 효과 연출하기

조명 연출로 공원의 야간 경관을 아름다움을 표현하는 작업입니다. 정확한 조명 효과에 의한 사실적인 결과물을 표현하기는 어렵지만 표현 방법에 따라 매우 효과적으로 야경을 만들 수 있습니다.

01. 조명 효과

피라네시 5.0 버전에서 2010 버전까지 새롭게 생긴 조명 도구들의 기능과 주의사항에 대해 알아보겠습니다. 먼저 조명 세팅 기능과 조명 종류에 대해 알아봅시다.

01 조명 도구( ) 모음

도구 옵션을 사용하여 조명 도구에 대한 설정값을 지정할 수 있습니다. 입력 상자에 직접 입력하거나 슬라이더를 이용해 값을 입력할 수 있습니다.

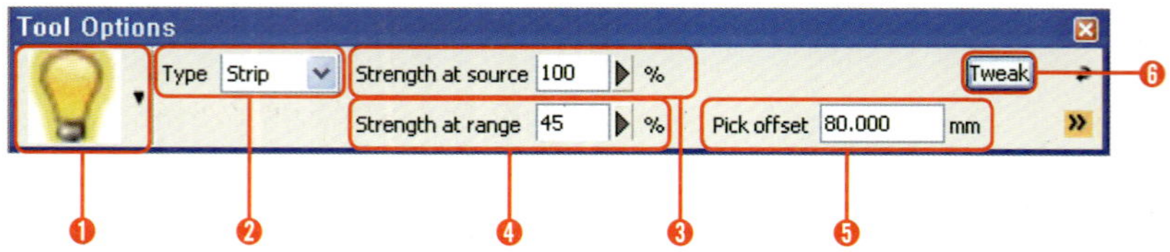

❶ **미리보기[Preview]** 라이트 아이콘의 미리보기를 보여 줍니다.

❷ **라이트 유형[Light type]** 빛의 종류를 결정합니다.

❸ **소스에서 강도[Strength at source]** 현재 불투명도를 백분율로 나타내며, 빛의 강도를 지정합니다.

❹ **거리에서 강도[Strength at range]** 지정된 범위의 빛의 강도를 지정합니다.

- **0%** 지정된 범위에서 빛을 완전히 페이드 아웃
- **50%** 지정된 범위에서 빛 밝기의 절반
- **100%** 지정된 범위에서 빛이 가장 밝음.

❺ Pick offset 전체 불투명도에서, 100의 강도가 매우 강한 조명을 설정할 수 있습니다.

❻ Tweak 조명을 배치한 후 조명의 크기를 조절하기 위해 사용합니다.

Tip

[Light settings] 알아보기

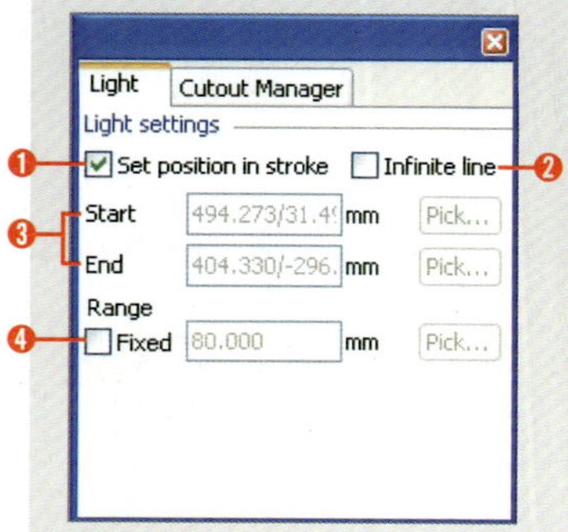

❶ **Set position in stroke** 시작 위치에서 광원을 설정합니다.

❷ **Infinite line** 전체 라인에 위치, 시작일 및 종료일에 의해 정의된 값을 무시하고 광원에 적용합니다.

❸ **Start and End** 시작과 끝의 광원 위치를 지정합니다.

❹ **Range** 어느 범위 이상에서 빛이 변색되는 거리를 지정합니다.

02 조명의 종류

조명 도구를 사용하여 여러 종류의 빛을 시뮬레이션합니다. 다음과 같은 빛의 종류를 선택할 수 있습니다.

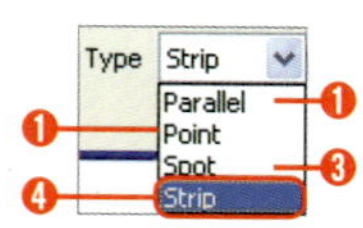

❶ 병렬[Parallel]

- 태양 같은 병렬 빛 또는 먼 거리까지 광원의 노출을 만듭니다.

- 저녁 햇빛의 영향을 반영하는 건물을 만드는 데 사용할 수 있습니다.

❷ 포인트[Point]

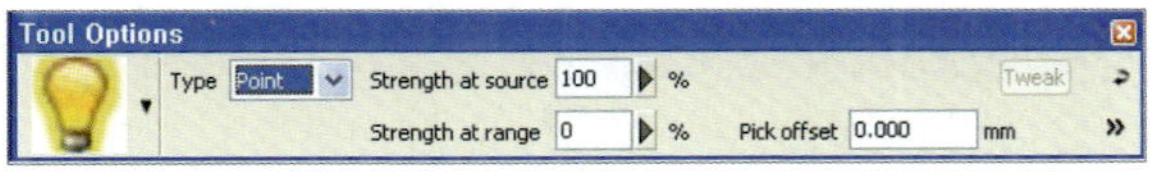

- 포인트 빛의 노출을 만듭니다.
- 거리를 빛으로부터 랜턴 불빛 예측의 효과를 만드는 데 사용할 수도 있습니다.
- 모든 방향으로 빛을 발산합니다.

❸ 스포트[Spot]

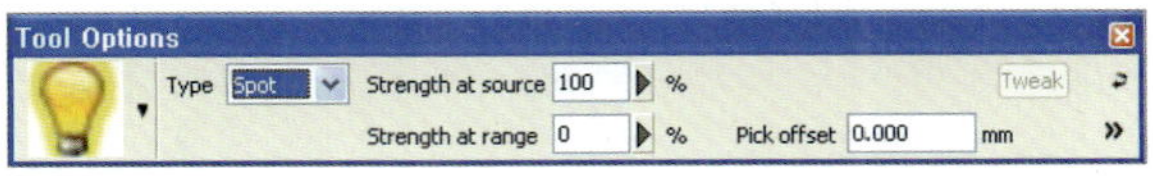

- 스포트라이트의 노출을 만듭니다.
- 손전등을 시뮬레이트로 사용할 수 있습니다.
- 빛이 한 방향 및 지정된 범위에서 페이드 아웃하며 빛을 발산합니다.

❹ 스트립[Strip]

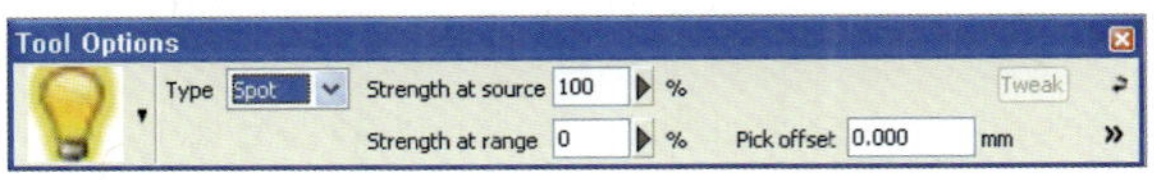

- 스트립 빛의 노출을 만듭니다.
- 형광등 조명의 효과를 만드는 데 사용할 수 있습니다.
- 빛이 지정된 라인에 지정된 범위 밖에서 빛을 발산합니다.

02. 공원 야간 효과

작업한 공원 모델을 이용하여 [Brightness] 필터와 다양한 조명 도구를 적용시켜 공원의 야경을 만들 수 있습니다. 이번에는 필터의 기능과 효과들에 대해 간단히 알아보겠습니다.

01 [Brightness] 필터의 Tool Options 알아보기

[Brightness] 필터를 사용하여 [Brightness]와 [Contrast]를 조절할 수 있습니다. 명암과 밝기에 대해서 간단히 알아보겠습니다.

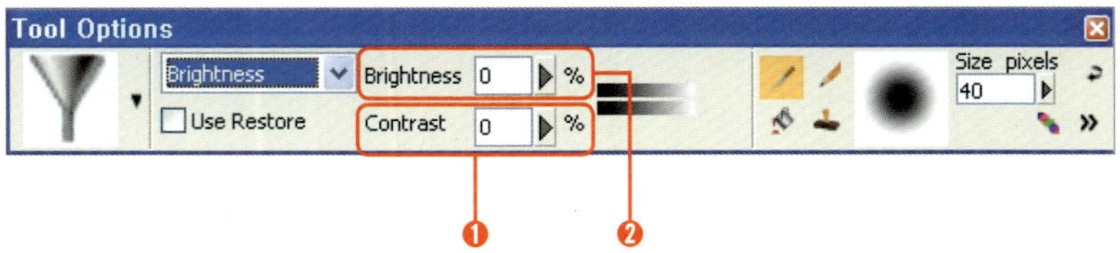

❶ **밝기(Brightness)** 100%~100% 사이의 비율을 입력하거나 슬라이더를 사용하여 픽셀의 밝기 변화를 지정합니다.

- **−100%** 변경 사항을 검은색
- **100%** 변경 사항을 흰색

❷ **명암(Contrast)** 100%~100% 사이의 비율을 입력하거나 슬라이더를 사용하여 픽셀의 명암 차이를 지정합니다.

- **−100%** 회색 음영
- **100%** 넓은 범위 음영

02 야간 효과를 작업할 때 알아야 할 포인트

- 조명 잉크 또는 페인트 블렌드 모드와 필터를 사용하여 밝기를 추가하기 전에 현장을 어둡게 만듭니다. 래스터 브러시( )를 사용하여 달과 별을 추가하면 좀 더 현실감을 더할 수 있으며, 컬러의 양도 줄일 수 있습니다.
- 피라네시 도구 라이브러리(브러시, 브러시 모양 카테고리)에서 적당한 이미지 파일을 사용할 수 있습니다.
- 조명 적용 옵션으로 스포트라이트와 같은 연속 조명의 위치를 설정합니다.
- 가벼운 비틀기 형상이나 광원의 방향을 변경하며 표현합니다.

STEP 01 야간 배경 작업하기

01 메뉴에서 [File]–[Open]을 선택합니다. 그런 다음, 메뉴에서 [File]–[Re-Render]를 선택하고 메시지 창이 나올 때마다 [예] 버튼을 클릭합니다.

● 예제 파일 | 부록 CD\Sample\Part 06\예제\야간 공원 예제.epx

02 화면 상단의 [Toolbars]에서 [Layer Manager]를 선택합니다. 컷아웃을 편집하기 위해 컷아웃 관리자를 클릭합니다. 지금까지 작업한 몽타주 객체들을 작업 이미지와 합치기 위해 [Cutout Manager] 대화상자에서 Burn in(아이콘) 버튼을 클릭합니다.

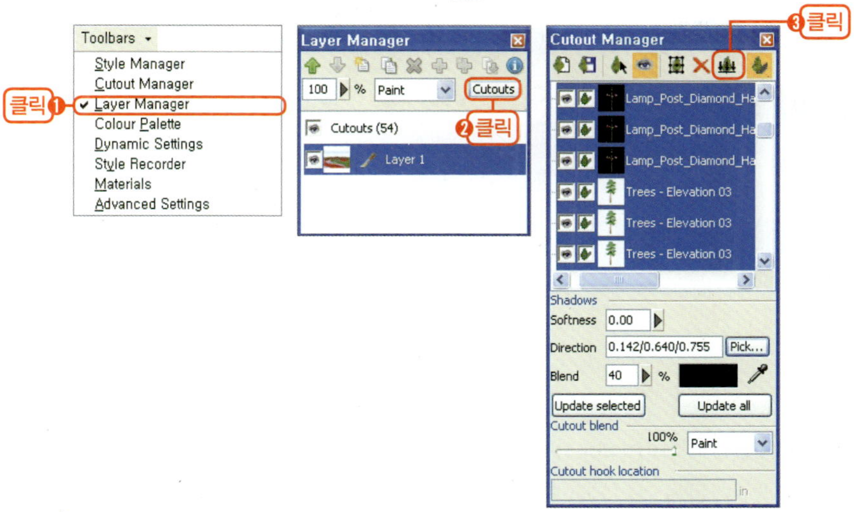

03 [Layer Manager] 대화상자에서 'Layer 1'을 선택하고 작업 영역을 초기화시키기 위해 도구 툴에서 마우스 오른쪽 버튼을 클릭하면 나타나는 확장 메뉴 중에서 [Reset Tools]를 선택합니다.

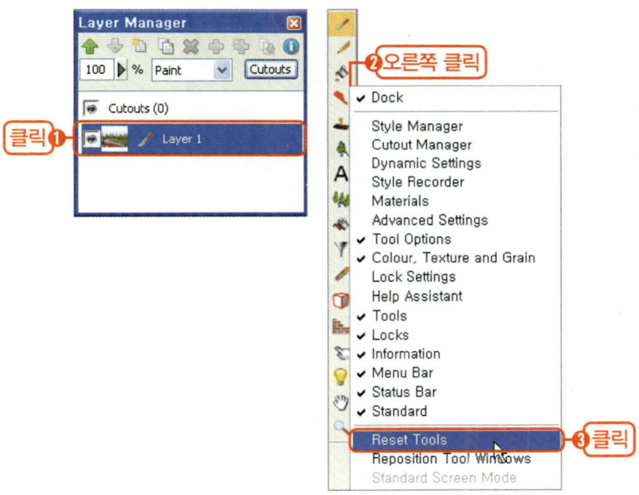

04 이번에는 단위를 [mm]로 변경해 보겠습니다.

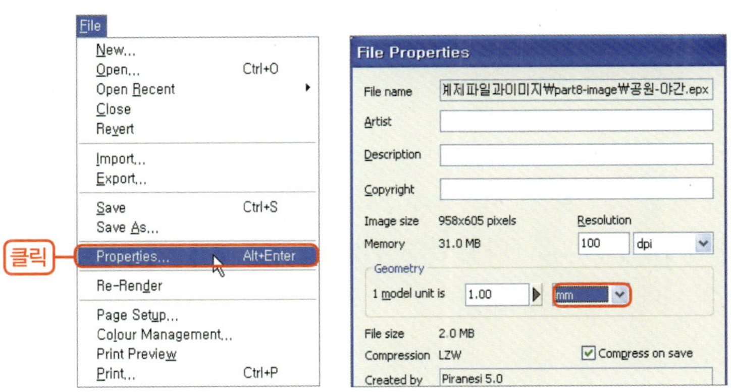

05 도구 툴에서 필터 툴( )을 선택합니다. [필터] 탭에서 [Brightness] 필터를 선택하고 그림처럼 [Brightness]와 [Contrast]의 수치값을 입력하여 설정합니다. 페인트( )를 클릭하고 'Contiguous'의 체크 표시를 해제합니다. 그런 다음, [Locks] 툴에서 잠금 해제( )를 선택합니다.

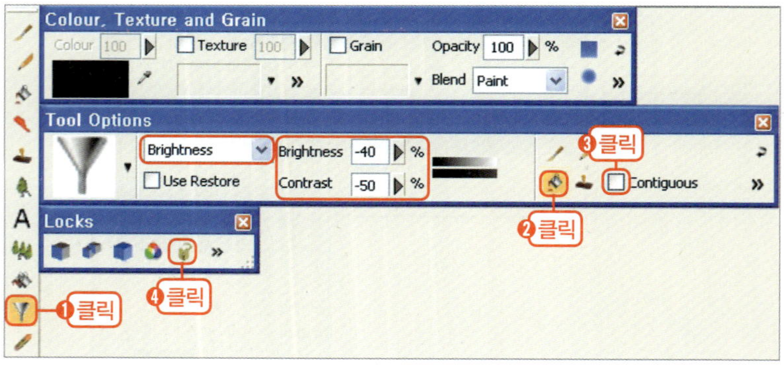

06 05에서 작업한 [Brightness] 필터 효과를 그대로 유지한 채 페인트( )로 작업 영역을 클릭하면 화면 전체가 어둡게 표현되어 야간 효과를 작업할 준비가 됩니다.

07 하늘에 야간 효과를 주기 위해 도구 툴에서 페인트 툴( )을 선택합니다. [Colour, Texture and Grain] 대화상자에서 그림처럼 색상을 '진보라색'으로 변경합니다.

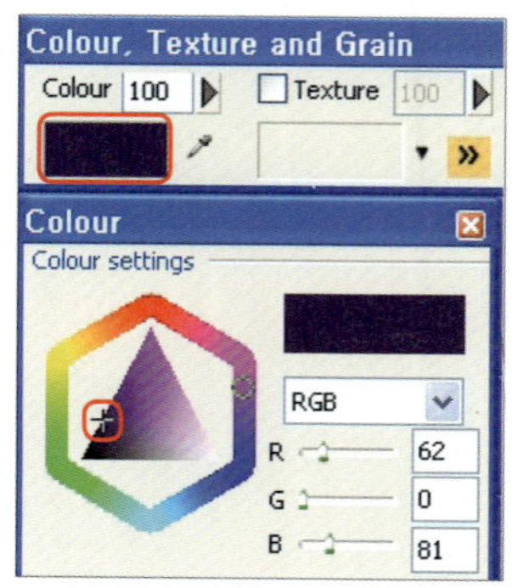

08 [Locks] 툴에서 재질 잠금( )을 선택한 후 'Contiguous'의 체크 표시를 해제합니다. 그러면 각 잠금 툴의 기능을 제대로 활용할 수 있습니다.

09 [Colour, Texture and Grain] 대화상자에서 [Fade] 버튼(■)을 클릭합니다. 그리고 [세팅] 버튼(»)을 선택하면 나타나는 [Fade] 대화상자에서 그림처럼 설정한 후 색상을 '고동색'으로 변경합니다. 그런 다음, [Fade] 대화상자의 [Linear fade]를 '2D'로 설정합니다.

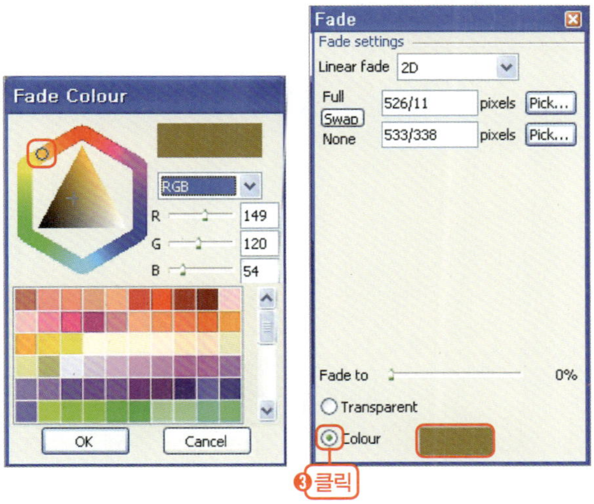

10 [Full] 항목의 [Pick] 버튼을 클릭한 후 색상을 채울 밤하늘 배경에 그림처럼 위에서 아래로 클릭, 드래그합니다. 그런 다음, 배경 영역을 페인트(🖌)로 클릭하면 [Fade] 효과가 적용된 것을 확인할 수 있습니다.

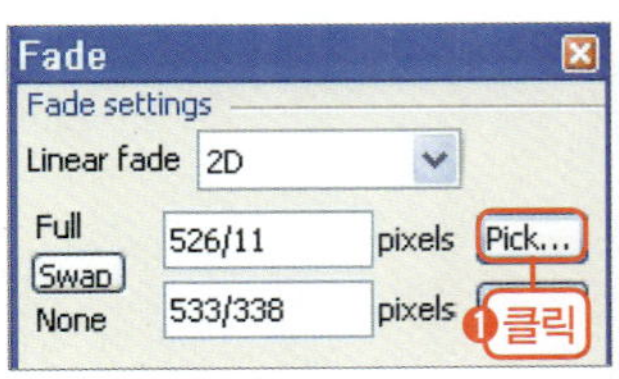

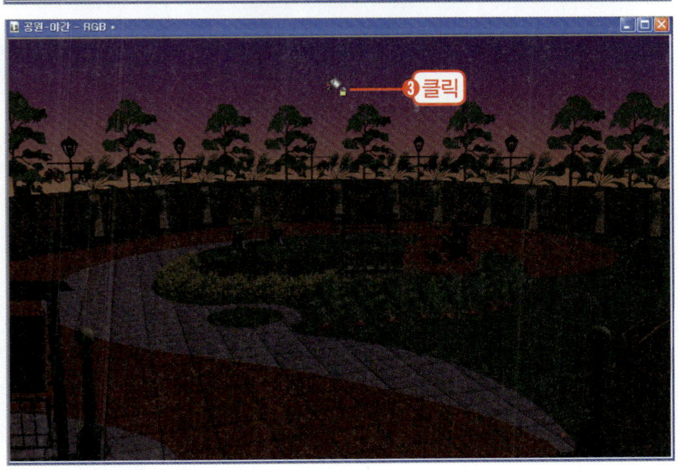

Tip

사각형 페이드(Fade) 툴

팔레트에서 [설정] 탭을 사용하여 페이드 도구에 대한 설정을 지정할 수 있습니다. 사각형 페이드(Fade) 툴을 선택한 다음 [세팅] 버튼(»)을 클릭하면 Linear fade 도구를 불러올 수 있습니다.

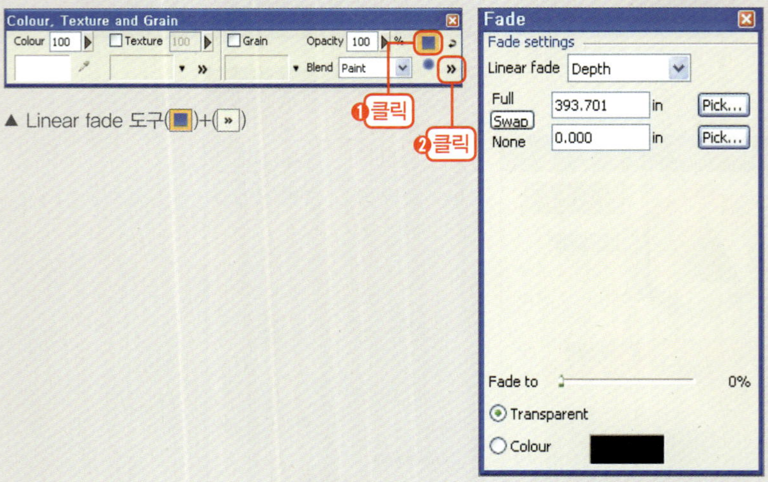

▲ Linear fade 도구( )+(»)

11 밤하늘에 떠 있는 별을 표현하기 위해 그림처럼 설정합니다. 도구 툴에서 브러시 툴( )을 선택하고 색상을 흰색으로 지정합니다. [Tool Options] 대화상자에서 래스터 브러시( )을 클릭한 후 '별 모양' 브러시를 불러와 크기를 '25'로 조절합니다. [Locks] 툴에서 잠금 해제( )를 합니다.

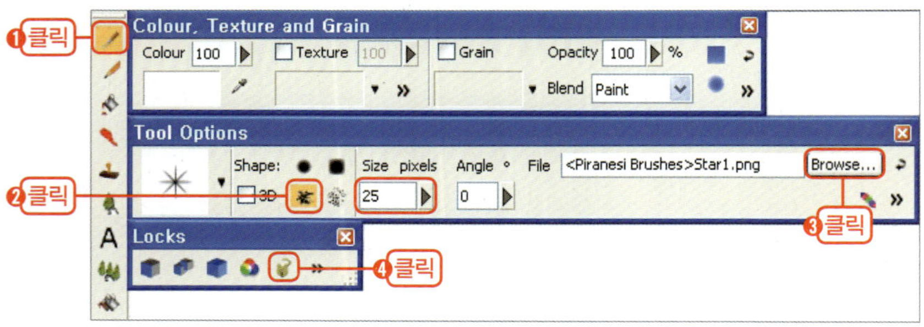

12 11에서 작업한 브러시를 밤하늘에 클릭하여 별을 표현합니다.

13 [Colour, Texture and Grain] 대화상자에서 [colour] 값을 '0'으로 입력합니다. [Tool Options] 대화상자에서 래스터 브러시(✱)를 클릭한 후 '달 모양' 브러시를 불러와 크기를 '65'로 조절합니다.

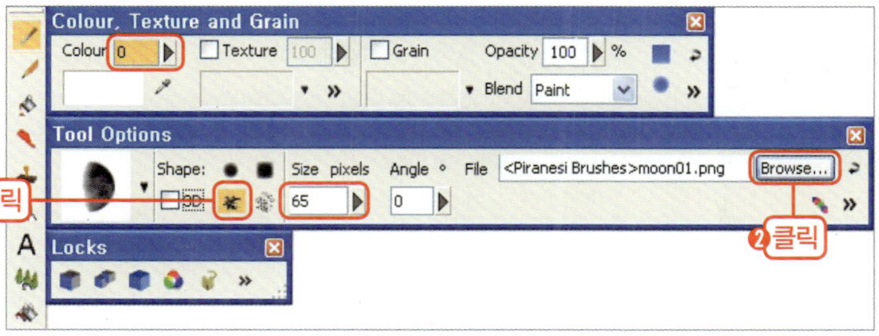

14 13에서 작업한 브러시로 밤하늘을 클릭하여 달을 표현합니다.

STEP 02 가로등에 조명 효과 주기

01 도구 툴에서 페인트 툴(🖌)을 선택한 후 [Colour, Texture and Grain] 대화상자에서 그림처럼 색상을 '연노란색'으로 지정합니다. 그런 다음, [Blend]은 'Hard light', [Opacity]는 '55%'로 설정합니다. [Colour, Texture and Grain] 대화상자에서 [Fade] 버튼(●)을 클릭한 후 [세팅] 버튼(»)를 선택합니다.

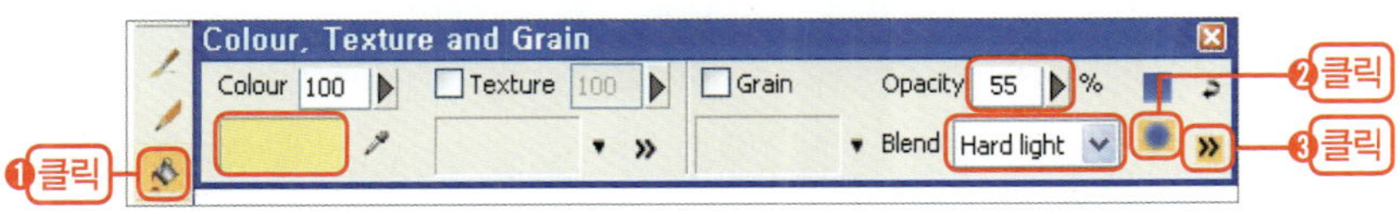

02 [Locks] 툴에서 잠금 해제(🔓)를 선택한 후 'Contiguous'의 체크 표시를 해제합니다. [Fade] 대화상자에서 그림처럼 설정합니다.

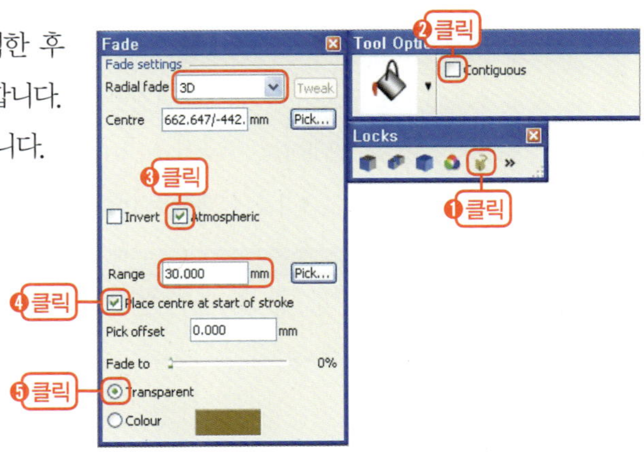

Tip

원 페이드(Fade) 툴

작업 영역에서 현실적인 안개 생성 및 효과, 질감 및 색상 등 특수 효과 조명을 페이드로 작업할 수 있습니다.

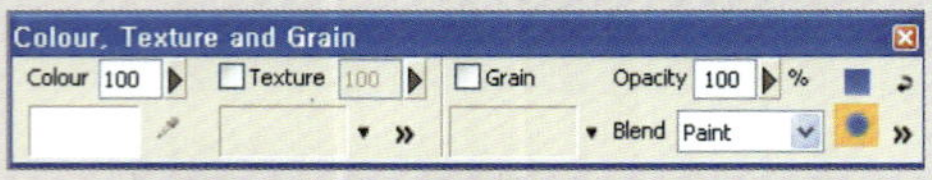

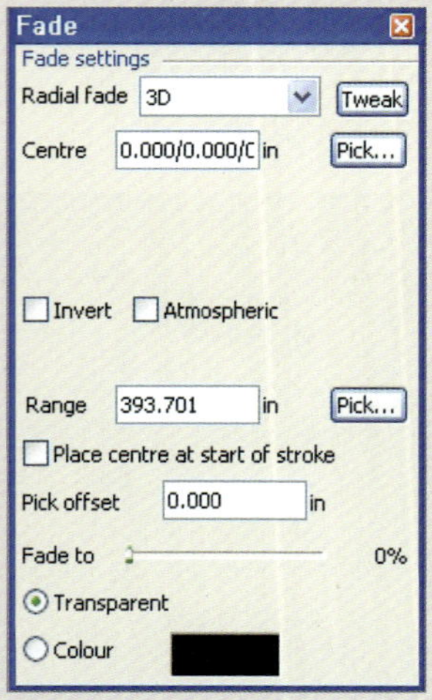

▲ Radial fade 도구( )+(»)

❶ 선택 도구 상자에서 해당 버튼을 클릭하여 원 페이드를 입력합니다.

❷ 페이드 탭에서 변경할 설정값을 선택하여 변색의 유형을 반영합니다.

❸ 선택한 페이드의 특성을 지정합니다.

- 두 위치 사이에 선형 효과
- 지점에서 방사형 페이드 효과
- 일루미네이션 조명 효과를 시뮬레이션

03 [Fade] 대화상자에서 [Range] 항목의 [Pick] 버튼을 클릭합니다. 그리고 공원 입구에 있는 2개의 가로등 전구를 정확하게 클릭하여 조명 효과를 표현합니다.

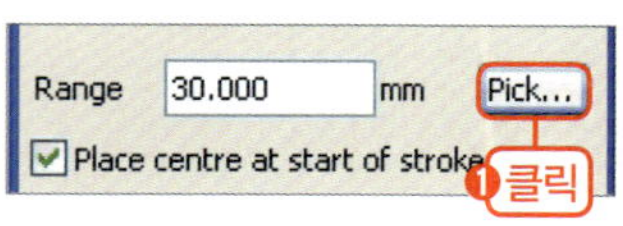

04 도구 툴에서 페인트 툴( )을 선택한 후 [Colour, Texture and Grain] 대화상자에서 그림처럼 색상을 '연노란색'으로 변경합니다. 그런 다음, [Blend]는 'Hard light', [Opacity]는 '55%'로 설정한 후 [Colour, Texture and Grain] 대화상자에서 [Fade] 버튼( )을 클릭합니다. 그리고 [세팅] 버튼(»)을 선택하면 [Fade] 대화상자가 나타납니다.

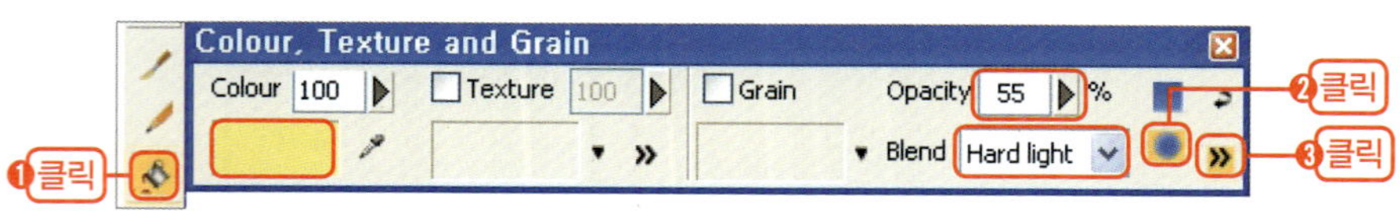

05 [Locks] 툴에서 잠금 해제( )를 선택한 후 'Contiguous'의 체크 표시를 해제합니다. 그리고 [Fade] 대화상자에서 그림처럼 설정한 후, [Range] 항목의 [Pick] 버튼을 클릭합니다.

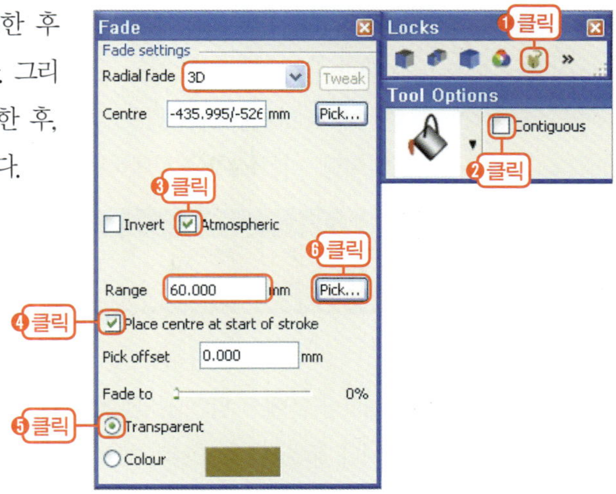

06 공원 안쪽 벽에 있는 각 가로등 전구를 정확하게 클릭하여 조명 효과를 표현합니다.

07 가로등 불빛이 가로등 주위의 바닥에 비쳐지는 효과를 표현하기 위해 도구 툴에서 페인트 툴( )을 선택합니다. [Colour, Texture and Grain] 대화상자에서 그림처럼 색상을 '연노란색'으로 지정한 후 [Blend]는 'Light', [Opacity]는 '40%'로 설정합니다. 그런 다음, [Fade] 버튼( )을 클릭하고 [세팅] 버튼( )을 선택하면 [Fade] 대화상자가 나타납니다.

08 [Locks] 툴에서 평면 잠금( )으로 설정합니다. [Contiguous]의 체크 표시를 해제합니다. [Fade] 대화상자에서 그림처럼 설정하고, [Pick] 버튼을 클릭합니다.

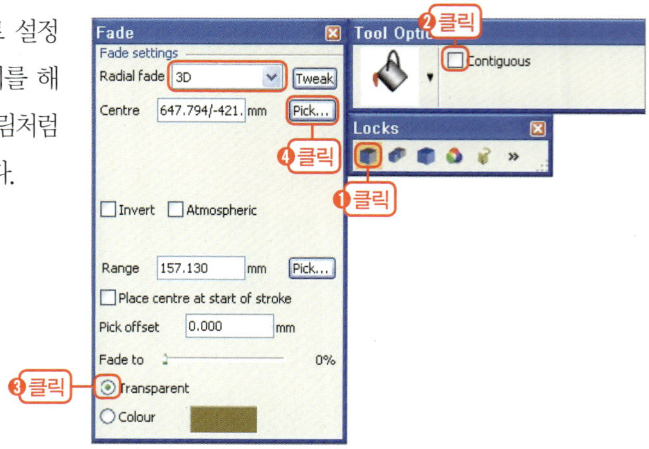

09 08에서 설정한 후 그림처럼 가로등 주위 바닥에서 조금 넓은 공간까지 클릭, 드래그하여 조명 범위를 설정합니다.

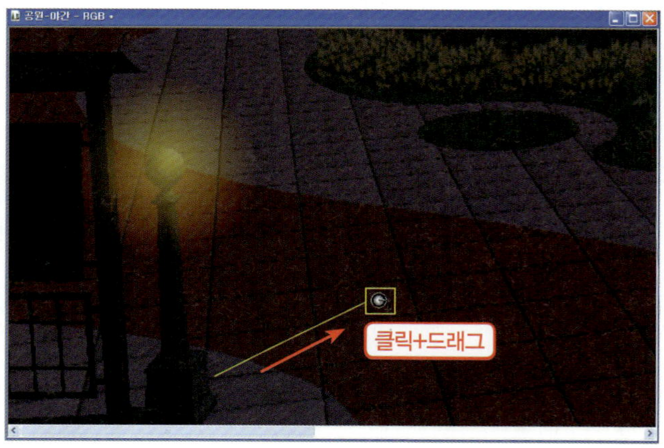

10 페인트 툴( )로 09에서 지정한 위치를 다시 클릭하여 조명 효과를 표현합니다.

11 07~10까지의 작업을 반복하여 또 다른 가로등 바닥에도 조명 효과를 표현합니다.

STEP 03 조명 툴을 활용한 조명 효과

01 공원 안에 조명 효과를 표현합니다. 도구 툴에서 조명 툴(💡)을 선택합니다. [Colour, Texture and Grain] 대화상자에서 그림처럼 색상을 '아이보리색'으로 지정하고, [Colour] 수치에 '70%'를 입력합니다. [Blend]에서 'Hard light'를 선택하고 [Opacity]는 '55%'로 설정합니다.

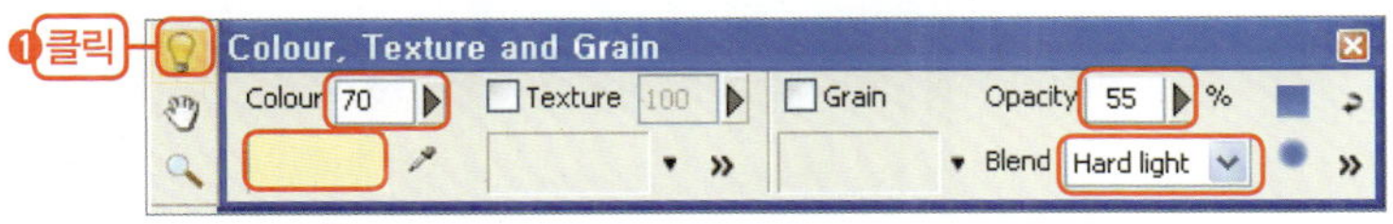

02 [Tool Options] 대화상자에서 조명의 [Type]을 'Point'로 설정합니다. [세팅] 버튼(»)을 선택하면 [Light] 대화상자가 나타납니다. 그런 다음, [Locks] 툴에서 잠금 해제(🔓)를 클릭하여 잠금을 해제하고 [Light] 대화상자에서 그림처럼 설정합니다.

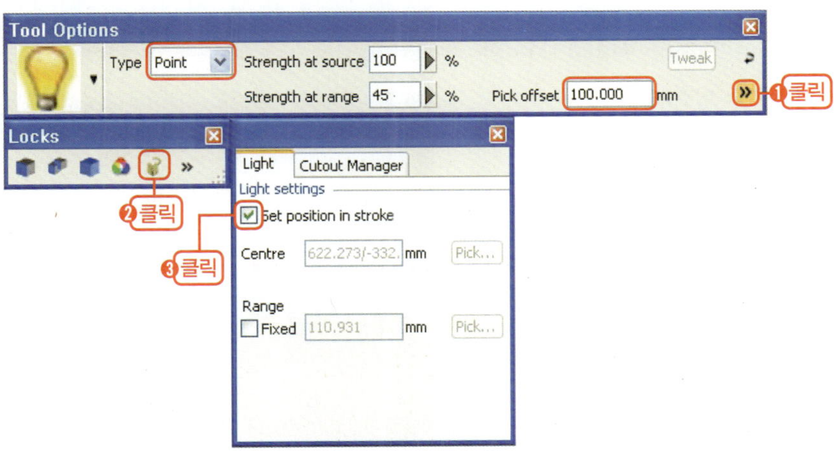

03 02에서 작업한 'Point' 조명을 원하는 위치에서 클릭, 드래그합니다. 'Point' 조명을 클릭하여 표현되는 'Point' 조명 효과를 확인할 수 있습니다.

04 01과 02에서 작업한 설정값을 기준으로 'Point' 조명을 원하는 위치에서 클릭, 드래그합니다. 'Point' 조명을 클릭하여 표현되는 'Point' 조명 효과를 확인할 수 있습니다.

05 01과 02에서 작업한 설정값을 기준으로 'Point' 조명을 원하는 위치에서 클릭, 드래그합니다. 'Point' 조명을 클릭하여 표현되는 'Point' 조명 효과를 확인할 수 있습니다.

06 01과 02에서 작업한 설정값을 기준으로 'Point' 조명을 원하는 위치에서 클릭, 드래그합니다. 'Point' 조명을 클릭하여 표현되는 'Point' 조명 효과를 확인할 수 있습니다.

07 01과 02에서 작업한 설정값을 기준으로 'Point' 조명을 원하는 위치에서 클릭, 드래그합니다. 'Point' 조명을 클릭하여 표현되는 'Point' 조명 효과를 확인할 수 있습니다.

08 공원 안에 조명 효과를 표현합니다. 도구 툴에서 조명 툴(💡)을 선택한 후 [Colour, Texture and Grain] 대화상자에서 그림처럼 색상으로 '아이보리색'으로 지정하고 [Colour] 수치를 '70%'로 입력합니다. 그런 다음, [Blend]는 'Hard light', [Opacity]는 '55%'로 설정합니다.

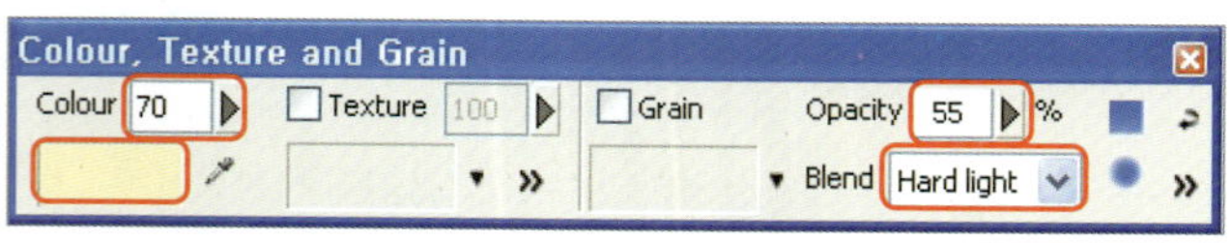

09 [Tool Options] 대화상자에서 조명 [Type]을 'Strip'으로 설정합니다. [세팅] 버튼(»)을 선택하면 [Light] 대화상자가 나타납니다. 그런 다음, [Locks] 툴에서 잠금 해제( )를 클릭하여 잠금을 해제하고 [Light] 대화상자에서 그림처럼 설정합니다.

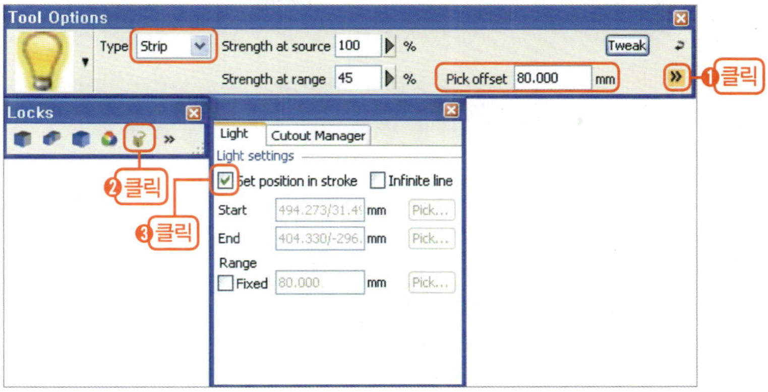

10 08과 09에서 작업한 설정값을 기준으로 'Strip' 조명을 원하는 위치에서 클릭, 드래그합니다. 그리고, [Tool Options] 대화상자에서 [Tweak] 버튼을 클릭한 후, 'Strip' 조명의 크기를 조절합니다. 'Strip' 조명을 클릭하여 표현되는 'Strip' 조명 효과를 확인할 수 있습니다.

11 공원 안에 조명 효과를 표현합니다. 도구 툴에서 조명 툴( )을 선택한 후 [Colour, Texture and Grain] 대화상자에서 그림처럼 색상을 지정하고 [Colour] 수치를 '70%'로 입력합니다. 그런 다음, [Blend]는 'Hard light', [Opacity]는 '65%'로 설정합니다.

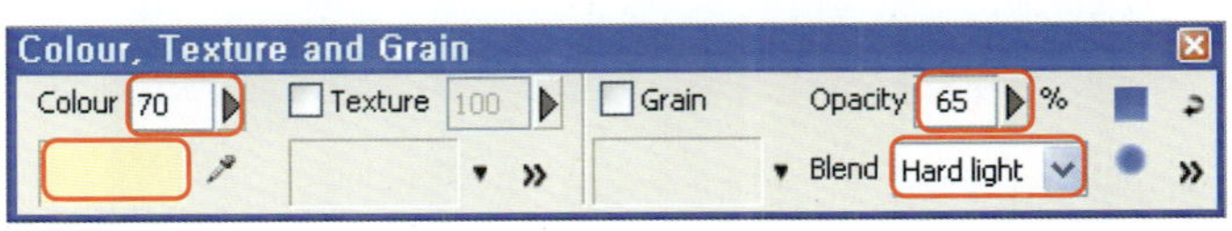

12 [Tool Options] 대화상자에서 조명 [Type]을 'Spot'으로 설정합니다. [세팅] 버튼(»)을 선택하면 [Light] 대화상자가 나타납니다. 그런 다음, [Locks] 툴에서 잠금 해제( )를 클릭하여 잠금을 해제하고 [Light] 대화상자에서 그림처럼 설정합니다.

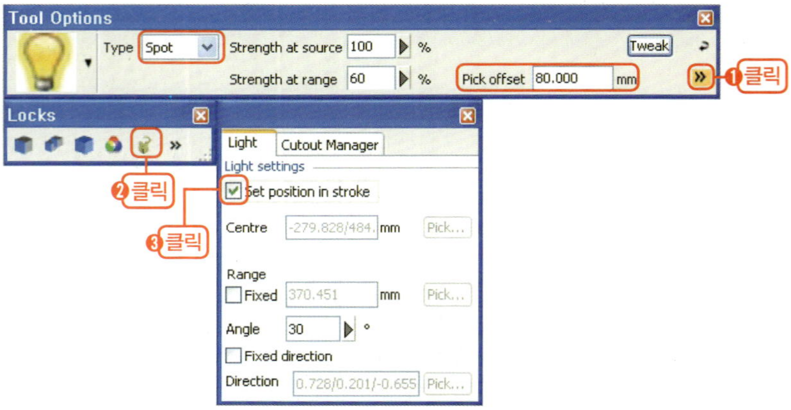

13 11과 12에서 작업한 설정값을 기준으로 'Spot' 조명을 원하는 위치에서 클릭, 드래그합니다. 'Spot' 조명을 클릭하여 표현되는 'Spot' 조명 효과를 확인할 수 있습니다. 단, 'Spot' 조명의 크기를 조절할 때는 [Tool Options] 대화상자에서 [Tweak] 버튼을 클릭한 후 사용합니다.

14 지금까지 작업한 결과를 볼 수 있습니다.

09; 거침없이 매끄러운 색감을 표현하는 마카 효과

광원의 방향을 정한 후 하이라이트 부분의 여백을 자연스럽게 살짝 남기며 마카의 터치를 최대한 살려 부드럽게 칠합니다. 먼저 바탕에 기본 색상을 칠한 후 한 단계 더 짙은 색상으로 다음 단계에 명암을 덧칠해 줍니다. 브러시의 속도에 따른 마카의 터치 효과를 최대한 살려 칠합니다. 어느 정도 요령을 익힌 후 간편한 명암을 자연스럽게 겹쳐 칠하게 되면 마카 효과를 응용할 수 있습니다. 좀 더 짙은 색상의 마카 효과를 표현하려면 구분선, 윤곽선 등을 자연스럽게 흰색 선으로 여백을 처리하면 됩니다. 이 장에서는 마카를 활용하는 방법에 대해서 알아보겠습니다.

01. 스머지 툴 활용 방법

얼룩 모양을 적용하는 렌더링 작업에 사용할 수 있습니다. 이 효과는 큰 영역의 색채나 장면에 가장 잘 적용됩니다. 이번에는 스머지 툴을 활용하는 방법에 대해 알아보겠습니다.

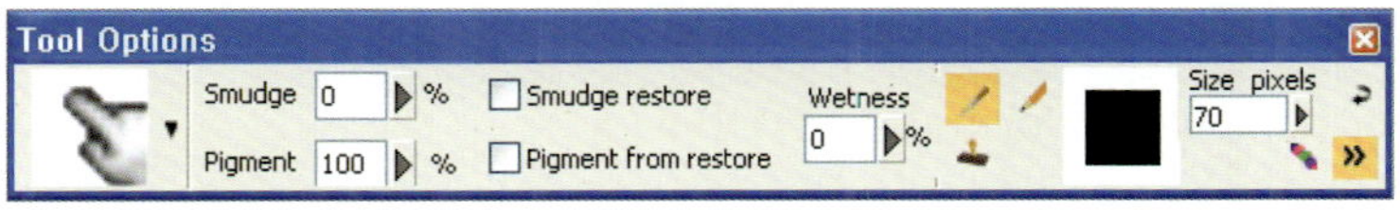

- 도구 모음에서 스머지 툴()을 클릭합니다.
- 도구 옵션에서 안료의 색상을 추가하여 얼룩이 번지는 옵션을 지정합니다.
- 연필 툴과 브러시 툴 또는 도장 툴 같은 효과를 설정합니다.
- 효과의 나머지 부분을 지정합니다.
- 장면 선택 도구로 그림을 그려 사용할 수 있습니다.

01 Pigment 사용법

물감의 투명도인 Pigment의 수치를 0~100% 사이에서 지정합니다.

- '0%'는 물감이 없다는 의미로, 색이 나타나지 않습니다.
- '1%~100%'의 Pigment 수치가 높을수록 물감이 가득차게 되어 색이 진하게 나타납니다.

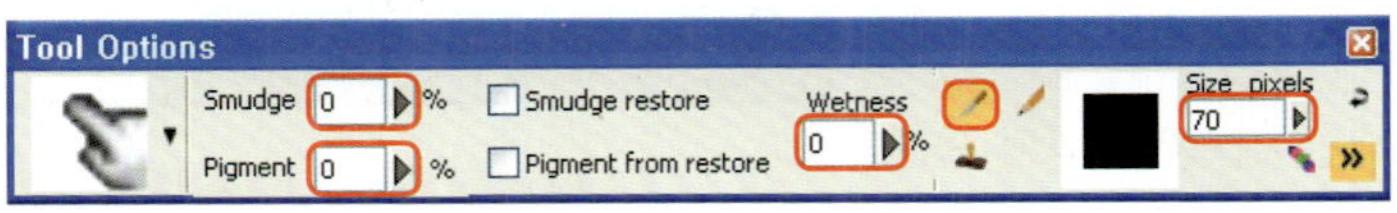

---

01 도구 툴에서 스머지 툴()을 선택합니다. [Colour, Texture and Grain] 대화상자에서 그림처럼 색상을 지정한 후 [Smudge] 탭에서 브러시 버튼()을 클릭하고 각 항목의 수치를 그림처럼 설정합니다. 그런 다음, [Smudge] 탭에서 [세팅] 버튼(»)을 클릭합니다.

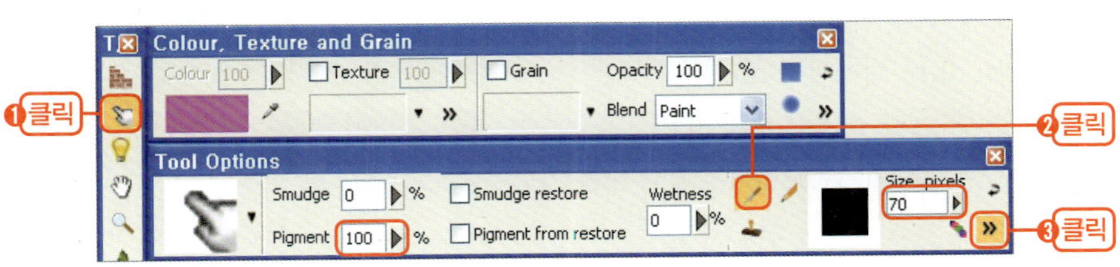

02 [Smudge] 대화상자에서 사각형 브러시(■)를 선택하고 [Softness]는 '0%', [Repeat]는 'Normal'을 선택합니다.

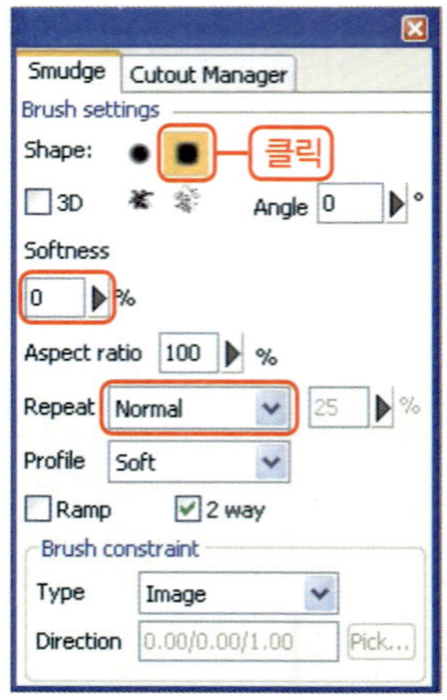

Tip

브러시 툴을 이용하여 마카 선을 그릴 때는 [Smudge] 대화상자에서 [Repeat]를 'Normal'로 설정해야 합니다. 만약, [Repeat]를 'Continuous'로 설정하면 스머지(Smudge)를 사용할 때 속도가 느려집니다.

03 [Smudge] 탭에서 [Smudge] '0%'/[Pigment] '100%'/[Wetness] '0%'로 각각 입력한 후 브러시 크기 값을 '70'으로 설정합니다. 색상을 변경하면서 마카 선을 그립니다.

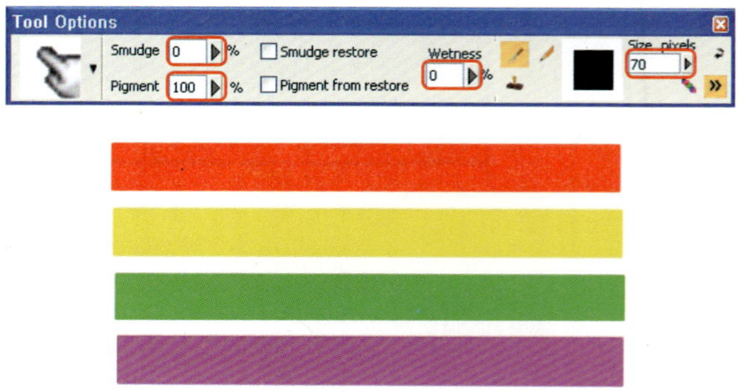

02 Smudge distance 사용법

Smudge distance는 물감의 번지는 거리값을 설정합니다. 앞서 살펴본 Pigment 사용법에서 [Pigment]를 이용하여 마카 선을 그렸습니다. 작업 영역에 그린 마카 선에 번지는 효과를 주기 위해 [Smudge] 탭에서 [Smudge] 거리 값을 각각 입력하면서 번지는 거리를 확인해 보겠습니다. 이때, [Pigment]의 값은 '0%'로 입력합니다.

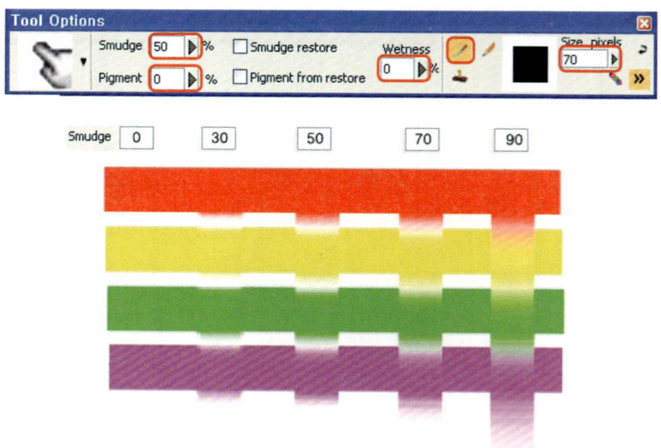

03 Wetness 사용법

물감의 물의 양을 설정합니다.

01 도구 툴에서 스머지 툴( )을 선택합니다. [Colour, Texture and Grain] 대화상자에서 그림처럼 색상을 지정한 후 [Smudge] 탭에서 브러시 버튼( )을 클릭하고 각 항목의 수치를 그림처럼 설정합니다. 이때 [Smudge] 거리 값은 '0%', [Pigment]의 값은 '80%', [Wetness]의 값은 '0%'로 입력합니다.

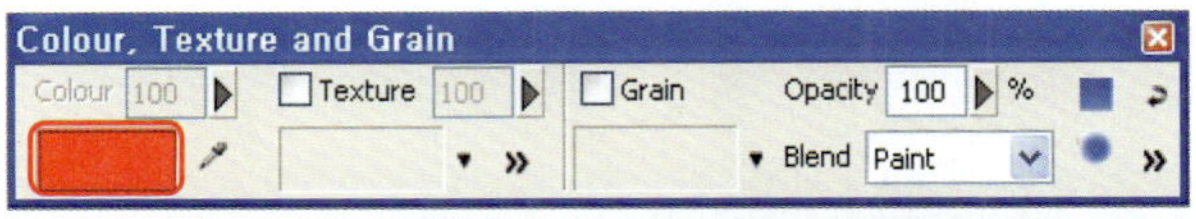

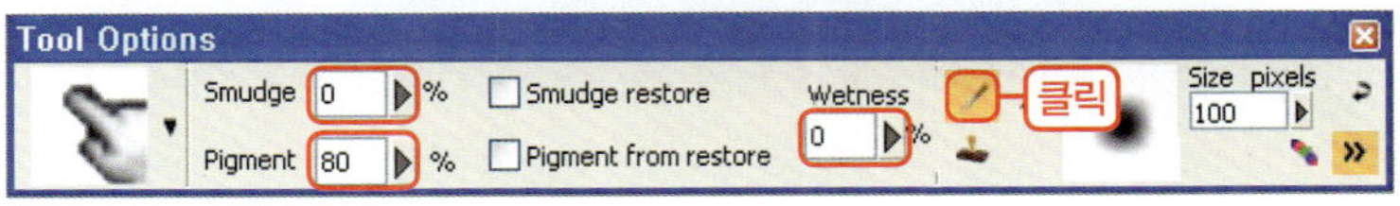

02 [Smudge] 탭에서 다음 그림처럼 각 [Wetness]의 값은 '0%', '100%'로 입력합니다. [Smudge] 탭에서 [세팅] 버튼(»)을 클릭하면 [Smudge] 대화상자가 나타납니다. [Smudge] 대화상자에서 사각형 브러시( )를 선택하고 [Repeat]는 'Normal'을 [Softness]는 '0%' 또는 '100%'를 각각 입력한 후 변하는 마카 선을 확인해 보겠습니다.

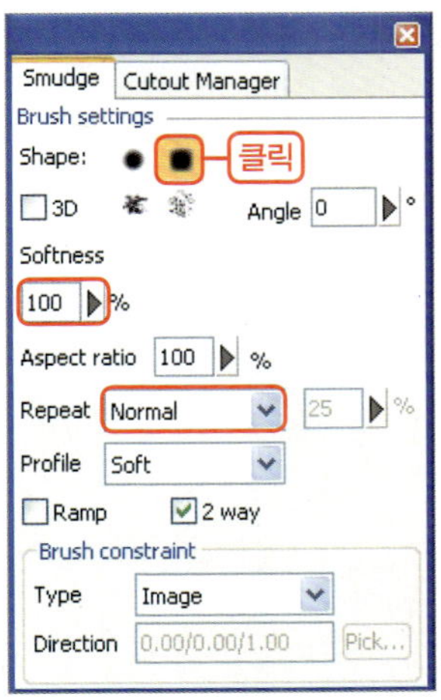

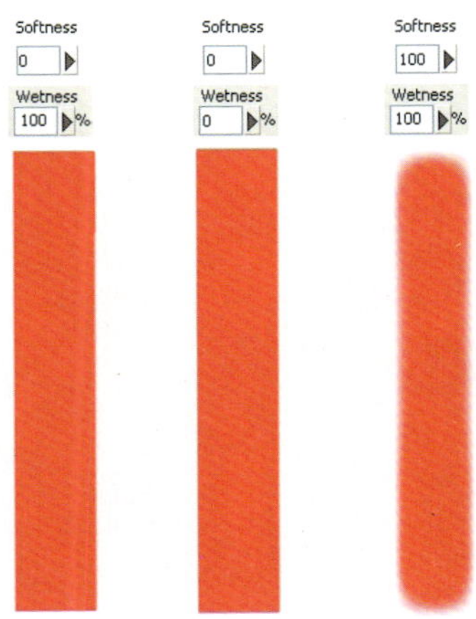

Tip

- 브러시의 [Softness] 0%/[Wetness] 0% 또는 100%일 때 마카 선의 결과가 똑같습니다.
- 브러시의 [Softness] 100%/[Wetness] 0% 또는 100%일 때 마카 선의 효과가 틀린 것을 확인할 수 있습니다.

02. 스머지(Smudge)를 이용한 실내 마카 효과

스케치 컬러링의 목적은 디자인 구조와 색상을 표현하기 위한 것이기 때문에 지나치게 컬러링에 부담을 가질 필요는 없습니다. 경우에 따라서는 단색으로 소재를 표현해도 문제가 없습니다.

STEP 01 스타일 브라우저 설정하기

01 메뉴에서 [File]-[Open]을 선택한 후 예제 파일을 불러옵니다.

● 예제 파일 I 부록 CD\Sample\Part 06\예제\실내 마카 예제.epx

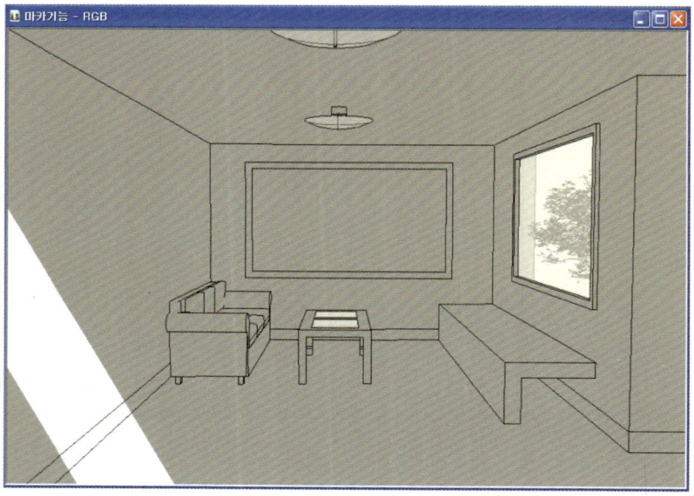

02 작업 영역을 초기화시키기 위해 도구 툴에서 마우스 오른쪽 버튼을 클릭하면 나타나는 확장 메뉴 중에서 [Reset Tools]와 [Style Manager]를 선택합니다.

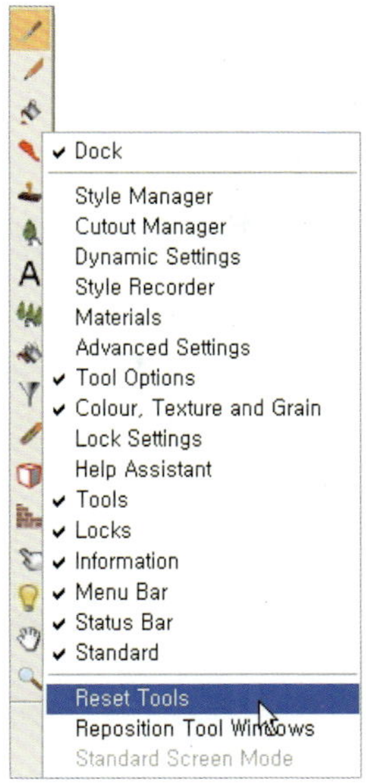

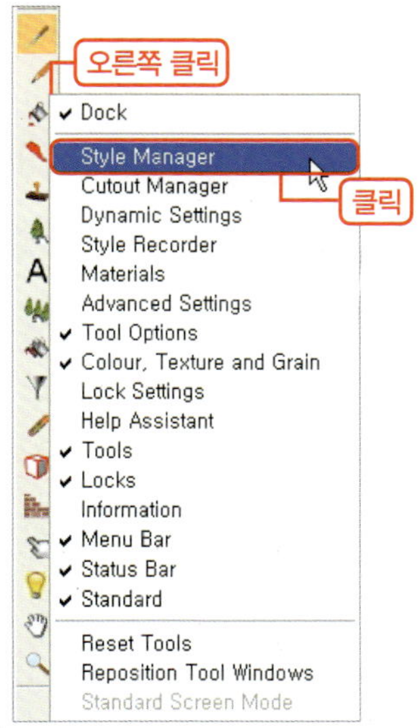

03 [Style]을 등록하기 위해 [Style Manager] 대화상자의 메뉴에서 [Library]–[New]–[Style Library]를 선택합니다. [Style] 파일 이름을 'smudge'로 입력합니다.

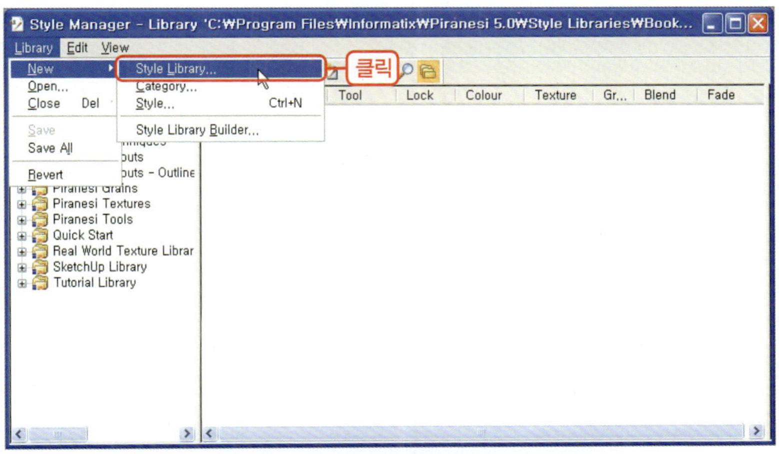

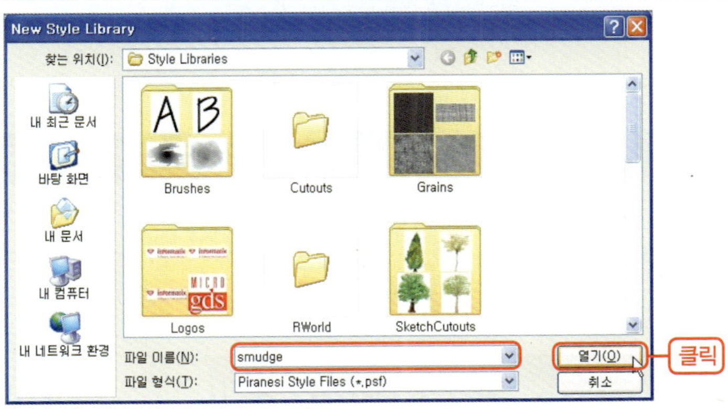

04 [Style Manager] 대화상자에 03에서 만든 'smudge'라는 폴더가 생성된 것을 알 수 있습니다. [smudge]를 클릭한 후 [Default]에서 마우스 오른쪽 버튼을 클릭하면 나타나는 확장 메뉴 중에서 [Properties]를 선택합니다.

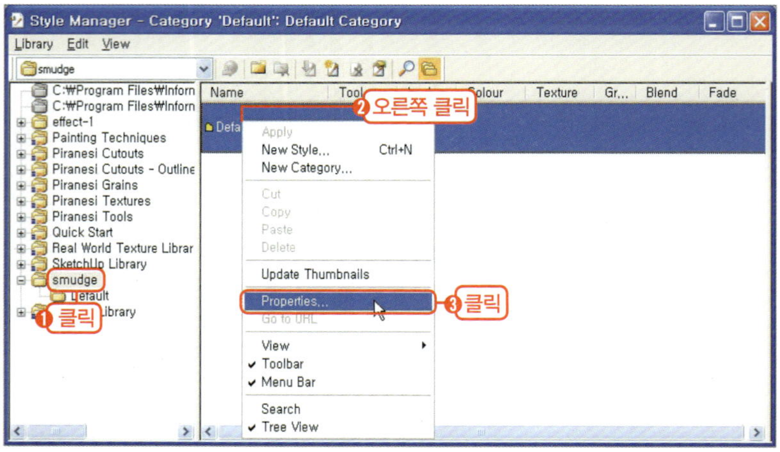

05 [Style Category Properties] 대화상자에 '마카 효과'라고 입력한 후 [OK] 버튼을 클릭합니다. [Default]의 이름이 변경된 것을 알 수 있습니다.

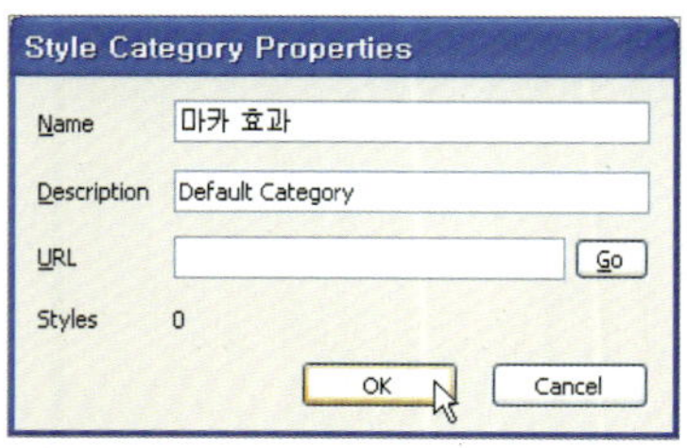

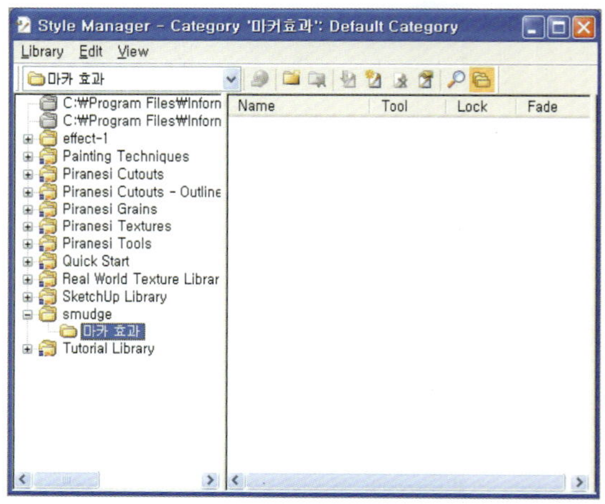

STEP 02 벽면에 마카 효과 표현하기

01 도구 툴에서 스머지 툴( )을 선택한 후 '연보라색'의 마카 색상을 지정합니다. 그런 다음, [Blend]는 'Ink', [Opacity]는 '100%'로 설정합니다.

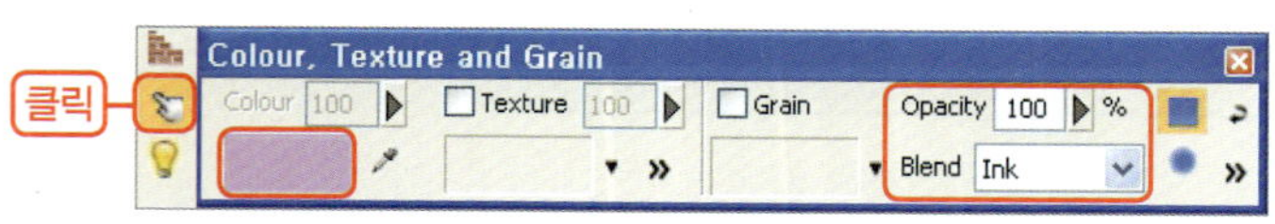

02 [Smudge] 탭에서 브러시 버튼()을 클릭한 후 [Smudge] '0%'/[Pigment] '70%'/[Wetness] '0%'로 각각 입력하고 브러시 크기 값을 '30'으로 설정합니다. [Smudge] 탭에서 [세팅] 버튼()을 클릭합니다.

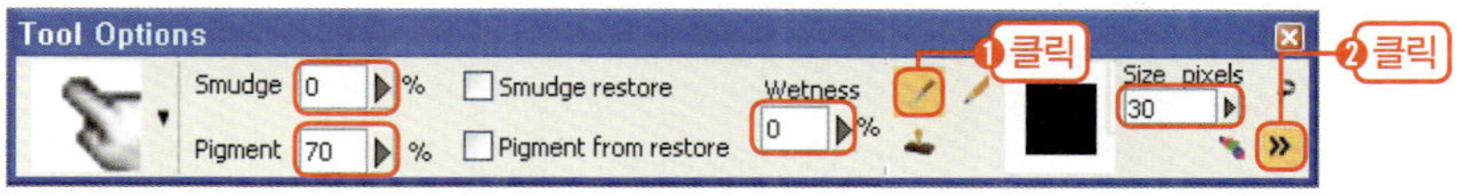

03 [Smudge] 대화상자가 나타납니다. [Smudge] 대화상자에서 사각형 브러시()를 선택한 후 [Softness]는 '0%', [Repeat]는 'Normal'을 선택합니다. [Locks] 툴에서 평면 잠금()과 재질 잠금()을 클릭합니다.

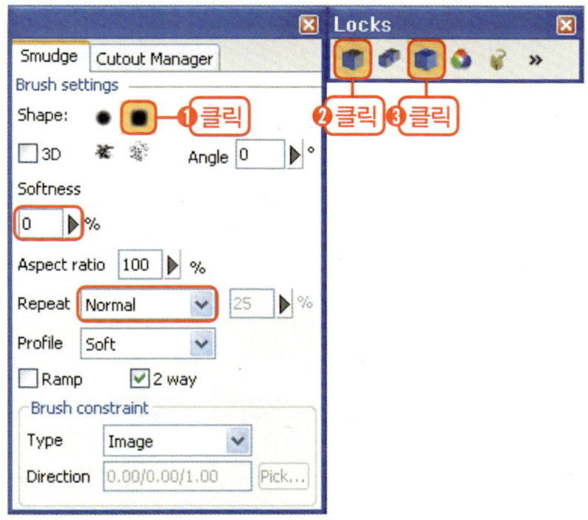

04 [Colour, Texture and Grain] 대화상자에서 [Fade] 버튼()을 클릭합니다. [세팅] 버튼()을 선택하면 [Fade] 대화상자가 나타납니다.

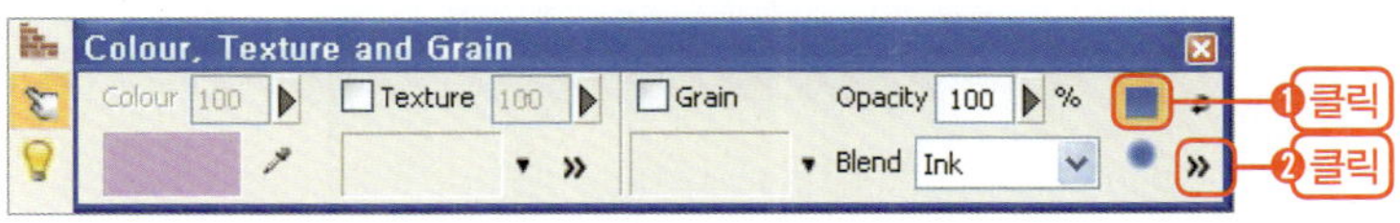

05 [Fade] 대화상자에서 그림처럼 설정한 후 [Pick] 버튼을 클릭합니다. 그림처럼 정면 벽의 왼쪽에서 오른쪽으로 클릭, 드래그합니다.

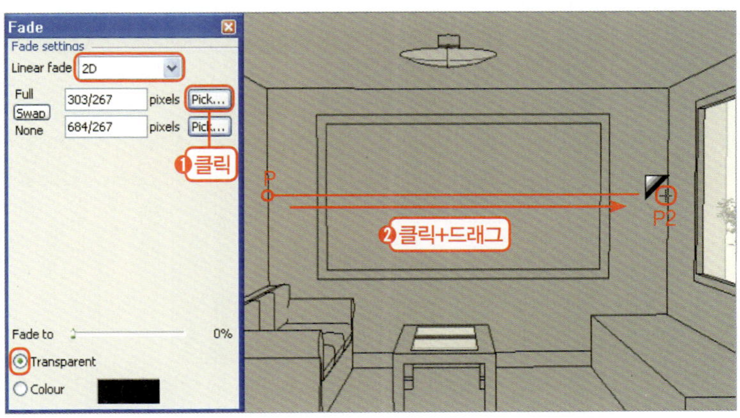

06 그림처럼 정면 벽에 마카 선을 그립니다. 브러시( )로 마카 선을 그릴 때 Shift를 누른 채 그리면 반듯한 직선을 표현할 수 있습니다. 마카 선들을 조금씩 겹치게 하거나 또는 간격을 조금 띄우면서 자연스럽게 표현합니다. 다시 한 번 마카 선들을 그림처럼 가로, 세로 방향으로 겹치면서 자연스럽게 표현합니다.

❶

❷

❸

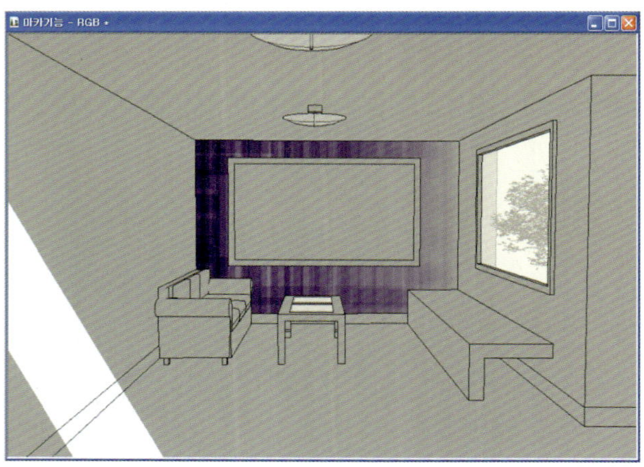

07 01~06까지 작업한 스타일을 등록하기 위해 화면 상단에서 스타일 목록( ) 버튼을 클릭합니다. [New Style] 대화상자에서 '정면-벽'이라고 입력한 후 Step 01에서 설정한 대로 [Library]와 [Category]가 제대로 설정되었는지 확인하고 [OK] 버튼을 클릭합니다.

08 도구 툴에서 스머지 툴( )을 선택한 후 '연회색'의 마카의 색상을 지정하고 [Blend]는 'Ink', [Opacity]는 '100%'로 설정합니다.

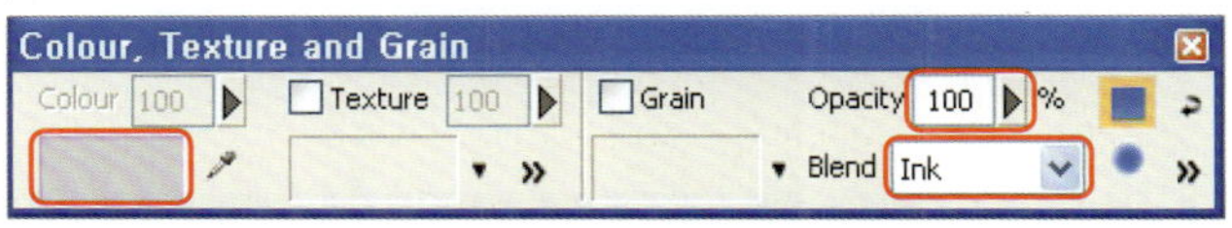

09 [Smudge] 탭에서 브러시 버튼( )을 클릭하고 [Smudge] '0%'/[Pigment] '70%'/[Wetness] '0%'로 각각 입력한 후 브러시 크기 값을 '50'으로 설정합니다. [Smudge] 탭에서 [세팅] 버튼( )을 클릭합니다.

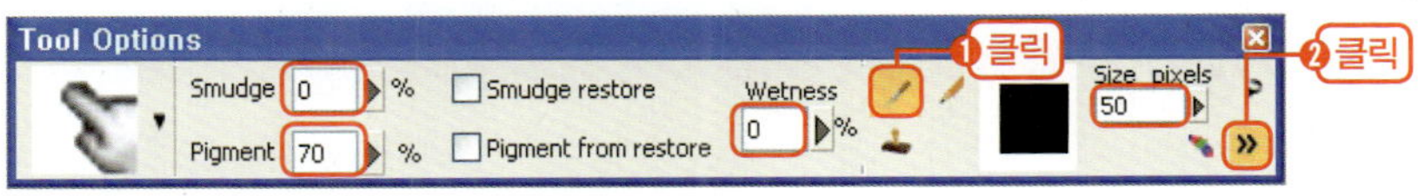

10 [Smudge] 대화상자에서 사각형 브러시( )를 선택하고 [Softness]는 '0%', [Repeat]는 'Normal'을 선택합니다. [Locks] 툴에서 평면 잠금( )과 재질 잠금( )을 클릭하여 설정합니다.

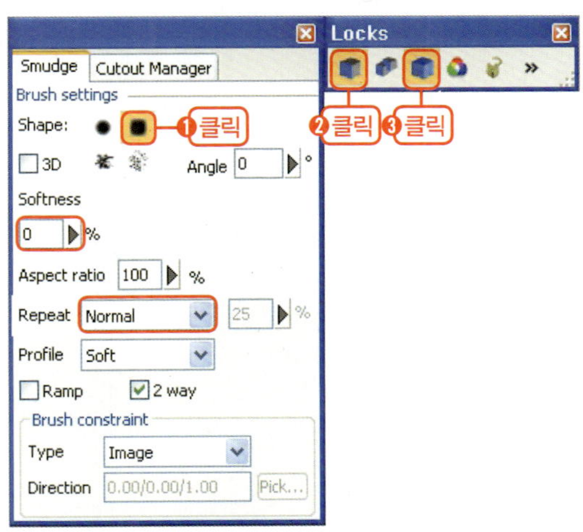

11 [Colour, Texture and Grain] 대화상자에서 [Fade] 버튼( )을 클릭합니다. [세팅] 버튼(»)을 선택하면 [Fade] 대화상자가 나타납니다.

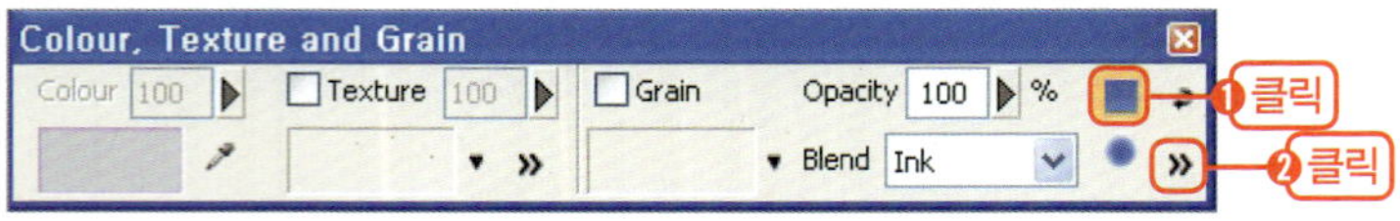

12 [Fade] 대화상자에서 [Full] 항목의 [Pick] 버튼을 클릭한 후, 그림처럼 옆면 벽 안쪽에서 바깥쪽으로 클릭, 드래그합니다.

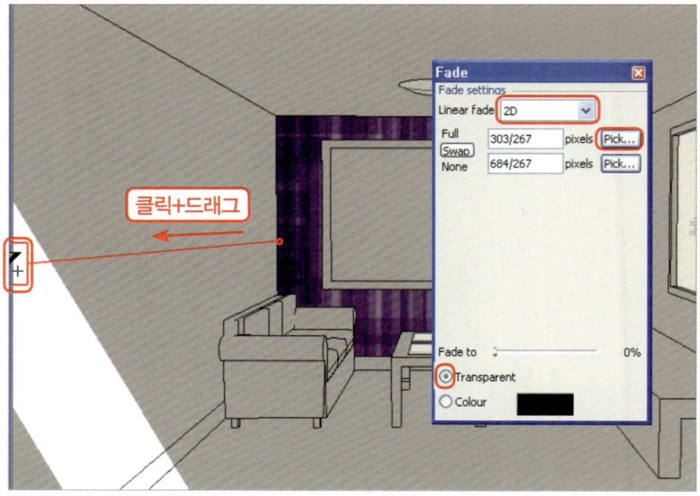

13 그림처럼 옆면 벽에 마카 선을 그립니다. 브러시( )로 마카 선을 그릴 때 Shift를 누른 채 그리면 일정한 세로 방향으로 직선 효과를 줄 수 있습니다.

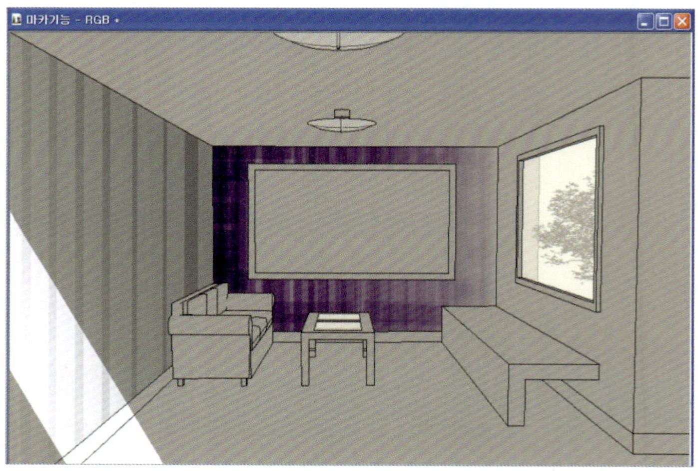

14 08~13까지 작업한 스타일을 등록하기 위해 화면 상단에서 스타일 목록( ) 버튼을 클릭합니다. 그런 다음, [New Style] 대화상자에서 '옆면-벽'이라고 입력하고 [Library]와 [Category]가 제대로 설정되었는지 확인한 후 [OK] 버튼을 클릭합니다.

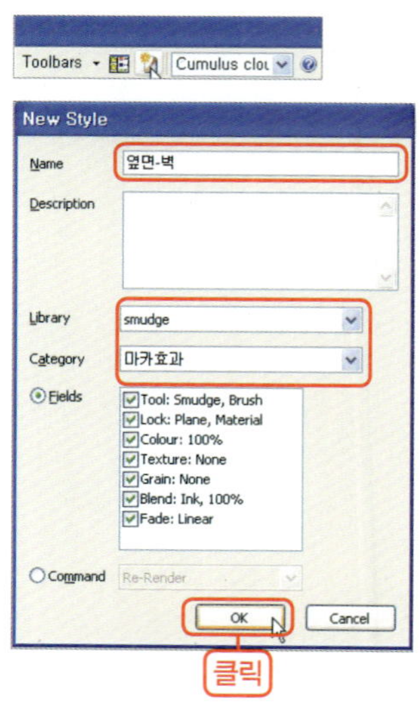

15 도구 툴에서 스머지 툴( )을 선택한 후 '연회색'의 마카의 색상을 지정하고 [Blend]는 'Ink', [Opacity]는 '75%'로 설정합니다.

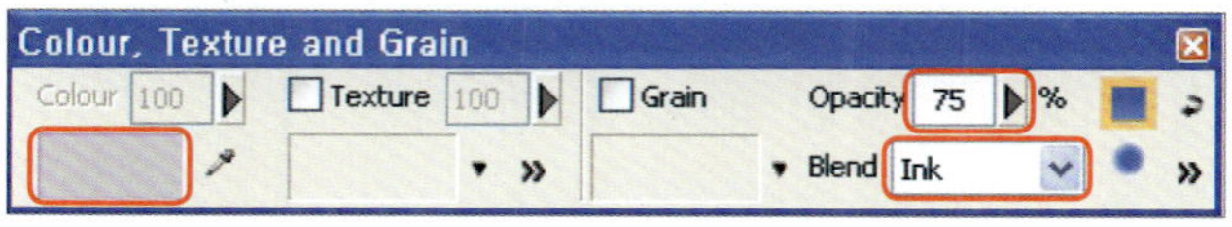

16 [Smudge] 탭에서 브러시 버튼( )을 클릭한 후 [Smudge] '0%'/[Pigment] '100%'/[Wetness] '0%'로 각각 입력하고 브러시 크기 값을 '30'으로 설정합니다. 그리고 [세팅] 버튼( )을 클릭합니다.

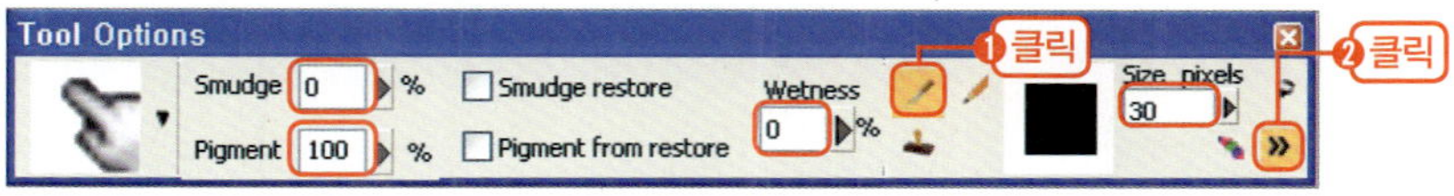

17 [Smudge] 대화상자에서 사각형 브러시( )를 선택하고 [Softness]는 '0%', [Repeat]는 'Normal'을 선택합니다. [Locks] 툴에서 평면 잠금( )과 재질 잠금( )을 클릭하여 설정합니다.

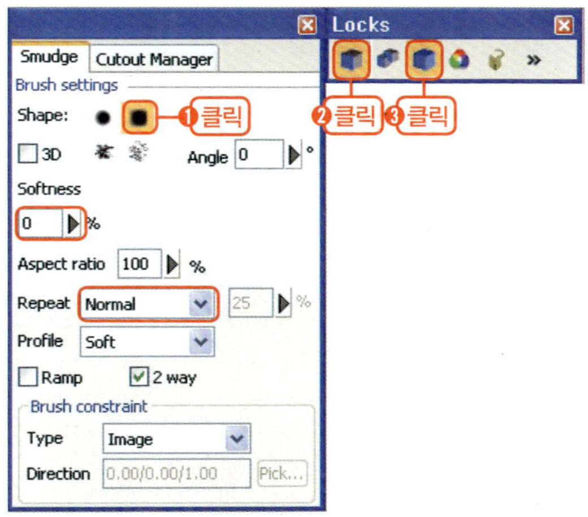

18 15와 17에서 작업한 옆면 벽의 공간을 그림처럼 다시 한 번 좀 더 진하게 만들기 위해 다시 마카 선을 그립니다. 브러시( )로 마카 선을 그릴 때 Shift를 누른 채 그리면 반듯한 직선을 표현할 수 있습니다.

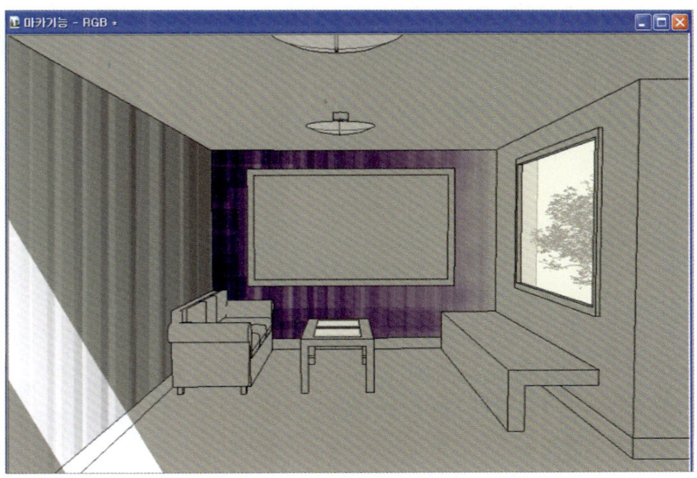

19 15~18까지 작업한 스타일을 등록하기 위해 화면 상단에서 스타일 목록( ) 버튼을 클릭합니다. [New Style] 대화상자에서 '옆면[1]-벽'이라고 입력한 후 [Library]와 [Category]가 제대로 설정되었는지 확인하고 [OK] 버튼을 클릭합니다.

20 [스타일 이름]에 붙어 있는 목록 버튼( )을 클릭하면 나타나는 목록 중에서 '옆면-벽' 스타일을 선택합니다.

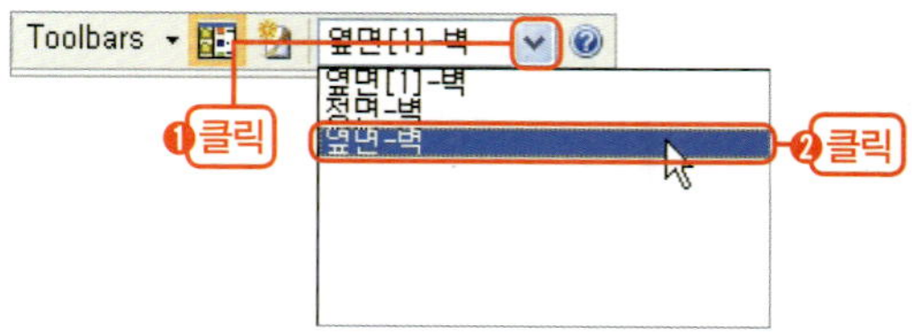

Tip

등록한 스타일 이름 중에서 원하는 스타일 이름을 선택하면, 현재 작업 영역이 선택된 스타일 작업 세팅으로 변경됩니다.

21 [Fade] 대화상자에서 [Pick] 버튼을 클릭한 후, 다음 그림처럼 옆면 벽의 안쪽에서 바깥쪽으로 클릭, 드래그합니다.

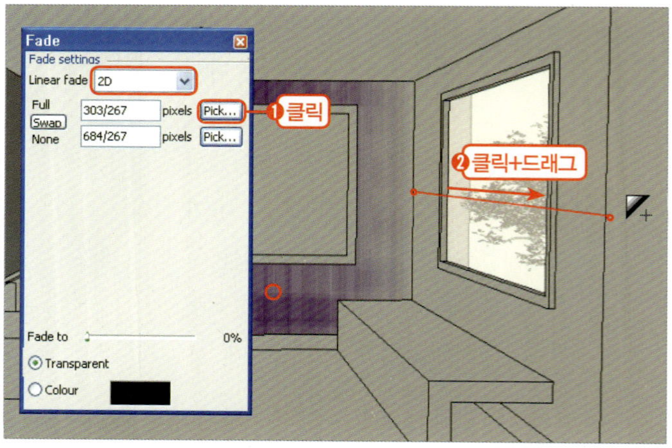

22 그림처럼 옆면 벽에 마카 선을 그립니다. 브러시( )로 마카 선을 그릴 때 Shift를 누른 채 그리면 반듯한 직선을 표현할 수 있습니다.

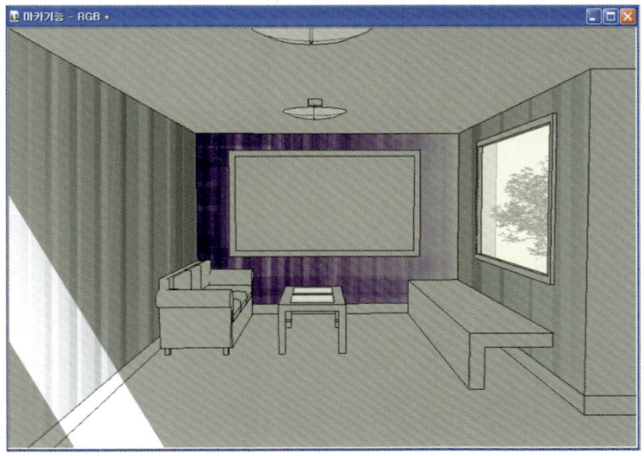

23 [스타일 이름]에 붙어 있는 목록 버튼( )을 클릭하면 나타나는 목록 중에서 '옆면[1]–벽' 스타일을 클릭합니다.

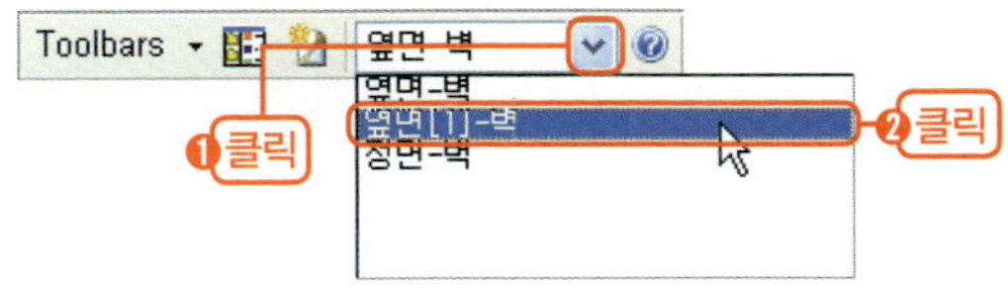

24 다음 그림처럼 옆면 벽에 마카 선을 그립니다. 브러시( )로 마카 선을 그릴 때 Shift를 누른 채 그리면 반듯한 직선을 표현할 수 있습니다.

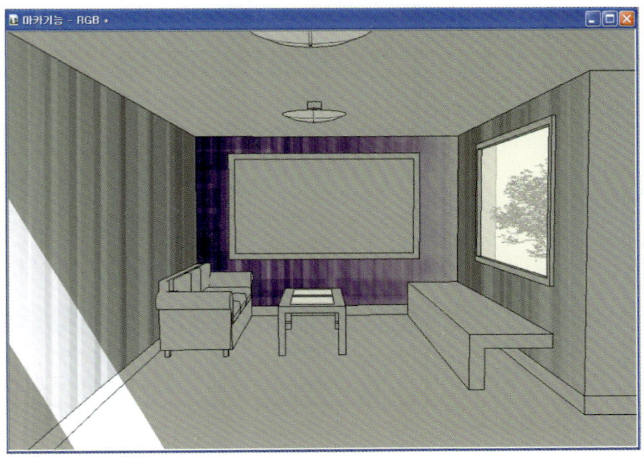

25 [스타일 이름]에 붙어 있는 목록 버튼( )을 클릭하면 나타나는 목록 중에서 '옆면–벽' 스타일을 클릭합니다.

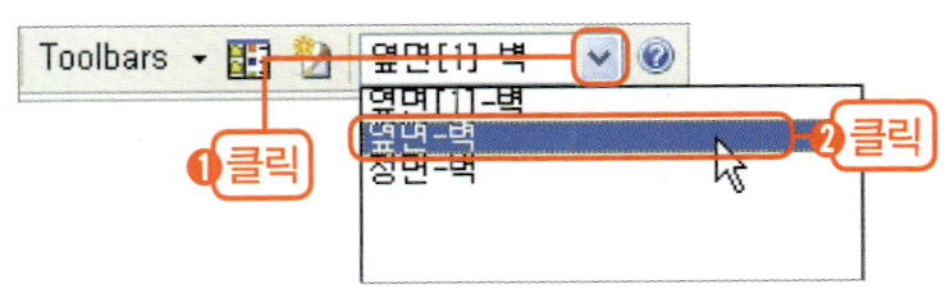

26 [Fade] 대화상자에서 [Pick] 버튼을 클릭한 후, 다음 그림처럼 앞쪽에 있는 벽의 왼쪽 모서리에서 오른쪽 모서리로 클릭, 드래그합니다.

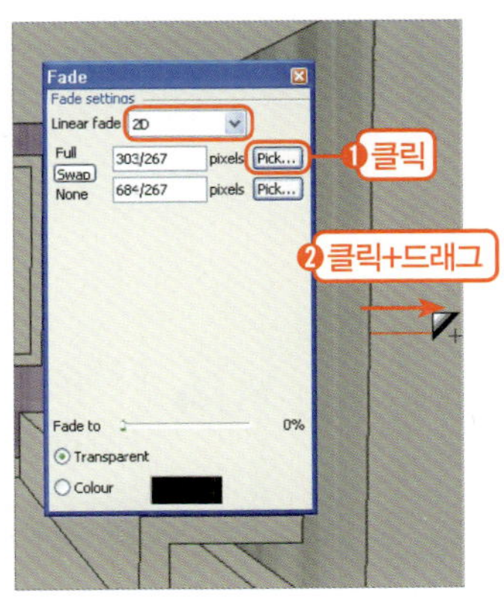

27 그림처럼 앞쪽에 있는 벽에 마카 선을 그립니다. 브러시( )로 마카 선을 그릴 때 Shift를 누른 채 그리면 반듯한 직선을 그릴 수 있습니다.

STEP 03 바닥에 마카 효과 표현하기

01 도구 툴에서 스머지 툴( )을 선택한 후 '연노란색'의 마카 색상을 지정하고 [Blend]는 'Ink', [Opacity]는 '85%'로 설정합니다.

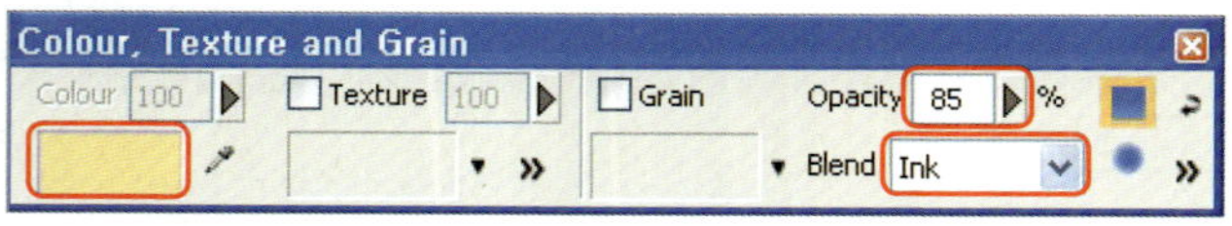

02 [Smudge] 탭에서 브러시 버튼( )을 클릭한 후 [Smudge] '0%'/[Pigment] '100%'/[Wetness] '0%'로 각각 입력하고 브러시 크기 값을 '35'로 설정합니다. 그리고 [세팅] 버튼(»)을 클릭합니다.

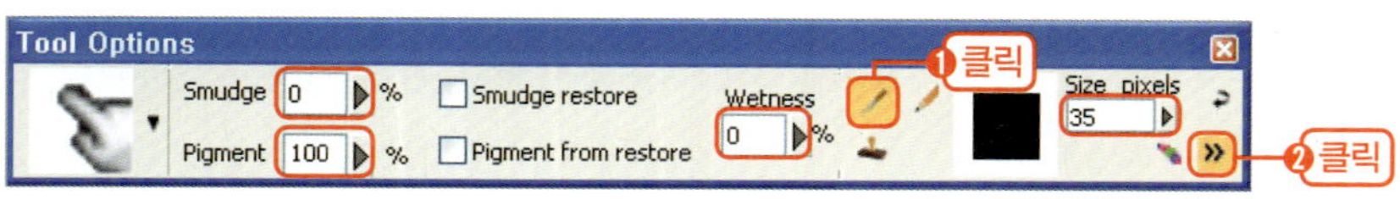

03 [Smudge] 대화상자에서 사각형 브러시( )를 선택하고 [Softness]는 '0%', [Repeat]는 'Normal'을 선택합니다. [Locks] 툴에서 평면 잠금( )과 재질 잠금( )을 클릭하여 설정합니다.

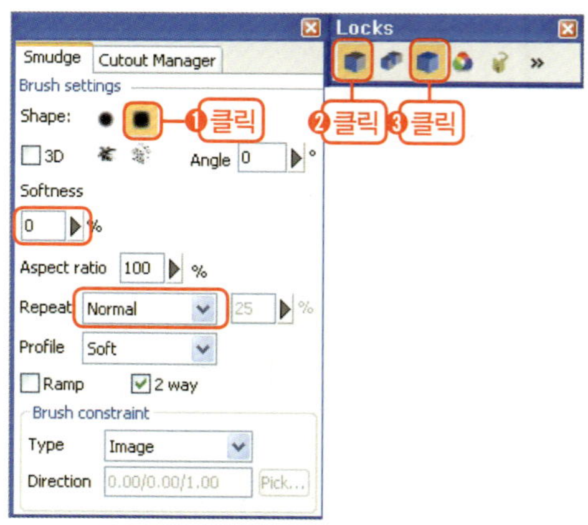

04 [Colour, Texture and Grain] 대화상자에서 [Fade] 버튼( )을 클릭합니다. [세팅] 버튼(»)을 선택하면 나타나는 [Fade] 대화상자에서 다음 그림처럼 설정합니다.

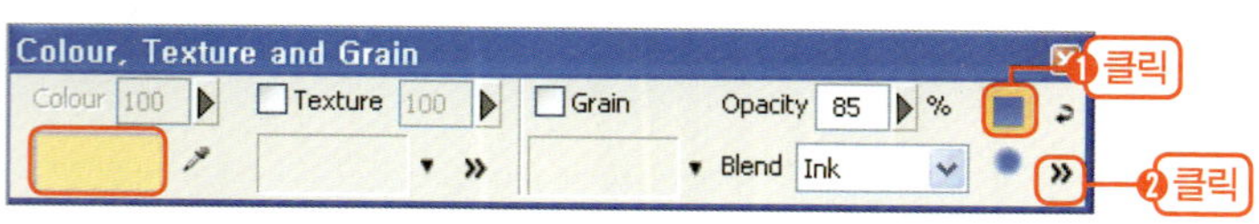

05 다음 그림처럼 [Fade] 대화상자의 값을 설정한 후 [Pick] 버튼을 클릭합니다. 그런 다음, 바닥의 안쪽에서 바깥쪽으로 클릭, 드래그합니다.

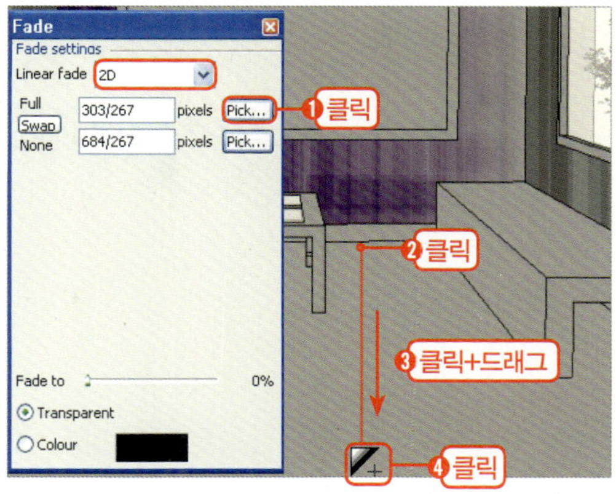

06 그림처럼 바닥에 마카 선을 그립니다. 브러시( )로 마카 선을 그릴 때 Shift를 누른 채 그리면 반듯한 직선을 표현할 수 있습니다.

07 01~06까지 작업한 스타일을 등록하기 위해 화면 상단에서 스타일 목록( ) 버튼을 클릭합니다. [New Style] 대화상자에서 '바닥'이라고 입력한 후 [Library]와 [Category]가 제대로 설정되었는지 확인하고 [OK] 버튼을 클릭합니다.

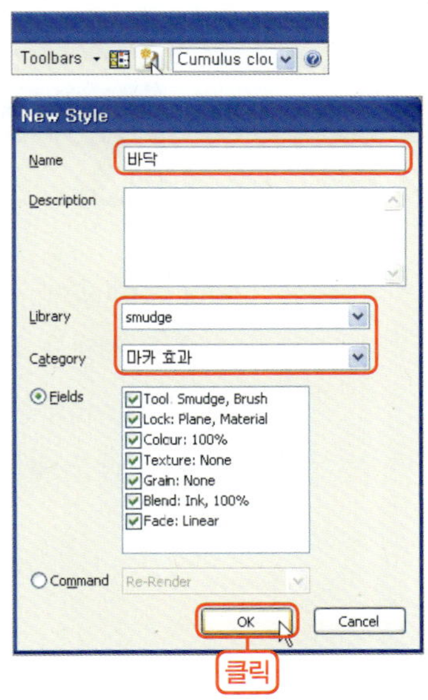

08 [Blend]는 'Ink', [Opacity]는 '100%'로 설정합니다. 그림처럼 다시 한 번 바닥에 마카로 선을 표현합니다.

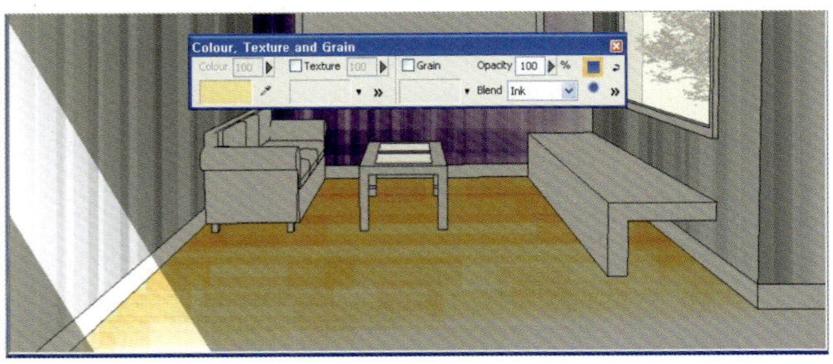

09 08에서 작업한 스타일을 등록하기 위해 화면 상단에서 스타일 목록( ) 버튼을 클릭합니다. [New Style] 대화상자에서 '바닥-1'이라고 입력한 후 [Library]와 [Category]가 제대로 설정되었는지 확인하고 [OK] 버튼을 클릭합니다.

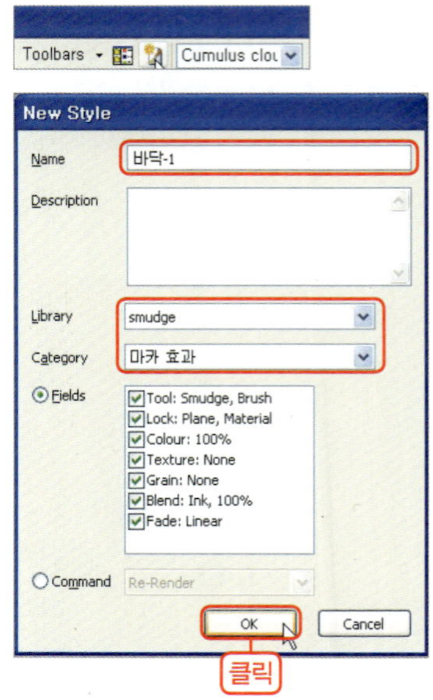

10 도구 툴에서 스머지 툴( )을 선택한 후 마카의 색상을 다음과 같이 지정합니다. [Blend]는 'Ink', [Opacity]는 '100%'로 설정합니다.

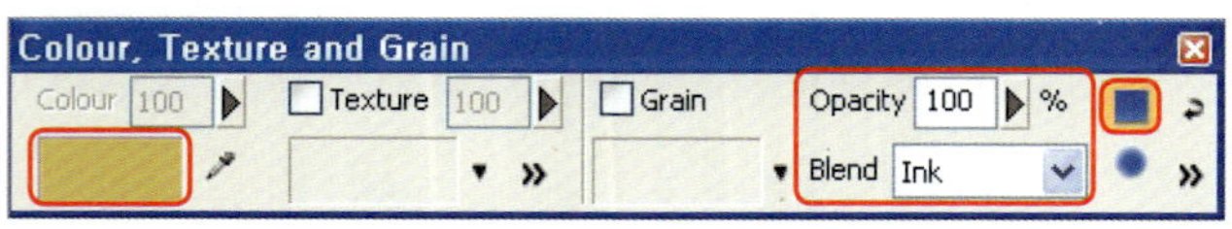

11 [Smudge] 탭에서 브러시 버튼( )을 클릭한 후 [Smudge] '0%'/[Pigment] '80%'/[Wetness] '0%'로 각각 입력하고 브러시 크기 값을 '30'으로 설정합니다. [세팅] 버튼( )을 클릭합니다.

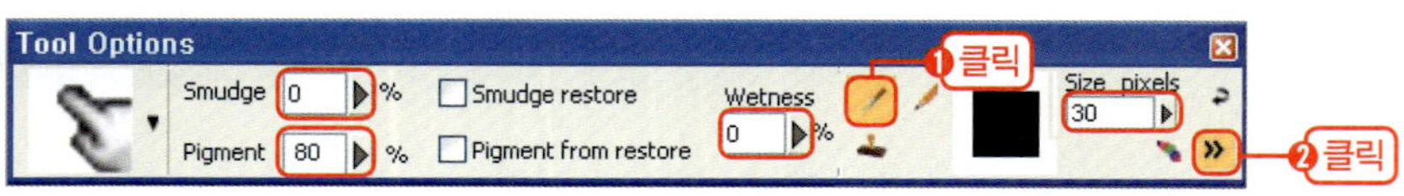

12 [Smudge] 대화상자에서 사각형 브러시( )를 선택한 후 [Softness]는 '0%', [Repeat]는 'Normal'을 선택합니다. [Locks] 툴에서 평면 잠금( )과 재질 잠금( )을 클릭합니다.

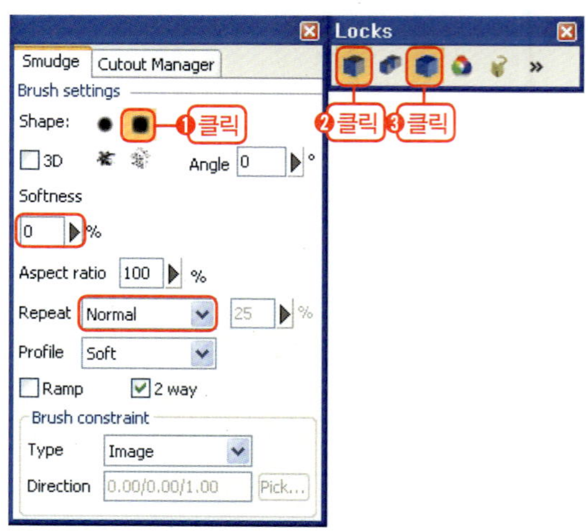

13 [Fade] 대화상자에서 [Pick] 버튼을 클릭한 후 그림처럼 바닥 위쪽에서 아래쪽으로 클릭, 드래그합니다.

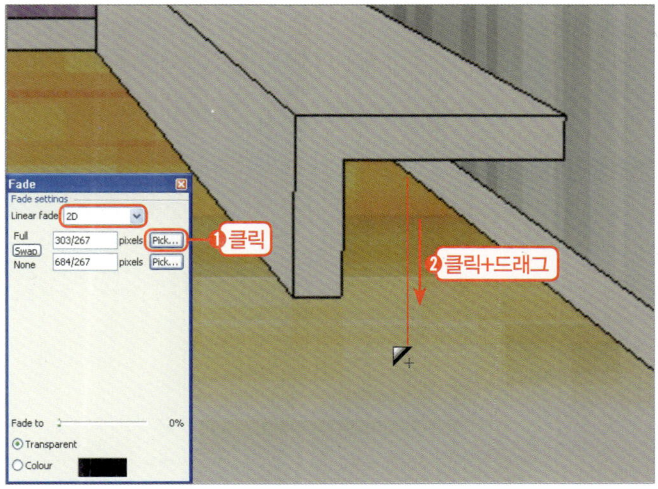

14 그림처럼 바닥에 살짝 비치는 느낌을 주기 위해 마카 선을 위에서 아래로 살짝 클릭, 드래그합니다. 그리고 다른 부분에 [Fade] 대화상자에서 [Pick] 버튼을 클릭한 후 그림처럼 바닥의 위쪽에서 아래쪽으로 클릭, 드래그합니다.

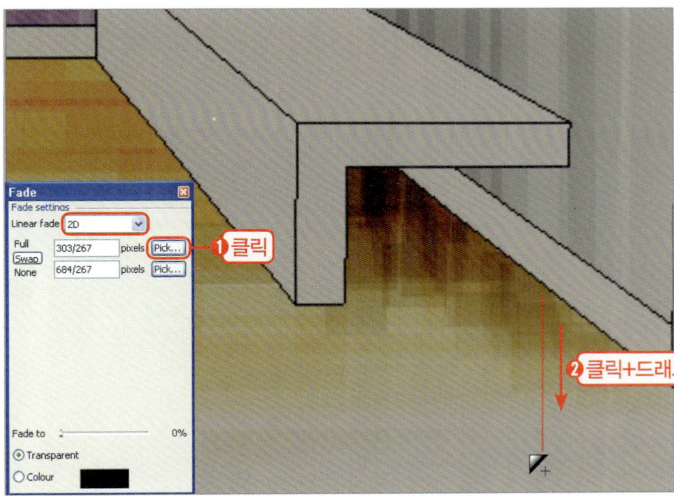

15 [Fade] 대화상자에서 [Pick] 버튼을 클릭한 후 그림처럼 바닥의 위쪽에서 아래쪽으로 클릭, 드래그합니다.

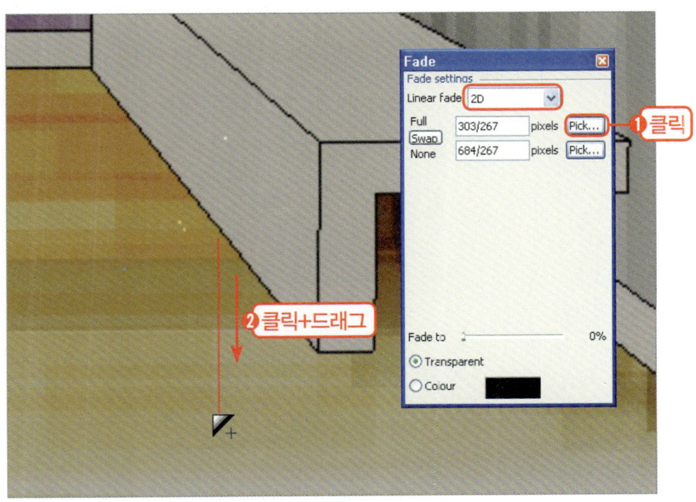

16 그림처럼 바닥에 비치는 느낌을 주기 위해 마카 선을 위에서 아래로 살짝 클릭, 드래그합니다. 그리고 다른 부분에 [Fade] 대화상자에서 [Pick] 버튼을 클릭한 후 그림처럼 바닥의 위쪽에서 아래쪽으로 클릭, 드래그합니다.

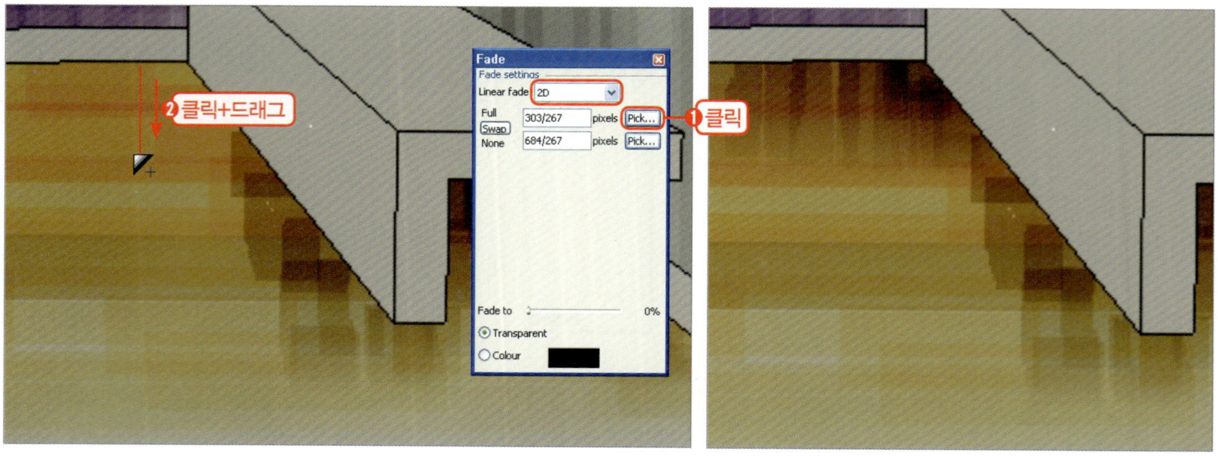

17 [Fade] 대화상자에서 [Pick] 버튼을 클릭한 후 그림처럼 바닥의 위쪽에서 아래쪽으로 클릭, 드래그합니다. 그런 다음, 그림처럼 바닥에 살짝 비치는 느낌을 주기 위해 마카 선을 위에서 아래로 클릭, 드래그합니다.

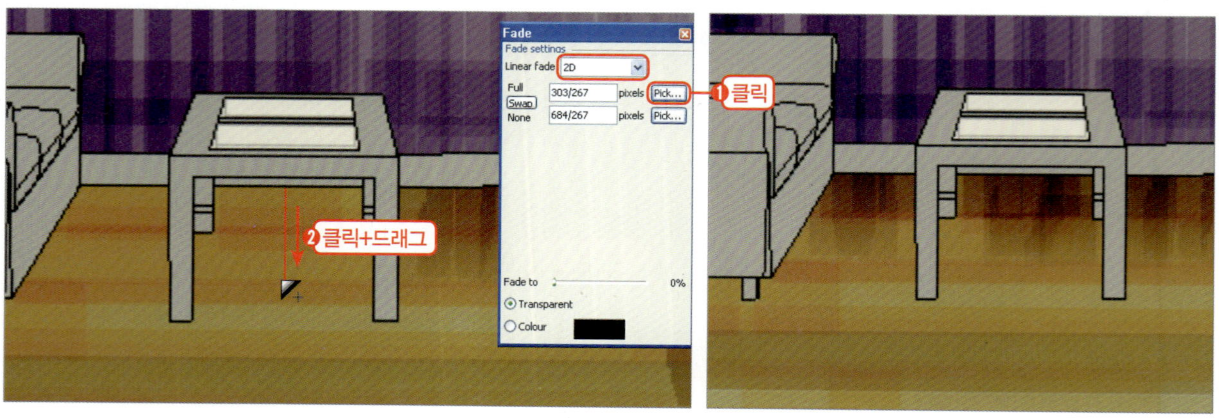

18 [Fade] 대화상자에서 [Pick] 버튼을 클릭한 후 그림처럼 바닥의 위쪽에서 아래쪽으로 클릭, 드래그합니다.

19 그림처럼 바닥에 살짝 비치는 느낌을 주기 위해 마카 선을 위에서 아래로 살짝 클릭, 드래그합니다. 그리고 다른 부분에 [Fade] 대화상자에서 [Pick] 버튼을 클릭한 후 그림처럼 바닥의 위쪽에서 아래쪽으로 클릭, 드래그합니다.

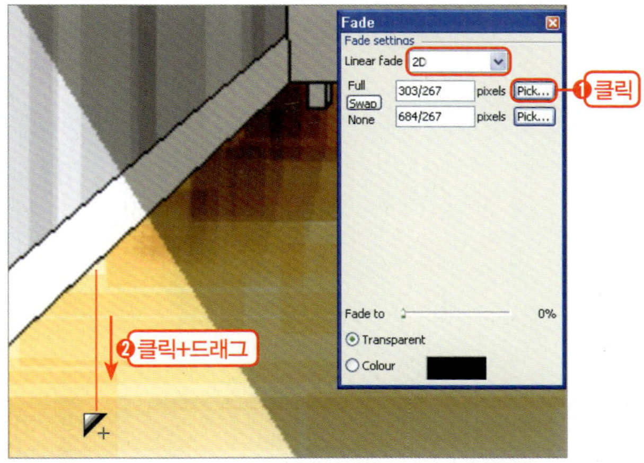

20 10~19까지 작업한 스타일을 등록하기 위해 화면 상단에서 스타일 목록( ) 버튼을 클릭합니다. [New Style] 대화상자에서 '바닥-음영'이라고 입력합니다. [Library]와 [Category]가 제대로 설정되었는지 확인하고 [OK] 버튼을 클릭합니다.

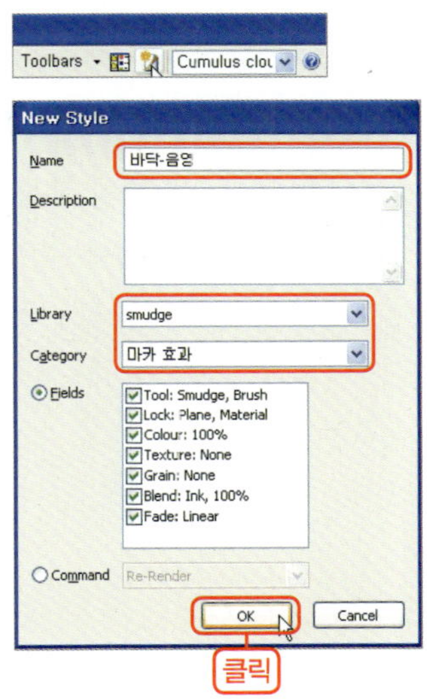

21 도구 툴에서 스머지 툴( )을 선택한 후 마카의 색상을 지정하고 [Blend]는 'Ink', [Opacity]는 '50%'로 설정합니다. 그리고 [세팅] 버튼(»)을 클릭합니다.

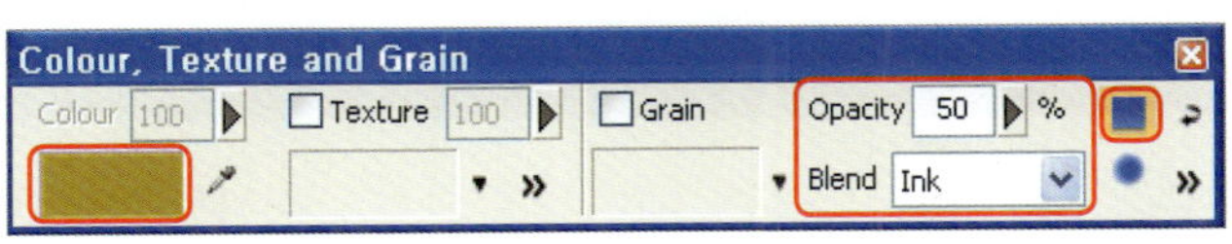

22 [Smudge] 탭에서 브러시 버튼( )을 클릭한 후 [Smudge] '0%'/[Pigment] '80%'/[Wetness] '0%'로 각각 입력하고 브러시 크기 값을 '5'로 설정합니다. 그런 다음, [세팅] 버튼(»)을 클릭합니다.

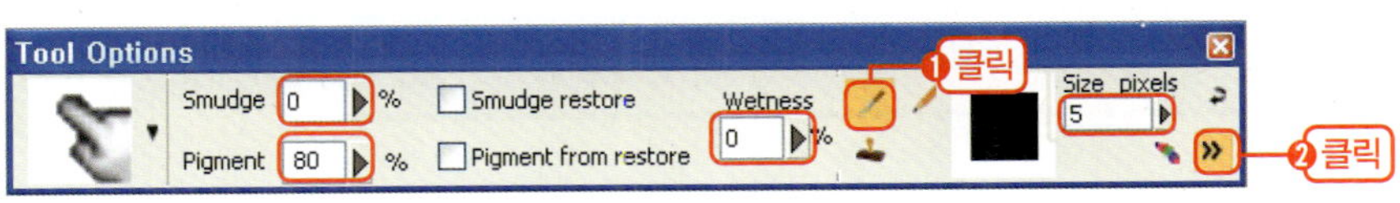

23 [Smudge] 대화상자에서 사각형 브러시(■)를 선택하고 [Softness]는 '0%', [Repeat]는 'Normal'을 선택합니다. [Locks] 툴에서 평면 잠금(■)과 재질 잠금(■)을 클릭합니다.

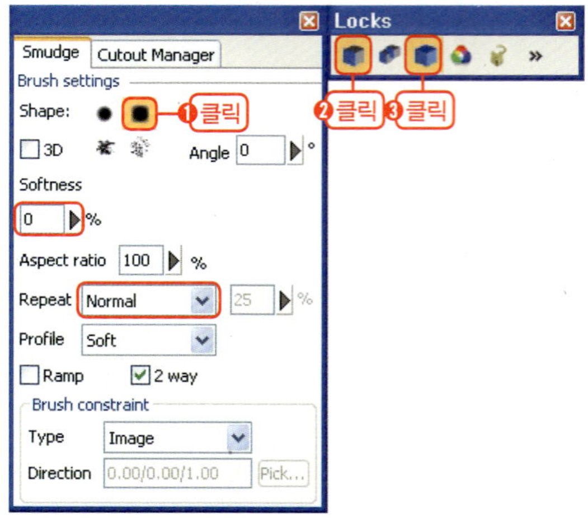

24 그림처럼 바닥에 나뭇결을 표현하기 위해 마카 선을 직선으로 그립니다.

25 21~24까지 작업한 스타일을 등록하기 위해 화면 상단에서 스타일 목록(■) 버튼을 클릭합니다. [New Style] 대화상자에서 '바닥-줄표시'라고 입력합니다. [Library]와 [Category]가 제대로 설정되었는지 확인하고 [OK] 버튼을 클릭합니다.

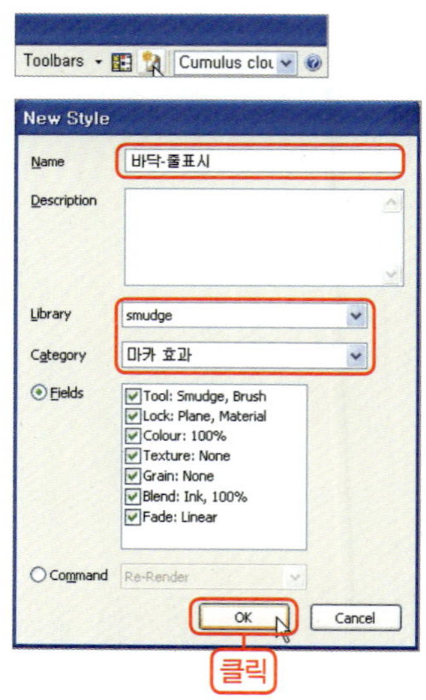

STEP 04 천장에 마카 효과 표현하기

01 도구 툴에서 스머지 툴(■)을 선택한 후 '노란색'의 마카의 색상을 지정합니다. 그런 다음, [Blend]에서 'Ink'를 선택하고 [Opacity]는 '15%'로 설정합니다.

02 [Smudge] 탭에서 브러시 버튼( )을 클릭한 후 [Smudge] '0%'/[Pigment] '100%'/[Wetness] '0%'로 각각 입력하고 브러시 크기 값을 '50'으로 설정합니다. 그런 다음, [세팅] 버튼(»)을 클릭합니다.

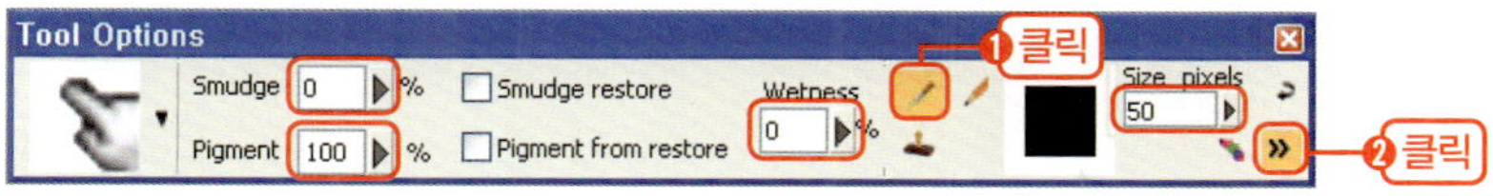

03 [Smudge] 대화상자에서 사각형 브러시( )를 선택하고 [Softness]는 '0%', [Repeat]는 'Normal'을 선택합니다. [Locks] 툴에서 평면 잠금( )과 재질 잠금( )을 클릭하여 설정합니다.

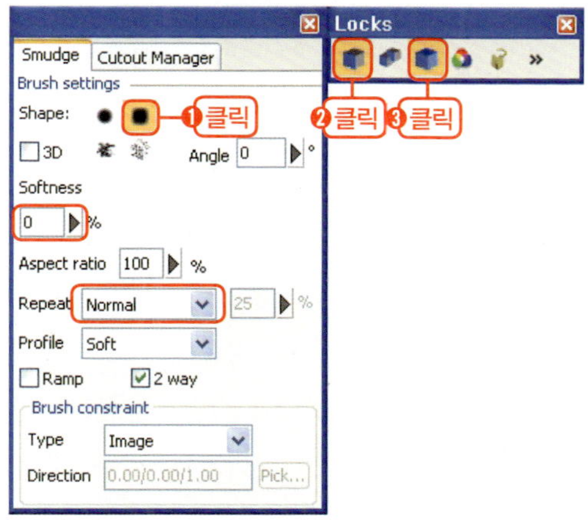

04 [Fade] 대화상자에서 [Pick] 버튼을 클릭한 후 그림처럼 천장의 아래쪽에서 위쪽으로 클릭, 드래그합니다.

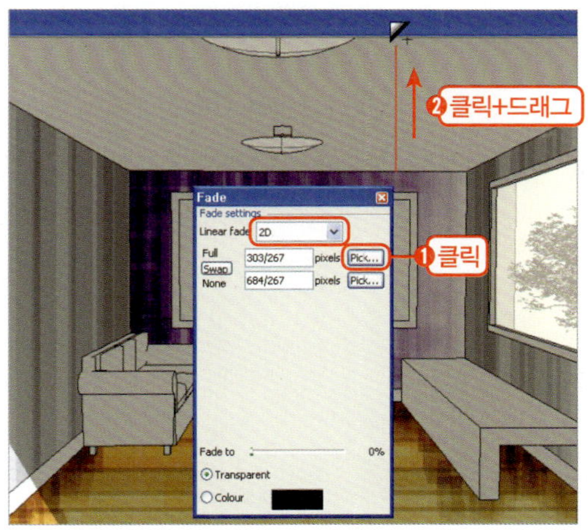

05 그림처럼 천장에 마카 선을 그립니다. 브러시( )로 마카 선을 그릴 때 Shift 를 누른 채 그리면 반듯한 직선을 표현할 수 있습니다. 그런 다음, 다시 한 번 마카 선을 겹치면서 표현합니다.

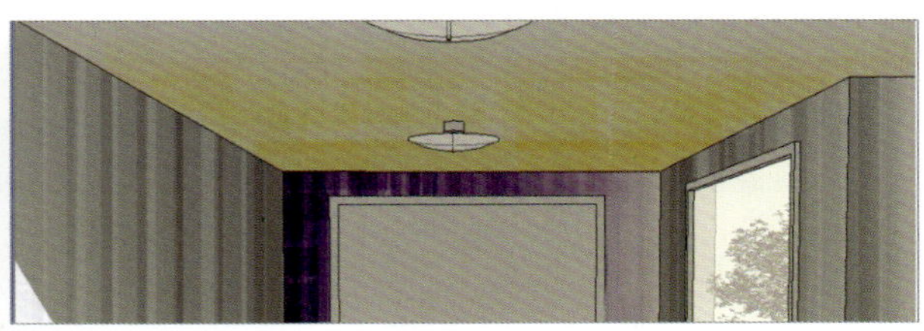

06 01~ 05까지 작업한 스타일을 등록하기 위해 화면 상단에서 스타일 목록() 버튼을 클릭합니다. [New Style] 대화상자에서 '천장'이라고 입력합니다. [Library]와 [Category]가 제대로 설정되었는지 확인하고 [OK] 버튼을 클릭합니다.

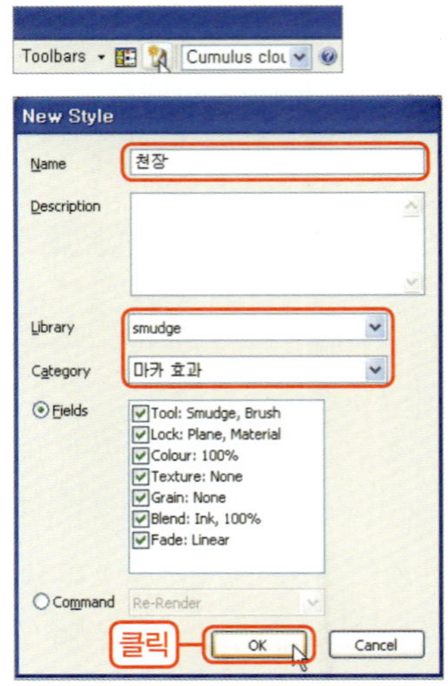

07 마카 색상을 지정한 후 [Blend]는 'Ink', [Opacity]는 '25%'로 설정합니다. 그림처럼 천장에 살짝 비치는 느낌을 주기 위해 마카 선을 아래에서 위로 살짝 그립니다.

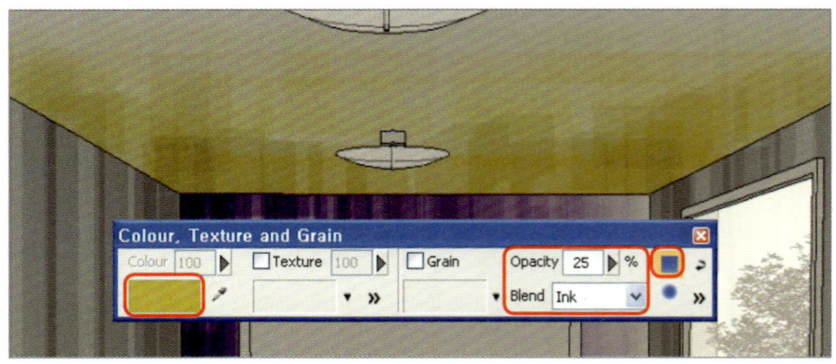

08 07에서 작업한 스타일을 등록하기 위해 화면 상단에서 스타일 목록() 버튼을 클릭한 후 [New Style] 대화상자에서 '천장-음영'이라고 입력합니다. 그런 다음, [Library]와 [Category]가 제대로 설정되었는지 확인하고 [OK] 버튼을 클릭합니다.

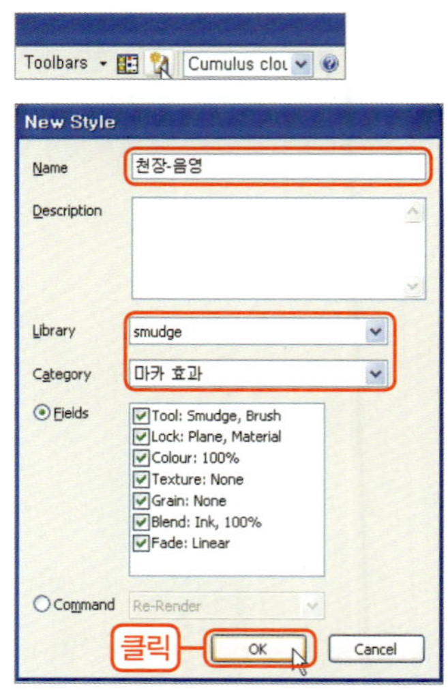

STEP 05 걸레받이, 액자, 창틀에 마카 효과 표현하기

01 도구 툴에서 스머지 툴()을 선택한 후 마카의 색상을 지정합니다. 그런 다음, [Blend]는 'Ink', [Opacity]는 '100%'로 설정합니다.

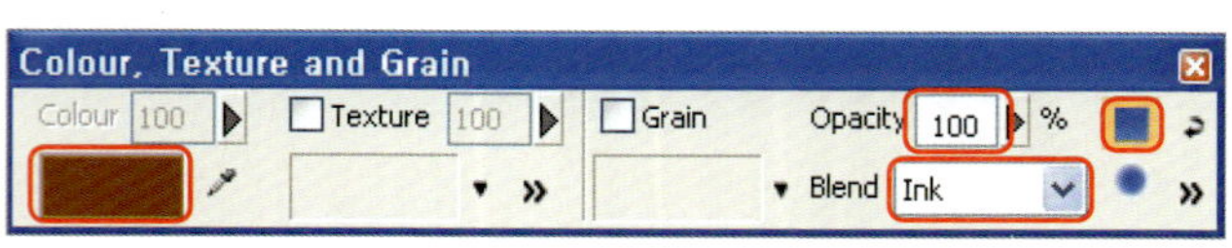

02 [Smudge] 탭에서 브러시 버튼( )을 클릭한 후 [Smudge] '0%'/[Pigment] '80%'/[Wetness] '0%'로 각각 입력하고 브러시 크기 값을 '50'으로 설정합니다. 그리고 [세팅] 버튼(»)을 클릭합니다.

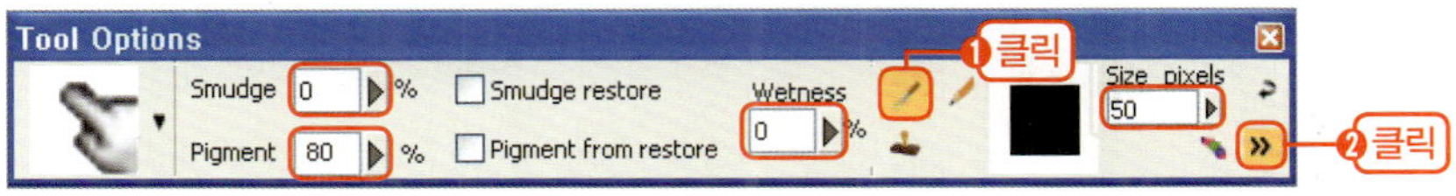

03 [Smudge] 대화상자에서 사각형 브러시( )를 선택하고 [Softness]는 '0%', [Repeat]는 'Normal'을 선택합니다. [Locks] 툴에서 평면 잠금( )과 재질 잠금( )을 클릭하여 설정합니다.

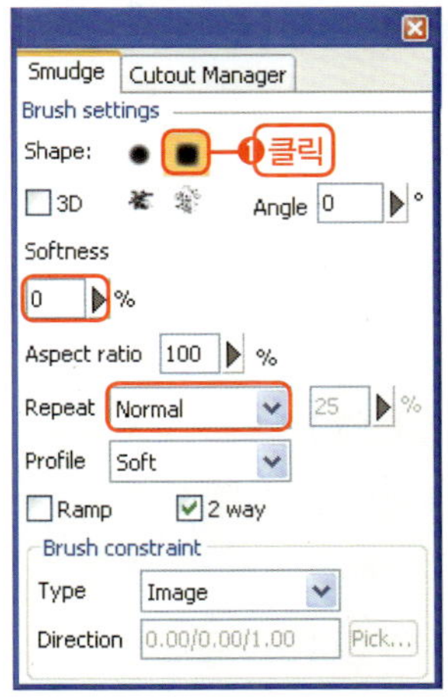

04 그림처럼 걸레받이에 마카 선을 그립니다. 그리고 두 번째 걸레받이에 마카 선으로 효과를 줍니다.

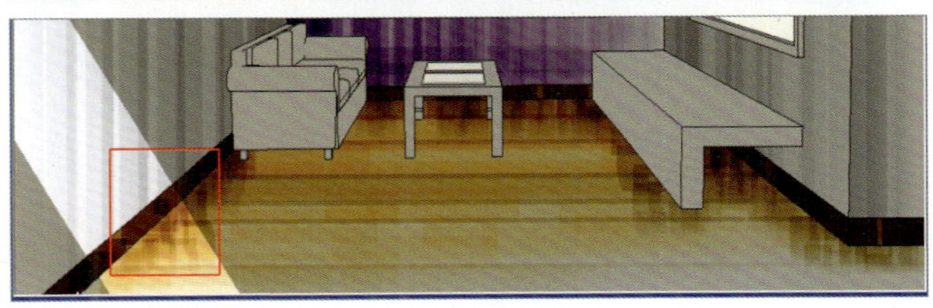

05 01~ 04까지 작업한 스타일을 등록하기 위해 화면 상단에서 스타일 목록( ) 버튼을 클릭한 후 [New Style] 대화상자에서 '걸레받이'라고 입력합니다. 그런 다음, [Library]와 [Category]가 제대로 설정되었는지 확인하고 [OK] 버튼을 클릭합니다.

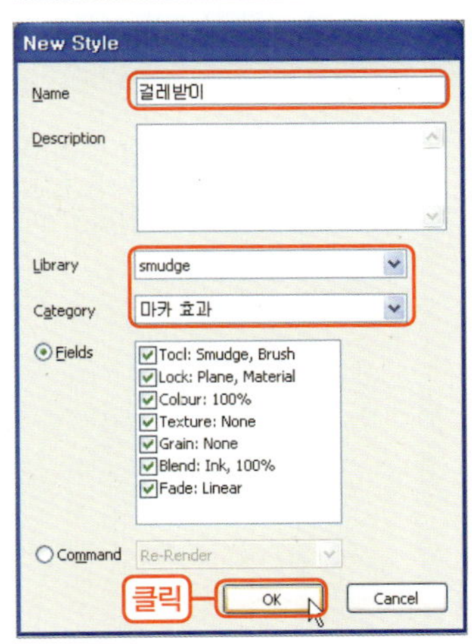

06 마카의 색상을 지정한 후 [Blend]는 'Ink', [Opacity]는 '100%'로 설정합니다. 그런 다음, [Smudge] 탭에서 브러시 버튼( )을 클릭하고 [Smudge] '0%'/[Pigment] '80%'/[Wetness] '0%'로 각각 입력한 후 브러시 크기 값을 '50'으로 설정합니다. [Locks] 툴에서 평면 잠금( )과 재질 잠금( )을 클릭하여 설정합니다.

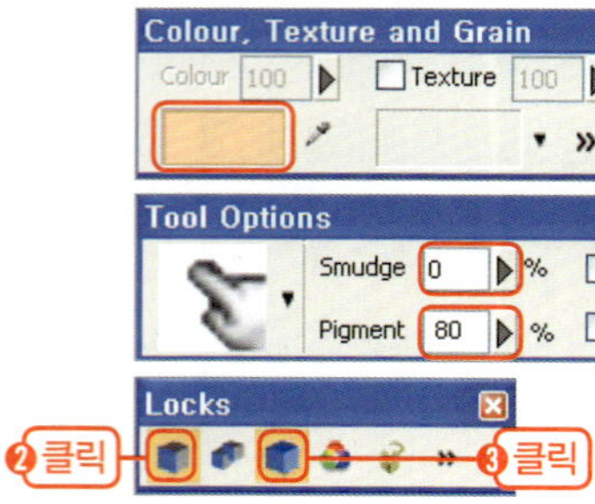

07 그림처럼 액자틀과 창틀에 마카 선을 그립니다. 그리고 두 번째는 액자틀의 결을 살려가며 표현합니다.

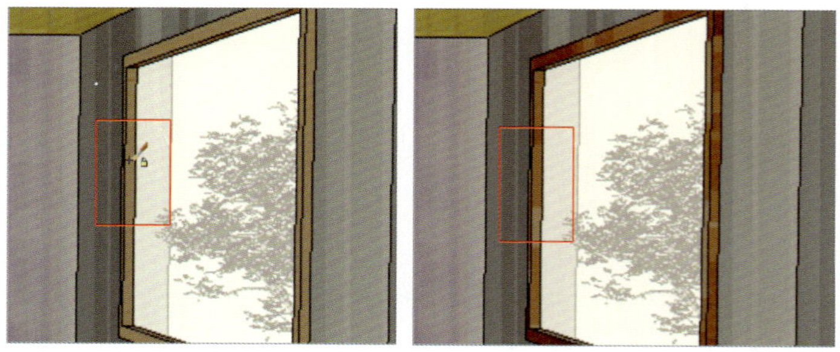

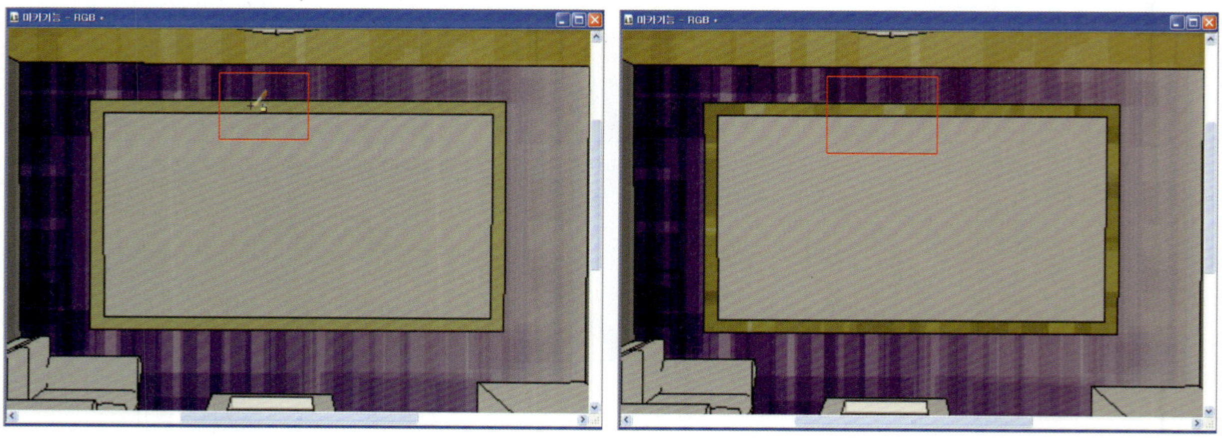

08 06~07까지 작업한 스타일을 등록하기 위해 화면 상단에서 스타일 목록( ) 버튼을 클릭합니다. [New Style] 대화상자에서 '창틀'이라고 입력합니다. [Library]와 [Category]가 제대로 설정되었는지 확인하고 [OK] 버튼을 클릭합니다.

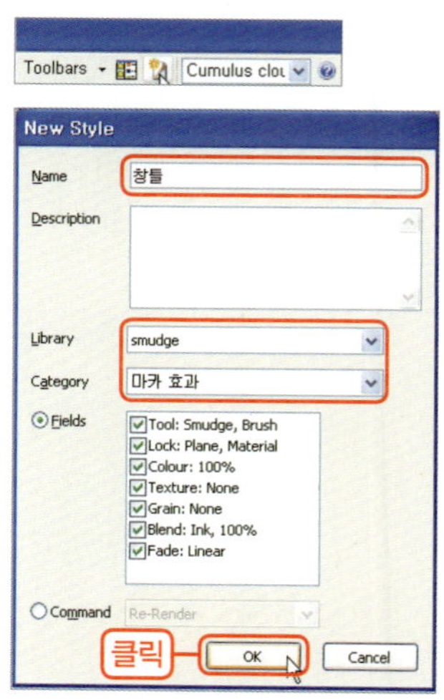

09 [스타일 이름]에 붙어 있는 목록 버튼(▾)을 클릭하면 나타나는 목록 중에서 '정면-벽' 스타일을 클릭합니다. 그림처럼 액자에 마카 선을 그립니다.

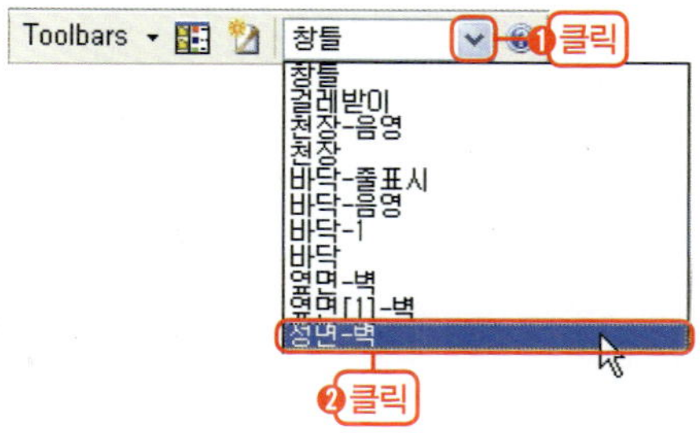

Tip

등록한 스타일 이름 중에서 원하는 스타일 이름을 선택하면, 현재 작업 영역이 선택된 스타일 작업 세팅으로 변경됩니다.

10 [스타일 이름]에 붙어 있는 목록 버튼(▾)을 클릭하면 나타나는 목록 중에서 '바닥-줄표시' 스타일을 클릭합니다. 그림처럼 액자 안에 마카 선으로 나뭇가지를 그립니다.

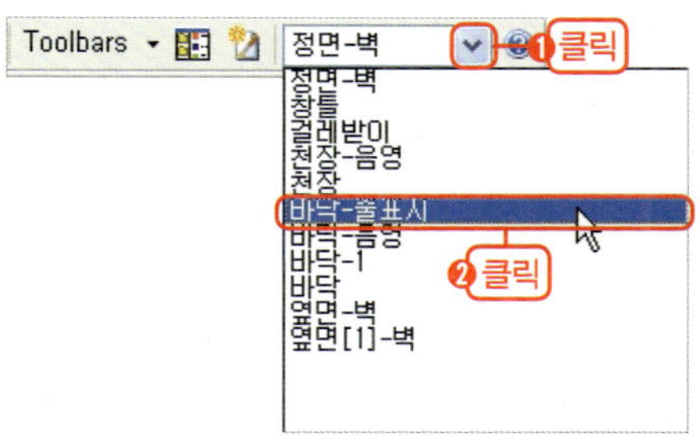

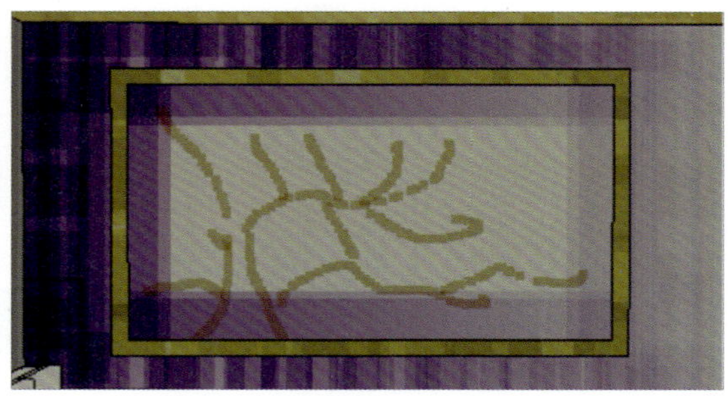

11 마카의 색상을 지정한 후 [Blend]는 'Ink', [Opacity]는 '100%'로 설정합니다. [Smudge] 탭에서 브러시 버튼(✎)을 클릭하고 [Smudge] '0%'/[Pigment] '80%'/[Wetness] '0%'로 각각 입력한 후 브러시 크기 값을 '15'로 설정합니다. [세팅] 버튼(»)을 선택하면 나타나는 [Smudge] 대화상자에서 원 브러시(●)를 선택하고 [Softness]는 '100%', [Repeat]는 'Normal'을 선택합니다. [Locks] 툴에서 평면 잠금(■)과 재질 잠금(■)을 클릭하여 설정합니다.

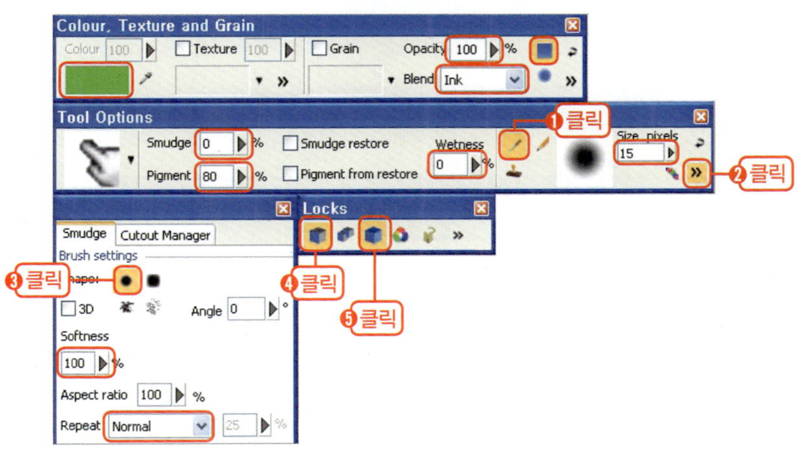

12 그림처럼 액자 안에 마카 선으로 나뭇 잎 모양을 그립니다.

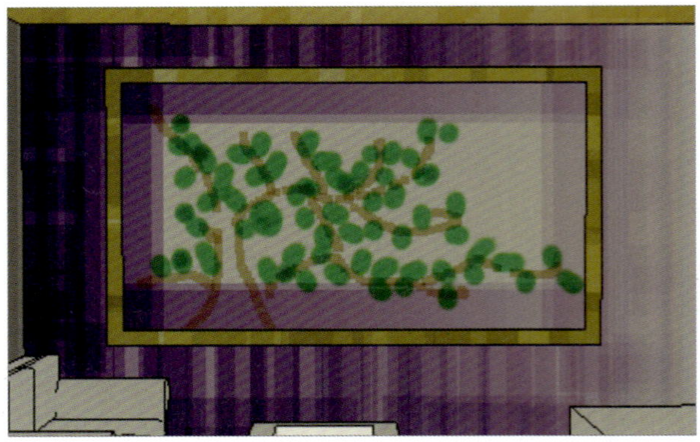

13 11~12까지 작업한 스타일을 등록하기 위해 화면 상단에서 스타일 목록( ) 버튼을 클릭한 후 [New Style] 대화상자에서 '액자 그림'이라고 입력합니다. 그런 다음, [Library]와 [Category]가 제대로 설정되었는지 확인하고 [OK] 버튼을 클릭합니다.

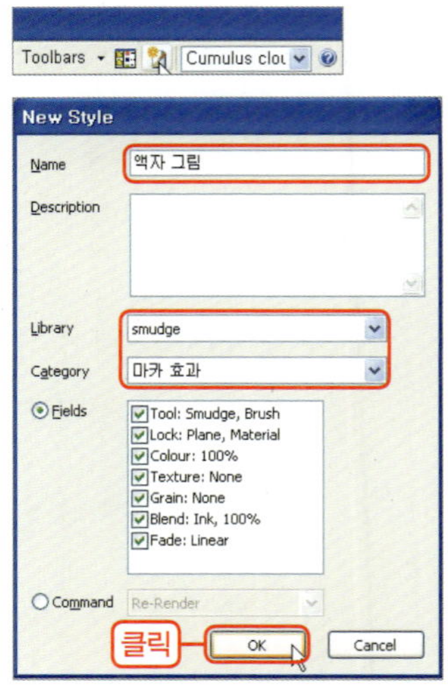

STEP 06 가구에 마카 효과 표현하기

01 마카의 색상을 지정한 후 [Blend]는 'Ink', [Opacity]는 '100%'로 설정합니다. [Smudge] 탭에서 브러시 버튼( )을 클릭하고 [Smudge] '0%'/[Pigment] '50%'/[Wetness] '0%'로 각각 입력한 후 브러시 크기 값을 '15'로 설정합니다. [Smudge] 대화상자에서 사각형 브러시( )를 선택하고 [Softness]는 '0%', [Repeat]는 'Normal'을 선택합니다. [Locks] 툴에서 평면 잠금( )과 재질 잠금( )을 클릭하여 설정합니다.

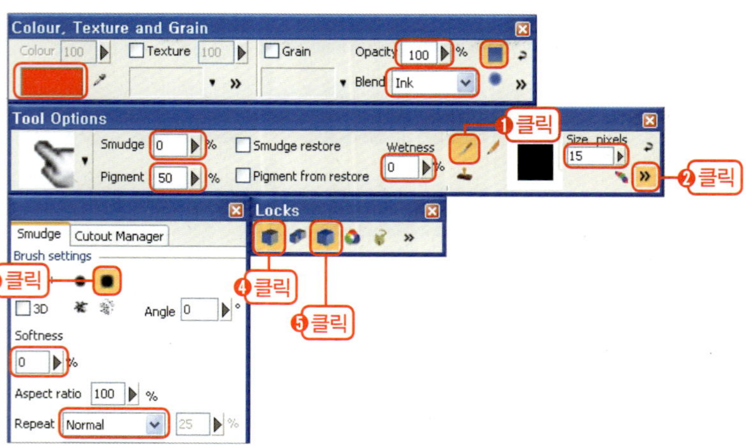

02 그림처럼 탁자에 마카 선으로 직선을 그립니다.

03 01~02까지 작업한 스타일을 등록하기 위해 화면 상단에서 스타일 목록( ) 버튼을 클릭하고 [New Style] 대화상자에서 '탁자'라고 입력합니다. 그런 다음, [Library]와 [Category]가 제대로 설정되었는지 확인하고 [OK] 버튼을 클릭합니다.

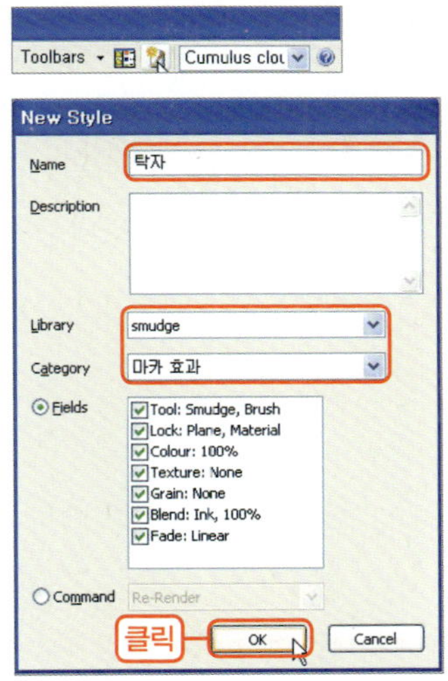

04 [Smudge] 탭에서 브러시 버튼( )을 클릭한 후 [Smudge] '0%'/[Pigment] '50%'/[Wetness] '0%'로 각각 입력하고 브러시 크기 값을 '10'으로 설정합니다. 그림처럼 탁자에 마카 선으로 탁자의 음영을 표현합니다.

05 04에서 작업한 스타일을 등록하기 위해 화면 상단에서 스타일 목록() 버튼을 클릭한 후 [New Style] 대화상자에서 '탁자-음영'이라고 입력합니다. 그런 다음, [Library]와 [Category]가 제대로 설정되었는지 확인하고 [OK] 버튼을 클릭합니다.

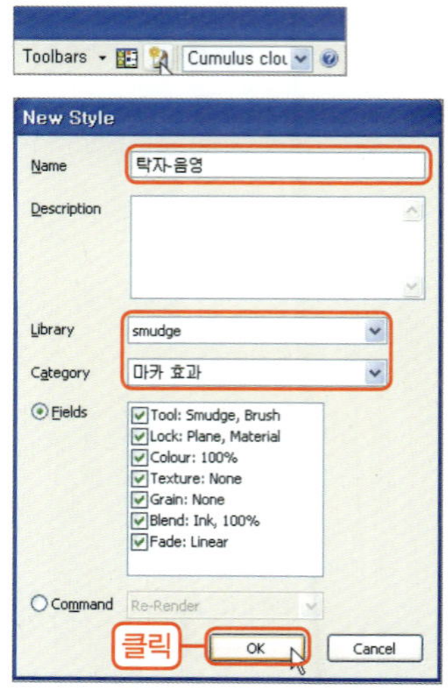

06 [스타일 이름]에 붙어 있는 목록 버튼()을 클릭하면 나타나는 목록 중에서 '탁자' 스타일을 클릭합니다.

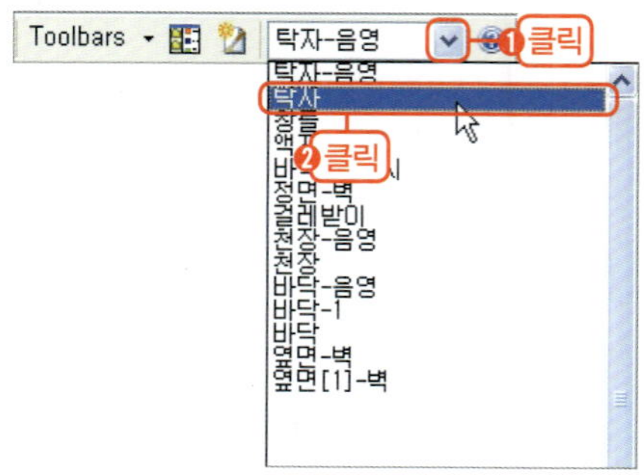

07 그림처럼 탁자에 마카 선으로 직선을 그립니다.

08 [스타일 이름]에 붙어 있는 목록 버튼()을 클릭하면 나타나는 목록 중에서 '탁자-음영' 스타일을 클릭합니다. 그림처럼 테이블에 마카 선으로 음영을 표현합니다.

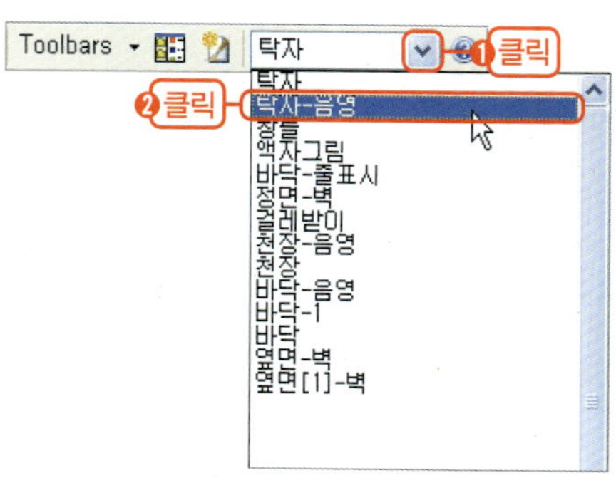

09 마카의 색상을 지정한 후 [Blend]는 'Ink', [Opacity]는 '60%'로 설정합니다. [Smudge] 탭에서 브러시 버튼( )을 클릭하고 [Smudge] '0%'/[Pigment] '100%'/[Wetness] '0%'로 각각 입력한 후 브러시 크기 값을 '15'로 설정합니다. [Locks] 툴에서 방향 잠금( )과 재질 잠금( )을 클릭하여 설정합니다.

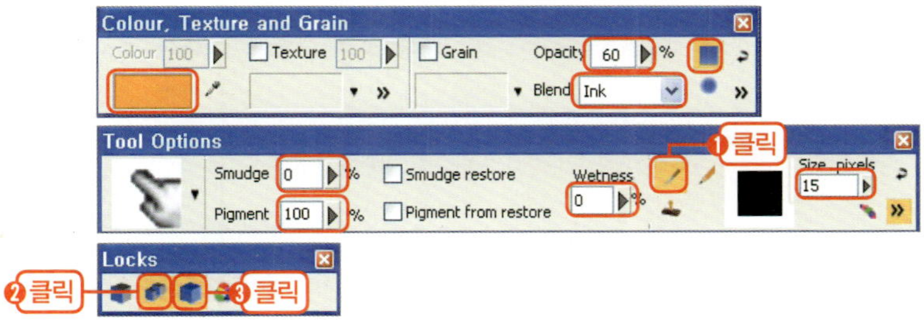

10 그림처럼 소파에 마카 선으로 불규칙하게 그립니다.

11 09와 10에서 작업한 스타일을 등록하기 위해 화면 상단에서 스타일 목록( ) 버튼을 클릭한 후 [New Style] 대화상자에서 '소파'라고 입력합니다. 그런 다음, [Library]와 [Category]가 제대로 설정되었는지 확인하고 [OK] 버튼을 클릭합니다.

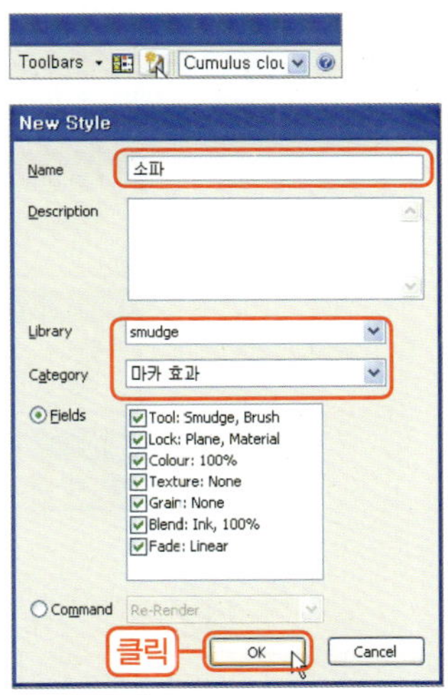

12 마카의 색상을 지정한 후 [Blend]는 'Ink', [Opacity]는 '80%'로 설정합니다. 그림처럼 소파에 마카 선을 그립니다.

13 12에서 작업한 스타일을 등록하기 위해 화면 상단에서 스타일 목록(아이콘) 버튼을 클릭합니다. [New Style] 대화상자에서 '소파-음영'이라고 입력합니다. [Library]와 [Category]가 제대로 설정되었는지 확인하고 [OK] 버튼을 클릭합니다.

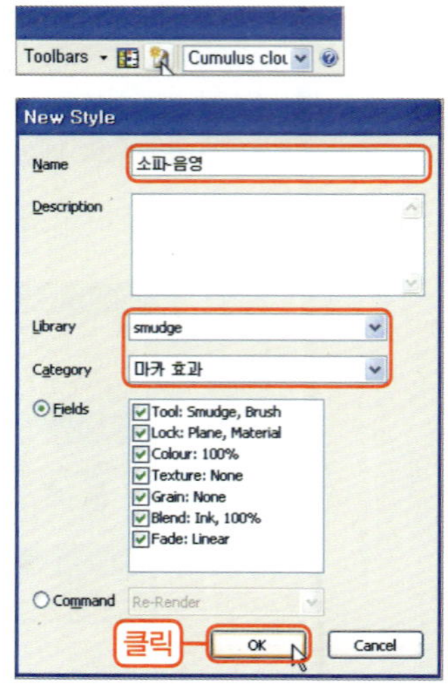

STEP 07 천장의 등과 유리 재질에 마카 효과 표현하기

01 마카의 색상을 지정한 후 [Blend]는 'Ink', [Opacity]는 '90%'로 설정합니다. [Smudge] 탭에서 브러시 버튼(아이콘)을 클릭하고 [Smudge] '0%'/[Pigment] '50%'/[Wetness] '0%'로 각각 입력한 후 브러시 크기 값을 '30'으로 설정합니다. [Locks] 툴에서 평면 잠금(아이콘)과 재질 잠금(아이콘)을 클릭하여 설정합니다. [Colour, Texture and Grain] 대화상자에서 [Fade] 버튼(아이콘)을 클릭합니다. [세팅] 버튼(»)을 선택하면 [Fade] 대화상자가 나타납니다.

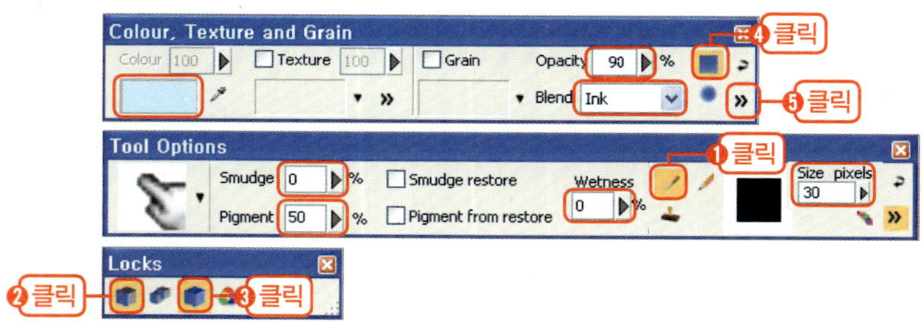

02 [Fade] 대화상자에서 [Pick] 버튼을 클릭한 후 그림처럼 유리창의 위쪽에서 아래쪽으로 클릭, 드래그합니다. 그런 다음, 그림처럼 창문에 마카 선을 그립니다.

03 01과 02에서 작업한 스타일을 등록하기 위해 화면 상단에서 스타일 목록( ) 버튼을 클릭한 후 [New Style] 대화상자에서 '유리창'이라고 입력합니다. 그런 다음, [Library]와 [Category]가 제대로 설정되었는지 확인하고 [OK] 버튼을 클릭합니다.

04 [Smudge] 탭에서 브러시 버튼( )을 클릭하고 [Smudge] '0%' / [Pigment] '65%' / [Wetness] '0%'로 각각 입력한 후 브러시 크기 값을 '10'으로 설정합니다. [세팅] 버튼(»)을 선택하면 나타나는 [Smudge] 대화상자에서 원 브러시( )를 선택하고 [Softness]는 '100%', [Repeat]는 'Normal'을 선택합니다. [Locks] 툴에서 평면 잠금( )과 재질 잠금( )을 클릭하여 설정합니다.

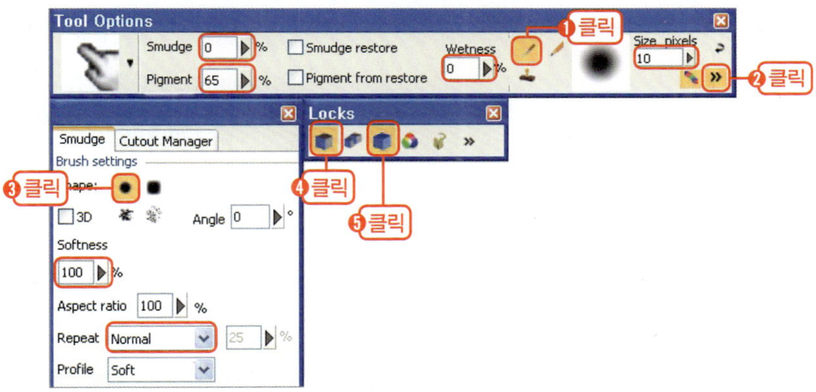

05 그림처럼 창문에 마카 선을 대각선 방향으로 빠른 속도로 그립니다.

06 04와 05에서 작업한 스타일을 등록하기 위해 화면 상단에서 스타일 목록( ) 버튼을 클릭한 후 [New Style] 대화상자에서 '유리창-음영'이라고 입력합니다. 그런 다음, [Library]와 [Category]가 제대로 설정되었는지 확인하고 [OK] 버튼을 클릭합니다.

07 [스타일 이름]에 붙어 있는 목록 버튼( )을 클릭하면 나타나는 목록 중에서 '유리창' 스타일을 클릭합니다. [Locks] 툴에서 재질 잠금( )을 클릭하여 선택합니다. 그런 다음, 그림처럼 전등에 마카 선을 그립니다.

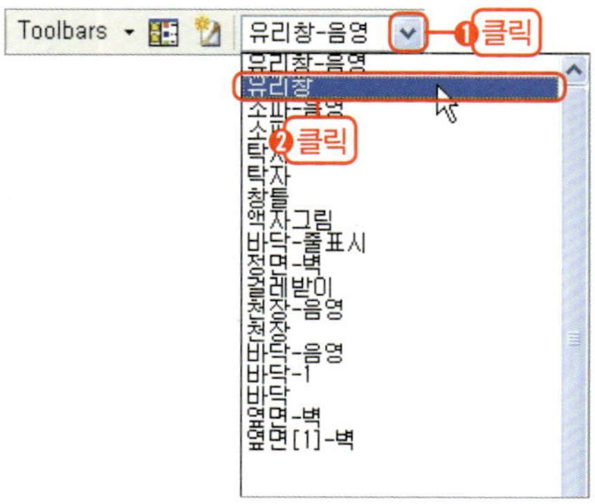

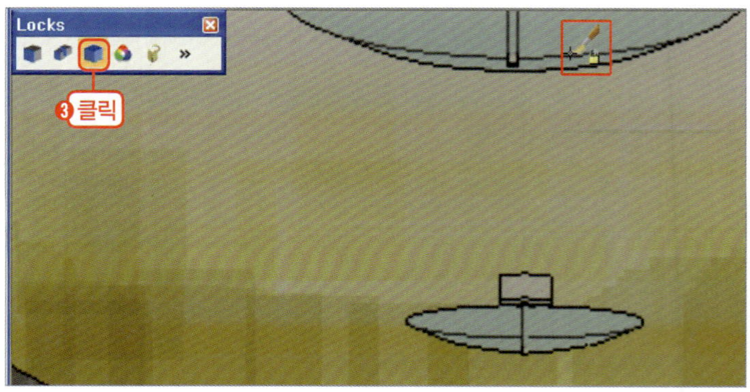

08 [Locks] 툴에서 평면 잠금( )을 클릭하여 선택합니다. 그림처럼 전등에 마카 선을 클릭하면서 그립니다.

Tip

스케치업 8에서 작업한 객체이기 때문에 곡선으로 작업한 객체에는 보이지 않는 면들이 있습니다. 그 보이지 않는 면들을 선택하여 음영 효과를 줄 수 있습니다.

09 [스타일 이름]에 붙어 있는 목록 버튼(▼)을 클릭하면 나타나는 목록 중에서 '유리창' 스타일을 클릭합니다. [Locks] 툴에서 재질 잠금(■)을 클릭하여 선택합니다. 그런 다음, [Blend]는 'Ink', [Opacity]는 '100%'로 설정합니다. 그림처럼 테이블 유리에 마카 선을 그립니다.

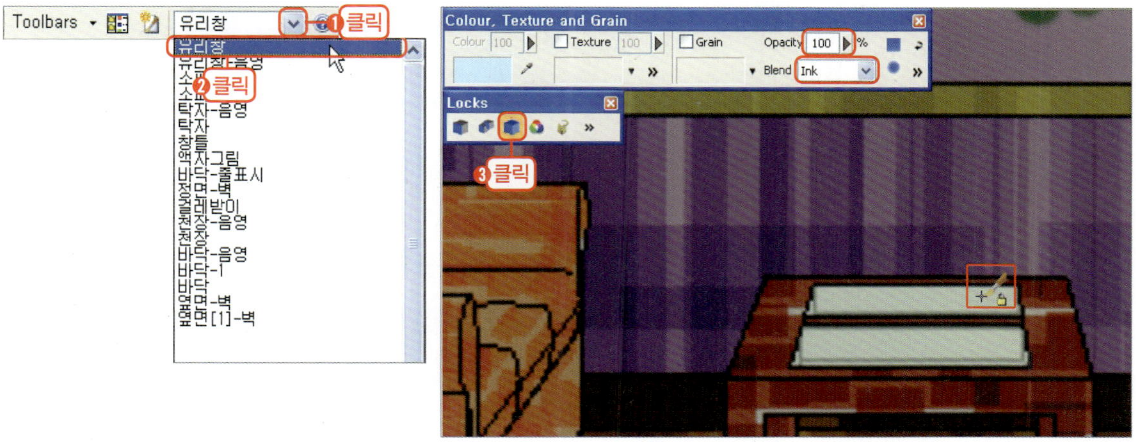

10 [스타일 이름]에 붙어 있는 목록 버튼(▼)을 클릭하면 나타나는 목록 중에서 '유리창-음영' 스타일을 클릭합니다. [Blend]는 'Ink', [Opacity]는 '90%'로 설정합니다. 그런 다음, 그림처럼 테이블 유리에 마카 선을 그립니다.

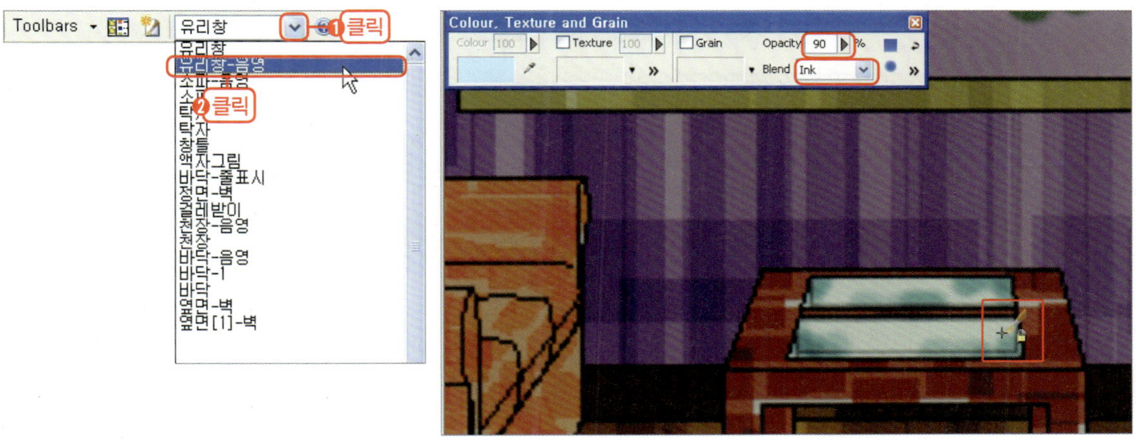

STEP 08 나뭇잎 표현하기

01 도구 툴에서 스머지 툴(✎)을 선택합니다. '연두색'의 마카 색상을 지정한 후 [Blend] 'Ink', [Opacity]는 '100%'로 설정하고 [Fade] 버튼(■)을 클릭합니다.

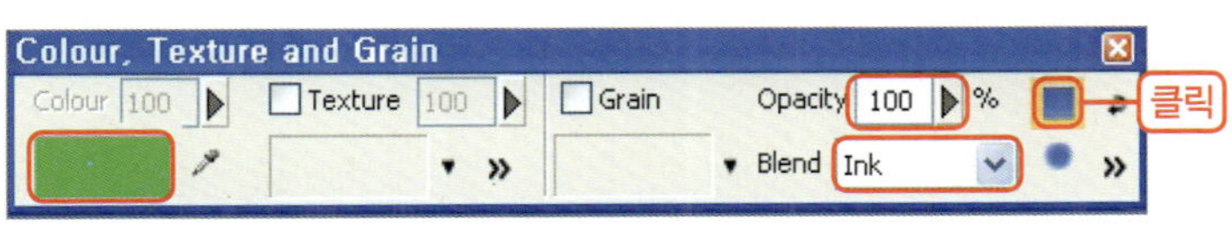

02 [Smudge] 탭에서 브러시 버튼( )을 클릭하고 [Smudge] '0%'/[Pigment] '20%'/[Wetness] '0%'로 각각 입력합니다. 브러시 크기 값을 '35'로 설정한 후 [Smudge] 탭에서 [세팅] 버튼(»)과 다이내믹 버튼( )을 클릭합니다.

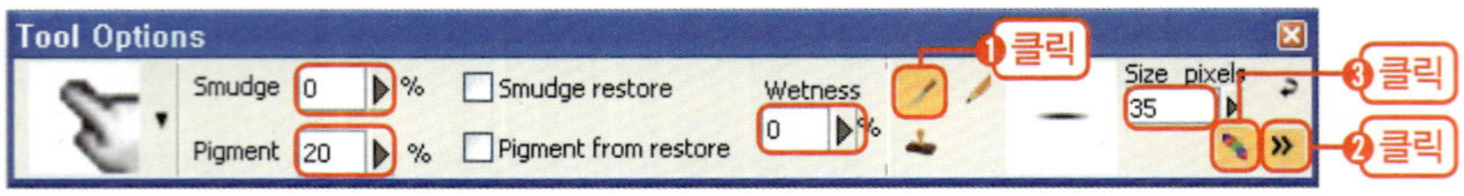

03 [Smudge] 대화상자에서 사각형 브러시( )를 선택한 후 [Softness]는 '100%', [Aspect ratio]는 '15%', [Repeat]는 'Normal'을 선택합니다. [Dynamic Settings] 대화상자에서 [Angle]는 '180도'로 설정합니다. [Locks] 툴에서 재질 잠금( )을 클릭하여 설정합니다.

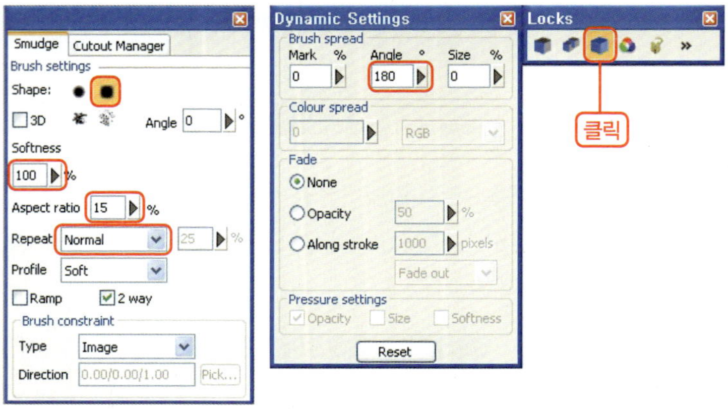

04 [Colour, Texture and Grain] 대화상자에서 [Fade] 버튼( )을 클릭합니다. [세팅] 버튼(»)을 선택하면 [Fade] 대화상자가 나타납니다. [Fade] 대화상자에서 [Pick] 버튼을 클릭한 후 그림처럼 유리창 위쪽부터 아래쪽까지 클릭, 드래그합니다.

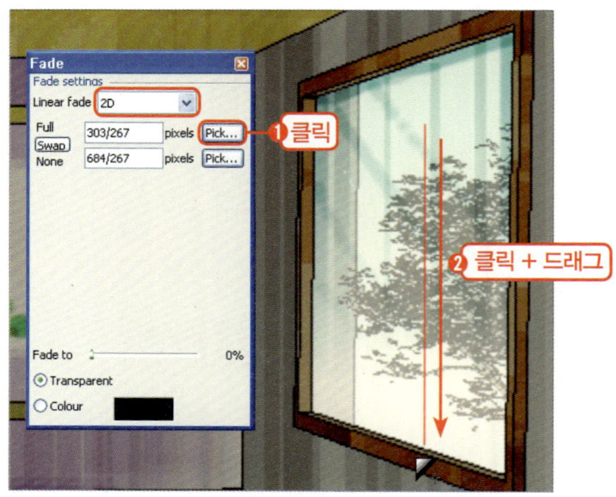

05 창문에서 보이는 나무를 클릭, 드래그하여 나뭇잎을 마카 효과로 표현합니다. 다시 한 번 마카 색상을 '노란색'으로 변경한 후 나무의 곳곳을 클릭, 드래그하여 마카 효과를 표현합니다.

06 01~05까지 작업한 스타일을 등록하기 위해 화면 상단에서 스타일 목록(버튼) 버튼을 클릭한 후 [New Style] 대화상자에서 '나뭇잎'이라고 입력합니다. 그런 다음, [Library]와 [Category]가 제대로 설정되었는지 확인하고 [OK] 버튼을 클릭합니다.

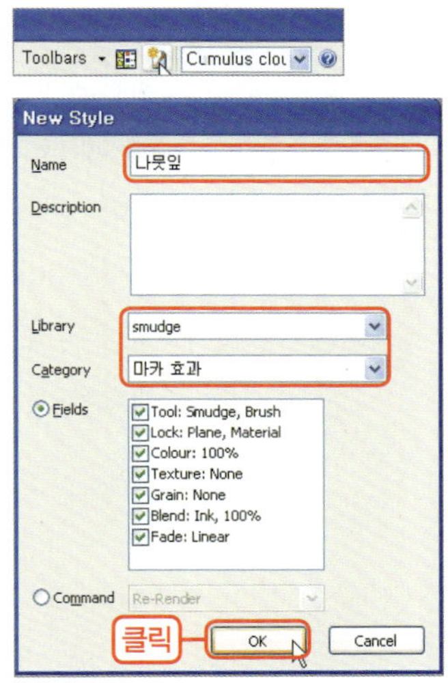

STEP 09 가구 밑에 음영 표현하기

01 도구 툴에서 스머지 툴(아이콘)을 선택한 후 [Blend]는 'Ink', [Opacity]는 '50%'로 설정하고, [Fade] 버튼(아이콘)을 클릭합니다. [Smudge] 탭에서 브러시 버튼(아이콘)을 클릭하고 [Smudge] '20%'/[Pigment] '0%'/[Wetness] '100%'로 각각 입력합니다. 브러시 크기 값을 '25'로 설정한 후 [Smudge] 탭에서 [세팅] 버튼(»)과 다이내믹 버튼(아이콘)을 클릭합니다.

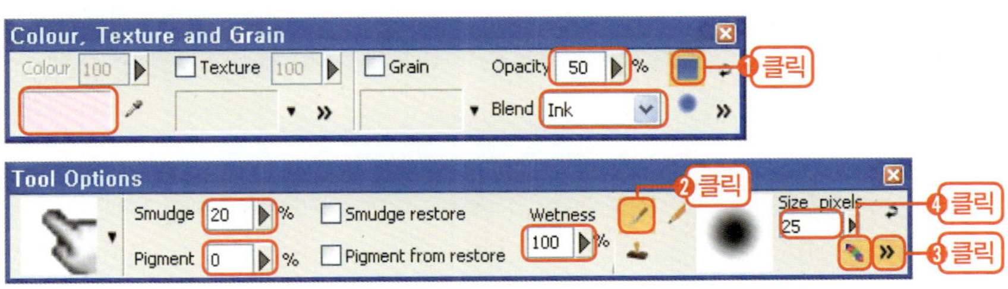

02 [Smudge] 대화상자에서 사각형 브러시( )를 선택한 후 [Softness]는 '100%', [Aspect ratio]는 '100%', [Repeat]는 'Normal'을 선택합니다. [Dynamic Settings] 대화상자에서 [Angle]는 '0'으로 설정합니다. [Locks] 툴에서 평면 잠금( )과 재질 잠금( )을 클릭하여 설정합니다.

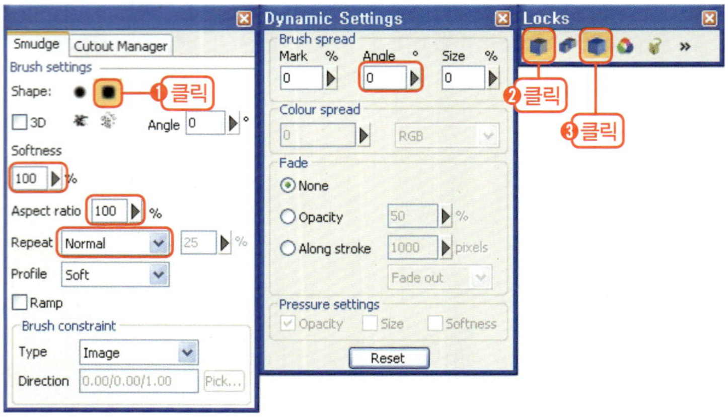

03 [Colour, Texture and Grain] 대화상자에서 [Fade] 버튼( )을 클릭합니다. [세팅] 버튼(»)을 선택하면 나타나는 [Fade] 대화상자에서 [Pick] 버튼을 클릭한 후 그림처럼 바닥 위에서 아래로 클릭, 드래그합니다.

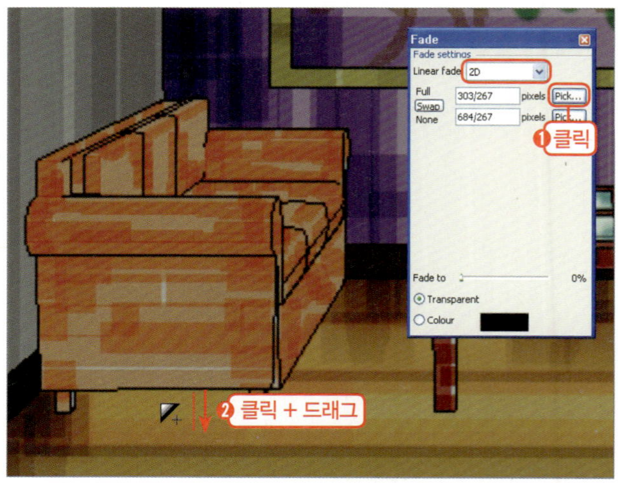

04 소파 밑에 그림자 효과를 표현됩니다. 이렇게 하면 바닥에 떠 있는 느낌을 주지 않게 되어 가구가 안정감 있게 느껴집니다.

05 [Fade] 대화상자에서 [Pick] 버튼을 클릭한 후 그림처럼 소파 밑부분의 위쪽부터 아래쪽으로 클릭, 드래그합니다. 소파 밑부분에 그림자 효과를 표현되었습니다.

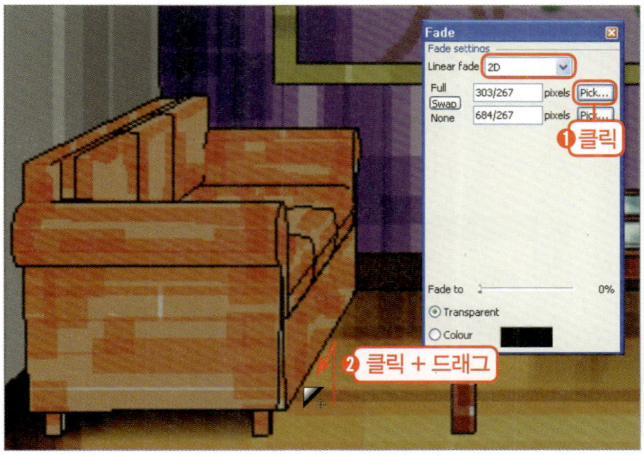

06 소파에 그림자를 표현했던 방식을 이용하여 테이블 밑부분에도 똑같이 마카 효과로 그림자 영역을 표현합니다.

07 01~06까지 작업한 스타일을 등록하기 위해 화면 상단에서 스타일 목록( ) 버튼을 클릭합니다. [New Style] 대화상자에서 '가구 음영'이라고 입력합니다. [Library]와 [Category]가 제대로 설정되었는지 확인하고 [OK] 버튼을 클릭합니다.

STEP 10 실내 소품 배치하고 반사 효과 주기

01 작업 영역을 초기화시키기 위해 도구 툴에서 마우스 오른쪽 버튼을 클릭하면 나타나는 확장 메뉴 중에서 [Reset Tools]를 선택합니다. 몽타주 툴( )을 선택하고 [Browser] 버튼을 클릭한 후 원하는 몽타주 객체를 선택합니다. [세팅] 버튼(»)을 클릭하면 [Cutout Settings] 대화상자가 나타납니다. 그리고 [Locks] 툴에서 잠금 해제( )를 클릭하여 잠금을 모두 해제합니다.

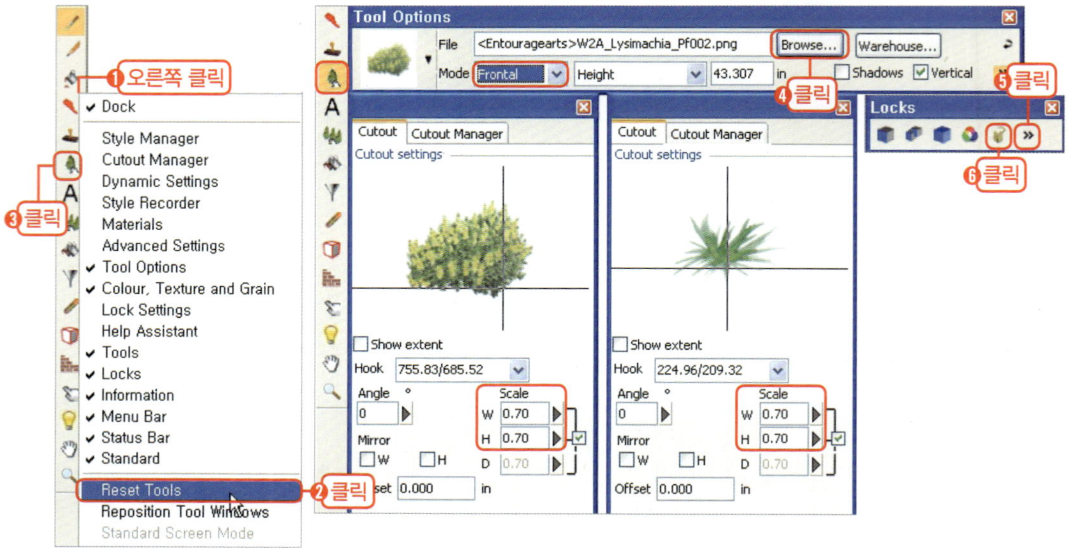

02 01에서 불러온 몽타주 객체의 크기를 조절한 후 원하는 위치에 배치합니다.

03 [Colour, Texture and Grain] 대화상자에서 [Fade] 버튼( )을 클릭합니다. [세팅] 버튼(»)을 선택하면 [Fade] 대화상자가 나타납니다. [Fade] 대화상자에서 [Pick] 버튼을 클릭한 후 그림처럼 바닥의 윗부분부터 아래까지 클릭, 드래그합니다.

04 바닥에 반사 효과를 주기 위해 페인트 툴( )을 선택한 후 [Colour, Texture and Grain] 대화상자에서 [Texture]에 체크 표시를 합니다. 그런 다음, [Blend]는 'Hard light', [Opacity]는 '35%'로 설정합니다. [Locks] 툴에서 재질 잠금( )으로 설정하고 [질감(Texture)] 탭에서 [세팅] 버튼(»)을 선택합니다.

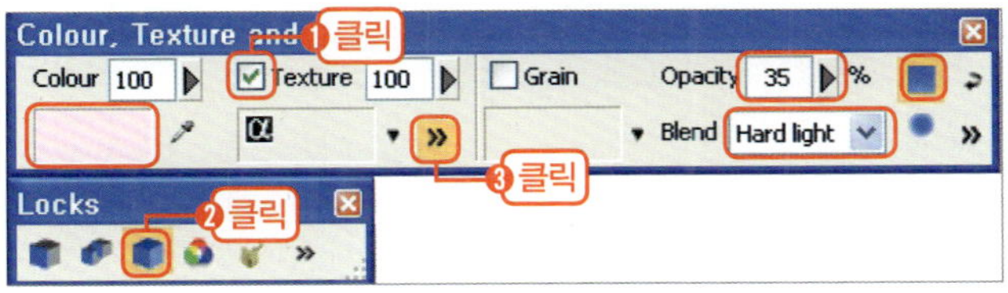

05 [Colour and Texture] 대화상자에서 그림처럼 [Captured]를 선택합니다. 바닥에 반사 효과를 주기 위해 [Dispersal] 수치를 그림처럼 '0'으로 입력합니다. 첫 번째는 [Capture] 버튼을 클릭하고 두 번째는 반사를 적용할 바닥을 클릭합니다. 세 번째는 반사 효과를 한 번 더 적용하기 위해 바닥을 클릭합니다.

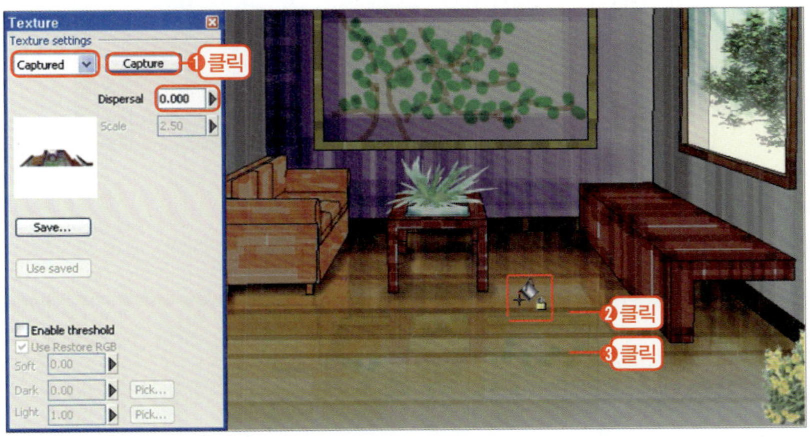

06 [Colour, Texture and Grain] 대화상자에서 [Fade] 버튼( )을 클릭합니다. [세팅] 버튼(»)을 선택하면 나타나는 [Fade] 대화상자에서 [Pick] 버튼을 클릭한 후 그림처럼 천장 아래쪽에서 위쪽으로 클릭, 드래그합니다.

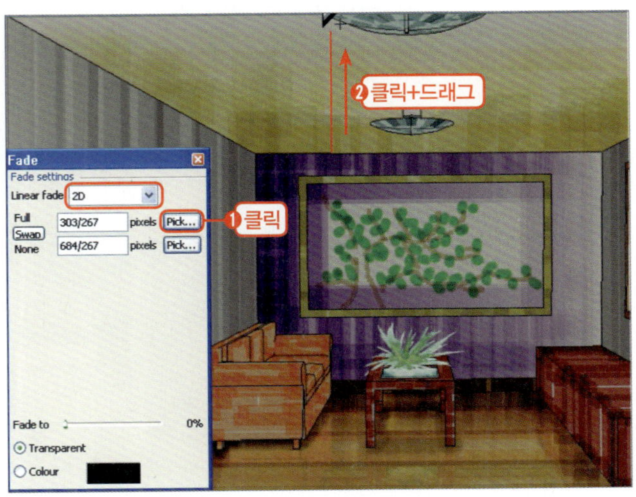

07 천장에 반사 효과를 주기 위해 페인트 툴( )을 선택한 후 [Colour, Texture and Grain] 대화상자에서 [Texture]에 체크 표시를 합니다. [Blend]에서 'Hard light'를 선택하고 [Opacity]는 '35%'로 설정합니다. [Locks] 툴에서 재질 잠금( )으로 설정합니다.

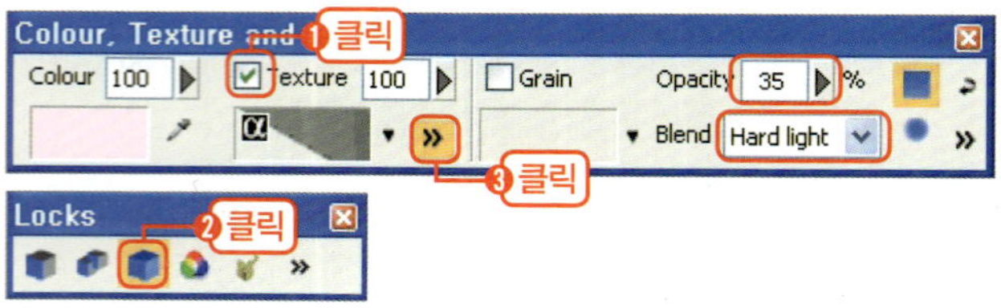

08 [질감(Texture)] 탭에서 [세팅] 버튼(»)을 선택하면 나타나는 [Colour and Texture] 대화상자에서 [Captured]를 선택합니다. 바닥에 반사 효과를 주기 위해 [Dispersal] 수치를 그림처럼 '0'으로 입력합니다. 첫 번째는 [Capture] 버튼을 클릭하고 두 번째는 반사 효과를 적용할 천장을 클릭합니다. 그런 다음, 마지막으로 반사 효과를 적용하기 위해 천장을 다시 한 번 클릭합니다.

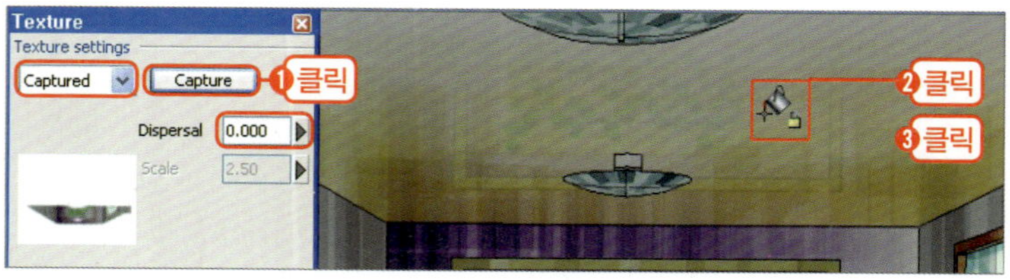

09 완성된 결과를 볼 수 있습니다.

Tip

3D 브러시를 활용한 마카 효과

브러시 터치로 마카 효과를 줄 때 좀 더 원근감 있게 표현하려면 3D 브러시를 선택하여 작업하는 것이 좋습니다. 실외의 경관은 3D 브러시를 활용한 마카 효과로 거리감을 더욱 세밀하게 표현할 수 있습니다. 다음 예제 파일을 이용하여 3D 브러시를 활용한 마카 효과에 도전해 보세요.

●예제 파일 I 부록 CD\Sample\Part 06\예제\실외 마카 예제.epx

01 [Smudge] 탭에서 브러시 버튼( )을 클릭하고 [Smudge] '0%'/[Pigment] '60%'/[Wetness] '0%'로 각각 입력한 후 브러시 크기 값을 '30'로 설정합니다. [Locks] 툴에서 평면 잠금( )을 클릭하여 설정합니다. [세팅] 버튼( )을 선택하면 나타나는 [Advanced Settings] 대화상자에서 사각형 브러시( )를 선택하고 [3D]에 체크 표시를 한 다음 [Softness]는 '0%', [Repeat]는 'Normal'을 선택합니다. 이때 [Colour]는 '연노란색'을 선택합니다.

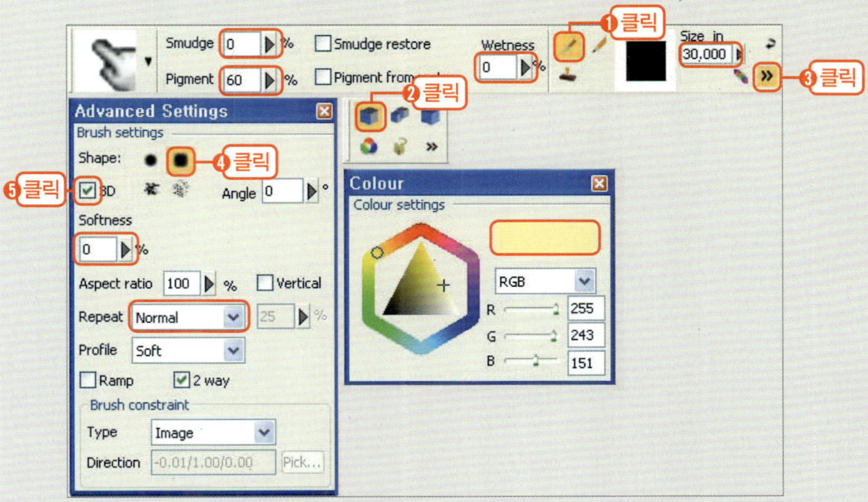

02 [Colour, Texture and Grain] 대화상자에서 [Fade] 버튼( )을 클릭합니다. [세팅] 버튼( )을 선택하면 나타나는 [Fade] 대화상자에서 [Linear fade]를 '2D'로 설정합니다. 그런 다음, [Pick] 버튼을 클릭하고 그림처럼 천장 안쪽에서 바깥쪽으로 클릭, 드래그합니다. [Blend]는 'Ink', [Opacity]는 '100%'로 설정합니다.

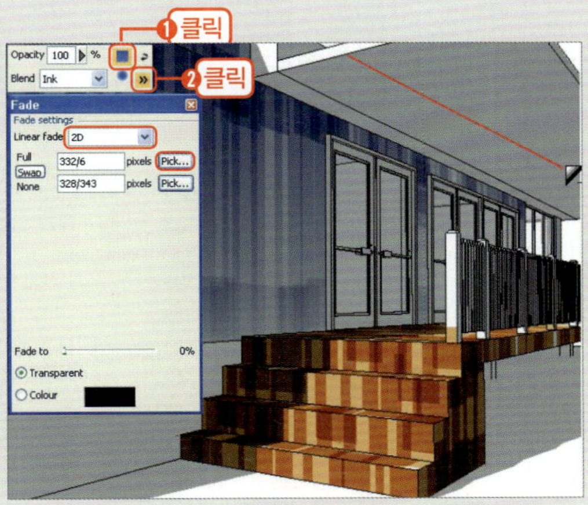

03 다음 그림처럼 천장에 마카 선을 그립니다. 브러시( )로 마카 선을 그릴 때 Shift를 누르면서 그리면 반듯한 직선을 표현할 수 있습니다. 마카 선들을 조금씩 겹치게 하거나 또는 간격을 조금씩 띄우면서 음영 효과를 자연스럽게 표현합니다.

찾아보기